TRAVAUX DU JARDIN

AVRIL

INDISPENSABLE

- Semez les nouvelles pelouses (30 g/m²).
- Traitez tous les arbres, les arbustes, les rosiers et les fruitiers avec un produit total lorsque les bourgeons éclatent et à l'apparition des feuilles. Coupez les chaumes desséchés des graminées et la vigne vierge.
- Taillez les arbustes de printemps défleuris.
- Commencez les pulvérisations de désherbants.
- Fertilisez les rosiers avec un engrais spécifique contenant de la magnésie.

À FAIRE

- Scarifiez les pelouses qui ont besoin de retrouver un peu d'éclat. Fertilisez, roulez.
- Semez les annuelles à croissance rapide (clarkia, cosmos, chrysanthème, etc.).
- Semez les légumes peu frileux en pleine terre.
- Plantez en sol léger les bulbes et tubercules à floraison estivale (glaïeul, dahlia, bégonia, etc.).
- Buttez les asperges et fertilisez le sol avec du fumier décomposé enrichi d'algues marines.

SI VOUS AVEZ LE TEMPS

- Éliminez les écoulements de gomme qui apparaissent sur les arbres fruitiers à noyaux.
- Divisez les grosses touffes de primevères.
- Plantez les arbustes de terre de bruyère.
- Augmentez la quantité et la fréquence des arrosages des plantes de la maison. Fertilisez.
- Pulvérisez un désherbant total sur les allées.
- Découpez à la bêche les bordures de la pelouse.

MAI

INDISPENSABLE

- Plantez les fleurs dans les massifs d'été.
- Décorez les bacs et les jardinières du balcon avec des annuelles et des plantes saisonnières.
- Tondez le gazon une fois par semaine.
- Taillez les haies régulières (thuyas) à la fin du mois dans les régions de climat doux.
- Traitez tous les arbres fruitiers avec un produit total au moment de la formation des fruits.
- Arrosez toutes les cultures par temps sec.

À FAIRE

- Repiquez en place le plant provenant des semis du mois dernier. Continuez les semis.
- Pulvérisez un herbicide sélectif sur la pelouse dès que la température atteint les 15 °C.
- Arrachez les bulbes défleuris et transplantez-les dans un coin discret du jardin.
- Supprimez les drageons de lilas et de noisetier.
- Plantez le muguet défleuri à l'ombre fraîche.
- Fertilisez régulièrement les plantes de la maison avec un engrais peu concentré.

SI VOUS AVEZ LE TEMPS

- Greffez les arbres fruitiers que vous aimez, en fente, en couronne et en incrustation.
- Posez ou réparez les dallages et pavages.
- Plantez les nénuphars et les plantes de bassin.
- Piégez les aleurodes (mouches blanches) dans la maison avec des plaquettes de couleur jaune.
- Placez des appâts antilimaces dans les massifs.

JUIN

INDISPENSABLE

- Arrosez systématiquement par temps chaud.
- Continuez les semis en les échelonnant.
- Fertilisez les jardinières et balconnières.
- Taillez les arbustes défleuris pour les rajeunir.
- Plantez les bulbes d'automne (*Sternbergia*, colchique, crocus safran, cyclamen de Naples).
- Désherbez soigneusement tous les massifs.

À FAIRE

- Éclaircissez les fruits en surnombre.
- Plantez des herbes aromatiques et officinales.
- Éliminez les gourmands qui apparaissent au pied des rosiers. Traitez contre les pucerons.
- Réduisez les pousses volubiles de la glycine des 2/3 de leur longueur.
- Construisez les murets, posez les dallages, la clôture et la pergola, installez le bassin.
- Sortez les plantes d'intérieur les moins frileuses et les espèces méditerranéennes.
- Ombrez et aérez la véranda et la serre.

SI VOUS AVEZ LE TEMPS

- Pincez les jeunes pousses de pommier et de poirier au-dessus de la quatrième feuille.
- Réalisez un compost avec les déchets végétaux.
- Éboutonnez les bordures des plantes à feuillage.
- Pulvérisez régulièrement de la bouillie bordelaise sur les jardins potagers.
- Semez...

 FLEURS ET ROSIERS    PELOUSE ET GAZON   ENTRETIEN

LE TRUFFAUT

ENCYCLOPÉDIE PRATIQUE ILLUSTRÉE DU JARDIN

BORDAS

Ouvrage collectif placé sous la direction de
Patrick Mioulane

Réalisation de l'ouvrage
ÉDITIONS PROTÉA

Rédacteurs
Pierre Aversenq : pages 100 à 105, 168 à 191
Daniel Brochard : pages 234 à 249, 296 à 305, 318 à 325, 334 à 345,
368, 369, 372, 373, 440 à 451, 454 à 485, 510 à 555
Jean-Paul Collaert : pages 228 à 233, 290 à 293, 576 à 579, 634 à 641
François Couplan : pages 580 à 609, 612 à 629
Alain Delavie : pages 266 à 287, 346 à 363, 488 à 503, 558 à 573,
676 à 691, 694 à 709, 712 à 721, 724 à 755, 758 à 775
Pierre Ébert : pages 6 à 45
Jérôme Goutier : pages 376 à 403, 406 à 437, 642 à 675
Patrick Mioulane : pages 46 à 99, 106 à 167, 192 à 223, 226, 250, 264, 288, 300, 301,
308, 374, 404, 438, 452, 486, 504 à 509, 630 à 633, 692, 710, 722, 756, 776 à 831
Michel Rocher : pages 252 à 263, 310 à 317, 326 à 333, 364 à 367, 370, 371, 610, 611

Mise en pages
Nadine Grosvalet, Laurent Pastorello

Conseiller de la rédaction pour **TRUFFAUT**
Marc Gueguen

BORDAS

Directrice éditoriale : **Catherine Delprat**
Édition et coordination : **Agnès Dumoussaud, Laurence Alvado**
Coordination artistique et technique : **Emmanuel Chaspoul,
Jacqueline Bloch, Olivier Caldéron**
Conception graphique : **Marie-Astrid Bailly-Maître,**
avec la participation d'**Irène de Moucheron**
Couverture : **Olivier Caldéron, Véronique Laporte**

Photos : © **Agence MAP/Mise Au Point**
Dessins : **Geneviève Lainé, Nicole Colin**
Création des plans de jardins : **Daniel Puiboube**
Cartographie : **Laurent Blondel**

Corrections : **Marie-Thérèse Lestelle, Cécile Edrei**
Service lecture-correction : **Larousse-Bordas**
Fabrication : **Claire Svirmickas, Isabelle Goulhot**

Photogravure : **IGS - Charente Photogravure**

© **BORDAS/VUEF 2002, pour la présente édition**
© Bordas 1996, pour la première édition

ISBN : 2-04-760051-0
Dépôt légal : février 2002

Achevé d'imprimer en décembre 2001 chez Pizzi à Milan (Italie)
N° de projet : 10087462 (I)-87-CSBS90

« Toute représentation ou reproduction, intégrale ou partielle, faite sans le consentement de l'auteur, ou de ses ayants droits, ou ayants cause, est illicite » (article L. 122-4 du Code de la propriété intellectuelle). Cette représentation ou reproduction, par quelque procédé que ce soit, constituerait une contrefaçon sanctionnée par l'article L. 335-2 du Code de la propriété intellectuelle. Le Code de la propriété intellectuelle n'autorise, aux termes de l'article L. 122-5, que les copies ou reproductions strictement réservées à l'usage privé du copiste et non destinées à une utilisation collective, d'une part, et, d'autre part, que les analyses et les courtes citations dans un but d'exemple et d'illustration.

Il était une fois Georges Truffaut...

Le nom de Truffaut est attaché à l'univers du jardin depuis 1824, date à laquelle Charles Truffaut, éminent botaniste et horticulteur, s'installe à Versailles. En 1897, son arrière-petit-fils, Georges Truffaut, crée l'entreprise qui porte son nom. Cet ingénieur agricole, féru de sciences et d'horticulture, développe une activité débordante. Il améliore des plantes, crée de nouveaux produits dont le fameux engrais « Biogine » et fonde, dès 1911, Jardinage, la première revue de vulgarisation horticole. À la même période paraît Comment on soigne son jardin, première édition d'un ouvrage général qui réunit toutes les connaissances pratiques sur le jardinage acquises par Georges Truffaut. Au fil des ans, plusieurs dizaines d'éditions ont fait de ce livre un très grand « best-seller ».

Depuis qu'elle a créé en 1964 la première Jardinerie française, la société Truffaut a beaucoup progressé, pour devenir aujourd'hui l'un des grands noms de la distribution spécialisée jardin. Parallèlement, les temps ont changé, la passion pour les plantes et le jardin s'est développée. La conception de l'art paysager, les techniques, l'assortiment des plantes ont évolué. Le jardinage s'est débarrassé de sa connotation agricole un peu rébarbative pour devenir une véritable activité de loisir moderne, à la fois plaisante et dynamique. C'est ce qui nous a conduit à créer ce nouveau livre. Il conserve le côté encyclopédique et les bases techniques des précédents ouvrages de Georges Truffaut. Mais il les met au goût du jour et les rend plus accessibles, en se voulant plus proche des préoccupations du jardinier amateur contemporain. Un digne successeur que n'aurait pas renié son maître...

SOMM

1 - VOTRE ANNÉE AU JARDIN   7

2 - RÉUSSIR VOTRE JARDIN   47
    L'art paysager 48
    L'écologie du jardin 76
    Les structures du jardin 106

3 - SAVOIR JARDINER   139
    La préparation du terrain 140
    L'entretien au quotidien 144
    La taille 148
    La multiplication des plantes 152
    La plantation 164
    La récolte et la conservation 166
    Ennemis et maladies du jardin 168

4 - VOTRE JARDIN EN 200 QUESTIONS-RÉPONSES   193

5 - LES POINTS FORTS DU JARDIN   225
    Les haies 226
    La pelouse et le gazon 250
    Bassins et jardins d'eau 264
    Le jardin de rocaille 288

6 - LES PLANTES ORNEMENTALES   307
    Les fleurs 308
    Les arbustes 374
    Les arbres et les conifères 404
    Les lianes et les plantes grimpantes 438
    Les persistants et les plantes originales 452
    Les plantes pour les climats doux 486
    Calendrier de culture des fleurs 504

7 - LE JARDIN DES ROSES   511
    Histoire de la rose 512
    Les rosiers dans le jardin 514
    Tous les styles de rosiers 518
    La culture des rosiers 552

8 - FENÊTRES, BALCONS, TERRASSES   557
    Les fenêtres fleuries 558
    Un jardin au balcon 562
    Un jardin en terrasse 566
    L'entretien des balcons et terrasses 568
    Les bonsaïs d'extérieur 572

SOMMAIRE

9 - LE JARDIN DE LÉGUMES — 575
- L'organisation du potager 576
- Les légumes d'aujourd'hui 580
- Les légumes anciens 616
- Les plantes condimentaires 620
- Les plantes officinales 626
- Calendrier de culture des légumes 630

10 - LE JARDIN FRUITIER — 635
- Le jardin des délices 636
- Les arbres fruitiers 642
- Les petits fruits 662
- Les fruits exotiques 672

11 - LES PLANTES DE LA MAISON — 677
- Les secrets de la réussite 678
- L'entretien au quotidien 688
- Les plantes d'intérieur à feuillage 692
- Les plantes d'intérieur à fleurs 710
- Les plantes d'intérieur originales 722

12 - LES SERRES ET VÉRANDAS — 747
- La serre 748
- La véranda 750
- La culture sous abris 754
- Les plantes de serres et de vérandas 756

13 - 30 IDÉES JARDIN — 777

14 - BIEN UTILISER LES PLANTES — 808

15 - 60 JARDINS DE RÊVES À VISITER — 819

16 - LE DICTIONNAIRE DU JARDIN — 832

- Le dictionnaire des mots botaniques 848
- Index général 850
- Crédits photographiques 861
- Remerciements 862

1

VOTRE ANNÉE AU JARDIN

- Janvier 8
- Février 10
- Mars 12
- Avril 16
- Mai 20
- Juin 24
- Juillet 28
- Août 30
- Septembre 32
- Octobre 36
- Novembre 40
- Décembre 44

Votre année au jardin

Janvier

Janvier passe pour être le mois le plus froid de l'année. Dans de nombreuses régions, il est difficile de jardiner. Au cœur de l'hiver, la plupart des végétaux sont au repos. Profitez-en pour repenser l'aménagement de votre jardin.

▲ En hiver, le jardin est au repos. C'est la période idéale pour réfléchir à son réaménagement et aux nouvelles plantations.

▲ Entourez les plantes fragiles avec un voile de protection.

À NE PAS OUBLIER

❋ Taillez les arbres fruitiers conduits en formes dirigées, palissées ou non.
❋ Placez les rosiers en jauge s'il fait très froid et que le sol est gelé ou recouvert de neige.
❋ Renforcez la protection des plantes fragiles.
❋ Mettez les points d'eau du jardin en position hors gel, après avoir vidangé les tuyauteries.
❋ Secouez la neige qui pèse sur les branches des conifères et des arbustes persistants.
❋ Protégez les bacs et les jardinières installés sur le balcon, la terrasse ou dans le jardin.
❋ Empêchez la glace d'emprisonner l'ensemble du bassin en la cassant régulièrement sur les bords, sans effrayer les poissons.

Fleurs

• Dans la serre ou la véranda, rapprochez du vitrage les plantes à massif mises à hiverner.
• Dans les parterres de fleurs bisannuelles, passez un coup de griffe pour aérer le sol.
• Dans une mini-serre, semez des bégonias.
• Bêchez profondément les massifs et plates-bandes pour préparer les futures plantations.
• Dans la tranchée du labour, incorporez un amendement organique comme du fumier décomposé ainsi qu'un bon engrais de fond.

Fruits

• Terminez les plantations d'arbres fruitiers. Si vous ne pouvez le faire parce qu'il gèle, mettez-les en jauge dès leur réception, en les inclinant légèrement. Recouvrez bien les racines.
• Poursuivez la taille des pommiers et des poiriers conduits en espaliers. Vérifiez les attaches.
• Contrôlez les tuteurs des jeunes arbres.
• Grattez les vieilles écorces des arbres.
• Lorsque la température extérieure monte au-dessus de 0 °C, effectuez un traitement d'hiver en pulvérisant un produit spécifique.

Révisez votre tondeuse, affûtez la lame, nettoyez le carter. ▶

Légumes

• Protégez les planches de poireaux d'hiver des grosses gelées, avec un épais matelas de feuilles.
• Poursuivez les labours à grosses mottes, après avoir épandu une bonne fumure organique.
• Contrôlez l'état de votre stock de graines en notant les dates d'utilisation conseillées.
• Inspectez les pommes de terre en conservation.
• Renforcez la protection si le froid s'intensifie.
• Si vous ne pouvez semer en pleine terre, vous pouvez le faire sous châssis chauffé.
• Semez des carottes. Choisissez de préférence des variétés à racines courtes. Lors du semis, mélangez quelques graines de radis. Ils lèveront vite et vous pourrez les consommer avant que les carottes ne couvrent toute la planche.
• Sous abri, semez des laitues de printemps, comme 'Dorée de printemps' ou 'Reine de Mai'.
• Procédez au blanchiment des pissenlits.

Janvier

FLEURS DE SAISON

Au cœur de l'hiver, certaines plantes n'hésitent pas à braver la froidure. Elles apportent un peu de couleurs au jardin. Chez les plantes vivaces : ellébore ou rose de Noël *(Helleborus niger)*, pétasites, bruyères *(Erica carnea* 'Myretoun Ruby', *Erica x darleyensis* 'Jenny Porter'). Parmi les arbustes : camélia, cornouiller mâle *(Cornus mas)*, cognassier du Japon, néflier du Japon *(Eriobotrya japonica)*, mahonia, laurier-tin, jasmin nudiflore, chèvrefeuille d'hiver *(Lonicera fragrantissima et Lonicera standishii)*. En climat doux, admirez les mimosas et les amandiers. Pour la maison, retenez ces plantes de saison : amaryllis *(Hippeastrum vittatum)*, azalée, bégonia, clivia, cyclamen de Perse, poinsettia ou étoile de Noël *(Euphorbia pulcherrima)*, primevère obconique, orchidées, broméliacées, etc.

Arbres et arbustes

• Protégez le pied de vos camélias. Couvrez-le de paille ou de feuilles lentes à se décomposer.
• S'il ne gèle pas, taillez les arbustes dont les fleurs viennent sur les rameaux qui poussent au printemps : buddleia, hibiscus, tamaris d'été.
• Si le temps est favorable, sans gel ni neige, plantez des arbres ou des arbustes.
• Dans le jardin, plantez le sapin de Noël que vous avez acheté en conteneur. Préparez un trou d'au moins 80 cm, en tous sens, et mettez un bon engrais à conifères au fond. Arrosez abondamment ensuite.

Rosiers

• Ramassez les dernières feuilles qui restent au pied de vos arbustes. Mettez-les en tas sur le compost ou brûlez-les pour éliminer les parasites qui y auraient trouvé refuge.
• Sur les rameaux nus de vos rosiers, effectuez une pulvérisation avec une bouillie bordelaise.
• Préparez les emplacements destinés à recevoir les plantations, en retournant bien la terre.
• Plantez dès la réception, s'il ne gèle pas.
• Taillez les rosiers arbustes et paysages.

Pelouse

• Évitez de piétiner le gazon s'il est gelé ou couvert de neige. Si vous ne pouvez faire autrement que de passer dessus, posez des planches.
• Délimitez avec des piquets de bois, les zones de la pelouse plantées de bulbes.
• Faites attention au sel employé pour déneiger les allées, il risque aussi de détruire la pelouse.
• Notez les emplacements où stagne l'eau. Ils marquent un affaissement du sol qu'il faudra combler de terre fine à la fin de l'hiver.

À la maison

• Visitez les jardineries de votre région. Pour décorer votre intérieur, achetez des cyclamens, des poinsettias (étoiles de Noël), des orchidées en pot, ainsi que des broméliacées.
• Placez vos plantes devant une fenêtre, et dans une pièce assez fraîche (de 15 à 18 °C).
• Réduisez les arrosages car les plantes sont en repos et elles ont moins besoin d'eau.

▲ Effectuez un traitement d'hiver sur les arbres fruitiers.

• Stoppez ou réduisez très nettement les apports d'engrais sur vos plantes d'intérieur.
• Dans les pièces très sombres, installez un éclairage d'appoint au-dessus de vos plantes.

Fenêtres et balcons

• Protégez les arbres ou arbustes plantés en bacs.
• Enveloppez les ramures des végétaux les plus fragiles pendant la période de plus grand froid.
• En fin de mois, si vous n'avez pas encore planté vos jardinières et si le temps est doux, installez des primevères ou des pensées.
• Si un froid vif survient, rapprochez les jardinières du mur pour les abriter.

Travaux divers

• Pensez à nourrir les oiseaux du jardin quand la terre est gelée ou enneigée mais, par beau temps, laissez-les se débrouiller seuls, ils doivent garder leur instinct naturel et leur liberté.
• Profitez du mauvais temps pour réparer tous vos outils et votre matériel à moteur.
• Désinfectez les terrines et les poteries, les pieux et les tuteurs avec un produit spécial.

TAILLEZ LES ARBRES FRUITIERS

Sur les pommiers et les poiriers palissés, appliquez la taille dite trigemme.

◀ Conservez un ou deux boutons à fruits.

◀ Taillez les pousses à bois à trois yeux.

Raccourcissez les rameaux en coupant au-dessus du troisième œil en partant de la base. Le bourgeon supérieur donnera un rameau à bois qui servira de tire-sève, celui du milieu deviendra un dard qui se transformera en bouton à fruits l'année suivante.

Allongez les branches de 25 cm. ▶

Votre année au jardin

Février

Méfiez-vous de ce mois. Il peut être tour à tour très froid ou se montrer clément. Cela n'empêche pas, çà et là, quelques fleurs de pointer timidement leurs corolles. En cas d'intempéries, jardinez plutôt à l'intérieur et commencez vos achats de graines.

▲ Lorsque le jardin est sous la neige, contentez-vous de l'admirer de loin, car vos pas risquent de s'imprimer sur la pelouse.

▲ Par temps doux, mettez en place les plantes vivaces.

Fleurs

• Nettoyez le pied des plantes bisannuelles.
• Enlevez les feuilles qui pourrissent sur les plantes sensibles au froid.
• Remettez les vieux pieds de fuchsias en végétation, sur lesquels vous prélèverez des boutures.
• Effectuez le premier repiquage des bégonias semés le mois dernier.
• Plantez de nouvelles vivaces ou divisez-les.
• En situation abritée, semez des pieds d'alouette et des pavots, ainsi que des pois de senteur. Pour ces derniers, prévoyez un bon support.

Fruits

• Par temps doux, poursuivez les plantations.
• Procédez à la taille des arbustes à fruits rouges tels que les framboisiers et les groseilliers.
• Poursuivez la taille des poiriers et des pommiers. Sur les formes palissées, avec un lien solide, attachez les rameaux qui restent.
• Effectuez une pulvérisation de bouillie bordelaise sur vos pêchers. Traitez également les pruniers et les cerisiers.
• Dans les zones à climat doux, taillez les oliviers. Pensez à bien aérer le centre de l'arbre.

Légumes

• Terminez le labour des parcelles du potager.
• Plantez l'ail rose et les échalotes à 15 cm sur le rang. Faites des lignes espacées de 20 cm.
• Procédez à la plantation des asperges dans un sol léger et préparé par un bon labour.

FLEURS DE SAISON

Chez les plantes bulbeuses, découvrez, en ce moment, les floraisons des crocus rouges (*Bulbocodium vernum*), des crocus printaniers (*Crocus vernus*), des aconits d'hiver (*Eranthis hiemalis*), des iris bulbeux (*Iris reticulata, unguicularis*, et *danfordiae*) et des perce-neige. Parmi les arbustes, vous pouvez continuer à admirer les fleurs des cornouillers mâles et des jasmins nudiflores, et découvrir celles des corylopsis, des hamamélis jaunes et rouges qui se jouent des gelées, et les chatons soyeux des saules marsaults (*Salix caprea*). Certains arbustes persistants fleurissent aussi. C'est le cas de l'andromède (*Pieris japonica*) et du skimmia, tandis que le laurier-tin poursuit sa floraison. Dans la maison, les orchidées, notamment *Phalaenopsis* et *Cymbidium*, les Broméliacées telles que le vriéséa ou le nidularium, les primevères obconiques, les cyclamens, et les bégonias apportent des notes colorées et de la beauté à votre intérieur.

◄ Crocus vernus.

Hamamelis japonica : échevelé. ►

Février

À NE PAS OUBLIER

✻ Rempotez les plantes d'intérieur dont le contenant devient trop étroit.
✻ Bassinez les feuillages avec une eau adoucie, à la température de la pièce.
✻ Le soir, renforcez la protection des plantes fragiles installées dans le jardin ou sur le balcon.
✻ Refermez les aérations de la serre ou de la véranda en fin de journée.
✻ Effectuez les plantations arbustives si la nature du sol et la température le permettent.

• Effectuez le buttage des touffes anciennes.
• Ameublissez superficiellement la planche de fraisiers au moyen d'une griffe.
• Semez des poireaux précoces en fin de mois.
• Divisez les souches de rhubarbe.

Arbres et arbustes

• Faites des boutures de forsythias en prélevant la partie médiane des rameaux. Bouturez aussi les deutzias, les tamaris et les seringats.
• Taillez les clématites à floraison estivale, comme 'Ville de Lyon'. Protégez le pied.
• Nettoyez les touffes d'hortensias en coupant les rameaux secs et en dégageant le centre.

Conifères

• Taillez les conifères qui deviennent trop envahissants comme les genévriers rampants. Mastiquez soigneusement les plaies.

Rosiers

• Après le 15 de ce mois, dans la plupart des régions à hiver doux, commencez à tailler les rosiers buissons. Laissez trois à quatre branches avec deux et quatre yeux selon la vigueur du pied.
• Épandez un engrais spécial rosiers puis bêchez légèrement pour l'enfouir sans abîmer les racines.
• Poursuivez les plantations des rosiers à racines nues. Procédez à un bêchage profond des massifs. Apportez une fumure organique de fond.
• Contrôlez la bonne fixation, sur leur support, des rosiers conduits en tiges.

Pelouse

• Pour combattre la mousse, les mauvaises herbes et fertiliser le gazon, épandez un produit complet engrais-désherbant-antimousse.
• Effectuez les découpes autour des massifs.

À la maison

• Conservez en végétation les azalées qui ont fleuri le mois dernier. Placez-les sur des plateaux emplis de billes d'argile ou de cailloux que vous maintiendrez toujours humides.
• Dans les parties sombres, placez un spot au-dessus des plantes rassemblées en un seul point.
• Nettoyez les feuilles des plantes vertes avec un coton imbibé d'un produit lustrant.
• Reprenez progressivement les arrosages.

Fenêtres et balcons

• Par temps froid, vérifiez les protections placées autour des bacs et des jardinières.
• Quand il ne gèle pas, plantez des bisannuelles telles que primevères, pensées, giroflées.
• Rénovez les treillages et armatures en les enduisant de deux couches de peinture.

Travaux divers

• Avant que les mauvaises herbes ne lèvent, désherbez les allées. Travaillez un jour où le vent ne souffle pas trop fort pour que le produit ne soit pas entraîné vers les abords de l'allée.
• Faites une révision complète de la tondeuse.

▲ Taillez les framboisiers en éliminant le vieux bois.

▲ Rempotez les plantes dont le pot est devenu trop étroit.

LA DIVISION DES TOUFFES

Cela concerne les plantes vivaces âgées de plus de cinq ans. Arrachez la touffe au moyen d'une fourche-bêche. Prélevez la totalité des racines sans les abîmer. À l'aide d'une serpette, divisez la touffe en plusieurs morceaux. Chacun des éclats doit posséder quelques racines et des bourgeons bien apparents. Choisissez, de préférence, des éclats situés sur la périphérie de la touffe. Plantez dans une terre bien labourée, aérée et enrichie d'un bon terreau.

▼ Arrachez la totalité de la touffe.   ▼ Divisez-la en plusieurs éclats.

Votre année au jardin

Mars

Petit à petit, la nature s'éveille. À la fin du mois, nous serons au printemps. Restez toutefois prudents, car des froids assez rigoureux peuvent encore se produire. Mais dans les massifs et sur le balcon, les floraisons se font de plus en plus nombreuses.

▲ Les premières éclosions printanières s'annoncent en mars, avec l'apparition des crocus, très décoratifs sur une pelouse.

▲ Taillez sévèrement les rosiers arbustes et anciens.

À NE PAS OUBLIER

✹ Ouvrez, aux heures les plus chaudes, les aérations de la serre ou de la véranda.
✹ Terminez la taille des rosiers et de la vigne.
✹ Avant la première tonte, inspectez la pelouse pour enlever cailloux et jouets d'enfants.
✹ Protégez les cultures florales et légumières avec des appâts contre les limaces.
✹ Luttez contre les parasites qui commencent à apparaître sur les végétaux d'ornement : cloque sur bouleau, coryneum sur laurier-palme, brunissure des aiguilles du thuya, sans oublier les maladies fréquentes des rosiers.

Fleurs

• Dès que les fortes gelées ne sont plus à craindre, enlevez les protections placées sur les plantes insuffisamment rustiques.
• Par un labour superficiel, enfouissez une fumure organique au pied des pivoines.
• Épandez, au pied des iris, un engrais pour fleurs, à raison de 50 g/m².
• Poursuivez la mise en place des vivaces.
• Sous abri, semez les annuelles telles que pétunias, sauges, œillets d'Inde, verveines. Si on vous les propose en plants, attendez le mois prochain pour décorer vos massifs, même si le temps vous paraît clément.
• En pleine terre, au pied d'une clôture, d'un treillage ou d'une tonnelle, semez des pois de senteur ou du houblon. Dans les massifs abrités, jetez à la volée des graines de clarkia, de pied d'alouette, de nigelle.
• Dans les régions tempérées, plantez les bulbes à floraison estivale et automnale.
• Sur les pieds-mères, prélevez les boutures de chrysanthèmes, de fuchsias, de lantanas. Placez-les ensuite dans une mini-serre.
• Pincez les boutures de géraniums.

Fruits

• Arrêtez les traitements d'hiver.
• Terminez les dernières plantations d'arbres.
• Arrosez abondamment pour aider l'émission de jeunes radicelles et la reprise du sujet.
• Plantez les arbustes à petits fruits rouges : framboisiers, cassissiers, groseilliers.
• Apportez un engrais azoté au pied des arbres.
• Par beau temps, secouez légèrement les branches des noisetiers afin que le pollen se disperse et féconde les fleurs femelles.
• Sur les poiriers, effectuez une pulvérisation avec une bouillie à base de cuivre. Avec les sarments issus de la taille, faites des boutures.

Mars

- Taillez les myrtilles âgées de plus de 3 ans.
- Sur les arbres palissés, attachez les rameaux au fur et à mesure de leur développement.
- En fin de mois, lorsque les gelées ne sont plus à craindre, greffez en fente les cerisiers.

Légumes

- Si vous avez planté l'ail en novembre dernier, c'est le moment de donner un coup de fouet à cette culture. Épandez un peu de nitrate de soude ou de nitrate de chaux.
- Procédez à l'œilletonnage des pieds d'artichauts. Repiquez-les aussitôt dans une terre bien ameublie. Arrosez abondamment.
- Effectuez un bêchage léger entre les pieds de fraisiers, après avoir épandu un engrais spécial fraisiers, à raison de 50 g/m².
- Au cours de ce mois, pensez à semer les poireaux que vous repiquerez fin juin pour la récolte d'automne et d'hiver.
- Plantez des pommes de terre en disposant les germes vers le haut, à 15 cm de profondeur, dans une terre bien fumée.
- Dans une mini-serre placée au chaud, effectuez les premiers semis de tomates.
- Plantez l'oignon blanc et l'ail rose.
- Faites des semis de laitue pommée, de betterave rouge, de chicorée, de salsifis, de fève.

Arbres et arbustes

- Taillez les hibiscus et les buddleias.
- Dès qu'ils sont défleuris, taillez les camélias.
- Terminez la plantation des arbustes caducs à racines nues. Le mois prochain vous devrez utiliser des végétaux cultivés en conteneurs.
- Plantez les arbustes persistants. Ils sont toujours livrés en motte ou en conteneur.
- Remplacez vos arbustes de terre de bruyère dépérissants ou morts. Changez la terre avant de mettre de nouvelles plantes.
- Nettoyez le lierre palissé sur le mur, ou sur la clôture, et taillez les pousses trop longues.
- En climat doux, effectuez la taille des mimosas dès qu'ils sont défleuris.
- Traitez vos lauriers-roses avec une bouillie à base de cuivre, comme la bouillie bordelaise, pour combattre la bactériose, une grave maladie, surtout pour les variétés à fleurs roses.
- Taillez toutes les haies. Aidez-vous d'un cordeau tendu à la hauteur désirée pour conserver une coupe rectiligne. Broyez les déchets.
- Taillez la glycine et palissez les rameaux, en les répartissant harmonieusement sur le support. Vérifiez bien la solidité de celui-ci.
- Épandez un engrais spécial au pied des conifères. Enfouissez-le avec un bon coup de griffe.
- Plantez les grimpantes en prévoyant leur support. Fixez les rameaux avec des attaches solides, sans trop les serrer.

LA TAILLE DE LA VIGNE

Elle se pratique en début de mois avec deux objectifs : obtenir une fructification dans l'année et favoriser la naissance d'un rameau dit de remplacement pour la saison suivante. La taille consiste à supprimer les rameaux qui ont fructifié et à couper, à 2, 3 ou 4 yeux, les rameaux de remplacement régénérés par la taille de l'année précédente. Taillez à un œil les variétés 'Chasselas doré', 'Chasselas rose royal', 'Portugais bleu'. Taillez à deux yeux : 'Gamay', 'Madeleine noire', 'Madeleine royale'. Taillez à 3 ou 4 yeux : 'Muscat blanc de Frontignan', 'Muscat de Hambourg', 'Amandin', 'Dattier' etc.

▼ *Une vigne avant la taille.*

▼ *Éliminez les vieux sarments.*

▼ *La même vigne une fois taillée.*

▲ *La plantation d'une jeune touffe d'armoise décorative.*

FLEURS DE SAISON

Tout doucement, les floraisons se font plus nombreuses. Chez les plantes vivaces, on remarque les hépatiques, d'un beau bleu lumineux, les thlaspis et leurs fleurs blanches, les minuartias, plantes de rocailles toute blanches, les omphalodes des sous-bois aux fleurs d'un bleu céleste, les pachysandras, merveilleuses plantes d'ombre aux discrètes fleurs blanches, et les primevères habillées de fleurs pourpres (*Primula denticula* 'Rubin').
Parmi les arbustes, l'amélanchier se pare de fleurs blanches parfumées, le cognassier du Japon de fleurs roses, blanches ou rouges. Les mimosas, aux nombreuses espèces et cultivars sont tous à fleurs jaunes. Fleurissent aussi les bruyères (*Erica carnea*), le romarin bleu mauve, le groseillier d'ornement (*Ribes sanguineum*) aux grappes rouges, les pruniers (*Prunus triloba*), aux jolis pompons roses, sans oublier celui qui annonce vraiment le printemps : le forsythia, d'un beau jaune d'or très éclatant.

◀ *Ribes sanguineum.*   *Hepatica triloba.* ▶

13

Votre année au jardin

▲ Les premiers semis sous abri réussissent bien en mars.

▲ Épandez de l'engrais antimousse sur le gazon.

◄ La scarification est une cure de jouvence pour le gazon.

Pelouse

• Préparez le terrain destiné à être ensemencé.
• Faites un bon labour puis griffez le sol pour en extraire les cailloux, les racines. Tassez ensuite avec un rouleau dont le poids n'excède pas 80 kg, puis ratissez pour niveler de nouveau et décroûter la terre. Semez ensuite et recouvrez les graines de quelques millimètres de terreau finement tamisé. Roulez pour que les graines adhèrent et arrosez en pluie fine.
• Sur les pelouses anciennes, épandez un désherbant sélectif pour éliminer les mauvaises herbes. Les plus grosses (pissenlit, plantain, etc.) peuvent être arrachées à la main, avec une gouge ou un couteau.
• La mousse traitée le mois dernier est maintenant brûlée. Extirpez-la avec un râteau ou une lame émousseuse montée sur la tondeuse.
• Pour régénérer un gazon ancien, passez un aérateur et un scarificateur.
• Faites un épandage d'engrais coup de fouet.
• Commencez les premières tontes en réglant la coupe assez haute pour éviter le bourrage sous le carter d'une herbe bien grasse. Roulez pour rechausser les plants soulevés par le gel.

Rosiers

• Au pied des rosiers, enlevez la butte de terre faite avant l'hiver pour les protéger du froid.
• Dans toutes les régions, terminez la taille des rosiers buissons et procédez à celle des rosiers grimpants remontants. Taillez au-dessus d'un œil dirigé vers l'extérieur. Après cette opération, bêchez légèrement le massif après avoir épandu un engrais spécial rosiers. Brûlez les tailles pour éliminer les parasites qui auraient pu y séjourner pendant l'hiver.
• Plantez les rosiers lianes pour couvrir un vieux tronc ou un bâtiment peu esthétique. Donnez-leur beaucoup d'espace car ils atteignent facilement 6 à 10 m de longueur.
• La période de plantation des rosiers à racines nues se termine. Raccourcissez les branches et pralinez les racines en les trempant dans un mélange d'eau, de boue et de fumier.
• Taillez les rosiers arbustifs. Éliminez les vieilles branches pour aérer le centre des touffes.

À la maison

• Arrosez tous les quinze jours les clivias en fleurs, avec un engrais soluble.
• Procédez au rempotage du papyrus. Profitez de cette intervention pour diviser le pied et en faire deux ou trois potées.
• Appelé aussi « cactus de Noël », l'épiphyllum a terminé sa floraison. Procédez à son changement de pot. Rempotez dans une terre de jardin légère, enrichie d'un peu de terreau.
• Rempotez également vos palmiers.
• En fin de mois, lorsque la température dépasse 15 °C, sortez vos plantes d'intérieur, en les habituant progressivement à la luminosité extérieure puis au soleil.
• Taillez les branches des poinsettias qui ont perdu leur belle coloration. Coupez environ trois quarts de leur longueur.
• Vers la fin du mois, reprenez les apports d'engrais à petites doses.

Mars

SPÉCIAL CLIMAT RUDE

Laissez passer le dégel avant d'entreprendre les moindres travaux. Si vous recevez des végétaux aux feuilles gelées, ne les mettez pas au chaud, mais laissez-les revenir doucement à leur état normal, dans un abri hors gel, avant de les planter.

Fenêtres et balcons

• Sur les terrasses ou les balcons, plantez les arbustes en bacs. Choisissez des espèces élevées en conteneurs, leur reprise sera plus facile.
• Dans les jardinières, nettoyez les plantes bisannuelles, primevères, pensées, etc., en enlevant les feuilles mortes ou desséchées par le froid. Avec la main, tassez la terre autour des plantes soulevées par le gel.
• Si la pluie ne parvient pas directement sur vos plantations, pensez à les arroser régulièrement. Apportez un peu d'engrais plantes de balcon à celles qui restent en place en permanence. Griffez la terre des bacs pour la décroûter et favoriser l'aération des racines.
• Procédez au remplacement de la terre des arbres élevés en bacs : conifères, camélias ou lauriers, soit en rempotant, soit en surfaçant s'il n'est pas possible de sortir la plante de son conteneur. Prenez garde à ne pas endommager les racines. Tassez bien la terre. Arrosez ensuite abondamment.

Travaux divers

• Inspectez les branches de vos arbres. Si vous y remarquez des nids de chenilles, coupez les extrémités des rameaux, et brûlez-les.
• En fin de mois, traitez les poiriers et les pommiers contre la tavelure.
• Dans les régions atlantiques, enlevez les protections placées en début d'hiver sur les végétaux fragiles. C'est le cas des fuchsias rustiques comme *Fuchsia magellinica* 'Riccartonii'. Découvrez également les palmiers, les bananiers de pleine terre, comme le *Musa basjoo*, ainsi que le tronc des *Lagerstroemia* conduits en haute tige.
• Nettoyez les bancs de pierre, les dallages, voire les soubassements ou la couverture de tuiles de la maison, pour faire disparaître la mousse. Mais attention, n'employez pas de sulfate de fer : il tache de rouille tous ces matériaux. Utilisez un nettoyeur haute pression en réglant la force du jet en fonction du support pour ne pas l'endommager.
• Avant que votre compost ne se garnisse de tontes de gazon, effectuez un retournement de tout ce que vous y avez mis depuis l'automne. N'oubliez pas d'épandre une poignée de sulfate d'ammoniaque ou d'un activateur de décomposition, à chaque lit de 20 cm.
• Modulez le chauffage de votre abri vitré en fonction de la température extérieure. En serre froide le minimum est de 10 °C.

▲ Remaniez le tas de compost pour bien l'aérer.

▲ Apportez un engrais spécifique aux conifères.

LES SEMIS DE PRINTEMPS

En situation abritée, il est temps d'effectuer les premiers semis en place de fleurs annuelles telles que centaurées, clarkias, pieds d'alouette, coquelicots. Bêchez le sol sur 20 cm de profondeur, en brisant bien les mottes. Effectuez ensuite un griffage pour affiner la terre, enlever les cailloux et les racines et bien niveler le terrain. Finissez cette préparation par un ratissage pour que la couche de terre superficielle soit le plus fine possible. Semez très clair, à la volée, pour limiter le nombre des jeunes plants à supprimer par la suite. Si les graines sont trop fines, mélangez-les avec du sable fin ou utilisez un semoir. Recouvrez d'une pellicule de 1 à 2 cm de terreau finement tamisé. Tassez le sol avec une batte à semis. Arrosez en pluie fine pour ne pas déplacer les graines.

▼ Répartissez régulièrement les graines.

▼ Recouvrez avec un terreau tamisé.

▼ Tassez légèrement le semis.

▼ Arrosez bien avec un petit arrosoir.

15

Votre année au jardin

Avril

« Il n'est si gentil mois d'avril qui n'ait son chapeau de grésil », dit le proverbe. Ce mois-ci voit d'une part l'éclatement des bourgeons et des boutons floraux, mais également le retour de quelques journées fraîches, et de pluies froides. Semez, repiquez au jardin, mais soyez prudents et conservez, sur les espèces fragiles, quelques protections.

À NE PAS OUBLIER

❋ Effectuez les semis de gazon en début de mois.
❋ Tondez les pelouses toutes les semaines.
❋ Taillez les arbustes dès qu'ils sont défleuris.
❋ Combattez les limaces et les escargots.
❋ Arrosez le pied des légumes repiqués.
❋ Retournez régulièrement le tas de compost.
❋ Plantez les premières fleurs annuelles sur les balcons les plus abrités.
❋ Traitez préventivement rosiers, arbres et arbustes contre les insectes et les maladies.
❋ Désherbez les cours et les allées.

Fleurs

• Terminez la plantation des massifs de vivaces.
• Plantez les petits tubercules d'anémones.
• Divisez les grosses touffes de primevères. Faites de même avec les pieds de lavande.
• Préparez massifs et plates-bandes destinés à recevoir les plantes à massif d'été. Semez directement en place, dans un sol léger et bien travaillé, le pavot de Californie, la gaillarde annuelle, le dimorphoteca, l'alysse

Coupez les fleurs fanées des narcisses. ▶

◀ C'est le printemps, les pruniers et les cerisiers fleurissent.

maritime, la capucine, la centaurée, les immortelles, le muflier, l'amarante, le cosmos, la gypsophile et le zinnia.
• Surveillez les boutures de plantes à massif d'été effectuées en fin d'hiver, sous abri.
• Aérez dans le cours de la journée les jeunes cultures encore sous abri.
• Plantez les bulbes d'été : glaïeuls, cannas, lis, dahlias, bégonias tubéreux, sparaxis, tigridia, vallota, etc. Si vous souhaitez en obtenir des fleurs à couper, échelonnez votre plantation, en mettant en terre vos bulbes tous les quinze jours, ce mois-ci et le mois prochain. N'oubliez pas de placer un tuteur au pied des plus grandes espèces.
• Coupez les tiges florales fanées des narcisses et des tulipes, ne touchez pas aux feuilles et n'arrachez pas tout de suite les bulbes.

Fruits

• Arrosez bien les jeunes plantations. Éliminez les herbes qui poussent à leur pied.
• Vérifiez leur attache sur les tuteurs qui ne doivent pas frotter sur le tronc. Au besoin, utilisez des liens renforcés de mousse.
• Greffez en couronne poiriers et pommiers.

Avril

LA PLANTATION DES DAHLIAS

Préparez le terrain par un bêchage profond, en situation aussi ensoleillée que possible. Apportez du fumier bien décomposé, déshydraté ou un compost bien réduit. Recouvrez d'un peu de terre. Disposez des tuteurs solides (un par emplacement). Mettez les tubercules en place et recouvrez de 10 cm de terre. Pour les plantes issues de boutures, 5 cm suffisent. Il est possible de diviser ces tubercules, mais veillez à ce que chacun des éclats comporte deux ou trois yeux.

▲ Préparez bien le sol sans le fertiliser.

▲ Utilisez des granulés anti-rongeurs.

▲ Posez le tubercule à plat dans le trou.

▲ Mettez en place le tuteur et arrosez.

• Dans les régions fraîches, placez des auvents au-dessus des espaliers de pêchers ou des vignes palissées afin de les protéger efficacement contre les dernières gelées.
• Semez les pépins ou les noyaux des fruitiers déjà stratifiés pour obtenir des francs qui seront greffés l'année prochaine.
• Traitez avec un fongicide les arbres à noyaux contre la cloque, le coryneum, le monilia.
• En fin de mois, pulvérisez un insecticide sur les pruniers contre le carpocapse.

▼ Un rosier grimpant palissé avec une attache d'osier.

• Combattez les premières colonies de pucerons sur les cerisiers avec un insecticide spécifique, bien toléré par les insectes utiles.
• Dans le Midi, taillez les agrumes, orangers et citronniers. Aérez le centre des ramures en leur donnant une forme régulière.
• Faites un éclaircissage sur les pêchers en enlevant les fruits en surnombre.
• Repiquez les boutures de groseilliers.
• Attachez les pousses des formes fruitières palissées quand elles se développent.
• Lorsqu'il est vide, nettoyez et désinfectez le local de conservation des fruits.

▲ Protégez les plantes vivaces avec un anti-limaces.

FLEURS DE SAISON

Toutes les bulbeuses printanières garnissent massifs, pelouses et balcons : fritillaires, jacinthes, narcisses, tulipes, scilles, muscaris. Chez les plantes vivaces, on admire les corbeilles d'or aux fleurs jaunes, la corbeille d'argent, le gazon d'Espagne (*Armeria maritima*) blanc ou rose, les asters de printemps blancs (*Aster alpinus*), ou bleu malvacé (*Aster tongolensis*), l'aubriète aux fleurs roses ou bleues, les premières clochettes de muguet, le cœur de Marie (*Dicentra spectabilis*) rose et blanc, la pulsatille à fleurs violettes, les campanules, etc. C'est le temps de l'apothéose des pensées et des primevères.

◄ Le lilas : coloré et parfumé.

Parmi les arbustes à floraison jaune, citons : l'azalée à feuilles caduques, l'épine vinette, la coronille, le cytise. Ceux à floraison bleue sont : les céanothes (*Ceanothus impressus*), le lilas, les pervenches. Ceux à floraison rouge sont : *Magnolia liliiflora* 'Nigra', les rhododendrons, les pivoines, etc. L'aronia, l'oranger du Mexique, le deutzia, la boule-de-neige, le seringat, sont blancs, tandis que l'arbre de Judée (*Cercis siliquastrum*), le kalmia, *Magnolia soulangeana* et *Tamarix africana* sont roses.

17

Votre année au jardin

▲ C'est le bon moment pour planter les rhododendrons.

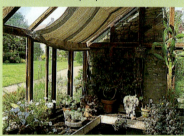

▲ Commencez à ombrager les semis dans la véranda.

◂ Plantez les tomates dans les régions au climat doux.

Légumes

• Semez directement en place les betteraves et les carottes ou en pépinière les choux de Bruxelles, les choux d'été et d'automne, les laitues et les pissenlits qui seront repiqués lorsque les plants auront atteint une dizaine de centimètres de hauteur.
• Semez des pois à grains ridés, plus sucrés que les variétés à grains ronds.
• Plantez les céleris-raves et les céleris à côtes.
• Mettez en place les choux-fleurs en les espaçant de 60 cm de distance en tous sens.
• Recouvrez la plantation de fraisiers avec de la paille hachée ou de l'écorce de pin broyée. En fin de mois, dans les régions à climat doux, commencez vos plantations de tomates.
• Effectuez un premier semis de persil dans un endroit bien ensoleillé et facile d'accès.
• Buttez les pieds d'asperges et de pommes de terre durant la croissance des pousses.
• Désherbez régulièrement les planches d'ails, d'oignons ou d'échalotes.
• Éclaircissez les jeunes semis.

Arbres et arbustes

• Couvrez les massifs de plantes de terre de bruyère d'une épaisse couche d'écorces de pin.
• Effectuez un traitement contre l'oïdium sur les *Lagerstrœmia*.
• Procédez à la taille des corêtes du Japon et des spirées. Marcottez les boules de neige, la glycine, le forsythia, les groseilliers.
• Arrosez les arbustes plantés récemment.
• Effectuez la première taille sur les haies de thuyas, de chamaecyparis ou d'ifs.
• Plantez les résineux après avoir fait tremper le conteneur pendant quelques minutes.
• Traitez les conifères avec un insecticide contre le bupreste.

Rosiers

• Vous pouvez encore mettre en place des rosiers, à condition d'utiliser des plantes élevées en conteneurs.
• Surveillez la feuillaison et effectuez les premiers traitements contre la maladie des taches noires. Utilisez un fongicide systémique.
• Binez le sol des nouvelles plantations.
• Palissez les pousses des rosiers sarmenteux au fur et à mesure de leur croissance, le plus horizontalement possible.
• Sur la terre, épandez un matelas de paillis fait d'écorces de pin ou de paillettes de lin.

Pelouse

• Effectuez une scarification après une tonte.
• Passez l'aérateur si le terrain est lourd et tassé pour apporter de l'air aux racines.
• Épandez un engrais azoté à action rapide comme le sulfate d'ammoniaque.
• Désherbez les pelouses avec un herbicide des gazons. Procédez deux jours après une tonte.
• Découpez le gazon autour des arbres, des arbustes plantés en isolé et des massifs.
• Chaque semaine, tondez votre gazon. Les nouvelles pelouses seront coupées avec une lame neuve, très bien affûtée. Roulez ensuite.

Avril

RÉCOLTES

Dégustez les premières asperges. Appréciez les radis printaniers, les jeunes carottes, les fraises cultivées sous abri. Ramassez les choux cabus, les épinards et les pissenlits, les laitues à couper et les variétés pommées, les premiers pois à grains ronds et mangetout, les derniers salsifis et scorsonères. Aromatisez la cuisine avec la ciboulette, l'estragon, le romarin et l'oseille.

À la maison

• Terminez les rempotages des plantes vertes.
• Avec l'eau d'arrosage, apportez un engrais pour plantes vertes ou plantes fleuries, selon le cas, en respectant les doses conseillées.
• Poursuivez l'arrosage des bulbes d'amaryllis, même s'ils sont défleuris.
• Avec un pinceau, ôtez les cochenilles farineuses nichées entre les aiguilles des cactées.
• Procédez au bouturage par tronçons de tiges des cordylines et dracaenas.
• Évitez les rayons directs du soleil sur les fougères et autres plantes de mi-ombre. Installez un voilage devant les fenêtres ou éloignez les plantes de celles-ci.
• Nettoyez les feuilles des plantes vertes avec un produit lustrant ou un coton imbibé de bière.
• Pincez les jeunes pousses des conifères conduits en bonsaïs et taillez les espèces caduques pour faire naître de nouvelles feuilles.

Fenêtres et balcons

• Préparez les jardinières pour les plantations de fleurs qui auront lieu dans la deuxième quinzaine du mois. Changez la terre des bacs. N'oubliez pas de prévoir un drainage.
• Semez des plantes condimentaires, si vous ne disposez pas de jardin potager.
• Changez les camélias de bac, dès la fin de la floraison. Utilisez une terre acide.
• Enlevez les bulbes de tulipes et de narcisses avec leurs racines. Replacez-les en jauge dans un coin du jardin, pour les faire mûrir.
• Décorez votre balcon avec des arbustes robustes : bambous, lauriers-tins. Semez des plantes grimpantes pour garnir les rambardes.

Travaux divers

• Arrêtez le chauffage de la serre ou de la véranda dès que la température extérieure le permet et aérez aux heures les plus chaudes.
• Ombrez le côté est le matin, l'ouest ensuite.
• Rempotez les orchidées dans un compost spécial. Maintenez une bonne humidité.
• Détruisez les mauvaises herbes dans les massifs, avec une spécialité à base de glyphosate, sans toucher les plantes cultivées.
• Effectuez un traitement insecticide contre les otiorhynques qui s'attaquent aux troènes et aux rhododendrons.
• Nettoyez les tuteurs avec de l'eau de Javel.

▲ Attention aux cochenilles, fréquentes sur les cactées.

▲ Éliminez les mauvaises herbes dans les jardinières.

LA PRÉPARATION DES MASSIFS

Les plantes saisonnières, à floraison estivale et automnale doivent être mises en place dans un sol bien labouré. Effectuez un bêchage profond d'une bonne vingtaine de centimètres, en brisant bien les mottes. Enlevez les cailloux et les racines des mauvaises herbes.
Épandez un engrais complet spécial pour fleurs, riche en acide phosphorique et en potasse.

Griffez profondément le terrain pour affiner la terre, passez l'outil dans le sens de la longueur, puis de la largeur pour une meilleure efficacité. Si le massif est rond ou ovale, vous pouvez lui donner un profil bombé. S'il s'agit d'une plate-bande adossée à une haie ou à un mur, la partie arrière sera un peu plus haute que le devant. Ratissez pour éliminer les derniers petits cailloux et autres débris puis tracez les lignes de plantation, surtout si vous devez reproduire un dessin précis. Disposez les plantes en quinconce, c'est plus joli.

▼ Labourez le sol en l'émiettant bien.

▼ Griffez pour émietter finement la terre.

▼ Ratissez sans creuser pour bien niveler.

Votre année au jardin

Mai

Tout éclate, tout pousse dans le jardin, et le muguet avec ses clochettes immaculées, sonne les beaux jours. Pourtant, prenez garde, nous sommes en période de lune rousse qui peut, dit-on, « geler les plantes par la pousse ».

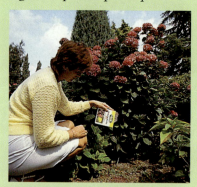

▲ Apportez un produit antichlorose aux hortensias.

▲ Le printemps est maintenant bien installé. Le jardin éclate de mille couleurs, en particulier les rhododendrons.

À NE PAS OUBLIER

✤ Le soir, en début de mois, surtout si le temps est dégagé, protégez les plantes un peu fragiles comme les concombres, les tomates, les aubergines. Réalisez cette protection avec une toile, une cloche en plastique ou un tunnel de forçage.
✤ Aérez la serre ou la véranda, à la fois dans la partie basse et en faîtage.
✤ Effectuez vos plantations florales, de préférence par temps couvert.
✤ Enlevez les fleurs fanées des géraniums.
✤ Si vous possédez un petit étang, une mare, un plan d'eau peuplé de poissons, plantez quelques espèces immergées comme le mouron d'eau *(Callitriche vernalis)*, l'élodée du Canada *(Elodea canadensis)* ou le potamot *(Potamogeton)*.
✤ Mettez de l'antilimace si le temps est humide.

Fleurs

• Dans une terre humifère et riche, mettez en place les plantes à massif estivales.
• En situation ombragée, plantez des bégonias tubéreux, des impatiences ou des fuchsias.
• Sarclez entre les pieds de plantes vivaces pour empêcher que les mauvaises herbes ne viennent tout envahir.
• Coupez les tiges des vivaces ayant terminé leur floraison comme les aubriètes ou les iris dont vous ne toucherez pas les feuilles.
• Poursuivez les semis de fleurs annuelles. Si la levée est importante, éclaircissez en laissant un plant tous les 30 à 40 cm environ.
• Poursuivez la plantation des bulbes d'été.

Taillez les haies dès que les pousses mesurent 15 cm. ▶

20

Mai

▲ Cœur de Marie.

Fruits

- Creusez des cuvettes autour des jeunes arbres pour retenir l'eau d'arrosage.
- Apportez, par pulvérisation, un engrais foliaire sur la frondaison des arbres âgés.
- Ramassez et brûlez les jeunes fruits tombés sur le sol. Ils peuvent être parasités.
- Enlevez les fruits des très jeunes arbres. Sur les autres, procédez à un éclaircissage, après la chute physiologique normale.
- À la fin du mois, ensachez les fruits des arbres en espalier (poiriers, pêchers...).
- Installez des pièges à phéromones dans la ramure des pommiers et des pruniers pour capturer les carpocapses.
- En début, puis en fin de mois, effectuez un traitement fongicide sur les arbres à noyaux pour lutter contre la cloque.
- Sur les vieux arbres, remplacez les branches cassées en faisant des greffes en couronne.
- Ébourgeonnez la vigne et taillez en vert.

Légumes

- Semez les chicorées 'Witloof' destinées à devenir des endives l'hiver prochain.
- Semez des radis tous les 10 ou 12 jours pour obtenir une récolte échelonnée.
- Après avoir placé les tuteurs, plantez vos tomates dans un sol bien préparé.

FLEURS DE SAISON

Ce mois-ci débute une symphonie de couleurs et de senteurs. Admirez les anémones, les tulipes tardives, les premiers érémurus, les fritillaires impériales et méléagres, les ornithogales.

◄ L'iris : fleur reine du mois de mai.

Les plantes vivaces sont de plus en plus nombreuses à fleurir : ancolies, campanules, catananches, centaurées, chrysanthèmes (*Chrysanthemum coccineum*), corydalis, cœur de Marie, digitales, doronics, iris, lupins, pivoines, véroniques.

Parmi les arbustes à floraison printanière, citons les formes caduques d'azalées (mollis et Exbury), la coronille, le cytise et le mahonia qui colorent l'espace de jaune. Porteurs d'une floraison bleue, nous avons les ceanothes (*Ceanothus thyrsiflorus*), *Teucrium fruticans*, les pervenches et les très jolies clématites de Jackmann. Pour une floraison rouge, les pommiers d'ornement (*Malus 'Royalty'*), les rhododendrons. Les deutzia, magnolia (*Magnolia stellata* et *soulangeana*), viornes (*Viburnum plicatum*) sont blancs. L'arbre de Judée, les pruniers, le lilas et le tamaris (*Tamarix africana*) sont couverts de jolies fleurs roses.

- En pépinière, semez des choux brocolis. La plantation aura lieu en juillet.
- Sarclez entre les rangs de bulbes potagers : ails, oignons ou échalotes.
- Semez de la tétragone, après avoir fait tremper les graines dans l'eau, pendant 24 heures.
- Dans les régions à climat doux, taillez les pieds de tomates, à une feuille au-dessus du 3e bouquet floral. Enlevez tous les bourgeons se développant à l'aisselle des feuilles.
- Arrosez copieusement toutes les cultures.
- Repiquez choux-fleurs et choux d'automne.

▲ Supprimez les inflorescences fanées des bruyères.

ÉCLAIRCISSAGE, ÉBOUTONNAGE

L'éclaircissage permet de limiter le nombre de jeunes fruits pour obtenir des pommes, des poires ou des pêches plus grosses. Il se pratique le plus souvent sur les arbres conduits en espaliers, et consiste à ne garder qu'un ou deux fruits par bouquet floral. Sur le poirier, supprimez, ce mois-ci, le ou les fruits placés au centre du bouquet, avec un petit sécateur. Sur le pommier, faites le contraire, en ne gardant que les deux fruits du centre. Sur le pêcher, laissez un fruit tous les 10 cm environ le long de chaque branche. L'éboutonnage est réservé aux roses, dahlias, œillets et aussi aux chrysanthèmes dont on ne veut conserver qu'une seule très grosse fleur sur la tige. L'opération consiste à supprimer tous les organes floraux situés autour du bouton central et portés par des pédoncules secondaires.

▲ L'éclaircissage des poires.

▲ Ébourgeonnez les pousses inutiles.

▲ Pincez les jeunes pousses verticales.

▲ Éboutonnez les rosiers à grandes fleurs.

21

Votre année au jardin

▲ L'abondance des fleurs permet de faire des bouquets.

▲ Chaque mois, traitez les rosiers avec un produit total.

- Taillez les haies et les arbustes défleuris.
- Épandez un produit antichlorose riche en fer assimilable au pied des hortensias jaunis.
- Limitez la végétation des palissades de lierre en coupant toutes les pousses du haut.
- Taillez les bruyères *(Erica darleyensis)* qui ont terminé leur floraison.
- Traitez les thuyas et les chamaecyparis contre le bupreste. La larve vit dans le bois et provoque le dessèchement des branches.
- Taillez vos haies de conifères, si vous n'êtes pas encore intervenu cette année.
- Surveillez les apports d'eau des plantations récentes pour assurer leur reprise.

Rosiers

- Dès leur apparition, supprimez les pousses (gourmands) nées sous le point de greffage.
- Enlevez les fleurs fanées en coupant deux feuilles en dessous de la fleur ou du bouquet pour favoriser la remontée.
- Éboutonnez les rosiers à grandes fleurs.
- Plantez les rosiers cultivés en conteneurs, mais enlevez les fleurs des rameaux.
- Sur leur support, attachez les pousses des rosiers sarmenteux au fur et à mesure de leur croissance. Ne serrez pas trop les liens.
- Pulvérisez préventivement un fongicide contre la maladie des taches noires.
- Surveillez les attaques des pucerons.

Arbres et arbustes

- Plantez les arbustes élevés en conteneurs. Avant de retirer la plante de son contenant, faites-la tremper quelques minutes.
- Enlevez les fleurs fanées des rhododendrons et des azalées rustiques, sans casser les deux bourgeons naissant juste au-dessous du pédoncule floral. Ils fleuriront l'an prochain.

L'ENTRETIEN DU GAZON

Tondez au moins une fois par semaine, pour obtenir un véritable tapis et ne pas être gêné par une trop grande hauteur d'herbe à couper. Réglez la tondeuse, de façon à ne pas supprimer plus du tiers de la hauteur du gazon. Tondez en longues bandes droites, en évitant de marcher au même endroit et recoupez sur les zones de passage, pour ne pas laisser de parties non tondues. Travaillez toujours sur une pelouse sèche. Ramassez les coupes et portez-les sur le tas de compost. Si vous les laissez sur place, vous risquez de provoquer l'apparition de maladies. Roulez votre pelouse une fois par mois, après l'avoir tondue. Une ou deux fois par an, selon l'âge du gazon, passez un rouleau aérateur et le scarificateur. Ils donneront une seconde jeunesse à votre gazon en le régénérant totalement.

▼ Arrosez quotidiennement s'il fait chaud.

▼ La tonte hebdomadaire est obligatoire.

▼ L'aération et le roulage combinés.

▼ La scarification extirpe les mousses.

Mai

RÉCOLTES

C'est le temps des asperges. Arrachez les carottes et les navets produits sous châssis, les radis, les pois et les fraises. Pour vos salades, cueillez le cresson, les chicorées type « Vérone », la scarole, la laitue pommée. Récoltez aussi les premières fèves, les choux cabus et les dernières endives. Dans le jardin fruitier, cueillez les premières cerises : 'Guigne de mai'.

Pelouse

• Tondez au moins une fois par semaine.
• Effectuez le premier ou le deuxième désherbage sélectif, deux jours après une tonte.
• Passez le rouleau sur les jeunes gazons pour provoquer le tallage, c'est-à-dire l'émission de nouveaux bourgeons à l'aisselle des feuilles.

À la maison

• Après le 15, sortez les plantes les plus rustiques. Habituez-les progressivement à la pleine luminosité, même si le climat n'est pas très ensoleillé. Évitez les rayons directs qui provoquent des brûlures sur le feuillage.
• Placez votre azalée d'intérieur dans un massif de terre de bruyère situé à l'ombre.
• Sortez cactées et plantes grasses au soleil.
• Procédez au rempotage du gardénia.
• Récoltez les fruits noirs des aralias (*Fatsia japonica*), plantés dans le jardin. Extrayez les graines et semez-les aussitôt dans une terrine remplie de sable de rivière très humide.
• Arrosez toutes vos plantes, en ajoutant à l'eau, une fois sur deux, un engrais soluble. Évitez que l'eau ne stagne en permanence dans les soucoupes placées sous les pots.
• Aérez souvent la serre et la véranda. Ombrez aux heures les plus chaudes de la journée.
• Pincez les tiges des plantes volubiles devenant trop envahissantes.
• Faites des boutures avec les plantes que vous souhaitez multiplier. Placez-les bien au chaud, sous un plastique transparent.

Fenêtres et balcons

• Effectuez les plantations de fleurs saisonnières. Évitez de trop les serrer.
• Réalisez des suspensions avec des verveines, des fuchsias, des géraniums, des lobélias...
• Plantez, dans des bacs, des légumes à petit développement ainsi que des aromatiques.
• Palissez les grimpantes sur leurs supports, au fur et à mesure de leur développement.
• Couvrez d'écorces de pin la surface des bacs.

Travaux divers

• Installez un système d'irrigation par goutte-à-goutte sur votre terrasse ou votre balcon.
• Nettoyez régulièrement votre tondeuse, son moteur, la bougie et le filtre à air.
• Binez régulièrement le sol des massifs.
• Divisez les grosses touffes de nénuphars.

▼ Plantez les pétunias dans les massifs saisonniers.

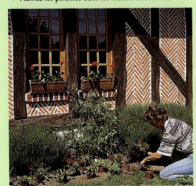

▼ C'est le temps de la décoration estivale du balcon.

• Marcottez les plantes grimpantes et les arbustes à rameaux souples par couchage.
• Commencez les grands travaux : pose des dallages, installation de la clôture, mise en place de l'arrosage enterré, construction des murets et des escaliers, etc.
• Luttez contre les taupes avec des pièges, des fusées et des vers empoisonnés.

▲ Plantez les glaïeuls.   Ensachez les beaux fruits. ▼

23

Votre année au jardin

Juin

Juin est le plus beau mois de l'année dans le jardin. Les jours sont les plus longs. Les roses s'épanouissent, qu'elles soient remontantes ou non. Les pelouses sont d'un vert tendre. C'est le temps des récoltes, mais on sème aussi pour les saisons à venir.

▲ Taillez les buis et les ifs formés en boule ou en cône.

▲ Juin est le mois de la prolifération des roses.

Fleurs

• En début de mois, terminez toutes vos plantations de fleurs annuelles.
• Semez celles qui fleuriront à votre retour de vacances : cosmos, juliennes de Mahon, scabieuses, soucis, chrysanthème à carène.
• En pépinière, semez les bisannuelles qui seront plantées en automne : campanules, digitales, myosotis, pâquerettes, pensées.
• Coupez maintenant les feuillages desséchés des bulbes de printemps arrachés le mois dernier. Rangez-les dans un local sain et sec, en notant bien sur chacun d'eux le nom de la variété.
• Prélevez des boutures sur vos œillets ainsi que sur les plantes de rocaille non ligneuses.
• Posez des tuteurs au pied des grandes plantes vivaces en veillant à ne pas abîmer les racines.
• Pincez les chrysanthèmes pour qu'ils s'étoffent et buttez les pois de senteur.
• À l'ombre, semez quelques plantes vivaces. Les plus anciennes, qui sont maintenant défleuries, peuvent être divisées.
• Binez les massifs pour décroûter la terre.

FLEURS DE SAISON

Les vedettes du jardin sont à coup sûr les rosiers. Pourtant, les plantes bulbeuses sont vraiment dignes d'admiration : agapanthe, érémurus, lis blanc (*Lilium candidum*), lis hybride, oxalis rose. Les belles plantes vivaces du moment sont *Astrantia major*, blanc, l'achillée 'Cloth of Gold', jaune ou 'Cerise Queen', rouge, les astilbes aux fleurs à panache vivement coloré, le cosmos 'Chocolat' aux fleurs pourpres, les campanules à feuilles de pêcher, l'euphorbe polychrome, le penstemon 'Hidcote Pink' aux grandes grappes de fleurs rose vif. Parmi les arbustes à floraison jaune, nous trouvons le baguenaudier (*Colutea arborescens*), le genêt à balais (*Cytisus scoparius*), le phlomis et le genêt d'Espagne (*Spartium junceum*), et dans les floraisons bleues, le buddleia, le céanothe, l'hortensia. Le callistemon et l'hibiscus de Syrie (*Hibiscus syriacus*) sont rouges. En blanc, nous avons *Abelia grandiflora*, les bruyères (*Erica vagans*), le seringat des jardins (*Philadelphus grandiflorus*), et à floraison rose, l'abélia 'Edward Goucher', le weigélia, l'escallonia et le laurier-rose.

◄ La rose 'Critérion' : un coloris très chaud.

Juin

PLANTEZ LES NÉNUPHARS

Si vous plantez des nénuphars dans une pièce d'eau naturelle, assurez-vous que la profondeur est suffisante pour la variété choisie. Les espèces naines se contentent de 25 cm d'eau, les plus grandes souhaitent une immersion de 80 cm à 1 m de profondeur au minimum.

Utilisez des grands pots de terre cuite, des bacs en ciment ou, mieux, des paniers spéciaux en matière plastique ajourée. Évitez le bois qui se détériore vite.

Dans le fond du contenant, placez des gravillons ou des billes d'argile. Remplissez-le ensuite avec un compost spécial pour plantes aquatiques. Vous pouvez aussi utiliser une terre de jardin additionnée de terreau bien décomposé, mais indemne de fumure organique pour éviter la pollution de l'eau. Placez le nénuphar dans le centre du pot et comblez avec le mélange. Recouvrez d'un grillage à mailles très fines pour éviter que la terre du dessus ne s'échappe du pot. Dans le centre, découpez une ouverture pour laisser passer les feuilles et les fleurs. Placez ensuite votre plantation dans le bassin en laissant lentement pénétrer l'eau dans la terre.

▲ *Dans le fond, placez des billes d'argile.*

▲ *Posez un grillage à mailles très fines.*

▲ *Répartissez les tiges autour du pot.*

▲ *Glissez le pot lentement dans l'eau.*

▲ *Récoltez les choux en les coupant au ras du sol.*

▌ Fruits

• Pincez, à cinq feuilles, les rameaux de pommiers et de poiriers nés dans la saison. Pincez également la vigne à deux feuilles au-dessus de la dernière grappe.
• Ensachez les poires 'Passe-Crassane', 'Doyenné du Comice' et 'Fertilia'.
• Taillez en vert les actinidias, en coupant les pousses, juste au-dessus de la cinquième feuille comptée après le dernier fruit.
• Couvrez les groseilliers d'un filet pour protéger les grappes de l'appétit des oiseaux.
• Si vous ne l'avez pas encore faite, terminez la taille des agrumes : orangers, citronniers.
• Étayez les branches trop chargées de fruits.

▌ Légumes

• Avant le 15, semez les variétés de haricots destinées à être consommées en grains.
• Cessez les cueillettes d'asperges vers le 15 et laissez les plantes se développer à leur guise.
• Arrosez vos cultures, de préférence le soir, en évitant de mouiller les feuillages.
• Repiquez des plants de laitue tous les quinze jours pour étaler les récoltes.
• Semez des oignons blancs à confire. Serrez les graines pour limiter leur développement.
• Effectuez un ou deux traitements insecticides sur les plants de poireaux en place.
• Semez du persil, en faisant tremper les graines 24 heures, et du cerfeuil en situation ombragée.
• N'oubliez pas la taille sur les melons.
• Ébourgeonnez les tomates et taillez au-dessus du troisième ou quatrième bouquet de fruits.
• Après les arrosages ou une pluie, passez le sarcloir pour décroûter la terre et aérer les racines.

▲ *Taillez les pousses secondaires inutiles sur les tomates.*

Pincez les cordons de pommiers pour la mise à fruits. ▶

25

Votre année au jardin

▲ Arrosez et fertilisez les plantations sur le balcon.

▲ Supprimez les fleurs fanées des rosiers.

◄ Nettoyez les feuilles du dieffenbachia avec de la bière.

pungens. Traitez en cas de besoin.
• Donnez un peu d'engrais spécial conifères.
• Ramassez les aiguilles qui acidifient le sol.

Rosiers

• Effectuez une pulvérisation avec un fongicide contre la maladie des taches noires, qui apparaît lorsque la température est voisine de 25 °C et qu'il y a risque de pluie.
• Faites un paillis d'écorces de pin ou de paillettes de lin au pied des rosiers nains.
• Marcottez vos rosiers sarmenteux, en couchant une tige dans le sol.
• Arrosez au pied, sans mouiller le feuillage.
• Enlevez les roses passées en coupant la tige à trois ou quatre feuilles sous la fleur fanée.

Pelouse

• Épandez, sur la pelouse humide, un engrais azoté, comme le sulfate d'ammoniaque, ou un engrais gazon, à raison de 25 g/m^2.
• S'il fait chaud et sec, vous pouvez laisser les coupes de gazon. En fanant, elles apporteront un peu d'azote au sol.
• Arrosez abondamment, de préférence le soir. Comptez environ 3 litres d'eau par m^2.
• Vers la mi-juin, arrêtez les semis du gazon. Vous les reprendrez après le quinze août.
• Poursuivez les désherbages sélectifs.
• Scarifiez les vieilles pelouses à régénérer.

Arbres et arbustes

• Poursuivez la taille des arbustes ayant terminé leur floraison, tels les seringats, les deutzias, les viornes à fleurs, les spirées 'Vanhouttei', les cytises. Procédez à la taille des buis et des ifs en formes régulières : cônes, boules, etc. Taillez votre glycine, si vous n'avez pu le faire au début du printemps.
• Arrosez régulièrement et abondamment tous les arbustes à floraison estivale.
• Appliquez un désherbant sélectif au pied des arbustes, dans les massifs et les haies.
• Arrachez les semis naturels, les rejets et les pousses qui se développent au pied des arbres.

Conifères

• Le soir, bassinez la ramure des conifères : sapins, faux-cyprès, genévriers, surtout s'ils ont été plantés récemment.
• Surveillez les attaques d'acariens sur *Picea*

À NE PAS OUBLIER

❋ Traitez vos géraniums contre la rouille.
❋ Combattez le ver de la framboise en effectuant quelques pulvérisations d'insecticide à base de pyrèthre, à plusieurs jours d'intervalle.
❋ Chaque semaine, tondez la pelouse avec une lame toujours bien affûtée.
❋ Sarclez la terre des massifs floraux et les plates-bandes du potager pour enlever les herbes.
❋ Ébourgeonnez régulièrement les pieds de tomates pour favoriser les fruits.
❋ Ombrez la serre et la véranda.

J u i n

RÉCOLTES

Poursuivez la cueillette des fraises et des artichauts. C'est le temps des carottes, des betteraves, des choux-fleurs, des choux cabus, des oignons blancs et des poireaux. Les laitues, les chicorées scaroles, les épinards et les fèves donnent à plein, comme les petits pois à grains ronds et mangetout. Dans le verger, cueillez les cerises, les framboises, les groseilles et les premières pêches.

À la maison

- Pour augmenter votre collection, faites des boutures de cactées et plantes grasses.
- Arrosez régulièrement en incorporant dans l'eau un engrais soluble faiblement dosé.
- Arrosez quotidiennement les fougères. Elles ont besoin d'une humidité constante.
- Taillez sévèrement les impatiences si elles se dégarnissent de la base, pour qu'elles se ramifient à partir de la souche.
- Sortez les plantes les moins frileuses et trouvez-leur, dans le jardin, une place où elles ne recevront pas le soleil direct.
- Faites une pulvérisation préventive d'insecticide plantes d'intérieur contre les cochenilles, les pucerons et les araignées rouges.
- Aérez l'appartement pendant la nuit.

Fenêtres et balcons

- Terminez les plantations des rebords de fenêtres. Choisissez des pots bien fleuris.
- Arrosez, tous les 3 jours, bacs et jardinières.
- Commencez les apports d'engrais soluble ou plantez des engrais bâtonnets.
- Enlevez les fleurs dès leur défloraison pour favoriser le départ de nouveaux boutons.
- Traitez vos rosiers régulièrement. Ils sont plus fragiles sur un balcon qu'au jardin.
- Pincez les géraniums-lierres pour provoquer le départ de nombreuses ramifications.
- Palissez les grimpantes sur les treillages.

Travaux divers

- Remaniez votre tas de compost.
- Par temps chaud, oxygénez l'eau du bassin en faisant fonctionner une pompe.
- Éliminez les lentilles d'eau.
- Profitez de la période estivale pour vérifier l'installation électrique de vos châssis, si vous les chauffez avec cette énergie.
- Dépoussiérez les murets, les escaliers, les dallages, avec un nettoyeur haute-pression.
- Utilisez une débroussailleuse portée pour entretenir les sous-bois, les talus, les fossés, etc.
- Installez un programmateur d'arrosage.

▲ Même en fleur, traitez les rosiers contre les pucerons.

▲ C'est le temps de la récolte des fraises. Un grand plaisir.

TUTEURAGE ET PALISSAGE

Le tuteurage est une opération qui consiste à aider les plantes à se tenir droites. Dans le potager, les tomates sont tuteurées avec des bambous, des piquets métalliques ou des tuteurs à réserve d'eau, mis en place avant la plantation. Les haricots grimpants sont installés sur des tuteurs droits réunis à leur sommet pour former une pyramide ou sur des formes en spirale. Dans la partie ornementale, les plantes vivaces hautes sont soutenues par des armatures métalliques en cercle fixées sur des piquets droits. Les branchages de bouleau, fichés dans le sol au centre d'une touffe, sont également efficaces et très économiques. Le palissage consiste à attacher sur un support les plantes sarmenteuses qui ne s'accrochent pas d'elles-mêmes. C'est le cas des rosiers, du jasmin d'hiver, des céanothes par exemple. Attachez les pousses au fur et à mesure de leur croissance, avec un lien en plastique, sans trop serrer pour ne pas les étrangler.

▼ Pour les vivaces : un tuteur grillagé.

◄ Un lien armé pour attacher solidement le houblon.

▼ Des bambous pour les tomates.

▼ Des grandes rames pour les haricots.

Votre année au jardin

Juillet

Juillet est l'un des plus beaux mois de l'été, sinon l'un des plus chauds. Il appelle au repos, à la détente. C'est le temps des fleurs et des récoltes, c'est le temps des senteurs et des saveurs. Admirez, profitez pleinement de ces plaisirs que vous apporte votre jardin.

À NE PAS OUBLIER

✽ Traitez les massifs et les haies de thuyas et de chamaecyparis contre le bupreste, avec un insecticide à base de cyperméthrine.
✽ Traitez les pieds de pommes de terre contre le mildiou, avec un produit à base de cuivre.
✽ Protégez vos jeunes cultures contre les brûlures du soleil en les abritant des rayons directs.

▼ Tournez les courgettes sur elles-mêmes pour les cueillir.

▲ En plein été, les massifs de plantes vivaces sont au mieux de leur forme. Les fleurs sont nombreuses et très colorées.

Fleurs

• Arrosez les dahlias avec un engrais soluble.
• Coupez les tiges défleuries des plantes vivaces.
• Coupez les glaïeuls dès que le fleuron de la base est épanoui, les autres fleuriront en vase.
• Procédez à la division des touffes de plantes vivaces telles que l'alysse, l'arabis, l'aubriète.
• Sur vos asters d'automne, effectuez un traitement préventif contre l'oïdium.
• Ébourgeonnez les dahlias et les chrysanthèmes.
• Posez des tuteurs sur les plantes à hautes tiges.
• Divisez les iris pour créer de nouveaux massifs et rajeunir les plantations dans lesquelles les rhizomes s'enchevêtrent. Dans les massifs restants, apportez un bon engrais.
• Arrosez dès que le besoin s'en fait sentir, de préférence le soir, sans mouiller les fleurs.
• En pépinière, semez les bisannuelles dans des terrines ou en place après avoir bien retourné le sol. Arrosez en pluie fine et ombrez.

Fruits

• Sur les troncs ou à la base des arbres, coupez les pousses qui sont nées depuis le printemps.
• Poursuivez la taille en vert sur les espèces conduites en espalier.
• Quinze jours avant la récolte, enlevez les feuilles qui cachent le soleil devant les pêches.
• Ramassez les fruits tombés sur le sol avant leur maturité pour les consommer en compote.
• Cueillez les cerises, mais évitez de casser les pousses qui les portent car ce sont elles qui seront garnies de fruits l'année prochaine.
• Greffez en écusson les fruits à noyaux.
• Taillez les framboisiers non remontants.

Légumes

• Combattez les altises sur choux, radis, navets.
• Semez des poireaux, de la laitue, des radis d'hiver et faites une dernière saison de haricots.

28

Juillet

FLEURS DE SAISON

Les floraisons sont nombreuses ce mois-ci. Toutes les fleurs annuelles sont éclatantes. Parmi les plantes vivaces s'épanouissent des acanthes, des ancolies 'Nora Barlow' aux pompons rouge rosé, des campanules des Carpates aux clochettes bleu azur, du delphinium 'Géant Pacific Astolat', rose cyclamen, ou 'Black Night', violet foncé. Parmi les arbustes, le millepertuis, le laurier-rose, la potentille, le spartium, sont à floraison jaune. L'althaea (*Hibiscus syriacus*) et la lavande sont à floraison bleue. Parmi les floraisons rouges, l'hortensia, la spirée 'Anthony Waterer' et le weigélia sont spectaculaires. L'oranger du Mexique, les cistes et le yucca sont blancs, le buddleia, les céanothes, l'indigofera, les hortensias et les lavatères, roses.

▶ *Gazania splendens 'Talent Jaune' : un soleil très lumineux.*

À la maison

- Surveillez les plantes vertes pour lutter contre les aleurodes ou les mouches blanches.
- Deux fois dans le mois, ajoutez un engrais plantes d'intérieur à l'eau d'arrosage.
- Aérez les pièces de votre maison, mais évitez de placer les végétaux dans les courants d'air froid.
- Nettoyez les feuilles des plantes vertes avec un produit lustrant.
- Faites le plein de réserves d'eau.

- Récoltez les bulbes potagers. Laissez-les sécher sur le sol, à l'ombre avant de les rentrer.
- Éclaircissez les semis de carottes.
- Plantez les fraisiers non remontants.

Arbres et arbustes

- Pincez la glycine à cinq ou six yeux ou faites des marcottes avec les branches près du sol.
- Le soir de préférence, bassinez le feuillage des arbustes persistants plantés au printemps ainsi que celui des conifères bleus.
- Coupez les rameaux des espèces défleuries. Profitez-en pour redonner une forme harmonieuse à l'ensemble en dégageant le centre.

- Pensez à désherber le pied des haies vives.
- Sur les conifères, contre le phytophtora, effectuez des arrosages avec un fongicide.

Rosiers

- Taillez les rosiers non remontants, coupez les rameaux secondaires du tiers de leur longueur.
- Éliminez les gourmands et les fleurs fanées.

Pelouse

- Continuez les tontes et les découpes.
- Arrosez souvent et abondamment.
- Cessez les apports d'engrais et les traitements.

Fenêtres et balcons

- Protégez vos plantes des rayons du soleil.
- Enlevez les tuteurs des géraniums-lierres pour qu'ils forment de grandes cascades fleuries.
- Arrosez les jardinières tous les soirs.
- Nettoyez les plantes de leurs fleurs fanées.
- Griffez la terre des bacs pour enlever la croûte.

Travaux divers

- N'oubliez pas de brancher votre système d'arrosage automatique si vous partez en vacances.
- Passez un coup de peinture sur les clôtures.
- Débroussaillez là où la tondeuse ne peut aller.

POSER UN ARROSAGE AUTOMATIQUE

Évitez la corvée de l'arrosage en installant un réseau enterré. Réalisez un plan du jardin, en respectant les proportions. Notez les contours des parties à desservir : pelouses, massifs d'arbustes, haies, etc. Pour définir le type et le nombre d'arroseurs, faites-vous conseiller par un revendeur et lisez les notices des fabricants.
Contrôlez la pression et le débit de votre installation. Sachez qu'il faut un minimum de 3 bars de pression pour actionner un arroseur « canon ».
Ouvrez les tranchées nécessaires et installez les tuyaux. Donnez une légère pente à vos tranchées pour qu'il existe un point bas dans le jardin où vous pourrez effectuer une vidange de l'installation en hiver. Répartissez ensuite vos arroseurs en veillant à ce qu'ils ne dépassent pas le niveau du gazon, s'ils restent en permanence dans le sol. Procédez à des essais avant de remblayer les tranchées pour vérifier l'absence de fuites et le bon emplacement des appareils. Complétez votre installation en la branchant sur un programmateur relié à une sonde d'humidité fichée dans le sol.

▼ *Dessinez votre jardin sur un plan.*

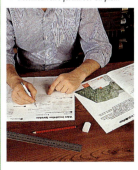

▼ *Posez les tuyaux dans les tranchées.*

▼ *Installez les différents arroseurs.*

▼ *Branchez sur un programmateur.*

Votre année au jardin

Août

Écrasé par la chaleur aoûtienne, le jardin semble être en vacances. Les hampes florales se laissent nonchalamment bercer par une douce brise et les fruits mûrissent au soleil. Vous aussi, prenez du repos. Mais n'oubliez pas, chaque soir, d'apporter un peu d'eau aux fleurs et aux légumes qui ont soif.

▲ Très ensoleillé, le jardin d'été éclate de mille feux. En coupant régulièrement les fleurs fanées, vous aidez la remontée.

▲ Serrez bien la terre autour des plants de poireaux.

Fleurs

- Cueillez les immortelles à bractées et les statices pour en faire des bouquets secs.
- Ôtez les fleurs fanées pour aider la remontée.
- Attachez les tiges de dahlias sur leur tuteur.
- Semez les plantes vivaces et les bisannuelles.
- À partir du 15, supprimez les boutons floraux des chrysanthèmes sauf le terminal.
- Faites des boutures de géraniums.
- Nettoyez les plantes vivaces en supprimant feuilles et fleurs fanées. S'il ne reste plus rien, pensez à bien marquer leur emplacement avec un petit piquet, afin de pouvoir les repérer lors des labours d'hiver.

Fruits

- Pulvérisez un acaricide sur les pommiers.
- Poursuivez la taille en vert sur les arbres conduits en espalier et sur les pêchers.
- Traitez la vigne contre le mildiou. Renouvelez cette intervention dans le courant du mois.
- Dès que les grains ont la grosseur d'un pois, pratiquez le ciselage des grappes sur les cultures conduites en cordon ou en tonnelle.
- Marcottez les rameaux bas de vos groseilliers.
- Effectuez la taille d'été sur les actinidias.
- Retirez les sacs des fruits en fin de mois.

Légumes

- Chaque matin, récoltez les cornichons.
- Semez des épinards en lieu frais et ombragé.
- Semez la mâche sans trop préparer le terrain. Elle préfère un sol compact à une terre meuble.
- Repiquez des poireaux, des laitues et des choux.
- Taillez l'extrémité de la tige des tomates. En climat doux, semez des carottes demi-longues, à récolter en mars prochain.
- Semez la laitue d'hiver, les radis d'automne, les

FLEURS DE SAISON

Les annuelles sont en fleurs : bégonias, sauges, ageratums, cléomes, gauras, etc. Chez les plantes vivaces, l'alchémille (*Alchemilla mollis*) aux fleurs jaune soufre, la campanule des murs (*Campanula muralis*), le géranium vivace aux couleurs variées, le pentstemon 'Hidcote Pink' à fleurs rose vif, s'épanouissent dans les massifs. Parmi les arbustes, le cassia et le fremontodendron sont jaunes, *Perovskia atriplicifolia* 'Blue Spire', le faux indigo (*Amorpha fruticosa*) et *Caryopteris* x *clandonensis* bleuissent.

◄ *Hibiscus syriacus* 'Woodbridge'.

Août

À NE PAS OUBLIER

❋ Oxygénez le bassin en laissant couler un tuyau d'eau fraîche ou en plaçant une pompe.
❋ Ébourgeonnez les pieds de tomates.
❋ Sarclez la terre du potager ou des massifs floraux pour limiter les pertes en eau.
❋ Placez les beaux fruits et les grappes de raisin dans des sacs de papier.
❋ Désherbez le jardin de rocaille.

▲ Coupez une partie du feuillage des boutures de thuyas.

RÉCOLTES

Tout arrive à maturité au potager : les aubergines, les courgettes et les poivrons, les carottes et les navets, les choux, les melons et les pastèques, les tomates et le fenouil, les laitues, les scaroles et le cresson des jardins, les oignons et les échalotes, les derniers pois et les haricots. Au verger, les reines-claudes, les pêches, les pommes et les poires sont bonnes à déguster.

navets d'hiver, l'oseille, la chicorée frisée.
• Récoltez les pommes de terre. Laissez-les deux ou trois jours sur le sol avant de les rentrer.
• Nettoyez les feuilles séchées des pieds d'artichauts, coupez les hampes florales.

Arbres et arbustes

• Bouturez vos arbustes à feuillage persistant : lauriers-palmes, fusains, aucubas.
• À partir du 15, réduisez les arrosages de vos massifs de plantes de terre de bruyère.
• Coupez les jeunes pousses des pyracanthas palissés le long d'un mur, à cinq ou six yeux de leur point de naissance.
• Taillez les arbustes à floraison estivale quand les fleurs sont fanées. Aérez le centre de la touffe.
• Bassinez les plantes de terre de bruyère.

Conifères

• Faites des boutures de thuyas. Prélevez l'extrémité des rameaux non aoûtés.
• Traitez contre le dépérissement à l'aliette.

Rosiers

• Arrosez en cas de sécheresse importante.
• Sur terre humide, épandez un engrais rosiers à raison de 40 g par mètre carré.
• Surveillez les attaques d'araignées rouges.
• Supprimez les gourmands poussant au pied.

Pelouse

• Poursuivez les tontes du gazon et arrosez.
• Traitez la pelouse en cas d'invasion d'aoûtats.
• Le 15, reprenez les semis des nouvelles pelouses.

À la maison

• La nuit, pensez à aérer les pièces de la maison.
• Apportez de l'engrais, un arrosage sur deux.
• Grattez la surface des pots sans abîmer les racines et apportez un peu de terreau neuf.
• Attendez quelques jours avant de remplir à nouveau les bacs à réserve d'eau.

Fenêtres et balcons

• Enlevez les feuilles et les fleurs fanées.
• Tous les 15 jours, apportez un engrais soluble.
• Remuez le paillis mis sur la surface des pots et des jardinières pour le décompacter.
• Soutenez les tiges des plantes retombantes.
• Bassinez les plantes grimpantes.

DIVISER LES IRIS

Pratiquez cette opération sur les iris âgés de plus de quatre ans. Arrachez l'ensemble de la touffe et ne conservez que les plus beaux rhizomes situés sur le contour. Séparez-les en prenant garde à ne pas endommager les racines. Les gros rhyzomes peuvent être coupés à condition de conserver sur chaque portion une touffe de racines et quelques feuilles.

Saupoudrez les plaies occasionnées avec de la poudre de charbon de bois ou avec un mastic cicatrisant.

Enterrez-les de 2 ou 3 cm seulement. Faites des groupes de 3 à 5 rhizomes, le bourgeon tourné vers l'extérieur.

▼ Arrachez l'ensemble de la touffe.

▼ Supprimez l'extrémité des racines.

▼ Coupez une partie du feuillage.

▼ Mouillez abondamment à l'arrosoir.

31

Votre année au jardin

Septembre

Après la chaleur de l'été et le farniente, le jardin retrouve une seconde jeunesse. C'est la rentrée : le gazon reprend de la vigueur, de nouvelles fleurs apparaissent, les récoltes vont bon train. À cheval sur l'été et l'automne, septembre est un mois charnière. Il est encore temps de semer des plantes à végétation rapide, mais vous devez aussi songer à le préparer au repos hivernal.

▲ Avec septembre apparaissent les premières floraisons d'automne. Très colorées, elles prolongent la belle saison.

À NE PAS OUBLIER

✼ Ressemez les pelouses trop dégradées.
✼ Effectuez une dernière découpe des bordures.
✼ Enlevez le blanc badigeonné en début de saison sur les verres de la serre.
✼ Commandez les bulbes à floraison printanière.
✼ Bouturez les géraniums.
✼ Rentrez le mobilier de jardin.
✼ Préparez le forçage des bulbes.
✼ Terminez le rempotage des plantes d'intérieur.
✼ Bouturez les hortensias.
✼ Plantez les iris d'eau.
✼ Procédez au chaulage de votre terre si elle est trop argileuse ou trop acide.
✼ Commandez rapidement vos rosiers. Les catalogues paraissent ce mois-ci.
✼ Nettoyez régulièrement le carter de la tondeuse et les organes du moteur.
✼ Apportez un peu de nourriture aux poissons.
✼ Placez de l'antilimaces au pied des plantes à feuilles tendres.

Fleurs

• Coupez les tiges défleuries des plantes vivaces.
• Enlevez les fleurs fanées et les feuilles desséchées sur les plantes annuelles.
• Semez des pois de senteur en place, dans un endroit bien abrité.
• Effectuez les boutures d'anthémis, de fuchsia.
• Préparez un abri pour entreposer vos chrysanthèmes à la fin de ce mois.
• Divisez les touffes d'œillets mignardises.
• Combattez la rouille sur vos roses trémières au moyen d'une pulvérisation de fongicide.
• Déplacez vos pieds de pivoines herbacées si elles ne fleurissent plus.
• Commencez à mettre en place les plantes vivaces, sans trop les serrer. Pensez à leur développement futur.
• Repiquez les bisannuelles semées en août.
• Faites des massifs avec des fleurs d'automne comme les asters ou les dahlias nains.
• Plantez des choux décoratifs pour l'hiver.

▲ Supprimez les fleurs fanées sur les plantes vivaces.

• Repiquez les boutures de géraniums.
• Semez les plantes de rocaille dans une terrine.
• Achetez vos bulbes de printemps.

Fruits

• Enlevez les derniers sacs posés sur les fruits.
• Détruisez les fruits tombés naturellement. Ils contiennent de nombreux parasites.
• Dégagez les grappes de votre treille. Enlevez les feuilles qui les préservaient du soleil.
• Cueillez les fruits lorsqu'ils sont à point. Ils

32

Septembre

doivent se détacher naturellement de l'arbre.
• Coupez les derniers gourmands qui se développent au pied des arbres et les petits rameaux qui ont poussé sur les troncs.
• Taillez les cassissiers et les groseilliers.
• Marquez les branches mortes pour les repérer cet hiver lorsque vous élaguerez.
• Plantez de nouvelles planches de fraisiers.
• Préparez le local de conservation des fruits en désinfectant les étagères et les caisses.
• En fin de mois, commencez à préparer les trous de plantation pour les nouveaux sujets.

Légumes

• Poursuivez les arrosages, le matin de préférence, pour éviter un refroidissement nocturne.
• Ne mouillez pas le feuillage des courges et des potirons pour ne pas avoir d'oïdium.
• Sarclez le sol pour conserver la fraîcheur.
• Éclaircissez la mâche semée le mois dernier.
• Mettez en pots quelques touffes de plantes condimentaires : persil, estragon.
• Enlevez des feuilles de tomates, en commençant par la base des plantes. À la fin du mois, vous les ramasserez toutes et placerez celles qui sont encore vertes sur le rebord d'une fenêtre pour qu'elles finissent de mûrir.
• En pépinière abritée, semez les choux de printemps, l'oignon blanc hâtif, les laitues d'hiver, l'épinard d'automne, les radis.
• Procédez à l'étiolement des céleris à côtes.

FLEURS DE SAISON

Les rosiers remontants sont à nouveau en pleine floraison, tout comme les plantes annuelles. Chez les vivaces : les asters et les chrysanthèmes, les coréopsis, érigérons, hélianthes, et les sédums sont au mieux de leur floraison. Parmi les couleurs jaunes chez les arbustes, nous admirons, ce mois-ci, le millepertuis et les potentilles. À floraison bleue, nous avons le plumbago arbustif (*Ceratostigma wilmottianum*), la céanothe 'Gloire de Versailles' (*Ceanothus x delilianus*) et le tibouchina (*Tibouchina urvilleana*). À floraison rouge, parlons du lilas des Indes (*Lagerstroemia indica*), de *Lespedeza thunbergi*, et du grenadier (*Punica granatum* 'Pleniflora'). L'*Abelia x grandiflora* 'Francis Mason', l'*Osmanthus heteryphyllus* sont blancs ; les véroniques 'Great Orme' et 'Pointe du Raz', et le tamaris (*Tamarix ramosissima*) 'Pink Cascade' ont des coloris roses.

▶ *Sedum spectabile* 'Carmen'.

• Arrachez les pommes de terre pour la consommation hivernale.
• Œilletonnez les pieds d'artichauts.
• Donnez un engrais aux poireaux.

Arbres et arbustes

• Épandez, sur les massifs de terre de bruyère, un engrais organique à décomposition lente.
• Poursuivez le bouturage des arbustes à feuillage persistant.
• Rassemblez les catalogues automne-hiver des pépiniéristes et commencez à faire votre choix parmi les espèces que vous allez planter.
• Dans le jardin, marquez les emplacements des futures plantations. En fin de mois, commencez à creuser les trous.
• Taillez les arbustes à floraison estivale.

N'hésitez pas à supprimer une bonne partie des branches âgées en dégageant le centre.
• Taillez toutes les haies avant l'hiver. Passez un bon coup de binette à leurs pieds.

Conifères

• Bouturez les cyprès, les ifs et les thuyas.
• Taillez les haies de conifères, plantées dans les régions aux hivers précoces.
• En fin de mois, commencez les plantations ou transplantez les sujets à l'étroit dans un massif.

Rosiers

• Contre la rouille, effectuez une ou deux pulvérisations avec un fongicide. Traitez les feuillages, les rameaux et le sol.

FABRIQUER UN COMPOST

La récupération des déchets du jardin ou de la maison permet, à faible coût, de fabriquer un humus indispensable au jardin. Choisissez un endroit éloigné de la maison, dans un angle du jardin. Vous pouvez simplement entasser vos déchets, mais il est plus esthétique d'établir une plate-forme de dalles de béton, non jointoyées. Entourez l'emplacement d'un muret, puis plantez des arbustes à feuillage persistant pour dissimuler l'ensemble. Entreposez les détritus putrescibles par couches horizontales. Évitez d'apporter les feuilles de rosier ou d'arbres fruitiers qui risquent d'abriter des parasites, ainsi que des branchages ou des mauvaises herbes. Tous les 20 ou 25 cm d'épaisseur, arrosez avec un activateur de décomposition. Tous les deux mois, remuez le tas. Ce compost peut aussi être réalisé dans un silo spécial à compost ou bien dans un cadre de rondins de bois. Votre humus sera prêt dans six mois.

▲ Entassez les déchets du jardin.

▲ Arrosez avec un activateur.

▲ Remuez le tas tous les deux mois.

33

Votre année au jardin

◀ En fin de mois, commencez à planter les conifères.

• Vérifiez les attaches des rosiers conduits en tige ainsi que celles des rosiers sarmenteux.
• Palissez les jeunes pousses nées cette année.
• Apportez de la magnésie dans les massifs, enfouissez-la par un léger griffage de la terre.
• Ramassez les feuilles tombées sur le sol et brûlez-les pour éviter la propagation des maladies ou des insectes qui y séjournent.

Pelouse

• Effectuez une scarification sur les pelouses anciennes pour les régénérer. Cette opération permet également d'éliminer une bonne partie de la mousse et les mauvaises herbes.
• Tondez régulièrement votre gazon qui connaît une bonne repousse, la terre retrouvant une humidité correcte.
• Poursuivez le semis des nouvelles pelouses.
• Épandez un engrais azoté, comme le sulfate d'ammoniaque, pour faire reverdir la pelouse si elle a bien jauni cet été.
• Passez un rouleau aérateur et épandez un peu de sable qui se glissera dans les trous et évitera à la terre de se recompacter trop vite.
• Faites une découpe des bordures.

POSER UN DALLAGE

Commencez par faire un décaissement d'une vingtaine de centimètres de profondeur. Remplissez cette petite fosse par un « hérisson » composé de morceaux de briques, de tuiles, de gros cailloux, sur environ 10 cm de hauteur. Tassez puis nivelez. Utilisez une grande règle et un niveau pour cela. Avant de couler la chape, arrosez abondamment le hérisson. Étalez ensuite la chape de béton en nivelant et en lui donnant une légère pente pour que les eaux de pluie puissent ruisseler. Pour que le ciment servant à coller les dalles adhère bien à la chape, faites des stries lors du lissage. Posez ensuite les dalles, une à une, en vérifiant à chaque fois le niveau pour éviter d'avoir des creux entre plusieurs dalles. Pour avoir des joints constants, placez des petites cales de bois entre chacune d'elles. Aidez-vous d'un maillet de bois pour bien placer les éléments. Faites ensuite les joints et nettoyez avec un balai.

▼ Posez un « hérisson » et nivelez.

▼ Mouillez pour que la chape adhère.

▼ Couler la chape de béton sur le hérisson.

▼ Posez les dalles en vérifiant le niveau.

Septembre

▲ Palissez les rosiers grimpants avec des attaches solides.

À la maison

• Rentrez les plantes les moins rustiques : cordylines, bégonias, ficus. Nettoyez leurs feuilles.
• Avec une eau à température ambiante, bassinez les anthuriums et les spathiphyllums.
• Arrosez très modérément les broméliacées.
• Récupérez les plantules nées sur les hampes florales des chlorophytums et plantez-les dans un terreau plantes d'intérieur.
• Rempotez les phalaenopsis dans un compost spécial pour orchidées.
• Bouturez votre philodendron ou votre caoutchouc *(Ficus)* devenu trop encombrant.
• Rempotez les plantes dont les racines sortent du pot. Utilisez un terreau léger.
• Commandez des jacinthes dites préparées. Elles seront en fleur pour Noël.
• Aménagez de jolies compositions, en regroupant dans un même bac des plantes ayant des exigences de culture identiques.
• En fin de mois, commencez à réduire les arrosages sauf si le temps reste chaud.
• Déplacez les plantes vertes et fleuries installées dans un courant d'air.

Fenêtres et balcons

• Poursuivez le nettoyage régulier des plantes fleuries et des jardinières.
• Arrosez une fois dans le mois avec un engrais soluble. Stoppez ensuite les apports.
• Freinez la végétation des plantes grimpantes.
• Remplacez les fleurs annuelles trop dégarnies par des plantes d'automne comme les chrysanthèmes, les asters nains, les dahlias.

RÉCOLTES

Au potager, comme dans le verger, tout est à point. Arrachez les céleris-raves, coupez les choux-fleurs et les choux de Milan, cueillez les haricots verts ou ceux à consommer en grains frais ou en sec. Rentrez les pommes de terre dans une cave sèche. Poursuivez la récolte des : tomates, aubergines, courgettes, concombres, courges spaghetti. Ramassez vos premiers potirons et choux rouges. Régalez-vous avec les chicorées à feuilles, les laitues et les batavias, le cresson et la roquette. Commencez à mettre en culture les premières endives. Terminez le ramassage des oignons blancs et de couleur, et des échalotes de semis.
Au verger, c'est le temps des pommes, des poires, des pêches, des quetsches, des amandes, des noisettes, des figues et du raisin.

▶ Poire 'Super Comice Delbard' : un délice sucré et juteux.

• Rempotez les arbustes de terre de bruyère (rhododendrons, azalées) élevés en bac.
• Décroûtez la surface des jardinières.

Travaux divers

• Surveillez les températures nocturnes et fermez les aérations de la serre ou de la véranda dès qu'elles passent en dessous de 15 °C.
• Avec une débroussailleuse, nettoyez les sous-bois, les talus et les parties délaissées ou peu accessibles du jardin.
• Commencez à ramasser les premières feuilles qui tombent sur le sol. Portez-les sur le tas de compost pour fabriquer un bon terreau.
• Passez un désherbant total dans les allées où la végétation commence à repartir.
• Dès que les récoltes sont faites, passez la motobineuse dans le potager.
• Broyez les tailles de haie et les déchets végétaux du jardin et mettez-les sur le compost en ajoutant un activateur de décomposition.
• Faites réviser votre motoculteur et votre tronçonneuse pour être certain qu'ils démarreront à la première sollicitation du lanceur.
• Enlevez les feuilles fanées des plantes aquatiques pour éviter qu'elles ne se décomposent dans l'eau et n'entraînent son croupissement.
• Si la température extérieure reste élevée, oxygénez régulièrement l'eau des bassins.
• Apportez de l'engrais à tous les bonsaïs.

Taillez les haies pour qu'elles soient nettes cet hiver. ▶

▲ Placez votre bouture de ficus sous une feuille plastique.

▲ Luttez contre les limaces qui aiment les feuilles d'hosta.

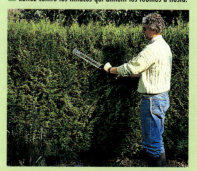

35

Votre année au jardin

Octobre

Les feuillages couleur feu de l'automne percent les brumes. Tout doucement, ils se détachent des branches et viennent mourir sur le sol. Loin d'être triste, octobre est l'un des plus beaux mois de l'année. Appréciez-le.

▲ Les couleurs de l'automne sont les plus belles de l'année. Arbres et arbustes se parent de teintes vives et chaudes.

▲ En terre de bruyère, plantez vos camélias.

Fleurs

• Arrachez les annuelles en fin de végétation.
• Plantez des chrysanthèmes à petites fleurs.
• Mettez en place les bisannuelles : pensées, myosotis, giroflées, pâquerettes, primevères.
• Traitez les asters contre l'oïdium.
• Coupez les tiges des dahlias défleuris. Puis arrachez les souches à la fourche-bêche. Laissez-les sécher quelques jours avant de les ranger en clayettes, dans un local sec et aéré.
• Plantez les bulbes à floraison printanière : tulipes, narcisses, jacinthes, crocus, scilles, etc.
• Poursuivez la mise en place des nouveaux massifs de pivoines.
• En climat doux, plantez des lis en terre légère, sans humidité stagnante en hiver.
• Enlevez les bulbes à floraison estivale en coupant la tige florale, mais laissez les feuilles se dessécher d'elles-mêmes.
• Mettez en pots les chrysanthèmes cultivés en pleine terre. Rentrez les pots dans un local clair, mais abritez-les de la lumière si leur floraison est en avance. Aérez au maximum.
• Multipliez par division les plantes vivaces.
• Prélevez des boutures de géraniums.

FLEURS DE SAISON

Parmi les plantes vivaces les floraisons se font rares. On remarque les aconits (*Aconitum carmichaelli*) aux fleurs violettes, les asters d'automne, les asters étoilés aux fleurs blanches, les chrysanthèmes variés, les colchiques et les anémones du Japon rosées, les coréopsis aux fleurs jaunes, les montbretias (*Crocosmia masonorum*), les vergerettes (*Erigeron glaucus*), les *Lobelia siphilitica* à fleurs bleues, les scabieuses (*Scabiosa graminifolia*). Parmi les arbustes, la potentille (*Potentilla fruticosa*) 'Arbuscula' épanouit ses fleurs jaunes. La véronique est bleue. Les camélias (*Camellia sasanqua*) 'Hiryu' et 'Yuletide', et les bruyères (*Erica cinerea*) - 'Katinka' sont rouges. Admirons l'arbre aux fraises (*Arbutus unedo*) à floraison blanche, et la bruyère d'Irlande (*Erica vagans*) 'George Underwood', à floraison rose.

▼ *Colchicum laetum* : la colchique.

Anemone hybrida : l'anémone du Japon. ▶

36

Octobre

DRAINER UN TERRAIN

Le meilleur moyen d'assainir un terrain toujours humide est de poser des drains qui permettront à l'eau en surplus d'être évacuée. Commencez par ouvrir des tranchées parallèles ou en oblique, dans le sens de la plus forte pente du terrain. Une profondeur de 50 à 80 cm est suffisante. Mais il faut qu'elles soient suffisamment profondes pour se trouver en dessous du niveau des racines. Plus le sol est imperméable, plus ces tranchées doivent être rapprochées. Une distance de 5 à 10 m est correcte. Toutes vos tranchées doivent converger vers un point bas, où vous aménagez un puisard. Il sert à évacuer l'eau vers les égouts, soit naturellement, soit au moyen d'une pompe de relevage. Vous pouvez également raccorder vos tranchées sur le point d'évacuation des eaux pluviales. Si votre terrain est plat, donnez une pente à vos tranchées pour provoquer le ruissellement. Dans le fond de la tranchée, faites un lit de sable grossier ou de petits graviers. Placez ensuite vos drains en plastique. Il s'agit de tuyaux perforés qui filtrent l'eau. Nettoyez-les avant de les recouvrir d'un feutre. Il évite l'obstruction des trous de captage par de la terre ou tout autre débris. Rebouchez enfin vos tranchées.

▼ *Nettoyez le drain avant de reboucher.*

▼ *Raccordez les drains avec un manchon.*

▼ *Recouvrez d'un feutre filtrant.*

▼ *Branchez sur l'évacuation générale.*

Fruits

- Procédez à la taille des arbres à noyaux.
- Pour piéger la cheimatobie, entourez les troncs d'abricotiers, de cerisiers, de pruniers et de pommiers d'un collier englué.
- Récoltez tous les fruits pour la conservation. Rentrez-les dans un local frais, sec et aéré. Ne gardez que les fruits sains.
- Contre le puceron lanigère, pulvérisez un insecticide sur les pommiers.
- Récoltez les grappes de raisin. Pour les conserver, mettez un peu de cire sur le pédoncule.
- Préparez les trous des plantations.
- Sous climat doux, effectuez un traitement insecticide contre la mouche de l'olivier.
- Sur les mûres sans épines, taillez les pousses qui ont fructifié. Palissez celles qui restent.
- Supprimez les branches basses des noyers.
- Marquez les branches à élaguer.
- Taillez les actinidias.
- Faites des boutures avec les groseilliers.
- Dans le Midi, plantez les agrumes.
- Terminez la plantation des fraisiers.
- Commandez les futurs arbres à planter.

Légumes

- Coupez les tiges des asperges et brûlez-les.
- Repiquez des oignons blancs en vue d'une consommation en avril prochain.
- Recouvrez les pissenlits avec de la terre.
- Arrachez tous les légumes racines.
- Supprimez les tiges d'artichauts ayant fructifié, et coupez les feuilles de la périphérie.
- Éclaircissez les semis d'épinards.
- Commencez l'arrachage des chicorées Witloof en vue de produire des endives.
- Rentrez les courges et les potirons dans un local sec et sain.
- Étalez le fumier ou le compost et commencez les labours sur les parcelles libres.
- Faites blanchir les chicorées-scaroles en posant un pot sur le centre de la touffe ou en attachant les feuilles entre elles.
- Repiquez des choux-fleurs.
- Sous châssis ou sous tunnel, semez des radis.
- Semez des pois à grains ronds et mangetout.
- Semez des fèves et du cresson de jardin.

Stockez les potirons dans un endroit sec et aéré. ▶

À NE PAS OUBLIER

✼ Rentrez les plantes aquatiques gélives.
✼ Désinfectez les tuteurs.
✼ Plantez tous les bulbes de printemps.
✼ Ramassez les fruits tombés au sol et enlevez ceux qui restent momifiés.
✼ Videz votre bassin s'il n'y a pas de poissons et remplissez-le après la chute des feuilles.
✼ Rentrez le matériel d'arrosage.
✼ Posez des protections hivernales sur les plantes les plus fragiles.
✼ Mettez des appâts empoisonnés contre les rongeurs : souris, rats, mulots.

Votre année au jardin

◀ Ramassez les feuilles mortes et portez-les sur le compost.

▼ Lorsqu'ils sont défleuris, arrachez les bulbes d'été.

Arbres et arbustes

• Faites les plantations de camélias et de tous les arbustes de terre de bruyère.
• En fin de mois, commencez à tailler les arbustes ayant fleuri cet été.
• Consultez les catalogues des pépiniéristes et commandez, pour le mois prochain, les nouveaux arbustes à planter.
• Commencez à prélever des pousses des arbustes caducs pour le bouturage printanier.
• Procédez à la toilette de vos hortensias, taillez les fleurs fanées et raccourcissez d'un tiers les pousses qui les ont portées.
• Marquez les branches à élaguer cet hiver.

Conifères

• Plantez les conifères avant qu'il ne gèle. Posez des tuteurs ou des haubans sur les plus grands sujets. Tassez bien la terre à leur pied.
• Préparez les tranchées destinées à recevoir les haies de thuyas ou de chamaecyparis.
• Effectuez un épandage d'engrais binaire sur vos thuyas, à raison de 120 g/m^2.
• Placez une protection contre les fortes gelées près des plus jeunes sujets.

Rosiers

• Enlevez les fleurs passées pour prolonger la floraison jusqu'aux fortes gelées.
• Commencez la plantation des rosiers commercialisés à racines nues.
• Enlevez les châssis placés sur les boutures.

PLANTER DES BULBES

Pour réaliser un massif de bulbes de printemps : tulipes, narcisses ou jacinthes, commencez par répartir les bulbes sur le sol avant de les planter. Espacez-les de 10 à 15 cm, en évitant les formes trop rectilignes. Faites des taches pour que cela soit plus esthétique. Vous pouvez aussi les planter dans un panier. De cette façon, vous pourrez les retirer facilement pour faire de jolies compositions florales au printemps. Les crocus, scilles et autres petits bulbes sont de préférence plantés sur une pelouse. Pour que la répartition soit le plus naturelle possible, jetez-les en l'air par poignées et placez-les là où ils sont tombés. Pour les enfoncer dans le sol, servez-vous d'un plantoir spécial bulbes. La profondeur de plantation à respecter est égale au diamètre du bulbe. Enfin, tassez pour que la terre adhère au bulbe.

▼ Répartissez les bulbes avant de planter.

▼ Une idée : la plantation en panier.

▼ Sur gazon, faites des taches groupées.

▼ Utilisez un plantoir spécial bulbes.

Octobre

RÉCOLTES

Au potager, tous les légumes doivent être ramassés sauf la mâche, les poireaux, les salades d'hiver et les choux de Bruxelles. Vous pouvez laisser en place, en les protégeant avec un tunnel, et continuer à récolter : carottes, céleris-raves, navets. C'est la fin des aubergines et des poivrons dans les régions tempérées, des betteraves, des courges et des concombres, des haricots à écosser, des tomates et de la tétragone. Ramassez les potirons et rentrez-les en cave.
Au verger, récoltez les coings et les dernières figues. Appréciez les dernières framboises et les noisettes. Cueillez les grappes de raisin, les poires et les pommes pour la conservation hivernale.

• Lorsque le rosier est complètement défleuri, coupez toutes les tiges à 40 cm du sol.
• Désherbez les massifs et brûlez les herbes.
• Préparez les futurs massifs par un bon labour.
• Parcourez les catalogues des spécialistes, puis effectuez votre commande.
• En fin de mois, buttez les rosiers pour protéger les pieds des grosses gelées hivernales.

Pelouse

• Arrachez les mauvaises herbes à larges feuilles.
• Au début du mois, épandez un engrais gazon antimousse. Répartissez bien les granulés.
• Pratiquez les dernières tontes. Rehaussez la hauteur de coupe pour que le gazon ne soit pas trop ras durant l'hiver. De cette façon, il résistera mieux aux fortes gelées.
• Effectuez une dernière découpe des bordures.
• Plantez des petits bulbes qui fleuriront cet hiver et au printemps : perce-neige, muscaris, crocus, scilles, etc.
• Ramassez les feuilles mortes qui pourrissent.

À la maison

• En fin de mois, cessez tout apport d'engrais.
• Changez le terreau de vos jardinières si vous envisagez une réfection totale.
• Rentrez vos potées de cymbidiums dans un local clair mais non chauffé.
• Terminez le rempotage des plantes vertes.
• Rentrez toutes les plantes non rustiques.
• Rempotez vos azalées en début de mois, en terre de bruyère pure et non tamisée.
• Bassinez vos plantes avec une eau adoucie, à la température de la pièce.
• Réduisez la fréquence des arrosages, mais maintenez une atmosphère humide.
• Rapprochez les plantes de la fenêtre pour qu'elles aient un maximum de lumière.
• Placez les plantes frileuses près d'une source de chaleur, mais vérifiez leur hygrométrie.

Fenêtres et balcons

• Arrachez les fleurs annuelles pour mettre en place des bisannuelles et des bulbeuses.
• Changez la terre de vos bacs, elle est usée.
• Ne remplissez plus les réserves des bacs.
• Plantez les arbustes de décor permanent.
• Effectuez une taille des plantes grimpantes.
• Enlevez le système d'arrosage au goutte-à-goutte, vidangez-le et rangez-le.

Travaux divers

• Désinfectez votre serre avant l'hivernage.
• Changez les verres cassés de votre abri vitré.
• Vérifiez le bon fonctionnement de votre motoculteur et de votre tronçonneuse.
• Arrachez et rempotez les plantes que vous souhaitez hiverner, comme les fuchsias.
• Réalisez un drainage si votre sol est humide.
• Vérifiez que les descentes d'eau et les gouttières ne sont pas obstruées par les feuilles mortes tombées des grands arbres.
• En fin de mois, emmaillotez les plantes frileuses : bananiers, lagerstroemias, palmiers, etc.
• Désinfectez les tuteurs qui ont servi cet été, avec un produit désinfectant ou, tout simplement, avec de l'eau de Javel.
• Préparez les trous de plantation.

Plantez les fraisiers en tassant bien la terre autour du pied. ▶

▲ C'est la bonne époque pour récolter le chasselas.

▲ Arrachez avec précaution les géraniums pour l'hivernage.

▲ Récoltez les jacinthes d'eau, car elles sont gélives.

39

Votre année au jardin

Novembre

Mois de grisaille, novembre apporte pluies, gelées et, parfois, neige. Les journées sont courtes. La nature entre en sommeil, et prend ses quartiers d'hiver. Faites vos dernières récoltes, protégez du froid les plantes fragiles. Occupez-vous de votre jardin d'intérieur.

▲ Rares sont les plantes encore en fleurs, mais les couleurs de l'automne viennent des feuillages et des fructifications.

▲ En sol dépourvu d'humidité, plantez des caïeux d'ails.

À NE PAS OUBLIER

✹ Plantez les arbres et les arbustes reçus.
✹ Vidangez les canalisations de votre installation d'arrosage enterré.
✹ Protégez les plantes non rustiques.
✹ Traitez vos amandiers contre le coryneum.
✹ Videz votre réserve à compost avant d'y apporter les feuilles nouvelles.
✹ Couvrez les bassins pour éviter que les feuilles ne viennent faire croupir l'eau.
✹ Luttez contre les mulots avec des appâts.
✹ Nettoyez votre motoculteur ou votre motobineuse après chaque sortie.
✹ Affûtez la chaîne de la tronçonneuse.
✹ Désinfectez tous les supports et les tuteurs avant de les ranger à l'abri des intempéries.

Fleurs

• Au ras du sol, coupez toutes les tiges des plantes vivaces qui ont terminé leur végétation.
• Marquez d'un tuteur les emplacements dégarnis de végétation.
• Plantez rapidement les fleurs bisannuelles.
• Pensez à arracher vos glaïeuls avant les froids.
• Arrachez les souches de cannas, après avoir coupé les tiges, et laissez-les sécher sous abri.
• Plantez les plantes bulbeuses de printemps.
• Plantez des camassias ou des ails d'ornement entre les touffes de plantes vivaces.
• En fin de mois, coupez les tiges des chrysanthèmes. Conservez sous un châssis froid.
• Semez des pois de senteur en terre légère, au pied d'un mur, et en situation bien abritée.
• S'il ne gèle pas, continuez la division des vivaces. Replantez aussitôt. Arrosez.
• Cueillez les dernières fleurs à bouquets secs. • Au besoin, finissez de les faire sécher, la tête en bas, dans un local sec et ventilé.

Fruits

• En fin de mois, taillez les pommiers et les poiriers conduits en forme palissée.
• Coupez les tiges séchées des framboisiers.
• Plantez les arbres fruitiers. Apportez un bon engrais de fond dans le trou de plantation.
• Plantez les groseilliers, en les taillant à cinq yeux. Conservez cinq branches par touffe.
• Commencez les élagages de tous les arbres conduits en haute tige.
• Ramassez les fruits pouvant traîner sur le sol, ainsi que les feuilles mortes, puis brûlez-les.
• Avec une serpette, nettoyez les plaies chancreuses sur les pommiers. Désinfectez puis protégez avec du goudron de Norvège.

Légumes

• Après avoir enlevé la butte, effectuez un bêchage entre les rangées d'asperges.
• En début de mois, arrachez les racines de

Novembre

chicorées Witloof. Placez-les en cave, dans du sable, pour en faire des endives.
• Prolongez la récolte du persil en protégeant quelques pieds sous un abri en plastique.
• Terminez la protection des pieds d'artichauts en les recouvrant de feuilles ou de paille.
• Enlevez les feuilles abîmées des céleris à côtes. Relevez les autres en faisceau, puis entourez le pied d'un paillasson.
• En début de mois, entre les pieds d'épinards, épandez un engrais azoté, comme du sulfate d'ammoniaque à raison de 15 g/m².
• En climat doux, dans une terre fraîche, semez des fèves d'Aguadulce ou de Séville.
• Plantez l'ail rose et l'échalote en terrain léger.
• Si vous conservez les légumes racines en place, recouvrez-les de paille pour les protéger du gel.
• Commencez les labours d'hiver, sans briser les mottes ni niveler le sol, le gel s'en chargera.

Arbres et arbustes

• Procédez à la taille des arbustes à floraison estivale ou automnale.
• Épandez un engrais organique ou un engrais complet dans les massifs et enfouissez-le par un labour superficiel. Prenez garde à ne pas endommager les racines.

FLEURS DE SAISON

Quelques bisannuelles, comme les pensées, montrent leurs calices colorés, mais rares sont

▼ *Malus 'Golden Hornet'.*

les plantes vivaces qui se parent encore de jolis tons. Admirez néanmoins les derniers chrysanthèmes, les cierges d'argent (*Cimifuga simplex*) aux épis retombants blanc pur, les roses de Noël (*Helleborus niger*), les *Lobelia* x *girardii* aux fleurs violet pourpré, les lis des cafres (*Schizostylis coccinea*) 'November Cheer' aux épis rose clair et les bruyères (*Erica carnea*). Les floraisons d'arbustes sont rares, mais les fruits du *Malus* 'Golden Hornet', des pyracanthas, des skimmias, des houx et des rosiers rugueux (*Rosa rugosa*), par exemple, apportent quelques notes vives et colorées.

▶ *Fleur d'automne : le chrysanthème à grosses fleurs.* ▶

• Faites des trous de plantation de 80 cm de côté sur autant de profondeur. Changez la terre si elle est de mauvaise qualité.
• Plantez les arbres et les arbustes à racines nues, après avoir mis un engrais de fond.
• Placez les graines à semer au printemps en stratification dans une terrine. Enterrez-la.
• Effectuez une pulvérisation sur les lauriers-roses, à base d'oxychlorure de cuivre.
• Plantez rapidement vos camélias en terre de bruyère et en situation mi-ombragée.
• Vérifiez les attaches sur les tuteurs.

▲ *Coupez toutes les tiges fanées sur les plantes vivaces.*

ÉLAGUER LES ARBRES

L'élagage est une opération simple à réaliser soi-même. Elle vise à supprimer les branches mortes et à redonner une silhouette équilibrée à un arbre. Prenez cependant quelques précautions avant de travailler. Soyez bien stable, ne coupez pas en déséquilibre et utilisez des outils très coupants. Si vous vous servez d'une tronçonneuse, prenez un outil très léger et évitez les modèles électriques, car vous serez gênés par le fil d'alimentation. Avec la scie, commencez par effectuer une entaille sous la branche. Dès que le bois serre l'outil, terminez par le des-

▼ *L'ébrancheur : pour les petits rameaux.*

▼ *La scie : pour les grosses branches.*

sus. Choisissez bien l'endroit où elle doit tomber. Il est préférable, parfois, de couper en plusieurs morceaux une grosse branche plutôt que de vouloir tout faire tomber d'un coup. Ne coupez ni trop près ni trop loin du tronc si vous devez enlever

▼ *Parez la plaie pour qu'elle soit nette.*

une branche entière. Enfin, recouvrez les grosses plaies avec un mastic arboricole ou un cicatrisant.

▼ *Le goudron est un bon cicatrisant.*

41

Votre année au jardin

▲ Commencez les labours d'hiver, sans briser les mottes.

▲ Installez une haie mixte sur un film plastique.

• Rabattez, à 40 cm du sol, toutes les tiges défleuries. Brûlez les coupes.

Pelouse

• Préparez le terrain pour les futures pelouses, en labourant bien le sol et en extrayant les racines des mauvaises herbes et les plus gros cailloux. Laissez le gel briser les mottes.
• Ramassez régulièrement les feuilles, pour éviter leur décomposition sur place.
• Arrêtez les tontes et rangez votre tondeuse après lui avoir fait une bonne révision.

Conifères

• Mettez en place la plupart des espèces, sauf dans la moitié nord de la France.
• Vérifiez les haubans des jeunes arbres, pour éviter des blessures dues aux colliers.
• Dans les régions tempérées, terminez la taille des haies de thuyas ou de chamaecyparis.

Rosiers

• Poursuivez les plantations après avoir fait tremper les racines dans une boue de pralinage.
• Buttez les pieds des rosiers en place.
• Taillez toutes les pousses des rosiers arbustes.
• Vérifiez les attaches des rosiers sarmenteux.
• En régions froides, entourez le tronc des rosiers tiges d'un manchon protecteur.

◀ Avec un paillasson, protégez du froid les jeunes arbres.

SPÉCIAL CLIMAT RUDE

Installez de solides protections pour couper les vents froids et violents. Vérifiez les attaches des végétaux tuteurés et haubanés. Tant que l'épaisseur de neige ne dépasse pas 50 cm, évitez de marcher sur les pelouses. Enlevez la neige qui recouvre les abris vitrés et secouez les branches des arbres. Si les végétaux sont enrobés de glace, laissez-la, elle constitue une excellente protection contre les très grands froids.

Novembre

PLANTER UN ARBRE

Les arbres livrés en racines nues se mettent en terre à partir de ce mois-ci. Avant de planter, coupez les racines meurtries ou brisées, mais conservez le maximum de chevelu. Ces sont les fines racines qui assurent la reprise. Faites tremper de 15 à 20 minutes le système radiculaire dans une boue de pralinage. Taillez également la partie aérienne pour diminuer le nombre de pousses à nourrir au printemps. Répartissez bien les racines dans le trou de plantation et recouvrez de terre fine en la faisant glisser entre les racines. Tassez bien avec le pied et arrosez copieusement, même s'il pleut. Cela permet à la terre de se faufiler partout. Attachez l'arbre sur son support s'il est palissé ou sur le tuteur que vous aurez pris soin de mettre en terre avant la plantation.

▼ *Trempez les racines dans un pralin.*

▼ *Rebouchez avec de la terre fine.*

▼ *Tassez bien la terre avec le pied.*

▼ *Arrosez abondamment le pied de l'arbre.*

• Effectuez des perforations en profondeur, pour que l'eau et les engrais descendent au contact des racines.
• Délimitez les emplacements où le gazon est défaillant pour le remplacer par des plantes vivaces tapissantes ou des arbustes rampants.

À la maison

• Évitez les courants d'air ou les brusques changements de température pour les plantes fragiles comme les fougères.
• Taillez votre hibiscus, et faites-lui marquer une période de repos en réduisant les arrosages.
• Maintenez une bonne hygrométrie autour des plantes, en pulvérisant de l'eau à température ambiante et en plaçant un récipient rempli d'eau près des sources de chaleur.
• Regroupez les plantes devant une fenêtre.
• Limitez les arrosages au strict minimum.
• Stoppez les arrosages sur les cactées.
• Procédez à la préparation des bulbes à forcer pour fleurir votre maison en fin d'année.

Fenêtres et balcons

• En bacs, plantez des arbustes persistants : fusains, conifères, bambous nains (*Pleioblastus, Shibataea, Arundinaria, Bambusa glaucescens*).
• En régions froides, si vous ne pouvez les rentrer, protégez les bacs contenant des arbustes fragiles : lauriers-roses, orangers, citronniers.
• Terminez la plantation des jardinières avec des bisannuelles et des bulbes printaniers.
• Plantez des rosiers miniatures.
• Griffez le dessus des bacs et complétez avec un terreau pour plantes de balcon s'il en manque.
• En situation ventée, rassemblez tous les bacs et jardinières le long du mur de l'habitation.

Travaux divers

• Faites la vidange de votre système d'arrosage enterré. Coupez toutes les arrivées d'eau. Protégez le compteur s'il est à l'extérieur.
• Nettoyez les vitres de la serre ou de la véranda.
• Contrôlez le chauffage afin qu'il n'y ait pas d'excès et qu'il soit régulier.
• Rangez les tuyaux d'arrosage à l'abri du gel.
• Désinfectez tous les tuteurs et rangez-les.
• Commencez les gros travaux de transformation de votre jardin.
• Pratiquez les élagages et les grosses coupes.
• Rangez le bois mort. Broyez les petits rameaux. Mettez sur le compost.
• Nettoyez les bassins des feuilles mortes.

▲ *Dans une terrine, plantez des bulbes à forcer pour Noël.*

Dans une jardinière, plantez un sapin bleu, nain. ▶

43

Votre année au jardin

Décembre

En décembre, notre esprit est plus préoccupé par les fêtes de fin d'année que par le jardin. Il est vrai qu'habillé de givre ou de neige, son accès est souvent difficile. Rendez-lui visite tout de même, pour vérifier les protections et récolter quelques légumes tardifs ou un bouquet de rameaux couverts de fruits colorés.

▲ Vêtu de son blanc manteau, le jardin n'a rien perdu de son attrait. Mais les travaux sont rares et les récoltes terminées.

▲ Enlevez le gui, plante parasite des pommiers.

À NE PAS OUBLIER

✷ Contrôlez l'état sanitaire des fruits et des légumes entreposés en cave.
✷ Terminez la protection des plantes fragiles.
✷ Enlevez la neige sur les branches d'arbres.
✷ Épandez du sel pour faire fondre la neige mais prenez garde à ne pas en mettre à proximité des plantations.
✷ Chaulez les sols trop argileux.
✷ Dans la véranda, traitez contre les aleurodes.

Fleurs

• Terminez d'installer les protections contre les gelées. Sur les massifs de vivaces, étalez une couche de paille ou de tourbe blonde sèche.
• Lorsque le sol n'est pas gelé, faites un petit labour d'entretien en incorporant un engrais.
• Soignez les pieds-mères sur lesquels vous prélèverez les boutures.
• Commencez à dessiner les futurs massifs.
• Consultez les catalogues des marchands grainetiers pour faire le choix de vos futurs semis.
• Semez en caissette des plantes alpines.

Fruits

• Coupez les branches d'abricotiers qui se sont desséchées par apoplexie cet été.
• Supprimez le gui poussant sur les pommiers.
• Enduisez bien les grosses plaies avec un mastic antichancre ou du goudron cicatrisant.
• Faites un traitement d'hiver sur les abricotiers, les cerisiers, les pommiers, les poiriers.
• Prélevez des rameaux destinés au greffage en fente ou en couronne. Enterrez-les verticalement au pied d'un mur orienté au nord.
• Apportez une fumure au pied des arbres, et enfouissez-la par un labour superficiel.
• Taillez et bouturez les figuiers.
• Surveillez l'état sanitaire des fruits conservés.
• Grattez les écorces pour éliminer les parasites qui y séjournent et enlever les lichens.
• Commencez la taille trigemme sur les formes palissées. Vérifiez les attaches.

Légumes

• Arrachez vos poireaux et placez-les en jauge, pour libérer la place à bêcher.
• Couchez vos choux, tête dirigée vers le nord.
• Bêchez à grosses mottes en terrain lourd, si la terre n'est pas gelée ou couverte de neige.

SPÉCIAL CLIMAT RUDE

Couvrez tous les abris vitrés avec des paillassons. Retirez la neige qui les recouvre pour diminuer le poids et éviter la casse. Vérifiez la protection des végétaux emmaillotés.

Décembre

- Enlevez les feuilles abîmées des choux de Bruxelles pour dégager les petites pommes.
- Hâtez la production à venir de fraisiers en les recouvrant de coffres et de châssis.
- Protégez les salades encore en culture.
- Couvrez vos pissenlits de 10 cm de terre légère.
- Continuez le forçage des endives.

Arbres et arbustes

- Taillez sévèrement vos bougainvillées. N'hésitez pas à raccourcir les pousses qui ont fleuri, à quelques yeux de leur point d'attache.
- Élaguez les vieux arbres et les arbustes.
- Prélevez des pousses sur les arbustes caducs pour réaliser des boutures.
- Sur les massifs de terre de bruyère, épandez un engrais riche en phosphore et en potasse.
- Secouez la neige accumulée sur les branches.
- Bêchez sur 50 cm de largeur de chaque côté des haies de thuyas ou de chamaecyparis, après avoir épandu un engrais organique.

Rosiers

- Faites une butte au pied des jeunes plantations en enterrant le point de greffage.
- Poursuivez les plantations par temps doux.
- Vérifiez les attaches des rosiers sarmenteux.
- Apportez un engrais rosiers et labourez.

FLEURS DE SAISON

Les fleurs des plantes vivaces se font très rares. Seule la rose de Noël (*Helleborus niger*) défie le froid ainsi que les bruyères d'hiver (*Erica carnea*).
Vous pouvez admirer certains arbustes : les floraisons jaunes des chimonanthes (*Chimonanthus fragrans*), et des jasmins d'hiver (*Jasminum nudiflorum*). D'autres ont encore une fructification de toute beauté. C'est le cas des pyracanthas, cotonéasters, mahonias, skimmias, du houx et du gui.
À l'intérieur, c'est l'épanouissement des poinsettias, des azalées et des cyclamens de Perse.

▲ Ilex aquifolium : pour Noël.

Pelouse

- Terminez le ramassage des feuilles.
- Ne piétinez pas la pelouse en cas de neige.
- En terrain lourd, évitez de marcher toujours aux mêmes endroits par temps de pluie.
- Faites réviser votre matériel d'entretien.

À la maison

- Bassinez les feuilles non duveteuses avec une eau à la température de la pièce.
- Placez vos plantes sur un plateau rempli de gravillons maintenus humides.
- Installez vos plantes près d'une fenêtre.
- N'arrosez qu'en cas de besoin et n'apportez pas d'engrais en cette période de repos.
- Ne mettez pas d'eau dans les bacs à réserve.

Fenêtres et balcons

- Videz les pots et les bacs non plantés et nettoyez-les bien avant de les ranger.
- Réparez les bacs en bois, et vérifiez surtout les fonds qui s'abîment assez rapidement.
- Contre le vent froid, disposez un rideau de protection sur la rambarde du balcon.
- Décrochez les pots. Posez-les sur le sol.
- Entourez les jardinières de polystyrène.

Travaux divers

- Nettoyez tous vos outils et réparez-les.
- Évitez l'emprise du gel sur le bassin en disposant des fagots verticalement.
- Poursuivez les gros travaux de terrassement.
- Balayez la neige dans les allées.

PROTÉGER LES PLANTES

Certaines plantes fragiles qui ne peuvent être rentrées, demandent à être protégées sur place. Pour cela, plusieurs solutions s'offrent à vous. Les plus grandes peuvent être abritées par un auvent fait de canisses, que vous placez tout autour. Si elles sont près d'un mur, vous pouvez aussi installer une couverture horizontale. Vous pouvez les emmailloter dans un voile de protection hivernale. C'est le cas des camélias, des rosiers conduits sur tige, par exemple. Pensez à aérer de temps en temps.

Les végétaux les plus bas sont recouverts de paille ou de feuilles à décomposition lente (platane, charmille) pour éviter le pourrissement. Vous pouvez aussi, pour les graminées, relever leurs longues feuilles et les attacher à leur sommet. Le tronc des arbres fragiles (*Lagerstroemia, Musa*, palmiers) peut être enserré dans un manchon de paille pendant les fortes gelées. Enfin, vous pouvez également faire une butte de terre au pied des petits arbustes.

▼ Installez une canisse comme auvent.

▼ Rabattez les feuilles sur la souche.

▼ Entourez le tronc avec un paillasson.

▼ Relevez les feuilles et attachez-les.

2

RÉUSSIR VOTRE JARDIN

- L'art paysager 48
- L'écologie du jardin 76
- Les structures du jardin 106

Réussir votre jardin

L'ART PAYSAGER

Le développement du jardinage sur le plan technique est lié à l'évolution de l'agriculture. ✿ *Depuis que l'être humain a commencé à travailler le sol dans le but d'y faire pousser les plantes qu'il voulait et non celles que la nature lui imposait, il a commencé à jardiner.* ✿ *D'abord vivrière, la culture des premiers hommes a suivi l'évolution des mœurs, du savoir et des civilisations, pour s'intéresser tout doucement aux plantes ornementales. Il est sûr que l'art paysager est lié à l'architecture. La recherche de l'esthétisme en matière d'association et de disposition des plantes a commencé il y a plus de 5000 ans.* ✿ *Les Égyptiens sont les premiers paysagistes connus. Ils décoraient les abords de leurs temples de généreuses plantations. Ensuite vinrent les Babyloniens et leurs célèbres jardins suspendus, puis les Perses et les Romains.* ✿ *On retrouve dans la civilisation romaine de nombreuses mosaïques représentant des jardins. Elles témoignent du niveau exceptionnel de raffinement et de créativité qu'avaient atteint les paysagistes de l'époque. À la chute de l'Empire romain, l'Europe régressa sur le plan culturel et c'est en Chine et au Japon que les jardins connurent un grand développement.* ✿ *La Renaissance remit à l'honneur le goût du beau et les Italiens associèrent l'art et le jardin dans un même concept. Il fallut attendre Le Nôtre, Versailles et Vaux-le-Vicomte pour que la France obtienne ses lettres de noblesse dans la grande Histoire des jardins. Depuis le XVIIe siècle, l'art paysager appartient entièrement au patrimoine culturel de l'humanité.* ✿ *Il évolue grâce au talent de grands créateurs, qui savent nous montrer le monde végétal sous ses plus beaux atours.* ✿

en pratique

Réussir votre jardin

DESSINEZ VOTRE JARDIN

Un jardin se construit comme un tableau, en remplissant une surface nue par des formes et des couleurs qui s'harmonisent pour composer un ensemble cohérent. Le plan de votre jardin est la première étape de sa création. Même s'il n'est pas respecté à la lettre par la suite, il est très utile pour définir les grandes lignes de son style, tout en ébauchant sa personnalité.

▲ Après avoir mesuré les limites de votre propriété, reportez-les sur un plan à l'échelle et laissez jouer votre imagination.

 Astuce Truffaut — Si vous ne savez pas dessiner, sachez qu'il existe dans le commerce des cédéroms qui vous permettent de créer votre jardin sur ordinateur et de le moduler à votre goût, tout en évitant les erreurs.

Si l'imagination, la fantaisie, la créativité font les plus beaux jardins, l'improvisation conduit souvent à l'échec. Sans vouloir à tout prix plagier les paysagistes dont le talent consiste à faire vivre un jardin sur un bout de papier, en prévoyant les moindres détails, il est bon de partir d'un tracé. Vous allez y présenter les grandes lignes structurelles de votre décor, à commencer par les voies de déplacement : allées, sentiers, chemins et les aires de séjour : parking, terrasses, coins repos. Vous indiquerez aussi les constructions importantes : murets, bassins, rocaille, escalier, clôture, pergola, etc.

50

Dessinez votre jardin

La bonne échelle

Le dessin d'un plan de jardin vous permet d'éviter les erreurs habituelles de surplantation de la surface. Utilisez un rapport d'échelle de 1/100, soit 1 cm pour représenter un mètre. À l'aide d'un compas, il est alors facile de tracer l'encombrement normal d'un arbre à l'âge adulte. Sachant par exemple qu'un cèdre va couvrir au moins 10 m de diamètre, il suffit de tracer sur le plan un cercle de 10 cm pour visualiser l'importance qu'occupera l'arbre dans quelques années. Cette technique vous permet de repérer l'endroit idéal pour la plantation, en respectant les constructions existantes (gare aux branches qui, plus tard, risquent de surplomber les toits!) et en espaçant suffisamment chaque espèce pour qu'elle puisse atteindre son développement optimum.

Vous allez aussi répartir les masses de manière équilibrée en les visualisant bien sur le dessin. Les allées trop importantes ou trop nombreuses pourront être effacées d'un coup de gomme. Vous pourrez aussi délimiter la forme et les dimensions des massifs pour qu'ils s'intègrent bien dans l'ensemble. C'est une sorte de puzzle où toutes les pièces s'imbriquent pour former un ensemble harmonieux, équilibré et surtout esthétique.

LE PAYSAGISTE : UN AIDE PRÉCIEUX

Créateur et concepteur de jardins, le paysagiste vous fera gagner beaucoup de temps par son intervention. Il vous évitera souvent de faire de grossières erreurs qui nuisent à l'esthétique générale de votre jardin et vous entraînent par la suite dans des dépenses importantes. Vous pouvez utiliser un paysagiste en tant que conseil pour améliorer le plan que vous avez dessiné. Il peut également matérialiser tout le concept graphique de votre espace, en se basant sur les indications que vous lui fournirez. Vous pouvez aussi le laisser libre d'exprimer sa créativité. Cela vous permettra de comparer son plan à celui que vous imaginiez. Cette solution est souvent intéressante car elle permet par la suite d'associer la logique, le sens pratique et les goûts du propriétaire avec la sensibilité artistique et le talent créatif du paysagiste. N'hésitez pas à mettre plusieurs professionnels en concurrence. Comme dans toutes les corporations, on rencontre des niveaux de valeur très différents. Le travail avec un paysagiste est surtout une affaire de sensations, où il importe de parler le même langage.

▼ Une belle réalisation du paysagiste belge Piet Blanckaert.

La simplicité avant tout

La réalisation d'un plan de jardin peut paraître ardue pour le novice, parce qu'il cherche toujours trop à entrer dans les détails. Contentez-vous d'une esquisse qui va définir le style général du jardin : lignes et angles droits ou courbes voluptueuses? Effets de perspective ou de cloisonnement? Surface centrale dégagée ou plantations généreuses et denses? Toutes ces réponses vous sont fournies par le dessin. Mais à chaque fois, n'en choisissez qu'une seule. Ne compliquez pas le tracé et ne surchargez pas le plan. Vous aurez tout loisir de faire évoluer l'idée directrice au moment des plantations et en fonction de la croissance des végétaux.

Un jardin n'est jamais figé, il évolue au fil du temps et des saisons. Le plan en est l'ossature, pas la « substantifique moelle ». La difficulté consiste toutefois à se projeter sur l'avenir. Ne limitez pas votre création aux besoins de l'instant et surtout à vos moyens actuels. Si vous rêvez d'un bassin, d'une pergola, d'une piscine, prévoyez son emplacement. Il sera toujours possible de composer un décor saisonnier en attendant de pouvoir réaliser les travaux. Ne soyez pas modeste, rêvez, consultez des magazines et des livres illustrés pour vous inspirer des plus célèbres créations. La patience et la persévérance sont les vertus essentielles côté jardin.

▲ Un tracé simple en courbes qui serpentent avec grâce.

❶ Un espace de stockage, un abri de jardin ou un tas de compost.
❷ Le gazon est représenté en dégradé de gris ou de couleurs.
❸ Pergolas et structures en bois sont symbolisées par des pointillés.
❹ Un bassin ou une piscine.
❺ Les arbres et arbustes sont dessinés sous forme de cercles numérotés qui renvoient à la liste.
❻ Maison et dépendances sont représentées par la forme et la surface qu'elles occupent au sol.
❼ Les passages des réseaux d'eau et d'électricité doivent aussi figurer sur un plan à part.
❽ La symbolique des dallages.
❾ La haie fait une bande tramée.

51

Réussir votre jardin

▼ Le jardin structuré s'inspire des anciennes compositions avec leurs lignes géométriques et leur construction articulée autour d'un axe central. Il donne une impression de grand raffinement, mais nécessite un entretien suivi.

■ Le jardin en formes

La composition d'un jardin doit être travaillée en perspective pour la forme générale et en relief pour les volumes. Les premiers jardins ont été tracés avec des formes géométriques, sans doute pour affirmer la domination du paysagiste sur la nature. Les lignes droites, les angles, les cercles parfaits, les ellipses calculées au plus juste génèrent une impression d'ordre bien établi qui rassure. On se retrouve dans un environnement bien maîtrisé. C'est l'affirmation de la suprématie de l'humain sur son domaine. Conçus jadis pour exprimer et sublimer la grandeur et les fastes des riches demeures ou les splendeurs des châteaux, les jardins aux tracés géométriques reviennent à la mode. On a redécouvert les vertus de la ligne droite, en se rappelant qu'il s'agissait du plus court chemin pour aller d'un point à un autre. La superficie de nos jardins modernes se réduisant comme peau de chagrin, on se plaît aujourd'hui à les diviser en petits carrés bien rectilignes. Cette technique permet d'augmenter visuellement les surfaces de plantation en raison du tracé plus compliqué. En revanche, on conserve un cheminement simple et pratique, grâce aux allées en lignes droites.

Les formes du jardin doivent être d'abord justifiées par des critères esthétiques. La répartition des masses est la première esquisse à faire sur le plan. Évitez les écueils classiques des alignements trop raides ou la division de toute la superficie en parcelles identiques. Par exemple, on ne trace pas l'allée principale en plein milieu du jardin. Il suffit de la décaler légèrement de l'axe de symétrie pour commencer à donner un certain caractère à la composition.

Un jardin prend forme naturellement, à partir des cloisonnements formés par les éléments fixes : allées, bâtiments, et diverses constructions (piscine, abri, pergola, murets, etc.). Si vous ne pouvez, bien sûr, déplacer

◄ Vu d'avion, le superbe tracé géométrique du jardin du paysagiste Timothy Vaughan (en Bretagne).

Dessinez votre jardin

tout ce qui est en dur, vous pouvez facilement jouer sur le tracé des circulations, afin d'obtenir l'équilibre recherché dans la forme de votre jardin.

N'oubliez pas aussi qu'il est bon de réaliser un cloisonnement. L'ensemble d'un jardin (même petit) ne doit pas forcément répondre à un seul et même style de tracé. Une petite barrière, une haie, un chemin principal peuvent être l'occasion de passer d'un style géométrique à un concept plus souple.

S'inspirer de la nature

On dit souvent que l'on doit aux paysagistes anglais du XVIIIe siècle d'avoir « réinventé la nature » dans le jardin. En fait, le jardin à l'anglaise est une simple adaptation en souplesse d'un jardin géométrique. On adoucit les courbes, on leur donne une certaine langueur et des rayons inégaux afin d'éviter les alignements et de casser les perspectives. En plantant leurs parcs de grands arbres majestueux et en laissant les fleurs sauvages transformer les grandes pelouses en prairies, les paysagistes britanniques de jadis ont fait semblant de s'inspirer de la nature. Ils ont apporté une véritable révolution dans le concept paysager en Europe à cette époque et jusqu'au début des années 80, le jardin à l'anglaise était devenu l'archétype de la réalisation de bon goût.

Mais pour réussir un jardin tout en courbes, il faut de l'espace. Le grand art du jardin à l'anglaise est de composer des massifs en forme de S dont les deux demi-boucles sont inégales. Or, pour réussir visuellement un tracé de ce type, il faut disposer d'au moins 30 m, la première courbe ayant 20 m de diamètre et la seconde 10 m ou vice versa. On ne retrouve plus ces dimensions dans la plupart des jardins privés contemporains, c'est pourquoi ce type de composition se fait plus rare aujourd'hui, hormis dans les parcs et les jardins publics.

Les maîtres en matière d'expression naturelle dans un jardin sont incontestablement les Japonais. Depuis le Xe siècle, ils ont appris à sublimer les imperfections de la nature pour leur donner une dimension artistique. Il y a une inspiration mystique dans les formes du jardin japonais, des règles symboliques difficilement accessibles à nos esprits cartésiens d'Occidentaux. Mais on peut apprécier l'harmonie très sobre des compositions et la perfection de la répartition des masses dont l'apparent déséquilibre fait en réalité toute la réussite. Bien adaptés à des petites surfaces, les jardins japonais ont beaucoup inspiré nos paysagistes contemporains. En incorporant quelques éléments naturels dans un tracé géométrique

▲ Un jardin très contemporain, d'inspiration naturelle.

▲ Le tracé du jardin moderne : libre et strict à la fois.

classique, on obtient le profil simplifié du jardin moderne, à savoir un délicieux compromis entre douceur et sévérité.

Des mélanges subtils

Aujourd'hui, le jardin n'applique plus dans son tracé de règles strictes et bien établies. Il fait appel à tout ce qu'il y a de meilleur dans les différents courants paysagers qui ont marqué la grande histoire des jardins. On cherche à adapter les formes du jardin au mode de vie contemporain. Décontracté, libre et vivant, avec un soupçon de sérieux et de rigueur, le jardin du XXIe siècle essaye d'accorder la simplicité avec la qualité du décor, et le plaisir des plantes à la facilité d'entretien. Il ne se veut en aucun cas monotone, cassant une ligne trop rigide par une courbe, ou ponctuant ici et là d'une plante taillée, des sinuosités farfelues. Un jardin où tout est permis, mais toujours avec goût. C'est aussi l'époque de l'entretien facile, jardin plaisir qui se conjugue avec loisir.

▲ Le jardin paysager laisse une certaine liberté dans les lignes du tracé et dans l'organisation des plantations. L'idée est de composer des masses qui s'élèvent en dégradé autour d'une zone centrale dégagée, composée en général d'une pelouse.

53

Réussir votre jardin

Le jardin en volumes

Contrairement à ce que l'on pourrait penser, il est beaucoup plus difficile de composer un joli jardin sur un terrain plat que dans un terrain en pente. Le moindre décrochement dans la topographie du terrain est propice à des créations originales et décoratives. Toutes les constructions lourdes comme les murets ou les escaliers ne se justifient que dans un terrain en mouvement. Mouvement ne signifie pas montagnes russes. Un léger val-

◀ Les déplacements de terre donnent du volume au jardin.

lonnement est toujours très agréable à l'œil, surtout dans les grands jardins. Une butte de terre permet de couper la perspective et de rapprocher l'horizon. Elle cache ce qu'il y a dans le vallon en arrière-plan, ce qui permet de découvrir de nouvelles parties du jardin au fur et à mesure de la promenade. Le jardin à surprises est une notion qui est trop rarement mise en pratique. C'est dommage, car on applique ici avec les volumes le même principe qu'avec le changement de formes ou le cloisonnement par des sentiers, des bordures ou des haies. Les diverses possibilités offertes ici étant très complémentaires et pouvant s'associer pour les besoins esthétiques de la composition.

Sculpter le jardin

Si vous n'avez pas la chance de disposer d'un terrain en pente ou vallonné, il faut imaginer les moyens de rompre sa platitude. Pour créer des mouvements de terrain, vous avez deux solutions : apporter de la terre en plus pour faire des buttes ou creuser pour constituer des vallons et des pentes. Vous combinerez les deux méthodes pour faire des économies, tout en améliorant le sol d'origine du jardin. L'important est de plutôt creuser la partie centrale du jardin, afin de dégager la vue, et au contraire de surélever les

▼ Le mouvement est donné par la pente et les plantes.

Dessinez votre jardin

pourtours pour donner de l'ampleur et une plus grande présence aux plantations.
Les paysagistes emploient souvent la locution : sculpter un jardin. C'est dire tout le talent qu'ils mettent dans cette tâche et toute l'importance qu'ils lui donnent. Il ne s'agit pas de créer des déclivités importantes, il faut toujours rester pratique. Mais un simple décrochement de la hauteur d'une marche suffit souvent à tout changer dans la configuration des plantations et dans le résultat esthétique d'ensemble du jardin. La composition doit s'inspirer de la décoration de la maison où les meubles n'occupent jamais les mêmes volumes et où l'ensemble de l'espace n'est jamais entièrement rempli.
La qualité du sol joue aussi un rôle important. Dans les terrains lourds et mal drainés, évitez de constituer des creux profonds, où l'eau risquerait de stagner. Vous pouvez aussi les transformer en bassin ou en jardin de marais, en imperméabilisant le sol avec de l'argile. Louez un engin de terrassement si les travaux sont importants. Il suffit de quelques minutes pour manier une pelle mécanique avec aisance.

▲ Les murs sont décoratifs dans ce jardin en pente.

Réaliser un piquetage
De la théorie à la pratique, il y a le passage obligé par la matérialisation sur le terrain du travail à effectuer. Plantez des piquets pour définir les niveaux que vous souhaitez obtenir. Dans les parties à creuser, dégagez la terre sur une petite surface et placez un piquet aussi gros que possible au bon niveau. C'est toujours la partie supérieure du piquet qui donne l'indication. Ne vous fiez pas complètement aux indications portées sur le plan de votre jardin. Il ne faut pas hésiter à tricher un peu pour accentuer un effet de perspective, ou créer un trompe-l'œil par un mouvement en butte un peu plus fort que prévu. Le piquetage permet aussi de matérialiser sur le terrain l'emplacement des allées et des massifs, tout en leur donnant leur niveau définitif. Pour bien vous repérer, vous pouvez employer des piquets de couleurs différentes.
La terre qui est extraite des parties à creuser peut être transportée dans les endroits à surélever si elle est de qualité convenable. N'oubliez pas que la pose des dallages ou la stabilisation des allées entraîne l'extraction d'un important volume de terre. Tenez-en compte avant d'envisager un apport de terre complémentaire. Mieux vaut effectuer l'ensemble des terrassements d'abord, et calculer ensuite le volume nécessaire. Pensez qu'il se produit toujours un tassement d'environ 10 % de l'épaisseur rapportée. Les apports de terre nouvelle seront superficiels, avec de préférence un terreau riche, léger, drainant et humifère qui pourra être incorporé au sol d'origine pour l'améliorer.
Vous pouvez enfin obtenir un effet de volume par la création d'un massif surélevé. Posez les éléments de bordures (rondins, piquets, traverses de chemin de fer) et remplissez le volume avec de la bonne terre.

LE VOLUME DES PLANTES

Les mouvements de terrain ne sont pas les seuls moyens pour créer des effets de volume dans le jardin. Les plantations jouent un rôle capital, pas seulement par leurs dimensions, mais surtout par leurs formes.
Des espèces couvre-sol plantées en grand nombre, dégagent l'espace visuel et donnent l'impression d'agrandir la superficie. Le même phénomène se remarque avec la pelouse. À l'opposé, il suffit de couper la perspective par la présence d'un arbre isolé, d'un grand arbuste ou d'une haie, pour créer une sorte d'écrin avec une ambiance intimiste. Les plantes fastigiées attirent le regard vers le ciel. Elles donnent une impression de majesté en élargissant bien la perspective. Dans un petit jardin, elles peuvent remplacer un arbre, occupant moins de place pour un effet visuel similaire. Les formes taillées en boule sont très utiles dans les petits jardins. Elles permettent de modeler des silhouettes à la fois compactes et élégantes qui structurent bien la composition, tout en lui permettant d'affirmer une certaine personnalité. L'association de plantes à la silhouette arrondie et de formes fastigiées ou coniques est toujours intéressante. On évite ainsi les alignements monotones par leur trop grande régularité.

▲ Les plantes taillées en boule créent un effet de volume souple et très élégant.

◀ Les sapins coniques amplifient l'espace.

55

Réussir votre jardin

▲ Ce massif jaune doré, composé de choisya, fusain, iris et euphorbe est à la fois chic, tonique et très élégant. Une réussite tout en finesse et en subtilité, pour le plaisir des yeux.

Bien utiliser les couleurs

L'harmonie des teintes est tout aussi importante dans la réussite d'un jardin que le tracé de la structure. Le choix des couleurs et la manière de les associer définissent une ambiance qui se transmet de manière forte dans l'ensemble de la composition.

La cacophonie de couleurs est à bannir, de même que l'association de teintes trop vives, comme le rouge et l'orangé. Attention aussi aux mauvais mélanges que constituent le rouge vif et le bleu ou le jaune et le rose très pâle par exemple. Limitez à deux couleurs plus le blanc, le nombre de teintes utilisées dans un massif. Essayez d'obtenir une dominante avec une proportion bien nette de la tonalité que vous privilégiez.

Le choix des couleurs dépend aussi de l'exposition des plantes. Le rouge est toujours plus éclatant en plein soleil alors que le blanc ou le jaune pâle s'apprécient bien mieux dans un lieu ombragé.

Les couleurs chaudes

Elles sont représentées par les rouges, les jaunes, et les orangés qui sont l'association des deux premières teintes. Si le jaune est souvent la couleur du printemps avec beaucoup de fleurs, qui s'épanouissent dans les tons d'or en début de saison, le rouge est plutôt la couleur de l'été. Lumineuses, toniques, dynamiques, les teintes chaudes égayent le jardin et renforcent l'impact des floraisons. Mais attention à ne pas ressentir une certaine agressivité avec le rouge. Pour en apprécier toutes les qualités, les couleurs chaudes doivent recevoir la pleine lumière. Une exception toutefois pour les feuillages dorés, dont la teinte subtile est beaucoup mieux mise en valeur à mi-ombre. Trop éclairées, ces variétés se décolorent rapidement ou régressent en reverdissant.

Les couleurs tendres

Il s'agit surtout des roses et des mauves, et de toutes ces nuances subtiles que l'on rassemble sous l'appellation de pastels. Très prisées ces dernières années, surtout par les femmes, on les associe avec le plus grand bonheur aux blancs pour un effet plus lumi-

▼ Un massif rouge créé par le paysagiste Timothy Vaughan.

▼ Un jardin de curé en nuances de roses et de mauves.

Dessinez votre jardin

neux. Ces teintes de charme ont un côté apaisant. Elles conviennent très bien aux compositions sauvages ou naturelles, car elles sont la couleur dominante des fleurs des champs. En raison de leur délicatesse, les pastels doivent être de préférence appréciés de près. Il en existe des nuances infinies ce qui permet de créer des compositions riches et variées. Ne composez jamais de massifs entièrement roses, ils auraient l'air insipides. Enrichissez-les par quelques notes de mauve, de bleu, ou de violet.

Les couleurs froides

Il s'agit essentiellement des bleus et des violets, mais aussi des tons argentés que l'on trouve chez de rares fleurs (*Stachys* et *Verbascum* par exemple), et sur de très nombreux feuillages. Les bleus semblent toujours sombres dans un jardin, c'est pourquoi ils s'associent à merveille avec le jaune ou le gris argenté. Vous placerez de préférence les fleurs bleues sous un feuillage léger, afin que l'influence du ciel n'éteigne pas l'éclat du coloris. Les teintes froides sont reposantes et très appréciées au printemps. Il ne faut toutefois pas les utiliser en masses trop importantes, car elles peuvent générer une certaine nostalgie et même avoir un aspect inquiétant, presque maléfique. Il existe aussi des plantes à feuillage glauque pouvant entrer dans cette catégorie. Ces nuances métalliques sont beaucoup plus courantes dans le jardin que les bleus très purs réservés à de rares plantes, comme le delphinium, l'iris, l'aconit, la campanule et l'exceptionnel pavot bleu de l'Himalaya (*Meconopsis*).

Les couleurs neutres

Il s'agit des verts et du blanc, qui dans le jardin, ne se comportent pas comme une teinte dominante, même s'il est tout à fait possible de réaliser de superbes jardins monochromes blancs ou verts.

On peut les associer à toutes les autres couleurs pour nuancer légèrement les compositions, adoucir les dominantes, éclairer certaines teintes trop sombres (bleus, rouges ou violets notamment). Un jardin réussi ne devant jamais être une explosion de teintes trop vives, pensez à mettre en valeur de beaux feuillages ou des fleurs blanches dans tous les massifs. Ils vont apporter une note de détente et d'apaisement. Si vous composez un jardin tout blanc, le feuillage jouera un rôle prépondérant dans la mise en valeur des fleurs. Pensez à utiliser des plantes à feuilles panachées de crème ou d'argent pour le meilleur raffinement possible. Dans toute composition paysagère, la proportion de feuillage doit dominer le volume des fleurs.

▲ Beaucoup de paysagistes modernes recherchent la simplicité de la nature dans un jardin en camaïeu de verts.

▲ Du blanc est nécessaire pour égayer un jardin bleu.

Un jardin tout blanc est le comble du raffinement. ▼

57

Réussir votre jardin

◀ Le bleu et le jaune s'associent à merveille.

▼ Ce massif très mélangé doit être admiré de près.

Associer les couleurs

Il est rare qu'un jardin soit entièrement monochrome. Le plus souvent, on cherche à grouper plusieurs couleurs tout en donnant une dominante à la composition, avec une même teinte couvrant la moitié ou un tiers de la superficie totale du massif. Les choix les plus classiques, en ce domaine, sont le rose soutenu et le rose, le rouge et le rose tendre, le jaune ou l'orangé et le bleu.

Mais de la théorie à la pratique il y a souvent un pas difficile à franchir. En effet, toutes les couleurs se déclinent à l'infini à travers des nuances plus que subtiles. L'éclairage vient modifier l'aspect coloré de façon sensible au cours de la journée. Très blanche et pratiquement neutre au petit matin, la lumière solaire évolue vers le jaune pour montrer une tendance franchement dorée en fin de journée. Observez aussi la couleur d'une fleur en plein soleil, elle est subitement différente si un nuage passe. La couche atmosphérique qui joue un rôle de filtre des rayons lumineux a tendance à les orienter vers le bleu. Les jardins ombragés génèrent spontanément une dominante bleue. Il est donc très subtil d'y utiliser cette couleur, afin de renforcer la coloration naturelle. Une

des bases de la réussite consiste à ne pas éparpiller les plantes, pour ne pas diluer les teintes. L'effet de masse est toujours plus spectaculaire, mais il dépend des plantes employées. S'il suffit de quelques fleurs rouges pour obtenir un résultat fort, et

▼ La dominante blanche de ce massif est renforcée par la présence éparse de fleurs bleues (*Chenies Manor*).

même souvent agressif. Il faudra en revanche utiliser au moins une surface double de fleurs blanches pour parvenir à une impression visuelle suffisante. Attention aussi à la grosseur de chaque fleur, un dahlia cactus donne forcément une impression plus puissante qu'une simple pâquerette ou même un œillet. Occupez une surface plus importante avec les petites espèces.

Essayez aussi de respecter la dominante naturelle des saisons dans votre choix de couleurs. Par exemple le blanc, le rose et le jaune égayent le printemps. Le rouge, le jaune et le bleu aiment la chaleur de l'été. Les orangés, mauves, violets, pourpres sont bien mis en valeur à l'automne. Quant à l'hiver, il est

Dessinez votre jardin

▲ Un massif en délicat camaïeu de roses voit son intensité renforcée par la présence de feuillages panachés.

FEUILLAGES EN COULEURS

L'éclat coloré n'est pas l'apanage des fleurs. On oublie trop souvent que les plantes d'ornement nous offrent de très beaux cultivars panachés, dorés, argentés ou bleutés, y compris les incroyables nuances d'or et de cuivre dont se parent certaines plantes à l'automne. La gamme des feuillages colorés s'est considé-

▼ N'oubliez pas le festival coloré de l'automne.

rablement enrichie ces dernières années d'hybrides nouveaux. On trouve même certaines formes tricolores, où se mêlent le rose, le crème et le vert (*Acer negundo* 'Flamingo', par exemple). Un effet spectaculaire garanti.

essentiellement placé sous le signe des fleurs jaunes, la plupart des espèces qui fleurissent à cette saison ayant une dominante dorée.

L'effet de contraste

C'est l'art d'opposer des couleurs qui se heurtent et d'obtenir quand même un résultat intéressant sur le plan esthétique. Par exemple, un jaune d'or et un rouge sang, ou un bleu azur et un rose bonbon. Le but de cette mise en scène est de choquer l'œil. Elle doit donc être placée dans un endroit stratégique du jardin, mais ne pas occuper une trop grande surface, afin de ne pas générer une réaction de rejet.
L'effet de contraste ne concerne pas que les couleurs violentes. Il n'y a rien de tel, pour éclairer une zone de feuillage à l'ombre, que

▼ Un contraste osé mais réussi de couleurs fortes.

de l'associer avec une plante pourpre foncé (*Ajuga* ou *Tiarella*, par exemple). Cette dernière teinte rend beaucoup plus lumineux les verts pâles ou tendres.
Dans le même esprit, mais dans un registre complètement différent, les fleurs blanches vont illuminer un massif rouge foncé ou bleu et permettre à l'œil de distinguer certains détails dans les nuances des teintes ou les formes des fleurs. Cette opposition est toujours bénéfique, surtout dans les massifs exposés en plein soleil, où la blancheur des fleurs est vite écrasée par la lumière. La présence voisine d'une teinte sombre permet au blanc de retrouver un peu de matière et d'affirmer une plus grande présence dans sa texture. Pensez à l'apprécier dans sa transparence, en contre-jour, il laisse très joliment filtrer la lumière.

La délicatesse des camaïeux

Décliner tout un massif en différentes nuances d'un même coloris est un exercice de style dans lequel sont passés maîtres les jardiniers anglais. Difficile dans l'absolu, cette harmonie en dégradés est rendue plus aisée dans sa réalisation grâce au développement de l'offre des plants fleuris dans le commerce. Vous pouvez choisir avec précision les teintes que vous désirez et définir sur place, dans la Jardinerie, la composition de votre massif. Mais, si vous souhaitez de grands effets, vous serez sans doute obligé de compléter vos plantations par des semis en place. Méfiez-vous alors de certaines photos qui parent les sachets de graines. Les couleurs sont souvent moins toniques dans la réalité. La difficulté viendra aussi des risques de modulation des couleurs liés à la qualité du sol. Une terre neutre de pH 7 vous garantira le moins de variations possibles. Pour qu'il soit réussi, un camaïeu doit décliner différentes nuances du plus clair au plus foncé. Vous pouvez y ajouter un peu de blanc pour un effet lumineux.

59

en pratique

Réussir votre jardin

LES STYLES DE JARDINS

▲ Classique, le jardin de Drummond castle en Écosse.

▲ Bien française, la délicate broderie de buis à Éyrignac.

L'aspect des jardins a évolué au fil des siècles, modelé par les grands courants historiques et l'évolution des mœurs. Quelques pays ont marqué si fortement certaines époques, qu'ils ont laissé leur empreinte définitive dans un style de jardin.

 astuce Truffaut — Un jardin contemporain réussi reprend à son compte tous les styles historiques. Il les mélange astucieusement pour créer des compositions où rien n'est strict ni figé.

Les grands standards

On définit comme style de jardin, une manière précise de le composer et de le tracer. Le style s'exprime plus par les formes, les matériaux, les mouvements, les volumes, les lignes que par les végétaux employés.
Le jardin européen s'inspire surtout de deux grands modèles que sont les styles dits « à la française » et les jardins « à l'anglaise ». Il s'agit de deux conceptions totalement opposées. Le jardin français tire toute son inspiration des lignes droites et des effets de perspective. Les mouvements de terre sont faits de cassures brutales, habillées d'escaliers. Le but est de maîtriser la nature, de valoriser l'architecture et de créer un effet aussi spectaculaire que possible. C'est ce que l'on a appelé le style somptuaire.

Le jardin anglais prône tout l'inverse, dans le souci de se rapprocher de la nature. Les compositions se déclinent en courbes, en vallonnements, en douceur et en harmonie. Pas de plantes taillées de manière stricte,

60

Les styles de jardins

DES JARDINS VENUS D'AILLEURS

Si l'influence des styles européens a longtemps dominé dans nos jardins, l'inspiration des paysagistes d'aujourd'hui s'ouvre sur le monde tout entier. Beaucoup de grands créateurs contemporains empruntent aux jardins asiatiques ce qu'ils ont de meilleur dans le raffinement, la maîtrise de la composition et la mise en évidence de la perfection de la nature. Avec sa tendance à tout tailler et à sculpter la nature, le jardin japonais s'exprime à merveille sur les toutes petites surfaces. Son association parfaite entre le minéral et le végétal s'intègre bien dans l'ambiance particulière de la ville. On s'en inspire beaucoup aujourd'hui dans les créations urbaines, la pierre naturelle réalisant une excellente transition entre le béton et les plantations. Le côté mystique du jardin japonais disparaît dans les jardins occidentaux, mais pas l'harmonie. Un nouveau style de jardin est en train de naître dans les pays tropicaux, où de plus en plus de créations de haut niveau sont réalisées. Ces jardins exotiques profitent au maximum des privilèges de leur climat pour mettre en évidence l'opulente végétation de certaines plantes. Ce sont des compositions généreuses, denses et touffues, où la main de l'homme se laisse deviner au profit d'une nature conquérante et dominante. Ce sont surtout des associations de feuillages où l'on emploie beaucoup les variétés colorées ou panachées. Dans les jardins tropicaux, l'eau est un élément dominant. Elle y est plus courante que stagnante, le bassin étant l'aboutissement de tout un réseau de ruisseaux et de cascades. Ce jardin très naturel est dominé par la frondaison de grands arbres qui apportent l'ombrage nécessaire à une ambiance de fraîcheur. Un type de création qui devrait pouvoir inspirer les jardiniers du Midi.

▼ *Au Japon, plantes sculptées et minéraux.*

▲ *L'exubérance tropicale à Hawaii.*

mais des bosquets, des massifs, toujours en dégradés de hauteurs et plantés avec la plus grande générosité.
On peut ajouter à ces deux tendances principales de l'art du jardin les compositions à l'italienne qui reviennent un peu en vogue aujourd'hui. Proches du style français dans leur composition où règne la ligne droite, les jardins de tradition italienne sont ponctués d'ornements très divers, surtout des statues, mais aussi des kiosques et des pergolas.

■ Le jardin contemporain

Les paysagistes d'aujourd'hui ont un peu suivi les tendances de l'art en général pour adopter un style qui fait la synthèse de tout ce que leurs prédécesseurs ont pu prôner. Ce sont les Allemands et les Hollandais qui les premiers ont ébauché, à la fin des années soixante-dix, les grands principes du jardin moderne. Alors que la mode était au jardin à l'anglaise avec ses mixed-borders somptueuses, mais si délicates d'entretien, ils ont cherché à adapter le style du nouveau jardin au mode de vie trépidant de notre époque. Ils se sont inspirés des Japonais dans l'emploi de la pierre naturelle comme élément de décoration, associé à l'eau, en mettant en valeur sa durée de vie, ses lignes et sa facilité d'entretien. Ils ont conservé l'aspect chic et pratique des lignes droites du jardin français. Ils ont emprunté aux Anglais leur passion de la variété et de la profusion des végétaux, surtout des fleurs vivaces et des arbustes et ils ont ponctué tout cela de quelques jolis ornements sculptés, en souvenir des grandes villas italiennes de la Renaissance. N'y voyez surtout pas un manque d'inspiration ou de génie, bien au contraire. Ce mélange subtil est parfaitement adapté aux contraintes du jardin du XXIᵉ siècle. Le propriétaire d'aujourd'hui entretient lui-même son jardin et dispose d'assez peu de temps pour cela. On recherche donc la beauté dans la simplicité avec l'entretien le plus facile.

▼ *Le jardin d'aujourd'hui est petit mais raffiné, il mêle joliment les constructions rectilignes aux plantations naturelles.*

61

Réussir votre jardin

▲ À Bruxelles, un jardin créé par M. Le Hardy, paysagiste.

Les jardins de ville

Le développement des zones urbaines à la fin du XXe siècle a entraîné une concentration importante de population sur des surfaces restreintes. Domaine du verre et du béton, la ville était devenue un univers entièrement artificiel, oppressant pour ses habitants. Les urbanistes se sont rendu compte des besoins de verdure des citadins et une importante politique de création et de rénovation d'espaces verts s'est mise en place dans la plupart des grandes métropoles. Les décorations florales municipales ont permis une prise de conscience à titre individuel de la nécessité de développer un décor végétal. En ville, les jardins privés sont rares, ils dépassent rarement 300 m², avec une moyenne pouvant être estimée à 100 m² environ. Posséder un jardin en ville est un privilège considérable dont il faut être conscient. La moindre des choses serait que ce petit coin de verdure, échappé par miracle à la prolifération du béton, devienne un havre de paix et de beauté. Le jardin de ville est presque toujours clos de murs ou encadré par des constructions. C'est un petit bijou dans un écrin que vous allez pouvoir sophistiquer à merveille. Pas besoin de chercher à se fondre dans un environnement naturel comme le veut la tradition paysagère. Vous pouvez donner libre cours à votre imagination et, sans choquer personne, créer un jardin du style qu'il vous plaira. À la limite, l'idéal est même d'aller jusqu'au bout de vos délires, le jardin en ville devenant une sorte de théâtre qui permet de vous évader en oubliant complètement le contexte du lieu. Pour générer cette impression, il faut commencer par dissimuler les murs alentour. La méthode la plus simple consiste à planter généreusement la périphérie de votre petit domaine, avec des grands arbustes et des conifères. Dans un jardin de ville, on compte une proportion de 2/3 de plantes persistantes, contre 1/3 de caduques, afin d'obtenir une importante structure permanente de feuillages. Contrairement à la campagne où l'on vit au rythme des saisons, il est très important, en ville, que le jardin conserve une forte présence de verdure tout au long de l'année. Si vraiment vous manquez de place, utilisez des plantes grimpantes. Elles appliquent leurs rameaux sur les murs, créant un véritable habillage de verdure, sans occuper une surface au sol importante. Le jardin de ville est le lieu privilégié pour l'utilisation des treillages décoratifs. Les fabricants spécialisés en proposent une infinité de motifs souvent très raffinés. Vous les poserez sur tous les murs aveugles, dans les endroits peu éclairés ou mal exposés, qui n'offrent pas des conditions satisfaisantes pour le bon développement des plantes. L'utilisation des trompe-l'œil permet aussi d'agrandir visuellement les limites du jardin.

▼ Toute la réussite d'un jardin de ville vient de son tracé bien structuré qui permet de circuler autour des plantations.

Les styles de jardins

UN JARDIN À VIVRE

Pour profiter complètement d'un jardin en ville, il est important qu'il s'ouvre directement sur la maison. La transition d'une grande baie vitrée est idéale car elle permet d'avoir une vue sur le jardin, même par temps de pluie ou en hiver. De cette manière, on profite mieux de l'environnement de verdure et de fleurs et, surtout, on vit beaucoup mieux l'évolution du jardin. Sur le plan pratique, pensez à ménager une petite zone de transition par un dallage ou un caillebotis. C'est très important pour pouvoir changer de chaussures chaque fois que l'on passe du jardin à la maison et vice versa. Ce genre de petit détail prend une importance considérable au quotidien. Il va influer sur l'utilisation fréquente ou l'abandon du jardin. Pensez aussi à limiter les corvées, notamment l'arrosage qu'il est très facile d'automatiser dans une surface aussi réduite. Prévoyez obligatoirement un coin détente dans un endroit à l'abri des regards indiscrets. Meublé agréablement, il sera votre jardin secret où vous passerez de bons moments. Dans un jardin de ville, utilisez les espèces les plus résistantes à la pollution, notamment des arbustes au feuillage persistant et coriace.

▼ La maison donne sur le jardin.

Un raffinement extrême

Pour rester en phase avec le mode de vie particulier de la ville, le jardin urbain ne doit pas se transformer en une jungle impénétrable où domine l'exubérance de la nature sauvage. Le jardin de ville bien réussi est aussi soigné et sophistiqué que possible.

Sa petite taille vous permet de le composer avec le plus grand soin sans dépenser une fortune, et surtout de l'entretenir à la perfection sans y passer tous vos moments de loisir. L'idée directrice dans la composition du jardin de ville est de le faire paraître plus grand qu'il n'est en réalité. Le besoin d'espace et d'air étant très important en ville, le jardin doit avoir une bonne partie dégagée afin que l'on puisse y circuler librement.

Pour générer artificiellement cette impression d'étendue suffisante, il y a deux méthodes efficaces. La première consiste à réduire la zone dégagée pour lui donner une forme de couloir et générer une perspective. C'est très facile à réaliser par la plantation de généreux massifs sur la périphérie de la propriété. Une autre solution astucieuse consiste à créer des différences de niveau (la hauteur de deux ou trois marches suffit) et à composer un jardin différent dans chacune des parties ainsi obtenues. La première peut être dallée, la seconde engazonnée ou les deux dallées avec des matériaux différents.

Une autre astuce doit être utilisée dans le jardin de ville pour le rendre plus généreux. Il s'agit de compliquer et d'allonger le tracé des circulations en multipliant les décrochements et les obstacles. Les massifs par exemple seront disposés en îlots, autour desquels vous pourrez vous déplacer. Vous utiliserez aussi de nombreuses potées afin de vous empêcher d'aller directement d'un point à un autre, en coupant le chemin.

Jouez aussi la variété et la générosité sur le plan végétal. Utilisez au maximum les plantes saisonnières (annuelles, bisannuelles, fleurs à bulbes) pour que le jardin change de visage en permanence et se pare de couleurs fortes qui lui donneront un aspect plus tonique. Comble de sophistication, n'oubliez pas le petit coin potager et les plantes condimentaires. Rien ne surpasse le plaisir de croquer une salade bien tendre, ou des tomates juteuses à souhait qui ont poussé dans votre jardin ; surtout s'il se trouve dans un environnement qui a oublié la nature.

Une cour-jardin de 40 m² créée par Erwan Tymen. ▶

▲ Une pelouse en longueur pour un effet de perspective.

63

en pratique

Réussir votre jardin

▼ Le dessin du jardin de week-end doit être aussi simple que possible. Utilisez essentiellement des plantes rustiques qui ne demandent pas d'entretien, comme des rosiers paysages, des arbres et arbustes de la région, des vivaces solides, persistantes, et bien sûr, des formes non taillées.

Les jardins de week-end

La vague d'engouement pour les résidences secondaires que l'on a connue dans les années soixante-dix, a subi un coup de frein très net en cette fin de XXe siècle. La construction de maisons individuelles s'est recentrée sur les habitations principales. La France reste toutefois un des pays possédant le plus grand nombre de résidences secondaires. Traditionnellement visité en fin de semaine, ou pour les vacances, le jardin de week-end est une gageure qui se transforme souvent en sacerdoce si l'on ne bénéficie d'aucune aide sur place. Sachez dès le départ, que vous allez devoir passer une bonne partie de votre temps à l'entretien du jardin, ne serait-ce que pour la tonte du gazon et le désherbage. C'est une activité fort agréable, mais dont il faut être conscient. Ce préalable posé, il est ensuite possible de rêver, et d'imaginer un jardin qui vous accueillera chaque semaine avec sa profusion de fleurs et de légumes. En fait tout est affaire d'organisation, de planification des cultures, d'automatisation de l'arrosage, de simplification du style du jardin et de bonne volonté personnelle. Outre votre présence épisodique, le problème majeur est le manque de temps disponible. Les deux sont liés, mais ils ont des conséquences différentes. Votre absence prolongée vous empêche de suivre les cultures et de les entretenir aussi souvent qu'il faudrait. Le temps restreint dont vous disposez le week-end vous oblige à concentrer vos actions sur ce qui est le plus urgent ou que vous jugez le plus important. Par conséquent, on n'entre pas dans les détails avec un jardin de week-end. Évitez les cultures compliquées qui nécessitent plusieurs repiquages, des tuteurages, des tailles fréquentes, etc. Choisissez les plantes qui se sèment en place ou achetez des plants prêts à mettre en terre. Si vous appréciez les arbres fruitiers, optez pour les formes libres et bannissez palmettes, cordons et toutes autres formes plates.

Le jardin de week-end a un accent rural. Il privilégie les espèces rustiques et s'inspire des cultures locales, forcément les mieux adaptées. Même chose pour le décor, ne choisissez que des plantes rustiques et de

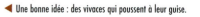
◄ Une bonne idée : des vivaces qui poussent à leur guise.

Les styles de jardins

> **UN PETIT COIN DÉTENTE**
>
> Les jardiniers du week-end ne doivent pas devenir les esclaves de leur propriété. Limitez l'entretien au strict nécessaire. Pourquoi tondre tout le gazon chaque semaine ? Vous pouvez couper régulièrement une bande de 50 cm à 1 m de large et

▼ Un banc, des arbres fruitiers, un moment de détente.

laisser les autres parties à l'état sauvage. Vous circulerez sur les zones tondues. Disposez un banc ici et là. Il joue un rôle décoratif, tout en vous incitant à un moment de détente parmi les fleurs. Il est très important que vous puissiez de temps en temps contempler votre jardin avec un peu de recul.

culture facile. Toutes les espèces nécessitant une protection hivernale ou un entretien spécifique sont à prohiber.

Réduire l'entretien

Pour profiter le mieux possible d'un jardin de week-end, il faut que les tâches que vous allez y exécuter aboutissent à un résultat plaisant. Si vous vous éreintez chaque semaine à tuteurer, tailler, désherber, transplanter, arracher, votre enthousiasme s'évanouira au fil des mois et le jardin périclitera. Certaines cultures doivent être totalement bannies ou bien aménagées de manière spécifique.

Une rocaille est un endroit à bannir dans un jardin où vous n'êtes pas sur place en permanence. Il en est de même pour un bassin artificiel. En revanche, une pièce d'eau naturelle peut être aménagée sans problème. La pelouse est une culture difficilement envisageable dans un jardin de week-end. En revanche, vous pouvez réaliser une prairie décorative, en mêlant aux graminées des fleurs sauvages, magnifiques en fin de printemps et en été. Les graines vendues sous le nom de gazon champêtre ou gazon japonais sont tout à fait valables pour cet usage. L'avantage est que vous n'avez pas besoin de tondre chaque semaine comme avec le gazon. Vous laissez pousser les plantes librement jusqu'à la fin de la floraison. Il suffit alors de les faucher et d'intervenir ensuite une fois par mois jusqu'à la fin de la saison. Le jardin de week-end doit être plaisant, tout en vous accueillant en beauté à chacune de vos visites. Privilégiez les floraisons qui ne demandent pas d'entretien, en utilisant une grande proportion d'arbres et d'arbustes caducs. Il n'est guère important que le jardin montre peu d'attraits en hiver. C'est une période où on ne l'utilise que de manière très épisodique et surtout pour y travailler.

Les jardins des gourmands

Lieu de vacances par excellence, le jardin de week-end doit être aussi le paradis pour les gourmands et les enfants. Plantez des arbres fruitiers en choisissant de préférence les varié-

▼ Pavots et capucines, des fleurs faciles à semer en place.

▲ Un léger négligé qui ne manque pas de charme.

tés régionales. Les arbres à pépins et les cerisiers sont les plus faciles à réussir. Évitez les fragiles pêchers, abricotiers et la vigne qui nécessite de nombreux traitements. N'oubliez pas les arbustes à petits fruits, toujours savoureux et très accommodants sur le plan de la culture. Plantez ou semez des légumes faciles comme les salades, les radis, les choux et même les tomates. En revanche, pas de haricots, qui nécessitent une cueillette régulière pour garantir une récolte tendre et savoureuse. Réalisez uniquement des semis en place avec les légumes ne nécessitant pas de repiquage. Optez aussi pour les plantes à croissance assez rapide ou les espèces durables et rustiques. L'oseille, la rhubarbe, les plantes condimentaires sont à recommander dans un jardin de week-end, de même que les artichauts dans les régions aux hivers assez doux.

Le style sauvage ou naturel s'adapte bien au jardin de week-end. Surtout ne compliquez pas le tracé pour limiter l'entretien. Prévoyez des allées et des sentiers bien dallés, afin de pouvoir circuler sans problème dans le jardin en toute saison et par tous les temps.

Réussir votre jardin

◀ Les azalées semblent avoir poussé spontanément.

▲ Le jardin s'intègre au paysage environnant.

▌ *Les jardins champêtres*

Pouvant aussi être qualifiés de jardins ruraux ou de jardins campagnards, les jardins champêtres s'intègrent le mieux possible dans le paysage régional. Ils font appel à une composition aussi simple que possible, mais contrairement aux jardins naturels ou sauvages, ils n'ont pas pour but d'imiter la nature. Le jardin champêtre fait appel à une palette de plantes rustiques. Il s'entoure de haies vives, composées d'espèces décoratives et de fondre le jardin dans l'environnement, mais aussi de constituer un refuge pour les oiseaux et divers animaux sauvages. Le jardin champêtre fourmille de vie. Les papillons volettent de fleur en fleur, les oiseaux babillent un peu partout, les lézards se réchauffent sur les pierres, et les hérissons patauds jouent les visiteurs du soir. Dans les régions riches en plan d'eau, le jardin champêtre doit se mettre au diapason avec un grand bassin. Il accueillera un héron ou des canards de passage, vous donnant le plaisir permanent de jouer les naturalistes. L'idée graphique du jardin champêtre est de souligner les charmes de la campagne en les mettant en valeur par une plantation plus dense ou plus appropriée. Par exemple en Bretagne, genêts, ajoncs communs dans les landes alentour feront partie du décor, égayés par une profusion de rhododendrons, bruyères, camélias et autres arbustes de terrains acides. Dans les régions de montagne, le style rocaille sera de rigueur. Utilisez obligatoirement des pierres de la région. Au milieu d'un paysage de champs et de prairies, une grande pelouse sera soulignée par des massifs d'arbustes à fleurs, en majorité caducs et de vivaces toutes simples, comme les leucanthèmes (marguerites), les achillées, les lupins, les campanules, etc. Si l'environnement est plutôt boisé, reproduisez un jardin d'ombre, avec des fougères, des arbustes de terre de bruyère, des fleurs à bulbes. En

▼ Surtout pas de sophistication pour le jardin champêtre qui utilise un maximum de plantes régionales.

Les styles de jardins

bref, sachez fondre le jardin dans le décor, tout en lui donnant une personnalité grâce à des mouvements et à un bon choix de plantes.

Le respect du paysage

La réalisation d'un jardin champêtre se justifie surtout si vous bénéficiez d'un beau panorama sur la campagne environnante et que votre jardin est visible des alentours. Il serait tout à fait incongru de planter par exemple un bosquet de rhododendrons dans un paysage calcaire, ou une abondance de feuillus dans un environnement de conifères. Il n'y a pas qu'un aspect esthétique dans ce choix. Il est aussi parfois géographique et botanique. Inutile d'envisager de faire pousser des oliviers dans le Beaujolais ou de réussir des mirabelles sur la Côte d'Azur. Le jardin champêtre va s'accorder avec la maison. Si cette dernière adopte nettement le style régional, il faut l'entourer d'un jardin qui saura la mettre en valeur sans choquer. Ne croyez pas que vous allez être limité dans votre volonté d'originalité. Beaucoup de plantes peuvent être qualifiées de « passe-partout » dans un jardin. C'est le cas de nombreux arbustes à fleurs (forsythia, cognassier du Japon, groseillier à fleurs, buddleia, seringat, deutzia, etc.), des rosiers à fleurs simples, des arbres fruitiers et de l'incroyable diversité des plantes vivaces.

Si la plupart des bulbes à fleurs de printemps ne posent pas de problème, hormis peut-être les tulipes perroquets, méfiez-vous de certaines annuelles et de certains bulbes d'été. Les sauges rouge vif, les œillets et roses d'Inde avec leurs grosses têtes doubles bien raides, les énormes dahlias seront plutôt remplacés par le lin bleu, les clarkias, les nigelles, les juliennes des jardins, et mille autres fleurs plus simples, plus sobres et tout aussi décoratives. Côté technique, préférez les semis en place, faciles, rapides et générateurs de belles compositions au charme naturel. Ayez la main légère pour répartir uniformément les graines sur toute la surface.

Un fouillis savamment arrangé est la clé du succès. ▶

LE POTAGER RURAL

S'il est un style de jardin où le potager conventionnel parvient à s'intégrer, c'est bien le jardin champêtre. La campagne est par nature un centre privilégié pour les cultures vivrières. Le jardin de légumes fait partie du paysage habituel des zones de culture. Avec ses planches régulières, ses cultures homogènes, son tas de compost, ses châssis et tunnels, le potager rappelle en miniature une exploitation agricole. Vous pouvez renforcer son caractère campagnard en y intégrant quelques arbres fruitiers en formes libres. Il est aussi de bon ton d'y prévoir un coin de production pour les fleurs coupées. Cela apporte une jolie note colorée et donne un peu plus de vie au jardin de légumes. Bordez les différents carrés avec des plantes condimentaires ou quelques fleurs annuelles. Dans ce contexte, le potager est souvent séparé du reste du jardin par une petite haie fruitière.

▼ Le potager rural dans toute son opulence, avec un mélange de fleurs, de fruits et de légumes en planches régulières.

Réussir votre jardin

◀ Érable, polygonum, *Hyacinthoides* : sauvage et beau.

Les jardins naturels

La nature fait souvent preuve d'un sens artistique hors du commun. Les plus belles harmonies se découvrent dans les espaces sauvages avec un sens extraordinaire de l'équilibre, du rythme et des couleurs. C'est pourquoi les paysagistes ont depuis toujours recherché leur inspiration dans les bois, les montagnes, les champs, etc.

Contrairement à ce que laisse supposer son appellation, un jardin naturel n'est pas né spontanément au gré de la fantaisie créatrice des éléments. C'est un jardin, un vrai avec toutes ses subtilités et ses nuances. Il est façonné par la main experte de l'homme, qui essaye de faire oublier sa présence.

Disons-le tout de suite, copier la nature est un art difficile et réussir un jardin d'apparence spontanée n'est pas à la portée du premier venu. Autre point important, le jardin au naturel est très exigeant sur le plan de l'entretien. La technique consistant ici à remplacer toute la flore sauvage par des espèces plus subtiles, plus décoratives, mais souvent moins vigoureuses, on doit faire face à la concurrence très forte des « mauvaises herbes ». Elles n'ont de mauvaises que le nom et cherchent en fait à occuper un terrain qui leur appartenait avant l'arrivée de l'être humain, perturbateur comme à son habitude. Un jardin d'apparence naturelle est de manière paradoxale une lutte incessante contre cette nature que l'on cherche à copier. Mais si l'on veut aller plus loin dans l'analyse, le jardin sauvage cherche à sublimer la nature. Il veut la montrer sous ses plus beaux atours, en la débarrassant de ce côté anarchique qui a tendance à choquer le sens de l'ordre et de l'organisation de beaucoup de gens. On est ici à l'opposé de la perfection géométrique du jardin à la française. Mais si l'application d'un principe mathématique est toujours relativement simple, l'à-peu-près, le sous-entendu, le suggéré font vraiment partie du domaine de l'art et de la perception individuelle.

Dans un jardin sauvage, le premier principe à appliquer est la variété et l'abondance. C'est bien connu, la nature a horreur du vide. Il faut donc couvrir généreusement toute la superficie à décorer. Pour cela, employez beaucoup d'espèces tapissantes et des plantes vivaces qui ont un grand pouvoir couvrant. Commencez par laisser les végétaux s'accorder entre-eux et occuper leur

▲ Laissez la végétation envahir les zones construites.

◀ L'eau et les plantes vivaces : deux ingrédients de base.

Les styles de jardins

LA PATTE DE L'HOMME

Même si vous laissez une grande partie de votre jardin dans un apparent désordre naturel, vous aurez vite besoin d'affirmer votre présence dominante ici et là. Une poterie, un cadran solaire, une statue sont autant d'objets qui ont leur place dans un jardin de style naturel. Choisissez bien sûr des matériaux traditionnels, comme la terre cuite, la pierre ou le bois, afin de ne pas heurter l'harmonie du décor. Laissez aussi la végétation dissimuler en partie les objets pour qu'elle manifeste sa présence dominante.

▼ *Une belle composition sauvage avec des poteries.*

territoire. Attendez deux saisons avant d'intervenir, dans l'ordre et la répartition des plantes, par des tailles sévères s'il le faut. En ayant eu cette patience, vous aurez laissé à la nature le soin d'esquisser une ébauche de ce qu'il faudra faire ou ne pas faire dans le jardin. Car il est très important que les plantes poussent avec une certaine harmonie de formes.

Les éléments naturels

Les êtres vivants, et en particulier les végétaux, doivent dominer de manière flagrante dans le jardin d'inspiration sauvage. Mais on peut aussi

Le jardin naturel utilise l'eau et les rochers comme éléments de base d'un décor libre et riche en plantes. ▶

y trouver les autres éléments fréquents dans la nature : l'eau, la pierre et le bois. C'est sous forme vive : source, ruisseau ou cascade que l'eau s'intègre le mieux dans ce type de jardin. Des bâches en plastique habilement dissimulées par des cailloux, des rochers et des plantes, donnent l'illusion et la spontanéité du naturel. Le mouvement de l'eau est permanent, grâce à des petites pompes électriques. La présence aquatique ne doit pas être dominante, juste suggérée pour apporter un peu de fraîcheur et justifier la présence de fougères, de trolles, de primevères, d'hostas, d'alchémilles, etc.

La pierre joue une sorte de ponctuation dans la déclinaison des massifs. Elle vient souligner un contour, marquer un détour, matérialiser un dénivelé. Elle peut aussi remplacer l'élément liquide dans le cas des rivières sèches dont le côté aride sera pondéré par la présence de jolies graminées ornementales. Si vous avez le talent des paysagistes japonais, vous pourrez même utiliser certains monolithes, comme des statues naturelles qui viennent mettre en valeur un bel arbuste ou créent un point d'orgue dans le décor. La difficulté consiste à trouver la bonne pierre et à l'orienter de façon adéquate. L'impression finale doit suggérer que le rocher s'est toujours trouvé à cet endroit depuis des siècles. Attention, cela semble simple en apparence,

mais comme disent les connaisseurs : « La pierre a une âme » et il n'est pas toujours facile d'en percer les secrets.

Dans un jardin sauvage, le bois peut se présenter sous forme de souches, de troncs couchés, de racines. L'usage est le même que pour les blocs de pierre, avec un caractère plus éphémère. Alors que la roche peut être largement dénudée, les éléments en bois seront recouverts partiellement par la végétation, une manière de mieux les intégrer dans la composition. Le bois peut aussi être utilisé sous forme plus travaillée, sans pourtant heurter l'esthétique d'un jardin sauvage. Un dallage ou un escalier en rondins de châtaignier sont tout à fait acceptables.

Pour la disposition de tous ces accessoires solides, il faut parvenir à un semblant de déséquilibre qui est plus harmonieux qu'une verticale parfaite, comme un décalage dans la perspective est préférable à l'alignement vraiment rarissime dans la nature.

Quant à l'harmonie générale de tous les éléments utilisés, rien ne vaut pour l'illustrer cette phrase du comte de Buffon : « Une mouche ne doit pas tenir dans la tête d'un naturaliste, plus de place qu'elle n'en tient dans la nature ». Appliquez ce principe au jardinage et tout vous semblera beaucoup plus simple pour réussir vos compositions paysagères, avec l'apparence du naturel.

69

Réussir votre jardin

en pratique

▲ Les bordures de buis dessinent joliment le jardin.

▲ Une version très contemporaine du potager d'ornement.

Les jardins structurés

S'inspirant du tracé géométrique des jardins de la Renaissance italienne ou du XVIIIe siècle français, les jardins structurés reviennent à la mode pour leur aspect soigné et raffiné. Ce style, qui avait été créé dans le but de mettre en valeur les grandes perspectives des immenses propriétés de jadis, montre paradoxalement des prédispositions pour la décoration raffinée des surfaces de plus en plus limitées de nos jardins modernes.

Cela peut sembler une lapalissade, mais le paysagiste d'aujourd'hui a soudainement retrouvé les vertus de la ligne droite, à savoir simplicité et sobriété. Le tracé en courbes irrégulières du jardin à l'anglaise ne se satisfait pas du manque d'espace. Il prend tout de suite un aspect exigu. Dans un petit jardin, la présence de massifs aux bordures ondoyantes oblige à dégager complètement la partie centrale de la surface disponible, afin de bénéficier d'un recul suffisant pour apprécier les formes du tracé. Résultat : on se retrouve dans un cas de figure banal avec une grande pelouse centrale et des massifs repoussés sur le pourtour du jardin. Autre défaut, les limites de la propriété étant bien soulignées par les plantations, on a vite l'impression d'étroitesse.

La solution du jardin structuré permet de gommer tous ces défauts et de composer un jardin au dessin original, jamais le même d'une propriété à l'autre. En compliquant volontairement le tracé par la délimitation de petits massifs carrés ou rectangulaires, on agrandit considérablement la longueur des circulations. Du coup, le jardin paraît plus grand en obligeant à faire des tours et des détours pour le découvrir en entier. En fait, on ne retrouve pas dans le jardin structuré contem-

▲ Le jardin structuré moderne trouve son inspiration dans les compositions classiques. Il met en valeur les perspectives et les structures, s'appuyant aussi sur la présence d'éléments architecturaux importants, comme les murs, les porches, les statues, etc.

Les styles de jardins

LE RETOUR DES TOPIAIRES

Technique culturale qui modèle des arbres et des arbustes d'ornement, selon une forme bien précise, l'art topiaire a été développé par les jardiniers romains qui cherchaient à imiter les sculpteurs. Il a été remis à l'honneur à la Renaissance et a connu une très grande vogue en Angleterre.

Avec le grand retour du style géométrique dans les jardins d'aujourd'hui, on voit réapparaître les plantes formées. Buis ou ifs en cône, en boule, en spirale constituent de très élégants motifs que l'on peut introduire avec bonheur dans un petit jardin. Ils permettent de souligner les angles de certains massifs, d'encadrer les extrémités d'une allée, de mettre en valeur une porte d'entrée, etc. Ils offrent aussi l'avantage de créer un effet de relief dans un jardin qui pourrait paraître trop rectiligne, sans la présence de plantes un peu plus hautes.

Les formes topiaires modernes se contentent de sujets assez simples car elles doivent rester discrètes. Le but n'est plus comme jadis de créer des jardins spectacles, mais des ensembles harmonieux où l'on se sent bien. N'oublions pas aussi qu'une plante taillée en topiaire demande un entretien régulier pour conserver sa jolie silhouette. Il faut acquérir un certain coup de main pour bien modeler la forme. Tenez toujours l'outil bien à plat par rapport à la forme à tailler. Un bon conseil pour de meilleurs résultats : utilisez une cisaille à lames courtes ou un taille-haies à batterie, léger et maniable. Si vous manquez d'habileté, confectionnez une forme en bois qui vous servira de repère pour bien orienter la cisaille.

▼ *Un élégant buis en topiaire.*

porain toute l'inspiration du jardin à la française. C'est plutôt une extrapolation et une modernisation de la broderie végétale. Cet art qui consiste à réaliser des motifs avec des plantes a été développé au XVIe siècle, pour atteindre son apogée à la fin du XVIIe. Un des exemples les plus spectaculaires est le labyrinthe, très en vogue à l'époque. La broderie consistait souvent à reproduire les motifs figurant sur les blasons du château dans lequel figurait le jardin. Cette technique de la broderie végétale s'est poursuivie et développée avec Le Nôtre, dans la grande tradition du jardin à la française. On en trouve d'ailleurs de superbes exemples au château de Vaux-le-Vicomte.

Aujourd'hui, on a simplifié le dessin, tout en conservant la plante indispensable pour en modeler les formes, à savoir le buis. Ce petit arbuste qui accepte les tailles les plus contraignantes permet de souligner avec élégance le dessin des massifs.

Le jardin structuré d'aujourd'hui est tout sauf rigide. L'idée n'est pas de reproduire des dessins compliqués, comme dans la mosaïculture. On répartit les masses en surfaces géométriques qui s'articulent comme un patchwork, souligné par un réseau de petits sentiers sur lesquels on se déplace au sec. Les plantations laissent toute liberté à la nature pour s'exprimer. Et c'est de là que vient toute la différence et la modernité. La structure du jardin répond à un dessin relativement rigide qui allie un certain dépouillement graphique à un côté bien pratique. Mais dans les détails, on retrouve tout ce qui fait le charme du jardin anglais, à savoir la profusion végétale, la recherche harmonieuse des couleurs, le raffinement des textures, et la diversité des thèmes.

Si l'on peut trouver ennuyeuse la rigueur du jardin à la française, on est toujours séduit par le jardin structuré moderne qui permet les compositions les plus audacieuses, notamment l'introduction de légumes parmi les plantations de fleurs et la possibilité de réaliser des petits jardins thématiques sur des surfaces très réduites. Le buis créant un lien entre tous les éléments, chacun peut être différent sans que cela choque. Pour donner du volume à la composition, on utilisera des plantes fleuries sur tige (rosier, fuchsia, anthémis, etc.). Ces végétaux travaillés sont de plus en plus à la mode, et il est vrai fort décoratifs dans un petit jardin ou même sur un balcon car ils viennent bien en pots.

▼ *Un jardin très actuel avec le contraste réussi entre un tracé net et des plantations floues. Subtil et chic à la fois.*

Réussir votre jardin

▲ Arbustes du terroir, rosiers paysagers, plantes couvre-sol et grimpantes, herbes sauvages : voici un jardin facile.

▲ Les conifères ne demandent aucun entretien.

Les jardins d'entretien facile

Le rêve épicurien du jardin où l'on passe plus de temps en contemplation qu'en exécution de travaux harassants n'est plus tout à fait un mythe. La réalité du jardin d'aujourd'hui passe par un entretien facile et limité car on dispose d'un minimum de temps pour s'y consacrer. Dire qu'il est possible d'avoir un beau jardin sans rien y faire est une vue de l'esprit. Mais à l'inverse, on peut affirmer qu'il est possible de réduire les tâches au minimum et surtout de réduire les efforts et les aspects pénibles ou répétitifs. Tout est affaire de choix, d'équipement et de préparation.

Pour limiter l'entretien, il faut déjà simplifier le concept du jardin. Ici, pas de rocaille, pas de potager, pas d'arrangements floraux sophistiqués. Vous allez privilégier les plantations durables, rustiques et peu exigeantes, notamment les arbustes, avec une proportion équivalente de persistants et de caducs. Pensez aussi aux conifères nains qui poussent vraiment tout seuls. Si vous aimez les rosiers, optez pour les formes arbustives, surtout la catégorie des rosiers paysages. Ils fleurissent abondamment et peuvent se passer de taille. En revanche, évitez les rosiers anciens ou les beaux hybrides à grandes fleurs qui nécessitent plus de soins, en particulier des traitements réguliers et une taille annuelle.

Pour réduire l'inévitable corvée de désherbage, vous planterez des vivaces couvre-sol dans vos massifs. Une fois que ces plantes auront tapissé tout le terrain, elles constitueront une barrière efficace contre la prolifération des mauvaises herbes. Des espèces comme *Lysimachia nummularia* 'Aurea', *Aegopodium podagraria* 'Variegata', *Duchesnea indica*, *Ajuga reptans* 'Burgundy Glow' font merveille dans les massifs.

Un bon conseil : évitez la pelouse ou rédui-

LAISSEZ FAIRE LA NATURE

Pour vous faciliter la tâche d'entretien du jardin, utilisez des plantes bien adaptées à la région et à la qualité de votre terrain. Laissez certaines plantes pousser naturellement. Les bruyères et fougères dans les zones acides, les sureaux, églantiers, prunelliers dans les terrains calcaires peuvent constituer la base de vos massifs. Plantez des vivaces et différents arbustes que vous laisserez pousser à leur guise. Ce principe, contraire à l'esprit du jardinage classique, a pour avantage de privilégier les espèces qui s'adaptent le mieux à l'endroit. Vous pratiquez en quelque sorte la sélection naturelle, où seuls les plus forts survivent.

Pensez à égayer votre jardin de fleurs à bulbes printanières. Les crocus, jacinthes des bois, narcisses et tulipes botaniques se naturalisent et parviennent à se propager dans tout le jardin. Vous constaterez aussi que les plantes se déplacent d'une année sur l'autre ce qui permet au jardin de bien évoluer.

▼ Des fleurs à bulbes naturalisées.

Les styles de jardins

sez-la à la portion congrue. Un gazon, même rustique, c'est environ une heure d'entretien par semaine entre début avril et fin septembre. Si vous désirez conserver une bonne surface en espace vert, laissez donc pousser naturellement les herbes sauvages. Vous obtiendrez une sorte de prairie où se mêleront pissenlits, pâquerettes, plantains et diverses graminées, dont le chiendent. Après le passage de la tondeuse, l'aspect devient plus homogène et acceptable sur le plan esthétique. Avantage non négligeable : cette prairie ne jaunit pas trop en été si vous ne l'arrosez pas, et sa croissance est moindre que celle d'une pelouse. Une tonte tous les quinze à vingt jours est suffisante quand le temps n'est pas trop pluvieux. Une autre solution consiste à remplacer ce tapis vert par des espaces dallés ou gravillonnés, sur lesquels vous pourrez vous déplacer par tous les temps. Une application de désherbant total au début du printemps suffira à les maintenir propres pendant toute l'année. Il est indispensable de limiter la surface de ces parties dénudées et d'augmenter celle des massifs pour obtenir un résultat esthétique. Certaines solutions adoptées pour le jardin de week-end sont aussi valables pour un jardin d'entretien facile. C'est le cas des semis en place de fleurs annuelles qui vous assurent une belle présence florale pendant l'été, sans exiger des soins méticuleux. Pensez aussi aux

▲ Des massifs d'arbustes généreusement fleuris, des fleurs spontanées, ce jardin pousse sans aucun soin particulier.

cerisiers, pommiers ou poiriers. Les variétés modernes sont peu sensibles aux maladies et elles vous garantissent une récolte généreuse. Si vous aimez les plantes grimpantes, choisissez les espèces qui s'accrochent d'elles-mêmes à leur support. Le lierre, l'hortensia grimpant, la vigne vierge se plaquent sur les murs ; les chèvrefeuilles, l'akébie et les clématites s'enroulent autour des grillages. Toutes ces plantes ne nécessitent aucun entretien et sont peu sensibles aux maladies. Ces grandes lianes sont le moyen de créer un bel écrin tout autour du jardin. Dans la mesure du possible, elles remplaceront les haies, dont l'entretien est toujours contraignant, même pour les formes libres.

Pour l'été plantez des géraniums, ils résistent parfaitement à la sécheresse et restent en fleurs jusqu'aux premières gelées. Côté fleurs printanières, les primevères sont indispensables. Elles se naturalisent avec beaucoup de bonne volonté et réapparaissent chaque année, toujours plus nombreuses.

Pensez enfin à bien vous équiper avec des outils motorisés. Ils exécutent les tâches avec rapidité et vous font économiser beaucoup d'efforts. Choisissez-les pratiques, peu encombrants et simples d'emploi. Une motobineuse pour retourner la terre, une débroussailleuse pour nettoyer les endroits difficiles, une tronçonneuse pour couper les grosses branches sans effort constituent un bon équipement de base. Côté arrosage, les possibilités d'automatisation sont très nombreuses. Inutile de prévoir une installation enterrée complexe. En revanche, des bouches d'eau disposées dans différents endroits « stratégiques » du jardin vous feront gagner un temps précieux pour remplir les arrosoirs ou déplacer les tuyaux. Pensez aussi aux programmateurs, simples et efficaces, qui vous font gagner beaucoup de temps.

▼ Une prairie fleurie, des massifs tapissés de plantes couvre-sol, des espèces rustiques, voici un jardin facile d'entretien.

73

Réussir votre jardin

▲ Un plan d'eau, où se reflète le ciel, incite à la rêverie.

▲ L'inspiration japonaise est très nette dans ce jardin.

Les jardins évasion

Le jardin est un excellent moyen d'échapper aux contraintes du quotidien. Il vous permet de plonger dans un environnement complètement différent et de créer un havre de paix et de détente, rien que pour vous et vos proches. Grâce à un choix judicieux dans les plantations, mais aussi dans l'organisation de la composition, vous pouvez transformer votre jardin à volonté et en faire un monde bien à part. L'important est que vous vous y sentiez bien et que vous puissiez y libérer complètement votre esprit quand vous vous promenez parmi les plantes. C'est cela le jardin évasion. La possibilité de voyager par l'esprit, tous les sens en éveil, et de se ressourcer par la contemplation d'un paysage harmonieux et paisible.

C'est ce qu'ont toujours cherché à exprimer les Japonais dans leurs compositions paysagères. Ils y réussissent fort bien par une maîtrise exceptionnelle des formes et un sens de l'équilibre qui frôle la perfection. La première règle pour composer un jardin évasion consiste à s'enfermer dans son univers personnel. Le jardin devient le centre du monde, rien n'existe plus alentour. Le regard, la pensée, tout se concentre autour de ce pôle d'attraction. Pour y parvenir, vous devez obligatoirement clore votre propriété et la cerner par un écrin de verdure composé essentiellement de grands arbres. Ensuite, il

PLANTES GÉANTES

Une manière toute simple de suggérer l'exotisme dans un jardin consiste à utiliser des plantes spectaculaires. Parmi les espèces qui s'acclimatent bien en toutes régions, citons : le gunnéra, la berce géante, le macléaya, les grands pétasites, etc. Il suffit souvent d'un sujet bien placé pour obtenir l'effet désiré. Ne surchargez pas la plantation, c'est inutile et peu esthétique.

▼ Le gunnéra aux feuilles géantes.

74

Les styles de jardins

faut sélectionner un point fixe qui constituera le lieu de contemplation du jardin. Il est bon qu'il soit légèrement surélevé afin de permettre une vue panoramique sur l'ensemble. Cet endroit peut être la véranda, la pièce principale de la maison ou un coin repos aménagé confortablement.
La composition du jardin sera basée sur un tracé bien défini et devra se décliner à travers un motif. Ce dernier peut être aussi hermétique et abstrait que le jardin zen, ou aussi riche et sophistiqué qu'une mosaïculture. L'important c'est que vous puissiez y retrouver une ambiance, un état d'esprit, un style qui s'accordent avec vous-même.

▲ Il faut peu de choses pour être dépaysé dans un jardin. Des grands bambous, des clôtures pittoresques, des pierres pour créer un paysage imaginaire, quelques touffes de plantes géantes et un relief accidenté font ici une très belle composition.

Un peu d'exotisme

L'évasion purement spirituelle n'est pas le seul moyen à votre disposition pour changer d'univers dans le cadre de votre jardin. Un plan d'eau incite à la rêverie et détend par son caractère paisible. Il génère une notion de profondeur et d'immensité, quand les nuages s'y reflètent comme dans un miroir. S'il est suffisamment grand, vous pouvez l'agrémenter d'un pont, symbole d'évasion qui vous conduit vers un but inconnu.
Pour les plus cartésiens, il suffira sans doute de se dépayser complètement dans le décor du jardin et d'y apporter une notion d'exotisme. Ce n'est pas toujours simple dans nos contrées aux hivers rigoureux, mais il y a toujours moyen de trouver des succédanés. Il suffit souvent de suggérer pour concrétiser. Les bambous sont un bon exemple. Il en existe de nombreuses espèces parfaitement rustiques qui créent dans le jardin une illusion de tropiques. Plus inhabituelle, la fougère arborescente va donner l'impression de se trouver au bout du monde. *Dicksonia antarctica* est l'espèce la plus rustique. Originaire de Tasmanie, elle peut résister jusqu'à -10 °C pendant de courtes périodes. En prévoyant une petite protection hivernale, cette merveille de délicatesse et d'originalité peut être cultivée dans la plupart des jardins. D'autres plantes génèrent aussi une impression exotique : c'est le cas de la très commune herbe de la pampa aux grands plumets gracieux. Pensez aussi aux échiums dans les terrains secs et en bord de mer. *Eucalyptus gunnii* résiste à -15°C sans problème. Inattendu dans un jardin d'Europe du Nord, il évoque son Australie natale. Côté palmiers, le choix est plus limité. Mais *Trachycarpus excelsa* résiste bien dans les jardins abrités de la région parisienne. Pour compléter cette impression d'évasion, vous disposez aussi de plantes d'aspect tropical, rustiques, comme les acanthes, ou saisonnières, comme les cannas. Plantez aussi l'été des espèces méditerranéennes ou subtropicales, comme *Cordyline australis, Plumbago capensis, Strelitzia reginae,* sans oublier les agrumes : orangers et citronniers toujours décoratifs, même en pot, et les plantes grasses et cactées qui peuvent composer un décor très original et inattendu.

Échium, cordyline : les tropiques en Cornouailles. ▶

75

Réussir votre jardin

L'ÉCOLOGIE DU JARDIN

Le jardin est un milieu sophistiqué parce qu'il met en scène la nature et la contraint à se plier à nos caprices. Les massifs rassemblent des espèces originaires de contrées fort différentes, dont les exigences spécifiques sont parfois assez éloignées. ❦ *Le respect du tracé et des règles de la composition, comme le définissent les grands standards de l'art paysager, obligent à discipliner les plantes et à modifier les équilibres naturels.* ❦ *Sur le plan écologique le jardin est une hérésie, puisqu'il élimine de manière systématique la quasi-totalité des espèces spontanées.* ❦ *Clin d'œil significatif, les plantes naturelles prennent le nom de « mauvaises herbes », comme si la nature sauvage avait une mauvaise influence dans le jardin. Toutes ces particularités font que les cycles et les équilibres naturels sont fortement bouleversés par les actions du jardinier.* ❦ *Plutôt que de rechercher les bonnes plantes à adapter dans un type de terrain, nous préférons transformer la structure du sol afin de satisfaire nos caprices et nos goûts. Les plantes cultivées étant toujours plus fragiles que les espèces sauvages, nous devons les abreuver dès qu'il fait chaud, les abriter aux premiers frimas, bref, les placer dans des conditions souvent artificielles pour qu'elles survivent.* ❦ *En dépit de tous ces artifices, le jardin montre un surprenant respect pour la nature. Il l'embellit selon nos propres goûts, la façonne à travers des critères le plus souvent subjectifs, mais il respecte l'essentiel : la vie.* ❦ *C'est pourquoi un jardin bien équilibré est aussi un havre de paix et de bonheur pour une merveilleuse faune sauvage.* ❦

Réussir votre jardin

LES CYCLES NATURELS

La vie du jardin est soumise au rythme des saisons. Chacune marque une étape particulière dans le développement et la croissance des plantes et se caractérise par des conditions climatiques bien typées. Un jardin digne de ce nom doit être décoratif tout au long de l'année, grâce à un choix judicieux des espèces utilisées.

astuce Truffaut — Pensez à utiliser en abondance des plants fleuris, pour bien marquer les différentes saisons et profiter en permanence d'un maximum de couleurs dans le jardin.

▲ Chaque saison a ses charmes et il faut savoir en profiter à tout instant, même si le printemps est souvent le plus fleuri.

Printemps, été, automne, hiver, nous vivons dans nos latitudes sous l'influence de saisons bien marquées. Elles rythment nos activités, modifient l'aspect du jardin par leur grande influence sur le métabolisme des végétaux. Les saisons guident le jardinier dans ses activités et ses travaux. Il doit aussi en tenir compte pour équilibrer la composition générale du jardin.

▌ Printemps, joli temps

Annonçant la fin de l'hiver, le printemps dure de l'équinoxe de mars jusqu'au solstice de juin, soit exactement 92,81 jours. Béni par les jardiniers, le printemps est caractérisé par un radoucissement des températures, il coïncide avec le redémarrage de la végétation, la nouvelle feuillaison des espèces caduques et la prolifération des premières fleurs. C'est une période d'intense activité dans le jardin (semis, plantations, tailles, etc.).

▌ Été, chaleur et récoltes

Progression logique du printemps vers le beau temps et les fortes chaleurs, l'été commence au solstice de juin pour se terminer à l'équinoxe de septembre. C'est la saison la plus longue, avec une durée de 93 jours et 15 heures. Marqué par les vacances, l'été est l'apogée de la beauté du jardin avec de très nombreuses floraisons et surtout d'abondantes récoltes de légumes et de fruits. Côté activité, c'est une période d'entretien intense, avec surtout des arrosages et du désherbage.

◄ Tulipes et bulbes à fleurs symbolisent le printemps.

Les cycles naturels

QU'EST-CE QU'UNE PLANTE ?

Le règne végétal se distingue du règne animal par l'absence de bouche et l'aptitude à se nourrir de matières minérales et de gaz carbonique. Les plantes supérieures possèdent des racines pour s'ancrer dans le sol et en tirer les sels minéraux qu'elles absorbent sous forme dissoute. La jonction entre les racines et les tiges se nomme le collet. La tige constitue le corps principal de la plante. Chez les arbres, et les arbustes, elle prend le nom de tronc ou de branche selon son importance. La tige porte les feuilles caractérisées par leur forme aplatie ou très fine (aiguilles). Portée par un pétiole, la feuille est un organe vital pour la plante. Elle contient la chlorophylle. Cette dernière permet sous l'influence de la lumière, de synthétiser en matières organiques assimilables, les matières minérales puisées par les racines. Les fleurs sont les organes sexuels de la plante. Elles sont portées par un pédoncule qui prend le nom de hampe lorsqu'il est long et droit. Une fois fécondées, les fleurs produisent des fruits qui contiennent des graines. Après avoir germé, elles donneront une nouvelle génération de plantes.

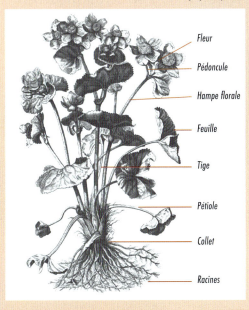

Fleur
Pédoncule
Hampe florale
Feuille
Tige
Pétiole
Collet
Racines

▲ L'été se caractérise par une profusion de fleurs.

■ Automne aux belles couleurs

Moment de nostalgie, retour à la réalité du travail, après la détente des vacances, l'automne est sans doute une des plus belles saisons pour le jardin. Magie des feuillages qui s'enflamment, intensité des dernières floraisons, profusion des récoltes, c'est aussi le moment de penser à l'hiver avec les premières fraîcheurs qui rappellent la nécessité de protéger les plantes fragiles. C'est aussi une période privilégiée pour réussir les plantations des bulbes, des arbres et des arbustes. L'automne s'écoule entre l'équinoxe de septembre et le solstice de décembre. Sa durée moyenne est de 89 jours et 19 heures. Une de ses particularités est de débuter par des jours de longueur égale aux nuits, qui ensuite décroissent jusqu'à l'arrivée de l'hiver.

■ Hiver reposant et froid

Redouté pour ses frimas et ses précipitations souvent désagréables, l'hiver est fort heureusement la plus courte des saisons de l'hémisphère boréal. Il commence au solstice de décembre pour se terminer à l'équinoxe de mars. Sa durée moyenne est de 89 jours environ. Pendant cette période, la Terre se trouve sur son orbite la plus proche du soleil. Mais son inclinaison par rapport à notre étoile entraîne l'arrivée de rayons obliques assez peu efficaces sur le plan thermique. Les plantes ont cessé de croître. Elles sont en arrêt de végétation pour mieux résister aux basses températures. Côté jardin, c'est le moment de tout bien nettoyer.

En hiver, le jardin est en sommeil, mais il reste décoratif. ▶

▲ L'automne illumine le jardin de splendides couleurs.

Réussir votre jardin

▲ L'observation du ciel est une des préoccupations du jardinier. Il nous indique la toute prochaine évolution climatique.

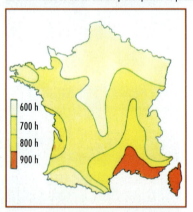

▲ La durée moyenne de l'insolation estivale par régions.

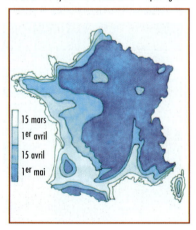

◀ La date moyenne de la dernière gelée par zones.

La météo et le climat

Les caprices du ciel ont une influence très forte sur l'aspect de nos jardins. Ce n'est pas par hasard si les pelouses et les mixed-borders anglaises ont acquis une renommée internationale. Elles doivent en partie leur beauté au talent des paysagistes d'outre-Manche, mais aussi et surtout au climat tempéré et humide qui caractérise la plupart des régions de Grande-Bretagne. Rien n'est plus favorable à la croissance des plantes qu'un climat océanique, l'humidité atmosphérique étant un des facteurs principaux pour la prolifération des végétaux. En dépit de sa superficie relativement faible, la France montre des zones climatiques variées et bien marquées.

Le climat océanique

Influencé par les courants marins, c'est un juste équilibre entre douceur et humidité. La caractéristique principale est la faible amplitude thermique annuelle et des précipitations réparties tout au long de l'année. Ce sont toutes les régions côtières de l'ouest qui bénéficient de ce climat. Mais en raison de l'absence de barrières naturelles, son influence se fait sentir assez loin à l'intérieur des terres (jusqu'à une centaine de kilomètres). À titre d'exemple, Brest est sous l'influence caractéristique d'un climat océanique avec une moyenne de températures de 6 °C en janvier et de 16 °C en août.
Côté jardin, les climats océaniques sont les plus propices à la culture d'une très large palette de plantes et à l'introduction d'espèces délicates. Il suffit d'une exposition abritée des vents pour créer un microclimat favorable à la culture de végétaux d'origine subtropicale. Les mimosas et les eucalyptus, par exemple, poussent fort bien en Bretagne. Les régions océaniques peuvent avoir une avance de végétation de sept à dix jours sur la zone climatique de référence moyenne.

Le climat continental

Typique des régions d'Europe centrale, il se caractérise par les grandes différences de températures entre l'hiver et l'été et des saisons bien marquées. L'essentiel des précipitations est concentré sur l'hiver, avec une période d'enneigement non négligeable. La France n'est pas soumise à un climat continental aussi marqué que la Pologne, par exemple. Mais toute la moitié est de notre pays se trouve sous l'influence de ce type de climat. La Champagne, l'Alsace, la Franche-Comté, l'Auvergne, etc., sont des exemples caractéristiques. Les températures peuvent atteindre - 20 °C au cœur de l'hiver et dépasser les 30 °C en plein été. Côté jardin, il est impératif de choisir des plantes rustiques sous ces climats. Il faudra prévoir des protections hivernales sous forme de voiles, lits de paille ou de feuilles mortes, et un système d'arrosage efficace en été. Ces régions sont propices à la culture des plantes à croissance rapide. Elles réussissent aux fleurs à bulbes et aux arbres fruitiers.
Le retard du démarrage de la végétation est compris entre dix jours et vingt jours dans les régions de climat continental, comparé à la zone climatique moyenne de référence.

Les cycles naturels

Le climat méditerranéen

Considérées comme des régions privilégiées, les zones côtières bordant la Méditerranée sont pourtant soumises à rude épreuve. Un été torride et sec, un hiver doux, mais souvent pluvieux, avec des vents dominants très violents. La moyenne des températures hivernales à Marseille est proche de 8 °C. Elle atteint 25 °C en août. Ce type de climat n'est pas spécifique de nos contrées. On le rencontre aussi dans la région du Cap en Afrique du Sud, au Chili, en Californie et autour de Perth et d'Adélaïde en Australie. L'avantage pour le jardinier est la possibilité de cultiver un bon nombre d'espèces exotiques en les mettant à l'abri des vents. Cactées, plantes grasses, palmiers, agrumes, bougainvillées, se plaisent dans les régions méditerranéennes. On y rencontre aussi une flore spécifique, comme l'olivier, le chêne vert et le chêne-liège, la canne de Provence, la coronille, le cyprès, le pin parasol, le pittosporum, le laurier-rose, etc.

Les jardins méditerranéens ont un style et un aspect bien particuliers, du fait de la présence de plantes incultivables dans les autres régions de France. C'est sans doute ce qui fait leur charme, car ils nous dépaysent. Sur le plan pratique, il est important de les cloisonner avec des haies pour créer des brise-vent efficaces et de prévoir un système d'arrosage automatique, afin de pallier les déficiences du ciel. Les méthodes et les périodes de culture sont différentes en raison de l'avance considérable que prend la végétation au printemps, et de sa très brève période de repos. Les régions soumises au climat méditerranéen ont une avance de végétation de 15 à 20 jours sur la zone climatique de référence moyenne.

Le climat montagnard

Le climat montagnard se caractérise par la longueur de l'hiver et la présence prolongée d'un manteau de neige ou d'un sol gelé. On le rencontre dans les régions situées au-delà de 500 m d'altitude, et plus on s'élève, plus ses particularités s'accentuent. Dans ces régions, les précipitations sont nettement supérieures à la moyenne. L'été est court et rarement très chaud, souvent ponctué d'orages violents. Les différences de température avec les zones de plaine sont très sensibles puisque l'on perd en moyenne 1 °C chaque fois que l'on s'élève de 300 m.

Le décalage dans le démarrage de la végétation peut dépasser un mois par rapport à la zone de référence moyenne. Côté jardin, il faut cultiver des plantes d'altitude, espèces qui se sont adaptées à ce type de climat, ou des annuelles à pousse très rapide, car la saison de culture est courte.

Le climat moyen de référence

Ce n'est pas une réalité météorologique, mais une base pratique. On considère comme climat moyen de la France toute la zone de l'Île-de-France, de l'Orléanais et de la Touraine. Il s'agit de régions où s'équilibrent les influences océaniques et continentales. Elles sont considérées comme une base zéro pour les indications de périodes culturales et pour les dates des diverses interventions de jardinage. Ce postulat, commun à la plupart des ouvrages traitant du jardinage, a été adopté dans l'ensemble de ce livre pour des raisons de logique et de commodité.

Les saisons

Printemps, été, automne, hiver, rythment la vie du jardin et les actions du jardinier. Le printemps est la période des semis et des plantations, le moment de la mise en place et de la préparation des cultures. C'est à cette période que tout se décide. En été, on profite de ses efforts, le jardin est à son apogée de floraisons. C'est la manne des récoltes au potager et au verger. En automne, le jardin tire sa révérence dans une explosion de feuillages colorés. C'est le temps des grands nettoyages et de certaines plantations. En hiver, les plantes se reposent, le jardinier surveille et protège ses cultures du froid.

▲ L'influence maritime adoucit et humidifie le climat.

▲ Le climat montagnard réduit la hauteur des plantes.

En Méditerranée : le jardin exotique de Monaco. ▶

81

Réussir votre jardin

LES SOLS

À la fois support et source de nourriture pour les plantes, le sol est un milieu complexe où s'interfèrent des notions de chimie, de microbiologie, de physique et beaucoup de paramètres mystérieux, que seule l'expérience du jardinier permet de bien contrôler. L'équilibre du sol est fragile, c'est pourquoi vous devez y prêter un soin tout particulier.

▲ La terre argileuse doit être labourée à grosses mottes, afin que le gel puisse la briser en fines particules.

 astuce Truffaut Une terre n'est jamais parfaite, et surtout, elle évolue en permanence en fonction des plantes qu'elle supporte. Pensez à l'amender et la fertiliser pour chaque culture.

■ Les sols argileux

On dit qu'une terre est argileuse quand elle renferme de 30 à 45 % de sables très fins, réunis par de l'argile. Cette dernière est une roche sédimentaire pâteuse, dont les particules minuscules ont des propriétés colloïdales. L'argile joue le rôle d'un mortier qui agglutine tous les grains de sable en un amalgame compact. Elle présente aussi la particularité de coaguler le carbonate de chaux (calcaire), ce qui entraîne la formation de mottes. Les terres argileuses sont lourdes, car elles se gorgent d'eau et se collent aux outils quand on les travaille. Ce sont des sols riches et fertiles, surtout en potasse, mais ils ont du mal à se réchauffer au printemps, entraînant des retards dans la végétation.

L'amélioration des sols argileux

Des apports réguliers de matières organiques enrichissent la couche d'humus et allègent la terre. Un chaulage tous les trois ans, à raison de deux poignées de chaux éteinte par m², est conseillé. En cas d'humidité stagnante, il faut mettre en place un système de drainage. Les labours s'effectueront en automne pour un ameublissement par le gel.

> **LA FLORE DES SOLS ARGILEUX**
>
> On reconnaît bien un sol argileux aux grosses mottes compactes et collantes qu'il forme. En raison de sa richesse naturelle, la flore spontanée y est sans doute moins caractéristique que dans les autres types de terre. Les plantes les plus fréquemment rencontrées sont des espèces appréciant l'humidité et un peu d'acidité. Le liseron abonde et s'enracine profondément, de même que l'armoise, la grande oseille, le pissenlit et le tussilage (pas-d'âne).
> L'abondance des graminées est aussi un signe des terres argileuses, beaucoup de prairies naturelles se formant dans ce type de sol. Elles sont souvent accompagnées de légumineuses, notamment du trèfle et du lotier. Côté arbres et arbustes, les charmes, les hêtres et les chênes sont fréquents, ainsi que les houx, les prunelliers, les églantiers, les pommiers et les poiriers.
>
> ▼ *Le pissenlit est facile à éliminer.*   ▼ *Le liseron est très envahissant.*
>
>

Les sols

Les sols calcaires

Souvent considérées comme une calamité par les jardiniers, ces terres renferment de 12 à 30 % de carbonate de chaux. Ce dernier est toujours associé à de l'argile, ce qui donne des terres compactes, collantes et difficiles à travailler quand elles sont mouillées. Ces terres dites crayeuses se dessèchent rapidement en été, se craquelant de manière caractéristique. Un des aspects classiques des sols calcaires est la présence abondante de cailloux qui remontent en permanence à la surface et gênent le passage des outils. On peut reprocher aux terres calcaires une certaine instabilité qui favorise la pénétration de la gelée en profondeur, surtout au printemps. C'est pourquoi la végétation est plutôt tardive dans ce type de sol. Les éléments minéraux sont mal retenus. De ce fait, les terres calcaires sont plutôt pauvres, même si l'activité microbienne y est intense.

Le calcaire actif gêne souvent l'assimilation du fer chez les végétaux. Il s'ensuit une carence appelée chlorose, avec le jaunissement caractéristique du feuillage.

Contrairement à une idée souvent répandue, les terres calcaires ne sont pas pauvres quand on sait bien les travailler. Le calcaire sert d'aliment aux plantes. Il favorise la décomposition de la matière organique et permet l'assimilation de certains engrais.

En raison de la présence de cailloux, il est toujours difficile de travailler les terres calcaires avec des outils motorisés.

L'amélioration des sols calcaires

La plupart des plantes d'ornement appréciées dans le jardin étant un peu calcifuges, la tâche primordiale est de corriger le pH, en faisant des apports massifs de matières organiques acides. La tourbe blonde ou la terre de bruyère siliceuse conviennent bien. L'humus améliorant la capacité de rétention en eau des terres calcaires, vous pouvez aussi utiliser du fumier de bovins bien décomposé. La mise en valeur d'un sol calcaire nouvellement acquis peut se faire par une culture d'engrais verts.

Il sera nécessaire de fertiliser régulièrement ces terres, car elles perdent assez vite leurs réserves nutritives. Évitez aussi les façons culturales trop profondes qui ont tendance à provoquer la remontée des pierres à la surface. Cultivez des plantes bien adaptées à ces sols : chou, cerisier, abricotier, noyer, forsythia, seringat, lilas, clématite, plantes de rocaille et, bien sûr, la vigne.

▼ Les terres calcaires sont souvent caillouteuses et sèches. Elles présentent une couleur claire assez caractéristique.

LA FLORE DES SOLS CALCAIRES

Outre leur couleur claire, leur texture friable et la présence de cailloux, les terres calcaires sont assez faciles à reconnaître par la présence de la flore sauvage. Toutes les plantes qui y poussent spontanément sont dites calcicoles.

La moutarde sauvage, le coquelicot, le bleuet, toutes sortes de chardons, les renoncules, le trèfle blanc, la camomille sauvage sont les plantes les plus communes dans les terres calcaires. Elles viennent souvent enva-

▼ Le coquelicot est fréquent en sol calcaire.

▼ La moutarde sauvage se rencontre en sol calcaire.

hir les cultures et peuvent être parfois considérées comme des mauvaises herbes.

Les arbres sont représentés par le noyer, l'érable, le cerisier, le tilleul, le sorbier, l'aubépine. La présence de clématite sauvage (*Clematis vitalba*) est significative d'un sol calcaire. S'il y a une bonne richesse en humus dans le sol, des violettes peuvent pousser en abondance. Côté conifères, l'if est très fréquent. Dans les sols argilo-calcaires, on rencontre aussi le chêne, le charme et le hêtre. Dans le Midi où les terres calcaires sont abondantes, la végétation se signale par une abondance de genévriers, de cistes de Montpellier et de pins laricio.

Réussir votre jardin

◀ La lande de Sologne est typique des sols sableux.

médiocre pour la culture. Les sols sableux se réchauffent vite, ce qui améliore la précocité des cultures, mais il convient de prendre garde aux risques de sécheresse en été.

L'amélioration des sols sableux

Il faut commencer par apporter une quantité importante de matière organique qui va jouer un rôle modérateur et servir d'éponge naturelle pour retenir l'eau et les matières fertilisantes. Beaucoup de sols siliceux étant acides, utilisez de préférence des fumiers décomposés plutôt que des produits tourbeux. Si le sable est quasiment pur, vous pouvez envisager des apports de terre limoneuse argilo-calcaire. Cette terre sera épandue en couche uniforme de 10 cm d'épaisseur sur le sol d'origine et incorporée à l'aide d'une motobineuse, dont les fraises rotatives permettent un mélange homogène. Installez un système d'arrosage automatique dans les terres sableuses et programmez une distribution fréquente de l'eau, mais en quantité assez faible. Vous éviterez ainsi les déperditions inutiles. La fertilisation se fera pendant la végétation, avec des engrais à action rapide qui sont assimilés tout de suite par les plantes, sans risque de lessivage.

Les sols sableux

Appelés aussi sols siliceux, ils contiennent plus de 70 % de sable siliceux aux grains plus ou moins fins. Ces terres sont réputées faciles à travailler, car les outils s'y enfoncent sans difficulté et qu'elles ne collent pas. En revanche, elles sont très instables, car leurs particules légères s'envolent sans peine sous l'effet du vent. Très perméables, les terres sableuses ont du mal à retenir l'eau qui passe au travers comme dans un filtre, entraînant sur son passage les matières fertilisantes minérales. Cela explique pourquoi les sols siliceux sont rarement très fertiles et nécessitent un entretien permanent.
L'aspect des sables est très différent d'une terre à l'autre. Certains sont fins, et ce sont les meilleurs ; d'autres prennent la forme de gros grains et de cailloux et ils ont une valeur

LA FLORE DES SOLS SABLEUX

Les terres siliceuses sont une aubaine pour le jardinier qui peut les transformer assez facilement en sol de grande qualité pour la plupart des plantes d'ornement.
On reconnaît la tendance sableuse d'un sol à la présence de plantes qui aiment l'acidité et supportent bien la sécheresse. Les plus caractéristiques sont : la digitale, l'ajonc, le genêt, la fougère, la bruyère. Certaines de ces plantes attestent de la présence d'humus. La giroflée ravenelle et la petite oseille sont aussi présentes dans ce type de sol, de même que l'armoise et certaines graminées.
Côté grands végétaux ligneux, châtaignier, bouleau, peuplier, pin maritime, sont significatifs.
Au jardin, vous cultiverez de préférence les espèces acidophiles comme les hortensias, camélias, rhododendrons, toutes les sortes de fougères, les anémones du Japon, les andromèdes, etc.
N'oubliez par que les sols sableux constituent des terrains privilégiés pour réussir tous les bulbes.

▼ La bruyère tétragone aime le sable.

▼ L'ajonc, très épineux, vit en sol sec.

Les sols

Les sols humifères

On pourrait les appeler terres de forêt, car elles se forment souvent sous le couvert des arbres. Constituées de la décomposition des matières organiques végétales, ces terres sont très riches en humus (au moins 20 %), le reste étant constitué de sable et d'argile. En général, leur réaction est acide.

Les terres humifères sont toujours de couleur foncée. L'exemple le plus connu est le terreau qui provient de la transformation des débris végétaux. Celles qui se forment sur un sous-sol imperméable sont souvent gorgées d'eau, car l'humus peut retenir plus de 100 % de son propre poids en eau. On qualifie ces terres noires et détrempées de marécageuses. Elles sont alors peu propices à la mise en culture sans un assainissement coûteux.

Riche en carbone et en azote organique, l'humus intervient de manière importante dans l'alimentation des plantes. Il agit comme une réserve nutritive, véritable usine à transformer la matière organique, non assimilable par les plantes, en éléments minéraux dont elle va se nourrir. Les terres humifères se réchauffent rapidement et donnent une végétation précoce. Elles se dessèchent vite en été, d'où la nécessité de prévoir des systèmes d'arrosage automatique.

L'amélioration des sols humifères

Elle passe obligatoirement par un chaulage, tous les deux ou trois ans, pour rapprocher le pH de la neutralité. Il faut ensuite envisager des apports de terre argilo-calcaire afin de redonner du corps et un lien à ce sol par trop instable. L'assainissement par drainage des zones trop humides est aussi obligatoire, sinon elles sont incultivables.

Les façons culturales doivent être de préférence superficielles et effectuées plutôt au printemps. Il faudra prévoir des apports d'engrais minéraux réguliers, si possible riches en phosphates et surtout dans des formules immédiatement assimilables. Enfin, n'oubliez pas de stabiliser ces terres par le passage régulier d'un rouleau.

LA FLORE DES SOLS HUMIFÈRES

Toutes les plantes que l'on rencontre spontanément en forêt sont typiques des sols riches en humus. Les plus courantes sont les fougères, les bruyères, les genêts, et dans les zones très humides la mousse, les plantes carnivores (*Drosera*), les joncs, les carex, les roseaux. Si l'humus s'associe à du sable, vous avez toutes les chances de rencontrer des colchiques et des cyclamens d'Europe, souvent des ronces.

Dans les terres qui mêlent humus et argile, on trouve une végétation plus abondante dominée par les aulnes, les saules et les peupliers. Si la saison est pluvieuse, les champignons se développent en abondance. Dans les jardins, où sont pratiquées habituellement les fumures organiques, on redoutera les invasions de prêles, des plantes assez décoratives, mais dont il est difficile de se débarrasser. Côté plantes ornementales, toutes les espèces dites de terre de bruyère conviennent à merveille, de même que la culture des salades de toutes sortes.

▼ *La présence de mousse indique humus et humidité.*

◀ *Les fougères sont abondantes dans les sols humifères.*

▼ *Les terrains forestiers sont caractéristiques des terres humifères, où l'environnement est très fragile et instable.*

Réussir votre jardin

▸ Les amendements du commerce sont prêts à l'emploi.

L'amélioration physique du sol

Quand la technique d'amélioration physique d'un sol se traduit par l'incorporation dans la terre de diverses substances permettant un meilleur équilibre de la structure,

◂ Faites un bon compost avec les feuilles mortes.

on parle d'amendement. Cette opération a pour but de transformer la composition physique du sol, en faisant varier le pourcentage de ses principaux constituants de base. L'amendement permet à une terre d'être moins compacte, plus fine ou plus granuleuse, d'offrir une meilleure rétention de l'eau et des éléments fertilisants, de se dessécher moins rapidement l'été, d'être plus facile à travailler, etc. Le but étant d'aboutir à la presque mythique « terre franche », dont rêvent tous les jardiniers.

La terre franche contient 65 % de sable, 20 % d'argile, 10 % de calcaire et 5 % d'humus. C'est en quelque sorte la terre idéale, un peu comme celle des grandes plaines limoneuses du nord de la France ou de certaines régions céréalières. Mais l'amendement ne suffit pas à obtenir une terre franche. Il faut aussi travailler le sol de manière à bien l'ameublir, l'aérer, le décompacter, l'émietter. Labour, griffage, épierrage, émiettage, roulage, mais aussi, dans des cas extrêmes, sous-solage et drainage entrent dans les opérations d'amélioration physique du sol. On nomme plus communément ces interventions des « façons culturales ».

Ces façons culturales font également partie des opérations courantes d'entretien du jardin, mais elles servent aussi à l'incorporation des amendements dans le sol.

Les amendements organiques

Ce sont les plus importants, car ils concernent tous les types de terres, excepté les sols forestiers ou humifères. Les amendements organiques ont pour but essentiel d'apporter de l'humus. Ce dernier va desserrer l'argile, donner du corps aux terres légères en agglomérant les grains de sable. Il va agir comme une éponge pour constituer des réserves d'eau et apporter une quantité importante de micro-organismes indispensables à la fertilité. On utilise différents amendements organiques.

Le fumier : c'est le produit ancestral à tout faire du jardinier. Constitué par les litières des animaux d'élevage, il présente des différences de qualité notoires selon sa provenance, mais contient en moyenne de 28 à 30 % de matière organique. Le fumier de mouton est le plus riche, suivi de celui de cheval. On utilise surtout le fumier de bovin, qui est plus facile à se procurer, mais aussi le moins concentré en matières fertilisantes. Le fumier doit toujours être utilisé après un compostage de six mois minimum. De cette manière, il ne risque pas de brûler les cultures, ni d'entraîner de pourritures, du fait de sa décomposition incomplète. On trouve dans le commerce des fumiers en sacs, prêts à l'emploi. Certains sont même présentés sous forme de granulés déshydratés, pour une utilisation plus pratique. La dose moyenne à utiliser est de 300 à 600 g par m^2, selon l'état du sol à améliorer.

Les composts : on englobe sous ce terme, un peu galvaudé, tous les produits de la décomposition de résidus divers : herbe, feuilles, paille,

Les sols

LA TOURBE : POUR TOUT FAIRE

Matière première de tous les terreaux du commerce et figurant dans la composition de nombreux amendements organiques, la tourbe est devenue un auxiliaire indispensable pour le jardinier moderne.
Il s'agit d'un produit fossile issu de la décomposition de mousses et de joncs dans les zones marécageuses. Le résultat est une matière brune ou blonde, spongieuse et très acide qui offre l'avantage d'une très forte rétention en eau. Les tourbes blondes sont les plus jeunes. Incomplètement décomposées, elles sont fibreuses, légères et utilisées pour les terreaux.
Les tourbes brunes ou noires sont plus compactes, voire même grasses pour certaines.

▼ *La tourbe est extraite en blocs.*

Plus riches en matières organiques que les tourbes blondes, on peut les employer, pures ou avec du sable, comme amendement dans les sols argileux.

▲ *Le fumier doit toujours s'utiliser bien décomposé.*

algues, branchages, écorces pour les produits les plus nobles, mais aussi parfois détritus ménagers. Méfiez-vous des composts dont l'origine n'est pas précisée dans les moindres détails. En effet, il y a des tentatives de commercialisation de certaines boues organiques en provenance de stations d'épuration ou d'usines de traitement des ordures ménagères. Ces produits sont tout à fait impropres à un bon amendement du jardin, car ils contiennent des éléments toxiques. Vous pouvez réaliser votre propre compost en entassant les déchets de la tonte du gazon, les feuilles mortes, les épluchures de légumes, les litières de la basse-cour, les résidus de grande taille passés au broyeur, etc. Faites des couches de 20 cm d'épaisseur intercalées avec de la paille. Tassez bien le tout et arrosez avec un produit activateur (en général du sulfate d'ammoniaque) à la dose de 1 kg par m^3 de déchets. Vous obtiendrez un compost utilisable en 8 à 12 mois. Pensez à le tamiser avant de l'incorporer à la terre du jardin, à la dose de deux à trois pelles par m^2.

Les amendements composés : en théorie, on pourrait leur donner le nom de compost, puisque la définition de ce terme est un mélange de matières organiques de provenances différentes. Mais ces produits associent dans leur composition du fumier, de la tourbe, des algues, des écorces, ce qui les classe un peu à part, car ils ont en plus de leur rôle d'amélioration physique du sol une influence réelle sur la fertilisation. On pourrait aussi les appeler les reconstituants du sol par l'effet tonique qu'ils apportent aux cultures. Ces produits naturels mais concentrés s'utilisent à la dose moyenne de 500 g par m^2. Employés régulièrement, ils procurent un effet bénéfique, spectaculaire dans le jardin et stimulent la croissance des plantes.

Les amendements calcaires

Destinés aux sols sableux et humifères, ils peuvent aussi être employés en terres argileuses, car le calcaire a un rôle décoagulant. On désigne en général l'apport calcique sous le terme générique de chaulage.
La chaux éteinte est la forme la plus économique. On l'emploie à la dose moyenne de 100 g par m^2, soit environ trois à quatre poignées. Ce produit doit être enfoui dans le sol par un griffage ou le passage d'une motobineuse. Il existe aussi dans le commerce des amendements calcaires cristallisés, d'emploi plus pratique. Il ne faut pas abuser des chaulages qui, selon le dicton populaire « enrichissent le père et ruinent le fils ». En effet, il y a un risque de déséquilibrer le pH et surtout de provoquer un déséquilibre dans les réserves d'azote. Les amendements calcaires présentent l'inconvénient d'accélérer certaines combinaisons chimiques, qui libèrent des quantités d'azote trop importantes que les plantes ne peuvent assimiler.

▼ *Incorporez au sol un bon amendement organique, avant chaque mise en culture.*

87

Réussir votre jardin

▲ L'azote (N) accélère la pousse des feuilles et des tiges.

▲ L'acide phosphorique (P) agit sur la floraison.

◀ La potasse (K) contribue à la qualité gustative des fruits.

Les éléments de la fertilité

Les plantes sont de véritables usines chimiques qui utilisent pour se nourrir certains éléments minéraux du sol. Les racines puisent les substances sous forme liquide et les véhiculent jusqu'aux feuilles qui se chargent, grâce à leur chlorophylle, et en présence de lumière, de la transformation en matières organiques « consommables ». En apparence simple, la fonction nutritionnelle de la plante est compliquée à cause de tout ce qui se passe dans le sol et qu'elle ne peut pas contrôler. C'est au jardinier d'apporter à ses cultures tout ce dont elles ont besoin sous la forme la plus facilement assimilable.

L'azote (N)

Gaz inerte contenu à 79 % dans l'air atmosphérique, l'azote est l'élément de base de toute la nutrition végétale. Il est désigné sur les boîtes d'engrais par son symbole chimique : N. La plupart des plantes ne peuvent absorber l'azote de l'air. Seules les légumineuses font exception, grâce à la présence de bactéries particulières sur leurs racines. Dans le sol, l'azote se trouve sous trois formes distinctes : l'azote organique provenant directement de la décomposition des matières vivantes, l'azote ammoniacal, qui est le stade intermédiaire de la minéralisation et l'azote nitrique, soluble et instable, qui peut être utilisé directement par les plantes.

L'azote entre dans la composition de tous les tissus végétaux. C'est la substance de croissance, celle qui accélère le développement des feuilles et des tiges. Très facilement entraîné dans les couches profondes du sol par les pluies ou les eaux d'arrosage, l'azote doit être apporté régulièrement aux plantes, car le sol a beaucoup de mal à le fixer dans sa forme assimilable. Les engrais complets utilisés dans un jardin contiennent de l'azote. On le trouve en général sous plusieurs formes, afin que leur action soit de plus longue durée. Attention, évitez les excès d'azote. Ils risquent de provoquer un déséquilibre dans la végétation.

La réaction chimique du sol

La terre, comme toute autre matière, réagit sur le plan chimique de manière neutre, alcaline (on dit aussi basique), ou acide. La mesure de cette réaction est définie par le pH ou potentiel hydrogène. Le pH a une grande importance sur la nutrition des plantes, car c'est de lui que dépend ou non la possibilité d'assimilation des éléments minéraux.

Les meilleures terres de jardin ont un pH proche de la neutralité, de préférence légèrement acide. Sur l'échelle de mesure du pH la neutralité parfaite est de 7. On considère toutefois qu'une terre est neutre quand son pH est compris entre 6,5 et 7,5. Au-dessus de 8, le sol est fortement basique et nécessite obligatoirement un amendement de tourbe acide. En dessous de 5, on se trouve dans des terres très acides qui conviennent, par exemple, aux rhododendrons.

La mesure du pH d'un sol peut s'effectuer à l'aide de kits d'analyse comprenant des réactifs colorés. Pour obtenir une bonne mesure, il faut utiliser des échantillons de terre sèche.

Les sols

ANALYSER LA TERRE

Si la flore spontanée, l'apparence, la texture et le toucher de la terre peuvent donner des indications sur sa nature physique, seule une analyse permet d'en connaître la composition et la réaction chimiques. La solution la plus complète consiste à confier des échantillons de terre à un laboratoire spécialisé dans l'analyse agricole. Il pourra vous fournir un bilan détaillé de votre sol indiquant même le pourcentage des principaux oligo-éléments. Pour obtenir une analyse assez précise, il convient d'effectuer diverses ponctions en plusieurs endroits du jardin. Mélangez ensuite les échantillons obtenus de manière aussi homogène que possible et confiez au laboratoire un échantillon d'environ un kilo. Il ne doit y avoir ni herbe ni larves pour que l'analyse se déroule dans les meilleures conditions.

Si vous n'êtes pas curieux de connaître les moindres détails de la nature de votre terre, vous pouvez pratiquer vous-même l'analyse grâce à des kits que l'on trouve dans le commerce. Ils fonctionnent à partir de réactifs colorés, dont la teinte vire selon la présence de tel ou tel élément dans le sol. Ce type de test est assez fiable en ce qui concerne le pH. Il peut aussi vous indiquer la richesse dans les principaux éléments fertilisants.

▼ Un kit d'analyse pour le pH.

L'acide phosphorique (P)

Le phosphore joue un rôle important dans le développement du système racinaire de la plante. Cette dernière l'absorbe sous forme d'anhydride phosphorique (P_2O_5), plus communément désigné sous le terme générique d'acide phosphorique. Sur les boîtes d'engrais, il est symbolisé par la lettre P. Le phosphore est l'élément majeur de la floraison, dont il hâte la précocité. C'est un agent favorable à la bonne fécondation et un élément de résistance naturelle aux maladies très important. Dans le sol, le phosphore est souvent combiné avec de la chaux. Les acides organiques contenus dans l'humus parviennent à le rendre soluble, donc assimilable. Plus les engrais phosphatés sont finement moulus et bien mélangés avec la terre, et plus la plante peut en disposer aisément.

Le potassium (K)

Très important pour la fructification, cet élément est utilisé par les plantes sous forme de monoxyde de potassium (K_2O) désigné plus souvent sous le terme de potasse. Il est symbolisé sur les boîtes d'engrais par la lettre K. La potasse favorise la formation des réserves et donne leur goût bien sucré aux fruits. C'est l'élément majeur de la qualité. Elle gère aussi l'accumulation des sucres sous forme d'amidon dans les grains, les tubercules et les racines. La présence de potasse est aussi nécessaire dans l'utilisation de l'azote par la plante. Elle donne leur rigidité aux tiges et aux branches et joue aussi un rôle dans la résistance aux maladies.

La potasse est un élément naturellement soluble, mais le sol a tendance à le retenir par son pouvoir absorbant. Les terres argileuses sont naturellement riches en potasse. En revanche, celles qui manquent de calcaire en sont pratiquement dépourvues.

Les oligo-éléments

Ces substances chimiques contenues en quantités souvent infinitésimales dans le sol ont été conjuguées à tous les temps par les marques d'engrais, sans jamais expliquer vraiment leur rôle. Il est tellement complexe qu'on ne sait pas toujours l'expliquer en détail. Le fait est que, sans ces oligo-éléments, la plante se carence et dépérit.

Le magnésium, absorbé sous forme d'oxyde (magnésie), est un constituant primordial de la chlorophylle. Il agit aussi sur la floraison. Le fer sert à la synthèse de la chlorophylle : l'excès de calcaire empêche son assimilation. Le bore contribue à la formation des sucres et de la cellulose, il manque souvent dans les sols calcaires. Le zinc intervient dans la croissance ; le cuivre et le molybdène dans l'assimilation de l'azote et de la potasse.

Un manque d'oligo-éléments pertube la plante. ▶

Réussir votre jardin

▲ L'engrais universel est d'un emploi pratique et simple.

QUELQUES CONSEILS

Les boîtes d'engrais portent des mentions qui vous permettent de mieux comprendre la destination du produit. Les trois chiffres indiqués dans la composition représentent le pourcentage des trois éléments principaux : N (azote), P (phosphore) et K (potassium), toujours exprimés dans cet ordre. Il peut y avoir aussi du soufre, de la magnésie, des oligo-éléments. Le reste n'est que le support du produit, destiné à faciliter son application. Il est plus aisé de répartir une poignée de granulés sur 1 m², que l'équivalent d'une cuillère à café ! La comparaison des concentrations avec le prix de vente peut vous donner une bonne idée de la compétitivité du produit, par rapport à une marque concurrente. Mais il faut aussi tenir compte de la technologie, par exemple les engrais longue durée qui ne demandent qu'une application par an sont forcément plus chers.

Les engrais

Appelés aussi fertilisants, les engrais sont la nourriture des plantes. À l'inverse des amendements qui agissent sur l'aspect physique du sol en modifiant sa structure, les engrais jouent un rôle sur la chimie de la terre, en augmentant la quantité de sels minéraux disponibles. Les plantes absorbent toujours leur nourriture sous forme dissoute. Les engrais doivent donc être solubles. La plupart des engrais du commerce sont des produits composés des trois substances principales : azote (N), acide phosphorique (P) et potasse (K). On les appelle engrais complets. Il existe aussi des engrais dits « simples » qui renferment une seule substance. C'est le cas de la corne torréfiée (12 % d'azote), du sang desséché (10 % d'azote), du sulfate d'ammoniaque (21 % d'azote) ou du sulfate de potassium (50 % de potasse).
Selon les éléments qui les composent, on peut distinguer quatre catégories.

Les engrais organiques

Ils proviennent de substances issues de matières vivantes : la corne, le sang, les tourteaux, les déchets de cuir ou de plumes, le guano, etc. Leur action est lente car ils doivent subir une transformation par les micro-organismes du sol pour devenir assimilables.

Les engrais minéraux

Ils proviennent de substances minérales puisées dans le sol comme les gisements de potasse ou les phosphates naturels.

Les engrais organo-minéraux

Associant des substances minérales et organiques, ils ont une action progressive et présentent souvent l'avantage d'être bien tolérés par les plantes (pas de brûlure).

Les engrais de synthèse

Appelés engrais chimiques, ce sont les plus utilisés, parce qu'ils permettent un dosage précis, avec des formulations adaptées aux

Les sols

besoins spécifiques des cultures. Ils présentent l'avantage de pouvoir être enrichis en oligo-éléments et en substances de complément comme la magnésie. Certains engrais sont aussi associés à des insecticides ou à des désherbants pour gagner un temps précieux. Selon leur mode d'action, les engrais appartiennent à trois groupes différents :

Les engrais « coup de fouet »
Ce sont des produits contenant de l'azote sous forme nitrique dont l'efficacité est instantanée. Ils s'emploient au printemps pour stimuler la croissance des jeunes plantes.

Les engrais à action prolongée
Ce sont les formulations les plus courantes, qui contiennent de l'azote sous forme nitrique et ammoniacale. La fertilisation se prolonge sur une période plus ou moins longue qui peut atteindre trois mois et plus pour les engrais de fond que l'on incorpore au moment des labours ou à la plantation.

Les engrais longue durée
Ils possèdent une formulation complexe de l'azote qui se libère lentement dans le sol au fur et à mesure des besoins de la plante. Ce sont des engrais d'entretien pratiques car une application par an est suffisante. Les engrais s'utilisent au moment de la plantation pour créer une réserve nutritive dans le sol. Ils sont aussi apportés au printemps, pour aider au départ de la végétation. Respectez bien les conditions d'application et les dosages portés sur les boîtes.

Les différentes présentations

La plupart des engrais sont présentés sous forme de granulés que l'on jette en pluie fine sur le sol. Ils sont enfouis par un léger griffage. Il est bon de prévoir un arrosage si le sol est sec afin d'éviter les risques de brûlure.

Les engrais liquides
Ils sont très prisés pour les plantes d'intérieur et la fertilisation des bacs et des jardinières. En général, ils doivent être dilués avant l'emploi. Les engrais liquides sont appliqués en moyenne une fois par semaine, après un arrosage à l'eau claire pour éviter les risques de brûlure. Vous pouvez aussi réduire la dose à un bouchon d'engrais pour 10 litres d'eau et utiliser cette solution à chaque arrosage. C'est très efficace et sans risque.

Les engrais solubles
Ce sont des poudres ou des cristaux que l'on dissout dans l'eau. Ils se caractérisent par une forte concentration, d'où une grande efficacité. Il est nécessaire de bien remuer la solution, afin de bien dissoudre le produit avant l'emploi. Une variante est la pastille effervescente qui se délite seule dans l'eau.

Les engrais en bâtonnets
Ils sont réservés aux plantes en pots et en jardinières. Ils sont très faciles d'emploi puisqu'il suffit de piquer le bâtonnet dans le sol au bord du pot, pour fertiliser la plante pendant deux à trois mois. Leur défaut est la localisation du produit et les risques de contact direct avec les racines. C'est pourquoi il est préférable de les utiliser sur des plantes récemment rempotées.

Les engrais foliaires
Ce sont des liquides ou des poudres solubles qui sont appliqués en pulvérisation directe sur le feuillage qui les absorbe. Ces engrais offrent l'avantage d'être bien tolérés par les plantes les plus fragiles, en particulier les orchidées et les broméliacées. Ils sont aussi très intéressants pour certains légumes comme les concombres, les melons, les tomates et les aubergines.
Nous vous conseillons de stocker vos engrais dans un local sombre, sec et frais. Conservez-les toujours dans leur emballage d'origine et veillez à bien refermer la boîte ou le bidon après usage pour que le produit conserve toutes ses propriétés. Placez-les hors de portée des très jeunes enfants.

▲ L'engrais en bâtonnets convient aux plantes d'intérieur.

▲ Les granulés ont en général une action longue durée.

Les engrais foliaires peuvent s'appliquer au pulvérisateur. ▶

Réussir votre jardin

Les engrais spécialisés

Pour faciliter la tâche du jardinier amateur, les fabricants d'engrais ont décliné des gammes complètes de produits destinés à des cultures spécifiques. On trouve ainsi des engrais gazons, rosiers, géraniums, conifères, légumes, plantes vertes, plantes fleuries, fruits, fraisiers, agrumes, tomates, cactées, orchidées, hortensias, etc.

Chacun de ces produits est dosé selon les besoins spécifiques de la plante. Ainsi, les engrais tomates et fraisiers sont plus riches en potasse, les engrais gazons forcent sur l'azote, les engrais rosiers contiennent toujours de la magnésie, etc. Cependant ne croyez pas qu'un engrais géraniums est incompatible avec d'autres cultures. Vous pouvez parfaitement l'utiliser sur toutes les fleurs du balcon et même dans les massifs d'annuelles ou de vivaces du jardin. Le titre du produit est seulement indicatif, il n'a rien de restrictif.

Par exemple, vous pouvez fort bien utiliser les engrais fraisiers pour tous les types de productions fruitières, surtout pour les arbustes à petits fruits comme les framboisiers, groseilliers et cassissiers. Les engrais tomates conviennent idéalement aux melons, aubergines, poivrons, concombres, courges et potirons. Les engrais hortensias présentent la particularité de ne pas contenir de substances alcalines. Ils vont bien pour toutes les plantes de terre de bruyère et les espèces acidophiles comme les magnolias et les camélias par exemple. Les engrais conifères sont aussi utilisables sur tous les arbres d'ornement. Les engrais rosiers conviennent aussi très bien aux arbustes à fleurs, etc. Tous ces engrais s'utilisent de préférence en entretien sur les plantes déjà bien installées.

Les engrais universels

Appelés aussi engrais complets dans certaines marques, ils ont surtout pour but l'amélioration générale du terrain avant la mise en culture. Ce sont des produits souvent avantageux sur le plan financier, et dont l'action est assez progressive. Ils complètent la fumure organique au moment de la plantation. On les appelle parfois « engrais de fond » parce qu'ils sont incorporés plus profondément dans le sol que les engrais d'entretien. Ces derniers prennent le nom d' « engrais de couverture ».

▲ L'engrais « gazons » existe aussi avec désherbant et antimousse pour une application gain de temps.

Les engrais insecticides

On les trouve sous forme de bâtonnets pour les plantes de la maison, mais aussi en « engrais traitement du sol », très pratique pour éliminer les larves d'insectes lors de la préparation des lits de semences des planches potagères ou des massifs. Ces produits ont une action préventive. Il existe aussi des formulations « engrais insecticide du sol fraisiers » qui ont les mêmes applications.

Les engrais désherbants

Ils concernent surtout les produits pour le gazon. Ces produits associent un engrais complet et une ou plusieurs matières actives désherbantes qui détruisent les mauvaises herbes à larges feuilles, tout en préservant les graminées. L'avantage est de réaliser deux opérations en une seule application. Pour une bonne efficacité, ces produits ne doivent pas être appliqués avant la mi-avril. En effet, la destruction des mauvaises herbes

◀ L'engrais « orchidées » est très faiblement dosé pour éviter les risques de brûlure.

Les sols

s'opère mieux quand elles sont en pleine végétation. Précaution importante : appliquez le produit sur un sol humide pour éviter les brûlures. Certaines formulations mixtes (engrais et désherbant) existent aussi pour les arbustes et les rosiers. Elles doivent être appliquées sur un sol exempt de mauvaises herbes, car le principe actif du désherbant veille à empêcher la levée des adventices.

Les engrais antimousse

Ce sont des produits destinés au gazon. La plupart contiennent entre 20 % et 30 % de sulfate de fer ajouté à un fertilisant azoté. L'avantage est que la mousse est éliminée en même temps que la croissance du gazon est stimulée. Cela permet à ce dernier de reconquérir l'espace laissé libre par la mousse détruite. On applique le produit à la fin de l'hiver ou en automne. Les plus sophistiqués des produits composés ajoutent un antimousse à un engrais désherbant gazon pour une triple action. Il existe des produits quadruple action avec engrais rapide, engrais longue durée, désherbant et antimousse.

Les engrais bleuissants

Ils sont réservés aux hortensias dont on souhaite obtenir des fleurs d'un bleu parfait. Ils peuvent être utilisés en pots ou en pleine terre. La matière fertilisante est additionnée d'oligo-éléments qui bleuissent les fleurs.

Les engrais reverdissants

Destinés aux plantes de terre de bruyère et aux espèces qui craignent le calcaire (certains rosiers, les poiriers, etc.), ils contiennent, en plus des fertilisants, du chélate de fer, la seule matière vraiment efficace contre la chlorose.

Quelques conseils d'emploi

La grande majorité des engrais proposés dans le commerce sont prêts à l'emploi. Seuls les engrais solubles ou liquides doivent être dilués avant leur application. Pour les plantes en pots, la fréquence des apports

> **LES ENGRAIS VERTS**
>
> La technique des engrais verts consiste à cultiver des plantes à croissance rapide et à les enfouir dans le sol à l'apogée de leur croissance. C'est un moyen rapide et facile d'enrichir le sol en azote et en humus. On utilise le plus souvent des légumineuses (trèfle violet, vesce, pois fourrager, trèfle incarnat, lupin blanc, féverole, etc.) en raison de leur faculté à fixer l'azote atmosphérique sur les nodosités de leurs racines. D'autres plantes comme la moutarde, le sarrasin, la navette ou le radis fourrager sont aussi employées. Il est possible de semer au début du printemps pour enfouir l'engrais vert en fin d'été, ou de semer en été pour un enfouissement au début du printemps suivant. Ce dernier s'effectue en pleine période de floraison, les plantes possédant à ce moment un maximum de réserves nutritives. Fauchez-les avec une tondeuse puissante, puis passez un motoculteur muni d'une charrue. Un véritable labour est préférable à un retournement du sol par une fraise ou une motobineuse.
> La pratique des engrais verts est une bonne façon de réaliser une jachère dans un jardin potager, ou de fertiliser un verger. Cette technique remplace avantageusement les apports de fumier quand ce précieux produit n'est pas disponible.
>
> ▼ *Un engrais vert occupe le terrain.*

d'engrais avec un dosage standard est au maximum d'un arrosage sur deux, ou d'une fois par semaine. Les plantes délicates ou les moins gourmandes, comme les orchidées, les broméliacées, les cactées et plantes grasses par exemple, n'ont besoin que d'une fertilisation mensuelle. Les apports d'engrais sur les cultures se font uniquement pendant la période de végétation. Toutefois, il est bon d'incorporer des engrais de fond au moment des labours d'automne ou de la préparation du sol pour les semis et les plantations. Les doses sont le plus souvent indiquées en grammes sur les paquets. Pour une bonne utilisation pratique, on peut estimer qu'une poignée représente entre 30 g et 50 g environ. L'engrais ne doit pas être apporté sur les jeunes semis et les plantes nouvellement rempotées ou plantées. Attendez en moyenne un mois avant de fertiliser. Même chose pour les sujets malades ou ayant subi un problème végétatif (coup de froid, brûlure, taille sévère, etc.). Fertilisez de préférence le matin quand le sol est humide de rosée. Enfouissez toujours les granulés par un griffage superficiel, puis arrosez.

Fertilisez les bulbes à fleurs pendant la floraison. ▶

▲ L'engrais « rosiers » contient toujours de la magnésie.

▲ L'engrais soluble convient bien aux bacs et jardinières.

Réussir votre jardin

L'EAU ET L'ARROSAGE

Comme tous les êtres vivants, les plantes sont constituées en majorité d'eau. Certaines espèces contiennent plus de 90 % de liquide dans leurs tissus. Il est donc légitime qu'elles en manifestent le besoin auprès du jardinier par des caprices de croissance. Attention, tout se passe dans les profondeurs du sol et il n'est pas toujours évident de bien percevoir le manque d'eau chez les végétaux, surtout les arbres.

▲ L'eau est un besoin vital pour les plantes, c'est aussi un élément de fraîcheur et d'animation dans un jardin.

 astuce Truffaut — Pour tester facilement la bonne humidité d'un sol, il suffit d'enfoncer un piquet à 20 cm de profondeur. S'il ressort sans être couvert de terre, c'est qu'il y a sécheresse.

Association de deux atomes d'hydrogène et d'un atome d'oxygène, l'eau est le constituant principal de la matière végétale. Elle entre pour 60 % dans la constitution des tissus ligneux (le bois) et pour 80 % dans la masse des feuilles. Les fruits très juteux, comme les tomates, sont constitués de plus de 95 % d'eau. Même les graines en apparence très sèches renferment entre 10 % et 15 % d'eau. La plante absorbe de l'eau par ses racines qui agissent comme des pompes naturelles. Elle en perd par transpiration à travers les pores (lenticelles) de ses feuilles et de ses tissus souples. On estime qu'un grand arbre de 20 m de hauteur évapore annuellement 1 000 tonnes d'eau, ce qui représente des besoins journaliers énormes.

L'art de s'adapter

Toutes les plantes n'ont pas les mêmes besoins en eau, loin s'en faut. En fait, la plupart ont mis au point d'ingénieux systèmes

▌ LES POMPES

L'arrosage du jardin peut se faire par l'intermédiaire d'une pompe qui puise dans une étendue d'eau disponible (mare, forage, etc.). Les pompes de surface permettent d'aspirer de l'eau jusqu'à une profondeur maximale de 7 m. Pour des forages plus profonds, il faut utiliser une pompe immergée.
Dans le cas d'une mauvaise alimentation par le réseau, une pompe sert également à augmenter la pression pour favoriser le bon fonctionnement de certains gros arroseurs (de type canon, par exemple). Pour choisir la puissance de la pompe, vous devez tenir compte de la hauteur d'aspiration et de refoulement, ainsi que de la longueur de tuyau que vous allez devoir dérouler. Achetez toujours un modèle de plus forte puissance que le strict nécessaire, afin de ne pas le faire tourner en permanence au maximum de sa capacité.

◀ La pompe est très économique.

L'eau et l'arrosage

> **L'EAU ET LA SÈVE**
>
> Les végétaux se nourrissent des matières minérales du sol qu'ils puisent sous forme liquide. L'eau est alors le véhicule des éléments fertilisants, c'est la sève brute ou sève montante. Une fois transformées par l'action de la photosynthèse, les matières nutritives sont transportées, toujours sous forme liquide, au niveau de chaque cellule par la sève élaborée (sève descendante). Cela explique en partie les besoins considérables des plantes en liquide.

Des réserves dans le sol

Pour assurer l'alimentation normale en eau de tout le couvert végétal, le sol se comporte comme une véritable éponge naturelle. C'est ce que l'on appelle la capacité de rétention en eau, ou le pouvoir absorbant. L'eau circule entre les particules terreuses. Plus ces dernières sont fines, et moins l'eau est disponible pour les plantes. En revanche, une terre compacte aux limons de faible diamètre retient plus d'eau qu'une terre sableuse aux grains épais. L'important, c'est la quantité potentiellement disponible pour les plantes, que l'on nomme aussi réserve utile. Il s'agit de la masse d'eau que le sol permet aux végétaux de puiser. Au-delà d'un certain seuil, les minéraux conservent le liquide pour eux seuls et la terre devient aride. On constate ce phénomène avec certains produits comme les hydrorétenteurs qui effectivement absorbent beaucoup d'eau (jusqu'à quatre cents fois leur volume), mais qui ont beaucoup de mal à la restituer aux plantes, d'où leur très faible intérêt agronomique.

▼ Au petit matin, de la rosée sur des aiguilles de pin.

▲ La rosée augmente bien l'humidité atmosphérique.

Une plante qui a soif

Les cellules végétales sont capables de se gonfler et de se rétracter dans certaines proportions sans inconvénient pour leur survie. La latitude de ce phénomène est variable d'une espèce à l'autre. Certaines plantes peuvent prendre un aspect totalement fané et reprendre leur turgescence normale après un bon bain de quelques dizaines de minutes. C'est le cas par exemple de la plupart des arbustes d'ornement. En revanche, chez d'autres, et plus particulièrement les plantes aux tiges très fines, les lésions sont souvent irréversibles. Ne tentez pas l'expérience avec un capillaire ou une impatiens.

pour se protéger contre la dessiccation. Un des plus simples est l'écorce des arbres qui offre un véritable rempart thermique aux vaisseaux contenant la sève. Certaines plantes du désert ont des tissus externes durs comme du cuir et d'une épaisseur telle qu'aucune goutte d'eau ne peut les traverser. Autre astuce efficace : la forme des feuilles. Plus ces dernières sont grandes et plus elles sont soumises à l'évaporation. Avec leurs aiguilles, les conifères ne connaissent pas ce problème et les cactus encore moins.

Réussir votre jardin

▲ Une brumisation est idéale en fin de journée chaude.

◀ L'arrosage par aspersion rafraîchit bien les plantes.

■ Bien arroser

Opération d'entretien en apparence banale, l'arrosage est trop important pour être traité à la légère. On a souvent l'impression que mouiller le sol avec un jet d'eau pendant quelques minutes est suffisant. En fait, pour être efficace, un bon arrosage doit représenter entre cinq et dix litres par m² selon les cultures. Cela peut paraître faible, mais si votre compteur d'eau délivre 1 m³ par heure et que l'arroseur utilisé couvre 100 m², il faudra compter un temps d'arrosage de trente minutes à une heure. On est donc souvent loin du compte, surtout quand on opère sur la pelouse avec un arroseur canon qui couvre 300 à 400 m². En reprenant le cas de figure précédent, c'est en moyenne deux heures que devra tourner l'arroseur ! L'eau de ville étant de plus en plus onéreuse, il est important d'éviter l'évaporation. Les arrosages de printemps et d'automne auront lieu de préférence le matin quand le jour vient de se lever et que les gelées ne sont plus à craindre. En été, vous arroserez de préférence en fin de journée, « à la fraîche », et même la nuit. Pour cela il suffit de posséder un dispositif de programmation pour que l'installation se mette en route toute seule.

Ne vous inspirez surtout pas des exemples vus dans les espaces verts publics. En raison de la disponibilité des jardiniers, les massifs et les pelouses sont souvent arrosés en pleine journée, même en cas de soleil intense. Non seulement, il y a des pertes importantes d'eau, mais les gouttelettes qui ruissellent sur les feuilles sont autant de loupes qui intensifient l'insolation et risquent de provoquer des brûlures sur la plante.

■ Les techniques d'arrosage

Le mode d'arrosage le plus naturel est la pluie. Mais ce n'est pas le seul moyen dont disposent les plantes pour s'abreuver. Elles pompent aussi l'eau qu'elles trouvent retenue par le pouvoir absorbant du sol ou qui remonte par capillarité entre les particules de terre. Sachez que les racines se développent en fonction de l'humidité contenue dans le sol. Si vous n'arrosez que superficiellement, le système racinaire de la plante ne sera pas assez profond pour résister correctement à une période de sécheresse. C'est pourquoi un arrosage doit être copieux et espacé, plutôt que parcimonieux et fréquent. Cela dépend également de la nature du sol. Dans une terre sableuse, à faible pouvoir rétenteur, vous éviterez les déperditions d'eau en limitant les quantités de chaque apport. Vu la nature filtrante du sol, la pénétration de l'eau en profondeur sera toujours bonne. À l'inverse, dans une terre argileuse, il ne faudra pas hésiter à beaucoup mouiller, tout en espaçant les arrosages. En effet, la rétention en eau par le sol étant très forte, une plante peut souffrir de soif alors que la terre contient encore 15 % d'humidité.

Côté pratique, vous saurez s'il faut arroser ou non en piquant dans le sol, entre 30 cm et 40 cm de profondeur, un tuteur en bois

L'eau et l'arrosage

non raboté. S'il présente de bonnes traces d'humidité ou de la terre adhérente quand vous le remontez, il n'est pas utile d'arroser. Si le bois reste sec, il est grand temps de mettre en route les arroseurs.

L'arrosage par aspersion
C'est la technique la plus utilisée. Elle s'inspire de la pluie, en projetant de l'eau sur les plantes sous forme de gouttes plus ou moins grosses. Toute la partie aérienne est mouillée. Cette technique offre l'avantage de permettre l'arrosage de superficies importantes en une seule fois, grâce à divers modèles d'arroseurs (*voir* pages suivantes). Les plantes sont bien rafraîchies, l'eau ne ruisselle pas trop sur le sol et ne provoque pas de tassement superficiel. Le fait de mouiller le feuillage est néfaste à certaines plantes sensibles aux maladies cryptogamiques comme les tomates, les rosiers et les arbres fruitiers entre autres.

L'arrosage par ruissellement
C'est une forme d'irrigation très pratiquée en grandes cultures, un peu moins au jardin. Il s'agit de conduire l'eau jusqu'aux plantes à travers un réseau de petits canaux. Cette technique est possible au potager et au verger quand les plantes sont disposées en rangs réguliers. Elle offre l'avantage d'une faible manipulation et d'un arrosage directement au pied. En revanche, dans les sols friables, cette méthode peut provoquer une forte érosion, et dans les terres compactes, un tassement supplémentaire de la surface du sol.

L'arrosage au pied des plantes
De plus en plus pratiqué, grâce au développement des systèmes de goutte-à-goutte, il existe aussi des tuyaux poreux qui laissent suinter l'eau. On réalise également un arrosage au pied quand on mouille les cultures avec un arrosoir sans pomme, ou en laissant s'écouler un tuyau. Les avantages sont multiples : une précision de la distribution de l'eau pratiquement plante par plante, une possibilité d'intervention ponctuelle sur les cultures au moment où elles en ont besoin et

un apport d'eau sans mouiller le feuillage. Si le débit est faible, il n'y a aucun risque de ruissellement et le sol reste impeccable.

L'arrosage par immersion
C'est une technique pratiquée uniquement pour les cultures en pots. Elle consiste à tremper le récipient pendant quelques minutes, le temps qu'il s'imbibe complètement du liquide. Selon l'état de dessèchement du sol et le volume du contenant, il faut entre cinq et vingt minutes pour obtenir une complète saturation en eau du substrat. Il est ensuite nécessaire de laisser ressuyer la culture avant de la remettre en place. On utilise aussi cette méthode lors de la plantation des sujets en conteneurs afin de bien imbiber la motte pour une meilleure reprise. Notez que l'arrosage par immersion est la seule bonne solution pour mouiller efficacement les substrats riches en tourbe blonde.

La brumisation
C'est un complément important de l'arrosage qui consiste à vaporiser de fines gouttelettes d'eau sur les parties aériennes des plantes. On pratique surtout cette technique dans la maison pour augmenter l'hygrométrie. Ceci évite le jaunissement et le dessèchement des feuilles. Les plantes amies de la fraîcheur, comme les rhododendrons et les camélias, peuvent en bénéficier lors des plus chaudes journées de l'été.

LES EXCÈS D'ARROSAGE

Il est fréquent que les plantes de la maison soient trop arrosées, surtout en période hivernale. Cela entraîne des asphyxies des racines très graves. Les symptômes d'un excès d'eau sont assez voisins de ceux de la soif. La plante flétrit, semble molle, presque fanée. Si cet aspect coïncide avec une terre humide, il faut absolument laisser sécher le substrat pendant deux à trois semaines minimum. Très souvent, la plante a du mal à repartir ensuite, présentant des nécroses et des pourritures.

Ce poinsettia souffre d'un excès d'arrosage flagrant avec des feuilles qui se ramollissent et prennent un aspect pleureur inhabituel. ▶

▼ Vaporisez le feuillage des plantes vertes.

▼ Un arrosage est indispensable après la plantation.

Réussir votre jardin

▲ L'arrosage avec un oscillant produit une pluie fine.

▲ L'arroseur canon est idéal pour les grandes pelouses.

◀ L'arroseur rotatif fonctionne avec une basse pression.

Les arroseurs de surface

Ces appareils, qui se branchent sur un tuyau, sont destinés à disperser l'eau dans le jardin. Ils fonctionnent selon des principes mécaniques et hydrauliques, leurs mécanismes étant le plus souvent mus sous l'effet de la pression. Le choix des arroseurs est très vaste, mais ils se définissent à travers quatre catégories bien différentes.

Les arroseurs statiques

Ce sont les plus simples, car ils n'ont pas de mécanisme. C'est la forme particulière de la chambre où arrive l'eau ainsi que la buse de sortie qui donnent la forme au jet. La plupart du temps, la surface couverte est circulaire. Ces arroseurs offrent l'avantage de fonctionner à très basse pression (à partir de 1 bar), mais ils ne couvrent que de petites surfaces de 2 à 3 m de diamètre environ.

Les arroseurs rotatifs

Appelés aussi « tourniquets », ils sont munis de bras tournant sur un axe. La rotation est produite sous l'effet de la pression. La dimension des bras ainsi que la hauteur du support de ces arroseurs conditionnent la superficie de travail. Elle peut atteindre une dizaine de mètres de diamètre. Ces appareils sont munis à leur extrémité de buses orientables et réglables, ce qui permet d'obtenir une dispersion plus ou moins fine. Les arroseurs rotatifs fonctionnent très bien à partir d'une pression de 1,5 bar. On les utilise en particulier pour l'arrosage des massifs floraux.

Les arroseurs oscillants

Ce sont les seuls à couvrir une superficie rectangulaire ou carrée, ce qui les destine en premier lieu aux jardins structurés ou aux potagers. La rampe d'arrosage, perforée ou munie de buses, est soumise à un mouvement constant de va-et-vient. Il est engendré par une turbine hydraulique qui fonctionne grâce au débit de l'eau. La mise en marche est obtenue à partir d'une pression de 1 bar, mais il est bon de disposer de 2 bars pour obtenir une couverture optimale. La portée atteint 20 m de longueur sur 10 m de largeur. Ces modèles peuvent se régler sur quatre à six zones différentes.

Les arroseurs canons

Appelés aussi « cracheurs », ils sont les plus puissants. Ils lancent un jet de manière sac-

L'eau et l'arrosage

L'arrosage enterré peut être entièrement programmé. ▶

cadée sur une distance pouvant dépasser 15 m de rayon. Les modèles sur trépied peuvent couvrir jusqu'à 700 m², avec une pression de service de 3 bars minimum. Ces arroseurs offrent aussi l'avantage d'être réglables par arcs de cercle, ce qui permet de couvrir des zones spécifiques avec une grande précision. On les utilise surtout pour les pelouses et les massifs d'arbustes. En effet, employés pour les massifs de fleurs, leur jet très puissant risquerait de les abîmer.

L'arrosage automatique

Bien qu'il soit possible d'automatiser une installation d'arrosage classique à l'aide de programmateurs simples, on comprend dans le terme arrosage automatique les systèmes enterrés et les goutte-à-goutte. Ils peuvent être couplés dans un même jardin.
L'arrosage enterré est composé de plusieurs réseaux de canalisations souterraines, reliés à des arroseurs qui fonctionnent en même temps. Ces derniers ne sont pas forcément du même modèle. Ils peuvent couvrir des surfaces circulaires et des fractions de cercle. Les arroseurs sont posés de manière à ce qu'ils affleurent la surface du sol. Lors de la mise en eau, ils sont soulevés sous l'effet de la pression. À la fin de leur travail, ils se rétractent dans leur logement. Les systèmes de goutte-à-goutte, très économes en eau, sont surtout utilisés pour les arbustes et les haies. Ils fonctionnent à très basse pression. On peut les programmer et les coupler à des brumisateurs, ou à des asperseurs de petite puissance, appareils parfaits pour l'arrosage des massifs de fleurs et des jardinières. Ils conviennent aussi à l'arrosage des haies.

▼ Le goutte-à-goutte : économie d'eau et précision.

▼ Le tuyau percé : un arrosage en fine brumisation.

UN BON TUYAU

Le transport de l'eau dans le jardin se fait par deux types de tuyaux différents : des modèles souples pour l'arrosage classique de surface, des tuyaux semi-rigides en polyéthylène pour le goutte-à-goutte et l'arrosage enterré. Dans le premier cas, il existe de nombreuses possibilités, les tuyaux armés étant à préférer en raison de leur meilleure rigidité. Les tricotés sont armés de fibres polyester en mailles extensibles. Ce sont des tuyaux assez souples, agréables à utiliser. Les guipés sont renforcés par des fibres de polyester croisées avec un maillage externe ou interne. Ces tuyaux sont parfaits en cas de forte pression, mais ils sont plus raides que les tricotés. Les tressés constituent un compromis entre les deux précédents. Le maillage polyester est renforcé. On voit se multiplier les tuyaux dont l'âme est en PVC avec un tressage, recouvert d'une gaine extérieure en caoutchouc synthétique. Ces tuyaux sont plus lourds et moins faciles à couder, mais plus solides. Il existe aussi des tuyaux avec renforts internes qui théoriquement ne peuvent s'obstruer en cas de coude ou de pincement. Plus chers que les modèles standards, ils sont moins souples à l'usage.

▼ *Choisir un tuyau est assez délicat.*

99

en pratique

Réussir votre jardin

LES MAUVAISES HERBES

Les mauvaises herbes sont les passagers clandestins du jardin. Elles s'y invitent et s'y installent, gênant le développement des cultures. Elles vont jusqu'à les étouffer dans un débordement de vigueur qu'il est souvent difficile de maîtriser. Une lutte permanente dont le jardinier ne sort pas toujours vainqueur...

▲ La « mauvaise herbe » est une notion propre au jardinier. Une prairie de fleurs sauvages peut aussi être décorative.

 astuce Truffaut Si vous avez des doutes concernant une plante inconnue dans le jardin, ne l'arrachez pas comme une mauvaise herbe. Attendez qu'elle soit bien développée.

◀ Le laiteron âpre pousse dans les sols compacts et riches.

Des plantes envahissantes

Une herbe est considérée comme mauvaise par le jardinier si elle pousse sans être désirée. Ainsi, le millepertuis *(Hypericum calycinum)* utilisé en couvre-sol sur un talus devient une mauvaise herbe quand il envahit la pelouse à proximité. Toute plante, qu'elle soit spontanée ou cultivée, peut devenir un jour indésirable, mais ce sont les plantes sauvages qui préoccupent le plus souvent les jardiniers. Bien adaptées au sol et au climat local, elles se développent souvent mieux que les cultures, et profitent indirectement de tous les soins attentionnés du jardinier (arrosages, fertilisation...). Les mauvaises herbes, appelées aussi « adventices », possèdent quelques atouts pour proliférer. Beaucoup forment des graines qui persistent dans le sol plusieurs dizaines d'années, tout en conservant leur faculté germinative. Certaines espèces sont dotées d'un potentiel de multiplication impressionnant. Un plant de chénopode produit 4 000 graines et un pied d'amarante peut porter jusqu'à 50 000 graines ! Les mauvaises herbes utilisent des systèmes astucieux pour se déplacer (parachute du pissenlit, luzerne accrochée sur le pelage des animaux, fruits de la ronce mangés par les oiseaux...) et ainsi mieux essaimer, à leur guise, dans tous les jardins.

Des plantes indésirables

En se développant, les mauvaises herbes concurrencent les végétaux cultivés. Elles détournent à leur profit l'eau et les éléments fertilisants contenus dans le sol. Il est d'usage, dans un jardin potager ou au pied de jeunes plantations, de maintenir un sol propre dépourvu de végétation afin de limiter les pertes d'eau. Les mauvaises herbes occupent rapidement tout l'espace aérien et font ombrage aux plantes voisines, les empêchant de prospérer. Ce type de concurrence est fréquent dans les semaines qui suivent le semis d'un jeune gazon. Certaines espèces comme les liserons, la clématite ou la bryone utilisent les arbustes comme tuteurs et contrarient leur développement. Toutefois, la nuisance

Les mauvaises herbes

la plus évidente dans les jardins est certainement d'ordre esthétique. Un massif de rosiers envahi de mauvaises herbes, une allée enherbée, un gazon sans graminées… donnent une apparence négligée.

Connaître les mauvaises herbes

Afin de maîtriser le développement excessif des adventices et mettre en œuvre des moyens de lutte appropriés, il faut connaître les différentes espèces.

Il est d'usage de distinguer deux grandes familles de plantes : les Monocotylédones et les Dicotylédones. Les premières sont des plantes à feuilles étroites et à nervures parallèles, comme les graminées (chiendent, ray-grass). Les Dicotylédones se distinguent par leurs feuilles à limbe étalé et à nervures ramifiées : le pissenlit, le plantain, le rumex et le trèfle en font partie.

Une mauvaise herbe vivace est capable de se régénérer à partir d'un fragment de ses tissus laissé dans le sol. Il peut s'agir de rhizomes chez le chiendent ou le liseron, de stolons chez la potentille ou la renoncule rampante, ou encore de bulbes et de bulbilles chez l'oxalis en corymbe. Certaines ont des racines très profondes comme les armoises, les chardons ou les consoudes, et résistent mieux aux désherbants.

Une mauvaise herbe annuelle doit fleurir et former des graines dans l'année, afin de propager son espèce. C'est le cas de la mercuriale, de la renouée des oiseaux, de la capselle bourse-à-pasteur, du pâturin annuel ou de la stellaire intermédiaire (le mouron). Les mauvaises herbes annuelles sont généralement plus faciles à éliminer. Il faut savoir apprécier la texture des tiges de la mauvaise herbe à éliminer. Certaines par exemple peuvent être partiellement lignifiées comme chez la ronce. Pour détruire de telles plantes, un débroussaillant sera nécessaire. D'une manière générale, mieux vaut éliminer les mauvaises herbes quand elles sont jeunes avec un système racinaire encore peu développé.

▲ La moutarde des champs est facile à arracher.

▲ La grande ortie apparaît dans les sols humifères.

▲ Le chardon des champs.   Le liseron des haies. ▼

▲ Le mouron rouge.   La véronique bleue. ▼

101

en pratique

Réussir votre jardin

LE DÉSHERBAGE

Opération d'entretien destinée à éliminer les mauvaises herbes, le désherbage est la tâche la plus répétitive au jardin. En pleine saison, des plantes comme le liseron poussent presque à vue d'œil. Heureusement, il existe des produits herbicides pour faciliter le travail du jardinier et lui faire gagner du temps...

astuce Truffaut Pour répartir efficacement un désherbant, tout en économisant du produit, utilisez un pulvérisateur. Optez pour un modèle muni d'un cache à l'extrémité de la lance, afin d'éviter les éclaboussures.

▲ Le désherbage doit être pratiqué au printemps, en pleine végétation, les mauvaises herbes étant plus sensibles.

▌ Le désherbage manuel

Assez fastidieux, le désherbage manuel n'apporte pas toujours des résultats durables. Les mauvaises herbes annuelles sont détruites, mais les espèces vivaces s'en portent souvent mieux. Leurs rhizomes ou bulbes contenus dans le sol sont sectionnés par l'outil, puis éparpillés. Plusieurs repousses réapparaissent inévitablement. L'oxalis peut ainsi, à partir de quelques pieds isolés, envahir l'ensemble d'un massif. Pour les espèces vivaces, l'arrachage est la meilleure solution. Mieux vaut intervenir quand les jeunes plantes viennent de sortir de terre. Leurs racines sont moins profondément ancrées dans le sol et il est plus facile de les extraire complètement. Autre avantage de cette méthode, vous épuisez la souche qui ne dispose plus d'organes aériens pour réaliser sa photosynthèse. C'est par exemple le seul moyen vraiment sûr pour éliminer le liseron dans les plantations. Mais il faut au moins trois ans d'efforts pour un résultat définitif.

◀ Un désherbage annuel est suffisant pour les allées.

▌ Le paillage du sol

La présence d'un paillis va empêcher le développement des mauvaises herbes au pied des arbres, des haies ou dans les massifs. Il s'agit d'une couche homogène de : paille broyée, tontes de gazon, copeaux de bois, tourbe, paillettes de lin, écorces de pin, ou d'un film plastique. Dans les massifs d'arbustes, les matériaux grossiers sont à privilégier. Des produits plus fins conviennent mieux au pied des plantes herbacées. Le paillage permet des économies d'eau en limitant son évaporation. La structure du sol en surface est mieux protégée du tassement. Les paillis organiques se dégradent et se transforment en humus, utile aux plantes. Les écorces ont beaucoup de succès, car elles sont aussi décoratives. Mais leur efficacité reste liée à l'épaisseur de la couche qui doit être de 10 à 15 cm. Le paillage est souvent envisagé pour une courte durée. Il va limiter le développement des mauvaises herbes et réduire les opérations manuelles au cours des premières années qui suivent l'implantation des arbustes.

Le désherbage

L'emploi d'herbicides

Appelés aussi désherbants, ces produits sont très efficaces, mais limités dans leur action. Afin d'éviter tout accident sur les végétaux, leur utilisation doit être précise en respectant à la lettre les doses et les préconisations d'emploi indiquées sur les emballages.

Le désherbage avant culture

Pour planter ou semer dans de bonnes conditions, l'élimination des mauvaises herbes existantes s'avère nécessaire. Il est fréquent de refaire une pelouse qui s'est petit à petit transformée en un parterre de chiendent. En l'absence de désherbage préalable, les mauvaises herbes vivaces seront propagées par les outils lors du travail du sol. Les seuls désherbants utilisables sont des produits qui se dégradent vite et ne laissent aucun résidu dans la terre. Utilisez des herbicides à absorption foliaire, dont les plus efficaces, en raison de leurs propriétés systémiques, sont à base de glyphosate. Toutes les plantes vivaces indésirables, touchées par le produit, seront irrémédiablement détruites.

Le désherbage des gazons

Dans une pelouse constituée de graminées, il est tout à fait possible de combattre les plantes à feuilles larges (dicotylédones). C'est un désherbage sélectif. Il se pratique au printemps quand la température ambiante atteint au minimum 15 °C. Il existe de nombreux désherbants gazon dans le commerce. Ces produits étant forts, il est recommandé d'attendre une année après le semis du gazon pour les employer, à moins de choisir un désherbant spécifique « jeune gazon ».
Sur le même principe, la mousse peut être éliminée à la fin de l'hiver, en épandant à l'arrosoir du sulfate de fer dilué dans de l'eau (à la dose de 25 g par litre d'eau pour 1 m^2). D'autres antimousses spécifiques ayant la particularité de ne pas tacher les dallages sont également disponibles.
Des formules incorporées à des engrais peuvent aussi être utilisées sur sol humide.

Le désherbage des sols propres

Ces produits, appelés « antigerminatifs » s'appliquent sur un sol exempt de mauvaises herbes et soigneusement émietté. À la faveur des pluies, ces herbicides s'infiltrent dans les premiers centimètres du sol et empêchent pendant plusieurs mois la germination et la levée des mauvaises herbes. Certaines d'entre elles, particulièrement tenaces, comme les liserons ou les chardons arrivent cependant à passer au travers. Ces produits s'utilisent sur les arbustes, les rosiers ou certains légumes. Les désherbants du potager ne s'emploient que sur certaines cultures et à des périodes bien précises de leur développement. Les asperges, les betteraves, les carottes, les pommes de terre, les céleris, les poireaux, les fraisiers, les oignons et les échalotes peuvent être désherbés chimiquement.

Le désherbage des allées

Ici, l'objectif est double : détruire les mauvaises herbes déjà développées et empêcher la levée de nouvelles indésirables sur une période la plus longue possible. En l'absence de toute culture, il faut employer un désherbant total. Ce type de produit contient généralement plusieurs molécules. Très efficaces, ces herbicides doivent s'utiliser avec précaution. Tout surdosage, ou la moindre application, à proximité d'une culture, peut avoir de lourdes conséquences si des racines absorbent l'herbicide. Ces produits ne s'emploient jamais sous la frondaison des arbres et il faut se tenir au minimum à 25 cm des bordures de gazon. Les herbicides totaux sont mis à contribution dans des allées de jardin, les cours ou pour le nettoyage des trottoirs et des bordures. La meilleure période d'utilisation est le démarrage de la végétation, en veillant à ce qu'une pluie ne survienne pas rapidement après le traitement.

Le désherbage des broussailles et la dévitalisation des souches

Il s'agit de détruire des plantes ligneuses ou très coriaces : ronce, rejets d'arbres, sureau, fougère, genêt, ortie, etc. Elles nécessitent l'emploi de produits systémiques bien véhiculés par la sève de la plante pour atteindre l'ensemble du système racinaire. Le débroussaillant s'applique à la fin de l'été ou à l'automne, en période de « sève descendante », une semaine après avoir coupé la végétation à quelques centimètres du sol.
Pour éviter les rejets des souches après l'abattage d'un arbre vivant, il faut badigeonner à l'automne la partie coupée avec un produit dévitalisant ou du chlorate de soude.

▲ Le sarclage est le désherbage manuel traditionnel.

▲ Désherbage sélectif d'une pelouse avec des granulés.

▲ Certains herbicides sont proposés prêts à l'emploi.

Réussir votre jardin

LES AMIS DU JARDINIER

Discrets mais présents, timides mais efficaces, de nombreux animaux ont une action bénéfique pour le jardin. En se nourrissant d'insectes ou de rongeurs, ils évitent ou limitent les ravages dans les cultures. Ces aides bénévoles sont appelés des auxiliaires et ils doivent bien sûr bénéficier d'une protection.

▲ Le troglodyte mignon fait son nid dans les haies. Il nourrit ses petits avec une grande quantité de larves d'insectes.

▲ Le hérisson consomme beaucoup de limaces.

LA MAISON DES OISEAUX

Petite construction en bois que l'on installe dans un arbre hors de portée des chats, le nichoir accueille mésanges, rouges-gorges, sitelles, gobe-mouches, rouges-queues, etc. Il doit être installé avant début février, avec son trou d'envol orienté vers l'est ou le sud-est. Il existe des modèles tout prêts à l'emploi.

◀ Un nichoir typique.

Au sein d'un jardin, les animaux et végétaux forment une communauté biologique complexe. Lorsqu'une population tend à se développer exagérément comme les pucerons au printemps, des prédateurs naturels telles les coccinelles prolifèrent. Ils viennent à bout des ravageurs pour rétablir un équilibre. Ces mécanismes de régulation naturelle sont indispensables à la vie du jardin. Chacun se doit de respecter le plus possible ces fragiles équilibres et de favoriser au mieux la richesse et la diversité du biotope.

De vrais auxiliaires

Les êtres vivants réputés utiles sont de véritables auxiliaires pour le jardinier. Ils l'aident en régulant les populations d'indésirables, en participant à l'accroissement de la production fruitière ou en stimulant la vigueur des plantes. Ce sont par exemple les insectes pollinisateurs, telles les abeilles, sans lesquelles beaucoup de fruits et légumes ne verraient pas le jour. Certains auxiliaires sont quasiment inconnus : c'est le cas de ceux qui vivent dans le sol. Les vers de terre aèrent la terre et digèrent la matière organique. Des champignons microscopiques, antagonistes de certaines maladies, abondent dans les sols. Ils empêchent ainsi le développement de nombreuses affections racinaires. D'autres champignons, les mycorhizes, vivent en association symbiotique avec les racines des arbres et des arbustes. Ils favorisent leur développement. Les auxiliaires peuvent se comporter en prédateurs comme la coccinelle vis-à-vis du puceron. D'autres vivent en parasites en s'installant au sein d'un organisme vivant et en le détruisant : c'est le cas de certaines maladies qui attaquent les chenilles. Il reste dans les jardins une multitude d'êtres vivants, abusivement qualifiés d'indifférents, car aucun rôle utile ou nuisible pour le jardinier n'a été mis en évidence. Leur présence au sein du biotope est tout à fait justifiée et ils méritent d'être préservés. Beaucoup se nourrissent de détritus et « nettoient » le jardin.

Pour combattre efficacement une population de ravageurs, les auxiliaires doivent être déjà sur place dans le jardin. Il faut qu'ils trouvent suffisamment de nourriture pour y demeurer. Cela signifie que la présence de pucerons est nécessaire pour que se développent des coccinelles. Il est ainsi souhaitable d'implanter dans le jardin quelques plantes « appât ». Dans une haie, un sureau et des cotonéasters, très prisés des pucerons, vont attirer les coccinelles très tôt en saison. La grande diversité des plantes du jardin favorise l'installation d'insectes forts différents. Les ombellifères (carottes, berces, etc.) sont réputées très attractives. Beaucoup d'oiseaux, grands mangeurs d'insectes, méritent une attention particulière. Pour ceux qui nidifient à l'air libre (roitelets, pinsons, fauvettes), des haies denses sont très bénéfiques. Les autres seront accueillis dans des nichoirs (voir encadré). N'oubliez pas les rapaces nocturnes, comme les chouettes qui consomment beaucoup de rongeurs.

Le rôle des batraciens est très important. Les grenouilles capturent au vol quantité d'insectes. Le crapaud commun a une réputation de gros mangeur de limaces lors de ses sorties nocturnes. Il ne faut surtout pas assécher les zones humides ou les points d'eau, mais plutôt les intégrer dans le paysage du jardin. La richesse d'un jardin en auxiliaires est liée à la conservation de petits espaces de nature sauvage et à l'entretien de la diversité botanique. Attention, l'usage intensif et irraisonné des pesticides viendra à bout des auxiliaires les plus fidèles. Avant tout traitement, il est donc important de vérifier que les insectes utiles ne sont pas déjà à l'œuvre. Apprenez à les reconnaître.

Les plus utiles

Dans le monde des auxiliaires du jardin, la coccinelle fait figure de star. La plus connue est la « bête à bon Dieu » ou coccinelle à sept points, mais il existe un très grand nombre d'espèces différentes. Les coccinelles sont de grandes mangeuses d'insectes nuisibles. Les unes sont spécialistes des pucerons (coccinelles à 2, à 7 ou à 14 points), d'autres ne se nourrissent que de cochenilles (les *Chilocorus*) et certaines préfèrent les acariens (les *Stethorus*). De teinte noirâtre, au corps mou et allongé, les larves des coccinelles sont fort différentes des adultes. Elles dévorent d'innombrables indésirables du jardin. L'efficacité des coccinelles n'est plus à prouver ; elles peuvent engloutir soixante pucerons par jour. Il existe plusieurs élevages qui produisent de grandes quantités de coccinelles. Ces insectes sont distribués sous leur forme larvaire. Ils doivent être déposés délicatement sur les plantes attaquées par les pucerons. L'efficacité de ce traitement biologique est reconnue pour quelques rosiers ou des petits arbustes, mais il faudrait réaliser des lâchers massifs pour espérer lutter complètement contre tous les pucerons du jardin.

Petites mouches de 8 à 10 mm de long, les syrphes ressemblent à des guêpes au corps doré strié de noir. On les repère grâce à leur vol très rapide en zigzag. Ces insectes pratiquent même le vol stationnaire à la perfection. Les larves sont de petits asticots aplatis qui rampent sur les plantes à la recherche des colonies de pucerons. Très voraces, elles peuvent en dévorer de 400 à 700 au cours de leur existence d'environ dix jours. Les adultes, en revanche, ne se nourrissent que de pollen et de nectar. Pour favoriser la présence des syrphes dans le jardin, il est recommandé d'avoir, très tôt au printemps, de nombreuses plantes en fleurs. Les espèces de la famille des ombellifères sont très prisées. Les chrysopes ou « mouches aux yeux d'or » sont des petits insectes verts aux longues ailes nervurées. On les reconnaît à leur vol maladroit et à leurs gros yeux proéminents aux reflets dorés. Les chrysopes se réfugient souvent en hiver dans les greniers ou les abris de jardin. Elles sont parfois piégées l'été dans les éclairages de jardin. Les larves des chrysopes se nourrissent d'insectes ravageurs : pucerons, jeunes chenilles, acariens, cochenilles, etc.

Les « microguêpes » parasites sont très efficaces certaines années contre les pucerons. À l'aide d'une tarière, les femelles déposent un œuf dans le corps de l'insecte. La larve se développe et se nourrit à l'intérieur du puceron. Ce dernier prend une teinte brunâtre et reste fixé sur la plante. Une fois son cycle terminé, la petite guêpe quitte son hôte en découpant un orifice de sortie circulaire à l'extrémité de l'abdomen. Il n'est pas rare d'observer plusieurs momies parasitées par ces microguêpes au milieu d'une colonie de pucerons. Attention aux traitements d'hiver à base d'huile qui peuvent détruire certains auxiliaires.

▲ *La timide coccinelle dévore beaucoup de pucerons.*

▲ Le crapaud consomme surtout des insectes.

▲ En butinant, l'abeille aide à la fécondation des fleurs.

La mésange bleue : utile, commune et très jolie. ▶

105

Réussir votre jardin

LES STRUCTURES DU JARDIN

Une des différences majeures entre un jardin et un espace naturel garni de végétaux, est son architecture. Dans une composition paysagée, rien n'est laissé au hasard. ✤ *Tout s'articule autour d'un squelette constitué par le tissu des allées et les diverses constructions en dur. S'il n'est pas appuyé sur un élément bâti, un massif a vite l'air incongru.* ✤ *Il suffit qu'il s'adosse à un mur pour que sa présence paraisse évidente, comme naturelle. Murs, murets, escaliers donnent du volume au jardin en permettant des mouvements de terrain et des dénivellations. Ils s'habillent sans problème de plantes pour disparaître en beauté sous les fleurs.*

Tonnelles et pergolas sont les éléments du charme et du romantisme. ✤ *Supports logiques des grandes lianes langoureuses, ces constructions permettent aussi de créer de subtils contrastes entre les zones d'ombre et de lumière. Elles invitent aussi à la détente et à la flânerie.* ✤ *Plus pragmatiques, clôtures et portails ont d'abord une vocation utilitaire.* ✤ *Il faut pourtant peu de chose pour bien les intégrer au jardin et leur permettre de personnaliser la propriété avec une élégance stylée.* ✤ *Toujours dans un esprit de farniente, meubles, parasols et bancs, vous invitent à la contemplation ravie des massifs du jardin.* ✤ *Leurs formes, leurs couleurs, la richesse et la variété des plantes qui les composent sont la clé de la réussite et l'expression de votre personnalité. Ils sont la touche finale qu'il faut mettre avec un art consommé, comme un maquillage, discret mais présent, qui vient illuminer le plus beau des visages.* ✤

LES ALLÉES

Zones de circulation privilégiées du jardin, les allées ont un rôle pratique mais aussi esthétique. Les lignes qu'elles tracent définissent souvent la position des massifs, leurs dimensions et leurs formes. Il est donc important de les intégrer dans un plan général de la composition du jardin pour un résultat harmonieux.

astuce Truffaut — Pensez à simplifier au maximum le cheminement et à réduire les distances sur les voies les plus passagères. À ce titre, la ligne droite est souvent la meilleure solution.

▲ Adoptez le tracé le plus simple et limitez l'impression d'ampleur de l'allée avec des plantations généreuses.

◀ Les allées en courbes sont toujours très élégantes.

Le tracé des allées est sans doute un des points les plus délicats dans la création d'un jardin. Pour privilégier l'esthétique on peut être tenté d'oublier volontairement les voies de passage. Ce serait une grave erreur car le jardin deviendrait très vite une vitrine et non un lieu à vivre où il fait bon se promener. Commencez toujours par penser à l'allée qui conduit de la rue à l'entrée de la maison et au garage. Son tracé aboutit forcément à un portail ménagé dans la clôture. C'est la position de ce dernier qui va définir logiquement le tracé de l'allée. S'il se trouve face au garage, un tracé en ligne droite s'impose. Si le portail est décalé par rapport à l'axe de la maison ou à l'entrée du garage, vous pouvez envisager une courbe. Mais attention, si la longueur à parcourir en ligne droite est inférieure à 10 m, un tracé sinueux risque de paraître incongru. Pour dessiner un S élégant, dont la courbe n'est pas trop accentuée, vous devez disposer d'au moins 30 m. Les deux boucles du S devront former des arcs de cercle de diamètre inégal.

Les allées rectilignes ont l'avantage d'accroître la perspective. C'est un point fort dans un petit jardin. Vous pouvez encore accentuer cet effet en réduisant la largeur de l'allée vers l'arrière-plan. Pour être perceptible sans choquer, la différence doit être de 10 % environ, soit de 30 cm pour une allée de 3 m de large et de 10 m de longueur. La réduction de largeur doit être symétrique de part et d'autre de l'axe central de l'allée, sinon vous obtenez un effet tronqué assez peu agréable au regard.

Les allées

LES BONNES DIMENSIONS D'UNE ALLÉE

Si la longueur d'une allée a surtout une importance pratique et esthétique, sa largeur définit son potentiel d'utilisation. Pour le passage d'une voiture, il faut compter un minimum de 3 m de large. C'est d'ailleurs la largeur standard d'un portail. Si vous possédez une grosse berline ou un break, il serait même prudent d'augmenter la largeur de l'allée jusqu'à 4 m. Attention aussi à son tracé qui sera aussi simple que possible pour éviter toute manœuvre délicate. La pente ne doit pas dépasser 10 %, afin d'éviter tout problème en cas de sol gelé en hiver.

Les allées piétonnières peuvent avoir des dimensions variables selon leur usage. Pour circuler avec une tondeuse, une brouette, un motoculteur, comptez un minimum de 1,50 m de large. Veillez à ce que le sol soit bien stabilisé et le revêtement aussi régulier que possible. Si vous possédez une tondeuse autoportée (sur laquelle on s'assoit), une largeur de 2 m semble un minimum.

Les allées de circulation piétonne mesureront au minimum 80 cm de largeur. Les plus passagères atteindront 1,50 m, de façon que deux personnes puissent s'y croiser sans se gêner. Veillez à la bonne régularité du revêtement.

Les petits sentiers secondaires, les passages entre les rangs de légumes dans le potager peuvent être limités à 50 cm de large. Mais leur usage sera surtout esthétique et très limité en pratique.

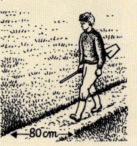

Les allées stabilisées

Ce sont les voies carrossables qui doivent disposer d'une assise suffisante pour supporter le passage fréquent de véhicules lourds. Cela concerne également les parkings et le trottoir devant la propriété. La stabilisation consiste à creuser d'abord toute la surface à 35 cm de profondeur. Remplissez d'une couche de 20 cm d'épaisseur de cailloux et de mâchefer qui seront vigoureusement tassés. Couvrez avec un grillage à béton, puis coulez du béton liquide en terminant par une chape de 3 cm d'épaisseur. Il vous reste alors 12 cm pour réaliser un revêtement solide et esthétique, en dalles ou en briques par exemple. Il peut être posé plus tard, en fonction de l'état de vos finances. En revanche, si vous avez l'intention de poser des pavés, mieux vaut les intégrer tout de suite dans la fondation, sans passer par l'étape intermédiaire de la chape de béton.

Vous avez intérêt à stabiliser toutes les allées principales et la terrasse selon le même principe, mais avec une fondation moins épaisse (10 cm de gravats suffisent). La pose des dalles sur béton n'est pas obligatoire pour cet usage, mais elle est recommandée.

Quelques conseils pratiques

Une allée ne doit pas avoir un profil bien plat. Il faut toujours prévoir une forme légèrement bombée afin que l'eau de pluie s'écoule sur les bords extérieurs et soit absorbée par les plantations environnantes. Même chose dans la longueur : ne cherchez pas à tout construire de niveau. Une pente d'évacuation des eaux de 1 % doit être prévue. Elle doit si possible aboutir à un regard intégré dans le sol et relié à une canalisation conduisant à un puisard. Attention, vous pouvez être tenté de vous raccorder au réseau du tout-à-l'égout. Sachez que c'est interdit dans la plupart des municipalités. Renseignez-vous auprès de la mairie pour connaître les dispositions et réglementations locales à ce sujet. Le revêtement d'une allée principale doit être solide, élégant et rugueux. Évitez les dallages gélifs, en particulier les calcaires. Le marbre, les carrelages et l'ardoise sont déconseillés parce qu'ils sont assez glissants. Pensez aussi à créer des décrochements dans le tracé de l'allée principale pour y planter quelques végétaux d'ornement.

L'allée engazonnée a surtout un rôle décoratif. ▶

▲ Bordez les sentiers de plantes faciles à tailler.

109

Réussir votre jardin

▲ Une allée secondaire doit toujours être discrète.

▲ Le sentier vous fait pénétrer dans la végétation.

◀ Ce passage secret est une trouée dans la verdure.

Les passages piétons

Ce sont les voies de circulation que vous empruntez pour vous promener dans le jardin ou pour vous déplacer d'un point à un autre au cours de vos opérations d'entretien. Il s'agit de deux besoins antinomiques qu'il faut pourtant satisfaire. D'un côté, vous avez envie de passer dans des coins et recoins afin de découvrir toutes les richesses du jardin, de l'autre, il faut gagner du temps et aller droit au but. Les solutions à adopter dépendent de la superficie du jardin. Dans les grands espaces de 1000 m^2 et plus, il est impensable de concevoir un réseau d'allées idéal. Il se transformerait vite en toile d'araignée à la fois complexe et inesthétique. Dans ce cas, vous réalisez un ou plusieurs chemins qui conduisent à la maison, à l'abri de jardin et aux endroits indispensables comme la commande principale de l'arrosage, la terrasse, l'aire de jeu, le coin repos, etc. Ensuite, vous utilisez la pelouse comme voie traversière et accès aux massifs.

Dans les petits jardins, il peut être astucieux de dessiner un réseau d'allées assez complexe. Tout simplement pour donner l'impression d'une plus grande superficie en allongeant les parcours. Il suffit pour cela d'obliger à tourner autour de chaque massif. Vous obtenez ainsi une parfaite délimitation des plantations qui prennent un aspect bien structuré, et un accès pratique à tous les endroits nécessitant un entretien suivi.

Les allées secondaires

Le jardin doit être sillonné de passages pratiques, plus ou moins dissimulés dans la végétation, qui permettent d'accéder à toutes les plantations pour leur entretien. Le réseau d'allées secondaires doit être conçu de manière à pouvoir effectuer une visite complète du jardin « les pieds au sec ». C'est beaucoup plus difficile à dire qu'à faire, car dans tout jardin digne de ce nom, les plantations évoluent au fil des années. Cela oblige donc à créer en permanence de nouvelles allées ou sentiers. Tracer des voies de passage sur plan demande un respect des proportions, des lignes et des mouvements, et relève donc plus du sens esthétique que du sens pratique. Pour connaître à coup sûr l'emplacement idéal des allées, le mieux est de ne rien tracer au départ et d'accepter dans un premier temps de chausser les bottes pour circuler dans le jardin. Très vite, les allées vont se dessiner d'elles-mêmes. Vous les verrez se marquer sur le sol meuble ou sur la pelouse à la suite de vos passages répétés. C'est là, et nulle part ailleurs, qu'il faut les implanter. Vous pouvez bien sûr dévier légèrement pour l'esthétique, mais pas trop.

Les sentiers

Il est évident que toutes les allées secondaires ne doivent pas avoir la même importance. Dans le cas d'un réseau complexe de circulations, il faut privilégier les sentiers, qui sont des passages étroits et discrets au milieu de la végétation. Un ensemble d'allées est comme la ramure d'un arbre. L'allée secondaire part de l'allée principale et le sentier vient se greffer sur une allée secondaire. L'important est de ne pas rompre le réseau, sinon il n'a plus aucun sens. On ne crée

Les allées

LES BORDURES

Une allée prend un aspect beaucoup mieux fini quand elle est complétée de part et d'autre par une bordure. Cette dernière n'a pas besoin d'être très présente visuellement. Il est même préférable qu'elle se fonde dans le décor afin de ne pas souligner lourdement la présence de l'allée.
La solution la plus simple est de faire appel aux végétaux. Une petite haie de buis taillé, des lavandes ou des santolines sont parfaits. Vous pouvez aussi utiliser des couvre-sol pour les petits sentiers ou les allées très larges. De cette manière, on perd la notion de contours et la construction fait corps avec les plantations. Dans les jardins structurés, vous préférerez souvent les bordures construites. Un petit muret de 10 à 20 cm de hauteur (au maximum le dixième de la largeur de l'allée) permet de réaliser des plantations surélevées ou d'utiliser des plantes retombantes, toujours élégantes.
Des rondins de bois disposés à des hauteurs inégales s'associent joliment aux briques ou donnent un cachet rustique aux allées gravillonnées. Vous pouvez aussi utiliser des traverses de chemin de fer de récupération. C'est du meilleur goût dans les jardins contemporains ou rustiques, et la pose est à la fois simple et rapide.

▼ Un muret pour rehausser.

▼ Des rondins, style rustique.

▼ Des plantations couvre-sol.

---

jamais un passage pour le plaisir, mais pour des raisons logiques. S'il semble normal qu'une allée secondaire permette une certaine aisance quand on l'emprunte, il n'en est pas de même pour le sentier. Ce dernier peut être un passage secret qui s'enfonce au milieu de la végétation pour aboutir nulle part, simple prétexte pour un bain de verdure et de nature. Le sentier va vous conduire à un banc, une statue, une fontaine. Il peut aussi traverser une haie pour vous emmener dans une autre partie du jardin au décor complètement différent. C'est la voie détournée pour accéder aux massifs et au potager. Il serpente, il s'alanguit, il est ponctué de détours et de surprises. Il n'a même pas besoin d'un revêtement pratique et confortable, il lui suffit d'être le fil d'Ariane qui guide vos pas à la découverte du jardin.

Le pas japonais

C'est la version orientale du sentier, avec tout ce que cela comporte de raffinement, de subtilité et de complexité. Au Japon, c'est le chemin qui mène à la maison de thé. On le parsème d'embûches avec des dénivelés, des blocs irréguliers, etc., pour qu'une fois arrivé au but, on en goûte encore plus le calme et les délices. Occidentalisé, le pas japonais est un sentier ponctué de dalles irrégulières, espacées de la distance d'un pas (60 cm). Il peut traverser une pelouse, un massif, un bosquet. Très discret, il s'intègre parfaitement à l'environnement du jardin et offre de bonnes possibilités de plantations.

Le gué

C'est un passage sur l'eau, plus discret qu'un pont, mais tout aussi pratique. Il convient aux petits jardins et crée une excellente liaison entre le bassin et le reste du jardin. Le gué est un chemin de dalles composé de blocs solides de 40 cm de largeur minimum. Il est aussi possible d'utiliser des traverses de chemin de fer ou des blocs de pierre naturelle. Si la largeur du bassin est inférieure à 3 m, le gué paraîtra incongru, la solution la plus logique étant de contourner le plan d'eau. Dans une pièce d'eau de 4 à 8 m de large, créez un gué tout droit. Au-dessus, un décrochement est possible s'il est motivé par la présence d'un obstacle ou d'une plante.

Le gué doit être stable, large et surtout pas glissant. ▶

▲ Le pas japonais est élégant, mais assez périlleux.

111

en pratique

Réussir votre jardin

LES DALLAGES

Revêtement des allées, des sentiers, des terrasses et des aires dégagées, les dallages peuvent être constitués de matériaux très différents. Choisissez-les en fonction du style de votre maison et du budget dont vous disposez. Recherchez une certaine unité, en évitant de trop mélanger les matériaux.

astuce Truffaut — Le dallage est un investissement important. Rien ne vous oblige à le poser tout de suite. Vous pouvez laisser une chape de béton sur les allées, en attendant de disposer du budget pour daller.

▲ Dalles de pierre naturelle en quartzite jaune.

▲ Les pavés permettent de créer des motifs de toute beauté, comme ici dans le jardin du paysagiste Timothy Vaughan.

Éléments plats et solides de dimensions variables, les dallages peuvent être constitués de matériaux très divers que vous choisirez en fonction de l'aspect final désiré. Un bon conseil au départ : les éléments du dallage ne doivent pas être trop petits pour obtenir un effet aussi décoratif que possible.

La pierre naturelle

C'est le matériau le plus riche pour ce qui concerne la variété des formes, des textures, des couleurs... et des prix. Les pierres les moins chères sont les calcaires, qui, pour les régions aux hivers rigoureux, présentent l'inconvénient d'être gélifs. Les pierres les plus onéreuses sont les quartzites taillées, mais ce sont des matériaux quasiment indestructibles. La pierre naturelle s'intègre parfaitement dans tous les styles de jardins.

◀ La pierre naturelle est élégante et de longue durée.

La pierre reconstituée

Fabriqué à partir de poussières ou de fragments de pierre agglutinés par des résines, ce matériau a fait d'énormes progrès ces dernières années. Certaines fabrications ressemblent à s'y méprendre à des pierres naturelles et se patinent tout aussi bien. Avantages : un prix plus bas, et surtout une régularité d'épaisseur et de dimension des plaques qui facilite énormément la pose.

Les pavés

En quartzite ou en granite, ce sont des blocs pratiquement cubiques. Les pavés anciens polis par le temps font des dallages remarquables dans les jardins ; il est possible de les appareiller dans des motifs très variés. Malheureusement, ces matériaux de récupération coûtent fort cher, à moins de pouvoir les acquérir directement sur un chantier.

112

Les dallages

Les pavés neufs demandent au moins deux ans avant de se ternir et de s'intégrer vraiment bien dans le jardin. Les pavés présentent un avantage : ils ne doivent pas obligatoirement être posés sur du béton. Ils ont une longévité exceptionnelle.

La brique

C'est un matériau très utilisé comme dallage dans le jardin en raison de son prix assez avantageux et de son bel aspect flammé qui s'intègre parfaitement avec une maison moderne ou rustique. Les briques pleines type « brique de Vaugirard », sont les plus utilisées. Elles mesurent 11 x 22,5 x 5,5 cm. Elles permettent de nombreux motifs en chevrons, croisés, en quinconce, etc. Un autre avantage de la brique est sa facilité d'association avec un autre matériau : pierre ou bois pour composer un dallage original.

Le bois

Très à la mode dans les jardins contemporains, ce matériau est sobre et élégant. L'efficacité des traitements antifongiques étant aujourd'hui très bonne, il n'y a plus de problème majeur à utiliser du bois à l'extérieur. Les bois durs exotiques, le pin imprégné à cœur, le bois de coffrage pour le bâtiment résistent au moins 15 à 20 ans aux intempéries. Les dallages en bois sont souvent réservés aux bons bricoleurs car il s'agit d'appareillages sur mesure. L'avantage majeur est de pouvoir lui faire épouser sans problème les formes les plus compliquées.

Le béton

C'est le matériau moderne par excellence, le moins cher aussi. Les dalles de béton peuvent être brutes ou gravillonnées. Dans le premier cas, elles parviennent à se patiner au bout de cinq à six ans pour prendre l'aspect d'une pierre grise, comme du grès. Les dalles en béton existent dans des formes standards, mais il est aussi possible de les couler vous-même dans des moules en bois pour réaliser vos propres créations. Les dalles gravillonnées conviennent surtout aux jardins modernes et aux petites surfaces.
Les pavés autobloquants sont également en béton. Il en existe de formes très différentes et de couleurs variées. C'est une solution économique pour un dallage important.

▶ Le béton gravillonné convient aux petits sentiers.

▼ La brique flammée est à la fois moderne et rustique.

▼ Le bois est idéal dans les jardins contemporains.

▼ Les pavés autobloquants en béton sont faciles à poser.

LA POSE SUR BÉTON

Pour les voies de passage très fréquentées, les terrasses, et toutes les allées où circulent des véhicules, la pose des dalles sur béton est indispensable. Bien posé, un dallage sur béton ne demande aucun entretien et dure plusieurs dizaines d'années.
Commencez par creuser le sol sur une profondeur de 20 à 35 cm selon l'épaisseur de l'assise que vous souhaitez donner. Comblez la fondation avec des gravats, des cailloux, du mâchefer, des briques concassées, etc. Couvrez le tout avec un grillage à béton. Coulez alors un béton liquide composé de 8 brouettes de sable pour un sac de ciment. Lissez grossièrement la surface. Une fois sèche (minimum 48 heures), vous pouvez poser les dalles avec du béton plus gras (5 brouettes de sable pour un sac de ciment). Mouillez bien le sol pour que la prise soit parfaite. Vérifiez souvent le niveau. Faites les joints une semaine plus tard.

▼ Vérifiez le niveau de l'assise.

▼ Scellez les joints pour finir.

Réussir votre jardin

▲ Dans le jardin du paysagiste Timothy Vaughan, un superbe dallage de pierres de Bretagne, appareillées en opus romain.

▲ Un dallage rustique d'ardoises en opus incertum.

◀ L'ardoise Sermone violine en opus rives sciées.

Les appareillages

Le dallage est une véritable mosaïque qui peut prendre des aspects très différents selon la manière dont ses éléments sont disposés. Il n'y a pas de limite à la créativité en matière de dallage puisqu'il est même possible d'associer plusieurs matériaux. Évitez toutefois les motifs trop compliqués, car les dallages doivent toujours rester discrets et donner une impression d'homogénéité. Nous vous conseillons toutefois de ne pas habiller toutes les terrasses et les allées avec le même type de dallage. Vous éviterez ainsi l'uniformité et surtout, vous pourrez créer des compositions de styles différents. Il suffit de faire varier l'appareillage pour qu'un dallage prenne une autre apparence.

L'opus incertum

Il utilise des pierres naturelles de formes et de dimensions différentes. Les bords sont irréguliers et les épaisseurs variables. C'est un des dallages les moins chers, mais il n'est pas très facile à mettre joliment en œuvre. Pour obtenir un aspect esthétique, il est important d'associer en permanence de très grosses dalles à des morceaux de petite taille. Veillez aussi à ce que les joints soient aussi étroits que possible. Sur ce type de dallage, il y a toujours un peu de perte au moment de la pose en raison de la forme disparate des pierres. Commandez une surface de pierres de 10 % supérieure à celle à couvrir.

L'opus rives sciées

C'est une amélioration de la formule précédente. Les dalles sont toujours de dimensions et de formes irrégulières, mais elles ont des bords bien droits. Cela donne des triangles et des trapèzes qui facilitent grandement la pose et surtout la régularité des joints. Les ardoises et les schistes sont le plus souvent présentés ainsi. Il faut disposer d'une tronçonneuse à disque pour retailler les pierres avec régularité en cas de besoin.

L'opus romain

C'est un appareillage de dalles rectangulaires et carrées de dimensions différentes. Cette présentation est proposée avec les pierres naturelles, la pierre reconstituée et même les dalles en béton. Le résultat est beaucoup plus cossu que l'opus incertum, mais le prix de revient au mètre carré peut atteindre le double. Un des gros avantages est de n'avoir à retailler qu'un minimum de pierres. Pour un beau résultat, il faut croiser les joints le plus possible et faire varier les dimensions des blocs. Les joints doivent avoir la même largeur. Pour vous faciliter la tâche, découpez des baguettes de bois de 1 cm de largeur que vous placez entre chaque dalle. Ce type d'appareillage est conseillé pour les grandes terrasses et les allées principales dans les styles classiques et modernes.

Le dallage à l'antique

C'est une variante de l'opus romain, la différence étant l'utilisation de dalles de dimensions presque identiques. Elles sont, en géné-

Les dallages

ral, posées en quinconce avec des joints très étroits ou côte à côte. Pour un bon résultat, il faut obligatoirement utiliser des dalles de grande taille. Le minimum est de 50 cm de côté. En raison du poids important du matériau, on se contente souvent de poser le dallage à l'antique sur du sable et de laisser la mousse ou des pâquerettes s'installer dans les joints. Attention, si vous utilisez de la pierre naturelle, le prix est d'au moins 30 % supérieur à celui de l'opus romain. En revanche, cela ne pose pas de problème avec les dalles de béton. C'est aussi le style le plus approprié pour l'appareillage des dallages en grès vitrifié (carrelages d'extérieur).

Le dallage en bandes

Il s'agit de blocs rectangulaires dont la largeur est constante (15, 30 ou 40 cm), mais la longueur variable (jusqu'à 1 m pour les plus grands). Ce dallage est surtout destiné aux allées secondaires. On le pose en lignes dans le sens du cheminement, ou en bandes transversales. Les joints sont inutiles. Veillez à associer des blocs de longueurs différentes de manière que les lignes de rupture se croisent le plus souvent. C'est beaucoup plus joli une fois mis en place. Le dallage en bandes se pose plutôt sur béton afin d'accroître encore son homogénéité. Il convient parfaitement au style contemporain.

Le pavage

Les pavés sont rarement posés sur béton. L'appareillage le plus simple consiste à les disposer les uns contre les autres en veillant simplement à ce qu'ils soient à peu près de niveau. Mais en raison de leurs dimensions réduites, ils permettent de réaliser toutes sortes de motifs, sorte de dallage mosaïque, toujours très élégant. La pose en « écailles de poisson » ou « queue de paon » est constituée de demi-cercles successifs. Il est aussi possible de réaliser des cercles concentriques et surtout d'associer des éléments de briques ou de bois dans l'appareillage. L'effet est alors très luxueux, mais le prix de revient est à la hauteur du résultat.

Les damiers

Très élégants, ils sont réalisés avec des dalles carrées de dimensions identiques. Il s'agit le plus souvent de dalles en béton ou en grès émaillé. Les joints peuvent être alignés ou croisés pour un aspect beaucoup plus élégant. Ce type de dallage convient aux grandes terrasses, mais il peut aussi être entrepris pour lier des massifs de formes irrégulières. Dans ce cas, on obtient un effet de contraste très intéressant.

Les chevrons

Ce type d'appareillage est surtout employé avec les briques et les pavés autobloquants. Il suffit de partir en oblique et de poser le second élément en angle droit, à la moitié de la longueur du premier. Le seul problème est la nécessité de faire de nombreuses coupes pour obtenir des bordures régulières. Une variante est la disposition en escalier. Il suffit de partir parallèlement à la bordure extérieure et de croiser les briques ou les pavés autobloquants à 90°. Ces appareillages ne sont possibles qu'avec des éléments standardisés de longueur identique. Il est aussi possible de les croiser deux par deux ce qui fait un joli motif ressemblant à un carrelage.

L'aspect chic et très élégant du dallage en bandes. ▶

▲ Des pavés anciens espacés par des joints engazonnés.

▲ Un dallage de quartzite appareillé en opus romain.

LA POSE SUR SABLE

Si la mise en œuvre d'un dallage sur béton vous semble trop compliquée, il est toujours possible de réaliser une pose sur sable. Cette technique concerne uniquement les gros blocs de pierre naturelle d'au moins 3 cm d'épaisseur, les dalles de béton de 40 cm de côté et plus, les pavés et les pavés autobloquants. Il est indispensable que chaque dalle pèse suffisamment lourd pour qu'elle garantisse une certaine stabilité. Vous décaissez le sol sur 25 cm de profondeur et le stabilisez avec un hérisson de gravats de 15 à 18 cm d'épaisseur. Étalez ensuite du sable de carrière sur toute la surface et posez les dalles dessus en veillant à ce qu'elles soient bien de niveau. Utilisez un maillet en bois pour bien les asseoir sur le sol. Les joints peuvent être remplis avec du terreau afin d'y semer du gazon.

▼ Un écartement très régulier.

▼ Ajustez le bon niveau du sable.

Réussir votre jardin

LES MURS ET MURETS

Éléments de soutènement, de renfort ou de clôture, les murs et murets doivent avoir une présence limitée dans le jardin. Trop présents, ils donnent une impression de lourdeur et d'écrasement. Utilisés à bon escient, ils peuvent vite devenir des éléments majeurs de la décoration. Beaucoup de plantes supportent de pousser entre les pierres ce qui permet de fleurir la construction de manière élégante et spectaculaire.

▲ Le muret en pierres sèches à l'ancienne crée une très belle clôture, surtout s'il est fleuri comme ici avec des thlaspis.

astuce Truffaut — Prévoyez un drainage efficace à la base des murets de soutènement. Il faut, en effet, éviter les infiltrations d'eau toujours dangereuses pour la solidité de la construction.

On ne construit jamais un mur dans un jardin pour le plaisir. Sa présence doit être justifiée par une fonction utilitaire, sinon il paraît incongru. Le muret est un artifice idéal pour créer des mouvements de relief dans un terrain plat. Sa présence provoque obligatoirement des décrochements de niveau et c'est l'occasion de composer des plantations originales. Si le muret augmente globalement la valeur ornementale du jardin, il ne faut pas oublier qu'il constitue un investissement financier et qu'il nécessite un certain temps pour sa réalisation.

▌ Le muret de soutien

Il sert dans les terrains en pente à maintenir la terre, en créant une terrasse artificielle et un décrochement plat qui va être utilisé

◀ Un petit muret en traverses de chemin de fer.

comme une terrasse pour circuler ou établir des plantations. Dans le même esprit, le muret de soutènement peut renforcer un talus ou border un remblai. Ces murs de rupture de pente évitent les glissements de terrain. Pour conserver un bon aspect esthétique, ce muret ne doit pas dépasser 2 m de hauteur. Son épaisseur est de 40 cm pour 1 m de hauteur et de 60 cm s'il atteint 2 m. Prévoyez un renfort tous les 80 cm avec un fer à béton piqué verticalement dans la fondation. Il sera intégré dans la construction pour la rigidifier. Ce type de mur est d'abord construit avec des éléments utilisés dans le bâtiment : briques creuses ou parpaings. Il est ensuite habillé d'un parement de pierres ou de briques. Il est aussi possible de le construire entièrement avec des moellons de pierre naturelle appareillés de manière que les joints en béton demeurent invisibles. C'est beau, durable, mais assez cher.

Les murs et murets

Le massif surélevé

Le muret est utilisé ici comme artifice pour créer un effet de relief. C'est aussi un excellent moyen pratique pour composer un massif de plantes de terre de bruyère dans un jardin au sol calcaire. Vous bâtissez un muret de 50 à 80 cm de hauteur selon un tracé établi à l'avance. Il vous suffit ensuite de remplir la partie située en arrière de la construction avec de la terre appropriée à la culture envisagée. Cette technique du massif surélevé, beaucoup utilisée en Angleterre, permet d'augmenter le volume des plantations. Elle est aussi prisée par les personnes âgées ou handicapées qui peuvent plus facilement entretenir les plantations surélevées. Les traverses de chemin de fer, les briques ou la pierre naturelle conviennent idéalement pour cet usage. Pour un bon effet esthétique, un muret de massif surélevé doit avoir une longueur d'au moins dix fois sa hauteur. Par exemple, il mesurera au minimum 5 m de long pour une hauteur de 50 cm. Ménagez des ouvertures tous les 2 m à la base de la construction afin que l'eau puisse s'écouler facilement. Pour éviter que ces barbacanes ne s'obstruent, placez un morceau de gouttière en plastique à l'intérieur.

Réussir la construction

La pose d'un muret est toujours un travail de maçonnerie. Elle commence par une fondation solide, indispensable si le muret dépasse 80 cm de hauteur. Une chape de béton de 15 à 20 cm d'épaisseur, renforcée par des fers à béton, est parfaite. Elle doit être un peu plus large que la mesure définitive du muret. Il ne faut jamais monter un mur dans un plan vertical, mais l'incliner légèrement en arrière. Cette pente appelée « fruit » est idéalement de 10 %, soit un décalage de 10 cm entre le haut et le bas pour un mur de 1 m de hauteur.

Le montage « en pierres sèches », consistant

▶ Un beau muret de pierres, habillé de végétation.

UN MURET FLEURI

Vous pouvez habiller le faîtage du mur avec des plantes à port souple et retombant, mais il est encore plus agréable d'intégrer des fleurs dans le mur lui-même. Pour cela, ménagez des niches de 15 cm de large à divers endroits du mur en « oubliant » une ou deux briques, ou un moellon. Le trou est rempli de bonne terre additionnée d'un peu de corne en poudre, et il n'y a plus qu'à planter.

◀ Pierre de Normandie.

à empiler les blocs les uns sur les autres sans aucun scellement, est limité aux petites constructions de moins de 1 m de hauteur. Il vaut mieux donner l'apparence de la pierre sèche en posant les moellons le long d'un mur en parpaings et en les scellant à l'arrière avec du béton. N'oubliez pas de mouiller le support pour une bonne jonction. Insérez des petits éclats de pierre entre les gros blocs, cela donne un aspect plus rustique à votre appareillage.

▲ Un muret de briques fleuri d'un géranium vivace.

▲ Idéal pour un talus : le muret en éléments préfabriqués.

Réussir votre jardin

LES ESCALIERS

Voies de passage très pratiques dans les jardins en forte pente, les escaliers font aussi partie du décor. Selon les matériaux utilisés, vous pouvez donner un style particulier à la construction et influencer la composition paysagère de l'endroit. Mais pour être réussi, un escalier se doit toujours d'être discret, et bien sûr utile...

astuce Truffaut Un escalier de jardin ne doit pas compter plus d'une douzaine de marches. Si la pente à habiller est très grande, prévoyez un ou deux paliers. Cette zone d'arrêt aura pour largeur, la valeur de trois marches mises bout à bout.

▲ Discret, pratique et rustique, cet escalier est matérialisé par des contremarches en bois et des marches gravillonnées.

Quand la déclivité du terrain dépasse 10 %, il est bon de prévoir un escalier pour circuler plus agréablement dans le jardin. L'escalier se justifie aussi à chaque rupture de pente, due par exemple à la présence d'un muret de soutènement. Un escalier de jardin doit être discret, bien intégré dans la végétation, mais aussi pratique. La bonne proportion des marches est tout aussi importante que le choix du matériau. L'escalier n'a pas besoin de suivre exactement l'inclinaison de la pente. Quand elle est très forte, il est bon de prolonger la longueur de l'escalier à la base. Il est aussi possible de creuser la partie haute et de démarrer l'escalier entre deux murets.

Quelques mesures pratiques

La longueur d'un escalier de jardin doit être de deux à trois fois supérieure à sa hauteur pour éviter qu'il ne soit trop raide. La partie de l'escalier où se pose le pied est la marche ou giron. Sa longueur (ou profondeur) est mesurée dans l'axe du déplacement. Elle doit être comprise entre 30 cm et 45 cm. Certains escaliers de jardin réalisés en pente douce sont composés de marches plus longues. La bonne dimension est plus difficile à calculer, car il faut pouvoir poser le pied dessus, puis faire un pas complet et passer ensuite à l'autre marche. La longueur du pas étant différente en montant ou en descendant, la mesure idéale est située entre 1 m et 1,20 m. Avant de passer à la maçonnerie, faites des essais sur au moins trois marches creusées dans le sol, en empruntant l'escalier dans les deux sens.

La hauteur de chaque marche est appelée la contremarche. Elle doit être régulière et comprise entre 10 cm et 18 cm. Jamais un escalier de jardin ne doit avoir de marches de plus de 20 cm de hauteur. La largeur de l'escalier sera d'au moins 80 cm pour qu'il soit pratique d'y circuler.

◀ Un superbe exemple d'escalier en briques très chic.

Les escaliers

La mise en œuvre

La forme d'un escalier se construit toujours en commençant par la base, en revanche, les contremarches se coulent du haut vers le bas de manière à ne pas risquer de les toucher au cours des travaux. Mesurez la hauteur de la dénivellation. Elle vous donne le nombre de contremarches nécessaires. Pour 90 cm, il vous en faut 6 de 15 cm de hauteur. Si la dimension ne tombe pas juste, « trichez » sur la première et la dernière contremarche. Par exemple pour 1 m, vous en réalisez 6. Quatre de 17 cm et la première et la dernière de 16 cm. En multipliant le nombre de marches par leur longueur vous obtiendrez l'étalement de votre escalier. Attention, il y a toujours une marche de moins que le nombre de contremarches (règle des intervalles). Matérialisez l'emplacement de chaque marche par un cordeau tendu entre deux piquets sur la bonne largeur. Creusez alors le sol en prévoyant une petite rigole de 10 cm de profondeur pour la fondation. Coulez du béton ou montez un petit appareillage de moellons. Dans le cas d'une marche dallée, le niveau supérieur de la contremarche doit se situer à 4 ou 5 cm sous le niveau définitif de manière à prévoir l'épaisseur de la dalle. Laissez bien sécher pendant au moins deux jours, puis habillez les marches comme s'il s'agissait de la pose d'un dallage.

▶ Très rustique, un escalier confectionné avec des troncs.

Les finitions

Il est toujours bon de prévoir une partie dallée sur les parties haute et basse situées avant l'escalier. Cela finit joliment la construction, tout en évitant au sol d'être trop durement piétiné. On utilise en général le même revêtement que les marches, mais ce n'est pas obligatoire. Il est inutile d'habiller les bords des escaliers en pente douce (dont la longueur est supérieure à deux fois et demie la hauteur), les plantations suffisent. En revanche, dès que la déclivité est plus raide, il convient de consolider les côtés avec un muret latéral que l'on appelle le limon. Si vous devez emprunter l'escalier avec une tondeuse ou une brouette, prévoyez une rampe sur le côté. La pente doit être régulière et ne pas excéder 10 %. Le fleurissement de l'escalier se fait sur chaque côté. Il est aussi possible de prévoir des zones non dallées, dans les marches, pour y planter des fleurs.

▼ Ce bel escalier en pierres permet de franchir un talus.

▼ L'association réussie de dalles et de traverses en bois.

UNE CONSTRUCTION FACILE POUR TOUS

La pose d'un escalier de jardin en dur n'est pas à la portée du premier bricoleur venu. En revanche, l'utilisation de rondins de bois, de traverses de chemin de fer ou de morceaux de jeunes troncs d'arbres ne pose guère de problème.
Faites votre calcul du nombre de marches et de leur longueur selon les méthodes expliquées dans cette page. Il suffit ensuite de sculpter le sol à la bêche pour découper la forme de l'escalier. Posez un rondin horizontal à chaque décrochement. Il sera maintenu par des piquets plantés de chaque côté de l'escalier et enfoncés de manière que leur niveau soit légèrement inférieur à celui de la marche. L'avantage est une bonne solidité et une parfaite discrétion. Il suffit de mesurer à chaque fois la largeur de la marche et de scier le rondin à la mesure nécessaire.
Par mesure de précaution, vous pouvez traiter le bois avec un produit fongicide. Mais, si vous utilisez du pin imprégné ou du châtaignier, cette précaution est inutile. La marche sera en terre tassée.

▼ Pose d'un escalier en rondins.

119

en pratique

Réussir votre jardin

TONNELLES ET PERGOLAS

Constructions indispensables des jardins romantiques, tonnelles et pergolas reviennent à la mode car elles créent, à peu de frais, de jolies structures décoratives dans une propriété. Ce sont les supports privilégiés des plantes grimpantes et l'occasion de créer des zones de détente, où il fait bon passer quelques instants à l'ombre.

▲ La pergola trouve aussi un emploi parfait sur les terrasses qu'elle ombrage avec une grande délicatesse.

 astuce Truffaut — Méfiez-vous des plantes trop puissantes comme la glycine ou la bignone qui peuvent tordre ou même casser les montants d'une pergola.

▼ La pergola aux colonnes de pierre est prisée dans le Midi.

▼ Une superbe tonnelle couvertes de roses à l'Haÿ.

Tonnelle et pergola sont deux constructions légères à claire-voie, dont la définition est assez proche. La première est plutôt composée de treillage ou de montants fins en métal. Couverte d'une végétation généreuse, elle forme un berceau qui sert d'abri. La pergola est plus imposante que la tonnelle. Elle est en général réalisée à partir d'éléments en bois, poutrelles et poteaux. Quand la pergola possède des montants en pierre et reprend des motifs architecturaux de l'Antiquité, comme par exemple des colonnes corinthiennes, elle prend le nom de « fabrique ». Ce type de construction était très prisé dans les grands jardins « à l'anglaise » du XIXe siècle.

Une construction de transition

La pergola est presque toujours attenante à un mur en dur. Elle sert souvent de transition entre la maison et le jardin, ombrageant la terrasse dans les régions méditerranéennes, ou est utilisée comme aire de dégagement semi-couverte dans les zones au climat moins clément.
Dans le jardin contemporain, la pergola est aussi utilisée pour accompagner quelques instants le visiteur qui pénètre dans le jardin. La construction est reliée à un portillon qui

Tonnelles et pergolas

matérialise l'entrée piétonne de la propriété. Élégante et accueillante, la pergola est une marque de raffinement qui peut être renforcée par la présence d'une liane parfumée. En passant dessous, on éprouve immédiatement un sentiment de bien-être et on a envie de pénétrer plus avant dans le jardin.

Le jardin secret

La tonnelle a presque toujours une présence architecturale moins forte que la pergola. Tout simplement parce que ses montants sont d'un faible diamètre. Sans une couverture végétale, l'œil la traverse sans s'y arrêter. C'est pourquoi la tonnelle est le plus souvent installée hors des axes principaux. On la repousse dans les angles du jardin ou à l'extrémité des allées. Elle devient alors un petit observatoire secret où l'on peut contempler tout le jardin sans être vu.

Dans les petits jardins, une tonnelle peut remplacer la pergola pour créer une arche de verdure. Ses montants plus étroits donnent une plus grande impression de légèreté à la construction. L'intégration sur le plan visuel est plus facile, car les volumes semblent moins écrasés par la structure métallique.

Les tonnelles peuvent être de véritables œuvres d'artisanat de ferronnerie. Les motifs les plus fantaisistes sont possibles. Nous vous invitons toutefois à jouer la simplicité pour une meilleure association avec le décor végétal. Il existe aussi des tonnelles proposées en dimensions standards. Certaines sont de simples arches métalliques, idéales pour jouer les supports des petites plantes grimpantes. D'autres peuvent être habillées d'une toile démontable pour se transformer en petit kiosque ombragé.

Quelques conseils pratiques

Pour avoir une apparence agréable et bien équilibrée, une pergola ne doit pas être construite avec des montants verticaux trop gros. Une section de 10 cm est suffisante. La hauteur de la pergola doit être comprise entre 2,50 m et 3 m. Plus haute, elle donnera une impression trop monumentale. Pour éviter que les supports horizontaux ne soient trop massifs, l'écartement entre les poteaux ne doit pas excéder 3 m. Des fermes destinées aux charpentes conviennent bien. Utilisez pour le « toit » des chevrons de 20 cm de large et de 5 cm d'épaisseur.

L'ENTRETIEN DE LA PERGOLA

Si la pergola est fabriquée en bois traité avec une finition naturelle, il n'y a pratiquement pas d'entretien à prévoir. Le passage de deux couches de lasure incolore une fois tous les deux ou trois ans est toutefois conseillé. Le produit renforce la protection du bois contre les agressions extérieures. Les modèles couverts d'une peinture s'écaillent après quatre ou cinq ans. Il faut alors les poncer et les repeindre entièrement. C'est indispensable car la peinture joue souvent un rôle imperméabilisant pour le bois. Les tonnelles métalliques conservent leur peinture une dizaine d'années. Leur rénovation passe obligatoirement par un ponçage. Vérifiez chaque année la bonne solidité du scellement et de la visserie. En fin de saison, nettoyez les plantes grimpantes et taillez les rameaux trop longs. Vérifiez avec soin que des pousses trop vigoureuses ne soient pas parvenues à tordre ou abîmer les montants de la construction.

Un support isolant. ▶

▼ Très originale, la tonnelle couverte de cytises.

▼ Il existe des modèles de tonnelles et d'arceaux métalliques préfabriqués tout à fait adaptés aux petits jardins.

en pratique

Réussir votre jardin

CLÔTURES ET PORTAILS

▲ Généreusement fleurie d'impatiens et d'hibiscus, cette barrière toute simple prend un aspect accueillant. La clôture qui disparaît en partie dans la végétation semble plus discrète.

Matérialisation de la propriété, la clôture assure une protection contre les intrus. Elle doit aussi être décorative pour souligner en beauté les contours du jardin.

astuce Truffaut Avant de monter votre clôture, informez-vous à la mairie pour savoir s'il est nécessaire de faire une demande de permis de construire.

À observer les constructions disparates qui fleurissent dans les banlieues, on pourrait dire que la clôture est un mal nécessaire dans une propriété individuelle. Phénomène typiquement français, la clôture est la matérialisation du célèbre adage : « pour vivre heureux, vivons caché ». Les pays anglo-saxons et scandinaves ignorent presque la clôture. Quand ils s'en servent, c'est avec un sens des proportions, du style et de l'harmonie qui laisse souvent pantois.

Quelques règles de base

Une clôture ne doit pas transformer votre petit domaine en camp retranché. Même si l'opinion des passants vous importe peu, il est vrai que la vision extérieure que l'on a d'une propriété a tendance à exprimer le caractère de ses habitants. Il faut également tenir compte de l'environnement en essayant

d'intégrer la construction avec le style régional et les bâtiments alentour. La clôture doit aussi être proportionnée avec les dimensions de votre propriété et l'apparence de la maison. Par exemple une balustrade en pierre de style florentin paraîtra complètement incongrue à côté d'un pavillon de banlieue. Pour éviter toute faute de goût, essayez de retrouver dans la clôture un élément de la maison. Par exemple si les rebords de fenêtre sont en brique, vous pouvez faire un muret dans ce matériau. Si les linteaux de fenêtre sont en poutre de chêne, utilisez du bois de même couleur. Si la maison est construite en pierres apparentes, retrouvez-les dans la clôture. Dans tous les cas, optez pour la légèreté. La clôture souligne les contours du jardin. C'est une bordure élégante, comme le cadre d'un joli tableau. Limitez par conséquent sa hauteur et son ampleur, et même si vous souhaitez être complètement abrité d'un environnement hostile ou peu attractif, ne dépassez pas 1,50 m de hauteur dans la par-

◀ Le fer forgé, assez rigide, convient au style classique.

Clôtures et portails

tie construite. Il vous suffira de la doubler d'une haie pour oublier les bruits de la ville ou le voisinage indésirable. Attention à l'uniformité. Il suffit d'un décrochement, d'une niche, d'un décalage de hauteur, voire d'un ornement (objet décoratif sur le faîtage d'un mur, treillage, œil-de-bœuf, etc.) pour que la clôture prenne un visage plus accueillant.

Le choix des matériaux

Tous les éléments de construction peuvent être utilisés pour réaliser une clôture. On construit un muret de 50 cm à 1 m de hauteur, sur lequel vient se fixer une barrière ou une grille. Ces dernières sont proposées en dimensions standards par des fabricants spécialisés, ou même dans les jardineries.

Le bois

C'est le matériau traditionnel par excellence. Il peut prendre toutes les formes, toutes les couleurs et toutes les dimensions. On l'utilise souvent à la campagne pour les barrières rustiques. Il s'accommode aussi très bien des pavillons modernes. Il faut préférer le bois naturel teinté par un lasure au bois peint. En effet, ce dernier s'écaille assez vite et nécessite un entretien plus contraignant. Sur une clôture en bois naturel traité, il suffit de repasser deux couches de produit tous les quatre à cinq ans. Sur une clôture peinte, comptez la même fréquence d'intervention, mais avec en prime un ponçage complet.

Le plastique

Très en vogue, il offre l'avantage de ne nécessiter aucun entretien. Le matériau est le plus souvent du PVC extrudé blanc ou blanc cassé, teinté dans la masse. La clôture plastique se marie bien avec les petits pavillons à l'architecture simple. Elle peut être associée à un mur crépi, à un soutènement en pierres reconstituées ou même à des briques. Le matériau a tendance à ternir avec le temps ce qui rend son apparence moins artificielle. Un simple brossage avec une éponge humide ou l'utilisation d'un nettoyeur haute pression suffit à son entretien. Le seul défaut majeur est le manque de rigidité ce qui limite les hauteurs et son efficacité protectrice.

Le fer forgé

Assez triste chez la plupart des modèles industrialisés, ce matériau est utilisé artisanalement pour les grandes grilles. Il est possible d'obtenir de très jolies choses en y mettant le prix. Les grilles en fer forgé s'associent bien avec les murets en briques pour les maisons de caractère. Côté entretien, il faut prévoir un ponçage complet, un traitement antirouille et une peinture tous les dix ans.

Le grillage

Pratique, rapide à installer, assez bon marché, c'est le moins esthétique des matériaux, même si de gros progrès ont été faits dans ce domaine. Il faut le réserver à l'entourage des côtés de la propriété et l'habiller tout de suite avec de jolies plantes grimpantes.

▲ Une jolie barrière rustique en bois traité à cœur.

▲ Élégante, exotique et discrète : la clôture en bambous.

▲ Beauté nature : la clôture en cannes de Provence.

OCCULTATION ET BRISE-VENT

Le rôle de la clôture est aussi de se mettre à l'abri des regards indiscrets. Il suffit souvent de la doubler d'une haie pour se retrouver derrière un rempart de verdure à la fois efficace et agréable. Toutefois, dans les petits jardins et sur les balcons, le manque de place limite l'usage de la haie. Il est alors possible d'utiliser des canisses, des claies ou des grillages d'occultation en plastique dont les mailles fines laissent passer la lumière mais coupent la vue. Il existe aussi des modèles assez sophistiqués dont le rôle de brise-vent est très efficace. On ne peut pas dire que ces accessoires soient vraiment élégants. C'est pourquoi, il faut toujours les habiller d'une jolie grimpante annuelle comme un pois de senteur ou une cobée, ou bien les doubler avec des arbustes.

Escallonia et grillage brise-vent. ▶

123

Réussir votre jardin

▲ Les clôtures basses en bois ajouré peuvent être utilisées à l'intérieur du jardin pour séparer des zones distinctes.

▲ Un mignon portillon en fer forgé à l'entrée du jardin.

Les portails

Véritables portes d'entrée sur le jardin, ce sont des ouvertures logiques dans une clôture. On pose le plus souvent un portail principal à deux ventaux de 3 à 3,50 m de largeur pour l'entrée de la voiture. Il peut être complété par un portillon de 1 à 1,30 m de largeur correspondant à l'entrée des piétons. Portails et portillons gagnent à être posés en retrait de la clôture ou de façon désaxée. Ils créent ainsi une rupture agréable dans la construction. Veillez toutefois à vérifier que l'orientation du portail pour les voitures est logique par rapport à l'axe de la voie publique. Il faut pouvoir sortir facilement de la propriété tout en ayant une bonne visibilité sur les deux côtés de la route. Sur le plan esthétique, le portail se trouve dans les mêmes conditions qu'une fenêtre par rapport à la façade de la maison. Ses dimensions doivent être en proportions harmonieuses avec le reste de la construction. Le maximum acceptable est un tiers de la longueur de la clôture. Si vous avez une toute petite façade, il faudra vous résoudre à un portail de dimensions réduites ou utiliser un modèle qui s'intègre complément dans la clôture. C'est le cas par exemple des barrières métalliques avec ouverture à glissière.

Les claustras

Il s'agit de clôtures ajourées modulables par panneaux que l'on utilise surtout pour la décoration intérieure du jardin. Les claustras sont aussi très employés sur les terrasses ou les grands balcons. En fait, le claustra est comme une cloison dans le jardin. Il sépare, mais n'obstrue pas. Le regard doit pouvoir le traverser. On l'utilise souvent comme support pour les plantes grimpantes. Attention, il ne convient qu'aux espèces de vigueur moyenne comme les clématites à grandes fleurs, les rosiers grimpants modernes ou les lianes annuelles (pois de senteur, mina, cobée, capucine, etc.).

◀ Avant d'entrer au potager, ouvrez le portillon en bois.

Clôtures et portails

Les accessoires pratiques

Une clôture est toujours complétée par quelques accessoires bien utiles. Elle doit indiquer le numéro de votre adresse de façon bien visible. Vous pouvez y ajouter le nom de la propriété, en évitant si possible les banalités du genre : « do mi si la do ré » et les caractères trop fantaisistes difficiles à lire.
Une boîte aux lettres est indispensable. Attention, les PTT exigent aujourd'hui des dimensions standards. Renseignez-vous à la poste. Il existe des boîtes aux lettres encastrables dans les pilastres du portail ou des modèles entièrement apparents. Ces derniers peuvent être plus discrets s'ils sont partiellement intégrés à la végétation.
Une sonnette est très utile. Il faut la relier à un système d'interphone si vous ne pouvez voir l'entrée de la propriété depuis la maison. Il existe aussi des portiers vidéo très pratiques qui vous permettent de voir votre interlocuteur tout en parlant avec lui. Dans ce cas, le dispositif d'ouverture du portail se fait depuis la maison, grâce à un système de gâche électrique ou par une commande à rayons infrarouges. Veillez à bien intégrer ces accessoires dans les pilastres du portail ou le mur de la clôture afin de dissuader toute velléité de vandalisme.

La sécurité

Même s'il est plus efficace de défendre la maison contre le vol par des systèmes placés à l'intérieur, il est prudent de protéger votre propriété par des moyens de prévention ou d'alerte contre les éventuelles intrusions. Les barbelés, les grilles à pointes, les tessons de bouteille placés sur la clôture donnent une allure de camp militaire trop décevante. Attention aussi à ces signes de protection trop visibles. Ils peuvent avoir un effet inverse en attirant les maraudeurs qui suspectent qu'une propriété si bien défendue recèle de nombreux trésors.
Le système de portier vidéo que nous avons évoqué dans le paragraphe précédent est sans doute la solution la plus commode et la plus fiable. Vous pouvez le coupler avec un système d'éclairage automatique du jardin et de la porte d'entrée. Il est déclenché par le simple passage devant une cellule photo-électrique. L'effet de surprise est total et très dissuasif vis-à-vis des intrus. Le système doit être placé à 1 m du sol, afin que les chats errants ou votre chien ne provoquent pas sa mise en route à tout instant.
Sachez enfin que si vous avez posé des pièges dans votre propriété, il faudra en signaler l'existence par des panneaux bien visibles.

▲ Une belle arche en pierre signale l'entrée de ce jardin.

▲ Une bonne idée : la boîte aux lettres habillée d'ipomées.

▲ Un claustra en panneaux de sapin avec un joli rosier.

LA LÉGISLATION

Les problèmes de voisinage constituent la majorité des plaintes traitées en France par les tribunaux. La législation est pourtant claire. Tout propriétaire peut clore son héritage, sauf servitude de passage (article 647 du Code rural). Dans les villes et les campagnes, tout mur servant de séparation entre bâtiments (jusqu'à l'héberge), et entre cour et jardin, est présumé mitoyen s'il n'y a titre ou marque du contraire. (article 653). Toute clôture est réputée mitoyenne s'il n'y a titre, prescription ou marque du contraire (article 666). La clôture mitoyenne doit être entretenue à frais communs, mais le voisin peut se soustraire à ses obligations en renonçant à la mitoyenneté (article 667). La distance légale de plantation des arbustes ne dépassant pas 2 m de haut est de 50 cm de la limite séparative des deux propriétés. Pour les espèces dépassant 2 m, la distance minimum entre deux propriétés est de 2 m, sauf règlements particuliers et usages reconnus (article 671). Viennent ensuite de nombreuses réglementations locales ou des usages connus. Un permis de construire est presque toujours exigé pour les clôtures de 2 m de hauteur et plus. Attention aussi aux zones classées par les Monuments historiques, où les contraintes sont toujours assez fortes. Si votre portail débouche sur la voie publique, il doit s'ouvrir vers l'intérieur de la propriété. La clôture est la matérialisation officielle des limites d'une propriété privée. Son franchissement constitue un délit.

▼ 50 cm au moins pour les arbustes.

▼ 2 m de distance pour les arbres.

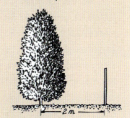

125

Réussir votre jardin

LES ABRIS DE JARDIN

La petite maison des outils est souvent l'endroit le plus secret du jardinier. On y range en priorité les outils et les produits, mais c'est aussi un lieu de stockage dans un capharnaüm d'accessoires et de gadgets. L'abri de jardin peut devenir le lieu privilégié de vos expériences et de vos projets, car c'est un havre de tranquillité.

▲ L'abri de jardin trouve un emplacement logique dans le potager, lieu d'utilisation important et fréquent des outils.

astuce Truffaut — Veillez à ce que l'accès à l'abri de jardin soit bien dégagé et relié par une allée d'au moins 1,50 m de large. Il faut également prévoir une aire bien plane et nue devant l'entrée.

L'abri de jardin est la version contemporaine et populaire des « dépendances » que l'on trouvait jadis dans les grandes propriétés. Beaucoup lui donnent le nom de cabane du jardinier ou de cabanon. Ce peut être aussi un appentis, un chalet, un bungalow ou une maisonnette. En fait la dénomination dépend surtout de l'usage qu'on en fait. Chalet, bungalow et maisonnette ont pour vocation l'habitat temporaire. Ils sont assez vastes, confortables, bien équipés, et très utilisés dans les jardins de week-end.

L'abri de jardin classique est une construction démontable proposée en kit. C'est la maison des outils, le lieu de stockage des produits et des terreaux. En bois ou en métal, l'abri de jardin mesure au minimum 1,80 m de côté à la base et 2,10 m de hauteur. Sachez qu'on a toujours tendance à voir trop petit en matière d'abri de jardin. Il ne suffit pas de pouvoir y mettre des outils, encore faut-il y avoir accès avec un minimum de confort. Si vous êtes obligé de vous glisser entre la bêche et le râteau en vous contorsionnant pour attraper le sécateur ou la scie égoïne, vous oublierez très vite d'utiliser l'abri de jardin. Pensez aussi aux dimensions de la porte. Sur beaucoup de modèles préfabriqués, la hauteur de l'ouverture principale est de 1,80 m environ. Cela peut s'avérer un peu juste pour les personnes de grande taille. La largeur compte aussi. Pour ranger une tondeuse, il faut une ouverture d'au moins 1 m de large, sinon c'est peu pratique.

LES KIOSQUES

Défini comme « un pavillon ouvert de tous côtés, dont la toiture est portée par des piliers », le kiosque a connu une grande vogue dans les jardins anglais au milieu du XVIIIe siècle. On lui donnait souvent à l'époque un aspect exotique avec un toit en forme de pagode, ou antique avec des colonnes corinthiennes en guise de piliers. Aujourd'hui, le kiosque revient à la mode, mais dans une forme plus édulcorée. On utilise souvent le fer forgé pour les montants et du bois ou du papier bitumé pour la toiture. Un kiosque est très décoratif, à condition d'être situé dans un endroit dégagé qui permette d'en apprécier la silhouette de loin. On le place souvent sur une position surélevée de manière à pouvoir bénéficier d'une vue panoramique sur tout le jardin. C'est aussi un lieu privilégié pour l'observation d'une pièce d'eau. Dans tous les cas, cette construction ne peut concerner les petits jardins. Dans les superficies réduites, il faut placer le kiosque au bout du jardin, de préférence à l'extrémité d'une allée rectiligne pour accroître l'effet de perspective. Le kiosque peut servir de coin repas en plein air. Il doit être installé près de la maison, ou être accessible par une large allée sur laquelle on peut pousser une desserte à roulettes.

▼ Un kiosque invite à la détente.

126

Les abris de jardin

Le choix de l'emplacement

Le lieu d'installation de l'abri de jardin doit répondre à des considérations pratiques. Il doit être d'un accès aisé, toujours sur terrain plat. Il faut prévoir une zone dégagée de 2 m au moins devant la porte, ce qui permet une bonne aisance de mouvement avec les grands outils, la brouette, la tondeuse ou le motoculteur. Cet endroit doit être dallé, de manière à pouvoir l'emprunter par tous les temps, sans se salir. Selon l'aspect extérieur de la construction, vous chercherez à la dissimuler plus ou moins dans la végétation environnante. Vous pouvez l'habiller extérieurement avec du treillage pour que s'y accroche une plante grimpante. En raison du bruit désagréable fait par les gouttes de pluie sur les abris métalliques, il est bon de prévoir une couverture végétale complète de la construction. Un *Polygonum baldschuanicum*, un chèvrefeuille ou une aristoloche ont la vigueur nécessaire. Pensez aussi à agrémenter les environs immédiats avec de jolies potées, un massif de fleurs à couper, des plantes condimentaires, etc.

Des accessoires utiles

Pour que l'abri de jardin remplisse complètement son rôle utilitaire prévoyez un aménagement minimum à l'intérieur. Une fenêtre au moins est indispensable pour aérer et apporter un peu de lumière dans la journée. Il est bon de prévoir une arrivée électrique avec un éclairage intérieur, mais aussi une ou deux prises de courant. Cela vous permettra de brancher un taille-haies ou un coupe-bordures et de permettre la recharge des outils fonctionnant sur une batterie.
Une ou deux étagères sont utiles dans l'abri de jardin. S'il n'y a rien de prévu par le fabricant, utilisez les étagères en fer forgé que l'on trouve maintenant dans le commerce. Les modèles d'angles sont particulièrement bien adaptés à un abri de jardin. Il serait souhaitable de prévoir une tablette repliable. Elle vous servira pour les rempotages ou les préparations de traitements. Pensez aussi à installer des crochets à l'arrière de la porte. Vous y placerez les gants, le tablier, et autres vêtements de travail.

Un point d'eau est indispensable au voisinage de l'abri de jardin. Il permet de brancher un tuyau d'arrosage, de remplir un arrosoir, de nettoyer les outils et les bottes, de rincer le pulvérisateur, etc. Pour une bonne esthétique, il existe des fontaines en fonte qui peuvent être adossées à l'angle de l'abri de jardin. Prévoyez un système d'évacuation des eaux usées. Une grille pour le nettoyage des chaussures et un tire-bottes font aussi partie des accessoires indispensables.

La maison des enfants

Une petite cabane est le refuge secret des enfants. Ils adorent jouer entre eux dans ce lieu intime, hors de la surveillance des parents. Il existe de nombreux modèles préfabriqués dans le commerce. Les plus décoratifs sont en bois, les plus pratiques en plastique. Placez-les au milieu d'une végétation très généreuse, ne comprenant aucune plante toxique ou épineuse. Attention aussi aux espèces dont les fleurs ou les fruits attirent les abeilles et les guêpes. Choisissez un endroit désaxé par rapport à la maison, mais visible depuis la pièce où vous passez le plus de temps (cuisine ou séjour). Un bac à sable est un accessoire très prisé et sans danger.

▼ Certains modèles prennent l'aspect de maisonnettes.

UN RANGEMENT BIEN ORDONNÉ

▲ Le stockage des outils.

L'abri de jardin est souvent utilisé pour entasser la panoplie du jardinier, sans aucun souci de mise en place pratique et logique des outils. Il n'est pas toujours facile de retrouver celui dont on a besoin dans l'immédiat. Pour remédier à ce problème, il suffit d'installer des porte-outils sur les murs et des panneaux de rangement indiquant avec précision le nom de chaque type d'accessoire sous son emplacement. Pour un accès rapide à l'outillage de base, celui-ci doit être placé au milieu de l'abri de jardin. L'équipement utilisé ponctuellement ou épisodiquement sera rangé dans les angles. Pensez aussi à utiliser des étagères de manière à mieux mettre en évidence les différents objets.

▼ Un auvent permet de lier la construction aux plantations.

▼ L'abri de jardin peut être vitré s'il sert de coin repos.

127

en pratique

Réussir votre jardin

LE COIN REPOS

Le jardin moderne n'est plus un lieu de labeur. Les produits, les techniques, les outils ont évolué pour permettre au jardinier de profiter de ses plantations. Le jardin d'aujourd'hui se pare de bancs, de hamacs, de parasols, et de salons de jardin pour passer de bons moments de détente en plein air... Ces éléments font aussi partie du décor, choisissez-les avec soin.

▲ Le coin repos n'a pas besoin d'être sophistiqué, comme ici ce salon de jardin à l'ombre d'un *Cotinus coggygria*.

 astuce Truffaut Si vous disposez de peu de place, achetez plutôt des meubles pliants. Ils pourront être rangés sans occuper trop de volume, dès que vous n'en aurez plus besoin.

Dès que les beaux jours arrivent, un des grands plaisirs du jardin est de s'installer dehors à contempler les fleurs et les plantes, à voir voleter les insectes et les oiseaux et à se laisser dorer par les rayons du soleil. Un jardin bien aménagé doit toujours prévoir des zones de repos et de détente.

L'emplacement privilégié est la terrasse située dans le prolongement de la maison. C'est en général une grande aire dégagée qui permet d'installer sans problème le salon de jardin avec table, fauteuils et même chaises longues. Si vous êtes l'heureux propriétaire d'une piscine, vous aménagerez ses alentours en coin repos, avec parasols et chaises longues. Pensez aussi à ponctuer ici et là le cheminement dans le jardin d'un banc, afin de mieux profiter des plus belles plantations.

▼ Il existe de nombreux accessoires de confort destinés au coin détente et adaptables à tous les styles de jardins.

LE COIN BARBECUE

▲ Barbecue en briques.

Saine, agréable et conviviale, la cuisine en plein air est un plaisir au jardin. Aménagez le coin barbecue près de la maison, en l'intégrant à la terrasse pour un accès facile. Plantez autour du barbecue des buissons décoratifs et des espèces aromatiques. Vous le protégerez contre le vent, tout en respectant le décor.

128

Le coin repos

Le mobilier de plein air

Les meubles de jardin sont fabriqués dans quatre matériaux principaux : le bois, la résine, le métal et la pierre reconstituée ; chacun convient à certains styles de jardins.

Le bois

Idéal pour donner un aspect cossu au décor, très facile à intégrer parmi les plantations, agréable au toucher et confortable, il est travaillé dans des lignes sobres et plaisantes. Les qualités sont très différentes, et il ne faut pas hésiter à choisir du mobilier haut de gamme assez onéreux pour ne pas être déçu. Il faut distinguer les meubles peints de ceux en finition naturelle. Dans le premier cas, le seul avantage est de pouvoir personnaliser la couleur de son mobilier. Les teintes vert sombre ou bleu foncé sont les plus appréciées. Les meubles standards peints en blanc sont rarement d'une qualité durable. Le défaut est la nécessité de rénover le mobilier tous les cinq à sept ans quand le revêtement coloré est écaillé. Les meubles en finition naturelle sont le plus souvent en teck, en red cedar (un genévrier d'Amérique) ou en pin traité par imprégnation à cœur. Ils ne demandent pas d'entretien, présentant seulement le défaut de ternir avec le temps, mais cette teinte un peu grise s'harmonise parfaitement à l'ambiance d'un jardin.

La résine

On l'appelle vulgairement « plastique », mais c'est faire fi du travail qualitatif réalisé par bon nombre de grandes marques. On trouve bien sûr des meubles de jardin synthétiques de très bas de gamme, mais aussi des résines superbes, épaisses, homogènes, d'une parfaite finition. Ce matériau a remplacé presque partout le bois peint en blanc. Il en a l'aspect, mais pas les inconvénients. Les meubles en résine ne nécessitent aucun entretien, si ce n'est un dépoussiérage de temps en temps avec une éponge humide. Un bon matériau pour les jardins modernes, les terrasses et le bord des piscines.

> **L'AIRE DE JEUX**
>
> Si vous avez de jeunes enfants, pensez à leur aménager un coin spécifique. Bien niché dans la verdure, il sera aussi discret que possible afin de ne pas jurer dans le décor du jardin. Des plantations denses de végétaux non toxiques, sans épines et qui n'attirent pas les insectes permettent de créer un microclimat à l'abri du vent. Le sol doit être laissé en gazon rustique supportant le piétinement. Un portique avec balançoire, un bac à sable, une table de ping-pong, un jeu de boules ou de croquet sont les plus appréciés.

▲ Un portique en bois où s'accroche une balançoire pour le plaisir des enfants.

Le métal

Du fer forgé à l'aluminium laqué en passant par la fonte, on dispose de beaucoup de choix dans ce matériau. Les meubles métalliques reprennent souvent le style « années 30 » des bistrots parisiens ou des sièges que l'on trouvait dans les squares. On trouve aussi des modèles aux lignes épurées très contemporaines. L'avantage est un aspect agréable et une bonne tenue dans le temps si le matériau a subi un traitement protecteur soigné. C'est l'idéal pour les petites surfaces en raison de la légèreté des montants des chaises et des tables. La peinture doit être refaite tous les cinq à sept ans.

La pierre reconstituée

Elle reprend souvent des motifs Renaissance et donne un aspect assez pompeux au mobilier. Son avantage majeur est son exceptionnelle durée dans le temps et l'absence totale d'entretien. En revanche, le poids est considérable et le toucher plutôt froid et rugueux.

Hamacs et parasols

Ce sont les éléments passe-partout de la détente au jardin. Les hamacs s'accrochent dans les arbres entre deux branches fourchues ou bien sont montés sur un support métallique. Ils sont très confortables quand on est installé dedans, mais gare à leur instabilité chronique ! Les parasols peuvent être pliants et fixés sur des supports lestés. On apprécie de plus en plus les très grands modèles dont la structure en bois est vraiment décorative. Imputrescibles, ils restent installés dans le jardin tout l'été.

▲ Un banc niché parmi les fleurs fait une halte agréable.

Un coin détente joliment aménagé parmi les plantes. ▶

Réussir votre jardin

LES OBJETS DÉCORATIFS

▲ Une statue émerge d'un bouquet parfumé de seringat.

▲ Le cadran solaire a perdu sa vocation utilitaire pour devenir décoratif. Ici, il est accompagné de lis et de rosiers 'Iceberg'.

La personnalisation d'un jardin ne se fait pas seulement à travers le choix des végétaux et les lignes du tracé. Des objets utilisés à bon escient donnent du cachet et du raffinement au décor.

 astuce Truffaut Attention à ne pas transformer votre jardin en musée ! Mieux vaut un seul et bel objet bien mis en valeur, plutôt qu'une foule de babioles disparates qui frisent vite le mauvais goût.

◄ Les figurines d'animaux en bronze sont à la mode.

Dans l'expression « décoration du jardin », il y a une notion d'embellissement, puisque l'action de décorer consiste à placer dans un endroit les éléments qui le rendront esthétique. Mais le problème est de bien cerner la définition d'esthétique. Le dictionnaire dit : « ce qui a rapport à la perception du beau, et qui se remarque par sa grâce et son élégance ». Il s'agit forcément d'une appréciation personnelle, de l'expression d'un sentiment. Par conséquent, ce qui séduit les uns pourra déplaire aux autres et vice versa. Il est toujours difficile de parler du bon goût, car, ainsi que le dit la sagesse populaire : « les goûts et les couleurs, cela ne se discute pas ». Dans le jardin pourtant, il y a quelques règles à respecter. Les proportions, les harmonies, les nuances sont données par la nature elle-même qui ne crée jamais rien d'incongru ou de choquant. Si vous utilisez des matériaux naturels, vous avez peu de risque de commettre une erreur. Si les ornements de jardin que vous choisissez sont en harmonie de matériaux avec la maison et en respectant le style, tout ira bien. L'important est qu'il se dégage une impression d'authenticité. Enfin, sachez qu'un objet de décoration n'est fait que pour mettre son environnement en valeur. Il n'a pas pour but d'être le pôle d'attraction, sinon dans un contexte bien précis et limité.

Les statues

Qu'il s'agisse d'originaux ou de copies, ce sont des objets d'art qui ne souffrent pas la médiocrité. Attention aux sujets trop vulgaires, aux mauvaises imitations et aux matériaux artificiels. Une belle statue doit donner l'impression d'avoir traversé le temps ou de pouvoir lui résister. Elle prend de la patine au fil des ans. Son rôle est de créer un élément de surprise ou d'animation dans le jardin. Elle peut être l'aboutissement d'un petit sentier, on peut la découvrir nichée au milieu d'une haie ou émergeant d'un massif de fleurs. En aucun cas, elle ne doit dominer et attirer l'œil de manière excessive. Le comble du raffinement est de la laisser se deviner doucement au fil de la promenade.

Les objets décoratifs

Les cadrans solaires

Destinés autrefois à donner l'heure, par l'ombre que projette le soleil sur un style métallique, le cadran solaire est devenu un objet purement décoratif. Il est divisé en vingt-quatre segments de 15° représentant chacun une heure. Les cadrans solaires de jardin sont toujours portés par une colonne d'environ 1 m de hauteur. Ils se placent dans un endroit dégagé, ou du moins dont la végétation est de hauteur inférieure.

Les puits

Encore très utilisés à des fins pratiques pour l'arrosage des jardins, on leur offre aussi une fonction décorative liée à l'habillage de la margelle et de la potence avec des plantes, souvent des lierres ou des rosiers anciens. On trouve dans les brocantes spécialisées de beaux puits anciens en pierre qui peuvent devenir des décors superbes dans un jardin. Même s'ils ne sont plus employés, les puits doivent conserver leur authenticité. Vous pouvez poser des poteries fleuries sur les rebords de la margelle, mais ne plantez pas la partie centrale qui doit rester dégagée, et laisser supposer la présence de l'eau.

Un vieux puits est décoratif dans un jardin rural. ▶

Les fontaines

Associées aux bassins, ce sont des éléments utiles pour la mise en mouvement de l'eau. Elles prennent l'apparence de statues ou d'objets divers en pierre ou en poterie. Il existe des fontaines autonomes qui peuvent être placées au point de jonction de plusieurs allées, au milieu d'un patio, ou intégrées à une haie. Il suffit de disposer d'un système d'alimentation électrique pour actionner une petite pompe immergée dans le bassin de la fontaine.

Les poteries

On a l'habitude de les employer comme récipients. Elles font aussi de très beaux ornements quand elles se parent de guirlandes et de motifs divers. Les plus grandes jarres n'ont pas besoin d'être plantées. Leur seule présence est déjà décorative par la texture du matériau et la forme de l'objet. Dans les régions aux hivers rigoureux, méfiez-vous des risques d'éclatement de la terre cuite si elle est poreuse. Une protection avec un voile d'hivernage est conseillée.

▼ Une jolie fontaine en poterie dans un petit bassin.

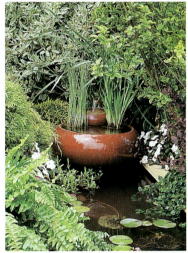

▼ Une simple jarre suffit à créer une ambiance.

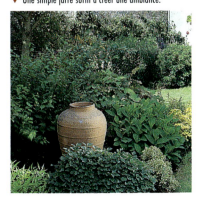

L'ÉCLAIRAGE DU JARDIN

Pouvoir illuminer certaines parties du jardin durant la nuit répond à des critères pratiques et esthétiques. Il est important de matérialiser l'entrée du jardin et la porte d'accès à la maison et au garage. Il convient également de signaler la présence d'obstacles (escaliers, murets, décrochements, rochers, etc.) ou d'éléments dangereux (piscine, bassin, plante épineuse). Les systèmes d'éclairage d'extérieur sont plus sûrs quand ils fonctionnent en basse tension (24 V). Mais pour créer des effets de lumière, il faudra faire appel à des installations puissantes qui nécessitent une mise en place, par des spécialistes, pour respecter les normes de sécurité en vigueur et obtenir l'agrément de l'administration. Les lampes à incandescence qui produisent une lumière jaune conviennent bien pour les massifs et les éléments construits. Pour éclairer un arbre, prévoyez deux projecteurs de 100 W avec lampe à iode, éclairant de bas en haut. Pour mettre en valeur les conifères, on utilise plutôt des lampes à vapeur de mercure de 50 W. L'éclairage du jardin peut être automatisé par des programmateurs ou des cellules photoélectriques qui se déclenchent quand elles détectent un mouvement.

▼ Une belle ambiance nocturne.

131

en pratique

Réussir votre jardin

MASSIFS ET PLATES-BANDES

▲ Un massif de vivaces très réussi avec œillets, benoîtes, crambes, sauges, delphiniums, baptisias, etc. On l'appelle « mixed-border » quand les plantes se mêlent dans un désordre calculé.

Essentiels dans la composition d'un jardin, les massifs associent des plantes selon les couleurs, les hauteurs, les formes et les textures des différentes espèces qui les composent.

Dans un jardin, les plantes doivent être groupées en massifs, afin de donner une certaine impression d'organisation et de créer des effets de masse. Par définition, le massif regroupe plusieurs plantes. Il peut s'agir de la même espèce, mais c'est plus souvent une association de végétaux très différents. Toute la science du jardinier consiste à marier, avec équilibre et sens artistique, les plantes qui constituent les massifs. La première règle est la plus logique : c'est la déclinaison des hauteurs. On plante toujours les espèces les

◀ Chez André Ève : un mélange de vivaces et des rosiers.

plus grandes à l'arrière-plan et les plus petites devant. Selon son importance, un massif pourra être composé de deux à quatre rangs de plantation. Évitez la rigidité dans le dégradé des hauteurs. Il peut y avoir quelques vagues pour rompre la monotonie en créant un relief assez varié.

Autre principe essentiel : l'effet de masse. Ne disposez pas les fleurs en rangs d'oignons comme les légumes du potager. Répartissez-les de manière uniforme sur toute la surface qui leur est dévolue. À l'intérieur de cette surface, chaque sujet sera disposé en quinconce par rapport à ses voisins. C'est le meilleur moyen pour éviter les alignements. Pour obtenir visuellement un effet de masse, chaque plante doit occuper au moins 1 m². Il s'agit d'une valeur moyenne, le secret de la réussite d'un massif étant un déséquilibre harmonieux entre chaque espèce. Enfin, et surtout, évitez la cacophonie des couleurs.

◀ Style sauvage avec les digitales et les valérianes.

Massifs et plates-bandes

Les massifs saisonniers

Ces décorations temporaires sont composées au printemps de fleurs à bulbes : tulipes, narcisses, jacinthes, muscaris, fritillaires, crocus, et de bisannuelles : myosotis, pensées, giroflées, pâquerettes. En été, place aux annuelles : pétunias, bégonias, œillets d'Inde, sauges, mimulus, mufliers..., et aux plantes saisonnières (ou plantes molles) : géraniums, lantanas, anthémis, héliotropes, fuchsias. Vous pouvez prolonger jusqu'aux premières gelées la fête colorée des floraisons, avec des chrysanthèmes à petites fleurs.

Les massifs saisonniers apportent un changement régulier et un brin de fantaisie dans le jardin. Vous pouvez les transformer à votre guise d'une année sur l'autre. Pensez aux compositions monochromes, faites varier les styles en passant d'une organisation très structurée avec des motifs répétitifs à un décor plus naturel composé d'espèces qui se sèment en place. Et surtout, n'oubliez pas les feuillages. Un massif réussi comprend au maximum deux tiers de fleurs, sinon, il devient agressif au regard et d'une lourdeur qui frôle le mauvais goût. Outre la nécessité de les renouveler deux fois par an, l'inconvénient des massifs saisonniers est leur aspect nu durant l'hiver. C'est pourquoi nous vous conseillons de limiter leur proportion dans un jardin, tout au plus à la moitié de la surface totale des massifs dans un petit jardin jusqu'à 500 m², et au quart dans une propriété plus vaste.

Les massifs permanents

Composés de plantes vivaces et surtout d'arbustes et de conifères, ils constituent la structure de base de toutes les plantations. Pour qu'ils soient intéressants à toutes les saisons, les massifs permanents doivent être composés d'environ deux tiers d'espèces à feuillage persistant. Les formes caduques seront surtout choisies parmi les espèces à fleurs. Utilisez des arbustes pour composer le fond du décor et plantez des vivaces sur les deux premiers rangs. N'oubliez pas les espèces couvre-sol qui font une liaison élégante entre toutes les plantations. Ponctuez votre décor de plantes à feuillage coloré ou panaché, notamment de conifères et de graminées ornementales. Ces végétaux égaieront le jardin pendant les périodes pauvres en floraisons. C'est aussi le cas de certains arbustes caducs comme le saule 'Hakiro Nishiki' et les érables 'Flamingo' dont les jeunes feuilles sont très colorées à leur apparition au début du printemps. Pensez à varier les silhouettes en créant des oppositions : plantes opulentes avec des sujets en colonnes, espèces globuleuses avec des formes étalées, feuillages amples et plantes très fines, etc.

Les massifs mixtes associent des plantations permanentes avec des fleurs saisonnières. C'est la grande tendance actuelle dans les petits jardins. La technique consiste à se baser sur une plantation permanente pas trop dense et à « boucher les trous » à chaque saison avec les espèces éphémères. Avec ce procédé, le jardin est sans cesse changeant et toujours très plaisant.

▲ Un massif d'été très libre avec cléomes et rudbeckias.

▲ Tulipes, fritillaires, muscaris, et le printemps est en fête.

◀ Un splendide massif d'été avec fuchsias et œillets d'Inde.

en pratique

Réussir votre jardin

▲ Un joli massif printanier au tracé régulier. Il associe tulipes, myosotis et pensées dans des variétés à floraison échelonnée.

La forme et le tracé

Il faut peu de chose pour réussir un jardin. Il suffit déjà de ne pas essaimer les massifs au petit bonheur la chance sur la pelouse, comme on le voit trop souvent. Il y a deux principes à respecter. D'abord, un massif doit avoir un point d'appui. Il s'adosse à un mur ou une haie, prolonge la courbe d'une allée ou vient y mourir en dégradé. Il relie deux arbres ou grands arbustes isolés, il habille un bassin ou une construction. Sa présence doit avoir une certaine logique. Le second point concerne les proportions. On ne ponctue pas le jardin de petits îlots étriqués, mais plutôt de masses aux surfaces importantes, qui divisent le terrain de manière bien nette sur le plan visuel. Et pour la touche finale, vous devez vous arranger pour que tout semble s'articuler avec

logique. L'homogénéité est le secret de la réussite des massifs. Une plantation qui s'arrête net au bord d'une allée, sans se prolonger de l'autre côté, paraît inachevée et bancale. La subtilité consiste à couper la symétrie en ne donnant pas la même importance aux deux morceaux du massif. Même dans un jardin géométrique, les lignes doivent être en permanence coupées.

Un autre secret de la composition paysagère est la simplicité. À l'apogée du jardin à la française, les paysagistes maîtrisaient si bien la perspective et l'équilibre des lignes, que leurs jardins aussi travaillés et sophistiqués fussent-ils, parvenaient à s'intégrer à merveille dans le paysage naturel. Puis, les Anglais ont découvert le charme des courbes, et leurs compositions ont pris des rondeurs, tout en gardant la simplicité des lignes de Le Nôtre.

Le jardin contemporain sait associer, avec subtilité, la sobriété de la ligne droite et la rigueur des angles, avec la douceur languissante des courbes. C'est là tout son charme et sa complexité. La réussite passera par un tracé rigoureux des parties fixes et construites et par une plus grande fantaisie dans le des-

sin des plantations. L'important pour finir est une certaine recherche d'unité. Il faut que tous les éléments constitutifs du jardin aient une certaine cohésion. Vous ne pouvez pas bien marier un massif arrondi avec un parterre carré. En revanche, si vous les dessinez comme les pièces d'un puzzle qui pourraient s'emboîter en les rapprochant, vous verrez tout devenir plus harmonieux. Sachez que les parties en vis-à-vis dans un jardin doivent se refléter un peu comme un miroir, c'est-à-dire se ressembler, mais en sens inverse. Par exemple un massif en S dont la plus grande courbe est la boucle du bas sera opposé à une forme similaire, mais dont la courbe large est sur la boucle du haut. Vous pouvez aussi composer vos massifs comme des damiers dont les cases ont des dimensions différentes qui se répètent de temps en temps.

Les massifs réguliers

Ils sont tracés de manière géométrique, à partir d'éléments carrés ou rectangulaires. Les cercles et les ellipses sont réservés à des motifs centraux. Ce sont des formes à manier

---

DESSINER UNE ELLIPSE

Forme très prisée dans les jardins à la française, l'ellipse se trace à partir d'une ligne centrale divisée en trois parties égales. Les piquets en A' et B' servent d'axe à un cordeau dont la longueur est le double de la distance A'B'. Il suffit de le faire tourner en le tendant bien pour tracer la forme.

▼ Le cordeau tourne autour de son axe double.

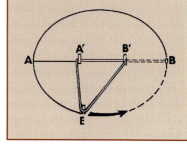

◀ Un bel exemple de massif mixte au tracé libre.

134

Massifs et plates-bandes

▲ Une fantaisie de vivaces d'arrière-saison en liberté.

avec précaution car elles ne sont pas très faciles à intégrer dans une composition globale. Dans un massif régulier contemporain, le tracé est rectiligne, mais pas la plantation. Cela le distingue du jardin à la française classique, où tous les végétaux étaient taillés, façonnés selon des motifs bien précis. Aujourd'hui, on borde des carrés avec du buis, de la lavande ou de la santoline bien taillés, on ponctue les angles des massifs avec des cônes ou des boules de buis, mais on les plante d'espèces un peu folles où l'on retrouve des graminées, des vivaces aux floraisons légères et même des couvre-sols. La régularité vient aussi dans la répétition du motif de plantation et dans la limitation des couleurs. Une teinte forte dominante associée à une couleur blanche suffit.

Les massifs irréguliers

Ils s'inspirent du tracé en courbes plus ou moins accentuées que prônaient les paysagistes anglais du XIXe siècle. Ces formes souples conviennent surtout aux grands jardins et aux terrains vallonnés dont elles rappellent les courbes naturelles. On les a beaucoup utilisées dans les petites propriétés privées, mais en banalisant beaucoup le tracé. Il s'agissait simplement de repousser les massifs sur la périphérie de la propriété et de jouer uniquement sur un tracé irrégulier. La pelouse occupait le centre du terrain jusqu'au bord des plantations. Aujourd'hui, cette manière de dessiner le jardin est tombée en désuétude. On préfère créer des courbes à partir des voies de circulation et les prolonger par des plantations de part et d'autre.

DIMENSIONS ET HARMONIE

Les bonnes proportions d'un massif sont avant tout une question de coup d'œil. Tout dépend du recul dont on dispose et de l'axe principal dans lequel on contemple le massif. Si vous le voyez dans un axe perpendiculaire aux plantations, sa largeur doit être environ le triple de sa hauteur. Pour avoir une vision globale, vous devez être placé à une distance d'environ la moitié de la largeur du massif. Si le décor est observé en perspective, il faut renforcer l'arrière-plan avec des plantes spectaculaires et colorées afin d'attirer le regard vers le fond. Les végétaux les plus clairs doivent être placés à l'arrière car ils créent un effet visuel fort, même de loin. En revanche, les bleus ou les rouges sont mieux appréciés de près, car ce sont des teintes à réaction vive.

▼ Sobriété et simplicité en beauté avec des azalées et des hostas panachés.

Ces dernières sont utilisées de façon à s'étendre naturellement, ce qui fait perdre la rigueur originelle du tracé. On laisse même des espèces tapissantes mordre sur la voie de passage afin que les contours deviennent aussi flous que possible. Cette technique donne même de très bons résultats dans les jardins aux tracés rectilignes. Ils perdent de leur rigueur, tout en conservant leur aspect pratique avec des circulations logiques.

▼ Des massifs réguliers dans un jardin très structuré. ▲ Un massif d'été régulier est difficile à bien réussir.

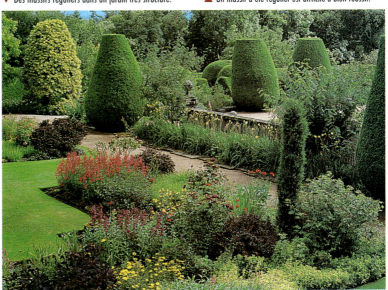

135

Réussir votre jardin

▲ Un massif d'été en liberté avec rosiers, buddleias, coréopsis et perovskias. Une ambiance pastel très reposante.

▲ Une ambiance naturelle avec astilbe, crambe, digitale.

Compositions et associations des massifs

Le dessin harmonieux des massifs ne suffit pas à leur réussite. Le plus important est la manière de les composer. Il est toujours possible de « tricher » sur un tracé maladroit, en laissant la végétation se développer pour gommer les contours. En revanche, il est beaucoup moins évident, ou en tout cas moins rapide, de faire évoluer l'équilibre des plantations. Un massif se compose comme un tableau. Les lignes sont données par le tracé, mais toute l'expression, les sensations, la poésie et le charme sont le fait des plantes qui le composent. Si vous manquez de connaissances en matière végétale, inspirez-vous des nombreux exemples qui illustrent cet ouvrage, ainsi que ceux des magazines. Dans un premier temps, laissez-vous séduire visuellement comme par une œuvre d'art. Un massif réussi doit combler votre perception esthétique personnelle. Si vous ressentez profondément la beauté d'une composition, n'hésitez pas à la reproduire dans votre jardin, elle s'y trouvera forcément bien. Comme une recette de cuisine que l'on modifie toujours en y ajoutant sa petite touche personnelle, le plan-patron d'un massif ne sera jamais reproduit à la lettre. En matière de composition paysagère, il n'y a pas de règle stricte, c'est l'inspiration qui compte et l'expression de la sensibilité de chacun.

La disposition des plantes

La première difficulté que l'on rencontre au moment de réaliser un massif est le choix du nombre de végétaux à utiliser. Pour les massifs permanents, il y a un décalage entre la photographie d'une ravissante composition de trois à cinq ans et les jeunes plantes encore frêles que vous allez acheter. Il est très important de tenir compte de la taille et du volume des plantes à l'âge adulte. Aidez-vous pour cela des très nombreuses fiches descriptives que vous trouverez dans ce livre. En théorie, l'idéal est de planter dès le départ chaque espèce, en l'espaçant de ses voisines, de manière que chaque plante puisse se développer sans gêner l'autre. En pratique, cela donne une plantation maigre et dégarnie qui n'a rien de bien séduisant pendant deux à trois ans au moins. Il est donc obligatoire de composer et de « forcer un peu la dose » au départ, dans le but d'étoffer le massif et de lui donner tout de suite un aspect ornemental. La solution la plus astucieuse consiste à planter les arbustes dès le départ au bon écartement. En effet, une transplantation est toujours une opération délicate et qui nécessite de gros efforts. En revanche, vous pouvez vous montrer plus généreux avec les fleurs. Ne serrez pas trop les vivaces, elles poussent toujours beaucoup plus vite qu'on ne s'y attend. Comblez tous les espaces vides avec des fleurs saisonnières. Les bulbes conviennent bien pour le printemps, surtout les espèces qui se naturalisent. Elles s'accorderont ensuite avec les autres plantes, pour que chacune occupe sa place. Le décalage dans les périodes de végétation permet ces associations. Utilisez un maximum d'annuelles pour l'été. Beaucoup se sèment direc-

◀ Un massif de feuillages réalisé avec des aromatiques.

Massifs et plates-bandes

tement en place (clarkia, cosmos, nigelle, souci, eschscholtzia, capucine, immortelle, godétia, némésia, etc.). Il suffit de jeter des graines dans les espaces libres entre les plantes permanentes, pour créer une végétation généreuse et décorative. Ce type de réalisation donne un résultat riche et très naturel. Si vous préférez des compositions plus structurées avec des motifs aux dessins travaillés, utilisez des plants fleuris. Ils présentent l'avantage de réaliser une décoration immédiate avec un contrôle parfait sur les coloris. La mise en place s'effectue par groupes d'une même espèce qui créent des taches de couleur. Disposez les plantes sur le sol avant de les mettre en terre. Évitez les alignements, c'est plus esthétique. Il suffit de respecter les hauteurs de chaque espèce pour composer joliment le massif. Attention, la tendance actuelle est à la nanification des plantes. Les hauteurs ne sont pas toujours mentionnées sur les étiquettes qui accompagnent les plants. C'est ainsi que vous pouvez vous retrouver avec des mufliers, des roses d'Inde ou des tabacs de 30 à 40 cm de hauteur, au lieu des races de 60 à 80 cm que vous escomptiez. Demandez des précisions dans le magasin pour éviter toute erreur.

Les formes et les textures

Ces notions assez subtiles sont rarement prises en compte et c'est dommage. La couleur ne suffit pas à créer un joli massif. C'est en associant des plantes de silhouettes différentes, en faisant varier la forme des feuilles et leur aspect que vous obtiendrez un complet raffinement du massif. Des plantes à port pleureur comme les amarantes queues-de-renard sont très jolies en compagnie d'espèces érigées comme les cléomes par exemple. L'ampleur des feuilles de l'amarante contraste fort bien avec les découpes fines de la cléome. L'aspect duveteux des amarantes queues-de-renard rouges ressort parfaitement à côté des fleurs blanches et ébouriffées des cléomes. Pensez aussi aux feuillages. L'opulence des hostas se marie fort bien avec la finesse des astilbes. La géné-

rosité des *Heuchera* 'Palace Purple' et leur feuillage pourpre assez large fait merveille avec un gypsophile très fin ou un *Crambe cordifolia*. Le tout peut être rehaussé du feuillage doré d'une lysimaque. Les compositions sont infinies, l'important c'est qu'elles ne soient jamais monotones. La rigueur d'une sauge rouge ne doit pas être associée à la raideur d'un œillet d'Inde. Mieux vaut les marier avec la fantaisie d'un pétunia ou la finesse graphique d'un anthémis. Les feuillages sombres de certains fuchsias seront éclairés par la présence de pélargoniums panachés. Des plantes tapissantes comme les géraniums vivaces gagnent à être rehaussées d'espèces fastigiées comme des graminées, des fougères, des ancolies ou des lupins. Sachez enfin qu'une plantation n'est jamais figée. Même les massifs saisonniers peuvent évoluer. Par exemple les mimulus, les nigelles, les godétias terminent leurs floraisons début août. Il est alors temps de les remplacer par des dahlias nains, des célosies ou des amarantes qui prolongent leur épanouissement jusqu'à l'automne. Avec les plantes vivaces, il faudra prévoir la division des touffes trop envahissantes et vous pourrez toujours changer les dispositions dans le courant de l'hiver.

> ### LE RETOUR DE LA MOSAÏCULTURE
>
> Cette technique de plantation consiste à créer des motifs avec des annuelles à végétation basse. Vous pouvez composer de véritables dessins figuratifs, ou jouer sur des motifs géométriques. Très prisée dans les villes, la mosaïculture revient dans nos jardins contemporains, car elle se prête bien à la décoration raffinée des petits jardins structurés en été.
>
>
>
> *Une mosaïculture bien réussie avec bégonias, alternantheras, echeverias plantés serrés.* ▶

▼ Un massif bien équilibré avec anthémis et cordylines.

▲ Une opposition réussie entre les feuillages et les fleurs.

137

SAVOIR JARDINER

- La préparation du terrain 140
- L'entretien au quotidien 144
- La taille 148
- La multiplication des plantes 152
- La plantation 164
- La récolte et la conservation 166
- Ennemis et maladies du jardin 168

Savoir jardiner

LA PRÉPARATION DU TERRAIN

La préparation du terrain est un des éléments clés de la réussite d'une culture. Le sol doit être bien travaillé pour que les racines des plantes puissent s'y installer rapidement et y puiser toutes les substances dont les végétaux se nourrissent. La qualité de la terre d'un jardin est souvent révélatrice de la compétence du jardinier.

astuce Truffaut — Pensez à nourrir et à amender la terre chaque fois que vous la travaillez. C'est la régularité de vos apports de produits fertilisants qui permet de l'enrichir efficacement et pour longtemps.

▲ Le retournement du sol à la bêche est une opération à réaliser fréquemment dans le jardin pour ameublir la terre.

LE DOUBLE BÊCHAGE

Appelée aussi défoncement, cette opération consiste à ameublir le sol sur 40 à 50 cm de profondeur, sans mélanger les couches de terre de nature différente. Travaillez avec une jauge ouverte « en escalier », comme le montre le dessin ci-dessous.

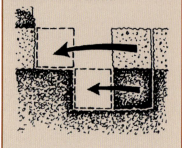

Une terre non travaillée se transforme en friche inculte et perd sa fertilité. Une des tâches majeures du jardinier consiste à entretenir un sol de bonne qualité et à l'améliorer en permanence. Sachez qu'il n'y a jamais d'acquis définitif dans ce domaine. Les plantes prélèvent en permanence des substances dans la terre et les précipitations ont tendance à compacter la surface.

▌ Le labour

C'est l'action de retourner la terre. Dans le langage du jardinier, on dit surtout bêchage, puisqu'on utilise plutôt une bêche qu'une charrue. Mais les termes sont synonymes car les résultats sont identiques. Le labour casse la croûte superficielle du sol ce qui

◀ Le piochage est nécessaire pour creuser un sol dur qui n'a pas été travaillé depuis très longtemps. On emploie aussi la pioche lors de la plantation des arbres.

permet à l'air et à l'eau de mieux y pénétrer. Il joue un rôle d'ameublissement en cassant les mottes. C'est un excellent moyen de reconstituer naturellement la flore microbienne. On pratique deux types de labours. Le premier s'effectue à l'automne, sans casser les mottes. C'est le gel qui s'en charge durant l'hiver, assurant ainsi un bon ameublisse-

140

La préparation du terrain

ment en profondeur. Les labours de printemps sont plus superficiels et réalisés en émiettant bien. Ils sont utilisés pour la mise en culture immédiate. On profite des labours pour enfouir les amendements organiques et les engrais longue durée. Dans un jardin d'ornement, le labour n'a pas besoin d'être réalisé à la charrue. En revanche, cela peut être utile au potager. Si vous cultivez beaucoup de légumes, pensez donc à vous équiper d'un motoculteur puissant qui puisse labourer, vous ne le regretterez pas.

Le griffage

Pratiqué après le labour, il permet de bien casser les mottes et de renforcer l'ameublissement sur une vingtaine de centimètres de profondeur. On obtient le même résultat avec des outils motorisés en utilisant une fraise qui tourne à grande vitesse. Pour être efficace, le griffage doit être réalisé en croix, c'est-à-dire en passant l'outil dans le sens de la longueur, puis de la largeur du terrain. Un griffage réalisé par une main experte permet de niveler assez précisément le terrain. On utilise aussi cette intervention pour enfouir les engrais à action rapide (engrais de couverture) ou les herbicides sélectifs.

Le piochage

C'est une tâche rarement évoquée dans les manuels de jardinage, car on considère le plus souvent la pioche comme un outil de terrassier. Vous en aurez assurément besoin lors des travaux d'aménagement de votre jardin. On l'emploie chaque fois qu'il n'est pas possible de pénétrer aisément la terre avec le fer de la bêche. Le piochage est utile pour creuser les fondations des murets, les trous et les tranchées avant la mise en place des haies, des arbres, etc. On a aussi l'habitude de piocher le fond des trous de plantation afin d'augmenter la profondeur de l'ameublissement. Si vous avez du terrain à décaper, remplacez la pioche par une houe qui est un outil au fer large et recourbé.

LES BONS OUTILS

Pour la préparation du sol en profondeur, on utilise un ensemble d'outils solides dont les fers sont, de préférence, en acier forgé. Si la forme de votre jardin le permet, n'oubliez pas de vous motoriser. Une motobineuse par exemple permet de gagner beaucoup de temps et d'économiser des efforts importants. Pour des interventions ponctuelles, il est toujours possible de louer ce matériel.
La bêche est l'outil de base du jardinier. Elle sert à retourner la terre, découper les bordures, creuser les trous de plantation, etc. On l'appelle « louchet » quand le fer est emmanché avec une douille qui se prolonge par une longue bague sur le manche. Le louchet est conseillé dans les terres lourdes et collantes. La fourche-bêche est l'outil indispensable dans les sols caillouteux ou durs car il est plus facile de l'enfoncer. On l'utilise aussi pour les labours superficiels dans les massifs (béquillages) pour ne pas abîmer les racines.
La pioche est employée lors des plantations pour creuser les terres compactes et ameublir le fond des trous. Elle sert aussi à l'arrachage. Choisissez de préférence un modèle assez léger à fer pointu.
La griffe à quatre dents est souvent référencée dans les magasins sous le nom de croc à fumier. Pour l'ameublissement du sol, il faut utiliser un modèle aux dents fines et arrondies. Les crocs à dents plates servent surtout à défricher. Vous pouvez remplacer cet outil par un cultivateur à cinq dents au fer triangulaire ou par un émietteur à couronnes acérées. Mais seule la griffe permet un vrai travail en profondeur.
Parmi les outils nécessaires, pensez aussi à la pelle à fer arrondi. Elle est très utile pour modeler le sol en arasant les buttes. C'est aussi le meilleur outil pour l'excavation de la terre dans les tranchées et les trous de plantation.

▲ Les outils de préparation du sol.

◀ Tenez le râteau comme un balai.

Le ratissage

C'est l'opération de finition lors de la préparation d'un lit de semences. Le ratissage est une action superficielle qui vise à débarrasser la terre des mottes et cailloux qui subsistent après le passage de la griffe. Pour réaliser ce travail efficacement, il faut tenir le râteau aussi verticalement que possible, exactement comme un balai. De cette manière, les dents se retrouvent presque parallèles à la surface et elles ne risquent pas de creuser le sol. Opérez par petits mouvements saccadés d'avant en arrière. Il faut un certain entraînement pour parvenir à une bonne maîtrise.

Le griffage émiette bien la terre en profondeur. ▶

141

Savoir jardiner

▲ Le nettoyage des massifs se pratique en toutes saisons.

▲ Ne laissez pas la pelouse couverte de détritus.

◀ Le plombage avec le dos du râteau après un semis.

Les opérations d'entretien

Le jardinage vous semblera bien plus agréable si vous disposez d'une bonne panoplie d'outils à la fois solides, légers et bien adaptés aux différentes opérations à pratiquer dans le jardin. Plusieurs interventions sont à effectuer sur le sol.

Le nettoyage

C'est plus un travail de surveillance et d'action ponctuelle qu'une véritable opération à programmer à l'avance. Le nettoyage est composé de multiples petites tâches différentes dont fait partie en premier lieu le désherbage. Nettoyer, c'est couper les parties fanées ou abîmées, arracher les plantes mortes, ramasser les feuilles à l'automne, ôter les déchets de tonte sur la pelouse, brosser les dallages, dépoussiérer la clôture et les meubles de jardin, etc.

L'épierrage

C'est une opération fastidieuse, mais indispensable dans les sols très caillouteux (terres à vigne par exemple). Elle s'effectue manuellement au cours des labours, des griffages et des ratissages. Les petits cailloux peuvent être laissés dans le sol car ils contribuent à sa bonne aération. En revanche, dès qu'ils dépassent 2 cm de diamètre, il faut les éliminer, car ils rendent pénibles les opérations de plantation, de binage et de sarclage. Soyez patient, car les pierres ont tendance à remonter progressivement en surface. Il faut plusieurs années avant d'avoir épierré complètement un terrain.

Le décapage

Ce travail se réalise à la création du jardin. Il consiste à éliminer la végétation spontanée existante en enlevant le sol sur une épaisseur de 5 à 10 cm environ. On décape aussi les vieilles pelouses envahies de mousse avant de les refaire. La partie éliminée peut être mise à décomposer sur le tas de compost. Dans ce cas, il est bon de faire des couches avec les parties enherbées placées l'une sur l'autre. La terre obtenue après un an est appelée « loam ». Riche et compacte, elle peut entrer pour un tiers dans la composition des substrats pour les géraniums ou les plantes de la maison. Le décapage du sol s'effectue à la houe. C'est un travail assez pénible mais utile. Il est presque toujours nécessaire de faire un apport de terre ensuite. Veillez à le réaliser uniquement après avoir bien labouré le terrain pour qu'il perde sa compacité.

Le ratissage

Nous avons vu un aspect du ratissage dans la partie concernant la préparation du sol (*voir* page 101). On ratisse également pour l'entretien. Un coup de râteau redonne une nouvelle jeunesse à une allée gravillonnée, il renforce le cachet d'un massif quand il n'y a pas de plantes couvre-sol. Le ratissage fait aussi partie des opérations de nettoyage puisque le râteau est utilisé pour

La préparation du terrain

ramasser les feuilles. Sur la pelouse, utilisez un « balai à gazon ». Il s'agit d'un râteau à dents souples en métal ou en plastique qui ont l'avantage de bien extraire les déchets entre les brins d'herbe, sans les abîmer.

Le plombage
C'est une intervention qui se pratique au moment du semis. Elle consiste à donner de la cohérence au sol en le tassant superficiellement. Pour les semis en lignes dans le potager ou en pépinière, utilisez le dos du râteau, en tapotant doucement sur la terre du lit de semence. Pour les semis en place à la volée, vous pouvez employer un rouleau ou, si la surface est peu importante, une batte en bois. Cet outil en miniature sert également pour la préparation d'un semis en terrine. Il est aussi possible de rouler une bouteille en verre sur le sol, le résultat obtenu est très homogène.

Le binage
C'est l'action de décroûter superficiellement le sol avec une binette, une griffe à trois dents ou un cultivateur. C'est une opération importante qui permet l'aération de la terre au niveau des racines. Un binage est aussi indispensable avant un arrosage en été afin que l'eau ne ruisselle pas sur le sol. L'intérêt du binage est mis en évidence par l'adage : « un binage vaut deux arrosages ». Pour prolonger l'effet du binage, il est bon de pailler le sol après.

Le sarclage
Souvent confondu avec le binage, il utilise les mêmes outils, mais son but est d'éliminer les mauvaises herbes en les sectionnant au niveau du collet. Il est conseillé ensuite de passer le râteau afin d'extraire les adventices éliminées. En effet, certaines sont si coriaces qu'elles parviennent à s'enraciner de nouveau si on les laisse sur le sol. Un ratissage permet aussi de laisser le sol avec un aspect impeccable après le sarclage. Il est bon de sarcler les mauvaises herbes dès leur levée pour un résultat plus

efficace et une intervention moins pénible. Comptez trois sarclages par an dans les massifs d'arbustes : en mai, en juin et en septembre, mais jusqu'à un par mois dans les jardins de vivaces ou le potager.

Le fraisage
C'est un travail effectué à la motobineuse. Il regroupe en une seule action les interventions de binage, de sarclage et même de labour et d'émiettage, selon la profondeur à laquelle on l'effectue. Plus les couteaux rotatifs de la machine tournent vite et plus la terre est émiettée finement. Pour des raisons pratiques, on fraise surtout le potager, le pied des arbres fruitiers et toutes les cultures en alignement. Il faut éviter de réaliser ce travail près des plantes à racines traçantes et superficielles. Méfiez-vous aussi des risques de propagation des mauvaises herbes vivaces comme le liseron ou le chiendent. Elles sont multipliées par le fraisage qui, en hachant les racines, les transforme en une multitude de petites boutures qui ne manquent pas de bourgeonner dans les semaines suivantes.

▲ Le binage consiste à décroûter la surface du sol.

▲ Le sarclage des mauvaises herbes se fait à la binette.

Le fraisage émiette très finement la terre et bine. ▶

LES BONS OUTILS

L'entretien du jardin nécessite une panoplie minimale pour être efficace. Choisissez toujours des outils adaptés à vos moyens physiques, en préférant les manches longs pour éviter le mal de dos.
La binette se caractérise par sa lame plate reliée au manche en bois avec un col de cygne. C'est l'outil traditionnel pour décroûter superficiellement le sol et pour sarcler les mauvaises herbes.
Le râteau fait partie de l'équipement de base indispensable pour jardiner. Il sert à réunir les déchets qui jonchent le sol et à niveler la terre en finesse.
La griffe à trois dents est idéale pour aérer le sol assez profondément entre les plantations. C'est aussi un bon outil désherbeur pour soulever les racines des plantes stolonifères comme le chiendent.
Le cultivateur est une griffe dont les dents sont terminées par des socs en forme de fer de lance. La plupart des modèles sont modulables. Ils peuvent s'équiper de une, de trois ou de cinq dents, selon le travail à effectuer.
La ratissoire est destinée au sarclage des mauvaises herbes. On l'utilise en poussant, à l'inverse de la binette qui demande un effort de traction. C'est un outil idéal pour l'entretien des allées.

Les outils d'entretien du sol. ▶

143

Savoir jardiner

L'ENTRETIEN AU QUOTIDIEN

Le jardinage est fait de mille et une petites attentions. C'est l'observation de vos plantations qui doit vous conduire à intervenir pour qu'elles soient toujours plus belles et mieux mises en valeur. Il n'y a rien de très technique dans tout cela, surtout beaucoup de bon sens.

astuce Truffaut Il suffit de visiter votre jardin le matin et le soir à la belle saison pour effectuer les opérations d'entretien courant. Promenez-vous parmi les plantes, observez-les bien et vous saurez tout de suite ce qu'il y a à faire. Arrachez une mauvaise herbe, en passant, coupez une fleur fanée, un rameau mort, et le jardin sera toujours superbe.

▲ Le ramassage des fleurs fanées donne un aspect plus propre aux massifs et stimule les nouvelles floraisons.

Si la création d'un jardin représente une mise en œuvre assez considérable, avec des efforts physiques importants et des investissements conséquents, l'entretien est surtout affaire d'observation. La tâche principale du jardinier consiste avant tout à maintenir l'équilibre fragile des plantations en veillant à ce que les espèces les plus vigoureuses n'éradiquent pas les plus faibles.

■ Les interventions sur les plantes

Dans un jardin, la végétation montre qu'elle est bien vivante en se développant allégrement. La croissance des plantes est d'autant plus généreuse que le sol est régulièrement fertilisé, arrosé et travaillé. Pour limiter cette volonté d'expansion, il y a de nombreuses interventions à effectuer.

Le pincement

C'est l'action de réduire la longueur d'une jeune pousse. Contrairement à ce que suppose ce terme, on utilise rarement les ongles pour pincer les plantes. L'emploi de petits ciseaux, d'un sécateur, d'un greffoir ou de tout autre outil tranchant est bien préférable, car la coupe est plus nette. Le pincement se pratique durant la période de végétation en coupant toujours au-dessus d'une feuille. Cette intervention provoque le développement des yeux axillaires se situant à la base du pétiole. On peut donc affirmer qu'un pincement est destiné à provoquer la

◀ L'ébourgeonnement supprime des pousses inutiles.

L'entretien au quotidien

ramification d'une plante. C'est une opération importante pour stimuler la floraison et favoriser la fructification.

L'ébourgeonnement
Dans le langage technique du jardinier, le bourgeon désigne une pousse de l'année encore tendre. Le bourgeon tel qu'on l'entend habituellement est appelé « œil ». L'ébourgeonnement consiste donc à éliminer des jeunes pousses inutiles. Cette suppression radicale distingue ce travail du pincement.

La suppression des fleurs fanées
C'est un nettoyage, mais aussi le moyen de favoriser l'épanouissement des boutons encore immatures. C'est la meilleure façon pour prolonger la longévité des massifs.

L'éboutonnage
Très pratiqué sur les rosiers à grandes fleurs et les gros dahlias, il consiste à éliminer les boutons floraux qui poussent latéralement sur une tige. Ainsi, la sève se concentre sur le bouton principal qui en profite mieux et donne une fleur plus grosse. Une intervention idéale pour les plantes à bouquets.

L'ombrage
Indispensable par les plus chaudes journées d'été, surtout sur les jeunes plantes, les semis et les boutures, il est obtenu en posant des paillassons sur la serre ou les châssis, en blanchissant le vitrage de la véranda ou en déroulant des claies. Un lit de paille ou de feuilles de fougère constitue un ombrage efficace sur les cultures de pleine terre.

L'émoussage
Réalisé en hiver, il consiste à éliminer les mousses qui se développent sur les troncs et les branches des arbres, ou dans le gazon. Pour ce dernier, il existe des produits efficaces, comme le sulfate de fer. Pour les arbres, opérez à la main, en grattant les écorces avec une brosse métallique. Les produits de traitement à base de colorants nitrés qui avaient une bonne efficacité sur les mousses et les lichens ont été retirés du commerce.

La mise en jauge
Il s'agit d'une plantation temporaire dans une tranchée prévue à cette intention pour les plantes qui ne peuvent être mises en place à cause du gel ou d'un manque de temps.

▲ La mise en jauge des arbustes en attente de plantation.

▲ Le pincement provoque de nouvelles ramifications.

■ LES PROTECTIONS HIVERNALES

Beaucoup de plantes du jardin proviennent de contrées au climat doux et supportent mal les hivers de nos régions continentales. Il suffit souvent d'un simple paillis pour les mettre à l'abri du froid et leur permettre de résister sans trop de dégâts. Sachez que pour beaucoup d'espèces peu rustiques la destruction de la partie aérienne est normale et sans conséquence. C'est le cas pour les gunnéras ou les kniphofias qui repoussent chaque année, si le cœur de la plante a pu être abrité efficacement.

Les protections hivernales doivent avoir un effet thermique, tout en laissant la plante respirer et en évitant la stagnation de l'humidité. Les films étanches en plastique sont à proscrire, hormis pour mettre au sec une plante déjà bien emmitouflée. Préférez les voiles non tissées dont vous pouvez entourer la plante sur plusieurs épaisseurs. La fibre de bois, la paille hachée, les feuilles mortes sèches, le papier de journal, la tourbe blonde sèche, la sciure et les copeaux, sont les matières les plus utilisées. Il n'est pas toujours utile de recouvrir complètement la plante. Pour les rosiers par exemple, il suffit que le bourrelet de greffe soit mis à l'abri du gel. Le maintien des protections se fait par un buttage, la pose d'un film en plastique ou d'un grillage fin, la couverture avec une grosse potée, ou la ligature avec des liens. Retirez les protections dès que le temps le permet. C'est le seul moyen pour éviter la pourriture.

▼ La protection sous un voile de forçage.

▼ La protection hivernale d'un massif de bulbes à fleurs avec de la paille est efficace.

145

Savoir jardiner

▲ Le ramassage des feuilles est l'une des tâches importantes de l'automne. Utilisez un souffleur pour gagner du temps.

▲ Le béquillage se pratique en hiver à la fourche-bêche.

◀ Rechaussez les bulbes dans le sol au cours de l'hiver.

Les interventions ponctuelles

L'entretien du jardin nécessite parfois des actions bien particulières en fonction de la saison ou des cultures. Ce sont des tâches nécessaires et rarement très compliquées.

Le ramassage des feuilles

C'est une opération indispensable à l'automne pour la bonne esthétique du jardin, mais aussi pour la santé des plantes qui le composent. Il n'est pas possible de laisser les feuilles joncher le sol car, en se décomposant, elles sont envahies de champignons qui peuvent devenir pathogènes. Une pelouse qui resterait couverte de feuilles tout l'hiver devrait obligatoirement être refaite au printemps. Utilisez des balais à gazon et des souffleurs pour mettre les feuilles en tas. Il existe aussi des modèles qui aspirent. Ils conviennent bien aux petits jardins. Les feuilles provenant d'arbres bien sains peuvent être mises à composter. N'utilisez pas celles des arbres fruitiers et des rosiers, ni les aiguilles de conifères.

Rechausser les bulbes

C'est l'action de remettre dans le sol les oignons à fleurs qui ont été soulevés par le gel au cours de l'hiver. Ce travail s'effectue à la main en appuyant simplement sur le bulbe. Il est bon ensuite de couvrir la culture avec une couche de tourbe bien sèche.

Le béquillage

C'est un bêchage superficiel effectué à la fourche-bêche dans les massifs ou au pied des arbres fruitiers. Le béquillage se pratique en fin d'hiver après le nettoyage complet du jardin et les différentes tailles d'entretien. Il a pour but de décompacter le sol qui a été piétiné autour des plantes. On profite en général de cette intervention pour enfouir un engrais complet.

Le buttage

C'est un travail que l'on réalise surtout au potager, mais aussi sur les rosiers. Il a deux buts essentiels : le blanchiment et la protection contre le froid. Butter une plante, c'est ramener de la terre sur son pied en une petite butte de 10 à 15 cm de hauteur. L'opération s'effectue avec une binette ou bien une houe. Il existe aussi des outils butteurs qui se présentent sous la forme de deux socs réunis en V. Il suffit de les déplacer par traction pour qu'ils soulèvent la terre. On les utilise uniquement pour les plantations en lignes. Le buttage de blanchiment se pratique sur les poireaux, les pommes de terre, les asperges, les pissenlits. Le buttage de protection concerne les rosiers, les artichauts, les phormiums, les gynériums, etc. Pour cette opération, veillez à utiliser de la terre fine et légère pour éviter les risques de compactage qui favorisent l'apparition des pourritures.

Le roulage

Lors des semis de gazon, le passage d'un rouleau lourd est obligatoire pour obtenir une bonne stabilisation du sol. Il est conseillé de le remplir avec du sable. Pour un semis de fleurs ou de légumes, le

L'entretien au quotidien

cylindre rempli d'eau a un poids suffisant. Le rouleau se passe également sur la pelouse déjà installée afin de provoquer le développement en épaisseur des touffes de gazon (tallage). Il est aussi utilisé après l'hiver sur les sentiers et les allées en terre non stabilisés pour les remettre à niveau.

Le débroussaillage

Cette tâche fait à la fois partie du nettoyage et du désherbage. Elle est surtout nécessaire dans les résidences secondaires ou les nouvelles propriétés non encore plantées. La faux traditionnelle est de plus en plus souvent remplacée par la débroussailleuse portée. Il s'agit d'un outil équipé d'un petit moteur à deux temps qui fait tourner un axe au bout duquel on peut placer différents outils pour faucher, couper des rejets ligneux, éliminer des ronces, etc. La débroussailleuse est un outil puissant qu'il faut utiliser avec précaution. C'est l'engin idéal pour entretenir les fossés, les sous-bois, les talus, les zones incultes, etc. Dans les grandes propriétés, vous pourrez utiliser une débroussailleuse tractée, sorte de tondeuse surpuissante qui coupe et broie les broussailles en un passage.

Le compostage

C'est le stockage des déchets organiques en vue de leur décomposition pour l'obtention du compost. Les feuilles mortes, les tontes de gazon, les épluchures de légumes, le fumier de la basse-cour, la sciure de bois, le broyat des branches taillées, etc., peuvent être utilisés. En revanche, n'y mettez pas de fruits tachés ou abîmés ni de légumes pourris. Vous risqueriez de contaminer le compost avec des germes de maladies. Placez le tas de compost dans un endroit discret du jardin, mais facilement accessible avec une brouette. Entassez les déchets par couches de 20 cm alternées avec la même épaisseur de paille ou de tourbe blonde. Saupoudrez chaque lit d'éléments à composter avec un produit activateur qui accé-

▲ Le buttage des asperges permet de les récolter blanches.

lère la décomposition (en général du sulfate d'ammoniaque). Terminez en arrosant le tas, sans que l'eau ruisselle. Ensuite couvrez l'ensemble afin que la fermentation se déroule sans problème et que les matières se trouvent à l'abri des pluies. Il faut compter entre six mois et quinze mois pour obtenir un produit utilisable. Il devra être préalablement composté.

La débroussailleuse est la faux du jardinier moderne. ▶

PALISSAGE ET TUTEURAGE

Toutes les plantes dont les tiges manquent de rigidité nécessitent d'être accrochées à un support. On parle de tuteurage quand il s'agit d'un piquet, d'une rame, d'un échalas. On adopte le terme de palissage quand la plante est attachée à un mur, un treillage, un grillage ou un filet à ramer.

Le tuteurage est aussi nécessaire au moment de la plantation des jeunes arbres. Il faut penser à piquer le tuteur au fond du trou avant d'y installer la plante. De cette manière, il se trouve plus solidement ancré et il n'y a pas de risque d'abîmer les racines.

Les plantes sont attachées à leur support avec différents types de liens souples. On trouve dans le commerce des attaches en plastique crantées très pratiques qui s'adaptent à tous les diamètres de plantes et de tuteurs. Il existe aussi des colliers métalliques, capitonnés de mousse synthétique. Ils sont surtout destinés aux arbres pour éviter de blesser l'écorce. Ne serrez jamais un lien autour de la plante. Il faut laisser la possibilité au rameau de grossir, sans qu'il risque de s'étrangler. Sinon cela provoque une crevasse inesthétique avec blessure de la branche qui peut mourir.

▼ *Tuteurage sur bambous.*

147

Savoir jardiner

LA TAILLE

La taille peut être assimilée à une chirurgie réparatrice ou esthétique pour les plantes du jardin. C'est une intervention que l'on néglige trop souvent par crainte d'abîmer les végétaux et c'est une erreur. À moins de réduire une plante à un simple moignon, il est très rare que l'on n'obtienne pas une repousse spectaculaire après une taille. Suivez attentivement nos conseils et vous constaterez que tailler est beaucoup plus simple que vous ne le supposiez.

astuce Truffaut — Effectuez toutes les tailles importantes pendant le repos de la végétation. Les plantes supporteront beaucoup mieux l'intervention sans risque d'être parasitées.

▲ La taille des haies formées demande de l'habileté.

La taille consiste à couper des parties plus ou moins importantes du végétal. Vous pouvez réduire la longueur d'une branche ou d'une pousse pour qu'elle se ramifie, équilibrer l'ensemble de la ramure, éliminer totalement un rameau inutile ou mal placé, etc. Contrairement à ce que l'on pourrait croire, la taille stimule la croissance du végétal. Plus vous coupez court (dans des limites raisonnables tout de même) et plus la plante repousse avec vigueur. C'est ainsi qu'il faudra toujours tailler plus long les plantes à forte croissance et plus court les sujets chétifs. C'est l'œil situé à l'extrémité de la portion de rameau restée sur la plante qui va recevoir le maximum de sève et assurer de nouveau la croissance de l'organe. Il faut donc tailler au-dessus d'un bourgeon, ou d'une feuille, puisque cette dernière possède des yeux situés à la base du pétiole (yeux stipulaires). Coupez en biseau à 5 mm environ au-dessus de l'œil. La partie basse du biseau sera située à l'opposé de l'œil, de manière

Coupez toujours au-dessus d'un œil (bourgeon) en orientant la base du biseau vers l'arrière. Utilisez un sécateur bien aiguisé et parfaitement propre. ▶

LES BONS OUTILS

Toutes les interventions de taille nécessitent un bon équipement. L'outil le plus employé est le sécateur. Il doit être efficace et léger et d'une longueur adaptée à celle de votre main. Pour les branches de 1 à 3 cm de diamètre, utilisez un ébrancheur, sécateur que l'on manie à deux mains. Il existe des modèles avec démultiplication de l'effort, efficaces et agréables à manier. Les haies régulières se taillent avec une cisaille ou un taille-haie dont les lames seront assez courtes pour une meilleure précision. Pour couper les branches très hautes sans avoir à monter sur une échelle, utilisez un échenilloir. C'est un sécateur monté sur un manche télescopique et actionné par une cordelette.

Un ensemble d'outils pour bien tailler. ▶

La taille

à laisser l'eau de pluie s'écouler sans risquer de noyer le bourgeon. Pour obtenir une coupe bien nette, orientez le sécateur de telle manière que la lame glisse le long du bois qui reste sur la plante. On dit souvent de tailler à deux yeux ou à trois yeux. Cela signifie qu'il faut couper au-dessus du deuxième ou troisième bourgeon (ou feuille), compté à partir de la base du rameau. Attention, le jardinage n'a rien à voir avec des mathématiques appliquées. Le nombre d'yeux conservés est moins important que leur position sur la branche. Si vous désirez allonger une branche vers la droite, il faut couper au-dessus d'un œil orienté dans cette direction. Pour obtenir un rameau bien droit après plusieurs tailles (cas d'une palmette fruitière par exemple), il est nécessaire de tailler sur un œil de droite, puis de gauche, alternativement d'une année sur l'autre. La taille est aussi une opération de rajeunissement pour les plantes. Un des principes de base consiste à éliminer les vieux rameaux (écorce brune ou grise) au profit des plus jeunes (écorce verte). C'est important car, si vous ne taillez pas, les branches se lignifient et se dégarnissent progressivement de la base. Dans le cas de vieux arbustes laissés à l'abandon plusieurs années ou de rosiers aux grosses branches noueuses, il faut rabattre. Cela signifie une taille sévère avec la suppression de plus de la moitié de la longueur du rameau. Dans certains cas, on effectue un recépage, c'est-à-dire une taille complète de toute la partie aérienne de la plante au ras du sol. Attention, seules les espèces produisant des rejets depuis la souche peuvent être traitées de cette façon.

On pratique aussi une taille au moment de la plantation des arbres et des arbustes présentés à racines nues. Cette opération consiste à réduire la longueur de la ramure au maximum du quart de sa longueur. On fait de même pour les racines. Cela a pour effet de faciliter la reprise en stimulant la repousse des parties qui ont été taillées. L'habillage a aussi pour but de bien équilibrer la plante afin qu'elle pousse par la suite de manière harmonieuse. Une chose importante : vous devez habiller la ramure et les racines dans les mêmes proportions en même temps, sinon vous provoqueriez un déséquilibre entre la croissance souterraine et aérienne, et la reprise serait plus lente.

Un autre principe de base dans la taille est la simplification de la ramure. Ne conservez qu'un seul départ de rameau sur le même point d'insertion (très important chez la glycine par exemple). Évitez aussi que les branches de force égale se croisent. Cherchez enfin à bien aérer le centre de la ramure pour que le soleil puisse pénétrer le cœur de la plante et faciliter la floraison et la mise à fruits. En fait, une plante bien taillée doit être harmonieuse, avec une charpente équilibrée autour de son axe de symétrie. La ramure doit être bien étagée, avec une répartition régulière des branches. Tout ce qui donne une impression de fouillis n'est pas bon. N'hésitez pas à prendre du recul pendant le travail, afin d'apprécier l'équilibre de la plante dans son ensemble.

LA PROTECTION DES PLAIES

Les tissus de la plante laissés à vif après la taille sont des portes ouvertes pour la pénétration des parasites : insectes du bois ou chancres. Il est important de parer à la serpette toutes les plaies de plus de 1 cm de diamètre. Cela évite de laisser en place des tissus hachés et par conséquent fragilisés. Couvrez ensuite les parties à vif avec un produit cicatrisant. Il s'agit souvent de mastic que l'on applique avec une spatule ou un petit morceau de bois. Il existe aussi des goudrons en bombe, très pratiques mais assez salissants. N'hésitez pas à faire déborder la protection sur l'écorce située autour de la plaie. Ne laissez jamais un moignon sur la plante.

▲ Parez la plaie de coupe.

▲ Protégez avec un cicatrisant.

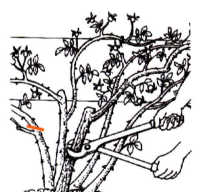
▲ Véritable cure de jouvence pour les plantes, la taille a pour principe de toujours privilégier les jeunes pousses au détriment des branches âgées. Ces dernières qui se dégarnissent de la base ne peuvent être conservées.

◀ La taille d'un arbuste avant la plantation prend le nom d'habillage. Elle consiste à équilibrer la ramure et à réduire légèrement son volume.

La taille insuffle un surcroît de vigueur à la plante qui la subit. Les espèces à la végétation frêle seront coupées plus sévèrement que les sujets vigoureux. En laissant plus de vieux bois sur la plante, on ralentit la montée de sève. La vigueur du développement s'en trouve diminuée. ▶

149

Savoir jardiner

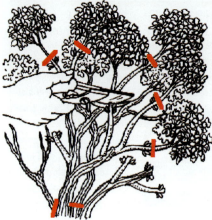

▲ La taille de nettoyage consiste à éliminer les inflorescences fanées ainsi que les branches mortes ou malades. C'est une intervention à pratiquer sur les arbustes tout au long de la période de végétation.

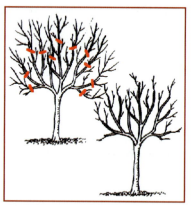

▲ L'élagage est la taille des arbres pleins-vents. Cette opération consiste à réduire la longueur des branches et à bien alléger la ramure pour que le soleil pénètre à l'intérieur de la frondaison. Un travail surtout hivernal.

◀ Le rajeunissement d'un arbre consiste à éliminer toutes les branches en surnombre en cherchant à privilégier les plus jeunes au détriment des parties anciennes et dénudées. Respectez l'équilibre de la forme.

Les méthodes de taille

Il faut distinguer les tailles d'entretien qui se pratiquent plutôt pendant la période de végétation, des tailles de formation. Ces dernières interviennent de préférence au cours de l'hiver car elles sont plus sévères. Dans tous les cas, le premier travail consiste à dégrossir la plante, en éliminant les pousses en surnombre. Cela permet de bien dégager les rameaux qui font l'objet de l'intervention. Sachez que la taille est avant tout une question de logique et d'évaluation personnelle. Il existe quelques principes assez rigides pour tailler les rosiers ou les arbres fruitiers notamment, mais ils doivent toujours être interprétés car la nature est souvent fantaisiste et semble s'amuser à piéger le jardinier.

Les tailles d'entretien

Elles concernent surtout les arbustes. Pour simplifier, on peut les diviser en deux catégories : les arbustes à floraison printanière et les arbustes à floraison estivale. Dans les deux cas, il faut intervenir après la floraison. Les arbustes de printemps sont des espèces fleurissant sur des pousses de un à trois ans. Ils se taillent tous les deux à trois ans, selon leur rapidité de croissance. Le travail consiste à privilégier les nouveaux départs qui fleuriront l'année suivante et à éliminer toutes les branches de plus de trois ans. Vous les reconnaîtrez à leur diamètre important, mais surtout parce qu'elles portent au moins deux ramifications secondaires. Coupez-les à leur point de naissance. La taille des arbustes à floraison estivale est pratiquée en automne et en hiver. Il s'agit de plantes fleurissant sur les pousses de l'année. Vous pouvez vous référer au principe de base appliqué aux rosiers buissons. Il consiste à rabattre toutes les branches à deux ou trois yeux de leur point de départ. Cette taille très sévère a pour but d'éviter l'allongement inutile de la souche qui ne produit pas de rejets et a tendance à se dégarnir. Sur les arbustes très vigoureux, il importe de réaliser un allègement de la silhouette. Il s'agit d'éliminer un maximum de brindilles et de pousses secondaires chétives. Parmi les tailles d'entretien, il faut aussi mentionner la suppression des gourmands, sur les rosiers, les lilas et les noisetiers. Il s'agit de rejets du porte-greffe qui épuisent inutilement la plante. Vous devez les couper aussi près que possible de leur point de départ. La taille d'entretien consiste aussi à supprimer le bois mort. Cette intervention a un but esthétique mais aussi sanitaire. En effet, les ennemis des arbres et des arbustes profitent souvent de ces parties faibles pour envahir le bois sain. Sur les espèces à feuillage caduc, opérez pendant la végétation afin de mieux repérer les parties à éliminer. Coupez au ras du bois vivant (de couleur claire) et ne laissez pas de moignon sur la plante.

Les tailles de formation

Elles ont pour objet la création de la silhouette de la plante. Les plus complexes concernent les formes palissées des arbres fruitiers : palmettes, U, cordons. Mieux vaut les acheter déjà formés et vous contenter de conserver la silhouette définie par des pincements, des ébourgeonnements et la fameuse taille trigemme (*voir* page 749). Vous pouvez en revanche former la ramure d'un arbre libre. En partant d'une simple pousse, vous conservez dans le courant du printemps les trois branches latérales qui se développent à l'extrémité de la longue tige. Toutes les autres sont éliminées à leur point de départ. N'oubliez pas de tuteurer le futur tronc afin qu'il reste bien vertical. L'hiver venu, vous réduirez les trois branches principales (charpentières) du tiers de leur longueur. Pour un arbre à port étalé, il faut couper au-dessus d'un œil dirigé vers le sol. Pour obtenir un arbre fastigié, coupez sur un œil orienté vers le ciel. Ces branches vont se ramifier durant la saison suivante en donnant de nouvelles pousses. Veillez à leur bon

La taille

LES OUTILS D'ÉLAGAGE

La taille des arbres nécessite un équipement qui soit à la fois puissant et maniable. Les outils traditionnels sont petit à petit remplacés par des matériels motorisés comme la tronçonneuse ou l'élagueur pneumatique. Ils offrent une efficacité incomparable, mais doivent être maniés avec beaucoup de précaution. Choisissez une tronçonneuse très compacte et légère si vous devez monter dans l'arbre. Le croissant, sorte de serpe en demi-lune, est l'outil classique de l'élagage. Monté sur un long manche, il sert surtout à défourcher les branches. Il faut une certaine habileté pour frapper avec précision la base du rameau à éliminer. Mais quand il est bien utilisé, le croissant tranche d'un seul coup une branche de 3 à 4 cm de diamètre. Pour sectionner des rameaux plus importants, une scie s'avère indispensable. Les scies de jardinier ont une lame étroite et légèrement recourbée. Cela permet de les glisser entre les branches avec plus de facilité. Certains modèles peuvent être montés sur un manche télescopique afin de pouvoir travailler depuis le sol. Une serpe ou une hachette peuvent compléter la panoplie des outils d'élagage, surtout pour débiter les branches qui ont été coupées.

▼ L'élagueur pneumatique : efficace.

▼ Le croissant : à manier avec précaution.

▲ L'éclaircissage est une forme d'élagage qui peut aussi prendre le nom d'aération ou d'allégement de la silhouette. Il s'agit d'éliminer une pousse secondaire sur deux, de manière à rendre l'arbre moins touffu.

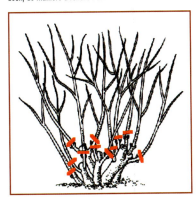
◄ Les arbustes fleurissant sur des rameaux de l'année, comme le buddleia, le fuchsia ou le caryoptéris, sont taillés très sévèrement en fin de saison. Allongez les jeunes pousses de deux yeux pour conserver une forme compacte.

équilibre. L'hiver de la troisième année, vous taillez pour éliminer les pousses en surnombre et accorder toutes les longueurs. Ensuite, laissez faire la nature et contentez-vous d'équilibrer la longueur des branches, pour éviter tout désordre dans la végétation et obtenir une jolie silhouette.

L'élagage

C'est la taille des grands arbres, qui conjugue à la fois la formation de la silhouette et l'entretien général de la plante. Ne vous inspirez surtout pas de ce qui est souvent fait dans les villes avec les arbres d'alignement. L'élagage n'a rien d'un jeu de massacre. Le recépage de la ramure au niveau du tronc doit être considéré comme une intervention exceptionnelle. En revanche, vous pouvez réduire la longueur de la ramure jusqu'à un tiers tous les ans, sans risque pour l'arbre. Si vous hésitez devant l'importance de l'intervention, faites appel à une entreprise spécialisée.

La taille et la loi

L'article 673 du Code rural précise : « celui sur la propriété duquel avancent les branches des arbres, arbustes et arbrisseaux du voisin, peut contraindre celui-ci à les couper. » Cela signifie que vous n'avez nul droit de prendre l'initiative de couper vous-même une branche qui vous gêne, ou d'abîmer un arbre. En passant outre, vous pouvez être poursuivi au titre de l'article R 40 du Code pénal. Il punit de 1 200 à 3 000 F d'amende, et de dix jours à un mois de prison, ceux qui « auront abattu, mutilé, écorcé ou coupé de manière à le faire périr, un arbre qu'ils savaient appartenir à autrui ».

Attention au danger que représente une branche qui tombe. Elle peut aussi rebondir sur le sol. Il est conseillé d'attacher chaque branche avant de la sectionner, et de la faire guider par un assistant lors de sa chute. ▼

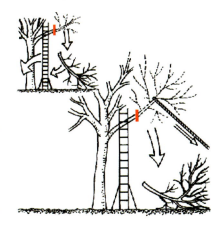

151

Savoir jardiner

LES SEMIS

▲ Réservez un coin éclairé d'une pièce fraîche ou une partie de la véranda pour les semis précoces en pots et en terrines.

Méthode de multiplication naturelle, le semis consiste à placer des graines dans les conditions idéales pour leur germination. Côté jardin, c'est le moyen le moins onéreux pour obtenir un grand nombre de fleurs ou de légumes.

 astuce Truffaut — Vérifiez sur les sachets de graines la date de péremption de la semence. Utilisez des graines aussi fraîches que possible pour obtenir une bonne germination.

Méthode courante de multiplication des plantes, le semis est l'action de disperser les graines. Le vent, les oiseaux et les insectes sont les principaux agents naturels de la propagation des végétaux. Les plantes ont trouvé mille et une astuces pour que leurs semences puissent être disséminées au mieux. Certaines graines sont munies d'ailes, de crochets, de vrilles, de plumes, etc.
Au jardin, le semis est très employé, car c'est une méthode de multiplication simple, attractive, et surtout bon marché.

■ Les techniques de semis

On distingue différentes méthodes de semis, en fonction de la manière utilisée pour éparpiller les graines sur le sol et du procédé de culture des plants obtenus.

Les semis en ligne
Ils consistent à disposer les graines au fond de petits sillons (ou rayons) de 1 à 3 cm de profondeur, tracés le long d'un cordeau. On les emploie surtout au potager.

Les semis à la volée
Ils sont le résultat du fameux « geste auguste du semeur » où les graines sont jetées sur le sol dans un mouvement rapide de l'avant-bras. Pour que la semence s'éparpille en pluie et de manière homogène, il convient de serrer fortement les graines au creux de la main et de tendre les doigts en éventail d'un geste brusque au moment du lâcher. Les semis à la volée sont très utilisés pour le gazon.

Les semis en poquets
C'est une technique qui concerne unique-

Les semis

ment les plantes à grosses graines (melon, pois, haricot, etc.). Les semences sont réunies en petits tas de 3 à 5 graines disposées dans un pot ou réparties dans un sillon. L'avantage est d'obtenir des plants vigoureux et d'économiser de la semence puisque les plantes sont tout de suite bien espacées sur le rang.

Les semis en place

Ils s'adressent aux cultures qui vont effectuer leur cycle complet au même emplacement. C'est le cas par exemple des carottes et des radis, mais aussi de toutes les fleurs annuelles à croissance rapide (clarkia, souci, etc.). Les semis en place nécessitent presque toujours un éclaircissage qui consiste à éliminer les plants en surnombre pour permettre la bonne croissance des autres.

Les semis en pépinière

Ce terme concerne toutes les plantes qui nécessitent un repiquage, comme les choux, les poireaux, les laitues, les bégonias, les œillets d'Inde, les pétunias, etc. La pépinière est tout simplement un petit coin du jardin bien exposé et abrité des vents froids, que l'on réserve pour les semis. Les semis en pépinière se font souvent à la volée.

▲ Préparez le sol en l'émiettant et en retirant les cailloux. Il est inutile de fertiliser un lit de semence, sauf pour les cultures en place.

▲ Pour les semis en ligne, tendez un cordeau. Tracez le sillon avec la partie pointue (langue) d'une serfouette ou le bout du manche d'un râteau.

▲ Utilisez un semoir pour répartir les graines dans le sillon. Il est important qu'elles ne se touchent pas, pour obtenir une levée bien régulière.

▲ Mélangez sable et tourbe blonde par moitié dans une terrine dont le fond est garni d'un lit de billes d'argile.

▲ Répartissez les graines à la surface de la terrine, sans les toucher avec les doigts. Semez bien clair.

▲ Recouvrez les graines avec du terreau très finement tamisé. Terminez par un arrosage par trempage.

Les semis en pleine terre

On pourrait dire aussi les semis en plein air. Ce sont ceux que l'on effectue directement dans le jardin. La saison des semis en pleine terre est comprise entre fin mars et fin septembre. Il faut bien préparer le sol avec bêchage, griffage et ratissage pour le transformer en lit de semence finement émietté. Les semis en pleine terre concernent uniquement les plantes rustiques ou celles dont le cycle de culture est suffisamment bref pour se dérouler au cours de la belle saison.

Les semis sous abri

Ils peuvent être réalisés à la maison, dans la véranda, en serre ou sous châssis. Ils concernent toutes les plantes non rustiques et les espèces frileuses à cycle assez long qui nécessitent des semis précoces (melon, tomate, aubergine, poivron, bégonia, œillet d'Inde, pétunia, géranium, etc.). La répartition des graines se fait en terrine (on dit aussi caissette) ou en pot selon le nombre de plants désirés. Pour les espèces les plus délicates, il est préférable de poser une feuille de verre ou un film plastique sur la culture. Vous créez ainsi une ambiance confinée, favorable à une levée rapide. Les semis précoces de janvier et février gagneront à être réalisés avec une chaleur de fond, c'est-à-dire une résistance portant la température du terreau entre 22 °C et 25 °C.

LES HYBRIDES F1

Sur beaucoup de sachets de graines, la dénomination variétale de la plante est accompagnée de la mention « F1 ». Cela signifie qu'il s'agit d'hybrides de première génération, c'est-à-dire le résultat du premier croisement entre des parents sélectionnés et homogènes. La particularité des F1 est leur uniformité. Toutes les plantes sont semblables. C'est un point intéressant dans les massifs floraux. Au potager, cela peut être utile si vous faites des conserves, toute la récolte s'effectuant au même moment. Un autre avantage des F1 est le phénomène d'hétérosis qui leur est propre. Il s'agit d'un surcroît de vigueur et de productivité que l'on constate chez ces plantes. Les hybrides F1 sont plus chers en raison de leur production délicate.

Vous pouvez aussi trouver mention du terme « triploïde » dans certains catalogues. Il s'agit d'hybrides particuliers qui possèdent une paire de chromosomes en plus par rapport à la normale. La triploïdie, qui est un phénomène normal chez certaines espèces, permet d'obtenir des plantes stériles, d'où l'assurance d'une bonne régularité variétale. De plus, les fleurs obtenues sont toujours beaucoup plus grosses et souvent très doubles. C'est un point appréciable pour les plantes à massif.

Des roses d'Inde hybrides F1. ▶

153

en pratique

Savoir jardiner

LE BOUTURAGE

Technique de multiplication végétative des plantes, le bouturage consiste à provoquer l'enracinement d'un fragment de tige, de feuille ou de racine. C'est une solution simple et pratique, dont le principal avantage réside dans la reproduction fidèle de toutes les caractéristiques de la plante mère : port, couleur, vigueur.

astuce Truffaut Pour augmenter vos chances de réussite, bouturez toujours des jeunes pousses latérales situées à l'extrémité de la plante et n'ayant pas encore porté de fleurs.

▲ Les arbustes se multiplient facilement par bouturage : les caducs en juin ou novembre, les persistants en août.

LE BON ÉQUIPEMENT

La réussite des boutures est conditionnée par l'utilisation d'un minimum d'outils, de produits et d'accessoires.
Un petit sécateur, des ciseaux, des lames de rasoir vont servir au prélèvement et à la préparation des boutures. Ils doivent être toujours très propres. Désinfectez-les, de temps en temps, à l'alcool à 90°.
Les très fines racines émises par la bouture ont besoin d'un environnement léger et bien poreux. Un substrat constitué d'un mélange de sable et de tourbe blonde par moitié est l'idéal. Évitez les terreaux dont la consistance trop compacte est favorable au développement des pourritures. Pour toutes les boutures délicates, utilisez de la poudre d'hormones (Rootone F). Ce produit vendu en sachets ressemble à de la farine tamisée. C'est une forme concentrée de la substance que sécrète naturellement la plante pour s'enraciner. Il suffit de plonger la partie inférieure de la bouture dans cette poudre, pour qu'elle recouvre les tissus d'une fine pellicule stimulant l'émission des racines. Enfin, n'oubliez pas les indispensables miniserres au couvercle transparent.

▼ *Une bouture bien enracinée.*

Le bouturage est un clonage, c'est-à-dire une réplique fidèle de la plante mère, puisqu'il ne nécessite pas d'intervention sexuée. Le code génétique du nouveau sujet est le même que celui du végétal d'origine. C'est pourquoi vous ne devez bouturer que les plantes les plus vigoureuses, les plus belles et les plus florifères. Vous ne prélèverez, bien sûr, que des parties parfaitement saines.

▼ Plantez les boutures d'arbustes dans un substrat léger.

Le bouturage

▲ Les boutures à bois sec sont réalisées durant l'hiver.

▲ Les boutures herbacées réussissent mieux à l'étouffée.

◄ Habillez le feuillage pour éviter qu'il ne flétrisse.

Les boutures de rameaux

Ce sont les plus courantes. Elles consistent à utiliser un fragment d'une jeune branche pour lui faire émettre des racines. Une bouture mesure en moyenne 15 cm de longueur. Pour schématiser, on peut dire que plus elle est courte et plus les chances de reprise sont grandes. Par exemple des plantes comme les bruyères, les berbéris, les fuchsias donnent de meilleurs résultats avec des boutures de 8 à 10 cm de longueur seulement. D'une manière générale, utilisez toujours la partie médiane du rameau en éliminant les deux extrêmes, trop dure pour la base et trop molle pour l'extrémité.

La bouture simple se résume à couper la bouture de part et d'autre d'une feuille ou d'un œil (bourgeon). Vous éliminez les feuilles sur les deux tiers du rameau, à partir de la base, et piquez directement la bouture dans le sol, sans autre préparation. Cette technique concerne la plupart des plantes.

La bouture à talon consiste à détacher le rameau avec un morceau d'écorce de la branche qui le supporte (entre 1 cm et 2 cm de longueur). Cette partie de bois plus dur permettra un meilleur enracinement de certains persistants comme le pyracantha, le houx, le céanothe, le thuya, le cyprès, etc. Selon l'époque et le stade végétatif des plantes, on distingue trois techniques.

Le bouturage herbacé se pratique dans le courant du printemps, quand les nouvelles pousses, déjà bien développées, sont encore souples. L'avantage est une reprise rapide. Après avoir arrosé, il est indispensable de placer la culture sous une protection complètement fermée (c'est la bouture à l'étouffée), afin de maintenir un degré hygrométrique élevé qui empêchera les rameaux encore tendres de faner. Un film plastique, une bouteille d'eau minérale coupée en deux, ou une miniserre conviennent bien. Les boutures herbacées se pratiquent avec de nombreuses plantes : dahlia, chrysanthème, anthémis, œillet, millepertuis, spirée, seringat, weigélia, certains rosiers, etc.

Le bouturage demi-août utilise les jeunes pousses en train de durcir pour prendre une texture ligneuse (bois). Il s'effectue à l'étouffée, entre la mi-août et la fin septembre. Utilisez cette technique pour les géraniums et les arbustes à feuillage persistant.

Le bouturage à bois sec se pratique avec les arbres et arbustes caducs après la chute des feuilles. Les rameaux coupés et préparés sont mis en jauge au pied d'un mur orienté au nord, en attendant leur repiquage en pleine terre au printemps suivant.

LES BOUTURES DANS L'EAU

De très nombreuses plantes, surtout parmi les espèces qui vivent dans la maison, présentent la faculté d'émettre des racines à partir de tiges plongées dans l'eau. C'est le cas notamment des *Ficus benjamina*, pothos, misère, impatiens, coléus, fittonia, hypoestes, laurier-rose, papyrus, piléa, etc.
Vous pouvez bouturer toute l'année, mais les résultats sont meilleurs en période de végétation. La partie plongée dans l'eau doit être débarrassée de ses feuilles. Comptez entre quinze jours et un mois pour la reprise. Vous améliorerez vos chances de réussite en diluant de trois à cinq gouttes d'engrais organique dans l'eau du récipient utilisé. Repiquez très vite vos boutures dans un terreau léger, car les racines émises dans l'eau pourrissent facilement.

▼ Les boutures dans l'eau sont les plus faciles.

155

Savoir jardiner

◀ Bouture de feuille de *Begonia rex* : incisez les nervures.

Les boutures de feuilles

Les rameaux, qui constituent les parties les plus couramment utilisées pour le bouturage, ne sont pas toujours disponibles. C'est le cas par exemple des plantes dites acaules (sans tige) comme certains bégonias, les saintpaulias, quelques plantes grasses, etc. Il n'y a plus qu'à employer des feuilles. Rares sont les plantes du jardin qui se propagent aisément par cette technique. En revanche, elle est très utilisée pour les espèces cultivées à la maison. La technique utilisée dépend de la forme des feuilles. Pour les petites espèces, comme les saintpaulia, piléa, pépéromia, le plus simple est de prélever la feuille avec son pétiole et de piquer ce dernier verticalement dans un substrat de sable et de tourbe. Il est important de l'enterrer complètement jusqu'à la naissance du limbe. Pour les feuilles plus grandes comme celles des *Begonia rex* et des streptocarpus, le plus simple consiste à prélever une feuille entière et à l'appliquer à plat à la surface du sol. La reprise sera meilleure si vous incisez légèrement les nervures principales avec une lame de rasoir ou un greffoir.
Les *Begonia rex* et *massangeana* font l'objet d'une technique particulière appelée le « triangle de nervures ». Il s'agit de découper la feuille en fragments présentant au moins un point de jonction entre deux nervures. Les boutures de 3 à 4 cm de long sont alors piquées verticalement dans le substrat.
Les feuilles des papyrus, sanséviéria et saintpaulia, peuvent être bouturées dans l'eau. Le sanséviéria présente la particularité de ne pas reproduire les marges jaunes de ses feuilles avec cette méthode. Quant au papyrus, il faut couper ses feuilles de manière à former une petite étoile de 10 cm de diamètre environ. Réduisez aussi la longueur du pétiole, puis plongez cette bouture dans une coupelle remplie d'eau, avec le pétiole dirigé vers le haut. Cette technique « tête en bas » ne s'applique pour aucune autre plante, dont il faut d'ordinaire bien respecter le sens de la végétation. À signaler une autre originalité rencontrée chez certains kalanchoes et bryophyllums, chez *Asplenium bulbiferum* et *Tolmiea menziesii*. Ces plantes que l'on appelle « vivipares » présentent la particularité d'émettre des rejetons miniatures directement sur leurs feuilles. Il suffit de les détacher et de les repiquer pour les propager par le plus simple bouturage de feuille qui soit. Toutes les boutures de feuilles réussissent mieux dans une ambiance humide, à l'étouffée, et dans un substrat de sable et de tourbe, allégé par la présence de vermiculite ou de petites billes de polystyrène expansé.

Les boutures de racines

Cette technique assez méconnue est pourtant fort pratique pour propager certaines plantes vivaces, comme les phlox, lupin, pavot, soleil, acanthes, crambe, etc., ou même des arbres et des arbustes, comme les lilas, framboisier, aralia, rhus, paulownia, céanothe, etc. Ce bouturage profite de la propriété qu'ont certaines plantes de bourgeonner directement sur les racines. Bouturez pendant la période de végétation en utilisant des racines assez jeunes, mais déjà assez dures. Coupez des tronçons de 5 cm de longueur. Les plus fins sont posés à plat à la surface d'une terrine

▼ Originale : la bouture de rhizomes de gingembre.

▼ La jeune pousse apparaît au bout d'un mois environ.

remplie d'un substrat léger. Les plus gros morceaux sont piqués verticalement dans un pot en tenant compte du sens normal de la végétation. Une bonne astuce : pour éviter de planter une bouture de racine à l'envers, coupez toujours la partie supérieure perpendiculairement et la partie inférieure en biseau, ce qui vous permettra en plus de l'enfoncer plus facilement dans le pot. Attention, les plantes multipliées par cette technique ont tendance à devenir très drageonnantes et donc envahissantes.

Les tronçons de tiges

Cette technique assez délicate intéresse certaines plantes de la maison, comme les dracaena, dieffenbachia, yucca, philodendron, cordyline, etc. Elle offre l'avantage de rajeunir les sujets trop dégarnis et d'obtenir un nombre important de jeunes plantes. Il suffit de couper une branche ayant perdu la plupart de ses feuilles et de la tronçonner en petits morceaux de 4 à 5 cm de longueur. Chacun doit présenter au moins trois nœuds, c'est-à-dire les marques de l'emplacement d'anciennes feuilles. C'est sur ces petits renflements que les racines vont se former. Incisez légèrement l'écorce avec une lame de rasoir et appliquez de la poudre d'hormones sur cette partie. Posez ensuite les tronçons à plat, sur un substrat léger dans une terrine, ou mieux dans une miniserre chauffante. Chaque fragment est enterré de moitié seulement. Arrosez et placez à l'étouffée dans une pièce bien chauffée. Comptez environ 30 % de réussite.

Des boutures originales

Il existe bien d'autres méthodes de bouturage. Savez-vous, par exemple, que la plantation d'un tubercule de pomme de terre est ni plus ni moins qu'un bouturage ? Le tubercule étant une tige renflée et gorgée de réserves, le fait de le faire germer dans le sol est bien un bouturage. Dans le même principe, vous pouvez bouturer à la maison, dans l'eau, un tubercule de patate douce ou faire germer un rhizome de gingembre. Ils donneront des plantes originales, et vous permettront de faire des observations intéressantes qui passionneront les enfants.

Les ananas non traités peuvent donner lieu à une bouture étonnante. Il suffit de couper la couronne de feuilles avec une épaisseur d'environ 1 cm de chair et d'écorce pour obtenir une bouture. Laissez-la à l'air libre pendant une journée afin qu'il se forme une pellicule cicatricielle sur la partie coupée. Posez ensuite cette bouture à plat sur le substrat d'un grand pot. Arrosez et recouvrez la culture d'un pochon plastique hermétique. Entretenez une bonne humidité et, après trois mois environ, la plante émettra de nouvelles feuilles vert glauque, signe de la reprise. Il sera temps alors de la rempoter.

▲ La bouture de feuille de papyrus : la tête en bas !

▲ Bouturage des feuilles du saintpaulia en terrine.

▲ Bouturage de la couronne de feuilles d'ananas.

> **LES SECRETS DE LA RÉUSSITE**
>
> La bouture doit vivre sur ses réserves durant toute la période de formation de ses nouvelles racines. Pour aider la plante à rester en vie, il faut lui apporter une bonne humidité ambiante et une certaine chaleur. C'est pourquoi la plupart des boutures réussissent mieux sous abri. Il peut s'agir d'une simple miniserre du commerce, d'un châssis, d'une serre ou d'une véranda. Veillez à ce que les boutures ne soient pas en contact avec le plastique ou le verre sur lequel se concentre l'humidité, vous risqueriez de les faire pourrir. La réussite se manifeste par une bonne stabilité des boutures dont l'aspect ne se modifie pas. L'apparition de petits bourgeons, puis de feuilles, est significatif de la reprise. Il faut alors sortir la culture de son milieu confiné, mais toujours lui offrir une protection contre le froid. Ne tardez pas à repiquer ou à rempoter les boutures dans un substrat plus consistant, par exemple un mélange par tiers de sable de rivière, de terreau forestier et de tourbe blonde.

▼ Rempotez les boutures racinées.

Savoir jardiner

LE GREFFAGE

Technique de multiplication de haut niveau, le greffage consiste à provoquer la soudure d'un fragment de plante (le greffon) sur une autre (le porte-greffe). On l'utilise chaque fois que le semis n'est pas fidèle et le bouturage trop difficile. Le greffage permet aussi d'adapter certaines plantes à des qualités de sol ou de climat particulières.

astuce Truffaut — Pensez à désinfecter vos outils de greffage, en frottant les lames avec un coton imbibé d'alcool à 90°. C'est un des secrets de la réussite.

▲ Un maillet en bois aide à enfoncer la serpette pour entailler les porte-greffe au bois dur lors d'une greffe en fente.

▼ Le greffon est inséré sous l'écorce du porte-greffe.

Le greffage s'apparente à de la chirurgie végétale. C'est une technique délicate qu'il faut employer en dernier recours, quand les autres méthodes de multiplication s'avèrent impossibles. Le greffage est couramment pratiqué

◀ L'écusson est soulevé en tirant avec la lame du greffoir.

◀ La greffe est ligaturée avec du raphia humide.

pour multiplier les rosiers, les arbres fruitiers, les variétés d'arbustes et d'arbres à feuillage coloré ou panaché et à port pleureur. Il est sans aucun doute plus facile de laisser le soin aux professionnels de propager les plantes pour vous. Mais dans le cas de variétés anciennes, qui ne font plus l'objet de cultures commerciales, vous n'avez comme seule solution que de greffer vous-même.

▌ La greffe en écusson

C'est la technique la plus répandue et la plus simple. Elle consiste à glisser sous l'épiderme du porte-greffe, un lambeau d'écorce muni d'un œil que l'on appelle l'« écusson ». Cette greffe se pratique uniquement sur les

Le greffage

jeunes sujets, le diamètre du porte-greffe ne devant pas excéder 2 cm. Vous pouvez pratiquer au printemps. La greffe est alors dite « à œil poussant », car l'écusson produit une pousse dès qu'il s'est soudé. De juillet à septembre, la greffe est appelée « à œil dormant », car sa croissance ne se produit qu'au printemps suivant. Cette dernière technique est la plus employée.

L'écussonnage se pratique de la façon suivante : l'écorce du porte-greffe est incisée en forme de T avec la pointe du greffoir. Utilisez la spatule de l'outil pour soulever délicatement le fin épiderme. Débarrassez le rameau greffon de ses feuilles, mais conservez les pétioles. Soulevez l'écusson en faisant glisser la lame du greffoir sous l'écorce. Il ne faut pas creuser afin de ne pas trancher le bois dur. Maintenez l'écusson par le fragment de pétiole et glissez-le dans le T du porte-greffe en veillant à ce que l'œil soit dirigé vers le haut. Ligaturez solidement avec du raphia humide ou le lien en plastique souple qu'utilisent les professionnels.

La greffe en couronne

Réservée à la réparation de branches cassées ou au surgreffage d'arbres ou d'arbustes adultes, la greffe en couronne se pratique en avril-mai. Commencez par rabattre la branche à l'endroit où vous souhaitez la greffer. Faites une coupe bien perpendiculaire qui sera parée à la serpette. Les greffons doivent être en dormance. Ils sont prélevés durant l'hiver et mis en jauge dans du sable. L'écorce du porte-greffe est incisée verticalement et décollée d'un côté avec la spatule du greffoir. Le greffon est taillé en biseau à l'opposé d'un œil, dans la partie médiane du rameau. Il doit comporter trois yeux bien développés. Glissez-le dans l'entaille du porte-greffe, jusqu'à ce que l'œil opposé au biseau affleure la surface de coupe de la branche. Répétez l'opération en posant un greffon tous les 3 à 5 cm de distance tout autour de la branche. Ligaturez solidement, puis masticquez toutes les parties à vif, y compris l'extrémité de chaque greffon.

▲ La greffe en couronne consiste à insérer plusieurs greffons sous l'écorce de la grosse branche qui a été rabattue à cet effet.

◄ Une pousse bien souple, attachée en arceau au-dessus de la greffe, sert de protection contre les oiseaux qui pourraient se percher sur le bout des greffons.

LA GREFFE EN FENTE

Très utilisée pour les plantes ornementales et pour surgreffer un sujet dont l'écusson n'a pas repris, la greffe en fente se pratique courant avril ou entre fin août et mi-septembre. Le porte-greffe doit mesurer entre 1,5 cm et 3 cm de diamètre. Il est rabattu horizontalement à la hauteur désirée, puis fendu verticalement en son milieu à l'aide d'une serpette de jardinier. La coupe ne doit pas dépasser 5 à 6 cm de longueur. Attention à ne pas provoquer l'éclatement du bois. Les greffons sont prélevés sur des rameaux dormants, conservés en jauge tout l'hiver. Taillez en biseau de part et d'autre d'un œil bien formé, afin d'effiler le bois. Faites ensuite pénétrer le greffon dans la fente du porte-greffe en veillant à ce que les écorces des deux plantes coïncident. Ligaturez avec force pour réduire au maximum l'ouverture de la fente. Badigeonnez tout l'assemblage avec du mastic à greffer. La reprise a lieu, en un mois environ, avec le bourgeonnement de l'œil.

▼ Incision verticale du porte-greffe.

▼ Le greffon est inséré dans la fente.

▼ La greffe est couverte de mastic.

Pour toutes les greffes, vous devez veiller à ce que greffon et porte-greffe soient compatibles. Ils doivent appartenir à la même espèce, ou tout au plus à la même famille végétale. On peut, par exemple, greffer le poirier sur un cognassier ou une aubépine et le lilas sur un troène. En revanche, la greffe ne prend pas entre un poirier et un prunier. L'idéal est d'utiliser comme porte-greffe des jeunes plantes de la même espèce issues de semis (on les appelle des francs). Dans ce cas, il n'y a pratiquement pas de problème de compatibilité. Les greffons sont toujours constitués par de jeunes pousses prélevées à l'extrémité des branches. Elles doivent être vigoureuses et correspondre parfaitement à la variété à propager.

159

Savoir jardiner

La greffe en anglaise

Surtout utilisée pour la vigne, cette méthode connaît diverses variantes, mais on emploie principalement la « greffe en anglaise compliquée » qui, à vrai dire, n'est pas si compliquée que cela. L'important c'est que le greffon et le porte-greffe aient le même diamètre. On utilise en général des rameaux dont le diamètre ne dépasse pas 2 cm. Les deux éléments à greffer sont tranchés en biseau allongé, à l'opposé d'un œil. Pour vous faciliter la tâche, faites l'entaille du bas vers le haut, en partant de la droite vers la gauche si vous êtes droitier et en sens inverse si vous êtes gaucher. Ce repère est important car les deux biseaux doivent être identiques pour bien s'assembler. Dans la greffe en anglaise simple (surtout employée pour les abricotiers et les clématites), qui se pratique en mars, les deux parties à vif sont appliquées l'une contre l'autre. C'est la ligature qui maintient l'assemblage. Dans la greffe en anglaise compliquée, qui s'effectue plutôt sous abri en janvier et février, chaque élément est fendu verticalement sur 1 à 2 cm de longueur. La coupe s'effectue aux deux tiers supérieurs du biseau. Greffon et porte-greffe peuvent ainsi être encastrés l'un dans l'autre ce qui solidifie l'assemblage et ne nécessite pas de ligature. Aucune greffe en anglaise n'est mastiquée.

La greffe en incrustation

Surtout employée pour les arbres fruitiers à noyaux, cette technique est une variante de la greffe en fente. Les professionnels l'utilisent beaucoup pour obtenir des pruniers, abricotiers ou cerisiers sur tige. L'avantage réside en une grande précision dans l'assemblage. En revanche, il faut une certaine pratique pour la réussir. Opérez en avril après les gelées printanières ou dans la première quinzaine de septembre. Le porte-greffe, qui doit mesurer moins de 3 cm de diamètre, est rabattu horizontalement à l'emplacement désiré pour la greffe. Entaillez un côté de l'écorce en forme de triangle, sans atteindre le cœur du rameau. Le greffon est pris parmi des rameaux mis en jauge en hiver s'il s'agit d'une greffe de printemps. Si vous opérez en septembre, utilisez une pousse de l'année déjà aoûtée (assez dure). Taillez deux biseaux à la base d'un œil, de manière à obtenir un triangle saillant qui va venir s'insérer dans la fente du porte-greffe. L'idéal est que la partie taillée du greffon soit légèrement plus grosse que l'entaille du porte-greffe. Cela permet de le faire pénétrer en force (pas trop quand même) afin d'obtenir un assemblage solide et d'éviter les parties vides qui nuisent à la reprise. Le greffon doit mesurer une dizaine de centimètres de longueur et comporter trois yeux bien développés. Ligaturez sans trop serrer et couvrez l'assemblage avec une couche de mastic.

▲ Greffon et porte-greffe sont fendus verticalement.

◀ L'assemblage de la greffe en anglaise compliquée.

▲ La greffe en incrustation : des incisions en triangle.

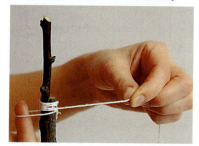

▲ Une ligature s'impose, mais inutile de trop serrer.

LES OUTILS DU GREFFAGE

Pour réussir les greffes, vous devez utiliser des outils bien adaptés, parfaitement affûtés et surtout d'une grande propreté. N'hésitez pas à nettoyer les lames avec de l'alcool à 90° avant chaque utilisation. Attention aussi à la rouille qui réduit l'efficacité.

▼ La réussite passe d'abord par de bons outils.

La panoplie de base se compose d'un greffoir, de préférence muni d'une spatule pour soulever plus facilement les écorces. Une serpette de jardinier servira pour la greffe en fente et pour parer les plaies des gros sujets. Une scie et un sécateur sont utiles pour rabattre les porte-greffe.

Le greffage

La greffe en placage

Cette méthode très utilisée pour les plantes ornementales se pratique en appliquant deux rameaux l'un contre l'autre. Beaucoup de variétés d'arbres ou de conifères à feuillage coloré ou à port pleureur sont multipliées de cette manière. On pratique au printemps, en utilisant souvent le principe de la « greffe marcotte », c'est-à-dire sans que le greffon soit détaché de la plante mère. Le porte-greffe est un jeune plant cultivé en godet mesurant 20 cm de hauteur minimum. Vous éliminez les feuilles sur 10 cm de longueur, à partir de la base ou dans la partie médiane de la tige. L'écorce est incisée verticalement sur 5 cm de long. L'entaille doit être superficielle. Le greffon est choisi sur une branche souple, et préparé de la même manière que le porte-greffe. Les deux parties à vif sont mises en contact, puis ligaturées solidement avec du raphia, de la laine ou du fil de lin. Le masticage n'est pas obligatoire, mais recommandé pour éviter les risques de maladies. La reprise a lieu après un mois environ. Elle se manifeste par la croissance du greffon qui développe des jeunes pousses. Pour les greffes marcottes, attendez l'automne avant de sevrer la nouvelle plante. Pour les greffes en placage par rameau détaché, il est préférable de conserver la culture sous abri dans une ambiance humide pendant deux à trois mois. Ensuite étêtez légèrement le porte-greffe, de manière à privilégier la croissance du greffon. La plante n'est vraiment autonome que l'année suivante.

▼ Pour la greffe de côté sous écorce, incisez le sujet.

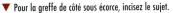

▲ Appliquez les deux plantes l'une contre l'autre.

La greffe de côté sous écorce

Très employée pour les arbres et les conifères, en particulier les formes à feuillage bleuté, cette greffe s'utilise le plus souvent sur des petits sujets en multiplication. Elle sert également pour reconstituer une branche sur un arbre fruitier ou pour rendre fertile certains rameaux. Dans ce dernier cas, c'est un bouton à fruit qui est greffé.
L'intervention a lieu en février ou en mars sous abri chauffé. Elle peut se pratiquer à la maison dans une pièce claire. Commencez par éliminer les feuilles poussant à la base du porte-greffe. Ensuite, fendez obliquement la tige principale sur 2 cm de longueur en

▼ Mettez le greffon en place et ligaturez-le solidement.

▲ Une bonne ligature, et la greffe en placage est terminée.

veillant à ne pas atteindre le cœur du rameau. Sur les arbres plus âgés qui sont surgreffés de cette manière, l'incision est un H horizontal qui permet de bien soulever l'écorce pour y glisser le greffon. Ce dernier est un fragment de jeune pousse mesurant de 5 à 7 cm de longueur. Sa base est finement taillée en biseau, de part et d'autre d'un œil ou d'un groupe de feuilles, pour obtenir une mince languette. Glissez le greffon dans l'entaille du sujet. Ligaturez avec de la laine ou bien un fil de coton ou de lin. Les jeunes plantes ne sont pas engluées. En revanche, pour les surgreffages, un peu de mastic est une bonne précaution. Les jeunes plantes sont cultivées en pots pendant un à deux ans et maintenues sous châssis afin qu'une gelée ne risque pas de casser la soudure encore fragile. Les porte-greffe sont rabattus au-dessus du point de greffe dès que le greffon commence à pousser.
Il existe d'autres méthodes de greffage, certaines très compliquées, comme la greffe en placage à cheval réalisée pour les rhododendrons, ou les greffes en placage d'anneaux d'écorce. Dans tous les cas, la greffe est une chirurgie végétale passionnante que nous vous encourageons à essayer.

161

en pratique

Savoir jardiner

LE MARCOTTAGE ET LA DIVISION

Parmi les techniques de multiplication végétative, le marcottage et la division comptent parmi celles qui sont les plus aisément accessibles aux amateurs débutants. Les professionnels les emploient peu, car elles produisent un nombre limité de nouvelles plantes. Mais pour le jardin familial, c'est tout à fait suffisant, surtout que le succès est quasiment garanti.

▲ Marcottage par couchage du rhododendron.

▲ Attache d'une marcotte en serpenteau de passiflore.

▲ Marcottage à long bois de célastrus en jardinière.

▲ Multiplication par stolons en pots de duchesnéa.

 astuce Truffaut — Pour réussir à coup sûr une division de touffes, ne replantez que des fragments jeunes, en sélectionnant les parties qui se trouvent à la périphérie du pied de la plante.

Le marcottage

Cette technique de multiplication consiste à provoquer l'enracinement de portions de rameaux, sans les avoir séparés au préalable de la plante mère. C'est ce qui distingue principalement le marcottage du bouturage.

La partie à multiplier continuant à être alimentée en sève en permanence, les chances de réussite sont beaucoup plus importantes. Le marcottage est surtout utilisé pour obtenir une petite quantité à partir de plantes grimpantes ou d'espèces à rameaux souples.

Le marcottage par couchage

C'est la technique la plus courante qui consiste à orienter une branche vers le sol et à enterrer une partie. La marcotte est maintenue fermement en terre par un cavalier métallique ou deux piquets plantés en croix de Saint-André. Il est indispensable que l'extrémité du rameau se trouve hors de terre. En général, on l'attache verticalement sur un petit tuteur. Ces marcottes sont réalisées au début du printemps, et sevrées en automne après un ou deux ans de culture. Les plantes séparées du pied-mère gagnent à être empotées et cultivées hors sol, pendant une saison, pour qu'elles s'étoffent.

LE MARCOTTAGE AÉRIEN

Les plantes les plus rigides ne peuvent théoriquement pas être multipliées par marcottage. On peut toutefois « tricher » avec certaines en provoquant l'émission des racines sur une tige située hors de terre. Ce marcottage aérien se pratique surtout avec certaines plantes vivant à la maison : dracaena, philodendron, cordyline, dieffenbachia, etc. La technique consiste à inciser superficiellement une tige dénudée et à enduire la plaie avec de la poudre d'hormones. Enserrez la partie à marcotter dans une feuille plastique maintenue solidement par un lien. Remplissez la poche obtenue avec de la mousse très humide et attachez l'autre extrémité du plastique sur la branche. Il faut compter entre un et trois mois pour obtenir un enracinement. Ensuite, sevrez la plante.

◄ L'attache de la marcotte aérienne.

162

Le marcottage et la division

Le marcottage à long bois
Appelé aussi marcottage chinois, il concerne uniquement les plantes à très longs rameaux sarmenteux, comme le chèvrefeuille, certaines vignes, l'aristoloche, le célastrus, etc. C'est une variante du marcottage simple qui diffère simplement par la longueur de la partie enterrée. Au lieu d'un simple coude, c'est une portion de plusieurs centimètres de longueur qui est mise en terre. L'avantage est que tous les yeux enterrés sont susceptibles de donner naissance à une nouvelle plante, d'où un résultat plus rentable. On peut pratiquer cette technique en pleine terre ou dans une jardinière.

Le marcottage en serpenteau
Comme le précédent, il n'intéresse que les plantes à très longues tiges souples. On propage souvent ainsi les passiflores, l'akébia, les ronces ornementales et la glycine. Il s'agit de marcottes par couches simples, mais successives, réalisées avec la même branche. Il est plus facile de pratiquer avec des pousses herbacées, tout en veillant en permanence à ne pas abîmer les tissus. Dans le cas d'une branche plus ligneuse, il est conseillé de tordre plusieurs fois la tige aux endroits où elle va se trouver dans le sol. Vous provoquez ainsi des petites fissures de l'écorce, qui faciliteront l'apparition des racines.

Le marcottage en cépée
Pour certains arbustes à port rigide, comme le cognassier, le figuier, les prunus buissonnants, ou le noisetier, vous pouvez pratiquer le marcottage en cépée, appelé aussi marcottage par buttage. Après avoir rabattu la plante-mère à la fin de l'automne, couvrez-la d'un monticule de terre légère. Les jeunes pousses qui se développent au printemps, produisent des racines adventives et sont sevrées en fin de saison. Cette technique épuise la plante-mère et il est préférable de ne pas réaliser des marcottes chaque année. Un défaut à signaler : le marcottage en cépée accentue le caractère drageonnant des plantes. À déconseiller pour les framboisiers.

La division de touffes

C'est la plus simple de toutes les méthodes de multiplication, puisqu'il s'agit simplement de fragmenter une plante qui a développé de nombreux rejets. Cette technique s'utilise surtout pour les plantes vivaces, même si certains arbustes buissonnants ou drageonnants peuvent être propagés de cette façon, notamment les forsythias, framboisiers, lilas, etc. Selon les méthodes utilisées, on parle d'éclatage, de drageonnage, d'œilletonnage, de séparation de rejets ou de caïeux, de repiquage des stolons, de division des souches, etc. Dans tous les cas, il s'agit de prélever des fragments de plante racinés et de les transplanter pour qu'ils se comportent ensuite comme des végétaux autonomes.

La division se pratique au printemps ou en automne. Elle ne se limite pas à un seul rôle multiplicateur. Elle permet de rajeunir les plantes en éliminant les parties âgées pour les remplacer par des éléments plus jeunes, plus florifères et plus vigoureux. C'est une bonne méthode pour éviter que les plantes ne dégénèrent. C'est aussi une opération d'entretien nécessaire dans les massifs pour limiter le développement de chaque espèce.

La technique de base consiste à soulever délicatement la touffe avec une fourche-bêche, de manière à ne pas abîmer les racines. Ensuite, selon la compacité et la dureté de la souche, vous pouvez la diviser à la main, découper des morceaux avec une bêche pleine ou trancher des fragments avec un sécateur. Il est important que chaque morceau sélectionné possède au moins un bourgeon bien développé ou une touffe de feuilles. Pour les plantes rhizomateuses, il n'est pas nécessaire d'avoir des racines, un morceau charnu étant suffisant (iris par exemple). Pour les autres en revanche, la présence de racines est la garantie d'une bonne reprise. Replantez les jeunes plantes immédiatement, sans oublier de les arroser et d'amender le sol si nécessaire.

▲ Séparation des touffes de *Polygonum affine*.

▲ Division par éclatement des rhizomes d'iris des jardins.

▲ Division à la bêche des touffes de leucanthèmes.

Séparation des jeunes rejets d'une broméliacée. ▶

Savoir jardiner

LA PLANTATION

Instant capital dans la réussite d'un jardin, moment de joie intense où l'on communique vraiment avec le végétal, la plantation est l'un des points forts du jardinage et un plaisir jamais démenti. Mais il ne suffit pas de mettre une plante en terre pour qu'elle pousse. Quelques précautions élémentaires doivent être prises. Elles vous sont dévoilées ici pour que vous réussissiez à coup sûr.

▲ Enfoncez le transplantoir verticalement, tirez vers vous et il n'y a plus qu'à glisser la plante dans le trou.

astuce Truffaut
Lors de la mise en place d'une jeune plante proposée en pot, plongez la motte de cinq à dix minutes dans l'eau pour bien l'imbiber. La reprise sera assurée.

« À la Sainte-Catherine, tout bois prend racine » dit le dicton, et il est vrai que la mise en place des arbres et des arbustes à l'automne est souvent une garantie de réussite. La plantation représente un stress pour la plante, transposée dans un milieu différent et qui doit parvenir à s'y acclimater. Il est donc important de bien préparer le terrain et de prendre quelques précautions.

Les conditions de la réussite

Pour qu'une plante reprenne, il faut qu'elle se trouve dans un milieu humide, aéré, léger, fertile, et qu'elle dispose d'une température ni trop chaude, ni trop froide. Les périodes propices à la réussite des plantations sont les temps gris, calmes, bien chargés en humidité atmosphérique.

LA PLANTATION À RACINES NUES

Concernant uniquement les végétaux à feuillage caduc, et surtout les rosiers et les arbres fruitiers, cette technique se pratique entre novembre et mars. Elle offre l'avantage de ne pas agresser la plante puisque cette dernière est en complet sommeil. Pour la réussir, il faut absolument équilibrer le système racinaire de la plante et couper les parties blessées lors de l'arrachage : c'est l'habillage. Si les racines sont très chevelues, vous pouvez les réduire d'environ un quart de leur longueur. Vient ensuite le pralinage qui consiste à plonger les racines dans un mélange organique onctueux : le pralin. Ce dernier peut aussi être constitué de bouse de vache et de terre argileuse. Il assure un développement rapide de radicelles pour une bonne reprise.

▼ Le pralinage des racines.

▼ L'habillage est indispensable.

▼ Posez les racines bien à plat sur le sol.

164

La plantation

▲ Incisez le chignon de racines avec un bon couteau.

▲ Trempez la motte dans l'eau pendant cinq minutes.

▲ Mettez la plante dans un trou bien préparé à l'avance.

Vous avez beaucoup plus de chances de réussite avec des jeunes sujets dont les facultés de croissance et de régénération sont très grandes. L'abondance des racines est aussi un point capital. Un système souterrain fortement développé garantit le succès.
Respectez aussi de bonnes distances de plantation. Des plantes trop serrées ne pourront se développer de manière optimale et vous obligeront à une transplantation souvent délicate et nécessitant beaucoup d'efforts.

LA TRANSPLANTATION

Si vous devez déplacer un arbre ou un arbuste dans le jardin ou d'un lieu à un autre, une transplantation est nécessaire. Pour les sujets de plus de 2 m de hauteur, il est bon de réaliser un bac avec des plaques de bois posées tout autour de la motte et maintenues par un cerclage de fil de fer.
▼ Un bac permet de transplanter de vieux sujets.

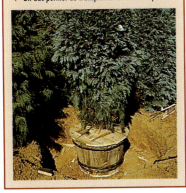

Les végétaux en conteneur

C'est désormais le mode de présentation le plus courant pour les arbres, arbustes, conifères et même pour les plantes vivaces. Un conteneur est un récipient en plastique dans lequel la plante a été cultivée au moins un an. Elle possède donc toutes ses racines et ne subit pas le « stress » de l'arrachage au moment de la mise en place. Les plantes en conteneur peuvent être plantées toute l'année, et même en pleine période de floraison, ce qui est un avantage. Il suffira d'arroser quotidiennement la plante pendant au moins les quinze jours suivant sa mise en terre. Pour bien planter, ouvrez si possible les trous un mois à l'avance, ce qui permet d'aérer la terre et de l'ameublir en profondeur. Un trou d'un demi-mètre cube est idéal. Au moment de la mise en place, jetez au fond du trou une poignée d'engrais à décomposition lente comme la corne torréfiée par exemple. Améliorez aussi la terre d'origine avec un bon compost organique bien décomposé. N'utilisez jamais de fumier frais. Dépotez la plante en veillant à ne pas abîmer les racines. Le mieux est de la maintenir au sec pendant deux à trois jours afin que la motte se rétracte. Si un abondant chevelu de racines tapisse la périphérie de la motte et forme un chignon à sa partie inférieure, incisez-le en plusieurs endroits avec un couteau, ce qui permet la formation de radicelles adventives qui favorisent la reprise. Immergez entièrement la motte pendant cinq à dix minutes dans de l'eau claire. Cela permet au substrat tourbeux dans lequel la plante est cultivée de s'humidifier. Sans cette précaution, vous risqueriez de voir la plante faner rapidement, surtout si vous plantez par temps assez chaud. Mettez la plante dans son trou en veillant que le collet (point de jonction entre la tige et les racines) se trouve entre 3 cm et 5 cm sous la surface du sol. Recouvrez de terre légère et riche, tassez et terminez par un arrosage copieux (dix litres pour un arbuste). Les sujets présentés en mottes emballées de paille ou de plastique se plantent de la même façon mais seulement entre novembre et le 15 avril.

La tontine est une motte enveloppée de paille. ▶

Savoir jardiner

LA RÉCOLTE ET LA CONSERVATION

Moment rare où se mêlent la satisfaction du travail réussi et la stimulation des cinq sens, la récolte est l'aboutissement de tous les efforts du jardinier et sa plus grande récompense. Mais pour garantir une bonne productivité, il faut respecter quelques règles, sans oublier de manipuler les produits de la récolte avec la plus grande précaution, afin de pouvoir les conserver plus longtemps.

▲ La récolte est un moment de grande convivialité au jardin, auquel tous les membres de la famille peuvent participer.

astuce Truffaut — Ne secouez jamais les arbres pour faire tomber les fruits à maturité. Leur chute provoque des chocs sur l'épiderme qui nuisent à leur bonne conservation.

UN SILO POUR L'HIVER

Destiné à la conservation des légumes racines, le silo est un trou dans le sol rempli de paille sur laquelle sont posés les légumes. Ils sont ensuite recouverts de fibres ou de paille, puis d'un monticule de terre.

▼ Le silo permet de conserver les légumes en hiver.

La récolte est le couronnement de toutes les productions vivrières du jardin. La difficulté vient souvent d'une abondance de plantes disponibles au même moment, d'où l'importance du choix des variétés au verger et de l'échelonnement des semis et des plantations au potager. Un autre point ardu concerne le moment optimal pour la récolte. Pour les fruits c'est assez simple : il suffit qu'ils se détachent facilement de l'arbre et qu'ils présentent une jolie coloration indiquant leur passage à la maturité. Pour les légumes, c'est plus délicat. On peut être tenté de repousser en permanence le moment dans le but d'obtenir des produits toujours plus gros. Si c'est valable avec les potirons, éventuellement avec les salades que l'on peut préférer bien pommées, c'est en revanche plus contestable avec les haricots, les carottes ou les radis qui durcissent ou dont le goût devient plus fort en vieillissant.

Les techniques de récolte

La méthode la plus simple est le ramassage au sol des fruits tombés. C'est une pratique empirique que l'on n'utilise plus que pour les fruits secs : châtaignes, noix, noisettes, etc. La cueillette manuelle est la technique la plus courante pour tous les fruits frais du verger et les légumes du potager. Il faut saisir la partie à récolter avec la plus grande délicatesse, du bout des doigts ou dans le creux de la main pour ne pas en abîmer l'épiderme. Pour les pommes, les pêches, les prunes, les tomates, effectuez un lent mouvement rotatif du poignet et le fruit se détachera tout seul. Pour les poires, les cerises, les concombres, les poivrons et tous les fruits à pédoncule, posez un doigt sur ce dernier, puis faites un mouvement de levier vers le haut.

Placez votre récolte dans un panier en posant les fruits les uns sur les autres, sans les heur-

La récolte et la conservation

ter violemment. Pour certains fruits comme les fraises, les framboises, les groseilles, il est préférable d'utiliser des petits ciseaux afin de couper le pédoncule. En effet, si vous tirez sur le fruit, il se détache le plus souvent en s'abîmant à la base, d'où un risque de dégradation ou de pourriture très rapide.
La récolte des fleurs pour les bouquets se pratique de préférence en fin de journée l'été, et en début d'après-midi au printemps et en automne. L'important est d'éviter l'humidité qui nuit à la longévité en vase. Les fleurs sont récoltées quand les boutons commencent à changer de couleur ou au début de leur éclatement. Certaines plantes comme les dahlias, par exemple, gagnent à être prélevées à pleine ouverture de la fleur, car les boutons ont du mal à s'ouvrir en vase.

■ Les méthodes de conservation

La difficulté avec les pommes et les poires vient de la différence importante entre le moment de maturité « physiologique », qui correspond à la récolte proprement dite et la maturité « gustative », période à laquelle, les fruits sont bons à consommer. Le décalage pouvant dépasser un mois, ces variétés doivent être mises en conservation. Dans un local frais, obscur, bien aéré, dont l'humidité atmosphérique est maintenue à 60 %, vous pouvez parvenir à garder des fruits jusqu'au mois de mars. Le sol doit être en terre ou couvert de sable comme dans une cave à vin, les murs seront blanchis à la chaux. Pour éviter les risques de pourriture rapide, faites brûler du soufre une fois par semaine dans le local de conservation (on l'appelle communément fruitier). Une température moyenne de 8 à 12 °C est idéale. Elle ne doit jamais atteindre 0 °C, ni dépasser 15 °C avec des variations toujours très lentes.
Les fruits sont entreposés sur des clayettes ajourées, ou bien dans des cagettes en bois ou en polystyrène tapissées de papier journal. Ils ne doivent pas se trouver en contact les uns avec les autres. Vous obtiendrez une meilleure tenue en plongeant l'extrémité du pédoncule dans de la paraffine. Pour le raisin, l'extrémité du sarment portant la grappe est plongée dans de l'eau contenant du charbon de bois. Seuls les fruits parfaitement sains ne présentant ni taches ni déformations sont mis en conservation. Une visite journalière est indispensable pour éliminer toute pomme ou poire présentant des signes de dégradation. Chaque année en fin de printemps, le fruitier sera nettoyé de fond en comble à l'eau de Javel afin d'éliminer tout germe pathogène. Certains légumes d'hiver peuvent se conserver dans les mêmes conditions en cave. Il s'agit notamment des courges et des potirons, des légumes racines (betteraves, carottes, navets, radis noirs) qui peuvent aussi être placés en silo (voir encadré page 126). Les cardons sont également rentrés fin octobre, arrachés avec une grosse motte de terre pour qu'ils continuent doucement à blanchir. Les pommes de terre ont besoin d'une faible température et d'une complète obscurité pour ne pas germer. Vous pouvez aussi prolonger leur conservation grâce aux produits antigermination qui sont très efficaces. L'ail et l'échalote seront suspendus dans un grenier bien aéré et frais.

> **ACCESSOIRES UTILES**
>
> Dès que les arbres sont imposants, il faut utiliser une échelle. Les modèles doubles en aluminium sont les plus utilisés car ils se déplacent facilement et sont très légers. Assurez-vous toujours de la parfaite stabilité avant de grimper à l'échelle. Si vous ne vous sentez pas à l'aise dans les airs ou êtes sujet au vertige, utilisez des cueille-fruits placés au bout de longues perches télescopiques. Le temps de récolte sera sans aucun doute plus long, mais vous conserverez les pieds sur la terre ferme.
> Les cueille-fruits sont le plus souvent constitués d'une couronne métallique crénelée, prolongée par une poche de tissu. Vous heurtez la branche avec la partie solide de l'outil et le fruit tombe dans la poche. Pour les poires, préférez « la main de velours », une variante avec des doigts métalliques souples réunis par un fil que vous actionnez depuis le sol. Une fois les doigts passés autour du fruit, tirez sur la corde : cela produit un resserrement et il suffit d'un mouvement de traction pour détacher le fruit.
>
> ▼ Une échelle stable est fort utile.
>
>
>
>
>
> ▲ La main de velours : en douceur.

▲ Les fruits sont conservés en clayettes et à l'obscurité.

La paraffine évite l'évaporation et le dessèchement. ▶

167

en pratique

Savoir jardiner

LES ENNEMIS DU JARDIN

Lorsqu'un arbre, un arbuste ou une plante du jardin est malade, le souci de tout bon jardinier est d'en identifier rapidement la cause. Mais les agresseurs du monde vert sont nombreux et variés. Il peut s'agir d'un parasite ou d'un ravageur qui se nourrit du végétal ou se développe à ses dépens, mais également du milieu environnant. Dans tous les cas, il faut agir vite et bien.

▲ Un beau jardin, c'est aussi des plantes saines, protégées des ennemis et des maladies par des soins attentifs.

▲ Le doryphore est un insecte ravageur des cultures.

◄ Les virus créent des dégénérescences (ici sur céleri).

Afin d'éviter toute erreur et démasquer rapidement le coupable d'un problème de santé sur une plante, une petite enquête de diagnostic sur le terrain s'impose. Les éléments importants à noter sont la localisation du symptôme (feuilles, tiges, racines ou fruits) et sa description (enroulement, décoloration, dessèchement, galle, chancre, etc.). Ce n'est qu'à partir d'un diagnostic fiable et précis que les soins adaptés pourront être mis en œuvre.

Les insectes et les acariens

Ces animaux qui pullulent dans tous les jardins sont le plus souvent de taille réduite. Dotés de régimes alimentaires très divers, seuls certains d'entre eux mangent des plantes. Les uns, équipés de stylets piqueurs-suceurs, se nourrissent de sève ou des contenus cellulaires. Ils affaiblissent les plantes attaquées, décolorent ou déforment les feuilles et les jeunes pousses. C'est la sève élaborée, riche en substances nutritives, qui est convoitée. Les insectes piqueurs-suceurs rejettent le plus souvent les sucres en excès, provoquant d'abondants écoulements de miellat sur les plantes attaquées. Les autres, munis de fortes mandibules, découpent et broient les tissus végétaux. Les insectes « défoliateurs » s'attaquent aux jeunes pousses et au feuillage. Les « xylophages » investissent l'intérieur des branches et des rameaux dans lesquels ils creusent des galeries qui bloquent la sève. Les « terricoles » se nourrissent des racines ou du collet. Animaux à sang froid, tous voient leur activité varier en fonction des conditions de température. C'est au cours du printemps et de l'été que les attaques sont les plus virulentes.

Avant d'atteindre l'état adulte, un insecte doit impérativement passer par plusieurs stades de développement successifs : l'œuf, la larve, la nymphe puis enfin l'adulte. Certains, comme les pucerons, ne subissent pas de modifications morphologiques importantes lors de ce cycle. En revanche, chez les papillons une véritable métamorphose intervient entre la larve et l'adulte. Ainsi, une

Les ennemis du jardin

chenille peut être nuisible en dévorant des feuilles, alors que le papillon adulte reste inoffensif. À l'état adulte, la plupart des insectes sont pourvus d'organes leur permettant une grande mobilité : 2 paires d'ailes et 3 paires de pattes. Ils disposent également d'organes sensoriels performants : les yeux et les antennes. Ces dernières semblent jouer un rôle très important dans la communication entre les sujets d'une même famille. Parmi les insectes et les acariens, nombre d'entre eux, mangeurs d'organismes nuisibles, sont de précieux auxiliaires du jardinier.

■ Les bactéries et les virus

De taille extrêmement réduite, ces micro-organismes peuvent être responsables de redoutables affections. Dépourvus de toute mobilité, ainsi que de moyens de pénétration dans les tissus végétaux, ils utilisent le plus souvent un vecteur animal (certains pucerons ou cicadelles, l'homme et son sécateur…) pour infester leurs hôtes. Une fois à l'intérieur, ces micro-organismes se développent sans qu'il soit possible de les combattre car il n'existe pratiquement pas de substances actives. Il faut souvent éliminer la plante atteinte pour éviter la propagation de la maladie. Seules des mesures préventives peuvent être envisagées : traitement des insectes vecteurs, achat de plants sains ou de graines certifiées, désinfection des outils de taille ou de greffage, etc. Fort heureusement, de telles maladies restent peu fréquentes et rarement très virulentes dans les jardins d'amateurs.

■ Les champignons

Appartenant au monde végétal, les champignons se distinguent des plantes vertes par leur absence de photosynthèse. Incapables de fabriquer leurs propres constituants, ils doivent les prélever sur d'autres organismes. Certains champignons inoffensifs se nourrissent de matières organiques mortes, d'autres s'installent sur des végétaux bien vivants qu'ils parasitent. Les maladies les plus fréquentes sont occasionnées par des champignons microscopiques, très difficiles à observer à l'œil nu. Le mycélium, constitué d'un important réseau de fins filaments translucides, se répand à l'intérieur des tissus de la plante parasitée. Des petites fructifications apparaissent sur les organes attaqués. Elles libèrent des spores à maturité, facilement entraînées par le vent. Des températures clémentes et de l'humidité permettent leur germination et une nouvelle infection. C'est au cours du printemps, lors des périodes pluvieuses, que les maladies cryptogamiques sont les plus abondantes et les plus virulentes. Les maladies cryptogamiques doivent être traitées préventivement, car il est très difficile de les déloger une fois que le champignon a pénétré les tissus de la plante.

■ Les rongeurs

Représentés par les souris et les rats, très redoutés à la maison, mais aussi par les mulots, campagnols, lérots, loirs et lapins, très actifs au jardin, ce sont des destructeurs des récoltes entreposées et des jeunes récoltes. Ils se combattent facilement par la pose d'appâts à base de produits anticoagulants.

▲ L'oïdium ou blanc est une maladie cryptogamique.

▲ Le mulot est un rongeur redoutable pour les légumes.

LES ACCIDENTS PHYSIOLOGIQUES

Quand ses exigences ne sont pas respectées, la plante exprime son désappointement par des symptômes visibles. Ainsi, chez le rhododendron qui redoute les terres calcaires, la forte teneur en cet élément dans le sol entraîne une violente chlorose ferrique, chronique et incurable. Les besoins spécifiques à chaque plante (alimentation en eau, apport d'éléments fertilisants, époque de taille, etc.) doivent être respectés. Placées dans un environnement favorable et bien entretenues, les plantes vigoureuses s'opposent plus facilement aux agressions parasitaires. Certains accidents climatiques bien qu'exceptionnels peuvent avoir de graves conséquences sur les végétaux du jardin (gel intense, pluies excessives, vent violent, abondantes chutes de neige, etc.). Attention aux erreurs culturales : les excès d'arrosage, fréquents sur les plantes en pot ; les brûlures de feuilles consécutives à la taille d'une haie par une journée très ensoleillée, les étêtages ou les élagages drastiques sur les arbres, le mauvais emploi des désherbants ou des engrais au jardin (surdosage, non-respect des conditions d'emploi, herbicide non homologué, etc.) peuvent être responsables de dégâts considérables. Ces troubles se manifestent sur les plantes par un jaunissement du feuillage, une chute anormale des feuilles et diverses décolorations.

◄ Le dégât du gel au printemps.

169

Savoir jardiner

LES ENNEMIS DES FEUILLES

Tendres et charnues à souhait, les feuilles sont les organes de prédilection pour la plupart des animaux ravageurs des cultures. Les plus nombreux sont des insectes très visibles ou au contraire fort discrets, mais il faut aussi craindre les acariens par temps sec.

▲ Attaque d'acariens sur des feuilles de haricot.

▲ Le miellat sucré des aleurodes attire les fourmis.

▲ Ces feuilles de chou sont trouées par les piérides.

◀ Une dentelle de feuilles provoquée par des chenilles.

ACARIENS

Proches des araignées, puisqu'ils possèdent huit pattes, les acariens sont des animaux de petite taille (0,5 mm à l'état adulte) et de teinte rouge brique à jaune clair selon les espèces.
Symptômes : les feuilles attaquées se décolorent, jaunissent ou prennent un aspect plombé (par exemple la « grisette » du pommier). On peut apercevoir parfois de très fines toiles entre les rameaux.
Époque des dégâts : à partir de la fin du printemps et pendant tout l'été par temps sec.
Plantes sensibles : les pommiers, les agrumes, le charme, les rosiers, les palmiers, le tilleul, les épicéas et de très nombreuses plantes à massif.
Gravité : sur les espèces herbacées et les plantes de la maison, les attaques d'acariens peuvent être catastrophiques. Sur les arbres et les arbustes, seules les infestations répétées sont vraiment graves.
Conditions favorables : les acariens affectionnent les températures élevées, supérieures à 20 °C. Ils redoutent les ambiances humides.
Précautions à prendre : des brumisations régulières contrarient leur développement.
Traitement : dès l'apparition des premiers symptômes, il faut effectuer deux traitements espacés de cinq à sept jours, avec un acaricide spécifique à base de dicofol. Renouvelez un mois plus tard.

ALEURODES

Originaires d'Amérique centrale, ces insectes appelés aussi « mouches blanches » sont de petite taille (de 1 à 3mm). Ils volettent en grand nombre autour des plantes attaquées. Très prolifiques, ils pullulent rapidement.
Symptômes : les plantes deviennent collantes et cessent de pousser. Les feuilles se couvrent d'un champignon noir : la fumagine.
Époque des dégâts : dès la fin de l'hiver dans la serre et à la maison. Au début de l'été dans le jardin.
Plantes sensibles : pratiquement toutes les plantes herbacées d'extérieur et d'intérieur, et quelques arbustes (troène, hibiscus, etc.).
Gravité : les plantes atteintes sont affaiblies et peu attrayantes. Sans traitement efficace, elles finissent par mourir d'épuisement.
Conditions favorables : étant donné leurs origines, les aleurodes préfèrent les fortes chaleurs. C'est dans les serres chaudes qu'ils se trouvent le mieux.
Précautions à prendre : vérifiez au moment de l'achat d'une plante d'intérieur qu'elle soit parfaitement indemne de « mouche blanche ».
Traitement : une série de quatre traitements, à trois jours d'intervalle, doit être réalisée avec un insecticide, de préférence systémique.

CHENILLES

Il existe un très grand nombre de chenilles qui ravagent les cultures. Ce sont généralement des larves de papillons diurnes ou nocturnes.
Symptômes : grandes mangeuses de feuilles, elles perforent ou découpent l'épiderme des feuilles.
Époque des dégâts : c'est au printemps qu'elles sont le plus voraces. Certaines, comme les chenilles processionnaires du pin, se développent en hiver.
Plantes sensibles : certaines chenilles défoliatrices sont spécifiques. On en trouve sur le pin, le chou, le mûrier, le peuplier, etc. Mais presque toutes

Les ennemis des feuilles

les plantes peuvent être attaquées par des chenilles, les arbres fruitiers étant assez sensibles.
Gravité : sur les arbres ou les arbustes, les défoliations répétées épuisent fortement la plante.
Précautions à prendre : les jeunes chenilles peuvent être enlevées à la main (portez des gants). Certaines se regroupent dans des nids au bout des branches. Les nids doivent être coupés et brûlés.
Traitement : Toutes les chenilles sont sensibles aux insecticides polyvalents du commerce, à base de pyréthrinoïdes de synthèse.

COCHENILLES

Pratiquement immobiles, ces insectes ont des formes curieuses : « coquille de moule », amas blancs cotonneux, corps cireux et bombé, etc.
Symptômes : installées sur les feuilles, les pousses ou les branches, les cochenilles prélèvent la sève élaborée. Les plantes sont affaiblies, deviennent parfois collantes et se couvrent de fumagine. Des rameaux feuillés se dessèchent parfois.
Époque des dégâts : les plantes d'intérieur sont infestées toute l'année. Au jardin, les dégâts importants se rencontrent vers la fin du printemps.
Plantes sensibles : les cornouillers, le tilleul, les groseilliers, le mûrier, les houx, le laurier-rose, les camélias, le fusain du Japon, le lilas, le sophora, le pommier, le poirier, l'hortensia, les cactées, les agrumes, l'olivier, les palmiers, etc.
Gravité : lors de fortes infestations, un arbre ou un arbuste peut dépérir complètement. C'est le cas du fusain du Japon et de certains conifères.
Conditions favorables : les cochenilles préfèrent les fortes températures et des atmosphères confinées à l'hygrométrie importante.
Précautions à prendre : les rameaux couverts de cochenilles doivent être coupés, puis brûlés lors de la taille hivernale. Il ne faut pas hésiter à se débarrasser d'une plante trop infestée.
Traitement : en hiver, une pulvérisation d'un anti-cochenille à base d'huile est recommandée. C'est au cours des mois de mai et de juin que les traitements avec un insecticide polyvalent sont les plus efficaces, quand les larves éclosent. Appliquez deux pulvérisations à une demi-heure d'intervalle.

▲ En action : la larve de la tenthrède du peuplier.

DORYPHORES ET CHRYSOMELES

Ce groupe de coléoptères a des couleurs vives et métalliques à l'âge adulte. Les larves, et parfois les adultes, sont de redoutables défoliateurs.
Symptômes : peu discrètes, les larves dévorent en plein jour les feuilles et les jeunes pousses. Elles laissent parfois les nervures principales, donnant au feuillage un aspect de dentelle.
Époque des dégâts : le printemps et l'été.
Plantes sensibles : il existe une multitude de chrysomèles qui s'attaquent chacune à une famille végétale ou à un genre précis. On trouve le doryphore de la pomme de terre, la galéruque de l'orme, l'altise de l'iris ou celle des crucifères, etc.
Gravité : en cas de forte pullulation, une plante peut être entièrement défeuillée. Au potager la récolte des pommes de terre est très compromise. Les arbres et les arbustes sont affaiblis.
Conditions favorables : chaleur et sécheresse favorisent leur développement.
Précautions à prendre : les larves ainsi que les œufs peuvent être récoltés manuellement et détruits.
Traitement : il suffit d'un traitement avec un insecticide polyvalent ou d'origine naturelle pour détruire ces insectes nuisibles. Une pulvérisation préventive est à prévoir sur la pomme de terre au printemps.

La larve du doryphore est plus redoutable que l'adulte. ▶

▲ Les cochenilles farineuses ont une teinte blanc grisâtre.

▲ Une forte attaque de cochenilles en forme de boucliers.

171

Savoir jardiner

▲ Les limaces grises sont redoutables au potager.

▲ Les limaces sont très friandes des feuilles d'hostas.

▲ La galerie d'une mineuse sur une feuille de dahlia.

▲ Ces feuilles sont rongées par les otiorhynques.

◀ Une invasion de psylles adultes et de leurs larves.

LIMACES ET ESCARGOTS

Les gastéropodes, au corps mou, se déplacent en rampant sur un large pied musclé.
Symptômes : boulimiques, les limaces dévorent les épidermes foliaires et les jeunes pousses. Elles laissent derrière elles une traînée brillante : le mucus.
Époque des dégâts : surtout au printemps et à l'automne quand l'humidité est forte.
Plantes sensibles : toutes les plantes potagères et les jeunes pousses florales sont visitées.
Gravité : les jeunes plants et les plantules issues de semis peuvent être entièrement détruits.
Conditions favorables : c'est après une pluie que les limaces se manifesteront, car elles ne peuvent se déplacer que sur une fine pellicule d'eau.
Précautions à prendre : au cours de la journée, il est possible de piéger les limaces sous des abris (tuiles, planches) dans des récipients remplis de bière. Un paillage fin contrarie leurs déplacements.
Traitement : un antilimace granulé est à épandre obligatoirement autour des plantes menacées.

MINEUSES

L'insecte adulte (une mouche ou un papillon) pond son œuf à l'intérieur de la feuille. La jeune larve vit alors en mineuse et fore une galerie entre les deux épidermes foliaires.
Symptômes : sur les feuilles attaquées apparaissent des zones boursouflées, plus claires. Ces « mines » sont de formes et de tailles très variables : en étoile, en serpentin, en cercle, en taches, etc.
Époque des dégâts : toute la belle saison.
Plantes sensibles : de très nombreuses espèces de fleurs, arbres et arbustes sont attaquées.
Gravité : les mineuses sont plus spectaculaires que vraiment dangereuses pour les plantes.
Conditions favorables : dans les serres et abris.
Précautions à prendre : il suffit, le plus souvent, d'enlever les quelques feuilles atteintes.
Traitement : en cas de forte attaque, une pulvérisation d'un insecticide systémique est efficace.

OTIORHYNQUES

Ces petits charançons (de 5 mm à 1 cm de long), aux mœurs nocturnes, provoquent sur les haies et en pépinière des dégâts considérables.
Symptômes : les adultes découpent le bord des feuilles, alors que les larves vivent dans le collet des plantes et provoquent leur dessèchement subit.
Époque des dégâts : au printemps et en été.
Plantes sensibles : de nombreux arbustes, notamment les troènes et le lilas, et quelques plantes annuelles et vivaces. Les fraisiers sont aussi atteints.
Gravité : les larves invisibles au collet des plantes sont plus nuisibles que les adultes sur les feuilles.
Conditions favorables : les plantes élevées dans un mélange tourbeux, notamment en jardinières, sont plus facilement attaquées par les larves.
Précautions à prendre : lors de la décoration des jardinières, il est préférable de remplacer l'ancien terreau par un nouveau substrat tout neuf.
Traitement : au moment de la plantation, et à plusieurs reprises au cours du printemps, il faut incorporer au sol un insecticide en granulés.

PSYLLES

Les psylles sont très proches des pucerons avec lesquels on les confond souvent. Contrairement aux larves statiques, les adultes sont très mobiles. Ils sautent et volent facilement.
Symptômes : sur le lilas d'Espagne ou le laurier-sauce, les feuilles attaquées se déforment et s'enroulent. Sur le poirier ou l'arbre de Judée d'abondants écoulements de miellat ont lieu.
Époque des dégâts : les mois de mai et de juin.
Plantes sensibles : poirier, figuier, arbre de Judée, frêne, lilas d'Espagne, laurier-sauce, buis, etc.
Gravité : les écoulements de miellat sont le plus

Les ennemis des feuilles

gênant, car ils entraînent souvent l'apparition de la fumagine, sorte de charbon noir et collant.
Conditions favorables : quand le printemps est chaud, les attaques sont plus virulentes.
Précautions à prendre : des traitements insecticides inconsidérés détruisent les auxiliaires très actifs. Utilisez des produits qui les protègent.
Traitement : en cas de forte attaque, un insecticide polyvalent est efficace. Si les feuilles sont déformées, utilisez un insecticide systémique.

PUCERONS

Regroupés en colonies sur les jeunes pousses, les pucerons sont de teinte très variable : noir, vert, gris cendré, rose, jaune ou mauve. Certains portent des ailes. Ils sucent la sève des plantes.
Symptômes : les feuilles et les jeunes pousses attaquées se recroquevillent et s'enroulent. Du miellat s'écoule, sur lequel se développe la fumagine.
Époque des dégâts : printemps et été.
Plantes sensibles : aucun végétal n'est épargné par les pucerons. Certaines plantes sont plus attaquées : althéa, rosier, genêt, capucine, dahlia, fève, haricot, pommier, poirier, cerisier, érable, tilleul.
Gravité : même si les attaques de pucerons sont spectaculaires, les plantes sont généralement assez peu affectées. Mais les pucerons transmettent les maladies à virus, d'où la nécessité de les combattre.
Conditions favorables : à la suite d'un hiver doux, les attaques de pucerons sont très précoces.
Précautions à prendre : coupez et brûlez les jeunes pousses atteintes et déformées.
Traitement : l'emploi d'un insecticide spécifique « pucerons » est recommandé. Les produits d'origine naturelle sont efficaces. Ce n'est qu'en cas de forte attaque (jeunes feuilles très déformées) qu'il faut préférer un insecticide systémique. Un lâcher de coccinelles est possible sur quelques plantes.

THRIPS

Ces petits insectes, bruns ou noirs, vivent cachés sous les feuilles et à l'intérieur des fleurs.
Symptômes : les feuilles attaquées prennent des reflets argentés. Les fleurs sont parfois déformées.

Époque des dégâts : à la fin du printemps et l'été.
Plantes sensibles : de nombreuses plantes potagères (tomate, pois, oignons, poireau.), quelques arbustes (laurier-tin, lilas, troène.) et des plantes florales (glaïeul, iris, reine-marguerite).
Gravité : en serre, les dégâts sont très importants.
Conditions favorables : la sécheresse et les fortes températures favorisent le développement des thrips qui se reproduisent très vite.
Précautions à prendre : ne plantez pas de bulbes provenant de glaïeuls attaqués, car les thrips se conservent en hiver entre leurs écailles. Au moment du stockage des bulbes, enduisez-les systématiquement d'une couche de poudre insecticide.
Traitement : dès l'apparition des premiers dégâts, un traitement avec un insecticide polyvalent est indispensable. Plusieurs applications à quelques jours d'intervalle sont souvent nécessaires.

TIGRES

Ces petites punaises aux ailes transparentes et aplaties vivent en colonie aux revers des feuilles qu'elles ponctionnent de leur sève.
Symptômes : sous l'action des piqûres répétées, les feuilles se décolorent et jaunissent. Leur face inférieure est garnie de petites ponctuations noires qui sont les déjections de ces ravageurs.
Époque des dégâts : fin du printemps et l'été.
Plantes sensibles : les rhododendrons, le platane, les cotonéasters, les pyracanthas, le poirier et le pommier sont souvent attaqués.
Gravité : les fortes attaques affaiblissent les plantes qui deviennent inesthétiques et poussent mal.
Conditions favorables : les hivers doux et peu pluvieux limitent la mortalité naturelle des tigres.
Précautions à prendre : il faut veiller à ne pas introduire de rhododendrons déjà contaminés (feuilles tachées) dans un massif de terre de bruyère.
Traitement : dès les premiers symptômes, il est conseillé d'effectuer une pulvérisation, avec un insecticide polyvalent, en prenant soin de bien traiter le revers des feuilles. C'est en effet à cet endroit que se concentrent le maximum d'insectes.

Les dégâts du tigre sur des feuilles de pommier. ▶

▲ Un sabot de Vénus attaqué par les pucerons verts.

▲ Les dégâts d'une attaque des pucerons du groseillier.

▲ Une attaque de thrips sur de jeunes rameaux de lilas.

Savoir jardiner

LES MALADIES DES FEUILLES

Provoquées souvent par des champignons, les maladies des plantes sont, dans ce cas, appelées « cryptogamiques ». On les combat par des pulvérisations, de préférence préventives, de produits fongicides.

▲ Une forte attaque d'alternariose sur une orchidée.

▲ L'anthracnose provoque ces taches sur le noisetier.

◄ Le black-rot est très fréquent sur le marronnier.

ALTERNARIOSE

Cette maladie peut être occasionnée par plusieurs champignons microscopiques du genre *Alternaria*.
Symptômes : des taches brunes au centre clair apparaissent sur les feuilles. Elles peuvent se couvrir, par temps humide, d'un feutrage brun. Les feuilles se dessèchent ou pourrissent, puis tombent.
Époque des dégâts : le printemps.
Plantes sensibles : les plantes potagères (céleri, carotte, persil, chou) et les plantes à massif (pélargonium, œillet, cinéraire, zinnia).
Gravité : la maladie reste généralement limitée aux feuilles basses. Elle est dangereuse sur les semis.
Conditions favorables : un temps très humide et doux favorise les plus fortes infections.
Précautions à prendre : coupez les premières feuilles atteintes. Au potager évitez le retour chaque année d'une culture sensible sur la même planche.
Traitement : deux à trois applications espacées de dix jours avec un fongicide « antipourriture ».

ANTHRACNOSE

Les champignons responsables de cette maladie printanière sont nombreux et variés. Ils s'attaquent chacun à un groupe de plantes spécifique.
Symptômes : de grandes plages brunes nécrosées apparaissent sur les feuilles. Sur certains arbres et arbustes elles restent localisées aux nervures principales. Les tiges et les rameaux sont atteints.
Époque des dégâts : les champignons contaminent les plantes très tôt en saison, au moment de leur débourrement. Les symptômes apparaissent au cours des mois d'avril et de mai.
Plantes sensibles : au potager ; pois, melon, fraisiers et haricots craignent l'anthracnose, tout comme les arbres ; saule, platane et noyer.
Gravité : bien que spectaculaire, cette maladie endommage peu les arbres. Les jeunes plants de pois et de haricots touchés peuvent être détruits.
Conditions favorables : les anthracnoses affectionnent les printemps chauds et humides. Sur le platane, en revanche, les dégâts sont plus importants avec des températures basses.
Précautions à prendre : il est préférable d'utiliser des semences potagères traitées et de choisir des variétés résistantes. Sur les arbres, les rameaux porteurs de chancres doivent être coupés.
Traitement : à la fin de l'hiver, une pulvérisation de bouillie bordelaise est efficace sur les arbres. Deux à trois pulvérisations espacées de dix jours après l'apparition des jeunes feuilles avec un fongicide « légumes » éviteront l'installation du champignon.

BLACK-ROT

Célèbre sur la vigne, la maladie du black-rot ne doit pas être confondue avec le mildiou.
Symptômes : de grandes plages de forme irrégulière, anguleuse, et de teinte rouge envahissent les feuilles. Des petites ponctuations noires sont parfois visibles sur les zones nécrosées.
Époque des dégâts : les contaminations ont lieu dès l'apparition des jeunes feuilles. Les taches foliaires se développent au cours du printemps.
Plantes sensibles : la vigne et le marronnier ont chacun leur propre black-rot.
Gravité : bien que spectaculaire, le black-rot est rarement dommageable pour les plantes. Sur la vigne des dessèchements de grappes sont possibles.
Conditions favorables : les printemps très pluvieux favorisent les infections.
Précautions à prendre : le champignon se conser-

Les maladies des feuilles

vant au cours de l'hiver sur les feuilles tombées au sol, ces dernières doivent être ramassées et brûlées.
Traitement : des traitements d'hiver à la bouillie bordelaise sont possibles. Sur les jeunes feuilles, un fongicide systémique sera efficace.

CLOQUE

Très spectaculaire et redoutable pour les arbres, la cloque est occasionnée par un champignon parasite microscopique, le *Taphrina deformans*.
Symptôme : les jeunes feuilles, fraîchement apparues, se déforment, s'épaississent et prennent des couleurs vives (rouge violacé). Lors de fortes attaques, elles se dessèchent et tombent.
Époque des dégâts : au début du printemps.
Plantes sensibles : les pêchers sont les plus touchés, surtout en Île-de-France. Les pruniers et les amandiers le sont également. Un champignon voisin se rencontre sur le peuplier (la cloque dorée).
Gravité : lors de fortes attaques, les jeunes pêchers peuvent être très affectés et dépérir. La récolte est souvent compromise. Une maladie redoutable sur les pêchers nains cultivés en bacs sur le balcon.
Conditions favorables : un temps froid et humide, au moment de l'apparition des jeunes feuilles, favorise le développement du champignon.
Précautions à prendre : le ramassage des feuilles à l'automne limitera les contaminations futures. Les pousses atteintes peuvent être coupées et brûlées.
Traitement : la bouillie bordelaise est recommandée à l'automne pour favoriser la chute des feuilles et cicatriser les branches. Renouvelez l'application en fin d'hiver, lors du gonflement des bourgeons. Dès l'apparition des jeunes feuilles, faites de trois à quatre traitements espacés chacun d'une semaine, avec un fongicide « anticloque ».

MALADIE DES TACHES NOIRES

Cette affection est occasionnée par un champignon microscopique appartenant au genre *Marssonina*. Cette maladie est bien connue sur le rosier. On l'appelle très souvent : marsonia.
Symptômes : la maladie débute sur les feuilles basses qui se couvrent de grosses taches noires bien rondes. Les feuilles jaunissent rapidement puis tombent. En cours de saison, les pieds de rosiers peuvent perdre entièrement leur feuillage.
Époque des dégâts : le printemps et l'été.
Plantes sensibles : principalement les rosiers. Des maladies aux symptômes voisins se rencontrent sur le peuplier, le bouleau et l'érable.
Gravité : privées de leurs feuilles, les plantes atteintes s'affaiblissent progressivement.
Conditions favorables : des pluies régulières, et des températures clémentes au printemps, favorisent le développement de la maladie.
Précautions à prendre : l'enlèvement des feuilles tombées au sol est impératif. Les variétés les moins sensibles sont à privilégier (roses modernes).
Traitement : seuls les traitements préventifs sont efficaces. Pulvérisez tous les 15 jours, de fin mars à fin mai, un des nombreux fongicides systémiques « maladie des rosiers » proposés dans le commerce.

MILDIOU

Très célèbre sur la vigne, cette maladie reste relativement peu répandue dans les jardins.
Symptômes : des taches claires, huileuses, apparaissent sur les feuilles. Au revers, un feutrage blanc, dense, est visible. Petit à petit la feuille se dessèche.
Époque des dégâts : printemps et automne.
Plantes sensibles : le mildiou ne se rencontre que sur la vigne, la tomate et la pomme de terre.
Gravité : en cas de fortes attaques, la récolte est compromise, la plante peut mourir.
Conditions favorables : pour leur développement, les mildious ont besoin d'une forte humidité.
Précautions à prendre : il faut veiller à ne pas planter trop serré, tout en évitant de cultiver les plantes sensibles dans les zones trop humides.
Traitement : à titre préventif des applications régulières de bouillie bordelaise sont efficaces. Une fois la maladie déclarée, l'emploi d'un produit « antimildiou » curatif s'impose. Le produit doit être pulvérisé tous les dix à quinze jours sur les plantes atteintes pendant tout le cycle de culture.

Le mildiou de la vigne : à traiter absolument. ▶

▲ La très spectaculaire et redoutable cloque du pêcher.

▲ La maladie des taches noires affaiblit le rosier.

175

Savoir jardiner

▲ L'oïdium est très virulent sur le mahonia.

▲ Une feuille de haricot couverte de rouille.

◀ La septoriose du marronnier : des taches de rouille.

OÏDIUM

Souvent appelé la maladie du « blanc », l'oïdium est extrêmement fréquent. Chaque plante ou presque est attaquée par un oïdium spécifique.
Symptômes : un feutrage blanc, d'aspect farineux tapisse les feuilles, les nouvelles pousses et les boutons floraux. Les jeunes feuilles attaquées se déforment et se perforent parfois.
Époque des dégâts : peu exigeants en eau, les oïdiums se développent pendant toute la belle saison.
Plantes sensibles : les plus fréquemment visitées sont les rosiers, les pommiers, le laurier-cerise, le chêne, le mahonia, le fusain, le lagerstroemia, les bégonias, les phlox, les asters, les dahlias, la vigne.
Gravité : les arbres ou les arbustes peuvent être affaiblis, la floraison des rosiers est diminuée. Les plantes herbacées sont plus gravement touchées.
Conditions favorables : les ambiances confinées, une certaine fraîcheur et de l'humidité.
Précautions à prendre : les jeunes pousses contaminées peuvent être coupées. En hiver, les rameaux couverts de mycélium blanc sont à éliminer. Choisissez des variétés peu sensibles à l'oïdium.
Traitement : il existe de nombreux produits actifs. Ils sont systémiques et recommandés contre les maladies des rosiers. Le soufre conserve une bonne efficacité en traitement de printemps.

ROUILLES

Aisément reconnaissables par leurs pustules arrondies de teinte orangée, les rouilles sont des maladies très fréquentes au jardin d'ornement.

Symptômes : sur la face supérieure des feuilles apparaissent des petites ponctuations jaune-orangé. Des pustules garnissent le revers des feuilles.
Époque des dégâts : le printemps et l'été.
Plantes sensibles : de nombreuses plantes peuvent être attaquées : les rosiers, le mahonia, le buis, le millepertuis, la pervenche, les chrysanthèmes, les œillets, la rose trémière, la menthe, les pélargoniums, le poireau, l'ail, etc. Quelques arbres sont touchés : les saules, le prunier, le cytise, le peuplier.
Gravité : les plantes attaquées sont généralement peu affectées (chute prématurée des feuilles), mais elles deviennent rapidement inesthétiques.
Conditions favorables : un temps chaud et humide favorise les attaques de rouilles.
Précautions à prendre : le champignon se conservant en hiver sur les feuilles tombées au sol. Elles doivent être ramassées et brûlées.
Traitement : dès l'apparition des premières pustules, un traitement avec un fongicide systémique « maladie des rosiers » enrayera le développement de la rouille. Des applications répétées, tous les quinze jours, sont souvent nécessaires sur les rosiers.

SEPTORIOSE

Cette maladie est occasionnée par un champignon du genre *Septoria*. Elle est très redoutée par les producteurs de chrysanthèmes.
Symptômes : des petites taches brunes apparaissent d'abord sur les feuilles basses. Elles gagnent petit à petit l'ensemble du limbe et la feuille se dessèche entièrement. La plante souffre.
Époque des dégâts : au cours du printemps.
Plantes sensibles : le céleri, le marronnier et les chrysanthèmes sont les plus régulièrement attaqués.
Gravité : les plantes très atteintes sont affaiblies et moins productives. La croissance est presque nulle.
Conditions favorables : les années humides, les attaques de septoriose sont plus importantes.
Précautions à prendre : tous les déchets de culture doivent être retirés à l'automne. À la suite d'une attaque sévère, il est préférable de ne pas renouveler la culture sur la même planche.
Traitement : des traitements préventifs avec un fongicide polyvalent limiteront les attaques.

UN CHAMPIGNON NOIR : LA FUMAGINE

Certaines plantes sont sujettes à ces fameux dépôts noirs, charbonneux, qui recouvrent leur feuillage vers la fin du printemps (le camélia, le laurier-rose, etc.). Particulièrement inesthétique ce feutrage a tendance à étouffer la plante qui ne peut plus réaliser normalement sa photosynthèse. La fumagine vient en fait s'installer sur le miellat, substance riche en sucres et rejetée par les pucerons, les psylles ou encore certaines cochenilles. Cette pellicule noire se décolle aisément en grattant avec l'ongle, le champignon restant bien à l'extérieur des tissus de la plante sans la parasiter. En combattant l'insecte nuisible, la fumagine va progressivement disparaître.

ENNEMIS ET MALADIES DES RACINES

Tous les problèmes souterrains sont très difficiles à combattre, car les plantes manifestent souvent leurs symptômes sur la partie aérienne alors qu'il est trop tard. Mieux vaut agir de façon préventive.

CAMPAGNOLS

Le campagnol des champs et le campagnol terrestre (rat taupier) infestent certains jardins. Ils sont de teinte jaune grisâtre et mesurent de 10 à 15 cm de long, le plus gros étant le rat taupier.
Symptômes : les racines et les écorces sont rongées à la base. La destruction des racines (avec des traces des dents bien visibles) entraîne leur dessèchement subit. Les galeries superficielles du campagnol des champs endommagent sérieusement une pelouse.
Époque des dégâts : fin d'hiver et printemps.
Plantes sensibles : tous les légumes.
Gravité : les pullulations sont toujours graves.
Conditions favorables : c'est à la suite d'hivers doux que les attaques sont les plus virulentes.
Précautions à prendre : évitez les paillages et disposez un fin grillage à la base des troncs. Un chat peut être un bon chasseur de campagnols.
Traitement : les appâts à base d'anticoagulants contre les divers rongeurs sont efficaces.

COURTILIÈRE

C'est un insecte aux mœurs nocturnes. Proche du grillon, la courtilière mesure de 4 à 5 cm de long. Elle est équipée à l'avant de puissantes pattes fouisseuses et se déplace rapidement.
Symptômes : en creusant ses galeries souterraines, l'insecte soulève les semis et sectionne les racines, tubercules et bulbes dont elle se nourrit.
Époque des dégâts : au cours du printemps.
Plantes sensibles : toutes les plantes potagères ainsi que les massifs de plantes herbacées.
Gravité : exceptionnellement, des carrés entiers au potager peuvent être entièrement détruits.
Conditions favorables : c'est dans les terres humifères et riches qu'elles se sentent le mieux.

Précautions à prendre : piégez l'insecte au printemps, en enterrant des récipients de plastique aux parois lisses, à la surface du sol.
Traitement : les appâts insecticides sont efficaces. Ils doivent être épandus en fin de journée chaude.

NÉMATODES

De la taille d'un cheveu, ces vers vivent dans le sol ou dans les terreaux et envahissent les racines des plantes. Les attaques de nématodes sont surtout fréquentes dans les cultures intensives.
Symptômes : la plante jaunit et flétrit. Sur les racines apparaissent des petites galles. Certains nématodes provoquent le pourrissement des racines.
Époque des dégâts : pendant la végétation.
Plantes sensibles : presque tous les végétaux, les arbres et les arbustes, les plantes d'intérieur.
Gravité : fort heureusement, les infestations de nématodes restent peu fréquentes. Un sol contaminé le reste pendant plusieurs années. Les traitements s'avèrent toujours difficiles à mettre en œuvre.
Conditions favorables : les nématodes se développent le mieux dans les sols légers et humides. Ils s'abritent souvent dans le compost.
Précautions à prendre : les végétaux atteints doivent être arrachés puis brûlés. Leur compostage n'est pas possible. Pour les plantes fleuries et les plantes d'intérieur, mieux vaut utiliser un terreau du commerce sans le mélanger avec la terre du jardin. Dans un sol contaminé, un labour profond effectué en été détruit un grand nombre de nématodes.
Traitement : la désinfection du sol à la vapeur pratiquée par les professionnels nécessite un appareillage spécial. Un changement de la terre du massif ou de la planche de culture est idéal.

▲ Cocasse, mais gourmand, le campagnol est redoutable.

▲ La courtilière provoque de gros dégâts dans le potager.

Les nématodes attaquent les racines : la plante dépérit. ▶

Savoir jardiner

▲ Le phytophthora provoque le dessèchement des rameaux.

▲ Le pourridié des racines détruit toute la plante.

▲ Une galerie de taupe creusée sous un dallage.

PHYTOPHTHORAS

Appartenant à la famille des mildious, maladies qui apparaissent sur les feuilles, ces champignons microscopiques s'attaquent aux systèmes racinaires. Rares dans les jardins, ils se rencontrent fréquemment en pépinière et en jardinière.
Symptômes : la plante semble manquer d'eau, ses feuilles se flétrissent aux heures chaudes, elle peut se dessécher subitement. Sur les conifères, des rameaux fanent et brunissent en partant de la base de l'arbre. Les racines et le collet sont entièrement pourris.
Époque des dégâts : c'est à l'arrivée des fortes températures que les premiers signes sont visibles.
Plantes sensibles : très nombreuses. Mais dans les jardins, seules les plantes de terre de bruyère (Éricacées) et parfois les *Chamaecyparis* sont affectés.
Gravité : il s'agit d'une des maladies les plus graves en pépinières. Les plantes atteintes meurent.
Conditions favorables : le phytophthora se développe en conditions très humides. On ne le rencontre pas dans les terres saines de jardin.
Précautions à prendre : lors de l'aménagement de la fosse de terre de bruyère, un système de drainage s'impose. Une plante atteinte doit être rapidement arrachée puis brûlée, les pieds voisins traités.
Traitement : certains fongicides spécifiques à base de fosétyl d'aluminium (Aliette) s'appliquent en arrosage, à raison de quatre à cinq passages par an. Seuls les traitements préventifs sont réellement efficaces. Traitez les rhododendrons en bacs.

POURRIDIÉS RACINAIRES

Ces redoutables maladies souterraines sont occasionnées par des champignons à chapeau qui poussent à l'automne au pied de leurs victimes. Parmi eux, l'armillaire couleur de miel reste le plus fréquent. Ces champignons propagent très rapidement leur mycélium dans le sol.
Symptômes : le champignon gagne le système racinaire et finit par le détruire. L'arbre contaminé pousse difficilement et ses branches dépérissent petit à petit. Parfois, on constate un dessèchement complet. Un feutrage blanc très dense à forte odeur de champignon apparaît à la base de l'arbre, juste sous l'écorce qui se décolle.
Époque des dégâts : surtout au printemps, après un hiver humide, et aussi en automne.
Plantes sensibles : tous les végétaux du jardin.
Gravité : les plantes atteintes sont condamnées. La maladie peut s'étendre et gagner d'autres végétaux.
Conditions favorables : les attaques démarrent souvent à partir d'une vieille souche. Dans les terres humides, le champignon se développe plus facilement. Les arbres affaiblis ou porteurs de blessures sur leurs racines sont attaqués de préférence.
Précautions à prendre : abattez un arbre malade et arrachez la souche et les racines. Dans ce sol contaminé, aucune plantation ne pourra être effectuée. Une tranchée d'isolement, de la profondeur et de la largeur d'un fer de bêche, autour de l'arbre malade limitera la propagation du champignon.
Traitement : seul un changement complet de la terre autorise une nouvelle plantation.

TAUPE

Carnivores, les taupes se nourrissent de grandes quantités de vers de terre et de larves en tout genre. Adaptées à la vie souterraine, elles forent de nombreuses galeries à la recherche de leur nourriture. Très robustes, les taupes ne souffrent aucunement d'hémophilie, contrairement à ce que l'on croit souvent.

◀ Les taupinières font de gros dégâts dans les pelouses.

Ennemis et maladies des racines

Symptômes : les taupes évacuent la terre en surface. Les taupinières défigurent les surfaces engazonnées et les terrains sont entièrement défoncés.
Époque des dégâts : toute l'année, à l'exception de la période hivernale.
Plantes sensibles : les taupes sont exclusivement insectivores et ne s'attaquent pas aux végétaux.
Gravité : la taupe n'est pas un nuisible. Elle perturbe seulement l'esthétique du jardin.
Conditions favorables : les taupes envahissent surtout les jardins fertiles et les pelouses arrosées.
Précautions à prendre : arasez les taupinières au râteau, pour ne pas abîmer la lame des tondeuses.
Traitement : les pièges sont valables, mais ils sont difficiles à mettre en place. La lutte à l'aide de vers artificiels empoisonnés est peu efficace.

TAUPIN

Très caractéristique, la larve du taupin est de teinte jaune, assez allongée et de forme cylindrique. Elle est appelée « ver fil de fer » et vit plusieurs années dans le sol.
Symptômes : les larves mangent les racines des plantes et pénètrent même dans les collets et les tubercules. Rapidement, la plante attaquée flétrit et se dessèche. Les tubercules perforés pourrissent.
Époque des dégâts : fin du printemps et en été.
Plantes sensibles : au potager, les pommes de terre, les salades, les carottes, les asperges, les fraisiers, les légumineuses.
Gravité : les attaques sont très localisées mais les plantes atteintes sont condamnées.
Conditions favorables : les « vers fil de fer » apprécient l'humidité d'un sol humifère.
Précautions à prendre : en cas d'infestation, privilégiez la culture de la tomate ou des crucifères.
Traitement : disposez, avec les semis ou dans le trou de plantation, un insecticide en granulés.

TIPULES

Sortes de gros moustiques appelés aussi « cousins », les tipules se montrent inoffensives pour l'homme. Les larves de teinte gris-marron sont de gros asticots qui vivent dans le sol.

Symptômes : les larves se nourrissent de racines et de tubercules. La nuit, elles montent à la surface du sol où elles s'attaquent à la base des tiges.
Époque des dégâts : toute l'année, mais les attaques les plus importantes ont lieu au printemps.
Plantes sensibles : les graminées du gazon, les pommes de terre et les betteraves.
Gravité : en cas d'attaque en nombre, les dégâts sur une pelouse peuvent être importants.
Conditions favorables : c'est dans les lieux humides que les tipules se trouvent le mieux.
Précautions à prendre : lors de la réfection d'un gazon, il est préférable de réaliser un labour au début de l'été, afin de détruire de nombreuses larves de tipules qui peuvent y subsister.
Traitement : dès les premiers dégâts, il faut épandre au sol un appât granulé insecticide.

VER BLANC

La larve du hanneton, appelée « ver blanc » est blanche avec l'extrémité du corps noirâtre. Elle vit dans le sol et se recourbe en arc dès qu'elle est mise à jour. Elle vit cinq ans dans le sol.
Symptômes : les vers blancs dévorent avidement les racines et les tubercules. Les morsures ou les trous sont nettement plus gros que ceux occasionnés par les attaques du « ver fil de fer ».
Époque des dégâts : le printemps et l'été.
Plantes sensibles : tous les végétaux herbacés du jardin, parfois les racines d'arbustes.
Gravité : les dégâts peuvent être importants. Les plantes atteintes sont souvent condamnées.
Conditions favorables : c'est généralement à proximité des bandes boisées où se réfugient les adultes, que les attaques sont les plus fréquentes.
Précautions à prendre : des binages ou sarclages répétés au cours de l'été limitent considérablement les populations larvaires.
Traitement : dès les premiers dégâts, l'épandage au sol d'un insecticide granulé est possible. Lors des « années à hannetons », ce traitement peut être mis en œuvre préventivement. Il est aussi possible de pulvériser un insecticide sur les adultes.

Larve du hanneton, le ver blanc ronge les racines. ▶

▲ La taupe est un mammifère souterrain presque aveugle.

▲ Le taupin commun est un gros coléoptère gris foncé.

▲ La tipule est un moustique géant appelé « cousin ».

Savoir jardiner

ENNEMIS ET MALADIES DES TIGES

Parties vitales de la plante, la tige, les rameaux ou le tronc sont rarement malades. Mais quand un insecte ou un champignon les parasite, il s'ensuit de graves affections, difficiles à soigner avec efficacité.

▲ Les larves du bupreste provoquent des brunissements.

▲ Le capricorne est un redoutable insecte du bois.

◀ Le chancre du pommier peut détruire l'arbre entier.

BUPRESTES

Ces jolis insectes coléoptères, aux couleurs métallisées, sont de redoutables ravageurs. Les larves sont blanches et de forme aplatie.
Symptômes : les branches se dessèchent subitement et brunissent. Juste sous l'écorce, une galerie sinueuse de 2 à 3 mm de large, garnie de sciure, est occupée par la larve.
Époque des dégâts : les attaques sont plus marquées en été par temps chaud.
Plantes sensibles : les *Thuja plicata* 'Atrovirens' sont ravagés par un bupreste *(Palmar festiva)*. Les Chamaecyparis et les Juniperus sont aussi sensibles. Certains chênes sont attaqués par un autre bupreste dont les dégâts sont similaires.
Gravité : les attaques de buprestes sont très graves sur les conifères et particulièrement sur les thuyas.
Conditions favorables : c'est dans les haies que les attaques sont les plus spectaculaires.
Précautions à prendre : il faut éviter de planter des haies de *Thuja plicata* 'Atrovirens' dans les régions infestées. Dès qu'un dessèchement survient, la branche doit être coupée, car cela permet de piéger la larve dans sa galerie.
Traitement : des traitements répétés au cours de l'été, avec un insecticide polyvalent, sont parfois préconisés. En raison des résultats très aléatoires, cette lutte est souvent peu probante.

CAPRICORNES

Facilement reconnaissables à leur corps allongé et leurs très longues antennes, les capricornes occasionnent des dégâts sur les arbres du jardin.
Symptômes : des dessèchements de branches peuvent survenir, mais le plus souvent les capricornes sont décelés par des amas de sciure au pied des arbres ou des gros trous dans l'écorce. Certaines espèces attaquent aussi les charpentes.
Époque des dégâts : le printemps et l'été.
Plantes sensibles : les chênes, les peupliers, les noisetiers, les saules et l'eucalyptus ont chacun à subir les attaques d'espèces différentes de capricorne dont la biologie est toutefois très voisine.
Gravité : très dommageables sur les vieux chênes qui peuvent en mourir, les attaques de capricorne sont souvent plus localisées sur les autres arbres.
Conditions favorables : le capricorne du chêne ne s'installe que sur les arbres affaiblis.
Précautions à prendre : il faut stimuler la vigueur des arbres (fertilisation, arrosage, amendements organiques) afin de renforcer leurs défenses naturelles. Les branches desséchées sont coupées.
Traitement : Aucun traitement direct n'est efficace, en raison de la pénétration de l'insecte à l'intérieur même du bois.

CHANCRES

Ces redoutables maladies sont occasionnées par des champignons qui parasitent le bois vivant. La maladie du corail, le chancre cortical du cyprès, font aussi partie de ces affections.
Symptômes : des branches ou des rameaux se dessèchent. L'écorce se craquelle, des bourrelets se forment, des petites ponctuations colorées peuvent apparaître. Sur les conifères de la résine s'écoule.
Plantes sensibles : châtaignier, érable, marronnier, albizzia, sophora, cyprès, leyland, pin noir, séquoia, pommier, etc.
Gravité : très difficiles à soigner, ces maladies peuvent entraîner la mort de l'arbre ou de l'arbuste.
Conditions favorables : des blessures favorisent la pénétration des champignons dans le bois vivant.
Précautions à prendre : les rameaux porteurs de

Ennemis et maladies des tiges

chancres sont à supprimer. Il est recommandé de tailler les arbres sensibles à ces maladies en l'absence de pluie. Les outils doivent être désinfectés.
Traitement : les jeunes chancres peuvent être curetés et badigeonnés d'un mastic fongicide. Des pulvérisations préventives au printemps limitent les infections (surtout sur les conifères). Sur les pommiers l'application de bouillie bordelaise, à la chute des feuilles, est recommandée.

CRIOCÈRES

Ces jolis insectes adultes aux couleurs vives donnent naissance à des larves particulièrement voraces. Il en existe plusieurs espèces.
Symptômes : les feuilles, puis les tiges et les fleurs sont entièrement dévorées par des larves très actives.
Époque des dégâts : au cours du printemps.
Plantes sensibles : les lis et les asperges sont les plantes les plus fréquemment envahies.
Gravité : les plantes peuvent être détruites.
Conditions favorables : les lis blancs sont particulièrement attractifs pour les criocères.
Précautions à prendre : les adultes, facilement visibles, peuvent être récoltés à la main et détruits.
Traitement : une pulvérisation d'un insecticide polyvalent ou d'origine naturelle est suffisante.

FEU BACTÉRIEN

Occasionnée par la bactérie *Erwinia amylovora*, cette maladie est redoutable. Heureusement, elle ne s'installe que sur quelques espèces.
Symptômes : dès l'apparition des premières chaleurs, des rameaux ou des jeunes pousses se dessèchent brutalement. La tige ou le bois prend une teinte noire, huileuse. La plante paraît brûlée.
Époque des dégâts : fin du printemps et l'été.
Plantes sensibles : seules certaines rosacées peuvent être contaminées : aubépine, cognassier du Japon, cotonéaster, pommier, poirier, pyracantha. Les rosiers et les spirées sont épargnés.
Gravité : le feu bactérien est extrêmement dangereux, car la maladie est encore incurable.

Une attaque de feu bactérien sur un cotonéaster. ▶

Conditions favorables : la pluie, le vent, les insectes, la taille disséminent la maladie.
Précautions à prendre : les branches et les rameaux desséchés doivent être coupés au plus vite. Les arbres ou les arbustes les plus atteints sont supprimés et brûlés. Désinfectez les outils de taille à l'alcool à brûler. Lors des plantations, il faut privilégier les variétés résistantes quand elles existent.
Traitement : des pulvérisations lors de la floraison avec un fongicide cuprique, évitent l'introduction des bactéries par les fleurs.

FLÉTRISSEMENT

Cette maladie cryptogamique, due à un champignon du genre *Ascochyta*, provoque aussi des taches noires sur d'autres plantes.
Symptômes : la plante flétrit brutalement sans aucun signe avant-coureur et se dessèche.
Époque des dégâts : pendant la végétation.
Plantes sensibles : surtout les *Clematis jackmanii* et *Clematis montana*, mais aussi l'hortensia, le lilas, le pin, le chrysanthème, etc.
Gravité : la maladie est heureusement localisée à une ou deux branches, rarement plus.
Conditions favorables : humidité, sol compact.
Précautions à prendre : coupez les pousses flétries et mastiquez bien les plaies lors de la taille.
Traitement : pulvérisez une bouillie bordelaise au tout début de la végétation.

▲ Le flétrissement de la clématite : un symptôme subit.

▲ La criocère du lis est un coléoptère d'un rouge très vif.

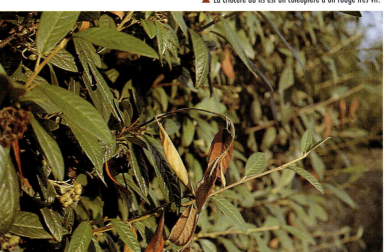

Savoir jardiner

▲ La fonte des semis est souvent due au substrat compact.

▲ La fonte des boutures de géraniums : trop d'humidité.

▲ Les terriers de lapins bouleversent le pied des arbres.

◂ La gommose du cerisier épuise doucement la plante.

FONTE DES SEMIS ET DES BOUTURES

Ces maladies au développement fulgurant ne s'intéressent qu'aux toutes jeunes plantes. De nombreux champignons provoquent les mêmes affections : *Phytophtora*, *Pythium*, *Botrytis*, etc.
Symptômes : attaquée au niveau du collet, la jeune plantule s'effondre subitement. Sur les boutures affectées, la base de la tige devient noire.
Époque des dégâts : dans les premières semaines qui suivent le semis ou le bouturage.
Plantes sensibles : aucun végétal n'est épargné.
Gravité : des terrines entières peuvent être détruites. La progression de la maladie est très rapide.
Conditions favorables : les basses températures et la présence d'eau stagnante au pied des plantes.
Précautions à prendre : les terrines et les outils utilisés pour le rempotage doivent être désinfectés. Il est recommandé d'employer un terreau léger.
Traitement : à titre préventif, juste après le rempotage, un traitement en arrosage avec un fongicide spécifique est efficace (Rovral, par exemple).

GOMME

Très fréquents sur certains arbres, les écoulements de gomme sont en fait une réaction de défense du végétal face à une agression. Les épanchements de résine chez les conifères sont comparables.
Symptômes : des petites mouchetures, des tortillons ou des « poches » de gomme sont possibles. Ils proviennent tous de fissures ou de blessures apparues dans le bois (tentative de pénétration d'un insecte ou d'un champignon, éclatement de l'écorce, etc).
Époque des dégâts : toute l'année.
Plantes sensibles : tous les *Prunus* sont sujets à la gommose, car ils fabriquent naturellement cette substance dans leurs tissus. Sur les vieux cerisiers, les écoulements de gomme sont très fréquents.
Gravité : la gomme n'est pas dangereuse, elle protège la plante. Un fort écoulement l'épuise.
Conditions favorables : la gomme s'écoule le plus souvent au niveau d'une fourche.
Précautions à prendre : sur les jeunes cerisiers, il faut éviter d'avoir un trop grand nombre de branches charpentières insérées au même niveau. Cela provoque des fissures dans l'écorce, propices aux écoulements de gomme.
Traitement : le grattage doit être superficiel, car il a tendance à contrarier cette défense naturelle.

LAPINS

Ces mammifères rongeurs, souvent appréciés pour leur aspect cocasse, se révèlent être de grands nuisibles dans les jardins, en raison de leur pullulation rapide.
Symptômes : les lapins mangent les feuilles, les pousses, les tiges et même l'écorce de certains arbres ou arbustes. Les plantes à massifs ou potagères peuvent être entièrement détruites.
Époque des dégâts : c'est durant les hivers rigoureux, ou au début du printemps que les dégâts les plus importants ont lieu.
Plantes sensibles : pratiquement toutes les plantes herbacées peuvent être grignotées. Les pommiers, les cerisiers ainsi que les conifères ont une écorce très sensible à l'attaque de ces rongeurs.
Gravité : certaines années les dégâts sont considérables, surtout dans les jeunes plantations.
Conditions favorables : une population de lapins trop importante, vu l'absence de prédateurs, et de faibles disponibilités alimentaires permettent d'expliquer l'ampleur des dégâts de certaines années.
Précautions à prendre : la meilleure solution est de clôturer le jardin ou le carré du potager. Des manchons de protection peuvent être disposés autour des arbres lors de leur plantation.
Traitement : des répulsifs peuvent être badigeonnés sur les troncs ou sur des cordelettes tendues autour des massifs. Leur efficacité reste variable d'un jardin à l'autre, et de courte durée.

SCOLYTES

Ces coléoptères de petite taille (de 3 à 10 mm) sont des insectes foreurs. Les larves se développent sous les écorces où elles creusent des galeries très ramifiées d'aspect caractéristique.

Ennemis et maladies des tiges

Symptômes : des branches ou des rameaux se dessèchent. À leur base ou sur leur écorce, de nombreux petits trous apparaissent d'où s'échappe une sciure fine, signe de la présence des insectes.
Époque des dégâts : le printemps et l'été.
Plantes sensibles : tous les arbres ou arbustes.
Gravité : les parties atteintes ne peuvent pas être soignées. Si les scolytes envahissent le tronc d'un arbre, il est presque toujours condamné.
Conditions favorables : seuls les arbres ou les arbustes affaiblis sont attaqués. Les scolytes sont des parasites de faiblesse ou de vieillesse.
Précautions à prendre : les branches atteintes doivent être coupées au niveau des parties saines, et brûlées rapidement. Il faut stimuler la vigueur du végétal par des mesures culturales appropriées (arrosage, fertilisation, amélioration du sol, etc.).
Traitement : aucun traitement ne se justifie.

TEIGNES

Ces larves de petits papillons sont réputées pour leur voracité. Souvent en groupe, la teigne du poireau s'attaque aux feuilles et à la tige.
Symptômes : le « ver du poireau » vit en mineuse dans les feuilles. Ces dernières se perforent, se décolorent puis se dessèchent. Quand la larve atteint le fût, la pourriture du plant est possible.
Époque des dégâts : la teigne du poireau se rencontre dès le début du printemps mais les dégâts les plus importants ont lieu à la fin de l'été. Toutes les cultures de poireaux doivent être protégées.
Plantes sensibles : l'oignon, la ciboulette, et surtout le poireau sont attaqués par la teigne.
Gravité : les plantes peuvent être entièrement détruites. La lutte est très difficile.
Conditions favorables : les hivers doux permettent des attaques précoces encore plus graves.

Les dégâts caractéristiques des larves de scolytes. ▶

Précautions à prendre : la culture est à surveiller de très près. Dès les premiers symptômes, les feuilles atteintes doivent être coupées. En cas de forte attaque sur de jeunes poireaux, il est possible de rabattre les plants très court.
Traitement : les insecticides ne sont efficaces que s'ils sont pulvérisés avant la pénétration des teignes dans les feuilles. Dans les régions infestées, il est prudent de pratiquer des traitements réguliers avec un insecticide polyvalent recommandé pour le jardin potager. Trempez aussi les plants dans une solution insecticide au moment du repiquage.

VERS GRIS

Ces vers gris-marron sont les larves de papillons très communs : les noctuelles. De mœurs terricoles, ils vivent dans les premiers centimètres du sol, restant invisibles pour le jardinier.
Symptômes : les vers gris dévorent la base de la tige ou le collet des plantes, ce qui provoque leur flétrissement subit et inattendu.
Époque des dégâts : au printemps et fin d'été.
Plantes sensibles : toutes les plantes à massif et potagères peuvent être attaquées.
Gravité : les végétaux atteints sont systématiquement perdus. Attention, l'insecte peut s'attaquer très vite aux plantes voisines.
Conditions favorables : une terre sèche.
Précautions à prendre : des binages répétés peuvent détruire les vers gris dans le sol.
Traitement : en cas de menace, il est préférable d'incorporer au sol, lors de la plantation, un insecticide en granulés. Dès l'apparition des premiers dégâts, épandez en surface un appât insecticide spécifique pour les vers gris.

▼ La larve de la teigne du poireau mine les tiges.

▼ Le ver gris est le nom de la larve de la noctuelle.

MOUSSES ET LICHENS

Aux expositions ombragées et dans les zones humides, les arbres se voient souvent envahis par les mousses et les lichens. Végétaux primitifs, ils réalisent leur propre photosynthèse, et ne se comportent donc pas en parasite. Ces organismes, appelés des épiphytes, ne nuisent pas à l'arbre, ils l'utilisent seulement comme un support. Il arrive cependant que certains insectes réfugiés sous les mousses et les lichens soient épargnés par les traitements. Il est donc recommandé de les éliminer. Mais si vous soignez bien vos plantes, la destruction des mousses ne se justifie pas.

Savoir jardiner

ENNEMIS ET MALADIES DES FRUITS

En raison de leur saveur sucrée et de leur bonne valeur énergétique, les fruits attirent bon nombre d'insectes et divers animaux qui se chargent souvent de les manger avant le jardinier. Le fruit est un organe fragile contenant beaucoup d'eau, c'est pourquoi de nombreux champignons, dont des pourritures, le menacent.

▲ La larve du balanin parasite l'intérieur des noisettes.

▲ Une noix dévorée toute fraîche par le carpocapse.

◀ Les dégâts de la cécidomye touchent aussi les feuilles.

BALANIN

Ce petit charançon des plus discrets, dépose ses œufs à l'intérieur de certains fruits secs. Les larves viennent rapidement à bout des amandes, pour ne laisser que l'enveloppe du fruit.
Symptômes : les fruits sont vidés de leur contenu. Un orifice de sortie bien rond apparaît nettement. Les fruits contaminés peuvent chuter précocement.
Époque des dégâts : au cours de l'été.
Plantes sensibles : la noisette est particulièrement touchée. Un insecte similaire sévit sur le châtaignier.
Gravité : une forte infestation compromet la récolte.
Conditions favorables : les attaques de balanin sont plus importantes à la suite des hivers doux.
Précautions à prendre : vers la fin de l'été, la larve tombe au sol et s'enterre. Un bêchage hivernal l'expose au froid et aux oiseaux insectivores.
Traitement : aucun traitement insecticide n'est vraiment efficace dans le jardin.

CARPOCAPSE

Ce papillon en apparence inoffensif dépose ses œufs au printemps sur les feuilles et les jeunes fruits. Les petites chenilles, de teinte rosée, pénètrent rapidement dans les fruits. Elles vivent aux dépens de la pulpe, puis sortent du fruit et se réfugient sur les écorces pour y passer l'hiver. Ces insectes ravageurs sont particulièrement redoutés par les producteurs de pommes et de poires.
Symptômes : les fruits attaqués présentent un minuscule orifice, d'où s'échappe une sciure humide. Le centre du fruit est parcouru par une galerie occupée par la chenille du carpocapse. Les fruits peuvent tomber prématurément.
Époque des dégâts : c'est à la fin du printemps et au cours de l'été que les fruits deviennent véreux.
Plantes sensibles : surtout les pommiers et les poiriers, mais aussi les noyers, les châtaigniers, les cognassiers et les pruniers.
Gravité : les fruits sont encore consommables (compote, confiture) mais fortement dépréciés.
Conditions favorables : dans les vergers, en culture intensive, les attaques sont plus importantes.
Précautions à prendre : les fruits tombés au sol doivent être rapidement ramassés et détruits.
Traitement : le papillon et les jeunes chenilles sont éliminés par des pulvérisations d'un insecticide polyvalent en mai et en juillet. Des « pièges à carpocapse » peuvent être disposés dans les arbres. Des traitements aux huiles en hiver permettent de détruire l'insecte qui s'abrite sous les écorces.

CÉCIDOMYE

Ce tout petit moucheron dépose ses œufs sur les fleurs des poiriers. Les petits asticots rougeâtres vivent à l'intérieur des jeunes poires. L'insecte se protège dans le sol en hiver.
Symptômes : certains fruits sont hypertrophiés et très déformés. On parle alors de fruits calebassés. Ils noircissent en mai ou en juin et tombent.
Époque des dégâts : le début du printemps.
Plantes sensibles : le poirier uniquement. Les variétés 'Passe Crassane' et 'Beurré d'Amanlis' sont plus sensibles que les autres.
Gravité : le nombre de fruits attaqués est faible.
Conditions favorables : c'est dans les cultures intensives que les attaques sont plus importantes.

Ennemis et maladies des fruits

L'ÉCLATEMENT DES FRUITS

À l'approche de la maturité, certains fruits voient leur épiderme se déchirer. Ce phénomène fréquent sur les cerises s'observe parfois également sur les prunes. En cas de pluies abondantes, l'éclatement intervient à l'approche de la récolte. Sur les poires et les pommes, des crevasses se forment parfois en cours de saison, occasionnées le plus fréquemment par la tavelure.

Précautions à prendre : les fruits déformés doivent être rapidement enlevés et détruits.
Traitement : un insecticide à la floraison.

GUÊPES ET FRELONS

Appartenant à la même famille, guêpes et frelons sont des insectes sociaux. Au printemps, ils fabriquent un nid où les femelles déposent leurs œufs. Habituellement carnassiers, ils ne dédaignent pas à l'occasion de se nourrir de produits sucrés. Au verger, les fruits bien mûrs peuvent être dévorés si la récolte tarde trop.
Symptômes : les guêpes et les frelons découpent les épidermes et sucent la pulpe sucrée des fruits à maturité. Un fruit peut être dévoré en quelques jours. S'il n'est qu'entamé, il sera envahi par les fourmis, les mouches ou les abeilles.
Époque des dégâts : au cours de l'été.
Plantes sensibles : les fruits qui mûrissent tardivement, surtout les pommes, les poires et les raisins.
Gravité : certaines années, les dégâts sont importants. Une récolte peut être anéantie.
Conditions favorables : guêpes et frelons sont surtout nombreux au cours des étés chauds et secs.
Précautions à prendre : des pièges à guêpes peuvent être disposés dans les arbres. Les insectes viendront se noyer dans un liquide sucré. L'ensachage des fruits à l'approche de la récolte est un moyen de protection fastidieux, mais particulièrement efficace.
Traitement : des insecticides spécifiques sont disponibles dans le commerce. Pour la destruction des nids ou guêpiers, le produit doit être appliqué la nuit lorsque tous les insectes sont rentrés. Ces insecticides sont dotés d'une action de choc très importante. Les insectes touchés meurent immédiatement. Portez des vêtements protecteurs comme ceux utilisés par les apiculteurs. Il est aussi possible de faire appel aux pompiers si les nids sont difficiles d'accès et dans tous les cas pour les frelons.

HOPLOCAMPE

C'est une sorte de petite mouche à quatre ailes. L'hoplocampe visite les arbres fruitiers lors de la floraison et pond ses œufs à la base des sépales. Les chenilles pénètrent à l'intérieur des jeunes fruits qu'elles dévorent. Une même chenille passe successivement dans trois à cinq fruits. On appelle parfois « vers cordonniers ».
Symptômes : les fruits ne grossissent pas et on remarque un orifice parfaitement rond cerclé de noir. Les fruits atteints tombent prématurément.
Époque des dégâts : au cours du printemps.
Plantes sensibles : surtout les pommiers, les poiriers et les pruniers de toutes les variétés.
Gravité : les attaques d'hoplocampes sont généralement limitées dans les jardins. Le nombre de fleurs détruites est peu important. Le plus souvent c'est un moyen d'éclaircissage naturel appréciable.
Conditions favorables : les printemps secs.
Précautions à prendre : les fruits atteints doivent être ramassés et détruits pour limiter l'attaque.
Traitement : une pulvérisation d'un insecticide polyvalent, à la chute des premiers pétales, permettra de limiter les attaques d'hoplocampes.

▶ L'hoplocampe parasite les jeunes poires.

▲ L'éclatement des tomates est un excès d'engrais azoté.

▲ Les guêpes s'attaquent aux fruits bien mûrs.

185

Savoir jardiner

▲ Le lérot est un grand amateur de fruits secs ou frais.

▲ Maladie criblée : symptômes sur une feuille de cerisier.

◀ Les dégâts du monilia sur une pomme 'Canada'.

LOIR ET LÉROT

Ce sont surtout les lérots qui sont à craindre dans les jardins. Les loirs préfèrent les ambiances forestières. Le lérot se reconnaît grâce à sa raie noire au niveau des yeux et à sa queue poilue.
Symptômes : amateurs de fruits frais, les lérots peuvent même s'attaquer à la récolte sur pied.
Plantes sensibles : tous les fruits.
Gravité : il est rare de voir une récolte entièrement détruite. Souvent, les dégâts les plus importants ont lieu dans les bâtiments où les lérots endommagent les matériaux d'isolation thermique.
Conditions favorables : les locaux de conservation sont surtout visités en cas d'hivers très froids.
Précautions à prendre : au printemps, disposez des pièges dans les greniers et soupentes.
Traitement : la pose d'appâts empoisonnés se révèle efficace. Il faut utiliser des fruits frais (bananes) imbibés d'un anticoagulant spécifique.

MALADIE CRIBLÉE

Cette affection occasionnée par un champignon, s'attaque aussi bien aux feuilles qu'aux fruits.
Symptômes : sur les feuilles, des ponctuations rouges à violacées apparaissent. Progressivement, ces petites taches se nécrosent et tombent, formant de nombreuses perforations. Sur les fruits attaqués, des taches brunes sont nettement visibles et une goutte de gomme s'écoule parfois. Les fruits fortement atteints sont déformés. Sur le pêcher, divers dessèchements de rameaux restent possibles.
Époque des dégâts : au cours du printemps.
Plantes sensibles : tous les *Prunus*. Les arbres fruitiers à noyaux, le laurier palme et le laurier du Caucase sont les plus souvent infestés.
Gravité : en cas de forte attaque sur les fruits, la récolte peut être compromise.
Conditions favorables : le champignon se développe lors des périodes pluvieuses.
Précautions à prendre : les feuilles atteintes doivent être ramassées et brûlées. Sur le pêcher, les rameaux porteurs de chancres sont à éliminer.
Traitement : à la chute des feuilles et juste avant le débourrement des arbres au printemps, traitez au cuivre. Par la suite, faites de deux à trois pulvérisations espacées de dix jours, avec un fongicide.

MONILIOSE

Ces champignons microscopiques appartenant au genre *Monilia* peuvent infecter les fleurs au printemps et coloniser les fruits à maturité.
Symptômes : une tache arrondie apparaît et se couvre progressivement d'une moisissure beige. Les fleurs se dessèchent, se regroupent en « paquets », interdisant la formation des fruits. Parfois, des rameaux feuillés se dessèchent. Des écoulements de gomme apparaissent à leur base.
Époque des dégâts : au début du printemps et à l'approche de la récolte par temps humide.
Plantes sensibles : les arbres fruitiers à noyaux, surtout les variétés à floraison précoce. Les cerisiers à fleurs y sont aussi très sensibles.
Gravité : une récolte peut être anéantie.
Conditions favorables : une forte humidité est nécessaire. Une blessure permet la contamination d'un fruit. La moniliose peut également se développer lors de la conservation des fruits.
Précautions à prendre : éliminez les momies, ces fruits desséchés restés sur l'arbre à l'automne. Éclair-

Ennemis et maladies des fruits

cissez quand les jeunes fruits sont trop nombreux.
Traitement : des applications de cuivre en hiver sont recommandées, ainsi qu'un traitement fongicide « antipourriture » pendant la floraison.

MOUCHES DES FRUITS

La plus célèbre est la mouche de la cerise, *Rhagoletis cerasi*. Les mouches adultes, de petite taille, volent à partir de la mi-mai et pondent leurs œufs dans les cerises matures.
Symptômes : en apparence saines, les cerises sont colonisées par un petit asticot blanchâtre qui se nourrit de la pulpe autour du noyau. Les pêches et les abricots infestés pourrissent.
Époque des dégâts : de la fin mai à la fin juin.
Plantes sensibles : il existe une mouche qui sévit sur l'olivier. La mouche méditerranéenne s'attaque aux pêchers et aux abricotiers. Les cerises tardives sont plus sensibles que les variétés précoces.
Gravité : la récolte est compromise.
Conditions favorables : les mouches pullulent lors des printemps et des étés chauds. Les attaques sont plus sévères dans la moitié sud de la France.
Précautions à prendre : plantez des variétés précoces dans les régions où sévissent les mouches.
Traitement : ils sont difficiles à mettre en œuvre, car les périodes de vol des mouches varient selon les années. L'usage d'un insecticide de contact, homologué pour cet usage, limite les dégâts.

POURRITURE GRISE

Champignon très fréquent, le *Botrytis cinerea* peut s'attaquer à de très nombreuses plantes. Il s'installe sur les tiges et les feuilles, mais c'est sur les fleurs et les fruits qu'il est le plus redoutable.
Symptômes : des taches brunes apparaissent sur les fruits et se couvrent progressivement de coussinets grisâtres, caractéristiques de la pourriture grise.
Époque des dégâts : c'est au cours des périodes humides et chaudes que la maladie se développe.
Plantes sensibles : toutes les plantes potagères craignent la pourriture grise, mais les dégâts sont plus importants sur les fraisiers et la vigne. Les plantes à massifs ou en jardinières sont aussi visitées.
Gravité : les fruits atteints sont irrécupérables et la pourriture grise progresse très vite d'un fruit à l'autre.
Conditions favorables : c'est dans les atmosphères confinées, dans les serres ou les châssis peu aérés que le *Botrytis* s'installe de préférence. Les végétaux plantés trop serrés sont fréquemment visités. Les excès d'humidité favorisent la maladie.
Précautions à prendre : il faut enlever les organes attaqués et desserrer les plantes. Réduisez les arrosages. Aérez souvent les serres et les châssis.
Traitement : pour être efficace, il doit être accompagné de mesures prophylactiques. Deux ou trois applications, à une semaine d'intervalle, de fongicides spécifiques « antipourriture », suffisent généralement à enrayer la maladie.

TAVELURE

Occasionnée par un champignon du genre *Venturia*, cette maladie est redoutée par les producteurs de pommes et de poires. Elle est présente tous les ans au printemps sur les arbres fruitiers.
Symptômes : les jeunes fruits sont maculés de petites taches brun olivâtre. Par la suite, les fruits se déforment et se crevassent. Les feuilles attaquées se couvrent de taches vert olive et peuvent tomber.
Époque des dégâts : au printemps.
Plantes sensibles : les pommiers et les poiriers sont les plus sensibles, surtout pour certaines variétés, comme 'Golden delicious', 'Reinette blanche du Canada' ou 'Passe Crassane' par exemple.
Gravité : la récolte est compromise certaines années. Les arbres défeuillés sont affaiblis.
Conditions favorables : les printemps pluvieux favorisent les contaminations. Les arbres plantés dans des zones humides sont les plus attaqués.
Précautions à prendre : ramassez les feuilles tombées au sol, ainsi que les fruits tavelés.
Traitement : pour les arbres sensibles, des traitements préventifs sont nécessaires. Le cuivre s'utilise à la chute des feuilles et jusqu'à la floraison. Par la suite, pour une attaque déclarée, une intervention rapide avec un fongicide systémique s'impose.

▲ Un piège attractif contre la mouche des cerises.

▲ Dégâts de pourriture grise sur une grappe de raisin.

Une poire 'Passe Crassane' cabossée par la tavelure. ▶

Savoir jardiner

BIEN SOIGNER LES PLANTES

Pour un jardin bien portant, il faut être adepte du principe : « mieux vaut prévenir que guérir », toutes les interventions de soins sur les plantes étant beaucoup plus efficaces et plus faciles avant l'apparition des maladies ou des dégâts des ravageurs. Rosiers, conifères, arbres fruitiers et légumes sont à surveiller de très près...

▲ Les rosiers doivent recevoir plusieurs traitements au cours de la saison, de préférence avec des produits totaux.

 astuce Truffaut — Traitez au gonflement des bourgeons au printemps, puis à l'apparition des feuilles et après la floraison et vous aurez assuré une très bonne protection préventive.

▲ Effectuez un traitement insecticide du sol avant le semis.

◀ Les bombes aérosols : pour les interventions ponctuelles.

Des mesures de prévention

Bien souvent, les remèdes chimiques ne s'avèrent efficaces qu'accompagnés de mesures prophylactiques et culturales. Un des principes de base est la taille sanitaire. Elle consiste à enlever les organes malades ou à brûler les plantes attaquées. Cette action est complétée par un ramassage systématique des feuilles tombées. Les champignons se conservent au cours de l'hiver sur les feuilles desséchées. Il est donc préférable de ne pas utiliser ces feuilles pour la confection du compost. Le ramassage des chenilles et des insectes, surpris en flagrant délit d'attaque des plantes, suffit parfois à stopper net leur développement. Prenez soin de bien désinfecter les outils avant de tailler, de bouturer ou de greffer, ainsi que les terrines de semis ou les pots utilisés. Enfin, assurez-vous du bon état sanitaire des plantes lors de leur achat. Choisissez si possible, des végétaux peu ou pas sensibles aux affections parasitaires. Il existe désormais des variétés de pyracanthas résistantes au feu bactérien et à la tavelure, d'ormes insensibles à la graphiose, et de cyprès au corynéum. En général, les mesures visant à stimuler la vigueur des plantes contribuent à limiter les affections parasitaires.

Les traitements phytosanitaires

Chaque produit de traitement dispose d'un mode d'action particulier. Assurez-vous de son efficacité contre le parasite identifié. Pour être actifs, les traitements doivent s'effectuer à une période précise et être souvent répétés. La réglementation en matière d'utilisation des pesticides précise que tout produit phytosanitaire doit avoir un numéro d'autorisation de vente. C'est une sorte de garantie officielle de la conformité du produit à un usage donné.

Bien soigner les plantes

La préparation de la bouillie

Aujourd'hui, la technique de poudrage a pratiquement disparu pour laisser place à la pulvérisation. Les produits doivent être ajoutés à l'eau en un mélange homogène. Lors de la préparation, il est recommandé de porter des gants de caoutchouc. Les fabricants proposent des conditionnements en sachets-doses ou en micros-bouteilles, mais certains produits exigent des préparations spécifiques comme les pesticides huileux. Il est préférable d'effectuer le mélange dans un seau à part. Il est possible de mélanger certains produits afin de limiter le nombre des applications. Toutefois, nous vous recommandons de ne pas tenter de mélanges personnels sans être conseillé par un bon spécialiste, car certaines matières sont incompatibles. Une fois prête, la bouillie doit être utilisée immédiatement et entièrement mais ne pas être jetée.

L'art de bien soigner

Une bonne pulvérisation exige le respect de quelques règles simples. Pour les traitements fongicides et insecticides, la lance doit être équipée d'une buse réglable, afin de permettre la formation de fines gouttelettes. Il faut que le pulvérisateur soit parfaitement propre. Il ne doit pas y avoir de vent pour éviter la dérive du produit, pas de températures trop élevées afin de ne pas brûler les feuilles, ni de rosée qui risquerait de diluer les substances actives. La pulvérisation doit être régulière et bien pénétrante pour atteindre le revers des feuilles. Quand quelques gouttes commencent à ruisseler au bout des feuilles, suspendez la pulvérisation afin d'éviter un surdosage. S'il pleut dans les heures qui suivent le traitement, son effet sera certainement diminué, voire annulé. Après l'application, n'évacuez jamais le surplus de bouillie à l'égout. Il faut vidanger la cuve sur la terre nue. C'est pourquoi mieux vaut préparer juste la quantité de bouillie nécessaire pour le traitement afin de ne pas polluer avec un excès de produit. Stockez les produits dans un endroit frais mais où il ne gèle pas, et dans un meuble fermé à clé, hors de portée des enfants. Débarrassez-vous des produits inutilisés au bout de deux ans. Confiez-les à une déchetterie spécialisée ou à un centre de collecte. Conservez chaque produit dans son emballage d'origine pour éviter tout risque de confusion et disposer en permanence des conseils d'application et de dosage fournis par le fabricant.

Les pulvérisateurs

Trois types de pulvérisateurs peuvent être utilisés. Les modèles à gâchette sont généralement réservés pour les plantes d'intérieur ou les jardinières. Grâce à leur jet réglable, de fines brumisations sont possibles. Les pulvérisateurs à pression préalable (contenant de 2 à 12 litres) restent les plus utilisés par les amateurs. Très pratiques, ils s'emploient pour les traitements antiparasitaires et les applications de désherbants. Les pulvérisateurs à pression entretenue, de grande contenance (de 10 à 18 litres), sont portés sur le dos. La pression est obtenue en actionnant en permanence un levier. Ces appareils permettent de faire varier à tout moment le débit de la pulvérisation. Il est notamment possible de traiter à très faible pression, ce qui est recommandé pour le désherbage. S'équiper de deux appareils distincts, l'un pour le désherbage et l'autre pour les traitements fongicides et insecticides, reste vivement conseillé, afin d'éviter les mélanges accidentels de produits incompatibles.

▲ Poudrez les bulbes avant de les mettre en conservation.

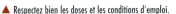

▲ Respectez bien les doses et les conditions d'emploi.

Les poudres mouillables doivent être bien mélangées. ▶

189

Savoir jardiner

▲ Traitement du cerisier contre les pucerons au printemps.

▲ Une bande de glu élimine les chenilles en automne.

▲ La suppression des pousses attaquées est efficace.

◀ Appliquez un mastic cicatrisant sur toutes les plaies.

Un peu d'histoire

La lutte contre les grands fléaux parasitaires n'est pas récente. L'arsenic et le soufre étaient déjà employés dans l'Antiquité. Au XVIIIe siècle, le jus de tabac servait à combattre les attaques de pucerons sur les arbres fruitiers. À partir du milieu du XIXe siècle, l'emploi de certains produits s'est progressivement généralisé. Quelques substances d'origine naturelle ont encore beaucoup de succès : la bouillie bordelaise à base de sulfate de cuivre pour combattre le mildiou de la vigne ; le soufre pour lutter contre l'oïdium ; la nicotine et les pyréthrines naturelles comme insecticides. Il faudra attendre le début des années cinquante pour voir apparaître les pesticides de synthèse, entièrement fabriqués en laboratoire. Depuis, la gamme ne cesse de s'étoffer pour répondre aux besoins croissants de l'agriculture. En raison de leur grande toxicité et des risques écologiques qu'ils engendraient, certains produits ont été retirés du marché. C'est le cas du parathion, du thirame et du D.D.T. notamment. Dans les gammes « jardins d'amateur », les pesticides disponibles sont réputés peu toxiques pour l'homme et dépourvus d'effets secondaires néfastes pour l'environnement. Leur concentraion est souvent plus faible que celle des produits à usage agricole ou professionnel.

Les différentes substances

Les produits phytosanitaires sont classés en fonction des organismes qu'ils combattent. Les insecticides sont destinés à lutter contre les insectes. Les acaricides agissent spécifiquement contre les acariens encore appelés « araignées rouges » ou « araignées jaunes ». Les fongicides détruisent les champignons parasites. D'autres substances restent moins connues : les molluscicides combattent les limaces et les escargots, les nématicides éliminent les nématodes, les rodonticides sont destinés à détruire les rongeurs, etc.
Les préparations mixtes qui associent fongicides et insecticides sont appelées « produits totaux ». Ils sont très pratiques, car ils offrent un spectre d'action large et ne nécessitent pas l'identification précise du ravageur ou de la maladie pour se montrer efficaces. Ce sont des produits pour amateur par excellence. Leur efficacité est plutôt préventive. Ils s'emploient surtout au printemps en appliquant plusieurs fois le traitement à huit ou dix jours d'intervalle.

Au cœur du produit, la substance active

Un produit phytosanitaire doit son efficacité à la matière active qu'il contient. Présente en faible quantité dans la plupart des produits, cette molécule chimique permet la réussite du traitement. La concentration de la matière active est homologuée officiellement. Elle ne doit pas être modifiée. Les matières actives sont classées selon leur degré de toxicité. Les plus dangereuses sont réservées aux professionnels. Dans les gammes de produits de jardin, on trouve des substances signalées d'un X orange qui peuvent être nocives

Bien soigner les plantes

ou irritantes. D'autres ne sont pas classées sur le plan toxicologique. Dans tous les cas, respectez scrupuleusement les mentions qui sont portées sur le paquet. D'autres substances accompagnent la matière active : les diluants, les mouillants, les colorants, etc. Il arrive fréquemment qu'une même matière active soit commercialisée par plusieurs firmes sous des emballages différents. La grande majorité des produits est formulée en poudre ou en liquide, pour être par la suite mélangée à l'eau. Certains, notamment les insecticides du sol et des herbicides, se présentent en granulés à épandre sur le sol. Il existe aussi des sachets-doses dont l'emballage est soluble. Ils sont pratiques pour éviter toute manipulation du produit.

L'action des produits

En fonction de ses caractéristiques physico-chimiques, la matière active peut pénétrer à l'intérieur de la plante où elle est véhiculée par la sève. Ce type de produit est appelé systémique. Il circule dans toute la plante. S'il s'agit d'un insecticide, les ravageurs s'intoxiquent lorsqu'ils s'alimentent. Un champignon parasite installé dans les tissus de la plante sera éliminé par un fongicide systémique. De tels produits sont recommandés pour les traitements curatifs, c'est-à-dire pour éliminer une maladie déclarée. Les substances dites de contact restent à la surface des feuilles traitées. Elles ne peuvent enrayer une infection d'origine interne. Il faut les réserver aux traitements préventifs ou à la lutte contre les insectes installés sur les plantes. Ces produits redoutent les pluies qui vont les lessiver ou les diluer. Ils ne protègent pas non plus les jeunes pousses qui apparaissent après le traitement. A priori moins intéressants, les traitements de contact gardent cependant un sérieux avantage. Comme ils ne pénètrent pas dans les tissus internes, les fruits et les légumes peuvent être mangés après un simple lavage.

Une recherche complexe

L'existence d'un produit phytosanitaire commence par une découverte dans un laboratoire. Dès qu'une molécule présente des propriétés intéressantes, elle est protégée par un brevet. Ce dernier garantit à l'obtenteur la protection des droits sur sa découverte pendant 20 ans. Il faudra une dizaine d'années d'études et de recherches avant de voir l'apparition du produit sur le marché. Celle-ci n'est possible qu'après l'obtention d'une autorisation de vente. Le produit doit être reconnu efficace, dépourvu d'effets secondaires sur l'environnement et peu toxique. C'est une véritable garantie pour le jardinier. La « spécialité », c'est-à-dire la substance active et ses adjuvants, fait l'objet de surveillances constantes. L'administration délivre des autorisations de vente portant la mention : « emploi autorisé au jardin ». Beaucoup de molécules ont été interdites ces dernières années, signe de l'évolution des mentalités dans ce domaine, et d'une volonté de protection des utilisateurs et de notre environnement.

▲ Une barrière antilimaces autour des plantes vivaces.

▲ Le blanchiment des troncs élimine certains parasites.

LES INSECTICIDES

Appellation	Mode d'action	Usage
« Insecticide polyvalent »	Par contact	Chenilles défoliatrices et insectes piqueurs.
« Anticochenilles »	Par asphyxie	Cochenilles et traitements de fin d'hiver sur les arbres fruitiers.
« Antipucerons »	Par contact	Produit ne détruisant que les pucerons et épargnant les auxiliaires.
« Insecticide systémique »	Agit après ingestion	Insectes piqueurs suceurs.
« Appât insecticide »	Agit après ingestion	Vers gris (noctuelles).
« Insecticide granulé »	Par contact et ingestion	Insectes du sol.
« Araignées rouges »	Par contact	Acariens.

LES FONGICIDES

Appellation	Mode d'action	Usage
Bouillie bordelaise	Préventif	Mildiou et maladies des arbres fruitiers.
Soufre	Préventif et curatif	Oïdium.
« Anti-pourriture »	Préventif et curatif	Pourriture grise, moniliose, fonte des semis.
« Maladies des rosiers »	Préventif et curatif	Oïdium, rouille, anthracnose, maladie des taches noires.
« Antimildiou »	Préventif et curatif	Mildiou foliaire.
« Anticloque »	Traitement préventif	Cloque du pêcher.
« Fongicide polyvalent »	Traitement préventif	Nombreuses maladies : tavelure, anthracnose, rouille, septoriose, etc.

VOTRE JARDIN EN 200 QUESTIONS - RÉPONSES

- Matériel et équipement 194
- Amélioration du sol 195
- Technique et culture 197
- Ennemis et maladies 198
- Aménagement du jardin 200
- Haies 201
- Pelouses 202
- Rosiers 204
- Plantes bulbeuses 205
- Fleurs 206
- Arbres et arbustes 208
- Plantes grimpantes 211
- Légumes et aromatiques 212
- Fruits 214
- Balcons terrasses 216
- Bonsaïs 218
- Plantes d'intérieur 219
- Des plantes, des usages 222

Votre jardin en 200 questions-réponses

Matériel et équipement

Est-il possible d'installer un système d'arrosage automatique soi-même ?

Il faut prendre des précautions. D'abord dessiner un plan de répartition précis des tuyaux et des arroseurs (certaines Jardineries peuvent vous proposer un service d'assistance par ordinateur). Vous devez également connaître la pression et le débit d'eau que vous délivre votre compteur. Pour creuser les canalisations, n'hésitez pas à louer une trancheuse à godets, c'est très pratique. Sectorisez votre arrosage en fonction des cultures et pensez à utiliser des arroseurs surélevés dans les massifs.

Quelle est la bonne fréquence de programmation pour l'arrosage du jardin ?

Cela dépend de la nature de votre sol, des cultures et de la température ambiante. Dans une terre sableuse, mieux vaut arroser tout les jours pendant 10 minutes. Dans un sol lourd et argileux, vous pourrez programmer un arrosage de 30 minutes tous les trois ou quatre jours. Distribuez l'eau le soir en été, dans le milieu de la matinée au printemps et en automne. Un bon arrosage représente entre 3 et 5 litres/m². Vous calculerez le temps d'arrosage en fonction du débit de vos arroseurs. Une pression de 3 à 5 bars est nécessaire pour que l'installation fonctionne bien.

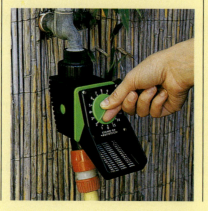
▶ Un programmateur contrôle l'arrosage à volonté.

Faut-il faire réviser la tondeuse chaque année et à quelle période ?

Après la dernière tonte d'octobre, il est bon de confier votre tondeuse à un spécialiste de la marque. Il va vidanger le moteur, changer la bougie, nettoyer le filtre à air, remplacer ou affûter la lame, graisser les câbles d'accélération et de transmission. Cette révision annuelle vous garantit un fonctionnement irréprochable durant la période de tonte. Un bon conseil : n'attendez pas le printemps pour effectuer cette révision, car à cette époque les services après-vente sont surchargés de travail.

Que faire de la tondeuse en hiver ?

En période de non-utilisation, la tondeuse et les autres matériels de jardin à moteur doivent être stockés dans un local hors gel, sec et propre (à l'abri de la poussière). L'idéal consiste à surélever légèrement la tondeuse sur des cales, afin qu'elle ne se trouve pas en contact direct avec le sol. Obstruez le pot d'échappement avec un vieux chiffon, dévissez la bougie et versez dans le cylindre une cuillerée à café d'huile propre, puis tirez doucement la corde du lanceur jusqu'au point de compression. Couvrez la machine avec une toile protectrice.

Ma tondeuse a toujours du mal à démarrer, que faire ?

En premier lieu, dévissez la bougie et nettoyez les électrodes en éliminant la calamine avec une brosse métallique. Nettoyez aussi le filtre à air. Si les problèmes persistent, portez la machine chez un spécialiste qui réglera la carburation.

▲ Décalaminez la bougie en brossant les électrodes.

Ma tondeuse chauffe quand je tonds, surtout en été, pourquoi ?

Il s'agit certainement d'un problème de filtre à air sale ou obstrué. L'été, la tonte de l'herbe sèche provoque souvent l'émission d'une forte quantité de poussière. Le filtre à air est le véritable « poumon » du moteur. Vous devez en vérifier l'état après chaque tonte. Pensez aussi à nettoyer les ailettes du cylindre du moteur pour les débarrasser de la poussière et des particules d'herbe qui les recouvrent.

Comment affûter la lame de ma tondeuse ?

Commencez par démonter la lame en prenant soin de débrancher avant la bougie, pour éviter tout risque de démarrage intempestif du moteur. Saisissez la lame avec des gants et dévissez avec une clé le boulon qui la maintient en place (attention, le pas de vis est inversé). Coincez la lame dans un étau,

194

Amélioration du sol

puis affûtez les tranchants avec une lime plate. Terminez avec une ponceuse à disque. Veillez à ce que la lame reste parfaitement équilibrée, à partir du centre, une fois le travail terminé.

Comment affûter une lame de scie ?

Seules les scies de jardinage à denture classique (isocèle) peuvent être affûtées. Les dentures américaines (dents de plusieurs formes) ou japonaises (denture double) ne s'affûtent pas. Utilisez une lime triangulaire à grain fin que vous passerez sur le tranchant de chaque dent. N'effectuez pas de mouvement alternatif, travaillez seulement en poussant la lime.

▲ Utilisez une lime triangulaire pour affûter la scie.

Ma tronçonneuse produit de la sciure et paraît moins efficace. Que faire ?

Il s'agit simplement d'un problème d'affûtage de la chaîne. Une tronçonneuse efficace produit des copeaux de bois et non de la sciure. La formation de sciure est un avertissement pour vous indiquer la nécessité d'affûter les gouges. Il existe des limes spéciales munies d'un guide, qui permettent un affûtage d'entretien. Le mieux consiste encore à disposer de deux chaînes. Celle qui est usée sera donnée à affûter chez un spécialiste, qui le fera à la perfection grâce à des outils de précision.

Amélioration du sol

Comment savoir si ma terre est calcaire ou non ?

Hormis son aspect extérieur, une terre calcaire a une réaction alcaline. Elle produit un petit bouillonnement si on la met en contact avec un acide (du vinaigre, par exemple). Il existe aussi dans le commerce des tests de pH, qui peuvent vous indiquer, en changeant de couleur, la réaction de votre sol. Une terre calcaire cultivable a un pH compris entre 7,5 et 8,5. La présence de certaines plantes sauvages indique aussi que le sol est calcaire (aubépine, colza, bleuet, pavot).

Comment faire analyser sa terre ?

Les kits de colométrie que l'on trouve dans le commerce indiquent surtout le pH (acidité ou alcalinité du sol). Mais rien de ce qui est proposé dans les magasins de jardin ne vous permet d'effectuer une analyse complète. Pour obtenir le dosage de la matière organique, de l'azote, du phosphore, du potassium, il faut faire appel à un laboratoire spécialisé dans l'étude du sol, par le biais de votre Jardinerie. Plusieurs prélèvements d'échantillons doivent être effectués dans différentes parties de la parcelle à analyser, en utilisant seulement la couche superficielle (30 cm de profondeur maximum). Vous les mélangez, puis fournissez au laboratoire environ 250 g de terre. Une bonne analyse doit être accompagnée de préconisations pour l'amélioration et d'une liste de végétaux.

▲ La terre sableuse est composée de grains très fins.

Quel engrais utiliser pour améliorer mon sol ?

Un engrais n'est pas un améliorant du sol, mais de la « nourriture » pour les plantes. Avec un engrais, vous fertilisez la terre, mais, pour améliorer sa structure, il faut utiliser des amendements. Il peut s'agir de sable grossier ou de chaux pour les terres très argileuses. Mais, le plus souvent, on utilise des amendements organiques à base de fumiers décomposés, d'algues, de composts divers.

Qu'est-ce qu'un engrais vert ?

C'est une plante fourragère (trèfle, luzerne, phacélie, moutarde, etc.) que l'on sème en automne ou au printemps et qui sera coupée, puis enfouie dans le sol au tout début de sa floraison. On obtient ainsi un apport de matière organique intéressant pour rééquilibrer le sol et une amélioration de la teneur en azote, dans la mesure où les plantes de la famille des légumineuses sont capables de fixer sur leurs racines l'azote contenu dans l'air. C'est une bonne méthode de fertilisation naturelle.

Votre jardin en 200 questions-réponses

14
Est-il vrai que les cendres de bois sont un excellent engrais ?

Les cendres de bois contiennent une bonne quantité de potasse, ce qui les rend utiles pour améliorer la qualité et la production des arbres fruitiers, des tomates, des fraisiers. Elles sont aussi bénéfiques pour la rigidité des branches. Malheureusement, pour obtenir une bonne efficacité, il faut compter environ 500 g de cendres/m^2, ce qui sous-entend des volumes considérables. Sachez que les cendres ont un certain effet répulsif sur les limaces. Vous pouvez en entourer les plantes sensibles : légumes et jeunes vivaces surtout.

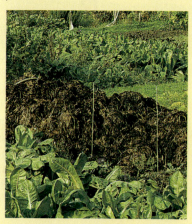

▲ Laissez le fumier se décomposer avant de l'utiliser.

15
Pourquoi conseille-t-on de ne pas utiliser de fumier frais ?

Matière première d'origine organique, le fumier entre rapidement dans un processus de transformation par les micro-organismes du sol. Il fermente, ce qui provoque une élévation de la température, et, tant qu'il n'est pas totalement décomposé, il abrite une quantité de germes dont certains peuvent être pathogènes (notamment des champignons qui attaquent les racines).

16
Est-il vraiment nécessaire d'apporter du terreau à la plantation ?

Oui, s'il s'agit d'une culture en pot ou en bac. Le terreau est un support de culture dans lequel vous pouvez planter directement les végétaux. Sa porosité, son équilibre sont bien adaptés aux conditions de vie artificielle que la plante trouve dans un contenant. En revanche, le terreau n'a aucune utilité (ou presque) en pleine terre. Vous devez utiliser un amendement organique (à base de fumier décomposé ou de compost) qui va améliorer la structure physique du sol, le rendant plus léger et retenant bien l'eau.

17
Que peut-on utiliser dans le compost, hormis les déchets végétaux ?

A priori, tout ce qui est organique, donc susceptible de se décomposer, peut servir à faire du compost. Les tontes de gazon, les feuilles mortes, les épluchures de légumes, les branches taillées (broyées), la litière des animaux domestiques, les os, les plumes, le fumier, le purin, de la corne et même des vieux papiers finement hachés sont utilisables. L'important est de ne pas employer de matières premières pouvant abriter des germes de maladies, notamment les fruits pourris, les feuilles des rosiers et des arbres fruitiers.

18
Quelles feuilles mortes puis-je utiliser dans mon compost ?

A priori, toutes celles provenant d'arbres ou d'arbustes exempts de maladies. Sachez toutefois que les feuilles de chêne et de hêtre sont de loin les meilleures par leur rapidité de décomposition et leur composition équilibrée. Les feuilles de platane, de marronnier et celles à texture coriace, comme les lauriers du Caucase

▲ Un bon terreau remplace la terre dans les bacs.

et les magnolias, se décomposent difficilement. Il en est de même pour les fougères et les aiguilles de conifères, qui présentent en plus la particularité d'acidifier fortement le compost.

19
Combien de temps faut-il pour que les déchets mis à composter soient utilisables dans le jardin ?

Cela dépend des matières premières que vous utilisez, mais, en moyenne, il faut compter de 12 à 18 mois pour une transformation 100 % naturelle et de 6 à 8 mois, en utilisant un activateur à base de micro-organismes. Pour accélérer la décomposition, pensez à passer au broyeur tous les déchets, le résultat sera bien meilleur.

20
Faut-il arroser le tas de compost ou le protéger des pluies ?

Les deux opérations sont nécessaires. Lorsque vous ajoutez une nouvelle couche de déchet sur le tas de compost, il faut bien tasser les matières premières et arroser (de préférence avec du purin ou un engrais organique dilué) pour stimuler le lancement du processus de fermentation. En revanche, il ne faut pas que de fortes pluies puissent lessiver le compost, ce qui entraînerait dans la nature l'azote qu'il contient, au risque de polluer les eaux contenues dans le sous-sol.

196

Technique et culture

21
À quel moment et comment utiliser le compost ?

S'il est destiné à être incorporé au sol comme amendement (améliorant), le compost doit être mûr, c'est-à-dire transformé en une sorte de terre noire plus ou moins compacte, dans laquelle plus de 80 % des éléments fibreux ou durs ont été décomposés. Il s'incorpore au sol au moment des labours d'automne ou des plantations à raison de deux ou trois pelletées par m² environ. Pour les paillis, un compost transformé à seulement 50 % est tout à fait valable.

▲ Utilisez du compost mûr comme améliorant du sol.

Technique et culture

22
Quels sont les avantages d'une plantation en automne ?

Comme le dit l'adage : « à la Sainte-Catherine, tout bois prend racine ». Les plantes se trouvant en période de repos, elles supportent sans problème un déplacement. Une mise en place automnale permet une installation lente mais vigoureuse de la plante, dont seules les racines « travaillent », puisque la partie aérienne n'est pas active. On gagne en résistance, en précocité avec, en plus, le bénéfice d'une floraison ou d'une fructification dès l'année suivante, ce qui n'est pas toujours le cas des plantations de printemps.

23
Comment prolonger les floraisons ?

Il suffit de supprimer les fleurs dès qu'elles se fanent, pour que la plante « se sente obligée » de produire de nouvelles fleurs, sa finalité étant de se reproduire et, par conséquent, de former des fruits qui contiennent les graines. Pour les espèces frileuses (géraniums, fuchsias, impatiences, chrysanthèmes, etc.), il convient de les rentrer sous abri en fin de saison, afin qu'elles continuent de fleurir à l'intérieur (serre ou véranda). Protégez aussi les fleurs des vents forts.

24
Que signifie tailler à deux, trois ou cinq yeux ?

Tout simplement que l'on va couper le rameau en ne laissant sur la plante que le nombre d'yeux (bourgeons) indiqué. Par exemple, une taille à trois yeux (rosiers, fruitiers) ne laisse subsister qu'un morceau de rameau de 10 à 15 cm de longueur environ.

25
À quelle fréquence faut-il arroser les massifs en période sèche ?

Après une journée de canicule, il est bon de prévoir un arrosage systématique afin de rafraîchir les plantes, qu'il s'agisse de fleurs, de légumes ou d'abrustes. Cet arrosage doit généreusement mouiller le feuillage, qui a beaucoup transpiré et qui peut parfois présenter un aspect flétri. Vous pouvez compléter cet apport d'eau par un second arrosage au lever du jour, afin que les plantes puissent trouver un sol humide dès la reprise de leur activité de croissance. Un simple programmateur vous permet d'automatiser ces apports d'eau.

26
Comment empêcher mon bambou de rejeter un peu partout ?

Les bambous rhizomateux développent des tiges souterraines très robustes, qui peuvent parcourir plusieurs mètres sous un dallage pour coloniser tout le terrain. La seule solution pour empêcher cette invasion consiste à planter les bambous dans de grands bacs ou à insérer verticalement, en pleine terre dans le massif, des dalles ou des plaques de béton pour contenir la végétation.

27
Le pincement doit-il toujours se faire avec les doigts ?

Rappelons que le pincement consiste à couper, au-dessus d'une feuille, l'extrémité tendre d'une pousse afin qu'elle se ramifie. Il est préférable d'utiliser un outil bien tranchant (ciseaux ou greffoir) de manière à obtenir une coupe nette et franche.

Le pincement d'une jeune pousse de datura. ▶

Votre jardin en 200 questions-réponses

28
L'eau de mon bassin est verte, comment y remédier ?

D'abord en l'oxygénant, par l'installation d'une pompe aspirante et refoulante, qui va créer un mouvement de l'eau. Un petit jet renforce l'efficacité. Ensuite, vous pourrez mélanger à l'eau un des nombreux produits du commerce (de préférence à base de micro-organismes) destiné à éliminer les algues, tout en rétablissant l'équilibre biologique. L'introduction dans le bassin de plantes oxygénantes comme les élodées est un complément efficace.

29
Que faut-il faire quand le bassin gèle en hiver ?

Surtout empêcher qu'il soit pris totalement en glace, car, en augmentant de volume du fait de sa solidification, l'eau va exercer une pression très forte sur les parois, jusqu'à les fissurer. Dans les régions où les froids persistent plusieurs semaines d'affilée, une couche permanente de glace à la surface du bassin peut entraîner l'asphyxie des poissons. Jetez dans l'eau un fagot de bois, dont la structure ajourée laissera toujours passer un peu d'air.

▲ Cassez la glace pour laisser les poissons respirer.

30
Comment protéger efficacement les plantes contre le gel ?

En évitant qu'elles subissent des alternances rapides de gel et de dégel. C'est cela qui provoque l'éclatement des cellules et la nécrose des tissus. La couverture du sol avec un paillis (paille, écorce, tourbe, paillette de lin, cacao concassé, compost fibreux, feuilles mortes) sur 10 à 15 cm d'épaisseur assure une bonne protection des racines. La partie aérienne des espèces frileuses à feuillage persistant sera emmitouflée dans plusieurs épaisseurs de voile d'hivernage ou couverte par un paillasson. Protégez-les aussi du vent froid.

▲ Un lit de paille sèche va protéger les jeunes bulbes.

31
Jusqu'à quel âge et jusqu'à quelle hauteur peut-on déplacer une plante sans risque ?

Disons, pour simplifier, que plus une plante est jeune (donc petite) et mieux elle supporte la transplantation ou le rempotage. Mais les professionnels démontrent qu'il n'y a pas de limite, en réussissant la plantation d'oliviers centenaires ou d'arbres de plus de 10 m de haut. Le secret du succès est une préparation, au moins un an à l'avance, consistant à trancher les racines à la périphérie de ce qui sera la motte. Cette intervention obligera la plante à fabriquer de nouvelles racines, dans un volume de terre restreint, pendant toute une saison, avant son déplacement.

Ennemis et maladies

32
Les traitements naturels sont-ils vraiment sans risque ?

Il n'y a pas que les humains qui fabriquent des poisons ! La nicotine, par exemple, est un excellent insecticide « naturel ». C'est aussi un des produits les plus toxiques qui existent. Les produits de traitement destinés au jardin d'amateur sont de moins en moins classés sur le plan toxicologique. Vous pouvez donc les utiliser sans crainte, en prenant les précautions d'usage : respecter les conditions et les doses d'emploi préconisées sur les emballages.

33
Peut-on conserver les produits de traitement d'une année sur l'autre ?

Sans aucun doute, même s'il est dommage qu'aucune date de péremption ne figure sur les emballages. Ne stockez jamais une préparation qui a été diluée (préparez juste la dose dont vous avez besoin). N'utilisez pas les produits qui présentent un fort dépôt ou dont l'aspect semble dénaturé (trouble ou grumeleux, par exemple).

34
Quelles précautions prendre lors de l'emploi d'un désherbant ?

D'abord respectez scrupuleusement les doses et les conditions d'emploi préconisées sur l'emballage. Appliquez de préférence le produit avec un pulvérisateur dont la lance est munie d'un cache-herbicide. Vous économiserez du produit, éviterez son ruissellement et empêcherez qu'il se disperse vers les cultures voisines. Évitez tout traitement vers les bassins et les plans d'eau pour ne pas risquer de polluer l'eau. Après l'application, lavez bien le pulvérisateur et ne jetez pas les résidus dans l'égout. Épandez-les sur la partie qui vient d'être traitée, après les avoir bien dilués dans l'eau.

35
À quelle distance minimale des cultures peut-on appliquer un désherbant sur une allée ?

À une vingtaine de centimètres d'une bordure de gazon, à 30 cm d'un massif de fleurs ou de rosiers et à l'aplomb de la ramure d'un arbre ou d'un arbuste.

▲ Un cache-herbicide évite toute projection du désherbant.

36
Mes plantes sont très malades, est-il nécessaire d'augmenter la dose de produit dans le pulvérisateur ?

Surtout pas. La concentration d'une matière active est homologuée sur des bases scientifiques, établies à la suite de longs et coûteux essais. Un surdosage ne peut qu'entraîner des problèmes sur les plantes et sur l'environnement. Même si la dose vous apparaît très faible, dites-vous bien qu'elle est suffisante. À l'inverse, il ne faut pas non plus déconcentrer le produit, car il perdrait de son efficacité.

37
Quelles sont les vertus du purin d'orties ?

Pour les adeptes de la culture biologique, c'est un peu la panacée universelle que l'on utilise à titre préventif contre la plupart des insectes, mais également comme engrais. Dans la réalité, ce produit (qui dégage une odeur très désagréable) a tout juste un effet réducteur sur la prolifération des insectes ravageurs. En revanche, il stimule bien la croissance des plantes au printemps par sa teneur en azote. Riche en oligo-éléments, le purin d'orties renforce la résistance naturelle des plantes.

38
Comment se débarrasser des aoûtats ?

Véritable fléau des étés chauds et secs, les aoûtats sont des acariens (trombidions) dont la larve se nourrit du sang des mammifères (dont les humains), alors que l'adulte préfère les végétaux. Les aoûtats sont très fréquents dans les pelouses et les prairies (surtout sur les légumineuses, comme le trèfle, le sainfoin ou la luzerne), mais aussi dans les potagers (notamment sur les haricots). Les aoûtats sont bien détruits par les produits destinés à combattre les araignées rouges (à base de Dicofol). Traitez dès que le temps évolue au chaud et au sec. Il suffit souvent d'arroser très généreusement les cultures pour limiter les attaques, les aoûtats détestant l'eau.

La larve de la coccinelle dévore les pucerons. ▶

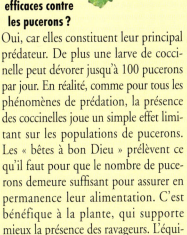

39
Les coccinelles sont-elles vraiment efficaces contre les pucerons ?

Oui, car elles constituent leur principal prédateur. De plus une larve de coccinelle peut dévorer jusqu'à 100 pucerons par jour. En réalité, comme pour tous les phénomènes de prédation, la présence des coccinelles joue un simple effet limitant sur les populations de pucerons. Les « bêtes à bon Dieu » prélèvent ce qu'il faut pour que le nombre de pucerons demeure suffisant pour assurer en permanence leur alimentation. C'est bénéfique à la plante, qui supporte mieux la présence des ravageurs. L'équilibre naturel est maintenu.

40
Existe-t-il des insecticides qui ne nuisent pas aux abeilles ?

Oui. Certaines matières actives sont d'une totale inocuité pour les abeilles. On reconnaît ces produits par l'indication figurant sur les emballages : « traitement possible pendant la floraison ». La plupart de ces insecticides (pyréthrinoïdes de synthèse) sont des dérivés chimiques d'un insecticide végétal, le pyrèthre. Il s'agit surtout de la bifenthrine et de la deltamétrine. Le pyrimicarbe et la phosalone, qui appartiennent à une autre famille chimique, respectent aussi les insectes butineurs. Mais attention, tous ces produits sont dangereux pour les poissons. D'une manière générale, mieux vaut ne pas traiter les plantes pendant la floraison, mais plutôt au moment de l'éclatement du bouton floral et lors de la chute des pétales.

199

Votre jardin en 200 questions-réponses

41
Une poudre blanche recouvre les feuilles de mes plantes, que faire ?

Il s'agit à coup sûr de l'oïdium, ou maladie du « blanc », qui est dû à différents champignons microscopiques dont le mycélium blanc grisâtre recouvre les feuilles, mais aussi les pédoncules floraux. Il existe de nombreux produits efficaces qu'il faut pulvériser au moins trois fois à dix jours d'intervalle après l'apparition des premiers symptômes.

42
Que faire quand les tiges de mes plantes sont couvertes d'une sorte de glu ?

Ce type de symptôme indique la présence d'insectes piqueurs et suceurs (pucerons, thrips, cochenilles) et ce sont leurs déjections (miellat) qui vous alertent. Ce miellat peut attirer les fourmis ou devenir un terrain favorable au développement de la fumagine (sorte de charbon pulvérulent). Traitez sans tarder l'ensemble des plantes atteintes avec un insecticide polyvalent. Effectuez quatre ou cinq pulvérisations à huit jours d'intervalle.

43
Comment faire pour éloigner les lapins ?

Il existe des produits répulsifs (à base d'huile d'os) qui montrent une bonne efficacité dans certains cas. S'il y a surpopulation, la seule solution consiste à clore le terrain, en enterrant du grillage de 50 cm dans le sol. Entourez aussi le tronc des jeunes arbres avec du grillage (métallique). La présence d'un chien (une race de terrier) est aussi une bonne mesure de dissuasion.

Aménagement du jardin

44
Comment éviter que les meubles de jardin et les claustras en bois naturel ne grisaillent ?

L'évolution de la teinte rousse ou dorée des bois exotiques ou du pin imprégné vers le gris argenté est inéluctable. C'est le vieillissement naturel du bois. Ce coloris ne manque pas de charme, mais, si vous préférez un éclat plus chaleureux, il vous faudra passer un lasure (traitement coloré) tous les trois à cinq ans sur l'ensemble des éléments concernés.

45
Comment éliminer les mousses sur un dallage ?

L'utilisation d'un nettoyeur haute pression donne de très bons résultats pour un entretien courant. Sur les parties les plus envahies, il faut effectuer un traitement avec un produit spécifique (à base de dichlorophène), préconisé pour cet usage. Attention, le sulfate de fer ne s'utilise que dans les gazons, car il rouille tous les matériaux de construction.

▲ Pulvérisation d'un antimousse sur un dallage.

46
Quelles précautions prendre pour installer un éclairage dans le jardin ?

Il faut d'abord choisir un système prévu pour une utilisation extérieure, avec des luminaires, des prises et des raccords étanches (classe II). Vous pouvez aussi opter pour la sécurité d'un système basse tension (classe III), mais l'effet lumineux est moins puissant. Tous les câbles électriques doivent être passés dans des gaines

◄ Une forte attaque d'oïdium sur un mahonia.

Haies

de protection semi-rigides. Ils seront enterrés à 30 cm de profondeur, posés sur un lit de sable et recouverts par un grillage plastique à mailles fines. Ainsi, il n'y aura pas de risque de les abîmer en travaillant le sol.

Quelle largeur minimale doit avoir une allée passagère dans le jardin ?

Pour l'entrée d'une voiture et l'accès au garage, comptez 3 m. Pour circuler avec un gros motoculteur, un petit tracteur ou une tondeuse autoportée, 2 m constituent un minimum. Pour assurer le passage avec une brouette, une tondeuse, une motobineuse, prévoyez au moins 1,50 m. Pour une allée piétonne importante, il faut que deux personnes puissent se croiser sans se gêner, 1,20 m est parfait. Pour les allées secondaires, 80 cm sont suffisants et, pour les sentiers, 40 ou 50 cm.

Quel type de béton utiliser pour sceller les dalles sur une allée ?

Après avoir coulé, sur un grillage à béton, une chape de 10 cm d'épaisseur au minimum, avec un mortier maigre (cinq brouettes de sable grossier, deux brouettes de cailloux et un sac de ciment), attendez une semaine pour poser les dalles sur 2 ou 3 cm de béton mi-gras, réalisé avec trois brouettes de sable fin et un sac de ciment. Laissez sécher au moins 48 heures, puis scellez les joints avec un béton très gras (un seau de sable pour un seau de ciment) à la texture semi-liquide.

Quand et comment installer un drainage efficace ?

Mieux vaut opérer au début de l'automne, quand la terre est encore assez souple. Le drainage consiste à poser des canalisations en sous-sol, destinées à récu-

▲ Un drainage permet d'assainir un sol très humide.

pérer l'excès d'eau, qui sera évacué sur le collecteur des eaux usées. On utilise aujourd'hui des drains en PVC, se présentant sous forme de tuyaux annelés et perforés. Posez-les à 40 cm de profondeur, sur une couche de 5 cm de sable, au fond d'une tranchée. Recouvrez le drain avec du sable pour éviter le colmatage, puis posez un grillage plastique à mailles fines pour signaler la présence du drainage, si vous creusez le sol un jour à cet endroit. Raccordez les drains à un tuyau collecteur, qui rejoindra le système d'évacuation des eaux usées.

Quelle est la bonne distance de plantation pour une haie ?

Une haie (ou une clôture) placée sur la limite séparative de deux propriétés sera considérée par la loi comme mitoyenne. Pour conserver l'entière propriété de votre haie, plantez-la à 50 cm de la « frontière » et veillez à ce qu'elle ne dépasse pas 2 m de haut. Plantez les conifères entre 80 cm et 1,20 m les uns

Taillez les haies au moins deux fois par an. ▶

des autres. Les arbustes de 1 m à 1,50 m de haut (adultes) à 60 cm de distance, ceux qui atteignent 2 m à 2,50 m, entre 80 cm et 1,20 m d'écartement.

Que planter pour obtenir une haie persistante et fleurie d'environ 1,20 m de haut ?

Le choix n'est pas énorme dans cette catégorie d'arbustes, la plupart des belles espèces à fleurs étant surtout caduques. Optez pour l'abélia, le *Berberis darwinii*, l'escallonia (en bord de mer), *Lonicera lucidum* (climat doux), les genêts (surtout *Genista tinctoria* 'Royal Gold' et *Cytisus* x *praecox*), le millepertuis (*Hypericum* 'Hidcote'), l'oranger du Mexique (*Choisya ternata*), le pittosporum (pour le Midi), le pyracantha ('Dart's Gold et Dart's red'), les rhododendrons (en sol acide), *Abelia grandiflora* et le laurier-tin (*Viburnum tinus*).

À quelle époque tailler les haies ?

Les haies de forme régulière se taillent environ trois fois dans l'année : dans la seconde quinzaine de mai, fin juillet et fin septembre. Intervenez quand les jeunes pousses mesurent entre 20 et 30 cm de long. Pour les haies libres, une seule intervention annuelle suffit en septembre pour alléger la ramure, éliminer le bois mort et réduire la hauteur.

Votre jardin en 200 questions-réponses

53
Doit-on étêter les arbustes lors de la plantation d'une haie ?

Pour les arbustes feuillus et buissonnants (caducs ou persistants), la réduction d'un quart de la hauteur des rameaux au moment de la plantation permet d'obtenir une meilleure ramification et une végétation plus compacte. En revanche, pour les rideaux constitués d'arbres et de conifères, ne coupez pas la pousse principale (flèche) avant que la haie ait atteint sa hauteur définitive, cela nuirait fortement à la rapidité de croissance.

54
Pourquoi planter une haie sur un film plastique noir ?

C'est d'abord pour éviter la prolifération des mauvaises herbes et donc limiter l'entretien. Le film de paillage présente aussi l'avantage de limiter sensiblement l'évaporation de l'eau et d'assurer un réchauffement plus rapide du sol, d'où une meilleure précocité de la croissance. Il est préférable d'associer la présence du film de paillage à un système d'arrosage au goutte-à-goutte.

55
Existe-t-il d'autres possibilités pour le paillage des haies que les films en plastique ?

On trouve depuis peu des paillis industriels, associant un film biodégradable (à base d'amidon de maïs) et de la fibre de coco, ce qui est beaucoup plus esthétique et très efficace. Le film est posé face contre terre et la partie fibreuse est laissée apparente. Elle présente l'avantage de bien absorber l'humidité et de se fondre dans l'environnement.

▶ Il existe des films de plantation biodégradables.

56
Que faire pour que ma haie de troènes ne se dénude pas de la base ?

La seule solution consiste à réaliser une taille sévère, c'est-à-dire à la rabattre d'au moins le tiers de sa hauteur entre novembre et mars. Cette réduction de la végétation va stimuler le développement des yeux latents situés à la base des rameaux. Il faudra environ trois ans avant que votre haie retrouve son aspect homogène. Ensuite, évitez surtout de la laisser grandir trop rapidement en hauteur. Taillez régulièrement.

57
Quelles plantes associer dans une haie pour attirer les oiseaux ?

Il faut choisir des arbustes touffus pour abriter la nidification et des espèces à fructification tardive, pour offrir une alimentation aux oiseaux en automne et en hiver. Choisissez surtout : berbéris, pyracantha, cotonéaster, sorbier, houx, sureau, troène, prunellier, aubépine, genévrier. Les fleurs de tournesol laissées sur pied en automne sont aussi très appréciées, de même que les asters. Vous pouvez les planter au pied de la haie, ce qui évitera l'impression de monotonie que donne souvent un rideau végétal. Notez que les oiseaux apprécient plus les haies libres que les haies régulières.

▲ Attendez la fin de la floraison pour tailler le troène.

58
Quelle quantité de gazon semer et à quelle époque ?

Deux périodes sont très favorables pour le semis du gazon : avril-mai et septembre. Les semis de printemps poussent vite, mais sont souvent gênés par les mauvaises herbes qui lèvent en même temps (et parfois par les taupes !). Les semis de fin d'été sont un peu plus lents à s'installer, mais ils ne souffrent pas de la concurrence des mauvaises herbes, surtout si le sol a été bien travaillé durant l'été. Comptez de 30 à 40 g de graines par m², ce qui équivaut à environ deux poignées.

59
Pourquoi la levée du gazon est-elle souvent irrégulière ?

Tout simplement parce que le gazon est constitué par le mélange de différentes espèces de graminées dont les graines n'ont pas la même densité, ni le même temps de levée. Les ray-grass anglais lèvent en huit jours et représentent 500 graines/g. Les fétuques rouges et le pâturin des prés lèvent en douze à vingt jours et renferment 14 000 graines/g. L'agrostide lève en 12 jours et donne 30 000 graines/g. Il est important de bien brasser les semences de gazon avant le semis afin de reconstituer un mélange homogène. Vous obtiendrez une levée bien plus régulière.

Quelle est la bonne période pour tondre et la fréquence idéale ?

La pelouse doit être régulièrement tondue durant toute sa période de croissance. Selon les régions et les années, on commence en mars-avril pour terminer courant octobre. Une bonne régularité de coupe assure un bel aspect esthétique de la pelouse. Au printemps, tondez au moins une fois par semaine. En été, il suffit d'une fois tous les dix à douze jours, car la croissance se ralentit. En septembre, il faut reprendre une fréquence hebdomadaire. Pour les pelouses d'ornement, prévoir une tonte tous les quatre jours.

 Une tonte fréquente donne une très belle pelouse.

Sur quels critères, régler la hauteur de coupe de la tondeuse ?

Plus vous tondez ras et meilleur est l'aspect esthétique de la pelouse. C'est un peu le secret des « tapis verts » britanniques ou des greens de golfs, qui sont tondus deux fois par semaine à 3 cm de haut au maximum. Une pelouse tondue une fois par semaine peut être coupée entre 5 cm et 7 cm de haut de mars à juin, et entre 7 cm et 10 cm, en été. En effet, une tonte courte favorise le jaunissement du gazon quand les conditions climatiques sont défavorables.

Existe-t-il un gazon qui ne se tond pas ?

Si ce « miracle » était totalement vrai, cela se saurait et il ne se vendrait pas plus de 700 000 tondeuses chaque année en France. On peut, dans certains cas, remplacer le gazon par des vivaces couvre-sol qui ne réclament pas de tonte (helxine, sagine, menthe de Corse, *Raoulia australis, Dichondra repens,* etc.). Mais ces plantes ont une croissance lente, résistent mal à l'assaut des mauvaises herbes et ne supportent pas le piétinement. La seule plante qui pourrait être idéale est le gazon des Mascareignes (*Zoysia tenuifolia*), graminée qui ne dépasse pas 5 cm de haut, et sur laquelle on peut marcher, mais qui jaunit ou disparaît partiellement en hiver et supporte mal les grands froids. Il peut représenter une bonne solution pour les jardins du bord de mer.

Existe-t-il un gazon qui résiste bien à la sécheresse ?

Le *Zoysia tenuifolia*, dont nous parlons à la question n° 62, reste bien vert tout l'été, même sans arrosage. C'est pratiquement le seul à vous offrir cette performance. Les mélanges de gazon préconisés pour le Midi contiennent de la fétuque élevée et des fétuques rouges, traçantes, et semi-traçantes, du pâturin des prés, qui acceptent bien la chaleur et une certaine sécheresse, mais cela ne les empêche pas de jaunir en été s'ils manquent d'eau. Notez que l'achillée millefeuille et le trèfle blanc peuvent constituer une prairie valable pour des conditions chaudes et sèches.

 L'Helxine (*Soleirolia soleirolii*), succédané de gazon.

Comment éviter que la pelouse jaunisse durant l'été ?

La seule solution est un arrosage copieux et régulier, à raison de 3 à 5 litres d'eau/m², trois fois par semaine au minimum. Pour limiter le jaunissement, tondez assez haut (10 cm ou plus) et surtout ramassez bien l'herbe coupée. Quand la température moyenne de la journée dépasse les 25 °C, il est nécessaire d'arroser chaque soir.

Les engrais-désherbants-antimousses sont-ils efficaces ?

Ces produits hautement technologiques offrent l'avantage d'effectuer trois opérations différentes en une seule application, d'où un gain de temps évident. Ils associent des matières efficaces. Toutefois, leur efficacité ne peut être comparée à l'utilisation de produits séparés qui, appliqués au moment optimal, donnent chacun le meilleur d'eux-mêmes. Il s'agit donc d'une solution de compromis, intéressante pour les jardiniers pressés.

Votre jardin en 200 questions-réponses

66
Comment se débarrasser des mauvaises herbes dans la pelouse ?
Le développement des mousses s'effectuant par plaques, dont le vert est différent de celui du gazon, l'effet produit est très inesthétique. De plus, la mousse brunit quand on marche dessus ou par temps chaud et sec, ce qui renforce l'aspect négligé de la pelouse. La mousse a aussi tendance à conquérir petit à petit le terrain aux dépens du gazon, entraînant après quelques années la présence de zones complètement dénudées.

67
Comment faire pour obtenir une belle pelouse fleurie ?
Hormis la plantation de bulbes (tulipes botaniques, narcisses, crocus, colchiques), qui respecte le concept « tapis vert » de la pelouse, l'association de fleurs avec des graminées pour gazon donne une prairie qu'il ne sera possible de tondre qu'une fois par an. Cette solution est valable pour les talus, certains vergers et les jardins sauvages. Il suffit de mélanger des graines de fleurs champêtres (coquelicot, bleuet, julienne, pied-d'alouette, chrysanthème des moissons, etc.) à la semence de gazon et de semer le tout ensemble.

▲ Rapiécez la pelouse avec des plaques prêtes à l'emploi.

68
Faut-il ramasser l'herbe tondue ?
Oui, dans la mesure du possible, car c'est l'idéal pour obtenir une pelouse à l'aspect impeccable. Ramassez au printemps, lorsque l'herbe est épaisse, humide et grasse. Quand le gazon est moins vigoureux, il est possible de le laisser sur place, adoptant le principe de la tonte « mulching », qui remporte de plus en plus de succès. Il faut disposer d'une tondeuse spéciale au carter de coupe fermé et dont la lame possède un profil particulier, lui permettant de hacher plusieurs fois l'herbe coupée avant qu'elle ne se dépose sur le sol.

69
Comment « rapiécer » une pelouse pelée ?
Si les taches sont bien localisées, découpez à la bêche les parties abîmées sur 15 cm d'épaisseur environ, pour éliminer le gazon et le sol. Vous pouvez alors, soit « repriser » l'endroit avec du gazon en plaque, ce qui vous permettra d'obtenir un résultat immédiat, soit semer du gazon de « regarnissage » (graines enrobées), après avoir nivelé le sol avec un mélange de terre légère et de terreau. Dans les deux cas, arrosez copieusement.

◀ Les bulbes transforment la pelouse en prairie fleurie.

Rosiers

70
Pourquoi la rose sent-elle bon ?
La nature n'a pas fait la rose odorante dans le but de flatter l'odorat des humains, mais pour que ses fleurs attirent les insectes hyménoptères, notamment les abeilles et les bourdons, indispensables à sa fécondation. Le pollen se dépose sur le ventre velu des insectes. En visitant une nouvelle fleur, les butineurs abandonneront quelques particules de pollen qui féconderont le pistil.

71
Faut-il toujours tailler les rosiers à trois yeux ?
Non, c'est une valeur moyenne qui s'applique uniquement aux rosiers buissons à floraison remontante (polyanthas et hybrides de thé). Les sujets très vigoureux (comme 'Queen Elisabeth', par exemple) seront taillés plus long, à quatre ou cinq yeux. Les polyanthas et les rosiers peu vigoureux peuvent être taillés à seulement deux yeux. Quant aux grimpants, les pousses latérales sont taillées à deux yeux. Pour les rosiers anciens, prévoyez une taille d'équilibrage et d'allègement de la silhouette, sans souci du nombre d'yeux conservés.

72
Pourquoi effectuer des coupes en biseau lors de la taille ?
En taillant en biseau à l'opposé d'un œil, l'eau de pluie s'écoule en arrière du bourgeon, ce qui empêchera la « coulure », dans le cas d'un printemps humide. Cela évite aussi les risques de prise en glace du bourgeon terminal durant l'hiver.

Plantes bulbeuses

Jusqu'à quel moment peut-on planter les rosiers vendus en pochette ?
La première offre apparaît vers la mi-octobre ce qui correspond au démarrage de la bonne période pour effectuer les plantations de rosiers à racines nues. Vous pouvez procéder à vos achats sans crainte jusqu'à la mi-mars, fin de la période du repos végétatif. Vérifiez bien que le rosier soit toujours dormant dans son sachet, c'est-à-dire qu'il ne présente pas de développement des bourgeons. En revanche, une petite pointe vert tendre au niveau des yeux est un signe favorable de la bonne santé de la plante.

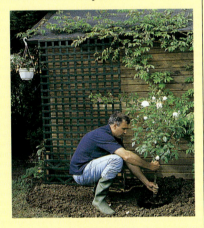
▲ Plantation d'un rosier demi-tige 'Iceberg'.

Lors de la plantation, faut-il enterrer le point de greffe du rosier ou non ?
Tous les professionnels conseillent de planter le rosier de façon à ce que le point de greffe (bourrelet) se trouve entre 3 et 5 cm sous la surface du sol. Cette mince couche de terre lui permet d'être protégé de la dessiccation due au vent. Il est souhaitable de pailler les rosiers nouvellement plantés pour protéger la greffe du froid, voire de les butter avant l'hiver avec 15 cm de terre légère, mais le pied sera dégagé au printemps, lors du démarrage de la végétation.

Pourquoi ne faut-il pas mouiller les feuilles d'un rosier lors de l'arrosage ?
Parce que la pellicule d'eau qui va se déposer sur le limbe des feuilles est le milieu le plus favorable pour le développement de deux maladies cryptogamiques : les taches noires (marsonia) et le blanc (oïdium). En arrosant directement sur le sol, vous effectuez une lutte préventive naturelle contre ces maladies assez graves.

Est-il possible qu'un rosier blanc donne, après quelques années, des fleurs roses ?
Si la variété a été bien fixée par le sélectionneur, elle doit conserver son aspect au fil des années. Il arrive (rarement chez le rosier) que l'on puisse constater un retour vers le type d'origine (dans ce cas, celui du parent génétiquement dominant). Un changement de couleur peut aussi être attribué à la nature du sol (par exemple un excès d'acidité) et à l'exposition de la plante (trop ou pas assez de lumière).

Plantes bulbeuses

Les très gros bulbes donnent-ils de plus grosses fleurs ?
Oui, gros bulbe = grosse fleur. Mais le prix est nettement plus élevé (une tulipe calibre 14 + coûte deux à trois fois plus cher que la même, calibre 11/12). Réservez ces oignons à fleurs d'exception pour la culture en pot ou à la production de fleurs coupées. Pour les massifs du jardin, mieux vaut acheter une plus grande quantité de bulbes de calibre moyen, le résultat sera plus spectaculaire, grâce à l'effet de masse obtenu.

Les bulbes de tulipe 14 + sont les plus gros. ▶

À quelle distance espacer les bulbes les uns des autres dans un massif ?
On a toujours tendance à planter les bulbes trop espacés, résultat, le massif paraît dégarni. Comptez de 80 à 100 tulipes/m^2. Un repère pratique consiste à espacer les bulbes de deux fois leur diamètre. Pour les tulipes, par exemple, cela représente à peu près la largeur de quatre doigts, et celle d'une main pour les jacinthes. Les narcisses peuvent être plantés plus serrés (écartement du diamètre d'un bulbe). Crocus, muscaris, perce-neige, scilles, anémones se plantent à 1 cm les uns des autres.

Peut-on laisser en place en automne les bulbes qui ont fleuri en été ?
C'est possible, mais risqué avec les dahlias, les eucomis, les triteleias, les belles-de-nuit et les glaïeuls, fortement déconseillé avec les bégonias tubéreux, les cannas, les tigridias, les freesias, les sparaxis. Si le sol est poreux et bien paillé, et si l'hiver est doux, vous retrouverez sans doute les plantes l'année suivante, à moins qu'elles n'aient fait les délices des mulots. Un hivernage au sec est plus sûr. Il évite aussi la dégénérescence rapide des plus belles variétés.

205

Fleurs

80
Pourquoi les tulipes laissées d'une année sur l'autre dans le jardin finissent-elles par devenir rouges ?

Il s'agit d'une dégénérescence progressive de la variété, qui retourne au type basique de la tulipe à fleur simple, rouge ou jaune. Vous constaterez aussi que les plantations non renouvelées de tulipes voient leur floraison s'amenuiser, tout simplement parce que les bulbes ne sont pas débarrassés de leurs bulbilles en été, ces derniers épuisant l'oignon mère à leur profit. Le nombre de vos tulipes augmente, mais il faut au moins trois ans pour obtenir des fleurs souvent décevantes.

81
Pour le glaïeul, plante-t-on la partie creuse dessus ou dessous ?

Le glaïeul n'est pas un bulbe, mais un cormus, dont la forme est moins régulière que l'oignon à fleur classique (jacinthe, tulipe, narcisse). La partie creuse, ou non couverte par l'enveloppe brune ou rose à la texture de papier (tunique), correspond à la face inférieure, qui développera les racines. Elle doit donc être placée au fond du trou.

82
Comment multiplier les lis ?

La formule la plus amusante (et la plus prolifique) consiste à bouturer les écailles du bulbe. Chaque écaille peut donner un nouveau lis. Au printemps ou à l'automne, prélevez quelques écailles et plantez-les à demi enterrées, dans une terrine contenant un mélange de sable et de tourbe. Couvrez avec un plastique. La reprise demande environ un mois. Le pourcentage de réussite est important. Cultivez les nouveaux lis pendant trois ou quatre ans, avant qu'ils aient formé des bulbes de grosseur suffisante pour produire des fleurs.

83
Combien de temps après la plantation les plantes à fleurs sont-elles les plus belles ?

Si vous achetez des plants fleuris au printemps, vous allez obtenir un effet quasi immédiat. Sachez toutefois que le fait de les acheter déjà fleuris entraîne un ralentissement végétatif normal après la mise en place. Il faut compter un bon mois avant que les jeunes plants soient bien installés, se ramifient et commencent à prospérer. En pratique, l'idéal consiste à planter les massifs d'été dans la seconde quinzaine de mai, après la floraison des bulbes, ce qui vous assurera de superbes massifs dès la fin juin et jusqu'aux premières gelées.

84
Quelles sont les fleurs annuelles les plus faciles pour un débutant ?

Toutes celles qui se sèment en place : capucine, clarkia, nigelle, cosmos, lavatère, tournesol, immortelle, belle-de-jour, centaurée, chrysanthème à carène, coquelicot, cobée, pois de senteur, pavot de Californie, souci, godétia, haricot d'Espagne, ipomée, pied-d'alouette, pourpier, lin, etc.

◀ Bouturez les écailles de lis en terrine dans du sable.

85
Quelles sont les fleurs annuelles qui se ressèment toutes seules ?

Essentiellement les espèces rustiques comme le souci, le pavot de Californie (*Eschscholzia*), le chrysanthème des moissons et le pied-d'alouette. On retrouve aussi cette tendance chez certaines vivaces comme la menthe, la mélisse, le fenouil qui essaiment partout dans le jardin et deviennent vite envahissants. C'est pourquoi mieux vaut empêcher les plantes à fleurs de former des graines et recommencer chaque année le semis. De plus, les espèces qui se ressèment ont tendance à dégénérer et à donner de moins belles fleurs.

▲ Le pavot de Californie se ressème abondamment.

86
Certaines plantes vivaces doivent-elles être protégées du froid ?

Vivace ne signifie pas forcément rustique. Une vivace possède une souche fibreuse ou ligneuse dont la durée de vie est de plusieurs années. Beaucoup de plantes cultivées comme des annuelles sont en réalité des vivaces : arctotis, calcéolaire, célosie plumeuse, dimorphoteca, gazania, gerbéra, muflier, némésie, etc. Certaines se comportent d'ailleurs comme des vivaces dans le Midi. C'est le cas notamment des géraniums *(Pelargonium),* des fuchsias et des anthémis. Parmi les vivaces, il faut protéger du froid les tritomas *(Kniphofia),* les phormiums, les herbes de la pampa.

87
Comment éviter la rouille sur les roses trémières ?

Cette maladie très fréquente se caractérise par des petites taches brunes qui donnent aux feuilles un aspect ponctué, puis troué. La maladie débute avec le départ de la végétation et par temps très humide. La seule solution consiste à traiter tous les huit jours avec un fongicide de synthèse, de début avril à fin juin, puis en septembre.

88
Comment multiplier facilement les plantes vivaces ?

La division des touffes est un moyen pratique et fiable. La quasi-totalité des plantes vivaces se prête à cette intervention qui sera pratiquée en septembre-octobre ou en avril-mai, en fonction de la période de floraison des différentes espèces, l'opération devant se dérouler après la floraison. Les parties les plus anciennes (le cœur de la touffe) sont éliminées et les fragments jeunes portant au moins une touffe de feuilles ou une tige sont repiqués.

◄ Division de touffe d'un *Polygonum affine*.

89
Faut-il tailler les vivaces qui ont terminé leur floraison ?

Vous pouvez éliminer les hampes florales fanées quand elles ne présentent aucun intérêt esthétique. En revanche, maintenez en place les inflorescences en ombelle de : l'achillée, le éryngium, le fenouil, l'angélique, la berce, ainsi que celles des graminés, qui sont magnifiques quand elles se couvrent de rosée en automne, et de givre ou de glace en hiver. Les plantes seront alors rabattues en mars, au ras du sol, juste avant le départ de la végétation.

▲ Suppression des fleurs fanées de l'achillée.

90
Quelle épaisseur doit avoir un paillis hivernal sur les massifs ?

Tout dépend du matériau que vous utilisez. Sachez que 15 cm de paille ou de feuilles mortes assurent la même protection que 10 cm d'écorce, de cosses de cacao, de fibres de coco ou de compost fibreux, 5 cm de paillette de lin ou de tourbe blonde bien sèche, deux épaisseurs de voile d'hivernage, ou un paillasson tressé. Le voile d'hivernage est toujours utile en complément ou pour éviter que les matériaux légers comme la paille ou la tourbe ne s'envolent au premier souffle du vent.

91
Combien de pieds de plantes vivaces planter par m² ?

Tout dépend des dimensions de la plante à l'âge adulte et de son port (dressé ou étalé). Un pied de delphinium, de lupin, d'hémérocalle ou de marguerite d'automne peut couvrir 1 m² ou plus. La densité maximale est de neuf plants/m² pour les petites espèces buissonnantes de 10 à 20 cm de haut (ophiopogon, phlox nain, sedum, saxifrage, etc.). En moyenne, espacez d'environ 30 cm les plantes qui atteignent de 30 à 50 cm de haut, de 40 cm les espèces de 60 à 80 cm de haut et de 50 à 60 cm les vivaces de 1 m à 1,50 m.

92
Comment obtenir un chrysanthème avec de très grosses fleurs ?

Dès le début de la croissance printanière, sélectionnez de trois à cinq branches principales et empêchez-les ensuite de se ramifier par des ébourgeonnements réguliers (suppression des jeunes pousses latérales). Quand apparaît le bouton floral terminal (bouton couronne), il faut le conserver précieusement et éliminer tous les boutons axillaires pouvant se former autour.

93
Quand peut-on diviser les iris et les pivoines ?

La meilleure période est le mois d'août et le début de septembre, les plantes ayant stabilisé leur croissance. Pour les iris, il suffit de séparer des portions de rhizomes portant un petit bouquet de feuilles et de les transplanter dans un sol assez pauvre, en les installant juste sous la surface. Pour les pivoines, il faut faire un trou profond, pour ne pas risquer d'abîmer les racines et détacher les rejets qui se développent à la périphérie de la souche, en faisant éclater des fragments de cette partie plus dure.

Arbres et arbustes

94
Comment bouturer les fuchsias et à quelle époque ?

Dès mi-août et jusqu'à fin septembre, prélevez des boutures de 10 à 15 cm de long, sur des pousses d'extrémité n'ayant pas porté de fleurs. Dénudez la tige sur les trois quarts de sa hauteur et coupez la moitié du limbe des feuilles conservées. Plongez la base de chaque bouture dans de la poudre d'hormones. Plantez, jusqu'au niveau des premières feuilles, dans un pot contenant un mélange de sable et de tourbe blonde. Arrosez et couvrez d'un plastique. Placez la culture derrière une fenêtre. L'enracinement se fait en un mois.

95
Peut-on conserver des anthémis tiges d'une année sur l'autre ?

Ces plantes, mais aussi les fuchsias, les lantanas, les anisodontéas et les solanums conduits sur tige sont des vivaces non rustiques. Arrachez-les avec une motte de terre, dans la seconde quinzaine d'octobre, empotez-les dans un substrat sableux et rentrez-les en serre froide ou dans une véranda maintenue hors gel. Taillez toute la partie aérienne, de manière à ne laisser que le tronc, les branches principales et le départ des tiges secondaires (5 cm de long maximum). Les plantes en hivernage seront arrosées tous les dix à quinze jours et ne recevront pas d'engrais.

▸ Hivernez l'anthémis en véranda.

96
Combien de temps dure un feuillage persistant ?

Contrairement au feuillage caduc, dont toutes les feuilles naissent au printemps et meurent à l'automne, le feuillage persistant se renouvelle en permanence sur l'arbre ou l'arbuste. Une feuille persistante (ou une aiguille pour les conifères) vit deux ou trois ans. Elle peut être remplacée par une autre, entre mars et septembre.

97
Pourquoi certains arbustes ne fleurissent-ils pas dès la première année de plantation ?

Tout dépend de l'âge de la plante et de la présence ou non de boutons floraux. Les rhododendrons, par exemple, forment leurs boutons floraux dans le courant de l'été. Il est donc facile de savoir dès l'automne s'ils donneront ou non des fleurs. Les boutons floraux sont bien renflés, plus gros que les autres. D'une manière générale, une plantation à l'automne vous offre plus de chances d'obtenir des fleurs dans l'année suivant la mise en place.

98
Dans un massif d'arbustes, quelle proportion de caducs doit-on planter par rapport aux persistants ?

Pour obtenir un effet décoratif toute l'année, l'idéal consiste à utiliser environ deux tiers de persistants. Si vous préférez un effet très fleuri, mieux vaut planter au moins la moitié d'arbustes à feuillage caduc.

99
Mon camélia jaunit, que faire ?

S'il est en pot, il faut commencer par le rempoter et lui offrir un mélange par moitié de terreau de rempotage et de terre de bruyère. En pleine terre, votre camélia peut présenter des signes de chlorose, certaines de ses racines se trouvant dans un sol calcaire. Dans ce cas, il faut le transplanter dans un substrat acide ou l'arroser avec un antichlorose à base de chélate de fer. Le jaunissement d'un camélia est souvent dû à une terre trop pauvre (donnez-lui de l'engrais pour plantes de terre de bruyère) et à une exposition pas assez abritée.

▲ Pas de courants d'air sinon le camélia perd ses feuilles.

100
Mes althéas portent de très nombreuses fleurs dont certaines n'éclosent jamais, pourquoi ?

L'althéa (*Hibiscus syriacus*) est un arbuste à floraison estivale qui apprécie une exposition en plein soleil, dans un endroit non exposé aux courants d'air. Il a besoin pour s'épanouir que le sol soit maintenu humide. Arrosez-le généreusement (sans mouiller les boutons floraux) chaque soir après une forte chaleur.

Arbres et arbustes

101
Les feuilles de mon magnolia portent des petites taches noires, puis tombent. Est-ce une maladie ?

Il s'agit sans doute d'une attaque de pestalozzia, maladie cryptogamique assez fréquente chez les magnolias à feuillage persistant. Vous pourrez la combattre efficacement en effectuant quatre pulvérisations de fongicide de synthèse à dix jours d'intervalle, à partir de la mi-avril. N'utilisez pas de bouillie bordelaise qui est mal acceptée par le feuillage du magnolia.

102
Les feuilles de mes lilas et de mes troènes sont dévorées sur les bords. Que faire ?

Il s'agit d'une attaque d'otiorhynques, petits coléoptères proches des charençons, qui effectuent un cycle larvaire complet dans le sol et dont les adultes nocturnes. Il est difficile de les repérer, mais leurs dégâts sont caractéristiques. Traitez le sol avec une poudre contre les courtilières ou les vers blancs et pulvérisez un insecticide de contact sur le feuillage, de préférence le soir après l'apparition des premiers dégâts. Les symptômes sont assez spectaculaires, mais les conséquences sans gravité.

103
Pourquoi mon rhododendron ne fleurit-il pas ?

Le sol utilisé est trop riche en azote (présence d'une fumure organique ou fertilisation trop généreuse), ce qui stimule le développement du feuillage au détriment de la floraison. Les arrosages sont trop copieux de juin à août, ce qui ne permet pas au rhododendron d'induire ses boutons floraux. Il est nécessaire que la plante souffre un peu pour qu'elle « ressente le besoin » de fleurir. Dans des conditions de culture trop confortables, le rhododendron forme surtout du feuillage.

104
Mon hortensia planté en terre de bruyère est tout chétif, pourquoi ?

Parce que la terre de bruyère est un milieu très pauvre et très acide. Un hortensia demande un sol plus riche, par exemple un terreau forestier ou un mélange de terre de jardin avec de la terre de bruyère. L'hortensia n'aime pas trouver de calcaire actif dans le sol, mais il doit être régulièrement fertilisé.

105
Mon buis semble se dessécher de l'intérieur, que se passe-t-il ?

S'il est cultivé en pot, c'est le signe bien net d'un besoin de rempotage. Utilisez un mélange à parts égales de terreau et de terre de jardin. En pleine terre, ce symptôme peut signifier un excès d'humidité, une terre trop compacte ou trop acide, voire la réaction de la plante à un traitement herbicide (notamment si le buis se trouve près d'une allée). Taillez toutes les parties abîmées et attendez le retour du printemps pour apporter un peu d'engrais à la plante.

◀ Une forte attaque d'otiorhynque sur un lilas.

106
Mon érable pourpre, planté plein sud devant la maison, se dessèche dès la mi-juin, pourquoi ?

Tout simplement parce qu'il ne faut pas planter les érables du Japon en plein soleil, d'autant plus que les murs de la façade renforcent le rayonnement et renvoient de la chaleur. Ces petits arbres sont les compagnons parfaits des rhododendrons, dans les endroits frais et humides du jardin, en sol acide et bien poreux.

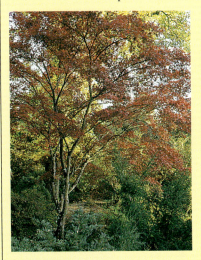

▲ L'érable du Japon pourpre apprécie la fraîcheur.

107
Peut-on planter des palmiers sous un climat non méditerranéen ?

On rencontre fréquemment des palmiers de belle taille dans des jardins de ville bien abrités (notamment à Paris). Certains réussissent bien en Bretagne, en Anjou, en Touraine. Le palmier le plus rustique est *Trachycarpus fortunei*, qui résiste entre – 15 et – 18 °C, à condition de disposer d'un sol très bien drainé en hiver. Le *Chamaerops exelsa*, le dattier des Canaries (*Phoenix canariensis*) sont également des palmiers résistant au gel (jusqu'à –10 °C si le sol est sec et l'exposition non ventée).

108
Le gui est-il vraiment néfaste pour les arbres ?

Plante parasite, le gui développe des suçoirs qui s'infiltrent dans les tissus de son hôte et pompent sa sève, provoquant un ralentissement de sa croissance. Le gui ne parasite que les arbres affaiblis, âgés ou malingres. Sa présence est un signe de malnutrition, de mauvaise exposition ou de maladie de l'arbre. Pour éliminer le gui, il faut le couper (en hiver), puis creuser avec une serpette la partie du rameau sur laquelle il était installé. Enduisez ensuite la plaie avec un mastic cicatrisant épais.

▲ Éliminez les touffes de gui, de préférence en hiver.

109
Pourquoi ne faut-il pas transplanter les rejets d'un lilas ?

Pour éviter que la nouvelle plante n'émette à son tour une grande quantité de drageons qui deviennent vite envahissants et vous obligent à les éliminer sans cesse. Ce conseil est également valable pour les noisetiers et les framboisiers (et les autres espèces du genre *Rubus*). Une multiplication par bouturage donne des sujets ayant une tendance moindre au drageonnage. Il est bon d'éliminer ces rejets qui ont tendance à épuiser inutilement la touffe.

110
Faut-il retailler les arbres au moment de la plantation ?

Les sujets plantés en conteneurs, à la silhouette compacte et bien équilibrée, ne nécessitent aucune intervention. En revanche, les arbres proposés à racines nues sont coupés légèrement au niveau des racines (habillage) pour rafraîchir les parties abîmées lors de l'arrachage. Il faut réduire la ramure d'environ un quart de sa longueur, pour lui donner une forme régulière et symétrique, et lui permettre de bien se ramifier au printemps.

111
Quand et comment tailler la lavande pour qu'elle reste bien compacte ?

La lavande présente le défaut de ne pas (ou très difficilement) « repercer » sur le vieux bois, c'est-à-dire de ne pas former de jeunes pousses sur les parties lignifiées et à la base de la touffe. Résultat, les vieux pieds ont tendance à se dégarnir. Pour éviter ce phénomène, il importe que la lavande soit cultivée au sec d'avril à septembre. Elle sera taillée en juillet-août, période de récolte des fleurs, en donnant à la touffe une forme de boule. Ne coupez pas les jeunes pousses de plus de 10 cm. Un rabattage sévère ne donne jamais rien de bon.

◀ La lavande se taille en douceur, après la floraison.

112
Pourquoi ne trouve-t-on plus d'aubépines dans les pépinières ?

La multiplication des aubépines (*Crataegus*) à des fins commerciales a été interdite (sauf certaines formes résistantes d'origine allemande), parce que cette plante est une des plus sensibles à la maladie du feu bactérien et qu'elle constitue un foyer d'infestation redoutable pour toutes les autres espèces sensibles (notamment les poiriers). Il en était de même pour les pyracanthas, jusqu'à ce que l'on découvre des formes résistantes à la maladie ('Dart's Gold' et 'Dart's Red' entre autres). Le poirier 'Passe Crassane' est dans le même cas.

113
Tous les conifères ont-ils des feuilles persistantes ?

Si la plupart des conifères conservent leur feuillage toute l'année, quelques espèces comme le cyprès chauve, le mélèze ou le *Metasequoia* sont caduques et prennent de jolies colorations en automne. Il en est de même pour l'arbre aux quarante écus, très proche des conifères et lui aussi à feuillage caduc.

114
Peut-on faire pousser des bulbes à fleurs sous un grand sapin ?

Oui, en choisissant des espèces qui aiment l'ombre dense, un sol acide et qui supportent la sécheresse. C'est le cas des cyclamens d'Europe et des colchiques, deux espèces qui fleurissent en automne. Côté bulbes de printemps, crocus, jacinthes des bois, perce-neige, aconits d'hiver et nivéoles peuvent donner de bons résultats si vous prévoyez quelques arrosages de temps en temps et un apport de terreau.

Plantes grimpantes

115
Mon sapin perd ses aiguilles, que faire ?

Une chute des aiguilles indique un mauvais état de santé général, dû à un sol trop pauvre (dans ce cas, fertilisez) ou trop humide (allégez alors avec un apport de sable grossier et de matière organique). Il peut également s'agir d'une attaque d'araignées rouges, surtout si les symptômes sont apparus en plein été, par temps chaud et sec. Deux ou trois pulvérisations d'un acaricide spécifique, à intervalle de dix jours chacune, devraient limiter les dégâts. *(Voir aussi la question n° 117).*

116
Mon sapin est couvert de petits renflements ressemblant à des ananas. Que se passe-t-il ?

Il s'agit de l'attaque du chermès de l'épicéa, un puceron gallicole (qui provoque des galles), plus spectaculaire que vraiment dangereux. Trois ou quatre pulvérisations insecticides, espacées d'une semaine dès le début avril, en viendront à bout.

117
Mes conifères brunissent et se dessèchent, comment les soigner ?

Un brunissement est le signe d'une attaque parasitaire, soit un dépérissement d'ordre cryptogamique (*Coryneum, Phytophthora*, etc.), soit la réaction à l'attaque d'un insecte du bois (scolyte), ou d'une invasion d'araignées rouges *(voir la question n° 115)*. Le traitement contre les champignons pathogènes cités est pratiquement inexistant. La brutalité de l'attaque entraîne souvent la mort de l'arbre. Pour les scolytes, il faut traiter au printemps avec un insecticide de contact, avant que les adultes pondent dans le tronc. Une plantation en sol léger est aussi fortement conseillée.

118
Mes thuyas deviennent brun-roux à la base, que se passe-t-il ?

Les problèmes évoqués à la question n° 117 peuvent s'adapter à ce cas. Le fait que l'attaque se localise à la base peut indiquer un phytophthora (pourriture sèche du collet), surtout si le thuya est cultivé en bac. Dans ce cas, vous pouvez essayer un traitement à l'aliette. Il existe aussi une autre maladie cryptogamique, le didymascella, qui provoque un brunissement, surtout en sol lourd et humide. Vous pouvez la traiter par des pulvérisations répétées durant la végétation avec un fongicide de synthèse.

▲ Le brunissement épars est le signe d'un dépérissement.

Plantes grimpantes

119
Pourquoi ma glycine produit-elle des feuilles, sans donner de fleurs ?

Une croissance vigoureuse nuit à la formation des boutons floraux. La terre de votre jardin doit être riche en azote. Évitez tout ajout de matière organique et apportez un engrais potassique et phosphaté, qui joue sur la formation des fleurs. Taillez *(voir la question n° 120).*

120
La glycine doit-elle être taillée et, si oui, comment ?

Effectuez plusieurs tailles annuelles de la glycine, afin de limiter la prolifération des rameaux latéraux, pour favoriser la formation de boutons floraux à la base. Dès qu'une pousse secondaire de glycine dépasse 60 cm de longueur, réduisez-la des 3/4 (coupez à deux ou trois feuilles de son point de départ). Comptez entre trois et cinq interventions dans l'année. En hiver, taillez en réduisant les pousses terminales de la moitié de leur longueur et en ne conservant que deux yeux sur chaque pousse latérale.

121
Quand et comment tailler les clématites ?

Les clématites à petites fleurs, qui s'épanouissent sur du bois de l'année, sont taillées en février, en rabattant la végétation à 10 cm de la ramure, afin de provoquer l'émission de nouveaux départs. On peut tailler toute la plante à 40 cm du sol. Les clématites à grandes fleurs s'épanouissant sur du bois de l'année précédente se taillent peu. Éliminez le bois mort et les pousses faibles, raccourcissez les rameaux trop longs et empêchez la formation des graines.

▼ N'hésitez pas à tailler sévèrement les clématites.

211

Votre jardin en 200 questions-réponses

122
Comment se comporte une plante grimpante qui ne trouve pas de support ?

Tout dépend de sa faculté ou non de se marcotter naturellement. Par exemple, le lierre émet aisément des racines quand ses branches touchent le sol et il se transforme en plante tapissante. Cela peut aussi être le cas du chèvrefeuille, qui pourra également former un buisson globuleux avec ses rameaux enchevêtrés. Les plantes volubiles, comme les clématites par exemple, ne vont guère apprécier cette situation et elles risquent de végéter. Une glycine verra ses branches principales se lignifier et former une sorte de tronc.

123
Quelles plantes grimpantes s'accrochent sur les murs sans nécessiter de support ?

Le lierre avec ses crampons et la vigne vierge avec ses ventouses sont les deux exemples les plus connus. L'hortensia grimpant *(Hydrangea petiolaris)*, une plante assez voisine, le *Schizophragma hydrangeoides* et la bignone *(Campsis radicans)* et une plante voisine appréciée dans le Midi *(Tecoma stans)* émettent aussi des crampons, ce qui leur permet de s'accrocher d'eux-mêmes.

◄ La vigne vierge s'accroche par des petites ventouses.

124
Ne risque-t-on pas des problèmes d'humidité avec un mur couvert par une plante grimpante ?

Contrairement à une idée reçue, les plantes grimpantes (surtout les lierres et les vignes vierges) auraient plutôt tendance à protéger les murs contre l'humidité. La couverture de feuillage qu'elles forment ne laisse pas pénétrer la pluie qui ruisselle à l'extérieur. Les araignées et autres insectes le savent bien, et recherchent cet abri naturel pour leur nid.

125
Les plantes grimpantes abîment-elles les revêtements des murs ?

Pour celles qui nécessitent une armature (chèvrefeuille, clématite, rosier grimpant, etc.), pas de problème, elles ne touchent pas au mur. Pour celles qui s'accrochent seules *(voir la question n° 123)*, si le mur est en bon état et couvert de crépi, il n'y a rien à craindre. En revanche, dans les vieilles maisons, les murs en pierres mal scellées peuvent être fragilisés par les tiges des plantes grimpantes s'infiltrant entre les joints.

Légumes et aromatiques

126
Quelles plantes aromatiques installer ensemble dans un bac ?

Il faut associer les espèces qui réclament les mêmes fréquences d'arrosage. Par exemple thym, romarin, lavande, plante

▲ Persil et basilic poussent fort bien ensemble.

curry *(Helichrysum)* apprécient une bonne sécheresse. Pas question de les marier avec la ciboulette, l'estragon et le basilic, qui demandent un sol frais en permanence. La menthe, le laurier, la sarriette, l'origan supportent des alternances de sécheresse et d'humidité.

127
Peut-on manger des légumes qui ont reçu de l'engrais chimique ?

Ne confondons pas engrais et pesticides. L'engrais est la nourriture des plantes, qui l'absorbent toujours sous forme minérale (donc chimique) et le transforment ensuite en éléments organiques, sous l'effet de la lumière solaire (photosynthèse). Une fois absorbé par la plante, l'engrais ne pose aucun problème et il est nécessaire à la croissance et à la saveur des légumes. L'important est de le doser juste ce qu'il faut pour que la plante ne risque pas une « indigestion » et que les résidus non absorbés ne viennent pas polluer les eaux.

128
Dès la récolte, nos haricots en grains présentent des petits trous ronds, de quoi s'agit-il ?

Votre culture a subi l'attaque de la bruche du haricot, un petit charançon qui pond dans la gousse au moment de sa maturité et dont les larves se développent dans les grains, surtout durant la

212

Légumes et aromatiques

conservation. Traitez les cultures par une pulvérisation d'insecticide lors de la formation, puis de la coloration des gousses. Les haricots troués doivent être éliminés. Plus légers que les grains sains, ils flottent quand on les trempe dans l'eau.

129
Quelle est l'utilité d'un repiquage et à quel moment le pratiquer ?

Cette opération, qui consiste à transplanter une plantule issue de semis, a pour but de stimuler la formation de racines latérales, d'où une croissance améliorée. Le repiquage provoque la ramification de la tige ce qui donne une forme bien équilibrée à la plante et stimule la croissance.

130
Pourquoi ne faut-il pas repiquer les carottes, les navets, les radis ?

Chez les légumes racines, un repiquage entraîne presque à coup sûr la formation d'une racine fourchue qui ne va pas « tourner » ni se gorger de sucs de réserve, d'où une récolte peu intéressante. En revanche, certains jardiniers repiquent les betteraves avec succès, surtout dans les terrains assez lourds.

131
Pourquoi conseille-t-on d'arroser les laitues les soirs d'orage, en été ?

Par temps d'orage, l'air chargé en électricité a tendance à transformer une partie de son oxygène (O_2) en ozone (O_3). Ce dernier gaz stimule fortement la montée à graines des laitues. Les jardiniers d'antan ont constaté qu'il suffisait d'arroser pour que le phénomène ne se produise pas ou dans des proportions bien moindres. Essayez, c'est efficace !

▶ Arrosez les salades avant un orage.

132
Pendant combien d'années un pied d'artichaut produit-il ?

L'artichaut étant une plante vivace, il peut rester plusieurs années en place. On le maintient en production durant trois à cinq ans, en effectuant un renouvellement du quart de la culture chaque année, de manière à éviter les dégénérescences et à rajeunir la plantation.

133
Pourquoi les aubergines que je viens de récolter ont-elles un goût amer ?

Il ne faut surtout pas attendre trop longtemps avant de récolter les aubergines, qui, par ailleurs, tiennent remarquablement sur le pied. Il faut les cueillir bien violettes, quand leur calice commence à s'entrouvrir. Dès que le fruit commence à se colorer de marron, il durcit, et sa chair devient beaucoup plus amère.

134
Existe-t-il des pieds d'asperge mâles ?

Tout à fait, l'asperge (*Asparagus officinalis*) étant une plante dioïque. Cette particularité est sans importance au potager, car on récolte les toutes jeunes tiges encore souterraines (turions). On reconnaît les pieds mâles en constatant l'absence de fruits rouges en automne.

▲ L'asperge femelle se reconnaît à ses fruits rouges.

135
On dit que seuls les melons femelles sont bons, comment les reconnaître ?

Dire d'un fruit qu'il peut avoir un sexe est une ineptie, dans la mesure où c'est la fleur qui est l'organe sexuel de la plante. Chez les cucurbitacées, les fleurs étant unisexuées, il est bien évident que seules les femelles forment des fruits. On peut donc dire par extrapolation que tous les melons sont « femelles ». En réalité, la qualité gustative dépend surtout de la variété, de la quantité et de la durée de l'ensoleillement, ainsi que de la qualité du sol.

136
Pourquoi brûler le feuillage des asperges en automne ?

C'est une opération indispensable pour éliminer toutes les formes de la criocère de l'asperge, un petit insecte ravageur qui fait de gros dégâts en minant les tiges, ce qui entraîne leur pourriture. La criocère hiverne dans le feuillage. En aucun cas, ne mettez à composter les feuilles d'asperges, vous favoriseriez la propagation du ravageur. Un traitement printanier est une mesure de prudence.

Votre jardin en 200 questions-réponses

137
Peut-on rabattre les pieds de thym ?
Tout comme la lavande *(voir aussi la question n° 111)*, le thym a du mal à repercer sur le vieux bois et à émettre de jeunes pousses au niveau de la souche ligneuse. En revanche, il se marcotte très bien naturellement. Il est donc préférable de procéder à des divisions de touffe régulières pour rajeunir la culture, plutôt qu'à une taille sévère qui risquerait d'empêcher l'apparition des petites pousses. Vous pouvez aussi faire des boutures en août-septembre, en terrine.

138
Pourquoi est-il aussi difficile de faire germer les graines de persil ?
Le persil n'est pas plus compliqué à réussir qu'une autre plante. Mais c'est un paresseux qui demande une vingtaine de jours avant de lever. Il faut donc faire montre d'un peu de patience. Un bon truc pour réussir, ne manipulez pas les graines directement avec les doigts, et recouvrez-les avec un mélange de terreau et de fumier composté. Maintenez aussi le sol humide en permanence.

Fruits

139
Un poirier et un pommier fleurissent mais ne fructifient pas, pourquoi ?
Sur la plupart des arbres fruitiers, la pollinisation est « croisée », c'est-à-dire qu'elle se produit d'un arbre à l'autre. Il faut donc planter, non loin l'une de l'autre, au moins deux variétés compatibles *(voir les descriptions des arbres fruitiers pages 546 à 561)*.

140
Le tronc de mes vieux poiriers est recouvert de mousses et de lichens. Faut-il s'en débarrasser ?
Même si la présence de cette couverture végétale est assez esthétique, il est important de l'éliminer, car elle sert de refuge à d'innombrables parasites. La présence de mousses et de lichens sur les arbres indique un état de faiblesse ou de vieillesse. Le traitement consiste à pulvériser en hiver des produits à base d'huile de paraffine qui doivent ruisseler généreusement le long des branches et du tronc. Opérez en deux fois : en décembre, puis à la mi-février.

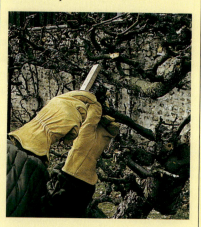

▲ Brossez en hiver les branches couvertes de lichens.

141
Comment soigner un chancre qui se creuse sur un pommier ?
Cette maladie due à un champignon est un véritable « cancer végétal » qui infecte les tissus internes de la plante. Creusez la partie malade avec une serpette, jusqu'à retrouver des tissus sains. Si le chancre a atteint le cœur de la branche, il faut couper cette dernière sur une partie non infectée (bois clair). Parez la plaie à la serpette, avec un outil désinfecté à l'alcool et enduisez les parties à vif avec une épaisse couche de mastic cicatrisant.

142
Mon cerisier n'a rien donné ce printemps, pourquoi ?
Il s'agit du phénomène bien connu de l'alternance. Après une forte fructification, beaucoup d'arbres se « reposent » de leurs efforts, profitant d'une saison complète pour reconstituer leurs réserves et redéployer de nouvelles pousses. Ce comportement est un gage de longévité pour l'arbre. Les cerisiers ont aussi tendance à « faire beaucoup de bois », poussant verticalement et produisant peu de ramifications fertiles. Une taille (légère) fin août peut remédier à cet inconvénient. Évitez aussi d'apporter des engrais azotés qui provoquent une croissance importante des branches.

143
Pourquoi mon jeune arbre fruitier ne donne-t-il pas de fruits ?
Vous avez sans doute acheté un jeune sujet (scion de un an), fuseau, tige, quenouille ou demi-tige de deux ans, et l'absence de production fruitière est parfaitement normale, la formation des fruits s'effectuant sur trois ans (surtout pour les arbres à pépins). Il est normal que l'arbre réagisse la première année de sa mise en place *(voir aussi la question n° 146)*.

▼ Ne laissez pas les chancres prendre de l'importance.

214

Fruits

144
Mon abricotier fleurit abondamment chaque année, mais les fruits sont peu nombreux, pourquoi ?

Il y a de fortes chances pour que la fécondation se produise mal, du fait d'une variété à floraison trop précoce. Un temps frais et pluvieux au moment de la floraison fait « couler » les fleurs, c'est-à-dire qu'il liquéfie le pollen qui ne peut plus s'envoler avec le souffle du vent, pour aller féconder les fleurs avoisinantes.

145
Mon prunier porte de nombreux fruits qui flétrissent et moisissent sur l'arbre. Que faire ?

Il s'agit de la moniliose, une maladie cryptogamique très virulente. Éliminez tous les fruits qui présentent des traces de la maladie et notamment ceux qui se « momifient » sur les branches. Brûlez tous les déchets. Au printemps, dès l'éclatement des bourgeons, à la chute des pétales floraux, au début de la feuillaison, puis à la formation des fruits, pulvérisez un fongicide de synthèse sur l'arbre.

146
Est-il vrai que l'on gagne un an sur la fructification en plantant en automne ?

Oui, car, de mi-octobre à mi-décembre, l'arbre a le temps de bien s'enraciner. Aux premiers jours du printemps, il va se mettre à pousser et à fleurir, sans aucun arrêt végétatif, ce qui n'est pas le cas d'un fruitier mis en terre en mars ou en avril. Avec un arbre âgé d'au moins trois ans, vous pouvez récolter quelques fruits dès la première saison. Il est toutefois préférable de ne pas conserver cette production, afin que l'arbre ne s'épuise pas à fructifier et conserve toutes ses forces pour développer une belle ramure.

147
Les kiwis fructifient-ils dans toutes les régions et en combien de temps ?

Rustiques, les actinidias peuvent être cultivés presque partout en France, plantés au pied d'un mur exposé à l'est. Il faut compter environ cinq années après la plantation pour que ces lianes très vigoureuses commencent à fleurir, et à donner des fruits. Après une dizaine d'années, on peut récolter jusqu'à 30 kg par plante.

▲ Les kiwis fructifient bien dans toute la France.

148
Faut-il toujours un plant mâle et un plant femelle pour obtenir des kiwis ?

Les formes classiques de l'*Actinidia chinensis*, la liane d'origine chinoise qui produit les kiwis, sont dioïques, c'est-à-dire que les fleurs mâles et les fleurs femelles sont portées par des pieds séparés. Il faut compter un plant mâle pour cinq femelles. Depuis l'automne 95, on trouve dans le commerce du jardin une variété autofertile, 'Solo', dont les fleurs sont hermaphrodites. Il donne des fruits plus petits mais de bonne qualité. C'est une solution idéale pour un petit jardin.

149
Les fruits de mon cognassier ne se développent pas et ses feuilles noircissent, que faire ?

Il doit s'agir de la moniliose des jeunes coings, très fréquente dans le Sud-Ouest. Les jeunes fruits ne grossissent pas et brunissent, le rameau qui les porte se dessèche de même que les feuilles d'extrémité. Cette maladie n'a pas, aujourd'hui, de remède. Coupez les parties malades et traitez la plante, à titre préventif, avec de la bouillie bordelaise, en automne et au départ de la végétation.

150
Faut-il tailler un cerisier pour qu'il produise plus de fruits ?

Il est déconseillé de tailler les arbres à noyaux, excepté durant leur jeunesse pour les aider à former une ramure bien équilibrée. Le défaut du cerisier est de pousser à la verticale et d'avoir du mal à se ramifier, d'où une production parfois limitée les premières années. Du 20 août au 20 septembre, étêtez les branches principales sur un quart de leur longueur. Protégez les plaies de coupe avec un mastic cicatrisant.

▼ Taillez, mais sans excès, les cerisiers vers la fin août.

215

151
Pourquoi traiter la cloque du pêcher, l'arbre produisant ensuite un feuillage bien sain ?

Dans la vallée du Rhône et le Roussillon, où les pêchers trouvent un climat favorable à leur développement, il est vrai que la cloque est rarement catastrophique. Dans les régions plus fraîches, les pêchers sont sévèrement affaiblis par la cloque. Ils peuvent même en mourir. Cette maladie entraîne une réduction sensible de la production fruitière. Traitez à la bouillie bordelaise au moment du jaunissement des feuilles, à l'automne, puis quand elles sont toutes tombées. Au printemps, pulvérisez de l'oxychlorure de cuivre ou un fongicide à base de Doguadine.

152
Comment faire des boutures de groseilliers et de cassissiers ?

C'est très facile, de même pour les framboisiers. Il suffit de prélever, en hiver, des jeunes rameaux nus et de tailler des fragments de 20 cm de long, coupés entre deux yeux (bourgeons), dans la partie médiane de la branche. Ces boutures dites « à bois sec » ne portent pas de feuilles et sont repiquées en pot ou en pleine terre, dans un substrat très sableux. Enterrez-les des 3/4 de leur longueur.

153
Peut-on utiliser les stolons de fraisiers pour créer de nouvelles plantations ?

C'est un mode de multiplication simple et pratique qu'il faut éviter, car c'est la meilleure manière de propager les maladies à virus dont souffrent les fraisiers. Bon nombre de variétés modernes de fraisiers sont protégées par un certificat d'obtention végétale, ce qui signifie qu'il est interdit de les propager soi-même.

▲ Traitez contre la cloque du pêcher dès le mois de mars.

154
Les feuilles de mes fraisiers sont parsemées de petites taches rouges. Comment soigner cette maladie ?

La maladie des taches pourpres, ou marsonina, provoque des petites taches circulaires de 2 à 5 mm de diamètre, d'abord rouges, puis pourpres. Ce n'est pas une maladie très grave, mais vous pouvez la combattre avec des pulvérisations de fongicide à l'automne et au printemps. En fin de saison, coupez et brûlez toutes les feuilles atteintes.

155
Comment expliquer qu'une belle branche de prunier ou d'abricotier meure brutalement ?

C'est un phénomène mal expliqué mais assez courant, que l'on nomme l'apoplexie. Il n'y a rien d'autre à faire qu'à éliminer la branche morte. Ne donnez pas trop d'engrais azoté aux arbres fruitiers à noyaux. Optez plutôt pour un fertilisant potassique qui renforce la structure des branches et leur confère une bonne rigidité, tout en améliorant la résistance naturelle aux maladies.

Balcons terrasses

156
Que peut-on installer sur un balcon plein nord ?

Le choix est vaste, avec des végétaux très résistants au froid et peu exigeants côté ensoleillement. Les conifères nains à feuillage doré ou bleuté constitueront la base du décor avec des lierres qui seront égayés en été par des impatiences, en hiver par des pensées et au printemps par des tulipes botaniques. Pour habiller les murs et la rambarde, optez pour un chèvrefeuille, une capucine grimpante ou un jasmin d'hiver. Rhododendrons, azalées, bruyères, érables du Japon donnent aussi de bons résultats à cette exposition.

157
Que peut-on installer sur un balcon plein sud ?

Des plantes solides et résistantes à la sécheresse, qui apprécient le soleil ardent. Toutes les espèces méditerranéennes conviennent, notamment les bougainvillées, les pittosporums, les palmiers, les agrumes, les plantes grasses, les phormiums, les lauriers-roses, etc. Le champion incontesté sera le géranium (*Pelargonium*) qui apprécie des

◄ La maladie des taches rouges du fraisier n'est pas grave.

Balcons terrasses

conditions chaudes et assez sèches. Le pourpier, le liseron de Mauritanie, l'anthémis, la rose d'Inde sont parfaits en été. En automne, optez pour les dahlias nains et les véroniques *(Hebe)*. Tout convient à cette exposition en hiver.

158
Quels sont les arbustes à fleurs pouvant être cultivés en bacs, sur un balcon en ville ?

Choisissez des espèces bien résistantes à la pollution : aucuba, bambou nain, *Berberis julianae*, *Berberis* 'Jytte', *Berberis thunbergii*, buis, chèvrefeuille, *Choisya* 'Aztec Pearl', *Cotoneaster horizontalis*, *Cotoneaster microphyllus*, fusain, houx, *Hypericum* 'Hidcote', laurier-sauce, laurier-tin, lavande, lierre, mahonia, *Nandina* 'Fire Power', *Osmanthus*, *Photinia* x *fraseri* 'Robusta Compact', potentille, romarin, santoline, *Skimmia*, *Spiraea* x *arguta*, etc.

▲ Des arbustes en bacs dissimulent bien le balcon.

159
Comment protéger mon balcon des regards indiscrets ?

La solution la plus simple consiste à dresser des palissades (en bois ou en bambous pour l'esthétique), à installer des claustras à mailles fines (décoratif, mais onéreux) ou à privilégier la solution végétale, en plantant dans de grands bacs un ensemble compact d'arbustes à feuillage persistant et de conifères. Vous pouvez aussi poser un grillage et l'habiller d'une grimpante persistante (lierre, chèvrefeuille).

160
Comment conserver un pot de basilic sur son balcon ?

Le basilic *(Ocimum basilicum)* étant une plante annuelle, il meurt naturellement au début de l'automne. Il faut le semer à la maison en mars, repiquer les jeunes plants en avril et les installer sur le balcon en mai. Placez le basilic en plein soleil et laissez la terre sécher entre deux arrosages.

161
Comment obtenir que les radis cultivés en pots grossissent bien ?

Le secret est dans l'éclaircissage (ou démariage) des plantules, dès qu'elles atteignent 3 ou 4 cm de haut. Il faut laisser entre deux radis la largeur d'un doigt au moins. S'ils sont trop serrés, ils vont « filer », s'étirant en longueur et formant une racine longue et fine, inconsommable.

162
Comment empêcher que les pots se brisent ou s'effritent en surface durant l'hiver ?

Il faut d'abord choisir des poteries garanties non gélives. Elles sont plus épaisses que la moyenne. Optez pour un matériau brut et non pas vernis ou laqué. Assurez un bon drainage dans le pot, avec un lit de gravier ou de billes d'argile d'au moins 3 cm d'épaisseur. Enfin, par temps très froid (température inférieure à – 5 °C), enveloppez la poterie dans trois ou quatre épaisseurs de voile d'hivernage ou dans un paillon.

▲ Le basilic est une plante annuelle qui aime le soleil.

163
Combien de temps peut-on laisser le même terreau dans une jardinière ?

Considéré comme un simple support de culture, le terreau d'aujourd'hui apporte rarement des éléments nutritifs aux plantes. En théorie, on ne peut donc pas dire qu'il s'épuise. En revanche, les arrosages répétés ont tendance à compacter les particules fines qui composent le terreau et il devient asphyxiant pour les racines. Il convient par conséquent de ne pas laisser plus de trois ans en place le même terreau. Un renouvellement annuel est même conseillé pour les plantations saisonnières.

164
Quand j'arrose, l'eau reste en surface sans être absorbée, que faire ?

Vous avez sans doute utilisé un terreau bas de gamme, constitué essentiellement de tourbe. Ce matériau présente l'inconvénient de repousser l'eau quand il est sec (hydrophobe). Très difficile à réhumecter, il pose des problèmes graves pour les plantes. La seule solution consiste à immerger le pot sur les 2/3 de sa hauteur pendant une bonne demi-heure au moins, ou à utiliser un terreau dont la composition ne renferme pas plus de 30 % de tourbe.

Votre jardin en 200 questions-réponses

165
Après une grosse pluie, mes fleurs semblent avachies, comme si elles avaient soif, pourquoi ?

Vous les avez sans doute plantées dans un bac ne disposant pas de trous d'évacuation de l'eau en excès. Résultat, le fond du récipient est gorgé d'eau et les plantes s'asphyxient. Leurs tiges se ramollissent, car elles sont en train de pourrir. Il faut vider toute l'eau contenue dans le bac, en l'inclinant vers le bas, et attendre au moins deux semaines que la terre ait bien séché avant d'arroser de nouveau.

166
Pourquoi en associant pétunias et géraniums dans un même bac, seuls les géraniums fleurissent mal ?

Les exigences en arrosage de ces deux plantes sont pratiquement contraires. Les pétunias ont besoin d'un substrat maintenu humide en permanence, alors que les géraniums ne fleurissent que s'ils souffrent un peu de la sécheresse. Mieux vaut marier les géraniums, les anthémis, les pourpiers, les verveines et les fuchsias. Associez les pétunias à des scaévolas, des œillets d'Inde, des bégonias, etc.

167
Peut-on automatiser l'arrosage sur un balcon ?

Tout à fait, il existe d'ailleurs des kits d'arrosage pour jardinières, associant goutte-à-goutte et micro-asperseurs. Mais il faut disposer d'un point d'eau permanent, afin d'alimenter l'installation qui sera déclenchée avec précision par un programmateur fonctionnant sur pile. La mise en place de l'ensemble est très facile et discrète, les tuyaux pouvant être dissimulés à l'arrière des bacs. C'est un moyen simple de conserver pendant vos absences une plantation de qualité.

168
Des petites mouches blanches envahissent fuchsias et géraniums, comment s'en débarrasser ?

Il ne s'agit pas de véritables mouches mais d'aleurodes, insectes hémiptères, proches des pucerons, qui affaiblissent les plantes par leurs morsures et favorisent l'apparition de la fumagine (suie). Le traitement est difficile, car ce sont des insectes très prolifiques. Effectuez quatre pulvérisations d'insecticide à cinq jours d'intervalle, en utilisant deux produits différents pour éviter l'accoutumance des ravageurs. Du papier jaune vif enduit de glu constitue un piège simple et très efficace.

Bonsaïs

169
Un bonsaï doit-il être cultivé à l'intérieur ou au jardin ?

Cela dépend uniquement de l'espèce considérée. Érables, pins, genévriers, pommiers, ginkgos, hêtres, *Zelkova*, azalées sont les espèces les plus courantes pour l'extérieur. Ficus, *Serissa*, *Carmona*, *Sageretia*, *Murraya* sont des bonsaïs pour l'intérieur. Les ormes de Chine, les oliviers et les bougainvillées sont à réserver aux vérandas fraîches.

170
Peut-on prélever un arbre dans la nature pour en faire un bonsaï ?

Parfaitement, même si la loi interdit ce type d'action dans les forêts domaniales et les lieux publics. Mais dans une forêt privée, vous pouvez sélectionner un arbre chétif, tordu, ou ayant poussé dans des conditions difficiles et le transplanter en pot, pour le façonner à votre guise en bonsaï. C'est une bonne méthode pour gagner du temps et obtenir en quatre à cinq ans seulement des arbres élégants, qui auront un aspect pratiquement adulte.

▲ Ce jeune conifère va faire un superbe bonsaï.

171
Pourquoi ne plante-t-on jamais un bonsaï au milieu de son pot ?

Pour de simples questions esthétiques, le bonsaï associé à son contenant devant être l'expression d'un paysage aussi naturel que possible. Or, la disposition des éléments dans la nature est très rarement symétrique. Seuls les bonsaïs formés en balai *(Hokidachi)* trouvent logiquement leur place au centre du pot.

◀ Idéal pour les jardinières : l'arrosage au goutte-à-goutte.

Plantes d'intérieur

172
Les bonsaïs ne sont-ils pas des arbres torturés ?

Comme le dit justement Rémy Samson, spécialiste incontesté en la matière : « On ne peut survivre à la torture 1000 ans. » Or, les plus vieux bonsaïs atteignent cet âge vénérable et les centenaires sont très courants. Dans leur pot, les bonsaïs sont soumis à des conditions de vie similaires à celles qu'un arbre trouve dans la nature quand il pousse dans une fissure de rocher ou de falaise. Sa situation est périlleuse mais supportable, grâce à la faculté d'adaptation propre à tout être vivant.

173
Les fleurs et les fruits d'un bonsaï sont-ils aussi miniaturisés ?

Curieusement non, ce qui prouve aussi que la plante n'a pas été dénaturée par la formation en bonsaï. D'ailleurs, les graines prélevées sur un bonsaï produisent des plantes tout à fait « normales ». La nanification du bonsaï est liée à une technique culturale et ne joue en aucun cas sur la génétique de la plante. Le bonsaï est sculpté, façonné par la main de l'homme. Plantez-le dans le jardin et il se mettra à pousser comme un arbre ordinaire.

▲ Les fleurs d'un bonsaï sont d'une longueur normale.

174
Pourquoi effeuille-t-on complètement certains bonsaïs ?

Cette pratique spectaculaire, qui peut sembler un peu barbare, provoque une nouvelle feuillaison plus naine, mieux équilibrée par rapport à la silhouette de l'arbre en pot et donc plus esthétique. On effectue cette intervention dans la seconde quinzaine du mois de juin. Elle provoquera aussi l'émission de nombreuses brindilles, intéressantes pour créer une ramure plus ramifiée, plus dense. L'effeuillage étant épuisant pour l'arbre, on le pratique tous les trois ans environ.

175
Pourquoi enroule-t-on des fils de cuivre autour des branches des bonsaïs ?

Ce travail, fréquent sur les conifères, assouplit les rameaux, afin de tordre les branches à volonté, sans risque de provoquer des cassures du bois. Le fil de cuivre maintient la pousse dans la position souhaitée. Les fils sont placés au printemps et retirés obligatoirement à l'automne.

Plantes d'intérieur

176
Quel est le mélange de terre idéal pour les plantes vertes ?

Si l'on devait agir en puriste, il faudrait adapter une composition spécifique à chaque plante. Mais l'expérience a prouvé que la plupart des espèces cultivées dans la maison réussissent fort bien dans un mélange composé de 1/4 de terreau de tourbe, 1/4 d'écorce compostée, 1/4 de sable et 1/4 de terre franche (terre de jardin légère). Les cactées et les plantes grasses se plantent dans un substrat spécifique plus sableux. Les orchidées nécessitent un milieu spécial à base d'écorce et de mousses synthétiques. Azalées et fougères se cultivent dans de la terre de bruyère.

▲ Sable, tourbe, terreau, vermiculite : un bon mélange.

177
Peut-on conserver en permanence un pot baignant dans l'eau ?

Surtout pas. Seuls les papyrus *(Cyperus)* et l'*Acorus* acceptent une humidité quasi permanente, car ce sont des plantes semi-aquatiques. Toutes les autres espèces cultivées dans la maison ou sur le balcon risquent une asphyxie des racines plus ou moins rapide si la terre ne peut pas sécher (on dit qu'elle se ressuie) entre deux arrosages. Vous pouvez laisser un peu d'eau dans la soucoupe en été, car elle s'évaporera très vite et améliorera l'hygrométrie au voisinage de la plante. Pendant les vacances, il est possible de laisser les pots baigner en permanence pendant une semaine, sans risque.

219

Votre jardin en 200 questions-réponses

178
Les feuilles d'un ficus et d'un palmier cultivés en bac à réserve d'eau sont toutes molles, que faire ?

La réserve d'eau utilisée en permanence entraîne une humidification très importante de la couche profonde du terreau. Les racines s'asphyxient. Le ramollissement des feuilles est le signe d'un excès d'eau, surtout quand il s'accompagne de décolorations ou de brunissures sur les bords. Cessez tout arrosage pendant un mois, puis reprenez les apports d'eau de façon classique, en versant sur le dessus de la terre l'équivalent d'un litre d'eau par semaine, pour un bac de 25 à 30 cm de diamètre. Utilisez seulement la réserve durant vos absences.

▲ Ces taches sont le signe d'un excès d'arrosage.

179
Comment éliminer le calcaire de l'eau de ville ?

Les plantes de la maison, appréciant une certaine acidité, peuvent souffrir de chlorose (jaunissement) à la suite d'arrosages avec de l'eau trop calcaire. Il existe dans le commerce des « décalcairisants » dont il suffit d'ajouter quelques gouttes dans l'arrosoir pour précipiter le calcaire. Vous pouvez également verser le jus d'un demi-citron dans un arrosoir de 8 à 10 l d'eau, pour l'acidifier.

180
Pourquoi les boutons floraux d'un gardénia fanent-ils et tombent-ils sans s'ouvrir ?

Le *Gardenia jasminoides,* dont les fleurs blanches embaument délicieusement, est une plante assez capricieuse qui n'apprécie pas les différences brutales de température et encore moins les courants d'air. Il lui faut idéalement une température de 16 à 18 °C pour fleurir. Dans une pièce chaude et sèche, les boutons se dessèchent et tombent. Placez le pot sur un lit de gravillons maintenus humides en permanence. Évitez aussi l'exposition au soleil direct.

181
Mon citronnier a perdu toutes ses feuilles durant l'hiver, que faire ?

Il a dû avoir trop chaud dans la maison, ce qui a provoqué ce phénomène. Le citronnier, de même que les autres agrumes, réussissent mieux en serre froide ou en véranda avec une température hivernale de 5 à 15 °C. Durant cette période, le citronnier doit être peu arrosé. La seule solution qui vous reste maintenant est d'effectuer une taille assez sévère du citronnier, en cherchant à couper au-dessus d'un bourgeon qui semble vivant (couleur claire). Arrosez deux fois par semaine et la végétation devrait repartir.

182
Comment provoquer la ramification d'un caoutchouc bien droit et paraissant plutôt raide ?

Si le caoutchouc (*Ficus elastica*) est un arbre bien ramifié dans la nature, il a tendance à former une tige unique en pot. La solution la plus radicale pour l'obliger à former des branches secondaires, consiste à l'étêter, en supprimant le bourgeon central et les deux ou trois feuilles situées juste en dessous. Épongez bien le latex qui s'écoule de la plaie et cicatrisez avec de la poudre de charbon de bois. Fertilisez régulièrement la plante par la suite, avec un engrais liquide pour plantes vertes, afin de stimuler une croissance plus vigoureuse.

▲ Le gardénia apprécie les ambiances sans courants d'air.

183
Comment faire refleurir une orchidée à longues feuilles ?

Il s'agit assurément d'un *Cymbidium*, orchidée très répandue. Cette espèce est facile à faire refleurir, à la simple condition de lui offrir un séjour dans le jardin ou sur le balcon, de la mi-mai à la mi-octobre environ. Cette plante, originaire des contreforts de l'Himalaya, supporte une température minimum de 7 °C. Une certaine fraîcheur lui est nécessaire, de même qu'une forte lumière, pour former ses grappes de fleurs. Un apport d'engrais spécial orchidées est également bénéfique pour la floraison. Quand les boutons sont bien formés, placez le *Cymbidium* dans une pièce à 18 °C.

Plantes d'intérieur

184
Est-il vrai que la présence de plantes dans une chambre peut être néfaste ?
Il n'y a vraiment rien à craindre si la pièce est bien aérée. L'évocation de ce problème vient du fait que les plantes (comme les humains) respirent et, par conséquent, rejettent du gaz carbonique dans l'air. Dans la journée, la lumière solaire permet à la plante de réaliser sa photosynthèse, qui provoque une absorption de gaz carbonique et une émission d'oxygène dans l'air. On peut donc dire qu'il y a équilibre. Le résultat est même en faveur de la plante, puisque la nuit son activité est sensiblement ralentie.

185
Quelles plantes installer dans la salle de bains ?
Si vous disposez d'une salle d'eau bien lumineuse, toutes les plantes tropicales (les cactées et les succulentes exceptées) vont apprécier l'ambiance moite et chaude de cette pièce. C'est l'occasion de réussir les orchidées et les broméliacées épiphytes qui peuvent être cultivées en suspension sur des morceaux d'écorces. Les palmiers vont beaucoup se plaire, de même que les crotons et, d'une manière générale, toutes les plantes que vous avez du mal à réussir dans la maison.

186
Quelles plantes acceptent de pousser dans une pièce peu lumineuse ?
Vous obtiendrez les meilleurs résultats avec l'*Aspidistra*, une plante très solide, qui se contente d'un faible éclairage. La sélaginelle accepte très peu de lumière, mais elle nécessite une forte hygrométrie. Les fougères réussissent bien à l'ombre, de même que l'*Aglaonema*, le cissus, les plantes carnivores, le *Ficus pumila*, le *Fittonia*, les lierres à feuilles vertes, le *Pilea* et certaines orchidées, dont le sabot-de-Vénus (*Paphiopedilum*).

▶ L'*Aspidistra* accepte les pièces très peu éclairées.

187
Comment faire refleurir un saintpaulia ?
C'est le manque de lumière et une température toujours constante qui entraînent la non-floraison du saintpaulia (ou violette du Cap). Placé juste derrière une fenêtre, il peut fleurir en permanence toute l'année. Quand la plante cesse de produire des fleurs, placez-la pendant six à huit semaines dans une pièce peu éclairée, assez fraîche, en réduisant les arrosages à une fois tous les dix jours. Ensuite, installez le saintpaulia en pleine lumière, à 18 ou 20 °C de température ambiante, et il redonnera très vite des fleurs.

188
Le philodendron est-il une plante toxique ?
Toutes les parties vertes du « philo » ne doivent pas être ingérées, car elles peuvent provoquer des troubles digestifs assez sévères. Certaines personnes sont également allergiques à la sève de cette plante. En revanche, le philo à grandes feuilles (*Monstera*) produit des fruits tout à fait comestibles, dont le goût rappelle à la fois la banane et l'ananas !

▲ Le saintpaulia a besoin de beaucoup de lumière.

189
Faut-il vraiment apporter de l'engrais en hiver, comme c'est souvent indiqué sur les produits ?
La plupart des plantes de la maison devraient subir, de début novembre à fin février, un repos végétatif (température plus basse, arrosages épisodiques et arrêt des apports d'engrais). Mais dans des pièces chauffées à plus de 18 °C, l'hivernage est tout relatif, d'où la possibilité de continuer à alimenter les plantes (mais pas plus d'une fois par mois) durant cette période. Il en est de même pour les espèces qui fleurissent ou fructifient en hiver.

190
Pourquoi les plantes d'intérieur ont-elles tendance à jaunir en automne ?
Peu de plantes cultivées dans la maison sont des espèces caduques. Le phénomène que l'on observe sur les arbres du jardin ne les concerne pas directement. Toutefois, l'automne coïncide avec une diminution de l'intensité lumineuse et à un raccourcissement de la durée du jour. Le rythme végétatif ralentit et les plus vieilles feuilles jaunissent et tombent. C'est aussi en automne que l'on rallume le chauffage central qui a tendance à assécher l'atmosphère, d'où une réaction de jaunissement des plantes.

221

Votre jardin en 200 questions-réponses

191
Comment conserver un bulbe d'amaryllis ?

En le laissant tout simplement dans son pot. Après ou pendant la floraison, la plante développe des feuilles. Arrosez une fois par semaine environ en apportant un engrais tous les deux arrosages. Quand, dans le courant de l'été, les feuilles se mettent à jaunir, cessez les apports d'eau et d'engrais, placez le pot au jardin, dans un endroit mi-ombragé et assez frais. C'est la période de repos indispensable pour que le bulbe reconstitue ses réserves. Début octobre, vous reprendrez les arrosages et obtiendrez à nouveau une fleur.

192
Comment éviter qu'un noyau d'avocat donne une plante toute droite et dégarnie de la base ?

Empotez très rapidement le noyau, dès que la germination est effective. Placez l'avocat en pleine lumière à 18-20 °C et donnez-lui de l'engrais, un mois après le rempotage, afin de stimuler la croissance. Quand il a produit quatre vraies feuilles, supprimez la pousse terminale et les deux feuilles situées juste en dessous. Des ramifications devraient apparaître à l'aisselle des deux feuilles conservées. Si ce n'est pas le cas, insistez en pinçant la nouvelle tige, quand elle portera elle-même quatre feuilles.

193
Comment faire pour éviter qu'un caoutchouc perde ses feuilles à partir de la base ?

C'est difficile, car, dans la nature, cette plante est un arbre qui forme un petit tronc. Il est donc normal qu'il se dénude progressivement, les parties ligneuses (en bois) non ramifiées ne pouvant plus ali-

▲ L'amaryllis *(Hippeastrum)* a besoin d'une période de repos au sec et au frais après la floraison.

menter les feuilles, quand elles ont durci. La solution consiste à provoquer des ramifications de la plante *(voir la question n° 182)* afin de lui donner un aspect plus touffu. Ce phénomène s'observe aussi chez les *Dieffenbachia*, les *Cordyline*, les *Dracaena*, les crotons, les yuccas, les *Araucaria*, etc.

Des plantes, des usages

194
Quelles sont les plantes qui résistent le mieux au froid ?

Toutes les espèces originaires des régions de montagne et des zones les plus septentrionales du globe supportent aisément – 20 °C et souvent même moins. D'une manière générale, les arbres, arbustes et vivaces à feuillage caduc sont

L'if est un conifère résistant jusqu'à – 30 °C. ▶

moins frileux que les espèces à feuillage persistant, même si les ifs ou les thuyas, par exemple, se montrent quasi insensibles au froid.

195
Quelles plantes résistent le mieux à la sécheresse ?

Tous les végétaux vivant dans les contrées désertiques ou arides du globe. Les meilleurs exemples sont les cactées et

Des plantes, des usages

▲ Épaisses, les plantes grasses résistent à la sécheresse.

les plantes grasses (succulentes). D'une manière générale, les plantes à tiges renflées ou charnues et opaques sont beaucoup plus résistantes que les espèces à tiges fines et translucides. Les végétaux portant des épines ou des feuilles épaisses, vernissées, résistent mieux à la sécheresse que les plantes aux feuilles très amples, souples ou colorées. Les plantes cailloux (*Lithops* par exemple) peuvent supporter une absence d'arrosage pendant plusieurs mois et le *Welwitschia* de plus d'un an !

196
Quelles plantes résistent le mieux à la pollution ?

D'une manière générale, les plantes à feuilles coriaces ou épaisses, et notamment *Acer campestre* 'Royal Ruby', aucuba, bambou, cognassier du Japon, *Chionanthus virginicus*, *Cistus* x *purpureus*, fusain du Japon, forsythia, frêne, houx, lierre, *Osmanthus heterophyllus*, phormium, photinia, pyracantha, *Pyrus calleryana* 'Chanticlair', sorbier, spirée, symphorine, etc., acceptent bien la poussière et l'atmosphère grasse ou polluée des villes. L'arbre aux 40 écus (*Ginkgo biloba*) est peut-être le plus résistant de tous, puisqu'il a réussi à repousser après l'explosion atomique d'Hiroshima !

Un jardin typiquement méditerranéen. ▶

197
Existe-t-il des arbres ou des arbustes qui ne se taillent pas ?

Dans la nature, les plantes ne subissent aucune taille, si ce n'est la sanction des coups de vent sur les rameaux morts et les branches fragiles. Le jardinier est amené à tailler pour nettoyer les plantes, les équilibrer ou favoriser leur floraison. Le simple fait d'éliminer une feuille jaunie est déjà une taille. On ne peut donc affirmer que certaines plantes ne se taillent jamais.

198
Quelles sont les plantes qui attirent les papillons ?

Plantez *Buddleja* x *davidii* que l'on appelle communément l'arbre aux papillons, car ses fleurs nectarifères sont irrésistibles pour les lépidoptères. Les fleurs du *Sedum spectabile* sont aussi très attractives. Pissenlit, chardons, orties, bouillon-blanc, mauve, salicaire, verge d'or, et d'une manière générale les graminées et la plupart des ombellifères (carotte sauvage, achillée, etc.).

199
Que peut-on faire pousser sous un arbre, à l'ombre dense ?

Choisissez parmi les plantes de sous-bois assez tapissantes : *Aegopodium*, anémone des bois, *Brunnera macrophylla*, *Ceratostigma plumbaginoides*, *Dicentra eximia*, *Duchesnea indica*, *Epimedium*, fougères naines, hépatique, lamier, muguet, *Pachysandra terminalis*, pervenche, pulmonaire, *Trillium grandiflorum*, etc.

200
Que planter dans un jardin du Sud ?

Dans les régions au climat doux, essayez des plantes d'origine semi-tropicale, qui donneront un aspect original au décor : agave, agrumes, albizia, anthémis, arbousier, *Arctotis*, *Azara*, bambou, bananier, bougainvillée, cactées, *Callistemon*, *Cassia*, *Cestrum*, ciste, cycas, cyprès, *Datura*, eucalyptus, fougère arborescente (*Dicksonia*), grenadier, *Grevillea*, jasmin, *Iochroma*, lagerstroemia, laurier-rose, lavande, micocoulier, mimosa, *Olearia*, olivier, palmiers, passiflore, *Pittosporum*, *Plumbago*, *Solandra*, véronique arbustive, etc.

223

5

LES POINTS FORTS DU JARDIN

- Les haies 226
- La pelouse et le gazon 250
- Bassins et jardins d'eau 264
- Le jardin de rocaille 288

Les points forts du jardin

LES HAIES

Spécificité du paysage de bocage, la haie fait partie des éléments de base dans l'organisation du jardin. ❦ *La haie est essentiellement utilisée comme un mur végétal pour réaliser l'entourage de la propriété. Rempart naturel contre les intrusions, mais aussi contre le vent et le bruit, la haie de grands arbustes ou de conifères est le premier investissement « plantation » qui est réalisé dans les nouveaux jardins.* ❦ *Manque de connaissance des très nombreuses espèces disponibles, ou volonté de simplification à outrance, le fait est que la haie à la française se résume souvent aujourd'hui à un alignement, assez triste, d'une seule espèce plantée en rang d'oignons.* ❦ *Il y a pourtant mille façons de concevoir une haie, à commencer par un mariage entre plusieurs types de plantes, comme nous l'offre l'exemple du bocage. La haie uniforme et monotone n'a pas que des inconvénients esthétiques, elle se montre aussi plus vulnérable aux attaques parasitaires et aux maladies.* ❦ *Le concept moderne du rideau de verdure se veut plus riche, plus varié, plus créatif. L'idée forte de la haie d'aujourd'hui est d'associer, dans une même plantation assez serrée, divers végétaux qui supportent bien les tailles, mais qui possèdent chacun un atout décoratif évident : floraison, feuillage coloré en automne, écorce ornementale, fructification spectaculaire, etc.* ❦ *Le mélange subtil de ces différentes espèces, dans une composition équilibrée qui tient compte des harmonies de couleurs, et de la mise en évidence des textures et des formes, donne à la haie ses lettres de noblesse. Cela lui permet de se fondre avec bonheur dans le décor général du jardin d'ornement.* ❦

226

Les points forts du jardin

LES USAGES DE LA HAIE

jardin d'agrément

À l'origine, destinée à préciser les limites d'un champ ou d'une propriété, la haie a évolué dans son concept moderne vers une plantation décorative. Selon ses dimensions, elle protège, abrite, délimite, sépare, découpe, met en valeur, habille, agrémente, ou nous gratifie de ses fruits.

astuce Truffaut La haie doit être comme une parure, à la fois légère et discrète. Évitez les grands murs de végétation, uniformes et tristes, en mélangeant plusieurs espèces dans la haie.

▲ La haie structure le jardin au fil des saisons... et des goûts. Ici, un exemple classique avec de jolies bordures de buis.

▲ Un contraste réussi entre plantes vivaces et haie d'ifs.

◀ Une haie brise-vent de pins, de lauriers et de peupliers.

On pourrait presque avancer que les haies suffisent à constituer un beau jardin, avec l'appoint de quelques arbres et du gazon. Elles sont les reines de l'espace, savent susciter un sentiment d'intimité, créer la surprise ou simplement souligner les bâtiments existants pour mieux les fondre dans le paysage. En premier lieu, les haies forment un écrin pour les massifs de fleurs. Nos voisins anglais l'ont bien compris : ils appuient, de façon presque systématique, leurs grands massifs de plantes vivaces sur des haies strictement taillées. Le contraste entre la générosité des fleurs vivaces et la rectitude de la haie constitue un des grands attraits de ces associations. Par ailleurs, les fleurs sont souvent plus belles quand elles se détachent sur un fond uni. Les haies d'ifs sont les plus réputées mais, à cause de leur croissance lente, on leur préfère souvent les charmilles ou les thuyas. Rien ne vous empêche de leur substituer les éléagnus ou les lauriers-tins, qui fleurissent par ailleurs fort joliment. Ces haies de soutien n'ont pas besoin d'être très hautes : 2 m suffisent. N'oubliez pas de laisser un petit sentier entre la haie et les premières fleurs, de façon à assurer l'entretien. Cependant, la première fonction de la haie reste la défense du jardin contre les incursions. C'est un héritage de l'époque où le fil de fer barbelé n'existait pas, quand les prés étaient ceinturés de haies vives principalement constituées d'épineux. Le charme du bocage, qu'il soit breton ou limousin, vient de ces haies régulièrement taillées pour fournir du petit bois ; elles sont composées d'épines blanches et noires, c'est-à-dire d'aubépines et de prunelliers. Dans les années 60, cette idée a été reprise avec les buissons ardents.

Les usages de la haie

Difficile d'imaginer une haie plus efficace, car les épines sont acérées ! Au point que l'on en néglige parfois la taille, un peu pénible, ce qui conduit à des haies trop hautes et dégingandées. Or, cet arbuste n'est beau que s'il est taillé deux fois par an, en mars, et juste après la floraison, en respectant les bouquets de fruits. Il parvient ainsi à conserver une silhouette bien dense, et se révèle infranchissable. Désormais les berbéris ont pris le relais, surtout sous leur forme pourpre, mais il suffit aussi d'oublier la taille une année pour retrouver de grands arbustes un peu fous l'année suivante. Une autre fonction de la haie consiste à s'abriter des vents désagréables. Une haie filtre d'autant mieux le vent qu'elle est perméable. L'effet brise-vent est ainsi plus perceptible avec des haies caduques qu'avec des persistants, qui créent une zone de remous derrière eux. Le peuplier sera donc préféré au cyprès, qui est en outre particulièrement sensible au chancre. Si les peupliers vous paraissent trop hauts, voire inquiétants, ne cherchez pas à les limiter par des tailles répétées, mais remplacez-les par des aulnes, des charmes pyramidaux ou des chênes fastigiés, à la forme élancée.

Créer l'intimité dans le jardin reste la fonction essentielle des haies. C'est pourquoi elles se multiplient autour des jardins nouvellement installés, en particulier dans les zones pavillonnaires où, pourtant, la place est souvent comptée. Si vous vous entendez bien avec votre voisin, vous pouvez planter une haie mitoyenne en partageant les frais d'installation. Si l'on préfère planter chez soi, on n'oubliera pas de respecter les distances de plantation réglementaires, prises depuis la limite des deux terrains, et qui sont de 0,50 m pour une haie inférieure à 2 m et de 1,50 m au-delà. Vous serez avisés d'augmenter cette distance de 0,50 m, pour compenser la croissance en largeur, et passer de l'autre côté afin de la tailler régulièrement. L'expérience prouve qu'une haie caduque est tout aussi efficace pour préserver son intimité qu'une haie persistante, le réseau de brindilles étant suffisant pour brouiller le regard. Une extraordinaire palette se propose, avec des arbustes à feuillage décoratif, ou bien à floraison spectaculaire, pour ne pas parler de ceux qui donnent des fruits en automne. Une telle haie est moins efficace qu'une haie persistante quand il s'agit de diminuer le bruit. Un feuillage large est alors requis, comme celui du *Viburnum rhytidophyllum*, un peu triste si on laisse la poussière s'y accumuler. Préférez alors le feuillage lisse des aucubas, et parmi eux, ceux à feuillage vert, plus élégants que les panachés habituels. Mélangés à des bambous, ces aucubas peuvent diminuer de quelques décibels la tonalité ambiante.

UN REFUGE POUR LES OISEAUX

Beaucoup d'oiseaux adorent nicher dans les arbustes, y trouvant un abri contre les chats marauders, mais aussi des fourches de branches idéalement placées. Ils y puisent aussi leur pitance, avec baies et insectes au menu quotidien. Plus une haie est mélangée, plus elle est accueillante. Changez de regard sur les cornouillers et les églantiers sauvages. Quelques coups de sécateur permettent de les domestiquer.

▼ Au cœur de la haie, un nid d'accenteur mouchet.

▼ Haie libre en mélange dense de pyracantha, hêtre, etc.

▼ Le buis, toujours élégant, se prête à toutes les formes.

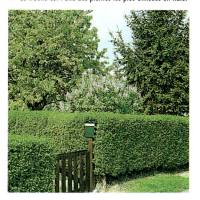

▼ Le troène est l'une des plantes les plus utilisées en haie.

Les points forts du jardin

LES VISAGES DE LA HAIE

Laissée naturelle ou travaillée par la main experte du jardinier, la haie prend des aspects très différents. Le choix se fait sur des bases esthétiques ou pour répondre à des besoins pratiques. Pensez aussi à composer la haie de plantes différentes, c'est plus vivant.

▲ Un minimum d'entretien pour un maximum d'effet, voici une jolie haie au charme naturel, plantée de plusieurs espèces.

astuce Truffaut — Évitez les plantations linéaires et créez des décrochements ou des mouvements pour mieux personnaliser la haie. C'est tout simple, mais très efficace.

▲ Des conifères en liberté : une très jolie idée.

◀ Berbéris et cotonéasters sont dominés par des cyprès.

La haie libre

Très variée, une haie vive s'adapte à tous les styles. La haie libre est un simple alignement d'arbustes d'une ou plusieurs essences, poussant librement, avec juste une taille d'équilibre de temps à autre. C'est une haie idéale pour un jardin campagnard, où elle détonnera moins que la sempiternelle haie de thuyas. Noisetiers ou charmes, lilas ou cornouillers forment ainsi de grandes haies rondes du plus bel effet. Seul inconvénient : elles prennent de la place. Vous pouvez mélanger plusieurs essences, des forsythias avec des groseilliers à fleurs par exemple, avec, par endroits, des noisetiers pourpres ou des troènes, non taillés, pour profiter de leur floraison estivale. Pensez à mélanger plusieurs variétés d'un même arbuste : des houx et troènes de diverses panachures, choisyas verts et dorés. De loin, l'effet sera chatoyant et changeant au fil des saisons, à condition que vous choisissiez de préférence le vert comme couleur dominante, car il adoucit bien les contrastes et se nuance à l'infini.

La haie taillée

Elle convient mieux aux jardins classiques, ou encore à un environnement urbain. À la campagne elle paraît déplacée, à moins que vous adoptiez une taille en dôme, comme dans le Limousin, où l'aubépine est ainsi modelée autour des pâturages. Vous pouvez alterner des parties régulières et des espaces libres, foisonnants. Ces contrastes animent un jardin. Les buis sont les rois de la situation. Leur rigueur crée de savoureux effets avec des arbustes aux formes alanguies comme les hamamélis ou les magnolias qu'il serait regrettable de tailler. Une autre idée : faire courir un haie basse taillée au cordeau entre des arbres tiges. Imaginez une haie d'ifs limités à 1,40 m entre des pommiers tiges, des cerisiers du Japon, ou des tilleuls, eux-mêmes taillés en rideau, à 2 m de hauteur. Le dessin de la haie peut également

Les visages de la haie

créer la surprise. Plutôt que de planter une ligne, créez des décrochements en créneaux ou des ondulations au sol. Vous y installerez des îlots de plantes vivaces d'une seule variété ou encore des groupes de rosiers ou de pivoines. La haie peut également comporter des chicanes, des trouées ou des passages mystérieux, afin d'étonner le promeneur.

La haie gourmande

Pensez à composer une haie avec des arbres fruitiers. Il suffit pour cela d'adopter des formes plates, comme les espaliers, les U simples ou doubles, les cordons, et de les conduire sur plusieurs rangs de fils de fer tendus entre des poteaux. Pommiers et poiriers se prêtent bien à cet usage. Taillez les prolongements des grandes branches, pour éviter l'emballement de la végétation vers le haut, qui déforme ce genre de haie. Mélangez les variétés pour obtenir des récoltes successives. Au pied de ces haies, vous pouvez installer des narcisses, qui ne feront guère concurrence aux arbres fruitiers, et fleuriront en même temps qu'eux, pour un printemps magique.

Le système de palissage à plat peut être repris pour des espèces à fruits décoratifs, comme les buissons ardents, le pommier Evereste, le *Cotoneaster horizontalis*, ou encore des camélias 'Donation', aux branches assez souples pour être guidées. Vous obtiendrez une haie plate, qui ne « mangera » pas tout l'espace du jardin. Vous pouvez également palisser des mûres sans épines, qui constitueront de belles draperies de feuillage avant de vous procurer des baies délicieuses en gelées. Mais la reine sera sans conteste la vigne, qui aime ce genre de position. Limitez son développement durant les premières années, pour obtenir une couverture assez dense de tout l'espace disponible sur les fils. Une vigne peut couvrir de 4 à 5 m de long sur

Dans le style classique, ifs et buis soigneusement taillés. ▶

2 m de hauteur, en quelques années. Si vous recherchez des couleurs d'automne fastueuses, préférez la vigne à feuille pourpre ou la sublime *Vitis coignetiae*, aux gigantesques feuilles qui se parent de tons flamboyants quand vient l'automne.

La haie en mélange

Dans les jardins contemporains, un nouveau type de haie est en train de naître, il mélange un peu tous ces genres. Nous ne sommes plus choqués de voir des arbres fruitiers pousser parmi des arbustes décoratifs. Les rosiers sont utilisés pour constituer des haies de grande qualité, ils sont associés à des plantes vivaces qui viennent cacher leur base parfois dégarnie : sauges, rues et anémones du Japon sont parfaites dans cet emploi. Il suffit de les installer à 1 m de distance des rosiers, qui seront eux-mêmes plantés à 1,50 m les uns des autres. Choisissez des rosiers « paysages », qui poussent vigoureusement et ne demandent même pas de taille pour donner une masse dense et très fleurie. Rien ne vous interdit de disposer, non loin de là, quelques buis bien nets ou des potées débordantes de pélargoniums, pour un été fleuri.

Une foule d'arbustes de format réduit peuvent servir à créer des haies de séparation. La lavande forme une haie de 1 m de haut au maximum, qui ceinturera en beauté un potager. Les berbéris pourpres, choisis parmi des variétés de faible développement, apporteront couleur et netteté au tracé du jardin. Plus nobles d'aspect, les houx mettent des années à rendre les mêmes services, mais leur robustesse est exemplaire. Même les variétés panachées conservent leur beauté inaltérable.

N'oubliez pas qu'une haie gagne toujours en beauté quand elle peut renforcer une barrière. C'est tout le charme des jardins de campagne qui ressurgit alors. Il suffit d'un portail rustique ouvrant au milieu d'une haie d'orangers du Mexique ou de groseilliers à fleurs, pour recréer un petit paysage délicieux, évocateur de vacances. Pensez aussi aux hortensias. Associez-les à quelques fuchsias rustiques, disposez à leur pied un ourlet d'agapanthes et vous pouvez rêver à un jardin au bord de la mer.

▲ Des cordons de pommiers forment une petite haie.

Les points forts du jardin

LA CRÉATION ET L'ENTRETIEN

jardin d'agrément

Une haie est faite pour vivre de longues années. Les soins à lui apporter au moment de la plantation revêtent donc une très grande importance. Ensuite, vous modulerez la forme de la haie à votre convenance, selon le style choisi et vos disponibilités.

 astuce Truffaut — Choisissez un taille-haie à lame courte pour les formes régulières. La maniabilité en est meilleure, tout comme la précision de coupe, et avec moins d'efforts.

▲ Taillée régulièrement, avec soin, une haie acquiert une forme harmonieuse et est toujours du plus bel effet.

Une belle haie a une silhouette fournie et dense. Tout se joue dès la plantation dont la préparation est essentielle. Outre les soins apportés lors de la mise en place, le désherbage et l'arrosage sont essentiels pour la bonne reprise. Tout sera simplifié si vous plantez sur un film de plastique noir, qui sera ensuite dissimulé par des écorces de pin. Vous pouvez aussi pailler sur 15 cm d'épaisseur. Les déchets de tonte de gazon peuvent servir à cet usage, à condition de les remuer de temps à autre pour éviter qu'ils ne se compactent. Si malgré vos efforts, le chardon et le liseron font leur apparition, traitez avec un herbicide à base de glyphosate. Placez un cache au bout de la lance de votre pulvérisateur, pour concentrer le produit sur les herbes à traiter. Il existe des désherbants en granulés, mais leur usage n'est recommandé que 2 ou 3 ans après la plantation, le temps que les racines soient implantées en profondeur. L'arrosage est primordial durant la première année. Il est préférable d'arroser épisodiquement mais en abondance, plutôt que l'inverse. Comptez un arrosoir de dix litres ou son équivalent par pied. Vous pouvez également vous contenter de poser un système d'arrosage au goutte-à-goutte, et d'ouvrir l'eau une fois par semaine pendant une heure. Ces séances d'arrosage couplées à un paillage assureront un démarrage rapide de la végétation.

Une taille efficace

Vous risquez d'être tentés de laisser pousser la végétation le plus vite possible pour obtenir votre haie rapidement. Cette erreur courante entraîne une végétation clairsemée. Commencez à tailler dès la première

◂ Les conifères ont besoin d'un engrais spécifique.

La création et l'entretien

saison, en retenant cette règle simple : chaque année, la haie doit perdre la moitié de sa nouvelle pousse. Si vous taillez en juin, il est facile de repérer la végétation née depuis le printemps. Elle est d'un vert, nettement plus vif que l'ancienne, chez les plantes persistantes. Coupez la moitié, et renouvelez l'opération en septembre. La haie va s'étoffer dès la base, les branches formant très tôt des ramifications. Ce conseil est valable autant pour les conifères que pour les arbustes caducs, même si ces derniers sont prévus pour former une haie libre. Après quelques années, assuré du bon déploiement en largeur de votre haie, vous pourrez la laisser filer librement. La taille se résume alors à une sorte d'élagage pratiqué en fin d'hiver ou en août, qui consiste à éliminer les rameaux du centre, le vieux bois et toutes les branches qui paraissent abîmées.

Une haie très stricte doit être taillée au moins deux fois dans l'année. C'est le cas du buis, que l'on taille en juin, après la première pousse, puis de nouveau en septembre, afin qu'il puisse ensuite passer l'hiver en gardant une forme impeccable. Évitez de tailler pendant les périodes de canicule ou de grand froid, qui fragilisent les plantes.

Pour obtenir une belle haie, il convient de lui donner une forme légèrement penchée, tel un mur qui aurait du « fruit », comme disent les maçons. La base reçoit de la lumière, et a moins tendance à se creuser. Taillez plus sévèrement au-dessus de 1,50 m, quitte à dégarnir momentanément le haut de la haie, qui se repeuple vite. Une haie négligée depuis des années peut même être reprise brutalement jusqu'au tronc, sauf lorsqu'il s'agit de conifères autres que l'if. Une charmille, un troène ou des lauriers-cerises par exemple, peuvent ainsi retrouver équilibre et bonne figure.

▲ Le taille-haie sans fil conjugue rapidité et légèreté.

Un bon coup d'œil est nécessaire pour tailler en forme. ▶

UNE PLANTATION RÉUSSIE

Commencez par bêcher ou par passer le motoculteur sur toute la longueur de la future haie, et sur une largeur d'au moins 1,50 m. Cela peut sembler disproportionné par rapport à la taille des sujets, mais n'oubliez pas que les racines superficielles sont les plus précieuses. Elles ne doivent pas entrer en concurrence avec les mauvaises herbes, et trouver un sol meuble et fertile. Dans la plupart des cas, la haie est formée d'un seul alignement d'arbres ou d'arbustes. Il est rare de procéder à une plantation sur deux rangs, excepté dans le cas de haies composées d'un mélange de différentes espèces. Dans ce cas, il faut encore augmenter la largeur travaillée pour passer à 2 m, les rangs étant séparés d'un mètre. Procédez à une fertilisation de fond, à base d'engrais organique, à moins que vous ne disposiez de fumier de ferme bien composté. Il sera apporté à la dose d'une brouette tous les 2 m. Enfouissez la fumure par un second bêchage, qui précédera la plantation proprement dite de quinze jours à un mois. Hormis les engrais dits de fond ou longue durée, l'engrais chimique est peu utile à la plantation. Il sera toujours temps d'en apporter ensuite, une fois par an. En revanche, un peu de corne torréfiée au fond du trou est tout à fait valable. La plantation sur film plastique noir permet d'éviter le désherbage et de réduire les arrosages en été. Posez le plastique avant la plantation, qui se fera dans des encoches bien espacées. Veillez à bien enfouir les bords du plastique, pour qu'il n'offre pas de prise au vent. Terminez par un arrosage copieux.

▼ Il faut bêcher sur une certaine largeur.

▼ Posez le plastique noir et les plantes.

▼ Respectez les distances de plantation.

233

Les points forts du jardin

LES HAIES À FEUILLAGE PERSISTANT

jardin d'agrément

Écrans de verdure, les haies persistantes conservent leur feuillage tout au long de l'année, quel que soit le temps. Changeant de couleur au rythme des saisons, les arbustes persistants doivent constituer le tiers des plantations dans les haies libres, afin que l'ensemble soit harmonieux.

Arbutus unedo
ARBOUSIER

Courant dans les jardins de la moitié sud de la France et du littoral atlantique, l'arbousier constitue des haies libres décoratives par leur feuillage, leur floraison et leur fructification.
Famille : Éricacées.
Dimensions : limitez la hauteur à 2 m.
Exposition : ensoleillée à mi-ombre, abritée.
Sol : indifférent, même calcaire, bien drainé.
Entretien : faites à la plantation une taille de formation, puis laissez pousser en haie libre. Il faut planter les pieds à environ 1 m de distance.
Particularités : les feuilles elliptiques sont légèrement dentées sur les bords, luisantes sur le dessus. Les rameaux et le tronc ont une écorce rougeâtre. Les fleurs, mellifères et semblables à des clochettes de muguet, apparaissent à la fin de l'été et laissent la place à de petites boules rouges, sortes de fraises rondes comestibles.
Espèces et variétés : la variété 'Rubra' est plus compacte et présente des fleurs rosées et des fruits plus petits que le type. Elle est aussi plus rustique.
Notre conseil : les premières années, en cas de grosses gelées, couvrez le pied avec de la paille.

▲ *Arbutus unedo* est aussi décoratif par sa floraison.

Aucuba japonica
AUCUBA DU JAPON

Un grand classique des jardins qui forme de très jolies haies libres, au feuillage panaché.
Famille : Cornacées.

◄ Les fruits de l'*Aucuba japonica* persistent tout l'hiver.

Dimensions : une haie très épaisse de 1,50 à 2 m de hauteur sur 1 à 2 m de largeur.
Exposition : mi-ombre à ombre.
Sol : bonne terre de jardin, fraîche.
Entretien : évitez de tailler cet arbuste, sauf pour lui conserver une forme équilibrée. Plantez un pied tous les 80 cm à 1 m de distance sur le rang.
Particularités : cet arbuste très rustique porte des feuilles panachées de jaune ou de blanc. Les pieds sont dioïques, il faut donc avoir un plant mâle et un plant femelle pour obtenir une fructification. Celle-ci suit la floraison qui a lieu en mars-avril et se traduit par de petites boules rouges.
Espèces et variétés : 'Crotonifolia' possède des feuilles légèrement dentées et panachées d'un jaune soutenu. 'Variegata' est un peu plus grand que le type mais moins coloré.
Notre conseil : lors de la plantation, apportez une fumure organique pour faciliter la reprise.

Buxus sempervirens
BUIS

Caractéristique des jardins à la française, le buis est un arbuste aux feuilles arrondies et luisantes qui se prête particulièrement bien à la taille.
Famille : Buxacées.
Dimensions : cette plante est destinée aux haies taillées de 50 cm à 2 m de hauteur.
Exposition : ensoleillée à mi-ombre.
Sol : ordinaire, même sec et calcaire.
Entretien : pratiquez une taille deux fois par an. Pour obtenir une haie basse, plantez les pieds à 25 cm les uns des autres ; pour une haie haute, plantez-les à 80 cm d'espacement.

234

Les haies à feuillage persistant

Particularités : cet arbuste à croissance très lente porte des feuilles coriaces, vert foncé sur le dessus, plus claires au revers. Il est possible de conduire les rameaux sur des armatures constituées de fils de fer, de manière à obtenir des formes géométriques, régulières ou non.
Espèces et variétés : la variété 'Elegans' présente des feuilles marginées de blanc crème. Pour garder un bel aspect à cet arbuste, supprimez les quelques rameaux qui retournent chaque année au vert. 'Pyramidalis' se prête très bien à la taille en boule ou en cône. Ses feuilles sont vert franc. 'Suffruticosa' est le buis à bordures par excellence.
Notre conseil : sur les formes très travaillées, taillez plusieurs fois par an les rameaux pour que les haies restent bien nettes.

Cotoneaster lacteus
COTONÉASTER

Cet arbuste, qui appartient à une grande famille d'espèces à feuilles caduques ou persistantes, se conduit aussi bien en haie libre que taillée.
Famille : Rosacées.
Dimensions : limitez la hauteur à 2 m en haie libre. Pour les formes taillées, cette espèce peut être rabattue jusqu'à 50 cm.
Exposition : ensoleillée de préférence.
Sol : ordinaire, même légèrement calcaire.
Entretien : taillez les plus longs rameaux sur les formes libres pour provoquer le départ de nouvelles branches près de la souche ou sur le tronc. Les haies taillées sont coupées au printemps. Plantez tous les 50 cm pour les haies basses, tous les 80 cm pour les formes libres.
Particularités : les feuilles ovales sont coriaces, vert foncé sur le dessus, velues et grisâtres en dessous. La floraison en bouquets blancs a lieu en juin. Elle précède la venue de petits fruits rouges en automne, qui restent longtemps sur le pied.
Espèces et variétés : on peut également utiliser en haie *Cotoneaster microphyllus,* dont les rameaux arqués ne manquent pas d'élégance.
Notre conseil : évitez de planter cet arbuste à proximité de votre habitation, car il est très apprécié des abeilles qui viennent y butiner en été.

Elaeagnus x *ebbingei*
ÉLÉAGNUS

Cet hybride de *Elaeagnus macrophylla* et de *Elaeagnus pungens* présente une croissance rapide.
Famille : Élaeagnacées.
Dimensions : limitez la haie à 1,50 m pour cet arbuste qui se prête très bien à la taille.
Exposition : de préférence ensoleillée.
Sol : sablonneux, sain et bien drainé.
Entretien : coupez les rameaux en juin et en septembre. Plantez tous les 80 cm à 1 m.
Particularités : assez rustique, il présente des feuilles vert foncé et brillantes dessus, argentées au revers. Sa floraison blanche est très parfumée.
Espèces et variétés : 'Gilt Edge', plus compacte que le type, a des feuilles au centre vert foncé et marginées de jaune. 'Limelight' présente une panachure centrale dorée. *Elaeagnus angustifolia* peut aussi constituer des haies libres ou taillées en bord de mer, car il résiste bien à l'air salin.
Notre conseil : dès qu'ils apparaissent, supprimez les rameaux dépourvus de panachures.

Euonymus japonicus
FUSAIN DU JAPON

Ce grand classique des haies taillées est surtout décoratif par ses variétés à feuilles panachées.
Famille : Célastracées.
Dimensions : pour une bonne rigidité, limitez la hauteur de la haie entre 1,50 m et 1,80 m.
Exposition : ensoleillée ou mi-ombre.
Sol : terre ordinaire même calcaire, bien drainée.
Entretien : taillez au printemps et en automne. Plantez à 80 cm de distance entre les pieds.
Particularités : cet arbuste, à croissance rapide, porte des feuilles vert foncé brillant et des fruits décoratifs au coloris rosé en automne.
Espèces et variétés : 'Aureomarginatus' a les feuilles marginées de jaune vif. 'Président Gauthier' est à feuillage bordé de blanc crème.
Notre conseil : placez les espèces panachées à l'abri des vents froids, et plutôt à mi-ombre.

Préférez les variétés panachées d'*Euonymus japonicus*. ▶

▲ *Buxus sempervirens* est idéal pour les haies basses.

▲ Le cotonéaster peut former des haies libres ou taillées.

▲ *Elaeagnus* x *ebbingei* est recommandé en bord de mer.

Les points forts du jardin

jardin d'agrément

▲ *Ilex aquifolium* 'Silver Queen' : un éclat coloré.

▲ *Laurus nobilis* : une haie aux feuilles aromatiques.

Ilex aquifolium
HOUX COMMUN

Décoratif par son feuillage et par sa production de petits fruits rouges en hiver, le houx commun constitue de belles haies défensives.
Famille : Aquifoliacées.
Dimensions : il est recommandé de limiter sa croissance à 2 m de hauteur.
Exposition : ensoleillée à mi-ombre.
Sol : riche, humifère, peu calcaire.
Entretien : taillez une fois par an, au printemps, pour que la haie conserve un bel aspect. Pour avoir une haie touffue, plantez un pied tous les mètres.
Particularités : plante dioïque, vous devez posséder des pieds mâles et des pieds femelles pour obtenir des fruits rouges en septembre. Les feuilles, vert foncé luisant sur le type, sont bordées de dents très épineuses sur les sujets mâles.
Espèces et variétés : 'Argenteomarginata' (ou 'Albomarginata') présente des feuilles bordées de blanc. Les fruits sont rouge corail. 'Ferox Argentea', aux feuilles plus petites que celles du type, porte des épines sur la face supérieure. 'Madame Briot' a ses feuilles maculées de jaune. 'Silver Queen' est une variété panachée de blanc.
Notre conseil : placez les variétés panachées en situation abritée, car elles sont sensibles au froid.

Laurus nobilis
LAURIER-SAUCE

Appelée également « laurier d'Apollon », cette espèce est souvent utilisée pour ses caractéristiques médicinales et condimentaires.
Famille : Lauracées.
Dimensions : limitez la hauteur à 2 m en haie libre, de 1,50 à 1,80 m en haie taillée.
Exposition : ensoleillée, plutôt chaude.
Sol : une bonne terre de jardin assez riche.
Entretien : taille classique au printemps pour les haies formées. Revenez près du tronc de temps en temps pour éviter que la haie se dégarnisse du centre. Plantez tous les 80 cm à 1 m.
Particularités : les feuilles lancéolées sont coriaces et aromatiques. Une floraison blanc jaunâtre apparaît au printemps et laisse la place, en septembre, à de petits fruits en forme d'olive.
Espèces et variétés : seul le type est cultivé.
Notre conseil : sur un balcon ou une terrasse, plantez ce laurier dans un bac en le taillant deux ou trois fois par an, en cône ou en pyramide.

Ligustrum japonicum
TROÈNE DU JAPON

Originaire de Chine, du Japon et de Corée, le troène est un grand classique des haies persistantes, apprécié aussi pour sa floraison estivale.
Famille : Oléacées.
Dimensions : pour haies de 1,20 à 1,80 m.
Exposition : ensoleillée ou à mi-ombre.
Sol : terre de jardin ordinaire.
Entretien : taillez au printemps et en automne. De temps en temps, coupez plus sévèrement, en revenant près du tronc, pour que la haie reste bien garnie. Plantez à 60 ou 80 cm entre les pieds.
Particularités : les feuilles sont vert moyen, peu acuminées. Floraison en grappes blanches, coniques et terminales, de juillet à septembre.
Espèces et variétés : *Ligustrum ovalifolium* est parfois semi-persistant. Sa variété 'Aureum' présente des feuilles panachées de jaune d'or.

◀ Les haies de troènes ont une croissance très rapide.

236

Les haies à feuillage persistant

Notre conseil : lors de la plantation, n'hésitez pas à rabattre de moitié les rameaux, afin de provoquer le départ de nombreuses pousses.

Olearia virgata
OLÉARIA

Cet arbuste forme de jolies haies, au feuillage argenté, dans les jardins du littoral atlantique en raison de sa grande résistance aux vents salins.
Famille : Composées.
Dimensions : en haie libre de 1,50 à 1,80 m.
Exposition : ensoleillée.
Sol : ordinaire, frais et bien drainé.
Entretien : pratiquez une taille une fois par an, au printemps, mais l'aspect est plus joli si vous laissez cette espèce en forme libre. Un pied tous les 80 cm.
Particularités : les feuilles, fines, sont argentées et duveteuses au revers. Les fleurs blanc jaunâtre, ressemblant un peu à de petites marguerites, apparaissent en juin. C'est une espèce à croissance rapide, utilisée en haie brise-vent en bord de mer.
Espèces et variétés : *Olearia* x *haastii* possède des feuilles vert foncé et luisantes sur le dessus et grisâtres en dessous. *Olearia traversi* est vert clair sur la face supérieure, blanc argenté au revers.
Notre conseil : après un hiver rigoureux, coupez les branches gelées, près de la souche.

Osmanthus x *burkwoodii*
OSMANTHUS

Arbuste à fleurs très odorantes, l'osmanthus forme de jolies haies touffues, vert foncé.
Famille : Oléacées.
Dimensions : pour haies de 1 à 1,50 m.
Exposition : ensoleillée.
Sol : ordinaire, bien drainé, même calcaire.
Entretien : taillez au printemps et en automne. Plantez un pied tous les 60 à 80 cm.
Particularités : les feuilles, coriaces, sont luisantes. La floraison blanche, à odeur de jasmin, a lieu en avril et en mai. La croissance est lente.
Espèces et variétés : *Osmanthus delavayi* est à réserver aux jardins du Sud. *Osmanthus heterophyllus* produit une floraison automnale.

Notre conseil : plantez cette haie de préférence en situation protégée, à l'abri des vents froids.

Prunus laurocerasus
LAURIER-CERISE

Intéressant pour son abondant feuillage vert luisant, le laurier-cerise forme de grandes haies.
Famille : Rosacées.
Dimensions : limitez sa croissance à 2 m.
Exposition : ensoleillée à mi-ombre.
Sol : ordinaire, bien drainé.
Entretien : taillez en fin d'hiver. N'hésitez pas à revenir souvent près du tronc pour éviter le dégarnissage du centre. Plantez les pieds à une distance comprise entre 80 cm et 1 m.
Particularités : les feuilles sont coriaces et épaisses. Les fleurs, blanches, sont réunies en grappes et viennent en avril ou en mai. Les fruits sont constitués de petites baies noires.
Espèces et variétés : 'Caucasica' est le plus utilisé pour les haies taillées. 'Latifolia' présente de très grandes feuilles. 'Otto Luyken' peut être taillé à 80 cm du sol. 'Zabeliana' a des feuilles vert clair qui ressemblent un peu à celles du saule.
Notre conseil : utilisez le laurier-cerise pour constituer de grands rideaux de verdure.

▲ *Olearia virgata* : pour les haies situées en bord de mer.

▲ *Osmanthus* x *burkwoodii* : un feuillage très dense.

Prunus laurocerasus : des haies denses et persistantes. ▶

237

Les points forts du jardin

LES HAIES FLEURIES

Véritables jardins à la verticale, les haies savent se parer de superbes couleurs quelle que soit la saison. Leurs floraisons, souvent parfumées, s'épanouissent parfois même avant que n'apparaissent les premières feuilles. Elles sont suivies de fruits qui prolongent leur effet décoratif.

Abelia x *grandiflora*
ABÉLIA

Rustique, cet hybride d'*Abelia chinensis* et d'*Abelia uniflora*, produit une abondante floraison blanche et rose qui dure tout l'été.
Famille : Caprifoliacées.
Dimensions : pour des haies de 1 à 1,50 m.
Exposition : ensoleillée ou mi-ombre.
Sol : ordinaire, plutôt léger et sain.
Entretien : taillez en mars, après les gelées. Plantez un pied tous les 60 à 80 cm.
Particularités : feuilles persistantes, vert foncé, qui se colorent de pourpre en automne. Les fleurs viennent en juillet et restent jusqu'en octobre. Elles sont blanches, lavées de rose et parfumées. L'abélia peut être conduit en haie libre ou taillée.
Espèces et variétés : croisée avec *Abelia schumannii*, cette espèce a donné un bel hybride appelé 'Édouard Goucher', dont les branches basses retombantes sont abondamment garnies de fleurs rose lilas pendant sa période de floraison.
Notre conseil : dans les régions très froides, il peut être nécessaire de protéger le pied en hiver.

▲ *Abelia grandiflora* : une profusion de fleurs blanc rosé.

Chaenomeles speciosa
COGNASSIER DU JAPON

Fleurissant très tôt en début d'année, cet arbuste est décoratif par son coloris rose-pourpre et par ses fruits automnaux en forme de coings.
Famille : Rosacées.
Dimensions : pour des haies de 80 cm à 1,50 m. Cet arbuste peut aussi être palissé sur un grillage.
Exposition : ensoleillée.
Sol : ordinaire, moyennement calcaire.
Entretien : sur les formes libres, taillez les branches disgracieuses après la floraison. Sur les arbustes palissés, rabattez les rameaux à quelques yeux de la branche principale.
Particularités : les feuilles vert foncé et lustrées sont caduques. Les fleurs ont un joli coloris rose-pourpre et viennent en février, avant les feuilles. Les fruits sont odorants et restent longtemps sur les branches, après la chute des feuilles.
Espèces et variétés : *Chaenomeles japonica* présente une floraison plus rouge. Ces deux espèces ont donné naissance, par leur croisement, à de nombreux cultivars à grandes fleurs rouges.
Notre conseil : attention, les rameaux de cet arbuste sont très épineux. Évitez de le planter à proximité des terrains de jeux pour enfants.

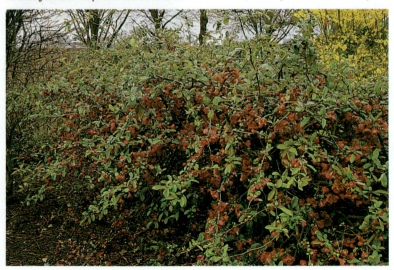

◄ *Chaenomeles speciosa* 'Cardinalis' : une couleur intense.

Les haies fleuries

Choisya ternata
ORANGER DU MEXIQUE

Originaire de ce pays, cet arbuste doit son nom à sa jolie floraison blanche dont le parfum rappelle un peu celui des fleurs d'oranger.
Famille : Rutacées.
Dimensions : pour haies de 1 à 1,50 m de haut.
Exposition : ensoleillée ou mi-ombre.
Sol : ordinaire, léger, même légèrement calcaire.
Entretien : cet arbuste doit, de préférence, être conduit en haie libre. La taille consiste simplement à couper les branches disgracieuses, au printemps. Il faut un pied tous les 60 à 80 cm.
Particularités : les feuilles persistantes sont composées de trois ou quatre folioles vert franc. Les fleurs, situées à l'extrémité des rameaux de l'année précédente, sont blanches et apparaissent en avril et en mai. Elles ont un parfum délicat.
Espèces et variétés : seul le type est cultivé.
Notre conseil : dans le nord de la France, plantez-le en situation très abritée, face au sud.

Escallonia spp.
ESCALLONIA

Ce bel arbuste de taille moyenne constitue de jolies haies fleuries, libres ou taillées.
Famille : Saxifragacées.
Dimensions : pour haies de 80 cm à 1,20 m.
Exposition : ensoleillée et assez chaude.
Sol : terre de jardin bien drainée, même calcaire.
Entretien : taillez au printemps. Plantez les pieds à une distance de 60 à 80 cm les uns des autres.
Particularités : cet arbuste persistant préfère les jardins chauds de la moitié sud de la France. Ses feuilles sont vert brillant et sa floraison estivale est dans les tons roses ou rouges selon les variétés.
Espèces et variétés : *Escallonia rubra* fleurit rouge. *Escallonia x langleyensis* présente de longs rameaux arqués, couverts de fleurs rose carmin. Sa variété 'Donard Seedling' est rose clair et parfumée. 'Donard Radiance' est une variété de *Escallonia x weyi*, à fleurs rouge brillant.
Notre conseil : voici un arbuste recommandé pour les jardins situés en bord de mer.

Fuchsia magellanica
FUCHSIA

Très élégant avec ses fleurs rouges, cet arbuste forme de jolies haies libres, très florifères.
Famille : Onagracées.
Dimensions : pour haies de 50 cm à 1,50 m.
Exposition : ensoleillée ou mi-ombre.
Sol : humifère léger, riche, bien drainé.
Entretien : en fin d'automne, n'hésitez pas à rabattre toutes les tiges très près du sol. Comptez un pied tous les 60 à 80 cm de distance.
Particularités : cet arbuste est intéressant par l'abondance de sa floraison qui dure de juin à octobre. Son feuillage, caduc, est très léger. Il est recommandé pour les jardins de climat maritime.
Espèces et variétés : 'Riccartonii' présente des fleurs rouges et violet pourpré.
Notre conseil : en hiver, protégez le pied en le recouvrant de paille ou de feuilles mortes.

Hydrangea macrophylla
HORTENSIA

Souvent utilisés en massifs, les hortensias peuvent constituer de magnifiques haies libres.
Famille : Saxifragacées.
Dimensions : de 80 cm à 1,50 m de hauteur.
Exposition : ensoleillée ou mi-ombre.
Sol : frais humifère et profond, sans calcaire.
Entretien : éliminez les fleurs fanées. En mars, rabattez les tiges pour provoquer le départ de nouvelles pousses. Plantation à 80 cm de distance.
Particularités : cet arbuste émet, en automne, des boutons floraux, qui s'épanouissent l'année suivante, en juillet, et durent tout l'été.
Espèces et variétés : on dénombre un très grand nombre de variétés aux fleurs blanches, roses, rouge carmin, devenant bleues en sol acide.
Notre conseil : vous obtiendrez une floraison bleue en arrosant la terre, pendant la végétation, avec une solution de sulfate d'alumine. Le pH doit être inférieur à 6. Chaque année, n'oubliez pas de faire un bon apport d'engrais organique.

En sol acide, les hortensias forment de belles haies bleues. ▶

▲ *Choisya ternata* forme des haies compactes, persistantes.

▲ L'escallonia est recommandé pour les bords de mer.

▲ *Fuchsia magellanica* 'Riccartonii' : idéal en Bretagne.

Les points forts du jardin

jardin d'agrément

▲ *Kerria japonica* : un ensemble de pompons jaune d'or.

▲ *Luma apiculata* : une myrte pour des haies florifères.

◀ Les pittosporums forment des haies fleuries et parfumées.

Kerria japonica
CORÊTE DU JAPON

Couvert de jolis pompons jaune d'or, cet arbuste, originaire du Japon et de la Chine, forme de belles haies fleuries durant tout le printemps.
Famille : Rosacées.
Dimensions : de 1,50 à 2 m de hauteur.
Exposition : ensoleillée à mi-ombre.
Sol : ordinaire, pas trop compact ni calcaire.
Entretien : après la floraison, rabattez les tiges sur un tiers de leur longueur. Cet arbuste se conduit de préférence en haie libre. Un pied tous les 80 cm.
Particularités : pourvue de feuilles caduques, vert assez clair et gaufrées, la corête du Japon se couvre, dès le début du printemps, de très nombreuses fleurs en pompons plus ou moins serrés, jaune soutenu. Situées tout le long des tiges, elles forment un ensemble très décoratif.
Espèces et variétés : 'Pleniflora' a de gros pompons de 5 cm de diamètre. 'Variegata' présente des feuilles marginées de blanc. Ses fleurs sont également jaunes mais simples.
Notre conseil : chaque année, n'hésitez pas à rabattre sévèrement les tiges anciennes pour que l'ensemble reste bien compact et fourni.

Luma apiculata
MYRTE

Appelé aussi *Myrtus luma*, cet arbuste, originaire du Chili, est intéressant par sa floraison estivale et son écorce couleur cannelle.
Famille : Myrtacées.
Dimensions : limitez sa croissance à 2 m.
Exposition : ensoleillée ou mi-ombre.
Sol : bonne terre de jardin, fraîche et humide.
Entretien : la taille consiste simplement à couper les rameaux qui sortent de la touffe pour équilibrer la silhouette. Plantez un pied tous les mètres.
Particularités : cet arbuste est à conduire de préférence en haie libre. Il se couvre de jolies fleurs blanches à partir de juin. Son écorce s'écaille, laissant apparaître une surface grisâtre.
Espèces et variétés : on distingue également *Myrtus communis*, à floraison blanche, dont les feuilles exhalent un parfum lorsqu'on les froisse.
Notre conseil : mieux vaut réserver cette espèce à la Bretagne ou aux régions à climat doux.

Pittosporum tobira
PITTOSPORUM

Originaire d'Australie et de Nouvelle-Zélande, cet arbuste à feuilles persistantes se couvre de petites fleurs blanches terminales et parfumées.
Famille : Pittosporacées.
Dimensions : pour haies de 1 à 1,50 m de haut.
Exposition : chaude, ensoleillée, abritée.
Sol : fertile et bien drainé, même un peu sec.
Entretien : les deux premières années, pincez fortement la touffe pour qu'elle se ramifie bien. Ensuite, taillez la haie deux fois par an. Plantez les pieds à 60 cm les uns des autres.
Particularités : les nombreuses fleurs blanches, qui viennent de juillet à septembre, rappellent un peu, par leur forme, celles de l'oranger.
Espèces et variétés : il existe une variété naine, *Pittosporum tobira* 'Nana', plus spécialement réservée à la culture en bacs. *Pittosporum tenuifolium* 'Variegatum' présente un feuillage bordé de blanc.
Notre conseil : réservez cet arbuste aux haies placées en situation chaude et abritée.

Rhododendron spp.
RHODODENDRON

Cet arbuste de terre acide appartient à un genre qui comprend de très nombreuses espèces. Son feuillage épais et sa floraison printanière lui permettent de constituer de très jolies haies libres.
Famille : Éricacées.
Dimensions : jusqu'à 2 ou 3 m de hauteur.
Exposition : ensoleillée ou mi-ombre.
Sol : aéré, frais et bien drainé, acide, le pH doit être compris entre 4,5 et 6 pour éviter la chlorose.
Entretien : supprimez les bouquets floraux dès qu'ils sont fanés, pour permettre le développement de nouveaux boutons qui s'ouvriront l'année suivante. Tous les trois ou quatre ans, faites un apport de terre de bruyère au pied des arbustes. Distance de plantation entre les pieds : de 1,50 à 2 m.
Particularités : cette plante peut être utilisée en haies dans les régions où elle vient spontanément, comme dans l'ouest de la France.
Espèces et variétés : n'utilisez que des espèces à grand développement, comme *arboreum*, *catawbiense* ou *ponticum*. Il en existe de très nombreux cultivars dont les coloris purs ou mélangés, vont du blanc au mauve en passant par le rose et le rouge.
Notre conseil : évitez à la terre de s'assécher, car cela compromet la venue des boutons floraux.

Ribes sanguineum
GROSEILLIER

Ce groseillier à fleurs forme des haies abondamment couvertes de fleurs roses en grappes pendantes, dès le mois de mars, et jusqu'en mai.
Famille : Saxifragacées.
Dimensions : pour des haies libres de 1,20 à 1,50 m de hauteur et un bon mètre d'épaisseur.
Exposition : ensoleillée ou mi-ombre.
Sol : terre de jardin ordinaire, bien drainée.
Entretien : après la floraison, coupez les rameaux d'un tiers pour favoriser le démarrage de nouvelles pousses. De temps en temps, rabattez plus sévèrement, près du tronc. Plantez tous les 60 cm.
Particularités : les feuilles de cet arbuste sont caduques. Les fleurs sont suivies de fruits noirs.

Espèces et variétés : 'King Edward VII' produit de longues grappes rouge lumineux. 'Pulborough Scarlet' a des fleurs rouge foncé tachées de blanc.
Notre conseil : dès l'apparition des premiers boutons floraux, coupez quelques rameaux pour faire de grands bouquets d'intérieur.

Vitex agnus-castus
ARBRE AU POIVRE

Cet arbuste touffu, originaire des régions méditerranéennes, présente de jolies fleurs en longs épis terminaux, en août et en septembre.
Famille : Verbénacées.
Dimensions : haies libres de 1 à 1,50 m de haut.
Exposition : ensoleillée et chaude.
Sol : une bonne terre de jardin, plutôt sèche.
Entretien : taille très courte à la sortie de l'hiver. Plantation à 50 ou 60 cm de distance.
Particularités : les rameaux ont une forme quadrangulaire et sont pubescents. Les feuilles sont caduques. C'est une excellente plante mellifère dont les fleurs dégagent un parfum poivré.
Espèces et variétés : 'Latifolia', variété aux fleurs bleu-violet, est plus rustique que le type.
Notre conseil : il est préférable de placer cet arbuste en situation abritée.

▲ Une haie libre et originale composée de rhododendrons.

▲ *Ribes sanguineum* : à utiliser le plus souvent en haie.

Vitex agnus-castus : de longs épis floraux bien dressés. ▶

Les points forts du jardin

LES HAIES DE CONIFÈRES

Vertes, bleutées ou dorées, les haies de conifères se jouent du temps et restent décoratives tout au long de l'année. Elles forment des écrans de verdure impénétrables qui protègent le jardin des vents violents, et votre intimité des regards indiscrets. Laissez-vous tenter par leur charme...

▲ *Chamaecyparis lawsoniana* 'Lane' : une haie dorée.

 Chamaecyparis lawsoniana
CYPRÈS DE LAWSON

Voici l'une des espèces de cyprès les plus répandues, car ses variétés sont très nombreuses. Les plus grandes constituent de très jolies haies.
Famille : Cupressacées.
Dimensions : en haie taillée, limitez-vous à 2 m, mais cette espèce peut aller bien au-delà.
Exposition : ensoleillée à mi-ombre.
Sol : ordinaire mais frais et bien drainé.
Entretien : taillez les rameaux au printemps et en automne. Plantez à 2 ou 3 m de distance.
Particularités : rustique et résistant bien à la pollution, il est intéressant pour les jardins de ville.
Espèces et variétés : parmi les principales variétés, citons : 'Alumii', de forme conique, au feuillage bleu acier ; 'Columnaris' forme une colonne bleutée ; 'Elwoodii' est très rustique, également bleue ; 'Erecta Viridis' est d'un joli vert clair lumineux ; 'Lane' possède un feuillage jaune doré toute l'année ; 'Stardust' a l'extrémité de ses rameaux retombante, jaune assez soutenu ; 'Stewartii', de croissance moyenne, est jaune plus ou moins foncé.
Notre conseil : ce conifère est assez résistant aux maladies mais surveillez-le régulièrement, car il est parfois attaqué par des champignons.

 Cryptomeria japonica
CRYPTOMÉRIA

Appelé aussi « cèdre du Japon », ce très beau conifère présente un feuillage fin et délicat, vert glauque, devenant cuivré en automne.
Famille : Taxodiacées.
Dimensions : pour haies libres de 2 à 3 m.
Exposition : ensoleillée à mi-ombre.
Sol : le cryptoméria se plaît en sol ordinaire, plutôt humide, légèrement calcaire.
Entretien : la taille se résume à supprimer les rameaux qui s'échappent de la silhouette générale. Plantation à 1,20 ou 1,50 m de distance.
Particularités : au nord de la Loire, placez-le en situation abritée, car il craint les grands froids.
Espèces et variétés : c'est la seule espèce du genre. 'Compacta' forme un cône dense de croissance rapide ; 'Cristata' est originale par les fasciations en crête de coq sur ses jeunes rameaux ; 'Elegans' a un feuillage vert bleuté qui devient marron en hiver ; 'Elegans Viridis' est vert tendre.
Notre conseil : dans les terres pauvres en azote, apportez, en fin d'hiver, un engrais pour conifères.

◀ *Cryptomeria japonica* : une haie d'une grande élégance.

jardin d'agrément

Les haies de conifères

X *Cupressocyparis* x *leylandii*
CYPRÈS DE LEYLAND

Né du croisement de *Cupressus macrocarpa* avec *Chamaecyparis nootkatensis*, il allie la rapidité de croissance du premier et la rusticité du second. Son feuillage vert sombre s'éclaire en hiver.
Famille : Cupressacées.
Dimensions : pour grandes haies de 2 à 3 m.
Exposition : ensoleillée ou mi-ombre.
Sol : fertile et bien drainé, légèrement acide.
Entretien : sur les haies rectilignes, taillez les rameaux en fin d'été. Plantation à 1 m pour les haies taillées, à 2 m pour les haies libres.
Particularités : ce conifère très vigoureux convient parfaitement aux grandes haies. C'est un très bon brise-vent qui résiste bien à la pollution.
Espèces et variétés : 'Castlewellan Gold', le leyland doré, est magnifique par sa couleur jaune d'or. 'Naylor's Blue' a des rameaux vert bleuté.
Notre conseil : n'hésitez pas à le tailler sévèrement, car il repousse bien sur le vieux bois.

Cupressus arizonica
CYPRÈS DE L'ARIZONA

Voisin des Chamaecyparis, ce conifère s'en différencie par ses rameaux plus arrondis et ses jolis cônes, bien ronds et nettement plus gros. Son feuillage est vert glauque et odorant.
Famille : Cupressacées.
Dimensions : pour des haies supérieures à 2 m.
Exposition : ensoleillée, même en plein vent.
Sol : ordinaire, bien drainé, profond et riche.
Entretien : taillez assez légèrement les jeunes rameaux qui dépassent de la silhouette générale. Plantation en rang, à 1,50 m entre les pieds.
Particularités : ce cyprès est le plus rustique du genre. Il supporte bien le climat du nord de la Loire, mais craint toutefois les gelées printanières.
Espèces et variétés : 'Conica' et 'Fastigiata' présentent un port élancé, avec un feuillage bleugris. 'Fastigiata Aurea' a des pousses dorées.
Notre conseil : ce conifère est assez sensible aux pucerons et araignées rouges. Intervenez rapidement avec un insecticide approprié.

Taxus baccata
IF COMMUN

Supportant très bien la taille, ce conifère se retrouve couramment dans les jardins à la française. Son feuillage vert sombre fait bien ressortir ses fruits en arilles rouges et mucilagineuses.
Famille : Taxacées.
Dimensions : haies taillées de 1,50 à 2 m.
Exposition : ensoleillée ou même ombragée.
Sol : ordinaire, voire sec ou calcaire.
Entretien : taillez deux fois par an. La plantation se fait à 80 cm de distance entre les pieds.
Particularités : comme le buis, c'est l'arbuste type de la sculpture végétale. Son feuillage très dense présente une grande compacité.
Espèces et variétés : 'Élegantissima' présente des feuilles vertes au pourtour doré ; 'Fastigiata', l'if d'Irlande, est vert très foncé, mais il en existe une variété 'Aurea' à feuillage doré.
Notre conseil : en période humide, il est sensible aux araignées rouges. Traitez avec un acaricide.

Thuya plicata
THUYA GÉANT

Très répandu dans les jardins, ce conifère forme de belles haies bien touffues. Il est rustique, facile à implanter et supporte très bien la taille.
Famille : Cupressacées.
Dimensions : de 1 à 2 m en haie taillée, davantage en haie libre si on ne lui coupe pas sa flèche.
Exposition : ensoleillée ou mi-ombre légère.
Sol : ordinaire, même acide ou alcalin.
Entretien : taillez deux fois par an. Plantez à 80 cm pour les haies taillées, à 1,50 m pour les autres.
Particularités : sur les sujets âgés, les branches basses ont tendance à se marcotter naturellement.
Espèces et variétés : 'Atrovirens' présente une croissance rapide, son feuillage est vert foncé brillant. 'Excelsa' forme d'excellents brise-vent. 'Zebrina' est panachée de jaune doré.
Notre conseil : surveillez les invasions fréquentes de cochenilles. Traitez avec un insecticide.

Le thuya est un conifère facile à conduire en haie taillée. ▶

▲ X *Cupressocyparis* x *leylandii* 'Castlewellan Gold'.

▲ *Cupressus arizonica* 'Conica' : un très bon brise-vent.

▲ Le *Taxus baccata* se prête très bien à la taille régulière.

243

Les points forts du jardin

LES HAIES DÉFENSIVES

jardin d'agrément

Impénétrables, grâce aux aiguillons qui garnissent leurs feuilles ou leurs branchages, les arbustes qui forment les haies défensives vous protègent des visiteurs importuns. Elles sont aussi très décoratives par la forme et la couleur de leur feuillage, leurs floraisons variées et leurs fruits.

Berberis thunbergii
BERBÉRIS

Composé d'arbustes épineux, ce genre compte plusieurs centaines d'espèces. *Thunbergii* s'en distingue par ses variétés à feuilles rouges et caduques, et ses rameaux également colorés.
Famille : Berbéridacées.
Dimensions : pour haies de 1 à 1,50 m de haut.
Exposition : ensoleillée ou mi-ombre légère.
Sol : ordinaire, frais et bien drainé.
Entretien : en haie libre, coupez au printemps les branches qui sont trop développées. En haie géométrique, faites une taille deux fois par an.
Particularités : en mars, ce berbéris se couvre de petites fleurs en clochettes jaunes qui, en automne, laissent la place à des baies rouges.
Espèces et variétés : 'Atropurpurea' présente une végétation très dense. Ses feuilles sont rouge-pourpre foncé. 'Red Chief' peut atteindre 3 m. Ses rameaux sont rouge foncé comme ses feuilles. Il est bien résistant aux parasites. 'Rose Glow' a les feuilles panachées rose et blanc au printemps.
Notre conseil : associez cet arbuste à des espèces argentées ou dorées pour créer un joli camaïeu.

▲ *Berberis thunbergii* 'Atropurpurea' : une haie pourpre.

◄ *Hippophae rhamnoides* : un écran gris argenté.

Hippophae rhamnoides
ARGOUSIER

Le feuillage élégant de cet arbuste, gris sur le dessus et argenté en dessous, cache de nombreux rameaux couverts d'épines qui en font un sujet recommandé pour les haies vives.

Famille : Élaeagnacées.
Dimensions : 2 m en haie taillée, plus en libre.
Exposition : ensoleillée de préférence.
Sol : ordinaire ou sableux, bien drainé.
Entretien : taillez régulièrement les pousses latérales pour favoriser la densification des rameaux. Plantation à 60 ou 80 cm de distance.
Particularités : cet arbuste convient très bien aux jardins des régions tempérées et situés en bord de mer, car il résiste sans problème aux embruns. C'est une plante dioïque qui donne des fruits jaune orangé clair de septembre à mars si l'on plante des pieds mâles et des pieds femelles.
Espèces et variétés : on ne cultive que cette espèce aux fleurs très mellifères.
Notre conseil : dès la plantation, coupez les rameaux sur un tiers de leur longueur pour épaissir la touffe et obtenir un véritable mur défensif.

Poncirus trifoliata
PONCIRUS

Attirant par ses fruits semblables à de petites oranges, cet arbuste est cependant un redoutable protecteur, car ses longues épines, noyées dans un feuillage vert sombre, sont très acérées.
Famille : Rutacées.
Dimensions : pour haies de 1,50 à 1,80 m.
Exposition : ensoleillée.
Sol : terre de jardin ordinaire.
Entretien : en haie géométrique, taillez une fois par an les rameaux qui sortent de la touffe.
Particularités : cet arbuste à feuilles caduques est rustique dans toute la France et malheureusement assez peu employé. Il est pourtant fréquem-

Les haies défensives

ment utilisé comme porte-greffe des *Citrus*, en raison de sa grande résistance au froid.
Espèces et variétés : on ne cultive que cette espèce aux épines cachées par les feuilles.
Notre conseil : plantez plutôt cette espèce en haie libre que taillée pour bénéficier au maximum de sa floraison et de sa fructification.

Pyracantha coccinea
BUISSON ARDENT

Son nom suffit à expliquer l'utilisation qui peut être faite de cet arbuste aux nombreuses épines. À feuilles persistantes, il se couvre de petites fleurs blanches au printemps, qui laissent la place à de nombreux fruits rouges ou orangés persistant tout l'hiver sur les rameaux.
Famille : Rosacées.
Dimensions : entre 1 m et 1,80 m de hauteur.
Exposition : ensoleillée ou mi-ombragée.
Sol : fertile, bien drainé, même calcaire.
Entretien : pour favoriser l'émission de nombreux rameaux, il faut, chaque année, ne pas hésiter à rabattre les branches sur un tiers de leur longueur jusqu'à ce que les dimensions voulues pour la haie soient atteintes. Plantation à 60 cm de distance.
Particularités : vous pouvez obtenir des haies de faible épaisseur en le palissant sur un support et en taillant sévèrement les rameaux latéraux.
Espèces et variétés : il existe de nombreux cultivars obtenus par croisement de cette espèce avec d'autres *Pyracantha*. 'Dart's Red' est très résistant au feu bactérien. 'Mohave' a de gros fruits rouge-orangé. 'Golden Glow' et 'Orange Glow' portent de très nombreux fruits, jaunes chez le premier, rouge-orangé chez le second. Croissance rapide.
Notre conseil : attention, les piqûres faites par les épines du buisson ardent peuvent facilement s'infecter. Nettoyez-les à l'alcool à 90°.

Rosa rugosa
ROSIER DU JAPON

Originaire de l'Extrême-Orient, ce rosier qui se conduit en forme libre, constitue des haies originales, sur lesquelles les fleurs laissent la place à

de gros fruits rouges, les cynorrhodons. Ceux-ci restent sur les tiges après la chute des feuilles.
Famille : Rosacées.
Dimensions : de 80 cm à 1,50 m de hauteur.
Exposition : ensoleillée pour une bonne floraison.
Sol : ordinaire, même légèrement calcaire.
Entretien : il n'est pas utile de tailler ce rosier tous les ans, mais on peut toutefois couper les rameaux qui prennent trop d'importance et s'échappent de la touffe, ainsi que les plus âgés.
Particularités : c'est une espèce à gros rameaux très épineux qui portent des fleurs simples rose-pourpre et odorantes. Elle drageonne facilement, d'où la nécessité de contenir son développement.
Espèces et variétés : cette espèce est à l'origine de nombreuses variétés de roses modernes.
Notre conseil : prenez des précautions lorsque vous taillez ce rosier, car il est très épineux. Le plus simple est encore d'utiliser un taille-haie.

Rubus fruticosus
MÛRIER DES HAIES

Cette ronce commune que l'on rencontre couramment dans la nature peut aussi constituer une belle haie défensive si l'on prend la peine de lui fournir un support. Ses feuilles sont semi-persistantes. La floraison n'est pas très spectaculaire, mais elle cède la place à de nombreux fruits comestibles et noirs lorsqu'ils sont mûrs.
Famille : Rosacées.
Dimensions : plusieurs mètres de longueur.
Exposition : ensoleillée ou ombragée.
Sol : indifférent, mais la croissance est d'autant plus rapide que la terre est humifère et humide.
Entretien : palissez les branches souples sur un grillage qui rendra la haie impénétrable.
Particularités : cette espèce prolifère dans tous les sens. Maintenez bien son développement par des tailles sévères à la fin de l'automne.
Espèces et variétés : seule la forme sauvage est suffisamment épineuse pour être défensive.
Notre conseil : plantez cet arbuste dans la partie la plus sauvage de votre jardin.

Rubus fruticosus : des mûres et des épines impénétrables. ▶

▲ *Poncirus trifoliata* : un rempart aux épines acérées.

▲ Les haies de *Pyracantha* sont très épineuses et colorées.

▲ *Rosa rugosa* prend de jolies teintes en automne.

Les points forts du jardin

jardin d'agrément

LES HAIES BASSES

Faites pour souligner un massif ou délimiter les différentes parties d'un jardin, les haies basses sont constituées de végétaux à petit développement. Trapues, abondamment fournies en feuillage, elles demandent une attention particulière pour conserver leur effet décoratif.

Cytisus x praecox
GENÊT

Il s'agit d'un hybride de *Cytisus multiflorus* et de *Cytisus purgans* qui fournit de très nombreuses fleurs, blanches ou jaunes selon les variétés.
Famille : Légumineuses.
Dimensions : entre 80 cm et 1,50 m de hauteur.
Exposition : ensoleillée, même chaude.
Sol : plutôt sableux et sec, calcaire accepté.
Entretien : rabattez sévèrement la plante après la floraison pour éviter la fructification (production des gousses), qui épuise vite la plante.
Particularités : il est préférable de laisser cette espèce en haie libre. Elle est à feuilles caduques et sa floraison printanière est délicatement parfumée.
Espèces et variétés : 'Albus' est à fleurs d'un blanc très pur. 'Allgold' est très compacte et fleurit jaune foncé. 'Hollandia' est une variété à fleurs rouges et roses qui viennent en grand nombre.
Notre conseil : cette plante vient bien en bac, ce qui vous permet de l'utiliser sur une terrasse.

▲ *Cytisus x praecox* : une haie compacte et très fleurie.

Lavandula vera
LAVANDE

Plantés serrés, les pieds de lavande vraie peuvent constituer de petites haies originales et parfumées. Leur feuillage gris argenté s'harmonise très bien avec le mauve de sa floraison estivale.
Famille : Labiacées.
Dimensions : de 30 à 60 cm de hauteur.
Exposition : ensoleillée, chaude et sèche.

 Lavandula vera : pour des haies de bordures parfumées.

Sol : ordinaire, même pauvre, sec et calcaire.
Entretien : après la floraison, supprimez les hampes florales et taillez les rameaux qui s'échappent de la touffe pour conserver une forme ronde. Plantation des pieds à 20 ou 30 cm de distance.
Particularités : les fleurs en épis terminaux sont très parfumées et mellifères. C'est une plante qui aime la chaleur, mais qui peut tout de même être cultivée jusqu'en région parisienne.
Espèces et variétés : 'Grosso' est très odorante et fournit de grosses fleurs. 'Hidcote' est naine et très touffue, son feuillage est bleuté. 'Munstead' a des fleurs violet foncé et un feuillage vert cendré.
Notre conseil : utilisez cette plante en haie basse pour souligner une allée ou pour délimiter un potager ou un carré de fleurs à bouquets.

Lonicera nitida
LONICERA

Originaire de Chine, cet arbuste appartient au même genre que le chèvrefeuille. Mais cette espèce n'est pas volubile et forme des haies basses à petites feuilles persistantes, vert foncé.
Famille : Caprifoliacées.
Dimensions : haies de 50 cm à 1 m de haut.
Exposition : ensoleillée à mi-ombre.
Sol : ordinaire, bien drainé, même un peu pauvre.
Entretien : taillez les rameaux après l'hiver. Une seconde coupe peut être nécessaire en automne. Plantez à 50 cm de distance entre les pieds.
Particularités : compacte, avec des feuilles serrées les unes contre les autres, cette espèce forme des haies touffues. La floraison offre peu d'intérêt.
Espèces et variétés : 'Elegant' présente des

246

Les haies basses

rameaux arqués et doit être conduite en haie libre. 'Maigrün' a des feuilles plus larges. Très rustique.
Notre conseil : en raison de son petit développement, vous pouvez l'utiliser sur une terrasse.

Ruta graveolens
RUE

Cette plante vivace, semi-arbustive, présente un feuillage dense, persistant et aromatique. Plantée serrée, elle peut former une haie basse couverte de fleurs jaunes à la fin du printemps.
Famille : Rutacées.
Dimensions : de 30 à 50 cm de hauteur.
Exposition : plein soleil, même chaude.
Sol : frais, bien drainé, caillouteux.
Entretien : à la fin de l'hiver, supprimez les vieux rameaux et rabattez les autres en donnant une forme harmonieuse à la touffe. Plantez un pied tous les 30 à 40 cm de distance les uns des autres.
Particularités : les feuilles découpées, plus ou moins bleutées, donnent un charme peu commun à cette plante toxique, dont le parfum des feuilles, lorsqu'on les froisse, est peu agréable.
Espèces et variétés : 'Variegata' produit des feuilles bleutées qui se panachent de crème en vieillissant. 'Jackman's Blue' est très bleue.
Notre conseil : associez cette plante avec la lavande pour faire des petites haies très colorées.

Santolina chamaecyparissus
SANTOLINE

Avec son feuillage persistant, très dense, odorant et couvert d'un duvet blanc argenté, ce petit arbuste forme des haies très compactes. Il émet des fleurs jaunes appréciées des abeilles.
Famille : Composées.
Dimensions : de 30 à 50 cm de hauteur.
Exposition : ensoleillée, plutôt sèche.
Sol : ordinaire, même sec et caillouteux.
Entretien : après la floraison, taillez les touffes pour leur conserver une forme bien ramassée. Plantez serré, à 30 ou 40 cm de distance.
Particularités : c'est une espèce qui préfère les situations chaudes. Il faut donc lui trouver un emplacement bien abrité dans les jardins de la moitié nord de la France. Elle est idéale pour les terrasses placées à exposition sud, mais il faut alors surveiller l'humidité de la terre dans les bacs.
Espèces et variétés : seul le type est cultivé.
Notre conseil : associez cette plante, très décorative, aux lavandes, le jaune de sa floraison estivale s'harmonisant bien avec le mauve des épis.

Spiraea x *bumalda*
SPIRÉE

Ce genre, qui compte environ 80 espèces, présente de nombreux hybrides parmi lesquels *bumalda* se distingue par ses rameaux bien dressés. Ceux-ci portent des feuilles caduques et une abondante floraison rose, plus ou moins rouge, selon les variétés. Plantés assez serrés, plusieurs pieds de spirée peuvent faire une très jolie haie basse, car ils se prêtent bien à la taille.
Famille : Rosacées.
Dimensions : de 50 cm à 1,20 m de hauteur.
Exposition : bien ensoleillée ou mi-ombragée.
Sol : terre ordinaire, même un peu calcaire.
Entretien : taillez les rameaux après la floraison. N'hésitez pas à rabattre sévèrement les vieilles branches. Coupez les autres d'un tiers de leur longueur, au minimum. Les fleurs viennent sur les tiges nées l'année précédente. Plantation à 60 cm.
Particularités : il est préférable de conduire cet arbuste en haie libre tout en maintenant sa forme par la taille. Un sol humifère accentue la pousse.
Espèces et variétés : 'Anthony Waterer' est un grand classique toujours apprécié pour l'abondance de sa floraison rouge carmin qui, de juillet, dure jusqu'en automne si on prend la peine de supprimer les fleurs au fur et à mesure qu'elles fanent. 'Froebelli' est moins connue, mais elle fournit de nombreuses fleurs rouge-pourpre. 'Goldflame' présente des fleurs rose clair. Elle est intéressante par son feuillage qui, de bronze au printemps, devient jaune clair en été et cuivré en automne.
Notre conseil : pensez à bien dégager le centre de la touffe pour qu'elle soit aérée au maximum.

Spiraea x *bumalda* 'Anthony Waterer' : à floraison rouge. ▷

▲ *Lonicera nitida* : une haie très touffue, vert intense.

▲ Une haie aromatique réalisée avec *Ruta graveolens*.

▲ Feuillage fin et couleur bleutée pour la santoline.

Les points forts du jardin

LES HAIES BRISE-VENT

Protégez-vous des vents froids ou salins, des embruns venus du large, en créant des écrans de verdure, épais mais décoratifs. Ces brise-vent sont également efficaces contre les bruits ou les regards indiscrets. À feuilles persistantes ou caduques, ils forment de vrais remparts contre les nuisances.

jardin d'agrément

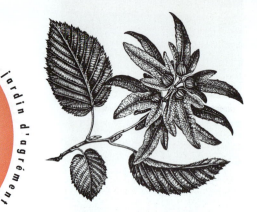

▲ *Carpinus betulus forme une haie de grande qualité.*

◄ *Corylus maxima 'Atropurpurea' : homogène et pourpre.*

Carpinus betulus
CHARMILLE

Faite d'un enchevêtrement de rameaux tortueux, la haie de charmille peut être conduite en formes géométriques ou en haie libre, contenue par la taille dans des proportions raisonnables.
Famille : Bétulacées.
Dimensions : jusqu'à 2 m de hauteur.
Exposition : ensoleillée ou mi-ombre.
Sol : ordinaire, drainé et frais.
Entretien : taillez une fois par an les rameaux trop longs. Le bois assez dur rend le sécateur nécessaire, car le taille-haie ne suffit pas. Plantez les pieds sur deux rangs, en quinconce, à 80 cm.
Particularités : bien qu'elle soit à feuillage caduc, la charmille reste un excellent coupe-vent, car les feuilles fanées et sèches restent sur les rameaux tout l'hiver et ne tombent que lorsque la nouvelle feuillaison arrive.
Espèces et variétés : 'Fastigiata' présente un port un peu plus érigé, il faut donc planter plus serré. Ses feuilles ne sont pas marcescentes.
Notre conseil : dès la plantation, rabattez une partie des rameaux de manière à provoquer un maximum de départs de nouvelles pousses.

Corylus maxima
NOISETIER FRANC

Cet arbuste de croissance moyenne se conduit de préférence en haie libre. Il est intéressant par la densité de sa ramure, et par sa fructification.

Famille : Bétulacées.
Dimensions : jusqu'à 2 m de hauteur.
Exposition : ensoleillée.
Sol : normal, frais, léger, même un peu calcaire.
Entretien : en fin d'automne, taillez les branches disgracieuses. Quand le pied est jeune, rabattez les pousses de moitié pour accélérer la ramification.
Particularités : cette espèce est monoïque, c'est-à-dire que l'on distingue sur une même branche les fleurs femelles, petites, à style rouge, et les fleurs mâles, constituées de chatons pendants.
Espèces et variétés : 'Atropurpurea' est un noisetier à feuilles pourpres qui donne des fruits d'excellente qualité, recouverts d'une cupule pourpre.
Notre conseil : en hiver, lorsque viennent les fleurs en chatons, coupez quelques rameaux pour en faire un bouquet d'intérieur original.

Elaeagnus angustifolia
OLIVIER DE BOHÊME

Cet arbuste doit son nom à son feuillage et à son port qui rappellent celui de l'olivier. Les feuilles caduques, fines et argentées, sont nombreuses et constituent un bon écran. Pour haies libres.
Famille : Élaeagnacées.
Dimensions : de 2 à 3 m de hauteur.
Exposition : ensoleillée.
Sol : ordinaire, avec une préférence pour le sable.
Entretien : pour favoriser la ramification, taillez les pousses, les premières années de plantation, d'un tiers de leur longueur. Plantez à 1 m.
Particularités : bien qu'il soit assez rustique dans une bonne partie des régions françaises, cet arbuste préfère nettement les jardins du littoral

Les haies brise-vent

méditerranéen. Veillez à installer votre haie dans un lieu où les fortes gelées ne sont pas à craindre.
Espèces et variétés : c'est la seule espèce intéressante à utiliser comme haie brise-vent.
Notre conseil : vous pouvez aussi planter cet arbuste en haie défensive, car ses rameaux sont souvent couverts de petites épines.

Fagus sylvatica
HÊTRE COMMUN

Par la taille, il est possible de limiter la croissance de ce magnifique arbre à la hauteur d'une haie normale. L'abondance de son feuillage en fait un écran de verdure très efficace.
Famille : Fagacées.
Dimensions : limitez à 2 m en hauteur.
Exposition : ensoleillée à mi-ombre.
Sol : frais, même pierreux et calcaire.
Entretien : pratiquez une taille régulière d'entretien au moins une fois par an. Rabattez les vieux rameaux pour permettre le développement de nouvelles pousses. Plantez à 80 cm de distance.
Particularités : partiellement marcescentes, les feuilles permettent de conserver un bon écran en hiver. Ce hêtre donne des fruits avec une amande dont on tire une huile alimentaire de très bon goût.
Espèces et variétés : 'Purpurea' est intéressante par la coloration pourpre de son feuillage printanier. 'Purpurea Latifolia' présente des feuilles un peu plus larges que le type, rouge clair au printemps, pourpre très foncé en été et en automne. 'Tricolor' est originale par ses premières feuilles pourpres, maculées de blanc, à marge rose.
Notre conseil : en cas de forte sécheresse, n'hésitez pas à arroser votre haie, car le hêtre supporte assez difficilement le manque d'eau.

Salix alba
SAULE BLANC

Ce saule, qui peut atteindre plusieurs dizaines de mètres de hauteur, peut être rabattu sévèrement pour former des écrans de taille moyenne. Ses feuilles caduques sont fines et de couleur vert argenté brillant. C'est une plante dioïque.
Famille : Salicacées.
Dimensions : le tronc peut être limité à 1,50 m de hauteur, mais les branches dépassent 2 à 3 m.
Exposition : ensoleillée.
Sol : ce saule ne demande pas de point d'eau, ni même de terre très humide pour se développer. Il se contente souvent d'un sol léger et frais.
Entretien : pour limiter le développement de ce sujet, rabattez périodiquement et sévèrement la totalité des branchages pour former ce que l'on appelle un « têtard », sorte de moignon duquel repartent de nombreux rameaux.
Particularités : cette espèce doit son nom à la coloration de son feuillage blanc-gris au revers. Son bois est recherché pour la sculpture.
Espèces et variétés : 'Liempde' est un cultivar très droit et vigoureux, sans doute le plus utilisé pour les haies brise-vent.
Notre conseil : si vous avez de l'espace, mieux vaut laisser ce saule se développer complètement pour former un très grand écran.

Tamarix tetrandra
TAMARIS

Cet arbuste très touffu, à floraison printanière, présente un feuillage très léger qui, pourtant, forme un écran efficace contre le vent. On le rencontre souvent dans les jardins en bord de mer.
Famille : Tamaricacées.
Dimensions : environ 2 m de hauteur.
Exposition : ensoleillée.
Sol : ordinaire, même sec et graveleux.
Entretien : la conduite du tamaris se fait en haie libre. Mais après la floraison, on peut rabattre une partie du vieux bois pour éviter qu'il se dégarnisse.
Particularités : ce sujet de croissance rapide lie l'efficacité à la beauté de ses fleurs en grappes roses qui viennent au printemps. Les feuilles, très fines, lui donnent un aspect de grande légèreté.
Espèces et variétés : *pentandra* est une autre espèce dont les fleurs viennent en août-septembre.
Notre conseil : donnez au tamaris un maximum de soleil pour qu'il se développe harmonieusement.

Les tamaris sont typiques des jardins en bord de mer. ▶

▲ *Elaeagnus angustifolia* : une haie épineuse et persistante.

▲ *Fagus sylvatica* : une haie en mélange vert et pourpre.

▲ *Salix alba* supporte très bien les tailles sévères.

Les points forts du jardin

LA PELOUSE ET LE GAZON

Si les jardiniers anglais sont passés maîtres dans l'art de réaliser des pelouses qui ressemblent à un velours de verdure, cela n'est pas dû seulement à leur talent, ou au climat favorable de leurs contrées. ❀ Les paysagistes britanniques ne considèrent pas la pelouse comme de l'herbe, mais comme une culture à part entière, qu'il faut préparer, soigner et entretenir avec une attention particulière. ❀ Sans même en faire une comparaison trop savante, il faut bien avouer qu'il y a une grande différence entre ce que nous appelons, avec une fausse pudeur, la pelouse « rustique », et un vrai tapis vert ornemental. ❀ Conscients des difficultés que rencontrent la plupart des jardiniers amateurs pour réaliser une belle pelouse, les professionnels semenciers ont travaillé d'arrache-pied toutes ces dernières années pour améliorer la qualité du gazon. ❀ Ils ont obtenu des variétés plus fines, plus belles, plus faciles à cultiver, et surtout bien plus tolérantes aux conditions climatiques et à la qualité des sols. Le gazon est contrôlé de manière draconienne par des instances officielles. ❀ Ces dernières comparent les nouvelles « créations » avec les variétés déjà existantes et font un tri régulier dans le catalogue des plantes autorisées pour la commercialisation. Seules les meilleures sont retenues. ❀ Vous pouvez donc être assuré que votre future pelouse sera de meilleure qualité que l'ancienne, à condition bien sûr de suivre attentivement les conseils prodigués dans les pages suivantes. Un gazon s'installe pour une bonne dizaine d'années : cela vaut bien un effort de préparation. ❀

Les points forts du jardin

LES USAGES DE LA PELOUSE

La pelouse est considérée comme la culture à tout faire dans un jardin. Il est vrai qu'elle représente le moyen le plus économique et le plus rapide pour habiller la propriété d'une verdure agréable. Par sa finesse et sa faible hauteur, la pelouse dégage les perspectives et crée des points de temporisation dans le tracé général du jardin.

▲ La pelouse met bien en valeur la richesse des massifs.

 astuce Truffaut

L'engazonnement d'une surface comprise entre un tiers et la moitié de la superficie totale de votre propriété garantit un bon équilibre entre la pelouse et le reste.

Une pelouse est un terrain planté d'une herbe courte et dense. Elle forme un tapis homogène, grâce à l'association des différentes espèces de graminées qui constituent le gazon. Ces dernières sont choisies et dosées selon leur aptitude à répondre à différents besoins : sol, climat, facilité d'entretien, usage, finesse. Une seule graminée ne pourrait répondre à tous ces critères. Les compositions sont donc des mélanges établis d'après divers paramètres : sport, détente, ornement, ombre, talus, terrain sec, etc. À chaque utilisation correspond un mélange au dosage bien spécifique.

La pelouse décor

Elle se compose d'espèces de gazon à feuillage fin comme l'agrostide et les fétuques rouges gazonnantes et demi-traçantes. La préparation du sol doit être soignée, car l'installation de ce type de gazon est lente et sujette à l'envahissement par les

▼ La pelouse détente s'entretient régulièrement.

mauvaises herbes. Un semis en automne est préférable. La pelouse décor demande à être coupée ras et bien entretenue, pour rester verte et dense toute l'année. Tondez au moins une fois par semaine, arrosez et fertilisez, car le faible développement du feuillage a pour conséquence un système racinaire réduit. Ce type de gazon craint le piétinement, mais il dure longtemps s'il est bien entretenu. Un désherbage sélectif, trois mois après le semis, est conseillé.

La pelouse détente

Elle est constituée du gazon d'agrément, celui qui supporte un entretien moins fré-

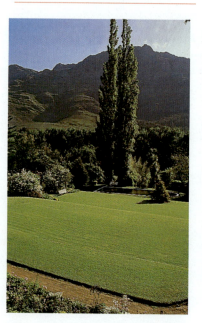

◀ Un gazon décor est fin, homogène et très dense.

Les usages de la pelouse

quent et un piétinement moyen, tout en restant d'une bonne qualité esthétique. Il sait s'adapter à des contraintes variées de terrain et de climat. Un bon équilibre de variétés lui permet de répondre à des conditions d'implantation fort différentes. Le ray-grass anglais et la fétuque rouge traçante s'y retrouvent en forte proportion, avec le pâturin des prés et l'agrostide en complément. La hauteur de tonte sera un peu plus élevée que pour la pelouse décor, de 30 à 50 mm environ, ce qui permet d'obtenir un chevelu racinaire plus développé et une plante plus robuste. La fréquence des tontes doit être hebdomadaire au printemps, mais se limiter à la quinzaine ensuite. L'apport d'un engrais à libération lente s'effectue deux fois par an, au début du printemps et à l'automne.

La pelouse sport

Elle est très solide pour accueillir les jeux des enfants, sans se dégarnir rapidement. Les graminées sont choisies en fonction de leur résistance au piétinement et à l'arrachement. Ray-grass anglais et pâturin des prés s'y retrouvent en forte proportion : le premier pour sa rapidité de repousse, le second pour son important chevelu racinaire. Il est également possible d'incorporer de la fétuque élevée, dont les nouvelles variétés, plus fines, conservent leur qualité de résistance. Contrairement aux pelouses d'ornement, qui montrent une certaine fantaisie dans les formes et les contours, le terrain de jeu demande une surface large et dégagée, ce qui facilite d'ailleurs l'entretien. La hauteur de tonte doit être d'environ 50 mm pour permettre un bon ancrage des racines. Le passage de la tondeuse peut être bimensuel. Eau et engrais sont à dispenser d'autant plus généreusement que la pelouse est piétinée. Le passage d'un scarificateur au printemps permet de décompacter le sol et de l'aérer.

▶ Le gazon sur lequel jouent les enfants doit être résistant.

L'allée gazonnée

Pour créer un passage agréable dans le potager ou entre deux zones de plantations importantes, voire donner à un chemin un aspect végétal qui s'intègre dans le décor ambiant, il est possible d'avoir recours à une allée gazonnée. Elle ne pourra pas supporter la même fréquence de passage qu'un chemin dallé ou gravillonné, mais restera en bon état si le drainage a été bien réalisé et si l'entretien est constant. N'oubliez pas, lors de son installation, de bomber légèrement son profil pour faciliter l'écoulement de l'eau. Ray-grass anglais, pâturin des prés et fétuque élevée sont les composants d'une bonne formule pour cet usage. La tonte sera la même que celle d'une pelouse de détente, tout en mettant l'accent sur le roulage qui permet de bien ancrer les graminées au sol. La découpe des bordures est nécessaire à la finition de ce type d'allée, à moins qu'un dallage en délimite les côtés. Comme pour toute pelouse, il est exclu de marcher sur une allée gazonnée recouverte de neige, ou durant toutes les périodes de gel.

Lier les massifs

La pelouse est toujours présentée comme l'écrin du jardin. Elle permet de mettre en valeur les massifs floraux et de créer une unité végétale qui, les reliant les uns aux autres, apporte à la composition toute son harmonie. Pour constituer un beau décor, la pelouse doit présenter des contours irréguliers et une étendue variable. La couleur verte du gazon est reposante et met en valeur les coloris des fleurs et des plantations. Cette pelouse peut supporter quelques passages, mais elle n'est pas destinée à être piétinée. Sa composition comporte du ray-grass anglais choisi parmi les nouvelles variétés à feuilles fines, et des fétuques rouges en fort pourcentage. Son entretien sera comparable à celui d'un gazon décor. Mais compte tenu de la présence de ray-grass anglais, qui pousse vite, la tonte sera assez rase et donc fréquente. Cela évitera d'empiéter sur la végétation située en bordure et la mettra au contraire en valeur. Un apport d'engrais à libération lente est souhaitable une à deux fois par an, de préférence au printemps.

▼ L'allée gazonnée est à la fois élégante et simple.

▼ La pelouse est idéale pour lier visuellement les massifs.

253

Les points forts du jardin

jardin d'agrément

▲ Dans le jardin de Snowshill Manor, une superbe pelouse habille, avec élégance et sobriété, un talus très pentu.

▲ Gare aux mousses dans une pelouse ombragée !

La pelouse sur talus

Les eaux de pluie ravinent plus vite un talus sans végétation. Son engazonnement est une solution intéressante, à condition que la pente ne soit pas trop forte. Au-delà de 25°, l'entretien de la pelouse deviendra aléatoire. Mieux vaut alors avoir recours à des plantes couvre-sol. La tonte classique pouvant s'avérer difficile, il est bon de choisir une tondeuse sur coussin d'air. La formule du gazon doit comporter des espèces à bon enracinement, mais à pousse lente. Le pâturin des prés vient en tête, avec un complément de fétuque rouge traçante et un petit pourcentage de ray-grass anglais, pour couvrir rapidement le sol. Cette composition, une fois installée, acceptera un espacement des tontes tous les mois, la coupe se faisant à 50 mm de hauteur. Ne tassez pas trop le pâturin au sol au moment du semis, afin de ménager quelques aspérités qui retiendront les graines sur la pente. Vous pouvez utiliser des rouleaux de gazon en les maintenant en place par de petits piquets, placés en haut de talus, pendant le temps nécessaire à l'enracinement.

Les pelouses à l'ombre

L'ombre peut provenir d'un mur, d'un grand arbre ou d'un sous-bois. Si les arbres sont à feuillage persistant et à système racinaire proche du sol, comme les conifères, l'absence de lumière est aggravée par la concurrence de leurs racines qui captent l'humidité existante. Avec les pins, l'acidification du sol appauvrit rapidement la terre. Seule la fétuque ovine peut résister, mais c'est une graminée fine qui couvre assez mal le sol. Dans les autres cas, c'est au contraire l'humidité, alliée au manque d'aé-ration, qui contrarie la croissance du gazon. Ray-grass anglais et fétuques rouges sont valables, à condition d'avoir bien ameubli et drainé le sol, ce qui empêchera la mousse de s'installer. Deux apports d'engrais annuels sont indispensables. Réglez la tondeuse en position haute en évitant si possible tout piétinement sur ce type de gazon. Dans les cas les plus critiques, il est possible de remplacer la pelouse par des plantes couvre-sol, du trèfle blanc ou du lierre rampant par exemple.

Les gazons du Midi

Chaleur excessive et sécheresse sont les deux ennemis du gazon. Il est donc difficile d'obtenir, sous le climat méditerranéen, une pelouse aussi verte et dense que celles des régions océaniques. Pour une pelouse composée avec les graminées classiques, le choix se porte sur les fétuques rouges et la fétuque élevée, avec un petit pourcentage de ray-grass anglais qui sert de plante de couverture lors de l'installation. Mais l'arrosage devra être régulier et copieux, ce qui n'est pas toujours réalisable. La tonte ne sera pas rase, surtout en été, un minimum de 50 mm étant souhaitable. Cette formule peut aussi être utilisée dans les autres régions présentant des conditions de climat difficiles et sèches, pour des terrains très asséchants ou sans possibilités d'arrosage. Il est possible, dans le Midi, de composer des

Les usages de la pelouse

pelouses avec d'autres graminées, comme le kikuyu, le cynodon ou le zoysia. Très résistantes à la sécheresse, ces plantes sont malheureusement fort sensibles au froid et le gel les détruit sans repousse possible. Pour un couvert non piétiné, préférez l'achillée millefeuille, solide et décorative.

Les dallages gazonnés

Le gazon met beaucoup plus en valeur un dallage qu'un simple liant de ciment ou de terre. Qu'il s'agisse d'un pas japonais, d'un opus incertum ou de pavés disposés régulièrement, l'engazonnement peut être réalisé, à condition de fournir aux graminées un minimum d'espace en largeur et en profondeur. Les joints doivent avoir au moins 3 cm et l'épaisseur de terre ne doit surtout pas être inférieure à 10 cm, ce qui exclut tout ciment entre les dalles. Pour être drainant, le substrat est aéré avec du sable, mélangé à un bon terreau. Bien tassé avant le semis, il doit se trouver à un niveau inférieur de 1 cm à celui des dalles. Le choix des graminées, la fréquence de la tonte et l'entretien sont ceux d'une pelouse décor, avec une hauteur de coupe de 20 mm et des arrosages fréquents en période chaude. Pour des surfaces réduites, il est possible de remplacer le gazon par la sagine, que l'on plante en petites touffes espacées. Son développement est rapide et parfois envahissant. En revanche, elle ne demande aucune tonte.

La pelouse fleurie

La mode est aux pelouses fleuries et aux fleurs sauvages. Il ne s'agit pas réellement d'une formule de gazon, mais de l'association de plusieurs dizaines de fleurs annuelles, bisannuelles ou vivaces, à la floraison échelonnée. Leur semis doit être traité à la manière d'un gazon classique, avec la même préparation du sol. Il est possible, mais pas indispensable, d'ajouter lors du semis de 1 à 2 g au m² de fétuque ovine, graminée à faible développement. Le choix d'une pelouse fleurie implique l'absence de tout désherbage sélectif par la suite. La tonte est remplacée par un fauchage deux fois par an. Il faut limiter cette solution à des petites surfaces ou à des taches irrégulières sur une vaste pelouse. Autre possibilité : la plantation dans le gazon existant de bulbes qui se naturalisent facilement (crocus, narcisse, perce-neige, scille, tulipe botanique). Pour leur permettre de refleurir en abondance l'année suivante, ne coupez pas le feuillage avant qu'il ne soit jauni.

La pelouse sur terrasse

Pour tentante qu'elle soit, cette réalisation reste conditionnée par des limites techniques : charge maximale autorisée, étanchéité, drainage, arrosage. Il est préférable de confier cette implantation à un professionnel, ne serait-ce que pour des raisons de responsabilité. L'épaisseur de terre ne doit pas être inférieure à 10 cm, pour que le gazon puisse se maintenir. La solution du drainage passe par l'emploi de matériaux légers, imputrescibles et incompressibles. Des techniques nouvelles permettent de réaliser des petites superficies avec des plaques de gazon. Elles sont cultivées dans des bacs en polystyrène remplis de tourbe, qui permettent d'obtenir un poids inférieur à 40 kg au m². L'effet est immédiat et, déjà implantées dans leur substrat, les graminées peuvent se contenter d'une moindre épaisseur de terre. La composition à retenir ne comprend que des fétuques rouges et ovines, en excluant obligatoirement le ray-grass anglais. Une bonne solution consiste à employer des plaques de gazon. La tonte sera rase et, au minimum, hebdomadaire pour obtenir un bon résultat esthétique avec une herbe bien compacte.

▼ Le gazon du Midi a besoin de beaucoup d'eau.

▼ La pelouse fleurie dans toute sa simplicité champêtre.

▼ Les dalles jointes par du gazon sont très décoratives.

▼ La pelouse sur terrasse : une culture délicate.

Les points forts du jardin

LA COMPOSITION DU GAZON

jardin d'agrément

La qualité des plantes qui entrent dans la composition du gazon est déterminante pour l'aspect final de la pelouse. Les variétés modernes ont acquis une finesse inégalable, grâce à une sélection rigoureuse. Aussi, certaines sont mieux adaptées aux conditions d'emploi et de culture difficiles.

▲ Un bon gazon est composé de plusieurs espèces.

astuce Truffaut Les graines fines, comme celles de l'agrostide qui pèsent 30 fois moins que le ray-grass, sont les plus coûteuses, d'où la différence de prix entre les mélanges.

▼ Le ray-grass anglais est la graminée la plus utilisée pour le gazon.

Le gazon est l'ensemble des graminées qui composent la pelouse. Dans cette grande famille aux 10 000 espèces, seule une dizaine peut répondre aux exigences d'une belle pelouse. Les graminées doivent, selon l'utilisation, bien couvrir le sol, supporter le piétinement, être esthétiques, avoir une longue durée de vie, accepter des tontes courtes, s'installer facilement, s'adapter au sol, résister au froid, à la sécheresse. Chaque espèce présente des caractéristiques qu'il faut connaître pour guider son choix. La recherche génétique a permis d'améliorer les qualités des variétés. Il est maintenant possible de trouver, parmi les offres de gazon, une bonne réponse à des besoins précis.

Le ray-grass anglais

Son principal avantage est une installation rapide qui lui permet de germer, dans de bonnes conditions, en quatre à cinq jours. Il couvre le sol, dès la deuxième semaine du semis, empêchant la prolifération des mauvaises herbes annuelles. Peu exigeant sur la qualité du sol, le ray-grass accepte de s'installer partout, même en terrain lourd et argileux. Il tolère la sécheresse et les zones légèrement ombragées. Sa résistance au piétinement est bonne, avec une réimplantation rapide après un usage intense. Toutes ces qualités expliquent sa présence dans la majorité des formules de gazon. Ses inconvénients résident dans une pousse rapide qui nécessite des tontes rapprochées, et une vigueur importante qui risque de devenir agressive envers les autres espèces du gazon. Le feuillage du ray-grass est moins fin que celui des autres espèces. Sa couverture du sol n'est pas parfaite, même si les nouvelles variétés s'installent mieux. C'est l'espèce dont la sélection a le plus avancé pour donner de nouvelles variétés.

Les fétuques rouges

Présentes dans la quasi-totalité des formules, elles sont au nombre de trois sous-espèces : les fétuques rouges traçantes,

▶ La fétuque rouge est une espèce fine qui présente des bonnes qualités de couverture du sol.

256

La composition du gazon

demi-traçantes et gazonnantes. Caractérisées par un feuillage fin et dense, elles poussent lentement et demandent peu d'entretien. Elles sont moins vigoureuses que le ray-grass anglais. Peu résistantes au piétinement, les fétuques sont sensibles à certaines maladies. Elles s'adaptent bien aux sols légers et tolèrent l'ombre. La fétuque rouge traçante est la plus utilisée pour sa bonne rusticité et une meilleure résistance à la sécheresse. Mais son feuillage est moins fin et son tapis moins dense que les autres fétuques. Ces dernières donnent un gazon très esthétique, fin, qui couvre généreusement le sol et accepte d'être tondu ras. Elles sont la base des pelouses décor. La demi-traçante résiste bien aux sols salés et aux embruns.

Le pâturin des prés

L'émission de rhizomes lui permet de bien s'accrocher au sol et de tisser un chevelu de racines important. Le pâturin des prés est souvent la base des gazons en plaques, pour la bonne tenue qu'il confère aux rouleaux. Sa résistance au piétinement le fait apprécier dans les mélanges pour terrains de jeu et de sport. Il se régénère rapidement après une agression et résiste bien à l'arrachement. Le pâturin des prés supporte mieux la chaleur que l'humidité. Il requiert un arrosage suivi et une bonne fertilisation. Il donne de très bons résultats en région méditerranéenne s'il bénéficie d'arrosages réguliers. Son principal inconvénient réside dans sa lenteur d'installation qui le fait vite étouffer par les autres graminées. Sa présence dans une composition implique un pourcentage d'au moins 40 % pour lui permettre de bien s'installer.

La fétuque élevée

Issue de variétés destinées à l'ensemencement des prairies, la fétuque élevée a beaucoup évolué grâce à la recherche. Ses nouvelles variétés sont bien adaptées à l'utilisation spécifique du gazon. C'est l'espèce des conditions extrêmes. Elle résiste aussi bien à la sécheresse qu'à la submersion temporaire, à la chaleur qu'au froid et aux maladies. Sa présence est surtout intéressante pour les climats méditerranéens, où elle entre souvent dans les formules utilisées pour les terrains de sport. Son inconvénient majeur est une implantation lente et difficile. La fétuque élevée résiste mal aux tontes trop rases et sa durée de vie en est fortement perturbée. Les nouvelles variétés bénéficient d'un feuillage nettement plus fin que les précédentes, ce qui permet d'obtenir un gazon plus dense.

L'agrostide

Un feuillage d'une rare finesse et une excellente densité en font la graminée des gazons de prestige. Sa croissance est lente et elle supporte les tontes les plus rases, jusqu'à 3 mm. Si le climat est humide, elle peut se montrer un peu trop agressive envers les autres graminées. La résistance au piétinement de l'agrostide est faible, ce qui doit l'exclure des terrains de jeu. Elle supporte mal la sécheresse et apprécie par conséquent des arrosages et un entretien réguliers. La finesse de ses graines demande une attention particulière lors de la préparation du sol et du semis. Des deux sous-espèces, agrostide tenue et agrostide stolonifère, seule la première est utilisée dans les compositions pour gazons, la seconde étant réservée à certains greens de golf.

La fétuque ovine

Elle donne un gazon dense à feuilles fines enroulées, d'une très bonne pérennité. Sa résistance aux maladies et à la sécheresse en fait une plante rustique qui s'accommode d'un entretien limité et de sols pauvres. Mais son installation est délicate et elle craint la concurrence des autres graminées. La fétuque ovine ne résiste pas du tout au piétinement, ce qui la limite aux pelouses

▲ Les pelouses d'ornement contiennent de l'agrostide.

d'ornement, particulièrement en zones ombragées. La sous-espèce fétuque ovine durette présente les meilleures qualités.

La fléole

Des deux espèces courantes : fléole des prés et fléole bulbeuse, c'est cette dernière que l'on utilise dans le gazon, car la fléole des prés offre un feuillage large, vert pâle, inesthétique. Avec sa pousse lente et sa bonne pérennité, la fléole bulbeuse donne un gazon assez grossier, mais au bon comportement hivernal et résistant au piétinement. Sa très faible productivité en semences la rend peu disponible dans le commerce.

▼ L'agrostide est la graminée des gazons les plus fins.

Les points forts du jardin

LA CRÉATION DE LA PELOUSE

jardin d'agrément

Une pelouse s'installe pour une bonne dizaine d'années. Il est donc important de bien préparer le terrain, car ce travail va conditionner la bonne tenue du gazon par la suite. Une opération à la portée de tous.

astuce Truffaut — Pour réussir un beau gazon, il faut savoir prendre son temps et ne pas vouloir à tout prix un résultat immédiat. N'oubliez surtout pas de bien désherber au départ.

QUEL MÉLANGE CHOISIR ?

Pour aider le jardinier amateur dans son choix, une association de professionnels du gazon a mis au point une norme de qualité. Le ministère de l'Agriculture a donné son accord pour qu'elle bénéficie du Label rouge. Trois catégories de gazons sont concernées : ornement, détente et agrément, sports et jeux. Seules des variétés sélectionnées, selon des critères très stricts, peuvent entrer dans ces formules. Les proportions entre les différentes espèces sont définies pour une bonne harmonisation, les indices de pureté et de germination des graines sont supérieurs aux normes habituelles. Un gage de qualité.

▲ Protégez le jeune gazon des oiseaux avec des affolants.

La préparation du terrain

Le travail commence par le tracé des limites de la pelouse. Il doit être aussi simple que possible, en évitant les massifs trop sinueux qui compliqueraient son entretien futur. Ensuite, tout le terrain doit être labouré sur 20 cm de profondeur. Utilisez la bêche pour les petites surfaces. À partir de 100 m^2, l'emploi d'une motobineuse est conseillé. Profitez de cette opération pour enlever les pierres, souches d'arbres et racines de mauvaises herbes. C'est aussi le moment de drainer les terres lourdes et de procéder à l'installation d'un réseau d'arrosage enterré. Vous pouvez aussi en profiter pour installer un éclairage d'ambiance à basse tension.

Il est important que l'ensemble du terrain destiné à la pelouse soit d'une qualité homogène, toute différence se répercutant par la suite sur la couleur et la santé du gazon. Dans un sol hétérogène, le brassage devra

◀ Semez le gazon en septembre ou au printemps.

▲ Utilisez une motobineuse pour labourer le sol.

être minutieux. Employez une motobineuse, dont les couteaux rotatifs sont efficaces pour mélanger les particules de terre.

L'idéal est de retourner la terre à grosses mottes à l'automne, puis de finir la préparation du terrain et de semer au printemps, d'avril à juin. Il est possible de semer le gazon au début de l'automne, en septembre-octobre. La terre est encore chaude, la sécheresse n'est plus à craindre, de même que la concurrence des mauvaises herbes annuelles. La pelouse s'installera avant l'hiver pour occuper plus vite le terrain.

L'élimination des mauvaises herbes : le labour permet d'extirper les adventices en place. Mais de nombreuses graines subsistent dans le sol. En laissant le terrain se reposer deux à trois semaines, on permet leur germination. Dès que ces plantes ont deux feuilles, la pulvérisation d'un désherbant systémique (type glyphosate) permet de les détruire. Le semis est possible deux semaines après ce traitement. Si quelques annuelles subsistent, les premières tontes en viendront à bout.

L'amélioration du sol : d'origine organique, fumier déshydraté, compost, terreau favorisent la rétention en eau des terres légères, améliorent l'activité biologique du sol et facilitent l'absorption des engrais. La tourbe aère les sols lourds et donne du corps aux terres sableuses. Ces éléments sont à incorporer à la terre au moment du labour.

Le nivellement : il a pour but de modeler le terrain pour lui donner un aspect plus

La création de la pelouse

vallonné, par exemple. À l'inverse, quand le sol présente des creux et des bosses, il faut le mettre à niveau et l'égaliser pour obtenir une surface plane, plus facile à entretenir. La motobineuse permet, par passages croisés successifs, d'obtenir cet effet.

Le griffage : il permet de parfaire le nivellement du sol. Avec une griffe à quatre dents (ou croc à fumier), émiettez les mottes de terre et gommez les petites différences de niveau. Travaillez en croix, c'est-à-dire en passant l'outil dans le sens de la largeur, puis dans la longueur du terrain.

Le ratissage : c'est une opération de fignolage superficiel. Il s'effectue aussi en travail croisé. Le râteau extrait du sol les derniers cailloux et permet de le niveler de manière impeccable. De cette finition dépend l'aspect esthétique final de la pelouse. Utilisez un râteau à 14 dents, ou un balai à gazon à 22 dents, plus souple à l'usage et qui ne risque pas de creuser la terre.

Le roulage : il est indispensable, car les graines doivent s'installer dans un sol suffisamment ferme. Le rouleau doit être lourd, environ 100 kg. Opérez par temps sec pour que la terre ne colle pas dessus. Pour les petites surfaces, ce tassage peut s'effectuer au pied, à l'aide de planchettes fixées par des attaches. Le tassage idéal ne laisse pas les talons s'imprimer sur le sol. La future pelouse résistera mieux au piétinement et conservera son profil régulier. Juste avant le semis, passez le balai à gazon pour gratter la surface sur quelques millimètres. Ceci permet de faciliter l'adhérence des graines au sol. Elles ne seront pas déplacées par le vent, ou un orage, avant de germer.

Le semis

Le semis à la main à la volée est difficile à réussir de façon homogène. Pour la pelouse, il est préférable de recourir à un semoir qui donne un résultat plus régulier. À l'aide de cordeaux ou de tasseaux de bois, délimitez des bandes de la largeur de l'outil. Effectuez un passage croisé pour une meilleure répartition. Il est bon de brasser les graines avant de les semer pour rétablir l'homogénéité du mélange. Les doses varient de 30 à 50 g/m² selon la composition. Un premier essai sur 1 m² permet de se rendre compte de la densité à obtenir. Plus les graines sont fines (agrostide, fétuque ovine), plus la quantité à semer sera faible. Le semis de graines fines est facilité en les mélangeant avec du sable fin. Le ray-grass anglais se sème à la dose moyenne de 50 g au m². La pelouse sera délimitée, sur l'ensemble de son pourtour, par un sillon de 2 cm dans lequel vous ferez couler un filet de graines semées plus dru.

Le placage

Au lieu de semer des graines, il est possible de plaquer des rouleaux de gazon cultivés spécialement à cette intention. Cette formule, malgré un prix de revient plus élevé, présente de nombreux avantages : l'effet est immédiat avec une pelouse praticable dans des délais très courts. Le placage peut s'effectuer presque toute l'année, ce qui permet d'éviter l'envahissement du terrain par les mauvaises herbes. C'est la solution quand les conditions d'implantation sont difficiles, comme pour les talus, les berges ou les sous-bois. Le terrain doit être préparé comme pour un semis traditionnel : labour, amendement, nivellement, épierrage, roulage et surfaçage. Les plaques de gazon seront commandées au dernier moment, lorsque le terrain est prêt à les recevoir. Les rouleaux ne se conservent bien que 24 à 48 heures. La mise en place doit donc être immédiate. Les bandes de gazon se posent sur le sol comme des lés de moquette, côte à côte et bout à bout. Elles se découpent avec un couteau, pour suivre les contours des massifs ou des constructions. Effectuez un roulage pour bien les faire adhérer au sol. Un arrosage copieux termine l'opération. Attendez une petite semaine, avant de marcher sur la pelouse.

▲ Préparez le sol sans oublier de l'amender.

▲ Roulez pour lui donner une bonne stabilité.

▲ Posez les plaques de gazon comme de la moquette.

La pelouse terminée est dense et déjà bien décorative. ▶

Les points forts du jardin

L'ENTRETIEN DE LA PELOUSE

jardin d'agrément

Une attention régulière et des soins bien appropriés sont le secret de la réussite d'un beau gazon durable et bien vert. Hormis l'arrosage qui est commun à toutes les cultures du jardin, la plupart des tâches d'entretien de la pelouse sont bien spécifiques. Elles font appel à un équipement spécialisé, dont vous devez vous équiper.

▲ Seule une tonte régulière permet au gazon d'acquérir une densité suffisante pour se transformer en beau tapis vert.

 astuce Truffaut Installez un système d'arrosage automatique enterré. C'est le meilleur moyen pour économiser du temps et conserver une pelouse bien verte en toute saison.

La tonte

C'est l'opération d'entretien primordiale, dont la fréquence varie selon les périodes de l'année, la qualité recherchée et l'utilisation de la pelouse. Au printemps et à l'automne, les graminées poussent vite et demandent donc des interventions plus fréquentes. Pendant l'été, les tontes seront espacées pour permettre au gazon de mieux résister à la chaleur. En moyenne, tondez chaque semaine. Avec cette fréquence, la coupe n'enlève qu'une petite partie du feuillage, sans traumatisme pour la plante. Il ne faut jamais couper plus d'un tiers de la longueur du brin d'herbe à chaque fois. Si la pousse a été trop rapide ou l'entretien négligé, il faudra passer la tondeuse plusieurs fois, à un ou deux jours d'intervalle pour retrouver le niveau souhaité. Cette hauteur sera de 4 à 5 cm pour un terrain très fréquenté ou une aire de jeu, de 3 cm environ pour une pelouse d'ornement. La tonte s'effectue sur une pelouse sèche pour faciliter le ramassage. Une lame bien affûtée garantit une coupe franche. Après avoir dégagé les contours des obstacles, la tondeuse est passée en bandes parallèles et alternées, ce qui permet d'obtenir un meilleur effet visuel.

L'arrosage

Les apports d'eau permettent de conserver au gazon un bel aspect vert, signe de sa bonne santé. L'arrosage est nécessaire dès que la température dépasse 20 °C ou que le sol est asséché par le vent. Pour que l'eau pénètre en profondeur jusqu'aux racines, il est nécessaire d'apporter de 3 à 4 litres au m^2. Les installations d'arrosage enterré permettent la bonne humidification du gazon, sans intervention humaine autre que la programmation du débit et de la fréquence d'arrosage. Il est recommandé d'arroser copieusement à chaque fois, à raison d'une demi-heure par endroit. Intervenez de préférence en soirée, ou de nuit pendant la

◄ L'arrosage enterré peut être complètement automatisé.

L'entretien de la pelouse

période estivale. Au printemps, mieux vaut arroser dans le courant de la matinée. Un gazon coupé très ras dispose de moins de réserves dans son système racinaire. Il a donc besoin d'être arrosé plus souvent qu'une pelouse tondue plus haut.

La fertilisation

Un gazon ras demande à être bien nourri par un apport d'engrais plus fréquent qu'un gazon haut. L'azote assure aux graminées une croissance régulière, une meilleure résistance au piétinement, un plus bel effet décoratif. On retrouve cet élément dans toutes les formulations d'engrais sous le symbole N. L'azote doit être rapidement assimilable (azote nitrique) lors d'une utilisation en début de printemps, ou pour faire repartir la pelouse après un usage trop intense. Il est préférable d'utiliser un engrais à libération progressive et prolongée, qui permet d'apporter à la pelouse cette nourriture au fur et à mesure de ses besoins. Dans ce cas, il suffit de deux apports à la dose de 5 kg pour 100 m^2, au début du printemps et à l'automne. L'engrais gazon est également proposé en mélange avec un désherbant sélectif ou un antimousse. Ces formules modernes et pratiques permettent d'effectuer deux opérations efficaces en un seul passage.

Le terreautage

Un apport de terreau au printemps est utile à toute pelouse parfaitement entretenue et tondue ras. Cette opération lui permet de bénéficier d'un supplément de matières organiques qui garantissent un meilleur développement du système racinaire. Le terreautage est également utilisé pour rénover une vieille pelouse ou lors d'un nouveau semis sur des parties dénudées. Il ne s'impose pas pour les gazons sur lesquels les déchets de tonte ne sont pas ramassés. Épandez uniformément sur la pelouse une couche de 3 cm d'épaisseur de terreau fin.

Le nettoyage

Même bien entretenue, une pelouse se salit par des déchets végétaux, feuilles mortes ou brins d'herbe. Le passage d'une tondeuse avec un bac de ramassage permet de réaliser le gros du travail de nettoyage. La pelouse sera d'autant plus belle que le gazon coupé est enlevé à chaque passage de la tondeuse. Cela évite feutrage et maladies tout en contribuant à une esthétique impeccable. Pour les petites surfaces et pour parfaire ce travail, le balai à gazon est choisi à dents souples en éventail et tenu incliné à 45°. Pour les grandes superficies, il existe des balayeuses à gazon, à brosses rotatives, poussées à la main ou attelées derrière une tondeuse autoportée. Les souffleurs-aspirateurs sont très efficaces pour la mise en tas et le ramassage des feuilles mortes.

Utilisez un balai à gazon pour ratisser tous les déchets. ▶

▲ Mélangez graines et terreau pour le regarnissage.

LES ENNEMIS ET MALADIES DU GAZON

En dehors des mauvaises herbes traitées au désherbant, le gazon peut être envahi par la mousse, surtout à l'ombre et dans une terre mal drainée ou acide. La lutte la plus courante consiste à épandre du sulfate de fer. Attention aux dallages qui se rouillent au contact de ce produit. Il est préférable d'employer des spécialités à base de dichlorophène, de combattre l'humidité par un bon drainage et de chauler le sol. Certains produits combinent l'action antimousse à un désherbant et même à un engrais.

Les maladies sont graves pour les pelouses fines tondues très ras. Dans les gazons d'agrément ou de sport, les graminées, plus vigoureuses, supportent mieux ces attaques. Les principales maladies du gazon sont : le fil rouge ou corticium, la fusariose, la rouille, l'helminthosporiose, le rhizoctonia et les ronds de sorcières. Un bon entretien évite souvent leur apparition. La lutte curative n'est guère envisageable dans un jardin d'amateur.

Les fourmis d'Argentine sont friandes des graines lors du semis. Traitez préventivement avec un insecticide. Les taupinières sont disgracieuses sur une pelouse et risquent d'endommager la lame de la tondeuse. La présence de taupes sur un terrain est due à l'abondance de vers de terre qui ont le mérite d'aérer la terre. Détruire les vers a pour conséquence de chasser les taupes et de risquer de voir le terrain se colmater. Le piégeage des taupes est le seul moyen de lutte efficace, mais il demande une certaine habitude pour la mise en place.

▼ Il faut éliminer la mousse.

▲ Une attaque de rhizoctonia.

261

Les points forts du jardin

jardin d'agrément

▲ La scarification élimine les mousses et rajeunit le gazon.

▲ Alourdissez le rouleau en le remplissant de sable.

▲ Le sablage s'effectue de préférence après l'aération.

Le regarnissage

Certaines parties de la pelouse souffrent plus que d'autres et laissent apparaître des surfaces dénudées inesthétiques. Cela peut être le résultat du débordement de l'essence de la tondeuse, du nivellement des taupinières, d'un piétinement intense ou de la brûlure occasionnée par l'urine des animaux domestiques. Une réfection locale de la pelouse est souvent suffisante. Le griffage du sol élimine les parties mortes du gazon. Le nivellement est obtenu par un apport de terreau dans les creux et un décapage des bosses. La formule de graines à utiliser pour regarnir ce terrain est composée uniquement de ray-grass anglais, en deux ou trois variétés aux qualités complémentaires. La rapidité d'installation de cette graminée permet de couvrir les espaces libres en une à deux semaines. Pour faciliter le semis et accélérer encore la germination, certaines compositions sont réalisées avec des graines enrobées d'une fine coque d'argile contenant un fertilisant. Une fois installé, le gazon de regarnissage suit le même rythme d'entretien que l'ensemble de la pelouse.

Le roulage

Le rouleau termine le nivellement du sol lors de la création de la pelouse. En période d'entretien, il permet à l'herbe, déchaussée après une période de gel ou d'utilisation intensive, de reprendre contact avec la terre et favorise son bon enracinement. Son emploi est surtout utile en terre légère, sablonneuse, à raison d'une fois par mois, après la tonte, pendant la période de pousse active. En terre lourde, le rouleau s'utilise surtout après la période hivernale. Un passage trop fréquent risque de colmater la terre et de la rendre trop imperméable. Les tondeuses à lames hélicoïdales sont munies, à l'arrière, d'un petit rouleau qui rechausse l'herbe sans tasser le sol.

L'aération

Pour un parfait développement des racines et une bonne santé du gazon, le sol doit être aéré avec de bons échanges entre l'air et l'eau. L'aération facilite également la pénétration des engrais jusqu'aux racines. Elle se pratique à l'aide d'appareils équipés de pointes qui forent des trous dans la pelouse. Les sols lourds demandent au moins deux interventions par an : au début du printemps pour décompacter le sol tassé par la période hivernale et le gel, puis en automne après l'épandage de l'engrais de fond. Un léger sablage après l'aération permet de remplir les trous pour éviter qu'ils ne se rebouchent trop vite. Le matériel est très divers : il va de l'aérateur à moteur jusqu'aux patins à fixer par des sangles sous la chaussure. Il existe un modèle de rouleau muni de quatre rangées de pointes, ce qui permet de réaliser roulage et aération dans le même passage.

L'entretien des bordures

C'est le petit détail qui donne son aspect soigné à la pelouse. Le long des murs, grillages, troncs d'arbres, les coupe-herbe à fil nylon permettent la tonte de l'herbe sans risque ni effort. Les cisailles à gazon sont intéressantes pour les petites surfaces qui nécessitent une bonne précision de coupe. Un espace libre de terre nue, entre la pelouse et les arbres ou les massifs, facilite l'entretien et la pénétration de l'eau. La découpe des bordures se réalise avec un dresse-bordure, outil à main dont la lame semi-sphérique tranche le gazon sur toute son épaisseur avec sa motte de terre. Pour suivre plus facilement les contours irréguliers d'un massif, un tuyau d'arrosage posé sur le sol sert de guide pour la découpe.

L'entretien de la pelouse

L'amendement du sol

Cette opération s'apparente au terreautage, mais son action est plus complète. Il s'agit de corriger les défauts de la composition du sol en réalisant des apports de matières organiques ou de sable. Vous pouvez utiliser un bon compost de fumier dans les terres trop légères et pauvres. Il servira à retenir l'eau pour que la pelouse jaunisse moins rapidement. À l'inverse, dans les terres compactes et argileuses, du sable bien granuleux va avoir un effet décompactant. Effectuez les amendements à l'automne ou au début du printemps, de préférence après avoir passé le scarificateur dans les sols légers, et l'aérateur en terre lourde.

Le désherbage

Il a pour but de conserver son aspect esthétique à la pelouse, mais aussi d'éviter aux graminées la concurrence des mauvaises herbes qui auraient vite fait de prendre la place du gazon. Un gazon bien entretenu, arrosé, fertilisé, lutte naturellement, et avec une certaine efficacité, contre les adventices. Les plantes annuelles qui poussent au démarrage de la pelouse ne résistent pas aux premières tontes. C'est sur un gazon fatigué, trop utilisé, couvrant insuffisamment le sol, que le désherbage doit s'appliquer. Pour les grandes plantes, comme le pissenlit, un arrachage à la main, au couteau ou à la gouge à asperges est possible pour les petites surfaces. L'utilisation de désherbants sélectifs pour gazon est nécessaire dans les autres cas. Il sera appliqué, dans le courant du printemps, toujours sur sol humide.

La scarification

Sur une vieille pelouse, les racines superficielles s'entremêlent et ont tendance à remonter pour former un feutre, source d'humidité et siège de maladies. La scarification a pour but de détruire cette végétation aérienne qui provoque l'asphyxie des racines. Elle consiste à couper cet enchevêtrement dans lequel la mousse vient souvent s'installer. Les petites surfaces peuvent être traitées avec un râteau scarificateur aux dents pointues et coupantes qui extirpent le feutre. Les scarificateurs à moteur réussissent un travail assez spectaculaire qui laisse sur le sol une masse d'herbe arrachée, qu'il est nécessaire de ratisser rapidement. La rénovation de la pelouse sera alors complétée par un semis de regarnissage avec des graines enrobées et un léger terreautage en surface.

▷ Le tranche-bordure à moteur : pour les cas difficiles.

▼ Le désherbage sélectif, avec un produit en granulés.

LES OUTILS DU GAZON

La tondeuse est l'élément incontournable de l'entretien d'une pelouse. Il faut la choisir en fonction de la superficie à tondre et du type de gazon souhaité : moteur à essence pour les grandes surfaces, électrique pour les pelouses inférieures à 500 m².
L'épandeur sur roues est un petit semoir pour la distribution régulière des graines, lors du semis, et des engrais en cours d'entretien.
La finition de la tonte, autour des obstacles, est réalisée à l'aide de cisailles à gazon ou de coupe-herbe à fil, en général à moteur électrique. Les bordures peuvent être taillées avec un dresse-bordure, lame en croissant de lune, ou avec des coupe-bordures à moteur.
L'aérateur est un rouleau muni de pointes qui perforent le sol pour permettre une meilleure entrée de l'eau et de l'air. Le même travail peut être réalisé avec des patins à pointes ou les dents d'une bêche.
Choisissez un scarificateur à moteur électrique ou thermique, selon la grandeur du terrain. Les modèles à dents articulées doivent être réservés de préférence aux sols pierreux.
Le râteau à gazon est droit, large, à dents fixes, et légèrement recourbées pour le ramassage de l'herbe. Les balais à gazon ont des dents en fils plats ou ronds, mais souples et disposées en éventail, pour le ramassage des tontes et des feuilles.
Aspirateurs et souffleurs à moteur nettoient facilement les déchets végétaux, abondants en automne.
Côté arrosage, les modèles canons sont individuels, posés sur un chariot lourd ou un trépied ou bien intégrés à un système d'arrosage enterré. Dans ce cas, ils sont souvent rétractables, se soulevant par la pression de l'eau. Ce sont les mieux adaptés à la pelouse, en raison de leur portée importante : jusqu'à 15 m de rayon.

◁ Les patins aérateurs en action.

263

Les points forts du jardin

BASSINS ET JARDINS D'EAU

Source de vie, de fraîcheur, d'inspiration et de beauté, l'eau est un élément déterminant dans la sensualité d'un jardin. ❀ *Qu'il soit stagnant ou animé, le milieu liquide crée un pôle d'attraction. Il fait paraître plus grands les petits jardins, grâce à l'effet de miroir. Les frondaisons des arbres et les nuages viennent se refléter dans l'eau, créant un effet de trompe-l'œil qui amplifie le volume et la profondeur.* ❀ *Dans les propriétés plus vastes, le plan d'eau est un décor reposant mais animé. Il sert de point de rencontre à la faune sauvage qui vient s'y abreuver.* ❀ *C'est l'occasion d'être le spectateur privilégié de scènes bucoliques enchanteresses, et l'impression parfois de retrouver les origines du monde.* ❀ *Si le bassin demeure l'élément principal du décor aquatique dans un jardin, il peut être complété par de nombreux artifices. Cascades, ruisseaux, jets et jeux d'eau animent et personnalisent la scène.* ❀ *Qu'il soit modeste ou de grande taille, votre jardin d'eau deviendra très vite un des points d'orgue de votre jardin, car il permet de composer mille scènes charmantes et d'accueillir des plantes souvent très spectaculaires.* ❀

Contrairement à une idée reçue, le jardin aquatique n'entraîne aucune contrainte d'entretien. S'il est bien conçu au départ, il se transforme vite en un écosystème équilibré qui fonctionne et se développe en complète autarcie. ❀ *Plongez-vous dans les pages suivantes, vous allez découvrir un monde passionnant et d'une richesse insoupçonnée.* ❀

264

Les points forts du jardin

LES PLAISIRS DE L'EAU

jardin d'agrément

Le milieu aquatique est une source de vie intense, variée et passionnante. Un bassin change complètement le visage du jardin. Il y crée une ambiance bien particulière qui invite à la détente et à l'évasion. Le décor végétal paraît plus vivant, plus dynamique. C'est aussi l'occasion d'apporter une fraîcheur bienfaisante en été.

astuce Truffaut — On a souvent tendance à réaliser un premier bassin trop petit. Plus les dimensions sont réduites, plus l'équilibre biologique est difficile à obtenir. Alors, vive la folie des grandeurs !

▲ Les bassins s'accordent avec tous les styles de jardin.

▼ Une fontaine personnalise le bassin et oxygène l'eau.

L'eau, source de vie

L'homme a toujours recherché la proximité de l'eau, élément indispensable pour sa vie de tous les jours. Il l'a installée dans les jardins où, de simple élément vital, elle est devenue un ornement et un objet de fascination. Cet attrait particulier s'est renforcé, et l'eau est de plus en plus présente dans l'art paysager contemporain. Présente sous forme de cascade, jet, fontaine, ruisseau, bassin, trou d'eau, mare ou étang, elle offre d'incroyables possibilités d'aménagement pour les jardins.
Loin des réalisations, souvent très sophistiquées et imposantes, du temps passé, le bassin moderne offre une dimension plus accessible à tout un chacun. Point de rencontre privilégié, le point d'eau est source d'inspiration et de détente. Mais c'est avant tout un microcosme où grouille la vie. Les poissons bien sûr, mais aussi les oiseaux, d'innombrables insectes et parfois quelques visiteurs étonnants comme les batraciens ou même les reptiles. Le décor sera rehaussé par l'exubérance sans cesse renouvelée des plantes aquatiques.

Le miroir du jardin

Un bassin peut s'intégrer dans n'importe quel type de paysage, tout en le transformant visuellement. Un terrain en longueur paraît beaucoup moins long si une grande pièce d'eau le traverse dans sa largeur. Inversement, un bassin étroit et au

◀ Un gué en pierres habille joliment les grands bassins.

Les plaisirs de l'eau

profil allongé augmente l'effet de perspective en attirant loin le regard.
Le miroitement et la transparence de la surface liquide sont pour beaucoup dans ces effets visuels qui apportent une autre dimension dans le paysage du jardin. Par ses propriétés réfléchissantes, l'eau participe aux jeux d'ombre et de lumière. Elle crée sans arrêt de nouvelles atmosphères, parfois mystérieuses ou un rien inquiétantes, mais le plus souvent bienfaisantes et apaisantes. Elle reflète la profondeur du ciel et la richesse de son environnement proche. Elle en renvoie des images changeantes, atténuées ou accentuées selon la force du soleil, mais toujours pleines de charme. L'eau en mouvement dans une cascade ou une fontaine capte la lumière d'une façon différente de l'eau dormante. C'est une source d'ambiances d'une diversité infinie, à privilégier pour créer un climat animé et tonique.

Les dimensions idéales

Pour obtenir de tels effets, nul besoin d'une immense étendue d'eau. Le bassin doit toujours avoir une forme et une envergure en parfaite harmonie avec le paysage qui l'entoure. La longueur et la largeur maximales doivent être inférieures ou égales au tiers des mesures du terrain. Dans certaines petites cours ou patios, le point d'eau peut, sans choquer, occuper une position dominante. Attention, un petit bassin, dont le volume est inférieur à 5 m^3, demande beaucoup plus d'entretien et de soins qu'un modèle plus vaste. En effet, l'équilibre biologique n'est à peu près stable que dans les grands espaces aquatiques. Le choix des plantes va être fonction de la dimension du bassin. Par exemple, le feuillage d'un seul pied de nénuphar ou d'*Iris pseudoacorus* occupe facilement une surface de 2 m^2 en l'espace d'une saison.

Un bassin est toujours décoratif, même en automne. ▶

La bonne profondeur

La hauteur d'eau conditionne l'établissement d'un équilibre biologique stable et durable dans le bassin. Une faible profondeur de l'eau subit et transmet rapidement la moindre variation de température extérieure. Une eau profonde constitue une barrière thermique, suffisante pour atténuer les changements brusques de température, toujours néfastes pour la vie animale aquatique. En été, l'eau reste plus fraîche et mieux oxygénée. En hiver, les couches les plus profondes du bassin conservent une température positive constante, même quand la surface est prise par les glaces. Si vous laissez des poissons dans le bassin toute l'année, une profondeur minimale de 60 à 90 cm est nécessaire pour les garantir du froid hivernal. Une grande masse d'eau présente l'inconvénient de se réchauffer plus lentement au printemps. Ce phénomène provoque un retard de végétation et des floraisons plus tardives. Pour limiter cet effet négatif, le bassin doit présenter des étages de différentes profondeurs. Ces paliers aménagés offrent une grande diversité de biotopes pour la faune et permettent d'accueillir des plantes aux exigences diverses.
Même si vous n'avez qu'un tout petit jardin, profitez de l'eau pour créer une ambiance nouvelle, plus animée. Elle transformera le lieu en le rapprochant de la nature. Le moindre point d'eau dans un jardin ou sur une terrasse exerce un attrait très fort sur tout le décor alentour.

▲ Un pont crée une ambiance avec beaucoup de charme.

▲ Un fond sombre permet le reflet du ciel et des nuages.

267

Les points forts du jardin

▲ Plus vraie que nature, cette cascade créée par le paysagiste Georges Paquereau est facile à réaliser et à entretenir.

▲ Une fontaine en fonte émerge d'une riche végétation.

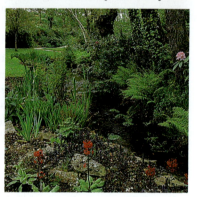

▲ Un petit ruisseau donne un aspect naturel au jardin.

Les différents accessoires

Certains aménagements, pratiques et esthétiques, complètent le décor créé par le jardin aquatique. Ponts, pas japonais, gués, ruisseaux, cascades, fontaines, jeux d'eau et de lumière sont autant de réalisations qui apportent un supplément de vie dans cette mise en scène harmonieuse de l'eau. En faisant évoluer votre pièce d'eau par l'ajout d'un accessoire, n'oubliez pas de bien l'intégrer dans le style du jardin.

La cascade

Quelles que soient les dimensions de votre pièce d'eau, il est toujours possible d'installer une cascade. Elle apporte une touche de gaieté et d'animation, et le mouvement d'eau permet une meilleure oxygénation du milieu liquide. La réalisation d'une cascade est simple. Si votre terrain est plat, vous devez créer un relief. Il suffit de quelques roches, de gros cailloux, d'un muret ou d'un peu de béton. Une bâche souple en polyéthylène s'adapte aux moindres contours du tracé et sa pose est facile. Il existe des structures préformées rigides, en polyester ou en polyéthylène, qui reproduisent le relief d'une cascade. À défaut de source naturelle, prévoyez une pompe qui puise l'eau dans la partie la plus basse de la pièce d'eau, pour la refouler au niveau le plus haut. Le modèle de pompe et le matériau choisis pour réaliser la cascade conditionnent le débit, la sonorité et l'aspect esthétique de cette mise en scène. Le bruit reste discret si la hauteur de la chute d'eau est inférieure à 30 cm.

La vasque

Il existe une grande diversité de contenants étanches susceptibles d'être utilisés comme bassins. Abreuvoirs, auges en pierre, bassines ou tonneaux peuvent être reconvertis pour réaliser un petit jardin aquatique. Augmentez leur étanchéité en enduisant les parois intérieures avec une feuille de plastique alimentaire, sans effet toxique. Vous pouvez choisir des bacs en pierre reconstituée, en forme de coupes aplaties pour les modèles modernes. De dimensions variables (de 30 cm à 1,20 m de diamètre), ces vasques s'installent facilement dans le jardin ou sur une terrasse.

Le simple trou d'eau

Il doit s'intégrer à la végétation. Installez-le au point le plus bas de votre terrain, où les eaux de ruissellement s'accumulent. Dissimulez les contours du récipient dans la terre avec quelques blocs de pierre pour donner à l'ensemble un aspect plus naturel, comme s'il s'agissait d'une source.

Les plaisirs de l'eau

La fontaine

Cet ornement, qui peut être adossé contre un mur ou disposé au point de rencontre de plusieurs allées, existe sous un grand nombre de formes, de dimensions, de matériaux et de styles. Une fontaine sculptée peut constituer le point fort de votre composition aquatique, en occupant le centre du bassin. Elle est alimentée par une pompe fonctionnant en circuit fermé. Attention, les plantes aquatiques émergées n'apprécient pas le jet d'eau qui s'écoule en permanence sur leur feuillage.

Le ruisseau de jardin

Il est réservé aux grandes propriétés, où il serpente parmi les courbes du paysage. Simple filet d'eau ou véritable petit cours d'eau, le ruisseau peut relier plusieurs bassins, situés à des niveaux différents, ou traverser une rocaille ou le jardin. Une pièce d'eau installée en contrebas assure la collecte terminale des eaux. Il suffit de poser une pompe immergée dans le bassin et de la relier par un tuyau au point de départ du ruisseau, pour assurer le retour de l'eau vers la source. Attention, la déclivité doit être faible pour conserver un débit suffisant. Habillez les berges de votre ruisseau avec des massifs et des touffes de plantes aquatiques ou de terrains humides pour faciliter sa combinaison avec le décor environnant.

La source

Rare à l'état naturel vous pouvez en simuler l'existence, en alimentant un trou d'eau avec une pompe immergée et un jet bouillonnant. L'eau doit sourdre doucement du sol, ou apparaître au milieu d'un groupe de pierres. Elle peut déborder dans une vasque et fonctionner en circuit fermé, ou bien alimenter un bassin. On peut créer un jardin de marais en laissant déborder l'eau. Le sol doit être assez perméable pour éviter de devenir un bourbier.

Les ponts et les gués

Les passages piétonniers invitent à découvrir de près la vie aquatique. Ils permettent un entretien plus facile de la pièce d'eau. Prolongements logiques d'une allée du jardin, ils doivent en conserver le même style. Envisagez la conception et la réalisation de ces structures en même temps que celle du bassin. Le pont implique une grande envergure de la pièce d'eau qu'il enjambe (au moins cinq à six fois sa largeur), avec un point plus étroit pour permettre son installation. Ce passage constitue une pièce maîtresse du jardin aquatique. Sa réalisation est coûteuse. Elle exige une consolidation des berges de la pièce d'eau et le choix de matériaux robustes pour assurer la sécurité des personnes qui utilisent le pont.

Quand le plan d'eau est peu profond, remplacez le pont par un gué. Celui-ci peut être confectionné avec des pierres naturelles, des billes de bois ou des structures en béton. Prévoyez un revêtement antidérapant, assez rugueux. La taille et l'écartement des éléments choisis doivent permettre une progression facile. Comptez une largeur de dalle minimale de 40 à 50 cm et un espacement maximal de 50 à 60 cm entre deux éléments successifs.

▼ Un bain d'oiseaux niché au cœur de la végétation.

> **ÉCLAIRAGE ET JEUX D'EAU**
>
> Avec leurs possibilités de réglage du débit, de la hauteur et de la forme des jets, les jeux d'eau créent des spectacles rafraîchissants. La hauteur du jet ne doit pas dépasser 70 % du diamètre du bassin. Comme les cascades et les fontaines, les jets assurent un mouvement qui oxygène le milieu aquatique et contribue à l'établissement de l'équilibre biologique. Ne plantez pas la zone située sous la pluie de gouttelettes d'eau.
> Côté éclairage, laissez des coins dans l'ombre. Illuminez les cascades, la fontaine ou le jet d'eau, en utilisant des spots immergeables. Prévoyez un éclairage des abords du bassin pour la sécurité. Tout le matériel d'éclairage doit être étanche et relié à la terre.

▼ Un bel effet de nuit avec une fontaine éclairée.

▼ D'inspiration japonaise : un gué de pierres et un pont.

Les points forts du jardin

LE CHOIX ET L'EMPLACEMENT

jardin d'agrément

Un point d'eau est toujours un élément fort dans un jardin. C'est un pôle d'attraction qui doit être mis en évidence et placé à un endroit stratégique afin d'en profiter le plus possible. Il permet aussi de composer de jolis massifs dans son environnement immédiat avec des plantes assez originales.

▲ Cet adorable petit trou d'eau, niché dans un coin secret du jardin, invite à la relaxation dans une ambiance de fraîcheur.

 astuce Truffaut — Évitez la présence trop proche d'un grand arbre caduc dont les feuilles viendraient souiller l'eau en automne et vous donneraient un surcroît de travail.

Même si le coût n'est pas forcément très élevé, l'installation d'un bassin doit être considérée comme un investissement. Sa présence est si forte qu'elle influe sur le style général du jardin et entraîne des évolutions importantes dans la composition.

Le lieu : un choix décisif

L'emplacement du bassin doit prendre en compte l'exposition, le relief particulier et les dimensions du terrain, le meilleur point de vue pour observer la pièce d'eau, la proximité du réseau d'alimentation et de l'électricité, la possibilité d'évacuer facilement les eaux de vidange et la sécurité.
Plus l'espace est restreint, plus la pièce d'eau a une influence sur l'environnement immédiat. Respectez l'esprit du lieu pour permettre une bonne intégration de la zone aquatique dans le jardin.
Dans les régions à fortes précipitations, évitez d'installer le bassin sur le chemin d'écoulement des eaux de pluies. Vous devez savoir que la moindre pièce d'eau stagnante attire souvent les moustiques, qui prolifèrent rapidement pendant la belle saison. Éloignez le bassin de la maison pour ne pas être gêné par leur présence en été. Le bassin se dispose, de préférence au soleil, dans un lieu pas trop aride pour éviter l'évaporation trop rapide. À l'ombre, il y a des risques de prolifération d'algues.

Les différentes formes

Le style du bassin est affaire de goût personnel. Il faut impérativement l'adapter en fonction des caractéristiques de votre jardin et du style architectural de votre maison. Inspirez-vous des courbes naturelles du relief de votre terrain. Il est plus logique d'installer un point d'eau dans la partie la plus basse du paysage et de faire courir un petit ruisseau à partir du haut d'un talus ou d'un muret pour aboutir dans un bassin de réception en contrebas.
Les formes peuvent être géométriques ou naturelles, avec des courbes souples. Évitez les méandres et les découpes compliquées. Les bassins géométriques sont parfaits pour les jardins contemporains ou de style clas-

▲ Un bassin géométrique dans un petit jardin de ville.

◀ Intégré dans un dallage, un point d'eau très moderne.

Le choix et l'emplacement

sique. Réservez les formes libres aux grands espaces ou à des scènes sauvages. Une forme régulière trop raide peut toujours être modifiée ultérieurement par l'ajout d'une abondante végétation sur les berges. Un contour libre est plus difficile à corriger après la construction. Dans un petit espace, le bassin devient la pièce maîtresse du décor. Privilégiez une forme simple.

Les matériaux

Le béton armé, obtenu par l'association d'un liant (le ciment), de sable, de gravillons, d'eau et d'une armature en ferraille, a été longtemps préféré en raison de sa solidité et de sa longévité. Grâce à la technique du coffrage, il se prête à toutes les formes. Son coût relativement élevé et les importants travaux de terrassement qu'il entraîne expliquent sa désaffection actuelle, au profit de matériaux synthétiques moins chers et plus faciles à poser.

Certains bassins préformés sont réalisés en PVC rigide, en général de couleur foncée noire ou grise. Cette matière est solide, imputrescible, traitée pour résister aux rayons ultraviolets et au gel. On peut lui préférer le polyester armé, d'une résistance à toute épreuve mais doté d'une certaine souplesse qui lui permet de supporter les déformations induites par le gel ou par un échauffement excessif. Ce matériau est parfois proposé dans des teintes vives, à éviter pour la construction d'un jardin aquatique de type naturel.

Les bâches souples, spécialement conçues pour la réalisation de bassins, sont proposées en PVC souple, en butyle de caoutchouc, très résistant et d'une grande longévité (environ 50 ans) ou en polyéthylène, moins cher, mais beaucoup plus fragile et sensible aux moindres coupures.

L'argile est une substance naturelle imperméable et plastique. Peu onéreuse, elle peut être employée pour réaliser des étangs naturels. Mais sa fiabilité est moins bonne que celle des autres matériaux.

La bonne exposition

Choisissez un terrain dégagé, à l'abri des vents forts. Un minimum de six heures d'ensoleillement par jour est indispensable pour la croissance de la grande majorité des plantes aquatiques et pour l'établissement d'un bon équilibre biologique. Évitez la proximité des arbres et surtout des grands conifères, qui font une ombre dense toute l'année, propice aux lentilles d'eau. Attention aux excès de chaleur. Ils entraînent une importante évaporation qui nécessite des remplissages réguliers en été.

Ne négligez pas la sécurité

Quand la famille compte des jeunes enfants (de moins de cinq ans) il est préférable d'isoler le bassin et de l'entourer avec une barrière. Prévoyez une hauteur minimale de 1,20 m et un portillon d'accès, muni d'un dispositif de fermeture à clé efficace. Vous pouvez installer des filets, qui couvrent tout ou partie de la surface de l'eau. Il est plus prudent d'aménager une large zone d'eau peu profonde sur le pourtour du bassin, avec des pentes douces qui permettent de sortir facilement une personne ou un animal tombé dans l'eau.

▲ Le bassin traditionnel en liner avec sa margelle dallée.

▲ Un bassin en deux niveaux dont un surélevé : original.

Toutes les surfaces d'accès autour d'un bassin ou d'une piscine doivent être stables et non glissantes. Utilisez pour cela des matériaux rugueux. Si le jardin est fréquenté le soir, éclairez les abords de la pièce d'eau et les différents chemins d'accès. Souscrivez une assurance responsabilité civile, pour couvrir les éventuels accidents, imprévisibles, occasionnés parfois à des tiers, comme une fuite d'eau importante.

UNE PISCINE, POURQUOI PAS ?

Une piscine doit être installée à proximité de la maison pour des raisons de commodité. Choisissez un emplacement à l'abri des vents dominants et loin des arbres, pour éviter la chute des feuilles dans l'eau en automne. Vous devez prévoir un site particulier pour accueillir les appareils de filtration et de pompage, indispensables pour maintenir la propreté de l'eau, et éventuellement un système de chauffage, par exemple par panneaux solaires. Il faut aménager au bord du bassin un espace plat et dégagé, facile à entretenir, et assez vaste pour pouvoir circuler tout autour et s'y reposer. Utilisez des matériaux qui se marient avec ceux de la maison. Côté végétaux, surtout pas d'espèces piquantes ni celles qui attirent les insectes par leurs fleurs parfumées. Dans les régions froides, il est nécessaire de prévoir une couverture permettant de réduire la perte calorique et de prolonger la durée d'utilisation de la piscine. Un contrôle régulier et des traitements chimiques à base de chlore sont nécessaires pour maintenir en permanence une bonne hygiène de l'eau.

▼ La piscine : point fort du jardin.

Les points forts du jardin

LA CRÉATION ET L'ENTRETIEN

jardin d'agrément

L'installation d'un bassin représente un travail non négligeable puisqu'il faut fouiller le sol sur une surface conséquente et à bonne profondeur. Mais à moins de réaliser une construction en dur, la création du bassin proprement dit est à la portée de tous. Quant à son entretien, c'est plutôt un vrai plaisir…

▲ Pour les grandes pièces d'eau, le meilleur rapport qualité/prix est obtenu avec les bâches plastiques ou « liners ».

 astuce Truffaut — Lors de la préparation du terrain, veillez à ce qu'il ne reste pas de caillou pointu qui risquerait de percer les parois du bassin. Tapissez toutes les parties de la fouille avec un feutre jardin pour une bonne protection.

▲ Le liner doit bien déborder sur le pourtour du bassin.

Les bassins « liners »

Pour la création d'un bassin, l'utilisation d'un film souple (nommé aussi « liner ») est de plus en plus fréquente, tant par les professionnels que par les jardiniers amateurs. Son faible coût et sa facilité d'installation sont ses principaux atouts. Les bâches sont proposées en pièces rectangulaires prédécoupées ou au mètre, à partir de grands rouleaux de 4 à 8 m de large. Toutes les réalisations sur mesure sont également pos-

▼ La mise en place des poissons est un grand moment.

◄ Il est préférable de sceller la margelle avec du béton.

sibles, les fabricants soudant alors plusieurs morceaux pour obtenir la surface désirée. Un liner pèse de 1 à 1,5 kg au m². Dans le cas d'une grande pièce d'eau, l'aide de plusieurs personnes est nécessaire pour le porter. Choisissez un modèle de 0,5 mm d'épaisseur pour un petit bassin, de 1 mm pour une surface moyenne et de 1,5 mm sur terrain caillouteux ou pour les grandes étendues d'eau de plus de 100 m². Pour connaître la surface totale de bâche nécessaire, mesurez la longueur et la largeur, en rajoutant à chaque fois 30 cm, en prévision des rebords de fixation sur le pourtour. Multipliez ensuite ces dimensions pour obtenir la surface à plat. Pour tenir compte du volume (surface creuse), mesurez la profondeur maximale du bassin que vous multipliez par la surface plane. Sur le plan pratique, arrondissez toujours à la valeur supérieure. Additionnez les deux résultats et vous avez enfin la bonne superficie à acheter. Par exemple pour un bassin de 4 m de long, 3 m de large et 50 cm de profondeur dans la partie la plus basse, vous

La création et l'entretien

obtenez : (4 + 0,30) x (3 + 0,30) = 14,19 m² (surface plate) et 14,19 x 0,5 = 7,09 m² (surface creuse), ce qui donne un besoin théorique de 14,19 + 7,09 = 21,28 m², soit en pratique 22 m². Si vous n'achetez pas une bâche sur mesures, c'est la longueur et la largeur qui comptent, sans oublier la profondeur. Pour obtenir une mesure pratique, il suffit d'additionner la longueur, deux fois la plus grande profondeur et deux fois le rebord, soit : 4 + 0,30 + 0,30 + 0,50 + 0,50, égal à 5,6 m de long ; et 3 + 0,30 + 0,30 + 0,50 + 0,50, égal à 4,60 m de large. Vous devez par conséquent acheter un morceau de 5 m de longueur, coupé dans un rouleau de 8 m de large. Cela fait une chute importante, mais c'est une contrainte imposée par la standardisation. Dans ce cas précis, vous pourrez agrandir le bassin, ce qui est toujours une bonne chose. Achetez aussi un feutre de protection en fibre non tissée imputrescible, de la même dimension.

À l'aide d'une cordelette et de piquets, délimitez sur le sol le périmètre extérieur du bassin et de ses berges. Creusez une fosse en respectant le contour tracé. Les parois du trou doivent être légèrement inclinées vers l'extérieur. Créez des paliers de 35 à 40 cm de large, à différentes profondeurs adaptées aux espèces que vous souhaitez cultiver.

Ôtez les pierres, les racines et tous les objets tranchants susceptibles d'abîmer la bâche. Vérifiez en plusieurs endroits l'horizontalité des bords, avec un niveau à bulle posé au centre d'une grande planche soutenue par les rebords du bassin. Déposez une couche d'environ 5 cm de remblai (sable ou terre fine) sur le fond et les parois, puis passez un rouleau pour tasser le tout. Recouvrez et tapissez toute la surface (fond et parois) avec plusieurs épaisseurs de papier journal ou mieux, un feutre non tissé. Dépliez la bâche et tendez-la du mieux que vous pouvez. La présence de plis est inévitable. Remplissez avec un tuyau d'arrosage placé au centre de la bâche. Sous le poids de l'eau, le « liner » se

> **UN BASSIN PRÉFABRIQUÉ**
>
> Légers, très faciles à manipuler, ces bassins, le plus souvent en polyester, offrent une bonne résistance aux chocs. Totalement imputrescibles, résistant au gel et aux rayons ultraviolets, ils sont proposés sous diverses formes, le plus souvent irrégulières et dans des dimensions toujours limitées. La finition la plus discrète est celle qui imite la pierre. La pose est similaire à celle des « liners ». La première étape consiste à creuser une forme qui va contenir toute la structure. Prévoyez une largeur d'environ 15 cm de plus que la dimension du bassin. Pensez à placer un bon lit de drainage de 15 cm de cailloux, en cas de débordement du bassin ou pour le vidanger facilement. Couvrez d'un feutre qui va servir d'amortisseur. Posez le bassin, en vérifiant l'horizontalité. Remplissez.
>
>  ▲ *Stabilisez le fond de la forme.*
>
>  ▲ *Les bassins sont bien posés.*

met progressivement en place, en épousant toutes les formes du trou. Attendez quelques jours avant de fixer la berge en enterrant le rebord de la bâche dans une petite tranchée. Une margelle de pierres, de dalles ou de traverses de chemin de fer va dissimuler la bâche, tout en la protégeant du piétinement. Prévoyez toute la tuyauterie nécessaire pour vidanger le bassin avant de l'installer définitivement.

Un bassin en béton

Le béton offre l'avantage d'une grande longévité. Mais ce revêtement est sensible aux brusques changements de température qui provoquent des dilatations. Ces dernières sont à l'origine de l'apparition de fissures, ainsi que les mouvements naturels du terrain, fréquents en période de sécheresse. Prévoyez une armature solide de la structure pour atténuer ces problèmes.

La réalisation d'un bassin en maçonnerie représente un investissement assez lourd. Une épaisseur minimale de 10 à 15 cm de béton armé est indispensable pour assurer une bonne résistance à la forte pression exercée par l'eau. Pour la réalisation d'un petit bassin, une bétonnière électrique est suffisante. La construction d'une grande pièce d'eau (une surface de plus de 15 m²) exige une livraison par camion malaxeur. Tout le bassin doit être coulé en un seul bloc dans un coffrage de bois, les raccords étant toujours des sources de fuites ou de fissures. La masse de béton est rapidement mise en place, parce que la prise est rapide (de 2 à 5 heures maximum). Il est pratique d'utiliser du béton à projeter. Prévoyez un joint de dilatation en résine pour un bassin dépassant 5 m de largeur. Comptez trois semaines pour que le béton durcisse et sèche. Rincez plusieurs fois avant de remplir. Vidangez totalement après quelques jours et rincez encore. Procédez ensuite aux plantations et au remplissage définitif.

Le béton convient aux bassins de formes géométriques. ▶

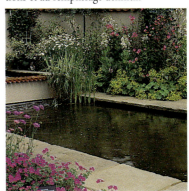

273

Les points forts du jardin

▼ Ramassez les feuilles mortes qui souillent le bassin.

L'entretien du bassin

Le milieu aquatique de la pièce d'eau artificielle est très sensible aux variations de l'environnement. Un entretien régulier au fil des saisons s'avère indispensable. Il ne s'agit pas de tâches bien compliquées, hormis le nettoyage complet avec vidange, qui est quasiment inutile si l'équilibre biologique est bien entretenu.

La filtration
Le filtre immergé (à charbon actif ou laine de perlon) a une action mécanique. Il nettoie en retenant les particules organiques en suspension dans le milieu liquide. Il brasse l'eau, favorisant son oxygénation et la régulation de sa température. Utilisez ce système pour les bassins de moins de 20 m^3. Certains modèles assurent une filtration biologique. Les déchets d'origine animale ou végétale sont transformés en substances assimilables par les plantes grâce à un support de filtration qui contient des bactéries. Choisissez un modèle qui permette la filtration de la totalité de l'eau du bassin en trois heures au maximum.

L'aération
Si vous constatez que les poissons restent en surface et viennent happer de l'air, l'eau de votre bassin doit être insuffisamment oxygénée. Ceci peut résulter d'un échauffement excessif de l'eau, d'une surpopulation de poissons, d'une pollution accidentelle, d'une prolifération d'algues ou d'un manque de plantes oxygénatrices. La présence d'un jet d'eau, d'une fontaine ou d'une cascade, actionnés par des pompes, est un bon moyen d'apporter de l'oxygène en permanence.

La destruction des algues
Un fort ensoleillement et une teneur élevée de l'eau en matières organiques, provoquent l'apparition des algues. D'aspect filamenteux, elles recouvrent les végétaux aquatiques et forment une mousse verdâtre flottante. L'utilisation d'un algicide résout provisoirement le problème mais la cause de la prolifération n'est pas éliminée. Ôtez les touffes d'algues, à la main ou avec un râteau. Limitez le nombre des poissons.

◀ En fin de saison, éliminez les plantes non rustiques.

Nourrissez-les sans excès. Installez une filtration puissante. Augmentez aussi le nombre de plantes oxygénatrices.

L'hivernage
Au début de l'automne, retirez les végétaux non rustiques pour les mettre sous abri chauffé (*Pitsia stratiotes*, jacinthe d'eau, etc.). Sur la berge, installez un épais paillis sur les souches de plantes fragiles (gunnéra, canne de Provence) après les avoir rabattues très court. Arrêtez tous les jeux d'eau. Le filtre extérieur, les pompes et la tuyauterie, qui restent en place toute l'année, doivent être isolés du gel. Quand la surface du bassin gèle, versez un peu d'eau chaude pour faire quelques trous dans la glace. Cela va favoriser l'oxygénation de l'eau. La couche glacée ne doit pas être brisée violemment car cela effraie les poissons. Par précaution, installez à la surface de l'eau un fagot de branches ou des bouteilles de plastique à demi remplies pour atténuer la pression exercée par la glace contre les parois du bassin. Ne nourrissez les poissons, en très faibles quantités, que pendant les périodes hors gel.

Le nettoyage
Pendant la belle saison, surveillez et taillez les plantes envahissantes. Ôtez les fleurs fanées. Éliminez les lentilles d'eau avec une épuisette ou une fourche recouverte d'un grillage à mailles très fines. Enlevez les fragments de végétaux morts tombés dans l'eau. À l'automne, tendez un filet fin au-dessus d'un petit bassin pour retenir les feuilles provenant des arbres voisins.

Les apports d'eau
L'eau du bassin s'évapore constamment et les plantes en puisent une quantité non négligeable au printemps et en été. Quand le point d'eau n'est pas alimenté par une source ou une fontaine, procédez à des ajustements réguliers, par petites quantités,

La création et l'entretien

pour ne pas modifier la température du milieu aquatique. L'idéal est d'installer un compensateur de niveau, avec flotteur qui permet des remises à niveau automatiques. Il se branche directement sur une arrivée d'eau et se dissimule parmi les plantes.

La vidange

Lors de la construction d'un bassin en dur, prévoyez un système de vidange afin de pouvoir nettoyer les parois une fois par an ou de le vider en hiver pour éviter les risques de gel. La vidange est exceptionnelle pour les pièces d'eau de plus de 20 m³. Elle est obligatoire quand on constate une pollution importante ou une fuite d'eau. Vidangez les « liners » tous les cinq ans pour effectuer un grand nettoyage. Si votre bassin n'a pas de bonde, utilisez une pompe. Certains modèles supportent une eau chargée en matières organiques. Ils sont recommandés pour les bassins au fond vaseux. Maintenez la crépine d'aspiration à 10 cm de la couche de vase pour éviter qu'elle se bouche.

Le curage

Sa fréquence dépend de la dimension de la pièce d'eau. Un petit bassin s'encrasse plus rapidement. Dans un étang, il faut une quinzaine d'années pour accumuler 50 cm d'épaisseur de vase sur le fond. Réalisez le grand nettoyage de la pièce d'eau en automne, la vie aquatique, très active au printemps, sera moins perturbée. Vidangez jusqu'à ce qu'il ne reste plus que quelques centimètres d'eau, puis transférez les poissons et les plantes aquatiques dans un bassin provisoire rempli avec l'eau vidangée (par exemple une bâche maintenue par des parpaings). Nettoyez ensuite les parois de votre bassin à l'aide d'une brosse non abrasive, une pelle en plastique et un jet d'eau. Éliminez la vase en excès (laissez 20 cm d'épaisseur) et replantez. Vérifiez l'état du matériel immergé. Ensuite, remplissez et laissez reposer l'eau dix jours avant de réintroduire les poissons dans le bassin.

Le changement de terre

Profitez d'une vidange du bassin pour changer le substrat installé sur le fond et rempoter les plantes installées dans des contenants. Renouvelez le sol dès que les végétaux présentent une croissance et une floraison plus réduites.

▶ Immersion directe d'un nénuphar en conteneur ajouré.

▼ La technique de plantation au centre du bassin.

LA PLANTATION

Elle s'effectue en avril et en mai. Prévoyez une couche de substrat de 20 cm de profondeur au fond ou sur les berges. Il s'agit d'un mélange à parts égales de bonne terre argileuse, de terreau et de tourbe, additionné d'un engrais organique à décomposition lente. Évitez la présence de matière organique non décomposée, qui provoquerait la pollution de l'eau. Installez les plantes en respectant la hauteur d'immersion et les distances d'écartement spécifiques pour chaque espèce. Les plantes aquatiques oxygénantes peuvent être installées dans des paniers ou déposées en bottes de quelques tiges lestées avec un caillou au fond du bassin. Cultivez les espèces non rustiques dans des pots afin de pouvoir les mettre à l'abri du froid en hiver. La plantation des nénuphars dans des contenants individuels ajourés permet de contrôler et de limiter leur croissance. Posez le rhizome à plat et recouvrez-le avec cinq centimètres de substrat en laissant dépasser le bourgeon terminal. Couvrez la surface du pot avec un lit de graviers pour éviter de troubler l'eau avec la terre. Dans un grand plan d'eau naturel, entourez le rhizome du nénuphar avec une plaque de gazon qui va lui servir de premier substrat. Lestez avec une pierre et immergez le tout à l'emplacement choisi.

▼ Un drainage de billes d'argile.

▼ La mise en place dans le panier.

▼ Un grillage pour maintenir la terre.

Les points forts du jardin

LES PLANTES DU BORD DES BASSINS

jardin d'agrément

Ces plantes qui aiment avoir les pieds dans l'eau ne supportent pas une immersion importante, tout au plus 10 cm de profondeur. Elles peuvent aussi être cultivées en pleine terre au jardin, en sol humide.

Acorus calamus
ACORE

Cette plante asiatique s'est bien naturalisée en Europe. La touffe aux longues feuilles vertes pointues atteint 60 à 80 cm de haut. Les épis de fleurs vert rosé apparaissent en juillet et en août.
Famille : Aracées.
Espèces et variétés : 'Variegatus' a des feuilles caduques panachées de blanc crème. *Acorus gramineus* a l'aspect d'une petite touffe d'herbe de 20 à 35 cm de haut. Sa rusticité est très limitée.
Sol et exposition : humide, en plein soleil.
Soins et entretien : repiquez *Acorus gramineus* dans des pots, plus larges que hauts, pour les hiverner aisément en serre froide, à l'abri du gel.
Un bon conseil : plantez trois ou cinq pieds à la fois en formant un petit massif plus décoratif.

 Acorus calamus 'Variegatus' : des feuilles panachées.

Butomus umbellatus
JONC FLEURI

On dirait une touffe d'herbe aux feuilles vert vif, fines et coupantes, de 60 cm à 1 m de haut. De juin à août, les ombelles de petites fleurs roses sont portées par de grandes tiges rigides.
Famille : Butomacées.
Espèces et variétés : le genre *Butomus* ne comprend que l'espèce *umbellatus*.
Sol et exposition : terre riche et profonde assez compacte, toujours humide, en plein soleil.
Soins et entretien : le jonc fleuri devient vite envahissant. Quand il est cultivé en pot ou dans une petite poche de terre, divisez la touffe chaque année et replantez les éclats dans un nouveau substrat, enrichi de fumier décomposé et d'engrais.
Un bon conseil : cette espèce se développe mieux quand elle reste toujours immergée.

Carex
LAÎCHE

Les carex ressemblent à des touffes d'herbes un peu raides. Les feuilles fines et allongées ont des bords coupants. Les fleurs minuscules sont regroupées en inflorescences ramifiées.
Famille : Cypéracées.
Espèces et variétés : *Carex pendula* forme une touffe de 1,5 m de hauteur. *Carex muskingumensis* a un fin feuillage vert clair de 70 à 80 cm. *Carex pseudocyperus* ne dépasse pas 50 à 60 cm. Touffu, *Carex riparia* 'Variegata' a un feuillage vert clair, rayé d'une bande blanche centrale. Hauteur 50 cm.
Sol et exposition : terre argileuse à tendance acide, toujours humide, sans être continuellement immergée. Emplacement ensoleillé.
Soins et entretien : plantez chaque espèce par groupe de trois sujets au minimum. Ces végétaux vigoureux aux racines traçantes sont envahissants. Au printemps, éliminez le feuillage desséché.
Un bon conseil : les carex conviennent très bien dans un jardin sauvage avec des iris aquatiques.

Equisetum arvense
PRÊLE

Cette plante vivace au port rigide se trouve dans les terrains humides d'Europe. De 30 à 40 cm de hauteur, les tiges fines et cylindriques se ramifient à leur extrémité supérieure, ce qui donne

 Butomus umbellatus : élégance et légèreté.

276

un aspect plumeux très décoratif à la touffe. La floraison insignifiante se prolonge tout l'été.
Famille : Équisétacées.
Espèces et variétés : *Equisetum camtchatcense* est la plus grande espèce cultivée. Elle forme une touffe de tiges vert mat avec des anneaux noirs. De 1,50 à 1,80 m de hauteur. *Equisetum hyemale* et *japonicum* diffèrent par la hauteur (de 80 à 100 cm pour la première, un peu plus pour la seconde). *Equisetum scirpoides* est une miniature de 10 à 15 cm de haut, très tapissante. *Equisetum fluviatile* vit immergé.
Sol et exposition : une bonne terre de jardin enrichie de fumier décomposé et de terreau de feuilles, maintenue constamment humide, en plein soleil.
Soins et entretien : la prêle des champs est envahissante et difficile à éliminer quand elle s'est installée. Les autres espèces ont un développement plus limité. La croissance est toujours très lente la première année. La multiplication s'effectue au printemps, par division des touffes.
Un bon conseil : les prêles ornementales se cultivent beaucoup mieux dans un pot large, posé sur une soucoupe remplie d'eau en permanence.

Iris ensata
IRIS JAPONAIS

Synonyme : *Iris kaempferi*. Originaire du Japon, de Mandchourie et de Corée, cet iris vivace et vigoureux forme une touffe de 60 cm à 1 m de hauteur. Ses feuilles sont vertes, très droites, effilées, à l'extrémité pointue. Floraison abondante dans les tons bleus en juin et en juillet.
Famille : Iridacées.
Espèces et variétés : les horticulteurs japonais ont obtenu une multitude de variétés aux grandes fleurs aplaties, unicolores, striées ou en différents mélanges de tonalités. La gamme des coloris comprend le blanc, le bleu, le violet, le rose, le lilas et le pourpre, avec une touche de jaune vif au cœur des fleurs, simples ou doubles.
Sol et exposition : terre acide, avec un pH compris entre 5 et 6,5. Humidité constante du début du printemps jusqu'à la fin de l'été. En hiver, le terrain doit sécher pour éviter la pourriture des racines. Emplacement très ensoleillé de préférence.

Soins et entretien : plantez en groupes d'au moins trois pieds d'une même variété en juillet. Faites un apport copieux de tourbe, de terre de bruyère et de fumier bien décomposé, et mélangez-le soigneusement au sol. Le rhizome doit être recouvert de 4 à 5 cm de terre. La culture dans un pot d'un diamètre minimal de 20 cm permet de déplacer facilement ces iris pour répondre à leurs besoins en eau, qui diffèrent d'une saison à l'autre. Chaque année, au printemps, enfouissez un engrais complet au pied de la touffe. Divisez tous les quatre ans.
Un bon conseil : protégez la plante pendant le premier hiver, en couvrant le pied avec une couche épaisse de paille ou d'écorce de pin.

Typha minima
PETITE MASSETTE

Cette plante vivace à l'aspect de petit roseau est originaire du centre et du sud-est de l'Europe. Le feuillage rubané vert clair, de 45 à 75 cm de hauteur, est fin et allongé, assez abondant. En juin et en juillet, les inflorescences en forme de boules globuleuses de 2 à 3 cm de diamètre se dressent au-dessus des feuilles.
Famille : Typhacées.
Espèces et variétés : *Typha latifolia* est une espèce massive, d'environ 1,50 à 2,50 m de haut. Très vigoureux, il se développe vite, au point de coloniser rapidement les berges de la pièce d'eau. Installez-le au bord d'un grand bassin ou d'un étang. Il existe une forme au feuillage finement strié de blanc, 'Variegata', superbe et moins envahissante.
Sol et exposition : terre riche, compacte, humifère et profonde, en plein soleil.
Soins et entretien : plantez des fragments de rhizomes montrant une jeune pousse, au printemps, en enterrant très peu les racines. La distance de plantation est de 50 à 90 cm pour *Typha latifolia*, et de 20 à 30 cm pour *Typha minima*. Ce sont des plantes solides, rarement malades à diviser tous les trois ans.
Un bon conseil : sensibles au froid, les racines de *Typha minima* doivent toujours être recouvertes par au moins 10 cm d'eau en hiver.

Typha minima : un roseau nain très gracieux. ▶

▲ *Carex riparia* 'Variegata' : en souplesse et en finesse.

▲ *Equisetum arvense* est très envahissant.

▲ *Iris kaempferi* : des fleurs d'une rare beauté.

Les points forts du jardin

LES PLANTES DE BASSINS PEU PROFONDS

Immergées de 10 à 30 cm, ces plantes conviennent aux petites pièces d'eau et aux bassins préfabriqués. Elles doivent être placées près des berges, où elles prospèrent avec vigueur quand le soleil est au beau fixe.

Eichhornia crassipes
JACINTHE D'EAU

Cette plante aquatique vivace, non rustique, prospère à la surface de l'eau. Les feuilles vert vif et brillantes ont un aspect charnu. Elles sont portées par des tiges courtes et renflées qui servent de flotteurs. Les fleurs bleu lavande sont regroupées en épis dressés, d'environ 8 à 10 cm. Floraison de juin à octobre.
Famille : Pontédériacées.
Espèces et variétés : le genre comprend sept espèces, mais une seule est cultivée en Europe.
Sol et exposition : la jacinthe d'eau ne s'enracine pas dans le sol. L'eau doit être riche en éléments nutritifs pour favoriser la croissance et la multiplication de cette plante, qui se montre très envahissante si elle est exposée en plein soleil.
Soins et entretien : fin mai, placez quelques pieds à la surface de votre bassin. Au début de l'automne, prélevez les plus beaux pieds pour les hiverner en serre (de 13 à 15 °C), dans une caissette remplie de terre humide, placée à exposition très lumineuse.
Un bon conseil : multipliez et rajeunissez la jacinthe d'eau, en détachant les nombreux stolons qui se sont formés sur la plante pendant l'été.

Iris laevigata
IRIS D'EAU

Cet iris est sauvage en Corée et au Japon. Il forme une souche rhizomateuse, toujours immergée. Le feuillage caduc, vert pâle, est très développé et dressé. Il mesure de 50 cm à 1m. Les fleurs simples et très élégantes, de l'espèce type, sont bleu roi. Floraison en juin.
Famille : Iridacées.
Espèces et variétés : 'Variegata' montre un superbe feuillage marginé de blanc pur, très décoratif. Associez-le à 'Alba' et 'Snowdrift', deux variétés aux fleurs blanc pur.
Sol et exposition : terre humifère, neutre à légèrement acide, constamment immergée. Au soleil.
Soins et entretien : de septembre à fin avril, plantez les rhizomes en les écartant de 30 à 40 cm et en les enfouissant sous 4 à 5 cm de terre. Ils ne doivent pas être immergés à plus de 15 cm de profondeur.
Un bon conseil : cet iris atteint son plein développement à partir de la deuxième année seulement.

Iris pseudacorus
IRIS DES MARAIS

Cette plante vivace rustique pousse sur les berges des cours d'eau et des étangs en Europe et en Asie. Le feuillage allongé et pointu, est vert bleuté.

▲ *Eichhornia crassipes.*   *Iris laevigata.* ▼

 Iris pseudacorus : une vigueur exceptionnelle.

278

Hauteur de 80 cm à 1,20 m. Les fleurs simples ont une belle couleur jaune vif. Floraison fin mai et juin.
Famille : Iridacées.
Espèces et variétés : 'Roy Davidson' est jaune vif finement strié de marron. Il dure trois fois plus longtemps que l'espèce sauvage. 'Golden Queen', 'Bastardii' et 'Sulphur Queen' sont jaune primevère.
Sol et exposition : humifère et acide, emplacement bien ensoleillé, pas trop venteux.
Soins et entretien : à la plantation, laissez un espace de 60 cm entre les rhizomes pour la variété 'Roy Davidson', très vigoureuse.
Un bon conseil : la croissance rapide des rhizomes de cet iris permet de l'utiliser pour stabiliser une berge.

Menyanthes trifoliata
TRÈFLE D'EAU

Cette plante vivace aquatique vient des régions tempérées de l'hémisphère Nord. Les feuilles vert foncé brillant se découpent en trois grandes folioles ovales. Hauteur de 20 à 30 cm. Les fleurs blanches et poilues sont réunies en inflorescences compactes, portées par une tige dressée au-dessus de l'eau. Floraison en mai et en juin.
Famille : Ményanthacées.
Espèces et variétés : ce genre ne comprend qu'une seule espèce, *Menyanthes trifoliata*.
Sol et exposition : peu exigeant sur la qualité du substrat, le trèfle d'eau demande une hauteur d'eau maximale de 10 cm. Emplacement très ensoleillé.
Soins et entretien : plantez au printemps, tous les 25 à 30 cm. Le rhizome s'implante et s'étale rapidement. Multiplication par division à l'automne.
Un bon conseil : le trèfle d'eau est utilisé comme plante médicinale. Son rhizome possède des vertus toniques, vermifuges et fébrifuges.

Myosotis palustris
MYOSOTIS AQUATIQUE

Synonyme : *Myosotis scorpioides*. Cette espèce européenne vivace diffère du myosotis des jardins par un port plus lâche et par son mode de vie aquatique. Le feuillage allongé et poilu est persistant. Hauteur de 25 cm. Les minuscules fleurs bleues sont réunies en grappes volumineuses mais légères. Floraison d'avril à juillet.
Famille : Boraginacées.
Espèces et variétés : 'Mermaid' est une amélioration plus compacte, à fleurs bleu profond avec un cœur jaune. 'Alba' est une forme blanche. 'Semperflorens' a une floraison plus longue et un port plus trapu.
Sol et exposition : terre lourde et argileuse, à une profondeur maximale de 10 cm. Soleil ou mi-ombre.
Soins et entretien : la plantation peut être réalisée en avril, mais aussi en septembre ou en octobre. Prévoyez un écartement de 15 cm entre chaque plant. La multiplication s'effectue par semis sur terre humide au printemps et par bouturage des jeunes tiges.
Un bon conseil : ce myosotis se naturalise bien. Laissez-le se ressemer au bord de la pièce d'eau.

Nuphar japonicum
NÉNUPHAR JAUNE

On confond cette espèce aquatique avec les *Nymphaea*, à cause de ses grandes feuilles flottantes en forme de cœur. La floraison en juin et en juillet est moins spectaculaire, avec des petites fleurs (de 4 à 5 cm de diamètre), à l'apparence de gros boutons d'or, dressés au-dessus de l'eau.
Famille : Nymphéacées.
Espèces et variétés : rare, 'Variegata' développe un curieux feuillage vert, éclaboussé de blanc crème. *Nuphar lutea* pousse à l'état sauvage en Europe. Robuste, il supporte une immersion de la souche jusqu'à 1 m de profondeur.
Sol et exposition : terre argileuse et riche, au soleil ou à mi-ombre. Les nénuphars jaunes supportent des eaux froides, légèrement courantes.
Soins et entretien : au printemps, plantez les rhizomes en les immergeant de 20 à 40 cm de profondeur. Disposez les à plat, sous quelques centimètres de terre. Éliminez les feuilles mortes. Pour limiter la croissance, repiquez les plants dans des conteneurs perforés. Prévoyez ensuite des rempotages annuels.
Un bon conseil : le nuphar est très envahissant. Plantez-le dans un grand bassin à la place des nénuphars quand l'ensoleillement s'avère insuffisant.

▲ *Menyanthes trifoliata* : des fleurs finement dentelées.

▲ *Myosotis palustris* : des fleurs bleues très légères.

Nuphar lutea accompagné du petit *Azolla caroliniana*. ▶

Les points forts du jardin

LES PLANTES DE BASSINS PROFONDS

Une hauteur d'eau importante est le meilleur moyen pour obtenir une bonne protection contre le froid. Certaines espèces frileuses deviennent rustiques dans ces conditions. La plantation peut s'effectuer directement dans une couche de terre placée au fond du bassin ou bien en pots.

▲ *Hippuris vulgaris* : un feuillage d'une grande finesse.

▲ *Jussieua grandiflora* : joli, mais très envahissant.

Hippuris vulgaris
PIN AQUATIQUE

Cette plante vivace aquatique cosmopolite, forme des tiges raides, couvertes de feuilles fines, vert vif. Hauteur de 30 à 50 cm.
Famille : Hippuridées.
Espèces et variétés : le genre comprend trois espèces, mais seul *Hippuris vulgaris* est cultivé.
Sol et exposition : appelée aussi « pesse d'eau », cette plante pousse dans n'importe quel substrat. Installez-la dans un bassin ensoleillé ou à mi-ombre.
Soins et entretien : *Hippuris vulgaris* peut vivre immergé. Il joue alors un rôle efficace de plante oxygénatrice. Il n'est pas nécessaire d'introduire plus de deux ou trois plants dans un bassin de surface moyenne, car ils deviennent vite envahissants. Au bord de l'eau, à faible profondeur, la pesse dresse ses tiges en forme de plumet au-dessus de la surface.
Un bon conseil : dans un petit bassin, contenez son développement vigoureux en l'installant dans un panier profondément immergé.

Jussieua grandiflora
OENOTHÈRE AQUATIQUE

Synonyme : *Ludwigia corallina* 'Grandiflora'. Cette plante aquatique florifère est originaire du Pérou. Ses tiges grêles immergées, rouge foncé, portent des feuilles vertes et ovales, brillantes. Les fleurs simples de 3 à 4 cm de diamètre sont de couleur jaune d'or. Elles apparaissent de juillet à octobre.

◀ *Nymphaea* x 'James Bridon' : une superbe floraison.

Famille : Onagracées.
Espèces et variétés : dans un genre comprenant plus de soixante-quinze espèces, *Jussieua grandiflora* est la seule cultivée comme plante de bassin.
Sol et exposition : une bonne terre riche, profonde, avec un emplacement chaud et très ensoleillé.
Culture : elle peut vivre immergée ou au bord de la pièce d'eau. Elle est plus florifère dans cette dernière situation. Si elle résiste aux premiers hivers, elle se montre vite très envahissante.
Un bon conseil : laissez *Jussieua grandiflora* s'étendre librement à la surface de votre bassin. Le plus bel effet décoratif s'obtient avec de grandes touffes tapissantes, toujours couvertes de fleurs.

Nymphaea x
NÉNUPHAR HYBRIDE

C'est la plus célèbre des plantes de bassin. Ses rhizomes solidement enracinés émettent des feuilles flottantes en forme de cœur. Les grandes fleurs en coupe sont portées à l'extrémité de tiges creuses plus ou moins longues selon les variétés. Floraison de mai à fin septembre.
Famille : Nymphéacées.
Espèces et variétés : les fleurs simples ou doubles peuvent être blanches, jaunes, roses, rouges ou bleues. On classe les nénuphars selon leur développement, en Grands, Moyens, Petits et Miniatures. On distingue également le groupe des nymphéas dits Exotiques, qui redoutent le gel hivernal et dont certaines espèces fleurissent la nuit.
Sol et exposition : tous exigent une terre riche, fertile et le plein soleil pour pouvoir fleurir.
Soins et entretien : un nénuphar miniature se

Les plantes de bassins profonds

contente de 15 à 30 cm d'eau et convient à un bassin de 1 m². Une grande variété exige une profondeur minimale de 90 cm et une surface de plus de 2 m² pour étaler son large feuillage. Plantez au printemps, au fond du bassin ou dans des pots ajourés. Il faut rempoter tous les trois ans. La multiplication s'effectue en avril et en mai, par sectionnement des gros rhizomes, chaque tronçon ayant un bourgeon. Les hybrides non rustiques doivent être mis en place de fin mai à début juin. Au début de l'automne, récupérez les rhizomes et conservez-les sous abri à 10 °C, dans du sable maintenu toujours humide.

Un bon conseil : une bonne clarté de l'eau facilite le passage de la lumière et son réchauffement rapide. C'est le gage d'une floraison plus précoce.

Pontederia cordata
PONTÉDÉRIE

Cette plante vivace aquatique forme de larges touffes aux feuilles vert vif en forme de fer de lance, portées par des tiges robustes de 50 cm à 1 m de hauteur. Tout l'été, de grands épis de fleurs bleues se dressent parmi le feuillage.

Famille : Pontédériacées.

Espèces et variétés : 'Alba' offre une spectaculaire floraison blanche. 'Angustifolia' a des feuilles étroites et des fleurs plus petites, d'un beau bleu soutenu.

Sol et exposition : une bonne terre argileuse, sous 20 à 40 cm d'eau, en plein soleil.

Soins et entretien : la plantation s'effectue au printemps, en pot ou en pleine terre, en distançant les pieds de 30 à 40 cm. La croissance est rapide. Rempotez tous les deux à trois ans. Multiplication en avril ou en mai par division de la touffe.

Un bon conseil : la pontédérie préfère les eaux stagnantes ou à faible débit.

Potamogeton natans
POTAMOT

Cette plante aquatique vivace porte un feuillage brillant, ovale, vert teinté de bronze, qui s'étale à la surface de l'eau. La floraison, discrète et en petits épis verdâtres, apparaît de juin à août.

Famille : Potamogétonacées.

Espèces et variétés : ce genre comprend cent espèces aquatiques cosmopolites, souvent non rustiques et cultivées comme plantes d'aquarium.

Sol et exposition : plantez dans une terre ordinaire de jardin assez compacte, sous 30 cm à 1 m d'eau et en situation ensoleillée.

Soins et entretien : composez un massif aquatique harmonieux en associant des potamots, des renoncules aquatiques et des *Aponogeton distachyus*, très florifères. Évitez la proximité des grands nénuphars qui peuvent étouffer la touffe de *Potamogeton*.

Un bon conseil : les poissons apprécient l'ombre protectrice créée par les feuilles du potamot, sous lesquelles ils passent de longues heures. C'est une plante à utiliser dans tous les bassins « habités ».

Sagittaria sagittifolia
SAGITTAIRE

Le feuillage de cette plante aquatique européenne varie selon son immersion. Les feuilles aériennes et flottantes ont une forme de fer de lance. Celles qui sont immergées prennent un aspect rubané et allongé. Hauteur de 30 à 80 cm. Les fleurs simples sont blanches avec des étamines marron-rouge. Floraison de juin à août.

Famille : Alismacées.

Espèces et variétés : *Sagittaria japonica* 'Flore Pleno' forme une grande plante d'environ 50 à 70 cm de haut, splendide quand elle produit à la fin de l'été ses grappes de fleurs blanc pur en forme de petits pompons. En hiver, le feuillage disparaît et la plante subsiste à l'état de bulbe. *Sagittaria latifolia* a des feuilles ovales, plus allongées que *sagittifolia*.

Sol et exposition : placez les tubercules ou les plants dans une terre fertile et profonde, sous 15 à 50 cm d'eau. Un emplacement ensoleillé est préférable.

Soins et entretien : la plantation s'effectue de mars à avril, quand les tubercules sont dormants. Il faut les enfoncer dans le sol, à 5 cm de profondeur, en prenant soin de ne pas abîmer les pousses qui pointent. Prévoyez un pied tous les 30 à 40 cm.

Un bon conseil : cette belle plante mérite une plantation en isolé, au bord d'une grande pièce d'eau.

Sagittaria sagittifolia : des feuilles en fer de lance. ▶

▲ *Nymphaea odorata* 'Sulphurea Grandiflora' est frileux.

▲ *Pontederia cordata* : une floraison d'un bleu intense.

Les points forts du jardin

LES PETITES PLANTES DE BERGES

Appréciant les sols très humides, mais ne supportant pas de se trouver immergées en permanence, ces plantes poussent très bien sur le bord des bassins qui débordent de temps en temps. D'une hauteur inférieure à un mètre, elles sont surtout utilisées en grandes touffes assez compactes.

Astilbe x *arendsii*
ASTILBE

Les astilbes proposées dans les jardineries sont des hybrides d'une hauteur de 60 à 90 cm. Le feuillage léger est divisé en de nombreuses folioles ovales vert foncé. Les minuscules fleurs sont groupées en panicules d'environ 15 à 35 cm de haut qui s'épanouissent de juin à août.
Famille : Saxifragacées.
Espèces et variétés : les fleurs déclinent toutes les teintes de blanc, de rose ou de rouge. Il existe plus d'une centaine de variétés, avec des formes naines, comme *Astilbe chinensis* 'Pumila' (30 cm de haut), ou gigantesques telles que *Astilbe grandis* et *Astilbe davidii*, qui peuvent dépasser 2 m.
Sol et exposition : terre profonde, fertile, toujours humide, en plein soleil ou à mi-ombre.
Soins et entretien : la plantation se fait d'octobre à avril. Arrosez en été pour maintenir le sol toujours frais. En octobre, quand le feuillage a jauni, rabattez les tiges au ras du sol. En avril, apportez une bonne couche de fumier décomposé au pied de la souche.
Un bon conseil : les touffes âgées ont tendance à moins fleurir. Divisez les gros pieds tous les trois ans, de préférence au début de l'automne.

▲ *Astilbe x arendsii* 'W. Reeves' : des plumets gracieux.

Caltha palustris
POPULAGE DES MARAIS

Également appelée « souci d'eau », cette plante européenne de 30 à 40 cm de hauteur, présente un feuillage rond, vert brillant, qui se développe après la floraison. Les nombreuses fleurs ont l'apparence de boutons d'or et apparaissent en avril et en mai.
Famille : Renonculacées.
Espèces et variétés : les fleurs de *Caltha palustris* 'Alba' sont blanches avec un bouquet d'étamines jaunes au centre. *Caltha palustris* 'Multiplex' a des grosses fleurs doubles jaune vif, très spectaculaires. *Caltha polypetala* mesure de 60 à 80 cm. Les fleurs simples jaune vif sont très grandes.
Sol et exposition : installez le populage dans une terre neutre ou acide, humifère et toujours humide. Une légère immersion des tiges (jusqu'à 5 cm de profondeur) est bien supportée. Choisissez un emplacement ensoleillé ou à mi-ombre.
Soins et entretien : plantez au printemps, à raison d'un pied tous les 25 à 30 cm de distance.
Un bon conseil : cette belle plante est sensible à l'oïdium, maladie favorisée par un été chaud et sec. Coupez régulièrement les feuilles atteintes.

Houttuynia cordata
PLANTE CAMÉLÉON

Originaire de Chine et du Japon, cette vivace herbacée forme une belle touffe aux reflets vert bleuté. Les feuilles en forme de cœur sont portées par des tiges rouge vif. Les minuscules fleurs regroupées en petits cônes dressés ont quatre grandes bractées blanches à la base.
Famille : Saururacées.
Espèces et variétés : le genre ne comprend qu'une seule espèce, mais on trouve deux variétés couramment cultivées. *Houttuynia cordata* 'Plena' présente des fleurs doubles blanches. 'Chameleon' est recherché pour son curieux feuillage multicolore,

◄ *Caltha palustris* : une plante vigoureuse et florifère.

jardin d'agrément

Les petites plantes de berges

teinté de vert, de jaune et de rouge plus ou moins vif selon la luminosité de l'exposition.

Sol et exposition : terre humifère riche et compacte, profonde, toujours bien humide. Une immersion permanente sous 5 cm d'eau est possible. Emplacement ensoleillé à légèrement ombragé.

Soins et entretien : plantez au printemps ou en automne, en espaçant les plants de 20 à 30 cm. Placez les rhizomes à plat, en les enterrant sous 5 à 10 cm de terre. Peu exigeante, cette plante a tendance à devenir un peu envahissante à la longue.

Un bon conseil : utilisez la plante caméléon en couvre-sol, très utile pour fixer une berge.

Lysichitum americanum
ARUM BANANIER

Synonyme : *Lysichiton americanum*. Les fleurs de cette belle plante vivace d'Amérique du Nord apparaissent avant le feuillage, en avril et en mai. Elles ont la forme des inflorescences de l'arum sauvage, mais avec une splendide couleur jaune d'or. Les feuilles ovales vert vif atteignent des dimensions imposantes, avec une hauteur de 80 cm à 1,20 m.

Famille : Aracées.

Espèces et variétés : *Lysichiton camtschatcense* se distingue par sa floraison blanc pur.

Sol et exposition : installez ces plantes dans une terre profonde, riche, humifère, maintenue toujours humide. Emplacement ensoleillé ou à mi-ombre.

Soins et entretien : repiquez les jeunes plants entre avril et juin, en respectant un écartement minimum de 60 cm. Évitez de casser la motte pour ne pas abîmer les racines fragiles. Choisissez bien son emplacement, le *Lysichitum* n'aime pas être déplacé.

Un bon conseil : soyez patient, la floraison n'apparaît qu'après deux à trois ans de culture.

Primula japonica
PRIMEVÈRE CANDÉLABRE

Cette espèce japonaise forme une petite rosette étalée de feuilles allongées vert clair. De mai à juillet, les fleurs apparaissent en inflorescences lâches sur de grandes hampes florales droites, dressées au-dessus du feuillage. Hauteur de 40 à 60 cm.

Famille : Primulacées.

Espèces et variétés : il existe un grand nombre de variétés aux fleurs blanches : 'Alba', 'Postford White', roses ('Rosea') ou rouges ('Miller's Crimson').

Sol et exposition : terre humifère, légère, neutre ou acide, toujours fraîche ou humide au printemps et en été. Cette primevère ne doit jamais être immergée. Emplacement ensoleillé ou à mi-ombre.

Soins et entretien : avant la plantation, enrichissez le sol avec du fumier décomposé et du terreau de feuilles. Prévoyez un pied tous les 20 à 30 cm. Après floraison, coupez les hampes florales à la base, pour éviter la formation de graines qui épuisent la plante.

Un bon conseil : plantez un groupe d'au moins cinq ou six pieds de primevères japonaises pour obtenir un effet de masse plus décoratif.

Trollius europaeus
TROLLE D'EUROPE

Cette plante herbacée vivace est indigène. Ses feuilles vert foncé sont rondes et très découpées en lobes dentés. Hauteur de 60 à 80 cm. Les fleurs globuleuses ressemblent à celles du bouton d'or, mais elles sont plus grosses.

Famille : Renonculacées.

Espèces et variétés : l'aspect général des nombreux trolles hybrides, obtenus à partir de *Trollius europaeus* et *Trollius chinensis*, est assez proche. Seuls le nombre de pétales et la couleur des fleurs varient. 'Etna' et 'Orange Princess' ont une floraison orangée, celle de 'Canary Bird' est jaune pâle. *Trollius chinensis* (ou *Trollius ledebourii*) a de grandes fleurs très ouvertes, non globuleuses.

Sol et exposition : une bonne terre de jardin, bien fraîche surtout au printemps et en été. Évitez la moindre sécheresse qui provoque un arrêt immédiat de la végétation. Emplacement au soleil ou à mi-ombre.

Soins et entretien : plantez au printemps ou à l'automne, en espaçant les plants de 30 à 40 cm. Arrosez fréquemment par temps chaud et sec.

Un bon conseil : rabattez les hampes florales, dès que les fleurs sont fanées, pour provoquer une seconde floraison à la fin de l'été.

▲ *Houttuynia cordata* 'Chameleon' : des feuilles tricolores.

▲ *Lysichitum americanum* : des spathes spectaculaires.

▲ *Primula japonica* en massif avec des astilbes.

Trollius europaeus 'Lemon Queen' : des fleurs d'or. ▶

Les points forts du jardin

LES GRANDES PLANTES DE BERGES

Destinées à créer un effet spectaculaire ou à envahir le bassin d'une végétation abondante, ces plantes dépassent toutes un mètre de hauteur. Certaines font même figure de géantes, avec une croissance étonnante.

Gunnera manicata
GUNNÉRA

Originaire du Brésil, cette plante vivace atteint 2 à 3 m. Les feuilles caduques vert foncé sont lobées et dentées, portées par des tiges épaisses, épineuses. Les fleurs vertes forment des panicules de 60 cm de haut. La floraison apparaît en avril, en même temps que les premières feuilles.
Famille : Gunnéracées.
Espèces et variétés : *Gunnera tinctoria* (ou *chilensis*) porte des feuilles vert foncé palmées de 1,50 m de diamètre. Ne dépassant pas 10 cm de hauteur, *Gunnera magellanica* est la miniature du genre, avec des feuilles vert foncé arrondies.
Sol et exposition : le gunnéra pousse en terre profonde, drainée, pour développer ses racines puissantes. Le sol doit rester frais en été. Choisissez un emplacement mi-ombragé, à l'abri des gelées.
Soins et entretien : plantez en avril ou en mai, en écartant les pieds de 3 à 4 m. À l'automne, protégez la souche du froid en repliant les feuilles sur elles-mêmes et en couvrant le tout d'un film plastique. Chaque année, au printemps, épandez autour de la plante un lit de fumier décomposé.
Un bon conseil : arrosez copieusement et souvent en été pour éviter le dessèchement des feuilles.

Heracleum mantegazzianum
BERCE GÉANTE

Originaire du Caucase, cette grande vivace a des feuilles vertes découpées et lobées qui atteignent 90 cm. En juillet et en août, les fleurs blanches en ombelles apparaissent sur des tiges cannelées pouvant atteindre 3 m de hauteur.
Famille : Apiacées.
Espèces et variétés : *Heracleum persicum* et *Heracleum pubescens* peuvent rapidement former des touffes de 2 à 3 m de diamètre.
Sol et exposition : installez la berce au soleil, dans une terre profonde, humifère, fraîche en été.
Soins et entretien : plantez au printemps entre 1,20 m et 1,50 m de distance. En automne, rabattez les hampes florales. Chaque année, en mars ou avril, épandez du fumier décomposé autour de la souche.
Un bon conseil : cette plante imposante doit être réservée aux grands jardins sauvages. Ne la laissez pas monter à graines, car elle se ressème facilement.

▲ *Gunnera manicata.*   *Heracleum mantegazzianum.* ▼

Ligularia japonica
LIGULAIRE

Cette belle vivace de 70 à 90 cm de hauteur forme une touffe généreuse de feuillage profondément lobé. Les grandes inflorescences jaunes apparaissent en été et culminent à près de 1,50 m.

◀ *Ligularia stenocephala* 'The Rocket' : des gerbes d'or.

284

Les grandes plantes de berges

Famille : Astéracées.
Espèces et variétés : *Ligularia wilsoniana* aux feuilles arrondies. *Ligularia dentata* 'Desdemona' est pourpre foncé. *Ligularia przewalskii* a un feuillage incisé vert foncé. *Ligularia stenocephala*, 'The Rocket', vert foncé denté, a des épis de fleurs jaunes qui s'élèvent jusqu'à 2 m.
Sol et exposition : terre riche, profonde et humide. Soleil en sol humide, sinon mi-ombre.
Soins et entretien : plantez à l'automne ou au printemps. Prévoyez des tuteurs solides pour les grandes espèces. Apportez du fumier en automne.
Un bon conseil : à la fin de l'hiver, épandez des granulés antilimaces tout autour de la souche.

Lythrum salicaria
SALICAIRE

Venue des régions tempérées de l'hémisphère Nord, cette vivace de 1 m de hauteur forme une touffe de feuillage vert lancéolé, porté par des rameaux ligneux. Les fleurs rouge-pourpre de juin à septembre sont réunies en épis allongés.
Famille : Lythracées.
Espèces et variétés : 'Augenweide' a une belle floraison rouge framboise. 'Robert' est rose carminé. 'Cierge de Feu' forme une touffe imposante qui dépasse 1,50 m. *Lythrum virgatum* est une espèce asiatique aux dimensions plus modestes.
Sol et exposition : la salicaire se contente d'une terre ordinaire si elle est toujours fraîche ou humide. Emplacement ensoleillé ou à mi-ombre.
Soins et entretien : plantez à l'automne ou au printemps, en distançant les plants de 50 à 60 cm. À l'automne, rabattez la touffe au ras du sol.
Un bon conseil : confectionnez des bouquets de longue durée avec les hampes florales.

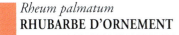
Rheum palmatum
RHUBARBE D'ORNEMENT

Cette plante vivace chinoise développe d'immenses feuilles découpées, vert teinté de rouge pourpré atteignant de 1,50 à 2,40 m de haut. En juin, les gros panicules de 60 cm à 1 m se couvrent de minuscules fleurs roses ou rouges.

Famille : Polygonacées.
Espèces et variétés : *Rheum alexandrae* (de 75 à 90 cm), séduit par son feuillage vert brillant. Ses épis érigés, couverts de grandes bractées crème pendantes, apparaissent en mai. *Rheum* x 'Ace of Hearts' est une variété miniature.
Sol et exposition : terre profonde, fraîche, riche et humifère. Au soleil ou à mi-ombre.
Soins et entretien : plantez à la fin de l'hiver ou à l'automne, à un mètre de distance. Arrosez par temps chaud et sec. Rabattez les hampes florales fanées. Chaque printemps, apportez du fumier décomposé et de l'engrais organique.
Un bon conseil : ces rhubarbes rustiques doivent être laissées en place plusieurs années.

Rodgersia aesculifolia
RODGERSIA

Le feuillage vert bronze luisant de cette grande plante vivace d'origine chinoise évoque celui du marronnier. Le rodgersia forme une touffe massive d'environ 1 m de hauteur. En juin et en juillet, les fleurs étoilées blanches apparaissent groupées en panicules de 30 à 50 cm de long.
Famille : Saxifragacées.
Espèces et variétés : chez *Rodgersia sambucifolia*, les feuilles ressemblent à celle du sureau. Choisissez surtout *Rodgersia pinnata* 'Superba', de taille plus modeste (1 m), qui associe une floraison rose à un splendide feuillage vert bronze. Très vigoureux, *Rodgersia podophylla* a des feuilles marron-chocolat qui virent au vert en été.
Sol et exposition : terre profonde, humifère, fraîche en été. À l'ombre ou à mi-ombre.
Soins et entretien : installez vos rodgersias au printemps, après avoir enrichi le sol avec du fumier bien décomposé et de l'engrais organique. Distance de plantation : environ 1 m. Arrosez très copieusement pendant la belle saison en mouillant le feuillage. Éliminez les tiges florales fanées.
Un bon conseil : évitez le plein soleil et les situations exposées aux vents forts. Soyez patient, il lui faut trois ans pour bien s'installer.

Rodgersia pinnata pousse aussi très bien en sous-bois. ▶

▲ *Lythrum salicaria* adore les lieux humides et frais.

▲ *Rheum palmatum* : une rhubarbe géante.

285

Les points forts du jardin

LA FAUNE AQUATIQUE

jardin d'agrément

L'eau attire la vie. Il suffit d'un tout petit bassin pour que des insectes viennent y pondre et des oiseaux s'y baigner. Observez votre jardin aquatique… Il change d'hôtes à chaque saison. Avec un peu de chance, il deviendra le repaire d'une grenouille et peut-être même d'un couple de canards ou encore d'un héron…

▲ La nette rousse est un très joli canard d'ornement. Elle est capable de s'immerger complètement pour se nourrir.

 astuce Truffaut Si vous désirez peupler votre bassin avec des poissons, achetez-les tous de la même taille. C'est la solution pour que les différentes espèces s'entendent bien ensemble et qu'elles colonisent rapidement tout le plan d'eau.

Quelques jours après la mise en eau de votre bassin, les premiers êtres vivants prennent possession des lieux. Une vie microscopique invisible s'installe. Peu à peu, un équilibre biologique s'établit entre les plantes, les animaux, le milieu aquatique et l'environnement proche. Pour que tout ce monde vive en parfaite harmonie et se développe de façon optimale, certaines précautions doivent être prises. Attention aux dévoreurs de toutes sortes qui, sous des apparences inoffensives, se transforment en calamités difficiles à éliminer ! Avant toute nouvelle acquisition, renseignez-vous sur les mœurs de vos futurs protégés et sur leurs besoins précis en matière d'espace, de qualité d'eau et de nourriture.

▲ Une grenouille des Pyrénées : le discoglosse peint.

■ Les insectes et les invertébrés

Ce sont les premiers hôtes du bassin, qu'ils rejoignent presque toujours par leurs propres moyens. À la surface de l'eau,

◀ La libellule est un prédateur dont la larve est aquatique.

vous pouvez apercevoir des agrions et des libellules vivement colorées. Leurs larves aquatiques limitent le développement des autres insectes, mais elles s'attaquent parfois aux minuscules alevins. Les gyrins, ou « araignées d'eau », se reconnaissent facilement : ils se déplacent sur la surface liquide comme des patineurs. Dans l'eau, les daphnies, minuscules crustacés, servent de nourriture aux poissons. Les nèpes, les notonectes et les dytiques composent une armée de carnivores, bien utiles pour réguler la présence de petits organismes trop prolifiques.
Les plantes aquatiques introduisent sou-

La faune aquatique

vent avec elles des escargots d'eau. Vous reconnaîtrez les planorbes à leur coquille plate et spiralée. Celle des limnées est conique. Ces animaux éliminent les algues et les débris, mais ils se multiplient vite et s'attaquent à la végétation. Mieux vaut ne pas en introduire volontairement.

Les batraciens

Grenouilles et crapauds viennent souvent d'eux-mêmes dans la pièce d'eau. Vous pouvez aussi prélever des œufs ou des têtards dans une mare. Ces hôtes sont très utiles, car ils consomment un grand nombre d'insectes et de vers. Mais ce voisinage peut devenir une véritable nuisance pour vous et vos voisins s'ils prolifèrent trop. À la saison des amours, pendant les belles nuits d'été, les coassements nocturnes des adultes risquent de vous empêcher de dormir, surtout si le bassin est proche de la maison.

Les salamandres et les tritons sont beaucoup plus discrets et difficiles à repérer. Protégés officiellement par la Convention de Washington, ils ne doivent pas être prélevés dans la nature. Si vous avez la chance d'en observer près de votre bassin, sachez que ce sont des animaux précieux dans un jardin car ils consomment des insectes, des limaces et des escargots.

Les reptiles

Dans les jardins sauvages, vous remarquerez parfois des couleuvres. Ne les chassez pas ! Elles sont inoffensives et utiles, éliminant les petits rongeurs ou un excès de grenouilles. Il n'en est pas de même pour la tortue de Floride, qu'il ne faut surtout pas introduire dans une pièce d'eau peuplée de petits poissons. Redoutable carnassière, elle détruirait la faune du bassin. Elle peut en outre s'échapper de votre jardin et causer des dégâts dans les points d'eau naturels voisins. À laisser prudemment dans un terrarium à la maison !

Les oiseaux

Avec une surface de bassin de 10 m^2, il est possible d'élever un couple de canards, choisis parmi les espèces de petite taille comme les mandarins, les nettes, les carolins ou les sarcelles. Végétariens, ils adorent les lentilles d'eau, toujours trop envahissantes. N'oubliez pas de leur donner régulièrement une nourriture d'appoint (granulés, salades, pain, etc.) et de l'eau en hiver. Les canards colverts, les poules d'eau et les cygnes exigent une grande pièce d'eau ou un étang. Ces palmipèdes vivent aussi sur la terre. Prévoyez une clôture pour délimiter un territoire comprenant un coin de pelouse ou d'herbe rase et une zone d'eau, où ils pourront s'ébattre sans risque.

Les mammifères

Les grands bassins, les mares et les étangs hébergent parfois des rats et des ragondins sur leurs rives. Les premiers causent des dégâts importants dans les portées des oiseaux aquatiques. Les seconds ont une activité de terrassier qui peut miner une berge. Il faut les piéger obligatoirement.

▲ Attention : petite tortue deviendra grande.

▲ Le ragondin fait des dégâts dans les berges des étangs.

Le dytique est un insecte aquatique très commun. ▶

LES MEILLEURS POISSONS DE BASSIN

Les rares espèces de poissons pouvant vivre en bassin ont heureusement de nombreuses variétés. Le poisson rouge, ou carassin doré, séduit par sa robustesse, sa petite taille (de

15 à 30 cm) et ses couleurs vives. Par sélection, diverses variétés décoratives ont été obtenues, comme les « Shubunkin ». Évitez celles à très longs voiles ou aux formes bizarres telles que le « Tête de lion » ou le « Bubble Eye », qui conviennent mieux aux aquariums. L'ide mélanote a l'aspect d'un chevaine de rivière. Elle supporte des températures basses et peut vivre une dizaine d'années. Élevez-la en banc de cinq à six

sujets, dans une eau bien oxygénée. Les carpes koï ont deux barbillons situés de part et d'autre des lèvres. Elles mesurent de 40 à 60 cm. Ce sont des poissons colorés, robustes, à croissance rapide, capables de vivre plusieurs dizaines d'années. Sensibles aux variations de température, il leur faut un bassin d'au moins 80 cm de profondeur. Si la température de l'eau baisse sous les 8 °C, il faut cesser de les nourrir.

◀ Il existe des centaines de races de carpes koï, aux couleurs très vives.

Les points forts du jardin

LE JARDIN DE ROCAILLE

Merveille d'harmonie, d'équilibre, de raffinement et d'esthétique, la rocaille est l'expression des caprices les plus fous de la nature. ❧ *Le minéral côtoie le végétal qui cherche à l'envahir dans une impossible conquête. Lutte de la vie contre l'inerte, conquête de la fantaisie sur l'austérité, la rocaille nous offre un monde subtil d'une rare délicatesse. Ne croyez surtout pas qu'il suffise de fleurir un tas de cailloux pour composer une rocaille digne de ce nom.* ❧ *Votre création doit pouvoir recevoir le titre évocateur de jardin alpin, grâce à un juste équilibre entre l'architecture minérale et la parure florale.* ❧ *Pour être réussie, votre rocaille doit s'inspirer de la montagne, l'imiter, et la sublimer en la miniaturisant. C'est un travail qui nécessite de la patience, de la persévérance, du talent, et surtout de la passion.* ❧ *Ici, aucune possibilité de génération spontanée. Les montagnes ont mis des millénaires pour se former et il a fallu encore des siècles et des siècles avant que les premières plantes s'enhardissent sur leurs flancs.* ❧ *Transformés en jardin, l'éboulis de montagne, la prairie alpine, le torrent ou la cascade livrent tous les secrets de leur beauté sauvage si vous parvenez à reconstituer l'apparence faussement chaotique des zones naturelles. Les moindres recoins de roches pourront accueillir des plantes si fines, si tendres, si délicates, qu'elles ne laissent apprécier leur beauté toute simple qu'aux rares privilégiés qui sauront les respecter et les aimer.* ❧ *Le monde des plantes alpines est d'une exceptionnelle richesse, à vous d'en découvrir, dès maintenant, les plus beaux trésors.* ❧

Les points forts du jardin

LA ROCAILLE SOUS TOUTES SES FORMES

jardin d'agrément

Rêve de beaucoup d'amoureux des plantes et du jardin, la rocaille est un petit bijou de raffinement et de subtilité quand elle est bien réussie. C'est aussi le lieu privilégié pour s'adonner à la passion de la collection, et acclimater une foule de plantes aussi rares qu'étranges et délicates. Un jardin pour les vrais passionnés.

astuce Truffaut
Gare au tas de cailloux fleuri qui est souvent le résultat désolant d'une rocaille réalisée avec trop de précipitation. Pour qu'elle soit réussie, il faut absolument utiliser de très gros blocs de pierre et bien les étager.

▲ Un escarpement en bord de mer peut donner naissance à une rocaille exotique, comme ici à l'abbaye de Tresco.

◀ Un filet d'eau, quelques fleurs et la roche s'anime.

Le mot rocaille évoque un univers de petites fleurs précieuses, perdues dans des rochers, le tout, aussi mouvementé qu'un paysage de montagne. Transposé au jardin, cela donne un enchevêtrement souvent sympathique, où le pied cherche un sentier entre des arbustes nains, qui surmontent des tapis colorés au fil des saisons, principalement au printemps. Historiquement, la vogue des rocailles est née au XIXe siècle, avec celle du tourisme de montagne. La découverte puis l'acclimatation des plantes alpines ont déchaîné des passions. Il faut dire que beaucoup de ces fleurs ont des coloris très vifs, et un mélange de robustesse liée à une fragilité apparente qui fait tout leur charme. De plus, la rocaille apparaissait comme le meilleur moyen d'occuper un espace en pente, soit naturel soit créé pour l'occasion.

Première précision : les plantes alpines ne sont pas seulement originaires des Alpes mais occupent en fait l'étage alpin, défini sur tous les massifs montagneux du globe, que ce soit en Amérique comme en Afrique : il y a un étage alpin au Kilimandjaro comme dans l'Himalaya. Les plantes alpines présentent la caractéristique d'être ramassées sur elles-mêmes, d'apprécier le soleil, mais avec une certaine fraîcheur de l'air, et d'aimer le contact des rochers. On retrouve les conditions qui

La rocaille sous toutes ses formes

règnent dans nos Alpes, à partir de 2 000 m d'altitude, quand la forêt cède la place aux pâturages. En fait, les plantes alpines sont les versions montagnardes de beaucoup de plantes de nos prés et de nos chemins. La vie en altitude les a simplement magnifiées, et l'adaptation à des conditions de vie particulières leur a donné cet aspect en coussin, comme tassé par la neige qui les recouvre pendant de longs mois, les préservant du froid intense.

Créer un vrai jardin alpin en plaine est un exercice de style, doublé de complications liées au changement de climat. Paradoxe : ces plantes d'altitude peuvent geler au niveau de la mer, car elles ne disposent plus alors de leur couverture isolante préférée. C'est pourquoi l'un des plus grands jardins alpins du monde, situé à Londres, s'emmitoufle sous des serres. Mais celui du Muséum, installé dans l'ancienne fosse aux ours, démontre amplement qu'il est possible de créer une telle rocaille même à Paris. C'est d'ailleurs un lieu charmant, propice au rêve. La disposition en creux, avec des ondulations de niveaux et un cheminement complexe, augmente l'impression d'espace, tandis que les arbustes créent une intimité telle qu'on ne songerait pas à toute l'animation qui entoure ce jardin.

S'inspirer de la nature sera votre pensée maîtresse au moment de composer et d'installer une rocaille dans votre jardin. Choisissez en premier lieu un espace ensoleillé, sinon votre gamme de fleurs sera singulièrement limitée. Plutôt qu'une falaise abrupte, préférez des gradins, avec un profil offrant plusieurs niveaux et des décrochements. Une grande crevasse partant en biais figurera le lit d'un torrent ou une source, car la présence de l'eau, même seulement suggérée, est riche en évocation. Cependant une rocaille n'en est pas une sans rochers. Il vaut mieux utiliser ceux extraits de votre jardin lui-même, à l'occasion du creusement d'une piscine ou tout simplement des fondations de la maison. Avec un peu de chance, vous disposerez

Un *Rhododendron ferrugineum* en pleine montagne. ▶

ainsi d'une matière première gratuite qui correspondra à l'esprit du lieu. À défaut, on peut acheter des grosses pierres dans une carrière locale, mais enquerrez-vous du prix du transport, qui n'est pas négligeable. Des roches claires donnent une rocaille gaie mais, de toute manière, ne mélangez pas deux natures de roches différentes, ce n'est jamais le cas dans la nature sur une petite surface. Il vaut mieux peu de rochers mais de belle taille plutôt que l'inverse. Les rocailles en pierre meulière du début du siècle font souvent un peu ridicule à cause du manque de proportion des pierres. À la limite, un muret de pierres sèches est encore la meilleure façon d'utiliser une quantité de petites pierres, et il peut accueillir une foule de plantes alpines pourvu qu'on ait pensé à laisser des emplacements libres par-ci par-là.

Dans une rocaille réussie, les roches doivent donner l'impression d'être arrivées là naturellement, soit bousculées par un torrent, soit dégagées par l'érosion. On évitera donc le « cake aux raisins », avec les pierres posées à bonne distance les unes des autres. Disposez-les plutôt par lits horizontaux, qui affleurent par strates, en veillant à utiliser des blocs de dimensions variables.

▼ Le magnifique jardin alpin du Lautaret dans les Alpes.

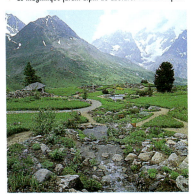
▼ Des grosses pierres toujours posées en lits horizontaux.

UNE ROCAILLE EN JARDINIÈRE

Si votre jardin est désespérément plat et que vous ne souhaitez pas le bouleverser avec des engins de chantiers, tout en rêvant d'acclimater des plantes alpines, il vous reste une solution élégante. Vous pouvez la mettre en œuvre facilement par la mise en place dans une jardinière. Pour respecter le milieu d'origine de ces plantes, une auge en pierre naturelle ou reconstituée sera parfaite. Profondeur minimale 30 cm, dont 10 seront occupés par des gravats, des cailloux ou des tessons de poterie, pour le drainage. Remplissez ensuite avec un mélange de terre de jardin,

◀ *Une auge à merveilles.*

de terreau et de sable grossier, en proportions égales. Posez une seule pierre décorative sur le dessus, et installez les plantes de vos rêves, sans oublier quelques couvre-sol qui déborderont de la jardinière. Les sédums et les saxifrages sont précieux pour cet emploi. Quelques bulbes botaniques, crocus, narcisses ou tulipes sauvages, viendront égayer le tout au printemps. Vous éprouverez beaucoup de plaisir à contempler ces floraisons successives.

291

Les points forts du jardin

jardin d'agrément

◀ Un talus peuplé de fleurs et de conifères nains.

▼ Près d'une serre, une rocaille adossée sur un mur.

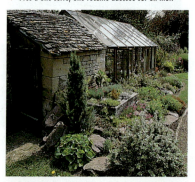

▼ Hostas et azalées décorent ce ruisseau rocailleux.

▎ Composer une rocaille

Quand elle n'est pas une collection de plantes alpines au sens strict, mais simplement prétexte à mélanger plantes rampantes et pierres, la rocaille rend bien des services au jardin. Partout où une dénivellation de terrain interdit les massifs classiques et rendrait dangereux le gazon, un coin de rocaille permet de combler l'espace tout en donnant du caractère au jardin, en le personnalisant. Il vaut beaucoup mieux renforcer l'idée de pente que la traiter en douceur, comme les talus en pente des pavillons sur garage des années 60. En coupant ce talus par un muret, en adossant quelques grosses pierres, on crée une scène plus nerveuse qui, une fois adoucie par des plantes, permet d'asseoir la maison. La descente du garage fournira le prétexte à deux rocailles qui peuvent être symétriques ou alternées, mais en conservant toujours une dominante dans les plantes choisies, la couleur par exemple. Quelques arbustes donneront de la vivacité à l'ensemble, en contrepoint des coussins que forment tant de plantes de rocaille. Il peut s'agir de conifères, mais bien des arbustes, à feuillage caduc ou persistant, peuvent rendre ce service avec panache : berbéris pourpres nains, caryoptéris, choisyas, daphnés, deutzias, fusains nains…

Si la qualité du sol est médiocre mais l'ensoleillement maximum, transformant ces talus en véritables fours en été, votre choix se portera alors sur les plantes de la garrigue. Elles adorent ce genre de situation : lavandes, thyms, romarins, cistes et genévriers feront chanter ces talus ingrats bien mieux que les classiques millepertuis. À l'ombre, vous élirez plutôt les fougères et les hostas, pour des compositions surtout axées sur le feuillage, avec l'agrément de fleurs bulbeuses au printemps.

Si vous trouvez votre jardin trop plat, et êtes prêt à y consacrer quelques week-ends, louez une petite pelleteuse et créez des mouvements de terrain, après avoir décapé la bonne terre et l'avoir mise de côté. Toutes les fantaisies sont permises mais une disposition en gradins, de part et d'autre d'un sentier, est souvent la plus esthétique. Elle vous offrira quantité d'expositions contrastées, prétextes à disposer des plantes aux besoins différents. Inutile de faire des marches importantes, il suffit de 50 cm pour donner l'impression d'une pente à gravir. Soignez les cheminements, simples sentiers qui seront tapissés de pierres plates ou de galets, mais surtout pas de gravier, cela fait jardin public. À la rigueur, des dalles de bois rondes suggéreront l'idée d'un chemin naturel. Entre elles, jetez de l'écorce de pin pour éviter la corvée de désherbage. Soyez surtout vigilant au moment de poser les marches des divers escaliers, car rien n'est plus traître qu'une dalle bancale, surtout une fois recouverte de mousse et devenue glissante. Jetez une bonne couche de sable avant de poser ces dalles, et calez-les avec fermeté, au besoin

La rocaille sous toutes ses formes

en enfonçant des petits piquets de part et d'autre pour qu'elles ne chassent pas latéralement. Ce sont les seuls endroits de la rocaille où les plantes doivent impérativement céder la place devant la pierre. Si vous êtes adeptes des marches en rondins de bois, n'oubliez pas d'entourer ces derniers de grillage à poule, assujetti avec des cavaliers, de façon à permettre à la semelle de s'agripper sur le bois. Quant aux traverses de chemin de fer parfois proposées à bas prix, sachez qu'elles sont redoutablement glissantes, car elles sont imprégnées d'huile. N'en abusez pas !

Un chemin creux est souvent délicieux à parcourir, sous une frondaison légère, comme celle des bouleaux et des robiniers, avec des talus fleuris de part et d'autre. Vous utiliserez les plantes de nos chemins telles que la sauge des prés, la saponaire, le serpolet, l'origan, etc, pour constituer des scènes mi-sauvages, mi-rustiques. Disposez des masses d'une certaine importance, pour recréer l'impression d'une colonisation naturelle. Le chemin sera assez large (1,50 m) pour circuler à son aise au milieu. Les pierres seront disposées à fleur de terre, au bord de ces massifs, comme pour guider le promeneur vers d'autres directions.

Les abords de la maison, qu'elle soit contemporaine ou ancienne, sont des endroits rêvés pour constituer des petites rocailles adossées, d'autant que la présence du minéral est déjà affirmée. Là encore, ne créez pas d'enrochements trop artificiels, du genre talus cernés de pavés, posés les uns sur les autres, mais composez des scènes qui paraissent spontanées, où le mouvement de terrain est amplement amorcé puis interrompu par des strates de rochers. Tout cela n'a pas besoin d'être très large, à moins que des sentiers servant à l'entretien ne viennent recouper encore cet espace. Une telle rocaille peut être spécialisée, consacrée par exemple aux plantes de telle partie

du monde, ou à une collection de sédums ou de joubarbes, il y en a tellement ! Vous pouvez la remplir de plantes aromatiques : des sarriettes aux camomilles en passant par les rues, l'estragon ou les sauges, qui adorent vivre parmi les roches dans un sol bien drainé. Un bon ensoleillement est alors requis, au moins pendant une demi-journée. Pour simplifier l'entretien, vous pouvez collectionner les plantes rampantes, qui feront le ménage une fois la première année passée. Ponctuez le tout de quelques auges où vous disposerez ces petites merveilles que sont les ramondas, les joubarbes et les gentianes.

L'eau fait toujours bonne figure près des pierres et vice versa. Installer une petite chute d'eau ne requiert pas de montages bien compliqués car des pompes automatiques sont maintenant proposées pour cet usage. Travaillant en circuit fermé, elles consomment peu d'électricité. Si votre jardin borde une rivière, rien ne vous interdit de profiter de l'enrochement de la berge pour y installer des plantes de rocaille aimant la fraîcheur, comme les renouées ou les astilbes naines, sans oublier les myosotis et les primevères. La terre sera efficacement retenue et le coin joliment fleuri pendant une partie de la belle saison.

▲ Masses denses, disposition naturelle : une réussite !

▲ Le chemin creux s'accorde bien d'un décor de rocaille.

Un bel exemple de rivière sèche dans un petit jardin. ▶

293

Les points forts du jardin

jardin d'agrément

◀ Le désherbage est l'entretien courant de la rocaille.

▼ Les roches sont disposées en empilages dégradés.

▼ Une plaque de verre pour protéger des froids vifs.

À moins de posséder un terrain en éboulis rocheux, il faut bien avouer que la construction d'une rocaille est un très gros travail. La manipulation de roches de plusieurs centaines de kilos ne se fait pas sans effort. Il faut avant tout savoir être patient et accepter de ne pas se fixer de but précis dans le temps. Contrairement aux autres parties du jardin, la rocaille ne s'élabore pas à partir d'un plan précis. Son tracé évolue en fonction de la forme et de la dimension des roches utilisées. Ces dernières constituent la structure de base et définissent l'architecture finale.

La création

Le point de départ est le modelage de la surface dévolue à la rocaille. Attention aux « tas de cailloux fleuris » qui sont des caricatures de rocailles aux dimensions dérisoires. À l'inverse, gare aux projets trop ambitieux qui conduisent à des investissements considérables et à des obligations d'entretien hors du commun ! Une superficie de 20 à 50 m² est très raisonnable pour commencer. Choisissez un endroit dégagé qui reçoive un fort éclairement : les plantes alpines aiment le soleil. Évitez aussi les zones trop exposées aux vents froids. Si vous ne disposez pas d'une pente naturelle exposée au soleil, créez des mouvements de terre pour l'obtenir. La création d'une rocaille commence souvent par la location d'un petit bulldozer. Il est bon de prévoir l'amélioration du sol dès le départ. Bon nombre de plantes de rocaille préfèrent une certaine acidité. Un pH de 6 serait idéal. L'ennemi principal est l'humidité stagnante. Dans les terres argileuses, il est indispensable de faire de gros apports de matière organique (compost) et de sable siliceux assez grossier. Dans les cas extrêmes, un drainage est même conseillé. L'assise de la rocaille doit être constituée par de gros blocs rocheux. Toutes les pierres auront la même origine, de préférence une carrière de la région. Une des erreurs courantes consiste à utiliser tout ce que l'on trouve à droite et à gauche. Rien de tel pour obtenir une horreur ! Les roches servent à la décoration, mais aussi à stabiliser le sol. Leur disposition se fait en dégradés et en étages irréguliers. Les pierres les plus modestes doivent avoir la dimension d'un petit sac de terreau (volume 20 litres). Les blocs servant à l'assise principale auront un volume compris entre 100 litres et 500 litres. Dans les carrières et chez les spécialistes en matériaux, les pierres sont plutôt vendues au poids. Comptez en moyenne deux tonnes pour 1 m³ de roches, ce volume vous permettant de décorer de 5 à 7 m² de rocaille environ. Commencez par la mise en place des blocs les plus gros. Ils doivent être en partie enterrés pour donner l'impression qu'ils émergent naturellement du sol. Vérifiez bien l'assise et n'hésitez pas à renforcer la base avec des blocs rocheux plus petits. Les pierres une fois posées doivent donner l'impression d'un escalier naturel le plus irrégulier possible.

La rocaille sous toutes ses formes

L'entretien

La disposition des roches créant d'innombrables microclimats, la rocaille est un milieu complexe qui nécessite beaucoup d'attentions. La tâche principale sera le désherbage. Il se fait obligatoirement à la main, avec un couteau à désherber pour arriver à dénicher les mauvaises herbes dans les moindres recoins. C'est un travail quasi quotidien en période de végétation, comptez environ une heure par jour pour une rocaille de 100 m^2. Libérez-vous de la corvée d'arrosage en installant un système automatique enterré au moment de la mise en place des roches. Même s'il est impossible de tout arroser uniformément de cette manière, vous gagnerez un temps considérable. Prévoyez une ou deux bouches d'eau à proximité de la rocaille. Vous y brancherez un tuyau muni d'un pistolet réglable. Il vous permettra de doucher les plantes les moins facilement accessibles.

La plantation s'effectue dans les emplacements libres situés entre les roches. À l'inverse de ce que l'on conseille dans les massifs, une rocaille ne recherche pas de motifs ou d'harmonies colorées. C'est la diversité des formes et des teintes qui en fait tout le charme. Évitez quand même les oppositions de tons trop violents comme par exemple les corbeilles d'or jaune vif et les aubriètes violettes. Ponctuez ces tapis très toniques par des taches de fleurs blanches (arabette, thlaspi, corbeille d'argent, etc.). N'oubliez pas de donner un peu de volume au décor grâce à la présence d'arbustes et de conifères nains. Chaque interstice peut devenir un emplacement propice au développement d'une plante. Vous constaterez très vite qu'en raison de sa complexité architecturale, une rocaille permet d'accueillir beaucoup plus de plantes qu'un massif. Une bonne occasion pour entamer une passionnante collection. Couvrez le pied des plantations avec des petits graviers qui empêcheront la terre de se tasser et joueront un rôle drainant et réchauffant, par simple réverbération des rayons solaires. Pensez aussi à saupoudrer le sol avec des granulés antilimaces. Ces mollusques sont très friands des jeunes pousses de plantes vivaces et ils causent des ravages dans les rocailles. Côté traitement, c'est le seul vraiment obligatoire. Si l'année est pluvieuse, il sera prudent de lutter préventivement contre l'oïdium (maladie du blanc) avec des pulvérisations de soufre plusieurs fois dans la saison.

Le reste de l'entretien consiste surtout à limiter le développement des plantes les plus vigoureuses pour les empêcher d'envahir et d'étouffer les espèces moins dominantes. N'hésitez pas à tailler les sujets les plus entreprenants, même plusieurs fois dans la même saison. Vous pratiquerez aussi tous les trois à quatre ans la division de touffes, qui offre en plus l'avantage de rajeunir les plants. En période de chaleur, pensez à sarcler les plantes. Il s'agit d'un simple décroûtage superficiel du sol qui favorise la pénétration de l'eau d'arrosage et l'aération des racines. Côté fertilisation, un apport d'engrais général au printemps est une très bonne chose. Utilisez une formule soluble en arrosage afin d'éviter les concentrations de produits fertilisants.

▲ On peut bloquer les pierres avec des rondins de bois.

LA PIERRE AU JARDIN

La rocaille n'est pas le seul type de décor à utiliser des roches. Les dallages, les murets, les escaliers s'habillent joliment de pierres naturelles. Mais vous pouvez aller plus loin et, comme les paysagistes japonais, utiliser le minéral comme élément principal de la composition. Il faut trouver des pierres qui « expriment quelque chose » par leur aspect, leur texture, leur forme. Certains créateurs ont l'habitude de dire que les pierres « ont une âme ». C'est une manière poétique d'exprimer toute la richesse d'expression que peuvent avoir des roches, placées de manière judicieuse dans un jardin. Sans vouloir chercher une symbolique complexe comme dans le jardin japonais traditionnel, vous pouvez placer un gros monolithe au détour d'une allée, sur une pelouse, à l'angle d'un massif, près de l'entrée, etc. Bien choisi et disposé avec soin, il jouera le rôle d'une sculpture naturelle personnalisant votre jardin avec beaucoup d'à-propos.

Il faut aller chercher vous-même les pierres dans une carrière et les imaginer à leur emplacement final dans le jardin. Vous les aiderez à se couvrir de mousse en les badigeonnant avec du yaourt mélangé à de la mousse sèche.

▶ La pierre utilisée comme sculpture.

▲ La pierre dans tous ses états.

295

Les points forts du jardin

LES PLANTES DE ROCAILLE INDISPENSABLES

jardin d'agrément

Nichées au creux d'une roche ou dévalant une pente, tel un torrent impétueux, les plantes de rocaille se plaisent dans les endroits où nulle autre végétation ne peut s'installer durablement. Habituées au rude climat montagnard, elles ne manquent pourtant pas d'éclat. Découvrez-les !

▲ *Aethionema armenum* 'Warley Rose' : une boule rose.

 ◀ L'*Alyssum saxatile* forme un tapis doré très lumineux.

Aethionema armenum — AÉTHIONÈME

Cette robuste petite plante vivace se plaît dans les sols graveleux ou les éboulis rocheux.
Famille : Brassicacées.
Dimensions : de 15 à 20 cm de hauteur.
Exposition : le plein soleil.
Sol : calcaire ou sablonneux, bien drainé.
Multiplication : par semis au printemps ou par bouturage en été. Il faut seize pieds par m².
Particularités : l'été, le feuillage vert bleuté forme une boule compacte couverte de nombreuses fleurs.
Espèces et variétés : la variété 'Warley Ruber' est à fleurs rose vif très lumineux. *Aethionema grandiflorum* est un peu plus haute. *Aethionema oppositifolium* en revanche ne dépasse guère 5 cm.
Notre conseil : si vous ne possédez pas de rocaille, utilisez cette plante dans une auge de pierre.

Alyssum saxatile — CORBEILLE-D'OR

Très vivace, l'*Alyssum saxatile* s'étale rapidement sur le sol pour former un vrai tapis d'or.
Famille : Brassicacées.
Dimensions : environ 20 cm de hauteur.
Exposition : le plein soleil.
Sol : indifférent, mais plutôt sec et bien drainé.
Multiplication : par semis au printemps ou par boutures prélevées en été. Neuf pieds par m².
Particularités : cette plante très tapissante se couvre de fleurs jaune d'or en avril et en mai.
Espèces et variétés : 'Compactum' est une variété plus trapue que le type. 'Plenum' présente des fleurs doubles. *Alyssum montanum* ne dépasse pas 15 cm en hauteur. *Alyssum murale* ou *argenteum* a le feuillage vert grisâtre.
Notre conseil : la corbeille d'or peut aussi être installée sur le bord d'un muret, en laissant retomber ses tiges pour former une cascade de fleurs.

Aster alpinus — ASTER DES ALPES

Avec ses fleurs en étoile qui lui ont donné son nom, cette petite vivace fait partie d'une grande famille que l'on retrouve dans tous les jardins.
Famille : Astéracées.
Dimensions : environ 20 cm de hauteur.
Exposition : le plein soleil.
Sol : de préférence calcaire, bien drainé et poreux.
Multiplication : par division de la touffe à la fin de l'été. Replantez aussitôt en veillant à conserver une motte de terre, comptez neuf pieds par m².
Particularités : la forme naine de cette espèce lui permet de s'installer facilement dans une rocaille. Elle forme une touffe couverte de petits poils de laquelle émergent des tiges feuillées portant une seule fleur qui s'épanouit en mai-juin.
Espèces et variétés : 'Albus' est à fleurs blanc pur tandis que 'Happy End' est rose. On trouve également *Aster natalense*, originaire d'Afrique du Sud, qui porte des fleurs à ligules bleu clair avec un cœur jaune. *Aster tongolensis* est un peu plus haut et fleurit dans les bleu violacé avec un cœur jaune.
Notre conseil : associez ces asters avec de petits bulbes qui fleurissent au printemps.

296

Les plantes de rocaille indispensables

Aubrieta deltoidea
AUBRIÈTE

On dénombre une douzaine d'espèces dans ce genre, toutes rampantes et tapissantes. Ce sont surtout les hybrides qui sont le plus cultivés.
Famille : Brassicacées.
Dimensions : entre 10 cm et 25 cm de hauteur.
Exposition : le plein soleil.
Sol : à dominante calcaire, pas trop riche.
Multiplication : par prélèvement de boutures, au printemps, sur les rameaux n'ayant pas fleuri. Il faut compter environ neuf pieds par m^2.
Particularités : cette plante vivace est intéressante à la fois par son feuillage persistant qui forme des touffes denses, et par sa floraison généreuse qui s'épanouit en avril et en mai.
Espèces et variétés : 'Alsace' est à feuilles vert grisâtre et à fleurs rose pâle au cœur rose plus foncé. 'Blue King', vigoureuse, présente des fleurs bleu violacé dominant bien le feuillage, avec un cœur plus clair. 'Cosmona' émet des boutons floraux violet pourpré qui donnent ensuite des fleurs violet pâle veinées de violet. 'Crépuscule' est tardive et compacte, avec des fleurs demi-doubles violet pourpré. 'Jeanne Cayeux' a les feuilles vert grisâtre, des boutons blancs et des fleurs violettes au cœur clair. 'Ville d'Orléans' possède de grandes fleurs rouge magenta virant au mauve violacé.
Notre conseil : surveillez l'humidité du sol durant la végétation, car elle redoute la sécheresse.

Campanula muralis
CAMPANULE

Appartenant à un genre qui compte environ trois cents espèces, cette campanule naine se plaît dans une rocaille ou au-dessus d'un muret sur lequel elle laisse retomber ses rameaux.
Famille : Campanulacées.
Dimensions : environ 10 cm de hauteur.
Exposition : ensoleillée.
Sol : ordinaire, bien drainé.
Multiplication : par semis en fin d'hiver ou par division de la touffe après la floraison. Il faut compter six pieds par m^2 pour une bonne couverture.

Particularités : originaire de Dalmatie, cette campanule est très tapissante et couvre rapidement le sol. Ses feuilles cordiformes et légèrement dentées sont persistantes. La floraison, en forme de clochettes violettes, a lieu en juin et en juillet avec, parfois, une remontée au mois de septembre.
Espèces et variétés : on trouve souvent cette espèce sous le nom de *portenschlagiana*. La variété 'Major' présente des fleurs plus grosses et bleu pourpré. *Campanula carpatica* produit de grosses fleurs bleues ou blanches selon les variétés. *Campanula cochlearifolia* produit de nombreux rhizomes. Fleurs bleues. *Campanula poscharskyana* a des fleurs étoilées bleu clair et forme un coussin.
Notre conseil : installez *Campanula cochlearifolia* dans une anfractuosité de muret. Ses longs rhizomes sauront trouver seuls la nourriture nécessaire.

Cerastium arvense
CÉRAISTE

Appelée aussi « corbeille d'argent », cette plante vivace et très tapissante est originaire de l'hémisphère Nord. Sa floraison est blanc pur.
Famille : Caryophyllacées.
Dimensions : de 10 à 20 cm de hauteur.
Exposition : le plein soleil.
Sol : indifférent, même sec mais bien drainé.
Multiplication : par division de la touffe au printemps. Il faut environ neuf pieds par m^2.
Particularités : rampante, cette plante de rocaille est souvent associée aux campanules ou aux aubriètes roses pour former des tapis très colorés. Ses feuilles, persistantes, grisâtres et duveteuses, sont entièrement couvertes par la floraison.
Espèces et variétés : 'Compactum' a les feuilles vert mat et forme un tapis très dense couvert de fleurs en mai et en juin. *Cerastium biebersteinii* est vigoureux et fleurit de mai à juillet. Il accepte une ombre légère. *Cerastium tomentosum* 'Yoyo' possède des petites feuilles blanches et velues au-dessus desquelles apparaissent les fleurs d'avril à juin.
Notre conseil : placez cette vivace dans un escalier de pierres pour habiller délicatement les marches.

Cerastium arvense, pour rocailles, murets ou dallages.

▲ *Aster alpinus* : à placer dans des éboulis rocheux.

▲ L'aubriète peut aussi former de jolies cascades fleuries.

▲ *Campanula muralis* habille en beauté rochers et murets.

297

Les points forts du jardin

jardin d'agrément

▲ *Dianthus deltoides* : un œillet vivace de culture facile.

▲ *Helianthemum nummularium* 'Little Princess' : superbe.

 Le *Phlox subulata* est un véritable couvre-sol fleuri.

Dianthus deltoides
ŒILLET

Ce petit œillet originaire d'Europe, d'Asie et d'Amérique du Nord forme un tapis vivace de feuilles persistantes vert sombre sur lequel viennent des fleurs rouge sombre de mai à juillet.
Famille : Caryophyllacées.
Dimensions : de 15 à 20 cm de hauteur.
Exposition : le plein soleil.
Sol : sec et pauvre, même calcaire mais drainé.
Multiplication : par marcottage des tiges les plus basses ou par division de la touffe. Le semis est également possible pour les espèces types. Il faut environ neuf pieds par m^2.
Particularités : on rencontre le plus souvent des hybrides de cette espèce qui forment un excellent couvre-sol toujours abondamment fleuri.
Espèces et variétés : 'Albus' est à fleurs blanches sur un feuillage bien vert. 'Brilliant' présente des fleurs rouge amarante. 'Rosea' est rose. *Dianthus alpinus*, qui ne dépasse guère les 15 cm, forme un véritable tapis. Ses nombreuses variétés ont des coloris qui vont du rose très clair au rouge carminé en passant par tous les tons de rose. *Dianthus arenarius*, l'œillet des sables, est blanc et odorant. *Dianthus gratianopolitanus* a un feuillage vert grisâtre et des fleurs roses ou rouge carminé.
Notre conseil : coupez les fleurs dès qu'elles sont fanées pour éviter à la touffe de se dégarnir.

Helianthemum nummularium
HÉLIANTHÈME

On dénombre environ quatre-vingts espèces dans ce genre, desquelles on a obtenu de nombreux hybrides très appréciés dans les rocailles.
Famille : Cistacées.
Dimensions : de 10 à 25 cm de hauteur.
Exposition : le plein soleil.
Sol : léger, poreux, voire cailouteux.
Multiplication : par boutures prélevées en été. Le semis des hybrides ne permet pas de retrouver les caractéristiques de la plante mère. Six pieds au m^2.
Particularités : les feuilles persistantes, vertes sur le dessus et argentées en dessous, sont couvertes de petits poils raides. Les fleurs jaunes apparaissent entre les mois de mai et d'août.
Espèces et variétés : le croisement entre *Helianthemum nummularium* et *Helianthemum apenninum*, une espèce à floraison blanche, a permis d'obtenir des hybrides très florifères et de toute beauté. Citons également : 'Anjou', une variété à fleurs rose carminé ; 'Ben Adler', rouge-orangé ; 'Cerise Queen' à grandes fleurs doubles rouge clair est très tapissante ; 'Fire Dragon' aux feuilles argentées et fleurs orange foncé ; 'Rapsberry Ripple' à fleurs blanches bigarrées de rouge et 'Wisley Primrose' à fleurs jaune soufré et feuilles grisâtres.
Notre conseil : coupez les fleurs fanées pour favoriser l'émission de nouveaux rameaux avant l'hiver.

Phlox subulata
PHLOX

Originaire des États-Unis, ce phlox forme une sorte de tapis fleuri. Les hybrides présentent des coloris très variés, du blanc au rouge carminé.
Famille : Polémoniacées.
Dimensions : de 10 à 15 cm de hauteur.

Les plantes de rocaille indispensables

Exposition : le plein soleil.
Sol : les phlox préfèrent en général une terre neutre à légèrement acide, mais cette espèce se développe mieux en présence de traces de calcaire.
Multiplication : par division de la touffe après la floraison d'avril-mai. Comptez six pieds par m².
Particularités : ce phlox nain est très rustique et couvre vite le terrain grâce à ses tiges couchées qui s'enracinent d'elles-mêmes au niveau des nœuds.
Espèces et variétés : 'Betty' est une variété au beau feuillage couvert de fleurs rose lumineux. 'Oakington Blue Eyes' est à fleurs bleu-mauve, 'Temiscaming', rouge carminé, et 'White Delight', blanc pur. *Phlox douglasii* 'Crackerjack' forme un coussin très compact à fleurs rouge carminé éclatant. On trouve également *Phlox stolonifera* pourvu de nombreux drageons et un hybride, x *procumbens*, aux feuilles étroites et velues, à fleurs roses.
Notre conseil : évitez les terres détrempées en hiver pour que les phlox résistent bien aux gelées.

Saxifraga hypnoides
GAZON TURC

Sa forme très tapissante et près du sol a valu son nom à cette espèce très florifère.
Famille : Saxifragacées.
Dimensions : de 10 à 20 cm de hauteur.
Exposition : de préférence mi-ombre.
Sol : riche, frais et bien drainé.
Multiplication : par division de la touffe durant l'été. Il faut environ neuf pieds par m².
Particularités : ce saxifrage forme de petits coussins vert clair qui, en se joignant les uns aux autres, créent un véritable gazon à fleurs blanches.
Espèces et variétés : 'Densa' est une variété plus compacte. Le genre *Saxifraga* comporte de très nombreuses espèces parmi lesquelles nous pouvons citer : *arendsii*, un hybride qui produit des coussins moussus à fleurs blanches, roses ou rouges ; *cochlearis* aux fleurs blanc pur ; *cotyledon pyramidalis* à feuilles charnues et fleurs blanches ; *hostii* qui prend des couleurs cuivrées en automne ; *paniculata* aux fleurs blanches ponctuées de pourpre.
Notre conseil : évitez la sécheresse durant l'été, car les touffes ont tendance à se dégarnir du centre.

Sempervivum arachnoideum
JOUBARBE

Cette plante forme des rosettes de feuilles très serrées qui la font ressembler un peu à des petits artichauts ouverts. Elle est couverte de filaments blancs semblables à ceux d'une toile d'araignée.
Famille : Crassulacées.
Dimensions : de 5 à 20 cm de hauteur.
Exposition : le plein soleil.
Sol : bonne terre de jardin, pas trop humide.
Multiplication : par séparation des rosettes enracinées. Il faut de neuf à seize pieds par m².
Particularités : la variété dans ses formes et ses couleurs assure à ce genre original un grand succès. La floraison a lieu en juillet et en août.
Espèces et variétés : cette espèce est à fleurs roses, tandis que *Sempervivum ciliosum borisii* est à fleurs jaunes et rosette grisâtre. L'hybride x *funckii* 'Jubilee' a les feuilles vert pourpré et les fleurs rose cramoisi. *Zelebori* est à fleurs jaunes.
Notre conseil : installez la joubarbe là où l'épaisseur de terre est faible, car elle se contente de peu.

Thymus serpyllum
SERPOLLET

Ce thym d'ornement forme un joli tapis au feuillage aromatique et à fleurs rose pourpré.
Famille : Labiacées.
Dimensions : de 10 à 15 cm de hauteur.
Exposition : le plein soleil.
Sol : terre ordinaire mais bien drainée.
Multiplication : par division de la souche au printemps. Il faut environ six pieds par m².
Particularités : le feuillage vert devient pourpré en plein soleil. Floraison de juin jusqu'en août.
Espèces et variétés : la forme 'Albus' est à fleurs blanches et 'Coccineus' à fleurs rouge carminé. *Thymus* x *citriodorus* est un hybride à odeur citronnée. *Thymus lanuginosus* forme un tapis laineux. Il est à réserver aux jardins du Midi.
Notre conseil : placez un peu de ce thym près de la maison, car c'est une plante condimentaire.

▲ *Saxifraga hypnoides* : un gazon aux fleurs rosées.

▲ *Sempervivum calcareum* est une espèce très décorative.

Thymus citriodorus 'Aureus' : un tapis de feuilles dorées. ▶

299

Les points forts du jardin

LES PLANTES DE ROCAILLE OMBRAGÉE

Préférant l'abri d'un gros rocher ou d'un petit arbuste, voire le couvert d'un arbre, beaucoup de plantes de rocaille apprécient la fraîcheur des endroits ombragés. Ces plantes sont très intéressantes, car elles apportent une note colorée dans les zones les plus sombres du jardin.

 Aconitum kashmiricum
ACONIT

Connue pour ses grandes tiges florales qui dépassent parfois 2 m de hauteur, cette plante présente quelques espèces plus basses qui peuvent aisément trouver place dans une rocaille.
Famille : Renonculacées.
Dimensions : de 10 à 30 cm de hauteur.
Exposition : mi-ombre.
Sol : bonne terre de jardin.
Multiplication : par division de la touffe en automne. Il faut une dizaine de pieds par m².
Particularités : les tiges généralement ramifiées portent peu de feuilles. Les fleurs, solitaires ou par deux, sont bleues et apparaissent au mois d'août.
Espèces et variétés : on peut également rencontrer *Aconitum biflorum*, haute seulement d'une quinzaine de centimètres, et *Aconitum napellus*. Ces deux espèces fleurissent dès le mois de juin.
Notre conseil : laissez la touffe en place plusieurs années pour qu'elle puisse bien s'installer.

 *Aquilegia alpina*
ANCOLIE DES ALPES

Cette plante originaire des Alpes fait partie d'une famille d'environ cent vingt espèces.
Famille : Renonculacées.
Dimensions : de 30 à 40 cm de hauteur.
Exposition : mi-ombre.
Sol : léger et humifère, sans calcaire.
Multiplication : semez au printemps dans des caissettes puis repiquez. Environ neuf pieds par m².
Particularités : les feuilles trilobées forment une touffe assez compacte de laquelle émergent, en mai et en juin, de hautes hampes portant plusieurs grandes fleurs bleues à éperon court.
Espèces et variétés : la variété 'Blue Star' présente des sépales bleus et des pétales blancs. L'hybride F1 'Koralle' possède de longs éperons, des sépales roses et des pétales blancs. Sa hauteur est d'environ 40 cm. Quant aux hybrides de *mackana*, ils ont de très grandes fleurs aux coloris mélangés très doux, mais sont un peu plus hauts. *Aquilegia caerulea* porte des fleurs bleues teintées de jaune. 'Mini Star' est un hybride de *Aquilegia flabellata*. Il ne dépasse pas 10 cm en hauteur et fleurit d'un très beau bleu pur.
Notre conseil : achetez des graines sélectionnées, car les plantes s'hybrident entre elles ce qui ne permet pas de reproduire fidèlement les caractères.

▲ *Aconitum napellus.*   *Aquilegia alpina.* ▼

◀ *Corydalis flexuosa* 'Père David' : un bleu très intense.

Les plantes de rocaille ombragée

Corydalis cheilanthifolia
FUMETERRE

Environ trois cents espèces dans ce genre, dont certaines sont adaptées à une culture en rocaille.
Famille : Papavéracées.
Dimensions : de 20 à 30 cm de hauteur.
Exposition : mi-ombre à ombre.
Sol : léger, humifère, bien drainé, sans calcaire.
Multiplication : difficile, car la division de touffe ne réussit pas à chaque fois et le semis est assez aléatoire. Si vous le tentez, sachez que les graines semées en automne ne germeront pas avant le printemps. Il faut de six à neuf pieds par m^2.
Particularités : les feuilles forment des rosettes, un peu à la manière des fougères. Les fleurs apparaissant en mai et en juin sont jaunes et tubulées.
Espèces et variétés : *Corydalis cashmeriana*, haute de 10 à 15 cm, présente des feuilles vert bleuté très découpées et des fleurs bleu lumineux.
Notre conseil : protégez bien cette plante du soleil car elle ne s'épanouit bien qu'en son absence.

Daphne cneorum
DAPHNÉ

Une cinquantaine d'espèces constituent ce genre de plantes vivaces aux fleurs parfumées.
Famille : Thyméléacées.
Dimensions : de 25 à 30 cm de hauteur.
Exposition : mi-ombre.
Sol : humifère et légèrement calcaire.
Multiplication : par boutures prélevées au début de l'été. Il faut six à neuf plants par m^2.
Particularités : le daphné forme un petit buisson plutôt rampant, aux feuilles vert foncé sur le dessus, plus bleuté au revers. Les fleurs apparaissent en mai et en juin, avec une remontée en septembre. Elles sont rose carmin et très parfumées.
Espèces et variétés : la variété 'Eximia' a un feuillage panaché. *Daphne arbuscula* est une autre espèce, haute de 15 cm, à fleurs rose foncé. *Daphne blagayana* présente une forme rampante.
Notre conseil : mélangez cette plante avec une autre espèce couvre-sol pour protéger son pied de la chaleur et de la sécheresse estivale.

Primula auricula
AURICULE

Cette primevère fait partie d'un genre comprenant plus de cinq cents espèces. Native des Alpes et des Carpates, elle possède de nombreuses variétés à fleurs simples ou doubles.
Famille : Primulacées.
Dimensions : de 10 à 20 cm de hauteur.
Exposition : de préférence mi-ombre.
Sol : humifère, bien drainé, légèrement calcaire.
Multiplication : par semis printanier. Il faut environ six pieds par m^2 pour une bonne couverture.
Particularités : les feuilles forment une rosette parfois farineuse, du centre de laquelle émergent en avril des hampes florales jaunes et parfumées.
Espèces et variétés : on trouve de nombreux cultivars aux tons très éclatants. *Primula capitata* est une petite primevère pour rocailles aux jolies fleurs retombantes bleu nuit. *Primula frondosa* a des fleurs rose lilacé groupées au sommet d'une hampe de 15 cm. *Primula integrifolia* ne dépasse pas 5 cm. Ses fleurs sont rose violacé et mat.
Notre conseil : évitez le soleil direct sur la plante.

Pulmonaria officinalis
PULMONAIRE

Une dizaine d'espèces seulement dans ce genre très rustique, au feuillage rugueux.
Famille : Borraginacées.
Dimensions : de 20 à 30 cm de hauteur.
Exposition : mi-ombre à ombre.
Sol : ordinaire et frais.
Multiplication : par division de touffe après la floraison. Six à neuf pieds au m^2.
Particularités : les feuilles en forme de cœur sont couvertes de poils raides. Les fleurs roses puis violettes viennent aux mois de mars et d'avril.
Espèces et variétés : 'Alba' est à fleurs blanches. *Pulmonaria saccharata* 'Mrs Moon' a des boutons rouges puis des fleurs roses devenant bleues.
Notre conseil : associez les pulmonaires à des bulbes printaniers, tels que les narcisses.

▲ *Daphne cneorum* : un buisson très fleuri.

▲ *Primula auricula* 'Chorister' : jaune et blanche.

Pulmonaria saccharata : une jolie variation de coloris. ▶

Les points forts du jardin

LES PLANTES DE ROCAILLE ENSOLEILLÉE

jardin d'agrément

Soleil et chaleur sont le menu quotidien de ces plantes qui ne croissent bien que dégagées de tout ombrage. Réservez-leur un emplacement de choix dans votre rocaille en les disposant au-dessus des roches. C'est en pleine lumière qu'elles vous donneront le meilleur d'elles-mêmes.

Anchusa azurea
BUGLOSSE

Cette plante que l'on rencontre communément dans les massifs de vivaces présente quelques cultivars de taille moyenne pour les rocailles.
Famille : Borraginacées.
Dimensions : de 50 cm à 1 m de hauteur.
Exposition : le plein soleil.
Sol : profond, riche et bien drainé.
Multiplication : par prélèvement d'éclats sur le pourtour de la souche. Comptez 4 pieds par m².
Particularités : la souche charnue émet de longues feuilles vert sombre et rugueuses, ainsi que de grandes inflorescences ramifiées dans les tons bleus. Cette floraison a lieu à la fin du printemps, entre les mois de mai et de juillet.
Espèces et variétés : 'Little John' mesure 50 cm de haut et 'Loddon Royalist' près de 1 m.
Notre conseil : renouvelez le pied tous les trois ou quatre ans en prélevant des éclats sur la souche.

Armeria maritima
GAZON D'ESPAGNE

Formant des touffes denses qui, en se rejoignant, constituent un véritable tapis, cette vivace produit de jolies fleurs roses en pompons.
Famille : Plombaginacées.
Dimensions : de 5 à 20 cm de hauteur.
Exposition : le plein soleil.
Sol : léger, plutôt sableux, bien drainé.
Multiplication : par division de la touffe au printemps. Il faut de neuf à seize pieds par m².
Particularités : les feuilles semblables à celles des graminées ont donné son nom à cette jolie petite plante qui fleurit d'avril à juin.
Espèces et variétés : la variété 'Alba' est blanche. 'Gloire de Düsseldorf' a des fleurs rose carminé très intense. Nain et très compact, il ne mesure pas plus de 5 cm. *Armeria juniperifolia* présente un feuillage glauque et des fleurs rose clair. *Armeria leucocephala* 'Corsica' est rouge.
Notre conseil : constituez de jolies coulées vertes et fleuries dans votre rocaille grâce à cette espèce.

Erigeron glaucus
VERGERETTE

Sur les cent cinquante espèces que compte ce genre, seules quelques-unes d'entre elles sont assez petites pour figurer dans une rocaille.
Famille : Astéracées.
Dimensions : environ 25 cm de hauteur.
Exposition : le plein soleil.

▲ *Anchusa azurea* 'Loddon Royalist'.   *Armeria maritima.* ▼

◀ *Erigeron glaucus* : des fleurs semblables à des pâquerettes.

Les plantes de rocaille ensoleillée

Sol : terre de jardin ordinaire mais bien drainée.
Multiplication : par semis en janvier ou février. Comptez une dizaine de pieds par m².
Particularités : cette vivace produit des touffes de feuilles vert glauque surmontées de grandes fleurs roses au cœur jaune d'or qui apparaissent en avril et durent jusqu'au mois d'octobre.
Espèces et variétés : *Erigeron alpinus* ne dépasse pas 20 cm de hauteur. Il fleurit rose en mai et juin. *Erigeron aurantiacus*, de même taille, présente des fleurs rouge-orangé et brillantes. *Erigeron mucronatus* ressemble à une pâquerette.
Notre conseil : protégez cette plante contre une trop grande humidité en hiver.

Eryngium alpinum
PANICAUT

Ce chardon bleu de belle taille s'accommode d'une terre pauvre, voire caillouteuse. Il peut trouver sa place dans une rocaille.
Famille : Apiacées.
Dimensions : de 50 à 80 cm de hauteur.
Exposition : le plein soleil.
Sol : profond, sec et bien drainé.
Multiplication : par semis en automne ou par boutures de racines. Six pieds par m².
Particularités : les tiges de cette vivace sont d'un bleu acier, tout comme le feuillage. Les inflorescences qui apparaissent en été forment de petits cylindres épineux qui se conservent très bien sous forme de bouquets secs.
Espèces et variétés : la variété 'Blue Star' a ses inflorescences entourées de nombreuses bractées très fines, d'un joli bleu acier. *Eryngium bourgatii* a le feuillage très découpé avec des veines claires. Les bractées des inflorescences sont très bleues.
Notre conseil : cueillez les fleurs bien épanouies, car les boutons ne s'ouvrent pas dans un vase.

Gentiana sino-ornata
GENTIANE

Connue pour ses propriétés médicinales et pour la liqueur qu'elle permet de produire, la gentiane est aussi une très jolie plante de rocaille.
Famille : Gentianacées.
Dimensions : de 10 à 30 cm de hauteur.
Exposition : le plein soleil ou une ombre légère.
Sol : frais, plutôt acide.
Multiplication : par semis en février ou par division de la souche en juin. Neuf pieds au m².
Particularités : cette espèce présente des feuilles étroites, d'un joli vert clair. Les fleurs qui viennent en août ont une forme d'entonnoir et sont bleu azur, rayées de violet à l'extérieur.
Espèces et variétés : *Gentiana acaulis* forme un tapis, car elle ne dépasse pas 10 cm de hauteur. Les fleurs sont grandes, d'un bleu profond. *Gentiana septemfida* 'Lagodechiana' présente des tiges érigées. C'est une espèce très vigoureuse portant de nombreuses fleurs bleues à gorge blanche et ciliée.
Notre conseil : voici une plante typique des montagnes qui trouve aisément sa place dans la rocaille.

Leontopodium alpinum
EDELWEISS

Protégé dans la nature, l'edelweiss peut cependant être facilement cultivé dans une rocaille.
Famille : Astéracées.
Dimensions : environ 15 cm de hauteur.
Exposition : le plein soleil.
Sol : pauvre et sec mais bien drainé.
Multiplication : par division de la souche après la floraison. Il faut environ neuf pieds par m².
Particularités : les feuilles duveteuses et blanches de cette petite plante de montagne sont ovales et lancéolées. Elles forment de petites rosettes desquelles émergent, durant les mois d'été, des inflorescences laineuses composées de bractées d'un coloris blanc pur entourant de petits capitules de fleurs plus ou moins jaunâtres.
Espèces et variétés : on ne cultive que l'espèce qui perd son caractère duveteux si elle est plantée dans une terre trop riche et fraîche.
Notre conseil : associez l'edelweiss avec des saxifrages, dont les fleurs rosées trancheront sur le blanc de son feuillage et de ses inflorescences.

▲ *Eryngium alpinum* : des inflorescences bleu acier.

▲ *Gentiana sino-ornata* est l'une des plus jolies gentianes.

Leontopodium alpinum : l'edelweiss, jolie fleur des Alpes. ▶

Les points forts du jardin

jardin d'agrément

▲ *Oenothera missouriensis* présente des fleurs lumineuses.

▲ Les tons du *Papaver nudicaule* sont chauds et colorés.

◀ *Pulsatilla vulgaris* a un aspect général plumeux.

Oenothera missouriensis
ŒNOTHÈRE

Cette plante vivace, originaire d'Amérique du Nord, appartient à un genre qui compte deux cents espèces pour la plupart très rustiques.
Famille : Œnothéracées.
Dimensions : environ 20 cm de hauteur.
Exposition : le plein soleil.
Sol : terre de jardin bien drainée.
Multiplication : par semis en caissette mise à la chaleur, au printemps. Six pieds par m^2.
Particularités : les rameaux rampants de cette plante sont couverts de feuilles vert glauque. Les inflorescences se caractérisent par de larges corolles jaune citron qui s'ouvrent de juin à septembre, souvent au cours de la nuit.
Espèces et variétés : cette espèce est parfois aussi dénommée *macrocarpa*. *Oenothera odorata* 'Sulphurea' présente des fleurs d'abord jaunes, puis roses en fanant. *Oenothera speciosa* a de grandes fleurs blanches lavées de rose et parfumées. *Oenothera tetragona*, aux feuilles en rosette, émet des fleurs jaune clair sur des hampes dressées.
Notre conseil : placez cette œnothère entre plusieurs rochers. Elle formera un tapis lumineux grâce à ses rameaux très étalés.

Papaver nudicaule
PAVOT D'ISLANDE

Le genre comprend une centaine d'espèces toutes très colorées, dont certaines sont plus spécialement adaptées à une végétation en rocaille.
Famille : Papavéracées.
Dimensions : environ 40 cm de hauteur.
Exposition : le plein soleil.
Sol : ordinaire, même pierreux ou calcaire.
Multiplication : par semis en caissette en février, mais la plante se ressème d'elle-même au point de devenir parfois envahissante. Neuf pieds au m^2.
Particularités : feuillage bleuté et découpé. Les coloris des fleurs sont variés, allant du blanc au rouge foncé en passant par le jaune, l'orangé et le rose. Floraison ininterrompue de juin à septembre.
Espèces et variétés : pour la rocaille, on trouve également *Papaver alpinum*, ou *burseri*, qui ne dépasse pas 10 cm de hauteur. Ses feuilles sont vert glauque, les fleurs blanc jaunâtre sur le type, mais il existe des variétés de toutes les couleurs.
Notre conseil : placé dans un espace naturel de votre rocaille, ce pavot apportera une note sauvage.

Pulsatilla vulgaris
ANÉMONE PULSATILLE

Cette vivace caduque est intéressante par sa floraison et par la fructification plumeuse qui suit.
Famille : Renonculacées.
Dimensions : environ 20 cm de hauteur.
Exposition : le plein soleil.
Sol : plutôt riche, calcaire et bien drainé.
Multiplication : par semis en été, mais la germination n'a lieu qu'au printemps suivant. Il faut compter une dizaine de pieds par m^2.
Particularités : sur des feuilles finement découpées et couvertes de longs poils, apparaissent des fleurs violettes avec des étamines jaune d'or. Cette floraison, qui survient en avril et en mai, est suivie de fruits décoratifs.
Espèces et variétés : la variété 'Rubra' à fleurs rouges est magnifique. Il existe également une forme blanche, 'Alba'. *Pulsatilla alpina*, aux fleurs blanches, est plus difficile à réussir.
Notre conseil : disséminez cette plante dans votre rocaille pour avoir une jolie floraison en fin d'hiver.

Saponaria ocymoides
SAPONAIRE

Originaire des Alpes et des Pyrénées, la saponaire est une plante parfois envahissante.
Famille : Caryophyllacées.
Dimensions : environ 15 cm de hauteur.
Exposition : le plein soleil.
Sol : ordinaire, frais, drainé, même calcaire.
Multiplication : par semis ou par boutures prélevées en été. Il faut environ six pieds par m^2.
Particularités : sur un feuillage persistant, elle porte, de mai à juillet, des fleurs rose carminé.

Les plantes de rocaille ensoleillée

Espèces et variétés : hybride de *Saponaria pumila* et *Saponaria caespitosa*, *Saponaria* x *olivana* ne dépasse pas 5 cm de hauteur et forme de petits coussins étalés couverts de fleurs rose vif.
Notre conseil : placez cette plante au-dessus d'un rocher qu'elle habillera élégamment.

Sedum spathulifolium
SEDUM

Appelée aussi « orpin », cette plante appartient à un grand groupe de végétaux souvent succulents, qui comprend cinq cents espèces.
Famille : Crassulacées.
Dimensions : de 10 à 20 cm de hauteur.
Exposition : le plein soleil.
Sol : sec, bien drainé, plutôt sableux.
Multiplication : par division de la touffe après la floraison. Il faut une quinzaine de plants par m^2.
Particularités : les feuilles charnues, vert grisâtre et pruineuses forment des touffes persistantes. Les fleurs jaunes viennent de mai à juillet.
Espèces et variétés : 'Cape Blanco' présente des feuilles plus argentées, réunies en rosette. 'Purpureum', au feuillage pourpré, fleurit jaune. Parmi les espèces tapissantes, *Sedum acre*, le poivre des murailles, ne dépasse pas 5 cm. Ses fleurs sont jaune brillant. *Sedum aizoon* a des inflorescences dressées jaune foncé. *Sedum album* 'Murale', au feuillage brun, fleurit rose. *Sedum anacampseros* est mauve sur un feuillage vert bleuté. *Sedum cauticola* 'Lidakense', à feuilles caduques, est rouge carminé. *Sedum lydium*, aux feuilles rougissantes sur le bord, a les fleurs blanches. *Sedum sempervivoides*, bisannuel, ressemble à une joubarbe aux fleurs rouges. Parmi les orpins plus touffus, *Sedum cyaneum* 'Rosenteppich', est à feuilles caduques bleutées et à fleurs rose rougeâtre. *Sedum floriferum*, aux feuilles allongées, a des fleurs jaune brillant à calice rouge cuivré. *Sedum kamtschaticum* fleurit jaune-orangé. *Sedum oreganum* forme de petits coussins jaunes. *Sedum sieboldii* a des fleurs roses et demande une situation abritée.
Notre conseil : associez les différentes espèces de sédums aux joubarbes et autres petits saxifrages.

▲ *Saponaria ocymoides* : une abondante floraison rose.

Veronica cinerea
VÉRONIQUE

Originaire de l'hémisphère Nord, ce genre regroupe environ trois cents espèces.
Famille : Scrophulariacées.
Dimensions : environ 20 cm de hauteur.
Exposition : le plein soleil.
Sol : ordinaire, bien drainé.
Multiplication : par division de touffe au printemps. Comptez environ six pieds par m^2.
Particularités : cette espèce forme un coussin gris blanchâtre qui se couvre, en mai et en juin, de fleurs bleu brillant réunies en grappes.
Espèces et variétés : *Veronica filiformis*, haute de 8 cm, fleurit bleu clair. *Veronica petraea* 'Mme Mercier' a le feuillage pourpré et les fleurs réunies en grappes lilacées. *Veronica prostrata* porte des fleurs bleues, en épis. *Veronica spicata* 'Nana' est une forme naine bleu foncé. *Veronica surculosa* 'Rosea' a les fleurs blanches veinées de rose.
Notre conseil : en hiver, protégez les véroniques des grands froids et d'une trop grande humidité.

▲ *Sedum spathulifolium* est ici associé à des verveines.

Veronica prostrata 'Mrs Holt' : une espèce vigoureuse. ▶

305

6

LES PLANTES ORNEMENTALES

- Les fleurs 308
- Les arbustes 374
- Les arbres et conifères 404
- Les lianes et les plantes grimpantes . . . 438
- Les persistants et les plantes originales . . 452
- Les plantes pour les climats doux 486
- Calendrier de culture des fleurs 504

Les plantes ornementales

LES FLEURS

Exquise création de la nature, la fleur est la partie la plus intime de la plante. ❋ *Gracieuse, charmante, colorée, elle se pare souvent de formes étonnantes qui nous séduisent et font le bonheur de nos jardins. Généralement éphémère, la fleur a pour but premier d'attirer l'attention des insectes butineurs. Leur action est essentielle dans le délicat processus qui aboutit à la reproduction de la plante.* ❋ *Pour obtenir les faveurs de son partenaire innocent, la fleur se pare de mille artifices. La couleur a pour effet de mettre en évidence les pétales au milieu de la verdure.* ❋ *La forme s'adapte à la morphologie particulière de certaines espèces de bourdons, d'abeilles ou de papillons. Certaines fleurs, encore bien plus ingénieuses, arrivent même à imiter à la perfection la forme d'un insecte femelle, afin d'attirer irrésistiblement les mâles.* ❋ *L'animal va s'accoupler à cette partenaire offerte, ignorant qu'il commet un acte contre nature. Le parfum joue très souvent un rôle attractif essentiel. Les plus timides effluves peuvent parfois être captées à des distances phénoménales par les organes sensoriels exacerbés de certains insectes.* ❋ *La diversité des fleurs a une logique naturelle et rien n'est laissé au hasard, mais le jardinier ne s'est jamais satisfait de ces seuls dons du ciel.* ❋ *Depuis des siècles, il multiplie, sélectionne et marie les fleurs pour changer leurs couleurs, les agrandir, accroître leur parfum ou le nombre de leurs pétales. Véritable apprenti sorcier, il a même réussi à créer des formes et des variétés complètement aberrantes, des monstres génétiques qui ont le bonheur de lui plaire et de nous séduire.* ❋

Les plantes ornementales

LES BULBES DE PRINTEMPS

Éclats de couleurs qui annoncent les premiers beaux jours, tulipes, jacinthes, narcisses, etc., sont les vedettes incontestées du jardin, qui sort tout juste de son assoupissement hivernal. Des plantes indispensables…

Allium spp.
AIL D'ORNEMENT

Originaires des régions tempérées d'Europe et d'Asie, les ails d'ornement appartiennent au même genre que les espèces comestibles (ail, oignon, ciboulette, etc.). De nombreuses fleurs réunies en boule et une odeur caractéristique sont communes à toutes les espèces. En revanche, dimensions et coloris sont très variés.
Famille : Liliacées.
Hauteur : de 20 cm pour les plus petites espèces, comme *Allium karataviense*, à 1,50 m pour les plus grandes (*Allium giganteum* par exemple).
Époque de floraison : en mai et en juin, avec prolongation jusqu'en été pour certaines variétés.
Sol : léger et bien drainé, même sec, pauvre, calcaire.
Exposition : plein soleil. Tuteurez les espèces les plus hautes, si elles sont plantées en plein vent.
Méthode de culture : plantation automnale à une profondeur de deux à trois fois la hauteur du bulbe. Groupez les espèces naines en touffes d'une quinzaine de bulbes, les plus grandes par cinq à sept en les espaçant de 15 à 20 cm. Coupez les fleurs fanées et laissez les plantes se naturaliser. Fertilisez la deuxième année. Contre la pourriture blanche, trempez les bulbes dans le désinfectant « Sainsol ».
Espèces intéressantes : *Allium aflatunense* aux fleurs violet-pourpre en ombelles denses sur une tige de 80 cm. *Allium cernuum* aux fleurs roses, légères en été, atteint 30 cm. Il est idéal pour égayer une rocaille. *Allium giganteum*, boule compacte de fleurs violet foncé fleurissant en juin-juillet au bout d'une solide tige de 1,50 m, avec une couronne de feuilles à la base. C'est le plus haut, à espacer de 30 cm à la plantation. *Allium multibulbosum*, ou *nigrum*, a des fleurs blanches à centre vert qui forment une demi-sphère sur une tige de 90 cm. Très hâtif, il s'épanouit en avril-mai. *Allium neapolitanum*, ou *cowanii*, le plus parfumé, porte de fines tiges de 50 cm terminées en mai par des ombelles lâches de fleurs blanc pur.
Utilisations : les plus grandes variétés, groupées dans un massif, créent un bel effet de masse. Les autres décorent les plates-bandes, les rocailles et les bordures. Elles sont superbes en bouquets.

Anemone blanda
ANÉMONE BULBEUSE

C'est l'anémone de Grèce, originaire des sous-bois clairs d'Asie mineure. Ses fleurs ressemblent à celles de minuscules marguerites, avec des coloris variés très frais et lumineux. Sa multiplication se fait par rhizomes et stolons, mais elle est classée parmi les bulbes.
Famille : Renonculacées.
Hauteur : c'est une bonne plante couvre-sol de 10 à 15 cm de haut. Fleurs de 3 à 5 cm de diamètre.
Époque de floraison : fin d'hiver, en mars-avril.
Sol : terre fraîche, riche en humus.
Exposition : mi-ombre ou plein soleil, sous-bois.
Méthode de culture : plantez en automne, à 5 cm de profondeur, avec un espacement de 15 cm, les rhizomes ayant un fort développement. Plante rustique de culture facile. Apport d'engrais organique les années suivant la plantation. Le maximum de résultat est obtenu après 2 à 3 ans de culture en place.
Variétés intéressantes : les *Anemone blanda* sont souvent proposées en mélanges, du bleu au blanc. 'Atrocaerulea' est bleu foncé au feuillage vert clair.

▲ *Allium aflatunense* : décoratif et de culture facile.

◀ *Allium molly* : une floraison jaune assez tardive.

Les bulbes de printemps

'Radar', rouge carmin éclatant. 'White Splendour', un bouquet de fleurs blanc pur, se naturalise bien.
Utilisations : plantez les anémones en grand nombre aux pieds d'arbres ou d'arbustes à feuillage caduc. Ce sont des plantes idéales en rocailles, pots, jardinières, bordures des massifs de tulipes ou de jacinthes. Bon couvre-sol des sous-bois clairs.

Arisaema spp.
ARISÉMA

Appartenant à la même famille que les arums, ces plantes s'en distinguent par leurs fleurs curieuses et leur feuillage. L'inflorescence, groupée en épi, est entourée par une feuille modifiée (spathe), en forme de coupe ou de cornet. Les arisémas possèdent une grosse racine tubéreuse.
Famille : Aracées.
Hauteur : de 60 à 70 cm, avec une fleur très allongée pouvant atteindre 20 cm.
Époque de floraison : de mai à juillet.
Sol : acide, terre de jardin additionnée de tourbe, de terreau de feuilles et de terre de bruyère.
Exposition : mi-ombre, zone humide à marécageuse.
Méthode de culture : plantez à 15 cm de profondeur à l'automne ou divisez les tubercules début mars. Les *Arisaema* se plantent en sujets isolés ou bien en petits groupes de cinq à sept plantes, espacées de 30 cm.
Espèces intéressantes : *Arisaema candissimum*, le plus connu, au cornet rose veiné de blanc à l'ombre ou entièrement blanc au soleil, avec une fleur vert clair, parfumée, a de grandes feuilles à trois lobes. *Arisaema sikokianum*, le plus curieux, avec une flûte élancée brune à l'extérieur, verte, veinée de blanc à l'intérieur, qui entoure une inflorescence blanche.
Utilisations : dans un coin mi-ombragé du jardin, avec des fougères ou en bordure d'un massif d'hortensias ou de rhododendrons.

Endymion non-scriptus
JACINTHE DES BOIS

Cette plante très proche des scilles est aussi appelée *Hyacinthoides non-scripta*. Originaire des sous-bois d'Europe, elle s'acclimate partout et se naturalise bien si elle n'est pas dérangée.
Famille : Liliacées.
Hauteur : de 20 à 30 cm.
Époque de floraison : en mars et en avril.
Sol : accepte toutes les terres fraîches et légères.
Exposition : aussi bien à l'ombre d'un sous-bois qu'en taches de couleur sur une prairie ensoleillée.
Méthode de culture : plantation à l'automne de 6 à 8 cm de profondeur, mise en place à la volée, sans plan rigoureux. C'est une plante rustique et prolifique qui ne demande aucun soin particulier.
Espèces intéressantes : *Hyacinthoides non scripta* est la vraie jacinthe des bois, à petites clochettes bleues, *hispanica* est plus grande, solide et rustique, bleu pâle, rose ou blanche.
Utilisations : surtout en sous-bois ou en couvre-sol dans les massifs de terre de bruyère. En bordure, sa floraison précède celle des plantes vivaces.

Erythronium dens-canis
ÉRYTHRONE

Le surnom de « dent-de-chien » d'une espèce, provient du bulbe, qui a l'aspect d'une canine. Les fleurs ressemblent à celles du cyclamen, avec des clochettes pendantes aux pétales retournés, surmontant deux feuilles étalées.
Famille : Liliacées.
Hauteur : de 15 à 30 cm selon les espèces.
Époque de floraison : en avril et en mai.
Sol : frais, humifère, avec du terreau de feuilles.
Exposition : mi-ombre, de préférence au nord.
Méthode de culture : plantation automnale, dès réception des bulbes, qui supportent mal le dessèchement. Profondeur et espacement de 10 à 15 cm. Une plante très rustique, de culture facile, qui craint seulement la sécheresse. Laissez en place.
Espèces intéressantes : *Erythronium dens-canis* est la seule espèce européenne (Savoie) avec des fleurs rose vif sur un feuillage marbré.
Variété à conseiller : 'Pagoda' porte quatre à cinq fleurs jaune d'or à centre plus foncé.
Utilisations : dans les sous-bois clairs, les plates-bandes au nord, en pots, dans les rocailles fraîches, pour former de belles taches de couleur en bordures.

▲ *Anemone blanda* forme un tapis très florifère.

▲ Les très étonnants cornets de *Arisaema sikokianum*.

▲ *Endymion* ou *Hyacinthoides hispanica* : des couleurs vives.

Erythronium 'Pagoda' : des fleurs très gracieuses. ▶

Les plantes ornementales

jardin d'agrément

▲ *Fritillaria meleagris* aux étonnantes fleurs en damiers.

▲ *Fritillaria imperialis* : la couronne impériale.

◄ Un massif resplendissant de jacinthes 'Pink Surprise'.

Fritillaria spp.
FRITILLAIRE

Il existe de nombreuses espèces fort différentes, dont le trait commun est la forme et la disposition des clochettes retombantes, réparties tout le long ou au sommet d'une tige bien droite.
Famille : Liliacées.
Hauteur : très variable, de 25 cm à plus de 1 m.
Époque de floraison : en avril et en mai.
Sol : bien drainé, sec, même pauvre, sauf pour *Fritillaria meleagris* qui préfère les sols frais.
Exposition : plein soleil ou ombre légère.
Méthode de culture : plantation précoce, dès fin août, à une profondeur égale à deux fois la hauteur du bulbe. Posez-le sur lit de sable, en l'inclinant légèrement. Ces plantes se naturalisent bien.
Espèces intéressantes : *Fritillaria imperialis*, la « couronne impériale ». C'est la plus grande forme à floraison printanière. Sa tige rigide est garnie de feuilles vert sombre brillant, et surmontée d'une couronne de fleurs rouges ou jaunes. *Fritillaria persica*, au feuillage gris-vert, porte des clochettes violet-pourpre sur une hampe de 1 m. Ne dépassant pas 20 cm, *Fritillaria meleagris* appelé aussi « œuf-de-pintade » est originaire d'Europe. Ses fleurs à petits damiers, lie-de-vin et blanc, sont accompagnées d'un feuillage fin et étroit.

Variétés à conseiller : chez les fritillaires impériales : 'Aurora' rouge orangé, 'Lutea' jaune vif, 'Rubra' rouge-vermillon foncé. *Fritillaria persica* 'Adiyama' demande une exposition abritée.
Utilisations : plantez *Fritillaria imperialis* en isolé ou par groupe de cinq à sept bulbes, dans un massif, entouré de tulipes Darwin ou Triomphe. L'odeur dégagée par le bulbe peut éloigner les rongeurs. La couleur sombre de *Fritillaria persica* s'associe très bien avec des fleurs jaunes. *Fritillaria meleagris* aime les sous-bois frais et humifères.

Hyacinthus x
JACINTHE

Originaire de Méditerranée orientale, cette plante est appréciée pour le parfum dégagé par ses grappes régulières et bien dressées au-dessus d'un petit groupe de feuilles allongées.
Famille : Liliacées.
Hauteur : 30 cm pour les formes hybrides.
Époque de floraison : en mars et en avril.
Sol : riche, léger et bien drainé, un peu sableux.
Exposition : soleil ou mi-ombre conviennent.
Méthode de culture : plantation automnale tous les 20 cm à 10 cm de profondeur. Tuteurez les grosses plantes et renouvelez la plantation tous les ans. Calibres de 16 à 17 cm, le 19 cm est parfait.
Variétés intéressantes : 'Jan Bos', rouge carmin dès fin mars. 'Perle Brillante', illumine mars de son bleu ciel. 'Gipsy Queen', l'une des rares jacinthes saumon. 'Pink Pearl', la référence en rose vif brillant. 'Atlantic', bleu soutenu, hâtive.
Utilisations : en massifs, avec des narcisses et des tulipes. En pots, vasques et jardinières, en mélange de coloris. Au jardin, groupez les variétés par taches d'une même couleur.

Ipheion uniflorum
ÉTOILE DU PRINTEMPS

Appelé aussi *Triteleia uniflora* ou *Brodiaea uniflora*, ce genre ne comporte qu'une espèce sud-américaine. La fleur en étoile, violet pâle se dégradant vers le blanc, est portée au-dessus d'un feuillage semblable à un gazon grossier.

Les bulbes de printemps

Famille : Liliacées.
Hauteur : 15 cm.
Époque de floraison : assez brève en avril.
Sol : léger et bien drainé, même un peu sec.
Exposition : indifféremment soleil ou mi-ombre.
Méthode de culture : plantez à l'automne entre 4 cm et 5 cm de profondeur et de 10 à 15 cm de distance. Les touffes peuvent être divisées en début d'automne. Protégez la plante par un léger paillis.
Espèce intéressante : *Ipheion uniflorum* exhale un fort parfum d'ail si vous froissez ses feuilles.
Utilisations : souligne un massif de vivaces, une rocaille, une bordure dallée, ou les pieds d'arbres à feuillage caduc. Superbe en potées.

Iris hollandica
IRIS DE HOLLANDE

C'est le groupe le plus important de la grande famille des iris. Entourée de longues feuilles étroites, la tige rigide se termine par une gaine d'où émerge une fleur à trois pétales dressés et trois retombants, bleus, jaunes ou blancs.
Famille : Iridacées.
Hauteur : 60 cm.
Époque de floraison : en mai et en juin. Ils sont parfois classés parmi les bulbes d'été.
Sol : bien drainé, sain, le calcaire est accepté.
Exposition : plein soleil pas trop aride.
Méthode de culture : plantation automnale à 10 cm de profondeur et 15 cm de distance. En sols lourds, arrachez les bulbes pour un repos estival.
Variétés à conseiller : 'Golden Harvest', jaune foncé uni. 'Professor Blaauw', bleu foncé et jaune. 'Frans Hals', bleu-mauve et bronze.
Utilisations : les fleurs coupées ont une longue tenue en vase. Massifs ou plates-bandes, en groupes d'au moins 1 m² d'une même variété.

Leucojum spp.
NIVÉOLE

Très proches des perce-neige, les nivéoles, d'origine européenne, présentent sur chaque tige une ou plusieurs fleurs en clochettes régulières.
Famille : Amaryllidacées.
Hauteur : de 20 à 40 cm.
Époque de floraison : de février à avril.
Sol : frais, plutôt lourd et argileux, humide, riche.
Exposition : soleil ou mi-ombre.
Méthode de culture : plantation dès septembre, à 10 cm de profondeur et d'espacement. Culture et naturalisation faciles. À l'automne, divisez les grosses touffes trop serrées.
Espèces intéressantes : *Leucojum aestivum*, très robuste porte trois à cinq clochettes bordées de vert. *Leucojum vernum*, plus précoce, épanouit dès février une seule grosse fleur par tige.
Utilisations : sous-bois clairs, bords de bassins. *Leucojum aestivum* se naturalise bien.

Muscari armeniacum
JACINTHE À GRAPPES

C'est une petite plante aux fleurs en clochettes bleues, en grappes serrées au faîte d'une tige rigide. Les feuilles dressées sont enroulées.
Famille : Liliacées.
Hauteur : 20 cm.
Époque de floraison : en avril et en mai.
Sol : tous les sols bien drainés, pas trop riches.
Exposition : soleil doux à mi-ombre.
Méthode de culture : plantez à l'automne à 8 cm de profondeur et 10 cm de distance. Divisez les touffes tous les quatre à cinq ans, en fin de printemps, avec remise en place à bon écartement.
Espèces intéressantes : *Muscari armeniacum*, le plus envahissant. *Muscari botryoides*, d'origine européenne, est le plus petit. *Muscari comosum*, méditerranéen, le plus tardif.
Variétés à conseiller : 'Blue Spike' à fleurs doubles bleu pâle bordées de blanc, du type jacinthe. *Muscari botryoides* 'Album', la seule forme blanche. *Muscari comosum* 'Plumosum', le plus haut (40 cm), avec des fleurs doubles en plumets mauve lilas agrémentés de filaments violets.
Utilisations : en bordures, en compagnie de pensées jaunes ou de primevères orange. En sous-bois, en taches d'une centaine de bulbes entourées de tulipes hâtives jaunes ou roses.

Plantez les muscaris en groupes importants et compacts. ▶

▲ *Ipheion uniflorum* 'Rolf Fiedler' : une merveille.

▲ Les Iris de Hollande : faciles, spectaculaires et florifères.

▲ *Leucojum aestivum* : une nivéole pour le mois d'avril.

Les plantes ornementales

▲ 'Professeur Einstein' : narcisses à grande couronne.

▲ *Narcissus* 'Tahiti' a des fleurs doubles bicolores.

▲ *Narcissus cyclamineus* 'Berky' : idéal en rocaille.

◀ Narcisse à grande couronne 'Fortune' : un classique.

Narcissus spp.
NARCISSE

D'origine méditerranéenne, le genre *Narcissus* comprend une soixantaine d'espèces et sans doute plusieurs milliers de variétés, classées en une dizaine de catégories. Les formes sauvages sont souvent appelées « jonquilles ». Tous les narcisses ont en commun une fleur composée d'une trompette centrale ou couronne, émergeant d'un ensemble de six pétales en corolle appelé périanthe. La fleur est située à l'extrémité d'une tige entourée à sa base de feuilles linéaires vert glauque. Les couleurs des fleurs vont du jaune au blanc, avec quelques nuances de rose et d'orange. La quasi-totalité des variétés sont parfumées. De nouvelles obtentions sont créées régulièrement, la recherche de nouveaux coloris se portant vers le rouge et le rose.

Famille : Amaryllidacées.
Hauteur : de 15 à 40 cm.
Époque de floraison : de février à mai selon les espèces et les variétés, dont la durée moyenne d'épanouissement est de 15 à 18 jours.
Sol : tous les sols sont acceptés avec une préférence pour les terres lourdes, fraîches, mais pas trop humides ni acides. Comme pour toutes les fleurs à bulbes, la présence dans le sol de matières organiques non décomposées est mal supportée.
Exposition : soleil, mais aussi sous-bois clairs.
Méthode de culture : plantation en septembre et en octobre, entre 10 cm et 15 cm de profondeur et de distance. Plantes robustes, de culture facile, les narcisses horticoles sont rustiques. Seules quelques formes botaniques nécessitent une protection contre le froid. Le narcisse peut rester plusieurs années en place, tout en offrant la même qualité de floraison. Prévoyez tous les deux ans un apport léger d'un engrais spécial pour fleurs à bulbes. Le calibre des bulbes est souvent désigné par les initiales DN (double nez) accompagnées de chiffres romains : DN I pour les plus gros, DN II pour la taille courante, et DN III pour les petits.

Espèces intéressantes : les narcisses horticoles sont classés en 10 catégories correspondant à une forme de végétation particulière. Les narcisses trompettes sont les plus cultivés. Ils ont une large fleur unique, penchée, portée par une tige de 40 cm. Leur couronne est aussi large que la corolle. Les narcisses à grande ou petite couronne, appelés également « incomparables », ont une grande fleur unique dont la coupe est moyenne mais très ouverte. Ce sont les plus odorants et les plus diversifiés sur le plan des coloris. On trouve aussi les narcisses doubles, les jonquilles qui portent plusieurs fleurs, les narcisses des poètes aux fleurs blanches à petites coupes, etc. Quelques espèces botaniques sont régulièrement cultivées. *Narcissus cyclamineus* est nain (20 cm) avec une floraison abondante et longue. Les trois ou quatre fleurs par tige montrent une grande trompette et des pétales recourbés en arrière. *Narcissus tazetta* est multiflore à corolle simple ou double. Il présente surtout des variétés tout à fait adaptées pour la culture en pot à l'intérieur.

Variétés à conseiller : 'King Alfred', jaune d'or vif lumineux. 'Mount Hood', à grande fleur blanc ivoire devenant blanc pur en s'épanouissant, compose de belles potées en appartement. 'Fortissimo', jaune à coupe orange pour une floraison en mi-saison. 'Professeur Einstein' à large coupe orange vif ressortant bien sur une corolle blanc pur. *Narcissus cyclamineus* 'Tête à Tête', un petit multiflore jaune

Les bulbes de printemps

citron qui égaye longtemps une composition florale à la maison. *Narcissus tazetta* 'Géranium', parfumé, blanc à coupe orange pour une fleur simple.

Utilisations : sur pelouse, en taches éparses irrégulières, en bordures avec des *Anemone blanda*, en sous-bois clairs, en rocaille pour les variétés les plus petites. Également en appartement, en potées ou en jardinières. Les fleurs coupées durent longtemps, mais leur sève est néfaste aux autres fleurs. Pour mélanger les narcisses dans un bouquet, il faut tremper les tiges dans l'eau claire une nuit, avant de réaliser la composition florale.

Notholirion thomsonianum
NOTHOLIRION

D'origine asiatique, cette plante proche des lis, s'en distingue par une tunique qui couvre le bulbe. De 15 à 30 fleurs, en forme d'entonnoir, sont groupées sur une tige qui émerge d'un plateau de feuilles longues et étroites.

Famille : Liliacées.
Hauteur : de 60 à 80 cm.
Époque de floraison : mai.
Sol : riche, bien drainé, sec en été.
Exposition : un emplacement abrité, le long d'un mur ensoleillé, protégé des vents du nord.
Méthode de culture : plantation très tôt à l'automne, la végétation démarrant avant les premiers froids. Profondeur 10 cm, espacement 20 cm. Le bulbe meurt après floraison, la multiplication se faisant par les nombreuses bulbilles.
Espèce intéressante : *Notholirion thomsonianum* est la seule forme cultivée communément. Les fleurs rose lilas aux pétales recourbés sont parfumées.
Utilisations : plantez en rocailles, avec des arbustes à feuillage caduc et des primevères.

Ornithogalum spp.
ORNITHOGALE

Il a pour surnom « dame de onze heures », car ses fleurs ne s'ouvrent qu'en fin de matinée. Ce sont des étoiles à six pétales blancs au dessous vert, portées en grappes le long d'une tige rigide. Les espèces courantes sont européennes.

Famille : Liliacées.
Hauteur : de 20 à 40 cm.
Époque de floraison : en avril et en mai, et en été pour certaines espèces.
Sol : ordinaire, léger, bien drainé, sablonneux.
Exposition : soleil, voire mi-ombre, mais les boutons ne s'ouvrent pas à l'ombre.
Méthode de culture : plantation à l'automne, entre 5 cm et 8 cm de profondeur, à intervalles de 15 à 20 cm. Cette plante rustique de culture facile se naturalise facilement et dure plusieurs années.
Espèces intéressantes : *Ornithogalum nutans* ou « étoile de Bethléem », très rustique, présente des fleurs penchées. *Ornithogalum umbellatum*, la plus répandue, se plaît au soleil et se naturalise très bien.
Utilisations : en rocailles, sur un talus ou en bordure de massif. Très bonne tenue en fleurs coupées.

Scilla spp.
SCILLE

Classées également parmi les *Endymion*, les scilles sont des petites plantes vivaces aux tiges florales en clochettes bleues et pendantes, accompagnées d'un feuillage étroit vert foncé.

Famille : Liliacées.
Hauteur : de 10 à 20 cm.
Époque de floraison : de mars à mai.
Sol : frais mais drainé, riche en humus.
Exposition : soleil, mi-ombre, sous-bois clair.
Méthode de culture : plantation à l'automne, entre 5 cm et 10 cm de profondeur, de 15 à 20 cm de distance. La scille se multiplie par ses bulbilles, séparez les caïeux après la floraison et replantez immédiatement.
Espèces intéressantes : *Scilla campanulata*, forme de petites pyramides de clochettes bleues, blanches, roses. *Scilla sibirica*, très rustique, se naturalise bien et porte de 2 à 3 tiges de 4 à 5 clochettes bleues. *Scilla peruviana* a de très nombreuses petites fleurs, groupées en étoiles, bleu vif.
Utilisations : en rocailles, sous-bois clairs, bordures. La plantation en tapis au pied d'un forsythia donne un résultat remarquable. La culture est également facile en pots et en jardinières pour l'intérieur.

La timide *Scilla sibirica* est décorative en groupes. ▶

▲ *Notholirion thomsonianum* : un faux lis très élégant.

▲ *Ornithogalum umbellatum* : un tapis d'argent.

Les plantes ornementales

▲ *Tulipa saxatilis* s'épanouit dès la fin mars.

▲ *Tulipa greigii* 'Princesse charmante' : un rouge vif.

◀ 'Peer Gynt' : une tulipe triomphe, superbe en massif.

Tulipa spp.
TULIPE

D'origine orientale, la tulipe s'est parfaitement adaptée à notre climat. Elle est présente dans pratiquement tous les jardins pour une floraison printanière échelonnée. Sur les 4 000 variétés horticoles recensées, environ 150 sont couramment utilisées et présentes dans tous les catalogues. Différentes par les formes des fleurs, les coloris et l'époque de floraison, elles ont en commun une tige rigide terminée par une fleur. Cette dernière, en général solitaire, a des pétales arrondis ou effilés. Les feuilles, plus ou moins larges, partent du bulbe. La classification des tulipes est établie en fonction de leur précocité.

Famille : Liliacées.

Hauteur : de 20 à 40 cm pour les tulipes hâtives, de 40 à 70 cm pour les plus tardives.

Époque de floraison : de fin mars à fin mai.

Sol : léger, aéré, bien drainé, sableux si possible. La tulipe craint l'eau en excès et les sols trop riches en humus. Le fumier frais est à proscrire.

Exposition : plein soleil. Certaines espèces botaniques supportent bien la mi-ombre. Les grandes variétés tardives craignent le vent, les tulipes doubles tardives n'aiment pas les précipitations importantes.

Méthode de culture : plantation de fin septembre à fin novembre. Une mise en terre plus tardive est possible, mais retarde la floraison. Profondeur de 12 à 15 cm, jusqu'à 20 ou 25 cm en terre sablonneuse. De 8 à 10 cm suffisent pour les tulipes botaniques. Distance de 10 à 20 cm selon la grosseur du bulbe. Utilisez un plantoir à bulbe cylindrique pour faciliter un bon positionnement de l'oignon. Le plantoir conique laisserait une poche d'air sous le bulbe et empêcherait un développement correct des racines. La grosseur de l'oignon est garante de la beauté de la fleur. Le calibre est la longueur en centimètres de la plus large circonférence du bulbe. Pour les variétés horticoles, le calibre moyen est de 11/12, les plus gros 12 + et 14 +. Ne choisissez pas de calibre inférieur à 10/11, le résultat serait décevant. Les espèces botaniques ont un calibre compris entre 5 cm et 8 cm.

Si vous voulez replanter les tulipes la saison suivante, coupez la fleur fanée et attendez que le feuillage ait jauni avant de procéder à l'arrachage. Cela permet au bulbe de reconstituer ses réserves. Stockage au sec et au frais après nettoyage des bulbes. Les tulipes botaniques se naturalisent facilement.

Espèces intéressantes : selon les botanistes, la classification par précocité et forme de la fleur comprend une quinzaine de familles (*voir tableau ci-contre*). On distingue les espèces botaniques types et les variétés horticoles obtenues par hybridation. Les Simples hâtives, aux coloris vifs, se prêtent bien au forçage pour les potées fleuries. Les Doubles hâtives fleurissent longtemps et constituent de beaux massifs. Les Triomphes aux belles tiges rigides résistent aux intempéries. Elles offrent le plus grand nombre de variétés et de coloris. Les Darwin hybrides, aux tiges fortes et aux fleurs régulières, font de très beaux massifs et d'excellentes fleurs coupées. Les Simples tardives ou Cottage sont les plus hautes en tige et ont les plus grosses fleurs. Les Doubles tardives, ou Fleurs de pivoines, épanouissent des fleurs énormes, mais elles sont sensibles aux intempéries. Les Fleurs de lis sont très élégantes par leur forme effilée. Les Frangées ont des pétales au bord finement découpé. Ce sont d'élégantes fleurs qui présentent une bonne tenue en vase. La fleur des Viridiflora conserve des marques vertes, même à maturité. Les Multiflores portent de trois à sept fleurs groupées sur des tiges annexes. Les Perroquets, aux grandes fleurs découpées, irrégulières, flammées, sont très curieuses, mais ont une grande sensibilité à la pluie.

Dans les tulipes botaniques, on distingue : les Kaufmanniana, très hâtives, souvent bicolores, avec un feuillage strié de brun. Les Fosteriana, vigoureuses, se naturalisent bien. Les Greigii ont le feuillage strié, avec une fleur au cœur noir.

Les vraies tulipes botaniques sont des espèces sauvages fort différentes les unes des autres et souvent assez petites. Citons : *acuminata* aux fleurs curieuses, avec ses pétales très longs et effilés ; *bakeri* 'Lilac wonder' aux petites fleurs en étoiles rose lilas, avec un cœur jaune cerné de blanc. *Tulipa chrysantha* ressemble un peu aux *greigii* avec ses fleurs bicolores allongées, où se mêlent le jaune et le rouge. *Tulipa clusiana* a une fleur rouge rayé blanc à l'extérieur et

Les bulbes de printemps

CLASSIFICATION DES TULIPES		
Catégories	Époques de floraison	Hauteurs (en cm)
Simple hâtive	de fin mars à avril	30/40
Double hâtive	avril	20/35
Triomphe	de fin avril à mai	45/50
Darwin hybride	de fin avril à mai	50/60
Simple tardive	mai	55/65
Double tardive	mai	40/55
Fleur de lis	de fin avril à mai	50/60
Frangée	mai	45/60
Viridiflora	mai	40/50
Multiflore	avril-mai	30/55
Perroquet	mai	50/60
Kaufmanniana x	mars-avril	20/25
Fosteriana x	avril	30/50
Greigii x	avril-mai	20/40
Botanique	avril-mai	15/40

blanc pur à cœur noir à l'intérieur. Elle forme des touffes à l'étroit feuillage vert foncé compact. *Tulipa pulchella* épanouit des fleurs arrondies d'un violet foncé caractéristique. *Tulipa saxatilis* est une des plus belles avec les pétales roses nuancés de mauve et le cœur jaune d'or largement ouvert. *Tulipa tarda,* ou *dasystemon,* épanouit de cinq à six fleurs par tige, en étoiles jaunes d'or à pointes blanches. *Tulipa turkestanica*, très précoce, est multiflore avec trois à six corolles en étoiles blanches à cœur jaune-orangé.

Variétés à conseiller : parmi les simples hâtives : 'Apricot Beauty', rose saumon teinté de rouge, l'une des rares tulipes parfumées. 'Van der Neer', un sombre violet-pourpre. 'Princesse Irène' est odorante et d'un rare cuivre ombré de pourpre. Chez les Doubles hâtives : 'Murillo', mélange de six variétés aux tons pastel, à courte tige. 'Goya', heureux mélange de saumon écarlate et de jaune. 'Monte Carlo', un jaune soufre très lumineux. Dans le groupe des tulipes Triomphe : 'Abu Hassan', un beau gobelet brun bordé de jaune sur une forte tige. 'Baronesse', un délicat rose-magenta bordé d'un dégradé plus clair. Chez les Darwin hybrides : 'Beauty of Apeldoorn' au ton orangé chaud, strié de rouge. 'Flaming gold', jaune bouton d'or taché de rouge, à la forme parfaite. 'Big Chief', un vieux rose bordé d'orange. Parmi les Simples tardives : 'Île-de-France' au rouge cardinal lumineux. 'Burgundy Lace', rouge foncé, légèrement frangé. 'Temple of Beauty', l'une des plus grosses tulipes, d'un rose saumoné sur une tige de 60 cm. Chez les Doubles tardives : 'Angélique', rose pâle délicat. Parmi les tulipes Fleurs de lis : 'China Pink', rose carmin lumineux. 'Reine de Saba', aux pétales bien évasés, rouge finement souligné de jaune. 'White Triumphator', d'un blanc immaculé aux pétales translucides. Parmi les Frangées : 'Francy Frills', rose vif à base blanche. 'Fringed Beauty', rouge-orangé à très grosses fleurs. Chez les Viridiflora : 'Groenland', mélange de rose et de vert sur une tige de 60 cm. Chez les Multiflores : 'Georgette', commence sa floraison jaune pur pour s'iriser de rouge à maturité. 'Toronto', appelée également 'Toulouse', présente un feuillage panaché qui entoure une grappe de fleurs rouge clair saumoné. Chez les tulipes Perroquet : 'Blue Parrot', plus mauve que bleue, à marier avec des bisannuelles roses ou jaunes. 'Orange Favourite', orangé moucheté de vert, au doux parfum. 'Flaming Parrot', jaune bordé de rouge sang. Chez les Kaufmanniana hybrides : 'Stresa', rouge groseille tranché de jaune, remarquable par son feuillage veiné. 'The First', ivoire et rouge. 'Johann Strauss', rouge bordé de jaune à l'intérieur blanc. Parmi les Fosteriana : 'Juan', une fleur tubulaire orange lumineux, avec une large base jaune et un feuillage tacheté de brun. 'Mme Lefeber', rouge éclatant à cœur noir. Dans le groupe Greigii : 'Cape Cod', abricot à intérieur bronze. 'Chaperon rouge', aux pétales rouge vif évasés, presque enfouis dans une corolle de feuilles panachées de brun. 'Plaisir', l'une des meilleures tulipes pour massifs, rouge carmin bordé de jaune à l'intérieur vermillon.

Utilisations : les tulipes ont leur place dans tout le jardin : en massifs, bordures, jardinières ou dans une rocaille pour les plus petites. Les plus grandes permettent de réaliser de somptueux bouquets qui tiennent longtemps en vase. Quant aux tulipes botaniques, elles se naturalisent sans problème dans les scènes naturelles et les sous-bois clairs.

Tulipe Frangée 'Fringed Beauty' : des couleurs éclatantes. ▶

▲ La tulipe Fleur de lis 'Aladin' au superbe liseré d'or.

▲ 'Texas Flame' : une tulipe Perroquet haute en couleurs.

▲ Éclatante : la tulipe Triomphe 'Ice Folies'.

Les plantes ornementales

LES VIVACES DE PRINTEMPS

La neige à peine fondue et les brouillards printaniers tout juste dissipés, les premières plantes vivaces font déjà leur apparition. Richement parées, elles apportent au jardin une grande diversité de formes et de couleurs. Sachez les apprécier à leur juste valeur.

Aquilegia spp.
ANCOLIE

Ce genre aux fleurs munies d'un éperon compte près de cent vingt espèces très rustiques.
Famille : Renonculacées.
Dimensions : de 20 à 80 cm de hauteur.
Exposition : ensoleillée à mi-ombre.
Sol : léger et humifère, bien drainé. L'ancolie accepte les terrains un peu plus lourds et parfois calcaires, mais sa durée de vie est moins longue.
Multiplication : par semis en mars-avril dans du terreau de feuilles additionné de tourbe. Repiquez en place en mai. Vous pouvez aussi diviser la touffe en fin d'automne. Plantez six à neuf pieds au m².
Particularités : les fleurs, nombreuses sur des hampes de 10 à 50 cm, viennent d'avril à juin. Elles sont formées de cinq pétales prolongés par un éperon plus ou moins grand. Comptez deux ou trois ans après la plantation avant d'obtenir une floraison.
Espèces et variétés : *Aquilegia alpina*, assez petite, présente de jolies fleurs bleues. *Aquilegia caerulea* 'Blue Star', bleue, ou 'Crimson Star', rouge, font partie des classiques. *Aquilegia canadensis* possède un long éperon qui suit une fleur rouge cuivré à intérieur jaune. D'*Aquilegia vulgaris*, on a tiré de nombreux hybrides de haute taille, aux tons très variés, allant du crème au bleu en passant par le rose et le rouge-pourpre.
Notre conseil : procurez-vous des graines sélectionnées, car les ancolies se croisent facilement et il est difficile de conserver le même coloris lorsqu'on fait soi-même la récolte.

Aster spp.
ASTER

On compte près de six cents espèces annuelles, bisannuelles ou vivaces. Parmi ces dernières, certaines fleurissent au printemps.
Famille : Astéracées.
Dimensions : de 20 à 40 cm de hauteur.
Exposition : ensoleillée.
Sol : bonne terre de jardin, bien drainée.
Multiplication : effectuez une division des touffes en début d'année et renouvelez le pied tous les quatre ou cinq ans quand il commence à vieillir. Comptez environ neuf pieds au m².
Particularités : les fleurs qui apparaissent d'avril à juin ressemblent à des marguerites à cœur jaune mais les coloris des pétales sont très variés, blanc, bleu, rouge, lilas, violet... En raison de sa petite taille, c'est une plante pour bordures ou rocailles.
Espèces et variétés : *Aster alpinus* 'Albus' est à fleurs blanc pur, la variété 'Happy End' étant plus rosée. *Aster tongolensis* a donné de nombreuses variétés, comme 'Bergarten', bleu mauve, 'Napsbury', violet foncé ou 'La Vanoise', bleu violet.
Notre conseil : installez ces asters de printemps au milieu d'un massif de plantes bulbeuses.

Brunnera spp.
MYOSOTIS DU CAUCASE

La floraison bleue de cette plante tapissante rappelle un peu celle du myosotis, d'où son nom.
Famille : Boraginacées.
Dimensions : de 30 à 40 cm de hauteur.
Exposition : ombre ou mi-ombre, mais le

▲ *Aquilegia x hybrida* : des coloris très variés.

◄ *Aster tongolensis* : des marguerites de printemps.

jardin d'agrément

318

Les vivaces de printemps

Brunnera supporte le soleil si le sol est bien frais.
Sol : profond et fertile de préférence.
Multiplication : par division de souche au printemps. Mais la plante se ressème facilement seule. Il faut environ quatre pieds au m².
Particularités : les fleurs, très légères, viennent en avril-mai sur des petites tiges bien dressées. C'est une plante robuste qui peut faire office de couvre-sol, car son feuillage est large, vert foncé.
Espèces et variétés : on compte trois espèces, *Brunnera macrophylla* étant la plus cultivée.
Notre conseil : installez cette plante dans un coin ombragé du jardin, au pied des grands arbres.

Centranthus spp.
VALÉRIANE

Cette plante que l'on rencontre souvent sur les vieux murs est d'une culture très facile.
Famille : Valérianacées.
Dimensions : de 50 à 60 cm de hauteur.
Exposition : plein soleil.
Sol : indifférent, même sec ou calcaire.
Multiplication : c'est une plante qui se ressème facilement d'elle-même, sinon divisez les touffes au printemps. Plantez six à huit pieds au m².
Particularités : le feuillage gris bleuté est surmonté, de mai à juillet, de hampes à l'extrémité desquelles apparaissent de nombreuses fleurs étoilées, rouges ou blanches selon les variétés. En coupant les fleurs, dès leur flétrissement, vous pouvez parfois obtenir une remontée en automne.
Espèces et variétés : sur la douzaine d'espèces connues, seule *Centranthus ruber* est cultivée. La variété 'Albus' est blanche, 'Coccineus' est rouge.
Notre conseil : garnissez un muret de pierres sèches avec la valériane, capable de s'accrocher à la moindre anfractuosité.

Convallaria majalis
MUGUET

Est-il nécessaire de décrire cette jolie plante, symbole du bonheur et qui garnit jardins et appartements durant le mois de mai ?
Famille : Liliacées.

Dimensions : tige florale de 20 cm de hauteur.
Exposition : mi-ombre ou ombre.
Sol : riche et frais.
Multiplication : en automne, par division des rhizomes formant une griffe. Évitez de trop enterrer cette griffe dans la terre. Il faut une bonne vingtaine de pieds au m² pour obtenir un tapis.
Particularités : la fleur est formée d'une tige bien dressée portant six à huit clochettes très parfumées. La floraison apparaît dès la mi-avril et se prolonge jusque fin mai selon le climat.
Espèces et variétés : *Convallaria majalis* est la seule espèce cultivée, mais il existe des variétés à grandes fleurs destinées au forçage ou à la production industrielle et une variété, 'Rosea', rosée.
Notre conseil : plantez votre muguet à l'ombre d'un arbre ou d'un arbuste à feuilles caduques.

Corydalis spp.
FUMETERRE

Jolie fleur curieuse munie d'un éperon qui vient au-dessus d'un buisson de feuilles découpées.
Famille : Papavéracées.
Dimensions : de 20 à 40 cm de hauteur.
Exposition : ombre à mi-ombre.
Sol : bonne terre de jardin, fraîche, humifère, bien drainée. Évitez les sols trop humides.
Multiplication : si la culture est facile, il n'en est pas de même de la reproduction du fumeterre pour lequel le semis et la division de touffe sont aléatoires. Le mieux est de prélever les semis spontanés au printemps pour les planter aussitôt. Il faut six à neuf plants au m² pour une bonne couverture.
Particularités : les feuilles rappellent un peu celles des fougères, desquelles sortent les tiges florales, en mai et juin. Les fleurs sont tubulées et jaunes. Elles remontent parfois en automne.
Espèces et variétés : environ trois cents espèces annuelles ou vivaces. *Corydalis cheilanthifolia* a le feuillage très découpé. *Corydalis lutea* fleurit jusqu'en septembre. *Corydalis wilsonii* est plus rare.
Notre conseil : installez le fumeterre au milieu d'un dallage, l'effet est magnifique.

Corydalis wilsonii : de jolies fleurs jaunes éperonnées. ▶

▲ *Brunnera macrophylla* : un voisin du myosotis.

▲ *Centranthus ruber* : une vivace très accommodante.

▲ *Convallaria majalis* : un porte-bonheur.

Les plantes ornementales

▲ *Dicentra spectabilis* : des fleurs en forme de cœur.

▲ *Digitalis officinalis* associé à un rosier gallique.

◀ *Doronicum caucasicum* : des soleils d'or du printemps.

Dicentra spectabilis
CŒUR DE MARIE

Connue aussi sous le nom de *Dielytra spectabilis*, cette très jolie vivace forme des fleurs en forme de petits cœurs blanc et rosé.
Famille : Papavéracées.
Dimensions : de 60 à 70 cm de hauteur.
Exposition : ensoleillée à mi-ombre.
Sol : léger, humifère, frais. En terrain sec, le feuillage fane beaucoup plus vite.
Multiplication : la plus simple est la division des touffes, en été, en faisant attention à ne pas casser les racines qui sont très fragiles. Ne serrez pas trop les plants. Cinq à six pieds par m² suffisent.
Particularités : la floraison, qui a lieu d'avril à juin, se compose de hampes arquées sur lesquelles sont accrochés des petits cœurs pendants munis de deux éperons latéraux. Les feuilles vert glauque et découpées sont également décoratives.
Espèces et variétés : 'Alba' est une variété également cultivée, dont les fleurs sont d'un blanc pur. Ce genre possède par ailleurs une quinzaine d'espèces à floraison plus tardive.
Notre conseil : évitez de déplacer le pied, car il ne pousse véritablement bien que lorsqu'il est installé depuis plusieurs années et associez-le à des fougères qui le mettront en valeur.

Digitalis spp.
DIGITALE

Cultivée comme bisannuelle, la digitale peut rester en place si on lui offre de bonnes conditions.
Famille : Scrophulariacées.
Dimensions : jusqu'à 1 m de hauteur.
Exposition : mi-ombre à ensoleillée.
Sol : bonne terre de jardin, fertile et fraîche.
Multiplication : le semis est facile à réaliser. La floraison a lieu deux ans après. Huit pieds au m².
Particularités : placez la digitale à l'arrière d'un massif. Les fleurs s'épanouissent à partir de mai, en partant de la base du bouquet, et la floraison se poursuit jusqu'en automne.
Espèces et variétés : le genre comprend une vingtaine d'espèces. *Digitalis grandiflora*, plus tardive, porte des fleurs jaune soufre de 15 cm de longueur. *Digitalis x mertonensis* a le feuillage vert foncé et velu, les fleurs sont rose saumon à intérieur pourpre. *Digitalis purpurea* est la plus courante. Fleurs rose pourpré avec des variétés, comme 'Alba' à fleurs blanches ou 'Gloxiniaeflora' aux tons rouges, roses ou blancs, qui atteint 1,80 m.
Notre conseil : coupez les hampes florales dès qu'elles sont fanées pour favoriser la croissance de nouvelles pousses avant les froids hivernaux.

Doronicum spp.
DORONIC

Fleurissant dès le mois d'avril, cette vivace est appréciée pour sa jolie couleur jaune d'or.
Famille : Astéracées.
Dimensions : environ 50 cm de hauteur.
Exposition : mi-ombre à ensoleillée.
Sol : bonne terre de jardin pas trop humide, car un excès d'eau fait pourrir les racines.
Multiplication : par division des souches au printemps ou en automne. Effectuez cette opération tous les trois ans pour que le pied conserve un bel aspect. Cinq à six pieds au m² sont nécessaires.
Particularités : tôt en saison, cette plante émet de jolies fleurs jaunes en capitules qui se dressent au-dessus des feuilles en cœur, vert clair.
Espèces et variétés : sur les trente espèces

Les vivaces de printemps

recensées, *Doronicum caucasicum* 'Magnificum' est la plus cultivée. On trouve plus rarement *Doronicum pardalianches* jaune plus clair, et *Doronicum plantagineum* à grandes fleurs jaune d'or.
Notre conseil : évitez les apports d'engrais azotés qui entraînent la chute prématurée des feuilles.

Euphorbia spp.
EUPHORBE

Deux mille espèces font partie de ce genre, mais quelques dizaines seulement sont cultivées.
Famille : Euphorbiacées.
Dimensions : de 0,50 à 1,20 m de hauteur.
Exposition : ensoleillée à mi-ombre.
Sol : frais, poreux, éventuellement calcaire.
Multiplication : par division de touffe en automne, mais le plus simple est le semis à la même époque, la mise en place se faisant après l'hiver. Comptez de un à trois pieds au m^2.
Particularités : ce genre est aussi divers dans la forme de ses feuillages que dans celle de ses inflorescences. Les petites fleurs, entourées de bractées colorées, durent de mai à juin. Le feuillage est souvent persistant et parfois coloré en automne. Les euphorbes produisent un latex toxique.
Espèces et variétés : parmi les plus spectaculaires, citons : *Euphorbia amygdaloides*, robuste, au feuillage vert sombre et aux inflorescences vertes ou pourprées. *Euphorbia characias* est très décorative par ses inflorescences vertes et jaunes : c'est une espèce à grand développement. *Euphorbia griffithi* présente des inflorescences rouge-orangé. *Euphorbia polychroma*, jaune, mesure 30 cm.
Notre conseil : donnez de l'espace à ces plantes, car elles sont souvent assez envahissantes.

Iberis sempervirens
CORBEILLE D'ARGENT

Plante tapissante, elle produit une très abondante floraison blanche dès le mois de mars.
Famille : Crucifères.
Dimensions : de 20 à 30 cm de hauteur.
Exposition : plein soleil.
Sol : léger et bien drainé.

▲ *Euphorbia characias* : une vraie curiosité.

Multiplication : par division des touffes en automne ou au printemps. Six à neuf pieds au m^2.
Particularités : véritable couvre-sol, cette plante porte des feuilles vert sombre complètement recouvertes, tout le printemps, d'une floraison blanc pur.
Espèces et variétés : 'Snowflake' est sans doute l'une des plus belles. Signalons aussi : *Iberis gracilis*, compacte, et *Iberis muralis* pour la rocaille.
Notre conseil : placez-la dans une anfractuosité de muret pour avoir une cascade blanche.

Incarvillea delavayi
INCARVILLÉE

Fleurs en trompette pour ce genre qui compte une bonne douzaine d'espèces venues de Chine.
Famille : Bignoniacées.
Dimensions : environ 60 cm de hauteur.
Exposition : ensoleillée ou mi-ombre.
Sol : profond, riche et bien drainé.
Multiplication : par division en septembre ou semis au printemps. Comptez six pieds au m^2.
Particularités : longues feuilles vert foncé et fleurs roses à gorge jaune dès le début mai.
Espèces et variétés : *Incarvillea mairei* ne dépasse pas 30 cm de hauteur.
Notre conseil : les feuilles disparaissant tôt, installez cette plante parmi des vivaces persistantes.

Incarvillea delavayi : de jolies trompettes mauves. ▶

▲ *Iberis sempervirens* : un tapis d'argent.

321

Les plantes ornementales

jardin d'agrément

▲ Les iris comptent parmi les fleurs les plus populaires.

▲ Les lupins épanouissent des fleurs de toutes couleurs.

◀ *Paeonia lactiflora* 'Bowl of Beauty' aux jolies têtes rondes.

Iris spp.
IRIS

Ce genre comprend deux cents espèces et offre une très grande diversité de formes et de coloris.
Famille : Iridacées.
Dimensions : de 20 à 90 cm de hauteur.
Exposition : le plein soleil ou la mi-ombre.
Sol : bonne terre de jardin bien drainée. Les iris japonais, et ceux des marais, préfèrent les sols tourbeux et humides pendant leur végétation, et les iris de Sibérie, une terre fraîche et humide.
Multiplication : par division des rhizomes, de juillet à septembre. Coupez une partie du feuillage. Le rhizome doit affleurer la surface du sol.
Particularités : divisez les touffes tous les quatre ou cinq ans pour les renouveler. Les feuilles sont longues et étroites, parfois panachées. La hampe porte plusieurs fleurs unicolores ou panachées.
Espèces et variétés : les *Iris pumila* et *Iris lilliput* (de 20 à 40 cm), pour bordures et rocailles, fleurissent dès mars et sont souvent regroupées sous le nom de *x barbata-nana*. Les *Iris barbata-media* (de 50 à 60 cm) sont des hybrides qui s'épanouissent, en avril-mai, dans une large plage de coloris. Les *Iris germanica* (*x barbata elatior*) fleurissent en mai. Ils sont parfumés et de toutes les couleurs. Les *Iris kaempferi* ou *ensata* (iris japonais) ont les fleurs ouvertes et très colorées. Les iris de Sibérie (*Iris sibirica*), très hauts, sont dans les tons blancs, bleus ou violets. L'*Iris pseudacorus* est l'iris des marais aux magnifiques fleurs jaunes. L'*Iris spuria* a les inflorescences jaunes ou bleues.
Notre conseil : plantez les rhizomes à environ 30 à 40 cm les uns des autres pour éviter d'avoir un amas de racines enchevêtrées.

Lupinus polyphyllus
LUPIN

Trois cents espèces sont connues, mais les hybrides de Russel sont les plus répandus.
Famille : Légumineuses.
Dimensions : de 50 cm à 1,20 m de hauteur.
Exposition : ensoleillée à mi-ombre.
Sol : profond et léger, sans calcaire.
Multiplication : par division des touffes en automne ou par semis au printemps. Comptez trois à cinq pieds de lupins au m^2.
Particularités : attention le lupin se ressème spontanément et devient vite envahissant.
Espèces et variétés : parmi les hybrides de Russel, citons : 'La Châtelaine', rose et blanc ; 'La Demoiselle', blanc ; 'Le Chandelier', jaune ; 'Le Gentilhomme', bleu et blanc ; 'Les Pages', carmin ; 'Mon Château', rouge.
Notre conseil : coupez les hampes florales fanées, vous aurez une remontée en automne.

Paeonia lactiflora
PIVOINE DE CHINE

On dénombre environ trente-cinq espèces de pivoines herbacées aux belles fleurs pleines.
Famille : Renonculacées.
Dimensions : de 60 cm à 1 m de hauteur.
Exposition : le plein soleil, pas trop brûlant.
Sol : profond, riche et sain, plutôt humifère.
Multiplication : par division des touffes, avec précaution, car elles sont fragiles. Une plante au m^2.
Particularités : la pivoine est très casanière. Si elle se plaît et fleurit bien ne la déplacez jamais.
Espèces et variétés : 'Bowl of Beauty' est rose à cœur jaune, 'Festiva Maxima' d'un blanc très pur

Les vivaces de printemps

et parfumée, 'Mr Adam Modzelewski' est rouge velouté. *Paeonia officinalis* est plus petite, à fleurs roses ('Mollis') ou rouges ('Rubra Plena').
Notre conseil : n'enterrez pas les touffes de plus de 3 à 4 cm lors de la plantation, sinon elles mettront plusieurs années avant de refleurir.

Paeonia suffruticosa
PIVOINE EN ARBRE

Cette pivoine qui présente une forme arbustive, ligneuse est aussi nommée *Paeonia arborea*.
Famille : Renonculacées.
Dimensions : de 1 à 1,50 m.
Exposition : ensoleillée ou mi-ombre.
Sol : bonne terre de jardin, sans calcaire.
Multiplication : par division des pieds en automne ou par bouture à talon. Un pied au m^2.
Particularités : on constate souvent un brunissement anormal du feuillage après la floraison.
Espèces et variétés : 'Baronne d'Alès' a des fleurs doubles, rose vif ; 'Jeanne d'Arc' est saumon ; 'Reine Élisabeth' a de grosses fleurs roses. Il existe beaucoup de variétés aux noms japonais, dont les grosses fleurs peuvent dépasser 20 cm de diamètre.
Notre conseil : composez un massif de deux ou trois pieds sur une pelouse. C'est superbe.

Papaver orientale
PAVOT D'ORIENT

On compte une centaine d'espèces de pavots vivaces, *orientale* étant la plus connue.
Famille : Papavéracées.
Dimensions : environ 1 m de hauteur.
Exposition : plein soleil, à l'abri des vents.
Sol : léger de préférence, même calcaire.
Multiplication : par semis au printemps. Mise en place en mai. Comptez quatre à six pieds au m^2.
Particularités : très grandes fleurs, dès avril, dans des tons lumineux. Ces fleurs feront de jolis bouquets si elles sont cueillies au stade du bouton.
Espèces et variétés : 'Allegro' porte des fleurs rouge clair ; celles de 'Bonfire' sont rouge sang avec des taches noires à la base des pétales ; 'Juliane' a des grandes fleurs rose clair et 'Orangeade Maison' est d'un bel orange.
Notre conseil : ne les laissez pas grainer, sinon votre jardin sera envahi l'année suivante.

Primula spp.
PRIMEVÈRE

Il existe six cents espèces de primevères. La plupart s'épanouissent très tôt au printemps.
Famille : Primulacées.
Dimensions : de 20 à 40 cm de hauteur.
Exposition : soleil ou mi-ombre, fraîcheur.
Sol : frais, humifère, légèrement humide.
Multiplication : par division de souche ou par semis en automne. Six à huit pieds au m^2.
Particularités : si vous les laissez faire, les primevères vont s'éparpiller dans tout le jardin.
Espèces et variétés : *Primula beesiana* et ses hybrides portent cinq à huit couronnes de fleurs sur leur hampe. *Primula capitata* fleurit plus tard, en été. *Primula denticulata* aux grandes feuilles a des fleurs réunies en grosses boules. *Primula elatior* 'Pacific' est la primevère des jardins aux nombreux coloris. *Primula vulgaris*, ou *acaulis*, a donné de nombreux hybrides parfois odorants.
Notre conseil : rajeunissez les souches tous les trois ans pour obtenir une floraison régulière.

▲ La très belle floraison de *Paeonia suffruticosa*.

▲ *Papaver orientale* : une floraison gracieuse et colorée.

La précoce *Primula x hortensis* annonce le printemps. ▶

323

Les plantes ornementales

▲ *Tiarella cordifolia* : une jolie plante couvre-sol.

▲ *Trollius europaeus* : une plante qui aime l'humidité.

◄ *Bellis perennis* : blanche, rose ou rouge écarlate.

Tiarella cordifolia
TIARELLA

Cette ravissante vivace couvre-sol épanouit des petites fleurs blanches réunies en grappes.
Famille : Saxifragacées.
Dimensions : une vingtaine de centimètres.
Exposition : mi-ombre ou ombre.
Sol : plutôt frais mais humifère et bien drainé en hiver. En été, elle accepte un peu d'humidité.
Multiplication : par division des touffes en automne ou au printemps. Il faut entre six et neuf pieds par m² pour bien couvrir le terrain.
Particularités : les rhizomes de cette vivace portent des feuilles vert brillant devenant rougeâtres en hiver. Les grappes de fleurs blanches, très légères, couvrent presque tout le pied.
Espèces et variétés : 'Pupurea', au feuillage rouge. Signalons également *Tiarella wherryi*, non rhizomateuse et couverte de fleurs rosées.
Notre conseil : installez cette plante au pied d'un arbre pour composer un joli tapis fleuri.

Trollius europaeus
TROLLE

Originaire de la moitié nord de l'hémisphère Nord, cette plante est très rustique.
Famille : Renonculacées.
Dimensions : entre 50 cm et 70 cm de hauteur.
Exposition : ensoleillée ou mi-ombre.
Sol : frais et humifère. Les terrains lourds et humides sont acceptés.
Multiplication : divisez les touffes tous les trois ou quatre ans, au printemps ou en automne. Il faut cinq à six pieds au m² pour une bonne couverture.
Particularités : la plante porte en avril une seule fleur jaune, formant une jolie boule.
Espèces et variétés : on cultive également *Trollius chinensis* aux fleurs ouvertes ou globuleuses, à planter au bord des pièces d'eau.
Notre conseil : enlevez les fleurs au fur et à mesure qu'elles fanent. De cette façon, vous favoriserez une éventuelle remontée en automne.

Bellis perennis
PÂQUERETTE

Il existe environ quinze espèces, dont certaines poussent spontanément dans nos régions.
Famille : Composées.
Dimensions : 15 cm de hauteur et d'étalement.
Exposition : ensoleillée ou mi-ombre.
Sol : léger, de préférence un peu humide.
Multiplication : par semis effectué en fin d'été. Il faut compter quinze à vingt pieds par m².
Particularités : attention, c'est une plante envahissante qui se ressème naturellement.
Espèces et variétés : 'Pomponnette' donne des fleurs très doubles, rouges. 'Tapis', au contraire, présente de toutes petites inflorescences.
Notre conseil : ne conservez pas les pieds plusieurs années, car les fleurs dégénèrent.

Cheiranthus cheirii
GIROFLÉE RAVENELLE

Cette plante vigoureuse fleurit abondamment.
Famille : Crucifères.
Dimensions : de 25 à 40 cm de hauteur.
Exposition : ensoleillée ou mi-ombre.
Sol : terre de jardin profonde, bien drainée.
Multiplication : par semis effectué en automne. Il faut douze à quinze pieds au m².
Particularités : ligneuse, la giroflée peut aussi être traitée en vivace, mais la floraison est faible.
Espèces et variétés : 'Monarque' est jaune, 'Parterre Brun' plutôt brune, et 'Rubis' rouge.
Notre conseil : utilisez cette espèce pour décorer un vieux mur dans lequel elle se ressèmera.

Myosotis alpestris
MYOSOTIS DES ALPES

« Ne m'oubliez pas » est le surnom donné à cette magnifique plante aux fleurs très légères.
Famille : Borraginacées.

Les bisannuelles

LES BISANNUELLES

Fleurissant parfois dès l'automne de l'année précédente, les bisannuelles s'épanouissent quand les grands froids sont passés. Souvent associées aux bulbes printaniers, elles forment de généreux tapis de fleurs et apportent un peu de gaieté et de couleurs au jardin qui sort d'un long repos.

Dimensions : de 20 à 30 cm de hauteur.
Exposition : ensoleillée ou mi-ombre.
Sol : terre de jardin, fraîche et bien drainée.
Multiplication : par semis en automne. Environ dix à quinze pieds au m².
Particularités : le myosotis se ressème facilement seul et peut même être traité en vivace.
Espèces et variétés : 'Ultramarine' est bleu, 'Pompadour' a les fleurs rosées. *Myosotis sylvatica* est vivace, c'est une espèce alpine, plus tardive.
Notre conseil : surveillez cette plante assez facilement attaquée par l'oïdium.

Viola cornuta
VIOLETTE CORNUE

Cette jolie petite fleur ressemble à la pensée.
Famille : Violacées.
Dimensions : une vingtaine de centimètres.
Exposition : ensoleillée ou mi-ombre.
Sol : terre de jardin ni trop humide ni trop sèche.
Multiplication : semis en juillet.
Particularités : cette plante se comporte souvent comme une vivace, en se ressemant d'elle-même.
Espèces et variétés : 'De Paris' est blanche ; 'Perfection', bleu clair ; 'Prince Henri', violette.
Notre conseil : faites-en un tapis sous les tulipes.

Viola x wittrockiana
PENSÉE

Cette plante vivace à durée de vie éphémère est cultivée comme une bisannuelle. C'est la meilleure fleur pour la décoration des balcons en automne et en hiver. Dans des conditions hors gel, les pensées s'épanouissent sans discontinuer d'octobre à juin. On trouve aussi cette plante sous l'appellation de *Viola tricolor* var. *hortensis* ou *Viola tricolor* var. *maxima*.
Famille : Violacées.
Dimensions : 15 cm de hauteur et de largeur.
Exposition : au soleil ou à mi-ombre, dans un endroit où la température ne descend pas sous les - 5 °C, afin de profiter d'une floraison continue.
Sol : au jardin, une bonne terre légère, humifère, même plutôt compacte, mais ne conservant pas l'humidité en permanence durant l'hiver. En pot ou jardinière, un bon terreau de plantation, assez souple, à base de tourbe, d'écorce et de fibres.
Multiplication : semez de juin à août, en pleine terre, en pépinière. Repiquez le plant tous les 10 cm, un mois après la levée. Mise en place à 20 cm de distance, en même temps que les oignons à fleurs, dans le courant d'octobre-novembre.
Particularités : il ne faut pas laisser les pensées en place trop longtemps, car elles sont attaquées par divers champignons qui provoquent le dépérissement. Par temps très humide, il est prudent de lutter préventivement contre l'oïdium (blanc).
Espèces et variétés : il existe de très nombreuses races ('de Suisse', 'Trimardeau', 'des Alpes', 'de Châlon', 'd'Alsmeer', etc.) se déclinant dans une très large palette de couleurs, les fleurs portant ou non une macule noire.
Notre conseil : choisissez de préférence des pensées dont le coloris est bien précisé et non un mélange, qui donne un aspect assez vite cacophonique et peu raffiné, dans un massif.

▲ *Cheiranthus cheirii* : la giroflée ravenelle.

▲ *Myosotis sylvatica* : une espèce assez peu commune.

▲ *Viola cornuta* 'De Paris' : une violette de la race Papilio.

Viola x Wittrockiana (Pensées). ▶

Les plantes ornementales

LES BULBES D'ÉTÉ

Caractérisées par leur générosité, une certaine originalité et un aspect souvent exotique, ces plantes sont pour la plupart d'excellentes fleurs à bouquets. Beaucoup d'entre elles mériteraient d'être plus connues.

Begonia x tuberhybrida
BÉGONIA TUBÉREUX

Originaire d'Amérique du Sud, le bégonia tubéreux a bénéficié d'un très grand nombre de croisements. Son tubercule est de forme arrondie.
Famille : Bégoniacées.
Hauteur : de 20 à 30 cm, avec des fleurs de 5 à 15 cm de diamètre. Port buissonnant, ramifié.
Époque de floraison : de juillet jusqu'aux gelées.
Sol : terre de jardin, riche en humus, fraîche, avec apport de tourbe et terreau de feuilles si possible.
Exposition : mi-ombre, à l'abri des grands vents.
Méthode de culture : plantation en pleine terre, dès la fin des gelées, entre 2 cm et 3 cm de profondeur et à 25 cm de distance. Faites démarrer les tubercules dans des caissettes en terreau sableux, en mars, au chaud. Pour éviter l'accumulation d'eau dans le creux du tubercule, plantez-le incliné. Non rustique, il doit être arraché avant le gel, nettoyé et stocké au sec. Luttez contre l'oïdium et les limaces.
Espèces intéressantes : les bégonias doubles à grandes fleurs ont des pétales entiers ou dentelés. Les fleurs pleines et globuleuses aux coloris variés sont portées sur des tiges dressées. Les formes doubles à petites fleurs plus nombreuses et au port trapu, résistent mieux au soleil. *Begonia pendula* a des tiges souples et retombantes.
Variétés à conseiller : 'Non Stop', hybride à fleurs moyennes, très florifère et aux coloris éclatants. *Begonia fimbriata* 'Écarlate' aux pétales frangés.
Utilisations : pour les jardinières, les suspensions, les potées et les massifs exposés au soleil voilé. Il vient aussi très bien sur balcons et terrasses.

▲ Une variété double de *Begonia* x *tuberhybrida*.

◄ *Camassia quamash* : un bleu d'une rare intensité.

Camassia spp.
CAMASSIE

Originaire de la côte ouest des États-Unis, la camassie développe une petite touffe de feuilles allongées, d'où émergent les tiges florales aux grappes en étoiles. Une plante rustique.
Famille : Liliacées.
Hauteur : de 60 cm à 1,20 m.
Époque de floraison : de mai à juillet.
Sol : tous sols frais même humides, lourds, argileux.
Exposition : soleil direct ou voilé.
Méthode de culture : plantation en automne, entre 8 cm et 10 cm de profondeur, et de 15 à 25 cm de distance. La plante se multiplie par caïeux et demande beaucoup d'humidité. Culture facile.
Espèces intéressantes : *Camassia esculenta* est consommé cuit par les Indiens. Très résistant, il donne de grandes fleurs blanches ou bleues. *Camassia leichtlinii* est plus grand, habituellement bleu pâle. *Camassia cusickii* a des fleurs violet pâle.
Utilisations : en massifs, bordures, rocailles. En plates-bandes, associez-les avec des annuelles.

Canna x
CANNA

Le canna ou balisier est proche du bananier. Son rhizome charnu donne une longue tige aux larges feuilles ovales vertes ou pourpres, surmontée de fleurs en panache aux coloris vifs.
Famille : Cannacées.
Hauteur : de 60 cm à 1,50 m.
Époque de floraison : de juillet à octobre.
Sol : terre très riche, humifère, perméable.
Exposition : chaude et ensoleillée.

Les bulbes d'été

Méthode de culture : plantation en mai à 10 cm de profondeur et à 60 cm de distance. La mise en végétation en pots et au chaud est souhaitable dès mars. Apportez des engrais azotés. Arrachez les tubercules avant les gelées pour un stockage à l'abri.
Espèces intéressantes : il y a un très grand choix d'hybrides, différents par le feuillage et les coloris.
Variétés à conseiller : 'Angèle Martin', fleur rose saumon se détachant bien sur le feuillage pourpre. 'Assaut', un grand canna rouge sur feuillage pourpre. 'Rayon d'or', jaune tacheté, etc.
Utilisations : au centre des massifs avec des cléomes ou des cosmos. En groupes isolés sur pelouses. Belles associations avec des bambous.

Cardiocrinum giganteum
LIS GÉANT

Originaire d'Extrême-Orient, cette plante proche des *Lilium* en diffère par ses grandes feuilles en forme de cœur. Elle porte jusqu'à vingt grosses fleurs en trompette, inclinées vers le sol. Le bulbe est énorme. C'est une espèce rustique.
Famille : Liliacées.
Hauteur : jusqu'à 3 m, feuilles de 40 cm de diamètre, trompettes florales de 20 cm.
Époque de floraison : courant juillet et août.
Sol : frais, humide, bien drainé et profondément ameubli. Le lis géant ne craint pas le calcaire.
Exposition : mi-ombre, fraîche de préférence.
Méthode de culture : plantation en octobre ou mars, à ras de terre, entre 80 cm et 90 cm d'espacement. Le bulbe meurt après floraison, en laissant des bulbilles qui mettront trois à cinq ans pour refleurir.
Espèces intéressantes : *Cardiocrinum giganteum*, le « lis géant de l'Himalaya ». Les fleurs parfumées sont blanches, veinées de rouge et de vert.
Utilisations : excellent mariage avec les bruyères, rhododendrons, azalées, camélias.

Crinum x *powellii*
CRINOLE

Les seuls *Crinum* rustiques sous nos climats sont originaires d'Afrique du Sud. Le bulbe volumineux donne plusieurs hampes florales issues d'un gros bouquet de feuilles, terminées par dix à vingt fleurs énormes, en forme d'entonnoir.
Famille : Amaryllidacées.
Hauteur : de 80 cm à 1 m.
Époque de floraison : courant juillet et août.
Sol : une bonne terre de jardin, fumée et légère.
Exposition : plein soleil, à l'abri du vent.
Méthode de culture : plantation des bulbes au printemps, à fleur de terre, à 50 cm de distance. Divisez les vieilles souches en mars. Apportez un engrais complet plusieurs fois dans la saison. Arrosages fréquents et copieux l'été.
Espèces intéressantes : *Crinum* x *powellii* est le seul hybride rustique. Fleur rose clair ou blanc pur.
Utilisations : en massifs, plates-bandes, avec des vivaces. Culture possible en grands pots.

Crocosmia x *crocosmiiflora*
MONTBRÉTIA

Originaire d'Afrique du Sud, le *Crocosmia* ressemble à un petit glaïeul. Ses feuilles lancéolées sont étroites, la hampe florale droite porte quatre à cinq épis arqués aux nombreuses fleurs.
Famille : Iridacées.
Hauteur : de 60 à 80 cm.
Époque de floraison : de juillet à septembre.
Sol : léger, frais, bien drainé. Apportez des matières organiques les années suivant la plantation.
Exposition : soleil, il craint la sécheresse.
Méthode de culture : plantation en mars ou avril à 10 cm de profondeur, par taches d'une dizaine de bulbes tous les 50 à 60 cm. Laissés en place, ils demandent un paillage hivernal. Arrachés à l'automne, ils se conservent au sec. Arrosez l'été.
Espèces intéressantes : *Crocosmia* x *crocosmiiflora* est le parent de tous les montbrétias hybrides aux coloris jaune, orange, rouge. *Crocosmia masonorum* peut atteindre 80 cm de hauteur. Il porte de grandes fleurs rouges, en épis sur deux rangs.
Utilisations : les montbrétias présentent une très bonne tenue en fleurs coupées. Ils sont superbes dans les massifs. Associez-les avec des plantes annuelles blanches ou argentées.

▲ *Canna* x 'Strasbourg' : des pétales veloutés.

▲ *Cardiocrinum giganteum* : une hampe immense.

▲ *Crinum* x *powellii* : une fleur très spectaculaire.

Une belle touffe de *Crocosmia* x *crocosmiiflora*. ▶

Les plantes ornementales

jardin d'agrément

▲ Les dahlias Pompons tiennent bien en massifs.

▲ Dahlia Cactus 'Andersen' : de très grosses fleurs.

◄ Dahlia Décoratif 'David Howard' : un coloris chaud.

Dahlia x
DAHLIA

Originaire du Mexique, le dahlia présente des racines tubéreuses, renflées, ovales. Réunis en faisceaux, ces tubercules donnent des tiges dressées, creuses et ramifiées. Elles portent des fleurs simples ou doubles, aux pétales de formes très variées, dans une large palette de couleurs.
Famille : Composées.
Hauteur : de 20 cm à 2 m.
Époque de floraison : de fin juillet aux gelées.
Sol : terre bien fumée, argileuse, saine, retournée en profondeur. Le dahlia végète en sol sablonneux.
Exposition : chaude et ensoleillée, pas trop sèche.
Méthode de culture : plantation de fin avril à début mai, entre 10 cm et 15 cm de profondeur, à 1 m de distance pour les grandes espèces et 50 cm pour les naines. Posez un tuteur. Une fumure à libération lente avant la plantation, et un engrais liquide en cours de végétation sont conseillés. Arrosez sans mouiller le feuillage. Coupez les tiges latérales et les premiers boutons pour obtenir des fleurs plus grosses. Protégez contre les pucerons et les limaces. Arrachez les tubercules avant le gel, coupez les tiges à 15 cm de la souche. Stockez dans un endroit frais et aéré.
Espèces intéressantes : la classification est établie selon la forme de la fleur et la taille de la plante.

On ne cultive que des dahlias hybrides classés en différentes familles. Les Cactus ont des fleurs doubles rayonnantes de 10 à 25 cm de diamètre, aux longs pétales enroulés et pointus. Ils mesurent de 70 cm à 1,50 m. Les Décoratifs ont des fleurs doubles globuleuses de 10 à 20 cm. Les pétales, larges et plats, sont arrondis. Hauteur de 1 à 1,50 m. Les Pompons émettent de nombreuses petites fleurs de 4 à 8 cm aux pétales tuyautés, courts et serrés, très réguliers. Hauteur de 1 à 1,20 m. Les Nains sont des plantes compactes de 30 à 70 cm de haut, portant des fleurs simples ou doubles. Les Topmix sont des dahlias à fleurs simples de 4 cm de diamètre. Ces dahlias sont parfaits pour la culture en pots ou en jardinières. Ils atteignent 35 cm de hauteur.
Variétés à conseiller : parmi les dahlias Cactus ; 'Eurydice', une très large dentelle rose lilas à reflets or. 'Mascotte', le plus beau saumon, très florifère. 'Tutu', blanc pur. 'Adagio', abricot cuivré très chaud. Chez les Décoratifs : 'Clown', panaché jaune strié rouge, une fleur très régulière. 'Carmen', une teinte unique rose tyrien à centre ivoire, lumineuse et délicate. Chez les dahlias Pompons : 'Mandarine', une boule lumineuse de la couleur de ce fruit. Parmi les Nains : 'Nimbus', aux petites fleurs simples, blanches à centre jaune citron. 'Crack', fleur double d'une belle teinte rouge brique lumineux.
Utilisations : en massifs pour les grands sujets, bordures, plates-bandes pour les autres, pots, jardinières pour les nains. Tenez compte, lors de la plantation, des différences de taille des variétés de dahlias pour composer les massifs. Bel effet de masse tant par la végétation que par l'abondante floraison aux nombreux coloris qu'ils produisent.

Eremurus bungei
LIS QUEUE-DE-RENARD

Originaire d'Asie, cette plante rustique forme de longues racines charnues, en étoiles, autour d'un gros bourgeon central. Feuillage vert, luisant, en rosette. La longue hampe florale rigide porte des centaines de petites fleurs en étoiles.
Famille : Liliacées.
Hauteur : de 1,50 à 3 m.
Époque de floraison : courant juin et juillet.

Les bulbes d'été

Sol : terre légère, sablonneuse, bien drainée, riche.
Exposition : plein soleil, attention à l'humidité.
Méthode de culture : plantation en septembre ou octobre, le bourgeon émergeant du sol, de 0,80 m à 1 m de distance. Étalez les griffes horizontalement. Laissez en place au moins trois à quatre ans. Divisez ensuite les souches. Amendez bien le sol.
Espèces intéressantes : *Eremurus bungei* aux nombreuses fleurs jaune d'or vif est le plus petit (1,20 m). *Eremurus robustus* atteint 3 m dans les terrains très riches. Fleurs rose foncé.
Variétés à conseiller : *Eremurus* x 'de Ruiter', aux tons roses, orange, jaunes, saumon.
Utilisations : seul ou en petit groupe, en isolé sur une pelouse ou en arrière d'un massif pour le souligner. Très belle fleur coupée.

Eucomis bicolor
EUCOMIS DU CAP

Originaire d'Afrique du Sud, cette plante au feuillage vigoureux en rosette est rustique. La hampe florale fait penser à un ananas, avec sa grappe de fleurs en clochettes retombantes, surmontée d'une touffe de petites feuilles.
Famille : Liliacées.
Hauteur : de 60 à 80 cm.
Époque de floraison : de juillet à septembre.
Sol : terres riches, profondes, bien drainées.
Exposition : plein soleil, à l'abri des vents.
Méthode de culture : plantation en avril ou mai à 20 cm de profondeur et 40 cm de distance. Arrosages abondants et apports d'engrais complet. Prévoyez une protection hivernale ou un stockage au sec.
Espèces intéressantes : *Eucomis bicolor* aux fleurs vertes frangées de lilas est le plus courant.
Utilisations : placez en bordure de massif, avec des annuelles aux tons vifs, dans une rocaille, en potées.

Freesia
FREESIA

Venue d'Afrique du Sud, cette petite plante présente une hampe florale souple qui porte une petite grappe de fleurs dressées, en trompettes, parfumées, de coloris très variés. Non rustique.

Famille : Iridacées.
Hauteur : de 30 à 50 cm.
Époque de floraison : de juillet à septembre.
Sol : léger, sableux, riche. Culture possible en potées dans un mélange de terre souple et de terreau.
Exposition : le plein soleil.
Méthode de culture : plantation en avril entre 2 cm et 3 cm de profondeur, à 5 cm de distance. Un tuteurage est souhaitable. Pour une floraison de février à avril, plantez à l'automne entre 6 et 8 bulbes par pot, dans un endroit clair, aéré, frais. Arrosez avec modération. Hivernage des bulbes au sec après arrachage fin octobre.
Espèces intéressantes : on ne trouve que des hybrides proposés en mélanges aux tons vifs et variés.
Utilisations : surtout cultivé pour la fleur coupée, le freesia montre une très bonne tenue en vase. Son parfum rappelle le jasmin. Pots, jardinières et vasques sur balcon. En massifs, il est préférable de composer des grandes taches isolées.

Galtonia candicans
JACINTHE DU CAP

Une plante rustique d'Afrique du Sud. Sa longue inflorescence porte une trentaine de fleurs blanches en clochettes, sur une tige rigide entourée de longues feuilles étroites, érigées.
Famille : Liliacées.
Hauteur : de 80 cm à 1 m.
Époque de floraison : de juin à octobre.
Sol : toutes bonnes terres, de préférence acides.
Exposition : à l'abri du vent, en plein soleil.
Méthode de culture : plantation en mars ou avril à 15 cm de profondeur et 10 cm de distance. La naturalisation est possible dans un terrain peu humide. Hivernage au sec après arrachage en novembre.
Espèces intéressantes : *Galtonia candicans* est la seule espèce cultivée en Europe. Le même bulbe donne souvent deux tiges florales d'un blanc très pur.
Utilisations : tous types de massifs en compagnie de plantes basses annuelles ou vivaces. Très bel effet en touffes importantes sur un fond de pelouse. La culture en potées est possible.

Une touffe somptueuse de *Galtonia candicans*. ▶

▲ *Eremurus himalaicus* : peu courant mais tout blanc.

▲ *Eucomis bicolor* : une curieuse fleur en forme d'ananas.

▲ *Freesia* x 'Sandra' : un délicieux parfum de jasmin.

Les plantes ornementales

jardin d'agrément

▲ Le glaïeul hybride 'Jackspot' : pour la fleur coupée.

▲ *Gladiolus colvillei* : une bonne tenue dans les massifs.

Gladiolus x
GLAÏEUL

Originaires d'Afrique du Sud et d'Europe, les glaïeuls comprennent plus de trois cents espèces, mais on ne cultive que des formes hybrides. Le bulbe est un corme aplati, d'où sort une hampe florale bien droite, entourée de longues feuilles étroites terminées en pointe. L'épi, serré, d'une douzaine de fleurs en entonnoir, s'ouvre sur un seul côté. C'est une plante non rustique.
Famille : Iridacées.
Hauteur : de 60 cm à 1,20 m.
Époque de floraison : de juin à septembre.
Sol : terres légères, fraîches, profondes, bien amendées, si possible sableuses et sans fumier frais.
Exposition : plein soleil, la floraison est quasi inexistante à l'ombre. Placez les glaïeuls à l'abri du vent.
Méthode de culture : les plantations échelonnées ont lieu de fin mars à début avril jusqu'à juillet, à 10 cm de profondeur et 20 cm d'écartement. Effectuez des arrosages fréquents au pied, en complétant avec des apports réguliers d'engrais complet. Pour la production de fleurs coupées, la plantation se fait en lignes avec, pour soutenir les tiges, un filet à ramer tendu horizontalement entre 15 cm et 20 cm du sol. Choisissez de préférence des bulbes dont le calibre est supérieur à 10/12 cm de circonférence. Vous obtiendrez des fleurs plus grandes et plus belles. Seule exception, les *Gladiolus x colvillei* proposés en calibre 8/9. Coupez les inflorescences en laissant au moins quatre à cinq feuilles par pied pour permettre la création d'un nouveau bulbe. Arrosez jusqu'à la fin octobre. À ce moment-là, arrachez, nettoyez et stockez les bulbes à l'abri du gel. Protégez-les contre les maladies et les insectes avec une poudre totale.
Espèces intéressantes : *Gladiolus colvillei* ne dépasse pas 60 cm. Avec ses fleurs de 6 à 8 cm, il s'intègre mieux dans les massifs que les glaïeuls hybrides. Plantez dès février à raison de quatre-vingt bulbes au m². *Gladiolus callianthus*, plus connu sous le nom de *Acidanthera*, épanouit d'originales fleurs blanches parfumées, à cœur pourpre.
Variétés à conseiller : de nombreuses nouveautés sont proposées chaque année dans les catalogues spécialisés. Les variétés de glaïeuls hybrides se comptent par centaines dans des coloris très variés. Voici nos coups de cœur parmi les obtentions les plus originales. 'Ushuaia', bleu violine maculé de jaune paille, une teinte exceptionnelle. 'Annapurna', épi fin rose pâle saumoné marbré de crème. 'Priscilla', délicieux blanc crème ombré de rose sur le bord des pétales et cœur jaune d'or. 'Himalaya', un superbe rouge vif finement strié de blanc.
Utilisations : les glaïeuls sont surtout cultivés pour leurs fleurs coupées de très belle tenue. Il est possible de planter des touffes d'une quinzaine de bulbes, de préférence de la même variété, dans des massifs, en association avec des annuelles légères, comme les cosmos ou les capucines. Utilisez des tuteurs aussi discrets que possible pour maintenir les plantes bien droites, car elles penchent facilement sous l'action du vent ou de la pluie au risque de se casser.

Ixia x
IXIA

Cette plante d'Afrique du Sud développe des tiges rigides et très fines portant une dizaine de fleurs brillantes en étoiles. La fleur ne s'ouvre bien qu'en plein soleil. C'est une plante peu rustique, qu'il est possible de cultiver en véranda.
Famille : Iridacées.
Hauteur : de 30 à 45 cm.
Époque de floraison : de mai à juillet.
Sol : léger, sablonneux, bien drainé.
Exposition : ensoleillée, à l'abri du vent.
Méthode de culture : plantez au printemps ou en novembre en prévoyant une protection hivernale, entre 7 cm et 10 cm de profondeur et d'écartement. Arrosages fréquents au printemps jusqu'après la floraison. Séparez les caïeux après l'arrachage. Culture en pot, avec plantation à l'automne et hivernage en serre froide pour une floraison plus hâtive.
Espèces intéressantes : les ixias sont souvent proposés en mélange. *Ixia viridiflora* porte de longs épis de fleurs vertes à œil noir, d'un diamètre de 3 à 4 cm. *Ixia paniculata* a des fleurs jaune paille. Il a donné naissance à beaucoup d'hybrides de coloris jaune, rose ou blanc. Ce sont les plus cultivés.

◀ *Ixia maculata* 'Rose Emperor' : un parfum délicieux.

330

Les bulbes d'été

Utilisations : les ixias sont de bonnes plantes de rocailles pour les régions du Midi. Ailleurs, cultivez-les pour la fleur coupée, en potées ou en petits groupes d'une vingtaine de bulbes.

Lilium spp.
LIS

Originaire de l'hémisphère Nord, le lis se caractérise par un bulbe composé d'écailles charnues. La tige florale garnie de feuilles courtes, étroites, porte des fleurs en trompettes, en étoiles ou en turbans, avec six étamines et un pistil saillants. C'est une plante d'une grande élégance, parfumée, aux nombreux hybrides présentant des coloris variés et riches. Rustique.

Famille : Liliacées.
Hauteur : de 70 cm à 1,50 m.
Époque de floraison : courant juin et juillet.
Sol : bien drainé, léger, riche en humus. La plupart des lis redoutent le calcaire et tous craignent l'excès d'humidité aussi bien que la sécheresse. Allégez le terrain en profondeur s'il est trop compact, en y ajoutant de la tourbe et du sable.
Exposition : soleil, et pour quelques variétés, ombre légère. Abritez les lis du vent dominant.
Méthode de culture : la majorité des lis émettent des racines adventices au-dessus du bulbe, en plus des racines habituelles de la base. Il faut donc les planter assez profondément, entre 15 cm et 20 cm, pour éviter le dessèchement. Apportez à la plantation du terreau et du fumier de cheval composté. Préservez l'humidité du sol en été avec un paillis d'écorces de pin. Arrosages réguliers, même après la floraison, jusqu'à la chute du feuillage. Supprimez les fleurs fanées en conservant au moins la moitié de la tige et des feuilles pour garantir la nourriture du bulbe. Rustiques, les lis restent en place d'une année sur l'autre. Culture possible en grands pots dans un mélange de terreau, terre de jardin et sable à parts égales, sur un lit drainant de 3 à 4 cm. Mise en place à l'automne, en serre froide jusqu'en mars. Apportez de l'engrais complet pendant la végétation.
Espèces intéressantes : *Lilium regale*, originaire de Chine, a des hampes florales de 1,50 m portant de grandes trompettes blanc pur parfumées. *Lilium*

speciosum 'Rubrum' atteint 1 m. Il est originaire du Japon et porte des fleurs récurvées roses ponctuées de rouge, tardives, très parfumées. *Lilium martagon*, très rustique, fleurs en grappes, pendantes, rouge violacé pointées de carmin, à planter en automne à 15 cm de profondeur à mi-ombre. *Lilium candidum* ou « lis de la Madone », plante de 1,50 m épanouissant de magnifiques trompettes blanc pur au parfum poivré. Plantez en automne au soleil, même en sol calcaire.
Variétés à conseiller : il existe des quantités d'hybrides, tous plus beaux les uns que les autres. Parmi les formes les plus récentes, retenez : 'Cindy', aux fleurs érigées jaunes, avec la pointe des pétales rose saumoné. 'Star Gazer', un oriental à la fleur rouge carmin à bord blanc, excellent pour la culture en pot. 'Sterling Star', une fleur blanc pur, bien épanouie à l'extrémité d'une tige de 90 cm.
Utilisations : en groupe devant des massifs d'arbustes, dans les plantations d'iris, de delphiniums, de campanules et de pivoines. Les plus petits lis trouvent leur place en rocaille ou en bordure. Les espèces acceptant les terres acides, comme *Lilium speciosum*, peuvent être installées en terre de bruyère avec des rhododendrons et des azalées. Les lis donnent des fleurs coupées de bonne tenue. Faites des potées, à l'intérieur, dans une pièce tempérée, avec *Lilium candidum* qu'il est bon de tuteurer.

Lilium x 'Hilde' : une variété idéale pour la fleur coupée. ▶

▲ *Lilium amabile* : une espèce rustique venue de Corée.

▲ *Lilium martagon* : une espèce sauvage en Europe.

▲ *Lilium candidum* : des fleurs blanc pur, parfumées.

Les plantes ornementales

jardin d'agrément

▲ *Oxalis violacea* peut décorer un mur en pierres sèches.

▲ *Ranunculus asiaticus* x : de superbes fleurs à bouquets.

◀ *Sparaxis tricolor* : une plante bulbeuse à redécouvrir.

Oxalis deppei
OXALIS

Il existe huit cents espèces d'*Oxalis* ; toutes contiennent de l'acide oxalique, utilisé pour ôter les taches de rouille sur le linge. Le feuillage à quatre folioles se couvre de nombreuses hampes de fleurs largement ouvertes. Rustique.

Famille : Oxalidacées.
Hauteur : de 10 à 20 cm.
Époque de floraison : de juin à août.
Sol : léger, riche en humus, bien drainé.
Exposition : soleil, même très fort.
Méthode de culture : plantation en avril, de 5 à 10 cm de profondeur et 10 cm d'écartement. La plante devient vite envahissante. Possibilité de culture en pots, avec plantation à 5 cm de profondeur.
Espèces intéressantes : *Oxalis deppei*, le « trèfle à quatre feuilles », porte une tache marron à la base de chaque foliole et des fleurs rouges en ombelles.
Utilisations : bordures de plates-bandes, rocailles ou potées en appartement.

Ranunculus x
RENONCULE

Cette plante d'Asie Mineure a un rhizome tubéreux charnu appelé griffe. Le feuillage fin est très découpé, les fleurs simples ou doubles, globuleuses, de toutes les couleurs, sont portées sur une tige simple dressée. Rustique.

Famille : Renonculacées.
Hauteur : de 20 à 30 cm.
Époque de floraison : en juin et en juillet.
Sol : frais, bien drainé mais pas trop sec.
Exposition : légèrement ombrée, abritée du vent.
Méthode de culture : plantation en mars à 5 cm de profondeur et 10 cm de distance. Arrachez et stockez les griffes au sec à la fin de l'été.
Espèces intéressantes : *Ranunculus asiaticus* est l'espèce d'origine, à fleurs simples en forme de coupe et à cœur noir. Très nombreux hybrides.
Variété à conseiller : 'Friandine', à fleurs très doubles et bien turbinées, plante idéale en pot.

Utilisations : bordures de massifs avec des giroflées, décorations au pied des arbustes, rocailles, potées. Les fleurs coupées sont d'une très bonne tenue en vase, dans une large gamme de coloris.

Sparaxis tricolor
SPARAXIS

Proche des freesias et des ixias, on l'appelle aussi « fleur arlequin ». Le petit corme donne un feuillage étroit et des fleurs étoilées à six segments égaux largement ouverts, aux coloris très vifs. Une plante semi-rustique.

Famille : Iridacées.
Hauteur : de 20 à 50 cm.
Époque de floraison : fin mai et en juin.
Sol : bien drainé, voire sableux, riche en humus.
Exposition : plein soleil, abritée du vent.
Méthode de culture : plantation en fin d'automne dans les régions au climat doux. Ailleurs, mise en terre au printemps entre 3 et 5 cm de profondeur, à 10 cm d'écartement. Arrosages fréquents pendant la période de végétation. Culture facile. Arrachez les cormes en début d'automne et stockez au sec.
Espèces intéressantes : *Sparaxis tricolor* présente une gamme de coloris très vifs allant du jaune ourlé de noir au rouge à cœur noir ou jaune vif, en passant par le rouge, l'orange ou le rose.
Utilisations : rocailles abritées, bordures au pied de murs bien exposés. Bonnes fleurs coupées.

Tigridia pavonia
ŒIL-DE-PAON

Venue du Mexique, cette plante aux feuilles lancéolées a un petit corme allongé. La hampe florale porte de quatre à six fleurs qui éclosent les unes après les autres et ne vivent qu'une journée. Largement ouvertes sur 10 cm de diamètre, les trois pétales extérieurs, rouges, jaunes ou roses, ont leur centre fortement tigré de blanc ou de rouge. Une espèce non rustique.

Famille : Iridacées.
Hauteur : de 40 à 60 cm.
Époque de floraison : de juillet à septembre.
Sol : bien drainé, non calcaire, avec du terreau.

Les bulbes d'été

Exposition : soleil, chaleur, à l'abri des gelées.
Méthode de culture : plantez en avril, à 8 cm de profondeur et 15 cm de distance. Arrachez fin octobre et conservez les cormes dans du sable, au sec. Dans le Midi, le *Tigridia* peut rester en terre.
Espèces intéressantes : *Tigridia pavonia* aux colorations variables mais toujours avec un « œil de paon » tigré au centre de la fleur.
Utilisations : massifs, plates-bandes avec d'autres bulbes, des plantes vivaces ou des annuelles.

Vallota speciosa
AMARYLLIS POURPRE

Venue d'Afrique du Sud, cette plante est aussi connue sous le nom de *Cyrtanthus*. Le gros bulbe ovoïde développe une longue hampe florale portant une grosse ombelle de six à huit fleurs en trompettes ouvertes. Le feuillage allongé en ruban apparaît en même temps que les fleurs.
Famille : Amaryllidacées.
Hauteur : de 50 à 60 cm.
Époque de floraison : fin d'été.
Sol : mélange homogène par tiers de sable de rivière, de tourbe et de terre de jardin riche.
Exposition : soleil, chaleur estivale.
Méthode de culture : plantez au printemps dans un grand pot, l'extrémité du bulbe dépassant le substrat. Arrosez sans excès, en apportant de l'engrais liquide une fois par mois. En zone méditerranéenne, la culture est possible en pleine terre dans un sol bien drainé, à 10 cm de profondeur, avec couverture hivernale.
Espèces intéressantes : *Vallota speciosa* aux belles étoiles écarlates de 8 à 10 cm de diamètre.
Utilisations : potées en appartement, ou massifs plein sud, avec des annuelles aux coloris pastels.

Zantedeschia aethiopica
ARUM D'ÉTHIOPIE

Originaire d'Afrique du Sud, il est aussi connu sous les noms de *Calla* ou de *Richardia*. Le rhizome donne une hampe florale creuse, rigide se terminant par une grande fleur en entonnoir évasé qui entoure un épi jaune ou orangé. Le large feuillage en fer de lance est très décoratif.
Famille : Aracées.
Hauteur : de 50 à 90 cm.
Époque de floraison : de mai à juillet.
Sol : une bonne terre profonde et riche, humide. La culture en plante semi-aquatique est possible.
Exposition : chaude et ensoleillée.
Méthode de culture : plantez au printemps à 15 cm de profondeur et 25 cm de distance, ou en pot immergé dans un bassin peu profond. Des arrosages très fréquents pendant la période de végétation sont indispensables. Apportez de l'engrais à libération lente en début de saison. Les arums non rustiques doivent être arrachés en novembre et placés à l'abri du gel. L'arum d'Éthiopie peut rester en terre dans le jardin avec un paillage hivernal.
Espèces intéressantes : *Zantedeschia aethiopica*, ou « arum des fleuristes », donne de grandes fleurs blanc pur. Culture facile. 'Arum jaune', est un hybride au port plus compact de 60 cm de hauteur. Il forme une grande fleur jaune et porte un feuillage taché de blanc. Il existe aussi des cultivars à fleurs roses ou en dégradés de pourpre, très jolis.
Utilisations : une plante idéale pour le bord des pièces d'eau, dans les massifs de vivaces, en sols frais. Bons résultats en grandes potées.

▲ *Tigridia pavonia* 'Alba' : une belle fleur éphémère.

▲ *Vallota speciosa* : à cultiver de préférence en potées.

Zantedeschia aethiopica : un arum de grande vigueur. ▶

Les plantes ornementales

LES VIVACES D'ÉTÉ

Jouant avec les rayons du soleil, les plantes vivaces qui fleurissent en été garnissent massifs, rocailles et terrasses de leurs couleurs chaudes et éclatantes. Ajuga couvre-sol, delphinium élancé, monarde buissonnante, tradescantia rampant : toutes ont un charme auquel on ne peut résister.

Acanthus mollis — ACANTHE

Célèbre pour ses feuilles utilisées dans les décorations de style corinthien, l'acanthe émet de très jolies fleurs sur des hampes qui peuvent atteindre plus de 2 m de hauteur.
Famille : Acanthacées.
Dimensions : de 80 cm à 2 m de hauteur.
Exposition : ensoleillée ou mi-ombre.
Sol : ordinaire, frais et bien drainé.
Multiplication : par division de la touffe au printemps. Comptez trois pieds par m^2.
Particularités : d'un large feuillage vernissé, découpé et persistant sous climat doux, jaillissent des hampes portant de nombreuses fleurs qui s'épanouissent de juin à septembre.
Espèces et variétés : on connaît environ vingt espèces, dont trois sont couramment utilisées. *Acanthus longifolius* a le feuillage étroit et des fleurs roses à marques pourprées. *Mollis* forme de belles touffes garnies de fleurs blanc rosé. *Spinosus* est plus petite et possède un feuillage sombre et épineux. Ses fleurs sont rose lilacé.
Notre conseil : bien que la mi-ombre ne gêne pas l'acanthe, placez-la en situation chaude.

 Acanthus mollis : belle par ses fleurs et son feuillage.

Achillea spp. — ACHILLÉE

Cette vivace doit son nom à Achille, car elle l'aurait guéri d'une blessure après l'un de ses combats.
Famille : Astéracées.
Dimensions : de 30 cm à 1 m de hauteur.
Exposition : ensoleillée.
Sol : plutôt sec et légèrement calcaire.
Multiplication : par division de la touffe au printemps. Comptez quatre à six pieds par m^2.
Particularités : les espèces basses sont surtout utilisées pour garnir les rocailles ou les murets. Les plus grandes peuvent faire d'excellentes fleurs à bouquets frais ou séchés.
Espèces et variétés : avec ses feuilles grisâtres, *Achillea compacta* porte de jolies fleurs jaunes. *Achillea filipendulina* 'Coronation Gold' produit une longue floraison jaune d'or. *Achillea millefolium* 'Cerise Queen' présente un feuillage très découpé et des fleurs rouge pourpré. *Achillea ptarmica*, à pompons doubles blancs, apprécie les lieux humides.
Notre conseil : si vous avez des zones très sèches dans votre jardin, voici une plante tout indiquée pour garnir des massifs en fleurs tout l'été.

Ajuga reptans — BUGLE

Plante utilisée comme couvre-sol en raison de ses tiges rampantes, le bugle est autant décoratif par son feuillage que par sa floraison.
Famille : Labiacées.
Dimensions : environ 15 cm de hauteur.
Exposition : ombre ou mi-ombre.
Sol : frais, humide mais pas trop compact.
Multiplication : par division de la touffe au printemps ou en automne. Il faut neuf pieds par m^2.
Particularités : en raison de sa préférence pour les lieux peu éclairés, le bugle est à l'aise en sous-bois. Ses feuilles sont disposées en rosettes et les

 Achillea filipendulina aux gros bouquets jaune d'or.

Les vivaces d'été

fleurs viennent en épis dressés sur une tige rigide.
Espèces et variétés : les fleurs sont toutes bleues, mais la variété 'Atropurpurea' a le feuillage pourpre et luisant. 'Burgundy Glow' est panaché de crème, de rose et de vert. 'Variegata' est pourpre marqué de blanc crème. On cultive aussi *Ajuga genevensis* aux fleurs bleues, roses ou blanches selon les variétés, et *Ajuga pyramidalis* aux fleurs en épis pyramidaux bleu pâle ou pourpres.
Notre conseil : associez cette vivace aux bulbeuses d'été qui perceront au travers de ses feuilles.

Alstroemeria aurantiaca
LIS DES INCAS

Cette fleur à couper forme aussi de beaux massifs rustiques qui épanouissent des fleurs dont la forme se situe entre celles du lis et de l'orchidée.
Famille : Amaryllidacées.
Dimensions : de 50 à 70 cm de hauteur.
Exposition : ensoleillée et chaude.
Sol : riche et nourrissant, dépourvu de calcaire.
Multiplication : par division de la touffe en automne, avec beaucoup de précautions, car les racines sont très fragiles et sensibles à la pourriture. Il faut environ six pieds par m².
Particularités : c'est une plante assez capricieuse qui demande à rester en place plusieurs années avant de bien se développer.
Espèces et variétés : *aurantiaca* a de très nombreuses fleurs orange vif. On cultive également *Alstroemeria ligtu*, dont les hybrides ont des coloris très variés, souvent pastel, roses, saumon, orange.
Notre conseil : pendant l'hiver, protégez les pieds avec un lit de feuilles ou de paille.

Althaea rosea
ROSE TRÉMIÈRE

Classée aussi sous le nom de genre de *Alcea*, cette plante émet des tiges de plus de 2 m de hauteur garnies de nombreuses fleurs simples en trompette ou très doubles.
Famille : Malvacées.
Dimensions : 2 m de hauteur.
Exposition : ensoleillée.

Sol : riche, bien fumé et drainé.
Multiplication : par semis au printemps. Les plants sont repiqués en automne et fleurissent l'année suivante en juin. Quatre à six pieds au m².
Particularités : cette plante est sensible à la rouille. Traitez préventivement au printemps avec un produit à base de cuivre. Les variétés à fleurs simples sont plus résistantes.
Espèces et variétés : les coloris sont très variés, dans les tons jaunes, orangés, roses ou rouges. 'Nigra' a des fleurs très sombres, presque noires. 'Chater's Double Hybrids' présente des pompons doubles blancs, jaunes, roses, rouges ou pourpres.
Notre conseil : si votre plantation n'est pas très abritée, prévoyez des tuteurs solides pour maintenir les lourdes tiges couvertes de fleurs.

Campanula medium
CAMPANULE

Cette vivace à très grosses fleurs est sans doute l'une des plus jolies de ce genre, qui comprend environ trois cents espèces.
Famille : Campanulacées.
Dimensions : de 30 à 80 cm de hauteur.
Exposition : ensoleillée à mi-ombre.
Sol : bonne terre de jardin, même calcaire.
Multiplication : par semis à la fin du printemps, avec une mise en place en automne. La floraison a lieu au mois de juin de l'année suivante. Comptez entre six pieds et huit pieds par m².
Particularités : cette espèce est souvent considérée comme bisannuelle, mais elle peut très bien rester en place si on lui trouve une situation abritée. Ses fleurs en clochettes sont nombreuses et réparties sur une tige un peu raide. On en fait également de jolis bouquets pour l'intérieur.
Espèces et variétés : les nombreux cultivars proposés dans le commerce ont des coloris très variés qui vont du blanc au pourpre en passant par le rose, le rouge, le lilas ou le violet. On en trouve également à fleurs plus ou moins doubles.
Notre conseil : placez cette campanule dans les massifs un peu rustiques ou campagnards.

Campanula medium : des coloris très variés. ▶

▲ *Ajuga genevensis* produit des hampes bleues de 20 cm.

▲ *Alstroemeria ligtu* : des coloris très variés.

▲ *Althaea rosea* : une plante aux tiges très érigées.

335

Les plantes ornementales

▲ *Centaurea montana* : un bleuet pour sols pauvres.

▲ *Chrysanthemum maximum* : une grande marguerite.

Centaurea montana
BLEUET VIVACE

Appelée aussi « bleuet des montagnes », cette plante originaire de la France est très rustique.
Famille : Astéracées.
Dimensions : environ 40 cm de hauteur.
Exposition : ensoleillée.
Sol : indifférent, même pauvre et caillouteux.
Multiplication : au printemps par semis ou par division de la touffe pour les vieux pieds. Il faut quatre plants au m² pour une bonne couverture.
Particularités : les touffes très denses de ce bleuet sont composées d'un feuillage simple et lancéolé. Les tiges florales qui en émergent portent des fleurs solitaires bleu violacé.
Espèces et variétés : on cultive également la variété 'Alba' qui produit des inflorescences blanches et 'Rosea' aux capitules roses.
Notre conseil : mieux vaut donner une terre pauvre plutôt que riche à ce bleuet si vous souhaitez le voir correctement se développer.

Chrysanthemum maximum
MARGUERITE

Cousine de la marguerite des prés, cette espèce produit des fleurs nettement plus importantes.
Famille : Astéracées.
Dimensions : de 40 cm à 1 m de hauteur.
Exposition : plein soleil.
Sol : bonne terre de jardin pas trop humide.
Multiplication : par division de la touffe. Il faut environ six pieds par m².
Particularités : appelée parfois *Leucanthemum maximum*, cette marguerite produit de grandes fleurs simples, parfois semi-doubles, de 10 cm de diamètre. Les feuilles sont un peu charnues.
Espèces et variétés : toutes les variétés sont blanches, mais 'Beauté Nivelloise' a un aspect ébouriffé, 'Clairette' a le cœur hérissé, 'Petite Princesse d'Argent' est naine et 'Wirral Pride' est double.
Notre conseil : rajeunissez les souches tous les quatre ou cinq ans pour avoir des touffes denses. Tuteurez les pousses courant mai.

Coreopsis spp.
CORÉOPSIS

Environ cent dix espèces dans ce genre où les fleurs sont presque toutes jaunes et lumineuses.
Famille : Astéracées.
Dimensions : de 40 à 80 cm de hauteur.
Exposition : plein soleil.
Sol : indifférent, mais l'espèce *grandiflora* préfère les sols secs, *lanceolata*, frais, et *verticillata*, drainés.
Multiplication : par division des touffes au printemps. Comptez quatre à six pieds au m².
Particularités : cette vivace forme un buisson bien érigé, dont les fleurs, qui s'épanouissent dès le mois de mai, durent tout l'été.
Espèces et variétés : *Coreopsis auriculata* a les tiges velues et les fleurs jaune foncé. *Coreopsis grandiflora* présente de nombreuses variétés jaune d'or. 'Domino' a le cœur doré, 'Eldorado' est très florifère, et 'Sunray' a les fleurs doubles. *Coreopsis lanceolata* 'Goldfink' ne dépasse pas 30 cm de hauteur. *Coreopsis rosea* 'Nana' est l'une des rares espèces qui ne soit pas jaune. *Coreopsis verticillata* possède une souche rhizomateuse. 'Clair de Lune' est d'une couleur jaune beurre.
Notre conseil : rabattez les fleurs et les tiges dès qu'elles sont fanées pour favoriser l'émission de nouvelles pousses avant l'hiver.

◀ Les fleurs des coréopsis sont d'un jaune très lumineux.

Les vivaces d'été

Delphinium spp.
PIED-D'ALOUETTE

On dénombre quatre cents espèces parmi lesquelles les hybrides sont le plus souvent cultivés.
Famille : Renonculacées.
Dimensions : de 40 cm à 1,80 m de hauteur.
Exposition : ensoleillée.
Sol : profond et riche. Évitez le manque d'eau.
Multiplication : par division de la touffe au printemps ou par semis. Comptez entre deux et huit pieds par m^2, selon les espèces et les variétés.
Particularités : augmentez vos chances de réussite en apportant un peu de fumure organique au printemps et en les abritant des grands vents.
Espèces et variétés : *Delphinium* x *belladonna* 'Connecticut Yankees' présente de grandes fleurs dans les tons bleus, tandis que 'Casablanca' est tout blanc. *Delphinium grandiflorum* est nain et produit une abondante floraison bleu gentiane. Parmi les hybrides, le groupe Pacific rassemble des plantes vigoureuses à grosses fleurs simples ou semi-doubles aux coloris très variés.
Notre conseil : pour obtenir une seconde floraison, rabattez les tiges très près de la souche.

▲ *Delphinium* x *belladonna* 'Connecticut Yankees'.

Dianthus plumarius
ŒILLET

On dénombre environ deux cent cinquante espèces d'œillets parmi lesquelles *plumarius* est l'une des plus cultivées en raison de ses nombreux hybrides de couleur blanche ou rose.
Famille : Caryophyllacées.
Dimensions : de 25 à 30 cm de hauteur.
Exposition : plein soleil.
Sol : indifférent pourvu qu'il soit bien drainé.
Multiplication : par marcottage des tiges basses ou par division de la touffe en automne. Il faut six à neuf pieds au m^2 pour une bonne couverture.
Particularités : cet œillet forme une touffe très dense de feuilles vert glauque, desquelles émergent les inflorescences portées sur des tiges ramifiées comptant de deux à cinq fleurs, souvent odorantes.
Espèces et variétés : il existe de nombreux hybrides à grosses fleurs doubles, comme 'Diadème', rouge ; 'Diamant', blanc ou 'Diane', rose. 'Heidi', rouge, est très odorant, tout comme 'Mrs Sinkins' aux fleurs blanches.
Notre conseil : plantez ces œillets en bordures, en les soutenant éventuellement avec un petit fil et des piquets passés à l'intérieur de la touffe.

Echinops ritro
CHARDON BLEU

Qui s'y frotte s'y pique, mais cette vivace produit une abondante floraison originale et très belle.
Famille : Astéracées.
Dimensions : de 80 cm à 1,20 m de hauteur.
Exposition : plein soleil.
Sol : sain, nourrissant et bien drainé.
Multiplication : au printemps, par semis en caissette. Comptez trois à quatre pieds au m^2.
Particularités : les fleurs en grosses boules bleues constituent de superbes bouquets secs.
Espèces et variétés : 'Veitch's Blue' est plus petit et bleu acier. Citons aussi : *Echinops sphaerocephalus* aux boules blanc-gris à bleu-gris.
Notre conseil : associez ce chardon à des graminées ou des achillées pour créer un massif « nature ».

▲ *Dianthus plumarius* a donné de nombreux hybrides.

Echinops ritro : un chardon aux feuilles à revers argenté. ▶

Les plantes ornementales

jardin d'agrément

▲ L'*Erigeron* a donné de nombreux hybrides décoratifs.

▲ *Gaillardia* x *grandiflora* : des fleurs souvent bicolores.

◀ *Geranium* x *magnificum* appelé aussi *platypetalum*.

Erigeron spp.
VERGERETTE

De ce genre qui compte environ cent cinquante espèces, on a créé de nombreux hybrides qui sont aujourd'hui les plus cultivés.
Famille : Astéracées.
Dimensions : de 50 à 70 cm de hauteur.
Exposition : plein soleil.
Sol : riche et profond, mais pas trop lourd et dépourvu d'humidité stagnante.
Multiplication : par division de la touffe au début du printemps. Il faut six à sept pieds au m².
Particularités : cette vivace plus ou moins étalée ressemble aux asters. Elle émet des fleurs très légères, solitaires ou réunies en corymbes.
Espèces et variétés : parmi les nombreux hybrides proposés, citons : 'Adria', aux fleurs demi-doubles bleu violacé brillant ; 'Felicity', à grandes fleurs roses ; 'Foersters Liebling', rouge rosé, pour bouquets ; 'Violetta', demi-double et violet foncé.
Notre conseil : coupez les hampes florales dès qu'elles sont fanées. Vous favoriserez ainsi le départ de nouvelles pousses.

Gaillardia x *grandiflora*
GAILLARDE

Il s'agit d'un hybride obtenu par croisement de *Gaillardia aristata*, la seule espèce vraiment rustique de ce genre, avec *Gaillardia pulchella*.
Famille : Astéracées.
Dimensions : de 30 à 70 cm de hauteur.
Exposition : plein soleil.
Sol : ordinaire, mais il doit être bien drainé.
Multiplication : par division de la touffe ou par bouture de racines au printemps. Six pieds au m².
Particularités : les fleurs, qui ressemblent à des marguerites, sont souvent bicolores. Elles viennent au-dessus d'un feuillage vert glauque.
Espèces et variétés : 'Bourgogne' émet de grandes fleurs rouge brunâtre brillant, 'Lutin' est petite et compacte, à fleurs rouges et jaunes, 'Royale' a des fleurs rouges bordées de jaune.

Notre conseil : pour éviter que la touffe des gaillardes ne s'épuise trop vite, rabattez toutes les tiges dès que la plante est défleurie.

Geranium spp.
GÉRANIUM VIVACE

Voici un genre qui comprend environ trois cents espèces parmi lesquelles de nombreuses sont vivaces et bien rustiques. Les formes et les coloris sont très variés, d'où tout l'intérêt de cette plante.
Famille : Géraniacées.
Dimensions : de 20 à 70 cm de hauteur.
Exposition : ensoleillée à mi-ombre.
Sol : indifférent, mais il pousse mieux dans une terre riche, fraîche et bien drainée.
Multiplication : par semis, mais la division très facile des touffes effectuée tous les quatre à cinq ans donne de meilleurs résultats.
Particularités : ce genre est très diversifié, donnant des plantes basses qui peuvent être utilisées en couvre-sol ou des buissons plus érigés desquels sortent de nombreuses fleurs simples aux coloris très délicats et parfois lumineux.
Espèces et variétés : tapissant, *Geranium* x *cantabrigiense* donne des fleurs blanc rosé ('Biokovo') ou carmin ('Karmina') sur un feuillage persistant en hiver. *Geranium cinereum* 'Ballerina' forme de petites touffes étalées avec des fleurs rose lilacé et veinées de pourpre. *Geranium dalmaticum* présente des feuilles arrondies vert clair souvent teintées de rouge, prenant de jolies couleurs en automne, les fleurs sont roses. *Geranium endressii* est aussi un bon couvre-sol à fleurs rose brillant. *Geranium macrorrhizum* est l'un des plus vigoureux. Ses fleurs sont dans les tons roses. *Geranium* x *magnificum*, appelé aussi *Geranium platypetalum*, forme de grosses touffes vigoureuses et produit une floraison bleu violacé. *Geranium psilostemon* possède sans doute les fleurs les plus lumineuses, rouge carmin avec un œil noir. Enfin, *Geranium sanguineum* 'Album' est à fleurs blanches et 'Striatum' à fleurs blanc rosé veiné de rose.
Notre conseil : la diversité de cette plante fait qu'elle constitue souvent la base des massifs de plantes vivaces. Utilisez-la sans retenue.

Les vivaces d'été

Geum chiloense — BENOÎTE

Très jolie plante formant un tapis de feuilles épais, couvert d'une abondante floraison.
Famille : Rosacées.
Dimensions : de 30 à 50 cm de hauteur.
Exposition : ensoleillée à mi-ombre.
Sol : fertile et bien drainé.
Multiplication : par division de la touffe tous les trois à quatre ans. Comptez six à neuf pieds au m^2.
Particularités : persistantes, les feuilles sont couvertes d'un léger duvet. Les fleurs sont portées par des tiges bien dressées et donnent ensuite une fructification en aigrettes plumeuses et brunes.
Espèces et variétés : 'Mrs Bradshaw' est une variété à fleurs doubles et rouges. 'Lady Stratheden' est jaune vif et double. *Geum coccineum* 'Borisii' est compact. Il porte des fleurs simples, au joli coloris rouge-orangé lumineux.
Notre conseil : supprimez les fleurs lorsqu'elles sont fanées pour obtenir une bonne remontée.

Gypsophila spp. — GYPSOPHILE

On compte 125 espèces de gypsophiles, plantes annuelles ou vivaces, aux fleurs très fines.
Famille : Caryophyllacées.
Dimensions : de 10 à 100 cm de hauteur.
Exposition : bien ensoleillée, sans être brûlante.
Sol : calcaire, profond, bien drainé, même pauvre.
Multiplication : semez les gypsophiles annuels en place en avril, les formes vivaces sous abri à 18 °C au début du printemps. Boutures de racines des gypsophiles vivaces, en février sous verre.
Particularités : les fleurs tiennent très bien en bouquets. Les gypsophiles donnent un aspect vaporeux dans les massifs de vivaces à grosses fleurs.
Espèces et variétés : *Gypsophila elegans* est la forme annuelle la plus cultivée. 'Bright Rose' et 'Carminea' portent des fleurs rose intense. Parmi les vivaces, *G. paniculata*, vigoureux. 'Bristol Fairy', à fleurs doubles. *G. repens*, tapissant.

Heliopsis helianthoides 'Scabra' : des soleils miniatures. ▶

Notre conseil : ne déplacez pas les gypsophiles vivaces, car leurs racines charnues sont fragiles et la transplantation toujours difficile. Attention aux attaques de pucerons durant l'été. Traitez.

Heliopsis helianthoides — HÉLIOPSIS

La couleur jaune semblable à celle du soleil a valu son nom à cette vivace robuste et florifère.
Famille : Astéracées.
Dimensions : de 90 à 1,40 m de hauteur.
Exposition : plein soleil.
Sol : frais, riche mais bien drainé.
Multiplication : par bouture au printemps placée sous serre ou, mieux, par division de la touffe. Comptez quatre pieds au m^2.
Particularités : cette plante bien dressée forme un buisson abondamment fourni en fleurs jaunes.
Espèces et variétés : 'Goldgefieder' donne de grandes fleurs doubles jaune-orangé avec un cœur orangé. 'Goldgrünherz' est jaune citron à cœur vert. 'Scabra' forme une jolie touffe couverte de fleurs d'un jaune très lumineux.
Notre conseil : pour conserver une floraison bien fournie, divisez les pieds tous les trois ou quatre ans, à la fin de l'hiver ou au début du printemps.

▲ *Geum chiloense* 'Red Wings' aux fleurs rouge cuivré.

▲ *Gypsophila paniculata* aux fleurs vaporeuses blanches.

Les plantes ornementales

▲ *Hemerocallis flava* aux nombreuses fleurs jaunes.

▲ La jolie floraison de *Heuchera sanguinea* 'Coral Cloud'.

◂ Les épis des hybrides de *Kniphofia* sont parfois bicolores.

Hemerocallis spp.
HÉMÉROCALLE

Originaires d'Asie, les hémérocalles étaient cultivées au Japon pour la consommation des feuilles et des boutons floraux. On dénombre une vingtaine d'espèces, mais ce sont surtout les hybrides qui sont aujourd'hui présents dans les jardins.
Famille : Liliacées.
Dimensions : de 60 cm à 1 m de hauteur.
Exposition : ensoleillée ou à mi-ombre.
Sol : profond, nourrissant et frais.
Multiplication : par division de la touffe, au printemps. Comptez quatre à six pieds par m².
Particularités : appelée aussi « lis d'un jour » parce que ses fleurs durent peu de temps, l'hémérocalle produit une abondante floraison sans cesse renouvelée qui efface cet inconvénient. C'est une plante très robuste qui a cependant besoin de beaucoup d'eau durant sa période de floraison.
Espèces et variétés : *Hemerocallis citrina* fleurit en juin et en juillet. Ses trompettes jaune pâle émettent un parfum rappelant celui du muguet. *Hemerocallis flava* porte des tiges florales de six à neuf fleurs jaune clair au parfum de fleur d'oranger. Parmi les hybrides, pour la plupart originaires des États-Unis, citons : 'Alan', d'un beau coloris rouge ; 'Burning Delight', orange très vif ; 'Corky', jaune à petites fleurs ; 'Neyron Rose', rose framboise vif rayé de blanc ; 'Sugar Candy', d'un mauve vif très lumineux à gorge orangée.
Notre conseil : assurez une floraison abondante en renouvelant la touffe tous les quatre à cinq ans.

Heuchera sanguinea
HEUCHÈRE

Environ vingt-cinq espèces dans ce genre, dont les hybrides offrent les plus jolies floraisons.
Famille : Saxifragacées.
Dimensions : de 60 à 80 cm de hauteur.
Exposition : ensoleillée ou à mi-ombre.
Sol : humifère et frais, mais l'heuchère supporte assez bien les périodes de sécheresse.
Multiplication : par division de la touffe au printemps. Six pieds au m² pour une bonne couverture.
Particularités : au-dessus d'un feuillage couvre-sol et persistant, l'heuchère émet des hampes très fines portant de nombreuses petites fleurs en forme de clochette. L'ensemble est très léger.
Espèces et variétés : la variété 'Coral Cloud' présente une très jolie floraison rouge. Citons aussi *Heuchera cylindrica* 'Greenfinch' aux gros épis blanchâtres. *Heuchera micrantha* 'Palace Purple' possède un feuillage pourpré et de petites fleurs blanches. Dans les hybrides, *Heuchera x brizoides* 'Pluie de feu' est à fleurs rouge sang.
Notre conseil : constituez de jolis tapis au pied des arbres en les associant à des fougères.

Kniphofia galpinii
FAUX ALOÈS

On dénombre environ soixante-dix espèces dans ce genre originaire d'Afrique du Sud et de Madagascar, dont la floraison en forme de goupillons est très spectaculaire et colorée.
Famille : Liliacées.
Dimensions : de 60 cm à 1,30 m de hauteur.
Exposition : le plein soleil.
Sol : sablonneux, léger et frais.
Multiplication : au printemps, par semis ou, plus facilement, par division des touffes. Il faut trois à quatre pieds par m².

jardin d'agrément

340

Les vivaces d'été

Particularités : appelée aussi « tritoma » cette plante émet des feuilles fines et allongées, charnues et persistantes. La floraison a lieu à la fin du printemps. Elle est constituée par des hampes bien dressées se terminant par un épi cylindrique de fleurs jaunes, rouges, roses ou panachées.
Espèces et variétés : cette espèce produit de jolies fleurs orangées dont l'épi mesure de 15 à 20 cm. De nombreux hybrides sont proposés parmi lesquels 'Alcazar' présente des fleurs rouge flamboyant et un feuillage bronzé. 'Luna' et 'Vanilla' sont à fleurs jaune clair et feuillage fin.
Notre conseil : en hiver, coupez une partie du feuillage et recouvrez le pied d'un voile de protection contre les fortes gelées.

Liatris spicata
PLUME DU KANSAS

Cette vivace doit son nom à son pays d'origine et à la légèreté de ses inflorescences qui fournissent de très jolies fleurs pour bouquets.
Famille : Astéracées.
Dimensions : de 50 cm à 1,20 m de hauteur.
Exposition : le plein soleil.
Sol : terre de jardin sans humidité stagnante.
Multiplication : le semis est possible pour les espèces, mais la division des touffes au printemps est nécessaire pour les cultivars. Comptez huit à neuf pieds par m^2 pour avoir un beau massif.
Particularités : feuilles fines et allongées semblables à celles de certaines graminées. Les fleurs en épis présentent la particularité de s'épanouir en commençant par le haut.
Espèces et variétés : la variété 'Kobold' présente une végétation assez réduite et des fleurs rose lilacé. *Liatris scariosa* 'Alba' émet des inflorescences épaisses et plumeuses, blanches.
Notre conseil : associez cette plante à des graminées ou, en massif, avec des coréopsis.

Lychnis coronaria
COQUELOURDE

On compte une trentaine d'espèces dans ce genre, natif des régions arctiques et tempérées.

Famille : Caryophyllacées.
Dimensions : de 60 à 90 cm de hauteur.
Exposition : le plein soleil.
Sol : terre de jardin ordinaire, bien drainée.
Multiplication : très facile par semis qui se produit d'ailleurs naturellement. Pour rajeunir les souches, divisez-les tous les quatre ou cinq ans. Il faut quatre à cinq pieds par m^2.
Particularités : la coquelourde forme des touffes bien dressées au feuillage gris argenté. Ses fleurs rouge carminé, solitaires, sont très lumineuses.
Espèces et variétés : 'Alba' est une variété à floraison blanche. *Lychnis chalcedonica* ou « Croix de Jérusalem », fleurit également en été et produit des corolles plates et rouges. *Lychnis* x *haagena* est un hybride, dont les fleurs présentent des tons variés qui vont de l'orange au vermillon. La hauteur ne dépasse guère 40 cm.
Notre conseil : placez les plus petites espèces en bordure de massif et les plus grandes en compagnie des campanules ou des phlox.

Mirabilis jalapa
BELLE-DE-NUIT

Originaire du Pérou, cette très jolie fleur, souvent cultivée comme annuelle, s'épanouit le soir.
Famille : Nyctaginacées.
Dimensions : environ 80 cm de hauteur.
Exposition : de préférence ensoleillée.
Sol : profond et bien décompacté.
Multiplication : par semis en mars sous abri avec une mise en place en mai ou directement dans le massif en avril et en mai. Éclaircir pour conserver un pied tous les 30 à 40 cm de distance.
Particularités : cette plante possède une racine tubéreuse et forme un joli buisson duquel émergent des fleurs réunies en bouquets parfumés.
Espèces et variétés : seule cette espèce est cultivée. Elle donne des fleurs rouges, jaunes, blanches ou panachées, en forme d'entonnoir.
Notre conseil : au nord de la Loire, placez la belle-de-nuit en situation bien abritée. En hiver, arrachez le pied et conservez-le comme les dahlias.

▲ *Liatris spicata* présente de longs épis serrés roses.

▲ *Lychnis coronaria* 'Purpurea' aux fleurs éclatantes.

Mirabilis jalapa se couvre de fleurs qui s'ouvrent la nuit. ▶

Les plantes ornementales

▲ *Monarda didyma* : des fleurs très parfumées.

▲ *Nepeta sibirica* : une abondante floraison bleue.

Monarda didyma
MONARDE

Originaire d'Amérique du Nord, cette plante vivace dégage un agréable parfum.
Famille : Labiacées.
Dimensions : entre 80 cm et 1 m de hauteur.
Exposition : ensoleillée ou mi-ombre.
Sol : léger, frais et humide.
Multiplication : par division des rhizomes au printemps. Comptez environ six pieds par m².
Particularités : buissonnante, la monarde émet des tiges bien dressées et carrées portant des feuilles vert foncé et velues en dessous.
Espèces et variétés : cette espèce fleurit rouge écarlate. La variété 'Alba' est blanche. Il existe également des hybrides, comme 'Beauty of Cobham' à fleurs rose malvacé ; 'Cambridge Scarlet', rouge écarlate ou 'Croftway Pink', rose clair.
Notre conseil : inutile de planter trop serré, car les rhizomes forment un réseau très dense.

Nepeta sibirica
HERBE AUX CHATS

Parfois appelée « menthe des chats », cette jolie vivace émet de très nombreuses fleurs.
Famille : Labiacées.
Dimensions : de 30 à 70 cm de hauteur.
Exposition : le plein soleil.
Sol : bonne terre de jardin même sèche et caillouteuse. Évitez l'humidité stagnante en hiver.
Multiplication : par division de la touffe au printemps. Vous pouvez aussi tenter le semis ou le bouturage des rameaux à la même époque. Il faut de quatre à six pieds par m².
Particularités : l'abondante floraison bleu foncé est spectaculaire. Elle vient au-dessus d'une touffe au feuillage vert foncé, bien dressé.
Espèces et variétés : 'Souvenir d'André Chaudron' est une variété ancienne toujours appréciée pour ses fleurs bleu foncé, très grandes. *Nepeta mussinii* présente une végétation très tapissante. Ses fleurs sont bleues, légèrement violacées. *Nepeta* x *faassenii* 'Six Hills Giant' a les feuilles crispées grisâtres et des fleurs bleu lavande.
Notre conseil : associez cette plante à des rosiers ou d'autres vivaces aux tons clairs.

Penstemon spp.
PENSTÉMON

Appelée aussi « galane », cette vivace fournit de très beaux hybrides, qui sont les plus cultivés.
Famille : Scrophulariacées.
Dimensions : de 30 cm à 1 m de hauteur.
Exposition : le plein soleil.
Sol : léger, humifère et bien drainé.
Multiplication : par semis hivernal en caissette pour une mise en place au printemps ou par boutures prélevées en automne. Comptez de six à neuf pieds au m² pour une bonne couverture.
Particularités : cette plante forme une belle touffe de laquelle émergent des tiges bien droites couvertes de fleurs tubulées.
Espèces et variétés : *Penstemon barbatus* 'Coccineus' est rustique et fournit de longues fleurs rouge-vermillon. *Penstemon hirsutus* présente un feuillage pourpré en hiver. Ses fleurs sont blanches ou bleu lilacé. *Penstemon pinifolius* est plus arbustif, sa hauteur ne dépassant pas 30 cm. Ses fleurs

◀ Les hybrides de penstémons sont riches en couleurs.

Les vivaces d'été

sont rouge vif. L'hybride 'Souvenir d'Adrien Régnier' a de grandes fleurs rose tendre à gorge blanche et forme une touffe buissonnante.
Notre conseil : placez cette vivace de préférence dans un massif abrité des grands froids.

Phlox spp.
PHLOX

Les phlox peuvent à eux seuls constituer de jolis massifs par la diversité des formes et des coloris.
Famille : Polémoniacées.
Dimensions : de 80 cm à 1,50 m de hauteur.
Exposition : le plein soleil.
Sol : terre de jardin plus fraîche que sèche.
Multiplication : par division de la souche en automne. Il faut quatre à cinq pieds au m².
Particularités : les espèces hautes constituent le cœur des massifs de vivaces qu'elles garnissent tout l'été et une bonne partie de l'automne.
Espèces et variétés : *Phlox maculata* présente des fleurs en panicules odorants, pourpres ou violets. Croisé avec *Phlox carolina*, il a donné de nombreux hybrides à floraison blanche ou rose. *Phlox paniculata* possède également des hybrides aux fleurs parfumées, hauts d'environ 1,20 m.
Notre conseil : en automne, coupez les tiges fanées et apportez une bonne fumure organique enfouie sous un léger labour.

Platycodon grandiflorum
PLATYCODON

Plante originale par la forme de ses fleurs qui rappellent un peu celles de la campanule.
Famille : Campanulacées.
Dimensions : de 20 à 60 cm de hauteur.
Exposition : le plein soleil.
Sol : riche, profond, bien drainé.
Multiplication : par semis, car la division de la touffe est assez difficile. Six à neuf pieds au m².
Particularités : c'est une plante qui sort de terre assez tardivement, d'où la nécessité de signaler son emplacement afin de ne pas endommager le pied lors des nettoyages printaniers des massifs.
Espèces et variétés : 'Albus' est à fleurs blanches. 'Apoyama' ne dépasse pas 20 cm de haut et fleurit bleu violacé. 'Mariesii' a de larges fleurs bleu brillant. 'Perlmutterschale' est rose.
Notre conseil : lors des binages, évitez de toucher les racines qui sont très fragiles.

Polygonum affine
RENOUÉE

Environ cent cinquante espèces, dont certaines sont considérées comme des mauvaises herbes.
Famille : Polygonacées.
Dimensions : de 20 à 30 cm de hauteur.
Exposition : ensoleillée ou mi-ombre.
Sol : riche et frais.
Multiplication : par division de la souche en automne ou au printemps. Six pieds par m².
Particularités : le feuillage de la renouée forme un très bon tapis, duquel émergent des fleurs en épis blancs qui deviennent rose foncé avec l'âge.
Espèces et variétés : 'Darjeeling Red' est très compact et devient rouge. 'Superbum' est très florifère, d'abord rose puis rouge.
Notre conseil : placez la renouée en bordure, en l'associant à des hostas. C'est un très bon couvre-sol qui gêne l'apparition des mauvaises herbes.

▲ Ce phlox blanc est ici associé à de la potentille.

▲ *Platycodon grandiflorum* : des fleurs bleues ou blanches.

Le *Polygonum affine* forme un tapis très dense et florifère. ▶

Les plantes ornementales

jardin d'agrément

▲ *Rudbeckia triloba* au cœur noir et aux pétales jaune d'or.

▲ *Salvia horminum* 'Oxford Blue' : une sauge parmi les autres.

◂ *Scabiosa caucasica* 'Clive Greaves' : de grosses fleurs bleues.

Rudbeckia spp.
RUDBECKIA

Originaire d'Amérique du Nord, le rudbeckia comprend une trentaine d'espèces, toutes à fleurs jaunes et de grande longévité.
Famille : Astéracées.
Dimensions : de 60 cm à 1,80 m de hauteur.
Exposition : le plein soleil.
Sol : indifférent pourvu qu'il soit frais.
Multiplication : par division de la touffe en automne ou au printemps. Gardez deux ou trois yeux sur chaque éclat. Trois à quatre pieds au m².
Particularités : petits soleils aux longs pétales et au cœur sombre, les rudbeckias sont des plantes très florifères qui n'apprécient pas trop la sécheresse durant leur période de floraison.
Espèces et variétés : *Rudbeckia fulgida* a un port souple et des feuilles vert grisâtre. 'Goldsturm' est jaune d'or à cœur brun. *Rudbeckia laciniata* 'Plena' est à fleurs doubles, en pompons. *Rudbeckia nitida* dépasse 1,50 m de hauteur. *Rudbeckia triloba* forme un buisson vert sombre.
Notre conseil : changez la souche tous les trois ou quatre ans pour éviter qu'elle ne se dégarnisse.

Salvia spp.
SAUGE

Ce genre comprend près de huit cents espèces très diverses dans leur rusticité et leurs formes.
Famille : Labiacées.
Dimensions : de 50 cm à 1,20 m de hauteur.
Exposition : le plein soleil.
Sol : ordinaire. Évitez les terres lourdes et humides.
Multiplication : par semis, bouture, ou par division de la touffe. Quatre à six pieds par m².
Particularités : le feuillage aromatique et médicinal de certaines espèces lui a valu son nom.
Espèces et variétés : *Salvia argentea* a des feuilles laineuses gris argenté et des fleurs blanches à lèvre jaune. *Salvia azurea* présente de longs épis bleu intense. *Salvia glutinosa* est buissonnant à fleurs jaune soufre marqué de brun-roux. *Salvia officinalis* a le feuillage persistant grisâtre et les fleurs violet pâle. Sa variété 'Tricolor' est bigarrée de vert, de jaune et de rose. *Salvia pratensis haematodes*, la sauge des prés, convient bien aux sols secs. Fleurs bleu lavande. *Salvia sclarea*, la sauge musquée, possède de grandes fleurs rosées.
Notre conseil : jouez sur les formes et les couleurs pour réaliser de jolis massifs en camaïeux.

Scabiosa caucasica
SCABIEUSE

Originaire du Caucase, cette vivace présente de nombreux cultivars tous de très belle tenue.
Famille : Dipsacacées.
Dimensions : environ 80 cm de hauteur.
Exposition : le plein soleil.
Sol : toutes terres bien drainées.
Multiplication : par semis, bouturage ou division en automne. Il faut six pieds par m².
Particularités : très longue floraison pour cette espèce qui ne s'arrête qu'avec les premières gelées. De plus, les fleurs font de ravissants bouquets.
Espèces et variétés : le type est à fleurs bleu lilacé. 'Alba' est blanche, 'Clive Greaves', bleu clair, et 'Fama', bleu lavande à grandes fleurs. *Scabiosa graminifolia* est plus petite avec des fleurs en pompons bleu lilacé. On la cultive plutôt en rocaille.

Les vivaces d'été

Notre conseil : dans une plate-bande, associez cette plante avec des graminées et des achillées.

Solidago spp.
VERGE D'OR

Cent trente espèces dans ce genre, mais ce sont les hybrides qui sont essentiellement cultivés.
Famille : Astéracées.
Dimensions : de 40 cm à 1 m de hauteur.
Exposition : le plein soleil.
Sol : ordinaire, plutôt frais.
Multiplication : par division de touffe au printemps ou en automne. Quatre à six pieds au m^2.
Particularités : plante robuste, envahissante à l'origine. Les hybrides sont plus sages. Les fleurs forment des plumets aériens et mellifères.
Espèces et variétés : issus du croisement de *Solidago canadensis* et *Solidago shortii*, les hybrides sont tous à fleurs jaunes. 'Golden Dwarf' est nain et compact ; 'Golden Shower' est très hâtif ; 'Laurin' est, au contraire, plus tardif et jaune vif ; 'Mimosa' est vigoureux et atteint 1 m de haut.
Notre conseil : associez, dans un massif très nature, la verge d'or aux asters et aux polygonums.

Stachys grandiflora
ÉPIAIRE

Appelée aussi *Stachys macrantha* ou « bétoine », cette vivace est originaire du Caucase et appartient à un genre qui compte deux cents espèces.
Famille : Labiacées.
Dimensions : de 20 à 50 cm de hauteur.
Exposition : le plein soleil.
Sol : plutôt sec et bien drainé.
Multiplication : par division de la touffe au printemps. Comptez cinq à six pieds par m^2.
Particularités : la plante forme une touffe dense aux feuilles en forme de cœur.
Espèces et variétés : la variété 'Superba' est à grosses fleurs rose pourpré. Le genre *Stachys olympica* (ou *lanata*) présente des feuilles laineuses et forme un très bon couvre-sol. Ses fleurs sont roses.

Tradescantia virginiana : un hybride à grandes fleurs. ▶

Notre conseil : faites de jolies bordures mixtes en l'associant avec de petits œillets ou de l'alchémille.

Tradescantia x andersoniana
ÉPHÉMÈRE DE VIRGINIE

Cet hybride est issu des espèces *ohiensis*, *subaspera* et *virginiana*. Il est robuste et très rustique.
Famille : Commélinacées.
Dimensions : environ 40 cm de hauteur.
Exposition : ensoleillée à mi-ombre.
Sol : toute bonne terre de jardin.
Multiplication : par division de touffe au printemps. Il faut environ six pieds par m^2.
Particularités : les fleurs, qui ne durent qu'un jour, ont une forme triangulaire très curieuse à trois pétales. Le feuillage est très couvrant.
Espèces et variétés : 'Domaine de Courson' est une création récente rose carminé. 'Innocence' est blanc pur ; 'Isis', bleu intense ; 'J.C. Weguelin', bleu lavande à œil blanc ; 'Osprey', blanche à œil bleu. 'Zwanenburg', à grandes fleurs bleues.
Notre conseil : tous les cinq ans, renouvelez votre plantation pour éviter qu'elle ne se dégarnisse.

▲ Une floraison plumeuse et aérienne pour le *Solidago*.

▲ La touffe très dense du *Stachys grandiflora* 'Superba'.

LES ANNUELLES

Ces plantes à la généreuse floraison estivale ne vivent qu'un an, disparaissant avec l'hiver. Elles sont précieuses pour la décoration des massifs saisonniers. De culture facile, elles se propagent fort bien par semis.

Ageratum houstonianum
AGÉRATUM

Synonyme : *Ageratum mexicanum*. Cette petite plante très ramifiée n'excède pas 30 cm pour les formes naines et 60 cm pour les variétés hautes. Elle forme des grappes de fleurs bleues, blanches ou roses, groupées en bouquets au-dessus du feuillage vert foncé. Il en existe soixante espèces originaires d'Amérique tropicale.

Famille : Astéracées.

Espèces et variétés : dans les formes naines, retenez 'Blue Ball', bleu foncé ; F1 'Madison', hâtif, bleu vif ; F1 'White Hawaii', aux fleurs blanches ; 'Bavaria', bleu clair à large centre blanc ; et 'Fairy Pink' ou 'Pinkie improved', rose vif. 'Bouquet bleu' a des grandes tiges et des fleurs bleues.

Sol et exposition : plantez dans une terre riche, dans un emplacement chaud et ensoleillé.

Utilisations : les variétés naines sont recommandées pour la décoration estivale des bordures, des massifs ou des jardinières. Confectionnez des bouquets avec les hybrides à grandes tiges.

Culture : la multiplication s'effectue par semis, de février à avril, sous abri. Repiquez en place en mai, entre 25 cm et 30 cm de distance.

Un bon conseil : maintenez le sol toujours frais.

▲ *Ageratum houstonianum* 'Tapis Bleu' : idéal en bordures.

Amaranthus caudatus
QUEUE DE RENARD

C'est la plus cultivée des soixante espèces composant le genre. Elle peut dépasser 1 m de hauteur. Les feuilles entières sont vert clair. Les tiges sont teintées de rouge. De juillet à octobre, des inflorescences pendantes apparaissent. Certaines mesurent plus de 45 cm de longueur.

Famille : Amaranthacées.

Espèces et variétés : l'espèce la plus commune a des panicules de fleurs rouge-pourpre. 'Viridis' est une variété aux fleurs vert clair lumineux.

Sol et exposition : installez les plants dans un sol profond, bien ameubli et enrichi avec du fumier décomposé. Le soleil est nécessaire à la floraison.

Utilisations : pour la décoration estivale des massifs et des plates-bandes de style décontracté.

Culture : semez, en mars à la maison, à une température de 15 °C. Repiquez, début mai, en espaçant les plants de 50 à 60 cm. Vous pouvez semer directement en place fin avril. Éclaircissez le semis pour permettre le bon développement de la plante.

Un bon conseil : arrosez bien pendant l'été. Donnez un engrais liquide tous les quinze jours.

◄ *Amaranthus caudatus* : des fleurs en queue de renard.

Antirrhinum majus
MUFLIER

Cette plante vivace, d'origine méditerranéenne, est cultivée en bisannuelle ou en annuelle. Les fleurs sont groupées en inflorescences allongées, dressées au-dessus du feuillage. Tous les coloris sont disponibles, excepté le bleu.

Famille : Scrophulariacées.

Espèces et variétés : les très nombreux cultivars sont proposés en différents coloris. On distingue les races de grande taille (jusqu'à 1m), telles que F1 'Madame Butterfly', 'Géant varié', F1 'Précurseur' ; les races demi-naines (de 30 à 45 cm), comme F1 'Minaret', 'Majestic' ; et les races naines (25 cm), telles que F1 'Kolibri', 'Tom pouce' et 'Kimosy'.

Les annuelles

Sol et exposition : plantez dans une terre légère, bien drainée, en plein soleil.
Utilisations : les formes naines conviennent pour les rocailles, les bordures et les jardinières. Les hybrides à grandes tiges font de superbes bouquets.
Culture : semez en mars ou en avril sous abri. Repiquez une fois en pépinière ou en caissette, puis installez les plants en place en mai, à une distance de 25 à 45 cm selon le développement de la variété.
Un bon conseil : avant la plantation, enrichissez le sol avec du fumier bien décomposé.

Begonia semperflorens
BÉGONIA

Ces plantes au port ramifié, trapu, mesurent de 25 à 30 cm. Les feuilles sont arrondies, vernissées, vertes ou pourpre bronze selon les variétés. La floraison apparaît très tôt, pour cesser avec les premières gelées. Les fleurs simples sont blanches, roses ou rouges, parfois bicolores.
Famille : Bégoniacées.
Espèces et variétés : le choix parmi les hybrides F1 est très large. Retenez les gammes 'Olympia', 'Athena', 'Ambra', 'Stara' et 'Organdy' pour leur floribondité vraiment exceptionnelle.
Sol et exposition : plantez dans un sol léger, bien drainé, à mi-ombre. Le plein soleil est possible, si le sol reste toujours frais.
Utilisations : pour les massifs bas, les bordures, les potées et les jardinières. Bonne association avec les coléus et les agératums.
Culture : semez les graines minuscules dans des caissettes en janvier ou en février, sans les recouvrir, à 18-20 °C. Repiquez les plants dès l'apparition de la première vraie feuille. Installez en place en mai, en espaçant les pieds de 20 cm environ.
Un bon conseil : les variétés à feuillage pourpre résistent beaucoup mieux au soleil.

Bidens ferulifolia
BIDENS

Cette plante vivace à port très étalé ou retombant est en général cultivée comme une annuelle. Le fin feuillage vert, très découpé, contribue à son aspect décoratif. Les fleurs simples, en étoiles jaune d'or, durent longtemps.
Famille : Astéracées.
Espèces et variétés : le genre comprend environ deux cent trente espèces, mais seule l'espèce *Bidens ferulifolia* est bien cultivée actuellement.
Sol et exposition : installez-le dans une bonne terre de jardin riche et bien drainée, en plein soleil. Évitez les sols trop lourds et compacts.
Utilisations : pour les suspensions, les jardinières, les potées ou en couvre-sol.
Culture : semez les graines à la fin de l'hiver, en caissettes ou en terrines, à une température de 15 °C. Repiquez les plantules quand elles ont formé deux ou trois feuilles. Mettez en place en mai.
Un bon conseil : donnez de l'engrais liquide pour plantes fleuries tous les quinze jours.

Brachycome iberidifolia
BRACHYCOME

Originaire d'Australie, cette petite plante basse au port étalé possède un feuillage vert très léger, finement découpé. Hauteur : 30 cm. La floraison en petites marguerites bleu vif de 2 à 3 cm de diamètre apparaît de mai à octobre.
Famille : Astéracées.
Espèces et variétés : on compte environ soixante-quinze espèces. *Brachycome iberidifolia* se décline en différentes variétés, telles que : 'Blue Star' à fleurs bleu uni ; 'Purple Splendour' violet pourpre ; 'White Splendour' à fleurs blanches. Il existe également des variétés de couleur rose.
Sol et exposition : plantez-le dans une terre riche (terre de jardin mélangée à du terreau de fumier par exemple), bien drainée, en plein soleil.
Utilisations : pour les potées, les jardinières, les bordures ou en couvre-sol.
Culture : semez les graines en mars dans des caissettes, sous châssis froid pour les régions à climat doux, sinon dans une serre chauffée. Repiquez une première fois en godets, puis mettez en place en mai. Il est possible de semer en place en avril. Il faut éclaircir les pieds à 25-30 cm de distance.
Un bon conseil : évitez la sécheresse passagère qui provoque le dessèchement rapide du feuillage.

▲ *Antirrhinum majus* : on l'appelle « gueule-de-loup ».

▲ *Begonia semperflorens* 'Allegra' : parfait en bordures.

▲ *Bidens ferulifolia*.   *Brachycome iberidifolia*. ▼

Les plantes ornementales

jardin d'agrément

▲ *Calendula officinalis* dans sa forme à fleurs doubles.

▲ *Callistephus chinensis* : pour les massifs de fin d'été.

◄ *Celosia argentea* : en mélange de coloris très toniques.

Calendula officinalis
SOUCI

Originaire d'Europe méridionale, cette annuelle a un port buissonnant dressé, un peu étalé. La hauteur varie de 30 à 60 cm. Le feuillage satiné est vert clair. Les fleurs ressemblent à des marguerites jaunes de 10 cm de diamètre. La floraison se prolonge de mai jusqu'aux premiers gels.
Famille : Astéracées.
Espèces et variétés : les nombreuses variétés aux grandes fleurs doubles sont souvent proposées en mélanges de coloris jaunes et orangés. 'Fiesta Gitana' ne dépasse pas 30 cm. 'Princesse', aux fleurs alvéolées, 'Pacific Cream Beauty', blanc crème, et 'Prince Indien', orange foncé avec le revers rouge acajou, sont des variétés de plus grandes tailles.
Sol et exposition : le souci tolère tous les types de terrains, au soleil ou à mi-ombre.
Utilisations : pour les massifs et la fleur coupée.
Culture : la méthode la plus facile est le semis échelonné en place, d'avril à juin. Éclaircissez à 25 cm de distance pour laisser les plants prospérer.
Un bon conseil : ne mouillez pas le feuillage en arrosant, vous éviterez une attaque d'oïdium.

Callistephus chinensis
REINE-MARGUERITE

D'origine chinoise, l'espèce type a un port dressé, avec un feuillage vert denté. La floraison s'étale de juin à la fin de l'été. Les fleurs simples ont la forme d'une marguerite et ont des coloris variés, blancs, roses, rouges ou violets.
Famille : Astéracées.
Espèces et variétés : il existe un grand nombre de variétés. On distingue celles à grande végétation, à fleurs simples ('Arc en Ciel', 'Rainbow') ou à fleurs doubles ('Plume d'Autruche', 'Quadrille', 'Princesse Géante'). Parmi les variétés naines, retenez : 'Love Me', 'Starlet', 'Lilliput' et 'Starlight'.
Sol et exposition : plantez dans une terre profonde, humifère et bien drainée, au soleil.
Utilisations : pour les massifs et la fleur coupée.

Les variétés miniatures conviennent à la culture en jardinières, en pots ou en bordures.
Culture : semez en mars-avril, repiquez sous abri, puis plantez en place en mai. Il faut assurer une distance de 30 à 40 cm entre les plants.
Un bon conseil : ne plantez pas les reines-marguerites sur le même emplacement deux années de suite, afin d'éviter la fusariose.

Celosia argentea
CÉLOSIE

Originaire d'Asie, cette jolie plante forme un buisson trapu de 60 cm de haut, avec des feuilles entières ovales vert vif. Les inflorescences blanc argenté apparaissent en été.
Famille : Amarantacées.
Espèces et variétés : le type 'Pyramidalis' a des fleurs en panaches dressés de 10 à 15 cm de hauteur. Préférez : 'Miss Nippon', 'Sparkler' et 'New Look'. Dans le groupe des 'Cristata' (les célosies crête-de-coq), choisissez 'Chef' et 'Flamingo Feather' pour les bouquets ou 'Olympia' et 'Jewel Box', des miniatures, pour potées. Tous ces hybrides ont des fleurs flamboyantes jaunes, roses, orange ou rouge vif.
Sol et exposition : de préférence un sol non calcaire, bien drainé, enrichi de compost ou de fumier décomposé, à exposition ensoleillée.
Utilisations : massifs, plates-bandes et bouquets pour les grandes variétés. Les hybrides nains conviennent pour les bordures et les jardinières.
Culture : en février, semez dans des caissettes, sous abri chauffé à 15 °C. Repiquez les plantules dans des godets quand elles ont deux feuilles. Mettez en place, fin mai, à 20 cm de distance.
Un bon conseil : installez vos célosies dans un endroit protégé du vent et bien chaud.

Clarkia elegans
CLARKIA

Synonyme : *Clarkia unguiculata*. Cette espèce californienne atteint 60 cm de hauteur. Ses feuilles ovales ont une belle couleur verte. Les fleurs regroupées en épis dressés apparaissent de juin à septembre selon la date du semis.

Famille : Onagracées.
Espèces et variétés : on trouve surtout la forme à fleurs doubles, en mélange de couleurs ou par coloris séparés. Il existe des sélections à grandes fleurs.
Sol et exposition : de préférence un sol non calcaire, bien drainé, en plein soleil.
Utilisations : massifs de style naturel.
Culture : très facile. Semez en place d'avril à fin juin pour obtenir une floraison échelonnée tout l'été. Éclaircissez à 15 cm de distance.
Un bon conseil : le clarkia est la plante parfaite pour le débutant qui recherche un jardin vite fleuri à moindre frais. Beau mélange avec des soucis.

Cleome spinosa
CLÉOME

Synonyme : *Cleome pungens*. Cette belle plante, vigoureuse et buissonnante, atteint 1,20 m. Son feuillage vert est divisé en cinq à sept folioles. Les fleurs portent de grandes étamines proéminentes. Elles sont regroupées en épis lâches terminaux. Floraison de juin à la fin de l'été.
Famille : Capparidacées.
Espèces et variétés : 'Helen Campbell', blanc pur ; 'Reine des Roses', rose clair ; 'Reine des Cerises', rose carmin, et 'Reine des Violets', pourpre.
Sol et exposition : plantez dans une terre légère drainée, en plein soleil, à l'abri des vents violents.
Utilisations : massifs et grandes plates-bandes.
Culture : en mars-avril, semez à la maison ou en serre (température de 15 à 18 °C). Repiquez une première fois en godets, toujours sous abri. Mettez en place, fin mai, à 50 cm de distance.
Un bon conseil : la germination est souvent capricieuse. Trempez les graines dans l'eau tiède durant une nuit entière avant le semis.

Convolvulus tricolor
BELLE-DE-JOUR

Synonyme : *Convolvulus minor*. Cette petite plante annuelle pousse à l'état naturel dans le sud de l'Europe. Elle forme une touffe érigée et ramifiée, d'environ 25 cm de haut. Les feuilles ovales sont vert vif. Les fleurs en forme d'entonnoir apparaissent tout l'été au-dessus du feuillage. Elles se referment pendant la nuit.
Famille : Convolvulacées.
Espèces et variétés : l'espèce type a des fleurs bleu vif, avec une gorge blanche ou jaune. 'Royal Ensign', bleu roi à centre blanc ; 'Rose Ensign', rose lilas à centre blanc et jaune ; 'White Ensign', blanc pur à cœur jaune, et 'Crimson Monarch', rouge cerise.
Sol et exposition : tous terrains pas trop humides, de préférence en plein soleil.
Utilisations : massifs de style naturel.
Culture : semez en poquets de 3 ou 4 graines, directement en place, d'avril à fin mai, à une distance de 25 à 30 cm. Arrosez souvent jusqu'à la levée.
Un bon conseil : la belle-de-jour ne supporte ni le repiquage ni une exposition à l'ombre.

Cosmos bipinnatus
COSMOS

Originaire du Mexique, cette plante populaire a un port dressé très buissonnant. Sa hauteur varie de 60 cm à 1 m. Le feuillage vert clair est finement découpé. Les grandes fleurs ressemblent à celles des dahlias simples. La floraison se prolonge de juillet jusqu'aux premières gelées.
Famille : Astéracées.
Espèces et variétés : les variétés telles que 'Candy stripe', 'Merveille Précoce' ou 'Sensation' ont des fleurs simples blanches, roses, carmin ou pourpres. 'Sonata' se différencie par un port plus compact et une hauteur d'environ 60 cm. 'Sea Shells' a de curieux pétales en cornet. 'Psyché' épanouit de grandes fleurs semi-doubles. Les variétés du *Cosmos sulphureus*, comme F1 'Lady Bird' et 'Sunset', présentent de petites fleurs doubles, orange, jaunes ou rouge vif qui ressemblent un peu à des coréopsis.
Sol et exposition : tous les types de sols, au soleil.
Utilisations : pour les massifs et les fleurs coupées.
Culture : semez directement en place en avril. Éclaircissez ensuite à 30 ou 40 cm de distance.
Un bon conseil : comblez les vides dans vos massifs de plantes vivaces avec des cosmos, ce sont des plantes spectaculaires qui poussent toutes seules.

Cosmos bipinnatus : la grâce et la légèreté associées. ▶

▲ *Clarkia elegans* : idéal dans les massifs naturels.

▲ *Cleome spinosa* : une fleur étrange et gracieuse.

▲ *Convolvulus tricolor* : un liseron nain très ornemental.

Les plantes ornementales

jardin d'agrément

▲ *Dianthus barbatus* : des coloris très brillants.

▲ *Dianthus chinensis* 'Heddewig Baby Doll' est spectaculaire.

◀ Suspension de *Diascia vigilis* 'Elliott's Variety'.

Dianthus barbatus
ŒILLET DE POÈTE

Cette plante vivace herbacée est originaire d'Europe de l'Est. Elle est le plus souvent cultivée comme bisannuelle ou comme annuelle. Son feuillage vert vif forme une touffe compacte basse. Les fleurs, portées par des tiges dressées au-dessus du feuillage, sont regroupées en larges inflorescences plates. La floraison apparaît de juin à septembre.

Famille : Caryophyllacées.

Espèces et variétés : on trouve des variétés à fleurs simples (F1 'Hollandia', 'Messager Varié', 'Électron Varié'), à fleurs doubles ('Double Varié') et des hybrides nains, dont la hauteur ne dépasse pas 15 à 20 cm, comme par exemple 'Pinocchio' et 'Rondo'.

Sol et exposition : plantez dans une terre calcaire bien drainée, au soleil ou à mi-ombre.

Utilisations : pour les massifs et les fleurs coupées. Les variétés miniatures conviennent pour les bordures ou la culture en jardinières.

Culture : semez en caissettes, sous abri, en février-mars, à une température de 13 à 15 °C. Repiquez en godets quand la plante présente deux ou trois feuilles et installez les pieds sous châssis froid. Mettez en place en avril-mai, en espaçant les plants de 30 cm (15 cm pour les variétés naines).

Un bon conseil : coupez régulièrement les fleurs fanées pour prolonger la floraison.

Dianthus chinensis
ŒILLET DE CHINE

Synonyme : *Dianthus sinensis*. Originaire d'Asie de l'Est, l'espèce type n'est plus proposée dans le commerce. On trouve uniquement des hybrides au port touffu et compact, qui présentent un feuillage vert vif. La plante est bien ramifiée, d'une hauteur de 20 à 30 cm. Les fleurs frangées, blanches, roses ou rouges, souvent bicolores, apparaissent tout l'été.

Famille : Caryophyllacées.

Espèces et variétés : parmi les variétés à fleurs simples 'Baby Doll' présente des coloris chatoyants et un port très nain ; F1 'Color Magician', médaille d'or Fleuroselect, a des fleurs qui s'ouvrent blanches puis deviennent rose foncé. Parmi les hybrides à fleurs doubles, choisissez : 'Double Varié', 'Heddewig Extra' et 'Chianti'. 'Telstar' est un hybride F1 florifère et robuste de *Dianthus chinensis* et de *Dianthus barbatus*, dont les fleurs sont finement dentelées.

Sol et exposition : de préférence une terre de jardin bien drainée, à exposition ensoleillée.

Utilisations : massifs, bordures, en association avec des feuillages, jardinières et fleurs coupées.

Culture : en mars, semez sous châssis. Mettez en place fin mai, à 20 cm de distance. Le semis en place en avril-mai, suivi d'un éclaircissage, donne une floraison tardive en fin d'été.

Un bon conseil : en climat doux, ces plantes sont vivaces. Ne les arrachez pas en fin de saison.

Diascia vigilis
DIASCIA

Originaires d'Afrique du Sud, les 50 espèces de *Diascia* sont des plantes annuelles ou vivaces semi-rustiques, appréciées pour leur floraison gracieuse et colorée, de très longue durée.

Famille : Scrofulariacées.

Espèces et variétés : appelé aussi *Diascia elegans*, *D. vigilis* a donné naissance à de nombreux hybrides dont 'Coral Belle', rose corail orangé ; 'Little Charmer', rose lilas ; 'Red Ace', rouge carmin ; 'Red Miracle', rose foncé, à grandes fleurs sur une plante compacte. *D. barberae* 'Pink Queen' est une plante annuelle plus compacte, rose vif. *D. rigescens*, qui se cultive comme une vivace, forme des épis floraux dressés, rose foncé. 'Ruby Field' est plus compact.

Sol et exposition : plein soleil, même assez chaud. Évitez les vents dominants froids et desséchants.

Utilisations : surtout en suspension pour tous les cultivars de *Diascia vigilis* et *D. barberae*. Les autres se plantent en bordure des massifs ou en rocaille.

Culture : bouturez sous abri, à la fin de l'hiver, les diascias de suspension, après avoir hiverné les pieds-mères en véranda. Division de touffes des vivaces.

Un bon conseil : n'arrosez pas trop généreusement et ne mouillez pas les fleurs des suspensions.

Les annuelles

Eschscholzia californica
PAVOT DE CALIFORNIE

Synonyme : *Eschscholtzia californica*. Originaire de Californie, ce petit pavot de 30 à 40 cm de haut forme une large touffe de feuillage vert bleuté très découpé. Les grandes fleurs simples, d'un bel orangé, ont une forme de coupe évasée. La floraison se prolonge de juin à octobre.
Famille : Papavéracées.
Espèces et variétés : 'Apricot Chiffon' a des fleurs doubles jaune crème bordées d'orange corail intense ; 'Ballerine' est une variété proposée en mélange de couleurs panachées ou striées ; 'Apricot Bush' montre des fleurs doubles jaune abricot lumineux ; 'Brillant' est un mélange de fleurs simples aux coloris vifs et 'Dalli' offre des fleurs simples de longue durée, rouge vif intense. 'Sundew' est une variété d'*Eschscholzia caespitosa* très tapissante et parfumée avec des fleurs simples jaune citron.
Sol et exposition : tous terrains bien drainés, même pauvres et secs, en plein soleil.
Utilisations : massifs, rocailles, talus et bordures.
Culture : semez d'avril à fin mai, directement en place. Éclaircissez entre 20 et 25 cm de distance.
Un bon conseil : comblez tous les vides dans vos massifs de vivaces ou de rosiers avec ces pavots si faciles à réussir et qui se ressèment ensuite tout seuls d'année en année, devenant même envahissants.

Gazania splendens
GAZANIA

Cette plante sud-africaine, vivace dans les régions méditerranéennes, se cultive en général comme une annuelle à floraison estivale prolongée. Le feuillage, découpé, vert, plus ou moins argenté sur le dessus, et gris-blanc au revers, forme une rosette évasée de 20 cm de hauteur. Les fleurs simples ressemblent à des marguerites. Elles ne s'ouvrent qu'en plein soleil.
Famille : Astéracées.
Espèces et variétés : les hybrides offrent des floraisons vivement colorées, jaunes, rouges, orange, blanches, roses et brunes. Nous vous conseillons 'Mini Star', compacte et florifère, 'Talent' et 'Monarch' pour leurs grandes fleurs.
Sol et exposition : installez le gazania dans un sol bien drainé, dans une situation chaude, ensoleillée et bien dégagée. Il vient très bien en bord de mer.
Utilisations : massifs, rocailles, jardinières et potées. C'est une très bonne plante pour garnir les talus exposés au sud, dans les jardins méditerranéens.
Culture : semez en février, en serre tempérée ou à la maison. Repiquez dans des godets individuels, dès que les plantules présentent deux ou trois petites feuilles et conservez les jeunes plants sous un châssis bien aéré. Mettez en place fin mai.
Un bon conseil : plantez vos gazanias dans un parterre qui reçoit le soleil toute la journée, afin de profiter au maximum de la très belle floraison.

Godetia grandiflora
GODÉTIA

Synonymes : *Clarkia grandiflora*, *Godetia amoena whitneyi*. Cette petite plante d'Amérique du Nord a un port dressé buissonnant. Ses feuilles pointues sont vert moyen. Les fleurs, en forme d'entonnoir évasé, sont réunies en bouquets terminaux. Elles apparaissent de juillet à septembre, en fonction de la date du semis.
Famille : Onagracées.
Espèces et variétés : les variétés de godétias sont souvent proposées en mélange de coloris blancs, roses, rouges et bicolores. Nous vous conseillons 'Monarch', à fleurs doubles, qui mesure 25 cm ; F1 'Grace', aux grandes fleurs simples, atteint 60 cm ; 'Nain Compact' est un mélange de plantes naines de 35 cm ; et 'À Fleurs d'Azalée' épanouit des fleurs doubles sur des tiges de 40 cm de hauteur.
Sol et exposition : plantez dans une terre bien drainée, assez riche, en plein soleil non brûlant.
Utilisations : massifs, potées et fleurs coupées.
Culture : d'avril à mai, semez en place. Éclaircissez le semis en gardant un pied tous les 25 cm.
Un bon conseil : le godétia supporte mal le repiquage. Transplantez les plants en conservant une motte de terre autour des racines.

Godetia grandiflora : de jolies coupes aux tons pastel. ▶

▲ *Eschscholzia californica* : une plante passe-partout.

▲ Les fleurs de *Gazania splendens* s'ouvrent au soleil.

jardin d'agrément

▲ *Lavatera trimestris* 'Silver Cup' est très florifère.

▲ *Lobelia erinus* convient bien pour les suspensions.

◄ *Lobularia maritima* : un véritable tapis de fleurs.

Lavatera trimestris
LAVATÈRE

Cette belle plante annuelle très florifère est originaire d'Europe du Sud. Elle forme un petit buisson érigé d'environ 80 cm à 1 m. Les feuilles larges et arrondies sont de couleur vert foncé. Les fleurs simples en forme d'entonnoir très évasé sont blanches ou roses. La floraison est continue de juillet à octobre.

Famille : Malvacées.

Espèces et variétés : on peut trouver des lavatères en mélange de couleurs, mais préférez les variétés suivantes : 'Mont Blanc', à fleurs blanc pur, port compact, hauteur 50 cm ; 'Mont Rose', une forme similaire à fleurs rose vif ; 'Pink Queen', à grandes fleurs blanc rosé veiné de rose, atteint 70 cm ; et 'Silver Cup', à grandes fleurs rose clair et cœur rose plus foncé, s'étale bien et mesure 60 cm de haut.

Sol et exposition : installez les lavatères dans une terre de jardin bien drainée, à exposition ensoleillée.

Utilisations : massifs, bordures et fleurs coupées.

Culture : semez en avril-mai, directement en place. Éclaircissez en conservant un pied tous les 30 cm.

Un bon conseil : composez une superbe plate-bande fleurie tout l'été, en semant des lavatères (à l'arrière-plan), des clarkias, des chrysanthèmes à carène, des eschscholzias et des godétias.

Lobelia erinus
LOBÉLIA

Originaire d'Afrique du Sud, cette petite plante herbacée se développe en touffe tapissante au feuillage étroit, vert clair. La plante ne dépasse pas une hauteur de 15 à 20 cm. Les petites fleurs (environ 1 cm de diamètre) apparaissent à profusion dans les différentes nuances de bleu, de juin jusqu'aux premières gelées.

Famille : Campanulacées.

Espèces et variétés : on distingue deux groupes de variétés. Parmi celles qui forment un petit coussin dense et compact : 'Crystal Palace', bleu-violet, mesure 15 cm ; 'Riviera', bleu ciel, 10 cm ; 'Empereur Guillaume', bleu soutenu, mesure 10 cm ; 'Palace', bleu foncé à œil blanc, hâtif, ne dépasse pas 10 cm ; 'Rosamond', rose foncé à œil blanc, 15 cm ; et 'Snowball', blanc pur, 15 cm. Parmi les hybrides à port pleureur : 'Cascade Varié' atteint 50 cm ; 'Saphir' est bleu vif ; 'Rose Cascade', rose foncé à œil blanc ; et 'White Cascade', blanc pur.

Sol et exposition : installez les lobélias dans une terre légère, bien drainée, à exposition ensoleillée.

Utilisations : pour les bordures, les potées, les jardinières et les suspensions.

Culture : semez en mars-avril, dans une pièce tempérée et claire (de 15 à 18 °C). Repiquez une première fois dans des godets individuels, toujours sous abri. Mettez en place dans le courant du mois de mai, à raison d'un plant tous les 20 cm.

Un bon conseil : effectuez plusieurs semis, à quelques semaines d'intervalle, pour obtenir des floraisons jusqu'au début de l'automne. Associez les lobélias en bordures, à des cinéraires maritimes pour un bel effet de contraste argent et bleu.

Lobularia maritima
ALYSSE ODORANT

Synonyme : *Alyssum maritimum*. Cette petite plante naine, à végétation rapide et tapissante, est originaire de l'ouest de l'Asie et de l'Europe. Elle forme une touffe d'environ 5 à 10 cm de hauteur. Le feuillage linéaire vert grisâtre est très ramifié. La floraison abondante se prolonge de juin à septembre. Les petites fleurs parfumées sont regroupées en inflorescences arrondies qui couvrent le feuillage.

Famille : Brassicacées (ou Crucifères).

Espèces et variétés : parmi les meilleures variétés, choisissez 'Tapis de Neige' aux petites fleurs blanc pur, 10 cm ; 'Snow Crystal', pour ses grandes fleurs blanches, 15 cm ; 'New Apricot', crème abricot, 10 cm ; 'Atoll', en mélange de coloris pastel, très vigoureux, 10 cm ; 'Wonderland', rouge carmin foncé, 10 cm et 'Tapis Royal', violet profond, 10 cm.

Sol et exposition : semez dans une bonne terre de jardin nettoyée, pas trop compacte, et au soleil.

Utilisations : pour les rocailles, les potées, les jardinières, les suspensions et les bordures.

Culture : Semez d'avril à juillet directement en place. Éclaircissez les plants en conservant seulement un pied tous les 20 cm.

Un bon conseil : cette annuelle est idéale pour les jardins sauvages où elle se ressème tous les ans spontanément. Plantez-la aussi dans les interstices des dallages, car elle a une végétation couvre-sol.

Malcolmia maritima
JULIENNE DE MAHON

Originaire des régions méditerranéennes, cette plante herbacée rustique forme une petite touffe dressée de 20 à 30 cm de haut. Le feuillage est vert glauque. Les petites fleurs en forme de croix sont réunies en grappes terminales lâches. Les coloris déclinent toutes les teintes de blanc, de rose, de rouge, de lilas et de jaune clair.

Famille : Brassicacées (ou Crucifères).

Espèces et variétés : l'offre variétale se réduit d'année en année, cette petite plante étant, et c'est dommage, un peu passée de mode. On trouve principalement des mélanges variés de coloris.

Sol et exposition : tous terrains, en plein soleil.

Utilisations : massifs, rocailles, bordures.

Culture : semez de mars à juillet, en place. Éclaircissez de 10 à 15 cm de distance. La floraison précoce intervient moins de deux mois après le semis.

Un bon conseil : laissez en place les plants défleuris pour qu'ils se ressèment tout seuls.

Matthiola annua
GIROFLÉE QUARANTAINE

Appelée « giroflée d'été », cette plante forme des touffes de feuillage vert d'une hauteur de 30 à 60 cm. Les fleurs simples ou doubles sont regroupées en grands épis érigés. Les coloris varient du blanc pur au bleu-violet, avec du jaune, du rose et du rouge.

Famille : Brassicacées (ou Crucifères).

Espèces et variétés : les nouvelles sélections offrent des plantes à floraison très double, dans une large gamme de coloris. Pour la fleur coupée, choisissez 'De Dresde', remontante, 60 cm ; 'Excelsior Clausélan', très double, atteint 60 cm. Pour les potées et les bordures, retenez 'Cinderella', aux fleurs bien doubles et parfumées, atteignant 20 cm.

Sol et exposition : tous les terrains secs à exposition ensoleillée conviennent.

Utilisations : fleurs coupées, massifs, jardinières et potées. Très beau mélange avec des godétias.

Culture : semez en février-mars, en serre froide ou sous châssis. Repiquez dès que les plantules présentent deux ou trois petites feuilles et conservez les jeunes plants sous châssis. Mettez en place fin avril, entre 20 cm et 30 cm d'écartement.

Un bon conseil : dans un semis d'une variété à fleurs doubles, éliminez les plants au feuillage vert foncé, car ils donneront une floraison simple.

Mesembryanthemum criniflorum
FICOÏDE

Cette petite plante herbacée tapissante est originaire d'Afrique du Sud. Elle présente un feuillage succulent, avec des feuilles vertes aplaties, rugueuses au toucher. La touffe ne dépasse pas 15 cm de hauteur. Les fleurs de couleurs vives ont l'aspect de marguerites. Elles apparaissent de juin à août et ne s'ouvrent qu'au soleil.

Famille : Aizoacées.

Espèces et variétés : les variétés sont souvent proposées en mélange de coloris blancs, roses, rouges, lilas et orangés. 'Tapis Magique' est la plus connue d'entre elles. 'Gelato' est un nouvel hybride aux grandes fleurs blanches, à cœur rouge ou rose foncé, à grand centre blanc. 'Lunette' présente un superbe coloris, jaune clair à cœur rouge.

Sol et exposition : semez dans une terre bien drainée et sans mauvaises herbes, en plein soleil.

Utilisations : rocailles, murets et potées.

Culture : en mars, semez dans des caissettes en terre légère très sablonneuse, à la maison ou en serre tempérée. Repiquez en godets et gardez les plants sous abri jusqu'à la mise en place en mai.

Un bon conseil : les ficoïdes sont quasiment rustiques dans les rocailles de la Côte d'Azur.

Mesembryanthemum criniflorum : un vrai tapis magique. ▶

▲ *Malcolmia maritima* : une plante à remettre à la mode.

▲ Certaines variétés de *Matthiola annua* sont parfumées.

Les plantes ornementales

jardin d'agrément

▲ *Mimulus cupreus* hybride : des fleurs veloutées.

▲ *Nemesia strumosa* : une fleur superbe à redécouvrir.

◀ *Nicotiana affinis* est planté ici avec des mufliers blancs.

Mimulus cupreus
MIMULUS

Cette plante vivace cultivée comme une annuelle est originaire du Chili. Elle forme un petit buisson de 25 à 30 cm de hauteur. Les feuilles ovales sont vertes. Les fleurs simples de 3 à 5 cm de diamètre ont une forme d'entonnoir. Les couleurs sont très nombreuses : jaunes, rouges, orangés, roses et blancs, avec des taches et des marbrures marron plus ou moins abondantes. La floraison apparaît de juin à septembre.

Famille : Scrophulariacées.

Espèces et variétés : les hybrides F1 présentent une floraison plus importante, avec de grandes fleurs. F1 'Malibu' est piqueté de brun, il mesure 20 cm ; F1 'Velours' est disponible en jaune brillant ou en brun-rouge, piqueté de marron.

Sol et exposition : plantez les mimulus dans une terre humifère fraîche, enrichie avec du fumier décomposé, au soleil ou à mi-ombre.

Utilisations : bordures, potées et jardinières.

Culture : semez en mars-avril sous abri, en couvrant légèrement les graines. Repiquez une première fois à chaud, quand les plantules ont deux ou trois feuilles. Mettez en place en mai.

Un bon conseil : fleurissez votre bassin en installant des potées de mimulus sur le bord, avec juste la base du pot immergée, ils adorent cela.

Nemesia strumosa
NÉMÉSIA

Originaire d'Afrique du Sud, cette plante herbacée forme une touffe d'environ 25 à 30 cm de hauteur. Le feuillage fin et allongé est vert clair. Les fleurs de 2 cm de diamètre apparaissent à profusion de juin à août. Les coloris sont très variés, unicolores ou bicolores, avec du blanc, du jaune, de l'orange, du rose, du rouge et du bleu.

Famille : Scrophulariacées.

Espèces et variétés : 'Carnaval' a de grandes fleurs vivement colorées ; 'Triumph' offre un joli mélange de fleurs aux couleurs chaudes et brillantes ; 'Drapeau Danois' est bicolore blanc et rouge vif ; 'K.L.M.' est une nouvelle obtention panachée bleu vif et blanc ; 'Snow Princesse' est spectaculaire avec ses grandes fleurs blanc pur brillant soulignées d'une gorge jaune.

Sol et exposition : plantez dans une terre riche, légère, humifère, à exposition ensoleillée.

Utilisations : pour les bordures et les potées.

Culture : semez en mars-avril, sous châssis. Repiquez dans des godets quand les jeunes plants ont trois feuilles. Maintenez sous châssis jusqu'à la mise en place en mai, en respectant un écartement de 25 cm entre les pieds.

Un bon conseil : arrosez abondamment en été.

Nicotiana affinis
TABAC D'ORNEMENT

Synonyme : *Nicotiana alata*. Originaire d'Amérique du Sud, cette espèce cultivée comme annuelle mesure de 60 cm à 1,50 m. Les larges feuilles vert clair sont velues et collantes. Les fleurs blanches étoilées sont parfumées et groupées en bouquets lâches au-dessus du feuillage. Floraison de juin à octobre.

Famille : Solanacées.

Espèces et variétés : les hybrides présentent une végétation compacte, avec une grande variété de coloris. 'Sensation Mixed' mesure 90 cm, il fleurit longtemps en mélange de couleurs ; 'Lime Green' aux fleurs jaune-vert clair atteint 80 cm ; F1 'Havana Apple Blossom', de 40 cm de haut, a de grandes fleurs de 6 cm de diamètre blanches et roses au revers ; F1 'Domino' mesure 30 cm ; il est saumon.

Sol et exposition : plantez au soleil les tabacs d'ornement, dans une terre de jardin profonde, drainée, enrichie de compost ou de fumier décomposé.

Utilisations : pour les massifs et les jardinières.

Culture : semez les graines sans les recouvrir dans des caissettes, en février ou mars, dans la maison à 18 °C. Repiquez dans des godets maintenus sous châssis froid jusqu'à la mise en place en mai. Espacez les plants de 30 à 40 cm en tout sens.

Un bon conseil : installez les tabacs près de la terrasse ou des allées pour profiter de leur parfum capiteux, toujours plus puissant le soir.

Les annuelles

Nigella damascena
NIGELLE DE DAMAS

Originaire d'Europe méridionale, cette annuelle à port buissonnant atteint une hauteur de 40 à 60 cm. Le feuillage vert clair est très finement divisé. Les fleurs solitaires bleues ou blanches sont entourées par une collerette de bractées filiformes, très décorative. La floraison apparaît en juin-juillet principalement.
Famille : Renonculacées.
Espèces et variétés : parmi les nombreuses variétés, nous vous conseillons : 'Shorty', 15 cm, pour potée ; 'Mulberry Rose', avec des fleurs qui s'ouvrent blanches et deviennent rose carmin vif ; 'Pierres Persannes', en mélange de bleu, rose et blanc. *Nigella hispanica* diffère de la nigelle de Damas par un plus grand développement, une floraison plus tardive et des fruits moins gros. *Nigella orientalis* 'Transformer' a de curieuses fleurs jaunes suivies de fruits en forme de cornes dressées.
Sol et exposition : tous terrains, en plein soleil.
Utilisations : massifs, bordures, potées. Les fleurs coupées font d'excellents bouquets perpétuels.
Culture : semez de mars à mai, directement en place. Éclaircissez de 15 à 20 cm de distance.
Un bon conseil : les fruits globuleux se conservent très bien et forment de jolis bouquets secs.

Petunia x *hybrida*
PÉTUNIA

Cette plante herbacée populaire présente un feuillage ramifié vert, duveteux et collant. Selon les variétés, la touffe atteint une hauteur de 25 à 60 cm. Les fleurs en forme d'entonnoir très évasé apparaissent de mai à octobre.
Famille : Solanacées.
Espèces et variétés : la plupart des pétunias cultivés sont des hybrides, proposés en mélange de couleurs ou par coloris très variés, à l'exception de l'orange et du noir. Le jaune est peu fréquent (F1 'California Girl'). On distingue des variétés à grandes fleurs simples, à fleurs simples moyennes ou petites, à fleurs doubles, et des formes à port pleureur.
Sol et exposition : tous les terrains bien drainés conviennent lorsque l'exposition est très ensoleillée.
Utilisations : massifs, rocailles, jardinières, potées et suspensions. C'est une plante très polyvalente.
Culture : semez les graines dans des terrines, sans les enterrer, en février-mars, dans une pièce chaude. Recouvrez le semis avec une vitre jusqu'à la germination. Repiquez sous abri, dans des godets, quand les plants ont deux ou trois feuilles. Mettez en place en mai, avec un écartement de 25 à 30 cm.
Un bon conseil : les variétés à fleurs doubles doivent être protégées de la pluie. Arrosez toujours vos pétunias au pied, sans mouiller le feuillage et les fleurs, ils dureront bien plus longtemps.

Phlox drummondii
PHLOX DE DRUMMOND

Originaire du Texas, cette plante herbacée touffue et buissonnante d'environ 50 cm de hauteur a des feuilles allongées vert vif et des fleurs réunies en corymbes. La floraison blanche, jaune, rose, orange, rouge, bleue ou violette apparaît de juillet à septembre.
Famille : Polémoniacées.
Espèces et variétés : on distingue les variétés hautes à grandes fleurs, comme 'Grandiflora' (30 cm, en mélange de coloris), et les hybrides nains tels que 'Twinckle' (de 15 à 20 cm, fleurs étoilées) et 'Nain Beauté' (de 15 à 20 cm, grandes fleurs rondes en mélange très varié de coloris).
Sol et exposition : plantez dans une terre de jardin légère, bien drainée, en plein soleil.
Utilisations : massifs, bordures, jardinières et potées. C'est une plante de qualité, à redécouvrir.
Culture : semez en place en avril ou mai, puis éclaircissez le semis, en gardant un plant tous les 20 cm. Pour obtenir une floraison plus précoce, semez sous châssis en mars, directement en godet de tourbe, à raison de trois graines par pot. Conservez le plant le plus vigoureux et repiquez en place en mai, sans casser la motte. Arrosez régulièrement à l'engrais.
Un bon conseil : les phlox annuels supportent difficilement le repiquage à racines nues.

Phlox drummondii 'Twinckle' aux fleurs en étoiles. ▶

▲ *Nigella damascena* aux fleurs tout en finesse.

▲ Les variétés modernes de pétunias sont très florifères.

Les plantes ornementales

▲ *Portulaca grandiflora* : un couvre-sol pour le plein soleil.

▲ *Salpiglossis sinuata* : des couleurs exceptionnelles.

◀ *Salvia farinacea* 'Victoria' : une fleur d'un bleu intense.

Portulaca grandiflora
POURPIER À GRANDES FLEURS

Cette petite plante herbacée succulente est originaire du Brésil. Elle forme une touffe basse d'environ 15 cm de hauteur, très étalée. Les feuilles vertes sont cylindriques. Les fleurs en forme de coupe, de 3 à 5 cm de diamètre, ne s'ouvrent qu'au soleil. Floraison de juillet à septembre.
Famille : Portulacacées.
Espèces et variétés : on trouve une variété à fleurs simples et une à fleurs doubles, en mélange de coloris (blanc, jaune, orange, cuivre, rose, rouge).
Sol et exposition : terre légère, drainée, au soleil.
Utilisations : rocailles, murets, potées et jardinières. Cette plante est parfois proposée en suspension.
Culture : semez en godet sous abri en mars ou avril, à 18 °C. Repiquez en place, en mai, sans casser la motte et en ne conservant que le plant le plus robuste. Vous pouvez aussi semer directement sur place, en avril-mai, en recouvrant à peine les graines très fines. Éclaircissez ensuite à 20 cm. D'une année sur l'autre, le pourpier a souvent tendance à se ressemer tout seul, si l'hiver n'est pas trop froid.
Un bon conseil : arrosez uniquement quand la plante commence à se faner.

Salpiglossis sinuata
SALPIGLOSSIS

Originaire du Chili, cette annuelle développe une touffe buissonnante de 60 cm à 1 m de haut. Le feuillage étroit est vert clair. Les grandes fleurs en forme de cornet très évasé apparaissent de juillet à septembre. Elles ont une texture veloutée et un aspect exotique étonnant.
Famille : Solanacées.
Espèces et variétés : les coloris sont très variés, mêlant du blanc, du jaune, de l'orange, du rose, du rouge et du violet avec des striures brunes. Les graines sont vendues en mélange, rarement par variétés.
Sol et exposition : plantez dans une terre riche, légère, humifère, à exposition chaude et ensoleillée.
Utilisations : pour les massifs et les potées.
Culture : en février-mars, semez sous abri chauffé (18 °C), en godets de tourbe. Conservez un pied vigoureux dans chaque pot. Endurcissez les plants sous châssis froid jusqu'à la mise en place en mai.
Un bon conseil : le salpiglossis supporte difficilement le repiquage à racines nues.

Salvia farinacea
SAUGE FARINEUSE

Cette espèce vivace dans les régions à climat doux est cultivée ailleurs comme annuelle. Elle forme un buisson érigé compact de 45 cm de haut. Les feuilles vert moyen sont allongées, les fleurs groupées en épis dressés durant tout l'été.
Famille : Lamiacées.
Espèces et variétés : 'Victoria', à fleurs bleu foncé. 'Silver', aux jolies fleurs blanc argenté.
Sol et exposition : plantez dans une terre de jardin légère et bien drainée, à exposition ensoleillée.
Utilisations : pour les massifs d'été.
Culture : semez dans des caissettes, en mars ou en avril, sous abri. Repiquez dès que les plants ont développé deux ou trois feuilles dans des godets, maintenus sous châssis froid jusqu'à la mise en place en mai, à 30 cm d'écartement dans tous les sens.
Un bon conseil : cette sauge se marie très bien avec des lobélias et des pétunias bleus pour composer un massif monochrome original.

Les annuelles

Salvia splendens
SAUGE ÉCLATANTE

Cette sauge très populaire d'origine brésilienne présente un port buissonnant ramifié. Elle peut atteindre une hauteur de 60 à 80 cm. Les feuilles vert foncé sont ovales. Les fleurs rouge vif sont regroupées en épis lâches, verticaux. Floraison de juillet jusqu'aux gelées.
Famille : Lamiacées.
Espèces et variétés : la sélection horticole a donné des variétés de plus en plus trapues et compactes, avec des coloris plus vifs, en majorité dans des teintes de rouge écarlate, comme 'Primco', 'Ryco', 'Fire Star', 'Feu de la Saint-Jean' et 'Brasier'. 'Laser' est violet foncé, 'White Fire' est blanc pur et 'Cleopatra' présente de grandes fleurs en mélange de coloris, blanc, rose, rouge et pourpre.
Sol et exposition : tous terrains légers, au soleil.
Utilisations : massifs, bordures, potées, jardinières.
Culture : semez en mars dans des terrines, sous abri chauffé. Repiquez en godets, maintenus à 18 °C. Mettez en place en mai, un pied tous les 30 cm.
Un bon conseil : au moment de la plantation, supprimez les fleurs pour favoriser la reprise et la croissance du feuillage. Les floraisons qui suivent seront beaucoup plus belles.

Scaevola aemula
SCAÉVOLA

Originaire d'Australie, cette plante herbacée, vivace sous climat doux, est cultivée comme annuelle depuis quelques années. Elle présente un feuillage vert persistant, à port étalé. Les curieuses fleurs bleu vif en forme d'éventail sont groupées aux extrémités des tiges. Elles s'épanouissent de juin jusqu'aux gelées.
Famille : Goodeniacées.
Espèces et variétés : seule l'espèce type est actuellement proposée dans les jardineries.
Sol et exposition : plantez dans un sol léger, non calcaire et bien drainé. Effectuez un apport de fumier décomposé ou de compost avant la plantation. Emplacement ensoleillé ou à mi-ombre.
Utilisations : rocailles, jardinières et suspensions.

Culture : mettez les plants en place en mai, espacés de 40 cm. Prévoyez des contenants de grande dimension pour que la terre reste fraîche, mais sans être constamment détrempée. La moindre erreur d'arrosage entraîne un jaunissement du feuillage.
Un bon conseil : le scaévola est très sensible au calcaire présent dans le sol et dans l'eau d'arrosage, qui provoque rapidement une chlorose importante.

Surfinia x
PÉTUNIA RETOMBANT

Ce vigoureux hybride de pétunia à port pleureur a été créé au Japon. Il a été commercialisé pour la première fois en Europe au début des années 90. Il se caractérise par un développement rapide et important, qui lui permet d'émettre des tiges ramifiées pouvant atteindre de 50 cm à 1,20 m de longueur. La floraison, identique à celle du pétunia, est plus abondante.
Famille : Solanacées.
Espèces et variétés : en quelques années, la gamme des variétés disponibles s'est beaucoup agrandie. 'Shihi Brillant', aux immenses fleurs d'un pourpre lumineux ; 'Révolution', aux fleurs moyennes pourpres ; 'Kesupite', à grandes fleurs blanches au cœur mauve pourpré ; 'Sunsolos', aux grandes fleurs blanches veinées de bleu foncé ; 'Kesuble', d'un bleu-violet intense ; 'Suntosol', lilas rose clair, veiné de violet ; 'Suntovan', aux fleurs moyennes rose soutenu avec le cœur blanc, et 'Marrose', qui présente des grandes fleurs rose vif à cœur pourpre.
Sol et exposition : plantez dans une terre riche, profonde et fraîche. Emplacement ensoleillé.
Utilisations : rocailles, murets, potées, suspensions et jardinières. Possibilité de culture en couvre-sol.
Culture : la multiplication se fait par boutures, prélevées sur des pieds-mères sains. Achetez et plantez les plants en mai. Prévoyez quatre pieds par m^2 ou un espacement de 30 cm. Ces plantes gourmandes apprécient un grand contenant et, de juin à septembre, un apport hebdomadaire d'engrais liquide pour plantes fleuries.
Un bon conseil : arrosez copieusement en été.

Surfinia x est une sorte de pétunia pleureur et vigoureux. ▶

▲ *Salvia splendens* 'Cleopatra' : un riche mélange.

▲ *Scaevola aemula* en mélange avec des *Plectranthus*.

Les plantes ornementales

jardin d'agrément

▲ *Sutera diffusa* SuteraNova 'White' : idéal en suspension.

▲ *Tagetes erecta* : une floraison assurée durant tout l'été.

◂ *Tagetes patula* montre une excellente tenue en massifs.

Sutera diffusa
BACOPA

Originaire d'Afrique du Sud, le genre *Sutera* comprend 130 espèces d'annuelles ou de vivaces à feuillage persistant. On cultive couramment *Sutera diffusa* comme plante saisonnière pour les balcons et les suspensions, en raison de son port retombant très élégant. La plante se pare, de mai à octobre, d'une multitude de petites étoiles blanches ou roses. Elle est semi-rustique, pouvant se comporter comme une vivace dans les régions maritimes et les jardins abrités.
Famille : Scrofulariacées.
Espèces et variétés : 'Snowflake', à petites fleurs blanches, a longtemps été le seul cultivar proposé. La série SuteraNova se caractérise par des fleurs beaucoup plus grosses, blanches, rose violacé ou nacré.
Sol et exposition : un bon terreau pour géraniums convient bien. Le soleil direct est déconseillé, le bacopa supportant même une ombre légère. Protégez la plante des vents froids et secs.
Utilisations : le bacopa est l'une des meilleures plantes pour suspensions dont dispose aujourd'hui le jardinier amateur. On peut aussi l'installer en bordure des jardinières pour qu'il en dissimule les bords.
Culture : hiverné dans la véranda ou installé dans un endroit abrité du jardin, le pied-mère de bacopa peut être bouturé au printemps, à l'intérieur. Prélevez des boutures de 10 cm de long à l'extrémité des tiges. La reprise est excellente à 20 °C, dans un mélange de sable et de tourbe blonde.
Un bon conseil : pincez les jeunes plantes pour provoquer de nombreuses ramifications. Ne laissez pas la potée sécher et apportez de l'engrais liquide.

Tagetes erecta
ROSE D'INDE

Originaire du Mexique, cette plante a un port buissonnant érigé et ramifié. Le feuillage très découpé est vert foncé brillant et odorant. Les fleurs simples en forme de marguerite sont jaune citron. Les variétés horticoles donnent des grosses fleurs très doubles, crème, jaunes ou orange, sur des tiges robustes de 25 cm à 1 m de hauteur. Floraison de mai à octobre.
Famille : Astéracées.
Espèces et variétés : parmi les races à grande végétation, 'Schneewalzer', 60 cm, blanc crème ; F1 'Golden Jubilee', 50 cm, jaune d'or ; F1 'Orange Jubilee', 50 cm, orange vif ; 'Doubloon', 80 cm, jaune clair ; 'Yellow Supreme', 80 cm, jaune vif. Chez les races naines : F1 'Inca', 30 cm, grandes fleurs jaunes ou orange ; F1 'Gay Ladies', 35 cm, grandes fleurs résistantes aux intempéries ; 'Cupidon', 20 cm, larges fleurs ressemblant à celles d'un chrysanthème jaune vif, et F1 'Discovery', 20 cm, la plus courte des roses d'Inde, dont les fleurs de 7 cm de diamètre se déclinent du jaune à l'orange.
Sol et exposition : toutes les terres, à exposition ensoleillée, sans être trop brûlante.
Utilisations : pour les massifs d'été, les jardinières et les potées. Bonne association avec les sauges.
Culture : semez en mars sous abri. Quand les plantules ont deux ou trois feuilles, repiquez en godets de tourbe conservés sous châssis froid. Mettez en place avec la motte en mai, en distançant chaque plant de 25 à 50 cm selon la variété.
Un bon conseil : enlevez les fleurs fanées.

Tagetes patula
ŒILLET D'INDE

Cette petite plante rustique a l'aspect d'une rose d'Inde miniature qui ne dépasse pas 30 cm. Les fleurs sont toujours vivement colorées de jaune ou d'orange, avec parfois du brun acajou. Floraison ininterrompue de mai à octobre.
Famille : Astéracées.
Espèces et variétés : on distingue des variétés à fleurs simples ('Disco', 'España Mix', etc.) et des hybrides à grandes fleurs doubles ('Yellow' et 'Orange Jacket', 'Safari Tangerine', 'Boy', 'Bonanza Bee', 'Hero Flame', etc.). *Tagetes tenuifolia* forme des coussins de 25 cm de haut, couverts de petites fleurs simples jaunes, orange ou brun-rouge.
Sol et exposition : léger, riche, en plein soleil.
Utilisations : pour les massifs d'été, les bordures, les potées et les jardinières. Associez à des pétunias.

Les annuelles

Culture : comme pour les roses d'Inde, les graines se sèment tôt au printemps, en terrine à la maison. Un repiquage intermédiaire est nécessaire. Il est souvent plus facile d'acheter des plants fleuris.
Un bon conseil : les hybrides triploïdes très vigoureux et compacts sont beaucoup plus florifères, car ils ne forment pas de graines.

Tropaeolum majus
CAPUCINE

Originaire d'Amérique du Nord, cette plante herbacée présente des feuilles arrondies vert bleuté. Les fleurs d'environ 5 cm de diamètre apparaissent de mai jusqu'aux gelées.
Famille : Tropaeolacées.
Espèces et variétés : les variétés horticoles ont des coloris variés dans les divers tons de jaune, d'orange, de rose et de rouge. On distingue les races grimpantes, qui atteignent 2 à 3 m de longueur, comme 'Hybride de Lobb', et les variétés naines tapissantes, comme 'Impératrice des Indes', 'Tip Top', 'Globe', 'Pêche Melba' ou 'Alaska' au curieux feuillage panaché de blanc, très décoratif.
Sol et exposition : tous terrains ensoleillés.
Utilisations : clôtures, treillages, tonnelles pour les races grimpantes ; bordures, massifs, potées, suspensions et jardinières pour les hybrides nains.
Culture : fin avril-début mai, semez des poquets de quatre ou cinq graines, en place, en espaçant de 50 cm pour les races grimpantes et de 30 cm pour les naines. Semis possible en octobre en sol léger.
Un bon conseil : traitez contre les pucerons noirs qui parasitent presque toujours les capucines.

Verbena x *hybrida*
VERVEINE HYBRIDE

Cette plante, haute de 20 à 25 cm et très ramifiée, présente des feuilles vert vif ovales et dentées. La touffe de feuillage trapue et compacte disparaît sous la floraison abondante de juin à octobre. Les petites fleurs sont réunies en gros bouquets terminaux comme des pompons.
Famille : Verbénacées.
Espèces et variétés : les hybrides ont des coloris dans tous les tons de blanc, de rose, de rouge, de bleu et de violet, avec parfois le cœur des fleurs blanc pur. 'Peaches and Cream' a été primée par Fleuroselect pour ses couleurs abricot et crème.
Sol et exposition : plantez dans une terre fertile, enrichie avec du fumier décomposé et du terreau. Emplacement chaud et ensoleillé.
Utilisations : bordures, massifs, potées et jardinières. Excellent couvre-sol avec des vivaces.
Culture : avant le semis, gardez les graines quinze jours dans le réfrigérateur pour stimuler la germination souvent délicate. Semez en mars à chaud, en recouvrant les graines. Repiquez en godets, conservés sous abri jusqu'à la mise en place en mai.
Un bon conseil : en été, arrosez copieusement et donnez de l'engrais tous les quinze jours.

Zinnia elegans
ZINNIA

Cette plante buissonnante mexicaine a des feuilles ovales vert clair. Elle développe des tiges solides au sommet desquelles apparaissent les fleurs de mai à septembre.
Famille : Astéracées.
Espèces et variétés : les variétés sont très nombreuses, unicolores ou bicolores, proposées par coloris ou en mélange de tons blancs, jaunes, orange, roses, rouges, verts ou violets. On distingue des races à grande végétation (de 50 à 70 cm de hauteur) ou à végétation basse (de 15 à 40 cm seulement).
Sol et exposition : plantez dans une bonne terre profonde, bien drainée, enrichie avec du fumier décomposé. Emplacement très chaud et ensoleillé.
Utilisations : massifs et fleurs coupées pour les grandes variétés ; bordures, jardinières et potées pour les races naines. Excellent avec des cosmos.
Culture : en mars, semez les graines en les recouvrant légèrement dans des terrines sous abri chauffé. Repiquez les jeunes plants sous châssis froid. Mettez en place fin mai, avec un écartement de 10 à 30 cm selon les variétés. Semis direct possible début mai.
Un bon conseil : enlevez très régulièrement les fleurs fanées pour prolonger la floraison.

Zinnia elegans : dans une variété naine en mélange. ▶

▲ *Tropaeolum majus* est dans sa forme naine et tapissante.

▲ *Verbena* x *hybrida* : des massifs aux couleurs fortes.

Les plantes ornementales

LES FLEURS SAISONNIÈRES

jardin d'agrément

Entrent dans cette catégorie des plantes qui peuvent se comporter comme des vivaces dans les régions à climat doux, mais qui doivent être renouvelées chaque année dans les zones moins favorisées.

Calceolaria integrifolia
CALCÉOLAIRE

Synonyme : *Calceolaria rugosa*. Originaire du Chili, cette petite plante vivace semi-rustique présente un port buissonnant dressé. Elle mesure de 40 à 60 cm. Les feuilles vertes sont allongées, un peu ovales. Les petites fleurs renflées, jaune vif, apparaissent de juillet à septembre.
Famille : Scrophulariacées.
Espèces et variétés : F1 'Perle d'Or' a un port trapu (20 cm), bien ramifié, avec une floraison très précoce jaune d'or ; F1 'Goldari' atteint 30 cm et fleurit, de juin à octobre, jaune d'or.
Sol et exposition : terre acide, bien drainée, à exposition chaude ensoleillée ou mi-ombragée.
Utilisations : massifs, bordures, potées, jardinières.
Culture : semez en janvier-février sous abri chauffé ou en miniserre, sans recouvrir les graines. Repiquez les jeunes plants sous châssis froid. Mettez en place, fin mai, à raison d'un pied tous les 25 cm.
Un bon conseil : par temps chaud et sec, arrosez régulièrement et copieusement pour entretenir une floraison abondante. Un peu d'engrais est apprécié.

▲ *Calceolaria integrifolia* : des petits sabots d'or.

Fuchsia x *hybridum*
FUCHSIA HYBRIDE

La plupart des hybrides résultent de nombreux croisements entre *Fuchsia fulgens*, *Fuchsia magellanica* et d'autres espèces d'Amérique centrale et du Sud. Ce sont de petits arbustes vivaces, rustiques sous climat doux, à port buissonnant, érigé ou retombant. La floraison abondante, en clochettes retombantes simples ou doubles, s'étale de mai à octobre.
Famille : Onagracées.
Espèces et variétés : il existe une foule de variétés, toutes plus florifères les unes que les autres. Les fleurs déclinent toutes les teintes de blanc, d'orange, de rose, de rouge, de bleu-mauve et de violet.
Sol et exposition : terre humifère, drainée, enrichie avec du fumier décomposé et de la corne torréfiée. Emplacement à mi-ombre de préférence.
Utilisations : pour les massifs d'été, les jardinières, les potées et les suspensions.
Culture : installez les jeunes pieds en place en mai, quand il n'y a plus de risque de gelée. Arrosez copieusement par temps chaud et sec et apportez un engrais pour plantes fleuries tous les quinze jours de juin à septembre. Bouturez de jeunes pousses, à l'étouffée en miniserre, en février-mars. Les boutures fleurissent dans l'année.
Un bon conseil : le fuchsia se garde d'une année sur l'autre, sa floraison devenant de plus en plus importante. Les variétés rustiques sont laissées en place, rabattues en novembre et couvertes par un paillage épais. Les hybrides gélifs sont rempotés en octobre et conservés dans une serre froide.

◀ *Fuchsia* x 'Rose de Castille' aux fleurs retombantes.

Heliotropium x *hybridum*
HÉLIOTROPE

Les héliotropes modernes sont issus de croisements entre *Heliotropium peruvianum* et *Heliotropium corymbosum*, deux espèces sud-américaines. Ils forment un buisson bien ramifié, de 30 à 50 cm de haut. Les feuilles vert foncé ont un aspect ridé, rugueux au toucher. Les petites fleurs sont groupées en larges inflo-

360

Les fleurs saisonnières

rescences irrégulières. Floraison parfumée de juin à octobre dans les tons bleu foncé.
Famille : Borraginacées.
Espèces et variétés : préférez les variétés compactes, qui ne se dénudent pas à la base, dont les coloris sont plus intenses et variés. 'Marine' mesure 30 cm, bleu nuit ; 'Florence Nightingale' atteint 50 cm, mauve pâle ; 'Dame Blanche', 60 cm, blanc.
Sol et exposition : terre riche, fraîche et drainée, dans un emplacement chaud et ensoleillé.
Utilisations : massifs d'été, potées et jardinières.
Culture : semez en mars ou avril sous abri chauffé. Repiquez en godets individuels. Installez les héliotropes en place fin mai, espacés de 30 cm.
Un bon conseil : placez quelques pieds d'héliotrope près de la maison pour profiter de leur parfum vanillé, très suave et capiteux.

Impatiens x *hybridum*
IMPATIENCE

Ces hybrides d'*Impatiens holstii* et *Impatiens sultanii*, deux espèces africaines, forment des touffes ramifiées d'une hauteur de 30 à 50 cm. Les feuilles, ovales, vert tendre ou foncé, sont portées par des tiges charnues cassantes. Les fleurs, plates, de 3 à 4 cm de large, ont un grand éperon coloré. Floraison de mai à octobre.
Famille : Balsaminacées.
Espèces et variétés : les variétés modernes sont très nombreuses, de plus en plus florifères, trapues et résistantes au soleil. Tous les coloris unicolores ou bicolores existent, du blanc au violet, exception faite du jaune et du bleu. Les fleurs sont simples (F1 'Bellizzy', F1 'Starbright', F1 'Capricio', F1 'Tilt') ou doubles comme F1 'Bellizzy Double'.
Sol et exposition : terre fraîche et humifère, à mi-ombre ou même à ombre assez dense.
Utilisations : massifs, potées et jardinières.
Culture : en mars ou avril, semez les graines en miniserre, sans les enterrer, à 18-20 °C. Repiquez les plantules dans des godets, conservés sous châssis. Mettez en place fin mai, à 30 cm d'écartement.
Un bon conseil : fleurissez vos massifs ombragés tout l'été en associant des impatiences avec des bégonias tubéreux et des fuchsias.

Kochia scoparia trichophylla
KOCHIA

Cette plante originaire d'Europe du Sud forme un buisson érigé touffu, de 50 cm à 1 m de haut. Les feuilles, étroites, d'une couleur vert clair en été, deviennent rouge brique en automne. La floraison estivale, verte, est insignifiante.
Famille : Chénopodiacées.
Espèces et variétés : la variété 'Childsii' est plus compacte. Elle ne rougit pas en automne.
Sol et exposition : plantez dans une terre légère et fertile. Emplacement ensoleillé.
Utilisations : massifs, petites haies temporaires.
Culture : semez sous abri, en mars ou avril, dans une terrine. Repiquez en godets. Mise en place, fin mai, avec un écartement de 60 à 80 cm. Le semis en place est possible en mai, avec un éclaircissage.
Un bon conseil : le kochia se cultive très bien dans un grand pot, mais il faut beaucoup arroser.

Lantana camara
LANTANA

Ce petit arbuste originaire de l'ouest de l'Inde est vivace dans les climats doux. Cultivé comme une annuelle, il forme un buisson ramifié, de 30 à 60 cm de haut. Le feuillage, vert foncé, est rugueux au toucher. Les fleurs, tubulaires, sont groupées en inflorescences terminales arrondies, vivement colorées. Floraison de juin à octobre.
Famille : Verbénacées.
Espèces et variétés : blanc, rose, jaune, orange, mauve et rouge sont les coloris les plus fréquents. Les teintes évoluent souvent au cours de la floraison, ce qui donne des nuances variées sur un même pied.
Sol et exposition : tous sols bien drainés. Emplacement chaud et ensoleillé.
Utilisations : massifs, jardinières et potées.
Culture : en mars-avril, semez en serre. Repiquez les plantules en godets quand elles ont trois ou quatre feuilles. Plantation fin mai tous les 35 cm.
Un bon conseil : conservez en pot l'hiver, en serre froide, comme un fuchsia. Taillez très court en mars.

▲ *Heliotropium peruvianum* hybride : un bleu intense.

▲ *Impatiens* x *hybridum* : une profusion de fleurs.

▲ *Kochia scoparia trichophylla* : un curieux buisson.

Lantana camara : une plante subtropicale envahissante. ▶

361

Les plantes ornementales

jardin d'agrément

▲ Les pélargoniums sont les rois incontestés de l'été.

▲ *Pelargonium* x *domesticum* a de très grandes fleurs.

◀ *Pelargonium* x *peltatum* 'Rouletta' aux fleurs bicolores.

Pelargonium x *domesticum*
PÉLARGONIUM DES FLEURISTES

Synonyme : *Pelargonium regale*. Appelée aussi « pélargonium à grandes fleurs », cette belle plante hybride est issue de très nombreux croisements, faisant intervenir *Pelargonium grandiflorum*, *Pelargonium fulgidum* et *Pelargonium cucullatum*, espèces sud-africaines. Le port est dressé et buissonnant. Les feuilles vert franc sont larges, palmées et dentées. Les fleurs très volumineuses, d'environ 5 cm de diamètre, sont groupées en inflorescences qui apparaissent à l'aisselle des feuilles supérieures. Floraison de mai à octobre.
Famille : Géraniacées.

Espèces et variétés : les fleurs sont unies ou bicolores, blanc, rose, lilas, rouge, pourpre et violet, avec ou sans marbrures sombres. Parmi les meilleures variétés, nous vous recommandons : 'Black Night', pourpre-noir marginé de blanc pur ; 'Jasmin', blanc pur, légèrement rayé de carmin ; 'Silvia', rouge intense ; 'Duchesse', blanc maculé de carmin ; 'Duc', rouge vif à macules noires ; 'Muttertag', rose corail au bord blanc et à larges macules noires.

Sol et exposition : plantez dans une terre légère, riche et humifère (terreau de feuilles par exemple), bien drainée. Prévoyez un emplacement très lumineux, protégé du soleil aux heures les plus chaudes de la journée en été. Plein soleil en hiver.

Utilisations : cultivé en pots ou en jardinières, ce pélargonium se plaît dans une véranda, une serre ou un jardin d'hiver, peu chauffé en hiver. Il peut séjourner tout l'été dehors, sur un balcon ou une terrasse protégés des intempéries.

Culture : les jeunes plants achetés en godets au printemps doivent être rempotés dans des contenants suffisamment grands (prévoyez un pot de 13 à 14 cm de diamètre par pied). Les plantes conservées d'une année à l'autre sont taillées très court et rempotées en mars. De mai à septembre, donnez tous les dix jours un engrais liquide pour géraniums. Ôtez régulièrement les fleurs fanées. Arrosez copieusement en laissant la terre du pot s'assécher en surface entre deux arrosages. La multiplication s'effectue par boutures de tiges feuillées de 8 à 10 cm de long, prélevées sur des pieds-mères à la fin de l'été ou en mars.

Un bon conseil : pour profiter de sa superbe et longue floraison, installez ce géranium derrière une grande baie vitrée dans la maison.

Pelargonium peltatum
GÉRANIUM-LIERRE

Ce groupe important de pélargoniums se caractérise par un port très étalé ou retombant. Les tiges peuvent atteindre 1 m de longueur. Les feuilles vernissées vert vif ressemblent à celles du lierre. Les fleurs sont regroupées en inflorescences sur de petites tiges qui partent de l'aisselle des feuilles, situées à l'extrémité des tiges principales. Floraison ininterrompue de mai à octobre.
Famille : Géraniacées.

Espèces et variétés : la gamme des coloris présente tous les tons de blanc, rose, rouge, lilas et orangé, avec des fleurs simples ou doubles. 'Roi des Balcons', très vigoureux, offre une abondante floraison simple, rouge vif ; 'Cocorico' a des fleurs simples rouges, deux fois plus grandes que la plupart des géraniums-lierres ; 'Ville de Paris' est un lierre simple à fleurs rose clair ; 'Élégante Panachée' mêle le crème et le rose sur son feuillage, fleurs blanc rosé ;

362

Les fleurs saisonnières

'Crocodile' est curieusement veiné de jaune ; F1 'Breakaway' et F1 'Summer Showers' sont les premiers géraniums-lierres à fleurs simples disponibles en graines ; 'Rouletta' est une variété très recherchée à fleurs demi-doubles blanches bordées de rouge foncé ; 'Belle de Grange' a des fleurs rouge tomate, sa vigueur et sa floribondité sont celles du *Pelargonium zonale*, et son port celui d'un géranium-lierre.

Sol et exposition : tous terrains bien drainés. Les meilleurs résultats s'obtiennent dans un mélange léger, constitué de terreau de feuilles et de bonne terre de jardin par moitié. Emplacement très ensoleillé.

Utilisations : rocaille, muret, potée, et suspension.

Culture : les plants achetés au printemps sont mis en place en mai, après les dernières gelées. Prévoyez un pot de 14 cm de diamètre pour deux plants. Dans les jardinières, plantez un pied tous les 30 cm. Ôtez toutes les premières fleurs pour favoriser la reprise et une croissance plus rapide. L'entretien se limite à des arrosages copieux par temps chaud et sec, à des apports d'engrais liquide tous les 10 jours de juin à septembre. Ôtez les fleurs fanées. La multiplication est identique à celle du *Pelargonium x domesticum*.

Un bon conseil : les variétés à fleurs simples sont souvent plus florifères que les hybrides à fleurs doubles, assez sensibles aux intempéries.

Pelargonium zonale x
GÉRANIUM ZONALE

Cette lignée d'hybrides issus du *Pelargonium zonale* présente un port érigé buissonnant. Les feuilles larges et rondes sont vertes, avec une zone sombre typique (parfois absente chez certaines variétés). Les fleurs, simples ou doubles, de 1 à 2 cm de diamètre, sont regroupées en larges ombelles plus ou moins rondes, situées à l'aisselle des feuilles supérieures. La floraison se détache nettement au-dessus du feuillage et se prolonge de mai jusqu'aux premières gelées.

Famille : Géraniacées.

Espèces et variétés : elles sont innombrables, les coloris des fleurs étant blanc ('Alba'), rose ('Casanova', 'Rio', 'Dolce Vita', 'Palais', etc.), orange ('Charleston', 'Gloria'), rouge ('Diabolo', 'Grand Prix', 'Boogy', etc.) ou mauve ('El Dorado'), unicolores ou bicolores. Les tons jaune et bleu n'existent pas. Dans les variétés multipliées par semis, retenez F1 'Red Elite', rouge écarlate, très hâtif ; F1 'Orange Appeal', orange vif ; F1 'Hallo', très précoce, à grandes fleurs ; F1 'Multibloom', hâtif, très compact (25 cm de haut), en mélange de couleurs très vives et F1 'Prinzess Rose' aux énormes fleurs rose vif à œil blanc. On trouve également des hybrides à feuilles panachées de blanc, de crème, de rose ou de jaune, décoratifs à la fois par le feuillage et la floraison, même si elle est souvent moins abondante. 'Madame Salleron' a un feuillage vert cerclé de blanc et les fleurs rose clair.

Sol et exposition : comme *Pelargonium peltatum*.

Utilisations : pour la décoration estivale des massifs, des bordures, des potées et des jardinières.

Culture : comme *Pelargonium peltatum*. De plus en plus de variétés sont disponibles en graines. Le semis permet d'obtenir rapidement un grand nombre de plants, florifères dès la première année de culture. Semez en serre chauffée à 20 °C, ou dans la maison en miniserre début février. Dès que les graines lèvent, donnez beaucoup de lumière. Repiquez dans des godets les plantules ayant deux ou trois feuilles, et conservez-les au chaud, toujours en pleine lumière. Mettez en place définitivement à l'extérieur fin mai.

Un bon conseil : les variétés à feuillage panaché sont plus délicates et demandent une exposition plus chaude et protégée des pluies. Leur teinte est mieux mise en valeur si elles sont exposées à mi-ombre et associées à des plantes à feuillage sombre.

▲ *Pelargonium peltatum* hybride : une marée de fleurs.

▲ *Pelargonium zonale* 'Manglesii' a un feuillage panaché.

Un *Pelargonium zonale* F1 obtenu par semis. ▶

Les plantes ornementales

LES BULBES D'AUTOMNE

Trop rarement plantées dans nos jardins, ces espèces sont remarquables par leur croissance ultra-rapide et leur floraison spectaculaire qui vient égayer agréablement la fin de saison. À découvrir absolument…

Amaryllis belladona
LIS BELLADONE

Venu d'Afrique du Sud, ce gros bulbe charnu donne naissance à une grande tige dénudée. Elle porte plusieurs grandes fleurs en trompette rappelant celles des lis. Le feuillage n'apparaît qu'après la floraison. Appelée parfois *Brunsvigia rosea*, cette plante est semi-rustique, alors que les *Hippeastrum*, que l'on appelle souvent à tort amaryllis, sont gélifs et cultivés à l'intérieur.
Famille : Amaryllidacées.
Hauteur : de 60 à 80 cm.
Époque de floraison : en septembre et en octobre.
Sol : léger, bien drainé, profond.
Exposition : plein soleil, abritée, au sud si possible.
Méthode de culture : plantez en juin et en juillet, à 25 cm de profondeur et entre 30 cm et 40 cm de distance. Apportez un engrais potassique après la floraison. Les touffes doivent être laissées en place pendant cinq à sept ans, avant division et replantation immédiate, en été. Protégez l'hiver.
Espèces intéressantes : *Amaryllis belladonna* est la seule espèce commercialisée. Il développe une ou deux tiges portant chacune une dizaine de fleurs.
Utilisations : au pied d'un mur exposé au sud, avec des plantes annuelles plus basses ou des vivaces. La culture est également possible en pots.

▲ *Amaryllis belladona* crée un effet très spectaculaire.

 Colchicum autumnale 'Beaconsfield' : des grandes fleurs.

Colchicum autumnale
COLCHIQUE

Venu d'Asie Mineure et d'Europe, cette plante au gros corme, donne une fleur semblable à celle du crocus. Coloris blanc, mauve, rose. Les fleurs apparaissent très vite après plantation, six mois avant le feuillage qui se développe en mai.
Famille : Liliacées.
Hauteur : de 15 à 20 cm.
Époque de floraison : de septembre à novembre.
Sol : frais, bonne terre de jardin, acide si possible.
Exposition : soleil ou mi-ombre légère.
Méthode de culture : plantation en juillet et en août, à 15 cm de profondeur et de distance. Groupez les cormes en grosses touffes. Laissez en place plusieurs années pour obtenir de belles taches de couleur. Culture très facile, sans soins particuliers.
Espèces intéressantes : *Colchicum autumnale* est le plus commun. Il abonde dans les prairies en friches. C'est aussi le plus rustique.
Variétés à conseiller : 'The Giant', 'Violet Queen' à très grandes fleurs simples ; 'Waterlily' à fleurs doubles ; 'Album' à fleurs blanches.
Utilisations : groupes épars dans les pelouses, les rocailles, aux pieds des arbres, en bordure de massifs. Attention, les colchiques contiennent un alcaloïde toxique, la colchicine, utilisé en pharmacie.

Crocus sativus
CROCUS D'AUTOMNE

Habitants de l'Europe méridionale et de l'Asie Mineure, les crocus sont surtout connus pour leur floraison printanière. Certaines espèces s'épanouissent en automne, surtout dans les tons bleus et lilas.
Famille : Iridacées.
Hauteur : de 10 à 15 cm.
Époque de floraison : en septembre et en octobre.
Sol : une bonne terre de jardin bien drainée, allégée avec du sable ou de la tourbe.
Exposition : un endroit dégagé au soleil.

364

Les bulbes d'automne

Méthode de culture : plantez en juillet des taches de 20 à 50 bulbes, entre 5 cm et 7 cm de profondeur et de distance. Culture facile, sans entretien.
Espèces intéressantes : *Crocus sativus* produit le safran. Les fleurs rose pâle portent de très longues étamines orangées. *Crocus speciosus*, couleur lilas veiné de bleu est très rustique et prolifique. Il existe des formes hybrides à fleurs blanches.
Utilisations : pelouses, rocailles, massifs d'arbustes, orées de sous-bois, potées.

Cyclamen spp.
CYCLAMEN D'EUROPE

Cette plante européenne rustique se développe à partir d'un gros bulbe rond aplati. Le feuillage arrondi couvre bien le sol. Jolies petites fleurs érigées en ailes de papillon.
Famille : Primulacées.
Hauteur : 15 cm.
Époque de floraison : d'août à octobre.
Sol : frais, riche en humus, léger, perméable, acide.
Exposition : mi-ombre et même ombre dense.
Méthode de culture : plantez en août et en septembre à fleur de terre entre 10 cm et 15 cm de distance. Maintenez les cyclamens en place plusieurs années, car ils n'aiment pas les transplantations.
Espèces intéressantes : *Cyclamen hederifolium*, le cyclamen de Naples. Les feuilles aux marbrures variées apparaissent après la floraison, rose ou carmin, et persistent jusqu'en mai. C'est le plus cultivé. *Cyclamen europaeum* et *Cyclamen coum* sont plus petits avec des feuilles arrondies et des fleurs roses.
Utilisations : rocailles, sous-bois. C'est un bon couvre-sol, dont la propagation est très rapide.

Nerine bowdenii
NÉRINE

Originaire d'Afrique du Sud, cette plante au gros bulbe est semi-rustique. La hampe florale rigide porte une ombelle d'une dizaine de fleurs roses, aux pétales étroits, bouclés, en forme de ruban ondulé. Le feuillage allongé vient après la floraison et persiste tout l'hiver.
Famille : Amaryllidacées.

Hauteur : de 50 à 60 cm.
Époque de floraison : de septembre à novembre.
Sol : une bonne terre bien drainée, même pauvre.
Exposition : soleil et chaleur. Plein sud si possible.
Méthode de culture : plantation en avril à 10 cm de profondeur, en groupes de 10 à 15 bulbes espacés chacun de 10 cm. Ne pas arroser l'été pour respecter le repos estival. Paillez en hiver contre le froid et l'excès d'humidité. Culture possible en pots sous abris.
Espèces intéressantes : *Nerine bowdenii* aux fleurs rose tendre qui durent très longtemps est la seule forme couramment cultivée.
Utilisations : plantez au pied d'un mur au sud. Potées pour balcons et terrasses ou fleurs coupées.

Pleione formosana
PLÉIONE

Venue du Tibet, cette petite orchidée rhizomateuse est semi-rustique. Il en existe dix espèces, caractérisées par un feuillage caduc et une fleur au grand labelle en forme de trompette aux bords frangés. Bien installée à l'abri des fortes gelées, la pléione se multiplie rapidement.
Famille : Orchidacées.
Hauteur : de 10 à 15 cm.
Époque de floraison : au début de l'automne.
Sol : un sol très drainant, acide pour la culture en pleine terre ou un terreau spécial pour orchidée, léger, perméable, frais pour les plantes mises en pots.
Exposition : mi-ombre, hors gel.
Méthode de culture : plantez au début du printemps. Posez les rhizomes dans une poche de bon terreau léger et poreux, et recouvrez de sphaigne. L'emplacement ne doit jamais être sec. Paillez l'hiver en période de grands froids.
Espèces intéressantes : *Pleione formosana* est la plus rustique sous nos climats. Il en existe de nombreuses variétés blanches, crème ou pourpres, souvent bicolores. La plus couramment cultivée est 'Limprichtii' aux fleurs rose-pourpre violacé, avec des taches claires à l'intérieur de la trompette.
Utilisations : en rocailles ombragées, en potées sur terrasses ou dans une véranda, à l'orée d'un sous-bois.

Pleione formosana 'Clare' : un bijou immaculé. ▶

▲ Un tapis de *Cyclamen hederifolium* en sous-bois.

▲ *Crocus sativus* : ses longues étamines donnent le safran.

▲ *Nerine bowdenii* : une adorable frileuse à protéger.

Les plantes ornementales

▲ *Polianthes tuberosa* : un parfum délicieux.

▲ Des couleurs écarlates pour le *Schizostylis coccinea*.

◀ Un air de crocus jaune d'or chez le *Sternbergia lutea*.

Polianthes tuberosa
TUBÉREUSE

Originaire du Mexique, ce petit bulbe ovoïde est non rustique. Ses longues feuilles en ruban forment une rosace qui entoure une hampe terminée par une grappe de fleurs très parfumées en forme d'entonnoir. Les boutons apparaissent en été, mais ne s'épanouissent qu'à l'automne.
Famille : Amaryllidacées.
Hauteur : de 70 à 80 cm.
Époque de floraison : de septembre à fin octobre.
Sol : terre riche en humus. Un apport de fumier déshydraté et de matières organiques est conseillé. Il est souhaitable de pratiquer un démarrage en pot. Faites des apports réguliers d'engrais.
Exposition : plein soleil.
Méthode de culture : en pleine terre, plantez en mars ou en avril. Installez une protection contre les derniers froids, à fleur de terre. La tubéreuse est à traiter comme une annuelle, car les bulbes, gélifs, n'ont pas le temps de recomposer leurs réserves après la floraison. En pots, plantez en mars dans un mélange à parts égales de terre, de terreau et de sable. Démarrez au chaud avec un faible arrosage. Mettez en place dès l'apparition des tiges florales. Rentrez à la fin de la floraison.
Espèces intéressantes : *Polianthes tuberosa* est la seule espèce cultivée sous notre climat. Elle donne des fleurs blanches charnues qui ont un aspect cireux et sont très parfumées.
Variétés à conseiller : 'La Perle' porte des fleurs doubles. Sa floraison est tardive mais longue.
Utilisations : placez ce bulbe en pot sur un balcon, une terrasse ou dans un véranda.

Schizostylis coccinea
GLAÏEUL ÉCARLATE

Originaire d'Afrique du Sud, cette espèce présente un corme rhizomateux, rustique, qui n'a pratiquement pas de période de repos. Il se multiplie rapidement par drageons pour former de belles touffes. Ses fleurs en épis et ses feuilles lancéolées le font ressembler à un mini-glaïeul.
Famille : Iridacées.
Hauteur : de 40 à 60 cm.
Époque de floraison : de octobre à décembre.
Sol : riche en humus et frais, car le *Schizostylis* craint la sécheresse en été.
Exposition : soleil ou mi-ombre.
Méthode de culture : la plantation s'effectue en avril ou en mai entre 3 cm et 5 cm de profondeur à 10 cm de distance les uns des autres. Multipliez-le en divisant la touffe au printemps et replantez-le aussitôt. En hiver, placez une protection sur le pied.
Espèces intéressantes : *Schizostylis coccinea* présente de grandes fleurs d'un diamètre de 5 cm en forme d'étoiles régulières au coloris rouge vif.
Utilisations : placez ce bulbe dans un massif en bordures de bosquets, dans des plantes-bandes en exposition fraîche ou au bord d'un bassin.

Sternbergia lutea
STERNBERGIA

Originaire du Bassin méditerranéen, cette plante rustique développe un bulbe à tunique foncée qui ressemble à celui du narcisse. La fleur jaune d'or est semblable à celle du *Crocus vernus*, mais elle est portée par une tige plus grande.
Famille : Amaryllidacées.
Hauteur : de 15 à 20 cm.
Époque de floraison : de septembre à fin octobre.
Sol : terre de jardin légère, bien drainée.
Exposition : chaude et ensoleillée.
Méthode de culture : pour permettre aux racines de se développer dès l'été, plantez en juin ou en juillet à une profondeur de 5 cm et à une distance de 15 cm. La culture est très facile, mais il est nécessaire de maintenir le bulbe en place au moins quatre à cinq ans pour créer de belles touffes. Divisez en fin d'été et remettez en terre aussitôt.
Espèces intéressantes : *Sternbergia lutea* donne des fleurs d'un beau jaune très vif qui est mis en valeur par un feuillage étroit vert foncé.
Utilisations : placez le *Sternbergia* sur une pelouse rustique, en massifs, associé à des colchiques et des cyclamens d'Europe, ou au pied d'un mur de préférence à exposition sud.

LES VIVACES D'AUTOMNE

Après les floraisons printanières et estivales, le jardin garde tout son charme grâce aux vivaces. Aussi colorées que leurs cousines plus précoces, elles garnissent les massifs jusqu'aux gelées. Avant de prendre leurs quartiers d'hiver, elles composent une très jolie symphonie d'automne.

▲ Les anémones du Japon offrent une abondante floraison.

▲ Aster novae-angliae 'Ryecroft Pink' : rose et très florifère.

◀ Joli ton mauve bleuté pour l'*Aster novi-belgii* 'Climax'.

Anemone spp. ANÉMONE DU JAPON

De nombreux hybrides, nés pour la plupart d'*Anemone hupehensis*, fournissent une abondante floraison de août à octobre.
Famille : Renonculacées.
Dimensions : de 50 cm à plus de 1 m de hauteur.
Exposition : ensoleillée à mi-ombre.
Sol : de préférence humifère, léger et frais. Un apport de terreau à la plantation est bénéfique.
Multiplication : par division de la souche au printemps. Il est bon de réaliser cette opération tous les trois ou quatre ans. Quatre pieds au m^2.
Particularités : d'un feuillage trilobé sortent des tiges parfois très hautes portant des fleurs simples ou doubles. Les coloris sont variés et vont du blanc au rouge en passant par tous les tons de rose.
Espèces et variétés : *Anemone hupehensis* présente de jolies fleurs simples aux étamines jaune d'or. La variété 'Praecox' est la première à s'ouvrir. 'Honorine Jobert' à fleurs blanches ou 'Rubra Plena' à fleurs rouges doubles, dont la tige atteint 1,20 m, sont des hybrides de l'espèce précédente.
Notre conseil : en hiver, couvrez les pieds avec un peu de feuilles mortes ou de paille.

Aster spp. ASTER D'AUTOMNE

Parmi les nombreuses espèces qui fleurissent de août à octobre, *novae-angliae* et *novi-belgii* fournissent le plus grand nombre de variétés.

Famille : Astéracées.
Dimensions : de 1,80 à 2,20 m de hauteur pour *Aster novae-angliae*, entre 60 cm et 1,20 m pour *Aster novi-belgii*.
Exposition : plein soleil.
Sol : les asters ne sont pas exigeants, mais ils préfèrent les terres dépourvues d'humidité stagnante en hiver. Donnez un peu d'engrais au printemps.
Multiplication : par division de touffe au printemps. Après cinq ou six ans, renouvelez la plantation pour éviter au massif de se dégarnir. Comptez deux à trois pieds au m^2 pour *novae-angliae* et quatre pieds au m^2 pour *novi-belgii*.
Particularités : les *Aster novae-angliae* conviennent pour les plantations en arrière-plan en raison de leur taille qui dépasse souvent 2 m de hauteur. Les *novi-belgii* sont des asters vigoureux au feuillage vert intense et à l'abondante floraison très colorée qui se poursuit tard en saison.
Espèces et variétés : ce sont surtout les hybrides de *novae-angliae*, espèce d'origines américaine et canadienne, qui sont les plus cultivés. 'Constance', violet foncé, 'Paul Gerber', carmin foncé pour bouquets, ou 'Rudelsburg', assez hâtive et rose vif, sont des variétés très répandues. Chez *novi-belgii*, dont la plupart des cultivars viennent d'Angleterre, citons les variétés : 'Ada Ballard' à fleurs mauve bleuté semi-doubles ; 'Blue Radiance' bleue et ne dépassant pas 60 cm de hauteur ; 'Crimson Brocade' rouge et demi-double ; 'Julia' aux fleurs doubles blanc rosé portées par des tiges qui atteignent 1 m de hauteur ; 'Marie Ballard' bleue et 'White Ladies' demi-double et blanche.
Notre conseil : évitez de placer vos asters à l'ombre, car la floraison est moins abondante.

Les plantes ornementales

▲ *Cerastostigma willmottianum* : un très beau coloris bleu.

▲ *Cimicifuga foetida* : de nombreux épis très élégants.

Ceratostigma wilmottianum
DENTELAIRE

Appelée aussi « plumbago », cette plante originaire de Chine se pare de fleurs bleu gentiane.
Famille : Plombaginacées.
Dimensions : de 90 cm à 1 m de hauteur.
Exposition : plein soleil.
Sol : préfère les terrains secs, bien drainés.
Multiplication : par division des touffes au printemps ou par bouture en juillet. Comptez environ quatre pieds au m² pour une bonne couverture.
Particularités : la forme arbustive de cette vivace lui permet de composer un massif à elle seule. Après la floraison, rabattez les tiges.
Espèce et variété : citons également *Ceratostigma plombaginoides*, la dentelaire de Lady Larpent, plante tapissante au feuillage pourpre en automne ou bleu gentiane.
Notre conseil : tous les deux ou trois ans, faites un bon apport d'engrais au printemps.

Cimicifuga spp.
ÉPI D'ARGENT

Des inflorescences curieuses, mais élégantes, en forme de cierge blanc, apparaissent sur cette plante de la fin de l'été jusqu'en novembre. Elle se développe en touffes vigoureuses.
Famille : Renonculacées.
Dimensions : de 1,50 à 2 m de hauteur.
Exposition : mi-ombre à ombre.
Sol : frais et riche.
Multiplication : par division des touffes au printemps. Il faut trois à quatre pieds par m².
Particularités : cette plante se plaît de préférence placée sous l'ombrage des arbres à feuilles légères. Les racines de *Cimicifuga foetida* ont, dit-on, la particularité d'éloigner les insectes en raison de l'odeur fétide qu'elles dégagent.
Espèces et variétés : *Cimicifuga cordifolia* émet de grandes tiges de 2 m de haut aux fleurs blanc jaunâtre. L'espèce *dahurica* forme des hampes bien droites, blanc crème. *Simplex* 'White Pearl' présente des épis denses, retombants, blanc pur.
Notre conseil : évitez de déplacer cette plante trop souvent, car il lui faut rester trois à quatre années au même endroit pour bien fleurir.

Echinacea purpurea
ÉCHINACÉE POURPRE

Voisine des rudbeckias, dont elle se distingue par sa couleur, cette jolie vivace forme des touffes dressées de très bonne tenue.
Famille : Astéracées.
Dimensions : de 80 cm à 1 m de hauteur.
Exposition : plein soleil.
Sol : fertile et surtout bien drainé.
Multiplications : au printemps par semis placé à une température de 18 à 20 °C ou par division de touffe lorsqu'elle a atteint un bon diamètre. Placez entre quatre ou cinq pieds par m².
Particularités : cette plante mellifère porte, sur un feuillage rugueux, des hampes ramifiés terminées par une seule fleur aux pétales retombants.
Espèces et variétés : l'espèce présente des fleurs pourpres au cœur orangé. La variété 'Abendsonne' est rouge carminé au centre brun. 'Alba' possède de longues ligules blanches, tandis que 'Magnus' est rose rougeâtre.
Notre conseil : en été, surveillez le sol, car l'échinacée souffre facilement d'un manque d'eau.

◀ *Echinacea purpurea* : un cœur proéminent.

Les vivaces d'automne

Helenium spp.
HÉLÉNIE

On dénombre une trentaine d'espèces dans ce genre, mais les hybrides sont les plus cultivés.
Famille : Astéracées.
Dimensions : de 60 cm à 1,30 m de hauteur.
Exposition : plein soleil.
Sol : frais et bien drainé.
Multiplication : par division de la touffe. Comptez trois à quatre plants par m^2.
Particularités : cette plante un peu délaissée fournit pourtant une abondante floraison depuis le début de l'été jusqu'au mois d'octobre. C'est une espèce mellifère qui forme de jolis blouquets.
Espèces et variétés : l'espèce *hoopessi* ne dépasse guère 60 cm de haut et porte des fleurs jaune-orangé à cœur jaune. *Autumnale* 'Pumilum Magnificum' est également jaune et fleurit dès juin. Parmi les hybrides : citons 'Autumnale Beauty', jaune-bronze ; 'Bruno' aux fleurs rouge-brun ; 'Chipperfield', orange rayé de brun.
Notre conseil : l'hélénie a tendance à se dégarnir du centre, aussi est-il nécessaire, tous les quatre ou cinq ans, de reconstituer la touffe en la divisant.

Helianthus spp.
SOLEIL

La forme et la couleur de la fleur ont valu son nom à ce genre qui comprend aussi le tournesol.
Famille : Astéracées.
Dimensions : de 1,20 à 2,50 m de hauteur.
Exposition : plein soleil.
Sol : plante peu exigeante sur la nature de la terre. Elle supporte même les terrains secs.
Multiplication : au printemps par division des rhizomes. Comptez deux à trois pieds par m^2.
Particularités : en raison de leur taille, placez les soleils en fonds de massifs. Les fleurs sont très mellifères et forment des bouquets bien garnis
Espèces et variétés : *Helianthus atrorubens* présente un feuillage sombre et des fleurs jaune d'or. *Decapelutus* 'Capenoch Star' possède un cœur en pompon. *Maximilianii* est très florifère. *Salicifolius*, au port gracieux, a de grandes feuiles étroites et de nombreuse petites fleurs jaunes.
Notre conseil : c'est une plante assez envahissante, aussi réservez-lui un grand espace.

Sedum spectabile
ORPIN

Parmi les quelque cinq cents espèces recensées, l'orpin d'automne est l'une des plus jolies.
Famille : Crassulacées.
Dimensions : environ 40 cm de hauteur.
Exposition : plein soleil.
Sol : indifférent pourvu qu'il soit bien drainé.
Multiplication : par division de touffe au printemps. Il faut cinq à six pieds par m^2.
Particularités : placez cette espèce en bordures de massifs mais aussi sur des murets, dans un dallage ou une rocaille. Elle peut très bien être plantée dans une jardinière, sur un balcon.
Espèces et variétés : 'Brilliant' a le feuillage vert bleuté et de grandes inflorescences plates et cramoisies. 'Carmen' présente des fleurs rose foncé et 'Septemberglut' est pourpre violacé.
Notre conseil : si vous tentez la multiplication par bouture de feuilles, laissez-les sécher un jour ou deux avant de les placer dans du sable. Cela permet d'éviter les risques de pourriture.

▲ *Helenium* 'Chipperfield' : des coloris très chauds.

▲ *Helianthus maximillianii* : une profusion de soleils.

Sedum spectabile présente des fleurs en cimes aplaties. ▶

Les plantes ornementales

LES BULBES D'HIVER

Bravant les frimas, ces timides fleurs précoces s'épanouissent parfois sous la neige tant elles montrent de hâte à nous saluer de leurs jolies couleurs. Des plantes éphémères et discrètes qui font déjà rêver au printemps.

Chionodoxa luciliae
CHIONODOXA

Venue d'Asie Mineure, c'est une petite plante proche des scilles. Les épis de fleurs bleues à centre blanc contrastent sur le feuillage vert dense qui rappelle celui des jacinthes. Rustique.
Famille : Liliacées.
Hauteur : de 15 à 20 cm.
Époque de floraison : de février à avril.
Sol : une préférence pour les terres perméables.
Exposition : soleil ou mi-ombre, les chionodoxas ne prospèrent pas en climat trop chaud et sec.
Méthode de culture : plantation en octobre ou novembre, à 5 cm de profondeur et 10 cm de distance. La culture en jardinière est également possible, de même que le forçage. Naturalisation très facile. Division possible des touffes à l'automne.
Espèces intéressantes : *Chionodoxa gigantea* atteint 20 cm de hauteur, d'où son nom. Fleurs bleu pâle de 2 à 3 cm de diamètre. *Chionodoxa luciliae* porte une dizaine de fleurs bleu clair lumineux.
Variétés à conseiller : 'Pink Giant', rose vif. 'Alba', blanc. 'Rosea', rose lilacé pluriflores.
Utilisations : rocailles, sous-bois, talus, bordures, mais également pots et jardinières.

Crocus spp.
CROCUS

Ces petites bulbeuses européennes donnent au cœur de l'hiver des fleurs en coupe aux coloris variés, souvent panachés, au milieu de petites feuilles filiformes et dressées. Rustique.

▲ *Chionodoxa luciliae* : un tapis bleu dès février.

◀ *Crocus vernus* : il s'épanouit aux premiers jours de mars.

Famille : Iridacées.
Hauteur : de 10 à 15 cm.
Époque de floraison : de février à avril.
Sol : tous les terrains bien drainés.
Exposition : soleil à mi-ombre, très accommodant.
Méthode de culture : plantez en automne à 5 cm de profondeur et de distance, en groupes. Culture sans entretien. Ne tondez pas le gazon avant que les feuilles soient jaunies.
Espèces intéressantes : le genre *Crocus* comprend une centaine d'espèces ; *chrysanthus* offre de nombreuses petites fleurs ; *vernus* est l'espèce que l'on trouve souvent dans les pelouses.
Variétés à conseiller : 'Zwanenburg Bronze', marron et jaune à l'extérieur, or à l'intérieur ; 'Cream Beauty', jaune crème ; 'Saturnus', jaune d'or strié de brun. Parmi les *Crocus vernus*, 'Roi des striés', violet et argent ; 'Jeanne d'Arc', blanc pur.
Utilisations : rocailles, jardinières, en groupes disséminés sur la pelouse ou en bordures des sous-bois, aux pieds des arbres. Forçage en pots.

Eranthis hyemalis
ACONIT D'HIVER

Appelé également « elléborine », c'est la première fleur de l'année. D'un très beau jaune d'or, il ressemble au bouton d'or, soutenu par une courte tige qui émerge d'une couronne de petites feuilles. Originaire d'Europe, il est rustique et fleurit souvent sous la neige. Les rhizomes sont très petits.
Famille : Renonculacées.
Hauteur : de 5 à 10 cm.
Époque de floraison : fin janvier à mars.
Sol : frais, humide, mais bien drainé.
Exposition : mi-ombre à plein soleil. Mais atten-

Les bulbes d'hiver

tion, l'aconit d'hiver redoute la sécheresse estivale.
Méthode de culture : plantation en octobre de 3 à 5 cm de profondeur et de 5 à 10 cm de distance. Si les rhizomes sont secs avant la plantation, faites-les tremper vingt-quatre heures dans de l'eau tiède pour les faire gonfler. La plante se naturalise facilement. Division possible des grosses touffes en été.
Espèces intéressantes : *Eranthis hyemalis* est l'espèce la plus répandue et la plus précoce.
Utilisations : talus, sous-bois, rocailles, et aux pieds des arbres et des arbustes.

Galanthus nivalis — PERCE-NEIGE

Originaire d'Asie Mineure et d'Europe. Deux feuilles linéaires entourent une tige terminée par une petite clochette blanche légèrement tachée de vert à la pointe des pétales. Rustique.
Famille : Amaryllidacées.
Hauteur : 15 cm.
Époque de floraison : de fin janvier à début mars.
Sol : frais, humide, bien fumé, pas trop collant.
Exposition : mi-ombre de préférence.
Méthode de culture : plantation en début d'automne à 5 cm de profondeur et 10 cm de distance entre chaque groupe d'une vingtaine de sujets. Naturalisation très facile. Laissez en place plusieurs années. Divisez les touffes après floraison.
Espèces intéressantes : *Galanthus nivalis* est la plus courante. *Galanthus elwesii*, aux fleurs plus grandes, se plaît en situation ensoleillée.
Variété à conseiller : *Galanthus nivalis* 'Flora Plena' est la seule variété à fleurs doubles.
Utilisations : sous-bois, rocailles, massifs d'arbustes, bordures et groupes dans la pelouse. Potées et jardinières en association avec des crocus et des cyclamens de printemps.

Iris spp. — IRIS BULBEUX

Les espèces hivernales sont petites, mais elles présentent les mêmes caractéristiques que les iris de printemps : fleur à trois pétales dressés et trois retombants sur une tige rigide se terminant par une gaine, d'où émerge la fleur. Rustique.
Famille : Iridacées.
Hauteur : de 10 à 20 cm.
Époque de floraison : en février et en mars.
Sol : léger, bien drainé, le calcaire est bien toléré.
Exposition : soleil ou ombre légère.
Méthode de culture : plantation en septembre ou en octobre, entre 5 cm et 8 cm de profondeur, à 10 cm d'écartement ou en groupes. Laissez en place plusieurs années. Apportez un engrais pour bulbes après la floraison, en avril. Divisez les caïeux en été.
Espèces intéressantes : *Iris reticulata* légèrement parfumé, aux fleurs violettes à languette jaune. *Iris danfordiae*, le plus petit, est jaune citron.
Variétés à conseiller : ces iris sont souvent proposés en mélange. Parmi les *reticulata*, 'Harmony' est bleu et jaune orangé. 'Violet Beauty', violet-pourpre.
Utilisations : rocailles, talus, massis de vivaces, jardinières, petites potées forcées.

Puschkinia scilloides — PUSCHKINIA

Originaire d'Asie et du Moyen-Orient. Proche des scilles, cette plante porte des fleurs en clochettes bleu pâle groupées au sommet d'une tige entourée de petites feuilles lancéolées. Rustique.
Famille : Liliacées.
Hauteur : de 15 à 20 cm.
Époque de floraison : en février et en mars.
Sol : le puschkinia s'acclimate partout.
Exposition : soleil ou mi-ombre, même sous des arbres à feuillage caduc. Une plante très facile.
Méthode de culture : plantez en automne entre 5 cm et 7 cm de profondeur, à 10 cm de distance. Laissez en place plusieurs années pour une naturalisation rapide. Divisez les touffes importantes.
Espèce intéressante : une seule espèce, *Puschkinia scilloides* (ou *libanotica*), d'un bleu tendre lumineux, souligné d'une ligne centrale plus foncée. Les tiges penchent sous le poids des fleurs.
Utilisations : bordures, rocailles, massifs d'arbres et arbustes, pelouses. Belles potées et jardinières, à cultiver aussi en appartement.

▲ *Eranthis hyemalis* : de l'or sous un tapis de neige.

▲ *Galanthus nivalis* 'Magnet', ici, avec des roses de Noël.

▲ *Iris reticulata* : une miniature à admirer de près.

Puschkinia scilloides : des fleurs d'une grande générosité. ▶

Les plantes ornementales

LES VIVACES D'HIVER

Elles se jouent du froid et des rigueurs du temps, n'hésitant pas à percer la couche de neige pour sortir leurs hampes florales et apporter un peu de couleurs dans la tristesse de la saison. Les vivaces d'hiver se plantent en massif, dans une rocaille ou dans une jardinière, sur un balcon.

Adonis amurensis
ADONIDE

Originaire du Japon et de Mandchourie, cette jolie vivace se joue des climats rigoureux.
Famille : Renonculacées.
Dimensions : de 20 à 50 cm de hauteur.
Exposition : ensoleillée à mi-ombre.
Sol : léger, fertile et sain.
Multiplication : par division de la touffe en automne ou très tôt au printemps, après la floraison. Comptez six à huit pieds au m².
Particularités : cette petite vivace porte des fleurs simples ou doubles selon les variétés et se place en bordure, ou mieux, dans une rocaille.
Espèces et variétés : 'Flore Pleno' est une variété double au coloris jaune parfois panaché de vert. 'Ramosa' est à fleurs simples, jaune-brun.
Notre conseil : vous pouvez aussi planter cette adonide en bordure d'un bac contenant un arbre, sur une terrasse, même exposée face au nord. La culture en pots ne pose pas de problèmes.

Bergenia cordifolia
PLANTE DES SAVETIERS

Venue d'Asie de l'Ouest, cette vivace est très rustique et forme un excellent couvre-sol.
Famille : Saxifragacées.
Dimensions : de 30 à 40 cm de hauteur.
Exposition : ensoleillée à mi-ombre.
Sol : il faut à cette plante une bonne terre de jardin qui ne retient pas l'eau en hiver.
Multiplication : par division des rhizomes au début du printemps. Placez de quatre à six pieds au m² pour obtenir une bonne couverture du sol.
Particularités : les feuilles épaisses et larges du *Bergenia* sont surmontées d'une hampe de couleur rosée. Elle porte de nombreuses fleurs réunies en bouquets plus ou moins réguliers, rose lilas.
Espèces et variétés : *Bergenia cordifolia* 'Rouge' porte, comme son nom l'indique, des fleurs rouges. 'Undulata' se distingue par ses feuilles ondulées et sa floraison rosée.
Notre conseil : utilisez cette plante pour former de grandes taches dans les endroits ombragés, que ses fleurs éclaireront dès le mois de février.

Helleborus spp.
HELLÉBORE

Cette plante toxique, qui était utilisée au début de notre ère dans les traitements contre la folie,

▲ *Adonis amurensis.*   *Bergenia cordifolia.* ▼

◄ *Helleborus orientalis* forme un tapis très coloré.

Les vivaces d'hiver

épanouit, selon les espèces, ses fleurs depuis le mois de novembre jusqu'en avril.
Famille : Renonculacées.
Dimensions : entre 30 cm et 60 cm de hauteur.
Exposition : ombre à mi-ombre.
Sol : humifère, limoneux, plutôt calcaire, bien arrosé, mais sans eau stagnante.
Multiplication : par division de touffes en été ou par semis au mois de juillet. Attention, la germination demande plusieurs mois et ne se fait souvent qu'au printemps de l'année suivante.
Particularités : les formes de feuilles et de fleurs sont très diverses et permettent de constituer des massifs très décoratifs durant la mauvaise saison.
Espèces et variétés : *Helleborus corsicus* a des fleurs vert clair qui dominent un feuillage vert foncé. *Helleborus foetidus*, ou « pied-de-griffon », présente des fleurs campanulées en grappes vert clair à liseré rougeâtre. *Helleborus niger*, la « rose de Noël », a des feuilles coriaces surmontées de jolies fleurs blanches teintées de rose. *Helleborus orientalis* forme de grandes fleurs pendantes rosées.
Notre conseil : évitez de déplacer la plante. Elle ne fleurit bien qu'installée durablement.

Primula spp.
PRIMEVÈRE

Parmi les quelque six cents espèces qui constituent ce genre, *Primula* x *acaulis* et *Primula denticulata* se distinguent par leur floraison hivernale qui se prolonge également au printemps.
Famille : Primulacées.
Dimensions : de 15 à 30 cm de hauteur.
Exposition : ensoleillée ou mi-ombre.
Sol : humifère, frais et aéré.
Multiplication : par division de la souche au printemps. Il est aussi possible d'effectuer des semis. Mais si vous récoltez vous-même vos graines dès qu'elles sont arrivées à maturité, et que vous ayez plusieurs espèces ou variétés de primevères dans votre jardin, vous risquez d'obtenir des coloris très différents. Comptez huit à dix pieds au m^2 pour les *acaulis*, six pieds au m^2 pour *denticulata*.
Particularités : les primevères forment une rosette de feuilles, du centre de laquelle émergent les fleurs portées ou non par une hampe. Les coloris sont très variés et permettent de faire des compositions aux tons très changeants.
Espèces et variétés : *Primula acaulis*, la « primevère des jardins », produit de grandes fleurs aux coloris très variés qui vont du blanc au bleu-pourpre en passant par le rose, le jaune et le rouge. Ses fleurs sont solitaires et partent du centre de la touffe. *Primula denticulata* commence à fleurir avant même que ses feuilles sortent de terre. Ses fleurs sont portées par des hampes hautes de 20 à 30 cm et forment une jolie boule de couleur lilas pour le type. 'Alba' est une variété blanche, tandis que 'Rubin' présente des fleurs pourpre violacé.
Notre conseil : tous les quatre à cinq ans, renouvelez la plantation pour rajeunir les souches.

Viola odorata
VIOLETTE ODORANTE

Intéressante par le parfum de ses fleurs, cette espèce forme des touffes très tapissantes.
Famille : Violacées.
Dimensions : environ 15 cm de hauteur.
Exposition : ombre à mi-ombre.
Sol : léger, de préférence humifère.
Multiplication : par division de la touffe en automne ou au printemps. Vous pouvez aussi effectuer des semis au printemps ou en automne. Comptez neuf pieds au m^2.
Particularités : la violette odorante fleurit tout l'hiver lorsqu'elle est protégée des grands froids. On peut également voir une remontée de fleurs au cours du printemps et, parfois, au début de l'automne, au mois de septembre.
Espèces et variétés : très nombreuses variétés plus ou moins parfumées. 'Amiral Avellan' est rouge pourpré, 'Cendrillon' bleu violacé, 'Czar' existe en blanc ou en bleu foncé, 'de Toulouse' bleu lavande est très parfumée, 'Reine des Blanches' présente des fleurs doubles.
Notre conseil : plantez cette violette dans des potées que vous pourrez placer sur votre fenêtre pour profiter au maximum de son délicat parfum.

▲ *Primula acaulis* fleurit même sous la neige.

▲ Fleurs en boules compactes pour *Primula denticulata*.

Viola odorata : des fleurs souvent très parfumées. ▶

Les plantes ornementales

LES ARBUSTES

Indispensables à la décoration des jardins, les arbustes sont appréciés pour leur grande diversité. ❧ *Ils offrent un large choix de formes, de silhouettes, de couleurs et de floraisons. Le langage du jardinier a complètement inversé la définition des termes arbustes et arbrisseaux que donnent les dictionnaires.* ❧ *En pratique, un arbuste est un végétal de petite taille (moins de quatre mètres de haut), dont les tiges ligneuses se ramifient dès la base. Le terme d'arbrisseau est réservé aux grands arbustes qui peuvent former des troncs en vieillissant, et dont la hauteur ne dépasse pas dix mètres.* ❧ *Dans le langage courant, on ne fait guère la différence, et tous les végétaux ligneux à troncs multiples sont réunis sous le terme générique d'arbustes.* ❧ *Les uns et les autres s'associent à merveille dans tous les massifs, et le jardinier trouve beaucoup de plaisir à les cultiver. Leur atout majeur est la longévité et la grande facilité d'entretien.* ❧ *Une fois bien en place, les arbustes demandent peu de soins, tout au plus une taille de temps en temps. Leur système racinaire profond n'exige pas d'arrosages trop fréquents, excepté certaines espèces, la plupart sont peu sujets aux attaques parasitaires graves.* ❧ *Pour simplifier, disons que les arbustes sont les plantes rêvées pour le jardinier pressé ou paresseux. Volontaires et généreux, ils donnent le meilleur d'eux-mêmes, sans qu'il soit nécessaire de leur prêter beaucoup d'attention. Pourvu que le sol soit riche et l'exposition convenable, ils poussent, fleurissent et fructifient, se développant d'année en année pour atteindre leur apogée entre cinq ans et quinze ans.* ❧

374

Les plantes ornementales

LES ARBUSTES À FLEURS DE PRINTEMPS

Éclatantes de couleurs gaies et toniques, ces plantes annoncent les beaux jours et redonnent de la vie au jardin. Leurs floraisons éphémères ont parfois un goût d'inachevé, mais il est bien difficile de s'en passer.

Berberis darwinii
BERBÉRIS DE DARWIN

Originaire du sud du Chili, ce petit arbuste persistant, très ramifié, est une réelle splendeur en avril et en mai, lorsqu'il exhibe ses fleurs jaune-orangé, suivies de jolies baies bleues.
Famille : Berbéridacées.
Dimensions : 3 m de haut et 4 m de large, croissance lente (1,50 m en 5 ans).
Sol : sol frais et acide, jamais détrempé.
Exposition : soleil, mais il supporte l'ombre.
Méthode de culture : plantez-le en septembre ou en mars-avril. Arrosez copieusement et régulièrement lors des deux premiers étés. La taille est superflue, contentez-vous de rabattre certaines branches âgées après la floraison. Appliquez au besoin un engrais pour plantes de terre de bruyère en juin.
Utilisations : massifs isolés et haies vives.
Le truc à connaître : pour favoriser l'enracinement des rameaux de la base que vous allez marcotter, grattez leur écorce sur la partie à enterrer.
Notre conseil : réservez cet arbuste peu rustique au Midi et aux régions de l'Ouest. Ailleurs, cultivez-le en pots que vous rentrerez sous abris en hiver.

▲ *Berberis darwinii* : une rusticité souvent moyenne.

Ceanothus thyrsiflorus 'Repens'
CÉANOTHE RAMPANT

Doté d'un feuillage persistant, vert lustré, le céanothe rampant forme, en avril et en mai, un tapis de branches, égayées de fleurs bleu pâle, au parfum de lilas. Originaire de Californie, c'est toutefois l'un des céanothes persistants les plus rustiques (-15°C).

 ◀ *Ceanothus thyrsiflorus* 'Repens' : un superbe tapis bleu.

Famille : Rhamnacées.
Dimensions : 1 m de haut, de 5 à 6 m de large, croissance rapide (de 4 à 5 m d'étalement en 5 ans).
Sol : léger, bien drainé, pas trop calcaire.
Exposition : plein soleil ou mi-ombre.
Méthode de culture : arrosage inutile, sauf les deux premiers étés après la plantation. La taille est superflue, mais coupez les tiges desséchées.
Utilisations : talus ensoleillés, bordures de massifs.
Le truc à connaître : comme tous les céanothes persistants, il vit peu de temps, alors pensez à en faire des boutures, en juillet, dans un substrat léger.
Notre conseil : palissez au pied d'un mur plein sud, ou cultivez-le en pot placé sous abri en hiver.

Cornus kousa
CORNOUILLER

Venu du Japon et de Corée, cet élégant arbrisseau ou grand arbuste, caduc à port étalé, offre une floraison féerique en mai et en juin, avec d'énormes bractées blanc crème. Le flamboiement du feuillage est superbe en automne.
Famille : Cornacées.
Dimensions : 7 m de haut et 6 m de large à l'âge adulte, croissance assez lente (de 2 à 3 m en 5 ans).
Sol : sol riche, frais, léger, bien drainé, non calcaire.
Exposition : soleil (mais non brûlant) ou mi-ombre.
Variétés : 'Gold Star', croissance lente, feuilles vertes à cœur jaune. 'Satomi' a des fleurs rouges. *Cornus kousa chinensis* est une forme vigoureuse (10 m de haut) à fleurs un peu plus grandes. Son cultivar 'Milky Way', de croissance rapide, épanouit de grandes fleurs blanches et porte de beaux fruits rouges.
Méthode de culture : plantez de novembre à février quand il ne gèle pas, arrosez bien les premiers étés.

Les arbustes à fleurs de printemps

Utilisations : isolé ou à l'arrière des massifs.
Le truc à connaître : en fin d'été, épandez du sulfate de potassium à la base du pied, afin de favoriser et de vivifier la coloration automnale.
Notre conseil : achetez des sujets greffés qui fleurissent en deux à trois ans, ou il vous faudra attendre sept à quinze ans pour les plantes bouturées.

Coronilla spp.
CORONILLE

Ces petits arbustes sont inégalables par la durée de leur floraison jaune vif pour les deux espèces les plus répandues, originaires d'Europe.
Famille : Fabacées.
Dimensions : 2 m de haut et d'étalement, croissance rapide (taille adulte en 3 à 4 ans).
Sol : sec, caillouteux, même pauvre.
Exposition : plein soleil, le plus chaud possible.
Espèces et variétés : *Coronilla emerus* (ou *Hippocrepis emerus*), la « coronille des jardins », a un feuillage caduc. Très rustique, elle fleurit de mars à mai au Sud, de mai à octobre au Nord. *Coronilla valentina* 'Glauca' est persistante, mais peu rustique. Elle fleurit d'avril à juin dans le Nord, de novembre à mars dans le Sud ; ses fleurs sont parfumées. 'Variegata' est panachée avec des fleurs jaune pâle.
Méthode de culture : plantez au printemps et arrosez un peu le premier été. Taille inutile.
Utilisations : massif, talus sec, rocaille.
Le truc à connaître : multipliez facilement la coronille en bouturant des pousses vertes en juin, sous un sac en plastique fermé hermétiquement.
Notre conseil : pour un bel effet printanier, mariez la coronille à un romarin ou à un ciste.

Cytisus scoparius
GENÊT À BALAIS

Une floraison jaune, éclatante, en mai et en juin, caractérise ce vigoureux genêt, originaire de nombreuses régions d'Europe, notamment le sud-ouest de la France. Un port très compact.
Famille : Fabacées.
Dimensions : de 1,50 à 2 m de haut et de large, avec une croissance rapide (taille adulte en 5 ans).

Sol : sec, pauvre, sablonneux, surtout pas compact.
Exposition : plein soleil.
Variétés : 'Golden Sunlight' est une forme vigoureuse à port retombant et aux fleurs jaune d'or en mai. 'Cornish Cream' a des fleurs crème. *Cytisus scoparius andreanus* a des fleurs jaune d'or à ailes pourpres, sa variété 'Splendens' présente un port retombant.
Méthode de culture : plantez toute l'année les genêts vendus en conteneurs. En cas d'hiver rigoureux, rabattez à la base les tiges noircies.
Utilisations : massif, rocaille, talus jardin sauvage.
Le truc à connaître : taillez les tiges défleuries et réunissez-les pour en faire de bons balais de jardin.
Notre conseil : achetez les genêts alors qu'ils sont en fleurs, afin de bien choisir votre couleur préférée.

Deutzia spp.
DEUTZIA

Très rustiques, les deutzias sont de charmants arbustes caducs, pas trop grands, précieux pour leur floraison abondante, blanche, rose ou pourpre, entre mai et juillet.
Famille : Hydrangéacées.
Dimensions : de 1 à 3 m de haut, de 1,5 à 4 m de large, croissance rapide (taille adulte en 5 à 7 ans).
Sol : profond, riche, le calcaire est bien toléré.
Exposition : soleil ou mi-ombre.
Espèces et variétés : *Deutzia gracilis* (1 m), fleurs blanches en mai-juin, joli port arqué. *Deutzia* x *rosea* 'Carminea' (1 m), port retombant, fleurs rose vif. *Deutzia* x *hybrida* 'Perle Rose' (2 m), fleurs rose tendre en juin. *Deutzia scabra* 'Candidissima' (3 m), port raide, fleurs blanc pur en mai-juin. 'Plena' atteint 3 m, fleurs très doubles, roses. *Deutzia* x *magnifica* (3 m), port érigé, fleurs doubles, blanches.
Méthode de culture : plantez en hiver, arrosez bien les premiers étés. Taillez chaque année les rameaux, juste après la floraison.
Utilisations : massif (fond ou bordure), haie libre.
Le truc à connaître : bouturez en juillet les espèces peu vigoureuses, les autres en hiver.
Notre conseil : plantez en compagnie de weigélias ou de rosiers arbustes qui fleuriront en même temps.

Deutzia x *rosea* 'Carminea' : une floraison généreuse. ▶

▲ *Cornus kousa* 'Chinensis' : de précieuses bractées ivoire.

▲ *Coronilla emerus* : à cultiver plutôt en climat doux.

▲ *Cytisus scoparius* : une boule d'or au printemps.

377

Les plantes ornementales

▲ *Exochorda macrantha* 'The Bride' : élégance et souplesse.

▲ *Forsythia* x *intermedia* : une marée de fleurs d'or.

◀ *Kolkwitzia amabilis* : un arbuste facile et spectaculaire.

Exochorda spp. EXOCHORDA

Ces arbustes caducs, très rustiques, venus du nord de l'Asie, portent des grandes fleurs simples, d'un blanc immaculé, en avril et en mai.
Famille : Rosacées.
Dimensions : de 1 à 4 m de haut, et de 1,5 à 5 m de large, croissance rapide (adulte en 4 à 5 ans).
Sol : bien drainé, léger, voire un peu calcaire.
Exposition : soleil ou mi-ombre.
Espèces et variétés : *Exochorda* x *macrantha* 'The Bride' (environ 1,50 m) est un petit arbuste à port pleureur, à grandes fleurs en avril et en mai. *Exochorda racemosa* (3 m), drageonnant, a un port étalé.
Méthode de culture : arrosez et paillez les premiers étés. Taillez juste après la floraison.
Utilisations : isolés ou dans les massifs d'arbustes.
Le truc à connaître : la multiplication la plus facile se fait en semant les graines en octobre.
Notre conseil : mettez en valeur la floraison somptueuse de cet arbuste en l'isolant sur une pelouse.

Forsythia spp. FORSYTHIA

Ses rameaux dorés marquent le réveil du printemps. C'est un arbuste caduc, très rustique.
Famille : Oléacées.
Dimensions : de 1,50 à 4 m de haut, et de 2 à 4 m de large, croissance rapide (adulte en 3 à 5 ans).
Sol : riche et, de préférence, assez frais.
Exposition : plein soleil, mais il pousse partout.
Espèces et variétés : *Forsythia* x *intermedia* (de 2 à 3 m), hybride vigoureux, érigé et florifère, dont les meilleures variétés sont : 'Lynwood' (2,50 m) aux grandes fleurs jaune intense, 'Spring Glory' (2 m) à petits bouquets de fleurs jaune pâle. *Forsythia suspensa* (3 m) à port souple, idéal pour le palissage, mais peu florifère. Sa variété 'Nymans' (4 m) a de grandes fleurs jaune pâle, parfumées. 'Marée d'or' et 'Mêlée d'or' (1,50 m) sont des hybrides récents qui conviennent à la culture en bacs.
Méthode de culture : arrosez bien et paillez les premiers étés. Tous les 4 ans, rajeunissez les sujets vigoureux en les rabattant au sol, après la floraison.
Utilisations : haies libres, massifs et potées.
Le truc à connaître : dès la mi-janvier, mettez des branches de forsythia dans un vase à la maison.
Notre conseil : créez une jolie scène printanière en plantant un lit de jacinthes bleues et de narcisses jaunes au pied d'un forsythia.

Kolkwitzia amabilis KOLKWITZIA

Originaire de Chine, cet arbuste caduc est d'une grande beauté en juin, lorsque ses tiges souples ploient sous des nuées de fleurs roses.
Famille : Caprifoliacées.
Dimensions : de 2 à 3 m de haut, 4 m de large, croissance rapide (taille adulte en 5 à 6 ans).
Sol : une terre moyenne, même calcaire.
Exposition : soleil de préférence.
Espèces et variétés : *Kolkwitzia amabilis* est la seule espèce du genre, avec deux variétés aux fleurs d'un rose plus soutenu, 'Pink Cloud' et 'Rosea'.
Méthode de culture : plantation possible toute l'année. Après floraison, taillez le tiers des branches.
Utilisations : isolés, fonds de massifs, haies libres.
Le truc à connaître : pour le multiplier, il suffit de prélever les nombreux drageons à toutes les époques.

Les arbustes à fleurs de printemps

Il est également possible de le bouturer en été.
Notre conseil : tuteurez les jeunes pousses vigoureuses à la base de la plante pour éviter qu'elles ne soient arrachées par le vent ou les pluies violentes.

Philadelphus spp.
SERINGAT

Cet arbuste caduc, très rustique, est surtout prisé pour le parfum de ses fleurs blanches, qui embaument divinement les soirées de juin. Très cosmopolite, il s'acclimate bien partout.
Famille : Hydrangéacées.
Dimensions : de 1 à 5 m de haut et de large, croissance rapide (taille adulte en 4 à 5 ans).
Sol : tout sol, même pauvre ou acide, mais le seringat pousse mieux en sol riche, humifère.
Exposition : soleil, il fleurit moins bien à l'ombre.
Espèces et variétés : *Philadelphus* x *coronarius* fleurit fin mai-début juin (de 3 à 4 m). Sa variété 'Aureus' (1,20 m) a des feuilles dorées. Parmi les hybrides : 'Belle étoile' (1,5 m) aux grandes fleurs teintées de brun ; 'Bouquet blanc' (2 m), simple ; 'Minnesota Snowflake' (3 m), à fleurs doubles très nombreuses ; 'Virginal' (5 m), à port dressé.
Méthode de culture : taillez après la floraison, en ne conservant que les tiges vertes, longues et raides.
Utilisations : isolés, fonds de massifs, haies libres.
Le truc à connaître : la première année, rabattez entièrement la plante en mai si elle ne démarre pas.
Notre conseil : au pied du seringat, plantez une variété tardive de clématite à petites fleurs.

Prunus triloba
AMANDIER DE CHINE

Cet arbuste caduc, rustique, épanoui fin mars-début avril, a de gros pompons rose pâle sur toute la longueur des pousses d'un an. Il est magnifique.
Famille : Rosacées.
Dimensions : de 3 à 5 m de haut, de 4 à 5 m de large, croissance assez rapide (2 m en 4 ans).
Sol : sans exigence particulière, il pousse partout.
Exposition : soleil pas trop desséchant.
Variétés conseillées : 'Multiplex' (de 1,50 à 2 m) à grandes fleurs très doubles, rose pêche.

Méthode de culture : après la floraison, taillez court les branches qui sont fanées.
Utilisations : isolés, palissés, en rocailles, en pots.
Le truc à connaître : en février, forcez les rameaux boutonnés en les mettant en vase, à l'intérieur.
Notre conseil : palissez cet arbuste contre un mur plein sud pour le mettre à l'abri des gelées.

Rubus x *tridel*
RONCE D'ORNEMENT

Hybride de *Rubus trilobus* (Mexique) et de *Rubus deliciosus* (du sud des USA), c'est un arbuste vigoureux et rustique. Les fleurs simples, blanches, sont portées en mai par des branches non épineuses.
Famille : Rosacées.
Dimensions : de 3 à 5 m de haut, et de 5 à 10 m de large, croissance rapide (adulte en 4 à 6 ans).
Sol : il pousse mieux en terre riche et fraîche.
Exposition : soleil ou mi-ombre.
Méthode de culture : rabattez sévèrement toutes les tiges après la floraison, pour que l'arbuste reste compact et produise de nombreuses pousses.
Utilisations : isolés sur pelouses, haies, massifs.
Le truc à connaître : multipliez-le très facilement en bouturant l'extrémité des rameaux en août.
Notre conseil : mariez ce rubus à un cytise.

▲ *Philadelphus* x *coronarius* en massif avec des hostas.

▲ *Prunus triloba* : une explosion de fleurs précoces.

Un hybride de *Rubus* x *tridel* et de *Rubus odoratus*. ▶

Les plantes ornementales

jardin d'agrément

▲ *Spirea* x *vanhouttei* : une plante facile et gracieuse.

▲ Taillez de moitié les branches de lilas après la floraison.

◀ *Syringa vulgaris* 'Mont Blanc' : idéal pour la fleur coupée.

Spiraea x *vanhouttei*
SPIRÉE VAN HOUTTE

Issu d'une hybridation de deux espèces asiatiques, ce vigoureux arbuste caduc est une splendeur en juin, quand ses ombelles d'un blanc immaculé recouvrent les branches sur toute leur longueur. Obtenue en 1862 à Fontenay-le-Comte, cette spirée doit son nom au pépiniériste Louis Van Houtte, de la ville de Gand (Belgique).
Famille : Rosacées.
Dimensions : 2 m de haut, de 2 à 3 m de large, croissance rapide (taille adulte en 4 à 5 ans).
Sol : ordinaire, même sec et peu fertile.
Exposition : soleil ou mi-ombre sans problème.
Espèces : autres spirées à fleurs blanches en juin ; *Spiraea trichocarpa* (2 m), drageonnante. *Spiraea veitchii* (de 4 à 5 m), pour un grand jardin.
Méthode de culture : taillez après la floraison.
Utilisations : isolé, talus ensoleillé et sec, haie.
Le truc à connaître : hâtez la floraison en prélevant, dès avril, des branches que vous mettrez dans un vase à l'intérieur d'une pièce chauffée.
Notre conseil : profitez du flamboiement automnal de cette spirée et associez-la à des arbustes qui se colorent tout aussi somptueusement en automne, comme hamamélis, *Cotinus obavatus*, etc.

Syringa vulgaris
LILAS

Le parfum délicieux de ses jolies grappes de fleurs en avril et en mai a fait le succès de ce vigoureux arbuste, très drageonnant, originaire du sud-est de l'Europe et de l'ouest de l'Asie. Il est cultivé en France depuis le XVIe siècle.
Famille : Oléacées.
Dimensions : de 5 à 6 m de haut et de 3 à 5 m de large, croissance rapide (3 m en 3 à 4 ans).
Sol : riche, bien drainé, calcaire ou neutre.
Exposition : soleil ou mi-ombre, une plante facile.
Variétés : à fleurs simples ; 'Andeken an Ludwig Späth', rouge vineux ; 'Charles X', pourpre intense ; 'Firmament', lilas azuré ; 'Primrose', à fleurs jaunes ; 'Réaumur', violet ; 'Vestale', blanc. À fleurs doubles : 'Belle de Nancy', lilas rosé ; 'Charles Joly', rouge pourpré foncé ; 'Katherine Havemeyer', bleu de cobalt ; 'Madame Lemoine', blanc pur ; 'Michel Buchner', lilas bleuté à œil blanc ; 'Président Grévy', bleu lilas ; 'Jeanne d'Arc', un beau blanc.
Méthode culture : fertilisez au printemps, réduisez de moitié les rameaux après la floraison.
Utilisations : isolé, haie libre, massif.
Le truc à connaître : pour rajeunir un vieux lilas, rabattez-le sévèrement en novembre plutôt qu'en mai, car la blessure peut affaiblir la plante.
Notre conseil : espacez bien le lilas très drageonnant des arbustes voisins (3 m au moins).

Ulex europaeus
AJONC

Présent dans tout l'ouest de l'Europe d'où il est originaire, cet arbuste épineux, de rusticité moyenne, resplendit de mars à mai en se couvrant de fleurs d'un jaune cuivré très chaud.
Famille : Fabacées.
Dimensions : de 1 à 2 m de haut, et de 2 à 4 m de large, croissance rapide (adulte en 5 à 6 ans).
Sol : sec, acide, caillouteux ou sablonneux.
Exposition : soleil, même très chaud et aride.
Espèces et variétés : 'Flore Pleno' (1,50 m), aux fleurs doubles en avril-mai. *Ulex minor* (1 m), à port rampant, jaune d'or en septembre-octobre.

Les arbustes à fleurs de printemps

Méthode de culture : semez l'espèce type et bouturez les variétés en août, dans du terreau très sableux. Taille, arrosage et engrais superflus.
Utilisations : talus ou brise-vent en bord de mer.
Le truc à connaître : pour réussir à coup sûr la plantation, évitez de briser la motte de terre qui entoure les racines et arrosez copieusement.
Notre conseil : inutile d'enrichir le sol ; plus il est pauvre, plus l'ajonc fleurit superbement. Éloignez les enfants de cette plante aux épines acérées.

Viburnum opulus
BOULE-DE-NEIGE

Originaire d'Europe, d'Algérie et de l'ouest de l'Asie, ce grand arbuste caduc, vigoureux, rustique, produit en mai et en juin des corymbes plats de fleurs blanches. Des baies rouges leur succèdent en automne et en hiver. L'arbuste se colore richement de rouge et de violacé en automne.
Famille : Caprifoliacées.
Dimensions : 4 m de haut, de 4 à 5 m de large, croissance rapide (de 2 à 3 m en trois ans).
Sol : riche et frais, voire un peu calcaire.
Exposition : soleil ou mi-ombre.
Variétés : 'Aureum' (1,5 m), feuilles jaunes vif, pour l'ombre. 'Roseum' (ou 'Sterile'), la boule de neige (jusqu'à 4 m), aux innombrables fleurs blanc crème. 'Xanthocarpum' (2,5 m), à fruits jaune vif.
Méthode de culture : facile, taille superflue.
Utilisations : isolé, haie libre, massif, bac.
Le truc à connaître : traitez, préventivement avec un insecticide de contact, contre les attaques du puceron noir de la fève sur les fruits en automne.
Notre conseil : adoptez cette espèce pour garnir un coin humide où elle devient très envahissante.

Viburnum plicatum
VIORNE DE CHINE

Un port étalé de toute beauté, une floraison blanche magnifique en mai et en juin, des couleurs éclatantes et des fruits en automne... Les attraits de ce grand arbuste caduc, rustique, venu du Japon et de la Chine, ne manquent pas !
Famille : Caprifoliacées.

Dimensions : 2,5 m de haut, 3 m de large, croissance lente au départ (de 1 à 1,5 m en 3 à 4 ans).
Sol : riche, assez frais, humifère, non-calcaire.
Exposition : soleil doux ou mi-ombre.
Variétés : 'Tomentosum' (3 m), fleurs en ombelles plates. 'Mariesii' (2,5 m), port merveilleusement étalé, jolies couleurs d'automne. 'Watanabe', ou 'Nanum Semperflorens' (1,2 m), port étalé, il refleurit en été. 'Lanarth' (3 m), vigoureux, port plus érigé.
Méthode de culture : paillez les premiers étés.
Utilisations : isolé, haie libre, massif, bac.
Le truc à connaître : pour stimuler la croissance des jeunes plants pendant les premières années de culture, épandez de la poudre d'os au printemps.
Notre conseil : achetez cet arbuste en conteneur alors qu'il est en fleurs, afin de mieux choisir votre variété préférée. Arrosez souvent en été.

Weigela
WEIGÉLIA

Originaire de l'est de l'Asie, ce bel arbuste caduc, rustique, vigoureux, offre un joli port arqué, une floraison séduisante en mai et en juin, et de très belles couleurs d'automne.
Famille : Caprifoliacées.
Dimensions : de 1,5 à 4 m de haut, et 2 à 5 m de large, croissance rapide (adulte en 5 à 6 ans)
Sol : riche et frais, un bon sol moyen convient.
Exposition : soleil ou ombre légère.
Hybrides : 'Kosteriana Variegata' (1,5 m), feuilles panachées de blanc ivoire, fleurs roses, pour la mi-ombre. 'Candida' (2,50 m), à grandes fleurs blanc pur. 'Bristol Ruby' (de 2 à 3 m), rouge vif. 'Rosabella' (4 m), vigoureux, à fleurs roses. 'Carnaval' (1,5 m), très florifère, rose.
Méthode de culture : taillez juste après la floraison. Bouturez les jeunes pousses en été.
Utilisations : isolée, haie libre, massif, bac.
Le truc à connaître : transplanter un weigélia âgé ne pose aucun problème s'il est en motte.
Notre conseil : mariez les weigélias aux deutzias, seringats et rosiers arbustes. Pensez aussi à planter la superbe forme panachée 'Rubidor'.

▲ *Ulex europaeus* : gare à ses terribles épines !

▲ *Viburnum opulus* 'Sterile' : la boule-de-neige.

▲ *Viburnum plicatum* 'Mariesii' : des branches étalées.

Weigela 'Carnaval' : plusieurs couleurs différentes. ▶

Les plantes ornementales

LES ARBUSTES À FLEURS D'ÉTÉ

À l'époque où le jardin croule déjà sous les floraisons éclatantes des annuelles, certains arbustes viennent renforcer l'explosion colorée des massifs. Leur atout majeur est de nécessiter un entretien minimal et de s'accorder en harmonie avec la plupart des plantes ornementales.

 Abelia chinensis : un persistant à planter en bord de mer.

 Buddleia alternifolia : il peut devenir un petit arbre.

Abelia chinensis — ABÉLIA

Parfait pour les petits jardins, cet arbuste porte tout l'été des fleurs d'un rose très tendre, au léger parfum. Il présente de nouvelles pousses rougeâtres, fort décoratives, au printemps. Originaire de la Chine, il est rustique dans le Sud et dans l'Ouest jusqu'en Île-de-France.
Famille : Caprifoliacées.
Dimensions : 1,5 m, croissance assez rapide (la taille adulte est obtenue en 5 à 6 ans).
Sol : riche et plutôt léger, mais il est peu exigeant.
Exposition : plein soleil, à l'abri des gelées.
Variété : 'Edward Goucher' aux feuilles semi-persistantes, vert vif, bronze à leur naissance, donne une profusion de fleurs rose lilas durant tout l'été.
Méthode de culture : multipliez-le par des petites boutures semi-ligneuses, juillet, à chaud.
Utilisations : isolé, massif, haie libre.
Le truc à connaître : dans les régions aux hivers froids, palissez-le contre un mur exposé plein sud.
Notre conseil : associez cet arbuste au *Leycesteria formosa* (*Desmodium*) qui contraste par ses fleurs pourpres et ses fruits de couleur prune.

Buddleia alternifolia — BUDDLÉIA

Très prisé pour son port souple, avec des branches gracieusement arquées, qui lui confèrent une allure de pleureur, ce bel arbuste caduc, rustique, épanouit en juin et en juillet des fleurs lilas sur les rameaux de l'année précédente. Il est originaire du nord-ouest de la Chine.
Famille : Buddléiacées.
Dimensions : de 4 à 6 m de haut et de large, croissance rapide (taille adulte en 4 à 5 ans).
Sol : sans importance, pauvre et caillouteux.
Exposition : soleil, évitez les vents dominants.
Variété : 'Argentea' a des feuilles argentées.
Méthode de culture : taillez après la floraison.
Utilisation : isolé, talus, fond de massif.
Le truc à connaître : pour un effet superbe et peu commun, formez-le sur un petit tronc que vous devrez tuteurer pendant les pemières années.
Notre conseil : plantez ce buddléia dans le sol le plus pauvre de votre jardin. En terrain trop riche, il produit des feuilles au détriment des fleurs.

Buddleia davidii — ARBRE À PAPILLONS

Entre juillet et octobre, ce bel arbuste caduc, rustique, au port élégant, produit de jolies panicules de fleurs dressées, dont l'odeur exquise attire les papillons. Il est originaire du centre et de l'ouest de la Chine. Feuillage ovale, denté.
Famille : Buddléiacées.
Dimensions : jusqu'à 6 m de haut, de 2 à 5 m de large, croissance rapide (adulte en 4 à 5 ans).
Sol : bien drainé, même calcaire ou crayeux.
Exposition : plein soleil, pas trop ventée.
Variétés : 'Black Knight', pourpre très foncé. 'Empire Blue', le plus près du vrai bleu, port érigé. 'Harlequin', feuilles panachées de blanc crème, fleurs rouge pourpré, peu vigoureux. 'Île-de-France', longues panicules (jusqu'à 70 cm !) de

Les arbustes à fleurs d'été

fleurs violet intense à gorge jaune. 'Nanho Purple', violet pourpré à l'œil orange, port étalé. 'Opéra', très vigoureux, fleurs violet pourpré. 'White Profusion', grandes panicules de fleurs blanc pur à œil jaune.
Méthode de culture : multipliez cet arbuste peu gourmand, par des boutures en mai-juin.
Utilisations : talus, haie libre, fond de massif.
Le truc à connaître : plus vous le rabattez sévèrement entre novembre et mars, et plus la repousse est drue et la floraison généreuse.
Notre conseil : pour un épanouissement continu de juillet à octobre, groupez plusieurs variétés différant par leur couleur et leur période de floraison.

Calycanthus floridus CALYCANTHE

De culture facile, ce bel arbuste caduc et rustique, venu du sud-est des États-Unis, donne en juin et en juillet d'étonnantes fleurs solitaires, brun-rouge, à nombreux pétales et sépales, et à odeur de fraise. L'écorce aromatique s'emploie comme substitut de la cannelle. Une curiosité.
Famille : Calycanthacées.
Dimensions : de 2 à 3 m de haut et de large, croissance assez rapide (taille adulte en 5 à 6 ans).
Sol : riche, humide, humifère, pas trop calcaire.
Exposition : soleil, à l'abri des vents froids.
Variétés : rares et peu cultivées.
Méthode de culture : laisser pousser sans intervenir, juste une taille de nettoyage si nécessaire.
Utilisations : isolé, massif, haie libre.
Le truc à connaître : les graines mûrissant rarement sous nos climats, le plus simple est de le multiplier par prélèvement des drageons.
Notre conseil : évitez cet arbuste dans les haies à proximité des pâtures, car les graines sont toxiques pour les bovins et les moutons.

Ceanothus x *delilianus* CÉANOTHE D'ÉTÉ

Des grappes de fleurs de juillet à octobre ! Ce bel arbuste caduc, si florifère, n'est rustique qu'en Île-de-france. Il est issu de l'hybridation réussie de deux espèces américaines.
Famille : Rhamnacées.
Dimensions : de 1,5 à 2 m de haut et de large, croissance rapide (taille adulte en 3 à 4 ans).
Sol : riche, léger, pas trop chargé en calcaire.
Exposition : plein soleil, assez chaude.
Variétés : 'Gloire de Versailles' (2 m), vigoureux, à grandes grappes bleu clair. 'Henri Desfossé' (1,5 m) moins rustique, grandes grappes bleu violacé. 'Topaz' (2 m), fleurs bleu indigo clair en juillet et en août. *Ceanothus pallidus* 'Marie Simon', rose pâle.
Méthode de culture : apportez de l'engrais chaque année au printemps.
Utilisations : surtout en massif.
Le truc à connaître : rabattez-le légèrement après la première floraison pour le faire refleurir abondamment jusqu'aux gelées.
Notre conseil : associez les céanothes d'été à des rosiers à fleurs blanches, comme 'Iceberg'.

Hebe armstrongii VÉRONIQUE EN ARBRE

Synonyme : *Hebe ochracea*. On dirait un conifère, avec son feuillage jaune-roux, et son port ramifié en éventail. Spectacle encore plus étrange l'été, quand *Hebe* donne des petites fleurs blanches à anthères pourprées.
Famille : Scrophulariacées.
Dimensions : de 30 à 50 cm de haut et de large, croissance très lente (20 cm en 4 à 5 ans).
Sol : tout sol fertile, ni détrempé, ni trop lourd.
Exposition : soleil ou mi-ombre.
Variétés : 'James Stirling' aux reflets dorés. *Hebe cupressoides* est une espèce compacte, assez proche. 'Midsummer Beauty' est un hybride très florifère aux longs épis pourpre violacé. *Hebe salicifolia* est blanc.
Méthode de culture : arrosez et paillez les premiers étés après la plantation. La taille et les apports d'engrais sont inutiles.
Utilisations : bordure de massif, rocaille, potée.
Le truc à connaître : multiplication par boutures d'extrémité en fin d'été, à l'ombre.
Notre conseil : pour un bel effet, mariez-la à des bruyères tapissantes et à des conifères nains.

▲ *Buddleia davidii 'Border Beauty'* : de longs épis gracieux.

▲ *Calycanthus occidentalis* : une fleur très originale.

▲ *Ceanothus pallidus* 'Marie Simon' : un grand classique.

Hebe x 'Midsummer Beauty' : un vrai mur de fleurs. ▶

Les plantes ornementales

jardin d'agrément

▲ *Hibiscus syriacus* 'Oiseau Bleu' : indispensable en été.

▲ *Hypericum calycinum* : un couvre-sol envahissant.

◀ *Hypericum patulum* 'Hidcote' : un arbuste très facile.

Hibiscus syriacus
ALTHÉA

Depuis le début du XVIIIe siècle, cet arbuste caduc, très rustique, est prisé pour sa floraison prolifique en fin d'été, qui dure jusqu'en octobre. L'espèce type, originaire de Chine et du nord de l'Inde, a des fleurs violettes, à cœur plus foncé.

Famille : Malvacées.
Dimensions : de 2 à 3 m de haut, entre 1,5 m et 2,5 m de large, croissance lente (1,5 m en 3 ans).
Sol : frais, riche, bien drainé, un peu acide.
Exposition : soleil ou mi-ombre légère.
Variétés : à fleurs simples ; 'Diana', blanc pur, 'Hamabot', lilacé au centre carmin, 'Oiseau Bleu', bleu-violet à œil plus foncé, 'Red Heart', blanc à œil rouge, 'William R. Smith', un des plus beaux blancs. À fleurs doubles : 'Duc de Brabant' rouge foncé, avec quelques lignes blanches, 'Jeanne d'Arc', fleurs semi-doubles blanches, 'Lady Stanley', blanc rosé à centre rouge foncé.
Méthode de culture : taillez après la floraison. Bouturez les rameaux ligneux en novembre.
Utilisations : isolé, massif, haie libre.
Le truc à connaître : pour un effet visuel étonnant, formez l'arbuste sur un petit tronc, en pinçant systématiquement les branches latérales.
Notre conseil : dans les régions aux étés frais et humides, préférez les formes à fleurs simples aux hibiscus à fleurs doubles, qui s'épanouissent mal s'ils manquent d'un ensoleillement intense.

Hypericum
MILLEPERTUIS

C'est la floraison jaune d'or, très prolongée, qui fait le succès des millepertuis, petites arbustes très rustiques et faciles à vivre. Certains portent des fruits décoratifs en automne. Le feuillage est plus ou moins persistant. Les espèces sauvages sont réparties dans l'hémisphère Nord.

Famille : Guttifères.
Dimensions : de 30 cm à 2 m de haut, de 1 à 2,5 m de large (taille adulte qui s'obtient en quatre ans).
Sol : bien drainé, assez frais, riche, humifère.
Exposition : soleil ou mi-ombre, sans importance.
Espèces et variétés : *Hypericum androsaemum* 'Toutesaine' (1 m), aux fleurs jaunes de juin à septembre, fruits rouges puis noirs en automne. *Hypericum calycinum* (30 cm) fleurit de juillet à octobre. *Hypericum patulum* 'Hidcote' (2 m), semi-persistant, grandes fleurs jaunes tout l'été. *Hypericum x inodorum* 'Elstead' (1 m) aux petites fleurs jaune pâle de juillet à octobre, fruits saumon. *Hypericum x moserianum* (50 cm) est un très bon couvre-sol. *Hypericum olympicum* (30 cm), a de petites feuilles glauques, et des fleurs jaune vif.
Méthode culture : il pousse tout seul. Taille et apports d'engrais sont inutiles.
Utilisations : talus, rocaille, bordure de massif.
Le truc à connaître : traiter contre la rouille.
Notre conseil : mariez le jaune du millepertuis au bleu d'un *Caryopteris* ou au violet d'un buddléia.

Indigofera dosua
INDIGOTIER

Originaire de l'Himalaya, cet arbuste moyennement rustique offre un feuillage penné, caduc, fort élégant, et de belles grappes compactes, dressées, avec des fleurs rose pourpré tout l'été.

Les arbustes à fleurs d'été

Famille : Fabacées.
Dimensions : de 1,2 m de haut (jusqu'à 3 m palissé contre un mur), 1,5 m de large, croissance rapide.
Sol : sec, bien drainant en hiver, assez riche.
Exposition : soleil, un endroit chaud et abrité.
Variété : on ne cultive que les espèces types.
Méthode de culture : en mars, coupez toutes les branches qui ont été abîmées par le gel.
Utilisations : massif, habillage d'un petit mur.
Le truc à connaître : trempez les graines dans l'eau pendant une nuit avant de les semer.
Notre conseil : le feuillage n'apparaissant qu'en mai-juin, plantez des bulbes printaniers au pied des indigotiers pour créer un bel effet décoratif précoce.

Lavendula latifolia
LAVANDE ASPIC

Cette espèce rustique produit de nombreux épis de fleurs bleu lavande, de juin à septembre. Elle est originaire des régions méditerranéennes. Malgré une qualité inférieure à la lavande vraie et une composition chimique différente, l'essence d'aspic est souvent utilisée en parfumerie.
Famille : Labiacées.
Dimensions : de 50 à 60 cm de haut, de 60 à 80 cm de large, croissance rapide.
Sol : calcaire, profond, bien drainant, même sec.
Exposition : plein soleil, le plus chaud possible.
Variété : la lavande vraie (*Lavendula angustifolia*) est une espèce très proche aux senteurs différentes.
Méthode de culture : donnez une belle forme arrondie aux lavandes en les taillant en mars.
Utilisations : rocaille, bordure, massif, haie basse.
Le truc à connaître : coupez les fleurs fanées au fur et à mesure, afin de favoriser les floraisons.
Notre conseil : réservez au Midi cette lavande, qui a besoin de beaucoup de chaleur.

Lavatera arborea
MAUVE EN ARBRE

Originaire du sud de l'Europe et des côtes atlantiques, ce joli buisson à port érigé fleurit tout l'été jusqu'aux gelées. Une plante idéale en bord de mer, où elle se naturalise parfaitement.

Famille : Malvacées.
Dimensions : de 1,50 à 2 m de haut, 2 m de large.
Sol : léger, bien drainé, sablonneux, profond.
Exposition : soleil, en évitant les vents violents.
Espèces et variétés : 'Variegata' aux feuilles marquées de blanc, à multiplier par bouturage. *Lavatera thuringiaca* 'Barnsley', blanc rosé. *Lavatera olbia* 'Rosea', rose intense. 'Burgundy', rouge carminé.
Méthode de culture : récoltez les graines de l'espèce en fin d'été, semez-les en place dans un sol sablonneux. Bouturage en août des variétés.
Utilisations : massif avec des vivaces, haie libre.
Le truc à connaître : certains lavatères pourrissent brutalement. Il faut éliminer et ne plus cultiver cette plante dans l'emplacement contaminé.
Notre conseil : en bord de mer, associez les lavatères à des abélias et des tamaris.

Lonicera tatarica
CHÈVREFEUILLE DE TARTARIE

Cet arbuste du centre de l'Asie et du sud de la Russie est vigoureux et rustique. Sa floraison rose en mai et en juin n'a rien à envier à celle de son cousin grimpant. Les baies rondes et rouges contrastent en été sur le joli feuillage vert foncé.
Famille : Caprifoliacées.
Dimensions : 3 m de haut, 5 m de large, croissance rapide (taille adulte en quatre à cinq ans).
Sol : assez riche, profond, frais, même calcaire.
Exposition : mi-ombre ou soleil non brûlant.
Variétés : 'Alba', fleurs blanches. 'Arnold' Red', fleurs rose très foncé et grosses baies. 'Hack's Red', aux étonnantes fleurs rose-pourpre foncé.
Méthode de culture : en automne, taillez seulement les rameaux désordonnés et le bois âgé.
Utilisation : fond de massif, haie libre, isolé.
Le truc à connaître : ne semez pas cette plante qui ne se reproduit pas bien ainsi. Multipliez-la plutôt par boutures à bois sec en novembre.
Notre conseil : dans un massif, mariez le rose foncé du chèvrefeuille de Tartarie au blanc de deutzia et du seringat et au rose pâle d'un weigélia.

▼ *Lonicera tatarica* 'Hack's Red' : une grande originalité. ▶

▲ *Indigofera dosua* : une grande élégance naturelle.

▲ *Lavendula angustifolia* 'Hidcote' : compact.

▲ *Lavatera thuringiaca* 'Barnsley' : une profusion de fleurs.

385

Les plantes ornementales

jardin d'agrément

▲ *Perovskia atriplicifolia* 'Blue Spire' : un duvet bleu.

▲ *Potentilla fruticosa* 'Coronation Triumph' : très florifère.

◀ *Spartium junceum* : un genêt idéal pour le Midi.

Perovskia atriplicifolia
PÉROVSKIA

Un joli feuillage argenté, caduc et aromatique, une floraison d'un bleu vaporeux tout l'été, tels sont les atouts de cet arbrisseau souple, dont les tiges gèlent souvent en hiver, mais repartent vigoureusement au printemps. Il est originaire de l'ouest de l'Asie, jusqu'au Tibet. Les feuilles dégagent une odeur de sauge.
Famille : Labiacées.
Dimensions : de 80 cm à 1,5 m de haut, 1 m de large, croissance rapide (adulte en 3 ans).
Sol : graveleux, sec, assez pauvre, plutôt calcaire.
Exposition : soleil, emplacement chaud.
Variété : 'Blue Spire', dont les feuilles plus découpées et aux panicules de fleurs bleu lavande, sont encore plus grandes que celles de l'espèce type.
Méthode de culture : rabattez les jeunes rameaux en fin d'hiver, à deux yeux au-dessus du vieux bois dur, afin de conserver une touffe bien compacte.
Utilisations : massif, rocaille, bordure.
Le truc à connaître : n'arrosez pas trop les boutures effectuées avec des extrémités de jeunes pousses en juin, elles pourrissent très facilement.
Notre conseil : pour un bel effet dès la première année, plantez cinq pieds espacés de 60 cm.

Potentilla
POTENTILLE

Rustique et très résistante à la sécheresse, la potentille éclôt de jolies fleurs simples, de mai à septembre (parfois jusqu'aux gelées). Le feuillage divisé est souvent argenté sur les deux faces. Cette plante est originaire des régions tempérées de l'hémisphère Nord.
Famille : Rosacées.
Dimensions : de 50 cm à 1,50 m de haut et de large, croissance rapide (taille adulte en 2 à 3 ans).
Sol : tout sol perméable, pauvre, pas trop calcaire.
Exposition : soleil ou ombre légère.
Variétés : 'Abbotswood' (80 cm), blanc. 'Elizabeth' (1 m), jaune canari intense. 'Goldfinger' (50 cm), jaune doré. 'Katherine Dykes' (1,5 m), jaune clair. 'Klondike' (50 cm), jaune foncé. 'Pretty Polly' (80 cm), rose pâle. 'Red Ace' (50 cm), rouge clair à revers jaune. 'Vilmoriniana' (1,2 m), fleurs blanc crème, assez petites, feuilles argentées.
Méthode de culture : taillez après la floraison.
Utilisations : bordure, rocaille, massif, petite haie.
Le truc à connaître : les variétés à fleurs orange, rouges ou roses se décolorent en plein soleil. Plantez-les dans un endroit ombragé, pendant les heures les plus chaudes, qui conserve le sol frais.
Notre conseil : mariez les potentilles jaunes à des géraniums à fleurs bleues, comme 'Johnson's Blue'.

Spartium junceum
GENÊT D'ESPAGNE

Spontané dans les régions méditerranéennes, le genêt d'Espagne est, hélas, peu rustique et doit être réservé aux régions côtières en dehors de sa zone d'origine. Il est apprécié pour sa floraison jaune vif, très parfumée durant tout l'été.
Famille : Fabacées.
Dimensions : de 2 à 3 m de haut et de large.
Sol : léger, sec et sableux, même pauvre.
Exposition : soleil, lieu chaud, bord de mer.
Variété : on ne cultive que l'espèce type.
Méthode de culture : taillez-le sévèrement en mars.
Utilisations : massif, haie libre.
Le truc à connaître : il est très facile de multi-

Les arbustes à fleurs d'été

plier cet arbuste par semis en fin d'été, ou par boutures herbacées en juin et en juillet, à l'étouffée.
Notre conseil : plantez-le en compagnie de *Hebe* à fleurs bleues, comme 'Midsummer Beauty', dans tous les jardins de bord de mer où il réussit bien.

Spiraea x *bumalda* — SPIRÉE

D'origine inconnue, cet hybride vient sans doute du Japon. C'est un charmant petit arbuste caduc qui, tout l'été, épanouit des fleurs rose foncé sur un joli feuillage panaché de rose et de crème au début du printemps.
Famille : Rosacées.
Dimensions : 80 cm de haut et de large, croissance rapide. La taille adulte est obtenue en deux ans.
Sol : riche et frais, mais jamais détrempé.
Exposition : soleil pour une floraison abondante.
Autres variétés : 'Anthony Waterer' (80 cm), cramoisi vif. 'Coccinea' (1 m), rouge foncé. 'Froebelli' (1 m), fleurs rouge pourpre foncé, feuilles rouge-brun puis vertes. 'Goldflame' (80 cm), feuillage particulièrement joli, d'abord bronze, puis jaune, avant de virer à l'orange cuivré en automne. *Spiraea salicifolia* atteint 2 m et fleurit en épis roses en juin et en juillet.
Méthode de culture : apportez de l'engrais chaque année en mars. Taillez court en fin d'hiver.
Utilisations : massif, bordure, rocaille.
Le truc à connaître : les panachures sont très variables sur l'arbuste. Si vous souhaitez une plante entièrement panachée, supprimez tous les rameaux verts en les taillant à la base, sinon, faites le contraire.
Notre conseil : avec cette spirée, formez de jolies haies miniatures. Elles fleurissent tout l'été, autour d'un potager ou d'un coin de fleurs coupées.

Tamarix pentandra — TAMARIS

Ce grand arbuste, ou petit arbre caduc, est séduisant par son port arqué, son feuillage léger, plumeux, et sa floraison rose, très généreuse, en août-septembre, qui recouvre tout l'arbuste. Il est présent du sud de la Russie à la Chine.
Famille : Tamaricacées.
Dimensions : de 3 à 5 m de haut et de large, croissance rapide (taille adulte en 4 à 5 ans).
Sol : toutes les terres sont acceptées, sauf les plus calcaire ou les terrains très lourds et humides.
Exposition : soleil, chaleur et bonne aération.
Variétés : 'Pink Cascade', d'un rose intense. 'Rubra', rose foncé. 'Rosea', rose.
Méthode de culture : apport d'eau et d'engrais sont superflus. Bouturez à bois sec l'extrémité des pousses en décembre, directement en place.
Utilisations : fond de massif, isolé, haie libre.
Le truc à connaître : pour une floraison encore plus généreuse, rabattez le tamaris d'été, chaque année en février, jusqu'au niveau du vieux bois.
Notre conseil : plantez-le dans les jardins du bord de mer, où vous pouvez constituer des brise-vent touffus en le taillant sévèrement en buisson.

Yucca gloriosa — YUCCA GLORIEUX

Comme tous les yuccas, cette belle espèce du sud-est des États-Unis revêt une allure exotique, avec son tronc simple ou multiple, ses feuilles rigides, dangereusement pointues, et, tout l'été, ses énormes panicules coniques de 1 à 2 m de hauteur, aux fleurs blanc crème.
Famille : Liliacées.
Dimensions : de 2 à 3 m de haut et de large.
Sol : riche, bien drainé, mais pas trop léger.
Exposition : plein soleil, lieu chaud, même aride.
Variétés : 'Variegata', à feuilles ornées d'une bande centrale vert pâle. 'Nobilis', une variété rare à feuilles glauques, fleurs blanches à extrémité rouge.
Méthode de culture : taille, apport d'engrais ou d'eau sont superflus dans des conditions normales.
Utilisations : surtout en isolé sur une pelouse.
Le truc à connaître : en mai, divisez les touffes âgées et replantez les éclats. C'est à cette époque qu'ils reprennent le mieux.
Notre conseil : dans les régions froides, cultivez ce yucca en pot que vous rentrerez à l'abri en hiver. Attention, la souche est très vigoureuse : une fois installé, il est assez difficile de s'en débarrasser.

▲ *Spiraea* x *bumalda* 'Anthony Waterer' : un classique.

▲ *Spiraea salicifolia* : de longs épis duveteux en été.

▲ *Tamarix pentandra* : une floraison plumeuse très légère.

Yucca gloriosa : des feuilles dangereusement acérées. ▶

Les plantes ornementales

LES ARBUSTES À FLEURS D'AUTOMNE

L'automne met plus volontiers en vedette les couleurs des feuillages que celles des floraisons. C'est pourquoi les arbustes, qui s'épanouissent en cette saison tardive, sont peu nombreux et souvent assez peu connus. Leur présence dans un jardin est pourtant un véritable enchantement.

Caryopteris x *clandonensis*
CARYOPTÉRIS

Ce petit arbuste asiatique au feuillage aromatique, caduc, est admirable par sa floraison bleu intense en fin d'été et au début de l'automne.
Famille : Verbénacées.
Dimensions : de 1 à 2 m de hauteur, de 2 à 3 m de large, croissance rapide (60 cm en un an).
Sol : riche, profond, bien drainé, même calcaire.
Exposition : soleil, lieu chaud et abrité du vent.
Espèces et variétés : *Caryopteris* x *clandonensis* (1 m) est parfaitement rustique, fleurs bleu violacé en août et en septembre, feuillage à revers argent. 'Heavenly Blue' (80 cm), bleu vif. 'Kew Blue' (1 m), bleu foncé très intense. *Caryopteris incana* (2 m), moins rustique, bleu-violet vif en octobre.
Méthode de culture : paillez en hiver, apportez un engrais et taillez très court en mars et en avril.
Utilisations : massif, surtout avec des vivaces.
Le truc à connaître : s'il se forme des taches jaunâtres sur les feuilles (virus de la mosaïque), arrachez et brûlez immédiatement la plante.
Notre conseil : mariez ce bel arbuste à des potentilles à fleurs blanches ou jaunes, ou à des rosiers remontants, 'Iceberg' (blanc) ou 'Golden Wings' (jaune).

▲ *Caryopteris* x *clandonensis* 'Heavenly Blue' : tout bleu.

 Clerodendron trichotomum : un arbuste assez frileux.

Clerodendrum spp.
CLÉRODENDRON

Doté d'un feuillage caduc, plutôt ordinaire, qui sent mauvais quand on le froisse, cet arbuste se métamorphose en automne lors de l'apparition de ses fleurs magnifiquement parfumées, suivies de baies décoratives. Il vient de Chine et du Japon.
Famille : Verbénacées.
Dimensions : de 2 à 3 m de hauteur et de large, croissance assez rapide (taille adulte en 5 à 6 ans).
Sol : assez riche, bien drainé, profond.
Exposition : soleil, la mi-ombre légère est tolérée.
Espèces et variétés : *Clerodendrum trichotomum* (2 m), fleurs blanches en août et en septembre suivies de baies bleu vif. 'Fargesii' (3 m) plus rustique aux baies nombreuses. *Clerodendrum bungei* (3 m) est plus frileux, mais il repousse à la base après avoir gelé. Fleurs rose violacé en août et en septembre.
Méthode de culture : paillez en hiver, taillez en mars.
Utilisations : fond de massif, haie libre.
Le truc à connaître : pour multiplier facilement cet arbuste, prélevez des drageons en mars et en avril.
Notre conseil : associez-le au *Leycesteria formosa* pour un effet automnal d'une très grande originalité.

Desmodium penduliflorum
LESPEDEZA

Appelé aussi *Lespedeza thunbergii*, c'est un des arbustes les plus spectaculaires en septembre et en octobre, quand ses tiges arquées croulent sous des panicules de roses de 60 à 80 cm de long. Il est caduc, moyennement rustique et originaire du nord de la Chine et du Japon.
Famille : Légumineuses.
Dimensions : de 2 à 3 m de haut et de large.
Sol : riche et assez léger, profond, humifère.
Exposition : plein soleil pour une bonne floraison.
Variété : on ne cultive que l'espèce type.
Méthode de culture : paillez en hiver. En mars,

Les arbustes à fleurs d'automne

rabattez les tiges de l'année précédente au ras du sol pour que l'arbuste conserve une forme compacte.
Utilisations : massif, rocaille, haie composée.
Le truc à connaître : multipliez facilement cet arbuste en arrachant une racine en avril et en la tronçonnant en plusieurs segments que vous mettrez à bourgeonner dans un pot à la maison.
Notre conseil : mariez-le à des asters de même couleur, ou bien, pour un joli contraste, à un phormium pourpre et à un arbuste doré, comme le *Physocarpus opulifolius* 'Dart's Gold'.

Dorycnium hirsutum
DORYCNIUM

Si cet arbrisseau méditerranéen fleurit dès mai-juin dans le Nord, sa région d'origine, sa floraison blanche est plus tardive et court de l'été jusqu'au début du mois d'octobre. Elle est suivie de fruits rouges et décoratifs. Son feuillage argenté est superbe toute l'année.
Famille : Légumineuses.
Dimensions : 30 cm de haut, de 1 à 1,5 m de large, croissance assez rapide en région chaude.
Sol : léger, bien drainé, voire sec, même pauvre.
Exposition : plein soleil, il tolère jusqu'à -10 °C.
Variété : on ne cultive que l'espèce type.
Méthode de culture : taille, apports d'eau et d'engrais superflus. Contentez-vous de le désherber.
Utilisations : bordure, rocaille, potée dans le Nord.
Le truc à connaître : plus le sol est caillouteux et l'emplacement brûlant, plus la plante est belle.
Notre conseil : associez l'argent du feuillage du dorycnium à des euphorbes pourpres.

Elsholtzia stauntonii
ELSHOLTZIA

Venu du nord de la Chine, ce petit arbuste très rustique est intéressant par sa floraison tardive : petites fleurs rose pourpré clair, d'août à octobre. Son feuillage dégage une odeur de menthe quand on le froisse. En climat froid, ses tiges seront rabattues au sol chaque hiver, mais repartiront toujours vigoureusement au printemps.
Famille : Labiacées.
Dimensions : 1,2 m de haut, 2 m de large, croissance assez rapide quand il se plaît.
Sol : riche et bien drainé, argilo-siliceux.
Exposition : plein soleil, sans être brûlante.
Variété : 'Alba a de jolies fleurs blanches.
Méthode de culture : paillez chaque hiver, rabattez les tiges au ras du sol en mars et en avril.
Utilisations : massif, bordure, bac sur terrasse.
Le truc à connaître : multipliez facilement ce bel arbuste par des boutures de jeunes pousses en juin. Badigeonnez-les d'hormones et piquez-les dans un substrat léger à base de sable et de tourbe blonde.
Notre conseil : créez une jolie scène automnale dans les régions au climat doux, en plantant au pied de l'elsholtzia des bulbes de *Schizostylis coccinea* rose pâle et de *Nerine x bowdenii* à fleurs blanches.

Leycesteria formosa
ARBRE AUX FAISANS

Malgré son nom botanique compliqué, cet arbuste caduc est assez répandu, prisé à juste titre pour sa longue floraison pourpre (de juin-juillet à fin septembre) à laquelle succèdent de jolis fruits prune. Ses rameaux gèlent parfois au ras du sol, mais au printemps il en naît d'autres très vigoureux.
Famille : Caprifoliacées.
Dimensions : de 2 à 3 m de haut, 2,5 m de large, croissance assez rapide (taille adulte en 4 à 5 ans).
Sol : riche et bien drainé, avec beaucoup d'humus.
Exposition : soleil ou mi-ombre légère.
Variété : on ne cultive que l'espèce type.
Méthode de culture : en mars-avril, rabattez les tiges éventuellement abîmées par le froid hivernal.
Utilisations : isolé, fond de massif, haie fleurie.
Le truc à connaître : pour marcotter facilement les tiges raides de la base, posez dessus une grosse pierre. Procédez en septembre et attendez le mois de mai suivant avant de sevrer les jeunes plants enracinés et de les transplanter en terre légère.
Notre conseil : mettez bien en valeur ce superbe arbuste, en l'isolant dans un lieu dégagé ou près d'un passage. Pensez à l'accompagner d'un ciste blanc ou rose qui le précédera dans sa floraison.

Leycesteria formosa : très original et vraiment décoratif. ▶

▲ *Desmodium penduliflorum* : une floraison retombante.

▲ *Dorycnium hirsutum* : à réserver aux jardins du Midi.

▲ *Elsholtzia stauntonii* : de très beaux épis roses.

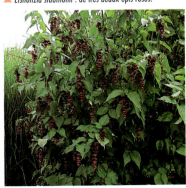

Les plantes ornementales

LES ARBUSTES À FLEURS D'HIVER

En s'épanouissant à une époque où tout le jardin est en sommeil, ces arbustes peuvent paraître anachroniques. Ils sont les bienvenus pour mettre un peu de couleur dans la grisaille hivernale.

Chimonanthus praecox
CHIMONANTHE ODORANT

Ses fleurs au séduisant parfum de miel s'ouvrent, à même le bois nu, de janvier (parfois décembre) à mars Elles sont d'un jaune cireux, teinté de pourpre. Cet arbuste originaire de Chine est idéal pour le Sud et l'Ouest.
Famille : Calycanthacées.
Dimensions : de 2 à 4 m de haut, 3 m de large, croissance assez rapide (taille adulte en 5 à 6 ans).
Sol : ordinaire, profond, bien drainé.
Exposition : soleil, à l'abri des vents froids.
Variété : 'Grandiflorus', fleurs jaune plus foncé, teintées de rouge. 'Luteus', fleurs assez grandes, plus tardives, d'un jaune cireux uniforme.
Méthode de culture : taillez sans excès, juste pour équilibrer l'arbuste après la floraison.
Utilisations : isolé, fond de massif, haie libre.
Le truc à connaître : multipliez facilement le chimonanthe par semis de graines, tout juste récoltées à maturité. Protégez bien les jeunes plants des gelées.
Notre conseil : pour profiter au maximum du parfum merveilleux de cet arbuste au cœur de l'hiver, placez-le tout près de la maison, le long d'un passage que vous empruntez tous les jours.

▲ *Chimonanthus praecox : très original en janvier-février.*

◄ *Cornus mas : des fleurs globuleuses jaune d'or éclatant.*

Cornus mas
CORNOUILLER MÂLE

Dès février, ce grand arbuste très ramifié, rustique, spontané dans les forêts du centre et du sud de l'Europe, éclôt des nuées de petites fleurs jaunes à même les tiges nues. Leur succèdent des fruits rouge vif, comestibles : les cornouilles qui font d'excellentes confitures, des gelées ou du sirop. La plante entière a des vertus toniques, astringentes et l'écorce est fébrifuge.
Famille : Cornacées.
Dimensions : de 8 à 10 m de haut et de large, croissance rapide (3 m en quatre ans).
Sol : sans exigence particulière, il pousse partout.
Exposition : soleil (non brûlant) ou mi-ombre.
Variétés : 'Aurea' (de 5 à 6 m), feuilles teintées de jaune. 'Aureoelegantissima' (de 2 à 3 m), doit être abrité du soleil vif, feuilles panachées de jaune, teintées de rose. 'Variegata' (de 5 à 6 m), très jolie forme à feuillage marginé de blanc, nombreux fruits.
Méthode de culture : gardez le port naturel.
Utilisation : haie libre, fond de massif.
Le truc à connaître : laissez stratifier deux ans dans du sable les graines récoltées à maturité en fin d'été, puis semez-les en place dès octobre.
Notre conseil : associez ce splendide caduc à des persistants, comme le houx et le laurier-tin, qui mettront parfaitement en valeur sa floraison.

Corylopsis spp.
CORYLOPSIS

Les fleurs au parfum puissant de ce bel arbuste caduc s'ouvrent dès mars-avril, parfois avant les feuilles. Doté d'un port très évasé, le corylopsis devient complètement doré en automne. Il est originaire de l'Himalaya, de la Chine et du Japon.
Famille : Hamamélidacées.
Dimensions : de 1,5 à 3 m de haut et de large.
Sol : riche, frais, humifère, acide ou neutre.
Exposition : mi-ombre, à l'abri des vents froids.

Les arbustes à fleurs d'hiver

Espèces et variétés : *Corylopsis pauciflora* (2 m), aux nombreuses grappes jaune primevère en mars-avril. *Corylopsis sinensis* (4 m), très rustique, au port très ouvert, fleurs jaune citron en avril. *Corylopsis willmottiae* (4 m), fleurs jaune pâle en mars.
Méthode de culture : arrosez régulièrement et paillez en été pour maintenir le sol frais.
Utilisations : massif d'arbustes ombragé.
Le truc à connaître : pour bien profiter de sa floraison précoce, cultivez-le en pot que vous rentrerez dans une véranda maintenue hors gel en hiver.
Notre conseil : pour bien choisir votre variété préférée, achetez le corylopsis alors qu'il est en fleur.

Garrya elliptica
GARRYA

L'attrait majeur de ce bel arbuste ou petit arbre persistant vient de ses longs chatons grêles, argentés. Ils sont pendants (30 cm de long en climat chaud) sur les pieds mâles, dressés et plus petits chez les plantes femelles. Originaire de la Californie, le garrya est peu rustique.
Famille : Garryacées.
Dimensions : de 2 à 4 m de haut et de large, la croissance est rapide (1,5 m en 3 ans).
Sol : léger, bien drainé, assez pauvre et plutôt sec.
Exposition : soleil ou mi-ombre légère.
Variété : 'James Roof', variété mâle vigoureuse, à grandes feuilles coriaces et longs chatons (20 cm).
Méthode de culture : paillez le pied chaque hiver pour protéger du froid. La taille est superflue.
Utilisations : palissez sur un mur, fond de massif.
Le truc à connaître : cet arbuste ne supporte pas la transplantation. Achetez-le en conteneur.
Notre conseil : en région parisienne, palissez cette viorne contre un mur bien exposé.

Hamamelis mollis
HAMAMÉLIS

En janvier, parfois dès décembre, embaument les fleurs jaune d'or de ce grand arbuste caduc, rustique, au joli port étalé. Il est natif de l'ouest et du centre-ouest de la Chine. ses grandes feuilles virent au jaune cuivré en automne.

Famille : Hamamélidacées.
Dimensions : 5 m de haut et de large, croissance lente (1 m en trois ans). Écartement de 5 à 7 m.
Sol : riche, assez frais, humifère, acide ou neutre.
Exposition : soleil non brûlant, floraison et couleurs d'automne sont réduites à l'ombre.
Variétés : 'Brevipetala', une forme érigée à petites fleurs jaune-orangé. 'Coombe Wood', fleurs un peu plus grandes. 'Goldcrest', fleurs jaune d'or intense, teintées de rouge à la base. 'Pallida', fleurs jaune soufre. 'Jelena' aux chaudes couleurs d'automne.
Méthode de culture : paillez les premiers étés pour maintenir le pied au frais. Ne taillez pas.
Utilisations : isolé dans un endroit assez dégagé.
Le truc à connaître : si les feuilles restent jaunes en été, cela vient d'une terrre trop calcaire. Changez l'arbuste de place et, si besoin est, créez une fosse remplie de terre de bruyère et de terreau forestier.
Notre conseil : isolez les formes les plus belles sur un fond de conifères ou de persistants, mais toujours à proximité de la maison pour profiter du parfum.

Viburnum x *bodnantense*
VIORNE PARFUMÉE

Cet arbuste caduc, précieux pour sa floraison blanc rosé, parfumée, entre octobre et avril, est un hybride, hélas peu rustique, de *Viburnum farreri* (Chine) et de *Viburnum grandiflorum* (Himalaya).
Famille : Caprifoliacées.
Dimensions : 3 m de haut et de large, croissance rapide (taille adulte en 4 à 5 ans).
Sol : toute bonne terre assez riche et saine.
Exposition : soleil ou mi-ombre légère.
Variétés : 'Charles Lamont', aux boutons rouges et fleurs rose foncé. 'Dawn', à fleurs rose pur. 'Deben', aux fleurs blanches à anthères crème.
Méthode de culture : arrosez abondamment les premiers étés suivant la plantation, taille inutile.
Utilisations : isolé, massif avec des persistants.
Le truc à connaître : contre les pucerons noirs qui recroquevillent des feuilles, pulvérisez un insecticide.
Notre conseil : achetez l'arbuste en fleur en conteneur, afin de choisir la couleur que vous préférez.

▲ *Corylopsis willmottiae* : de légères grappes jaune vif.

▲ *Garrya elliptica* : de curieuses inflorescences argentées.

▲ *Hamamelis* x *intermedia* 'Jelena' : le roi de l'hiver.

Viburnum x *bodnantense* : le parfum en plus. ▶

Les plantes ornementales

LES PLANTES DE TERRE DE BRUYÈRE

jardin d'agrément

Comptant parmi les plus beaux arbustes du jardin, ces plantes présentent la particularité de ne pas supporter la présence de calcaire dans le sol. On les cultive dans de la terre de bruyère ou dans un terreau acide.

Acer japonicum
ÉRABLE JAPONAIS

Le feuillage est l'atout majeur des érables du Japon. Élégamment découpé, il passe du vert tendre en été, au rouge carminé flamboyant à l'automne. Ce petit arbre, parfaitement rustique, supporte mal les fortes chaleurs.
Famille : Acéracées.
Dimensions : 10 m de haut, de 6 à 8 m de large, croissance assez rapide (2 m en 3 ans).
Sol : frais, bien drainé, un terreau acide.
Exposition : abritée des vents froids, soleil tamisé.
Variétés : 'Aconitifolia' (3 m) et 'Vitifolium' (12 m), moins rustiques, ont un feuillage très divisé, qui prend des couleurs brillantes en automne.
Méthode de culture : paillez et arrosez.
Utilisations : isolé ou en petit bosquet.
Le truc à connaître : en cas de forte attaque du *Verticillium*, arrachez et brûlez rapidement la plante atteinte, et pulvérisez de la bouillie bordelaise sur le tronc des autres érables pour empêcher le champignon de pénétrer par les blessures.
Notre conseil : pour un spectacle automnal éblouissant, mariez-le avec hamamélis et parrotia.

 Acer japonicum 'Vitifolium' : dans son éclat automnal.

 Un contraste de couleurs entre deux *Acer palmatum*.

Acer palmatum
ÉRABLE DU JAPON

Originaire de l'est de la Chine, de Corée et du Japon, cet érable rustique présente un magnifique feuillage, vert, qui prend de superbes tons rouge carminé en automne.
Famille : Acéracées.
Dimensions : de 10 à 15 m de haut et de large.
Sol : humide, mélangez du terreau à la plantation.
Exposition : soleil voilé ou mi-ombre, un lieu abrité des vents froids et secs. Gare aux fortes chaleurs !
Variétés : 'Butterfly' (4 m), vert pâle, maculé de crème. 'Deshôjô' (4 m), rouge brillant au printemps, devenant vert pâle en été. 'Dissectum Atropurpureum' (de 3 à 5 m), pourpre foncé. 'Garnet' (3 m), orange rougeâtre. 'Osakazuki' (4 m), vert vif, virant au cramoisi écarlate en automne. 'Seiryû' (4 m), aux feuilles finement découpées, écorce vert vif. 'Senkaki' (7 m), jeunes pousses rouge corail tout l'hiver, feuilles virant au jaune canari en automne.
Méthode de culture : taillez en novembre et en décembre si besoin est. Traitez les cochenilles.
Utilisations : isolé ou avec des rhododendrons.
Le truc à connaître : cet érable est sensible au *Verticillium*, surtout celui à feuillage rouge. Ne le plantez pas près d'un champ de pommes de terre.
Notre conseil : isolez cet érable sur une pelouse, afin de le mettre parfaitement en valeur.

Arctostaphylos uva-ursi
BUSSEROLE

Voilà un sympathique buisson rampant, persistant, égayé de petites fleurs blanc rosé en avril-mai, puis de fruits rouges. Il pousse dans toutes les régions tempérées de l'hémisphère Nord.
Famille : Éricacées.
Dimensions : 30 cm de haut, 1 m de large.
Sol : acide, sec ou humide, sans problème.
Exposition : soleil assez doux.
Variétés : 'Massachusetts', nombreuses fleurs blanc rosé. 'Vancouver Jade', joli feuillage, grosses fleurs.
Méthode de culture : aucun entretien.

Les plantes de terre de bruyère

Utilisations : rocaille, talus, bordure.
Le truc à connaître : multipliez-le facilement en marcottant les rameaux qui rampent sur le sol.
Notre conseil : ce joli persistant tapissera en beauté un talus sablonneux, en compagnie d'ajonc rampant.

Aronia melanocarpa
ARONIA

Venu de l'est de l'Amérique du Nord, ce bel arbuste caduc, rustique, au port dressé, éclôt en avril-mai des fleurs blanches groupées en corymbes. Les fruits rouges ou noirs mûrissent au sein d'un feuillage qui flamboie en automne.
Famille : Rosacées.
Dimensions : de 2 à 3 m de haut, entre 1,5 m et 2 m de large, croissance assez rapide.
Sol : léger, sec, excepté pour *Aronia arbutifolia* qui aime une terre plus humifère et toujours fraîche.
Exposition : soleil léger ou mi-ombre.
Espèces et variétés : *Aronia arbutifolia* (3 m), fruits rouge vif de septembre à Noël. 'Brilliant', fruits très décoratifs et belles couleurs d'automne. *Aronia melanocarpa* (2,5 m), fruits ronds, noirs. 'Viking', fruits plus nombreux. *Aronia x prunifolia*, gros fruits noirs.
Méthode de culture : une plante sans entretien.
Utilisations : isolé, haie libre, massif d'arbustes.
Le truc à connaître : lavez les graines pour les séparer de la pulpe. Semez dans des pots qui passeront l'hiver dehors. Rentrez-les au chaud en mars.
Notre conseil : pour un bel effet, plantez l'aronia par groupes de 5 à 6 arbustes de la même variété.

Azalea spp.
AZALÉE

L'azalée appartient désormais au genre *Rhododendron*. Les azalées caduques, très rustiques, de croissance assez rapide, ont le feuillage qui se colore souvent en automne. Les azalées persistantes (ou japonaises) sont moins rustiques. Les deux types offrent de petites fleurs éclatantes.
Famille : Éricacées.
Dimensions : de 1 à 2,5 m de haut et de 1,5 à 4 m de large, pour les caduques. De 50 cm à 1,5 m de haut et de 1 à 3 m de large, pour les persistantes.

Sol : très acide, terre de bruyère pure.
Exposition : soleil direct pour les azalées caduques, mi-ombre à l'abri des vents froids pour les azalées japonaises. Une forte hygrométrie est appréciée.
Variétés : parmi les azalées mollis caduques, aux fleurs parfumées ; 'Directeur Moerlands' (1,5 m), fleurs jaune d'or, à gorge foncée et macule brun olive ; 'Koster's Brilliant Red' (1,5 m), fleurs rouge-orangé à flamme orange. Les hybrides 'Knap Hill' se colorent en automne. Parmi les cultivars précoces : 'Persil' (2,5 m), blanc pur ; 'Fireball' (2,5 m), rouge-vermillon vif, éclairé de rouge feu, jeune feuillage rouge foncé cuivré ; 'Klondyke' (2,5 m), fleurs parfumées, jaune clair, orange foncé et vert, boutons orangés. Les suivants sont plus tardifs : 'Glowing Embers' (2,5 m), grandes fleurs orange cuivré, maculées d'orange, de jaune et de rouge ; 'Tunis' (2,5 m), fleurs parfumées, rouge carmin, éclairées d'orange, boutons rouge très foncé.
Les azalées de Gand aux fleurs de chèvrefeuille sont vigoureuses : 'Nancy Waterer' (3 m), grandes fleurs jaune d'or, maculées d'orangé ; 'Fanny' (3 m), rose vif carminé, maculé de jaune-ocre.
Parmi les azalées japonaises précoces (avril) : 'Amoena' (1 m), fleurs doubles, violet purpurin ; 'Rex' (80 cm), fleurs doubles, saumon orangé ; 'Esmeralda' (1 m), rose clair. Fin avril, début mai s'épanouissent : 'Beethoven' (1,5 m), à grandes fleurs lilas ; 'Cattleya' (1 m), aux petites fleurs rose très pâle à cœur blanc et bord lavande ; 'Kirin' (80 cm), à fleurs doubles, rose satiné et cœur plus vif ; 'Palestrina' (1,5 m), blanc. Après la mi-mai viennent les formes tardives : 'Kermesina' (80 cm), rose à petites fleurs ; 'Macrantha' (1,5 m), grandes fleurs saumon ; 'Vuyk's Orange' (1 m), très grandes fleurs orange.
Méthode de culture : arrosez les azalées caduques en été. Inutile de tailler. Fertilisez au printemps.
Utilisations : bordure, massif, rocaille, haie fleurie.
Le truc à connaître : pour un effet spectaculaire et original, formez les azalées sur tronc. Sélectionnez une tige bien droite chez une plante jeune et favorisez son grossissement en supprimant les rameaux latéraux, jusqu'à la hauteur désirée.
Notre conseil : plantez des azalées japonaises dans un sous-bois clair ou au pied d'un *Cornus florida*.

Azalea mollis : des feuilles caduques, des fleurs superbes. ▶

▲ *Arctostaphylos uva-ursi* : on l'appelle le « raisin d'ours ».

▲ *Aronia melanocarpa* : très décoratif en automne.

▲ Un somptueux massif d'azalées japonaises à la mi-mai.

Les plantes ornementales

jardin d'agrément

▲ Les *Calluna vulgaris* forment des tapis fleuris très denses.

▲ *Calluna vulgaris* 'Harlequin' : une belle floraison blanche.

◄ 'Show Girl' : un hybride de *Camellia sasanqua*.

Calluna vulgaris
BRUYÈRE COMMUNE

Cette jolie plante tapissante, persistante, fleurit de juillet à décembre selon les variétés, le plus souvent en août et en septembre. Avec toutes les nuances de leur feuillage, les bruyères communes permettent de composer toute l'année des jeux de couleurs séduisants. Elles poussent spontanément en Europe et en Sibérie, dans tous les lieux possibles (landes, tourbières).

Famille : Éricacées.

Dimensions : de 5 à 60 cm de hauteur, de 20 à 70 cm de largeur. Croissance assez rapide.

Sol : il leur faut une terre non calcaire, légère, acide, sèche (lande) ou humide (tourbière).

Exposition : ensoleillée (non brûlant) ou mi-ombre.

Variétés : pour une floraison en juillet-août, choisissez 'Alportii Praecox', haute de 40 cm, à fleurs rouge cramoisi et à feuillage sombre ; ou 'Tib', haute de 40 cm, à fleurs doubles, rouge violacé. Pour une floraison en août-septembre, 'County Wicklow', haute de 25 cm, est à fleurs doubles, roses et à feuillage vert soutenu. 'Gold Haze', de 30 cm de haut, est à fleurs blanches et à feuillage doré, éclatant. 'Hammondii', 60 cm de hauteur, a les fleurs blanches et le feuillage vert foncé ; son port est érigé. 'Minima', de 5 à 10 cm de hauteur, possède un feuillage vert foncé ; elle est tapissante et présente des fleurs lilas pâle. 'Robert Chapman', haute de 40 cm, est à fleurs pourpres ; son feuillage bronze en été devient orange, puis rouge en hiver. 'Wickwar Flame', de 25 cm de hauteur, a les fleurs rose pâle et le feuillage orange doré, devenant rouge en hiver. 'Winter Chocolate', 30 cm de hauteur, est à fleurs lavande et au feuillage vert orange en été, chocolat en hiver. Pour une floraison en septembre et en octobre, 'Peter Sparkes', de 40 cm de hauteur, présente de longs épis de fleurs doubles, rose saumon et un feuillage vert-gris. 'Shuring Sensation', 40 cm de hauteur, est à fleurs doubles, roses. En novembre et en décembre, les meilleures variétés sont : 'Autumn Glow', 30 cm de hauteur, à floraison rose avec un feuillage vert foncé ; et 'Battle of Arnhem', 30 cm de hauteur, dont les fleurs roses apparaissent dès octobre avec un feuillage vert foncé.

Méthode de culture : pratiquez une simple taille de nettoyage dès que la floraison est terminée. Évitez les apports d'eau et d'engrais.

Utilisations : placez la bruyère en bordures de massifs ou sur des talus. C'est aussi une plante qui vient bien en jardinières, sur un balcon ou une terrasse.

Le truc à connaître : n'enrichissez pas le sol pour cette bruyère. En effet, plus le mélange est pauvre, plus elle reste dense et bien touffue.

Notre conseil : associez différentes variétés pour créer de merveilleux effets de couleurs, en tenant compte des teintes des fleurs, mais aussi des feuilles qui, souvent, changent de nuance en hiver.

Camellia spp.
CAMÉLIA

Cet élégant grand arbuste ou petit arbre, moyennement rustique, fleurit de façon spectaculaire le plus souvent entre février et mai, mais aussi, pour certaines variétés, dès l'automne. Le feuillage persistant est d'un joli vert lustré. Le

Les plantes de terre de bruyère

camélia est originaire de Chine, du Japon, de l'Inde, de Corée et du sud-est de l'Asie.

Famille : Éricacées.

Dimensions : de 2 à 10 m de hauteur et de largeur. Mais, le plus souvent, les camélias ne dépassent pas 2 m à 3 m de hauteur en tous sens.

Sol : riche, léger, frais, bien drainé.

Exposition : mi-ombre, soleil non brûlant, surtout pour le *Camellia sasanqua*, voire ombre pour certaines variétés. Abritez-le aussi des vents froids.

Espèces et variétés : parmi les *Camellia japonica*, originaires du Japon et de Corée, préférez pour une floraison précoce, en février et en mars, parfois dès décembre ou janvier, 'Nobilissima', à fleurs de pivoine, blanches, et au port assez érigé. 'Chandleri Elegans' présente de grandes fleurs d'anémone, d'un rose lumineux, parfois tachetées de blanc. 'Madame Lourmand' est à grandes fleurs simples, blanc pur avec, au centre, des étamines jaunes. Pour la mi-saison, c'est-à-dire mars et avril, 'Benodet' fleurit comme une pivoine rouge. 'Coquetti' a les fleurs rouge cerise, imbriquées. 'Souvenir de Henri Guichard' présente une très longue floraison. Ses fleurs sont semi-doubles, panachées, roses, bordées de blanc et striées de carmin. En floraison tardive, avril-mai, citons : 'Yukibotan' à fleurs semi-doubles, blanches et au port érigé. 'Fleur de Pêcher' possède de petites fleurs semi-doubles, rose tendre, et un port étalé. 'Contessa Lavinia Maggi' est à grandes fleurs imbriquées, striées de rose sur fond blanc.

Originaire de l'ouest de la Chine, *Camellia* x *williamsii* est issu du croisement de *Camellia japonica* et de *Camellia saluenensis*. Il présente une floraison très longue, qui va de janvier ou février à mai. 'Debbie' est vigoureux, ses grandes fleurs de pivoine sont rose orchidée, et son port souple est adapté au palissage. 'Donation', à grandes fleurs semi-doubles roses, se prête également au palissage. 'Inspiration', à fleurs semi-doubles, rose vif carminé, présente le même port souple que les deux précédents.

Camellia sasanqua, espèce originaire du Japon, est précieux pour sa floraison automnale qui s'étale du mois d'octobre jusqu'en décembre, selon les variétés. 'Crimson King' est hâtif, à fleurs simples, rouges. 'Narumigata', assez tardif, est très vigoureux ; ses fleurs sont blanc rosé. 'Versicolor', tardif, est à fleurs simples, parfumées, blanches, nuancées de rose vif. 'Yuletide', plus tardif, se garnit de petites fleurs légèrement parfumées. Le coloris est rouge-vermillon vif, avec un cœur à étamines jaunes.

Méthode de culture : arrosez fréquemment par temps sec, mais n'apportez jamais de fumier. Paillez chaque hiver et, en climat froid, emmaillotez le pied dans un voile de protection. Après un hiver rigoureux, rabattez les rameaux éventuellement gelés.

Utilisations : les camélias constituent de superbes massifs. Mais ils peuvent aussi être plantés en isolés sur une pelouse, au milieu d'une terrasse. Ils présentent également une excellente tenue plantés en bacs ou en pots, placés sur une terrasse ou un balcon.

Le truc à connaître : pour les plantes cultivées en pot, afin d'éviter un rempotage trop fréquent, épandez une poignée d'engrais, spécial plantes de terre de bruyère, juste après la floraison. Vous pouvez aussi pulvériser un engrais foliaire spécifique.

Notre conseil : en climat favorable, dans les régions situées dans l'Ouest et le Sud-Ouest, palissez contre un mur au nord des variétés adaptées, comme 'Cornish Snow', 'Inspiration' ou 'Debbie'.

▲ *Camellia japonica* 'Grand Prix' : un rouge bien vif.

▲ *Camellia* x *williamsii* 'Elsie Jury' est un hybride rose pâle.

▼ Le *Camellia japonica* forme un buisson de plus de 2 m.

Les plantes ornementales

▲ *Cassiope lycopodioides* : de timides clochettes.

▲ *Daboecia cantabrica* 'Bicolor' : une grande finesse.

Cassiope lycopodioides
CASSIOPE

Proche des *Calluna* et des *Erica*, cette sorte de bruyère des régions boréales et de l'Himalaya présente des feuilles persistantes, très petites, et des fleurs solitaires, en clochette, en avril-mai.
Famille : Éricacées.
Dimensions : de 5 à 30 cm de haut, entre 50 cm et 80 cm de large, croissance assez lente.
Sol : tourbeux, acide, humide, mais bien drainé.
Exposition : ombre ou mi-ombre.
Espèces et variétés : 'Bearsden' (10 cm) a des fleurs blanches en avril et en mai. 'Edinburgh' (20 cm), la plus facile à cultiver, est très florifère, avec des fleurs blanches en avril et en mai. 'Muirhead' (de 5 à 10 cm) a des petites fleurs blanches, pendantes, en avril et en mai. *Cassiope tetragona* est très proche avec ses petites fleurs blanches, mais se distingue par sa silhouette dressée.
Méthode de culture : délicate, cette plante a besoin de froid en hiver et redoute la sécheresse estivale. Un endroit aéré convient bien.
Utilisations : jardinière, rocaille, bordure.
Le truc à connaître : pour éviter le dessèchement, cultivez cette plante dans un substrat tourbeux, avec en surface de la mousse de sphaigne.
Notre conseil : cette plante aime être recouverte de neige en hiver. Réservez-la de préférence aux climats rigoureux et aux jardins d'altitude.

Daboecia cantabrica
BRUYÈRE DE SAINT-DABOEC

Présente de l'Irlande au Portugal, cette jolie parente des bruyères offre une très longue floraison pourpre de juin à septembre (parfois jusqu'en novembre). C'est une espèce protégée.
Famille : Éricacées.
Dimensions : 60 cm de haut, 80 cm de large, croissance rapide quand elle se plaît.
Sol : tourbeux ou sablonneux, non calcaire.
Exposition : soleil, même assez chaud.
Variétés : 'Alba' (de 50 à 60 cm), fleurs blanches et feuillage vert foncé. 'Atropurpurea' (de 50 à 60 cm), fleurs pourpres, feuillage vert bronze.
Méthode de culture : paillez en hiver, taillez les vieux sujets s'ils ont tendance à se dégarnir.
Utilisations : bordure, rocaille, talus.
Le truc à connaître : donnez de la vigueur à vos *Daboecia* en taillant en mars les anciennes tiges florales et une partie des nouvelles pousses.
Notre conseil : adoptez sans faute cette bruyère atlantique dans tous les jardins de la côte Ouest, où elle se naturalise parfaitement.

Enkianthus campanulatus
ENKIANTHUS

Venu du Japon, ce grand arbuste caduc, très rustique, est admirable pour ses couleurs d'automne en dégradés jaunes et rouges. Il éclôt durant trois semaines, en juin et en juillet, des fleurs pendantes jaune soufre, joliment veinées.
Famille : Éricacées.
Dimensions : 5 m de haut, 3 m de large, croissance lente (1,5 m en 5 ans).
Sol : acide, frais, terreau de feuille et tourbe.
Exposition : mi-ombre à l'abri des vents froids.
Variété : 'Albiflorus' aux fleurs blanc crème.
Méthode de culture : paillez à la belle saison.
Utilisations : isolé, en massif avec des *Pieris*.
Le truc à connaître : si le feuillage jaunit, le sol n'est pas acide. Épandez du sulfate d'aluminium.

◀ *Enkianthus campanulatus* : un arbuste remarquable.

Les plantes de terre de bruyère

Notre conseil : donnez une place de choix bien dégagée à cet arbuste, notamment pour admirer sa merveilleuse coloration automnale.

Erica spp.
BRUYÈRE

Ce genre comprend six cents espèces de plantes le plus souvent tapissantes, originaires des régions méditerranéennes et d'Afrique du Sud. Il existe aussi des bruyères arborescentes. Toutes ont un joli feuillage persistant, et fleurissent superbement à différents moments de l'année.
Famille : Éricacées.
Dimensions : de 5 cm à 2 m de haut, de 60 cm à 3 m de large selon les espèces très variées.
Sol : non calcaire et sableux de préférence pour la plupart des espèces. Beaucoup de bruyères viennent bien dans un bon sol de jardin humifère.
Exposition : aime le soleil, même assez chaud.
Espèces et variétés : *Erica carnea* (de 15 à 20 cm), espèce alpine très solide, fleurit entre décembre et mai. 'Praecox Rubra' (20 cm), aux fleurs rose lilas, fleurit de décembre à mars. 'Myreton Ruby' (20 cm), rose foncé, fleurit de janvier à mai, feuillage vert sombre. *Erica cinerea* la bruyère cendrée (de 20 à 30 cm), spontanée dans l'ouest de l'Europe, fleurit de juin à novembre. 'Alba Minor' (20 cm) a des fleurs blanches et un feuillage vert léger. 'Pink Ice' (15 cm) a des fleurs rose pur et un feuillage vert foncé. *Erica x darleyensis* (de 30 à 50 cm), croisement de *Erica carnea* et de *Erica erigena*, est un superbe couvre-sol, très rustique, qui fleurit d'octobre à mai. 'Darley Dale' (30 cm), rose-pourpre, a un feuillage vert et de jeunes pousses crème. 'Silberschmelze' (40 cm) a des fleurs blanches de décembre à mai. *Erica tetralix*, la bruyère tétragone (25 cm), espèce du nord et de l'ouest de l'Europe, porte des feuilles grises en croix et fleurit de juin à octobre. 'Alba Mollis' (25 cm) a des fleurs blanches et un feuillage gris argenté. *Erica vagans*, la bruyère de Cornouailles (de 25 à 40 cm), fleurit de juillet à octobre. 'Cream' (45 cm) a des fleurs blanches et un feuillage vert. 'Valerie Proudley' (25 cm), la plus belle variété dorée. Délicate, elle demande une ambiance très humide et un sol humifère. Parmi les bruyères arborescentes, citons : *Erica erigena* (ou *mediterranea*), arbuste touffu de 1 à 3 m de haut, natif du sud de la France, de l'Espagne et de l'ouest de l'Irlande, a des fleurs roses, parfumées, de mars à mai, tolère le calcaire. 'Irish Musk' (50 cm) a des fleurs rose saumon et un feuillage vert foncé. 'WT Rackliff' (1,2 m) a des fleurs blanc pur en mars-avril avec des anthères brunes, feuillage vert foncé. *Erica arborea* (jusqu'à 6 m) vient des régions méditerranéennes. Elle porte un feuillage vert et des fleurs blanches, parfumées, en mars-avril. Un bel arbuste pour la mi-ombre à exposition abritée sur les côtes Ouest ou dans le Midi. 'Albert's Gold' a un feuillage vert-jaune.
Méthode de culture : apports d'engrais inutiles. Taillez les sujets âgés pour les équilibrer.
Utilisations : bordure, rocaille (bruyères tapissantes) ; isolé, massif (espèces arborescentes).
Le truc à connaître : le sol des jardins est souvent trop riche pour les bruyères. Elles y poussent très vite et deviennent dégingandées, très différentes de celles observées dans la nature. Évitez cela en rabattant sévèrement les espèces tapissantes, surtout celles à floraison tardive, en mars, juste avant qu'elles ne se mettent à pousser.
Notre conseil : créez de belles bordures toujours fleuries, en alternant différentes variétés tapissantes de *Calluna*, de *Daboecia* et d'*Erica*, sans oublier les variétés à feuillage coloré.

▲ *Erica carnea* 'King George' fleurit même sous la neige.

▲ *Erica vagans* 'Valerie Proudley' : superbe mais délicate.

▲ *Erica arborea* : une espèce de grande taille bien ramifiée.

Erica carnea : un arbuste bas au port étalé. ▶

Les plantes ornementales

▲ X *Gaulnettya wisleyensis* 'Wisley Pearl' : un petit bijou.

▲ *Gaultheria shallon* : très étalé, il est idéal en bordure.

X *Gaulnettya wisleyensis*
GAULNETTYA

Ce petit arbuste persistant, rustique, est très décoratif tout l'automne et l'hiver avec ses fruits rouges, qui succèdent à des grappes de fleurs blanches en mai-juin. Il résulte du croisement entre *Gaultheria* et *Pernettya*. On trouve ces hybrides dans la nature en Nouvelle-Zélande.
Famille : Éricacées.
Dimensions : de 50 cm à 1,50 m de haut et de large, croissance lente (de 5 à 10 cm par an).
Sol : frais, humifère, bien drainé.
Exposition : mi-ombre ou même ombre dense.
Variétés : 'Pink Pixie' (50 cm), fleurs blanc rosé en mai, suivies de fruits rouge pourpré. 'Ruby' (1,5 m), grappes de fleurs blanches en mai et en juin, fruits rouge rubis de novembre à février. 'Wisley Pearl' (1,5 m), drageonnant, fruits tout l'hiver.
Méthode de culture : s'il parvient à bien s'installer, il ne demande plus aucun entretien.
Utilisations : bordure, talus, couvre-sol, massif.
Le truc à connaître : multipliez-le en séparant les drageons formés sur le pourtour de la touffe.
Notre conseil : installez ces petits persistants à l'ombre, en bordure d'un massif de rhododendrons.

Gaultheria procumbens
GAULTHÉRIA

Ce genre voisin des *Vaccinium* (myrtilles) est surtout originaire des Andes. Le feuillage persistant de ces petits arbustes couvre-sol, rustiques, masque beaucoup les fleurs et les fruits. Aussi, l'intérêt principal réside dans le port tapissant et la beauté du feuillage. Riches en salicylate de méthyle, les feuilles de *Gaultheria procumbens* constituaient la source de l'essence de wintergreen, servant à la confection de chewing-gum. Elle est désormais produite synthétiquement.
Famille : Éricacées.
Dimensions : de 15 cm à 2 m de haut, de 80 cm à 3 m de large. La croissance est lente, mais en trois à quatre ans, il forme un couvre-sol dense.
Sol : acide, friable, riche, frais, humifère.
Exposition : mi-ombre ou ombre même dense.
Espèces : *Gaultheria procumbens* (25 cm), au feuillage vert foncé, baies aromatiques rouge vif, d'octobre à mars. *Gaultheria shallon* (1 m), aux fleurs blanc rosé en mai et en juin, fruits pourpre foncé, puis noirs, en septembre et en octobre.
Méthode de culture : attention aux attaques de phytophtora (brunissement) s'il pousse en pot.
Utilisations : talus, bordure, couvre-sol, massif.
Le truc à connaître : afin de ne pas sacrifier les fleurs et les fruits, attendez mars-avril pour équilibrer la forme des gaulthérias par une taille légère.
Notre conseil : en terrain frais, groupez plusieurs pieds pour former de beaux couvre-sol à l'ombre dense d'un arbre ou au pied des azalées mollis.

Hydrangea spp.
HYDRANGÉA

Une floraison exubérante qui, souvent, se prolonge tout l'été, de juin à octobre. C'est le principal attrait de ces arbustes caducs, rustiques, originaires de l'est de l'Asie et d'Amérique du Nord et du Sud. Les inflorescences ont diverses formes : elles sont plates, en boule ou en panicule. Le feuillage est d'un joli vert lustré.

◄ *Hydrangea quercifolia*, excellent à l'ombre, même dense.

Les plantes de terre de bruyère

Famille : Hydrangéacées.
Dimensions : de 1 à 2,5 m de haut et jusqu'à 4 m de large, taille adulte en 6 ans.
Sol : riche, frais, humifère neutre ou acide.
Exposition : mi-ombre au sud, soleil non brûlant ailleurs, hivers de préférence pas trop rigoureux.
Espèces et variétés : *Hydrangea macrophylla*, l'hortensia mesure entre 1,5 m et 3 m. Parmi ses innombrables variétés, choisissez avec des fleurs en boules : 'Benelux', rose clair, bleu en sol acide. 'Europa', rose foncé à grands fleurons. 'Madame Émile Mouillère', très vigoureux et précoce, fleurs blanches à œil bleu ou rose, fleurit presque toute l'année en climat doux et vient bien contre un mur au nord. 'Rosita' (1,5 m), floraison très tardive, rose vif, à très grands fleurons. Hortensias à têtes plates : 'Blue Wave', ou 'Mariesii Perfecta' (de 2 à 3 m), vigoureux, fleurs bleues, entourées de grands fleurons stériles, roses ou bleus selon le sol. 'Ayesha' dont les inflorescences ressemblent à du lilas. 'Mousmée' à fleurs roses très foncées de grand diamètre. *Hydrangea paniculata* (de 2 à 3 m) vient du Japon, de l'est et du sud de la Chine. Il ne pousse qu'au soleil, en sol frais. Ses fleurs blanches s'épanouissent d'août à octobre. 'Grandiflora', aux énormes panicules blanches, virant au rose vif, est idéal pour les bouquets secs. *Hydrangea quercifolia* (2 m) porte un feuillage magnifique, découpé en forme de feuille de chêne, qui se colore merveilleusement en automne, et des panicules de fleurs blanches tout l'été. La variété la plus cultivée est 'Snowqueen', très florifère. *Hydrangea serrata* aux feuilles un peu duveteuses et sa variété 'Preziosa' d'un très beau rose intense.
Méthode de culture : arrosez bien et paillez en été. En hiver, taillez juste les fleurs fanées.
Utilisations : massif, potée, haie fleurie.
Le truc à connaître : si votre sol n'est pas suffisamment acide, les hydrangéas à fleurs bleues prennent un ton rosé. Faites-les bleuir en épandant du sulfate d'aluminium à leur pied, en avril.
Notre conseil : sur la côte Ouest, où les hydrangéas prennent une ampleur considérable, n'hésitez pas à les tailler. Ailleurs, n'y touchez pas.

Kalmia latifolia : des fleurs de porcelaine précieuse. ▶

Kalmia latifolia
LAURIER DE MONTAGNE

Originaire de l'est des États-Unis, cet arbuste persistant est très rustique. Il offre une floraison spectaculaire en juin et un joli feuillage lustré.
Famille : Éricacées.
Dimensions : de 1 à 3 m de haut, jusqu'à 4 m de large, croissance lente (1 m en 5 à 6 ans).
Sol : acide, frais, humifère, assez poreux. De la terre de bruyère pure convient tout à fait.
Exposition : soleil non brûlant, mi-ombre obligatoire dans le Sud. Évitez les vents dominants.
Espèces et variétés : *Kalmia angustifolia* (1 m), aux bouquets de fleurs roses en juin, feuillage et fleurs très toxiques pour le bétail. 'Rubra' (1 m), fleurs rose foncé. *Kalmia latifolia* (de 3 à 4 m), rose en juin, résiste à la sécheresse. 'Olympic Fire' (2 m), grands boutons rouges, fleurs roses, feuilles à bord ondulé. 'Pink Charm' (2 m), boutons rose foncé, fleurs rose intense, veinées de bordeaux.
Méthode de culture : paillez et arrosez en été.
Utilisations : massif, isolé, haie libre.
Le truc à connaître : supprimez les fleurs fanées afin de favoriser la floraison de l'année suivante.
Notre conseil : si votre jardin est trop sec et ensoleillé pour les rhododendrons, remplacez-les avantageusement par des *Kalmia latifolia*.

▲ *Hydrangea paniculata* 'Tardiva' : très vigoureux.

▲ *Hydrangea aspera* : une grande espèce à port souple.

399

Les plantes ornementales

▲ *Leucothoe fontanesiana* 'Rainbow' : des feuilles tricolores.

▲ *Magnolia stellata* 'Royal Star' : une pluie d'étoiles.

Leucothoe fontanesiana
LEUCOTHOE

Il est aussi appelé *Leucothoe walteri* ou *catesbaei*. C'est un charmant arbuste rustique persistant, dont le feuillage magique change de couleurs au fil des saisons. La floraison blanche est assez intéressante en mai. Cette espèce est originaire des forêts humides des montagnes d'Amérique du Nord.
Famille : Éricacées.
Dimensions : de 1 à 2 m de haut et de large, croissance assez lente mais vigoureuse.
Sol : tourbeux, humide, ou sableux, non calcaire enrichi de terreau de feuilles.
Exposition : mi-ombre et pas de courants d'air.
Variétés : 'Rainbow' (1,5 m), à feuilles longues, panachées de blanc, crème, jaune et rose, virant au rouge tacheté de bronze en hiver. 'Scarletta' (2 m), au port bien ordonné. Le feuillage rouge, lancéolé, vire au pourpre foncé de juillet à janvier.
Méthode de culture : arrosez abondamment et paillez durant les premiers étés.
Utilisations : couvre-sol, talus, bordure, massif.
Le truc à connaître : pour bien se colorer, ces petits arbustes ont besoin d'un peu de soleil. Ne les plantez donc pas sous une ombre trop dense.
Notre conseil : pour un automne flamboyant, groupez ces petits arbustes devant un massif d'azalées mollis avec des *Fothergilla major*.

Magnolia spp.
MAGNOLIA

Ces grands arbustes ou petits arbres, originaires de l'est de l'Asie et de l'est des États-Unis, assurent un spectacle grandiose au printemps, avec leurs fleurs en trompette ou étoilées. Toutes les espèces présentées ici sont caduques. Il en existe aussi des persistantes qui sont de vrais arbres, à la rusticité souvent contestable, excepté *Magnolia grandiflora* commun dans l'Ouest.
Famille : Magnoliacées.
Dimensions : de 1,2 à 8 m de haut et entre 2 m et 10 m de large. Les magnolias sont souvent lents à s'établir, mais après quatre à cinq ans, leur croissance devient plus rapide.
Sol : riche, toujours frais, voire humide en été. Les exigences en acidité diffèrent selon les plantes. Aucune espèce ne se cultive en terre de bruyère pure, l'idéal étant un bon terreau forestier.
Exposition : soleil ou mi-ombre à l'abri des vents.
Espèces et variétés : *Magnolia lilliflora* 'Nigra' (de 3 à 4 m), à croissance lente et très longue floraison grenat en mai, pour sol peu acide. *Magnolia sieboldii* (de 3 à 5 m), blanc pur, parfumé, fleurit après cinq ans, de fin mai à fin juillet. *Magnolia stellata* 'Royal Star' (de 1 à 2 m), aux fleurs blanches, étoilées, parfumées, à même le bois, en mars et en avril, une forme très rustique à croissance très lente. *Magnolia x soulangeana* (de 5 à 6 m), aux grandes fleurs en forme de tulipes, rose pâle en avril, port bien étalé, un petit arbre très rustique, pour les sols légèrement acides. 'Alexandrina' devient rose et blanc rosé dès la fin mars. 'Lennei' (de 10 à 12 m) épanouit de grosses fleurs roses en coupe, dès la 4e année. *Magnolia loebneri* (8 m), aux fleurs blanches évoluant vers le lilas pourpré en avril, très rustique et florifère, pour tout sol, même un peu calcaire. 'Leonard Messel' (de 4 à 5 m), rose tendre. 'Merril' (8 m), blanc pur à la fin avril, a un port érigé puis étalé.
Méthode de culture : paillez et arrosez en été. La taille est inutile. Aucun entretien particulier.
Utilisations : isolé, haie libre, massif.

◄ *Magnolia x soulangeana* 'Rustica rubra' : spectaculaire.

Les plantes de terre de bruyère

Le truc à connaître : l'année suivant la plantation, disposez au pied des magnolias des appâts antilimaces, car les attaques au printemps sont dangereuses pour les jeunes plants.
Notre conseil : préférez des plants de petite taille (de 80 cm à 1,2 m de haut), dont la reprise est plus facile. Veillez à ne pas briser les racines charnues et à ne pas enterrer la motte trop profondément.

Pernettya mucronata
PERNETTYA

L'espèce est originaire du sud du Chili et de l'Argentine. Idéal en sous-bois, cet arbuste drageonnant et persistant, fait en automne des baies rondes, semblables à des bonbons et fort décoratives : blanches, roses ou rouges.
Famille : Éricacées.
Dimensions : 1,5 m de haut, de 2 à 3 m de large.
Sol : acide, frais, terre de bruyère pure appréciée.
Exposition : mi-ombre ou même ombre.
Variétés : 'Bell's Seedling', aux baies rouge foncé. 'White Pearl', un plant femelle à baies roses. 'Thymifolia', plant mâle, à fleurs blanches.
Méthode de culture : aucun soin particulier.
Utilisations : talus, bordure, couvre-sol, potée.
Le truc à connaître : pour une bonne fructification, installez un pied mâle à proximité de quatre à cinq sujets femelles (la plante est dioïque).
Notre conseil : plantez le pernettya en bordure d'un massif de rhododendrons, en association avec des piéris et plusieurs sortes de bruyères.

Phyllodoce caerulea
PHYLLODOCÉ

L'espèce, originaire des régions montagneuses du nord de l'Europe, de l'Asie et d'Amérique du Nord, est protégée. Cet arbuste persistant, nain, fleurit pourpre puis bleu, en mai et en juin. On l'appelle aussi *Menziesia taxifolia*.
Famille : Éricacées.
Dimensions : de 10 à 20 cm de hauteur et entre 15 cm et 30 cm de large, croissance très lente.
Sol : acide, humide, toujours frais et humifère.
Exposition : mi-ombre, pas trop de chaleur.

Espèces et variétés : *Phyllodoce caerulea*, aux fleurs en urnes rose-pourpre en jolies grappes. *Phyllodoce nipponica* ne dépasse pas 15 cm, les fleurs sont blanches teintées de rose.
Méthode de culture : arrosez régulièrement. En été, abritez la plante du soleil direct.
Utilisations : rocaille, jardin alpin, bordure, potée.
Le truc à connaître : pour arroser efficacement les sujets cultivés en pot, ne remplissez pas complètement le récipient avec le substrat.
Notre conseil : réservez de préférence cet arbuste nain aux jardins d'altitude, en un lieu frais et ombragé, car il dessèche assez vite.

Pieris japonica
ANDROMÈDE

Originaire du Japon, cet arbuste persistant est doté d'un feuillage somptueux qui s'illumine souvent de rouge au printemps avant de verdir. Il produit en mai et en juin de belles grappes de fleurs blanches ou roses. Peu rustique, il faut le cultiver à l'ouest de l'Île-de-France.
Famille : Éricacées.
Dimensions : 2,5 m de haut, 3 m de large, croissance lente (1 m en quatre à cinq ans).
Sol : riche, acide, frais, jamais détrempé en hiver.
Exposition : mi-ombre à l'abri des vents froids ou contre un mur à l'ouest. Évitez l'insolation directe.
Espèces et variétés : 'Débutante' (80 cm), fleurs blanches en panicules érigées. 'Variegata' (3 m), feuilles marginées de blanc, fleurs blanc nacré, croissance lente. 'Forest Flame' (2 m), hybride à jeunes pousses écarlates. 'Valley Rose' a des fleurs vieux rose. 'Christmas Cheer' est rose foncé. *Pieris formosa* atteint 4 m, ses fleurs blanches en grappes pendantes éclosent en avril et en mai. 'Forrestii' a des jeunes feuilles rouge vif.
Méthode de culture : paillez, taille inutile.
Utilisations : massif, bordure.
Le truc à connaître : en fin d'été, prélevez des boutures qui s'enracinent bien sous plastique.
Notre conseil : achetez les piéris au moment où naissent les jeunes pousses et les fleurs.

▲ *Pernettya mucronata* : des fruits rose bonbon.

▲ *Phyllodoce caerulea* : une adorable miniature.

▲ *Pieris formosa* 'Forrestii' : de jeunes feuilles bronze.

Pieris japonica 'Valley Rose' : une floraison très raffinée. ▶

401

Les plantes ornementales

▲ *Rhododendron yakushimanum* 'Seven Stars' : florifère.

▲ *Rhododendron sinogrande* : assez rare mais superbe.

Rhododendron spp.
RHODODENDRON

Une floraison extraordinaire au printemps, entre février-mars et juin-juillet selon les espèces, avec un apogée en mai, un feuillage somptueux, décoratif toute l'année, sont les principaux atouts de ce bel arbuste persistant. Le genre *Rhododendron* comprend plus de cinq cents espèces, plus ou moins rustiques en France, originaires des forêts d'Asie, d'Europe et d'Amérique du Nord, qu'il s'agisse de régions froides (Alpes) ou tropicales (Bornéo, Nouvelle-Guinée). Le feuillage des rhododendrons est toxique. Il peut provoquer vomissements, vertiges et délires. Éloignez donc les jeunes enfants et lavez-vous bien les mains après les avoir manipulés.

Famille : Éricacées.
Dimensions : de 50 cm à plus de 25 m de haut selon les espèces, croissance assez lente.
Sol : acide, riche, frais. Terre de bruyère pure.
Exposition : mi-ombre, voire même ombre.
Espèces et variétés : parmi les formes naines (de 40 à 60 cm) ; *Rhododendron impeditum* aux feuilles minuscules, et aux fleurs bleues légèrement pourprées en avril et en mai, tolère un sol légèrement calcaire. 'Élizabeth' a de grandes fleurs rouge sang en avril-mai. 'Chikor' a des fleurs jaunes en mai et de petites feuilles.
Dans le groupe des petits rhododendrons (moins de 2 m) : 'Praecox' a des fleurs mauves en février et en mars, un feuillage odorant quand on le froisse. Bien que peu rustique, à protéger. 'Blue Diamond' a des fleurs bleu lavande en avril, et de petites feuilles aromatiques vert-gris. 'Blue Tit', fleurs bleu lavande en mai, port arrondi, tolère un sol légèrement calcaire. *Rhododendron yakushimanum*, une jolie espèce du Japon aux jeunes pousses argentées, en mai, le bouton rose foncé, pâlit en s'ouvrant, jusqu'à devenir blanc. Il existe de nombreuses variétés dont : 'Prof', à fleurs rose clair, boutons rouges, en mai-juin. 'Percy Wiseman', fleurs roses, crème et jaunes fin mai. *Rhododendron williamsianum* (1,50 m), aux fleurs en clochettes groupées en bouquets gracieux rose pâle en avril. *Rhododendron nobleanum*, hybride entre *arboreum* et *caucasicum* existe sous diverses formes blanches, roses ou mauves.
Les grands rhododendrons (de 2 à 3 m) : 'Président Roosevelt' a des fleurs roses à centre blanc, bordées de rouge clair, et un feuillage vert foncé, marbré de blanc et de jaune. 'Blue Peter', fleurs bleu lavande pâle, mouchetées de brun-pourpre en mai, port dressé, vigoureux, très florifère. 'Lord Roberts', fleurs rouge sang, marquées de noir au début juin, port érigé. 'Cynthia', rose-pourpre, est très florifère. 'Lady Chamberlain', aux clochettes retombantes à texture cireuse en dégradé du rouge à l'orangé.
Les rhododendrons géants (plus de 3 m) : 'Jean-Marie de Montague', fleurs rouge lumineux fin avril, feuillage vert sombre. 'Sappho', boutons mauves, fleurs blanches à macule pourpre en mai-juin. *Rhododendron ponticum* (plus de 5 m), aux fleurs mauve foncé en mai-juin, port dressé. *Rhododendron sinogrande* atteint 15 m avec des feuilles de 25 à 50 cm de long, et des fleurs jaune canari en avril. C'est une espèce assez frileuse.
Méthode de culture : paillez et arrosez par temps sec. Ne taillez qu'en cas d'absolue nécessité, car cela entraîne une réduction de la floraison.
Utilisations : massif, isolé, sous-bois, bac.
Le truc à connaître : ralentissez les arrosages en plein été, période où se forment les boutons à fleurs, afin d'éviter que ceux-ci ne se transforment

◀ Un massif de rhododendrons crée un superbe décor.

Les plantes de terre de bruyère

en simples bourgeons allongés, destinés à donner des feuilles au printemps suivant.
Notre conseil : dans les régions à fortes sécheresses estivales, plantez les rhododendrons en octobre, afin qu'ils bénéficient des pluies de l'hiver et du printemps. Ailleurs, plantez-les plutôt en avril et en mai. La transplantation des conteneurs est réussie, même avec les sujets en pleine floraison.

Vaccinium spp.
MYRTILLE

Ce genre, aux quatre cents espèces persistantes et caduques, est réparti dans tout l'hémisphère Nord, le sud-est de l'Afrique et les montagnes d'Amérique du Sud. Les *Vaccinium* sont précieux pour leur floraison, leurs baies décoratives et leurs très jolies couleurs d'automne.
Famille : Éricacées.
Dimensions : de 50 cm à 4 m selon les plantes.
Sol : acide à très acide (pH 5), assez humide.
Exposition : ombre ou mi-ombre, bien à l'abri des vents secs. Attention aux fortes chaleurs.
Espèces et variétés : *Vaccinium floribundum* (de 2 à 4 m) a de jeunes pousses rouges et de petites feuilles persistantes, ovales, vert foncé, naissant rouge pourpré. Les grappes de fleurs roses en juin sont suivies de baies rouges, comestibles. *Vaccinium corymbosum* (de 50 cm à 1 m) a des feuilles caduques vert vif, virant à l'écarlate et au bronze en automne. 'Bluecrop', 'Jersey', 'Earlyblue', 'Goldtraube' sont des cultivars très appréciés pour leurs fruits. Très rustique, *Vaccinium caespitosum* ne dépasse pas 30 cm. Les fleurs sont roses en mai-juin, suivies de fruits noirs pruineux.
Méthode de culture : paillez les premiers étés. Dès la 3ᵉ année, apportez un engrais acidifiant en automne et de 30 à 50 g de sulfate d'ammoniaque au printemps. Taillez pour équilibrer.
Utilisations : bordure, massif, verger.
Le truc à connaître : favorisez l'abondance de la fructification en plantant un groupe de plusieurs cultivars différents (pollinisation croisée).
Notre conseil : n'adoptez ces jolis petits arbustes que si vous avez une terre réellement acide, sinon ils ne donneront pas le meilleur d'eux-mêmes.

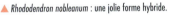
▲ *Rhododendron nobleanum* : une jolie forme hybride.

Zenobia pulverulenta
MUGUET EN ARBRE

Originaire de l'est des États-Unis, ce genre proche de *Leucothoe*, ne comprend qu'une seule espèce. C'est un petit arbuste caduc (semi-persistant en climat doux), à port lâche, aux pousses jeunes et aux feuilles glauques. En juin et en juillet, il épanouit des clochettes blanches, en grappes pendantes et au parfum d'anis.
Famille : Éricacées.
Dimensions : de 1 à 1,50 m de haut et de large (il peut atteindre jusqu'à 3 m dans la nature). Sa croissance est assez lente.
Sol : acide, frais. Terre de bruyère pure.
Exposition : mi-ombre. Évitez le soleil direct.
Variété : on ne cultive que l'espèce type.
Méthode de culture : paillez et arrosez en été ; taillez les rameaux à fleurs dès qu'ils sont fanés.
Utilisations : bordure de massif ombragé.
Le truc à connaître : le semis n'étant pas fidèle, multipliez le zénobia par marcottage ou bouture de rameaux semi-ligneux en juillet, à chaud.
Notre conseil : plantez-le avec des leucothoés, piéris et gaulthérias. Ils ont les mêmes exigences et fleurissent en même temps, ce qui garantit une composition originale aux très jolies couleurs.

Zenobia pulverulenta : un arbuste aux fleurs de muguet. ▶

▲ Les délicates clochettes du petit *Vaccinium caespitosum*.

403

Les plantes ornementales

LES ARBRES ET CONIFÈRES

Pièces maîtresses dans le décor du jardin, les arbres lui donnent de l'ampleur et de la majesté. ❦ *Êtres vénérables et imposants, ils dégagent une personnalité incomparable. Leur seule présence est un spectacle. Profitez-en pour décliner alentour une composition de fleurs et de feuillages que les arbres sauront mettre en valeur, tout en la dominant.* ❦ *Pas besoin de mesurer vingt mètres de hauteur pour être reconnu ou identifié comme arbre. Tout est affaire de proportions. Un cèdre paraîtra un arbre gigantesque dans un jardinet de banlieue, tandis qu'un cytise sera assimilé tout au plus à un arbrisseau s'il se trouve dans un grand parc.* ❦ *En fait, un arbre est, comme le souligne le dictionnaire : « un végétal de taille élevée possédant une structure ligneuse ». Pour être plus précis, disons que tout végétal de plus de trois mètres de hauteur, présentant un tronc bien apparent, peut se prévaloir du nom d'arbre.* ❦ *Mais quand la plante forme des troncs multiples, elle appartient plutôt à la catégorie des grands arbustes ou des arbrisseaux.* ❦

Sous nos climats, les arbres sont le plus souvent des espèces à feuillage caduc. ❦ *Mais les grands conifères, dont la plupart sont persistants, sont aussi appelés des arbres. On a toutefois tendance à les classer séparément, car leur aspect et surtout leur mode végétatif sont différents.* ❦ *Nous les avons réunis dans ce même chapitre parce que leur utilisation dans le jardin est similaire. Arbre ou conifère, c'est surtout une affaire de goût, mais il faut au moins un beau sujet par jardin.* ❦

Les plantes ornementales

LES GRANDS ARBRES

jardin d'agrément

Merveilles d'équilibre et de raffinement, les arbres sont des êtres fantastiques. Ils nous font rêver par leur ampleur et leur faculté de traverser les siècles, en s'embellissant un peu plus chaque année. Ces végétaux vénérables méritent une place de choix dans votre jardin.

Acer spp.
ÉRABLE

Les grands érables sont précieux par la rapidité de leur croissance et leurs feuilles si joliment découpées. Ils sont tous rustiques.
Famille : Acéracées.
Dimensions : de 20 à 30 m de haut, et de 15 à 25 m de large, pousse rapide (de 1 à 2 m par an).
Sol : toutes les terres fertiles sont acceptées.
Exposition : soleil non brûlant.
Espèces : *Acer pseudoplatanus*, l'érable sycomore (de 20 à 30 m), a un feuillage vert sombre. *Acer rubrum*, l'érable rouge (20 m), aux feuilles à revers glauque, est rouge écarlate en automne. *Acer saccharinum*, l'érable argenté (de 20 à 30 m), au feuillage à revers argenté, est orange en automne. *Acer platanoides*, l'érable plane (de 20 à 25 m), très vigoureux, est jaune en automne.
Méthode de culture : arrosez les deux premiers étés suivant la plantation, taillez les vieux sujets.
Utilisations : en isolé ou en alignement.
Le truc à connaître : ne taillez jamais après décembre, la sève pouvant monter très tôt.
Notre conseil : pour choisir un érable, pensez aux couleurs d'automne, et à la beauté de l'écorce.

▲ *Acer platanoides* : un splendide feuillage d'automne.

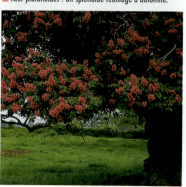

 Aesculus x carnea : le marronnier à fleurs rouges.

Aesculus hippocastanum
MARRONNIER

C'est un des arbres les plus imposants, surtout en mai au moment de sa floraison prodigieuse. Le nom latin du marronnier est celui que Pline a donné à un chêne à fruits comestibles : *Quercus aesculus*, souvent confondu avec le marronnier.
Famille : Hippocastanacées.
Dimensions : de 20 à 30 m de haut et de large, croissance rapide, port assez étalé.
Sol : sans exigence particulière.
Exposition : soleil et climat tempéré.
Espèces et variétés : *Aesculus hippocastanum* (de 20 à 30 m), le marronnier commun bien connu. 'Baumannii' (10 m), fleurs doubles, sans fruit. *Aesculus x carnea* (20 m), aux grappes de fleurs roses de 20 cm de long. 'Briotii' (de 15 à 20 m), d'un rose plus intense.
Méthode de culture : aucun soin particulier.
Utilisations : un arbre à isoler dans le jardin.
Le truc à connaître : l'hybride *Aesculus x carnea* se multiplie par semis aussi fidèlement que le marronnier commun. Faites-le d'abord germer en pot.
Notre conseil : préférez les espèces à fleurs doubles, dont la floraison dure deux fois plus longtemps et qui ne donnent pas de fruits.

Ailanthus altissima
AILANTHE

Originaire de Chine, ce très bel arbre à feuilles composées de nombreuses folioles, comme celles du noyer, est très drageonnant. Les plants femelles s'ornent de fruits curieux (samares) brun-rouge vif en septembre et en octobre.
Famille : Simarubacées.
Dimensions : 20 m de haut, 15 m de large, croissance rapide (de 3 à 4 m en quatre ans).
Sol : tout sol, même pauvre.
Exposition : soleil, sans chaleur excessive.

406

Les grands arbres

Variété : on ne cultive que les espèces types.
Méthode de culture : supprimez les drageons à leur point de naissance, chaque année en hiver.
Utilisations : isolé, idéal pour créer un ombrage.
Le truc à connaître : pour obtenir des feuilles énormes (1 m de long), cultivez des jeunes sujets en sol riche et rabattez-les chaque année en mars.
Notre conseil : plantez l'ailanthe assez loin de la maison en raison de son fort développement.

Alnus spp.
AULNE

Originaire de l'hémisphère Nord, des Andes et du Pérou, ce bel arbre caduc aime surtout les climats frais et humides. Rustique, il vit souvent centenaire. Les chatons mâles sont longs et pendants, les fleurs femelles ont l'aspect de cônes.
Famille : Bétulacées.
Dimensions : de 10 à 25 m de haut, entre 8 m et 15 m de large, la croissance est plutôt rapide.
Sol : toute terre, sauf la terre très calcaire. L'aulne est idéal en sol détrempé, même pauvre.
Exposition : soleil, pas trop desséchant.
Espèces : *Alnus cordata*, l'aulne de Corse (de 10 à 20 m), feuilles vertes jusqu'en novembre, il souffre des gelées printanières. *Alnus glutinosa* (de 15 à 25 m), superbe en mars-avril avec ses chatons jaunes. *Alnus incana*, l'aulne blanc (de 10 à 20 m), l'écorce est gris clair, les feuilles à revers argenté.
Méthode de culture : aucun soin particulier.
Utilisations : isolé, rideau, grand brise-vent.
Le truc à connaître : enrichissez un sol pauvre en cultivant des aulnes dont les racines transforment l'azote de l'air en protéines utiles.
Notre conseil : dégagez bien cet arbre, car il a besoin de lumière pour bien se développer.

Betula spp.
BOULEAU

Originaires de l'hémisphère Nord, les bouleaux, arbres caducs, rustiques, sont fort attrayants par la couleur blanche de l'écorce, leur port souple et gracieux, la légèreté des feuilles et leur coloris jaune en automne.
Famille : Bétulacées.
Dimensions : de 15 à 30 m de haut, entre 5 m et 15 m de large, croissance rapide (4 m en 5 ans).
Sol : toute bonne terre, de préférence humifère.
Exposition : soleil pas trop brûlant en été.
Espèces : *Betula ermanii* (20 m), écorce blanc crème et rose, rameaux brun-orangé. *Betula nigra* (30 m), le tronc orange rosé, teinté de noir, s'exfolie, il est tout doré en automne. *Betula papyrifera* (30 m), à écorce blanche, lisse et soyeuse, feuillage jaune en automne. *Betula pendula*, le bouleau commun (20 m), écorce blanche, feuillage léger, rameaux fins et souples. *Betula utilis* (20 m), peu rustique, très beau en hiver, avec une écorce brun clair, puis blanc argent qui s'exfolie.
Méthode de culture : arrosez régulièrement, traitez contre les pucerons et les thrips.
Utilisations : isolé, cépées de trois à cinq sujets.
Le truc à connaître : tuteurez les jeunes arbres dont l'enracinement est très superficiel.
Notre conseil : plantez des bouleaux en contraste avec des conifères à feuillage sombre.

Carpinus betulus
CHARME BLANC

Ce bel arbre caduc et rustique est originaire d'Europe et d'Asie Mineure. En automne, ses feuilles jaunissent, puis prennent un ton tabac et restent fripées sur l'arbre, jusqu'à la fin février.
Famille : Carpinacées.
Dimensions : de 20 à 30 m de haut, de 10 à 20 m de large, croissance rapide (3 m en 5 ans).
Sol : riche, frais, argileux ou calcaire.
Exposition : lumineuse sans être aride.
Variété : 'Fastigiata' (de 10 à 15 m), port érigé.
Méthode de culture : aucun soin spécifique.
Utilisations : grand rideaux, haie (charmille).
Le truc à connaître : multipliez facilement cet arbre par bouturage de jeunes pousses de 15 cm, en août, dans un pot, à l'étouffée.
Notre conseil : pensez à planter le charme en isolé dans un jardin de taille moyenne. Sa silhouette bien nette est très attrayante.

Carpinus betulus : son feuillage est doré à l'automne. ▷

▲ *Ailanthus altissima* : un feuillage ample très décoratif.

▲ *Alnus viridis* : des fruits ovoïdes en été.

▲ *Betula pendula* : son tronc tout blanc est caractéristique.

407

Les plantes ornementales

jardin d'agrément

▲ *Cercis siliquastrum* : une floraison somptueuse.

▲ *Cladrastis lutea* : un joli feuillage d'automne en or.

◀ *Davidia involucrata* : une floraison très originale.

Cercis siliquastrum
ARBRE DE JUDÉE

Quel pur enchantement en avril-mai quand cet arbre dévoile ses fleurs rose pourpré à même le bois ! Les feuilles rondes qui apparaissent ensuite sont très décoratives. L'arbre a un port élégant, qui prend de l'ampleur avec l'âge.
Famille : Césalpiniacées.
Dimensions : 10 m de haut, de 6 à 7 m de large, croissance assez rapide (3 m en 4 ans).
Sol : acide ou légèrement alcalin, riche et profond.
Exposition : soleil, lieu abrité des vents froids.
Variété : 'Alba' a des fleurs blanches.
Méthode de culture : paillez les jeunes plants en hiver pour les protéger des gelées.
Utilisations : isolé ou arrière-plan des massifs.
Le truc à connaître : pour réussir le semis, maintenez les graines deux mois dans un papier humide au réfrigérateur (5 °C) et trempez-les une nuit dans l'eau chaude avant de les mettre en terre.
Notre conseil : achetez-le en conteneur, car l'arbre de Judée supporte mal la transplantation.

Cladrastis lutea
VIRGILIER

À l'âge adulte, ce bel arbre caduc, très rustique malgré son origine (sud-est des États-Unis), exhibe en juin de superbes grappes retombantes de fleurs blanches et parfumées. La floraison n'est malheureusement pas régulière dans le Nord, mais le beau feuillage d'un vert frais, qui jaunit intensément en automne, compense largement cela. Les *Cladrastis* présentent des rameaux cassants comme le précise leur nom (en grec, *klados*, rameau ; *thraustos*, fragile).
Famille : Fabacées.
Dimensions : de 10 à 12 m de hauteur.
Sol : riche, profond, bien amendé.
Exposition : ensoleillée, assez chaude.
Variété : on ne cultive que l'espèce type.
Méthode de culture : protégez les jeunes arbres du gel avec un bon paillis. Taille inutile.
Utilisations : isolé, bon arbre d'ombrage.
Le truc à connaître : le virgilier forme plusieurs troncs. Si vous souhaitez n'en conserver qu'un, ne taillez pas les autres au printemps, mais attendez juillet pour éviter les écoulements de sève.
Notre conseil : soyez patient pour la floraison. La plupart des virgiliers n'épanouissent pas leurs jolies panicules avant l'âge de quinze ou vingt ans.

Davidia involucrata
ARBRE AUX MOUCHOIRS

Encore peu connu, ce bel arbre caduc mériterait d'être davantage planté. Sa floraison accompagnée de bractées blanches prend, en mai, un aspect insolite. Elle fait penser à une pluie de mouchoirs. Le *Davidia* est aussi intéressant pour son joli feuillage, son port majestueux et son tronc qui le font ressembler à un tilleul. Il faut hélas attendre de 10 à 12 ans avant de le voir fleurir ! Il est très rustique et originaire de Chine.
Famille : Davidiacées.
Dimensions : 20 m de haut, 15 m de large, croissance moyenne (de 3 à 4 m en six à sept ans).
Sol : riche, assez humide, pas trop calcaire.
Exposition : au soleil, à l'abri des vents.
Variété : on ne cultive que l'espèce type.
Méthode de culture : arrosez les premiers étés.
Utilisations : isolé, dans un endroit bien dégagé.
Le truc à connaître : paillez les jeunes plants en hiver, et entourez-les d'un voile au printemps pour les protéger des gelées tardives.
Notre conseil : plantez-le sur un promontoire afin de pouvoir admirer sa floraison du dessous.

Eucalyptus spp.
EUCALYPTUS

L'attrait essentiel de ces grands arbres persistants est leur feuillage de toute beauté, glauque, argenté ou gris-vert. Leur écorce est également superbe, et s'exfolie souvent. Les eucalyptus sont surtout originaires d'Australie, certaines espèces venant aussi de Nouvelle-Guinée.
Famille : Myrtacées.
Dimensions : entre 15 m et 20 m de haut, et entre

Les grands arbres

10 m et 15 m de large. Le port est plutôt fastigié.
Sol : bien drainé, assez sec de préférence.
Exposition : au soleil, à l'abri des vents froids.
Espèces : trois espèces originaires de Tasmanie, résistent à - 20 °C : *Eucalyptus gunnii*, le plus répandu. *Eucalyptus dalrympleana*, aux feuilles gris-vert, naissant bronze. *Eucalyptus urnigera*, à l'écorce grisâtre qui s'exfolie. *Eucalyptus niphophila* montre aussi une bonne rusticité.
Méthode de culture : laissez faire la nature, inutile de tailler. Fertilisation facultative.
Utilisations : rideau, groupe, ou isolé.
Le truc à connaître : *Eucalyptus gunnii* supporte le recépage (taille au ras du sol) en mars ; il reforme vite un buisson touffu de 3 m de haut.
Notre conseil : les eucalyptus font merveille dans les scènes à dominante blanche ou argentée. Ils apportent de l'exotisme au jardin.

Fagus sylvatica
HÊTRE BLANC

Avec son port majestueux, c'est l'un des plus beaux arbres de la forêt. Les feuilles, soyeuses au printemps, s'habillent de vert brillant en été, et de roux cuivré en automne. Caduc, très rustique, il est originaire du centre de l'Europe.
Famille : Fagacées.
Dimensions : de 30 à 35 m de haut, 20 m de large, croissance rapide (de 3 à 4 m en cinq ans).
Sol : calcaire ou acide sans préférence, léger, bien drainé. Évitez les sols lourds et argileux.
Exposition : au soleil, sans excès de chaleur.
Variétés : 'Riversii' ou 'Atropurpurea' (de 25 à 35 m), aux feuilles pourpre foncé, puis acajou en novembre. 'Rohanii' (de 15 à 20 m), feuillage pourpre, joliment découpé. 'Dawyck' (de 10 à 15 m), au port en en colonne. 'Pendula', pleureur.
Méthode de culture : arrosez bien le premier été suivant la plantation. Pas d'entretien ensuite.
Utilisations : rideau, alignement, isolé.
Le truc à connaître : grattez les chancres sur les branches et désinfectez-les. En novembre et en avril, pulvérisez un fongicide à base de cuivre.

Fraxinus americana : une merveille automnale. ▶

Notre conseil : un hêtre n'est pas adulte avant l'âge de cinquante ans et plus. Cet arbre n'est vraiment à sa place que dans un grand parc.

Fraxinus excelsior
FRÊNE COMMUN

C'est le frêne indigène le plus répandu dans le nord de l'Europe. En hiver, il se singularise par ses bourgeons noirs. Les feuilles naissent tard, en mai, mais tiennent jusqu'au début de l'hiver.
Famille : Oléacées.
Dimensions : de 20 à 30 m de hauteur, de 10 à 15 m de large, pousse rapide (5 m en cinq ans).
Sol : riche, profond, voire humide ou calcaire.
Exposition : bien ensoleillée.
Variétés : 'Diversifolia' (de 20 à 25 m), feuilles simples ou trifoliées, dentées. 'Jaspidea' (20 m), au bois jaune, et aux jeunes pousses dorées. 'Pendula' (de 8 à 10 m), un pleureur vigoureux.
Méthode de culture : aucun soin particulier.
Utilisations : en isolé, ou en alignement.
Le truc à connaître : traitez préventivement contre l'oïdium, car le frêne y est sensible.
Notre conseil : pour créer un rideau séduisant, alternez plusieurs cultivars, différent par leur port.

▲ *Eucalyptus nidens* : une espèce parmi plus de six cents.

▲ *Fagus sylvatica* 'Purpurea' : une rare ampleur.

Les plantes ornementales

jardin d'agrément

▲ À l'automne, le *Ginkgo biloba* se pare d'or pur.

▲ *Gleditsia triacanthos* 'Sunburst' : naturellement doré.

Ginkgo biloba
ARBRE AUX 40 ÉCUS

Arbre sacré en Orient, seul survivant végétal après l'explosion atomique d'Hiroshima, cet énigmatique gymnosperme caduc, très rustique, étonne par la coloration, jaune d'or en automne, de ses larges feuilles en éventail.
Famille : Ginkgoacées.
Dimensions : 30 m de haut, 15 m de large, croissance très lente les premières années, puis rapide.
Sol : tout sol bien drainé, il tolère le calcaire et la sécheresse, mais ne supporte pas l'humidité.
Exposition : bon emplacement bien ensoleillé.
Variétés : on cultive surtout l'espèce type.
Méthode de culture : arrosez les premiers étés.
Utilisations : isolé, groupe de trois à cinq sujets.
Le truc à connaître : pour réussir la plantation, procédez au printemps, avec des arbres, de préférence jeunes, élevés en motte ou en conteneurs.
Notre conseil : préférez une forme mâle. Les fruits des ginkgos femelles ont une odeur fétide.

Gleditsia triacanthos
FÉVIER D'AMÉRIQUE

Facilement reconnaissable à ses longues épines, simples ou à trois pointes, qui apparaissent à même le tronc et les rameaux, cet arbre rustique revêt en mai-juin, un feuillage vert clair, très lumineux, qui devient jaune vif en automne. Après une floraison très discrète en juin, mûrissent d'étonnantes gousses tordues, acajou, de 30 cm de long. Venu du centre et de l'est des États-Unis, le févier aime les étés chauds.
Famille : Fabacées.
Dimensions : de 10 à 25 m de haut, entre 8 m et 20 m de large, croissance rapide.
Sol : riche, voire sableux, pas trop humide.
Exposition : soleil léger, à l'abri du vent.
Variétés : trois formes n'ont pas d'épines ; 'Inermis' (de 20 à 30 m), au port élégant, assez frêle ; 'Shademaster' (de 6 à 8 m), au feuillage vert foncé, doré en automne ; 'Sunburst' (10 m), dont les feuilles naissent jaune d'or, puis évoluent en or cuivré à l'automne, a un port pyramidal.
Méthode de culture : n'hésitez pas à tailler.
Utilisations : isolé, alignement, haie défensive.
Le truc à connaître : si vous plantez le févier en haie, taillez-le bien, car il se dégarnit du bas.
Notre conseil : dans un jardin où jouent de jeunes enfants, préférez une forme sans épines.

Liquidambar styraciflua
COPALME D'AMÉRIQUE

Cet arbre américain, caduc et rustique, offre un spectacle superbe en automne quand le feuillage vire au doré, puis à l'écarlate carminé, mêlé de pourpre violacé et parfois de noir. Le tronc long, bien droit, donne un port majestueux.
Famille : Hamamélidacées.
Dimensions : 20 m de haut, 10 m de large, croissance très lente (de 5 à 6 m en vingt ans).
Sol : frais, profond, non calcaire de préférence.
Exposition : à l'abri du vent, beaucoup d'espace.
Variétés : 'Lane Roberts' (de 10 à 20 m), rouge écarlate très foncé en automne. 'Worplesdon' (de 10 à 25 m), vert tendre, virant à l'orange-jaune.
Méthode de culture : arrosez bien les premières années. Ensuite, il n'y a pas d'entretien.
Utilisations : isolé, c'est un bon arbre d'ombrage.
Le truc à connaître : à la plantation, veillez à

◄ *Liquidambar styraciflua* : une rare richesse automnale.

Les grands arbres

ne pas briser la motte de terre autour des racines.
Notre conseil : pour un bel effet automnal, plantez un liquidambar avec un *Liriodendron tulipifera*, si possible au bord d'une pièce d'eau.

Liriodendron tulipifera
TULIPIER DE VIRGINIE

Les fleurs en forme de tulipe, qui s'ouvrent en juin-juillet chez ce géant admirable, se font hélas attendre plus de 20 ans ! Les feuilles, d'une forme tronquée typique, se colorent de jaune à tabac en automne. L'espèce, rustique, est originaire de Virginie.
Famille : Magnoliacées.
Dimensions : 30 m de haut (jusqu'à 50 m), 15 m de large, croissance plutôt rapide.
Sol : riche, profond, frais, meuble, non calcaire.
Exposition : au soleil, à l'abri des vents.
Variétés : 'Aureomarginatum' (de 20 à 25 m), aux feuilles bordées de jaune, surtout au printemps. 'Fastigiatum' (de 20 à 25 m), très érigé.
Méthode de culture : paillez les jeunes plants sensibles aux gelées ; pas d'élagage important.
Utilisations : isolé, dans un endroit bien dégagé.
Le truc à connaître : pour réussir la transplantation du tulipier, procédez en mars-avril, avec des arbres élevés en motte ou en conteneur. Arrosez.
Notre conseil : laissez se développer des branches basses à partir du tronc, afin de profiter davantage de la floraison aux couleurs discrètes.

Morus spp.
MÛRIER

D'aspect exotique avec leur feuillage luxuriant et leur port dense, les mûriers sont de jolis arbres caducs, cosmopolites. Ils jaunissent en automne et mûrissent de jolis petits fruits comestibles, juteux, sucrés mais très salissants.
Famille : Moracées.
Dimensions : de 6 à 15 m de haut et de large, croissance lente (5 m en vingt à vingt-cinq ans).
Sol : riche, profond, non acide, bien drainé.
Exposition : soleil, à l'abri des fortes gelées.
Espèces : *Morus alba*, le mûrier blanc (de 10 à 15 m), à feuillage vert clair et fruits blanc rosé. *Morus nigra*, le mûrier noir (de 10 à 15 m), au feuillage vert foncé et fruits rouge sombre. *Morus kagayamae*, ou *bombycis* (6 m), aux grandes feuilles très découpées, jaune d'or en automne.
Méthode de culture : à la plantation, manipulez délicatement les racines charnues, cassantes. La taille est inutile, les traitements peu nécessaires.
Utilisations : en isolé sur une pelouse. C'est un bon arbre d'ombrage avant la fructification.
Le truc à connaître : toutes les espèces se bouturent très facilement. Il suffit de prélever un jeune rameau en septembre ou au printemps, et de le piquer en terre pour qu'il prenne racine.
Notre conseil : les sexes étant séparés sauf chez le mûrier noir, plantez un pied femelle et un pied mâle si vous souhaitez récolter des mûres.

Ostrya carpinifolia
CHARME HOUBLON

Très voisin du charme, ce bel arbre assure un spectacle fabuleux au printemps, avec ses chatons mâles, longs, pendants, composés de petites fleurs blanc verdâtre. En automne pendent des fructifications, à l'aspect de fruits de houblon, sur le fond jaune d'or du feuillage.
Famille : Bétulacées.
Dimensions : 15 m de haut, 12 m de large, croissance assez rapide et régulière.
Sol : riche, plutôt sec, argileux ou calcaire.
Exposition : plein soleil pour la floraison.
Variété : on ne cultive que l'espèce type.
Méthode de culture : aucun entretien. La taille est inutile et cet arbre est rarement malade.
Utilisations : isolé, rideau, alignement. Très beau pôle d'attraction dans les jardins moyens.
Le truc à connaître : multipliez facilement ce bel arbre en plantant, en août sous plastique, des boutures de jeunes rameaux laissées à l'étouffée.
Notre conseil : si vous souhaitez planter un charme dans un jardin du Midi, préférez l'*Ostrya carpinifolia* qui offre un effet similaire, mais résiste beaucoup mieux à la sécheresse et à la chaleur.

▲ *Liriodendron tulipifera* : feuilles superbes, fleurs rares.

▲ *Morus kagayamae* : un ami de la chaleur et du soleil.

Ostrya carpinifolia : une inflorescence de houblon. ▶

Les plantes ornementales

▲ *Paulownia tomentosa* : feuilles et fleurs immenses.

▲ *Platanus* x *acerifolia* : un arbre très majestueux à isoler.

◄ *Populus candicans* 'Aurora' : un feuillage très raffiné.

Paulownia tomentosa
PAULOWNIA

Originaire de Chine, cet arbre caduc, très rustique, présente un aspect exotique avec ses grandes feuilles de plus de 30 cm de diamètre. En avril-mai, avant l'apparition du feuillage, il développe des panicules de fleurs parfumées, d'un bleu héliotrope intense, très décoratives.
Famille : Scrophulariacées.
Dimensions : de 10 à 12 m de haut, 8 m de large, croissance rapide (de 4 à 5 m en cinq ans).
Sol : riche, assez frais, bien drainé, pas trop lourd.
Exposition : soleil, à l'abri des vents froids.
Variété : on ne cultive que l'espèce type.
Méthode de culture : aucun soin particulier.
Utilisations : isolé, alignement, bon ombrage.
Le truc à connaître : pour obtenir des feuilles encore plus grandes, rabattez l'arbre sévèrement chaque année, dans le courant du mois de mars.
Notre conseil : à proximité du paulownia, plantez une glycine, dont le parfum et les couleurs sont en harmonie avec ceux des fleurs du paulownia.

Platanus x *acerifolia*
PLATANE

C'est un géant très souvent planté dans les villes, dont il tolère parfaitement la pollution. Cet hybride rustique développe une belle couronne ronde, avec des feuilles découpées, dorées en automne. Son écorce s'exfolie par plaques.
Famille : Platanacées.
Dimensions : de 20 à 30 m et jusqu'à 50 m de haut, de 10 à 15 m de large, croissance rapide.
Sol : frais, profond, bien drainé, riche.
Exposition : soleil, lieu chaud de préférence.
Variétés : on cultive surtout *Platanus* x *acerifolia*.
Méthode de culture : aucun soin particulier.
Utilisations : isolé, alignement, rideau.
Le truc à connaître : contre le tigre du platane, pulvérisez un insecticide à base de diéthion. Vous remarquerez son attaque par la présence de nombreuses punaises au revers des feuilles et à la formation de grandes plaques blanchâtres, maculées de débris noirâtres qui sont les excréments.
Notre conseil : réservez ce géant aux grands jardins car il serait dommage de le tailler court.

Populus spp.
PEUPLIER

C'est un arbre imposant, à développement très rapide. Toutes les espèces sont caduques et très rustiques, puisqu'elles viennent des régions tempérées de l'hémisphère Nord.
Famille : Salicacées.
Dimensions : arbre fastigié, de 20 à 30 m de haut, entre 6 m et 15 m de large, croissance très rapide (de 5 à 7 m en quatre à cinq ans).
Sol : assez riche, frais (sans humidité stagnante).
Exposition : un endroit dégagé, au soleil.
Espèces et variétés : *Populus alba* 'Nivea', le peuplier blanc de Hollande (25 m), au feuillage gris, à revers blanc, jaune en automne. *Populus nigra* 'Italica', le peuplier d'Italie (30 m), au port fastigié. *Populus tremula*, le tremble (30 m), au feuillage vibrant à la moindre brise. *Populus trichocarpa*, le baumier (30 m), au très joli feuillage à revers argenté, doré en automne. 'Fritzi Pauley' est résistant aux maladies (chancre, marsonina). 'Aurora' a des feuilles marquées de crème.
Méthode de culture : arrosez et paillez les premiers étés. Traitez contre les chenilles.
Utilisations : isolé, rideau, alignement.
Le truc à connaître : en cas de chancre bactérien, coupez les rameaux, grattez les plaies, et imprégnez-les d'un fongicide à base de cuivre.
Notre conseil : si vous manquez de place, méfiez-vous des espèces drageonnantes comme le peuplier d'Italie ou le peuplier baumier.

Prunus spp.
CERISIER À FLEURS

Originaires des régions tempérées de l'hémisphère Nord, les cerisiers d'ornement sont remarquables par leur floraison printanière, mais aussi par leur écorce décorative et les couleurs de leurs feuilles en automne.

Les grands arbres

Famille : Rosacées.
Dimensions : de 7 à 15 m de haut, de 5 à 12 m de large, pousse rapide (de 3 à 4 m en cinq ans).
Sol : riche, profond, bien drainé, même calcaire.
Exposition : le plein soleil, évitez les vents forts.
Espèces et variétés : 'Accolade' (de 7 à 10 m), fleurs roses, semi-doubles, en mai, port gracieux. *Prunus padus*, le cerisier à grappes (de 10 à 15 m), offre une abondance de fleurs blanches en mai, même à mi-ombre. *Prunus sargentii* (de 12 à 15 m), aux fleurs roses, simples, en avril. *Prunus serrula* (7 m), fleurs blanches en avril-mai, écorce brun acajou. *Prunus x subhirtella* 'Autumnalis' (de 8 à 10 m), à fleurs blanches de novembre à mars. *Prunus serrulata* 'Kanzan', le plus connu des cerisiers du Japon, à fleurs roses, doubles.
Méthode de culture : tuteurez les jeunes arbres les premières années. Traitez contre les pucerons.
Utilisations : isolé, haie libre, rideau, ombrage.
Le truc à connaître : contre la criblure, pulvérisez un fongicide de novembre à janvier.
Notre conseil : mettez en valeur chaque arbre par un tapis de bulbes de printemps.

Quercus spp.
CHÊNE

Le roi des forêts compte quatre cent cinquante espèces, toutes admirables par leur port majestueux et leurs couleurs d'automne. Des arbres dont les feuilles sont joliment découpées.
Famille : Fagacées.
Dimensions : de 15 à 50 m de haut, de 10 à 30 m de large, croissance plutôt rapide.
Sol : riche, profond, humifère, bien drainant.
Exposition : au soleil, dans un lieu dégagé.
Espèces : *Quercus cerris*, le chêne chevelu (de 20 à 30 m), brun en automne, idéal en sol calcaire. *Quercus coccinea*, le chêne écarlate (25 m), rouge vif en automne, sol sec, non calcaire. *Quercus ilex*, le chêne vert (de 15 à 20 m), persistant épineux ; pour l'Ouest et le Midi. *Quercus palustris*, le chêne des marais (de 20 à 30 m), aux feuilles très découpées, rouges en automne, pour sol humide.
Méthode de culture : aucun entretien.
Utilisations : isolé, alignement, ombrage.

Le truc à connaître : en automne, semez les glands en pots. Laissez-les dehors en hiver, arrosez, puis placez-les sous châssis à 10 °C en mars.
Notre conseil : les chênes forestiers sont beaucoup trop volumineux et de croissance trop lente pour faire de bons arbres de jardin.

Robinia pseudoacacia
FAUX ACACIA

Venu des USA, ce bel arbre caduc, très rustique, au tronc crevassé, s'est naturalisé en Europe. Il vit plusieurs siècles, offre un feuillage léger et des grappes de fleurs blanches, parfumées, en juin.
Famille : Fabacées.
Dimensions : 25 m de haut, 15 m de large.
Sol : léger, sec, pas trop calcaire, plutôt pauvre.
Exposition : au soleil, à l'abri des vents forts.
Variétés : 'Bessoniana' (de 10 à 15 m), à port arrondi. 'Frisia' (10 m), jaune doré l'été.
Méthode de culture : aucun entretien.
Utilisations : isolé sur pelouse, alignement.
Le truc à connaître : n'améliorez pas le sol, car dans une terre trop riche le robinier se développe beaucoup trop et casse facilement avec le vent.
Notre conseil : mettez en valeur ce bel arbre sur un fond de conifères ou d'arbustes persistants.

Robinia pseudoacacia 'Frisia' : tout doré au printemps. ▶

▲ *Prunus serrulata* : le plus bel enchantement du printemps.

▲ *Quercus robur* 'Concordia' : un superbe chêne tout doré.

413

Les plantes ornementales

▲ *Salix babylonica* : le très répandu saule pleureur.

▲ *Sophora japonica* 'Pendula' : à planter en situation isolée.

◀ *Sorbus aucuparia* : des fruits qui attirent les oiseaux.

Salix spp.
SAULE

Originaires de l'hémisphère Nord, tous les saules sont caducs et parfaitement rustiques.
Famille : Salicacées.
Dimensions : de 10 à 20 m de haut et de large. La croissance est rapide, la durée de vie brève.
Sol : frais, voire humide, assez lourd.
Exposition : le saule apprécie le soleil.
Espèces et variétés : *Salix alba* (25 m), blanc au feuillage argenté, vient en sol sec, même léger. *Salix babylonica* (de 10 à 12 m) est pleureur, au jeune bois vert-jaunâtre. *Salix x sepulcralis* 'Chrysocoma' (de 20 à 25 m), pleureur, a son bois jaune d'or et son feuillage vert pâle, coloré en automne.
Méthode de culture : arrosez et paillez.
Utilisations : en isolé, au bord de l'eau.
Le truc à connaître : ramassez les feuilles tombées en automne et brûlez-les si l'arbre a été attaqué par des parasites durant sa végétation.
Notre conseil : ces arbres imposants ne prennent toute leur ampleur que dans les grands jardins.

Sophora japonica
SOPHORA DU JAPON

Originaire de Chine et de Corée, ce bel arbre est caduc et rustique. Sa floraison se fait attendre 30 à 40 ans, mais on le cultive pour sa forme à port retombant et au feuillage vert foncé. Le tronc tortueux et crevassé est décoratif en hiver.
Famille : Fabacées.
Dimensions : 25 m de haut, 10 m de large. Sa croissance est rapide et régulière.
Sol : riche et bien drainé, plutôt frais.
Exposition : ensoleillée, en situation chaude.
Variété : 'Pendula' (de 6 à 8 m) est un sujet pleureur pittoresque, formant une tonnelle naturelle. *Sophora tetraptera* est plus rare, avec des fleurs jaunes somptueuses, mais il craint le froid.
Méthode de culture : arrosez et paillez.
Utilisations : en isolé, ou en alignement.
Le truc à connaître : ne le plantez pas près d'un puits car toutes les parties de l'arbre contiennent un principe purgatif, et l'eau deviendrait laxative.
Notre conseil : adoptez le sophora dans les régions chaudes, sa floraison y est magnifique. *Sophora tetraptera* peut être palissé contre un mur.

Sorbus spp.
SORBIER

Ce genre comprend beaucoup d'espèces, réparties dans tout l'hémisphère Nord. Celles qui sont présentées ici sont toutes caduques, rustiques. Elles sont attrayantes par leurs fruits, longtemps décoratifs et leurs couleurs d'automne.
Famille : Rosacées.
Dimensions : 15 m de haut, 12 m de large. De croissance assez rapide, le sorbier a besoin d'espace.
Sol : il doit être riche, profond et bien drainé.
Exposition : ensoleillée, sans être brûlante.
Espèces et variétés : *Sorbus aucuparia*, le sorbier des oiseleurs (de 5 à 15 m), convient aux sols très acides. Il a un feuillage penné, roux en automne, et des baies rouges de fin juillet à septembre. 'Golden Wonder' (de 8 à 10 m) a des fruits jaunes. 'Joseph Rock' (de 6 à 10 m) porte des fruits jaune ambré. 'White Wax' (de 3 à 6 m)

a des fruits blancs. *Sorbus aria*, l'alisier (5 m) au feuillage simple, vert à revers blanc et feutré, devenant fauve clair en automne, à baies rouges. Idéal en bord de mer, il convient aux sols calcaires.
Méthode de culture : tuteurez les jeunes plants.
Utilisations : en isolé, ou en alignement.
Le truc à connaître : arrachez et brûlez les rameaux qui se dessèchent brutalement et meurent.
Notre conseil : les formes à fruits blancs ou jaunes restent plus longtemps décoratives, car les oiseaux sont plus attirés par le rouge ou l'orange.

Tilia spp.
TILLEUL

Ce grand arbre majestueux, présent dans les régions tempérées de l'hémisphère Nord, est caduc et rustique. En début d'été, il embaume avec ses fleurs discrètes, appréciées des abeilles.
Famille : Tiliacées.
Dimensions : 30 m de haut, 15 m de large.
Sol : riche, bien drainé, pas trop sec, voire calcaire.
Exposition : ensoleillée, non brûlante, ou mi-ombre.
Espèces : *Tilia cordata* (30 m), à petites feuilles et au port gracieux, convient aux sols calcaires. *Tilia platyphyllos* (40 m), le plus répandu en Europe, est drageonnant et a de grandes feuilles. Il est sensible aux pucerons et à la sécheresse. *Tilia tomentosa* (30 m), au port pyramidal, a des feuilles gris-vert à revers argenté qui deviennent jaune d'or en automne. Il convient aux sols calcaires.
Méthode de culture : taille de formation.
Utilisations : en isolé, en rideau, en alignement.
Le truc à connaître : contre les pucerons, pulvérisez en mai un insecticide à base de malathion.
Notre conseil : si vous avez des ruches à proximité, retenez tous les tilleuls, sauf *Tilia tomentosa*, *Tilia x euchlora* et 'Petiolaris', dont les feuilles sécrètent un produit narcotique pour les abeilles.

Ulmus spp.
ORME

Ce superbe arbre champêtre est, hélas, décimé par une maladie : la graphiose. Il existe heureusement des espèces et des hybrides récents, par- faitement résistants à cette maladie. Toutes les espèces sont caduques, rustiques, originaires des régions tempérées de l'hémisphère Nord.
Famille : Ulmacées.
Dimensions : de 10 à 20 m de haut, de 8 à 15 m de large. C'est un arbre à croissance rapide qui peut grandir de 3 à 4 m en 5 ans.
Sol : il doit être riche, profond, et frais.
Exposition : l'orme demande le soleil.
Espèces et variétés : *Ulmus parvifolia*, l'orme de Chine (de 15 à 20 m), a des petites feuilles restant vertes longtemps en automne. Hybrides résistants : 'Sapporo Autumn Gold' (de 8 à 12 m) a des feuilles vert lustré, qui naissent teintées de rouge, devenant jaune-vert en automne. 'Resista Sapporo Gold 2' (10 m) a un feuillage doré en automne.
Méthode de culture : arrosez et paillez.
Utilisations : en isolé, en alignement, en rideau.
Le truc à connaître : supprimez et brûlez les rameaux en cas de dessèchement rapide.
Notre conseil : en bord de mer, plantez des ormes. Ils supportent très bien les vents violents.

Zelkova carpinifolia
ORME DE SIBÉRIE

Originaire du Caucase, ce très bel arbre caduc, rustique, drageonnant, a un feuillage jaune doré en automne. Son port est majestueux avec un tronc court et des branches bien dressées.
Famille : Ulmacées.
Dimensions : 25 m de haut, 15 m de large, croissance lente (10 m en 20 ans).
Sol : riche, profond, frais.
Exposition : soleil ou mi-ombre, à l'abri du vent.
Variété : on n'en connaît aucune.
Méthode de culture : arrosez et paillez en été.
Utilisations : en isolé.
Le truc à connaître : multipliez facilement cet arbre en faisant un semis de graines dans des pots, en automne. Protégez les jeunes plants des gelées.
Notre conseil : pour avoir des silhouettes étonnantes, plantez cet orme à proximité d'un pleureur tortueux comme le *Sophora japonica* 'Pendula'.

Zelkova carpinifolia : un grand arbre au port majestueux. ▶

▲ *Tilia petiolaris* : des feuilles au revers argenté.

▲ *Ulmus carpinifolia* 'Wredei' : un orme doré à pousse lente.

415

Les plantes ornementales

LES GRANDS CONIFÈRES

Verts, jaunes ou bleus, fastigiés, en boules ou étalés, les conifères sont à la base des plantations dans un jardin. Par leur feuillage persistant, ils constituent un décor vivant et permanent, même aux heures les plus sombres de l'hiver. Voici une riche sélection des espèces de grande taille.

 Abies spp.
SAPIN

Souvent confondu avec l'épicéa (*Picea*), le sapin est un grand arbre à la silhouette très géométrique, le plus souvent conique, au feuillage coriace. Les cônes dressés (alors qu'ils pendent chez l'épicéa) sont d'un joli bleu-pourpre ou violets à l'état jeune. Toutes les espèces qui constituent ce genre sont originaires des régions tempérées d'Europe, d'Afrique du Nord, d'Asie et d'Amérique du Nord (du Canada au Guatemala).
Famille : Pinacées.
Dimensions : de 10 à 30 m de haut, et de 6 à 15 m de large. Croissance de 3 à 4 m en 5 ans.
Sol : profond, humide, en général non calcaire.
Exposition : ensoleillée ou ombre légère.
Espèces et variétés : *Abies concolor* (de 20 à 25 m), originaire du sud-ouest des États-Unis, est rustique, bleu-vert ou gris-vert, avec des cônes vert pâle, puis pourprés. 'Violacea' est bleu glauque. *Abies koreana* (de 10 à 15 m), du sud de la Corée, a une croissance lente (2 m en 5 ou 6 ans). Son port est étagé, ses aiguilles vert foncé, blanches au revers. Il produit de très jolis cônes cylindriques, gris pourpré. *Abies nordmanniana* (de 20 à 30 m) vient d'Asie Mineure. Il est très rustique, avec un port conique, un feuillage plat, très épais, à revers argenté. Les cônes mesurent de 15 à 20 cm. Idéal en sol calcaire ou sableux. *Abies pinsapo*, le sapin d'Espagne (de 20 à 30 m), n'est pas rustique dans l'Est et le Nord. C'est un grand sapin conique, vert foncé, aux cônes cylindriques, de 10 à 15 cm de long, brun-pourpre avant maturité ; à planter dans les sols secs et calcaires. 'Glauca' (de 15 à 20 m) présente un feuillage bien bleuté.
Méthode de culture : tuteurez ou haubanez et arrosez régulièrement les premières années.
Utilisations : en isolé, alignements ou rideaux.
Le truc à connaître : au cas où un sapin perd sa flèche, sélectionnez sur le tronc une pousse latérale suffisamment souple pour la remplacer, puis palissez-la verticalement le long d'un tuteur.
Notre conseil : laissez suffisamment de place à chaque sapin pour se développer amplement. Pensez à le planter assez loin de la maison.

▲ *Abies nordmanniana* : pour les sols calcaires ou sableux.

 Araucaria araucana
DÉSESPOIR DES SINGES

Originaire d'Argentine et du Chili, ce conifère étonne avant tout par son architecture symétrique et son allure exotique. Ses branches, étagées régulièrement depuis la base du tronc, portent un feuillage coriace, en écaille, très piquant, vert foncé brillant. Il réussit mieux dans l'Ouest, le Sud-Ouest, le Midi et les régions côtières.
Famille : Araucariacées.
Dimensions : de 15 à 25 m de haut (jusqu'à 40 m dans son habitat), et de 6 à 10 m de large.
Sol : riche, humide, non calcaire.
Exposition : ensoleillée, à l'abri des vents secs.
Espèce et variété : *Araucaria araucana* ou *imbricata* est l'espèce la plus cultivée sous notre latitude. Les dix-huit autres sont des arbres tropicaux.
Méthode de culture : les premières années, en

◀ *Abies pinsapo* : à planter de préférence en région Sud.

Les grands conifères

avril, apportez un engrais spécial conifères que vous enfouirez par un léger griffage.
Utilisations : de préférence en isolé.
Le truc à connaître : offrez de bonnes conditions à ce conifère car en sol sec, peu profond, graveleux, et dans une atmosphère polluée, il se dépouille.
Notre conseil : créez un groupe de cinq araucarias réunis dans le même massif, c'est superbe !

Calocedrus decurrens
LIBOCÈDRE

Venu des montagnes de Californie et de l'Oregon, il présente un port pyramidal et porte des petits rameaux très aplatis, aux feuilles allongées, en écaille. Elles sont aromatiques quand on les froisse. Ce conifère, pas assez répandu, est plus souvent cultivé sous la forme 'Columnaris', au port fuselé, très élégant.
Famille : Cupressacées.
Dimensions : de 20 à 25 m de haut sur 10 à 12 m de large. La croissance est rapide.
Sol : sol frais, même calcaire, jamais détrempé.
Exposition : ensoleillée, sans être brûlante.
Variété : 'Aureovariegata' (de 15 à 20 m), au feuillage moucheté de jaune et à croissance lente.
Méthode de culture : les premières années, posez des tuteurs ou haubanez. Fertilisez.
Utilisations : en isolé, alignement ou rideau.
Le truc à connaître : en cas de sécheresse, arrosez tous les jours au pied, et bassinez tout le feuillage d'eau pour éviter les araignées rouges.
Notre conseil : pour bien mettre en valeur son port splendide, isolez cet arbre imposant.

Cedrus spp.
CÈDRE

Dans nos jardins, ces conifères, qui évoquent grandeur et longévité, sont surtout représentés par trois espèces : le cèdre de l'Atlas, le cèdre du Liban et le cèdre de l'Himalaya. Toutes sont très imposantes et requièrent beaucoup de place.
Famille : Pinacées.
Dimensions : de 20 à 25 m de haut sur 15 à 20 m de large. La croissance est assez rapide.

▲ *Araucaria araucana* : un feuillage très curieux et piquant.

Sol : léger, sec, acide, pour le cèdre de l'Himalaya ; normal ou calcaire pour ceux de l'Atlas et du Liban.
Exposition : ensoleillée, pas trop ventée.
Espèces et variétés : *Cedrus deodara*, le cèdre de l'Himalaya (20 m), a la flèche courbée et porte de longues aiguilles (5 cm) vert foncé. 'Aurea' (de 10 à 12 m), doré au printemps, devient jaune verdâtre ensuite. *Cedrus atlantica*, le cèdre de l'Atlas (25 m), au port dressé puis très étalé, présente un fin feuillage gris-vert. 'Fastigiata' (de 10 à 15 m) forme une colonne vert bleuté. *Cedrus libani*, le cèdre du Liban (20 m), est un grand arbre largement étalé, au feuillage vert ou vert grisâtre.
Méthode de culture : arrosez les premiers étés.
Utilisations : essentiellement en isolé.
Le truc à connaître : pour multiplier facilement le cèdre, semez les espèces en mai, en pots au jardin, et bouturez les variétés en septembre.
Notre conseil : dans les grands jardins, pensez à accueillir un cèdre bleu pleureur (*Cedrus atlandica* 'Glauca Pendula') aux branches souples, très élégantes qui retombent jusqu'au sol.

Cedrus deodara 'Aurea' : une robe dorée toute l'année. ▶

▲ *Calocedrus decurrens* : un port très pyramidal.

▲ *Cedrus atlantica* 'Glauca Pendula' : exceptionnel.

Les plantes ornementales

▲ *Chamaecyparis lawsoniana* 'Intertexta Pendula'.

▲ *Chamaecyparis lawsoniana* 'Elwoodii' : très compact.

◀ *Chamaecyparis lawsoniana* 'Stewartii' : joliment doré.

Chamaecyparis spp.
FAUX CYPRÈS

Très proches des cyprès, les *Chamaecyparis* en diffèrent par un feuillage aplati, comme chez le thuya, au lieu d'être arrondi. Irremplaçable dans les haies, il offre une des plus grandes diversités de couleurs du monde des conifères. Les six espèces sont originaires d'Amérique du Nord, du Japon, de Chine et de Formose.

Famille : Cupressacées.
Dimensions : de 6 à 20 m de haut et de large.
Sol : assez humide et siliceux, même pauvre ou calcaire. C'est une espèce de culture facile.
Exposition : sans exigence particulière.
Espèces et variétés : *Chamaecyparis lawsoniana* (de 18 à 20 m), au feuillage vert franc à reflets bleutés, craint une sécheresse prolongée. Il en existe plus de deux cents variétés. 'Allumii' (de 10 à 12 m), vert bleuté, au port pyramidal étroit. 'Columnaris' (10 m) forme une colonne d'un très joli bleu. 'Golden Triumph' (de 10 à 12 m) est doré et conique. 'Lane', ou 'Lanei' (de 10 à 12 m), jaune lumineux, conique. 'Intertexta Pendula', peu courant (de 6 à 8 m) est une des rares formes à port pleureur. 'Pottenii' (de 6 à 10 m), colonne étroite, vert tendre. 'Stardust' (de 10 à 12 m), port conique, vert frais aux extrémités jaune d'or. 'Stewartii' (de 12 à 15 m), conique, doré. 'Westermannii' (de 5 à 10 m), conique, jaune pâle virant au vert jaunâtre. 'Wisselii' (10 à 20 m), conique, vert bleuté sombre. 'Pembury blue' (de 6 à 8 m) est bleu métallique, très apprécié en haies. *Chamaecyparis nootkatensis* (de 15 à 20 m), en forme de carafe à l'âge adulte, il a un feuillage très épais, vert foncé. 'Aurea' (20 m), de croissance moyenne, a un feuillage dense, doré au printemps, puis vert jaunâtre. C'est le plus rustique des conifères dorés, une variété idéale en haies. 'Pendula' (de 10 à 20 m), est un semi-pleureur très gracieux, aux rameaux pendants, vert argenté, portés sur des branches horizontales.
Méthode de culture : épandez un engrais spécial conifères en avril. Arrosez les jeunes sujets.
Utilisations : isolé, groupe, haie, rideau.
Le truc à connaître : en cas d'attaque de phytophtora, qui cause le brunissement des racines, du collet et des tiges chez les jeunes plants des variétés 'Allumii', 'Columnaris' et 'Elwoodii', désinfectez le sol à l'aliette de trois à cinq fois par an.
Notre conseil : utilisez les variétés dorées pour créer des haies, lumineuses et gaies toute l'année.

Cupressus spp.
CYPRÈS

Ce conifère très adapté à la sécheresse se distingue par un port conique, ou en colonne, et un feuillage à odeur de résine. Les quelque vingt espèces poussent spontanément dans l'hémisphère Nord, entre le 15e et le 40e parallèle.
Famille : Cupressacées.
Dimensions : de 10 à 20 m de haut, de 2 à 10 m de large, croissance très rapide (1 m par an).
Sol : sec, jamais humide, le calcaire est accepté.
Exposition : soleil et chaleur obligatoires.
Espèces et variétés : *Cupressus arizonica*, le cyprès de l'Arizona (de 10 à 15 m), au joli feuillage vert glauque et à l'écorce rougeâtre est très rustique. 'Conica' (10 m), en cône étroit, est la variété

Les grands conifères

la plus utilisée en haies. 'Fastigiata' (10 m), à port effilé, glauque plus bleuté. *Cupressus macrocarpa*, le cyprès de Lambert (de 15 à 20 m), vert vif, se plaît en bord de mer. Il est peu rustique. 'Goldcrest' (de 10 à 15 m), d'un jaune très lumineux, verdit en situation ombragée. 'Gold spine' (de 8 à 10 m) est bien doré, d'une forme plus ébouriffée. *Cupressus sempervirens*, le cyprès de Provence ou cyprès d'Italie atteint 20 m. Doté d'une grande longévité (plus de 500 ans), son feuillage est d'un vert très foncé. 'Stricta' (20 m) est une colonne étroite.
Méthode de culture : arrosage inutile les premiers années, sauf par sécheresse prolongée.
Utilisations : isolé, haie, brise-vent, alignement.
Le truc à connaître : hormis celui de l'Arizona, le cyprès supporte mal la taille. Laissez-le pousser à sa guise et prendre sa forme naturelle.
Notre conseil : en climat froid, optez pour le cyprès de l'Arizona. Attention aux risques de maladies dans les sols trop lourds, en particulier le pourridié qui détruit les racines.

Larix decidua
MÉLÈZE

C'est un des rares conifères à feuillage caduc. Il illumine magnifiquement l'automne de sa couleur dorée. Il est originaire des régions froides de l'hémisphère Nord, et donc très rustique.
Famille : Pinacées.
Dimensions : de 20 à 25 m de haut, de 5 à 10 m de large, croissance plutôt rapide.
Sol : tout sol ni détrempé, ni très calcaire.
Exposition : soleil, à l'abri des vents violents.
Espèces : *Larix decidua* (de 20 à 25 m), le mélèze d'Europe, est indigène dans la chaîne des Alpes. Il craint la sécheresse estivale. *Larix kaempferi* (25 m), le mélèze du Japon aux feuilles plus larges, vire parfois à l'orange en automne.
Méthode de culture : arrosez bien et paillez les premiers étés. Attention aux pucerons chermès. Il est inutile de tailler, excepté les sujets dont la flèche a été cassée et qui doivent être rabattus.
Utilisations : en isolé, en groupes et en bosquets.

▶ Le feuillage d'automne tout doré du *Larix decidua*.

Le truc à connaître : en cas de dessèchement des rameaux et de jaunissement des aiguilles provoquée par une rouille, pulvérisez un fongicide.
Notre conseil : pour un bel effet coloré, plantez ce conifère en compagnie d'un *Quercus coccinea* qui devient écarlate en automne.

Metasequoia glyptostroboides
MÉTASÉQUOIA

Possédant un feuillage caduc, ce conifère majestueux prend une teinte brun rosé à l'automne. Il devient imposant dans des conditions climatiques assez humides. C'est un arbre chinois, descendant direct de certains conifères communs à l'époque des dinosaures.
Famille : Taxodiacées.
Dimensions : de 15 à 20 m de haut, de 5 à 10 m de large, croissance très rapide (1 m par an).
Sol : profond, moyennement humide mais frais.
Exposition : soleil, sans être trop brûlant.
Variété : on ne cultive que l'espèce type.
Méthode de culture : arrosez et paillez les premiers étés. Donnez de l'engrais une fois par an.
Utilisations : en isolé, au bord d'un ruisseau.
Le truc à connaître : multipliez-le facilement par bouture ligneuse en septembre sous châssis froid.
Notre conseil : ce conifère est surtout décoratif dans ses dix premières années, ensuite il se dégarnit. Pensez à l'accompagner de beaux arbustes, de préférence à feuillage persistant et coloré.

▲ *Cupressus macrocarpa* 'Gold spine' : fin et bien doré.

▲ *Cupressus sempervirens*.   Métaséquoia en automne. ▼

Les plantes ornementales

▲ Les cônes pendants de *Picea abies* : l'épicéa commun.

▲ *Picea pungens* 'Glauca' : le sapin bleu est très décoratif.

◀ *Picea omorika* : un conifère qui supporte la pollution.

Picea spp.
ÉPICÉA

L'épicéa ressemble tellement au sapin qu'on les confond souvent. Il s'en différencie surtout par ses cônes pendants (dressés chez le sapin). Les différentes espèces venant toutes de l'hémisphère Nord, il aime les climats froids.
Famille : Pinacées.
Dimensions : de 10 à 30 m de haut, de 5 à 15 m de large. La croissance est assez rapide.
Sol : riche, profond, frais, souple, non crayeux.
Exposition : soleil, sans chaleur excessive.
Espèces et variétés : *Picea abies* ou *exelsa*, l'épicéa commun (de 20 à 30 m), est vert grisâtre. 'Inversa' (de 5 à 10 m), au port pleureur, a un feuillage très épais, bien vert. 'Pyramidalis' (de 8 à 10 m) est très pointu, avec des branches proches du tronc. *Picea breweriana* (de 10 à 15 m) prend un port insolite avec des branches au feuillage bleu-vert foncé qui s'étalent et d'autres qui retombent. Il n'aime pas l'ombre. *Picea engelmanii* 'Glauca' (de 15 à 20 m), au feuillage vert bleuté, a un port superbe avec de grandes branches très souples, relevées à l'extrémité. *Picea glauca*, la sapinette blanche (7 m), a des aiguilles fines et glauques. Il pousse lentement. *Picea omorika*, l'épicéa de Serbie (de 20 à 25 m), a un port gracieux, très élancé. 'Pendula' (de 15 à 20 m) est pleureur à feuilles glauques. *Picea pungens* (de 15 à 20 m) a un feuillage gris-vert. 'Glauca' (de 10 à 12 m) est bleu. 'Koster' (de 10 à 20 m), conique, à branches très étalées est bleu azur. 'Hoopsii' (de 10 à 20 m), bleu intense, a une croissance lente. *Picea sitchensis*, l'épicéa de Sitka (20 m), conique, paraît bleu, il pousse vite en sol humide. *Picea smithiana* (15 m) pousse très lentement. Son port naturellement pleureur est superbe, sa rusticité moyenne.
Méthode de culture : tuteurez ou haubanez les jeunes sujets. Fertilisez à chaque printemps.
Utilisations : en isolé, en groupes et en rideaux.
Le truc à connaître : traitez au tout début du printemps contre le puceron vert de l'épicéa.
Notre conseil : réservez l'épicéa aux jardins d'altitude et aux régions dont les étés sont frais, car il se dessèche à la chaleur, sauf *omorika* et *orientalis*.

Pinus spp.
PIN

Originaires pour la plupart des régions tempérées de l'hémisphère Nord, les cent espèces de pins ont toutes un feuillage persistant constitué de fines aiguilles réunies par deux, trois ou cinq dans une gaine. Certains ne sont pas rustiques.
Famille : Pinacées.
Dimensions : selon les espèces de 8 à 30 m de haut, et de 5 à 20 m de large, croissance rapide.
Sol : bien drainé, plutôt acide et humifère.
Exposition : soleil, la chaleur est appréciée.
Espèces et variétés : *Pinus bungeana*, le pin Napoléon (de 15 à 20 m), est très rustique. Vert foncé, il a un tronc très décoratif à l'écorce qui s'exfolie. *Pinus cembra*, l'arolle (de 8 à 10 m), à port assez étroit et au feuillage vert à revers bleuté, pousse lentement. Il est très rustique. *Pinus halepensis*, le pin d'Alep (de 15 à 20 m), a l'aspect d'un pin parasol très tourmenté. Il résiste à -12 °C et apprécie l'aridité. *Pinus leucodermis*, le pin de Bosnie (de 8 à 10 m), est vert foncé avec l'écorce des rameaux blanche. *Pinus nigra* 'Austriaca', le pin noir d'Autriche, a un port trapu. De couleur vert

Les grands conifères

sombre, il est très rustique. *Pinus nigra laricio*, le pin de Corse (de 20 à 25 m), est un grand arbre étalé, vert lumineux. *Pinus pinaster*, le pin maritime ou pin des Landes (de 20 à 30 m), a un feuillage gris terne, très rustique (- 25 °C). *Pinus radiata*, le pin de Monterey (de 15 à 20 m), vient de Californie. C'est un bel arbre souple à port étalé, de croissance rapide. *Pinus strobus*, le pin Weymouth (de 20 à 30 m), est conique puis arrondi en vieillissant. Vert bleuté, il est très rustique. *Pinus wallichiana* ou *griffithii*, le pin pleureur de l'Himalaya (de 20 à 30 m), a un port étalé, gracieux. Le feuillage vert clair est retombant, la croissance rapide. *Pinus sylvestris*, le pin sylvestre (de 20 à 30 m) est gris-vert ou bleu-vert, avec une écorce rougeâtre s'exfoliant.
Méthode de culture : arrosez les premiers étés.
Utilisations : isolé, groupe, rideau, alignement.
Le truc à connaître : contre la chenille processionnaire, employez la lutte biologique avec la bactérie *Bacillus thuringiensis* (Bactospéine).
Notre conseil : pour un sol sec en climat doux, choisissez le pin d'Alep ou le pin de Bosnie ; le pin noir d'Autriche ou le pin de Corse en climat plus froid. Pour un sol frais, retenez le pin pleureur de l'Himalaya ou le pin de Weymouth.

Podocarpus spp.
PODOCARPUS

Ce genre compte une centaine d'espèces de conifères des régions chaudes de l'hémisphère Sud, mais aussi du Japon et de l'Himalaya. Certains viennent bien en Bretagne et sur la Côte d'Azur.
Famille : Podocarpacées.
Dimensions : de 6 à 10 m de haut, de 3 à 4 m de large dans la nature, souvent moins en culture.
Sol : tout sol, acide ou alcalin.
Exposition : soleil ou mi-ombre à la chaleur.
Espèces : *Podocarpus salignus* (5 m, jusqu'à 20 m dans son habitat) vient du Chili. C'est un arbre élégant à feuillage fin, gris-vert. *Podocarpus falcatus* (10 m) a un feuillage allongé vert foncé.
Méthode de culture : arrosez les premiers étés. Abritez des vents froids. Paillez le sol en hiver.

Utilisations : isolé, haie, culture en bacs possible.
Le truc à connaître : en raison de la souplesse de ses branches, ce conifère peut très bien être palissé contre un mur bien exposé pour mieux résister aux hivers de nos régions. Très original.
Notre conseil : dans les zones assez froides, cultivez les podocarpus en bacs qui seront hivernés dans une véranda maintenue juste hors gel.

Pseudolarix amabilis
FAUX MÉLÈZE

Ce cousin chinois du mélèze est caduc, avec des branches horizontales d'un vert frais, un peu bleuté, virant à l'or pâle en automne. Il pousse avec une extrême lenteur et se fait remarquer par sa grande finesse. C'est une plante encore rare en culture, bien qu'elle ait été introduite en Europe depuis plus d'un siècle.
Famille : Pinacées.
Dimensions : de 10 à 15 m en trente ans.
Sol : profond, humifère, bien drainé, non calcaire.
Exposition : soleil non brûlant, humidité.
Variété : on ne cultive que l'espèce type.
Méthode de culture : arrosez bien et paillez avec un épais lit de compost les premiers étés.
Utilisations : en isolé sur pelouse.
Le truc à connaître : pour réussir le semis (facile en mars), procurez-vous des graines fertiles sur des arbres cultivés sur la Côte d'Azur ou en Italie.
Notre conseil : c'est un arbre à redécouvrir si vous avez la patience de l'observer pousser.

▲ *Pinus wallichiana* : un port d'une rare élégance.

▲ *Pinus nigra* 'Austriaca'.   *Pseudolarix amabilis* ▼

Un vieux sujet de *Podocarpus salignus*. ▶

421

Les plantes ornementales

▲ *Pseudotsuga menziesii* 'Glauca viridis' à Chèvreloup.

▲ En gros plan : la finesse du *Sciadopitys verticillata*.

Pseudotsuga menziesii
SAPIN DE DOUGLAS

Le feuillage persistant de cet arbre imposant à port souple, irrégulier, s'assombrit en hiver. Il sent le camphre quand on le froisse. Les sept espèces sont originaires de Chine et d'Amérique.
Famille : Pinacées.
Dimensions : de 30 à 50 m, jusqu'à 100 m dans la nature. Étalement de 5 à 7 m.
Sol : peu profond, assez frais, non calcaire.
Exposition : soleil et ambiance humide.
Variétés : 'Blue Wonder' (20 m), à port pyramidal. 'Fretsii' (de 6 à 8 m), compact et à aiguilles plates, plus larges que l'espèce type.
Méthode de culture : tuteurez ou haubanez les grands sujets durant les premières années. Éliminez bien les mauvaises herbes au pied des jeunes sujets. Apportez de l'engrais au printemps.
Utilisations : isolé, rideau, arbre forestier.
Le truc à connaître : si les aiguilles sont tachées de roux, pulvérisez un fongicide contre la rouille.
Notre conseil : plantez le sapin de Douglas dans un endroit abrité des grands vents du fait de son enracinement superficiel.

Sciadopitys verticillata
SCIADOPITYS

Cet arbre très élégant, dont il n'existe qu'une seule espèce, se singularise avant tout par son feuillage disposé en bouquets superposés (verticilles). Il pousse dans les lieux rocheux, accidentés et abrités de l'île de Hondo au Japon.
Famille : Taxodiacées.
Dimensions : de 8 à 10 m (30 m dans son habitat), croissance lente à l'état jeune.
Sol : frais, non calcaire, additionné de tourbe.
Exposition : un lieu chaud et ensoleillé ou à mi-ombre, abrité du vent, dans un climat humide.
Variétés : on ne cultive que l'espèce type.
Méthode de culture : arrosez bien et paillez les premières années. Haubanez les jeunes sujets.
Utilisations : isolé ou dans les jardins japonais.
Le truc à connaître : ce conifère ayant tendance à former plusieurs troncs à la base, n'en conservez qu'un si vous souhaitez une croissance plus rapide.
Notre conseil : mettez en valeur l'originalité du sciadopitys en le cultivant dans un grand bac sur un balcon bien exposé et non venteux.

Sequoiadendron giganteum
SÉQUOIA GÉANT

Ce géant, qui atteint 100 m dans les montagnes de Californie, présente un port conique élancé, majestueux, avec des branches souples, qui s'infléchissent et un feuillage vert sombre. Le tronc volumineux peut atteindre 10 m de diamètre.
Famille : Taxodiacées.
Dimensions : de 40 à 60 m de haut, de 15 à 25 m de large, croissance assez rapide.
Sol : profond, peu calcaire, humide mais drainé.
Exposition : au soleil, à l'abri des grands vents.
Variétés : assez rares ; 'Glaucum' (de 40 à 60 m), très bleuté. 'Pendulum' (de 20 à 30 m) forme une colonne étroite avec de longues branches pendantes, presque parallèles au tronc.
Méthode de culture : tuteurez ou haubanez les jeunes arbres. Pensez à les protéger des froids

◄ Dans le parc de Bagatelle : *Sequoiadendron giganteum*.

Les grands conifères

secs par la pose d'un voile protecteur pendant l'hiver.
Utilisations : en isolé dans un très grand jardin.
Le truc à connaître : pour réussir les boutures, prélevez des rameaux de la flèche plutôt que des pousses latérales qui sont lentes à former une tige. Le bouturage de racine est également possible.
Notre conseil : installez le séquoia assez loin de la maison, car il a besoin de beaucoup d'espace. Paillez avec du compost les cinq premières années pour favoriser un bon enracinement.

Taxodium distichum
CYPRÈS CHAUVE

Ce conifère caduc flamboie en novembre quand il se pare de tons cuivrés. Son port est conique, très régulier, avec des branches horizontales. Le feuillage fin et léger est d'un beau vert frais en été. Cette espèce est originaire du sud des USA.
Famille : Taxodiacées.
Dimensions : de 25 à 30 m de haut, de 10 à 15 m de large. Attention aux rejets de racines (pneumatophores) qui se forment sur de grandes distances quand l'arbre est planté près de l'eau.
Sol : très humide. Il peut vivre les pieds dans l'eau.
Exposition : soleil conjugué avec chaleur.
Variété : 'Pendens', aux branches horizontales, inclinées à l'extrémité, a des rameaux retombants.
Méthode de culture : arrosez bien et paillez les premiers étés, surtout par temps sec.
Utilisations : en isolé, ou en petits groupes au bord des pièces d'eau, en compagnie de gunnéras.
Le truc à connaître : si des rameaux se dessèchent, coupez les parties malades, puis pulvérisez un fongicide à base de cuivre et de mancozèbe.
Notre conseil : réservez ce beau conifère caduc aux régions à climat plus doux que celui de Paris. Ailleurs, remplacez-le par le *Metasequoia glyptostroboides*, à l'aspect similaire mais plus rustique.

Thuja spp.
THUYA

Très utilisé pour les haies, le thuya est apprécié pour sa croissance assez rapide et son joli feuillage aromatique, composé d'écailles aplaties et imbriquées. Ce conifère est très proche des *Chamaecyparis* dont il se distingue pas la forme plus lâche de ses rameaux. Les cinq espèces sont originaires des régions tempérées de l'hémisphère Nord, et donc très rustiques.
Famille : Cupressacées.
Dimensions : de 5 à 30 m de haut, de 5 à 15 m de large selon les innombrables variétés.
Sol : frais, léger, bien drainé. Une terre trop argileuse peut provoquer de graves maladies cryptogamiques qui se traduisent par un brunissement.
Exposition : soleil ou mi-ombre.
Espèces et variétés : *Thuja occidentalis*, le thuya du Canada (de 10 à 15 m), est vert l'été, mais il prend un ton brun assez triste en automne. Il redoute la sécheresse, mais vient bien en sol calcaire, de même que ses variétés. 'Fastigiata' (de 12 à 15 m), une colonne assez étroite, vert clair brillant. 'Pyramidalis Compacta' (10 m), un cône étroit d'un vert très clair et brillant. 'Smaragd' ou 'Émeraude' (de 5 à 10 m), pyramidal, vert vif toute l'année, assez compact. *Thuja orientalis*, le thuya d'Orient (de 5 à 10 m), vient du nord et de l'ouest de la Chine. Il se présente en colonne, avec des branches dressées. Peu rustique, il est surtout cultivé dans ses formes naines (*voir page 410*). *Thuja plicata*, le thuya géant de l'ouest de l'Amérique du Nord, atteint 30 m. Il pousse vite avec un port étalé (jusqu'à 15 m de diamètre). Très rustique, il faut le placer à l'abri des vents desséchants. Il supporte très bien la taille. 'Atrovirens' (de 25 à 30 m), d'un vert foncé très brillant, même en hiver est surtout réservé aux haies. 'Zebrina' ou 'Variegata' (de 18 à 20 m) est joliment lavé de jaune d'or.
Méthode de culture : épandez un engrais spécial conifères chaque année en avril.
Utilisations : isolé, haie, rideau, alignement.
Le truc à connaître : en cas de formation de coussinets bruns sur les feuilles et les rameaux, traitez avec une bouillie bordelaise.
Notre conseil : ne réservez pas les thuyas qu'aux haies. Laissés libres, ce sont de très beaux arbres étonnants de majesté et d'élégance.

▲ *Taxodium distichum* : un très joli ton cuivre en automne.

▲ *Thuja occidentalis* 'Elegantissima' : très compact.

Thuja occidentalis 'Émeraude' : une plante à succès. ▶

Les plantes ornementales

LES PETITS ARBRES

Dépassant rarement dix mètres de hauteur à l'âge adulte, ces arbres modèles réduits sont très appréciés dans nos jardins contemporains si exigus. On retrouve dans leur silhouette de la majesté et ils ont assez d'ampleur pour ombrager efficacement une terrasse ou un coin repos.

Aesculus parviflora
PAVIER BLANC

Ce joli petit marronnier surprend par sa floraison blanche tardive en juillet et en août. Son joli feuillage naît de couleur bronze avant de verdir et se colore superbement de jaune à l'automne. L'espèce est originaire du sud-est des États-Unis et parfaitement rustique.
Famille : Hippocastanées.
Dimensions : 3 m de haut, 10 m de large, croissance assez lente, très drageonnante.
Sol : profond, frais, humifère de préférence.
Exposition : soleil, mi-ombre même assez dense.
Variété : on ne cultive que l'espèce type.
Méthode de culture : arrosez bien et paillez les premiers étés. Donnez de l'engrais au printemps.
Utilisations : isolé, massif avec des vivaces.
Le truc à connaître : les graines venant rarement à maturité (sauf dans le Midi), multipliez facilement ce petit marronnier en séparant les nombreux drageons de fin novembre à début mars.
Notre conseil : réservez de l'espace à ce beau petit arbre et plantez-le en sol acide à proximité d'un *Hydrangea* 'Blue Wave' à fleurs bleues.

▲ *Aesculus parviflora* : il peut se comporter en arbuste.

◀ *Amelanchier lamarckii* : un festival blanc à la fin mars.

Amelanchier spp.
AMÉLANCHIER

Voilà de charmants arbustes ou petits arbres, rustiques, au port léger et gracieux. Leurs jolies fleurs simples en avril sont suivies de fruits comestibles. Les couleurs d'automne : écarlate, pourpre et orangé sont superbes dès septembre. Les espèces sont surtout répandues en Amérique du Nord, mais on en trouve en Europe et en Asie.
Famille : Rosacées.
Dimensions : de 2 à 8 m de haut et de large. La croissance est assez rapide.
Sol : tout bon sol de jardin bien drainé.
Exposition : soleil ou mi-ombre, assez humide.
Espèces : *Amelanchier canadensis* (de 2 à 8 m) donne des grappes de fleurs blanches en avril-mai, puis des fruits noirs. *Amelanchier laevis* (de 3 à 6 m) est très beau en avril avec ses fleurs blanches et parfumées. Le jeune feuillage est d'un joli rose. *Amelanchier lamarckii* (de 4 à 6 m) se couvre de fleurs blanches de fin avril à début mai.
Méthode de culture : paillez en mai, éliminez les nombreux drageons. Fertilisez au printemps.
Utilisations : isolé, fond de massif, haie libre.
Le truc à connaître : gare à l'oïdium ! Pulvérisez un fongicide spécifique si le printemps est pluvieux.
Notre conseil : en sol humide, retenez *Amelanchier canadensis*. En sol sec, optez plutôt pour *Amelanchier lamarckii*.

Catalpa bignonioides
CATALPA

Ce petit arbre présente une cime arrondie, très étalée. En juin-juillet, de grandes grappes de fleurs se développent sur le bois de l'année. Les imposantes feuilles en forme de cœur, très décoratives, naissent tard au printemps. Elles ont une odeur désagréable quand on les froisse. La plupart des espèces viennent des USA et de Chine.
Famille : Bignoniacées.

Les petits arbres

Dimensions : de 6 à 15 m de haut et de large. La croissance est rapide et spectaculaire.
Sol : riche, frais, bien drainé.
Exposition : soleil, à l'abri des gelées tardives.
Espèces et variétés : *Catalpa bignonioides* (de 8 à 15 m), aux fleurs blanches tachetées de pourpre et de jaune, donne des fruits en haricot après un été chaud. 'Aurea' (de 10 à 12 m) a les feuilles jaune d'or au printemps. 'Nana', le catalpa boule (de 4 à 6 m), forme une sphère de feuillage compacte et ne fleurit pas. *Catalpa bungei* (6 m), dont les fleurs blanches plus petites sont tachetées de pourpre.
Méthode de culture : tuteurez les premières années. Attention aux attaques de cochenilles.
Utilisations : isolé sur pelouse, alignement.
Le truc à connaître : attention à l'oïdium. Pulvérisez un fongicide à base de soufre ou de bénomyl si le printemps est très humide.
Notre conseil : pour favoriser une floraison abondante, plantez le catalpa dans l'endroit le plus chaud et le mieux abrité de votre jardin.

Cercidiphyllum japonicum
CERCIDIPHYLLUM

Le feuillage en cœur naît rouge, dès mars-avril, puis verdit avant de se teinter de jaune, rouge, orange et écarlate en automne, en dégageant une odeur prononcée de pain d'épice. Originaire du Japon et de Chine, l'arbre est très rustique.
Famille : Cercidiphyllacées.
Dimensions : de 10 à 15 m de haut, de 4 à 7 m de large, bonne croissance (3 m en 4 à 5 ans).
Sol : riche, profond, assez frais, neutre.
Exposition : soleil ou mi-ombre, assez humide.
Espèces et Variétés : 'Magnificum' (de 6 à 10 m) a des feuilles plus grandes et un tronc lisse.
Méthode de culture : tuteurez les jeunes arbres. Protégez des gelées printanières.
Utilisations : isolé, sous-bois, bord d'étang.
Le truc à connaître : pour obtenir de magnifiques couleurs d'automne, plantez-le en sol humide et acide. Maintenez le sol frais en été.
Notre conseil : associez ce bel arbre avec un *Liriodendron* et un *Liquidambar* dans un groupe qui donnera de superbes teintes d'automne.

Chionanthus virginicus
ARBRE À FRANGES

Venu d'Amérique du Nord, ce petit arbre caduc, rustique, offre à l'âge adulte une jolie floraison blanche en mai, suivie de fruits bleu-noir. Les feuilles oblongues jaunissent en automne.
Famille : Oléacées.
Dimensions : de 5 à 8 m de haut, de 3 à 5 m de large. La croissance est assez rapide.
Sol : riche, assez frais, bien drainé, humifère.
Exposition : au soleil, à l'abri des vents forts.
Variété : on ne cultive que l'espèce type.
Méthode de culture : arrosez bien et paillez les premiers étés avec du compost à demi décomposé.
Utilisations : isolé, bord de ruisseau, terrasse.
Le truc à connaître : avant de semer les graines au printemps, placez-les dans un papier absorbant humide que vous laissez 3 mois au réfrigérateur.
Notre conseil : cultivez cette espèce en climat continental, elle fleurit mieux qu'en zone maritime.

Cornus florida
CORNOUILLER À GRANDES FLEURS

Ce petit arbre buissonnant est très décoratif au printemps pour sa floraison éclatante composée de quatre grandes bractées blanches, et en automne pour son feuillage flamboyant.
Famille : Cornacées.
Dimensions : de 5 à 10 m de haut, 5 m de large.
Sol : riche, frais, obligatoirement acide.
Exposition : mi-ombre, bien à l'abri du vent.
Variétés : 'Cherokee Chief' est rose vif. 'Rubra', d'un joli rose, a des jeunes feuilles rougeâtres.
Méthode de culture : fertilisez au printemps, arrosez tous les dix jours par temps sec en été.
Utilisations : isolé, massif en sous-bois.
Le truc à connaître : en cas d'attaque de cochenilles, pulvérisez un insecticide spécifique.
Notre conseil : associez ce cornouiller aux azalées, piéris et rhododendrons pour un effet coloré fantastique au printemps et en automne.

Cornus florida : une merveille d'un précieux blanc ivoire.

▲ *Catalpa bignonioides* 'Aurea' : ample et très élégant.

▲ *Cercidiphyllum japonicum* sent bizarrement le caramel.

▲ *Chionanthus virginicus* : une pluie de fleurs printanières.

Les plantes ornementales

jardin d'agrément

▲ *Cotinus obovatus* : une vraie merveille en automne.

▲ *Crataegus laevigata* : une plante très rustique.

 Crinodendron hookerianum : idéal pour le littoral.

Cotinus obovatus
COTINUS

Originaire du sud-est des USA, ce petit arbre rustique prend de somptueuses couleurs d'automne. Le feuillage est rosé au printemps, les inflorescences plumeuses rose pâle, en juin-juillet.
Famille : Anacardiacées.
Dimensions : de 6 à 10 m de haut, de 4 à 6 m de large. La croissance est assez rapide.
Sol : assez sec, calcaire, même compact.
Exposition : soleil non brûlant.
Variété : 'Grace', hybride de *Cotinus obovatus* et de *Cotinus coggygria*, est tout rouge en automne.
Méthode de culture : arrosez régulièrement les premiers étés. Traitez contre l'oïdium au printemps.
Utilisations : isolé dans un endroit bien dégagé.
Le truc à connaître : un sol pauvre favorise la richesse et l'éclat des coloris en automne.
Notre conseil : mariez-le à un *Parrotia persica*.

Crataegus spp.
AUBÉPINE

Ces petits arbres champêtres, caducs, souvent épineux, ont une floraison éclatante en mai, suivies de baies rouges, bleues ou jaunes, en septembre. Le feuillage se colore parfois de rouge en automne. Originaires de l'hémisphère Nord, toutes les espèces sont très rustiques.
Famille : Rosacées.
Dimensions : de 5 à 10 m de haut et de large.
Sol : ordinaire, même calcaire.
Exposition : soleil ou mi-ombre légère.
Espèces et variétés : *Crataegus laevigata* (de 4 à 5 m) a des fleurs rose intense début mai. 'Paul Scarlet' (5 m), aux fleurs très doubles, rouge vif, en mai-juin, résiste au feu bactérien. 'Crimson Cloud' (de 7 à 8 m), à fleurs simples, rouges à centre blanc. *Crataegus monogyna* (de 8 à 10 m), aux fleurs blanches, parfumées, en mai, suivies de baies rouges. *Crataegus coccinea* (de 4 à 6 m) a des fleurs blanches en bouquets et des baies écarlates.
Méthode de culture : pour obtenir une aubépine en arbre, réduisez le buisson à une tige unique après la plantation. Coupez tous les rejets.
Utilisations : haie défensive, ou en isolé.
Le truc à connaître : traitez les pucerons qui s'abritent dans des galles sur les feuilles.
Notre conseil : ne plantez les aubépines que dans les régions épargnées par le feu bactérien.

Crinodendron hookerianum
CRINODENDRON

Peu rustique, ce petit arbre originaire du Chili est à réserver à la côte atlantique, de Biarritz à Cherbourg. Son feuillage persistant, vert foncé, est très allongé. En mai s'épanouissent de nombreuses fleurs vermillon, à l'aspect de grosses clochettes, en forme de lanterne couleur fuchsia.
Famille : Élaeocarpacées.
Dimensions : de 3 à 5 m de haut, entre 2 m et 3 m de large. La croissance est plutôt lente.
Sol : riche et frais, obligatoirement acide.
Exposition : ombre légère ou mi-ombre.
Variété : on ne cultive que l'espèce type.
Méthode de culture : paillez chaque hiver, même par temps doux, arrosez par temps sec.
Utilisations : isolé, palissé contre un mur.
Le truc à connaître : effectuez des boutures en pot à la fin de l'été. Hivernez-les dans la véranda. Si le pied mère meurt à la suite de fortes gelées,

Les petits arbres

vous pourrez replanter une de ces jeunes boutures.
Notre conseil : dans les régions à climat doux, palissez cet arbuste contre un mur au nord, à proximité d'un *Hydrangea petiolaris* aux fleurs blanches.

Embothrium coccineum
EMBOTHRIUM

Ce petit arbre chilien que les Anglais appellent « buisson de feu du Chili », porte bien son nom, avec sa floraison écarlate, en mai-juin. Il est doté d'un joli feuillage vert foncé, brillant. Peu rustique, il se cultive surtout dans l'Ouest.
Famille : Protéacées.
Dimensions : de 5 à 6 m de haut et de large.
Sol : frais, bien drainé, acide, pas trop lourd.
Exposition : soleil non brûlant ou mi-ombre, à l'abri des vents froids et secs et des grosses gelées.
Variété : on ne cultive que l'espèce type.
Méthode de culture : paillez chaque hiver, même en climat doux, arrosez par temps sec.
Utilisations : isolé, fond de massif.
Le truc à connaître : pour le multiplier, le plus simple consiste à prélever un drageon à la base.
Notre conseil : en climat doux, plantez un embothrium en compagnie d'un abutilon blanc et d'un *Rhododendron augustinii* bleu.

Eucryphia glutinosa
EUCRYPHIA

Il existe six espèces de ces petits arbres ou arbustes persistants, originaires du Chili ou d'Australie. En dépit d'une floraison somptueuse, blanc pur en été, ils sont quasiment inconnus. Le feuillage vert intense et glauque au revers se colore légèrement en automne. De rusticité moyenne, les eucryphias sont à réserver aux zones protégées des régions atlantiques.
Famille : Eucryphiacées.
Dimensions : de 4 à 7 m de haut, de 2 à 3 m de large. La croissance est lente (4 m à dix ans).
Sol : frais, léger, plutôt acide, profond, humide.
Exposition : soleil et chaleur obligatoires.
Espèces et variétés : *Eucryphia glutinosa* venu du Chili est la seule espèce proposée couramment par les pépinières. Les fleurs aux étamines proéminentes atteignent 7 cm de diamètre. *Eucryphia x nymansensis* est assez commun en Angleterre, où il fleurit à la fin de l'été et en automne.
Méthode de culture : paillez obligatoirement. L'été pour ombrager les racines et les maintenir au frais, l'hiver pour protéger de la gelée. Un apport d'engrais est utile au printemps. Ne taillez pas.
Utilisations : isolé, grand bac, fond de massif.
Le truc à connaître : favorisez la floraison en pinçant l'extrémité des jeunes rameaux avant la reprise de la végétation au printemps.
Notre conseil : en cas d'hiver exceptionnellement froid, il est utile de tailler toutes les branches au printemps pour provoquer l'apparition de nouvelles pousses à la base et sur le bois.

Halesia tetraptera
ARBRE AUX CLOCHES D'ARGENT

Venu du sud-est des États-Unis, ce beau petit arbre caduc est très rustique. En avril-mai, avant les feuilles, il éclôt des clochettes blanches tout au long des rameaux. Le feuillage jaunit en automne.
Famille : Styracacées.
Dimensions : de 4 à 6 m de haut, de 8 à 12 m de large, le port est très étalé, croissance rapide.
Sol : riche, léger, frais, acide, sablonneux.
Exposition : soleil (abri des vents), ombre légère.
Variété : *Halesia monticola* est une autre espèce d'aspect similaire, un peu moins florifère.
Méthode de culture : paillez les jeunes plants, raccourcissez les pousses après la floraison.
Utilisations : isolé, haie libre.
Le truc à connaître : pour favoriser la germination des graines récoltées à maturité en octobre, semez-les en pot que vous garderez entre 15 °C et 25 °C pendant trois mois, puis enfermez-les au réfrigérateur durant trois mois entre 1 °C et 5 °C. Semez sous abri en avril à 15 °C.
Notre conseil : mariez ce superbe petit arbre à des rhododendrons ou des piéris qui ont les mêmes exigences culturales et fleurissent en même temps.

Halesia carolina : des fleurs blanches magnifiques.

▲ *Embothrium coccineum* : une beauté rare et frileuse.

▲ *Eucryphia glutinosa* : un arbre pour les climats doux.

Les plantes ornementales

jardin d'agrément

▲ *Kalopanax pictus* 'Maximowiczii' : un feuillage découpé.

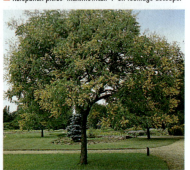

▲ *Koelreuteria paniculata* au parc floral d'Orléans.

◀ *Laburnum* x 'Vossii' : de longues grappes d'or.

Kalopanax pictus
KALOPANAX

Son allure exotique est due à ses feuilles profondément lobées qui atteignent 30 cm de diamètre. Son tronc et ses rameaux sont épineux. Ce petit arbre assez rustique vient du Japon, de l'est de la Russie, de Corée et de Chine. En septembre, il produit de grandes ombelles aplaties de fleurs blanches, suivies de fruits bleu-noir.
Famille : Araliacées.
Dimensions : de 8 à 15 m de haut (30 m dans son habitat), croissance lente.
Sol : riche et frais, même pauvre et alcalin.
Exposition : soleil et chaleur. Il résiste à -10 °C.
Espèces et variétés : on le rencontre aussi sous le nom de : *Acanthopanax ricinifolius*. La forme 'Maximowiczii' a les feuilles encore plus découpées.
Méthode de culture : arrosez et paillez les premiers étés pour maintenir une bonne humidité.
Utilisations : isolé ou associé à des conifères.
Le truc à connaître : ne vous inquiétez pas si la plante perd ses feuilles lors d'un été sec, mais arrosez-la copieusement pour qu'elle reparte bien.
Notre conseil : pour accroître l'effet exotique, plantez le kalopanax en compagnie de bambous, d'eucalyptus ou de gunnéras.

Koelreuteria paniculata
SAVONNIER

Ce petit arbre rustique, caduc, à cime arrondie, présente un joli feuillage penné, d'un vert un peu gris, qui jaunit en automne. À la mi-juillet, il s'orne de panicules très légères de fleurs jaunes, parfumées. Elles sont suivies en septembre-octobre, de capsules devenant rouges ou jaunes. L'arbre est originaire d'Extrême-Orient.
Famille : Sapindacées.
Dimensions : de 8 à 10 m de haut, de 5 à 8 m de large, croissance assez lente (2 m en cinq ans).
Sol : riche, léger, bien drainé. Non calcaire.
Exposition : au soleil dans un lieu chaud et abrité.
Variété : 'Fastigiata' (10 m) forme une superbe colonne étroite. C'est une forme peu courante.
Méthode de culture : protégez les jeunes plants du gel. La taille est inutile. Fertilisez au printemps.
Utilisations : isolé dans les petits jardins.
Le truc à connaître : pour multiplier facilement l'espèce, semez les graines à maturité en octobre-novembre dans un pot que vous laissez dehors tout l'hiver. Les boutures de racines sont très faciles.
Notre conseil : plantez le savonnier dans l'endroit le mieux abrité de votre jardin, car les fleurs demandent de la chaleur pour s'épanouir en masse et résistent très mal au vent.

Laburnum spp.
CYTISE

Une véritable pluie d'or ! C'est le spectacle éblouissant qu'offrent au printemps les grappes pendantes de cet arbre caduc, très rustique, au port souple. Les espèces les plus courantes sont originaires du centre et du sud de l'Europe.
Famille : Fabacées.
Dimensions : de 5 à 10 m de haut, de 3 à 6 m de large. La croissance est rapide.
Sol : une bonne terre de jardin, même calcaire.
Exposition : soleil de préférence.
Espèces et variétés : *Laburnum alpinum* (de 5 à 10 m), aux longues grappes de fleurs jaunes (de 15 à 40 cm), parfumées, en mai-juin. *Laburnum anagyroides* (de 5 à 10 m), aux grappes jaunes, inodores, pendantes, courtes (de 10 à 25 cm), en avril-mai. *Laburnum* x *watereri* 'Vossii' (5 m), hybride des deux espèces précédentes, porte des grappes très longues (50 cm) et parfumées en mai.
Méthode de culture : tuteurez les jeunes arbres jusqu'à ce qu'ils aient un tronc assez solide. La taille est inutile. Fertilisez au début de l'automne.
Utilisations : isolé, haie libre, fond de massif.
Le truc à connaître : en cas d'attaque de chenilles mineuses (taches spiralées sur les feuilles de juin à septembre), pincez entre les doigts les feuilles cloquées pour écraser les cocons. Brûlez les feuilles tombées. Pulvérisez un insecticide.
Notre conseil : plantez un cytise sur un tapis de *Ceanothus thyrsiflorus* 'Repens' ou près d'un gros buisson de céanothe persistant à fleurs bleues.

Les petits arbres

Ligustrum lucidum
TROÈNE EN ARBRE

Originaire de Chine, c'est le plus séduisant des troènes persistants. Il atteint un grand développement en climat doux. Le joli feuillage est vert foncé, brillant, assez ferme, le tronc est cannelé chez les vieux sujets. En août-septembre, naissent de belles panicules de fleurs blanches.
Famille : Oléacées.
Dimensions : de 10 à 15 m de haut, entre 6 m et 8 m de large. La croissance est assez rapide.
Sol : toute bonne terre moyennement calcaire.
Exposition : soleil, chaleur, à l'abri des vents secs.
Variété : 'Tricolor' (de 8 à 10 m) a des feuilles étroites, vert foncé, marginées de jaune crème pâle. Les jeunes feuilles sont teintées de rose.
Méthode de culture : paillez les premiers étés.
Utilisations : isolé sur pelouse, haie libre.
Le truc à connaître : n'achetez pas de trop petits sujets qui sont beaucoup plus fragiles et peinent à s'installer. Ils doivent avoir déjà 1 m de hauteur.
Notre conseil : dans l'Est et le Nord, cultivez ce superbe troène en pot que vous rentrerez en hiver.

Malus x
POMMIER À FLEURS

La floraison éclatante, blanche ou rose plus ou moins foncé, en avril-mai est suivie de nombreux fruits décoratifs, qui persistent longtemps. Le beau feuillage, vert ou pourpre, prend souvent de jolies couleurs d'automne. Toutes les espèces de ce genre sont originaires des régions tempérées de l'hémisphère Nord.
Famille : Rosacées.
Dimensions : de 3 à 7 m de haut, de 3 à 6 m de large. La croissance est assez rapide.
Sol : le pommier d'ornement montre une préférence pour les sols moyens, assez riches et frais.
Exposition : soleil non brûlant. Gare au vent !
Espèces et variétés : 'Echtermeyer' (3 m), au feuillage pourpré, fleurs rose vif et fruits rouges. 'Evereste' (de 4 à 6 m) a une floraison blanche abondante qui donne des fruits jaune-orangé. 'Golden Hornet' (de 3 à 5 m) a des fleurs blanches en mai et des fruits jaunes. *Malus floribunda* (de 5 à 7 m) est un des plus précoces aux boutons rose foncé et fleurs rose pâle. 'John Downie' (de 4 à 6 m) donne des fleurs blanches et des fruits jaune-rouge. 'Profusion' (de 4 à 6 m), au feuillage vert pourpré, fleurs rouges début mai, fruits rouges. 'Royalty' (de 3 à 5 m), à feuillage vert bronze, virant au rouge à l'automne, fleurs pourprées, fruits rouges. *Malus* x *lemoinei* (de 4 à 6 m) à feuilles pourpres et fleurs rouge intense très nombreuses. Fruits bronze.
Méthode de culture : tuteurez les jeunes arbres.
Utilisations : isolé, haie libre.
Le truc à connaître : plantez les pommiers à fleurs près du verger, car ils améliorent la pollinisation des pommiers à fruits.
Notre conseil : achetez vos pommiers à fleurs en conteneurs au moment de la floraison pour choisir avec précision la couleur de la variété.

Melia azedarach
MARGOUSIER

Répandu en Amérique tropicale, le margousier vient d'Inde et de Chine. De culture facile, cet arbre caduc et peu rustique est très gracieux par son feuillage découpé, très denté. Sa floraison mauve violacé, parfumée, en panicules lâches, est suivie, en été, de fruits arrondis jaunes.
Famille : Méliacées.
Dimensions : 8 à 15 m de haut, 4 à 8 m de large, croissance très rapide.
Sol : assez riche et frais.
Exposition : au soleil, dans un lieu chaud et abrité.
Variétés : très rares.
Méthode de culture : arrosez et paillez les premiers étés. Protégez du vent, car le bois est cassant.
Utilisations : en isolé ou en arrière-plan de massif.
Le truc à connaître : pour un développement rapide et une floraison exubérante, arrosez en abondance, surtout lors de périodes de sécheresse.
Notre conseil : sur la côte atlantique jusqu'à Cherbourg, palissez-le contre un mur situé en plein sud. En climat froid, cultivez-le en bac que vous rentrez dans une serre maintenue hors gel en hiver.

Melia azedarach : un arbre qui aime la chaleur du Midi. ▶

▲ *Malus* x *lemoinei* : une profusion de fleurs couvre l'arbre.

▲ *Malus floribunda* : une floraison spectaculaire.

▲ *Malus perpetue* 'Evereste' : décoratif en toutes saisons.

Les plantes ornementales

jardin d'agrément

▲ *Prunus subhirtella* 'Stellata' : un port très étalé.

▲ *Prunus* x 'Amanogawa' : une silhouette fastigiée.

◄ *Prunus nipponica kurilensis* : compact et très florifère.

Prunus
CERISIER À FLEURS

Outre les grands cerisiers à fleurs déjà décrits (p. 387), le genre *Prunus* compte aussi des petits arbres de 3 à 5 m de haut, dotés d'une floraison exquise au printemps. La plupart de ceux décrits ici sont des hybrides. Il sont caducs, rustiques, avec des couleurs d'automne souvent très belles.
Famille : Rosacées.
Dimensions : jusqu'à 5 m de haut, de 2 à 7 m de large. La croissance est moyennement rapide.
Sol : riche, profond, bien drainé, neutre.
Exposition : soleil pas trop brûlant. Évitez le vent.
Espèces et variétés : 'Hally Jolivette' (de 3 à 4 m) a de petites fleurs doubles, blanches à cœur rose, en avril-mai. 'Kiku Shidare Sakura' (4 m), très étalé (5 m de large), aux rameaux pleureurs un peu raides, a des fleurs rose foncé fin avril. *Prunus subhirtella* 'Pendula Rosea' (de 3 à 4 m), un petit arbre pleureur, a de petites fleurs roses, très fines, fin mars. *Prunus sargentii* (8 m) s'étale avec ampleur. Il porte des fleurs roses qui s'épanouissent avec le feuillage bronze. Très belle couleur d'automne. *Prunus nipponica kurilensis* (5 m) est peu connu et c'est dommage, car c'est une véritable boule de neige en avril. *Prunus serrulata* est en général considéré comme un grand arbre. Mais 'Amanogawa', en colonne, ne dépasse pas 8 m.
Méthode de culture : tuteurez les jeunes arbres, arrosez bien et paillez s'il fait sec.
Utilisations : isolé, haie libre, fond de massif.
Le truc à connaître : pour éviter les maladies, traitez avec un produit total au moment du gonflement et de l'éclatement des boutons floraux.
Notre conseil : associez les petits *Prunus* à des bulbeuses, puis à des fleurs saisonnières estivales afin d'obtenir un effet coloré presque toute l'année.

Pyrus spp.
POIRIER D'ORNEMENT

Peu connus, les poiriers d'ornement offrent une superbe floraison blanche à boutons roses et un feuillage admirable, qui se colore souvent en automne. Leur silhouette agréable est précieuse durant l'hiver. Très rustiques, ils sont originaires des régions tempérées d'Europe et d'Asie.
Famille : Rosacées.
Dimensions : de 6 à 12 m de haut, de 4 à 8 m de large. La croissance est assez rapide.
Sol : plutôt sec, évitez l'excès de calcaire.
Exposition : soleil non brûlant. Lieu aéré.
Espèces et variétés : *Pyrus calleryana* 'Chanticleer' (de 8 à 10 m), au port étroit, presque en colonne, offre de très belles couleurs d'automne jusqu'en décembre, floraison dès mars-avril. 'Red Spire' (10 m) a des teintes automnales encore plus éclatantes. *Pyrus nivalis* (de 6 à 10 m) produit des fleurs blanc pur apparaissant en même temps que le feuillage blanc laineux. *Pyrus salicifolia* 'Pendula' (de 5 à 7 m) est un petit arbre très élégant par son port et son feuillage argenté.
Méthode de culture : tuteurez les jeunes arbres, paillez et arrosez les premiers étés.
Utilisations : isolé, haie libre, fond de massif.
Le truc à connaître : en raison de leur feuillage souvent argenté, les poiriers d'ornement mettent parfaitement en valeur les fleurs bleues. Associez-les aussi à des eucalyptus pour un effet insolite.
Notre conseil : pour donner un air de fête à votre jardin au printemps, mariez les poiriers d'ornement à des cerisiers et des pruniers à fleurs.

Les petits arbres

Salix spp.
SAULE

Très rustiques, les petits saules égayent le jardin tout l'hiver de leurs rameaux souvent colorés. Leurs chatons précoces sont un enchantement, leur feuillage souple et allongé, très élégant.
Famille : Salicacées.
Dimensions : 3 m de haut, de 2 à 5 m de large. La croissance est assez lente.
Sol : frais, voire humide, plutôt lourd et bien riche.
Exposition : soleil doux, ambiance humide.
Espèces et variétés : *Salix caprea* 'Pendula', le saule marsault pleureur (de 1,5 à 3 m), dont les plantes mâles se couvrent, en février, de chatons. *Salix integra* 'Hakuro-Nishiki' (de 1 à 2 m) a un feuillage très fin, vert pâle marbré de blanc. *Salix irrorata* (de 2 à 3 m), aux rameaux verts, puis pourpres, recouverts d'une cire blanche, est admirable en hiver. *Salix erythroflexuosa* (de 3 à 4 m) a des branches spiralées et retombantes. L'écorce est orangée. *Salix matsudana* (de 6 à 10 m), à écorce jaune, a une forme élancée aux très jolis chatons. 'Tortuosa' possède des branches spiralées d'une rare originalité.
Méthode de culture : arrosez bien et paillez les premiers étés. Supprimez le bois mort en hiver.
Utilisations : rocailles, potées sur balcon, massifs.
Le truc à connaître : traitez plusieurs fois au printemps et en automne avec de la bouillie bordelaise pour éviter les taches noires sur les feuilles.
Notre conseil : choisissez des pieds mâles chez les variétés qui présentent de longs chatons. Achetez-les si possible à la fin de l'hiver pour sélectionner les sujets les plus florifères.

Staphylea colchica
STAPHILIER

Originaire du Caucase, ce petit arbre, caduc, est très rustique. Il présente un port érigé et des fleurs blanches, parfumées, en jolies panicules dressées, en avril-mai. Ses fruits étranges, très décoratifs en été, sont des capsules pendantes, gonflées, blanc verdâtre. Les feuilles composées se teintent de dégradés de jaune en automne.
Famille : Staphyléacées.
Dimensions : de 2 à 3 m de haut, 2 m de large. La croissance est rapide les premières années.
Sol : frais, perméable, assez riche, humifère.
Exposition : au soleil, même assez chaud.
Variétés : on ne cultive que l'espèce type.
Méthode de culture : arrosez bien et paillez les premiers étés. Protégez des grosses gelées en hiver.
Utilisations : en isolé sur pelouse ou en massifs.
Le truc à connaître : pour réussir le semis, placez les graines dans un pot pendant tout l'hiver, au pied d'un mur au nord. Au printemps, mettez le pot sous un châssis, la levée sera plus rapide.
Notre conseil : plantez un *Staphylea* de chaque côté de l'allée principale pour créer un effet spectaculaire et original à l'entrée du jardin.

Styrax japonica
STYRAX

Ce petit arbre, venu d'Extrême-Orient, se distingue par sa silhouette très élégante, avec un port étalé et des branches pendant à l'extrémité. Il embaume en juin et juillet, avec des nuées de fleurs blanches, en cloche, presque pendantes. Il est caduc et tout à fait rustique.
Famille : Styracacées.
Dimensions : de 3 à 4 m de haut et de large (10 m dans son habitat). Pousse assez lente.
Sol : riche, frais, acide, enrichi en humus.
Exposition : mi-ombre ou soleil ombragé. Un lieu abrité mais jamais brûlant.
Variété : 'Pink Chimes', très florifère, à fleurs rose pâle, plus foncées à la base. Les branches sont pendantes chez les jeunes sujets.
Méthode de culture : arrosez bien et paillez les premiers étés. Il est inutile de le tailler.
Utilisations : isolé, fond de massif.
Le truc à connaître : plantez-le dans un lieu abrité. Le styrax est très sensible, surtout en plaine, aux gelées printanières qui abîment les boutons floraux et les jeunes pousses.
Notre conseil : plantez-le sur un promontoire afin de pouvoir admirer sa floraison du dessous.

▲ *Pyrus salicifolia* : des feuilles argentées très décoratives.

▲ *Salix caprea* 'Pendula' : des chatons superbes en hiver.

▲ *Staphylea colchica* : une jolie floraison printanière.

Styrax japonica : un arbre de qualité à redécouvrir. ▶

Les plantes ornementales

LES CONIFÈRES NAINS

Ces résineux à croissance lente conservent une forme compacte pendant presque toute leur vie. On les appelle aussi « conifères de rocaille », car ils sont très utilisés dans les jardins alpins. Le terme de nain est tout relatif quand il s'agit de certaines variétés basses, à port largement étalé.

▲ *Abies pumila* : une forme très dense à pousse lente.

▲ *Abies procera* 'Blau' : une miniature bleu métallique.

◀ *Abies nordmanniana* 'Golden Spreader' : assez rare.

Abies spp.
SAPIN

Ces sapins nains sont la réplique miniature des sapins géants. Comme eux, ils sont dotés d'un superbe feuillage persistant et de cônes fort décoratifs. Toutes les espèces sont originaires des régions tempérées d'Europe, d'Afrique du Nord, d'Asie et d'Amérique du Nord.
Famille : Pinacées.
Dimensions : de 80 cm à 2 m de haut, de 3 à 6 m de large, croissance lente (de 5 à 10 cm par an).
Sol : profond, humide, de préférence non calcaire.
Exposition : soleil ou ombre légère.
Espèces et variétés : *Abies concolor* 'Compacta' (2 m) a un port irrégulier, le feuillage est d'un joli bleu grisâtre. *Abies basalmea* 'Nana' (1,5 m) est une boule au feuillage court, bien vert et doux au toucher. *Abies koreana* 'Silberlocke' (2 m) porte des aiguilles contournées à revers blanc, très décoratives en hiver. 'Prostrate Beauty', ou 'Nana' (1 m), est étalé à feuilles vert foncé à revers blanc et cônes violets. *Abies lasiocarpa* 'Compacta' (1,5 m) est conique et gris bleuté. *Abies nordmanniana* 'Golden Spreader', ou 'Aurea Nana' (80 cm), est étalé. Les feuilles naissent jaune pâle ; évitez le plein soleil. *Abies procera* 'Blau' (80 cm) est étalé, très glauque. *Abies pumila* (1 m) est bien étalé, compact, vert tendre à croissance très lente.
Méthode de culture : arrosez bien et paillez les premiers étés. Traitez contre les araignées rouges.
Utilisations : en bordures et rocailles ou en bacs.

Le truc à connaître : ces sapins nains s'étalent beaucoup. Espacez-les bien à la plantation et installez entre eux des bulbes à fleurs que vous pourrez facilement déplacer ensuite.
Notre conseil : soyez très vigilant lors de l'achat d'un *Abies* nain. Certaines variétés parfois proposées comme miniatures sont jolies et compactes dans leur conteneur, mais elles peuvent atteindre de 3 à 5 m de hauteur en quelques années.

Chamaecyparis spp.
FAUX CYPRÈS

Ce sont les rois des rocailles et des potées où ils créent une structure permanente, décorative toute l'année avec leur grande diversité de couleurs. Les espèces sont originaires d'Amérique du Nord, du Japon, de Chine et de Formose.
Famille : Cupressacées.
Dimensions : de 60 cm à 3 m de haut, de 1,5 à 6 m de large, croissance assez lente.
Sol : assez humide. Neutre, calcaire ou siliceux pour les variétés de *Chamaecyparis lawsoniana*, sableux, calcaire ou argileux pour les variétés de *Chamaecyparis nootkatensis*, neutre ou acide pour les variétés de *Chamaecyparis obtusa* et *pisifera*.
Exposition : indifférent, il vient bien partout.
Espèces et variétés : *Chamaecyparis lawsoniana* 'Ellwoodii' (3 m) forme une colonne vert bleuté, plus intense en hiver. 'Ellwood's Gold' (de 2 à 3 m) forme une colonne ; son nouveau feuillage est teinté de jaune sur le vert glauque de l'ancien feuillage. 'Erecta Aurea' (de 3 à 4 m) est vert très frais à la base et jaune d'or à l'extrémité. 'Minima

Aurea' (de 60 à 80 cm) forme une boule jaune doré clair au printemps, puis vert doré. 'Minima Glauca' (de 60 à 80 cm) est globuleux, au feuillage très fin, vert bleuté. 'Nidiformis' (1,5 m), d'un vert un peu glauque, forme une sorte de nid de 2 à 3 m de diamètre, avec les branches principales pratiquement horizontales. 'Globosa' (2 m) est sphérique avec des feuilles plates bien découpées, vert tendre. *Chamaecyparis nootkatensis* 'Compacta' (2 m) est une boule très dense, vert clair. *Chamaecyparis obtusa* 'Nana Gracilis' (2 m) vient bien à l'ombre, globuleux puis conique, il est vert foncé brillant. 'Nana Lutea' est similaire mais doré. 'Pygmaea' (de 60 cm à 1 m) s'étale avec des rameaux étagés vert terne devenant bronze en hiver. 'Fernspray Gold' (2 m) étonne par ses rameaux aux pointes jaune d'or. *Chamaecyparis pisifera* 'Boulevard' (2 m) est conique et très élégant, avec un feuillage fin, plumeux, gris-bleu argenté devenant pourpre violacé en hiver. 'Filifera' (3 m) est conique, aux branches étalées, portant un feuillage fin vert clair. 'Filifera Aurea' (3 m), à la croissance plus lente, est jaune doré, il craint le soleil. 'Squarrosa Lombarts' (2 m) est une boule aplatie, au feuillage très fin, plumeux, vert bleuté, légèrement pourpré en hiver.

Méthode de culture : épandez un engrais spécial conifères les quatre premières années en avril.
Utilisations : rocailles, potées, bordures.
Le truc à connaître : pour décorer un balcon toute l'année, cultivez ces conifères nains dans de gros pots de 40 cm de profondeur, mais évitez à tout prix une exposition plein sud.
Notre conseil : pour réussir une rocaille ou une composition, groupez plusieurs faux cyprès nains de différentes formes : globuleuse, étalée ou en colonne, et de différentes couleurs.

Cryptomeria japonica
CRYPTOMÉRIA

Le « Sugi », comme disent les Japonais, est aussi originaire de Chine. Dans son pays d'origine, c'est un grand arbre persistant, vert bronze en été, qui brunit dès les premières gelées. L'écorce s'exfolie un peu comme celle du séquoia.

▲ *Chamaecyparis obtusa* 'Fernspray Gold' : très élégant.

Famille : Taxodiacées.
Dimensions : de 5 à 6 m (60 m dans son habitat), croissance lente en climat froid.
Sol : frais, riche, profond, bien drainé, acide.
Exposition : soleil et chaleur sont appréciés.
Variétés : 'Bandai-sugi' (2 m) est une boule plus large que haute, d'un vert brunissant légèrement en hiver. 'Dacrydioides' (1,5 m) a des branches grêles, peu ramifiées. 'Elegans' (de 3 à 5 m), en colonne vert bleuté, devient brun rougeâtre en hiver, à protéger. 'Elegans Viridis' (de 3 à 5 m) reste vert toute l'année. 'Globosa Nana' (1 m) est une sphère aplatie à reflets bleutés. 'Vilmoriniana' (1 m) est une boule très dense à feuilles courtes.
Méthode de culture : arrosez bien et paillez les premiers étés. Protégez des vents froids.
Utilisations : en isolé, rocailles et potées.
Le truc à connaître : si vous souhaitez rajeunir un cryptoméria âgé, un peu dégingandé, n'hésitez pas à raser le tronc à la base car, comme le séquoia, ce conifère rejette bien de la souche.
Notre conseil : associez le cryptoméria à des conifères dorés qui mettront parfaitement en valeur son feuillage bronze, surtout l'hiver.

Cryptomeria japonica ' Globosa Nana' : idéal en bac. ▶

▲ *Chamaecyparis lawsoniana* 'Globosa Nana' : dense.

▲ *Chamaecyparis obtusa* 'Nana Lutea' : jaune lumineux.

▲ *Chamaecyparis pisifera* 'Boulevard' : très populaire.

Les plantes ornementales

jardin d'agrément

▲ *Juniperus sabina* 'Tamariscifolia' : un parfait couvre-sol qui forme un tapis compact que ne percent pas les mauvaises herbes.

▲ *Juniperus communis* 'Stricta' : une colonne compacte.

▲ *Juniperus squamata* 'Blue Star' : un superbe bleu acier.

◀ *Juniperus* x *media* 'Plumosa Aurea' : très gracieux.

Juniperus spp.
GENÉVRIER

Des plantes rampantes aux grands arbres coniques ou en colonnes, les genévriers comptent une soixantaine d'espèces très diversifiées, réparties dans tout l'hémisphère Nord. Beaucoup ont un feuillage épineux, certains des fruits comestibles (les baies de genièvre qui aromatisent la choucroute ou sont distillées).
Famille : Cupressacées.
Dimensions : de 50 cm à 5 m de haut, de 1,5 à 4 m de large, la croissance est assez rapide.
Sol : sec, calcaire, pierreux, même aride.
Exposition : soleil ou mi-ombre légère.
Espèces et variétés : *Juniperus chinensis* 'Stricta' (de 2 à 3 m) est conique, bleu argenté, à branches érigées. *Juniperus communis*, le genévrier commun, a un feuillage vert à revers argenté. Il est idéal sur un talus calcaire, ensoleillé. Les variétés sont toutes rustiques. 'Depressa Aurea' (de 50 cm à 1 m), à port étalé et de couleur dorée, se teinte de bronze en hiver. 'Hibernica' ou 'Stricta' (3 m), en colonne vert-bleu et compacte, a des reflets argentés. 'Hornibrookii' (50 cm), très rampant, a un feuillage un peu piquant, bleu-gris. 'Repanda' (2 m), très bon couvre-sol, est vert foncé. 'Sentinel' (3 m) forme une colonne très étroite d'un vert bleuté intense, qui contraste bien avec les pousses rouge pourpré. *Juniperus horizontalis* (de 50 cm à 1,2 m) est très tapissant. Il n'aime pas les sols calcaires ou très secs et demande du soleil pour bien se colorer en hiver. 'Bar Harbor' (20 cm) est vert bleuté ; 'Blue Chips' (50 cm), bleu très lumineux ; 'Glauca' (30 cm), bleu acier ; 'Wiltonii' (15 cm), bleu argenté. *Juniperus* x *media* est un hybride très rustique, idéal en sol calcaire et au soleil. 'Blaauw' (1,5 m) a un feuillage très doux, bleu grisâtre. 'Gold Coast' (de 1 à 2 m) est étalé, doré ; 'Mint Julep' (de 1 à 2 m), étalé, vert vif. 'Pfitzeriana' (2 m) s'étale très largement. Très répandu, il existe en versions dorée et glauque. *Juniperus procumbens* 'Nana' (10 cm), vert pomme, est une espèce originaire du Japon. *Juniperus sabina*, des montagnes du centre et du sud de l'Europe, est très étalé. Son feuillage dégage une odeur désagréable. Il résiste à la sécheresse. 'Blue Danube' (1 m) est vert-gris bleuté. 'Tamariscifolia' (de 50 cm à 1 m) est bien étalé, vert brillant. Il se montre sensible à la rouille. *Juniperus scopulorum* 'Skyrocket' (3 m) est très fuselé (40 cm de diamètre) et bleuté. *Juniperus squamata*, le genévrier écailleux (de 50 cm à 1 m), vient de l'Himalaya. Très rustique, il présente un port assez étalé et des

Les conifères nains

feuilles écailleuses. 'Blue Carpet' (50 cm) est bleu argenté. 'Blue Star' (30 cm) offre un bleu lumineux. 'Meyeri' (5 m), bleu glauque à violet, prend un port étagé.
Méthode de culture : épandez un engrais spécial conifères les quatre premières années en avril.
Utilisations : couvre-sol, isolé, massif, bordure, potée. Une plante vraiment passe-partout.
Le truc à connaître : plantez une clématite avec les sujets les plus vigoureux, c'est très joli.
Notre conseil : utilisez les formes rampantes comme couvre-sol sur un talus rocailleux et sec avec des cotonéasters et des millepertuis.

Microbiota decussata
MICROBIOTA

Originaire de Sibérie, ce conifère à port rampant, constitue un couvre-sol très rustique, dont le feuillage évolue du vert au bronze.
Famille : Cupressacées.
Dimensions : 30 cm de haut, 1,5 m de large, la croissance est lente, mais régulière.
Sol : tout sol bien drainé, même calcaire.
Exposition : ensoleillée, non brûlante.
Variété : on ne cultive que l'espèce type, appelée aussi *Microbiota orientalis*.
Méthode de culture : arrosez régulièrement et paillez les premiers étés. Orientez les branches.
Utilisations : couvre-sol, bordure.
Le truc à connaître : pour multiplier très facilement ce conifère, il suffit de prélever les marcottes naturelles formées par les rameaux qui s'enracinent tout seuls à la périphérie de la plante.
Notre conseil : pour un bel effet, plantez le microbiota dans un tapis de bruyères. Ajoutez-y des bulbes de printemps rustiques et précoces.

Picea spp.
ÉPICEA NAIN

Très rustiques, puisqu'ils sont originaires des régions à climat froid de l'hémisphère Nord, les épicéas nains s'imposent partout. Ils conviennent bien aux jardins d'altitude et résistent à la rigueur des régions du Nord et de l'Est. On les apprécie beaucoup sur une terrasse pour leur aspect compact et leur facilité de culture.
Famille : Pinacées.
Dimensions : de 50 cm à 2,5 m de haut, de 1,5 à 4 m de large. La croissance est très lente.
Sol : riche, profond, frais, non crayeux.
Exposition : soleil pas trop brûlant l'été.
Espèces et variétés : *Picea abies* 'Maxwellii' (1 m) est une boule très aplatie, gris-vert. 'Nidiformis' (1 m), en forme de nid, est étalé. 'Reflexa' (2 m), assez rare, est un étonnant conifère à port retombant dont les branches s'étalent sur le sol. 'Ohlendorffii' (1 m) est très compact, sphérique, vert clair. *Picea glauca* 'Albert's Gold' (de 50 cm à 1,5 m) forme une boule très naine, vert clair. 'Conica' (2 m) est un cône très régulier, au feuillage serré d'un vert très pur. *Picea omorika* 'Nana' (1,5 m) forme un cône plus ou moins arrondi, au coloris changeant du vert doux au bleuté et à l'argent. *Picea pungens* 'Glauca Globosa' (1 m) est un joli cône, bleu vif.
Méthode de culture : arrosez bien et paillez les premières années. Fertilisez au printemps.
Utilisations : rocaille, potée, bordure.
Le truc à connaître : pour éviter l'apparition de l'araignée rouge (*Tetranychus uninguis*), douchez bien le feuillage par temps chaud et sec.
Notre conseil : évitez la proximité immédiate de plantes vivaces trop envahissantes, car les petits épicéas manquent de vigueur et de défenses.

▲ *Microbiota orientalis* : un port vraiment très étalé.

▲ *Picea abies* 'Ohlendorffii' : un tout petit sapin globuleux.

▲ *Picea pungens* 'Globosa' : une pyramide bleue.

Picea abies 'Reflexa' : une forme prostrée étonnante. ▶

Les plantes ornementales

jardin d'agrément

▲ *Pinus pumila* 'Compacta' : de jolis reflets argentés.

▲ *Pinus strobus* 'Nana' : un vrai coussin d'aiguilles fines.

Pinus spp.
PIN NAIN

Très rustiques et avides de soleil, les pins nains réussissent dans tous les jardins, mais chaque espèce montre des exigences culturales différentes. Ces conifères viennent pour la plupart des régions tempérées de l'hémisphère Nord.
Famille : Pinacées.
Dimensions : de 50 cm à 3 m de haut, de 3 à 5 m de large, croissance lente, régulière, compacte.
Sol : bien drainé, humifère de préférence. Les pins apprécient une certaine acidité dans le sol.
Exposition : plein soleil, même en bord de mer.
Espèces et variétés : le pin parasol nain, *Pinus densiflora* 'Umbraculifera' pousse très lentement (2 m en 30 ans !). *Pinus leucodermis* 'Compact Gem' (1,50 m) forme une sphère régulière légèrement conique en vieillissant ; les longues aiguilles vert foncé sont très décoratives. *Pinus mugo*, le pin de montagne (3 m), est buissonnant, vert foncé. 'Gnom' (2 m) se pare d'un vert plus brillant. 'Mops' (de 50 à 80 cm), globuleux, est vert foncé. 'Ophir' (1 m) est une boule verte qui jaunit franchement en hiver. 'Mugo' (de 1,5 à 3 m) est un gros buisson d'un beau vert foncé, à branches rampantes, dont les extrémités se redressent. 'Pumilio' (de 1 à 2 m) est très étalé (3 m de large). *Pinus pumila* (ou *cembra pumila*) (3 m) présente un port buissonnant. 'Compacta' (1,50 m) est très dense avec des reflets glauques et brillants qui font apparaître les aiguilles comme recouvertes de givre. *Pinus strobus* 'Blue Shag' (2 m), à port très souple et gracieux, porte de longues aiguilles gris bleuté. 'Radiata', ou 'Nana' (2 m), plutôt globuleux, est très joli avec ses aiguilles fines, bleutées. *Pinus sylvestris* 'Fastigiata' (de 2 à 5 m) est très étroit et fuselé, vert bleuté. 'Globosa Viridis' (1 m) est une petite boule d'un vert frais. 'Watereri' (de 3 à 4 m) est bleuté. D'abord conique, il s'arrondit avec l'âge. Son écorce est rouge. 'Aurea' (3 m) pousse très lentement. Il est vert clair en été et jaunit l'hiver.
Méthode de culture : apportez de l'engrais en avril les quatre premières années. Arrosez bien. N'hésitez pas à bassiner le feuillage le soir quand il a fait très chaud. Évitez l'envahissement par les mauvaises herbes en sarclant bien au pied.
Utilisations : rocaille, bordure, isolé, potée.
Le truc à connaître : ne plantez pas de groseillier, ni de cerisier à fleurs ou à fruits près de vos pins nains. Ces plantes favorisent la maladie de la rouille vésiculeuse, surtout chez les *Pinus strobus*.
Notre conseil : dans une rocaille, retenez uniquement les formes les plus naines (de 50 cm à 1 m de haut à l'âge adulte). Plantez les variétés plus grandes avec différentes sortes de bruyères.

Thuja spp.
THUYA NAIN

Il existe de nombreuses variétés naines, fort séduisantes, de ce conifère originaire des régions tempérées de l'hémisphère Nord. Elles sont appréciées pour leur port compact, pyramidal et leurs teintes souvent éclatantes.
Famille : Cupressacées.
Dimensions : de 50 cm à 3 m de haut, de 2 à

◀ *Pinus mugo* 'Gnom' : une boule de goupillons acérés.

Les conifères nains

4 m de large, la croissance est assez rapide, excepté chez les variétés les plus compactes.

Sol : frais, léger, bien drainé. Les *Thuja orientalis* et *occidentalis* apprécient les sols calcaires. Les *Thuja plicata* préfèrent les terres silico-argileuses, profondes et bien fumées, mais sans humidité permanente pour éviter les risques de maladies.

Exposition : soleil ou mi-ombre, sans problème.

Espèces et variétés : *Thuja occidentalis* 'Danica' (1 m) est une boule aplatie, vert clair. 'Globosa' (de 1,5 à 2 m) forme une grosse sphère large, vert grisâtre à croissance rapide. 'Ericoides' (1,50 m) est une forme rare, mais très élégante à feuilles fines. 'Golden Globe' (2 m) est une boule dorée toute l'année. 'Little Champion' (50 cm), globuleux, vert clair, brunit légèrement en hiver. 'Little Gem' (de 1,5 à 2 m) est vert foncé, il brunit un peu en hiver. 'Rheingold' (2,5 m), conique, large et arrondi, a un feuillage très décoratif, jaune rosé au printemps, doré en été sur fond vert tendre, il devient vieil or avec des reflets mauves en hiver. 'Sunkist' (2 m), pyramidal, très doré au printemps, ne brûle pas au soleil. 'Tiny Tim' (50 cm) est une boule très naine, verte. 'Wareana Lutescens' (1 m) est un cône très compact légèrement marqué de jaune. 'Woodwardii' (1 m), vert foncé, reste bien coloré en hiver. *Thuja orientalis* est aussi appelé *Biota orientalis* par les botanistes. 'Aurea Nana' (de 60 cm à 1 m) prend une forme un peu étirée, jaune d'or en été, chocolat pourpré en hiver. 'Hillieri' (2,5 m), ovoïde, est doré en été, vert pâle en hiver. 'Magnifica' (5 m) forme une colonne dorée en été, brune en hiver. 'Pyramidalis Aurea' (de 3 à 4 m) est une colonne étroite, dorée toute l'année. *Thuja plicata* 'Cuprea' (de 80 cm à 1 m) a des pousses dégradées de crème foncé à vieil or. 'Hillieri' (de 1,5 à 3 m) est buissonnant, vert glauque en été, bronze en hiver. 'Rogersii' (1 m) est conique, doré en été, cuivré en hiver. 'Gracilis Aurea' (de 2 à 3 m) est une forme peu commune franchement dorée, aux feuilles fines et légères.

Méthode de culture : arrosez bien et paillez les premiers étés. Fertilisez au printemps, de préférence avec un engrais longue durée. Arrosez généreusement au printemps. En revanche, évitez que l'eau stagne en permanence au niveau des racines

▲ Des petits *Thuja occidentalis* 'Tiny Tim', à la forme globuleuse et compacte, créent un joli contraste avec des cornus dorés.

durant l'hiver. Ce conseil est surtout valable pour les sujets cultivés en bacs qui peuvent être attaqués par le terrible phytophtora si vous n'y prenez garde. Vous pouvez les traiter avec de l'Aliette.

Utilisations : rocaille, bordure, potée. Les thuyas nains gagnent à être utilisés dans les zones occupées par des plantes caduques : vivaces ou arbustes. Ils apportent un élément de vie toute l'année et une coloration fort originale.

Le truc à connaître : pour éviter que les thuyas nains dorés qui roussissent en hiver ne paraissent ternes et tristes, associez-les à des bruyères carnées blanches (variété 'Winter Beauty' par exemple), à des hellébores roses et à des hamamélis.

Notre conseil : installez de préférence à mi-ombre les variétés dorées dont le feuillage a souvent tendance à brûler en plein soleil. Rehaussez leur teinte par la présence de feuillages pourpres (tiarella, ajuga, houttuynia, coléus, etc.).

▲ *Thuja plicata* 'Gracilis Aurea' : une forme peu courante.

▲ *Thuja occidentalis* 'Ericoides' : une texture plumeuse.

Thuja orientalis 'Aurea Nana' : un cône compact et doré. ▶

LE COUSIN DU THUYA

Le mot *Thuja* vient du grec *thuia*, qui signifie : arbre résineux à bois odorant. Il fait référence au thuya d'Afrique du Nord *(Tetraclinis articulata)*. Quant à *Thujopsis*, il veut dire : qui ressemble au thuya. Ce conifère originaire des vallées humides du Japon porte des petites feuilles écailleuses. Il est assez rare en culture, mais pousse fort bien sur la côte Nord-Ouest.

Les plantes ornementales

LES LIANES ET LES PLANTES GRIMPANTES

Avec leur végétation d'une vigueur exceptionnelle et leur côté souvent délirant, les plantes dites grimpantes constituent une parure de choix. ❧ *Les véritables plantes grimpantes sont celles qui s'accrochent d'elles-mêmes à leur support. Elles utilisent un système de ventouse comme les vignes vierges, ou de crampons comme le lierre ou l'hortensia grimpant.* ❧ *Contrairement à une idée reçue, ces plantes n'abîment pas les murs. Si le crépi est en bon état, elles se contentent simplement de se coller dessus.* ❧ *Les lianes aux longues branches qui s'enroulent sur tout ce qu'elles rencontrent, ou qui émettent des vrilles pour s'accrocher, comme le font les clématites ou les glycines par exemple, font partie de la catégorie des volubiles.* ❧ *C'est parmi elles que l'on rencontre quelques-unes des plantes les plus vigoureuses du jardin, avec des développements pouvant dépasser cinq à six mètres dans une seule saison. Font aussi partie de ce chapitre les plantes dites sarmenteuses.* ❧ *Leurs longs rameaux sont assez souples pour être palissés, mais elles ont besoin de l'aide du jardinier pour s'appliquer dans la direction désirée, sur un treillage ou un tuteur. Seuls les rosiers sont absents ici, les formes dites grimpantes étant traitées dans le chapitre consacré à la reine des fleurs.* ❧

Les plantes ornementales

LES PLANTES GRIMPANTES

De leurs branches volubiles, elles habillent les vieux murs, cachent le crépi fané d'une maison, s'enroulent sur les branches d'un arbre mort. Les plantes grimpantes créent un jardin vertical où les floraisons rivalisent avec les couleurs chaudes et éclatantes des feuillages d'automne.

Actinidia kolomikta
KIWI D'ORNEMENT

Décorative par son joli feuillage vert taché de rose et de blanc, cette liane produit également des fruits très sucrés, mûrs en octobre-novembre.
Famille : Actinidiacées.
Dimensions : rameaux de 3 à 5 m de longueur, parfois plus en bonne situation.
Exposition : à placer de préférence face au sud pour que le feuillage soit bien coloré.
Sol : il faut à l'actinidia une terre fertile, profonde, fraîche mais bien drainée, car il craint les excès d'humidité. Évitez aussi les sols très calcaires.
Entretien : en hiver, taillez au-dessus du 2e ou 3e œil, à partir du point d'insertion du dernier fruit. Supprimez une partie des rameaux lorsque la végétation devient trop touffue. Apportez un peu d'engrais pour fruits en automne et au printemps.
Particularités : pour obtenir une fructification, plantez des pieds mâles et des pieds femelles, car les sexes sont séparés chez cette plante grimpante. Comptez 1 pied mâle pour 3 ou 4 plants femelles. La fructification n'intervient qu'au bout de la cinquième année de plantation.
Espèces et variétés : *Actinidia chinensis* ou « souris végétale » peut atteindre une dizaine de mètres de longueur. *Actinidia melanandra* donne des fruits mûrs dès septembre.
Notre conseil : préférez les situations abritées, car les gelées tardives endommagent la floraison. Palissez les rameaux au fur et à mesure de leur croissance pour qu'ils couvrent bien leur support.

▲ *Actinidia kolomikta* aux feuilles panachées de rose.

◀ Ces fleurs violettes sont typiques de l'*Akebia quinata*.

Akebia quinata
AKÉBIE

Trois attraits pour cette plante volubile : son feuillage vert foncé à l'endroit, et glauque au revers, ses fleurs en grappes violettes pendantes et parfumées, et ses fruits allongés, pourpres.
Famille : Lardizabalacées.
Dimensions : entre 5 m et 10 m de hauteur.
Exposition : abritée et ensoleillée.
Sol : plutôt léger, de préférence siliceux et frais.
Entretien : il se résume à supprimer de temps en temps les vieux rameaux et à palisser les branches.
Particularités : semi-persistante, cette grimpante conserve son feuillage très tard en automne.
Espèces et variétés : cinq espèces sont connues mais seule l'*Akebia quinata* est cultivée.
Notre conseil : dans la moitié nord de la France il est nécessaire de protéger le pied contre les gelées hivernales par un bon paillis.

Aristolochia macrophylla
ARISTOLOCHE

Cette liane très volubile produit un abondant feuillage qui cache presque les fleurs en forme de pipe qui apparaissent à la fin du printemps.
Famille : Aristolochiacées.
Dimensions : jusqu'à 10 m de longueur.
Exposition : ensoleillée bien que l'aristoloche supporte les situations mi-ombragées.
Sol : pas trop lourd, plutôt fertile, frais mais dépourvu d'humidité permanente.
Entretien : coupez les rameaux âgés et, après la floraison, rabattre les rameaux aux deux tiers.

Les plantes grimpantes

Particularités : c'est une espèce très vigoureuse dont l'écorce et les racines sont aromatiques. Ses fleurs lui ont valu le surnom de « pipe allemande ».
Espèces et variétés : *Aristolochia macrophylla* est la plus couramment cultivée. On la trouve également sous les noms d'espèces de *durior* et *sipho*.
Notre conseil : cette plante à croissance rapide est très envahissante. Placez-la dans un lieu bien dégagé pour qu'elle se développe complètement.

Bignonia capreolata
BIGNONE PERSISTANTE

Appelée aussi *Doxantha capreolata*, cette liane arbustive est originaire du sud des États-Unis.
Famille : Bignoniacées.
Dimensions : les rameaux volubiles atteignent assez facilement une dizaine de mètres de long.
Exposition : cette plante aime le soleil et la chaleur. Dans la moitié nord de la France, placez-la dans une situation bien abritée.
Sol : la bignone est peu exigeante, mais préfère les terrains frais. Surveillez les arrosages en été.
Entretien : réduit au minimum. Conduire les rameaux en les fixant bien sur le support au fur et à mesure de leur développement.
Particularités : les feuilles à deux folioles sont terminées par une vrille. La floraison qui apparaît en mai-juin est de couleur rouge-orangé.
Espèces et variétés : *Bignonia capreolata* est la seule espèce cultivée. On en connaît une variété 'Atrosanguinea' aux fleurs pourpre foncé.
Notre conseil : couvrez le pied en hiver avec un paillis pour le protéger des grosses gelées.

Bougainvillea glabra
BOUGAINVILLÉE

Plante somptueuse par ses coloris qui vont du blanc au rouge sombre en passant par l'orangé.
Famille : Nyctaginacées.
Dimensions : aux alentours de 5 m pour la plupart des variétés. En bonne situation, certaines pousses peuvent dépasser les 8 m.
Exposition : chaude et ensoleillée. Au nord de la Loire, il est possible de la cultiver sous véranda.

Sol : il lui faut un sol léger, de préférence siliceux. La croissance est améliorée en terrain humifère.
Entretien : raccourcir les rameaux trop vigoureux pour équilibrer la végétation. Chez les jeunes plants, coupez les tiges pour permettre à la touffe de bien se ramifier.
Particularités : ce sont les bractées, sortes de fausses feuilles, qui sont décoratives et non les fleurs, plutôt insignifiantes. Les rameaux épineux doivent obligatoirement être palissés.
Espèces et variétés : *Bougainvillea spectabilis*, aux bractées rouge vif, est aussi très répandue et intéressante pour sa vigueur.
Notre conseil : en dehors des régions méditerranéennes, vous devrez être en mesure de rentrer cette plante l'hiver dans une serre froide ou une véranda pour la protéger des gelées.

Campsis radicans
JASMIN DE VIRGINIE

Appelée autrefois *Bignonia* ou *Tecoma*, cette liane très répandue est décorative par ses fleurs en trompette jaunes, orangées ou rouges.
Famille : Bignoniacées.
Dimensions : peut dépasser les 12 m de haut.
Exposition : ensoleillée, mais le pied doit être au frais, masqué par d'autres plantes ou arbustes.
Sol : le jasmin de Virginie est peu exigeant, mais la présence d'humus favorise sa végétation.
Entretien : au printemps, taillez une partie des ramifications pour permettre au pied de s'étoffer. En cas de fort gel hivernal, bien que cette espèce soit rustique, protégez la base avec un bon paillis.
Particularités : c'est une plante grimpante très rustique, à grand développement, qui se pare de très nombreuses fleurs durant tout l'été. Ses tiges sont pourvues de crampons qui leur permettent de s'accrocher d'elles-mêmes sur le support.
Espèces et variétés : on cultive aussi *Campsis grandiflora* aux fleurs rouge-orangé très larges.
Notre conseil : l'une des meilleures plantes grimpantes qui soient, pour couvrir murs et clôtures, qu'elles parent de nombreuses fleurs tout l'été.

Les campsis préfèrent les situations ensoleillées. ▶

▲ L'*Aristolochia macrophylla* est une plante très volubile.

▲ Le *Bignonia capreolata* garde son feuillage tout l'hiver.

▲ Les bougainvillées sont à réserver aux jardins du Midi.

441

Les plantes ornementales

jardin d'agrément

▲ Le *Ceanothus impressus* apprécie les climats doux.

▲ Le *Celastrus flagellaris* est remarquable en automne.

Ceanothus impressus
CÉANOTHE

Cet arbuste buissonnant peut très bien se conduire en forme palissée pour former un véritable écran végétal, couvert de fleurs bleues.
Famille : Rhamnacées.
Dimensions : de 2 à 3 m de hauteur.
Exposition : ensoleillée ou semi-ombragée.
Sol : donnez-lui un sol fertile, sain, sans calcaire.
Entretien : les premières années, coupez les rameaux latéraux pour allonger les branches principales, palissées lors de leur développement.
Particularités : le feuillage composé de petites feuilles persistantes se couvre presque complètement de fleurs bleues en juin et juillet.
Espèces et variétés : la variété 'Nipomensis' est celle qui donne les plus longs rameaux.
Notre conseil : si l'hiver a endommagé certaines branches, n'hésitez pas à rabattre près du pied pour favoriser le départ de nouvelles pousses.

Celastrus scandens
CÉLASTRE GRIMPANT

Arbuste très décoratif par son feuillage automnal doré et ses fruits jaunes au cœur rouge vif.
Famille : Célastracées.
Dimensions : de 6 à 8 m de hauteur.
Exposition : préfère les situations ensoleillées, mais vient bien aussi à mi-ombre.
Sol : peu difficile sur la nature du terrain.
Entretien : supprimez les vieux rameaux pour favoriser le renouvellement des branches.
Particularités : les fruits formés d'une capsule jaune s'ouvrent en trois valves découvrant une arille rouge carminé. Ce fruit est toxique.
Espèces et variétés : il existe d'autres célastres aux fruits plus orangés, tous de forte végétation.
Notre conseil : très volubile et rustique, cette grimpante est recommandée pour garnir un vieux mur ou le tronc d'un arbre. Cela lui vaut également le surnom de « bourreau des arbres ».

Clematis spp.
CLÉMATITE

Les clématites font partie des plantes grimpantes qui offrent le plus de variétés dans les formes et les couleurs. Très volubiles, elles ont une floraison, qui intervient du début du printemps jusqu'en automne selon les espèces et les variétés.
Famille : Renonculacées.
Dimensions : les tiges, souvent grêles, ont de 3 à 9 m de longueur selon les espèces.
Exposition : si les fleurs aiment le soleil, le pied préfère l'ombre. Abritez-le en créant un petit massif de plantes vivaces basses.
Sol : attention au calcaire. Un terrain argilo-siliceux est sans doute ce qui convient le mieux.
Entretien : taillez les rameaux une fois les fleurs fanées pour que le pied refleurisse l'année suivante.
Particularités : attention, c'est une liane assez capricieuse. Inutile d'insister si, après deux ou trois tentatives, votre clématite ne veut pas de la place que vous lui avez attribuée.
Espèces et variétés : il existe environ deux cents espèces. La clématite des montagnes (*Clematis montana* 'Rubens') à feuilles caduques est très florifère. Ses petites fleurs rosées apparaissent au printemps avec une légère remontée en automne. *Clematis lanuginosa* 'Nelly Moser' est la plus belle

◀ *Clematis tangutica* : une espèce très rustique.

Les plantes grimpantes

▲ *Clematis montana* 'Rubens' est originaire de l'Himalaya.

▲ 'Nelly Moser', variété de *Clematis lanuginosa*, produit en mai-juin de grosses fleurs rose lilas à bande médiane rouge.

et la plus connue des espèces à grandes fleurs. Celles-ci peuvent atteindre de 15 à 20 cm de diamètre. Quant à *Clematis tangutica*, sa floraison d'été dure jusqu'en automne. Elle est suivie d'une production d'akènes plumeux du plus bel effet.
Notre conseil : évitez les excès d'engrais qui favorisent le feuillage au détriment des fleurs. Vous pouvez aussi planter vos clématites dans des bacs placés sur un balcon, le long d'un treillage.

Cobea scandens
COBÉE GRIMPANTE

Cette espèce cultivée en annuelle est intéressante par sa floraison automnale qui dure jusqu'à la fin du mois d'octobre.
Famille : Polémoniacées.
Dimensions : les tiges mesurent de 5 à 6 m de long, mais peuvent atteindre parfois 10 m.
Exposition : originaire d'Amérique centrale, la cobée demande beaucoup de soleil et de chaleur.
Sol : une terre riche en humus est idéale.
Entretien : il est réduit à de simples apports d'engrais liquide durant la végétation.
Particularités : la croissance rapide et la vigueur de cette plante en font une excellente espèce pour couvrir rapidement un mur ou une clôture.

Espèces et variétés : le type produit des clochettes vertes et violettes. La variété 'Alba' donne des fleurs blanches et vertes.
Notre conseil : utilisez la cobée pour réaliser des écrans solaires dans le jardin ou sur une terrasse.

Dolichos labbab
DOLIQUE D'ÉGYPTE

Venue des Tropiques, cette plante annuelle est décorative par sa floraison et sa fructification.
Famille : Légumineuses.
Dimensions : ses tiges s'enroulent jusqu'à 3 m.
Exposition : la plus chaude possible.
Sol : indifférent pourvu qu'il soit bien drainé.
Entretien : la dolique ne demande pas d'autre soin que celui de lui fournir un bon support. Semez les graines en mars sous abri. Mise en place en mai.
Particularités : la floraison qui ressemble un peu à celle des haricots est suivie d'une production de gousses violettes qui durent jusqu'aux gelées.
Espèces et variétés : la variété 'Purpureus' possède des tiges et des feuilles violacées.
Notre conseil : réservez la culture de la dolique aux régions situées dans la moitié sud de la France.

Dolichos labbab reste décorative très tard en saison. ▶

▲ *Cobea scandens* : des fleurs en cloches vertes et violettes.

443

Les plantes ornementales

jardin d'agrément

▲ *L'Eccremocarpus scaber* aime le plein soleil.

Eccremocarpus scaber
BIGNONE DU CHILI

Cette liane cultivée comme annuelle est originaire d'Amérique du Sud et se plaît surtout dans les régions au climat doux. On l'appelle aussi parfois « éccrémocarpe grimpant ».
Famille : Bignoniacées.
Dimensions : entre 3 m et 4 m de hauteur.
Exposition : de préférence le plein soleil. Une plantation le long d'un mur face au sud est idéale.
Sol : les *Eccremocarpus* préfèrent les bonnes terres de jardin, riches et bien drainées.
Entretien : surveillez l'humidité du sol durant la saison estivale. Cette plante munie de crampons s'accroche d'elle-même sur le support, mais il est parfois nécessaire de l'aider à enrouler ses tiges. Enfin, pour l'étoffer, pincez quelques rameaux au début de la végétation.
Particularités : la floraison est abondante. Les rameaux se couvrent, tout l'été, d'une multitude de petites fleurs tubulaires rouge-orangé.
Espèces et variétés : on connaît cinq espèces, mais seule *scaber* est cultivée. Des variétés à fleurs rouges et jaunes existent, mais sont plus rares.
Notre conseil : vous pouvez installer cette bignone dans une serre ou une véranda. Elle y est alors traitée comme une plante vivace.

▲ *Fremontodendron californicum* : des fleurs en abondance.

Fremontodendron californicum
FRÉMONTIA

Cet arbuste à feuilles persistantes palissé le long d'un mur se garnit de jolies fleurs jaune d'or.
Famille : Sterculiacées.
Dimensions : entre 3 m et 5 m de hauteur.
Exposition : le frémontia exige de la chaleur. La meilleure situation est face au sud-ouest.
Sol : il lui faut une terre moyennement riche.
Entretien : surveillez l'arrosage. Palissez les tiges au fur et à mesure de leur développement.
Particularités : les rameaux de ce très bel arbuste sont couverts d'un léger duvet tout comme le revers brun clair des feuilles.
Espèces et variétés : on connaît une autre espèce, *Fremontodendron mexicanum*, plus rare qui, croisée avec *californicum* a donné un hybride, 'Californian Glory' aux fleurs jaune citron.
Notre conseil : c'est une plante à réserver aux régions à climat doux, mais il est possible de la cultiver dans une véranda bien exposée.

Hedera helix
LIERRE COMMUN

Sur le sol d'un sous-bois ou accroché à un arbre, le lierre est très rustique et envahissant.
Famille : Araliacées.
Dimensions : certains cultivars comme le lierre d'Irlande peuvent dépasser les 25 m de longueur.
Exposition : elle importe peu, sauf pour les variétés à feuilles panachées qui demandent une lumière légèrement tamisée.
Sol : le lierre apprécie les terres fraîches.
Entretien : n'hésitez pas à rajeunir le pied en supprimant les rameaux anciens.
Particularités : le type produit des petits fruits réunis en masse globuleuse qui ajoute un certain attrait décoratif à cette plante assez peu originale.
Espèces et variétés : on détermine cinq espèces principales avec de nombreuses variétés ou cultivars. 'Aureo variegata' est panaché de jaune. 'Oro di Bogliasco' a des taches d'or sur son feuillage.

◀ *Hedera colchica* 'Variegata' aux feuilles panachées.

Les plantes grimpantes

Hedera canariensis 'Gloire de Marengo' est à feuilles cordiformes bordées de blanc jaunâtre.
Notre conseil : utilisez le lierre avec discernement, car vous serez vite envahi. Mais les espèces à petites feuilles font de jolies plantes d'intérieur.

Holboellia coriacea
HOLBOELLIA

Cette liane à feuilles persistantes, originaire de l'Himalaya, se couvre de fleurs au printemps et donne ensuite des fruits comestibles violets.
Famille : Lardizabalacées.
Dimensions : entre 5 m et 8 m de hauteur.
Exposition : l'ombre convient aux holboellias, mais le soleil est profitable à la floraison.
Sol : indifférent.
Entretien : palissez les rameaux selon leur croissance pour conserver un mur végétal harmonieux.
Particularités : plante monoïque, plantez des pieds mâles et femelles pour obtenir des fruits. Les fleurs mâles sont violettes, les femelles crème.
Espèces et variétés : cinq espèces répertoriées dont deux cultivées : *coriacea* et *latifolia*, cette dernière demandant un climat plus doux.
Notre conseil : mieux vaut réserver cette liane aux jardins de l'ouest et du sud de la France.

Humulus lupulus
HOUBLON

Connu pour ses fruits qui entrent dans la composition de la bière, le houblon est aussi une superbe plante grimpante très volubile.
Famille : Cannabinacées.
Dimensions : entre 7 m et 10 m de longueur.
Exposition : ensoleillée, mais la mi-ombre favorise l'intensité dorée du feuillage.
Sol : de préférence riche en matières organiques.
Entretien : pincez les jeunes pousses pour les aider à ramifier et obtenir une touffe plus dense.
Particularités : c'est une liane décorative par ses feuilles palmées et ses fruits en chatons retombants qui résiste bien à la sécheresse et au vent.
Espèces et variétés : on cultive également *Humulus japonicus*, moins grand, dont les variétés

▲ *Holboellia coriacea*, aux feuilles palmées, est parfait pour couvrir les murs exposés à la chaleur.

'Aureus' et 'Variegatus' sont dorées ou panachées.
Notre conseil : choisissez bien vos plants, car seuls les pieds femelles portent des fruits.

Hydrangea petiolaris
HORTENSIA LIANE

Pourvu de crampons qui lui permettent de s'accrocher au support, cet hortensia est attrayant par sa floraison blanche estivale.
Famille : Saxifragacées.
Dimensions : environ 5 m, parfois plus.
Exposition : évitez le soleil trop direct.
Sol : de préférence acide et frais.
Entretien : il se résume à supprimer les tiges mal placées et disgracieuses.
Particularités : les fleurs qui apparaissent en juin-juillet sont originales, pourvues de larges bractées blanches situées autour de l'ombelle.
Espèces et variétés : parmi les quatre-vingts recensées, seul *Hydrangea petiolaris*, parfois appelé *Hydrangea scandens* est vraiment grimpant.
Notre conseil : plantez cet hortensia au pied d'un arbre. Ses rameaux entourant le tronc et grimpant dans les branches produisent un très bel effet.

À la plantation, aidez *Hydrangea petiolaris* à s'accrocher. ▶

▲ *Humulus lupulus* 'Aureus' : une liane à découvrir.

445

Les plantes ornementales

▲ *Ipomaea hederacea* : un liseron décoratif.

▲ Des fleurs tout l'hiver sur le *Jasminum mesnyi*.

◀ *Lathyrus odoratus* : des coloris très délicats.

Ipomaea spp.
IPOMÉE

Ce liseron cultivé comprend de nombreuses espèces et variétés aux coloris très variés.
Famille : Convolvulacées.
Dimensions : tiges de 3 à 5 m de longueur.
Exposition : originaire des Tropiques, l'ipomée demande beaucoup de chaleur et de soleil.
Sol : riche et sain. Apportez un peu d'humus lors de la plantation dans les terres pauvres.
Entretien : très réduit, la plante s'accrochant d'elle-même sur son support.
Particularités : il n'y a guère que dans le Midi que l'ipomée peut être cultivée comme vivace. Ailleurs, semez chaque année les graines en mars-avril sous abri pour une mise en place en mai.
Espèces et variétés : l'*Ipomaea tricolor* ou volubilis des jardins est le plus cultivé. Le type porte de grandes fleurs bleues, mais les couleurs des variétés de cette espèce sont plus variées. *Ipomaea coccinea* est aussi appelé « liseron écarlate » en raison du coloris de ses fleurs. La variété 'Limbata' d'*Ipomaea hederacea* est aussi très répandue. Ses fleurs sont blanches et violet pourpre.
Notre conseil : pour faciliter la germination des graines très dures de cette plante, faites-les tremper 24 heures dans l'eau avant de les semer.

Jasminum spp.
JASMIN

On distingue deux espèces courantes de jasmins sarmenteux : le jasmin d'hiver (*Jasminum nudiflorum*) qui fleurit jaune de novembre à février, et le jasmin blanc (*Jasminum officinale*) qui produit sa floraison en été et en automne.
Famille : Oléacées.
Dimensions : environ 3 m pour le jasmin d'hiver, le double pour le jasmin blanc.
Exposition : indifférente pour l'espèce hivernale. Pour le jasmin blanc, moins rustique, mieux vaut lui trouver un emplacement chaud et abrité.
Sol : évitez les terres trop humides.
Entretien : taillez le jasmin d'hiver après la floraison en éliminant les vieux rameaux.
Particularités : les jasmins à fleurs blanches ou rosées sont légèrement parfumés.
Espèces et variétés : on trouve aussi *Jasminum mesnyi* ou *primulinum* à la floraison hivernale jaune clair, et *Jasminum polyanthum* aux fleurs blanches printanières très parfumées. Cette espèce est à réserver pour les régions chaudes.
Notre conseil : installez les jasmins sur une tonnelle ou une pergola pour obtenir un bel effet.

Lathyrus odoratus
POIS DE SENTEUR

Avec ses fleurs parfumées, ce pois grimpant est aussi utilisé pour faire de superbes bouquets.
Famille : Légumineuses.
Dimensions : de 2 à 3 m de hauteur.
Exposition : ensoleillée. Évitez les courants d'air.
Sol : de préférence bien riche et toujours frais.
Entretien : cette espèce annuelle est semée en mars sous abri avant d'être repiquée dans des petits pots, puis mise en place en mai.
Particularités : il est parfois nécessaire d'entailler la graine pour aider la germination.
Espèces et variétés : on trouve de nombreuses variétés aux coloris très divers qui permettent d'obtenir de véritables murs multicolores. Il existe éga-

Les plantes grimpantes

lement un pois vivace, *Lathyrus latifolius*, plus rarement cultivé mais pourtant rustique.
Notre conseil : supprimez les fleurs dès qu'elles sont fanées pour éviter la production de gousses et favoriser la naissance de nouvelles inflorescences.

Lonicera spp.
CHÈVREFEUILLE

Persistant ou caduc, le chèvrefeuille est une liane décorative délicieusement parfumée.
Famille : Caprifoliacées.
Dimensions : de 5 à 6 m, parfois plus.
Exposition : le soleil est facteur de floraison abondante. Mais une légère ombre lui convient.
Sol : les espèces caduques acceptent tous les sols. Seules les persistantes dédaignent le calcaire.
Entretien : éliminez de temps en temps les vieilles branches pour rajeunir le pied.
Particularités : selon les espèces, la floraison s'étale du printemps à l'automne, permettant ainsi de conserver plusieurs mois leur effet décoratif.
Espèces et variétés : parmi les persistantes citons : *Lonicera henryi* aux fleurs rouge-pourpre. *Lonicera* x *heckrottii* et *japonica* sont des espèces semi-persistantes très odorantes. *Lonicera periclymenum* est spontané. Sa variété 'Serotina' donne des fleurs rouge-pourpre tout l'été.
Notre conseil : évitez de placer votre chèvrefeuille trop près de la maison, car il attire de nombreux insectes butineurs.

Mandevilla splendens
MANDEVILLA

Intéressante par son doux parfum, cette grimpante est à cultiver à l'abri, dans une véranda.
Famille : Apocynacées.
Dimensions : tiges de 5 à 6 m de longueur.
Exposition : évitez le soleil direct. Cette plante aime une température de 18 à 20 °C.
Sol : un mélange de terreau et de terre de bruyère avec un peu de terre de jardin est idéal.
Entretien : taillez juste pour maintenir la forme.
Particularités : les fleurs de cet arbrisseau grimpant s'ouvrent le jour et se ferment la nuit.

▲ *Lonicera caprifolium* : le chèvrefeuille des jardins se couvre en juin et juillet de nombreuses fleurs odorantes.

Espèces et variétés : *Mandevilla splendens* est à feuilles persistantes et fleurit rose pâle. La variété 'Alice du Pont' est rose plus soutenu. L'espèce *laxa*, caduque, est à fleurs blanches.
Notre conseil : sortez la plante à l'extérieur pendant les mois chauds de l'été.

Manettia bicolor
MANETTIA

Jolie plante sarmenteuse pour véranda aux fleurs tubulaires écarlates à l'extrémité jaune.
Famille : Rubiacées.
Dimensions : tiges d'environ 1 m de longueur.
Exposition : soleil indirect. Maintenir une température de 20 °C dans la journée.
Sol : terre de bruyère et terreau pour moitié.
Entretien : de mars à octobre, tous les quinze jours, apportez de l'engrais pour plantes d'intérieur.
Particularités : à planter dans un grand pot, car les racines ont besoin de place pour se développer.
Espèces et variétés : *Manettia inflata* présente des fleurs moins renflées que l'espèce *bicolor*.
Notre conseil : installez le manettia dans une suspension pour obtenir une cascade de fleurs.

▲ *Mandevilla* 'Alice du Pont' : des fleurs en trompettes.

Le *Manettia bicolor* est originaire du Brésil. ▶

Les plantes ornementales

▲ *Mina lobata* : une liane voisine des liserons d'ornement.

▲ *Pandorea jasminoides* aux fleurs roses et mauves.

◂ *Parthenocissus tricuspidata* 'Veitchii' : très envahissant.

Mina lobata
MINA

Voisine des ipomées, cette grimpante annuelle se couvre en été de clochettes jaune-orangé.
Famille : Convolvulacées.
Dimensions : jusqu'à 5 m de hauteur.
Exposition : ensoleillée et chaude.
Sol : de préférence riche et sain.
Entretien : semez les graines en mars dans des petits pots ou directement en place en mai.
Particularités : les fleurs d'un rouge éclatant en bouton, prennent ensuite une teinte jaune-orangé, avant de devenir crème en vieillissant.
Espèces et variétés : c'est la seule espèce souvent cultivée. On la trouve aussi sous les noms de *Quamoclit lobata* et *Ipomaea versicolor*.
Notre conseil : en raison de l'abondance de son feuillage et de sa floraison, installez cette plante sur une tonnelle ou une pergola.

Pandorea jasminoides
PANDORÉA

Originaire d'Australie, cette plante sarmenteuse est intéressante par sa croissance très rapide.
Famille : Bignoniacées.
Dimensions : tiges de 8 à 10 m de longueur.
Exposition : très ensoleillée et chaude.
Sol : riche et profond. Faites un apport de matières organiques lors de la plantation.
Entretien : arrosez souvent la terre durant la période estivale pour qu'elle reste bien humide.
Particularités : le feuillage est souvent peu abondant mais les fleurs roses à cœur plus sombre sont nombreuses et couvrent bien le support.
Espèces et variétés : *jasminoides* est la plus cultivée, mais on rencontre aussi *Pandorea pandorana* au feuillage plus touffu mais à petites fleurs.
Notre conseil : utilisez cette liane comme ombrage sur une serre ou une véranda.

Parthenocissus spp.
VIGNE VIERGE

Un très grand classique des plantes grimpantes qui offre l'avantage de s'accrocher seul sur le support grâce à de nombreux crampons.
Famille : Vitacées.
Dimensions : les rameaux atteignent au minimum une dizaine de mètres, souvent plus.
Exposition : mi-ombre ou, mieux, plein soleil.
Sol : la vigne vierge n'est pas exigeante, mais elle affectionne les sols riches, profonds et humides.
Entretien : il se résume à couper simplement les tiges volubiles qui partent dans tous les sens.
Particularités : c'est une liane très intéressante par sa rapidité de croissance et par l'abondance de son feuillage qui prend de jolies teintes rouges à l'automne. Excellente couverture.
Espèces et variétés : l'espèce la plus répandue est *Parthenocissus tricuspidata* 'Veitchii' aux larges feuilles à trois lobes, appelée aussi *Ampelopsis veitchii*. *Parthenocissus quinquefolia* est sans doute la plus vigoureuse. Quant au *Parthenocissus henryana*, il a des feuilles pourpres dès sa naissance.
Notre conseil : surveillez régulièrement la croissance de cette plante grimpante particulièrement envahissante, surtout si vous l'utilisez pour couvrir la façade de votre maison. Elle arrive vite à obstruer les gouttières et à s'immiscer dans les moindres interstices sous la toiture.

Les plantes grimpantes

Passiflora caerulea
PASSIFLORE

La forme de la fleur rappelant les éléments de la Passion du Christ ont donné son nom à cette très jolie liane, qui donne des fruits comestibles.
Famille : Passifloracées.
Dimensions : entre 3 m et 5 m de hauteur.
Exposition : plein sud avec beaucoup de chaleur.
Sol : faites-lui un trou empli d'un bon terreau au moment de la plantation.
Entretien : après la floraison, taillez une partie des rameaux pour garder un bon équilibre à l'ensemble de la plante.
Particularités : il n'y a guère que dans le Midi que cette plante soit à l'aise. Ailleurs, il est indispensable de bien protéger le pied en hiver.
Espèces et variétés : cette espèce produit de jolies fleurs bleues et blanches très caractéristiques. L'espèce *racemosa* a des fleurs rouges, tandis que *Passiflora edulis* est à fleurs roses. Mais le choix ne manque pas, car on dénombre plus de 500 espèces.
Notre conseil : cultivez la passiflore comme plante d'intérieur en la palissant sur un treillage. Elle peut aussi servir de séparation végétale très décorative dans une grande pièce.

Polygonum baldschuanicum
RENOUÉE

Increvable et particulièrement prolifique, la renouée est pratiquement indestructible. C'est dire que vous risquez de la trouver envahissante.
Famille : Polygonacées.
Dimensions : la croissance annuelle d'une tige peut dépasser les 4 m de longueur. Le pied adulte peut donc atteindre largement les 10 à 15 m.
Exposition : mi-ombre ou soleil, pas trop brûlant.
Sol : il vient bien partout, même dans les terres calcaires et celles riches en éléments minéraux.
Entretien : n'hésitez pas à tailler les rameaux qui prennent trop d'ampleur, d'autant qu'en vieillissant ils arrivent à tordre les supports peu solides.
Particularités : attention, les fleurs attirent facilement tous les insectes butineurs.
Espèces et variétés : *baldschuanicum* est l'espèce la plus répandue mais on trouve aussi *Polygonum aubertii* aux feuilles rouges en extrémité.
Notre conseil : utilisez cette plante pour cacher toute la misère de votre jardin. C'est son principal intérêt en raison de sa végétation luxuriante.

Schizophragma hydrangeoides
SCHIZOPHRAGMA

Cet arbuste sarmenteux est très proche, par la forme de ses fleurs, de l'*Hydrangea petiolaris*, l'hortensia grimpant.
Famille : Saxifragacées.
Dimensions : peut atteindre 10 m de hauteur.
Exposition : de préférence à l'ombre, mais accepte un peu de soleil bénéfique à ses fleurs.
Sol : riche et humide, nourrissant.
Entretien : apportez un engrais à décomposition lente lors de la plantation.
Particularités : cette espèce s'accroche seule sur son support grâce à ses tiges munies de crampons.
Espèces et variétés : on trouve également *Schizophragma integrifolium*, moins rustique.
Notre conseil : faites grimper cette plante sur le tronc d'un grand arbre. L'effet est superbe.

▲ Une fleur colorée et très curieuse : celle de la fleur de la Passion *(Passiflora caerulea)*. Une belle liane semi-rustique.

▲ *Polygonum baldschuanicum* : vraiment très envahissant.

Schizophragma hydrangeoides : des fleurs vaporeuses. ▶

Les plantes ornementales

▲ *Solanum jasminoides* : à palisser le long d'un mur.

▲ *Thunbergia alata* : une plante très originale pour l'été.

Solanum jasminoides
SOLANUM

Appartenant à la même famille que celle de la pomme de terre ou de la tomate, cet arbuste possède de longs rameaux, presque volubiles, qui peuvent facilement être palissés.
Famille : Solanacées.
Dimensions : une dizaine de mètres.
Exposition : bien abritée au nord de la Loire.
Sol : frais, léger, plutôt humifère.
Entretien : arrosez en cas de sécheresse, mais évitez l'eau stagnante sur le pied.
Particularités : cette plante qui aime la chaleur demande à être protégée en hiver par un bon paillis dans la moitié nord de la France.
Espèces et variétés : le type est jaune et fleurit en été et en automne. La variété 'Album' est blanc pur. On connaît également *Jasminum crispum*, plus vigoureux, au feuillage semi-persistant.
Notre conseil : évitez les courants d'air pour ce végétal qui trouvera une place face au sud.

Thunbergia alata
THUNBERGIE

Appelée aussi « suzanne-aux-yeux-noirs », « sourire de Zanzibar », les surnoms ne manquent pas pour cette plante volubile frileuse qui peut s'acclimater à l'extérieur, en situation bien abritée.
Famille : Acanthacées.
Dimensions : tiges de 2 à 3 m de longueur.
Exposition : ensoleillée, à l'abri du vent.
Sol : ajoutez un tiers de terre de bruyère et un tiers de terreau à la terre du jardin.
Entretien : n'hésitez pas à rabattre certaines tiges après la floraison jaune à cœur noir très caractéristique pour aider au départ de nouveaux rameaux. Palissez au fur et à mesure de la pousse.
Particularités : cette plante est souvent cultivée comme annuelle. Semez en mars dans des petits pots. Repiquez ensuite dans un plus grand pot qui pourra être placé à l'extérieur dès le mois de juin.
Espèces et variétés : on trouve de nombreux cultivars à fleurs blanches, crème ou orangé au cœur noir ou blanc.
Notre conseil : coupez régulièrement les rameaux défleuris pour provoquer le départ de nouvelles pousses qui refleurissent très vite.

Trachelospermum jasminoides
JASMIN ÉTOILÉ

Les fleurs de cette plante à feuilles persistantes ressemblent à celles du jasmin, d'où son nom, mais elles sont moins parfumées.
Famille : Apocynacées.
Dimensions : entre 2 m et 3 m de hauteur.
Exposition : ensoleillée et chaude, sans vent.
Sol : léger, plutôt acide et bien drainé.
Entretien : très réduit. Supprimez simplement les rameaux indisciplinés.
Particularités : originaire d'Asie, cette plante à fleurs blanches estivales est destinée aux jardins des régions sud et ouest de la France.
Espèces et variétés : bien que le genre comprenne une vingtaine d'espèces, *jasminoides* est la seule véritablement cultivée.
Notre conseil : après la floraison, coupez les tiges, assez près de la souche, pour provoquer le départ de nombreuses pousses latérales.

Tropaeolum spp.
CAPUCINE

La floraison abondante et les couleurs vives de la capucine en font une vedette de nos jardins.
Famille : Tropaeolacées.
Dimensions : de 2 à 5 m selon les espèces.
Exposition : le plein de soleil et de chaleur.
Sol : une terre sablonneuse, assez sèche et peu fertile, est préférable à trop d'humus qui entraîne un développement important du feuillage.
Entretien : supprimez régulièrement les fleurs fanées pour favoriser la remontée de la floraison.
Particularités : la plupart des espèces sont cultivées comme annuelles, car celles qui sont vivaces ne sont pas rustiques sous nos climats. Sachez aussi que les fleurs sont comestibles et que les boutons floraux non épanouis peuvent

◀ *Trachelospermum jasminoides* : un parfum de jasmin.

Les plantes grimpantes

très bien être confits et utilisés comme des câpres.
Espèces et variétés : la plus répandue est *Tropaeolum majus* (Capucine de Lobb). Ses fleurs jaune-orangé ou rouge cuivré s'épanouissent tout l'été. *Tropaeolum peregrinum* est une espèce vivace, mais cultivée aussi comme annuelle. Ses fleurs jaunes très découpées durent de juillet à octobre. Enfin *Tropaeolum hybridum* 'Spitfire' est à fleurs vermillon avec un feuillage bronze.
Notre conseil : les capucines attirent irrésistiblement les pucerons. Faites un traitement avec un insecticide systémique dès la plantation puis régulièrement toutes les trois semaines au maximum.

Vitis coignetiae
VIGNE D'ORNEMENT

Voisine des vignes de table ou à vin, les vignes d'ornement sont décoratives par la forme particulière de leurs feuilles, qui prennent de très belles couleurs vives en automne.
Famille : Vitacées.
Dimensions : de 5 à 15 m selon les espèces.
Exposition : chaude et ensoleillée.
Sol : une terre sèche et caillouteuse, bien drainée, est celle qui leur convient le mieux.
Entretien : cette plante très vigoureuse peut être taillée en cours de végétation pour limiter son ampleur. Les vrilles portées par les rameaux évitent le palissage.
Particularités : *Vitis coignetiae* demande un support très solide, car la croissance de ses pousses peut dépasser les 12 à 15 m dans une année.
Espèces et variétés : on dénombre environ 70 espèces dans ce genre mais *coignetiae* est celle que l'on trouve le plus couramment et qui se développe le plus vite. *Vitis labrusca* est aussi très vigoureuse. Elle donne des fruits noirs au goût musqué et un feuillage sombre au revers blanchâtre. *Vitis riparia* a des fleurs jaune verdâtre odorantes. Enfin, *Vitis vinifera*, et ses nombreux cultivars, est à l'origine des productions viti-vinicoles.
Notre conseil : évitez de trop rabattre le pied en hiver, car si cette opération est obligatoire pour la production de raisin, elle se fait au détriment de l'aspect ornemental de la vigne.

▲ *Tropaeolum peregrinum* : la capucine des Canaries présente des fleurs très découpées qui durent tout l'été.

Wisteria spp.
GLYCINE

La beauté des longues grappes pendantes et odorantes de cette liane en fait l'une des plantes grimpantes classiques de nos jardins.
Famille : Légumineuses.
Dimensions : tiges longues de 20 à 25 m et parfois plus chez les sujets très âgés.
Exposition : ensoleillée et chaude, à l'abri des vents forts et frais qui peuvent endommager les boutons floraux à la sortie de l'hiver.
Sol : évitez le calcaire. Une terre de jardin fertile est tout à fait conseillée.
Entretien : au printemps, lorsque les boutons floraux sont formés, taillez une partie des rameaux qui n'en possèdent pas de façon à aérer la plante.
Particularités : la force des branches de la glycine est phénoménale. Elles sont capables de tordre les grilles les plus solides. Aussi ayez intérêt à bien choisir le support sur lequel vous l'installez.
Espèces et variétés : la plus vigoureuse est *Wisteria sinensis*, la glycine de Chine, aux grappes bleutées ou blanches. *Wisteria floribunda*, originaire du Japon, présente des grappes plus longues, blanches, violettes ou roses selon les variétés.
Notre conseil : les glycines élevées en conteneur reprennent mieux que celles vendues à racines nues.

▲ *Vitis coignetiae* se pare de rouge et d'or en automne.

▲ *Wisteria floribunda* : la glycine est ici conduite en arbre.

Wisteria sinensis possède une vigueur exceptionnelle. ▶

451

Les plantes ornementales

LES PERSISTANTS ET LES PLANTES ORIGINALES

Avec ses quatre cent mille espèces, le monde des plantes supérieures est forcément composé de sujets très divers. C'est ce qui en fait tout le charme et les possibilités ornementales quasi illimitées. ❦ *Sous nos climats, une majorité de plantes vit au rythme des saisons, avec un cycle végétatif décliné au cours de l'année. Les bourgeons éclosent au printemps, faisant naître feuilles et fleurs.* ❦ *Ces dernières évoluent en fruits, qui contiennent les graines destinées à la propagation de l'espèce. C'est alors que vient l'automne, et la végétation disparaît pour faire place au repos hivernal qui permet à la plante de subir sans mal les assauts des frimas.* ❦ *Certaines espèces font abstraction de ces contraintes météorologiques. Elles conservent en permanence leur habit de feuillage : ce sont les persistants. En apparence immuables, ils vivent en réalité une constante cure de Jouvence, les feuilles âgées étant systématiquement remplacées par des plus jeunes.* ❦ *Ces persistants sont surtout cultivés pour éviter au jardin de paraître complètement dénudé en hiver. Ce chapitre leur accorde une place particulière, avec d'autres espèces au feuillage intéressant, mais parfois plus éphémère.* ❦ *Nous leur avons aussi associé les arbres et arbustes qui se parent d'or et de cuivre à l'automne.* ❦ *Et pour suivre une logique de saison, ils seront complétés par les espèces à fruits décoratifs et celles dont l'écorce colorée apporte un peu de gaieté hivernale. Un chapitre important qui vous dévoile des plantes souvent indispensables.* ❦

Les plantes ornementales

LES PERSISTANTS

jardin d'agrément

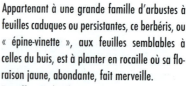

Par la conservation de leur feuillage toute l'année, les plantes persistantes sont à la base des massifs végétaux. Avec leurs feuilles, leurs fleurs et leurs fruits, elles constituent un décor permanent, qui donne des couleurs au jardin, même aux périodes les plus sombres de l'hiver.

▲ *Berberis buxifolia 'Nana'* : compact et très florifère.

◀ Le *Cotoneaster franchetii* garde ses fruits tout l'hiver.

Berberis buxifolia
BERBÉRIS

Appartenant à une grande famille d'arbustes à feuilles caduques ou persistantes, ce berbéris, ou « épine-vinette », aux feuilles semblables à celles du buis, est à planter en rocaille où sa floraison jaune, abondante, fait merveille.
Famille : Berbéridacées.
Dimensions : 1 m de hauteur, en forme de boule presque complètement ronde.
Exposition : plein soleil de préférence, mais il accepte la mi-ombre.
Sol : peu difficile sur la nature de la terre, il croît même en sol sec et supporte le calcaire.
Entretien : pour lui conserver sa forme, taillez les rameaux volages après la floraison.
Particularités : peu épineux, ce berbéris porte des feuilles arrondies aux bords lisses. La floraison, jaune-orangé printanière, est suivie d'une production de petites baies bleues.
Espèces et variétés : la variété 'Nana', en raison de sa croissance lente, dépasse rarement les 0,50 m. Elle porte des fruits pourpre foncé. Parmi les espèces persistantes, citons aussi : *Berberis darwinii* à la floraison en grappes pendantes jaunes, très épineux, qui atteint 3 à 4 m de hauteur, et *Berberis x stenophylla* aux rameaux brun rougeâtre et aux fleurs jaune d'or très abondantes.
Notre conseil : utilisez ce petit arbuste sur une terrasse ou un balcon en le plaçant dans un bac ou une jardinière. Surveillez l'arrosage en été.

Cotoneaster franchetii
COTONÉASTER

Cet arbuste au port gracieux est décoratif par sa floraison blanc rosé et par ses fruits rouge-orangé qui persistent tout l'hiver. Il fait partie d'une famille de près de 100 espèces, aux feuilles caduques ou persistantes.
Famille : Rosacées.
Dimensions : environ 2 m de hauteur, sur autant de large quand la plante est adulte.
Exposition : c'est une espèce peu difficile, mais son développement est meilleur en plein soleil.
Sol : le cotonéaster accepte toutes les natures de sols, même ceux qui présentent du calcaire.
Entretien : en mars, taillez les rameaux disgracieux qui sortent de la touffe.
Particularités : plante mellifère par excellence, cet arbuste est fréquenté par de nombreux insectes. Évitez de le placer près d'une habitation.
Espèces et variétés : on dénombre de nombreuses autres espèces persistantes aux ports divers : rampant, comme *Cotoneaster microphyllus*, ou dressé, comme *Cotoneaster lacteus*.
Notre conseil : plantez cet arbuste en isolé sur une pelouse pour en admirer toute la beauté.

Drimys winteri
DRIMYS

Originaire de l'Amérique du Sud, ce petit arbre assez frileux est intéressant par ses fleurs blanches et son feuillage coloré.
Famille : Winteracées.

454

Dimensions : de 2 à 4 m de hauteur.
Exposition : ensoleillée et abritée, car il ne résiste pas aux gelées supérieures à -5 °C.
Sol : il est nécessaire de lui fournir une terre acide et fraîche pour qu'il s'adapte bien.
Entretien : réduit au minimum. Pour conserver une forme élégante taillez, au printemps, les branches disgracieuses.
Particularités : c'est une espèce assez fragile, surtout destinée aux jardins du Midi ou de l'Ouest, où elle doit être placée le long d'un mur, de préférence face au sud. Les feuilles froissées dégagent une forte odeur poivrée tandis que les fleurs sentent le jasmin.
Espèces et variétés : la variété 'Colorata' présente un feuillage très coloré. *Drimys lanceolata* aux jeunes rameaux et pétioles rouges décoratifs donne des fruits globuleux noirs.
Notre conseil : plantez ce bel arbrisseau dans un massif de terre de bruyère, parmi les azalées qu'il dominera de son port élégant.

Elaeagnus spp.
ÉLÉAGNUS

Le feuillage de l'éléagnus, blanc ou jaune bordé de vert sur le dessus et gris argenté sur le revers, en fait un des grands classiques des haies libres ou taillées et des massifs d'arbustes. On en dénombre environ une quarantaine de variétés, caduques ou persistantes.
Famille : Éléagnacées.
Dimensions : entre 1 m et 4 m en tous sens selon les espèces et les variétés.
Exposition : placez-le en situation ensoleillée, mais sachez qu'il supporte aussi la mi-ombre.
Sol : une bonne terre de jardin lui convient parfaitement, mais les sols sableux ne le gênent pas.
Entretien : taillez les rameaux peu colorés et faites une coupe d'équilibre chaque printemps pour lui conserver une forme régulière.
Particularités : ce sont surtout les feuilles qui sont décoratives par leurs coloris originaux. Cependant la floraison, bien que très discrète, a lieu à l'automne, en octobre et novembre, et dégage un léger parfum.

Espèces et variétés : *Elaeagnus x ebbingei* atteint 3 m de haut. Son feuillage légèrement bleuté est accompagné, en automne, de nombreuses fleurs très odorantes. *Elaeagnus pungens*, avec sa variété 'Maculata', se distingue du type par ses feuilles au cœur jaune vif bordé d'un mélange de vert et de jaune. Citons également : *Elaeagnus macrophylla* persistant au port plutôt étalé, avec de grandes feuilles dont les jeunes sont argentées.
Notre conseil : si vous avez un jardin en bord de mer, plantez des éléagnus. Ils sont particulièrement résistants aux vents salins et forment des haies bien compactes et très durables.

Eriobotrya japonica
NÉFLIER DU JAPON

Proche parent du néflier commun, le néflier du Japon produit des fruits juteux et sucrés qui rehaussent l'originalité du feuillage.
Famille : Rosacées.
Dimensions : de 5 à 6 m.
Exposition : soleil et chaleur cantonnent ce petit arbre dans les régions méridionales.
Sol : plutôt riche. Il est souvent nécessaire d'apporter un peu d'humus ou d'engrais au printemps pour activer la végétation.
Entretien : taillez les rameaux ayant porté des fruits ainsi que ceux qui sont secs ou mal formés. Arrosez abondamment en cas de sécheresse.
Particularités : on appelle également cet arbre « bibassier », du nom de ses fruits : les bibasses. Pour fleurir et fructifier, la température extérieure ne doit pas se situer en dessous de 5 °C. Les feuilles, longues et nervurées, sont vert foncé et recouvertes de poils roux au revers. Les fleurs blanches et laineuses cèdent la place à des fruits globuleux orangés, à la pulpe sucrée, garnis de gros pépins bruns.
Espèces et variétés : on dénombre une dizaine d'espèces, mais on ne cultive que *japonica*.
Notre conseil : vous pouvez tenter d'installer le bibassier dans les régions tempérées, mais il est peu probable qu'il arrive à fructifier. Cet arbre reste néanmoins très décoratif par ses feuilles.

Les longues feuilles originales de l'*Eriobotrya japonica*. ▶

▲ *Drimys winteri* 'Colorata' : un feuillage très décoratif.

▲ *Elaeagnus x ebbingei* : un feuillage bleu argenté.

▲ Des teintes dorées pour *Elaeagnus pungens* 'Maculata'.

Les plantes ornementales

jardin d'agrément

▲ *Griselinia littoralis* 'Variegata' : pour les climats doux.

▲ *Hebe andersonii* 'Variegata' aux longs épis mauves.

Griselinia littoralis
GRISÉLINIA

Parce qu'il demande de la chaleur, ce petit arbuste est à réserver aux jardins du Midi.
Famille : Cornacées.
Dimensions : dans son pays d'origine, la Nouvelle-Zélande, il atteint 4 à 5 m de hauteur. En France, celle-ci se situe plus couramment aux alentours de 2 m. Étalement 1,50 m.
Exposition : soleil et chaleur constante.
Sol : peu importe la nature, même calcaire.
Entretien : limité à des arrosages réguliers, surtout lorsqu'il est planté dans un bac.
Particularités : c'est une plante idéale pour la Côte d'Azur. Planté en bord de mer il résiste bien aux embruns. On peut également en faire une haie de protection contre le vent.
Espèces et variétés : le feuillage du type est plutôt vert jaunâtre. Mais il en existe une variété 'Variegata', plus décorative avec les feuilles panachées de jaune, de blanc et de vert. Citons également : *Griselinia lucida*, plus petit, aux feuilles vert foncé brillant et épaisses.
Notre conseil : dans les régions au climat moins doux, cultivez le griselinia dans une serre, ou, mieux, sous une véranda, en le plaçant dans une jolie poterie décorative. Durant les mois d'été, sortez la plante, à bonne exposition dans votre jardin, pour lui faire profiter des rayons du soleil.

Hebe spp.
VÉRONIQUE EN ARBRE

Les *Hebe* sont des arbustes décoratifs par leurs feuilles, et leurs fleurs en épis dressés, mauves.
Famille : Scrofulariacées.
Dimensions : entre 1 m et 2 m de hauteur.
Exposition : en plein soleil et à l'abri du vent.
Sol : léger et frais, même calcaire.
Entretien : rabattez les vieilles tiges pour provoquer le départ de nouveaux rameaux.
Particularités : les *Hebe* ressemblent aux véroniques, avec un développement plus important.
Espèces et variétés : on dénombre plus d'une centaine d'espèces. *Hebe armstrongii* aux fleurs petites et blanches ressemble par son feuillage à un conifère, comme *Hebe cupressoides* qui porte des fleurs bleu pâle à violacé. L'hybride *andersonii* 'Variegata' aux rameaux pourpre foncé, a des épis violet clair à la fin de l'été. 'Autumn Glory' ne dépasse pas 0,60 m et fleurit bleu-pourpre.
Notre conseil : dans la moitié nord de la France, cultivez les *Hebe* en bacs dans une véranda.

Ilex aquifolium
HOUX COMMUN

Symbole des fêtes de fin d'année, le houx est un arbre aux feuilles vert brillant sur lequel se détachent les fruits en baies rouges. Les variétés panachées sont très décoratives.
Famille : Aquifoliacées.
Dimensions : peut atteindre 10 m de hauteur.
Exposition : soleil, mais l'ombre ne le gêne pas.
Sol : terre de jardin, évitez le calcaire.
Entretien : une fois les tailles de formation effectuées, les soins sont réduits au minimum.
Particularités : la plupart des espèces sont dioïques, c'est-à-dire qu'il est nécessaire de planter des pieds des deux sexes pour obtenir des fruits.
Espèces et variétés : on dénombre environ 300 espèces, mais *Ilex aquifolium* est la plus répandue. Parmi ses cultivars, citons : 'Argenteomarginata' aux feuilles vertes bordées de blanc, 'Golden Queen', dont les grandes feuilles sont largement

◄ Un classique : *Ilex aquifolium* 'Golden Queen'.

Les persistants

maculées de jaune, et 'Madame Briot' aux très nombreux fruits rouge corail.
Notre conseil : avec le houx constituez une haie défensive et décorative qui se prête bien à la taille.

Leptospermum scoparium
LEPTOSPERMUM

Formant une touffe dense, le leptospermum se couvre en été de nombreuses fleurs qui cachent presque le feuillage persistant de ce petit arbre.
Famille : Myrtacées.
Dimensions : environ 2 m de hauteur.
Exposition : plein soleil et climat doux.
Entretien : conservez une forme régulière en coupant les rameaux disgracieux.
Particularités : les feuilles peuvent être linéaires ou ovales, mais se terminent toutes par une épine.
Espèces et variétés : *Leptospermum scoparium* est le plus cultivé. On lui connaît plusieurs cultivars, comme 'Chapmanii' à fleurs roses, 'Nichollsii' plutôt écarlate, ou 'Red Damask' rose à cœur sombre.
Notre conseil : si vous habitez la moitié nord de la France, cultivez cette espèce dans un bac que vous rentrez l'hiver dans la véranda.

Mahonia spp.
MAHONIA

Ce genre comprend une cinquantaine d'espèces décoratives par la forme des feuilles, la floraison printanière et leurs nombreux fruits bleutés.
Famille : Berbéridacées.
Dimensions : de 1,50 à 2 m en tous sens.
Exposition : assez indifférente, car ils supportent facilement les situations ombragées.

> **QUAND LES FEUILLES TOMBENT**
>
> À l'encontre des idées reçues, les végétaux persistants ne conservent pas leurs feuilles indéfiniment. Ils les perdent régulièrement mais le renouvellement se fait peu à peu et passe inaperçu. Ne vous étonnez donc pas si vous trouvez des feuilles mortes à leur pied. C'est une chute tout à fait naturelle.

Sol : neutre, plutôt humifère, frais mais dépourvu d'humidité excessive.
Entretien : il se limite à conserver une forme régulière et harmonieuse à la touffe.
Particularités : proche du berbéris, le mahonia présente des feuilles plus grandes et piquantes, tandis que ses rameaux sont dépourvus d'épines.
Espèces et variétés : *Mahonia aquifolium* est sans doute le plus répandu. Il présente des variétés à feuilles rouges et à fruits noirs bleutés. Citons aussi : *Mahonia bealii*, très décoratif avec de grandes feuilles situées en extrémité de tige. La floraison en longs épis jaune citron est odorante.
Notre conseil : ne serrez pas les mahonias entre eux dans un massif. En isolé, ils sont superbes.

Nandina domestica
NANDINA

Originaire du Japon et de Chine, ce genre ne comprend qu'une seule espèce d'arbrisseau aux tons vert, jaune et rougeâtre.
Famille : Berbéridacées.
Dimensions : de 1,50 à 2 m de hauteur.
Exposition : le plein soleil, car c'est une espèce semi-rustique qui ne résiste à coup sûr, que dans la moitié sud de la France.
Sol : de préférence sain et bien drainé.
Entretien : protégez du froid en hiver. Le mieux est de placer ce petit arbuste à l'abri des vents froids, face au sud.
Particularités : les feuilles d'abord rougeâtres lorsqu'elles sont jeunes, deviennent vert foncé durant l'été, puis virent au pourpre en automne. La floraison est plutôt sans intérêt mais les fruits qui suivent sont constitués de baies rouge-pourpre réunies en grappes pendantes, très décoratives.
Espèces et variétés : 'Fire Power' au feuillage lumineux et tricolore fait merveille en tache compacte. 'Pygmaea' avec ses feuilles panachées de blanc ne dépasse pas 60 cm de hauteur.
Notre conseil : installez le nandina au pied d'un muret qui l'abritera du froid et fera ressortir les belles couleurs de son feuillage.

▲ *Leptospermum scoparium* 'Red Damask'.

▲ *Mahonia bealii* 'Buckland' : un feuillage très original.

Nandina domestica 'Fire Power' : l'un des plus colorés. ▶

457

Les plantes ornementales

▲ Le *Phillyrea latifolia* se prête bien à la taille.

▲ Floraison spectaculaire du *Phlomis fruticosa*.

◀ Le *Phormium* crée un effet exotique dans le jardin.

Phillyrea latifolia
FILARIA

D'origine méditerranéenne, cet arbuste est couvert de feuilles ovales à bords dentés, qui portent à leur aisselle des petites fleurs odorantes.
Famille : Oléacées.
Dimensions : de 4 à 5 m de hauteur, avec une forme plutôt arrondie chez la plante adulte.
Exposition : la préférence va à une situation ensoleillée, mais la mi-ombre peut convenir.
Sol : le filaria est peu difficile sur la nature du terrain puisqu'il accepte même les terres sèches.
Entretien : taillez une ou deux fois par an les branches disgracieuses.
Particularités : cet arbuste se prête très bien à la taille afin de le conduire en haie ou dans des formes plus classiques, coniques, pyramidales, en boule, etc. Les fleurs qui apparaissent en mai au-dessus du feuillage vert foncé luisant, cèdent la place à des petits fruits globuleux et noirs.
Espèces et variétés : on distingue également *Phillyrea angustifolia* aux feuilles vert-jaune pâle et aux fleurs très parfumées, et *Phillyrea decora*, de taille plus petite, avec des fleurs d'un blanc très pur.
Notre conseil : bien qu'il soit assez rustique, placez cet arbuste à l'abri des vents froids pour que sa croissance se fasse sans problème.

Phlomis fruticosa
SAUGE DE JÉRUSALEM

Cette plante vivace forme de grosses touffes bien denses desquelles émergent des fleurs groupées en anneau à l'aisselle des feuilles.
Famille : Lamiacées.
Dimensions : environ 1,20 m de hauteur.
Exposition : le plein soleil ou la mi-ombre.
Sol : ordinaire pourvu qu'il soit profond et maintenu constamment humide.
Entretien : apportez un engrais complet en mars.
Particularités : de forme arbustive, ce *Phlomis* a le feuillage persistant de couleur gris argenté. Sa floraison, très spectaculaire, se fait en couronnes jaune clair. Multipliez-le par division de touffe.
Espèces et variétés : parmi la cinquantaine d'espèces recensées, on distingue *Phlomis tuberosa*, plus haut et portant des fleurs roses et velues, *Phlomis russelliana*, très jolie plante au feuillage vert grisâtre et aux fleurs jaune d'or.
Notre conseil : placez cette plante de préférence en fond de massif. Mais elle peut à elle seule constituer une tache très originale.

Phormium spp.
PHORMIUM

Cette herbe décorative par ses longues feuilles linéaires, produit une grande hampe florale qui peut dépasser les 2 m de hauteur.
Famille : Liliacées.
Dimensions : la touffe de feuilles, qui partent toutes du cœur en rosette, atteint 1 m de hauteur.
Exposition : ensoleillée, chaude, abritée.
Sol : frais et bien drainé, plutôt sableux.
Entretien : coupez les hampes après la floraison, supprimez le feuillage fané, et couvrez la touffe en hiver avec de la paille pour la protéger des gelées.
Particularités : cette plante vivace que l'on multiplie par éclatement de la touffe supporte très bien les climats maritimes, même venteux.
Espèces et variétés : les espèces à feuilles striées de couleurs sont les plus décoratives.

Les persistants

Phormium cookianum 'Variegatum' a le feuillage vert bordé de bandes blanc crème. *Phormium tenax* présente de nombreuses variétés, comme 'Atropurpureum' aux feuilles teintées de pourpre, 'Nigrolimbatum' pourpre plus foncé encore, ou 'Variegatum' strié de blanc et de jaune.
Notre conseil : donnez beaucoup d'espace à cette plante. Le mieux est encore de la planter seule, au milieu d'un dallage, par exemple.

Photinia x *fraseri*
PHOTINIA

Très bel arbuste aux jeunes pousses rouges et brillantes qui virent au vert en vieillissant.
Famille : Rosacées.
Dimensions : 3 m de hauteur, forme arrondie.
Exposition : ensoleillée et protégée des vents.
Sol : bonne terre de jardin fertile, non calcaire.
Entretien : faites une taille d'entretien. Si vous coupez une partie des rameaux durant l'été, vous obtiendrez des feuilles rougeâtres en automne.
Particularités : le mot grec *photeinos*, qui signifie lumineux, a donné son nom à cet arbuste. Réservez-lui un emplacement de choix dans votre jardin pour qu'il soit bien mis en valeur.
Espèces et variétés : l'hybride x *fraseri*, avec sa variété 'Red Robin', est sans doute le plus connu pour cette beauté. Mais on distingue également, parmi la soixantaine d'arbrisseaux que compte ce genre, *Photinia serrulata*, également persistant à jeunes pousses rouges, qui produit, en mai, de grosses panicules de 15 cm de diamètre, garnies de fleurs blanches qui cèdent la place à d'assez grosses baies globuleuses rouges.
Notre conseil : placez cet arbuste au premier plan d'un massif de façon à ne pas masquer son feuillage printanier.

Pittosporum tobira
PITTOSPORUM

Cet arbuste, couvert de feuilles épaisses et luisantes, se pare de fleurs blanches délicieusement parfumées rappelant celles de l'oranger.
Famille : Pittosporacées.

Dimensions : de 3 à 4 m de hauteur sur 5 à 6 m de large. La croissance est relativement lente.
Exposition : en plein soleil et à l'abri des vents.
Sol : fertile et bien drainé.
Entretien : pour l'aider à se ramifier durant les premières années de plantation, pincez les jeunes pousses. Ensuite, égalisez en fin de saison, les rameaux volages qui sortent de la touffe.
Particularités : les feuilles très coriaces et oblongues peuvent atteindre une quinzaine de centimètres de longueur. Très denses et brillantes, elles sont vert foncé ce qui fait ressortir les fleurs blanches qui viennent en extrémité de rameaux.
Espèces et variétés : il existe une variété plus naine de cette espèce, 'Nana', plutôt destinée à être plantée dans un bac ou une jardinière. *Pittosporum tennuifolium* 'Variegatum' a les feuilles vert clair marginées de blanc.
Notre conseil : plantez cet arbuste dans un massif, mais vous pouvez aussi en faire une très jolie haie, qui sera taillée deux fois par an.

Rhamnus alaternus
ALATERNE

On dénombre environ 150 espèces dans ce genre, parmi lesquelles l'alaterne se distingue par son feuillage persistant vert ou panaché.
Famille : Rhamnacées.
Dimensions : de 3 à 4 m de haut.
Exposition : soleil ou ombre mais chaleur.
Sol : sain et bien drainé.
Entretien : pratiquez une coupe de formation au départ. Cet arbuste se prête très bien à la taille, ce qui lui vaut d'être souvent utilisé en haie.
Particularités : les feuilles de l'alaterne sont coriaces et vert foncé sur le type. Des petites fleurs en grappes jaunes se montrent au printemps et sont suivies de drupes noires.
Espèces et variétés : la variété 'Argenteovariegata' est à feuilles panachées de blanc.
Notre conseil : réservez ce bel arbuste aux jardins de la moitié sud de la France, où on le rencontre souvent dans les terres incultes.

▲ *Photinia fraseri* 'Red Robin' : rouge au printemps.

▲ *Pittosporum tobira* : une floraison agréablement parfumée.

Rhamnus alaternus 'Argenteovariegata' : assez frileux. ▶

459

Les plantes ornementales

▲ *Ruscus aculeatus* : de fausses feuilles.

▲ *Teucrium fruticans* 'Azureum' : symphonie bleu argent.

◀ *Viburnum davidii* : de jolies fleurs en bouquets.

Ruscus aculeatus
FRAGON

Voici sans doute l'un des arbustes les plus étonnants qui soit, en raison de son « feuillage » et de sa fructification en baies rouges persistantes, qui lui vaut également le nom de « petit houx ».
Famille : Liliacées.
Dimensions : de 0,50 à 1 m de hauteur.
Exposition : mi-ombre de préférence. C'est une espèce que l'on trouve communément dans les sous-bois légèrement éclairés.
Sol : de préférence humifère.
Entretien : aucun si ce n'est de couper les vieux rameaux qui ont tendance à se dégarnir de la base.
Particularités : ce qui ressemble à des feuilles vertes, coriaces et terminées en pointe très piquante, sur cet arbuste, sont en réalité des rameaux aplatis, les cladodes. Au centre du cladode apparaît une fleur verdâtre suivie d'une grosse baie rouge très lumineuse qui peut remplacer le houx dans les décorations de fin d'année.
Espèces et variétés : on connaît également *Ruscus hypoglossum*, utilisé en couvre-sol.
Notre conseil : la plante étant dioïque, il est nécessaire d'installer des pieds des deux sexes pour obtenir la fructification.

Teucrium fruticans
GERMANDRÉE

Venu de l'ouest de la Méditerranée, ce petit arbuste forme une jolie touffe de feuilles vertes sur le dessus, blanc duveteux au revers, et apporte une note de clarté dans un massif.
Famille : Labiacées.
Dimensions : environ 2 m de hauteur.
Exposition : ensoleillée et chaude.
Sol : léger et bien drainé, mais la germandrée accepte les terrains secs et caillouteux.
Entretien : à la fin de l'hiver, pratiquez une taille d'entretien assez légère.
Particularités : en plus de l'esthétisme de son feuillage original, la germandrée porte, d'août à octobre, des grappes terminales de fleurs bleu clair. Sachez aussi que vous pouvez, dans les régions du littoral, en faire de jolies haies libres qui résistent très longtemps aux vents du large.
Espèces et variétés : on dénombre environ deux cents espèces dans ce genre, mais *fruticans* est la plus répandue. La variété 'Azureum' donne des fleurs d'un très joli bleu ciel soutenu.
Notre conseil : dans les régions du Midi, cultivez la germandrée, dans un bac ou une jardinière, pour agrémenter une terrasse ou un patio.

Viburnum spp.
VIORNE

Plus de cent vingt espèces, caduques ou persistantes, constituent ce genre très décoratif. Les viornes à feuillage persistant sont très décoratives, à la fois par la forme et la couleur des feuilles, et par leur floraison souvent parfumée.
Famille : Caprifoliacées.
Dimensions : de 1 à 5 m selon les espèces.
Exposition : ensoleillée ou mi-ombre.
Sol : neutre, voire légèrement calcaire, frais.
Entretien : nettoyez les touffes, lorsque les fleurs sont fanées, et éliminez tous les vieux rameaux ou ceux qui sont mal formés.
Particularités : les viornes persistantes consti-

Les persistants

tuent souvent la base des massifs d'arbustes. On peut en faire aussi de jolies haies. Ces arbustes résistent assez bien à la pollution des villes, notamment *Viburnum rhytidophyllum*, ce qui en fait des hôtes habitués des jardins publics urbains.

Espèces et variétés : quatre espèces sont couramment cultivées. *Viburnum x burkwoodii* a de longues feuilles, vert sombre luisant sur le dessus, et grisâtre au revers. Ses fleurs rosées, printanières, sont odorantes. *Viburnum davidii*, la Viorne de David, originaire de Chine et haute d'environ 1 m, est couverte de feuilles vert brillant, allongées et coriaces, aux nervures longitudinales très marquées. Elles sont reliées aux rameaux par un pétiole rougeâtre. Ses fleurs en cymes blanchâtres donnent en automne des fruits bleu sombre brillant, qui restent longtemps sur le pied. Cette viorne préfère les sols légèrement acides. *Viburnum rhytidophyllum*, lui aussi originaire de Chine, est un arbuste très courant à grand développement puisqu'il peut dépasser les 3 ou 4 m en hauteur. Ses branches sont duveteuses et ses feuilles épaisses, ridées ou gaufrées, sont vert foncé sur le dessus et plutôt brunes et soyeuses en dessous. Au mois de mai, il se couvre de gros bouquets de fleurs blanc jaunâtre avec des pointes de rose, auxquels succèdent des fruits rouges qui noircissent par la suite. Enfin, *Viburnum tinus*, le laurier-tin, une espèce indigène que l'on rencontre dans de nombreux jardins méditerranéens, est intéressant par sa floraison hivernale. Ses fleurs, roses en boutons, deviennent blanches en vieillissant, puis sont suivies d'une production, en septembre, de fruits d'abord bleutés, noirs ensuite. Son feuillage est ovale, vert foncé sur le dessus, plus pâle en dessous. C'est un arbuste à moyen développement qui atteint environ 3 m de hauteur à bonne exposition. La variété 'Variegatum' a le feuillage panaché de jaune.

Notre conseil : pour créer un véritable écran végétal, utilisez le *Viburnum rhytidophyllum*, car son feuillage est très dense. La viorne de David, peut, elle, être plantée en isolé sur une pelouse. L'hybride x *burkwoodii*, au feuillage un peu moins dense, doit être associé à d'autres arbustes. Enfin, le laurier-tin est à placer à l'avant des massifs si vous tenez son développement par la taille.

▲ Très résistant : le *Viburnum rhytidophyllum*.

Vinca minor
PETITE PERVENCHE

Cette petite plante vivace, souvent utilisée en couvre-sol, est décorative par son feuillage vert brillant et ses fleurs bleu-violet printanières.
Famille : Apocynacées.
Dimensions : de 15 à 20 cm de hauteur.
Exposition : ombre ou mi-ombre, mais aussi soleil, pourvu qu'il ne soit pas trop brûlant.
Sol : terre de jardin ordinaire mais fraîche.
Entretien : aucun, si ce n'est de conduire les rameaux pour qu'ils couvrent régulièrement le sol.
Particularités : les rameaux rampants de cette pervenche s'enracinent souvent seuls au niveau des feuilles, ce qui permet de la multiplier facilement en séparant ces marcottes naturelles.
Espèces et variétés : *Vinca minor* 'Atropurpurea' présente des fleurs pourpre foncé. 'Variegata' se distingue par ses feuilles bordées de jaune pâle. *Vinca major*, également persistante, se distingue de l'espèce précédente par sa hauteur, qui peut atteindre 40 cm et ses longs rameaux de plus de 1 m.
Notre conseil : utilisez cette plante pour garnir un talus situé en zone ombragée, là où rien d'autre ne veut pousser.

Vinca minor 'Variegata' : un élégant couvre-sol. ▶

▲ *Viburnum tinus* 'Variegatum' : en fleurs dès février.

Les plantes ornementales

LES FEUILLAGES DÉCORATIFS

jardin d'agrément

Jaunes, rouges ou bronze, maculés de taches aux couleurs multiples, en forme de cœur ou longs et effilés, élégants été comme hiver, les feuillages décoratifs sont l'apanage de nombreuses plantes qui n'ont rien à envier à celles qui se garnissent de fleurs pour être belles.

Alchemilla spp. ALCHÉMILLE

Les feuilles palmées, vert clair et duveteuses font tout l'intérêt de cette petite plante de bordure.
Famille : Rosacées.
Dimensions : de 30 à 40 cm de hauteur.
Exposition : de préférence le plein soleil.
Sol : une bonne terre de jardin lui convient.
Entretien : apportez un bon engrais complet au début du printemps.
Particularités : cette plante vivace émet également des fleurs jaune verdâtre qui entrent dans la composition de bouquets frais ou secs.
Espèces et variétés : *Alchemilla alpina* est indigène et présente des feuilles au limbe soyeux, argenté au revers. *Alchemilla mollis* a des fleurs en grappes dressées au-dessus du feuillage. *Alchemilla vulgaris* se distingue des précédentes par un feuillage plus large, profondément lobé.
Notre conseil : surveillez la croissance de cette plante, car elle devient vite envahissante.

▲ Bordure dorée d'*Achemilla mollis* en pleine floraison.

Aralia spinosa ANGÉLIQUE ÉPINEUSE

Appelé aussi « bâton du diable », ou « massue d'Hercule », cet arbrisseau présente de grandes feuilles piquantes sur le dessus.
Famille : Araliacées.
Dimensions : entre 2 m et 3 m de hauteur.
Exposition : plutôt à mi-ombre et fraîche.

 ◀ *Aralia spinosa* prend de superbes teintes automnales.

Sol : une terre de jardin plutôt légère est recommandée pour cette plante.
Entretien : taillez les tiges qui sortent de la silhouette générale de cet arbuste.
Particularités : la tige très robuste et abondamment garnie d'épines en fait une espèce difficile à approcher. Mais son ample feuillage, qui prend de jolies couleurs, en fait tout le charme. En août, les fleurs sont petites et réunies en gros panicules.
Espèces et variétés : on trouve une espèce voisine, *Aralia elata*, aux tiges moins piquantes et aux feuilles plus grandes, dont certaines variétés sont bordées de blanc ou de jaune.
Notre conseil : plantez ce sujet en isolé pour bénéficier au maximum de la beauté de ses feuilles.

Artemisia spp. ARMOISE

Le feuillage gris velouté des armoises en fait une plante très utilisée dans les massifs pour mettre en valeur les coloris des vivaces.
Famille : Composées.
Dimensions : de 0,50 à 1 m de hauteur.
Exposition : plein soleil.
Sol : plutôt neutre mais bien drainé.
Entretien : apportez un engrais complet en mars et surveillez l'arrosage pendant les mois chauds de l'été. Coupez les feuilles à l'entrée de l'automne.
Particularités : froissé, le feuillage dégage une odeur aromatique plutôt agréable.
Espèces et variétés : les espèces basses, comme *Artemisia stelleriana*, à la floraison jaune estivale, se placent en bordure de massif, tandis que celles

Les feuillages décoratifs

qui atteignent 1 m sont mises à l'intérieur d'un massif aux couleurs vives. *Artemisia absinthium* est une espèce aromatique connue pour la liqueur que l'on en tirait et interdite aujourd'hui : l'absinthe. Enfin, *Artemisia lactiflora* est la plus grande des armoises et présente un feuillage vert doux.
Notre conseil : soutenez les espèces hautes qui ont tendance à se coucher sous le poids des feuilles.

Caragana arborescens
CARAGANA

Ce petit arbre à feuilles caduques prend de jolies teintes jaune d'or en automne.
Famille : Légumineuses.
Dimensions : de 1 à 2 m, parfois plus quand les conditions de végétation sont bonnes.
Exposition : plein soleil.
Sol : indifférent, même calcaire s'il est sain.
Entretien : en hiver, taillez les rameaux placés au centre de la touffe pour l'aérer.
Particularités : l'écorce verte devient brune en vieillissant. Les feuilles à folioles étroites sont très fines. Des fleurs jaunes apparaissent en mai.
Espèces et variétés : *Caragana arborescens* est pratiquement la seule espèce cultivée. La variété 'Lorbergii' possède un feuillage très fin qui rappelle un peu les frondes de fougères. 'Pendula' se distingue par son port pleureur.
Notre conseil : plantez ce petit arbre en isolé pour admirer pleinement son feuillage d'automne.

Choisya ternata
ORANGER DU MEXIQUE

Originaire du Mexique, cet arbuste est composé de feuilles persistantes originales à 3 ou 4 lobes, luisantes, et de jolies fleurs blanches odorantes.
Famille : Rutacées.
Dimensions : 1,50 m en hauteur avec un étalement qui peut dépasser les 2 m.
Exposition : plutôt ensoleillée et abritée.
Sol : normal, léger, sans trop de calcaire.
Entretien : assez réduit. Coupez simplement les rameaux épars et ceux qui ont été endommagés par les gelées hivernales.

Particularités : la floraison a lieu au début du printemps, en avril-mai. Mais il arrive souvent qu'une remontée de fleurs ait lieu en automne.
Espèces et variétés : *Choisya ternata* est la seule espèce cultivée sur les cinq dénombrées, toutes originaires du sud des États-Unis et de l'Amérique centrale.
Notre conseil : c'est un arbuste facile à cultiver sur une terrasse ou un balcon. Plantez-le dans un bac et surveillez l'humidité de la terre durant l'été.

Coleus spp. (Solenostemon)
COLÉUS

Cette petite plante utilisée pour la décoration des appartements peut aussi être placée en bordure de massif ou faire une tache très colorée en raison des teintes très diverses de son feuillage.
Famille : Labiées.
Dimensions : environ 50 cm de hauteur.
Exposition : aérée et très éclairée, mais sans soleil direct sur le feuillage.
Sol : terre plutôt légère et humifère.
Entretien : les fleurs étant sans intérêt, supprimez-les dès leur apparition. Pour que le pied se ramifie davantage, pincez la tige principale. Enfin, pour obtenir de plus grosses feuilles, supprimez les bourgeons qui se développent à leur aisselle.
Particularités : c'est sans doute l'une des plantes qui offre le plus grand choix dans les coloris de feuillage. Pour obtenir des plants bien trapus, vous avez tout intérêt à prélever des boutures à l'automne, qui seront mises en place dès que les gelées ne sont plus à craindre.
Espèces et variétés : parmi les 150 espèces recensées, les deux plus répandues sont : *Coleus blumei* aux feuilles vert jaunâtre avec une large tache centrale rouge sang, et *Coleus verschaffeltii* au coloris pourpre velouté. De ces deux espèces dérivent une très grande quantité de variétés aux formes de feuilles très diverses et aux coloris variés.
Notre conseil : conservez les pieds mères, pour la décoration de l'appartement ou de la véranda, et faites de jolies taches dans vos massifs de fleurs.

Les coléus présentent des feuilles aux teintes incroyables. ▶

▲ *Artemisia* x 'Powis Castle' : un feuillage très gracieux.

▲ *Caragana arborescens* : à planter en isolé.

▲ *Choisya ternata* 'Sundance' : une forme à feuillage doré.

Les plantes ornementales

jardin d'agrément

▲ *Cornus alba* 'Elegantissima' : un feuillage vert et blanc.

▲ Feuilles rondes et colorées pour le *Cotinus coggygria*.

Cornus alba
CORNOUILLER

Cet arbuste est décoratif par son feuillage taché de blanc, de jaune ou de rose selon les espèces et les variétés. Ses rameaux rouge vif sont très agréables pour la décoration hivernale.
Famille : Cornacées.
Dimensions : touffe très dense d'environ 3 m de haut sur autant de large.
Exposition : de la mi-ombre au plein soleil.
Sol : le cornouiller apprécie toutes les terres, même sèches, pauvres ou calcaires.
Entretien : chaque année, rabattez les vieux rameaux sévèrement près de la souche pour obtenir de nouvelles pousses bien rouges.
Particularités : le feuillage panaché prend de belles teintes cuivrées en automne. Cet arbuste porte également des fleurs en cymes aplaties qui cèdent la place à des baies bleutées en août.
Espèces et variétés : la variété 'Elegantissima' aux feuilles largement bordées de blanc devient orange à l'automne. Le feuillage de 'Gouchaultii' est taché de rose et de jaune et marginé de jaune. Enfin, 'Sibirica' conserve des rameaux rouge corail très lumineux en hiver.
Notre conseil : placez ce cornouiller décoratif toute l'année dans un massif, devant des persistants au feuillage sombre, pour faire ressortir les coloris des feuilles et des rameaux.

Cotinus coggygria
ARBRE À PERRUQUES

Les poils soyeux de l'inflorescence ont donné son nom à cet arbuste aux feuilles rondes et colorées.
Famille : Anacardiacées.
Dimensions : buisson de 3 à 4 m de hauteur sur 2 à 3 m de large. Forme assez ronde.
Exposition : de préférence ensoleillée.
Sol : à planter en terrain normal bien drainé. Le *Cotinus* apprécie même les terres calcaires.
Entretien : au printemps, taillez les rameaux qui dépassent du buisson.
Particularités : cet arbuste à feuilles caduques exhale une odeur de térébenthine lorsqu'on les froisse. De vert clair il devient rouge sang en septembre. Ses inflorescences, en panache duveteux rose, deviennent également écarlates.
Espèces et variétés : la variété 'Atropurpureus' présente des inflorescences plus rouges que le type. 'Royal Purple' possède un feuillage pourpre dès l'été avec un liseré rose sur le pourtour.
Notre conseil : plantez cet arbuste en isolé sur une pelouse plutôt qu'en massif.

Cotoneaster horizontalis
COTONÉASTER

Cet arbuste caduc est intéressant par son port étalé et ses nombreuses petites feuilles qui en font une jolie plante couvre-sol.
Famille : Rosacées.
Dimensions : de 0,50 à 0,80 m de hauteur, au maximum, pour un étalement approchant 2 m.
Exposition : de la mi-ombre au plein soleil.
Sol : espèce peu difficile sur la nature de la terre.
Entretien : rabattez de temps en temps certaines branches pour conserver une belle harmonie.
Particularités : les branches presque horizontales perdent très tard leurs feuilles qui se colorent de rouge-orangé en automne. Les fleurs printanières attirent les abeilles et sont suivies de petits fruits rouges présents une bonne partie de l'hiver.
Espèces et variétés : seul le type est réellement

◂ *Cotoneaster horizontalis* 'Wilsonii' : un couvre-sol coloré.

Les feuillages décoratifs

proposé. On connaît quelques variétés naines, comme 'Saxatilis' ou 'Variegatus' peu répandues.
Notre conseil : utilisez cette espèce intéressante pour garnir un talus ou plantez-la dans une rocaille.

Darmera peltata
SAXIFRAGE PELTÉ

Anciennement dénommée *Peltiphyllum peltatum*, cette plante vivace demande une humidité constante pour développer son large feuillage.
Famille : Saxifragacées.
Dimensions : entre 0,50 m de hauteur pour un étalement du pied de plus de 1 m.
Exposition : ensoleillée ou mi-ombre.
Sol : terre ordinaire humide. Le bord d'une pièce d'eau est un endroit idéal.
Entretien : protégez le pied des gelées en le couvrant de paille et d'un voile de protection.
Particularités : les feuilles atteignent 40 cm de largeur. Elles sont vert moyen et prennent de jolis tons jaunes, rouges, voire bleutés en automne. Les fleurs blanc rosé apparaissent avant le feuillage et sont portées par des hampes de plus de 50 cm.
Espèces et variétés : seul le type est cultivé. Multipliez-le par division des touffes.
Notre conseil : placez ce saxifrage dans une terre inondable, car la sécheresse est son ennemi.

Epimedium spp.
FLEUR DES ELFES

Avec son feuillage coloré de longue durée et ses fleurs ressemblant à des ancolies, cette plante vivace constitue un couvre-sol très décoratif.
Famille : Berbéridacées.
Dimensions : de 20 à 35 cm de hauteur.
Exposition : de préférence à l'ombre.
Sol : humifère et frais.
Entretien : veillez simplement à ce que la terre soit toujours bien humide.
Particularités : c'est une plante qui couvre bien le sol. Faites attention, le soleil grille le feuillage. Multipliez-la par division des touffes au printemps.
Espèces et variétés : environ quinze espèces ont donné des hybrides robustes et vigoureux.

▲ *Darmera peltata* : une plante aux dimensions imposantes qui convient idéalement au décor des berges d'un grand bassin.

Epimedium x *rubrum* présente un feuillage vert et brun devenant rouge en automne. *Epimedium* x *versicolor* 'Sulphureum' aux jeunes feuilles rougeâtres devient brun pourpré en hiver.
Notre conseil : placez cette plante en sous-bois pour avoir un tapis très coloré.

Foeniculum vulgare
FENOUIL

Cette plante vivace aromatique, au feuillage très plumeux, apporte de la légèreté dans un massif.
Famille : Ombellifères.
Dimensions : de 1 à 2 m de hauteur.
Exposition : chaude et ensoleillée.
Sol : il lui faut une bonne terre bien drainée.
Entretien : supprimez les tiges fanées.
Particularités : l'odeur anisée du feuillage fait qu'il est souvent utilisé en cuisine. C'est une espèce qui se multiplie très bien par semis.
Espèces et variétés : le cultivar 'Bronze' est intéressant par ses feuilles brunâtres qui tranchent avec le jaune de la floraison.
Notre conseil : ne serrez pas trop cette espèce dans un massif pour que son port érigé et vaporeux puisse s'exprimer au maximum.

▲ *Epimedium pinnatum* 'Colchicum' aux feuilles rose et vert.

Foeniculum vulgare 'Bronze' est une plante aromatique. ▶

465

Les plantes ornementales

▲ *Helichrysum petiolare* 'Variegatum' aime le soleil.

▲ *Hosta sieboldiana*.   Bordure de différents hostas. ▼

Helichrysum petiolare
HÉLICHRYSUM

Le feuillage gris argenté légèrement duveteux fait tout le charme de cette plante vivace.
Famille : Astéracées.
Dimensions : environ 30 cm de hauteur pour un étalement dépassant les 80 cm.
Exposition : de mi-ombre à plein soleil.
Sol : terre bien drainée, légère, caillouteuse.
Entretien : apportez un bon engrais au moment de la plantation et durant tout l'été.
Particularités : assez fragile, cette plante est le plus souvent cultivée comme annuelle à l'extérieur. Mais elle peut très bien survivre à condition de la maintenir dans un pot et de la rentrer l'hiver dans une serre ou une véranda. Multiplication par boutures prélevées à la fin de l'été.
Espèces et variétés : *Helichrysum italicum* 'Serotinum' est fortement aromatique. L'espèce *orientale* forme de jolis coussins bien denses.
Notre conseil : éliminez les fleurs insignifiantes pour favoriser la production de feuilles.

Hosta spp.
HOSTA

Ce genre comprend plus de 40 espèces de plantes vivaces, aux feuillages très diversement panachés de jaune, de blanc ou de bleu.
Famille : Liliacées.
Dimensions : de 20 à 60 cm de hauteur.
Exposition : ombre ou mi-ombre.
Sol : il doit être riche en éléments organiques, frais, toujours légèrement humide.
Entretien : c'est une plante assez peu exigeante. Protégez-la des limaces qui apprécient le feuillage.
Particularités : cette vivace de grande longévité donne de jolies fleurs pendantes blanches ou violettes. Multipliez par division de touffes.
Espèces et variétés : *Hosta fortunei* et *sieboldiana* ont donné naissance à de très nombreux cultivars et variétés. La première espèce est à grandes feuilles vert mat en forme de cœur. La seconde a les feuilles épaisses vert bleuté et produit des grappes de fleurs lilas. Parmi les variétés citons : 'Francis Williams' aux feuilles vert glauque, fortement nervurées, 'Golden Sunburst' à feuilles larges, rondes et dorées, 'Grandiflora,' dont les fleurs en trompette sont parfumées.
Notre conseil : utilisez les hostas en couvre-sol dans les sous-bois pour constituer des tapis colorés.

Lamium maculata
LAMIER

De la même famille que celle des orties, le lamier présente un feuillage panaché lumineux.
Famille : Lamiacées.

◄ Le feuillage coloré de *Lamium maculata* 'Hatfield'.

466

Les feuillages décoratifs

Dimensions : environ 20 cm de hauteur, mais l'étalement dépasse les 50 cm.
Exposition : ombre ou mi-ombre.
Sol : plutôt frais, bien drainé.
Entretien : très sensible à la sécheresse, maintenez le sol constamment humide. Coupez les fleurs fanées et les pousses qui sortent trop de la touffe.
Particularités : facile à multiplier, car elle drageonne, cette plante vivace a des tiges carrées et des feuilles ondulées et dentées desquelles émergent des fleurs blanches, roses ou pourpres.
Espèces et variétés : 'Album' a le feuillage marqué d'argent tandis que 'Beacon Silver', très tapissant, produit l'une des plus belles floraisons lilas pourpre. 'Hatfield' est légèrement teinté de rouge. *Lamium orvala*, autre espèce courante, possède un feuillage brillant vert foncé et des fleurs roses.
Notre conseil : utilisez les lamiers comme couvre-sol en bordure d'un massif à l'ombre.

Lysimachia spp.
LYSIMAQUE

Parmi les 150 espèces de lysimaques se trouvent des formes vivaces très intéressantes pour leurs fleurs en étoiles portées par de longs épis ou pour leur végétation couvre-sol des plus vigoureuses.
Famille : Primulacées.
Dimensions : 5 à 120 cm de hauteur.
Exposition : soleil léger ou mi-ombre.
Sol : humifère, profond, consistant, plutôt humide. La terre ne doit pas sécher en été.
Entretien : tuteurez les grandes lysimaques avec des branchages discrets ou des tuteurs circulaires.
Particularités : les lysimaques sont des plantes à croissance rapide, qui peuvent devenir envahissantes si on ne les contrôle pas bien.
Espèces et variétés : *Lysimachia punctata* forme un buisson généreux aux longs épis de fleurs étoilées jaune d'or de mai à juillet. *L. nummularia* 'Aurea' est l'un des meilleurs couvre-sol à planter entre les arbustes. On peut aussi l'utiliser dans les potées et les suspensions comme plante retombante, dont les tiges grêles dépassent 1 m de long.
Notre conseil : attention aux limaces qui sont très friandes des jeunes pousses de lysimaques.

Macleaya microcarpa
BOCCONIA

Envahissante en raison de ses nombreux rejets, cette vivace porte de très larges feuilles bronze.
Famille : Papavéracées.
Dimensions : entre 1 et 2,50 m de hauteur.
Exposition : soleil à mi-ombre, à l'abri des vents.
Sol : terre de jardin bien ameublie et humide.
Entretien : supprimez une partie des rejets et coupez les feuilles en automne.
Particularités : les feuilles vertes à reflets argentés et revers blanc peuvent atteindre 30 cm de large. Il lui faut donc beaucoup d'espace pour croître pleinement. Les fleurs forment de grands plumets rosés. Multiplication par rejets.
Espèces et variétés : l'espèce *cordata* est encore plus haute, elle mesure jusqu'à 4 m, avec des feuilles amples de 50 cm de large.
Notre conseil : c'est une plante qui trouve sa place en bordure d'une pièce d'eau.

Onopordum bracteatum
ONOPORDON

Appelé aussi « pet d'âne », il ressemble à un grand chardon aux feuilles blanc duveteux.
Famille : Composées.
Dimensions : 2,50 m de hauteur.
Exposition : très ensoleillée.
Sol : nature indifférente mais bien drainé.
Entretien : la plante disparaissant avec les gelées, l'entretien est réduit à un apport d'eau l'été.
Particularités : cette plante spectaculaire, aux feuilles et tiges épineuses, peut donner un aspect original à un massif de vivaces ou d'annuelles en lui apportant un côté sauvage. Elle se multiplie très facilement par semis.
Espèces et variétés : on trouve également une autre espèce, *Onopordum nervosum*, dont la hampe florale ramifiée et ailée se termine par une fleur pourpre semblable à un gros chardon.
Notre conseil : évitez de laisser la fleur monter à graines si vous ne voulez pas en être envahi.

▲ *Lysimachia punctata* : un bouquet d'étoiles d'or.

▲ *Macleaya microcarpa* 'Coral Plume' aux larges feuilles.

Onopordum bracteatum : une sorte de chardon d'argent. ▶

Les plantes ornementales

▲ *Pachysandra terminalis* 'Variegata' en couvre-sol.

▲ *Petasites japonicus* aux feuilles amples et généreuses.

◄ *Physocarpus opulifolius* 'Dart's Gold' aux feuilles dorées.

Pachysandra terminalis
PACHYSANDRA

Cette excellente plante vivace couvre-sol présente des feuilles persistantes vertes ou panachées de blanc selon les variétés.

Famille : Buxacées.
Dimensions : environ 30 cm de hauteur.
Exposition : ombre ou mi-ombre.
Sol : frais et humifère.
Entretien : gardez un bon équilibre d'ensemble en supprimant les rameaux volages.
Particularités : l'installation est assez lente. Vous aurez tout intérêt à planter d'autres espèces parmi les pieds de pachysandras en attendant qu'ils couvrent complètement le sol. Multiplication par division de touffes au printemps.
Espèces et variétés : le type est vert sombre avec des fleurs tout à fait insignifiantes. La variété 'Variegata' est plus jolie, le feuillage étant marginé de blanc. 'Green Carpet' est plus grisâtre.
Notre conseil : installez cette plante dans les parties de votre jardin qui ne voient pas le soleil.

Petasites japonicus
PÉTASITES

Cette vivace, à la croissance forte et rapide, développe une belle touffe de grandes feuilles rondes qui peuvent atteindre 80 cm de diamètre.
Famille : Astéracées.
Dimensions : plus de 1 m de hauteur.
Exposition : soleil ou mi-ombre.
Sol : ordinaire, pourvu qu'il soit toujours humide.
Entretien : supprimez les feuilles et les fleurs fanées et veillez à ce que les racines soient toujours bien arrosées.
Particularités : cette plante vigoureuse et drageonnante couvre très vite le sol. Il convient de la planter en bordure d'une pièce d'eau, car le manque d'eau lui est fatal. Ses larges feuilles sont portées par des pétioles qui peuvent mesurer jusqu'à 1,20 m de longueur. Au tout début du printemps, elle émet des fleurs blanc rosé odorantes. Multiplication par drageons.
Espèces et variétés : la variété 'Giganteus' émet des feuilles de plus de 1 m de diamètre avec des bords ondulés très spectaculaires. On connaît également *Petasites fragrans*, l'héliotrope d'hiver, plus petit, aux fleurs rosées qui sentent la vanille.
Notre conseil : maintenez bien cette plante dans l'espace que vous lui avez attribué, car elle a tendance à s'installer partout, au détriment des autres végétaux semi-aquatiques.

Physocarpus opulifolius
PHYSOCARPUS

Cet arbuste à feuilles caduques ressemble aux spirées, dont il diffère par la forme de ses fleurs en corymbes blancs ou légèrement rosés.
Famille : Rosacées.
Dimensions : de 2 à 3 m de hauteur.
Exposition : de préférence ensoleillée.
Sol : cette espèce vient bien en tout sol.
Entretien : taillez légèrement les rameaux après la défloraison pour obtenir de nouveaux boutons sur les rameaux qui seront émis.
Particularités : c'est un arbuste vigoureux aux feuilles trilobées, assez décoratives, qui forment une touffe bien dense.
Espèces et variétés : les variétés 'Luteus', 'Aureus' et 'Dart's Gold' ont un feuillage jaune d'or au début de la végétation qui devient plus ou moins vert ensuite. L'espèce *amurensis* est un peu

Les feuillages décoratifs

plus petite avec des feuilles vert franc sur le dessus et légèrement blanchâtres au revers.
Notre conseil : plantez-le dans un massif un peu sombre pour faire ressortir la couleur du feuillage.

Senecio cineraria
CINÉRAIRE MARITIME

Parmi les quelque mille espèces que comprend le genre *Senecio*, certaines développent un feuillage recouvert d'une pruine blanc argenté. On les cultive comme décor hivernal dans les massifs et les jardinières, en association avec des bruyères, des choux décoratifs, des cyclamens ou des arbustes à fructification colorée.
Famille : Astéracées.
Dimensions : de 30 à 40 cm de haut et de large.
Exposition : plein soleil et assez chaude.
Sol : un terreau pour géraniums ou une terre de jardin assez consistante, mais bien drainée.
Entretien : pincez les fleurs qui apparaissent, protégez du froid (rusticité jusqu'à - 5 °C).
Particularités : les cinéraires maritimes sont des sous-arbrisseaux vivaces dans les régions du bord de mer, mais on les cultive comme des annuelles.
Espèces et variétés : 'Cirrus', 'Silver Dust', 'Alice', 'Candicans', 'Glacier', 'Diamant' se distinguent par les découpes de leurs feuilles.
Notre conseil : éliminez les fleurs en boutons.

Stachys lanata
OREILLE-D'OURS

Cette plante vivace apporte une touche claire dans un massif grâce à son feuillage argenté.
Famille : Lamiacées.
Dimensions : entre 15 et 30 cm de hauteur.
Exposition : le plein soleil.
Sol : peu difficile, cette plante accepte tous les terrains, même pauvres, secs et cailloutteux.
Entretien : se réduit à supprimer fleurs et feuilles qui se fanent ou se dessèchent.
Particularités : cette espèce aux feuilles ovales duveteuses gris argenté forme de jolies touffes qui émettent des fleurs rosées plutôt insignifiantes. Multipliez par division des touffes au printemps.

Espèces et variétés : la variété 'Silver Carpet' forme un très joli tapis pratiquement dépourvu de fleurs mais très régulier.
Notre conseil : plantez le *Stachys* dans une rocaille, associé aux sédums, œillets, campanules.

Verbascum bombyciferum
MOLÈNE

Appelée aussi « bouillon blanc », cette superbe vivace émet une grande rosette de feuilles laineuses, de laquelle jaillit une hampe florale.
Famille : Scrofulariacées.
Dimensions : de 1,50 à 1,80 m de hauteur.
Exposition : le plein soleil.
Sol : une bonne terre de jardin bien drainée.
Entretien : coupez les hampes défleuries.
Particularités : tout est décoratif, de la forme et de la couleur des feuilles jusqu'à l'inflorescence plus ou moins ramifiée. La molène est souvent cultivée comme bisannuelle et se multiplie par semis.
Espèces et variétés : parmi les 250 espèces recensées, *bombyciferum* est la plus décorative. Ses fleurs jaune soufre viennent en été.
Notre conseil : espacez les pieds d'au moins 50 à 60 cm entre eux pour éviter qu'ils se gênent.

▲ *Senecio cineraria* : un magnifique feuillage argenté.

▲ *Stachys lanata* 'Silver Carpet' forme un tapis dense.

Verbascum bombyciferum : une plante exceptionnelle. ▶

Les plantes ornementales

LES FEUILLAGES D'AUTOMNE

Alors que le soleil décline sur l'horizon et que la nature se réveille, chaque jour dans son manteau de ouate, le jardin revêt ses plus beaux atours et se pare de mille couleurs. Robe de pourpre ou manteau d'or, les feuilles des arbres et des arbustes lui font des habits de lumière.

Clethra alnifolia
CLÉTHRA

Les feuilles semblables à celles de l'aulne ont valu son nom à cet arbuste qui fait partie d'une trentaine d'espèces dont les feuillages prennent un joli coloris jaune lorsque vient l'automne.
Famille : Cléthracées.
Dimensions : de 2 à 4 m de hauteur.
Exposition : de préférence la mi-ombre.
Sol : siliceux avec un apport de tourbe lors de la plantation ou de terre de bruyère.
Entretien : supprimez les inflorescences fanées et, en hiver, faites une taille d'entretien.
Particularités : cet arbuste à feuilles caduques présente deux intérêts : son feuillage automnal doré qui illumine le jardin, et sa floraison en grappes blanches et odorantes venant tard en saison.
Espèces et variétés : on distingue deux catégories de cléthras : ceux à feuilles glabres et ceux à feuilles pubescentes. Dans la première, en plus de l'espèce *alnifolia* dont il existe une variété à fleurs rosées, 'Rosea', citons : *Clethra barbinervis* ou *canescens* au port moins dressé que le précédent mais tout aussi décoratif. Parmi ceux à feuilles tomenteuses, *Clethra acuminata* présente des feuilles au revers pubescent et *Clethra tomentosa*, dont toutes les parties sont pubescentes, offre également une floraison très parfumée.
Notre conseil : cette espèce supportant bien la plantation en pot ou en bac, utilisez-la pour garnir une terrasse ou un patio.

▲ *Clethra alnifolia* : un manteau doré en automne.

◄ *Cornus nuttallii* : une pluie de feuilles écarlates.

Cornus nuttallii
CORNOUILLER

Originaire de l'ouest des États-Unis, cet arbuste se pare de couleurs or et rouge en automne, ce qui en fait tout son intérêt.
Famille : Cornacées.
Dimensions : de 3 à 4 m de hauteur.
Exposition : bien éclairée ou mi-ombre.
Sol : neutre ou légèrement acide, frais.
Entretien : résumez la coupe à une simple mise en forme harmonieuse.
Particularités : ce cornouiller présente également une floraison très décorative blanc crème devenant rosée à la fin. Ces inflorescences en glomérules sont suivies d'une production de petits fruits rouge-orangé.
Espèces et variétés : pratiquement toutes les espèces prennent de jolies teintes en automne. Parmi celles-ci, en plus de *nuttallii*, citons plus spécialement : *Cornus florida* devenant orange à partir d'octobre, *Cornus Kousa*, écarlate à la même époque, et *Cornus sanguinea* aux rameaux rouges couverts de feuilles rouge sombre après l'été.
Notre conseil : associez ce cornouiller aux azalées et petits érables sanguins.

Euonymus alatus
FUSAIN

Venu d'Extrême-Orient, cet arbuste se caractérise par un feuillage automnal fait de rose, de violet, d'orangé et de pourpre de toute beauté.
Famille : Célastracées.

470

Les feuillages d'automne

Dimensions : de 2 à 3 m de hauteur.
Exposition : ensoleillée ou à mi-ombre.
Sol : terre de jardin bien drainée.
Entretien : pratiquez une taille d'entretien et de nettoyage dès que les feuilles sont tombées.
Particularités : avec ses rameaux étalés, et parfois ailés, cet arbuste caduc présente une forme évasée, ce qui conduit à le planter de préférence en isolé. Ses feuilles sont vert foncé en cours d'année, mais se parent de teintes très variées en automne.
Espèces et variétés : le genre *Euonymus* comprend plus d'une centaine d'espèces à feuilles persistantes ou caduques. C'est parmi ces dernières que l'on trouve quelques beaux feuillages d'automne. *Euonymus europaeus* 'Atropurpureus' vire au rouge violacé, *Euonymus phellomanus* aux rameaux également ailés devient écarlate en septembre-octobre, *Euonymus verrucosus* se pare de teintes lilas pâle et jaunes.
Notre conseil : évitez de trop serrer ces espèces dans un massif. Une situation isolée est préférable.

Fothergilla major
FOTHERGILLA

On ne compte que deux ou trois espèces dans ce genre qui donne des arbustes caducs de petite taille aux feuilles semblables à celles de l'aulne.
Famille : Hamamélidacées.
Dimensions : de 2 à 3 m de hauteur.
Exposition : ensoleillée ou mi-ombre.
Sol : siliceux ou acide et humide.
Entretien : taille d'entretien en hiver.
Particularités : les jeunes rameaux de cet arbuste sont couverts d'un léger duvet. Ils portent des feuilles vert foncé brillant sur le dessus et glauques en dessous. Ce feuillage prend de jolis tons qui passent du jaune à l'orangé puis au rouge en automne. Les fleurs, odorantes, en épis dressés, viennent dès le mois d'avril.
Espèces et variétés : on trouve cette espèce également sous le nom de *Fothergilla alnifolia* 'Major'. *Fothergilla gardenii* est aussi très décoratif mais de taille plus petite, moins de 1,50 m.
Notre conseil : placez-le au premier rang d'un massif d'arbustes ou même dans une rocaille.

Hamamelis x intermedia
HAMAMÉLIS

Très jolies teintes en automne pour cet arbuste à feuilles caduques qui fleurit au cœur de l'hiver.
Famille : Hamamélidacées.
Dimensions : de 3 à 4 m de hauteur.
Exposition : ensoleillée ou mi-ombre.
Sol : plutôt frais et léger. Un apport de tourbe lors de la plantation est conseillé.
Entretien : conservez un bon équilibre en taillant les rameaux disgracieux.
Particularités : la floraison apparaît tout le long des rameaux, avant le feuillage, entre décembre et février. Elle est jaune ou orangée, selon les variétés, et parfumée. Viennent ensuite des feuilles ovales, vertes d'abord puis virant au jaune et à l'orangé.
Espèces et variétés : cet hybride présente quelques variétés, comme 'Diane' à fleurs jaunes, 'Jelena', orangé ou 'Primavera', doré, très florifère.
Notre conseil : un arbuste indispensable dans un jardin en raison de sa floraison hivernale.

Nyssa sylvatica
NYSSA

Arbre à feuilles caduques, magnifique par son port et ses coloris automnaux, originaire d'Asie.
Famille : Nyssacées.
Dimensions : plus de 15 m de hauteur.
Exposition : ensoleillée et dégagée.
Sol : sol frais et humide mais pas compacté.
Entretien : taille de formation au début.
Particularités : les feuilles portées par un pétiole teinté de rouge deviennent jaunes, puis rouge carmin en automne. Les fleurs verdâtres, insignifiantes, sont suivies de fruits ovales et bleutés.
Espèces et variétés : *Nyssa aquatica* et *Nyssa sinensis* sont également connus pour leur feuillage rouge et jaune automnale.
Notre conseil : si une partie de votre terrain est souvent très humide, voire marécageuse, voici un arbre tout à fait indiqué si vous lui laissez assez d'espace pour se développer.

Nyssa sylvatica : un arbre de grand développement. ▶

▲ *Euonymus alatus* : l'un des fusains les plus colorés.

▲ *Fothergilla major* : une symphonie de couleurs.

▲ *Hamamelis x intermedia* 'Diane' au cœur de l'automne.

Les plantes ornementales

▲ *Oxydendron arboreum* : des feuilles pendantes écarlates.

▲ *Parrotia persica* : un petit arbre décoratif.

◀ *Prunus sargentii* : beau du printemps jusqu'en automne.

Oxydendron arboreum
OXYDENDRON

Dénommé aussi *Andromeda arborea*, cet arbre de haute taille dans son pays d'origine, l'Amérique du Nord, est, chez nous, réduit aux dimensions plus modestes d'un arbuste.
Famille : Éricacées.
Dimensions : de 3 à 4 m de hauteur.
Exposition : indifférente.
Sol : terre de bruyère ou humifère et frais.
Entretien : juste une taille de formation lors de la plantation.
Particularités : cet arbuste à feuilles caduques, dont l'écorce est profondément fissurée, porte des feuilles étroites et allongées vert foncé durant l'année et virant au jaune puis au rouge durant l'automne. Les fleurs blanches qui apparaissent à la fin du printemps sont réunies en panicules pendantes d'une vingtaine de centimètres de longueur.
Espèces et variétés : on ne compte qu'une seule espèce dans ce genre.
Notre conseil : dans votre massif de terre de bruyère, plantez-le de préférence en arrière-plan et associez-le aux piéris.

Parrotia persica
PARROTIE DE PERSE

Ce petit arbre, connu aussi sous le nom de « arbre de fer », est originaire de Perse. Il se distingue par son feuillage décoratif en automne et par son écorce lisse se détachant par plaques.
Famille : Hamamélidacées.
Dimensions : de 5 à 8 m de hauteur.
Exposition : indifférente.
Sol : cet arbre s'accommode de toutes les terres.
Entretien : les premières années, pratiquez une taille de formation.
Particularités : il porte, avant les feuilles, des petites fleurs à anthères rouges qui donnent des fruits en capsule. Les feuilles sont vert foncé et légèrement pubescentes. En automne, elles virent au jaune-orangé puis carrément au rouge.
Espèces et variétés : on ne connaît que cette espèce très décorative et originale.
Notre conseil : plantez-le dans un massif d'arbustes aimant l'ombre qu'il dominera de son feuillage abondant.

Prunus sargentii
CERISIER À FLEURS

Appartenant à un genre qui compte plus de deux cents espèces, ce cerisier ornemental par sa floraison l'est aussi par son feuillage automnal très coloré qui reste assez tard sur les branches.
Famille : Rosacées.
Dimensions : de 10 à 12 m de hauteur.
Exposition : indifférente.
Sol : neutre et frais.
Entretien : pratiquement aucun. N'oubliez pas de mettre un cicatrisant sur les plaies, car les cerisiers ont tendance à émettre de la gomme.
Particularités : ce cerisier d'ornement est intéressant par son écorce lisse et rougeâtre. Sur ses rameaux se développe, avant les feuilles, une abondante floraison rosée très spectaculaire. Elle est suivie d'une émission de feuilles rougeâtres qui, à l'automne, se teintent d'orangé puis d'écarlate. La fructification est plutôt insignifiante.
Espèces et variétés : on trouve cette espèce sous le nom de *Prunus serrulata* 'Sachalinensis'.
Notre conseil : c'est un arbre à planter seul au-dessus d'un massif de vivaces ou d'annuelles.

Rhus typhina
SUMAC DE VIRGINIE

À la limite entre arbre et arbuste, le sumac de Virginie est particulièrement décoratif par son feuillage très découpé, qui prend de jolies teintes en automne, et par ses fleurs en panicules velues.
Famille : Anacardiacées.
Dimensions : de 3 à 4 m de hauteur.
Exposition : ensoleillée.
Sol : de préférence terre de jardin, mais il s'accommode d'un sol sablonneux et sec.
Entretien : faites une taille printanière pour conserver une silhouette harmonieuse.

jardin d'agrément

472

Les feuillages d'automne

Particularités : ce sujet au port plutôt élégant et arrondi sur le dessus, porte des feuilles caduques constituées de folioles à bord denté qui, de vert foncé, deviennent jaunes puis orangées avant d'arborer un rouge éclatant en automne. Ses inflorescences en épis rouge amarante restent sur la frondaison durant tout l'hiver. Les rameaux sont duveteux et le bois très moelleux.
Espèces et variétés : la variété 'Laciniata', appelée aussi parfois 'Dissecta' présente un feuillage encore plus découpé, de toute beauté.
Notre conseil : installez ce petit arbre en isolé, car sa forme en cône renversé est difficilement compatible avec une situation en massif.

Stewartia pseudocamellia
STEWARTIA

Arbre originaire du Japon où il atteint une vingtaine de mètres de hauteur, il est plutôt conduit, dans notre pays, comme un arbuste.
Famille : Théacées.
Dimensions : de 4 à 5 m de hauteur.
Exposition : mi-ombre avec de la chaleur.
Sol : légèrement acide, sain et de préférence frais.
Entretien : contentez-vous d'une taille d'entretien pour lui conserver une silhouette agréable.
Particularités : cette espèce dont l'écorce rouge se détache par grands lambeaux, porte des feuilles ovales et caduques, vert clair dessus, duveteuses en dessous, à l'aisselle desquelles viennent des fleurs blanches aux pétales à revers soyeux. Ces jolies fleurs en forme de coupe ont des étamines à filet blanc et anthères rouge-orangé. Le feuillage, en automne, prend des coloris jaunes avant de virer au pourpre foncé.
Espèces et variétés : on dénombre un peu moins de dix espèces dans ce genre que l'on peut également écrire Stuartia. L'espèce pseudocamellia est l'une des plus décoratives, mais il faut lui assurer une situation plutôt abritée.
Notre conseil : le stewartia est un arbuste à découvrir, car il est encore peu utilisé. Mais il mérite une très bonne place dans votre jardin s'il est abrité des courants d'air. C'est aussi un moyen de jouer l'originalité.

Viburnum spp.
VIORNE

Dans ce genre très diversifié d'arbustes caducs ou persistants, on dénombre quelques espèces très décoratives lorsque vient l'automne.
Famille : Caprifoliacées.
Dimensions : de 2 à 4 m de hauteur.
Exposition : mi-ombre de préférence, mais le soleil favorise l'émission abondante des fleurs.
Sol : toutes les terres, si elles sont fraîches.
Entretien : taillez régulièrement, chaque année, les rameaux qui sortent de la silhouette générale.
Particularités : la plupart de ces espèces fleurissent courant mai. Leur feuillage vert moyen prend des teintes très diverses en automne pour composer une véritable symphonie dans le jardin.
Espèces et variétés : les feuilles de Viburnum acerifolium deviennent cramoisies. Viburnum opulus, connu pour ses fleurs blanches en boules, prend des tons rouges. Viburnum furcatum, aux feuilles rondes, préfère le violet. Viburnum edule ou pauciflorum, rouge clair, est un peu moins répandu.
Notre conseil : réservez un bon accueil aux viornes caduques qui doivent figurer dans tous bons massifs d'arbustes en raison de leur diversité.

Feuillage léger mais coloré pour le Viburnum edule. ▶

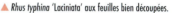
▲ *Rhus typhina* 'Laciniata' aux feuilles bien découpées.

▲ *Stewartia pseudocamellia* : pour les jardins abrités.

▲ *Viburnum furcatum* : un mélange de couleurs.

473

Les plantes ornementales

LES FRUITS DÉCORATIFS

jardin d'agrément

Baies rouges, mauves, blanches ou noires, les fruits des arbres et des arbustes contribuent au décor du jardin. Bien après que les feuilles soient tombées, ils restent accrochés aux rameaux et égayent les tristes journées d'hiver. Touchez aux fruits qui ne sont pas défendus.

▲ *Asclepias cornuti* : l'herbe aux perruches.

◀ *Callicarpa americana* : des fruits violets originaux.

Asclepias cornuti
HERBE AUX PERRUCHES

Appelée aussi *Asclepias syriaca*, cette plante vivace produit des fruits qui ressemblent à s'y méprendre à une perruche, d'où son nom.
Famille : Asclépiadacées.
Dimensions : environ 1,50 m de hauteur.
Exposition : ensoleillée.
Sol : bien drainé et chaud, de préférence sableux.
Entretien : protégez le pied en hiver, dans les régions très froides, pendant les premières années de plantation. La multiplication se fait par division des touffes au printemps.
Particularités : cette vivace à tige simple se garnit de fleurs roses, orange, rouges ou blanches qui produisent ensuite un fruit allongé et renflé ressemblant à un oiseau retourné. Vous amuserez les enfants en détachant le fruit et en le posant sur le bord d'un verre.
Espèces et variétés : les autres espèces d'*Asclepias* sont surtout décoratives par leurs fleurs.
Notre conseil : attention, c'est une plante très drageonnante qui peut ressortir à plusieurs mètres de son point d'origine. Vous avez tout intérêt à bien maîtriser sa croissance.

Callicarpa americana
CALLICARPA

Les couleurs franchement violettes sont assez rares au jardin pour que l'on s'intéresse à cet arbuste couvert de petites baies violacées, portées par les rameaux une partie de l'hiver.
Famille : Verbénacées.
Dimensions : environ 2 m de hauteur.
Exposition : ensoleillée et chaude.
Sol : bonne terre de jardin, sans calcaire.
Entretien : taillez après l'hiver en donnant une forme esthétique à l'arbuste.
Particularités : le feuillage, vert duveteux en saison, se colore de jaune à l'automne. La floraison, qui a lieu en juillet, n'offre pas grand intérêt, mais la fructification violette est aussi originale que décorative. Les branches coupées entrent dans la composition de bouquets d'intérieur.
Espèces et variétés : *Callicarpa bodinieri* est sans doute le plus robuste sous nos climats et donne des fruits à profusion. *Callicarpa japonica* est plus petit et possède une variété à fruits blancs.
Notre conseil : les callicarpas sont assez frileux. Aussi avez-vous intérêt à les placer dans un endroit abrité des vents froids de l'hiver.

Clematis flammula
FLAMMULE

Plante grimpante, la clématite fournit, après sa floraison, de très jolis fruits plumeux qui permettent de prolonger son effet décoratif.
Famille : Renonculacées.
Dimensions : rameaux de 4 à 5 m de longueur.
Exposition : ensoleillée pour la partie aérienne, mais le pied doit se situer à l'ombre.
Sol : profond et léger, humide mais bien drainé.
Entretien : taillez après la floraison et palissez

474

Les fruits décoratifs

les tiges au fur et à mesure de la croissance.
Particularités : cette clématite odorante produit, du mois d'août jusqu'en octobre, de nombreuses fleurs blanches de 1 à 2 cm de diamètre. Ces inflorescences parfumées laissent la place à de jolis fruits plumeux formant une boule très décorative.
Espèces et variétés : la plupart des clématites présentent une fructification plus ou moins plumeuse. Des espèces comme *balearica*, *integrifolia* ou *tangutica* sont les plus intéressantes.
Notre conseil : s'il n'existe pas d'autre végétation au pied de vos clématites, aménagez-leur un peu d'ombre en recouvrant la base avec deux ou trois tuiles posées les unes sur les autres.

Colutea arborescens
BAGUENAUDIER

Les fruits teintés de rouge, en forme de vessie gonflée d'air, constituent tout l'attrait de cet arbuste rustique à feuilles caduques.
Famille : Légumineuses.
Dimensions : 3 m de hauteur sur 2 m de large.
Exposition : ensoleillée et chaude.
Sol : terrain léger et calcaire.
Entretien : coupez les branches trop fortes ou trop faibles de façon à bien réguler la végétation.
Particularités : les tiges duveteuses du baguenaudier portent des feuilles vert intense et des fleurs en grappes jaunes situées à l'aisselle des feuilles. Cette floraison printanière cède la place en juillet à des gousses renflées vert pâle, puis rougissantes, garnies de graines.
Espèces et variétés : sur la dizaine d'espèces recensées, seule *arborescens* est cultivée parce qu'elle est véritablement rustique.
Notre conseil : jouez l'originalité avec cet arbuste en le plaçant sur le devant d'un massif.

Duchesnea indica
FAUX FRAISIER

Les fruits ronds et rouge vif, qui viennent sur le dessus du feuillage de cette plante vivace couvre-sol, ressemblent à des petites fraises.
Famille : Rosacées.
Dimensions : une dizaine de centimètres en hauteur mais cette espèce stolonifère couvre très rapidement de nombreux mètres carrés.
Exposition : ensoleillée ou mi-ombre.
Sol : indifférent.
Entretien : coupez les nombreux stolons qui émergent de la touffe pour cantonner la plante dans l'espace que vous lui avez réservé.
Particularités : sur un feuillage vert sombre ressemblant à celui du fraisier, émergent au printemps des petites fleurs jaunes qui se transforment en boules rouge brillant et granuleuses.
Espèces et variétés : en raison de sa similitude étonnante avec le fraisier, on peut aussi trouver cette plante sous le nom de *Fragaria indica* ou de *Duchesnea fragarioides*.
Notre conseil : c'est une plante très envahissante mais vigoureuse, que vous pouvez utiliser pour couvrir rapidement talus ou sous-bois.

Euonymus europaeus
FUSAIN D'EUROPE

Appelé aussi « bonnet carré », cet arbuste présente des fruits originaux en forme de bonnet plus ou moins rose ou rouge qui laissent, en s'ouvrant, apparaître une arille orangé.
Famille : Célastracées.
Dimensions : environ 3 m de hauteur.
Exposition : ensoleillée ou mi-ombre.
Sol : sol frais, bien drainé.
Entretien : taillez après la fructification pour conserver une forme harmonieuse.
Particularités : porteur de rameaux ailés, cet arbuste à feuilles caduques, qui se colorent de jaune et de rouge en automne, porte des fleurs blanc verdâtre de peu d'intérêt. Elles sont suivies de ces fruits curieux portés en grappes pendantes.
Espèces et variétés : la variété 'Red Cascade' présente des fruits plus rouges que le type, mais l'arille reste de couleur orangée.
Notre conseil : au moment de la fructification, coupez les branches avant que les fruits soient trop ouverts pour en faire de jolis bouquets.

▲ *Clematis flammula* : des fruits échevelés.

▲ Les fruits en outres gonflées du *Colutea arborescens*.

▲ *Duchesnea indica* : des fruits en fausses fraises des bois.

Les bonnets rouges d'*Euonymus europaeus*. ▶

475

Les plantes ornementales

jardin d'agrément

▲ *Lunaria annua* produit des fruits en forme d'écus.

▲ *Physalis alkekengi* : amour-en-cage ou lanterne japonaise.

Lunaria annua
MONNAIE-DU-PAPE

Cette plante bisannuelle cultivée en annuelle porte, après une jolie floraison mauve, des fruits en forme de pièce de monnaie, constitués d'une membrane qui devient parcheminée en séchant.
Famille : Crucifères.
Dimensions : environ 50 cm de hauteur.
Exposition : ensoleillée ou mi-ombre.
Sol : léger, frais et humifère.
Entretien : aucun, si ce n'est de maintenir propre le massif dans lequel la monnaie-du-pape a été semée en septembre de chaque année.
Particularités : cette jolie plante porte, en mai-juin, des fleurs mauves qui cèdent la place à des fruits originaux. Il s'agit de sortes de petits sacs aplatis, transparents, dont la forme ronde ressemble à une pièce. Ce qui lui vaut d'ailleurs d'être aussi appelée « herbe aux écus » ou « lunaire », du mot latin *luna* qui signifie « lune ». Ces fruits entrent dans la composition des bouquets secs.
Espèces et variétés : *Lunaria annua* ou *biennis* présente des variétés à fleurs blanches et pourpres et à feuillage panaché ('Variegata'). Il en existe des espèces vivaces : *rediviva*, plus buissonnante ou *arboreus*, haute de 1,50 m.
Notre conseil : évitez le soleil trop direct sur la plante. La lisière d'un sous-bois est tout indiquée.

Physalis alkekengi
COQUERET DU PÉROU

Amour-en-cage, alkékenge, lanterne japonaise, les noms ne manquent pas pour cette vivace dont le fruit est enveloppé d'une sorte de membrane translucide en forme de lanterne.
Famille : Solanacées.
Dimensions : de 40 à 50 cm de hauteur.
Exposition : ensoleillée ou mi-ombre.
Sol : toutes les natures de terres lui conviennent, même les terrains secs.
Entretien : faites un apport d'engrais chaque printemps et coupez les tiges qui sèchent une fois la fructification terminée.
Particularités : comestible, le fruit forme une grosse cerise orangée. Il est placé à l'intérieur d'une sorte de cage rouge-vermillon très originale. La floraison qui précède est sans intérêt particulier. Multipliez les touffes par division.
Espèces et variétés : sur la centaine d'espèces que comprend ce genre, seules les variétés 'Franchetii' et 'Pigmy' sont réellement cultivées. La première donne de nombreux fruits orange vif, la seconde ne dépasse guère 20 cm en hauteur.
Notre conseil : le *Physalis* est une plante très envahissante. Placez-le dans une partie sauvage de votre jardin, où il pourra donner libre cours à son exubérance.

Phytolacca clavigera
PHYTOLACCA

Cette plante vivace herbacée porte, en automne, des fruits noirs en forme d'épis de maïs.
Famille : Phytolaccacées.
Dimensions : environ 2 m de hauteur.
Exposition : ensoleillée ou mi-ombre.
Sol : profond et nourrissant.
Entretien : taillez les rameaux après la fructification pour garder un bon équilibre à l'ensemble.
Particularités : cette plante aux fleurs roses bien dégagées est curieuse par ses épis sur lesquels sont placées de nombreuses petites baies très serrées,

◄ *Phytolacca clavigera* : des fruits en épis noirs.

Les fruits décoratifs

d'abord de couleur rouge, devenant noires ensuite. Multipliez-la par boutures ou divisions des souches.
Espèces et variétés : ce genre est très diversifié puisqu'il comprend des vivaces, des arbustes et même des arbres, comme *Phytolacca dioica* qui atteint 8 à 10 m de hauteur. *Phytolacca decandra*, le « raisin d'Amérique », autre vivace buissonnante aux fruits décoratifs, est aussi très cultivé et donne des baies violettes contenant un jus coloré.
Notre conseil : en raison de sa taille et de sa forme, associez cette plante bien dressée et originale à un massif d'arbustes.

Ricinus communis
RICIN

Vivace sous les Tropiques, le ricin est, chez nous, cultivé comme annuelle. Ses larges feuilles palmées et sa fructification sont très décoratives.
Famille : Euphorbiacées.
Dimensions : de 2 à 3 m de hauteur.
Exposition : le plein soleil.
Sol : faites un bon apport de matières organiques lors de la plantation.
Entretien : les hautes tiges du ricin sont suffisamment résistantes pour tenir seules. Mais dans un jardin venté, mieux vaut prévoir des tuteurs.
Particularités : la fructification en épis dressés de couleur pourpre domine un feuillage original. C'est une plante qui demande beaucoup de place pour se développer. Le semis se fait, en février-mars, sous abri après avoir pris soin de faire tremper les graines quelques heures. Mise en place en mai.
Espèces et variétés : des variétés comme 'Carmencita' ou 'Impala' ajoutent à leur fructification la beauté de très larges feuilles pourpres. 'Zanzibar' peut atteindre 4 m de hauteur.
Notre conseil : le ricin est parfois dégarni de la base. Semez d'autres annuelles à ses pieds.

Skimmia japonica
SKIMMIA

Arbuste de milieu acide, il se couvre, en automne, d'une multitude de petits fruits rouge vif qui restent en place tout l'hiver.
Famille : Rutacées.
Dimensions : environ 1 m de haut sur autant de large. Forme arrondie.
Exposition : ensoleillée à mi-ombre.
Sol : acide enrichi de tourbe ou de terre de bruyère.
Entretien : surveillez l'arrosage en été.
Particularités : intéressant par son feuillage vert luisant, ses fleurs étoilées, blanches et à odeur de fleurs d'oranger qui apparaissent au printemps, et ses fruits qui illuminent les massifs en hiver. Plante dioïque, il est nécessaire d'avoir des pieds des deux sexes pour obtenir une fructification.
Espèces et variétés : sur la dizaine d'espèces que compte ce genre, seuls *Skimmia japonica* et *reevesiana* sont réellement cultivés. 'Rubella', variété du premier, est un peu plus rustique que le type. 'Robert Fortune', cultivar de *japonica*, porte de très nombreux fruits d'un beau rouge vif.
Notre conseil : associez cet arbuste aux azalées et rhododendrons souvent un peu tristes l'hiver.

Symphoricarpos racemosa
SYMPHORINE

Arbuste mellifère, la symphorine est particulièrement décorative lorsque viennent ses fruits en petites boules d'un blanc pur ou rosées.
Famille : Caprifoliacées.
Dimensions : de 1 à 2 m de hauteur.
Exposition : ensoleillée à mi-ombre.
Sol : terre de jardin bien drainée.
Entretien : rien de spécifique. Après la fructification, coupez les rameaux disgracieux.
Particularités : cet arbuste à feuilles caduques arrondies et vert foncé se couvre de petites fleurs roses au début de l'été. Celles-ci laissent la place à une production de fruits en boules souvent très serrées les unes contre les autres.
Espèces et variétés : *Symphoricarpos albus* est tout blanc. Il existe aussi de nombreux hybrides, comme x *chenaultii* aux fruits globuleux rouges à rouge violet, ou x *doorenbosii* à boules rosées.
Notre conseil : utilisez la symphorine pour constituer de jolies haies libres.

Symphoricarpos racemosa : des grappes de fruits blancs. ▶

▲ *Ricinus communis* 'Carmencita' tout de pourpre vêtu.

▲ *Skimmia reevesiana* 'Robert Fortune'.

Les plantes ornementales

LES ÉCORCES DÉCORATIVES

jardin d'agrément

Les végétaux aux écorces décoratives sont beaux toute l'année. Mais c'est surtout en hiver qu'ils sont intéressants, car après l'automne, lorsque toutes les feuilles sont tombées, le jardin est souvent triste. Leurs couleurs et leur originalité sont là pour que le décor reste attrayant.

Acer griseum ÉRABLE

L'écorce couleur cannelle, qui s'exfolie en lambeaux s'enroulant sur eux-mêmes, constitue tout l'attrait de ce bel arbre.
Famille : Acéracées.
Dimensions : environ 10 m de hauteur.
Exposition : indifférente.
Sol : cet arbre est assez peu difficile sur la nature de la terre, mais un sol frais lui convient mieux.
Entretien : faites une taille de formation au départ, puis élaguez de temps en temps.
Particularités : cet arbre porte des feuilles caduques, composées de trois folioles qui prennent de jolies teintes rouges et orangées en automne. Il est original par son écorce brune qui s'exfolie tout au long de l'année. Au printemps, il porte des fleurs jaunes en grappes pendantes, suivies de fruits velus et ailés.
Espèces et variétés : il existe d'autres érables au tronc décoratif, comme *Acer cappadocicum* 'Rubrum', érable de la Colchide, dont l'écorce des jeunes pousses est rouge et striée sur le tronc, *Acer davidii* à l'écorce rouge striée de blanc, ou *Acer palmatum* 'Dissectum', un érable japonais à l'écorce verte également striée de blanc. On peut également citer : *Acer pseudoplatanus*, l'érable sycomore ou faux platane, dont l'écorce s'en va par plaques comme chez le platane.
Notre conseil : plantez ces arbres en isolé pour profiter au maximum de leur beauté.

▲ *Acer griseum* : une écorce brune très originale.

Betula papyrifera BOULEAU À PAPIER

Appelé aussi « bouleau à canots », cet arbre présente une écorce blanche, lisse, qui s'exfolie en lamelles semblables à des feuilles de papyrus.
Famille : Bétulacées.
Dimensions : de 20 à 25 m de hauteur.
Exposition : indifférente.
Sol : de toutes natures, même secs et calcaires.
Entretien : élaguez les branches mortes.
Particularités : son nom de bouleau à canots vient de ce que son écorce était utilisée par les populations nordiques pour construire des canots et même couvrir des toits. Cette écorce est de couleur blanche lorsqu'elle est jeune.
Espèces et variétés : quelques variétés, comme 'Commutata' ou 'Humilis', dont l'écorce varie du brun rougeâtre au blanc. En général, la plupart des bouleaux sont décoratifs, car la blancheur de leur tronc et leurs branchages légers contribuent à l'agrément d'un jardin d'ornement.
Notre conseil : plantez les bouleaux par groupe de trois ou quatre pour obtenir un effet de masse.

Cornus alba CORNOUILLER

Certaines espèces décoratives par leur feuillage le sont également par leurs rameaux colorés.
Famille : Cornacées.
Dimensions : 3 m de hauteur sur 2 m de large.
Exposition : ensoleillée à mi-ombre.
Sol : toutes terres de jardin, même sèches.

◀ *Betula papyrifera* : décoratif même sans son feuillage.

Les écorces décoratives

Entretien : rabattez chaque année une partie des rameaux pour obtenir des branches très colorées.
Particularités : cet arbuste caduc se pare de feuilles se teintant de jaune, puis d'orangé en automne. Ses rameaux rouge vif apportent de jolies notes de couleur en hiver dans les massifs.
Espèces et variétés : on connaît plusieurs variétés de cornouillers très décoratives. Parmi celles-ci, 'Sibirica' se distingue par ses branchages rouge-corail, et 'Fluo' par son éclat lumineux orangé.
Notre conseil : plantez un minimum de trois pieds pour obtenir un effet plus important. En les plaçant sur un fond de persistants, la coloration paraîtra encore plus vive.

Prunus serrula
CERISIER DE CHINE

Ce cerisier d'ornement est un élément très décoratif dans un jardin en raison de son écorce brun brillant qui s'exfolie en bandes horizontales.
Famille : Rosacées.
Dimensions : de 5 à 6 m de hauteur.
Exposition : indifférente.
Sol : toutes les terres lui conviennent.
Entretien : en hiver, élaguez les branches mortes. N'oubliez pas de mettre un cicatrisant sur les plaies, car ce genre est sujet à la gommose.
Particularités : ce cerisier aux fleurs et fruits d'un intérêt secondaire est surtout remarquable par son tronc et ses branches de couleur brun acajou qui se détachent du bois en longues bandes horizontales, s'enroulant sur elles-mêmes.
Espèces et variétés : signalons également *Prunus maackii*, petit cerisier à écorce jaune-brun qui se détache également par bandes.
Notre conseil : plantez ce petit arbre au beau milieu d'un massif de plantes vivaces ou d'annuelles à qui il apportera une ombre légère.

Quercus suber
CHÊNE-LIÈGE

De son écorce, on tire les bouchons ou les plaques de liège très utilisées en décoration.
Famille : Fagacées.

Dimensions : de 10 à 12 m de hauteur.
Exposition : ensoleillée et chaude.
Sol : évitez le calcaire et maintenez humide.
Entretien : pratiquez un élagage régulier.
Particularités : ce chêne est depuis très longtemps cultivé pour son écorce qui fournit le liège. Celle-ci se détache par plaques plus ou moins épaisses selon l'âge de l'arbre. Cet arbre aime la lumière. Il ne pousse bien que dans les régions au climat doux et a une croissance assez lente.
Espèces et variétés : la variété 'Occidentalis' peut croître, sous certaines conditions de protection climatique, jusqu'en région parisienne.
Notre conseil : réservez cet arbre pour les jardins situés au sud de la Loire.

Rubus cockburnianus
RONCE

Ce genre, auquel appartiennent les framboisiers, les mûres et les ronces sauvages, possède quelques espèces décoratives en hiver par leurs branches dénudées, couvertes d'un duvet blanc.
Famille : Rosacées.
Dimensions : environ 3 à 4 m de hauteur.
Exposition : ensoleillée à mi-ombre.
Sol : vient bien en tous terrains.
Entretien : éclaircissez de temps en temps la touffe pour l'aérer et éviter une trop grande propagation de cette espèce assez envahissante.
Particularités : caduque, cette ronce qui forme des buissons bien dressés, perd ses feuilles gris-vert foncé sur le dessus, blanches en dessous, et laisse pour l'hiver des rameaux blancs, très lumineux lorsqu'il fait soleil. Les fleurs sont insignifiantes et les fruits sont des baies noires.
Espèces et variétés : elles sont toutes originaires de l'Himalaya ou de la Chine, signalons les espèces *Rubus biflorus* aux rameaux blanc brillant, et *Rubus thibetanus* aux tiges brun-pourpre recouvertes d'une pruine blanchâtre.
Notre conseil : constituez une haie séparative originale dans votre jardin avec cette plante qui possède beaucoup de cachet.

▲ *Cornus alba* 'Sibirica', une couleur fluorescente en hiver.

▲ *Prunus serrula* au tronc et branches originaux.

▲ *Quercus suber* est utilisé pour la production du liège.

Rubus cockburnianus : une forêt de rameaux blancs. ▶

Les plantes ornementales

LES HERBES ORNEMENTALES

Les herbes sont souvent considérées comme une plaie dans un jardin. Pourtant, il en est qui sont spécialement cultivées en raison de la beauté de leur feuillage ou de leurs inflorescences. Elles apportent un petit côté sauvage très agréable. Découvrez ces herbes que l'on dit ornementales.

Briza maxima
AMOURETTE

Le nom de cette herbe vivace vient de l'aspect de ses épillets en forme de cœur, suspendus à l'extrémité d'une attache très fine.
Famille : Graminées.
Dimensions : environ 50 cm de hauteur.
Exposition : le plein soleil.
Sol : de préférence sec mais aéré.
Entretien : éliminez feuilles et épis séchés.
Particularités : jolie graminée aux feuilles linéaires assez raides dont la floraison en panicules donne, au début de l'été, des épillets blanchâtres et renflés. Cueillis, ils entrent dans la composition des bouquets secs. La multiplication se fait par semis directement en place, au printemps.
Espèces et variétés : la brize commune, *Briza media*, est indigène et présente une inflorescence ramifiée. Elle est également plus petite en hauteur et ses épillets sont de couleur crème.
Notre conseil : constituez une bordure de massifs de plantes annuelles avec cette petite herbe.

▲ *Briza maxima* : des inflorescences retombantes.

◀ *Cortaderia selloana* : de la grâce et de l'élégance.

Cortaderia selloana
HERBE DE LA PAMPA

Connue aussi sous le nom de *Gynerium argenteum* ou *Cortaderia argentea*, cette grande graminée produit de hauts plumets très décoratifs.
Famille : Graminées.
Dimensions : la touffe de feuilles souples dépasse rarement 1 m, mais l'inflorescence peut atteindre 2 m, voire 3 m de hauteur.
Exposition : le plein soleil.
Sol : de préférence profond et frais, mais elle s'accommode d'un terrain sec, faute de mieux.
Entretien : en hiver, coupez les inflorescences et le feuillage séché et couvrez avec de la paille pour protéger le pied des gelées.
Particularités : il faut beaucoup d'espace pour cette herbe de la pampa aux longues feuilles réunies en rosette au centre de laquelle émergent plusieurs hampes terminées par des plumets très gracieux. Les pieds mâles de cette plante dioïque sont moins élégants que les sujets femelles.
Espèces et variétés : on connaît quelques variétés aux feuilles rubanées de blanc ou d'or : 'Albolineata' ou 'Aureo-variegata' ou aux inflorescences rosées comme 'Purpureum'.
Notre conseil : cette herbe ornementale ne peut être plantée qu'isolément. Placez-la à proximité d'une pièce d'eau dans laquelle ses plumets se refléteront. Mais cueillez-les avant que toutes les graines ne s'échappent.

Festuca glauca
FÉTUQUE BLEUE

Décorative par son feuillage bleuté et ses petites inflorescences, cette fétuque est également dénommée *Festuca ovina* 'Glauca'.
Famille : Graminées.
Dimensions : la touffe est d'environ 25 cm de hauteur, les épis de 50 cm.
Exposition : le plein soleil.

Les herbes ornementales

Sol : de nature neutre, plutôt sec et pas trop riche.
Entretien : nettoyez la touffe après la floraison.
Particularités : cette très jolie herbe ornementale est constituée d'une touffe de feuilles très fines, retombantes, au coloris bleuté. Du centre émergent des inflorescences en épillets qui s'inclinent avec élégance sous le souffle du vent. La multiplication se fait par semis et division des touffes.
Espèces et variétés : la variété 'April Grün' a le feuillage vert bronze et fleurit plus tôt, en mai.
Notre conseil : groupez cinq ou six pieds, en taches plus décoratives qu'un seul plant isolé.

Miscanthus sinensis
EULALIE

Très grande graminée vivace, au développement important, décorative par ses inflorescences à aigrettes et le feuillage panaché de certaines de ses variétés.
Famille : Graminées.
Dimensions : entre 1 m et 1,50 m.
Exposition : ensoleillée.
Sol : une bonne terre de jardin, riche et fraîche.
Entretien : au printemps, coupez les hampes florales et nettoyez les feuilles séchées.
Particularités : feuilles et fleurs sont souvent utilisées pour les bouquets, mais cette plante est aussi intéressante par les couleurs automnales, jaune et or, que prend la touffe.
Espèces et variétés : 'Gracillimus' fleurit peu, mais ses feuilles étroites et gracieuses sont très décoratives. 'Variegatus' a les feuilles rayées de blanc crème tandis que 'Zebrinus' est marqué de bandes jaunes transversales. *Miscanthus floridus* est beaucoup plus grand et peut former des haies végétales de plus de 2 m de hauteur.
Notre conseil : faites un massif uniquement avec cette graminée, car elle se suffit à elle-même.

Pennisetum compressum
PENNISETUM

Très belle touffe de feuilles étroites et glauques, dont certaines variétés prennent de jolis tons chauds en automne.

Famille : Graminées.
Dimensions : de 60 à 70 cm de hauteur pour la touffe, les belles inflorescences atteignent près de 80 cm, voire 1 m chez certaines variétés.
Exposition : le plein soleil.
Sol : une bonne terre de jardin fraîche est préférable, mais un sol sec ne lui est pas néfaste.
Entretien : nettoyez la touffe en coupant les inflorescences et les feuilles séchées.
Particularités : cette plante aimant la chaleur, il est plus difficile de la conserver comme vivace dans le nord de la France. On renouvelle le pied par un semis d'automne hiverné sous abri avant une mise en place au mois de mai.
Espèces et variétés : 'Hameln' produit de nombreux épis cylindriques bruns à pointe blanche, la touffe devenant dorée en automne. 'Japonicum' a le feuillage vert sombre et les épis plus foncés. *Pennisetum orientale* a des épis teintés de rose.
Notre conseil : plantez cette graminée en extrémité de massif en groupant trois ou quatre pieds.

Stipa gigantea
STIPE

Touffe aux feuilles très fines, vert foncé luisant, surmontée d'une grande production d'épis retombants très légers.
Famille : Graminées.
Dimensions : de 30 à 50 cm de hauteur pour la touffe, plus de 1,50 m pour les inflorescences.
Exposition : mi-ombre ou soleil léger.
Sol : une bonne terre de jardin.
Entretien : nettoyez le pied des éléments fanés.
Particularités : c'est une plante très vigoureuse qui doit être plantée isolée sur une pelouse.
Espèces et variétés : on dénombre une centaine d'espèces parmi lesquelles : *Stipa capillata* porte des épis présentant de longues barbes brillantes et hérissées, et *Stipa tenuifolia*, appelée « cheveux d'ange », qui a les épis à barbe soyeuse et blonde.
Notre conseil : en régions froides et bien qu'elle soit rustique, protégez le pied de cette graminée ornementale contre les gelées.

Stipa gigantea : des hampes hautes et graciles.

▲ *Festuca glauca* : une touche bleu-vert dans un jardin.

▲ *Miscanthus sinensis* 'Zebrinus' : rayée de jaune et de vert.

▲ *Pennisetum compressum* ou *alopecuroides*.

Les plantes ornementales

LES FOUGÈRES

Habituées des coins ombragés du jardin, les fougères apportent une note boisée et permettent d'habiller un espace difficile à entretenir. Leurs crosses printanières se dressent à l'assaut des cieux, puis laissent la place à des frondes légères qui retombent en mouvements élégants sur le sol.

jardin d'agrément

▲ *Athyrium filix-femina* 'Multifidum' : une grande finesse.

◀ *Dryopteris filix-mas* : la fougère mâle au port gracieux.

Athyrium filix-femina
FOUGÈRE FEMELLE

Indigène dans les bois humides et les tourbières, cette fougère est particulièrement robuste et décorative dans des lieux frais et ombragés.
Famille : Polypodiacées.
Dimensions : environ 1 m de hauteur.
Exposition : ombre à mi-ombre.
Sol : ordinaire pourvu qu'il soit frais et humide.
Entretien : coupez les frondes fanées.
Particularités : d'une souche épaisse émergent des frondes en touffe dense, à long pétiole verdâtre pourvu de poils écailleux bruns. La multiplication se fait par division de la souche.
Espèces et variétés : *filix-femina* est l'espèce la plus répandue dont on a édité de nombreux cultivars, tous ornementaux, comme 'Crispum', 'Multifidum' ou 'Plumosum'. On distingue également *Athyrium alpestre* de croissance moins importante.
Notre conseil : en sous-bois, placez vos fougères au-dessus d'un tapis de pervenches ou de violettes.

Dryopteris filix-mas
FOUGÈRE MÂLE

Très rustique et indigène dans toute l'Europe, la fougère mâle est une habituée des lieux frais.
Famille : Polypodiacées.
Dimensions : frondes de plus de 1 m de long.
Exposition : ombre à mi-ombre.
Sol : terre de jardin de préférence argilo-siliceuse.
Entretien : coupez les frondes lorsqu'elles sont complètement sèches.
Particularités : les frondes dressées sont de couleur vert foncé et portent des divisions légèrement arrondies. Leur pétiole est couvert de petites écailles brunâtres.
Espèces et variétés : très nombreuses espèces dans ce genre dont la classification ne fait pas l'unanimité parmi les botanistes. *Filix-mas* est l'une des plus communes, mais on trouve également assez facilement *Dryopteris erythrosa* aux frondes parfois persistantes, rougeâtres lorsqu'elles sont jeunes, devenant ensuite vert foncé.
Notre conseil : si vous avez un mur qui ne voit jamais le soleil, plantez cette fougère dans une anfractuosité. Elle saura l'habiller élégamment.

Matteucia struthiopteris
FOUGÈRE D'ALLEMAGNE

Les frondes stériles situées autour de la touffe de cette fougère rappellent un peu celles de la fougère mâle, mais elles sont plus courtes.
Famille : Polypodiacées.
Dimensions : environ 80 cm de hauteur.
Exposition : ombre à mi-ombre.
Sol : tourbeux et humifère.
Entretien : coupez les frondes en hiver lorsqu'elles sont desséchées.
Particularités : souche très rhizomateuse dont les frondes sont d'un joli vert clair. Les fertiles situées au centre sont plus foncées et deviennent brunes en vieillissant. C'est une fougère faisant preuve d'une très grande vigueur.

Les fougères

Espèces et variétés : on distingue également *Matteucia orientalis* aux frondes plus épaisses.
Notre conseil : ne serrez pas trop les fougères les unes contre les autres pour que les frondes puissent se développer à leur aise.

Osmunda regalis
FOUGÈRE ROYALE

Voici l'une des plus jolies fougères qui soient et qui prend de belles couleurs en automne.
Famille : Osmondacées.
Dimensions : entre 1 m et 2 m de hauteur.
Exposition : ombre à mi-ombre.
Sol : tourbeux ou siliceux mais toujours humide.
Entretien : nettoyez la touffe en hiver.
Particularités : les frondes de cette fougère que l'on trouve communément dans le Sud-Ouest et la Bretagne sont d'un très beau vert clair. La touffe est dense mais la silhouette paraît légère, car les divisions de ces frondes sont larges et arrondies.
Espèces et variétés : on trouve de nombreux cultivars chez cette espèce, tous décoratifs : 'Gracilis', plus petit, 'Japonica' aux frondes fertiles et stériles séparées, ou 'Spectabilis', aux pétioles rougeâtres comme les jeunes frondes.
Notre conseil : placez cette osmonde le long d'un petit ruisseau ou d'une pièce d'eau, à l'ombre.

Phyllitis scolopendrium
SCOLOPENDRE

Appelée aussi « langue de bœuf » ou « langue de cerf », cette fougère commune dans les bois, porte les noms botaniques de *Scolopendrium vulgare* ou *Scolopendrium officinarum*.
Famille : Polypodiacées.
Dimensions : environ 50 cm de hauteur.
Exposition : ombre à mi-ombre.
Sol : indifférent, même calcaire, frais et humide.
Entretien : maintenez la touffe propre.
Particularités : cette fougère présente des frondes entières, longues et étroites. Elles sont persistantes, réunies en rosette et de couleur vert clair. Les frondes fertiles portent des rangées parallèles de spores noirâtres très caractéristiques.

▲ *Matteucia struthiopteris* aime les lieux humides.

Espèces et variétés : nombreux cultivars dont certains fournissent de très jolies plantes d'appartement. 'Marginatum' a les frondes ondulées et découpées sur les bords, 'Crispum' les a crispées.
Notre conseil : placez cette fougère dans une rocaille, au pied d'une cascade.

Polypodium vulgare
POLYPODE COMMUN

On rencontre couramment cette fougère sur les rochers et les vieux troncs d'arbres humides.
Famille : Polypodiacées.
Dimensions : environ 25 cm de hauteur.
Exposition : ombre et mi-ombre.
Sol : cette espèce craint le calcaire.
Entretien : bien abritées, les frondes restent persistantes. Sinon, coupez-les quand elles sont fanées ou gelées.
Particularités : cette fougère peut être placée en situation légèrement ensoleillée, mais il faut alors veiller à ce que le sol reste constamment humide.
Espèces et variétés : nombreux cultivars, dont 'Cornubiense' présente des frondes très finement divisées ou 'Cristatum', plus persistant.
Notre conseil : c'est une fougère très commune mais décorative. Installez-la dans les parties les plus ombragées de votre jardin.

▲ *Osmunda regalis* est l'une des plus belles fougères.

▲ *Phyllitis scolopendrium* : une fougère à frondes entières.

Polypodium vulgare : une petite fougère persistante. ▶

483

Les plantes ornementales

LES BAMBOUS

Herbes géantes, les bambous sont symbole d'exotisme et de chaleur. Pourtant, la plupart d'entre-eux s'acclimatent parfaitement dans nos contrées pour former des touffes végétales très décoratives. En haie, en bosquet, au bord d'une pièce d'eau, ils sont faciles à vivre.

jardin d'agrément

Bambusa spp.
BAMBOU

Venu d'Extrême-Orient, ce genre comprend des espèces assez fragiles. Mieux vaut le limiter aux grands jardins du sud de la Loire.
Famille : Graminées.
Dimensions : de 8 à 15 m de hauteur.
Exposition : ensoleillée et chaude.
Sol : profond, humide sans excès, fertile.
Entretien : aucun si ce n'est de ramasser les feuilles séchées qui s'entassent entre les cannes.
Particularités : ce bambou dont, les chaumes (tiges) ont en général une dizaine de centimètres de diamètre, est élégant par son port. Ses feuilles sont étroites et allongées, insérées sur des nœuds couverts de petits poils bruns. D'installation lente, il faut attendre deux ou trois ans pour voir apparaître les premières ramifications. Multiplication par division de touffes en juillet.
Espèces et variétés : le genre *Bambusa* comprend une centaine d'espèces souvent très curieuses, comme *macroculmis* qui peut grandir de 20 m en 40 jours, et dont les chaumes atteignent 20 cm de diamètre ! *Bambusa glaucescens* est une espèce qui vient très bien en bac et peut résister jusqu'à -10 °C environ. Ses variétés 'Alphonse Karr' et 'Golden godess' sont parmi les plus connues. Enfin, *Bambusa ventricosa* se distingue par ses entre-nœuds renflés. C'est une espèce très frileuse.
Notre conseil : faites un bon apport de fumier lors de la plantation de vos bambous.

Phyllostachys spp.
PHYLLOSTACHYS

Originaire de Chine, ce bambou produit des tiges bien droites et dures, utilisées comme tuteurs ou pour la construction de pergolas et de clôtures.
Famille : Graminées.
Dimensions : de 10 à 15 m de hauteur.
Exposition : ensoleillée.
Sol : pas trop compact, humide et nourrissant.
Entretien : limitez la prolifération de ce bambou, dont les rhizomes sont très traçants.
Particularités : les chaumes sont colorés, veinés ou tachetés et les nœuds renflés. Particulièrement vivace, il se multiplie aisément par division de touffes au printemps.
Espèces et variétés : une soixantaine d'espèces parmi lesquelles, *Phyllostachys aurea*, très résistant à la sécheresse et au froid. *Phyllostachys bambusoides* présente un bois très dur. *Phyllostachys nigra* est intéressant par la couleur noire de ses chaumes. *Phyllostachys viridiglaucescens* a ses feuilles vert brillant dessus, glauques et pubescentes en dessous.
Notre conseil : en hiver, plus que du froid, protégez ce bambou des grands vents.

Pleioblastus spp.
PLEIOBLASTUS

Le plus souvent classé sous le nom d'*Arundinaria*, dont le genre *Pleioblastus* est une subdivision botanique, ces bambous sont tout à fait adaptés aux petits jardins et aux rocailles.
Famille : Graminées.

▲ *Bambusa vulgaris* 'Aureovariegata' aux longs chaumes.

◄ *Phyllostachys viridiglaucescens* : un bambou populaire.

484

Les bambous

Dimensions : de 3 à 4 m de hauteur.
Exposition : de préférence ensoleillée.
Sol : il lui faut une terre bien fertile et fraîche.
Entretien : des espèces, comme *fortunei*, *humilis* ou *viridistriata*, coupées au ras du sol tous les deux ou trois ans, offrent une meilleure présentation.
Particularités : les chaumes produisent de nombreuses ramifications qui permettent de constituer des touffes très épaisses. La forme et la couleur du feuillage sont variées, allant du vert clair aux tons panachés de blanc ou de jaune. Ce sont des bambous très traçants qui se multiplient au printemps.
Espèces et variétés : environ une vingtaine d'espèces. *Pleioblastus argenteostriatus* présente des raies blanches sur ses feuilles. *Pleioblastus fortunei* 'Variegatus' est veiné de blanc et ne dépasse pas 1 m. *Pleioblastus humilis* forme un excellent couvre-sol s'il est taillé chaque année. *Pleioblastus pumilus*, très feuillu, présente des chaumes verts et une couronne de duvet au niveau des nœuds.
Notre conseil : plantez ce bambou dans des jardinières pour en faire une bordure de terrasse.

Pseudosasa spp.
PSEUDOSASA

Subdivision du genre *Arundinaria*, *Pseudosasa* comprend de nombreuses espèces de petite taille.
Famille : Graminées.
Dimensions : de 1 à 6 m de hauteur.
Exposition : soleil ou mi-ombre.
Sol : profond et nourrissant.
Entretien : nettoyez les touffes des feuilles séchées et taillez les formes naines pour conserver un aspect homogène.
Particularités : forme de beaux buissons aux feuilles épaisses, vertes ou veinées de blanc ou de jaune. Les gaines restent plusieurs mois sur les chaumes. Peu traçant, il se multiplie au printemps.
Espèces et variétés : seulement une dizaine d'espèces et de variétés. *Pseudosasa amabilis* a les chaumes tachetés de pourpre et de nombreuses ramifications dès la base du nœud. *Pseudosasa japonica* peut s'utiliser en haie taillée et résiste très bien aux grands froids. *Pseudosasa murielae*, bambou nain, forme des boules compactes.

Notre conseil : jouez l'originalité en utilisant ce bambou comme plante d'appartement.

Sasa spp.
BAMBOU NAIN

Plus de quatre cents espèces dans ce genre qui forme des touffes assez denses et légères.
Famille : Graminées.
Dimensions : de 80 cm à 3 m de hauteur.
Exposition : ensoleillée ou mi-ombre.
Sol : nourrissant et humide.
Entretien : rabattez les chaumes au printemps pour favoriser la reprise et la végétation.
Particularités : très traçant, ce bambou couvre vite le terrain. Ses tiges sont assez grêles mais les feuilles bien développées. Multipliez-le en mai.
Espèces et variétés : c'est dans ce genre que l'on trouve le plus petit des bambous, *Sasa pygmea* qui forme un véritable gazon. Les jeunes pousses de *Sasa kurilensis* sont comestibles. Quant à *Sasa pumila* 'Aurea', ses feuilles sont veinées de blanc.
Notre conseil : plantez ce bambou en bord de bassin, car il apprécie les lieux humides.

Sinarundinaria nitida
SINARUNDINARIA

De taille assez modeste, ce bambou se caractérise par ses petites feuilles et son port gracieux.
Famille : Graminées.
Dimensions : de 1,5 à 2,5 m de hauteur.
Exposition : de préférence mi-ombre.
Sol : frais et fertile.
Entretien : nettoyez la touffe en hiver.
Particularités : peu traçant, ce bambou forme des touffes qui ondulent agréablement sous la brise. C'est aussi une espèce qui se plaît très bien en bac, dans un appartement.
Espèces et variétés : de nombreux cultivars ont été produits, avec des ports plus ou moins rigides, et des teintes de tiges très variables.
Notre conseil : évitez de le placer en plein soleil, car les feuilles deviennent alors plus rares.

▲ *Pleioblastus pumilus* : un feuillage très décoratif.

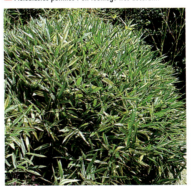
▲ *Pseudosasa murielae* : un bambou de petite taille.

▲ *Sasa pumila* 'Aurea' aux feuilles panachées.

Sinarundinaria nitida : une touffe au feuillage très léger. ▶

Les plantes ornementales

LES PLANTES POUR LES CLIMATS DOUX

La France a le grand privilège d'être bordée par plus de 2700 km de côtes, ce qui permet à de nombreuses régions de bénéficier de la douceur d'un climat océanique. ❊ *L'influence maritime crée des conditions tout à fait profitables à la croissance des plantes. Gelées rares en hiver, été doux sans être torride et forte humidité ambiante.* ❊ *Il suffit de se trouver abrité des vents dominants pour bénéficier d'un microclimat privilégié. Il est alors possible d'accueillir dans le jardin des espèces subtropicales comme certains palmiers, les fougères arborescentes, quelques plantes grasses et des arbustes venant de contrées lointaines au nom évocateur de soleil et de vacances.* ❊ *Toute la côte d'Azur et la région languedocienne, sans oublier la Corse, sont encore plus gâtées. Certaines zones bien abritées sont propices à la culture de plantes, d'ordinaire réservées à la décoration d'intérieur.* ❊ *De la bougainvillée au mimosa, en passant par les lauriers roses et les jacarandas, ce sont toutes ces frileuses merveilles que nous vous proposons de découvrir dans les pages suivantes. Pour les nostalgiques d'exotisme, sachez que bon nombre de ces plantes peuvent se satisfaire de la culture en pot et d'une véranda fraîche ou tempérée en hiver.* ❊ *Il faudra les sortir au jardin durant l'été, pour qu'elles vous gratifient de leurs généreuses floraisons et vous livrent les secrets de leurs plus beaux atours…* ❊

Les plantes ornementales

LES PLANTES DU MIDI ET DU BORD DE MER

jardin d'agrément

Doucement caressés par le vent du large, réchauffés par les courants marins, les jardins côtiers bénéficient d'un microclimat très favorable. Il permet d'accueillir des plantes originaires de contrées subtropicales qui donnent un aspect original et très particulier au paysage.

Abutilon x *hybridum*
ABUTILON

Issus de croisements entre les espèces *Abutilon darwinii*, *pictum* et *striatum*, ces arbustes de 1 à 3 m de haut, ont un port dressé buissonnant aux larges feuilles palmées duveteuses. Hors gel, le feuillage est persistant. De mai à octobre, les fleurs pendantes ont une forme de cloche.
Famille : Malvacées.
Sol : terre riche, profonde, bien drainée.
Exposition : emplacement chaud et ensoleillé.
Espèces et variétés : très nombreuses, elles diffèrent par le coloris des fleurs (blanc, jaune, rose, orange, rouge, et des pétales parfois striés) et par le feuillage vert ou panaché de blanc ou de jaune.
Utilisations : massifs et potées, balcons.
Méthode de culture : semez à chaud à la fin de l'hiver, puis repiquez en godets, maintenus sous abri. Mettez en place en mai. Le bouturage d'extrémité de tige feuillée non aoûtée donne d'excellents résultats. Dans les régions à hiver froid, protégez vos abutilons en véranda pendant la mauvaise saison. Températures minimales de 2 à 5 °C.
Notre conseil : la floraison apparaît sur les pousses de l'année, rabattez en mars ou en avril.

▲ *Abutilon* x *hybridum* dans une forme joliment panachée.

Acacia dealbata
MIMOSA

Originaire d'Australie, cet arbuste de 3 à 8 m de haut a un feuillage fin, découpé, vert grisé et persistant. La floraison très parfumée, en longs

◀ *Acacia dealbata* 'Le Gaulois' : un des meilleurs mimosas.

panicules de petites fleurs à l'aspect de pompons jaune d'or, apparaît de décembre à mars.
Famille : Fabacées.
Sol : terre riche, drainée. *Acacia dealbata* ne supporte pas le calcaire. Dans un terrain alcalin, choisissez des plants greffés sur *Acacia retinoides*.
Exposition : emplacement chaud et ensoleillé.
Espèces et variétés : 'Mirandole' à croissance très rapide est un des plus rustiques. 'Le Gaulois' donne de grosses inflorescences. *Acacia retinoides* et ses variétés 'Glauca', 'Imperialis', 'Lisette', etc., sont les célèbres mimosas des quatre saisons. Ils sont très cultivés dans le Midi pour la fleur coupée. Résistants au calcaire, ils fleurissent sporadiquement toute l'année avec un pic en été.
Utilisations : haie, isolé, potée et fleur à couper.
Méthode de culture : les racines du mimosa n'aiment pas être à l'étroit. Si vous le cultivez en pot, prévoyez un contenant de grande taille, style bac à oranger. La rusticité est bonne jusqu'à - 5 °C.
Notre conseil : le mimosa peut se ressemer facilement et beaucoup drageonner quand il se plaît, au point de devenir vite très envahissant.

Agapanthus umbellatus
AGAPANTHE

Cette plante vivace à souche tubéreuse, originaire d'Afrique du Sud, est pratiquement rustique. Elle forme des touffes spectaculaires aux feuilles en forme de rubans vert foncé. Les fleurs estivales sont groupées en grosses ombelles globuleuses, à l'extrémité de hampes verticales qui peuvent atteindre 1,50 m de hauteur.
Famille : Liliacées.

488

Sol : léger, sableux, enrichi en humus.
Exposition : chaude et ensoleillée.
Espèces et variétés : la forme botanique est bleu pâle. On cultive aussi des hybrides comme 'Headbourne', plus compact, mais à fleurs plus grandes, ou 'Alba', à fleurs blanches.
Méthode de culture : plantez au printemps au jardin ou dans un bac, en enterrant les rhizomes à 5 cm de profondeur environ. Divisez les touffes tous les deux ans pour qu'elles fleurissent bien.
Notre conseil : en automne, protégez les agapanthes laissés en pleine terre, avec un épais paillis de compost fibreux.

Agathaea coelestis
ASTER BLEU DU CAP

Synonyme : *Felicia amelloides*. D'origine sud-africaine, cette petite plante vivace, buissonnante, de 60 à 80 cm de haut, présente un feuillage persistant vert vif. Les fleurs simples ont l'aspect de petites marguerites bleu ciel, avec un cœur jaune. Elles apparaissent de juin à septembre et restent fermées par temps couvert.
Famille : Astéracées.
Sol : terrain frais bien drainé, plutôt sableux.
Exposition : emplacement chaud et ensoleillé.
Espèces et variétés : 'Read's Blue' est une forme très commune à fleurs bleues ; 'Read's White' est blanc pur ; 'Variegata' se distingue par son feuillage vert panaché de jaune.
Utilisations : massifs, couvre-sols, potées.
Méthode de culture : Rusticité jusqu'à - 5 °C. L'entretien est identique à celui d'un pélargonium.
Notre conseil : les plantes conservées en pots dans une serre froide fleurissent tout l'hiver.

Albizia julibrissin
ARBRE DE SOIE

Dénommé aussi « acacia de Constantinople », cet arbre caduc est originaire de Perse. Sa cime étalée peut atteindre de 8 à 10 m de haut. Les feuilles composées sont divisées en folioles arrondies. Les fleurs, avec leurs immenses étamines, ont l'apparence de gros pompons soyeux blanc rosé. Elles apparaissent de juin à septembre.
Famille : Fabacées.
Sol : terre fertile, perméable.
Exposition : ensoleillée, à l'abri du vent.
Espèces et variétés : 'Pourp Rey' a des fleurs rouges ; 'Rosea', parfois dénommée 'Nemu', est une variété japonaise à fleurs rose carminé vif, plus rustique. 'Ombrella' a des fleurs rouge vif parfumées et un port remarquable en ombrelle.
Utilisations : sujet isolé, alignement.
Méthode de culture : semez en caissettes en avril, sous châssis. Repiquez les jeunes plants dans des godets et conservez-les dans un emplacement protégé du soleil brûlant, jusqu'à la mise en place en automne dans les régions à climat doux. En région parisienne, cultivez *Albizia* dans un lieu abrité.
Notre conseil : une taille sévère provoque l'apparition de nombreux rejets vigoureux.

Anthemis frutescens
ANTHÉMIS

Synonymes : *Argyranthemum frutescens* ; *Chrysanthemum frutescens*. Originaire des îles Canaries, ce sous-arbrisseau vivace a un port érigé buissonnant. De 60 cm à 1 m de hauteur. Il présente un feuillage vert bleuté très découpé. Les fleurs ont l'aspect de marguerites de 5 cm de diamètre. Floraison de mai jusqu'aux gelées.
Famille : Astéracées.
Sol : tous sols bien drainés.
Exposition : emplacement chaud et très ensoleillé.
Espèces et variétés : 'Chelsea Girl' a des fleurs simples roses. 'Jamaica Primrose' fleurit jaune vif. 'Flore Pleno' présente des fleurs blanches doubles. Elles sont roses chez 'Vancouver'.
Utilisations : massifs, potées et jardinières.
Méthode de culture : au début du printemps, rabattez un tiers des tiges pour donner un aspect trapu à la touffe. Ôtez régulièrement les fleurs fanées. Rusticité jusqu'à - 3 °C. Bouturez des tiges feuillées en terrine, à la fin de l'été ou en mars-avril.
Notre conseil : l'anthémis se prête à la culture sur tige. Protégez bien le pied du gel en hiver.

Anthemis frutescens : il est classé dans les chrysanthèmes. ▶

▲ *Agapanthus africana* : une splendeur estivale.

▲ *Agathaea coelestis* : une mignonne marguerite bleue.

▲ *Albizia julibrissin* : on le surnomme « l'arbre de soie ».

Les plantes ornementales

▲ *Azara serrata* : original et spectaculaire en été.

▲ *Beschorneria yuccoides* : un aspect très exotique.

◀ *Caesalpinia gilliesii* : une grande légèreté de la couleur.

Azara serrata
AZARA

Originaire du Chili, ce bel arbuste, à feuillage persistant vert brillant, mesure de 4 à 5 m de haut. Les branches étagées sont amples et décoratives. La floraison estivale jaune évoque celle du mimosa, sans en avoir l'éclat et le parfum.
Famille : Flacourtiacées.
Sol : installez l'azara dans une terre profonde, riche, fraîche et non calcaire.
Exposition : chaude, au soleil ou à mi-ombre.
Espèces et variétés : *Azara serrata* est le plus courant. *Azara microphylla* est plus rustique, avec une floraison printanière au subtil parfum de vanille. Sa forme panachée 'Variegata' pousse lentement.
Utilisations : sujet isolé, bac, orangerie.
Méthode de culture : rusticité jusqu'à - 10 °C. L'azara peut être cultivé en Île-de-France, à l'abri d'un mur. Bouturez les tiges feuillées en été.
Notre conseil : protégez la base des plantes avec une litière de paille ou de feuilles sèches.

Beschorneria yuccoides
BESCHORNERIA

Cette plante originaire du Mexique ressemble beaucoup au yucca, sans en avoir la rigidité de port. Elle forme une grande rosette de feuilles souples, vert bleuté un peu grisâtre. En mai-juin, une immense inflorescence rouge-corail émerge du cœur du feuillage. Elle mesure près de 2 m de hauteur. Les fleurs sont jaune verdâtre.
Famille : Agavacées.
Sol : toutes terres sableuses et bien drainées.
Exposition : emplacement chaud et ensoleillé.
Espèces et variétés : le genre *Beschorneria* comprend dix espèces, mais seule celle décrite ci-dessus est utilisée comme plante ornementale.
Utilisations : talus, massifs, sujet isolé, bacs.
Méthode de culture : rusticité jusqu'à - 7 °C. Dans les régions à hiver froid, cultivez cette plante comme les agaves et autres cactées, en la protégeant dans une serre froide pendant la mauvaise saison. Elle est très résistante à la sécheresse.
Notre conseil : évitez l'humidité stagnante du sol, à l'origine du jaunissement du feuillage.

Caesalpinia gilliesii
OISEAU DE PARADIS

Synonyme : *Poinciana gilliesii*. Cet arbuste caduc d'origine subtropicale développe un feuillage semblable à celui de l'acacia. Sa hauteur de 8 à 10 m est réduite dans nos contrées à 2 ou 3 m. En été, les fleurs jaunes à longues étamines rouge vif apparaissent à l'extrémité des branches.
Famille : Fabacées.
Sol : une terre légère bien drainée.
Exposition : emplacement chaud et très ensoleillé.
Espèces et variétés : on trouve également l'espèce indienne *Caesalpinia sepiaria* qui prend l'apparence d'une liane arbustive épineuse de 6 à 8 m de long. Elle se couvre de fleurs jaunes du printemps jusqu'à l'été. Des longues gousses pendantes succèdent aux fleurs. Une plante frileuse.
Utilisations : massifs, bacs, serres froides.
Méthode de culture : par temps chaud et sec, arrosez copieusement et souvent. Rusticité jusqu'à - 5 °C. Dans les régions plus froides, hivernez obligatoirement votre *Caesalpinia* en serre froide.
Notre conseil : les plus belles floraisons sont obtenues avec des sujets cultivés en pleine terre.

Callistemon citrinus
RINCE-BOUTEILLES

Cet arbuste australien au port un peu raide atteint sous nos latitudes, de 1,5 à 3 m de haut. Les feuilles gris-vert, coriaces, sont ovales et allongées. Les petites fleurs, aux étamines rouge vif démesurées sont groupées en épis cylindriques spectaculaires, de 5 à 10 cm de long.
Famille : Myrtacées.
Sol : terre humifère bien drainée.
Exposition : emplacement chaud et ensoleillé, protégé contre un mur orienté au sud ou à l'ouest.
Espèces et variétés : 'Splendens' est une forme compacte, qui sent la citronnelle quand on froisse le feuillage. *Callistemon laevis* donne une floraison remontante du printemps à l'automne. 'Little John' est apprécié pour sa taille réduite (1 m de haut), son feuillage argenté et sa floraison printanière rouge vif. *Callistemon viminalis* a un port retombant et un feuillage fin très élégant.
Utilisations : massifs, bacs, serre froide.
Méthode de culture : pour la culture en pots, utilisez un contenant d'au moins 25 à 35 cm de diamètre. Arrosez abondamment par temps chaud et sec, avec une eau non calcaire. De mai à septembre, donnez tous les quinze jours un engrais liquide. Hivernez entre 5 et 10 °C, dans une véranda. En dehors des régions méditerranéennes, installez le callistemon à l'extérieur à partir du 15 mai.
Notre conseil : le callistemon se multiplie par semis en mars ou par boutures à talon en été.

Carpobrotus acinaciformis
GRIFFE DE SORCIÈRE

Synonyme : *Mesembryanthemum acinaciforme*. Originaire d'Afrique du Sud, cette plante grasse d'une hauteur de 20 à 30 cm s'est naturalisée sur le pourtour méditerranéen. Elle présente un port étalé tapissant, avec des tiges qui peuvent atteindre de 1,5 à 2 m de long. Les feuilles sont charnues, vertes, étroites et pointues. Les grandes fleurs carmin à cœur jaune, de 5 à 10 cm de diamètre, apparaissent de mai à juillet. Elles ne s'ouvrent qu'en plein soleil.

Famille : Aïzoacées.
Sol : toutes les terres bien drainées.
Exposition : emplacement chaud et très ensoleillé.
Espèces et variétés : *Carpobrotus edulis* ressemble beaucoup à *Carpobrotus acinaciformis*, avec des grandes fleurs jaunes teintées de rose.
Utilisations : rocailles, talus, couvre-sol, potées, suspensions et jardinières.
Méthode de culture : plantez à l'extérieur en mai, dans les zones les plus brûlantes du jardin. En octobre, hivernez sous serre froide dans les régions soumises au gel. La multiplication s'effectue par bouturage pendant la période de végétation.
Notre conseil : Pour obtenir une plus belle floraison, arrosez très peu. Pas d'engrais azoté.

Celtis australis
MICOCOULIER DE PROVENCE

Originaire du sud de l'Europe et d'Asie Mineure, cet arbre vigoureux atteint une hauteur de 10 à 20 m. Le feuillage caduc est d'abord vert clair puis vert foncé en vieillissant. Les fleurs vertes insignifiantes apparaissent en même temps que les feuilles au printemps. Elles donnent des petits fruits, globuleux, noirâtres et à gros noyau dur, qui arrivent à maturité en automne.
Famille : Ulmacées.
Sol : terre profonde, un peu fraîche et bien drainée.
Exposition : le plein soleil.
Espèces et variétés : *Celtis occidentalis*, le micocoulier de Virginie, est plus rustique, de même que *Celtis bungeana*. Ils ont un beau feuillage vert vif et une écorce rugueuse grisâtre.
Utilisations : sujet isolé, arbres d'alignement.
Méthode de culture : la plantation s'effectue au printemps. La multiplication par semis est réalisée en pépinière, à l'automne ou au début du printemps. La germination est souvent longue (levée en douze à dix-huit mois). Il faut bien protéger les jeunes plants en hiver durant les premières années.
Notre conseil : rustique à Paris, *Celtis australis* ne supporte pas des climats plus froids.

▲ *Callistemon laevis* : la très originale plante « goupillon ».

▲ *Carpobrotus acinaciformis* ne fleurit qu'en plein soleil.

Celtis bungeana : un joli feuillage ample et lustré. ▶

Les plantes ornementales

▲ *Cestrum aurantiacum* : de jolies trompettes d'or.

▲ *Cistus creticus* : des fleurs chiffonnées très originales.

◄ *Convolvulus mauritanicus* : il pousse très bien en pot.

Cestrum elegans
CESTRUM

Originaire du Mexique, cet arbuste à feuilles caduques atteint 3 m de hauteur. Les fleurs tubulaires sont rouge-pourpre chez cette espèce. La floraison est abondante de mai à octobre.
Famille : Solanacées.
Sol : fertile, bien drainée.
Exposition : plein soleil.
Espèces et variétés : *Cestrum nocturnum* porte des fleurs blanc crème parfumées la nuit. *Cestrum newelli* a une floraison rouge hivernale et présente une bonne rusticité jusqu'à - 10 °C. *Cestrum aurantiacum* fleurit dans un jaune éclatant. Toutes ces espèces ont un feuillage semi-persistant.
Utilisations : massifs, bacs et véranda.
Méthode de culture : plantez en plein air en mai. Par temps chaud et sec, arrosez copieusement. Apportez de l'engrais liquide tous les quinze jours de mai à septembre. L'hiver, gardez les plantes à l'abri du gel, en véranda, en réduisant les apports d'eau. Rusticité jusqu'à - 5 °C en pleine terre. Multiplication par bouturage de tiges en août.
Notre conseil : taillez sévèrement les branches en fin d'hiver pour une meilleure floraison.

Cistus x *hybridus*
CISTE

Originaires des régions méditerranéennes, ces arbrisseaux à feuillage persistant et à port buissonnant mesurent de 30 cm à 2 m de haut. Les fleurs à cinq pétales ont une forme de coupe. Elles ne durent qu'une journée, mais elles se renouvellent sans cesse entre avril et juin.
Famille : Cistacées.
Sol : le milieu naturel des cistes est une terre sèche et pauvre. Ils donnent d'excellents résultats dans un sol neutre bien drainé.
Exposition : emplacement chaud et très ensoleillé.
Espèces et variétés : il existe une vingtaine d'espèces et un nombre considérable d'hybrides. Tous sont sensibles au gel. Les coloris des fleurs déclinent les tons de blanc, de rose ou de rouge.
Utilisations : massifs, couvre-sol, rocailles.
Méthode de culture : en avril-mai, plantez en pleine terre des plants cultivés en conteneur. Semez en mars. Bouturez les hybrides en été sous châssis.
Notre conseil : taillez après la floraison pour conserver un port touffu à la plante.

Convolvulus sabatius
LISERON DE MAURITANIE

Synonyme : *Convolvulus mauritanicus*. Originaire d'Afrique du Nord, cette plante vivace émet des tiges de 50 à 60 cm de long. Les petites feuilles persistantes ovales sont vert argenté. De juin à septembre, les fleurs en forme d'entonnoir bleu violacé ne s'ouvrent qu'en plein soleil.
Famille : Convolvulacées.
Sol : léger, toujours frais en été et bien drainé.
Exposition : emplacement ensoleillé.
Espèces et variétés : *Convolvulus cneorum* (de 50 cm à 1 m) vit bien en bord de mer. Son feuillage persistant duveteux est gris argenté. Il fleurit blanc de mai à septembre. Rusticité jusqu'à - 8 °C.
Utilisations : couvre-sol, potées, jardinières.
Méthode de culture : dans les régions aux hivers rigoureux, conservez la plante hors gel, dans une serre froide. Mettez en place à l'extérieur en

Les plantes du midi et du bord de mer

mai. Rempotez tous les ans en mars, en taillant les branches dégarnies ou desséchées. Multiplication par bouturage des jeunes tiges à la fin de l'été.
Notre conseil : arrosez fréquemment pour conserver le sol légèrement humide.

Cordyline australis
CORDYLINE

Cet arbuste de Nouvelle-Zélande et d'Australie mesure de 6 à 8 m de haut (de 1 à 2 m en pot). Les longues feuilles glauques, rubanées forment des gros bouquets à l'extrémité des branches. La floraison en panicules terminales blanc crème, parfumées, de 1 m de long apparaît en juin et juillet, uniquement chez des sujets âgés.
Famille : Agavacées.
Sol : une bonne terre de jardin bien drainée. Pour les plantes cultivées en pots, ajoutez 50 % de terreau de fumier.
Exposition : emplacement ensoleillé toute l'année.
Espèces et variétés : 'Purpurea' porte des feuilles rouge violacé. 'Aureo-Striata' a un feuillage tricolore, panaché de crème et de rose saumon.
Utilisations : massifs, balcons, serre froide.
Méthode de culture : plantez en mai. Maintenez le sol frais en été et donnez un engrais liquide tous les quinze jours. En hiver, conservez les potées en serre froide, entre 5 °C et 7 °C, en laissant la terre se dessécher (un arrosage par mois).
Notre conseil : cette espèce résiste bien aux vents marins, souvent violents et chargés de sel.

Datura spp.
DATURA

Les formes arbustives, appelées « trompettes des anges », sont maintenant classées dans le genre *Brugmansia*. Mesurant de 1,5 à 3 m de haut, elles ont de grandes feuilles semi-persistantes duveteuses et pendantes. Les espèces buissonnantes ne dépassent pas 1,20 m de hauteur. Les fleurs odorantes et très colorées, en longs cornets apparaissent de juin jusqu'aux gelées.
Famille : Solanacées.
Sol : terre riche, profonde et fraîche en été.
Exposition : emplacement chaud et ensoleillé.
Espèces et variétés : formes arbustives ; *Brugmansia sanguinea*, aux fleurs rouge-orangé. *Brugmansia* x *candida* 'Grand Marnier', parfumé, rose-orangé. *Brugmansia chlorantha*, à fleurs jaunes. Espèces annuelles : *Datura inoxia* ou *meteloides*, et *Datura metel*, à fleurs blanches très parfumées.
Utilisations : grands bacs, massifs saisonniers.
Méthode de culture : plantez en mai, en pleine terre ou dans un pot de 25 à 35 cm de diamètre. Arrosez bien par temps chaud et sec. Fertilisez tous les quinze jours de mai à septembre. En octobre, rentrez les plantes dans un abri hors gel. Laissez au sec. Rempotez en mars, après avoir rabattu les tiges sévèrement. Bouturez les espèces arbustives en été et semez les daturas annuels à la fin de l'hiver.
Notre conseil : attention, ces plantes sont très toxiques, éloignez-les des jeunes enfants.

Echium fastuosum
VIPÉRINE

Cette plante arbustive est originaire des îles Canaries. Les longues feuilles duveteuses et argentées forment une rosette persistante. Les fleurs bleues sont réunies en épi terminal de 1,5 m de haut. Elles apparaissent au printemps.
Famille : Boraginacées.
Sol : terre légère, sèche et bien drainée.
Exposition : emplacement ensoleillé et abrité.
Espèces et variétés : il existe quarante espèces, toutes peu rustiques. *Echium wildpretii* développe une hampe de 3 m de haut couverte de fleurs rose vif. *Echium pininiana* porte une tige florale solitaire bleu pâle de 3 à 4 m de hauteur. *Echium uncinatum*, de 80 cm de hauteur, a une floraison blanche.
Utilisations : massifs, grandes potées, rocailles.
Méthode de culture : installez en pleine terre ou en pot à l'extérieur de mai à octobre. Les espèces et les hybrides gélifs doivent être conservés en serre froide en hiver. La multiplication s'effectue par semis en février-mars, sous abri chauffé.
Notre conseil : la plupart des échiums meurent après la floraison. Récupérez les graines avant l'hiver.

▲ *Cordyline australis* : une générosité très exotique.

▲ *Datura chlorantha* : on l'appelle maintenant *Brugmansia*.

Echium fastuosum : une floraison extraordinaire. ▶

Les plantes ornementales

▲ *Erythrina latissima* : une espèce arbustive africaine.

▲ Une touffe d'*Euryops* au jardin exotique de Roscoff.

◄ *Feijoa sellowiana* : fleurs superbes et fruits comestibles.

Erythrina crista-galli
ÉRYTHRINE CRÊTE-DE-COQ

Parfois nommée « arbre corail », cette plante arbustive, de 1 à 3 m de hauteur, est originaire du Brésil. Elle forme une souche ligneuse vivace d'où émergent des tiges annuelles épineuses, couvertes de feuilles éparses vert glauque. Les grandes fleurs rouge vif, réunies en longues grappes, apparaissent de juin à août.
Famille : Fabacées.
Sol : plantez dans une terre riche, profonde et bien drainée. Ajoutez du fumier bien décomposé chaque année en mars.
Exposition : chaude, abritée, très ensoleillée.
Espèces et variétés : il existe une centaine d'espèces dont certaines forment des petits arbres, comme *Erythrina latissima*. *Erythrina herbacea* est une espèce mexicaine à floraison rouge cardinal.
Utilisations : sujet isolé, massifs, bacs.
Méthode de culture : installez à l'extérieur en avril-mai, en pleine terre dans les régions chaudes ou en bacs de grand volume ailleurs. Arrosez beaucoup par temps chaud et sec. À l'automne, protégez la souche avec une couche épaisse de feuilles mortes ou de tourbe. Hivernez les potées en serre froide, à une température minimale de 4 °C.
Notre conseil : au printemps, rabattez *Erythrina crista-galli* à 20 cm de la souche.

Euryops spp.
EURYOPS

Les quelque 100 espèces d'Euryops connues sont des arbustes ou des sous-arbrisseaux à feuillage persistant, dont la quasi-totalité sont originaires d'Afrique du Sud. Des plantes semi-rustiques.
Famille : Astéracées.
Sol : plutôt sec et bien drainé, ajoutez du sable au substrat pour les euryops cultivés en pots.
Exposition : plein soleil, évitez le gel.
Espèces et variétés : *Euryops acraeus* forme un coussin de 30 cm de diamètre, aux feuilles argentées, qui se couvre de fleurs jaune d'or en mai-juin. *E. pectinatus* est un arbuste aux feuilles vertes très découpées, qui porte presque toute l'année de nombreuses marguerites jaune vif de 3 à 5 cm.
Utilisations : rocailles, talus, massifs, potées. Des plantes idéales pour les jardins du bord de mer.
Méthode de culture : comme une annuelle, plantez dans les massifs après les gelées.
Notre conseil : hivernez les pieds-mères d'euryops ou conservez des boutures en véranda dans les régions froides. Taillez court en février-mars.

Feijoa sellowiana
GOYAVIER DU BRÉSIL

Synonyme : *Acca sellowiana*. Ce petit arbre fruitier d'origine sud-américaine mesure de 2 à 3 m. Touffu, il a un feuillage persistant gris-vert sur le dessus et argenté au revers. Les fleurs blanches à grandes étamines rouge vif sont très décoratives. Elles apparaissent en mai et juin. Les petits fruits comestibles d'environ 5 cm de long arrivent à maturité au début de l'automne. Peu caloriques, ils sont très riches en vitamines C.

Les plantes du midi et du bord de mer

Famille : Myrtacées.
Sol : terre argileuse profonde et bien drainée.
Exposition : emplacement chaud et ensoleillé.
Espèces et variétés : on trouve des sujets issus de semis et de variétés greffées comme 'Gemini', 'Mammouth', 'Triumph' et 'Unique'.
Utilisations : sujet isolé, verger, bac, serre froide.
Méthode de culture : rusticité jusqu'à - 10 °C. Dans les zones à hivers froids, cultivez le feijoa comme un agrume, en bac, à l'extérieur de mai à octobre et dans une serre froide en hiver.
Notre conseil : plantez plusieurs sujets pour profiter d'une fructification plus abondante.

Grevillea robusta
GRÉVILLÉA

Cette plante australienne compte 190 espèces d'arbres et d'arbustes persistants non rustiques.
Famille : Protéacées.
Sol : terre fraîche, acide et bien drainée.
Exposition : plein soleil. Forte chaleur appréciée.
Espèces et variétés : *Grevillea rosmarinifolia* (de 60 à 120 cm) a un feuillage qui ressemble à celui du romarin et une floraison printanière rouge. Rusticité jusqu'à - 10 °C. Sa variété 'Robyn Gordon' fleurit plus longtemps. *Grevillea robusta* (de 6 à 12 m) a un feuillage découpé qui évoque celui des fougères. Les fleurs jaune-orangé apparaissent en juin. *Grevillea juniperina* porte des feuilles fines, comme un conifère, et des fleurs rouges.
Utilisations : massifs, isolé, bacs, serre froide.
Méthode de culture : rustique jusqu'à - 5 °C. Arrosez bien par temps sec. Fertilisez tous les quinze jours en été. Dans le Midi, laissez-le dehors en hiver, à l'abri d'un mur au sud, avec une protection de la souche. Ailleurs, hivernez dans une véranda.
Notre conseil : évitez d'arroser avec une eau calcaire, qui provoque une chlorose du feuillage.

Hedychium gardnerianum
HÉDYCHIUM

Cette belle plante vivace d'origine indienne développe une souche rhizomateuse et des grandes tiges de 1,5 à 2 m de hauteur. Les feuilles allongées ont un pétiole engainant la tige. Les fleurs jaune citron, de juillet à septembre, ont des étamines rouge vif très proéminentes. Elles sont réunies en épis terminaux.
Famille : Zingibéracées.
Sol : terre riche, profonde, humide en été.
Exposition : emplacement chaud et ensoleillé.
Espèces et variétés : *Hedychium coccineum* 'Tara' (1,50 m), à floraison estivale rouge écarlate en épis, résiste jusqu'à - 5 °C. *Hedychium coronarium* (de 1,20 à 1,60 m) a des fleurs blanches parfumées en septembre, rusticité jusqu'à - 10 °C.
Utilisations : massifs, grands bacs, serre froide.
Méthode de culture : plantez dans un contenant volumineux. Rempotez en mars, en incorporant au substrat une grosse poignée de corne torréfiée. Installez la potée à l'extérieur de mai à octobre. Arrosez tous les jours en été et donnez un engrais liquide tous les quinze jours. Hivernez en serre froide.
Notre conseil : à l'automne, taillez les tiges ayant fleuri à leur point de naissance.

Jacaranda mimosifolia
JACARANDA

Ce bel arbre d'origine sud-américaine, au feuillage vert, caduc et très découpé, mesure de 10 à 25 m. Du printemps à l'été, les fleurs bleu-mauve sont regroupées en grappes pendantes.
Famille : Bignoniacées.
Sol : terre riche, fraîche et bien drainée.
Exposition : emplacement abrité, très ensoleillé. Ne pas exposer à des gelées inférieures à - 5 °C.
Espèces et variétés : sur les cinquante espèces connues, on ne cultive en Europe que *Jacaranda mimosifolia*, les autres étant trop frileuses.
Utilisations : sujet isolé, bacs, serre froide.
Méthode de culture : le jacaranda ne peut être cultivé en pleine terre que dans les régions à climat très doux. Ailleurs, plantez-le dans un bac et installez-le dehors de mai à octobre. Hivernez en serre froide. Semez au printemps, sous châssis.
Notre conseil : évitez des tailles trop fréquentes qui réduisent la floraison.

▲ *Grevillea juniperina* : feuilles fines et fleurs rouges.

▲ *Hedychium coccineum* : des fleurs aux longues étamines.

Jacaranda mimosifolia : un arbre exceptionnel. ▶

Les plantes ornementales

▲ *Lagerstroemia indica* : une floraison superbe.

▲ *Lotus maculatus* : une jolie plante assez étrange.

◄ *Metrosideros carminea* 'Ferris Wheel' : une merveille.

Lagerstroemia indica
LILAS DES INDES

Ce bel arbre, de 6 à 8 m de haut, pousse à l'état naturel en Asie et en Australie. Son feuillage caduc se teinte de rouge feu à l'automne. L'écorce est marbrée comme celle du platane. Floraison en panicules terminales de juin à octobre.
Famille : Lythracées.
Sol : terre riche, non calcaire et pas trop sèche.
Exposition : emplacement chaud et ensoleillé.
Espèces et variétés : 'Catawba' est pourpre foncé ; 'Coccinea', rouge sang ; 'Lie de Vin', rouge-grenat ; 'Majestic Orchid', violet foncé ; `Nivea', blanc ; 'Powatan', lavande ; 'Rosea Nova', rouge brillant, et 'Superviolacea', violet vif. Certains cultivars ont un port nain (de 1 à 1,5 m de haut) : 'Berlingot Menthe' est rose marginé de blanc. 'Petite Orchid', violet foncé, et 'Petite Red', rouge.
Utilisations : sujet isolé, alignement, bacs.
Méthode de culture : résistant à la pollution, le *Lagerstroemia* peut se cultiver en pleine terre dans le Midi, sur le littoral atlantique et dans le Sud-Ouest. Chaque année, enrichissez la terre autour de la souche, avec du fumier décomposé et du terreau de feuilles. Multiplication par bouturage en été.
Notre conseil : taillez sévèrement au printemps, en ne laissant que deux ou trois yeux par branche.

Lotus maculatus
LOTIER

Cette petite plante vivace herbacée est originaire des îles Canaries. Elle forme une touffe tapissante et persistante de feuillage vert bleuté très fin. Les fleurs, paraissant de février à juin, sont jaunes et rouges, en forme de bec d'oiseau.
Famille : Fabacées.
Sol : terre de jardin bien drainée, même calcaire. Dans un pot, ajoutez toujours des gravillons.
Exposition : un emplacement chaud et ensoleillé. Il faut absolument éviter le gel.
Espèces et variétés : *Lotus berthelotti* est une espèce très proche avec des fleurs rouges.
Utilisations : rocaille, muret, potée, suspension.
Méthode de culture : rusticité jusqu'à - 2 °C pour *Lotus berthelotti*, minimum 5 °C pour *L. maculatus*. Installez la potée à l'extérieur, de mai à octobre, et hivernez-la dans une serre froide. Apportez un engrais liquide tous les quinze jours en été, arrosez par temps chaud, mais sans excès. Multiplication par petites boutures en août.
Notre conseil : taillez un tiers des tiges et rempotez après floraison pour stimuler la croissance.

Metrosideros carminea
MYRTE ÉCARLATE

Originaires de Nouvelle-Zélande, les *Metrosideros* cultivés en Europe sont les moins frileux des quelque 50 espèces qui composent ce genre. La floraison d'une exceptionnelle intensité est formée de pétales insignifiants, mais d'étamines proéminentes et colorées, qui donnent à la plante une apparence très originale.
Famille : Myrtacées.
Sol : une bonne terre de jardin enrichie d'un fertilisant organique à base de fumiers et d'algues. En pot, un mélange par moitié de terre de jardin et de terreau de rempotage, avec une ou deux poignées de fumier déshydraté ou de compost.
Exposition : un emplacement chaud et bien ensoleillé, à l'abri des vents violents frais et secs. La rusticité est limitée à - 5 °C (*M. robustus*).
Espèces et variétés : *Metrosideros carminea* 'Ferrous Wheel' est un arbuste compact qui se couvre totalement de fleurs rouge carmin en mai-juin. *M. exelsus* et *M. robustus* forment des arbres de 10 à 20 m de haut dans leur pays d'origine et de grands arbrisseaux sur la Côte d'Azur. 'Aureus' est une variété à fleurs jaune doré.
Utilisations : les potées fleuries proposées dans le commerce sont destinées à la décoration temporaire des terrasses. Dans une véranda, la floraison des *Metrosideros* est nettement prolongée.
Méthode de culture : dans un grand pot (30 cm de diamètre) ou en pleine terre, bien à l'abri.
Notre conseil : ne mouillez pas les fleurs pour qu'elles durent plus longtemps. Attention aux cochenilles sur les plantes cultivées sous verre.

Nerium oleander
LAURIER-ROSE

Cet arbuste de 2 à 5 m de haut, à feuillage persistant, présente des grandes touffes de feuillage vert, allongé et coriace. De juin à octobre, des fleurs en bouquets s'épanouissent en abondance à l'extrémité des branches.
Famille : Apocynacées.
Sol : une terre de jardin bien drainée. Pour les sujets en pots, un mélange de terreau de fumier, de terre de jardin et de sable par tiers.
Exposition : situation chaude et ensoleillée.
Espèces et variétés : il existe des variétés à fleurs simples, semi-doubles ou doubles, blanches, jaunes, roses ou rouges, parfois bicolores. Certains cultivars sont très parfumés : 'Géant des Batailles', 'Tamouré', 'Louis Pouget', 'Roseum Plenum', 'Sœur Agnès' et 'Provence'. Les variétés 'Petite Salmon', 'Isabelle' et 'Maravenne' sont naines et conviennent parfaitement pour la culture en pot.
Utilisations : massif, haie, bac sur terrasse.
Méthode de culture : rusticité jusqu'à - 5 °C. Cultivez en caisse ou en bac dans les régions froides. En mars ou en avril, rempotez et taillez les branches de moitié. De mai à octobre, installez le laurier-rose à l'extérieur. Arrosez copieusement par temps chaud et sec, et donnez de l'engrais liquide tous les dix jours. À l'automne, hivernez en serre peu chauffée, en arrosant peu.
Notre conseil : surveillez régulièrement le feuillage pour détecter la présence de cochenilles.

Olea europaea
OLIVIER

Symbole des régions méditerranéennes, pouvant atteindre 20 m de haut, l'olivier porte des feuilles persistantes, allongées, coriaces, d'un joli gris argenté. Les petites fleurs blanches apparaissent à l'aisselle des feuilles, d'avril à juin. Les fruits comestibles arrivent à maturité entre septembre et décembre.
Famille : Oléacées.
Sol : profond, bien drainé, même caillouteux.
Exposition : plein soleil.
Espèces et variétés : olives vertes. 'Amellau', 'Lucques', 'Picholine du Gard'. Olives noires : 'Cailletier', 'Tanche' et 'Grossanne'. 'Aglandaou', 'Bouteillan' et 'Frantoio' résistent au froid.
Utilisations : sujet isolé, verger, bac.
Méthode de culture : rusticité jusqu'à - 8 °C. À la plantation, faites un apport d'engrais minéral et maintenez le point de greffe à quelques centimètres au-dessus du sol. Taillez tous les ans pour supprimer les branches grêles et stériles.
Notre conseil : patience... l'olivier ne produit des fruits en quantité qu'après quinze ans de culture.

Osteospermum
DIMORPHOTÉCA

Bien que les deux genres soient distingués par les botanistes, les jardiniers ont tendance à nommer *Dimorphoteca* les espèces cultivées comme annuelles et *Osteospermum*, les formes vivaces semi-rustiques. Il existe 70 espèces d'*Osteospermum*, originaires d'Afrique du Sud, que l'on cultive pour leurs capitules colorés d'une grande finesse, qui s'épanouissent de mai à octobre.
Famille : Astéracées.
Sol : léger, bien drainé, pas trop riche.
Exposition : très ensoleillée, chaude. La rusticité est comprise entre - 5 et - 10 °C.
Espèces et variétés : *Osteospermum caulescens* est une forme couvre-sol de 10 cm de haut, qui s'étale sur 60 cm, formant des fleurs blanches. *O. jucundum* (ou *O. barberae*), de 10 à 50 cm de haut et jusqu'à 1 m de large selon les cultivars, porte des capitules rose magenta. On cultive essentiellement des hybrides, notamment les 'Whirligig', aux fleurons originaux, très fins et spatulés.
Utilisations : en potées ou en bordure dans les massifs et les grandes rocailles, en association avec des plantes à feuillages ou des succulentes.
Méthode de culture : dans les jardins du bord de mer, cultivez les *Osteospermum* en pleine terre. Ailleurs, traitez-les comme des annuelles.
Notre conseil : par temps humide, attention au mildiou qui tache les feuilles et affaiblit la plante.

▲ *Nerium oleander* : sa beauté cache un poison violent.

▲ *Olea europaea* : un arbre persistant et productif.

▲ Les olives sont récoltées vertes, ou noires à maturité.

Osteospermum jucundum avec une euphorbe. ▶

Les plantes ornementales

jardin d'agrément

▲ *Pinus pinea* : une silhouette étalée très caractéristique.

▲ *Plumbago capensis* : beaucoup d'élégance et de couleur.

◄ *Polygala myrtifolia* : une longue floraison généreuse.

Pinus pinea
PIN PARASOL

Appelé également « pin pignon », ce beau conifère peut atteindre une hauteur de 20 m. Il développe lentement une grande ramure d'abord arrondie puis étalée en dôme. L'écorce prend une couleur rouge ou orangée avec l'âge. Les feuilles vert foncé ont l'aspect d'aiguilles. Des cônes sphériques légèrement pointus apparaissent sur les arbres de trente ans et plus.
Famille : Pinacées.
Sol : terre bien drainée, même calcaire.
Exposition : emplacement en plein soleil. Cette espèce supporte la sécheresse une fois bien établie.
Espèces et variétés : parmi les pins adaptés à une culture en bord de mer, *Pinus halepensis*, le pin d'Alep, atteint de 15 à 20 m et forme une large couronne, même en sols difficiles. Il est rustique jusqu'à - 10 °C. *Pinus eldarica* ressemble au précédent, mais il est plus résistant au froid.
Utilisations : sujet isolé et alignement.
Méthode de culture : limitez la plantation du pin parasol aux régions à hivers doux, dans le midi et l'ouest de la France. Multiplication par semis.
Notre conseil : les cônes mûrissent au bout de deux ans. Ils renferment des graines à amande comestible utilisée en pâtisserie : la pigne.

Plumbago auriculata
DENTELAIRE DU CAP

Cette espèce grimpante sud-africaine, dénommée aussi *Plumbago capensis*, développe des tiges qui peuvent atteindre près de 5 m de long. Les feuilles vertes sont caduques. Les fleurs bleu azur, réunies en longues panicules souples et très élégantes, apparaissent de mai à novembre.
Famille : Plumbaginacées.
Sol : une bonne terre de jardin légère, bien drainée. En pot, utilisez un mélange à parts égales de terre de jardin, de terreau, de tourbe et de sable.
Exposition : emplacement ensoleillé.
Espèces et variétés : 'Alba' a une floraison blanche et 'Azur' est bleu profond. *Plumbago indica*, ou *coccinea*, est plus frileux. C'est une espèce sarmenteuse d'origine asiatique, à fleurs roses.
Utilisations : potée, massif, serre froide.
Méthode de culture : de mai à octobre, installez votre *Plumbago* en pleine terre, sa croissance et sa floraison seront plus belles. Arrosez beaucoup par temps chaud et sec. Tuteurez régulièrement les nouvelles pousses qui se développent. Peu rustique (jusqu'à - 5 °C), il doit être rempoté au début de l'automne pour être hiverné dans une serre froide.
Notre conseil : rabattez les tiges à 15 ou 20 cm du sol au tout début du printemps.

Polygala myrtifolia
POLYGALA

Cet arbuste sud-africain, à feuillage persistant, forme un buisson érigé très ramifié, d'environ 1,5 à 2 m de hauteur. Les feuilles vert pâle sont ovales et étroites. L'abondante floraison, en grappes terminales mauve-pourpre, se prolonge du printemps jusqu'à l'automne.
Famille : Polygalacées.
Sol : terre riche et humifère, bien drainée.
Exposition : emplacement chaud et ensoleillé.
Espèces et variétés : 'Grandiflora' est la forme la plus cultivée. Elle ne diffère du type que par ses fleurs plus grandes (4 cm de diamètre).
Utilisations : décoration estivale des massifs, rocaille, potées sur balcon, serre froide.

Les plantes du midi et du bord de mer

Méthode de culture : de mai à octobre, installez le polygala à l'extérieur, en arrosant copieusement par temps chaud. Donnez de l'engrais liquide tous les quinze jours. Il ne résiste pas à des températures inférieures à - 5 °C. Hivernez-le en pot dans une orangerie ou une serre froide, en réduisant les arrosages au minimum, pour éviter le dessèchement. En février, rabattez les tiges de moitié.
Notre conseil : les plantes en pot doivent être rempotées chaque année en mars ou en avril.

Raphiolepis indica
RAPHIOLEPIS

Originaire du sud de la Chine, ce petit arbuste à feuilles persistantes forme un buisson d'environ 1,5 à 2 m de hauteur. Les feuilles ovales sont vertes et brillantes. Les petites fleurs blanches teintées de rose sont groupées en panicules à l'extrémité des branches. Floraison printanière.
Famille : Rosacées.
Sol : terre riche et humifère, toujours fraîche en été. En pot, mélange de terreau de fumier, de tourbe et de sable par tiers.
Exposition : emplacement chaud et ensoleillé.
Espèces et variétés : 'Enchantress' est une forme naine plus compacte, de 1,5 m de haut. 'Springtime' a une croissance rapide, un feuillage vert bronze, et une floraison précoce de janvier à avril. *Raphiolepis* x *delacourii*, atteignant jusqu'à 2 m de haut, donne des fleurs roses en avril-mai.
Utilisations : massif, bac, serre froide.
Méthode de culture : le raphiolepis est rustique sous le climat de l'olivier. Dans les autres régions, cultivez-les en grandes potées, à l'extérieur de mai à octobre et en serre froide tout l'hiver. Multiplication par bouturage en août.
Notre conseil : l'arrosage doit être abondant en été pour maintenir l'indispensable fraîcheur du sol.

Russelia juncea
PLANTE CORAIL

Synonyme : *Russelia equisetiformis*. Cette plante vivace mexicaine développe des longs rameaux flexibles à port retombant. Les feuilles persistantes sont réduites à l'état d'écailles. De mai à septembre, la plante se couvre de fleurs en tube rouge-corail, réunies en grappes pendantes.
Famille : Scrophulariacées.
Sol : terre riche, humifère et bien drainée.
Exposition : situation chaude, en plein soleil.
Espèces et variétés : le genre comprend une quarantaine d'espèces. Seule *Russelia juncea* est utilisée comme plante ornementale.
Utilisations : potée, suspension, talus.
Méthode de culture : la plante corail n'est vraiment rustique que sous le climat de l'oranger. Cultivez-la en pot pour pouvoir l'hiverner à l'abri du gel dans une serre froide ou une véranda peu chauffée. Pendant la belle saison, laissez-la à l'extérieur en l'arrosant abondamment par temps chaud et sec. Un apport d'engrais liquide tous les dix jours favorise une floraison plus abondante.
Notre conseil : au début du printemps, supprimez tous les rameaux desséchés et raccourcissez ceux qui sont trop longs pour équilibrer la plante.

Schinus molle
FAUX POIVRIER

Ce bel arbre (de 6 à 15 m) à feuillage persistant porte des rameaux très souples, couverts de feuilles composées de folioles étroites gris-vert. Les minuscules fleurs jaunes sont réunies en grappes. Elles apparaissent de juin à septembre et donnent de petits fruits rouges au goût poivré.
Famille : Anacardiacées.
Sol : bien drainé, même un peu sec.
Exposition : emplacement ensoleillé ou à mi-ombre, à l'abri des vents frais.
Espèces et variétés : on recense 30 espèces de *Schinus*, natives du Mexique et d'Amérique du Sud.
Utilisations : sujet isolé, alignement.
Méthode de culture : la culture en pleine terre du faux poivrier n'est possible que dans les régions au climat très doux. Il pousse assez mal en bac.
Notre conseil : les fruits restent longtemps accrochés aux branches et peuvent être utilisés pour confectionner des bouquets séchés odorants.

Schinus molle : son feuillage sent très fort le poivre. ▶

▲ *Raphiolepis indica* : un arbuste persistant et florifère.

▲ *Russelia equisetiformis* : beaucoup de subtilité.

499

Les plantes ornementales

▲ *Senecio* x 'Sunshine' : idéal pour le bord de mer.

▲ *Solandra grandiflora* : une fleur de 30 cm de diamètre.

Senecio x 'Sunshine'
SENECIO

Synonymes : *Brachyglottis* 'Sunshine', *Senecio greyi*. Cet hybride d'origine horticole résulte du croisement de *Senecio compactus* avec *Brachyglottis laxifolius*. Il forme un petit arbrisseau de 1 m de hauteur, aux feuilles ovales et persistantes, vert-gris sur le dessus et blanc argenté au revers. Les fleurs à l'aspect de marguerites jaune d'or apparaissent tout l'été.
Famille : Astéracées.
Sol : terre bien drainée, même un peu calcaire.
Exposition : situation chaude et ensoleillée.
Espèces et variétés : *Senecio compactus* et *Brachyglottis monroi* (ou *Senecio monroi*) ont un port compact plus arrondi et un feuillage plus petit. Ils sont légèrement moins rustiques.
Utilisations : massif, petite haie.
Méthode de culture : évitez les vents froids. La plante résiste très bien au climat du bord de mer.
Notre conseil : ôtez les fleurs fanées et rabattez la touffe pour conserver un port dense et ramifié.

Solandra grandiflora
SOLANDRA

Cet arbre mexicain au port grimpant ramifié, atteint de 2 à 5 m de haut. Les feuilles ovales et épaisses sont vertes et brillantes. Les grandes fleurs de 15 à 30 cm de long, en forme d'entonnoir, sont jaune crème et dégagent un parfum entêtant, plus fort le soir. Floraison en été.
Famille : Solanacées.
Sol : en pot, faites un mélange de bonne terre de jardin, de sable et de terreau de fumier par tiers.
Exposition : situation chaude et très ensoleillée.
Espèces et variétés : *Solandra maxima* (ou *Solandra hartwegii*), moins sarmenteux, mesure de 2 à 3 m. Ses fleurs printanières parfumées présentent cinq striures pourpres dans la corolle.
Utilisations : potée, treillage, serre froide, véranda.
Méthode de culture : plantez-le dans un grand bac avec une épaisse couche de drainage. De fin mai à septembre, installez la potée dehors, à l'abri d'un mur. Hivernez en serre chauffée de 8 à 12 °C.
Notre conseil : chaque année lors du rempotage, apportez engrais organique et fumier décomposé.

Solanum rantonnetii
SOLANUM

Cet arbuste buissonnant originaire du Paraguay et d'Argentine forme une touffe d'environ 1,5 à 2 m de haut. Le feuillage vert, légèrement duveteux, est semi-persistant. Les fleurs bleu violacé de 3 à 4 cm de diamètre sont regroupées en petits bouquets aux extrémités des branches. Floraison de juin à novembre, ou toute l'année dans les régions à climat très doux.
Famille : Solanacées.
Sol : bien drainé. En pot, mélange de terreau de fumier, de sable et de terre de jardin par tiers.
Exposition : emplacement très ensoleillé.
Espèces et variétés : 'Outremer' a des fleurs bleu-violet foncé, plus grandes que le type.
Utilisations : massif, potée, serre froide.
Méthode de culture : installez-le à l'extérieur fin mai. Par temps chaud et sec, arrosez pour maintenir un sol toujours frais. En octobre, hivernez le en pot en serre froide. Rusticité jusqu'à - 10 °C.
Notre conseil : chaque année en mars, rabattez les tiges à moitié de leur longueur et rempotez.

◄ *Solanum rantonnetii* : un arbuste très florifère en été.

Les plantes du midi et du bord de mer

Strelitzia reginae
OISEAU DE PARADIS

Cette plante sud-africaine, proche cousine des bananiers, forme une touffe de grandes feuilles vert bleuté, dressées et coriaces, de 1,50 m de haut. Les fleurs, bleu, violet, orange et rouge, apparaissent de décembre à mai.
Famille : Strélitziacées.
Sol : installez-le dans un bac de 35 à 45 cm de diamètre, rempli d'un mélange de terreau de fumier, de terre de jardin et de sable par tiers.
Exposition : situation chaude et très ensoleillée.
Espèces et variétés : le genre comprend cinq espèces et quelques variétés peu commercialisées.
Utilisations : bac, serre, véranda, fleur coupée.
Méthode de culture : non rustique. De fin mai à octobre, installez-le dehors, distribuez un engrais liquide tous les dix jours et arrosez bien. Hivernez en serre (10 °C), en arrosant peu. Rempotez tous les deux ans, en mars ou après la floraison.
Notre conseil : le strélitzia demande un grand contenant pour bien étaler ses larges racines.

Streptosolen jamesonii
STREPTOSOLEN

Ce petit arbuste persistant pousse à l'état naturel en Colombie et au Pérou, en altitude. Haut de 60 cm à 1,50 m, il présente des feuilles ovales légèrement ondulées, vertes et brillantes. D'avril à juin, les fleurs simples, orange vif, en forme d'entonnoir avec un long tube, sont réunies en bouquets à l'extrémité des tiges.
Famille : Solanacées.
Sol : un mélange bien drainé de terre de jardin, de terreau de fumier et de sable par tiers.
Exposition : lieu chaud, abrité et ensoleillé.
Espèces et variétés : il n'existe qu'une espèce.
Utilisations : massif, potée et jardinière.
Méthode de culture : faible rusticité (- 3 °C). En dehors de la zone de l'oranger, sortez la plante à la belle saison et fertilisez-la généreusement.
Notre conseil : cette espèce est très sensible aux aleurodes et aux pucerons. Traitez préventivement au moins une fois par mois.

Tropaeolum speciosum
CAPUCINE ROUGE

Cette liane vivace originaire du Chili développe des tiges volubiles de 3 à 5 m de longueur, qui disparaissent en hiver et repartent au printemps à partir de la souche rhizomateuse souterraine. Les feuilles vert vif sont découpées en 6 lobes. Les fleurs simples, rouge vif, s'ouvrent de juin à septembre. Elles donnent des fruits bleu-indigo.
Famille : Tropaéolacées.
Sol : terre acide, humifère, toujours fraîche en été.
Exposition : emplacement humide à l'ombre.
Espèces et variétés : *Tropaeolum tuberosum*, espèce grimpante d'environ 2 m de haut, de culture plus facile, donne des fleurs orange et écarlates. 'Ken Aslet' fleurit de juin aux gelées.
Utilisations : sous-bois, treillage, dans une haie.
Méthode de culture : plantez-la en pleine terre, en évitant de casser la motte entourant les rhizomes.
Notre conseil : elle apprécie les régions à climat doux et humide telles que la Bretagne ou l'Écosse.

▲ *Strelitzia reginae* : une curieuse fleur de longue durée.

▲ *Streptosolen jamesonii* : des fleurs aux couleurs de l'été.

Tropaeolum speciosum : une petite merveille délicate. ▶

501

Les plantes ornementales

jardin d'agrément

LES PALMIERS DE JARDIN

Plantes évocatrices de soleil et de vacances, les palmiers apportent une ambiance exotique dans un jardin. Certaines espèces sont suffisamment rustiques pour être cultivées en plein air jusqu'en Île-de-France.

Brahea armata
PALMIER BLEU

Synonyme : *Erythea armata* (tous les *Erythea* sont regroupés dans le genre *Brahea*). Il est originaire de la Basse Californie et du Mexique. D'une hauteur de 10 à 15 m, le stipe (le tronc des palmiers) est massif et élargi à la base. Les feuilles palmées sont couvertes d'une cire gris-bleu argenté. Les longues inflorescences de 5 m et plus sont spectaculaires. Elles portent des fleurs crème, puis des petits fruits ronds marron.
Famille : Palmacées.
Sol : terre riche, légère et sablonneuse, acide ou légèrement alcaline, très bien drainée.
Exposition : emplacement chaud et ensoleillé.
Espèces et variétés : ce genre comprend treize espèces. *Brahea edulis* présente une large couronne de feuilles palmées, glauques et coriaces. De croissance assez rapide, sa hauteur maximale est de 10 m. La rusticité est très convenable.
Utilisations : sujet isolé, alignement, bacs.
Méthode de culture : en pleine terre, les brahéas peuvent résister jusqu'à -10 °C si le sol est sec. Leur croissance est relativement lente.
Notre conseil : il faut une forte chaleur estivale pour que ce palmier se développe bien.

▲ *Brahea armata* : un superbe palmier au feuillage bleu.

◄ *Butia eriospatha* : une des huit espèces du genre.

Butia capitata
PALMIER VINAIGRE

Originaire du Brésil et de l'Uruguay, ce beau palmier peut atteindre une hauteur de 3 à 6 m. Il forme une large couronne de quarante à cinquante feuilles palmées de 1,5 à 2 m de long. D'abord raides et dressées, elles s'inclinent vers le sol. Les sujets âgés donnent des inflorescences volumineuses (jusqu'à 1,5 m de long) composées d'une multitude de fleurs crème. Les fruits de 3 cm de diamètre sont comestibles.
Famille : Palmacées.
Sol : toutes terres profondes, bien drainées.
Exposition : chaude et en plein soleil.
Espèces et variétés : le genre *Butia* comprend huit espèces. Il existe de nombreux hybrides obtenus par croisements avec des *Jubaea* et des *Syagrus*. *Butia capitata* a de nombreuses variétés comme 'Subglobosa', 'Virescens' et 'Strictior'.
Utilisations : sujet isolé, alignement, bacs.
Méthode de culture : cette espèce à croissance lente les premières années résiste au froid jusqu'à - 15 °C. On peut la cultiver en pleine terre dans la zone de l'olivier et sur le littoral atlantique.
Notre conseil : ce palmier exige des arrosages très abondants par temps sec et chaud.

Chamaerops humilis
PALMIER NAIN

Cette petite espèce est la seule du genre originaire d'Europe. Elle forme des touffes presque rondes de plusieurs stipes assez minces. Les feuilles palmées, arrondies, sont vert clair dessus et argentées au revers. Hauteur et envergure de 3 à 4 m. Cette espèce est dioïque.
Famille : Palmacées.
Sol : toutes terres très bien drainées, sableuses.
Exposition : lieu abrité, en plein soleil.
Espèces et variétés : ce genre ne comprend plus qu'une seule espèce, mais il y a beaucoup de varié-

Les palmiers de jardin

tés, dont une marocaine à feuilles presque bleues.
Utilisations : massif, sujet isolé et bac.
Méthode de culture : ce palmier résiste jusqu'à - 15 °C. Installez les sujets cultivés en bacs à l'abri des vents froids. De croissance rapide, ils forment des rejets dès la troisième année. Engrais l'été.
Notre conseil : aucune taille n'est nécessaire. Supprimez seulement les palmes desséchées.

Phoenix canariensis
PHOENIX

Commun sur la Côte d'Azur, ce grand palmier originaire des îles Canaries atteint 20 m de haut. Le stipe massif, brun foncé, porte les cicatrices des anciennes feuilles. Les palmes vertes, brillantes, en panaches, atteignent 4 m de long. Les sujets mâles développent de courtes inflorescences crème. Les pieds femelles ont des fleurs jaune-orangé et portent des petites dattes.
Famille : Palmacées.
Sol : terre riche, drainée, profonde.
Exposition : plein soleil, avec une bonne aération.
Espèces et variétés : *Phoenix dactylifera*, le palmier dattier, a un stipe plus mince. Il demande un climat très chaud et sec, indispensable pour que les dattes mûrissent. *Phoenix roebelinii* ne dépasse pas 3 m de hauteur. Cultivez-le à l'intérieur.
Utilisations : sujet isolé, alignement, bacs.
Méthode de culture : de croissance rapide et facile, il peut fleurir dès la dixième année. Dans le midi de la France, *Phoenix canariensis* se ressème spontanément. Les graines germent en deux mois.
Notre conseil : ce palmier supporte bien la transplantation quelle que soit sa taille.

Trachycarpus fortunei
PALMIER À CHANVRES

Synonyme : *Chamaerops excelsa*. Également appelé « palmier de Chine », il est planté dans toutes les régions tempérées du globe. Originaire du centre de la Chine et du nord de l'Inde, il pousse dans des régions aux hivers assez vifs. Il forme un stipe de 7 à 8 m de haut, avec une large couronne de feuilles vert foncé, arrondies et palmées. Les *Trachycarpus* sont dioïques (pieds mâles et femelles séparés).
Famille : Palmées.
Sol : terre riche et acide, toujours humide en été.
Exposition : emplacement ensoleillé, légèrement ombragé, plutôt au nord dans le Midi.
Espèces et variétés : ce genre comprend huit espèces. *Trachycarpus martianus* est une forme splendide d'une dizaine de mètres de hauteur, mais il est peu résistant au froid.
Utilisations : sujet isolé, alignement, bacs.
Méthode de culture : ce palmier déteste les climats excessivement chauds et secs. Les vents violents abîment les feuilles. Arrosez beaucoup en été.
Notre conseil : si vous habitez une région plutôt froide, commencez par cultiver ce palmier avant d'essayer d'autres espèces moins rustiques.

Washingtonia filifera
PALMIER JUPON

Originaire de Californie et du Mexique, il développe un stipe épais, élargi à la base, haut de 10 à 15 m. La couronne de feuilles est constituée d'un grand nombre de feuilles palmées vert clair, munies de filaments blanchâtres très allongés et bouclés. Les anciennes feuilles séchées restent sur le stipe, formant une masse compacte.
Famille : Palmacées.
Sol : terre bien drainée, profonde, riche, légère.
Exposition : emplacement très ensoleillé.
Espèces et variétés : le genre ne regroupe que deux espèces. *Washingtonia robusta* est un palmier gracile, très élancé avec un stipe mince qui peut atteindre plus de 20 m de haut. Sa croissance est très rapide, mais il est un peu moins rustique que *Washingtonia filifera* à préférer sous nos climats.
Utilisations : sujet isolé, alignement, bacs.
Méthode de culture : la rusticité est correcte jusqu'à - 8 °C ou - 9 °C. Ce palmier apprécie des arrosages copieux et des apports d'engrais en été.
Notre conseil : il n'est pas nécessaire de tailler les feuilles sèches, car elles protègent le palmier du froid et de la plupart des maladies.

▲ *Chamaerops humilis* 'Glauca' : un palmier solide.

▲ *Phoenix canariensis* dans un jardin de Cornouailles.

▲ *Trachycarpus fortunei* : le plus rustique des palmiers.

Washingtonia robusta : un très grand palmier élancé. ▶

CALENDRIER DE CULT

Fleurs	Décembre Janvier	Février	Mars	Avril	Mai	Juin	Juillet	Août	Septembre	Octobre
Agératum		✋	✋	✋	🌼	🌼	🌼	🌼	🌼	🌼
Ancolie				✋	🌸	🌸				
Arabis				✋ 🌼	✋ 🌼	✋				
Aubriète				✋	✋ 🌼	✋ 🌼	✋ 🌼			
Bégonia	✋	✋				🌺🌸	🌺🌸	🌺🌸	🌺🌸	🌺🌸
Belle-de-jour				✋	✋	🌸	🌸	🌸	🌸	
Belle-de-nuit				✋	✋ 🌸	🌸	🌸			
Campanule bisannuelle					✋	✋ 🌼	✋ 🌼			
Campanule vivace					✋	✋	🌼	🌼	🌼	🌼
Capucine					✋	✋	🌼	🌼	🌼	🌼
Célosie			✋	✋	✋		🌺	🌺	🌺	🌺
Centaurée					🌼	🌼	🌼	🌼	✋ 🌼	
Chrysanthème					✋	✋			🌼	🌼
Clarkia					✋	✋	🌺	🌺	🌺	
Cobée			✋	✋			🌼	🌼	🌼	
Cosmos				✋	✋	✋	🌼🌺	🌼🌺	🌼🌺	🌼🌺
Dahlia nain			✋	✋	✋		🌸	🌸	🌸	🌸
Delphinium vivace					✋	✋ 🌼	🌼			
Dimorphotéca				✋	✋	🌼	🌼	🌼	🌼	🌼
Eschscholzia			✋	✋	🌼	🌼	🌼	🌼	🌼	
Ficoïde				✋	✋	✋	🌼🌺	🌼🌺	🌼🌺	

 Semis en plein air    Semis sous abri   Fleurs de couleurs variées   Fleurs roses ou mauves

E DES FLEURS (d'agératum à ficoïde)

Novembre	Technique de semis	Profondeur de semis (cm)	Jours nécessaires à la levée	Éclaircissage (cm)	Distances de plantation (cm)	Nombre de graines au gramme	Faculté germinative (années)	Utilisation
	Sous abri chauffé	En surface	6	5	15	5 000	5	Bordure, jardinière
	En pleine terre, en pépinière	0,5	20	10	30	800	2	Massif, bouquet
	En pleine terre, en pépinière	0,5	10-20	10-12	15-20	700	5	Bordure, rocaille, muret
	En pleine terre, en pépinière	En surface	15-20	10	20-30	3 000-5 000	3	Bordure, rocaille, muret
	Sous abri chauffé	En surface	7-10	5	15	40 000-50 000	5	Bordure, jardinière
	En place	1	6	15-20	40	100	5	Massif, treillage
	En place	2	8-10	15-20	25-30	14	6	Massif
	En pleine terre, en pépinière	En surface	8-10	10-15	30-40	4 000	4	Massif, bouquet
	En pleine terre, en pépinière	En surface	15-20	5-10	20-30	10 000	3	Massif, rocaille, balcon
	En pleine terre, en pépinière	2-3	8-10	15-30	30-50	5	6	Bordure, massif, treillage
	En pleine terre, en pépinière	0,5	6-8	5-10	15	1 200	5	Bordure, massif, balcon
	En place	1	8-15	10-15	30	250	4	Massif, bouquet
	En place	0,5	6-10	15-20	15-20	600	4	Massif, bouquet, prairie
	En place	En surface	6	15-20	15-20	3 500	6	Massif, bouquet
❀	En place	2	15-20	20-30	50-80	15	5	Treillage, clôture, balcon
	En place	1	8-10	10-15	20-30	200	5	Massif, bouquet
	En pleine terre, en pépinière	1	6	5-10	15-20	150	3	Bordure, massif, balcon
	En pleine terre, en pépinière	0,5	15-20	10-20	30-50	600	4	Massif, bouquet
	En place	1	10	5-10	15-20	380	1	Massif, rocaille, bordure
	En place	0,5	10	10-15	20	600	5	Massif, prairie
	En place	En surface	15	5-10	10-15	5 500	5	Bordure, rocaille, balcon

 Fleurs jaunes ou orange  Fleurs blanches   Fleurs bleues ou violettes   Fleurs rouges ou pourpres

CALENDRIER DE CULTU

Fleurs	Décembre Janvier	Février	Mars	Avril	Mai	Juin	Juillet	Août	Septembre	Octobre
Gaillarde				🤏	🤏	🤏🌼	🌼	🌼	🌼	
Gazania						🤏🌼	🤏🌼	🤏🌼	🌼	🌼
Géranium (*Pelargonium*)	🤏	🤏			🌼🌸	🌼🌸	🌼🌸	🌼🌸	🌼🌸	
Gerbera	🤏	🤏				🌼🌼	🤏🌼	🤏🌼	🌼	
Giroflée d'été		🤏	🤏	🤏	🤏	🌸🌼	🌸🌼	🌸🌼	🌸🌼	
Giroflée ravenelle			🌼🌼	🌼🌼	🌼🌼	🤏	🤏			
Godétia			🤏	🤏	🤏	🌼🌸	🌼🌸	🌼🌸	🤏	
Haricot d'Espagne			🤏	🤏	🤏		🌼		🌼	🌼
Impatience		🤏	🤏	🤏		🌼	🌼	🌼	🌼	🌼
Ipomée			🤏	🤏		🌼	🌼	🌼	🌼	
Lavatère				🤏	🤏		🌸🌼	🌸🌼	🤏🌸	
Lupin				🤏	🤏🌸	🤏🌸			🌼	🌼
Maïs multicolore				🤏	🤏					🌼
Muflier			🤏	🤏	🌼	🌼	🌼	🌼	🌼	
Myosotis			🌸🌼	🌸🌼		🤏	🤏	🤏		
Némésia			🤏	🤏		🌼	🌼	🌼	🌼	🤏
Œillet Chabaud		🤏	🤏				🌼	🌸		
Œillet d'Inde		🤏	🤏	🤏		🌼	🌼	🌼	🌼	🌼
Œillet-de Chine			🤏	🤏	🤏	🌸	🌼	🌼		
Œillet de Nice			🤏	🤏					🌼	🌼
Œillet de poète				🤏	🤏🌸	🤏🌸	🌼			

 Semis en plein air  Semis sous abri   Fleurs de couleurs variées   Fleurs roses ou mauves

506

DES FLEURS *(de gaillarde à œillet de poète)*

Novembre	Technique de semis	Profondeur de semis (cm)	Jours nécessaires à la levée	Éclaircissage (cm)	Distances de plantation (cm)	Nombre de graines au gramme	Faculté germinative (années)	Utilisation
	En place	1	8	10	15-20	300-400	1-3	Massif
	En pleine terre, en pépinière	1	20	5-8	15-20	300	2	Massif, rocaille, balcon
	Sous abri	1	10-15	5-10	20-30	200	1	Massif, potée, balcon
	En pleine terre, en pépinière	1	10-15	5-8	15-20	250	4	Massif, bouquet
	En pleine terre, en pépinière	0,5	6	8-10	20-30	700	5	Massif, bouquet
	En pleine terre, en pépinière	0,5	5-7	5-8	15-20	650	4	Massif, potée
	En place	Surface	8-10	5-8	10-15	3 500	4	Massif
	En place	3	6	30-40	40-50	2	3	Treillage, clôture, pylône
	Sous abri chauffé	0,5	8	5-8	10-15	2 000	2	Massif, potée, suspension
	En place	2	10	10	30-40	40	5	Treillage, clôture, pylône
	En place	0,5	15-20	8-10	20-30	1 500	6	Massif, bouquet
	En pleine terre, en pépinière	2	10	8-10	20-30	35	4	Massif, bouquet, potée
	En place	3-4	8-10	10	20-25	2-3	3	Massif, bouquet
	Sous abri	0,5	6-8	5-8	15-25	5 000	4	Massif, bouquet, potée
	En pleine terre, en pépinière	0,5	8	5-8	15-20	1 800	4	Massif, potée, balcon
	En place	0,5	5-10	5-10	10-15	3 500	3	Massif
	Sous abri	1	5-6	10	20	1 000	5	Bouquet, potée
	Sous abri	2	5-7	5-8	10-15	300-400	3	Bordure, jardinière
	En pleine terre, en pépinière	1	5-6	10	15-20	1 000	5	Massif, bouquet, potée
	Sous abri	1	5-6	10	20	1 000	5	Massif, bouquet, potée
	En pleine terre, en pépinière	1	8	8-10	20-30	1 000	5	Massif, bouquet

 Fleurs jaunes ou orange    Fleurs blanches   Fleurs bleues ou violettes   Fleurs rouges ou pourpres

CALENDRIER DE CULTU

Fleurs	Décembre Janvier	Février	Mars	Avril	Mai	Juin	Juillet	Août	Septembre	Octobre
Œillet-marguerite						🌸	🌸	🌸	🌸	🌸
Œillet mignardise				🌱	🌸	🌸	🌸			
Pâquerette			🌼	🌼	🌼	🌼	🌱	🌱		
Pavot annuel			🌱	🌱			🌺	🌺		
Pavot vivace				🌱	🌱	🌺				
Pensée	🌸	🌸	🌸	🌸	🌸	🌸	🌱	🌱		🌸
Pétunia	🌱	🌱	🌱	🌱	🌸	🌸	🌸	🌸	🌸	
Pied-d'alouette annuel			🌱	🌱		🌸	🌸	🌸		
Pois de senteur			🌱	🌱	🌱	🌸	🌸	🌸	🌸	🌱
Pourpier			🌱	🌱	🌱	🌸 🌸	🌸 🌸	🌸 🌸		
Primevère des jardins		🌸	🌱	🌸	🌸	🌸				
Reine-marguerite			🌱	🌱	🌱			🌸	🌸	🌸
Rose d'Inde		🌱	🌱	🌱		🌼	🌼	🌼	🌼	🌼
Rose trémière				🌱	🌱	🌱	🌸	🌸	🌸	🌸
Sauge		🌱	🌱	🌱	🌺	🌺	🌺	🌺	🌸	
Scabieuse			🌱	🌱			🌸	🌸	🌸	🌸
Soleil (tournesol)			🌱	🌱	🌱		🌼	🌼	🌼	🌼
Souci			🌱	🌱	🌱	🌼	🌼	🌼	🌼	
Verveine		🌱	🌱	🌱			🌺 🌸	🌺 🌸	🌺 🌸	🌺 🌸
Violette cornue			🌱	🌱	🌸	🌸	🌱	🌱		
Zinnia			🌱	🌱	🌱		🌺 🌼	🌺 🌼	🌺 🌼	🌺 🌼

 Semis en plein air  Semis sous abri Fleurs de couleurs variées Fleurs roses ou mauves

DES FLEURS *(d'œillet-marguerite à zinnia)*

Novembre	Technique de semis	Profondeur de semis (cm)	Jours nécessaires à la levée	Éclaircissage (cm)	Distances de plantation (cm)	Nombre de graines au gramme	Faculté germinative (années)	Utilisation
	Sous abri	1	5-6	10	20	1 000	5	Bouquet
	En pleine terre, en pépinière	1	5-6	10	20-30	600	5	Massif, rocaille, balcon
	En pleine terre, en pépinière	Surface	6	5-8	10	6 000	5	Massif, dallage, prairie
	En place	Surface	12	8-10	10-15	7 000	5	Massif, bouquet, prairie
	En place	Surface	10-20	8-10	20-30	4 000	5	Massif, bouquet
	En pleine terre, en pépinière	2	8-10	5-8	15-25	350	3	Massif, potée, balcon
	Sous abri chauffé	Surface	5-7	5-8	20-30	10 000	6	Massif, balcon, suspension
	En place	1	15-20	8-10	15-25	600	4	Massif, bouquet, prairie
	En place	2	10	8-10	20-40	12	5	Massif, treillage, clôture
	En place	Surface	14	5-8	10-20	10 000	3	Bordure, balcon, rocaille
	Sous abri	1	15	5-8	15-20	1 100	4	Massif, rocaille, balcon
	En pleine terre, en pépinière	1	8-12	5-8	20-30	500	1-2	Massif, balcon, bouquet
	Sous abri	2	5-7	5-8	20-30	350	3	Massif, bouquet
	En place	1	5-10	30	30-40	100	5	Massif, bouquet
	Sous abri	1	6-10	8-10	15-20	600	3	Massif, potée
	En place	1	15-20	10	20-30	250	4	Massif, bouquet
	En place	2	15	15-20	30	25	5	Massif, bouquet
	En place	1	12	8-10	15-20	150	5	Massif, potée, bouquet
	Sous abri	1,5	5-7	5-8	15-20	300-500	4	Massif, balcon, suspension
	En pleine terre, en pépinière	2	10-14	5-8	15-20	350	3	Massif, potée, prairie
	En pleine terre, en pépinière	1,5	4-7	8-10	15-25	150-200	5	Massif, bouquet

 Fleurs jaunes ou orange   Fleurs blanches   Fleurs bleues ou violettes   Fleurs rouges ou pourpres

7

LE JARDIN DES ROSES

🌿 Histoire de la rose 512

🌿 Les rosiers dans le jardin 514

🌿 Tous les styles de rosiers 518

🌿 La culture des rosiers 552

Le jardin des roses

HISTOIRE DE LA ROSE

Il n'est pas une fleur qui ne rassemble autant de passion que la rose. Reine des jardins et des bouquets, elle symbolise la beauté, le charme, l'amour. Venue de la nuit des temps, la rose présente mille formes, mille couleurs et s'accommode de toutes les situations, épanouissant ses corolles du printemps jusqu'à Noël.

astuce Truffaut — Les roses anciennes sont non remontantes. Mais il existe aujourd'hui des variétés modernes dont les fleurs ressemblent à ces vieilles roses. Associez-les entre elles !

▲ La roseraie de L'Haÿ-les-Roses est un véritable musée, où l'on suit, pas à pas, toute l'histoire de la rose.

◀ *Rosa gallica* est sans doute la première des roses cultivées.

Il était une fois... C'est toujours ainsi que commencent les belles histoires : celle de la rose en est une. Une longue histoire qui remonte à la nuit des temps. Si les Grecs et les Romains ont été les premiers à parler véritablement de la rose, on est presque certain que cette fleur existait bien avant que l'Homme fut Homme. Composée de cinq pétales, elle vivait à l'état sauvage dans l'hémisphère Nord de notre globe. Il faut remonter au Moyen Âge pour voir apparaître, en Europe, les premières roses cultivées. Communes dans les pays du Moyen-Orient, ce sont les croisés qui en furent les « importateurs ». On leur reconnaissait alors des vertus médicinales, mais la beauté de la fleur, et quelquefois son parfum, amenèrent nos aïeux à s'y intéresser de plus près. Au XVIIIe siècle, quelques pépiniéristes, surtout français, commencèrent à semer puis à croiser leurs résultats, dans le but de créer de nouvelles variétés. C'est ainsi que sont nées les roses modernes qui décorent nos jardins. Selon leur origine, ou leur forme, les rosiers sont classés en différents groupes.

Les rosiers galliques

Ce sont peut-être les plus anciens rosiers véritablement cultivés, dérivés de *Rosa gallica*. De nombreuses variétés ont été produites mais sont aujourd'hui presque toutes disparues. Ces rosiers forment des buissons très ramifiés, aux fleurs peu parfumées et aux pétales allant du rose foncé au pourpre.

512

Histoire de la rose

▲ Les Hollandais sont à l'origine du *Rosa centifolia*.

Les rosiers de Damas
Rapportés du Moyen-Orient par les croisés, ces rosiers sont buissonnants, pourvus de branches souples à fleurs semi-doubles, rose plus ou moins foncé, très parfumées.

Les rosiers blancs
Très proches de l'églantine sauvage *(Rosa canina)*, les rosiers blancs sont arbustifs, à fleurs rose pâle ou blanches et odorantes.

Les rosiers à cent feuilles
Appelée 'Rose de Hollande', *Rosa* x *centifolia* est née en Hollande au XVIIe siècle. Les tiges sont très souples et supportent difficilement le poids des fleurs. Ces dernières forment une boule, qui est creuse au centre, d'un rose plus ou moins foncé. Le parfum est capiteux.

Les rosiers de Portland
On doit à la duchesse de Portland l'introduction en Angleterre de ces rosiers, dont il ne reste aujourd'hui que très peu de variétés. Ces rosiers ont l'avantage d'être remontants. Ils portent des fleurs semi-doubles à doubles, roses et très parfumées.

Les rosiers Bourbons
Née dans l'île de la Réunion, alors appelée île Bourbon, au début du XIXe siècle, *Rosa* x *borboniana* présente des fleurs semi-doubles ou doubles, rose carmin foncé, parfumées.

Les rosiers Thé
Originaires de Chine, les rosiers Thé doivent leur nom au fait qu'ils étaient transportés dans des paniers ayant contenu des feuilles de thé, ce qui leur procurait une odeur très caractérisque. Ces rosiers sont peu rustiques, ce qui explique qu'ils aient pratiquement disparu.

Les hybrides remontants
Très populaires au siècle dernier, ils portent des fleurs cramoisies très parfumées. Leur port est assez raide. Ils ont pratiquement disparu au profit des hybrides de Thé.

Les hybrides de Thé
Nés du croisement des roses Thé avec les hybrides remontants, ils sont à l'origine de la plupart des variétés aujourd'hui cultivées. La première d'entre elles fut 'La France', obtenue par un pépiniériste français, Guillot, en 1867.

Les rosiers floribundas
En croisant des rosiers polyanthas avec des hybrides de Thé, le Danois Poulsen obtint des rosiers aux nombreuses fleurs réunies en bouquets, malheureusement sans parfum. Les coloris sont extrêmement variés.

▼ *Rosa canina* 'Andersonii', un hybride anglais de 1912.

▼ *Rosa noisettiana* est né en France aux environs de 1814.

LES OBTENTEURS

C'est à partir du XVIIe siècle que quelques jardiniers et pépiniéristes commencèrent réellement à s'intéresser à l'hybridation des différentes espèces de roses entre elles. Leur but : obtenir des variétés plus résistantes aux conditions climatiques ou aux maladies, à la floraison plus longue et abondante, aux corolles plus parfumées, épanouies dans des coloris très divers. C'est aujourd'hui une activité florissante où les Français jouent un rôle de premier plan. Des noms comme Meilland, Reuter, Delbard, Dorieux, Laperrière, Gaujard, Orard, Guyot, Pernet-Ducher, pour n'en citer que quelques-uns, resteront à jamais gravés dans l'histoire de la rose. Aujourd'hui protégées, les variétés nouvelles ne peuvent être multipliées qu'avec l'accord de l'obtenteur.

▼ *Champ de roses chez Reuter.*

Le jardin des roses

LES ROSIERS DANS LE JARDIN

On a coutume de dire que la première fleur que plante un nouveau jardinier est une rose. C'est dire toute l'importance que représente cette plante dans la décoration de notre environnement. En massif ou en haie, au pied d'un mur ou d'une pergola, en couvre-sol ou en bouquet, la rose joue un rôle essentiel dans notre quotidien.

▲ La grande diversité des dimensions et des formes de rosiers permet de réaliser des décors fleuris très variés.

astuce Truffaut — Dans un massif, évitez de planter vos rosiers trop serrés. Il faut un minimum de distance de 50 cm entre les pieds pour que les travaux culturaux ne soient pas gênés.

◀ Des variétés sur tiges donnent de la hauteur aux massifs.

Un jardin de roses

Il est tout à fait possible d'avoir un jardin planté uniquement de roses. C'est le propre d'une roseraie. Mais l'hiver, faute de feuilles et de fleurs, les massifs sont tristes et sans intérêt esthétique. Il est donc nécessaire de les associer à d'autres plantes qui prendront le relais et conserveront au jardin un bel aspect. Cependant, les formes et les dimensions des rosiers sont telles qu'il est possible de les installer dans les moindres recoins du jardin, y compris sur une terrasse ou un balcon. Couvre-sol, buisson, arbustif, grimpant, à fleur unique ou en bouquet, le rosier s'accommode de toutes les situations. Associé à des arbustes ou à des plantes vivaces, il entre dans la composition de décors originaux. Le choix des variétés est aujourd'hui tel qu'il y en a pour tous les goûts, pour tous les styles. Difficile, dans ce cas, de résister !

Le massif de rosiers

C'est l'emploi le plus classique que l'on puisse faire des rosiers. Pour effacer un peu de sa banalité, faites preuve d'originalité. Évitez surtout les massifs placés en isolé sur une pelouse. Accrochez-les à une haie, un escalier, un groupe d'arbres ou d'arbustes, dessinez-les le long d'une allée ou d'une terrasse. Plantez, de préférence, des variétés buissonnantes, toutes de la même hauteur. Constituez des taches homogènes, sans mélange de coloris. Il faut au minimum quatre à cinq pieds par couleur pour obtenir un effet de masse, agréable à l'œil. Évitez aussi de mélanger des variétés à fleurs en bouquets et des variétés à grandes fleurs. En revanche, rien ne vous empêche de placer, dans le milieu du massif, pour lui donner un peu plus de volume et de hauteur, des rosiers sur tige, au port en boule ou retombant, palissés sur une armature métallique. Mais il faut qu'ils soient tous du même coloris.

Les rosiers dans le jardin

▲ Les rosiers peuvent être associés à tous les décors.

Vous pouvez aussi, dans un massif, associer des plantes vivaces à vos rosiers. Constituez des petits groupes de trois à quatre pieds, au minimum, pour éviter qu'ils se trouvent noyés dans la profusion de feuilles et de fleurs des vivaces. Pensez également aux mélanges de couleurs. Faites en sorte qu'il n'y ait pas d'oppositions trop criardes. Il est préférable que les tons soient complémentaires, ou bien jouez sur les coloris pastel.

Les rosiers en couvre-sol

De nombreuses variétés de rosiers rampants permettent de constituer des tapis sur des terrains pentus ou au pied des grands arbres. Constitués de longs rameaux souvent couverts de petites feuilles et de fleurs miniatures, ils s'étalent sur le sol, cachant complètement la terre. Guidez-les au moyen de petits piquets recourbés que vous placez sur les tiges. N'hésitez pas aussi à tailler les quelques branches qui se redressent de temps en temps. Sachez, enfin, que ces rosiers couvre-sol demandent peu d'entretien et produisent un effet très spectaculaire.

Les rosiers pour fleurs coupées

Coupées lorsque le bouton est prêt à éclore, les roses forment de jolis bouquets qui peuvent durer plus d'une semaine en vase si vous pensez à rafraîchir la coupe tous les jours et à changer souvent l'eau. Mais pour réaliser le bouquet, installez de préférence un massif spécialement réservé à cet effet. Cela vous évitera de prélever vos fleurs un peu partout dans le jardin, au risque de « casser » un bel effet. Choisissez des variétés

LES ROSERAIES

Il existe, en France, quelques grandes roseraies où sont conservées des variétés anciennes de roses, mais où l'on peut aussi admirer les créations les plus récentes. En visitant ces collections, vous pourrez facilement faire votre choix. Voici les roseraies les plus connues :

▼ *Une grande roseraie : Bagatelle.*

Bagatelle : située dans le bois de Boulogne, à Paris ; roses modernes et nouvelles.
L'Haÿ-les-Roses : dans le Val-de-Marne, au sud de Paris ; roses anciennes et récentes. Une merveille au mois de mai.
Orléans : au sud de la ville, dans le parc de la Source ; des roses modernes et nouvelles.
Parc de la Tête-d'Or : à Lyon ; de très belles présentations de roses anciennes et nouvelles.
Chalon-sur-Saône : beaucoup de roses anciennes et modernes.

à grandes fleurs, parfumées. Mais si vous aimez les bouquets miniatures, bien garnis, ou si vous souhaitez réaliser des chemins de table, mieux vaut avoir des variétés à fleurs groupées que vous serrerez les unes contre les autres pour obtenir une boule bien compacte. Choisissez aussi des variétés à fleurs semi-doubles ou doubles. Les roses à fleurs simples sont moins jolies en bouquets. Installez votre massif « spécial fleurs à couper » dans un coin du jardin, où le fait d'être de temps en temps dénudé ne nuira pas au décor environnant. Le mieux est encore de le placer dans le potager, où les quelques fleurs qui seront sur les pieds en attente d'être prélevées donneront un peu de gaieté et de couleurs aux plantations légumières.

▼ Accrochez vos massifs de rosiers à un élément du décor.   ▲ Un pilône de rosiers donne du volume dans un jardin.

515

Le jardin des roses

▲ Les rosiers s'associent très bien aux plantes vivaces.

▲ Redonnez du charme à une vieille grille avec un rosier.

◀ Pensez à palisser régulièrement les rosiers grimpants.

Les rosiers couvre-mur

Les rosiers grimpants sont faits pour habiller les vieux murs et cacher une façade parfois décrépie. Ils n'auront cependant une bonne tenue que si vous leur offrez une armature sur laquelle vous attacherez les rameaux au fur et à mesure de leur croissance. Mieux vaut choisir un support solide, car il est prévu pour rester en place de longues années. Installez aussi un treillage décoratif qui continuera à bien habiller le mur en hiver, lorsque le rosier aura perdu son feuillage. Attention, tous les rosiers grimpants n'ont pas la même croissance, certains ne dépassant pas 2 m de hauteur. Il est préférable de choisir des variétés aux rameaux coureurs dont les tiges dépassent 4 à 5 m de longueur pour obtenir une très bonne couverture. De plus, sachez que les rosiers offrent l'avantage, par rapport aux autres plantes grimpantes, de ne pas endommager le mur car ils ne possèdent pas de crampons, ni de ventouses et, comme ils sont caducs, la façade peut respirer plus facilement. Enfin, lorsque le rosier est âgé, il peut être parfois nécessaire de planter un jeune sujet à son pied car la base des vieilles tiges a tendance à se dégarnir et à être moins florifère.

Une clôture de roses

Les rosiers arbustifs, appelés aussi « rosiers paysages », forment de très belles haies fleuries. Ils permettent ainsi de remplacer les éternels thuyas, troènes et autres lauriers par une abondante végétation couverte d'une multitude de fleurs simples ou doubles. D'une hauteur de 1 à 2 m, ils produisent également de nombreux rameaux qui s'enchevêtrent les uns dans les autres, formant un mur infranchissable. Couvertes d'une grande quantité d'épines, ces haies peuvent cependant être dangereuses, en présence de jeunes enfants. En hiver, certaines espèces, comme les *rugosa*, conservent de jolis fruits colorés. Vous pouvez toutefois associer à cette haie des arbustes à feuillage persistant ou à rameaux colorés, afin de garder un aspect décoratif durant la mauvaise saison. Sachez aussi que ces rosiers pour haies forment un bel ensemble avec des barrières rustiques.

Tonnelles et pergolas

Constituée d'une armature en bois ou en métal, la tonnelle est un élément décoratif des jardins romantiques. Couverte de roses, elle forme un abri ou un petit tunnel végétal au-dessus d'une allée. La plupart des grimpants sont conseillés pour couvrir une tonnelle, mais il est préférable de choisir des rosiers lianes, très volubiles, dont les rameaux peuvent atteindre de 5 à 6 m de longueur. De cette façon, il est facile d'obtenir un très bon couvert, abondamment fleuri. Une pergola ou un pylône seront habillés de la même façon. Pensez à palisser les rameaux au fur et à mesure de leur croissance et à tailler ceux qui s'échappent de la forme. Quelques rameaux volages ne sont pas cependant inutiles pour éviter une forme trop guindée. Sachez aussi qu'il est préférable d'avoir des variétés dont la rose reste assez fermée pour limiter la présence d'abeilles ou autres insectes butineurs, surtout si vous utilisez votre tonnelle comme couverture d'une aire de repos. Une idée : associez rosiers et plantes grimpantes telles que glycines ou clématites, l'effet décoratif est de très haute tenue.

Les rosiers dans le jardin

Bordures et rocailles

Plus trapus que les rosiers couvre-sol, les rosiers miniatures permettent de réaliser des petites bordures, fleuries du printemps jusqu'à l'entrée de l'hiver. Hauts de 30 à 40 cm, ces rosiers forment des boules assez compactes, s'étalant peu. Leurs fleurs sont très nombreuses, petites, simples ou en pompons. Tous les coloris sont présents, du jaune au rouge en passant par l'orangé et le rose. Le parfum est inexistant. Ils présentent aussi l'avantage de demander peu de soins, la taille se résumant à maintenir une forme régulière. Plantez-les assez serrés, tous les 20 cm à 30 cm pour que les touffes se rejoignent et forment une ligne continue.

Dans une rocaille, faites des petites taches d'au moins quatre à cinq rosiers miniatures, tous de la même couleur, bien serrés les uns contre les autres, en les appuyant contre un gros rocher. La terre s'asséchant vite dans une rocaille, surveillez l'arrosage car le système racinaire ne leur permet pas d'aller puiser l'eau profondément. Nettoyez aussi régulièrement les rameaux défleuris afin de favoriser la remontée. Attention, dans une rocaille, il n'est peut-être pas nécessaire de leur conserver une forme bien régulière comme dans une bordure, un peu de fantaisie est même tout à fait conseillée.

Les rosiers dans les arbres

Habillez le tronc d'un arbre mort, dont vous aurez conservé quelques branches pour servir de support, avec un rosier sarmenteux. Placé dans un sujet vivant, un rosier liane procure un effet très spectaculaire, donnant à l'ensemble un côté très naturel. Choisissez une variété vigoureuse, donnant des rameaux d'au moins 5 à 6 m de longueur pour qu'ils puissent s'enchevêtrer facilement dans la ramure. Chaque printemps, apportez un bon engrais car la concurrence avec l'arbre est assez inégale. Et, en été, surveillez l'arrosage.

Sur un balcon

Sur une petite surface comme un balcon, placez des rosiers dans une jardinière ou un bac. Ils apporteront de la couleur à vos fenêtres si vous surveillez régulièrement leur végétation, car les conditions sont un peu plus dures que dans un jardin. L'arrosage est, entre autres, important et, l'hiver, une protection est souvent nécessaire. Choisissez des rosiers miniatures qui poussent dans un pot de fleurs. Sur les grandes terrasses, vous pouvez utiliser des rosiers buissons ou des grimpants pour habiller un treillage, mais évitez les variétés trop vigoureuses. La taille vous permet cependant de maintenir la végétation dans des proportions raisonnables.

▲ Des rosiers sur un balcon : surveillez l'arrosage.

▲ Romantisme garanti avec des rosiers sur une tonnelle.

▼ Les rosiers arbustifs constituent de très jolies haies, hautes d'1,50 à 1,80 m, et fleuries une grande partie de l'année.

Le jardin des roses

LES ROSES POUR BOUQUETS

Somptueuses, les roses pour bouquets s'épanouissent dans la maison tout en dégageant un délicat parfum. Choisissez des variétés à très longue tige pour réaliser de grandioses et magnifiques compositions florales.

▲ 'Catherine Deneuve' : un coloris blond rosé.

▲ 'Georges Truffaut'.   'Gina Lollobrigida'. ▼

Hybride de Thé
CATHERINE DENEUVE

Ce rosier buisson au port érigé, donne des rameaux vigoureux aux larges feuilles vert foncé.
Obtenteur : Meilland, 1981.
Dimensions : de 80 à 90 cm de hauteur.
Floraison : elle donne une très grande fleur solitaire, élégante, d'environ 20 à 25 pétales, au coloris rose tirant sur le blond. Cette variété est très florifère et bien remontante.
Parfum : moyen, mais délicat.
Utilisations : en massifs le long d'une haie ou en plates-bandes spéciales pour fleurs coupées.
Particularités : bonne résistance aux maladies, mais il faut le protéger en cas de très forte gelée.
Notre conseil : pour obtenir un effet de masse, plantez un minimum de quatre à cinq pieds.

Hybride de Thé
GEORGES TRUFFAUT

Dédié au célèbre pépiniériste, ce rosier donne des fleurs aussi belles en massifs qu'en bouquets.
Obtenteur : Dorieux, 1995.
Dimensions : environ 1 m de hauteur.

Hybride de Thé
CATHERINE DENEUVE (suite)

Floraison : longues tiges uniflores. La fleur est rouge profond, bien formée. Très remontant.
Parfum : très délicat.
Utilisations : en massifs, appuyés sur un fond sombre pour faire ressortir le coloris des fleurs.
Particularités : vigueur exceptionnelle et très bonne résistance aux maladies.
Notre conseil : renouvelez vos anciennes plantations avec cette nouveauté très prometteuse.

Hybride de Thé
GINA LOLLOBRIGIDA

Rosier buisson bien touffu, aux rameaux érigés porteurs de feuilles abondantes, vert sombre.
Obtenteur : Meilland, 1988.
Dimensions : de 80 à 90 cm de hauteur.
Floraison : le bouton s'ouvre en corolle bien ronde, composée de nombreux pétales jaune vif. La fleur est solitaire. Variété très remontante.
Parfum : inexistant.
Utilisations : en massifs, mais il peut aussi être associé à des plantes vivaces de même coloris.
Particularités : assez sensible au froid, il est préférable de le réserver aux jardins de la moitié sud de la France, à moins de le placer en situation abritée.
Notre conseil : tenez compte de sa grande vigueur lors de la taille de printemps.

Hybride de Thé
ROSE GAUJARD

Buissonnant, ce grand rosier porte des tiges vigoureuses aux feuilles vert moyen.

◀ Un classique légèrement parfumé : 'Rose Gaujard'.

518

Les roses pour bouquets

Origine : Gaujard, 1957. Parents : 'Mme Antoine Meilland' croisée avec un semis d'"Opéra".
Dimensions : de 1 à 1,20 m de hauteur.
Floraison : grosse fleur solitaire aux nuances très subtiles, rouge cerise. Pétales au revers argenté.
Parfum : très léger.
Utilisations : en groupe de cinq à six pieds mais, pour la fleur coupée, il est préférable de lui réserver un espace spécialement aménagé pour cela.
Particularités : doté d'une bonne résistance aux maladies, il accepte les terres assez pauvres.
Notre conseil : c'est un rosier que l'on doit avoir dans son jardin tant sa floraison est magnifique.

Hybride de Thé
ROSERAIE DE BLOIS

Le feuillage vert foncé de ce beau rosier buisson fait bien ressortir le coloris lumineux des fleurs.
Obtenteur : Dorieux, 1991.
Dimensions : de 80 cm à 1 m de hauteur.
Floraison : grosses fleurs de couleur rouge-magenta, très régulières. Excellente remontée.
Parfum : léger mais délicat.
Utilisations : en massifs, mais il est surtout recommandé pour faire de somptueux bouquets.
Particularités : très bonne vigueur, les fleurs solitaires viennent sur de longues tiges.
Notre conseil : plantez-le près de la maison pour profiter du léger parfum dégagé par ses fleurs.

Hybride de Thé
SONIA MEILLAND

Buissonnant, ce rosier produit des fleurs colorées et parfumées. Feuillage vert franc et lustré.
Origine : Meilland, 1974. Parents : 'Zambra' croisée avec un hybride de 'Baccara' et de 'Message'.
Dimensions : environ 80 cm de hauteur.
Floraison : la fleur, solitaire, est composée de 25 pétales au coloris rose porcelaine nuancé de rose bégonia. C'est une variété bien remontante.
Parfum : léger mais fruité.
Utilisations : en massifs ou en associations avec des plantes vivaces au feuillage léger.
Particularités : le feuillage est résistant aux maladies. Pour terres moyennement riches.
Notre conseil : évitez de planter ce rosier dans les régions humides et fraîches, car il préfère, pour bien s'épanouir, les zones tempérées et ensoleillées.

Hybride de Thé
SUPER STAR

Classique des rosiers pour bouquets, il est très répandu chez les fleuristes. Port buissonnant. Les fleurs viennent sur de longues tiges raides.
Obtenteur : Tantau, 1960. Parents : semis de X 'Mme A. Meilland' croisé avec un semis de X 'Alpine Glow'.
Dimensions : 80 cm de haut sur 50 cm de large.
Floraison : conique et solitaire, la fleur atteint 12 cm de diamètre. Ses pétales, au nombre de 30, sont orange saumoné. Variété bien remontante.
Parfum : bien prononcé, agréable.
Utilisations : en massifs, mais il est préférable de l'utiliser comme rosier à fleurs coupées.
Particularités : variété vigoureuse, bien ramifiée.
Notre conseil : c'est un rosier indispensable pour composer de magnifiques bouquets, très lumineux.

Hybride de Thé
THE McCARTNEY ROSE

Un rosier parfait, internationalement récompensé, au port buissonnant, très vigoureux et au feuillage sombre faisant bien ressortir les fleurs.
Origine : Meilland, 1992. Parents : croisement de 'Nirvana' et de 'Papa Meilland' avec 'First Prize'.
Dimensions : entre 0,90 m et 1,20 m de hauteur.
Floraison : uniflore, la corolle est rose vif, double. C'est une variété très remontante.
Parfum : exceptionnel et très agréable.
Utilisations : à réserver à la fleur coupée, mais il peut aussi être placé dans un massif si l'on regroupe quatre ou cinq pieds ensemble.
Particularités : vient bien en tous sols, mais il lui faut une situation ensoleillée bien qu'il soit rustique.
Notre conseil : en raison de son parfum, c'est un rosier indispensable dans une roseraie digne de ce nom, même si elle est de petite taille.

'The McCartney Rose' : de nombreuses récompenses.

▲ 'Roseraie de Blois' : un coloris original et lumineux.

▲ Une rose au parfum fruité : 'Sonia Meilland'.

▲ 'Super Star' : une variété mondialement connue.

519

Le jardin des roses

LES ROSIERS À GRANDES FLEURS

Pourvus de grosses fleurs solitaires, ces rosiers sont tout autant destinés à la constitution de grands massifs qu'à être placés dans un coin du jardin pour fournir de magnifiques fleurs pour bouquets.

Hybride de thé
BRIGITTE FOSSEY

Buisson trapu et régulier, c'est un vrai rosier de jardin, mais sa fleur voluptueuse convient aussi fort bien dans les bouquets. Cette variété remonte en abondance, offrant une floraison somptueuse pour l'arrière-saison.
Obtenteur : François Dorieux 1997.
Dimensions : environ 80 cm de hauteur.
Floraison : généreuse et très double, en forme de coupe, jaune ambré, mélangé de vieux rose.
Parfum : aux arômes de fruits.
Utilisations : en massifs.
Particularités : souvent uniflore lors de la première floraison, en bouquets en arrière-saison. Le feuillage brillant, pourpre foncé sur les jeunes pousses, est totalement insensible à l'oïdium.
Notre conseil : plantez un groupe d'au moins trois rosiers de cette variété, pour un effet plus dynamique.

Floribunda
CHÂTEAU PICHON

Son nom complet est 'Château Pichon Longueville, Comtesse de Lalande'. C'est un rosier buisson au port assez large mais compact, couvert d'un feuillage vert moyen, mat.
Obtenteur : Mac Gredy, 1994.
Dimensions : de 60 à 70 cm de hauteur.
Floraison : la fleur est pleine, en coupe ouverte, large de 8 à 10 cm, rouge carmin évoluant en lilas pourpré à complet épanouissement. Une forme typique de rose ancienne, d'une rare opulence.
Parfum : pratiquement inexistant.
Utilisations : en massifs, en groupe de plusieurs sujets, associés à des plantes vivaces.
Particularités : ce rosier plein de charme a des allures de rose ancienne. Il est bien remontant.
Notre conseil : placez-le près d'une construction en pierre, telle que statue, banc, balustrade, colonne, il exprimera ainsi tout son romantisme...

Floribunda
CHRISTIAN LACROIX

Ce très joli buisson bien équilibré porte une avalanche de fleurs aux pétales dentelés comme les volants d'une jupe gitane. Un arbuste bien ramifié, à la silhouette équilibrée.
Obtenteur : Guy Delbard, 1997.
Dimensions : 70 cm de hauteur.
Floraison : dans un camaïeu d'or et d'orangé, évoluant en rose carminé, très tonique.
Parfum : absent.
Utilisations : en massifs.
Particularités : ce rosier porte des fruits décoratifs à l'automne. Toutefois, la floraison remonte avec plus de vigueur si l'on prend soin d'empêcher la formation des cynorhodons.
Notre conseil : associez ce rosier à quelques vivaces à fleurs blanches d'aspect léger.

▲ 'Brigitte Fossey' : la délicatesse d'une grande dame.

▲ 'Château Pichon'.   'Christian Lacroix'. ▼

◀ 'Christophe Colomb'.

Les rosiers à grandes fleurs

Hybride de Thé
CHRISTOPHE COLOMB

Ce beau rosier présente des feuilles larges, d'un vert sombre et brillant, un port buissonnant et étroit, et des tiges raides.
Obtenteur : Meilland, 1992.
Dimensions : de 80 à 90 cm de hauteur.
Floraison : fleur solitaire, bien formée, orangé, rouge sur le bord des pétales. Floraison continue.
Parfum : inexistant.
Utilisations : en massifs, au pied de grands arbres, excellente fleur à bouquets.
Particularités : peu difficile sur la nature du sol, ce rosier résiste bien aux attaques des maladies.
Notre conseil : c'est un rosier facile à vivre, idéal si vous avez peu de temps à consacrer au jardinage.

Hybride moderne
COMMANDANT COUSTEAU

Ce rosier buisson de grande classe et de belle tenue, a un feuillage vert foncé, brillant.
Obtenteur : Adam, 1990.
Dimensions : de 80 à 90 cm de hauteur.
Floraison : grandes fleurs en coupe ouverte, de 10 à 12 cm de diamètre, au coloris chaud, d'un rouge velouté, évoluant au cramoisi.
Parfum : très puissant et capiteux.
Utilisations : en massifs, en plantant plusieurs pieds assez serré, pour obtenir un effet de masse.
Particularités : c'est une variété très résistante aux maladies et bien remontante en automne.
Notre conseil : coupez souvent les fleurs fanées.

Hybride moderne
COMTESSE DE SÉGUR

Ce rosier buisson aux fleurs ressemblant aux roses anciennes a un charme très romantique.
Obtenteur : Delbard, 1993.
Dimensions : de 80 cm à 1 m de hauteur.
Floraison : grandes fleurs aux cent pétales, rose soutenu, formant de gros pompons très délicats.
Parfum : délicat, il est composé d'un mélange de framboise, de fraise et d'abricot.
Utilisations : en massifs ou isolé sur une pelouse.
Particularités : grande vigueur, résistant aux maladies et très florifère.
Notre conseil : associez-le aux roses anglaises.

Hybride de thé
CRISTIANA REALI

Bel arbuste ramifié, ce rosier porte des tiges uniflores bien mises en valeur par le feuillage mat.
Obtenteur : Guy Delbard 1997.
Dimensions : de 80 à 90 cm de hauteur.
Floraison : grande fleur en coupe aux nombreux pétales blancs, avec une timide touche rosée au cœur, qui pâlit à complet épanouissement.
Parfum : très puissant, fruité, citronné.
Utilisations : surtout en fleurs à couper.
Particularités : d'une très bonne tenue, la floraison s'épanouit généreusement de juin à septembre. Le parfum est très fort, même en plein soleil.
Notre conseil : prévoyez quelques pulvérisations préventives de fongicide, pour protéger des maladies ce rosier d'une grande délicatesse, qui se montre parfois sensible au marsonia et à l'oïdium.

Floribunda
DANIEL GÉLIN

À fleurs groupées, ce rosier buisson produit de grosses corolles. Le feuillage est sombre et brillant.
Obtenteur : Harkness, 1986. Parents : 'Dame of Sark' et 'Silver Jubilee'.
Dimensions : un bon mètre en hauteur.
Floraison : la fleur est orange saumoné sur le dessus des pétales, plus jaune sur le revers.
Parfum : très discret.
Utilisations : pour massifs principalement mais coupée, la fleur tient très bien en vase.
Particularités : rustique, ce rosier est résistant aux maladies. La floraison dure jusqu'aux gelées.
Notre conseil : plantez assez serré dans le massif, pour un effet monochrome, chaud et tonique.

▲ 'Commandant Cousteau' : un parfum très puissant.

▲ 'Comtesse de Ségur' : une allure de rose ancienne.

▲ 'Cristiana Reali' : un teint nacré, presque diaphane.

'Daniel Gélin' : une rose qui tient très bien en bouquet. ▶

Le jardin des roses

▲ Des fleurs d'un blanc pur : celles de 'Grand Nord'.

▲ 'Imagine'.   'Jean Giono'. ▼

Hybride de Thé
GRAND NORD

Ce superbe buisson assez étroit mais bien dressé, se couvre de nombreuses fleurs blanches.
Obtenteur : Delbard, 1975. Parents : nombreux, parmi lesquels on compte 'Queen Elisabeth', 'Virgo' et 'Mme Antoine Meilland'.
Dimensions : de 1 à 1,20 m de hauteur.
Floraison : très double, la fleur passe de l'ivoire au blanc crème. La remontée est moyenne.
Parfum : extrêmement léger.
Utilisations : en massifs, mais on peut faire de somptueux bouquets avec ses fleurs immaculées.
Particularités : les fleurs sont abondantes et groupées, se détachant bien sur le feuillage vert sombre. Assez résistant aux maladies.
Notre conseil : placez ce rosier sur une pelouse pour mettre en valeur sa couleur blanche.

Hybride de Thé
IMAGINE

Ce magnifique buisson est très original avec son feuillage vert clair et ses fleurs au coloris strié.
Obtenteur : Dorieux, 1992.
Dimensions : de 80 cm à 1 m de hauteur.
Floraison : la fleur, portée par une tige vigoureuse, est grande et striée de rose carmin et de blanc.
Parfum : inexistant.

Utilisations : en massifs, que vous composerez uniquement de cette variété afin d'admirer pleinement son coloris.
Particularités : bonne résistance aux intempéries.
Notre conseil : appuyez votre massif sur un fond plutôt uni, en raison du coloris de la fleur.

Hybride de Thé
JEAN GIONO

Ce très beau rosier robuste, et compact, a un feuillage dense, vert foncé brillant.
Obtenteur : Meilland, 1994.
Dimensions : de 70 à 90 cm de hauteur.
Floraison : fleur très double, jaune soleil bordé d'orange mandarine. Bonne remontée.
Parfum : inexistant.
Utilisations : faites de grands massifs lumineux.
Particularités : rosier très florifère qui peut aussi être conduit greffé sur tige.
Notre conseil : appuyez votre massif sur un fond de haie à feuillage plutôt sombre.

Hybride de Thé
LANDORA

Cette forme buissonnante, légèrement évasée, présente des feuilles vert foncé et luisantes.
Obtenteur : Tantau, 1970. Parents : semis d'un hybride de 'King's Ransom'.
Dimensions : environ 1 m de haut, mais il peut, dans de bonnes conditions, atteindre 1,50 m.
Floraison : très beau jaune porté par des fleurs solitaires. Il arrive, lors de la remontée, que ces fleurs soient alors groupées.
Parfum : très léger.
Utilisations : en massifs, mais la première floraison fournit de belles fleurs pour bouquets.
Particularités : rosier vigoureux et rustique qui a donné une mutation grimpante, de même coloris, pouvant atteindre 3 m de hauteur.
Notre conseil : plantez cette variété en groupe, dans un coin peu éclairé du jardin, pour y créer un effet lumineux et coloré.

◀ 'Landora' : tout jaune.

Les rosiers à grandes fleurs

Hybride de Thé
LOUIS DE FUNÈS

Choisi par l'acteur peu de temps avant sa mort, ce rosier buisson fait preuve d'une grande vigueur.
Obtenteur : Meilland, 1985.
Dimensions : environ 1 m de hauteur.
Floraison : doubles et uniflores, les corolles s'épanouissent pour donner une fleur moyenne, orange plus ou moins foncé, mélangé de jaune et de rouge. C'est un rosier très remontant et florifère.
Parfum : inexistant.
Utilisations : c'est un rosier qui vient bien en massifs mais, pour avoir un bel effet, il faut planter quatre ou cinq pieds serrés les uns contre les autres.
Particularités : rosier hâtif au feuillage sombre et brillant, résistant aux maladies.
Notre conseil : son port élancé lui permet d'être associé à de grandes plantes vivaces.

Hybride de Thé
MME A. MEILLAND

Peut-être le plus connu des rosiers modernes, à l'origine de très nombreuses variétés. Vigueur exceptionnelle du buisson aux feuilles vert foncé.
Obtenteur : Meilland, 1939. Parents : croisement entre un hybride de 'G Dickson' avec 'Souvenir de Claudius Pernet' et un hybride de 'Joanna Hill' avec 'Charles P. Kilham', à nouveau croisé avec 'Margaret Mc Gredy'.
Dimensions : environ 1 m de hauteur.
Floraison : la fleur est magnifique, large, avec des pétales ondulés, jaune canari bordé de rose. Continue, la floraison ne s'arrête qu'avec les gelées.
Parfum : malheureusement inexistant.
Utilisations : partout dans le jardin, car il forme de jolis massifs, mais le rosier s'associe aussi très bien à des plantes vivaces ou à des arbustes.
Particularités : offerte en 1945 aux délégués des différents pays qui constituèrent l'ONU, cette rose est également connue sous le nom de 'Peace'.
Notre conseil : taillez-le modérément pour avoir un buisson d'1,50 m et habiller une vieille grille.

Hybride de Thé
MICHÈLE MORGAN

Charme, distinction, mêlés d'un soupçon de fraîcheur, cette variété illustre à ravir la féminité triomphante. C'est un buisson vigoureux et régulier, au port souple et bien épanoui.
Obtenteur : Guy Delbard, 1997.
Dimensions : 80 cm de hauteur.
Floraison : de type rose ancienne, la fleur, en forme de coupe très double, est composée d'une abondance de pétales blancs, légèrement nuancés de rose, qui pâlissent en vieillissant.
Parfum : subtil, poivré, frais, très féminin.
Utilisations : en massifs, dans une composition gracieuse et romantique avec des plantes vivaces (delphiniums, par exemple) ou des clématites.
Particularités : le feuillage vert foncé, doté d'une bonne résistance aux maladies, valorise bien la fleur. C'est une variété spectaculaire, formant des bouquets généreux dont le coloris subtil s'harmonise avec tous les styles de jardins.
Notre conseil : exposez ce rosier à la mi-ombre légère afin d'éviter que le soleil ne fasse passer trop vite la couleur très tendre de la fleur.

Hybride de Thé
PARLY 2

Ce rosier forme un buisson assez haut et bien vigoureux. Tiges droites, feuillage vert moyen.
Obtenteur : Kriloff, 1970.
Dimensions : de 1 à 1,20 m de hauteur.
Floraison : elle est assez généreuse. Les boutons sont effilés et donnent de très grandes fleurs d'un coloris rose lumineux. Bonne remontée.
Parfum : inexistant.
Utilisations : en fond de massifs, le long d'une allée ou au pied d'un mur au revêtement uni.
Particularités : édité par Truffaut, en souvenir du lieu où cette société installa sa première jardinerie, ce rosier fait aussi de très beaux bouquets.
Notre conseil : au printemps, apportez un bon engrais au pied du rosier pour aider sa croissance.

'Parly 2' : un rosier vigoureux et très florifère. ▶

▲ 'Louis de Funès' : un coloris orangé très nuancé.

▲ 'Mme Antoine Meilland' : un rosier mondialement connu.

▲ 'Michèle Morgan', une sensualité toute féminine.

Le jardin des roses

▲ 'Penthouse' : un charme romantique.

▲ 'Paul Cézanne'.   ▼ 'Pierre Troisgros'.

Hybride de Thé
PENTHOUSE

Les fleurs en coupes roses donnent un air romantique à ce rosier buisson aux feuilles vert clair.
Obtenteur : Mac Gredy, 1985. Parents : semis d'un hybride de 'Ferry Porsche'.
Dimensions : environ 80 cm de hauteur.
Floraison : très remontante, elle se traduit par une profusion de fleurs aux pétales larges, rose clair, s'ouvrant en coupe lâche.
Parfum : très léger.
Utilisations : plantations en massifs, en serrant les pieds pour avoir une masse bien colorée.
Particularités : les tiges assez courtes de ce rosier lui confèrent un aspect arrondi, compact. Bonne résistance aux maladies.
Notre conseil : faites de jolis bouquets d'intérieur, surtout si votre mobilier est rustique.

Hybride de Thé
PAUL CÉZANNE

Ce petit rosier buisson offre des fleurs magnifiques et lumineuses et un feuillage vert clair.
Obtenteur : Delbard, 1994.
Dimensions : environ 60 cm de hauteur.
Floraison : très grande variation de coloris, la fleur, jaune à la naissance, se tache ensuite de blanc, d'orangé, de rose et d'ocre.
Parfum : envoûtant, avec des odeurs d'orange, de poire, d'orgeat et de cannelle.

Utilisations : sa petite taille le prédispose à constituer des massifs bas ou des bordures. Il peut aussi être planté dans des bacs, sur une terrasse.
Particularités : le port est compact et la remontée très bonne, bien que tard en saison.
Notre conseil : plantez assez serré pour avoir des taches aux variations de couleurs magnifiques.

Hybride de Thé
PIERRE TROISGROS

Ce rosier buissonnant, aux feuilles vert brillant, est dédié au célèbre cuisinier de Roanne. Il porte des fleurs solitaires, s'épanouissant à l'extrémité de longues tiges, bien droites.
Obtenteur : Dorieux, 1991.
Dimensions : de 80 cm à 1 m de hauteur.
Floraison : très grandes fleurs, bien ouvertes, au coloris rose tendre. La floraison dure tard en saison.
Parfum : très puissant.
Utilisations : en massifs, mais peut aussi faire de jolis bouquets pour décorer une table.
Particularités : rosier très remontant, offrant une grande résistance aux maladies. La teneur des fleurs en vase est excellente (une bonne semaine).
Notre conseil : associez ce rosier à des roses anciennes, afin de composer un massif où se mêleront l'opulence, la rigueur et la fantaisie.

Hybride de Thé
PRINCESSE DE MONACO

Ce rosier buisson présente un port érigé, étroit mais très vigoureux, et un feuillage vert sombre.
Obtenteur : Meilland, 1981. Parents : 'Ambassador' croisée avec 'Mme Antoine Meilland'.
Dimensions : environ 1 m de hauteur.
Floraison : fleur solitaire, blanc laiteux avec le bord des pétales rouge amarante. La floraison est plus importante au printemps qu'en automne.
Parfum : très léger.
Utilisations : en massifs, mais aussi pour la production de fleurs pour bouquets.

◀ 'Princesse de Monaco'.

Les rosiers à grandes fleurs

Particularités : cette variété est assez sensible au froid. En milieu humide, elle est souvent attaquée par l'oïdium.
Notre conseil : réservez cette rose aux jardins bien abrités et toujours ensoleillés.

Hybride de Thé
PROVENCE

Ce grand rosier buisson se couvre de feuilles vert sombre, qui font ressortir sa floraison blanche.
Obtenteur : Dorieux, 1991.
Dimensions : de 80 cm à 1 m de hauteur.
Floraison : très grandes fleurs d'un blanc pur sur le bord des pétales, avec quelques nuances de jaune vers le cœur. Excellente remontée.
Parfum : puissant au lever du soleil.
Utilisations : en massifs ou pour la fleur coupée, car les tiges sont solides et bien droites.
Particularités : la floraison ne vient qu'en début d'été, mais elle se prolonge bien en automne.
Notre conseil : faites des taches unicolores avec ce rosier tout en nuances plutôt que de le mélanger à d'autres coloris trop criards.

Floribunda
QUEEN ELIZABETH

Ce rosier buisson est présent dans de nombreux jardins, en raison de son aptitude à s'adapter à toutes les conditions de végétation. C'est une des plus grandes vedettes du monde de la rose.
Obtenteur : Lammerts, 1954. Parents : 'Charlotte Armstrong' croisée avec 'Floradora'.
Dimensions : 1,50 m de hauteur et plus, quand il est taillé « long », comme un rosier arbuste.
Floraison : fleurs très nombreuses, en coupes doubles, rose pur, s'épanouissant tôt en juin et se succédant pratiquement jusqu'à Noël.
Parfum : léger et discret.
Utilisations : en fond de massifs, ou en haies fleuries, en raison de sa grande hauteur.
Particularités : ce rosier se plaît à mi-ombre et vient bien en toutes conditions de sol et de climat.
Notre conseil : n'hésitez pas à rajeunir régulièrement les branches de ce rosier très vigoureux.

Hybride moderne
SOUVENIR DE MARCEL PROUST

Ce très beau buisson ressemble aux rosiers anciens. Son feuillage est sain et vert clair.
Obtenteur : Delbard, 1992.
Dimensions : de 80 à 90 cm de hauteur.
Floraison : une grande profusion de fleurs très doubles « en chou », d'un jaune lumineux légèrement soufré, qui remontent bien en automne.
Parfum : intense, aux senteurs mélangées de citronnelle, de poire, d'abricot, de cannelle, de santal et de cèdre. Une véritable symphonie !
Utilisations : en massifs mais aussi en bouquets très fournis et placés dans un intérieur rustique.
Particularités : un rosier très rustique, fort bien ramifié, souple, élégant, et résistant aux maladies.
Notre conseil : associez-le à 'Comtesse de Ségur', une autre variété romantique.

Hybride de Thé
STÉPHANIE DE MONACO

Ce rosier buisson au port compact, développe de nombreux rameaux, portant un feuillage vert sombre qui met parfaitement en valeur la couleur subtile et très féminine de la fleur.
Obtenteur : Meyer, 1971. Parents : 'Pink Parfait' croisée avec 'Pink Peace'.
Dimensions : environ 1 m de hauteur.
Floraison : grandes fleurs au coloris rose vif tenant longtemps sur le pied et dont les pétales tombent d'eux-mêmes dès que la corolle se fane.
Parfum : très léger et discret.
Utilisations : en massifs, mais aussi pour fleurs coupées car les tiges sont bien droites et raides.
Particularités : bonne remontée avec une durée de floraison exceptionnelle en automne. Excellente résistance aux maladies, le feuillage restant sain.
Notre conseil : au moment de la taille, dégagez bien le centre du rosier, pour favoriser la floraison, car c'est une variété souvent très touffue.

▲ 'Provence' : un rosier très parfumé au lever du soleil.

▲ 'Queen Elizabeth' : l'un des rosiers les plus connus.

▲ 'Souvenir de Marcel Proust' : un parfum captivant.

'Stéphanie de Monaco' : une excellente rose de jardin. ▶

Le jardin des roses

LES ROSIERS À FLEURS GROUPÉES

Ces rosiers, pour la plupart buissonnants, donnent, du printemps jusqu'aux gelées, d'innombrables bouquets de fleurs aux coloris très variés. En massifs, ils forment dans le jardin de véritables feux d'artifice.

Floribunda AMBER QUEEN

Dressé, avec ses rameaux bien réunis, ce rosier forme un buisson vert foncé et brillant.
Obtenteur : Harkness, 1984. Parents : 'Southampton' croisée par 'Typhoon'.
Dimensions : environ 1 m de hauteur.
Floraison : jolie fleur double et ouverte au coloris jaune ambré, et aux pétales ondulés.
Parfum : assez fort mais agréable.
Utilisations : en haie séparative, toujours fleurie.
Particularités : très bonne remontée, ce rosier est bien résistant aux maladies.
Notre conseil : préférez les sols riches pour cette variété qui aime être bien nourrie.

 'Amber Queen' : des coupes ouvertes qui embaument.

Floribunda CENTENAIRE DE LOURDES

Arbuste au feuillage vert foncé luisant. Les tiges ont un port pleureur sous le poids des bouquets.
Obtenteur : Delbard-Chabert, 1958. Parents : semis croisé avec 'Frau Karl Druschki'.
Dimensions : environ 1,50 m de hauteur.
Floraison : le bouquet peut comporter jusqu'à dix fleurs d'un rose lumineux, plus plates que rondes.
Parfum : très léger.
Utilisations : palissez-le, le long d'une grille en fer, ou bien d'un escalier.
Particularités : soleil obligatoire pour ce rosier qui est pourtant rustique. Bonne remontée des fleurs.
Notre conseil : prévoyez un support pour palisser les lourdes branches fleuries.

 'Centenaire de Lourdes'.   'Charles Aznavour'.

Floribunda CHARLES AZNAVOUR

Beau buisson bien fourni, au feuillage vert foncé et brillant, son port est plutôt arrondi.
Obtenteur : Meilland, 1988. Parents : 'Meigurami' croisée avec 'Nirvana'.
Dimensions : de 80 à 90 cm de hauteur.
Floraison : fleurs plates, semi-doubles, blanc ivoire avec le bord ourlé de rose. Excellente remontée.
Parfum : inexistant.
Utilisations : en massifs ou associé à des vivaces.
Particularités : il a obtenu de très nombreuses récompenses dans les concours internationaux.
Notre conseil : évitez de mélanger des rosiers à grandes fleurs avec des variétés à fleurs groupées.

Hybride moderne COLETTE

Ce rosier au feuillage abondant vert moyen, de bonne tenue, a une forme arbustive.
Obtenteur : Meilland, 1995.
Dimensions : 1,50 m de hauteur et plus.
Floraison : fleurs très doubles de 135 à

 'Colette' : une rose nouvelle au charme des rosiers anciens.

Les rosiers à fleurs groupées

140 pétales rose corail, de style rose ancienne.
Parfum : très fort mais agréable.
Utilisations : le long d'une grille, d'une rampe d'escalier ou en grands massifs isolés sur une pelouse.
Particularités : très bonne résistance aux maladies. Ce rosier est également intéressant pour les régions humides, car il fleurit même sous la pluie.
Notre conseil : installez-le à proximité de la maison pour profiter au maximum de son parfum.

Hybride moderne
GRAHAM THOMAS

Ce rosier arbustif, aussi haut que large, porte des roses « anglaises » à l'allure de roses anciennes.
Obtenteur : Austin, 1983. Parents : semis croisé avec 'Iceberg' et 'Charles Austin'.
Dimensions : environ 1,20 m en tous sens.
Floraison : fleurs doubles en coupes d'un très beau coloris jaune pur. Très longue floraison.
Parfum : très léger et discret.
Utilisations : en massifs d'au moins cinq pieds.
Particularités : variété vigoureuse qui se plaît également plantée dans un bac, sur une terrasse.
Notre conseil : maintenez une forme régulière en supprimant quelques rameaux volages.

Floribunda
ICEBERG

Appelé aussi 'Fée des Neiges', ce rosier arbustif est couvert d'un feuillage vert moyen luisant.
Obtenteur : Kordes, 1958. Parents : 'Virgo' croisée avec 'Robin Hood'.
Dimensions : 1,20 m de hauteur et plus.
Floraison : fleurs très nombreuses, semi-doubles, au coloris blanc pur. Très bonne remontée.
Parfum : assez fort et agréable.
Utilisations : le long d'un mur, en association avec des vivaces aux tons chauds, rouges ou orangés.
Particularités : ce rosier accepte d'être planté sous une ombre légère ou sur une terrasse, en bac.
Notre conseil : surveillez son feuillage car il est sensible à la maladie des taches noires.

'Lili Marlène' fleurit abondamment de juin à octobre. ▶

Floribunda
LÉONARD DE VINCI

Vert moyen brillant, les feuilles de ce buisson font bien ressortir la jolie floraison du rosier.
Obtenteur : Meilland, 1994.
Dimensions : de 70 cm à 1 m de hauteur.
Floraison : rose bengale, les fleurs très doubles de ce rosier ont un charme romantique.
Parfum : léger et très doux.
Utilisations : à proximité d'une aire de repos.
Particularités : cette rose moderne a des allures de rose ancienne. Le feuillage résiste bien aux maladies, et la pluie n'exerce aucune influence sur les fleurs.
Notre conseil : faites-en de jolis petits bouquets.

Floribunda
LILI MARLÈNE

Petit rosier buisson compact au feuillage sombre.
Obtenteur : Kordès, 1959.
Dimensions : environ 70 cm de hauteur.
Floraison : fleurs bien ouvertes, rouge sang velouté, laissant apparaître des étamines jaunes.
Parfum : inexistant.
Utilisations : en massifs ou le long d'une haie.
Particularités : c'est un rosier assez courant car il se plaît en toutes situations. Bonne remontée.
Notre conseil : surveillez le feuillage car ce rosier est assez sensible à l'oïdium.

▲ 'Graham Thomas' : l'une des plus belles roses anglaises.

▲ 'Iceberg' est l'un des plus beaux rosiers blancs.

▲ 'Léonard de Vinci' : pour les romantiques.

Le jardin des roses

jardin d'agrément

▲ 'Manou Meilland' : un rosier très remontant et florifère.

▲ 'Niccolo Paganini' : un rosier éclatant et parfumé.

▲ 'Orange Sensation' : une floraison continue et lumineuse.

Floribunda
MANOU MEILLAND

Buisson compact mais dressé, vigoureux, couvert d'un feuillage vert sombre, brillant et sain.
Obtenteur : Meilland, 1979. Parents : croisement de 'Meigriso' par 'Baronne Edmond de Rothschild' avec 'Ma Fille' et 'Love Song'.
Dimensions : environ 1 m de hauteur.
Floraison : les larges corolles sont semi-doubles. Les pétales sont de coloris rose Bengale, un peu plus pâles en dessous. Les fleurs viennent en abondance et sont réunies en gros bouquets.
Parfum : très délicat.
Utilisations : en massifs bien dégagés.
Particularités : rosier très remontant et bien résistant aux maladies. Il est aussi très rustique.
Notre conseil : associez-le à des plantes vivaces aux coloris tirant sur les bleus.

Floribunda
NICCOLO PAGANINI

C'est un buisson bien régulier, au feuillage vert moyen, abondamment couvert de fleurs.
Obtenteur : Meilland, 1991.
Dimensions : de 70 à 90 cm de hauteur.

◀ 'Rusticana' : l'un des rosiers les plus résistants au froid.

Floraison : gros bouquet qui peut avoir jusqu'à douze fleurs rouge soutenu avec des reflets veloutés.
Parfum : très doux.
Utilisations : en massifs, mais il peut aussi faire de très beaux bouquets éclatants.
Particularités : bonne remontée en automne et forte résistance aux maladies. Existe aussi en tige.
Notre conseil : coupez très régulièrement les fleurs fanées pour favoriser la remontée.

Floribunda
ORANGE SENSATION

Buisson vigoureux, couvert d'un feuillage vert moyen faisant bien ressortir le coloris des fleurs.
Obtenteur : De Ruiter, 1961. Parents : croisement de 'Amor' par 'Fashion'.
Dimensions : environ 80 cm de hauteur.
Floraison : l'une des plus belles fleurs orangées avec le bord des pétales plutôt vermillon.
Parfum : très léger et doux.
Utilisations : en massifs, associé à des tons jaunes.
Particularités : très remontant, ce rosier s'accommode de tous les sols et de toutes les situations.
Notre conseil : indispensable dans vos plantations en raison de son coloris très lumineux.

Floribunda
RUSTICANA

Rosier buisson qui tire son nom de sa grande rusticité. Le feuillage vert foncé est abondant.
Obtenteur : Meilland, 1970. Parents : hybride obtenu par croisement de 'Robi' et de 'Fire King' par 'Alain' croisé avec *Rosa mutabili chinensis*.
Dimensions : environ 1 m de hauteur.
Floraison : nombreuses fleurs aux pétales vermillon maculé d'orangé. Très remontant.
Parfum : assez moyen.
Utilisations : en massifs généreux, appuyés sur un fond sombre pour mettre en valeur le coloris.
Particularités : excellente résistance au froid. La floraison est presque continue et dure très longtemps. Les fleurs viennent encore tard en automne.
Notre conseil : surveillez régulièrement l'état sanitaire du rosier, car il est sujet au marsonia.

Les rosiers à fleurs groupées

Floribunda
RUTH LEUWERICK

L'un des plus beaux rosiers à massifs formant un buisson régulier au feuillage vert foncé luisant.
Obtenteur : De Ruiter, 1961. Parents : 'Kathe Duvigneau' croisé avec 'Rosemary Rose'.
Dimensions : entre 90 cm et 1,20 m de hauteur.
Floraison : la corolle, semi-double, est large et assez plate, ressemblant un peu à celle des roses anciennes. Le coloris est rouge-orangé, lumineux.
Parfum : assez prononcé, agréable.
Utilisations : en massifs placés au soleil.
Particularités : très bonne résistance aux maladies. La floraison est pratiquement continue.
Notre conseil : nettoyez souvent le rosier pour que la floraison dure le plus longtemps possible.

Floribunda
SYLVIE VARTAN

Ce magnifique rosier buisson de petite taille a un feuillage vert émeraude, très florifère.
Obtenteur : Ève, 1969. Parents : croisement d'un semis par 'Cyclamen', puis par 'Péché Mignon'.
Dimensions : environ 70 cm de hauteur.
Floraison : abondante et presque continue, les fleurs étant rose carmin intense, très nombreuses.
Parfum : inexistant.
Utilisations : en bordures ou en petites haies.
Particularités : les fleurs sont aussi bien solitaires que groupées. Bonne résistance aux maladies.
Notre conseil : faites de jolis bouquets romantiques avec ces fleurs très doubles.

Polyantha
YELLOW HAMMER

Sans doute l'un des meilleurs rosiers à fleurs jaunes et au feuillage vert foncé brillant.
Obtenteur : Mac Gredy, 1956. Parents : semis croisé avec 'Poulsen's Yellow'.
Dimensions : de 60 à 70 cm de hauteur.
Floraison : magnifique, du bouton jusqu'à l'ouverture de la rose, au coloris jaune d'or.
Parfum : délicieux et prononcé.
Utilisations : en massifs mais aussi en bacs sur une terrasse ou même un balcon.
Particularités : les fleurs ressemblent à 'All Gold', un autre rosier jaune. Remontée moyenne.
Notre conseil : plantez ce rosier devant une haie d'arbustes aux feuilles sombres.

Polyantha
ZAMBRA

Ce beau rosier buisson au port plutôt trapu et de petite taille, présente un feuillage vert foncé, mi-mat. Il a obtenu une médaille d'or au concours international de Bagatelle en 1992.
Obtenteur : Meilland, 1992.
Dimensions : environ 70 cm de hauteur.
Floraison : la grosseur des fleurs est exceptionnelle pour ce type de rosier. De plus, la floraison est abondante, surtout au printemps, et remonte assez bien. Le coloris est orangé, passant au vermillon.
Parfum : inexistant.
Utilisations : en massifs, par groupe de cinq ou six pieds pour avoir un bel effet de masse.
Particularités : ce rosier se prête très bien à la conduite en tige. Malheureusement, il perd assez facilement ses feuilles en fin d'été.
Notre conseil : traitez préventivement contre les maladies avec un produit anticryptogamique.

▲ 'Ruth Leuwerick' : une floribondité remarquable.

▲ 'Sylvie Vartan' : les fleurs couvrent entièrement le buisson.

▲ 'Yellow Hammer' : un superbe coloris jaune d'or.

◀ 'Zambra' : de grosses fleurs dans les tons rose-orangé.

Le jardin des roses

LES ROSES PARFUMÉES

Quelque peu abandonné ces dernières décennies, le parfum est désormais l'un des critères de sélection des nouvelles variétés de roses. Parce qu'une rose sans odeur n'est pas une rose, mettez des senteurs dans votre jardin !

▲ 'Baronne Edmond de Rothschild' : un parfum captivant.

▲ 'Cardinal de Richelieu'.   'Charles de Gaulle'. ▼

Hybride de Thé
BARONNE EDMOND DE ROTHSCHILD

Voici un grand buisson présentant un port compact, dont les roses à grosses fleurs viennent sur un feuillage vert bronze.
Obtenteur : Meilland, 1968. Parents : croisement de 'Baccara' avec 'Mme A. Meilland' et 'Peace'.
Dimensions : entre 90 cm et 1,20 m de hauteur.
Floraison : grande fleur solitaire aux quarante pétales, rouge carminé à revers argenté.
Parfum : une senteur de rêve, aux notes rosées, légèrement fruitées et citronnées.
Utilisations : en massifs et pour bouquets.
Particularités : rosier très rustique et de bonne remontée. Existe aussi en type grimpant.
Notre conseil : plantez-le près de la maison ou de l'aire de repos pour profiter du puissant parfum.

Rose de Provins
CARDINAL DE RICHELIEU

D'abord appelé 'Van Sian', ce rosier ancien fut introduit en France en 1840 par Laffay.
Obtenteur : Van Sian, 1840.
Dimensions : de 1,20 à 1,50 m de hauteur.
Floraison : fleur double, d'abord pourpre violacé, aux pétales plus clairs à la base s'enroulant sur eux-mêmes, puis violet parme teinté de gris.
Parfum : très fort et agréable.
Utilisations : en massifs, allié à des roses anglaises.
Particularités : non remontant, l'écorce est vert brillant et les feuilles sont lisses, vert foncé.
Notre conseil : apportez beaucoup d'eau en été.

Hybride de Thé
CHARLES DE GAULLE

Rosier arbustif de petite taille mais bien dressé, il est couvert d'un feuillage vert moyen, coriace.
Obtenteur : Meilland, 1974. Parents : croisement entre 'Sissi', 'Prélude', 'Kordès Sondermeldung' et 'Caprice'.
Dimensions : de 80 à 90 cm de hauteur.
Floraison : fleurs nombreuses, en forme de coupe, d'environ trente-cinq pétales d'un mauve soutenu.
Parfum : intense et persistant, avec des notes, citronnées, fruitées et végétales.
Utilisations : en massifs ou en bacs sur terrasse.
Particularités : feuillage sain et résistant.
Notre conseil : jouez sur le coloris particulier de cette variété pour composer des massifs originaux.

Hybride de Thé
CRÊPE DE CHINE

Beau rosier au port dressé mais à l'abondante ramure. Larges feuilles vert intense.
Obtenteur : Delbard-Chabert, 1970. Parents : variété

◄ 'Crêpe de Chine' : un rosier délicatement parfumé.

Les roses parfumées

issue du croisement de 'Joyeux Noël' avec 'Gloire de Rome' et 'Impeccable'.
Dimensions : de 80 cm à 1 m de hauteur.
Floraison : larges fleurs semi-doubles, aux pétales ondulés rouge clair, lumineux.
Parfum : très fort, presque enivrant, avec des notes de framboise et de fraise.
Utilisations : en massifs mais aussi en bouquets.
Particularités : rosier très vigoureux et bien résistant aux maladies.
Notre conseil : placez-le en zone très éclairée et ensoleillée pour qu'il donne le plus de parfum.

Hybride de Thé
CRIMSON GLORY

Ce très beau buisson au feuillage vert sombre est utilisé pour créer de nouvelles variétés, en raison de la couleur de ses fleurs et de son parfum.
Obtenteur : Kordès, 1935. Parents : 'Catherine Kordès' croisée avec 'W. E. Chaplin'.
Dimensions : environ 1 m de hauteur.
Floraison : un rouge cramoisi, magnifique et éclatant, velouté, pour des fleurs très bien faites.
Parfum : puissant mais très agréable.
Utilisations : en massifs placés à mi-ombre, car le soleil brûle souvent les pétales.
Particularités : cette variété est peu résistante à l'oïdium, mais elle est très remontante et florifère.
Notre conseil : plantez ce rosier dans une terre riche et taillez assez long en raison de sa vigueur.

Hybride de Thé
GRAND SIÈCLE

Beau buisson bien touffu, il a un feuillage large, vert sombre et brillant, et est très sain.
Obtenteur : Delbard, 1987. Parents : filiation très croisée dans laquelle on trouve : 'Queen Elisabeth', 'Provence', 'Michèle Meilland', 'Bayadère', 'Vœux de bonheur', 'Meimet', 'Mme Antoine Meilland' et 'Dr François Debat'.
Dimensions : de 80 cm à 1 m de hauteur.
Floraison : belle et pleine de délicatesse, elle est pratiquement continue du printemps jusqu'à Noël. Les fleurs sont d'un rose très doux, plein de reflets.

Parfum : une vraie senteur de rose avec quelques notes de framboise et de pomme.
Utilisations : en massifs près de la maison.
Particularités : c'est un rosier assez rustique, peu difficile sur la nature du sol.
Notre conseil : évitez d'associer à cette rose une autre variété parfumée pour ne pas faire de mélanges qui se gêneraient entre eux.

Hybride de Thé
JARDIN DE BAGATELLE

Le buisson, bien ramifié, est vigoureux. Il porte un feuillage dense, vert foncé, sain.
Obtenteur : Meilland, 1986.
Dimensions : de 90 cm à 1 m de hauteur.
Floraison : très belle fleur blanc crème ombré de rose, comportant 65 pétales et s'ouvrant en coupe.
Parfum : prononcé, il comporte des notes rosées additionnées d'épices et de senteurs citronnées.
Utilisations : en massifs mais aussi en bouquets.
Particularités : rustique, il ne craint ni le grand soleil, ni le gel. Il est très résistant aux maladies.
Notre conseil : placez-le près d'une colonne ou d'une statue en raison du romantisme de ses fleurs.

Hybride de Thé
MME L. LAPERRIÈRE

Ce buisson assez haut est très florifère, et pourvu d'un feuillage vert sombre, brillant.
Obtenteur : Laperrière, 1951. Parents : semis croisé avec 'Crimson Glory'.
Dimensions : de 1 à 1,20 m de hauteur.
Floraison : l'une des plus belles roses rouges, toujours d'actualité. La floraison débute très tôt au printemps et se prolonge fort tard en automne.
Parfum : fort et captivant.
Utilisations : en massifs ensoleillés.
Particularités : fleur résistante à la pluie, mais les feuilles sont sensibles à l'oïdium.
Notre conseil : sur une terrasse, placez ce rosier dans un grand bac pour profiter de son parfum.

'Mme L. Laperrière' : un parfum délicieux et attirant. ▶

▲ 'Crimson Glory' : une fleur parfumée très colorée.

▲ 'Grand Siècle' : la rose parfumée par excellence.

▲ 'Jardin de Bagatelle' : en l'honneur de la célèbre roseraie.

531

Le jardin des roses

jardin d'agrément

▲ 'Violette Parfumée' : un coloris et un parfum exceptionnels.

▲ 'Nuage Parfumé' : une senteur inégalable.

▲ 'Papa Meilland' : une rose de renommée internationale.

Hybride de Thé
VIOLETTE PARFUMÉE

Un très beau rosier buisson au feuillage vert brillant qui a obtenu la médaille d'or et le grand prix du parfum à Bagatelle en 1995.
Obtenteur : Dorieux, 1995.
Dimensions : de 1 à 1,20 m de hauteur.
Floraison : magnifique fleur au coloris bleuté très original. Cette floraison est continue et abondante.
Parfum : délicat, il a été retenu par Firminich, société leader mondial dans la création des parfums.
Utilisations : en massifs, par groupes de cinq pieds.
Particularités : très résistant aux maladies, il présente également une excellente tenue en vase.
Notre conseil : pour profiter pleinement de sa couleur, mieux vaut faire des massifs unicolores.

Hybride de Thé
NUAGE PARFUMÉ

Buisson au port assez irrégulier, couvert d'un feuillage vert sombre, en harmonie avec les fleurs.
Obtenteur : Tantau, 1963. Parents : hybride issu d'un semis croisé avec 'Prima Ballerina'.
Dimensions : de 1,10 à 1,30 m de hauteur.
Floraison : corolles bien doubles aux pétales imbriqués, rouge corail lumineux. Solitaires à la première floraison, elles viennent ensuite, lors de la remontée, en gros bouquets.
Parfum : très prononcé mais agréable.
Utilisations : en massifs, en lui laissant beaucoup d'espace pour qu'il puisse bien se développer.
Particularités : très rustique, il préfère cependant les situations ensoleillées.
Notre conseil : surveillez souvent l'état du feuillage, car il est sensible à l'oïdium et au marsonia.

Hybride de Thé
PAPA MEILLAND

Un rosier de renom, bien formé, recouvert d'un large feuillage vert clair et de fleurs parfaites.
Obtenteur : Meilland, 1963. Parents : 'Chrysler Imperial' croisée avec 'Charles Mallerin'.
Dimensions : de 80 cm à 1 m de hauteur.
Floraison : le rouge cramoisi et velouté a fait la célébrité de cette rose qui présente aussi des reflets noirs bleutés. Bonne remontée.
Parfum : sans égal. Une odeur fruitée, rosée avec quelques notes citronnées dont on ne se lasse pas.
Utilisations : en massifs mais aussi en bouquets.
Particularités : buisson vigoureux mais assez peu résistant aux attaques d'oïdium.
Notre conseil : placez-le de préférence à l'abri du soleil direct, dans une terre bien riche.

Hybride de Thé
PAUL RICARD

Ce rosier présente un port plutôt arbustif et donne de gros rejets. Le feuillage sain est vert moyen.
Obtenteur : Meilland, 1990. Parents : 'Michel Hidalgo' croisée avec 'Mischief' et 'Ambassador'.
Dimensions : de 1 à 1,20 m de hauteur.
Floraison : belle fleur jaune ambré devenant légèrement rosée en vieillissant. Bonne remontée.
Parfum : il rappelle celui de l'anis, ce qui, avec sa couleur, lui a valu son nom.
Utilisations : en massifs sur un fond sombre.
Particularités : très rustique, ce rosier peut être cultivé dans des régions froides.
Notre conseil : en été, arrosez copieusement pour favoriser l'apparition des fleurs.

◄ 'Paul Ricard' : un petit côté anisette.

Les roses parfumées

Rose de Provins
PRÉSIDENT DE SÈZE

Un rosier ancien, arbustif, assez arrondi, qui est couvert d'un beau feuillage vert clair très dense.
Obtenteur : introduit en France en 1836 par Madame Hébert.
Dimensions : de 1,10 à 1,30 m de hauteur.
Floraison : rose pourpré au centre, lilas sur le pourtour, les fleurs sont grosses, assez bombées, les pétales s'enroulant en spirale autour du centre.
Parfum : très agréable sans être trop fort.
Utilisations : en massifs dans les jardins anciens.
Particularités : les rameaux se plient sous le nombre important de fleurs, le rosier prend alors un port pleureur. Il n'est pas remontant.
Notre conseil : placez ce rosier sur une terrasse, car il s'accommode assez bien du bac.

Hybride de Thé
TOULOUSE-LAUTREC

Avec des allures de rosier ancien, cette variété moderne présente beaucoup d'attraits. Compact, le buisson est couvert de feuilles vert moyen.
Obtenteur : Meilland, 1993.
Dimensions : de 70 à 80 cm de hauteur.
Floraison : grosses fleurs au charme romantique, de 85 à 90 pétales. Coloris jaune d'or lumineux.
Parfum : très puissant, avec des notes épicées et citronnées. Coupe du parfum à Monza en 1993.
Utilisations : en massifs, près d'un banc de pierre.
Particularités : excellente vigueur pour ce rosier bien remontant et florifère.
Notre conseil : au printemps, taillez assez long.

Rose de Portland
YOLANDE D'ARAGON

Un magnifique rosier ancien, au port érigé et au large feuillage vert moyen. Un grand charme.
Obtenteur : Vibert, 1843.
Dimensions : environ 1 m de hauteur.
Floraison : les fleurs, d'abord rondes lors de l'éclosion du bouton, s'aplatissent ensuite. Elles sont très doubles, avec des pétales pourpre écarlate, rose lilas tendre sur le pourtour.
Parfum : subtil et très agréable.
Utilisations : en massifs de roses anciennes ou associé à des variétés de roses anglaises.
Particularités : bonne remontée, ce qui est assez rare chez les variétés de roses anciennes.
Notre conseil : supprimez régulièrement les fleurs fanées pour aider la remontée.

Hybride moderne
YVES PIAGET

Associé aux roses anglaises, ce très bel arbuste forme un buisson au feuillage vert mat.
Obtenteur : Meilland, 1983. Parents : on trouve 'Pharao' croisée avec 'Mme A. Meilland', 'Chrysler Imperial', 'Charles Mallerin' et 'Tamango'.
Dimensions : de 90 cm à 1,10 m de hauteur.
Floraison : semblable à une pivoine, la fleur possède 80 pétales dentelés. Le coloris est rose pâle.
Parfum : d'une grande suavité, il présente des notes rosées, fruitées et citronnées. Il a reçu la coupe du parfum à Bagatelle, en 1992.
Utilisations : en somptueux massifs romantiques.
Particularités : bonne remontée et excellente résistance aux maladies. Grande vigueur.
Notre conseil : à mélanger avec des variétés de roses anciennes aux fleurs semblables.

▲ 'Président de Sèze' : une rose ancienne toujours actuelle.

▲ 'Toulouse-Lautrec' : comme une rose ancienne.

▲ 'Yolande d'Aragon' : une fleur large de plus de 8 cm.

'Yves Piaget' : un grand rosier très parfumé et florifère. ▶

Le jardin des roses

jardin d'agrément

LES HAIES DE ROSES

En fleurs du printemps jusqu'à ce que l'automne s'éteigne, les haies de roses forment de véritables murs à la fois décoratifs et défensifs. De plus, les variétés qui conservent leurs fruits restent belles à admirer tout l'hiver.

Hybride moderne ANNE DE BRETAGNE

Cet arbuste de paysage présente un port érigé, ouvert. Il est couvert d'un feuillage vert clair.
Obtenteur : Meilland, 1976.
Dimensions : 90 cm en tous sens.
Floraison : il donne de gros bouquets de grandes fleurs doubles, au coloris d'un rose assez soutenu.
Parfum : inexistant.
Utilisations : en haies libres ou en séparation entre deux parties du jardin.
Particularités : vigoureux et résistant aux maladies, peu difficile sur la nature de la terre.
Notre conseil : cueillez les fleurs fanées pour accélérer la remontée en automne.

▲ 'Anne de Bretagne' : une clôture toujours très fleurie.

Hybride moderne BONICA

Ce buisson assez ramassé présente des branches souples et étalées et un feuillage vert sombre.
Obtenteur : Meilland, 1981. Parents : *Rosa sempervirens* croisé avec 'Mlle Marthe Caron'.
Dimensions : 70 cm de haut sur 1,50 m de large.

▲ 'Bonica' : un rose soutenu.   'Denise Grey' : florifère. ▼

Floraison : petites fleurs rose soutenu devenant plus pâles au fur et à mesure de la défloraison.
Parfum : inexistant.
Utilisations : en haies basses, mais prévoir un espace assez large pour lui permettre de s'étaler.
Particularités : décoratif par sa floraison, il l'est également par sa production de fruits qui la suit.
Notre conseil : faites une taille légère en février.

Floribunda DENISE GREY

Arbuste à longues tiges souples et à fleurs réunies en bouquets. Feuilles vert clair brillant.
Obtenteur : Meilland, 1989.
Dimensions : environ 1 m en tous sens.
Floraison : fleurs petites très doubles, au coloris rose pâle, presque blanc. Bonne remontée.
Parfum : inexistant.
Utilisations : en petite haie séparative. Les fleurs tiennent très bien en vase.
Particularités : médaille d'or à Bagatelle en 1992.
Notre conseil : espacez les pieds de 70 à 80 cm.

Floribunda JOSEPH'S COAT

Un rosier splendide, à la floraison chaleureuse.
Obtenteur : Armstrong, 1964. Parents : croisement de 'Circus' avec 'Buccaneer'.
Dimensions : jusqu'à 2 m de hauteur.
Floraison : magnifique, car elle passe du rouge au jaune doré en prenant tous les tons de l'orangé.
Parfum : très léger.

◄ 'Joseph's Coat' : une floraison très nuancée, splendide.

534

Les haies de roses

Utilisations : en haies libres ou palissées contre un treillage ou un grillage. Effet spectaculaire.
Particularités : très remontant et tardif, il présente des rameaux abondamment couverts d'épines.
Notre conseil : faites quelques traitements préventifs contre les pucerons qui semblent l'apprécier.

Hybride moderne LA SEVILLANA

Un grand succès pour ce rosier moderne qui forme un arbuste toujours abondamment fleuri.
Obtenteur : Meilland, 1978. Parents : 'Tropicana' croisée avec 'Rusticana', 'Zambra', 'Jolie Madame' et 'Meibrim'.
Dimensions : 1,50 m de hauteur et plus.
Floraison : un rouge éclatant pour des bouquets très denses qui viennent encore tard en saison.
Parfum : inexistant.
Utilisations : en grandes haies libres.
Particularités : très vigoureux, ce rosier résiste aussi très bien aux maladies.
Notre conseil : taillez-le simplement en raccourcissant les rameaux d'un tiers chaque année.

Hybride moderne LOULOU DE CACHAREL

Doté d'une rare vigueur, ce rosier buissonnant et compact ne nécessite pratiquement aucun entretien. Il fait partie des rosiers « paysage ».
Obtenteur : François Dorieux, 1997.
Dimensions : de 80 cm à 1 m de hauteur.
Floraison : comme un sourire souligné d'un trait de rouge à lèvres, la fleur en rosette porte de 7 à 10 pétales blanc cassé, ourlés de rouge carmin.
Parfum : absent.
Utilisations : en haie, dans les grands massifs.
Particularités : le feuillage d'un vert profond met bien la floraison en valeur. Il est totalement insensible aux maladies, ce qui évite tout traitement. Les pétales passés tombent au pied du rosier, formant un joli tapis coloré et laissant la plante bien nette.
Notre conseil : taillez ce rosier comme un arbuste, juste pour dégager un peu la ramure.

Hybride de rugosa PINK GROOTENDORST

Variété très ancienne constituant un grand buisson au feuillage moyennement touffu.
Obtenteur : Grootendorst, 1923.
Dimensions : de 1,50 à 2 m de hauteur.
Floraison : petites fleurs roses aux pétales dentelés, réunies en bouquets. Bonne remontée.
Parfum : inexistant.
Utilisations : en haies libres, le long d'une grille.
Particularités : sensible aux attaques des pucerons et des araignées rouges.
Notre conseil : donnez-lui un sol riche et frais.

Hybride musqué ROBIN HOOD

Un arbuste buissonnant au feuillage vert foncé.
Obtenteur : Pemberton, 1927.
Dimensions : environ 1 m en tous sens.
Floraison : rouge écarlate puis cramoisi, les fleurs sont réunies en bouquets. Très florifère.
Parfum : inexistant.
Utilisations : en haies, en bac sur une terrasse.
Particularités : supporte le soleil et la mi-ombre. Végétation rapide. Bonne résistance aux maladies.
Notre conseil : associez-le à des arbustes.

'Robin Hood' : des fleurs presque simples, lumineuses. ▶

▲ 'La Sevillana' : un hybride moderne très coloré.

▲ 'Loulou de Cacharel' : un contraste chaleureux.

▲ 'Pink Grootendorst' : une fleur ancienne originale.

535

Le jardin des roses

LES ROSIERS AU CHARME D'ANTAN

jardin d'agrément

Par la dimension de leurs rameaux, la grandeur et la beauté de leurs fleurs, ces rosiers de charme composent, à eux seuls, une symphonie majestueuse de couleurs et de parfums. Réservez-leur une place de choix.

Rose gallique
CHARLES DE MILLS

Ce très beau rosier ancien forme un grand buisson, bien dressé, au large feuillage vert sombre.
Obtenteur : on ne connaît ni l'origine ni la date d'introduction en France de ce rosier.
Dimensions : de 1,20 à 1,50 m en tous sens.
Floraison : non remontante. Fleur de 11 cm de large, rouge carmin devenant pourpre en vieillissant. Plate, elle laisse apparaître un cœur verdâtre.
Parfum : agréable, suave.
Utilisations : placez-le en arrière-plan d'un grand massif de plantes vivaces jaunes ou orangées.
Particularités : appelé alors 'Bizarre Triomphant', ce rosier avait les honneurs de la roseraie de l'Impératrice Joséphine, à la Malmaison.
Notre conseil : placez-le dans un sol très fertile, car c'est un rosier assez gourmand.

Rosier blanc
CUISSE DE NYMPHE

Ce rosier ancien doté d'un port compact présente un feuillage vert moyen, et des fleurs magnifiques, très doubles.
Obtenteur : origine inconnue.
Dimensions : de 1,20 à 1,40 m de hauteur.
Floraison : les fleurs sont d'un rose tendre, couleur chair, d'où le nom, et comportent jusqu'à cent pétales imbriqués les uns dans les autres.
Parfum : très prononcé mais agréable.
Utilisations : en massifs appuyés contre une grille.
Particularités : la variété 'Cuisse de Nymphe Émue' est toute aussi belle mais d'un rose plus soutenu. Toutes deux sont non remontantes.
Notre conseil : récupérez les drageons pour multiplier ce rosier peu difficile sur la nature du sol.

Floribunda
DEBORAH

Magnifique buisson de bonne tenue et très florifère, couvert d'un beau feuillage vert sombre.
Obtenteur : Meilland, 1990.
Dimensions : de 1 à 1,10 m de hauteur.
Floraison : abondante, formée par des fleurs rose bengale, très bien dessinées. Bonne remontée.
Parfum : sans intérêt.
Utilisations : en massifs composés uniquement de cette variété ou en haies basses.
Particularités : grande vigueur pour ce rosier qui s'adapte à toutes les situations et tous les sols.
Notre conseil : pour avoir un massif bien garni, plantez les pieds à 50 cm les uns des autres.

Hybride remontant
FERDINAND PICHARD

Ce rosier arbuste forme un gros buisson couvert d'un feuillage large, plutôt vert sombre.
Obtenteur : Tanne, 1921.

▲ 'Charles de Mills' : l'une des plus belles roses galliques.

▲ 'Cuisse de Nymphe Émue'. 'Deborah'. ▼

◀ 'Ferdinand Pichard' : un coloris panaché très original.

Les rosiers au charme d'antan

Dimensions : environ 1,50 m de hauteur.
Floraison : jolies fleurs très doubles et larges, au coloris rose clair panaché de rouge. Il se produit parfois une remontée en automne.
Parfum : assez fort et très agréable.
Utilisations : en massifs, associé à des vivaces.
Particularités : un rosier ancien vigoureux et rustique qui se plaît également planté dans un bac.
Notre conseil : placez-le en situation ensoleillée pour profiter, le matin, de toutes ses senteurs.

Rose de Portland
JACQUES CARTIER

Silhouette érigée mais compacte pour ce grand rosier qui se pare d'un feuillage vert clair.
Obtenteur : Moreau-Robert, 1868.
Dimensions : de 1 à 1,20 m de hauteur.
Floraison : très double, elle est rose vif devenant plus clair en vieillissant, presque blanc sur les bords. Remontée en septembre uniquement.
Parfum : très prononcé.
Utilisations : en massifs isolés, d'une seule variété ou au pied d'une jolie tonnelle.
Particularités : ce rosier vient bien en tous sols et s'adapte à une plantation sur terrasse. Il présente une croissance vigoureuse et rapide.
Notre conseil : un rosier ancien toujours d'actualité mais placez-le de préférence à mi-ombre.

Hybride remontant
PAUL NEYRON

Très bel arbuste, bien vigoureux, dont les rameaux peuvent atteindre 2 m de longueur. Ils portent un feuillage vert brillant.
Obtenteur : Levet, 1869. Parents : 'Anna de Diesbach' croisée avec 'Victor Verdier'.
Dimensions : de 1,80 à 2 m de hauteur.
Floraison : très grosses fleurs de 12 cm de diamètre, plutôt aplaties, pouvant compter jusqu'à 50 pétales au coloris rose à reflets lilas. Le revers de ces pétales est rose plus pâle. Remontante.
Parfum : presque inexistant.
Utilisations : en massifs ou grandes haies fleuries.
Particularités : peu difficile sur la nature du sol,

il s'adapte bien s'il est placé dans un grand bac. Il fournit également de magnifiques bouquets.
Notre conseil : associez-le à des vivaces bleues.

Rosier centfeuilles
PETITE DE HOLLANDE

Buisson compact et très ramifié, couvert de nombreuses petites fleurs et d'un feuillage vert vif.
Obtenteur : origine inconnue.
Dimensions : de 1,20 à 1,50 m de hauteur.
Floraison : caractérisée par des fleurs très doubles, de 6 cm de diamètre, réunies en bouquets roses, plus foncé au centre. Non remontante.
Parfum : important mais délicat.
Utilisations : en petits massifs ou en bacs.
Particularités : rustique, il s'adapte à tous les sols et toutes les situations.
Notre conseil : si vous avez un petit jardin, voilà un rosier ancien tout à fait adapté à sa taille.

Rosier mousseux
WILLIAM LOBB

Arbuste très vigoureux, aux longues branches fortes couvertes de nombreuses épines. Le feuillage est de coloris vert moyen.
Obtenteur : Laffay, 1855.
Dimensions : de 1,80 à 2 m en tous sens.
Floraison : larges et semi-doubles, les fleurs sont assez plates et formées de pétales serrés au centre. Le coloris est pourpre carmin sur le dessus, avec une rosette blanche au centre, rose lilas en dessous. En vieillissant, ces fleurs deviennent mauve lavé de gris. La floraison est non remontante.
Parfum : moyen et doux.
Utilisations : en haies fleuries mais les longs rameaux peuvent aussi être palissés, comme pour un grimpant, sur un treillage ou une grille.
Particularités : le pédoncule et le calice des fleurs sont couverts d'une sorte de mousse verte.
Notre conseil : installez ce rosier sur un support très solide en raison de la vigueur des rameaux.

'William Lobb' : à conduire comme un rosier grimpant.

▲ 'Jacques Cartier' : une jolie variation des coloris.

▲ 'Paul Neyron' : sa couleur a donné le nom au rose Neyron.

▲ 'Petite de Hollande' : de nombreux petits pompons roses.

537

Le jardin des roses

LES ROSIERS POUR TONNELLES

Les longs rameaux des rosiers grimpants forment des murs ou des tunnels fleuris, à l'ombre desquels il fait bon vivre et respirer. Guidez-les tout au long de leur végétation pour leur donner une forme harmonieuse.

Hybride moderne
ALBERT POYET

Arbuste très vigoureux, son feuillage très sain est vert moyen, et présente de longs rameaux.
Obtenteur : Ève, 1979.
Dimensions : de 3 à 4 m de hauteur.
Floraison : fleurs doubles, rouge clair avec un centre rose, réunies en bouquets. Très remontante.
Parfum : inexistant.
Utilisations : sur treillages, pylônes, tonnelles...
Particularités : un grand rosier, rustique, avec des fleurs venant en abondance, tard en saison.
Notre conseil : coupez les fleurs au fur et à mesure de leur défloraison pour aider la remontée.

▲ 'Albert Poyet' : un classique des rosiers grimpants.

Hybride de Thé
ARIELLE DOMBASLE

Cet arbuste présente un feuillage vert clair qui fait parfaitement ressortir sa floraison lumineuse et abondante.
Obtenteur : Meilland, 1992.
Dimensions : 2 m et plus en hauteur.
Floraison : fleurs vermillon mêlé de jaune citron venant au début du printemps. Bonne remontée.
Parfum : inexistant.
Utilisations : sur un treillage ou une rambarde.

▲ 'Arielle Dombasle'.   ▼ 'Blush Rambler'.

Particularités : rosier de bonne vigueur et rustique qui vient bien en tous sols.
Notre conseil : installez ce rosier dans un bac pour décorer un treillage sur une terrasse.

Hybride de multiflora
BLUSH RAMBLER

Ce rosier aux longs rameaux présente un feuillage vert clair, en harmonie avec les fleurs.
Obtenteur : Cant, 1903. Parents : 'Crimson Rambler' croisée avec 'The Garland'.
Dimensions : de 4 à 6 m de hauteur.
Floraison : fleurs groupées en bouquets formant une cascade rose carné. Elles laissent apparaître des étamines jaune d'or. Variété non remontante.
Parfum : très doux et agréable.
Utilisations : sur une grande tonnelle ou pour habiller le tronc et les branches d'un vieil arbre.
Particularités : peu d'épines sur les rameaux. Les fleurs attirent de nombreux insectes butineurs.
Notre conseil : donnez-lui beaucoup d'espace.

Hybride de Thé
CÉSAR

Petites fleurs roses, petites feuilles vert sombre brillant mais grand effet pour ce rosier grimpant.
Obtenteur : Meilland, 1995.
Dimensions : 1,50 m et plus en hauteur.
Floraison : les pétales sont jaune crème clair à l'avers pour ceux situés à l'extérieur, rose carmin au revers pour les intérieurs. Bonne remontée.
Parfum : inexistant.

◄ 'César' : une création récente de toute beauté.

538

Les rosiers pour tonnelles

Utilisations : le long d'une rampe d'escalier.
Particularités : un petit air de rose ancienne pour cet arbuste vigoureux, rustique et très sain.
Notre conseil : apportez un bon engrais à la plantation et supprimez souvent les fleurs fanées.

Hybride de Polyantha
CLAIR MATIN

Dimensions moyennes pour ce grimpant vigoureux et florifère, au feuillage vert foncé.
Obtenteur : Meilland, 1960. Parents : croisement entre 'Fashion', 'Indépendance', 'Orange Triumph' et 'Phyllis Bide'.
Dimensions : entre 2 m et 3 m de hauteur.
Floraison : fleurs mi-doubles, rose pâle teinté de mauve. Étamines apparentes. Bonne remontée.
Parfum : léger, semblable à celui de l'églantine.
Utilisations : pour pylônes, treillages ou grillages.
Particularités : variété peu difficile sur la nature du sol, mais elle apprécie les terres un peu humides.
Notre conseil : laissez ce rosier en forme libre, les branches prennent un port pleureur de toute beauté.

Hybride moderne
COCKTAIL

Beau rosier arbustif, grimpant dans les situations chaudes, aux feuilles vert bronze, luisantes.
Obtenteur : Meilland, 1957. Parents : 'Indépendance' croisée avec 'Orange Triumph' et 'Phyllis Bide'.
Dimensions : entre 1,50 m et 2,50 m de hauteur.
Floraison : fleurs assez simples, réunies en gros bouquets de coloris rouge brillant, avec un centre jaune foncé. La remontée est parfois moyenne.
Parfum : très faible.
Utilisations : tonnelle, pergola, rambarde.
Particularités : moyennement rustique, il préfère les jardins situés dans la moitié sud de la France.
Notre conseil : arrosez-le très régulièrement.

Hybride moderne
CONSTANCE SPRY

C'est la toute première « rose anglaise », à la végétation exubérante. Feuillage vert moyen.

Obtenteur : Austin, 1961. Parents : 'Belle Isis' croisée avec 'Dainty Maid'.
Dimensions : 1,80 m en tous sens.
Floraison : très grandes fleurs en coupe, de type « vieille rose », rose tendre. Non remontante.
Parfum : semblable à celui de la myrrhe.
Utilisations : le long d'un escalier, sur une colonne.
Particularités : sa taille moyenne lui permet d'être également cultivé en forme libre.
Notre conseil : à réserver aux jardins romantiques.

Hybride de Thé
DANSE DES SYLPHES

Ce rosier de grand développement présente un feuillage vert foncé qui met parfaitement bien en valeur la floraison.
Obtenteur : Mallerin, 1959. Parents : obtenu par croisement de 'Danse du Feu' avec 'Indépendance' et 'Mme Antoine Meilland'.
Dimensions : de 2 à 3 m de hauteur.
Floraison : fleurs d'un très beau rouge lumineux venant à profusion au printemps. Mais cette floraison remonte ensuite très peu en automne.
Parfum : inexistant.
Utilisations : sur un treillage ou une pergola.
Particularités : il présente une bonne croissance.
Notre conseil : placez-le plutôt à la mi-ombre, car le soleil direct a tendance à brûler les fleurs.

▶ 'Danse des Sylphes' : une longue floraison unique.

▲ 'Clair Matin' : un rosier vigoureux et très florifère.

▲ 'Cocktail' : un rouge chaud qui vire au cramoisi avec l'âge.

▲ 'Constance Spry' : la première « rose anglaise ».

539

Le jardin des roses

▲ 'Félicité et Perpétue' : du nom des filles de l'obtenteur.

Hybride de sempervirens
FÉLICITÉ ET PERPÉTUE

La très longue tenue du feuillage sur les rameaux en hiver fait que ce grand rosier est intéressant par la couverture qu'il apporte.
Obtenteur : Jacques, 1827.
Dimensions : jusqu'à 6 m de hauteur.
Floraison : petites fleurs, bien pleines, au ton rose pâle presque blanc. Elle est peu remontante.
Parfum : léger et agréable.
Utilisations : dans la ramure d'un arbre ou en mélange avec une autre plante grimpante.
Particularités : assez rustique, il accepte toutes les situations et tous les sols, même humides.
Notre conseil : mélangez-le à une autre plante grimpante comme une glycine ou une clématite.

Hybride de bracteata
MERMAID

Très grand rosier au feuillage vert sombre presque persistant. Rameaux très épineux.
Obtenteur : Paul, 1918. Parents : *Rosa bracteata* croisé avec un rosier Thé à fleurs jaunes.
Dimensions : de 6 à 8 m de hauteur.
Floraison : très larges fleurs simples de 12 à 15 cm de diamètre, jaune très doux. Peu remontante.
Parfum : peu puissant, à odeur de rose Thé.

Utilisations : sur une grille ou une tonnelle, ou dans la ramure d'un arbre, mort ou vivant.
Particularités : se plaisant aussi bien à l'ombre qu'au soleil, il recherche cependant les jardins chauds. Il vient aussi très bien en bord de mer. C'est un rosier vigoureux, de culture facile.
Notre conseil : surveillez le feuillage car il est assez sensible aux maladies.

Hybride de multiflora
NEIGE D'AVRIL

Ce grand rosier aux longs rameaux couverts d'un feuillage vert brillant, est peu épineux.
Obtenteur : Robichon, 1908.
Dimensions : de 4 à 5 m de hauteur.
Floraison : jolies fleurs semi-doubles, assez plates, d'un coloris blanc pur. Non remontante.
Parfum : léger, avec quelques notes anisées.
Utilisations : sur un treillage ou une pergola, en lui laissant un grand espace pour se développer.
Particularités : peu sensible aux maladies, il présente une bonne vigueur et s'accommode de toutes les situations et de tous les sols, même humides.
Notre conseil : profitez de son indifférence à l'exposition pour l'installer au nord ou à mi-ombre.

Hybride de wichuraiana
PAUL NOËL

Ce magnifique rosier aux longs rameaux est couvert d'un feuillage vert très sain et brillant.
Obtenteur : Tanne, 1913. Parents : croisement de *Rosa luciae* avec 'Monsieur Tillier'.
Dimensions : de 5 à 6 m de hauteur.
Floraison : nombreuses petites fleurs roses, avec certaines nuances de jaune, très doubles, pendantes. C'est une variété non remontante.
Parfum : inexistant.
Utilisations : sur une colonne ou une pergola.
Particularités : rosier peu difficile sur la nature de la terre. Surveillez l'humidité durant tout l'été.
Notre conseil : le port sera plus joli si vous laissez pendre les rameaux garnis de fleurs.

▲ 'Mermaid'.

'Neige d'Avril'. ▼

◀ 'Paul Noël' : des sarments à conduire en port pleureur.

540

Les rosiers pour tonnelles

Hybride de wichuraiana
PAUL'S SCARLET CLIMBER

Un grand rosier grimpant parmi les classiques, toujours d'actualité. Ses longs rameaux sont parés de larges feuilles vert foncé et mat.
Obtenteur : Paul, 1916. Parents : croisement de 'Rêve d'Or' avec 'Paul's Carmine Pillar'.
Dimensions : de 3 à 5 m de hauteur.
Floraison : les corolles, moyennes, présentent des pétales ondulés, d'un coloris rouge écarlate vif. C'est une variété peu remontante.
Parfum : pratiquement inexistant.
Utilisations : sur pylônes ou grandes tonnelles.
Particularités : la profusion de fleurs est telle, qu'elle fait presque disparaître le feuillage sur ce rosier qui vient bien en tous sols et à mi-ombre.
Notre conseil : surveillez le feuillage car il est assez sensible aux attaques d'oïdium.

Hybride moderne
PIERRE DE RONSARD

Avec ses allures de rosier ancien, cet arbuste est magnifique. Le feuillage est très sombre.
Obtenteur : Meilland, 1986. Parents : 'Kalinka' croisé avec 'Haendel' et 'Danse des Sylphes'.
Dimensions : entre 1,50 m et 2 m de hauteur.
Floraison : très belle rose ronde et bien pleine, au délicat coloris rose tendre. La floraison est abondante au printemps avec une remontée en fin d'été.
Parfum : très léger et frais.
Utilisations : sur une tonnelle, le long d'un escalier, associé à des roses anglaises ou anciennes.
Particularités : rustique, ce rosier apprécie, de préférence, les situations plutôt ensoleillées.
Notre conseil : chaque printemps, apportez-lui un bon engrais car il aime les terres fertiles.

Hybride moderne
RED PARFUM

Grimpant au port rigide et au feuillage vert sombre, il peut aussi être laissé en forme libre.
Obtenteur : Ève, 1972.

Dimensions : de 3 à 4 m de hauteur.
Floraison : les fleurs, de taille moyenne, sont réunies en bouquets. Leur coloris est exquis, d'un joli rouge-grenat velouté. La remontée est excellente.
Parfum : très important et tenace.
Utilisations : sur une colonne bien droite.
Particularités : rosier assez peu difficile sur la nature de la terre et sur son exposition.
Notre conseil : coupez bien les fleurs au fur et à mesure de leur déclin pour favoriser la remontée.

Rosier Bourbon
ZÉPHIRINE DROUHIN

Le plus connu des rosiers Bourbon, aux rameaux dépourvus d'épines. Le feuillage est pourpre cuivré à la naissance et devient ensuite bien vert.
Obtenteur : Bizot, 1868.
Dimensions : jusqu'à 3 m de hauteur.
Floraison : semi-doubles, les fleurs sont grandes et réunies en bouquets. La couleur est rouge cerise clair tirant sur le rose. Peu remontante.
Parfum : attrayant et agréable.
Utilisations : sur un porche ou une rampe d'escalier en raison de l'absence d'épines.
Particularités : en taillant ses rameaux, on peut également le conduire en forme buissonnante.
Notre conseil : surveillez son état sanitaire car il est assez sensible à l'oïdium et à la tache noire.

▶ 'Zéphirine Drouhin' : une rose parfumée sans épines. ▶

▲ 'Paul's Scarlet Climber' : plus de fleurs que de feuilles.

▲ 'Pierre de Ronsard' : de gros pompons au coloris délicat.

▲ 'Red Parfum' : aussi bien en grimpant qu'en buisson.

541

Le jardin des roses

LES ROSIERS COUVRE-MUR

Avec leurs longs rameaux fleuris, ils courent sur les murs, cachant la misère et les façades décrépies. Ces rosiers sont tout à fait adaptés à cette situation, à condition que vous accrochiez leurs branches sur un support.

Hybride de wichuraiana ALBÉRIC BARBIER

Un grand classique parmi les rosiers grimpants anciens. Il porte un feuillage sombre, abondant.
Obtenteur : Barbier, 1900. Parents : croisement de *Rosa wichuraiana* avec 'Shirley Hibberd'.
Dimensions : de 4 à 5 m de hauteur.
Floraison : jaune léger à la naissance, les fleurs deviennent ensuite complètement blanches. Elles sont nombreuses, viennent tôt en saison et durent longtemps mais la floraison n'est pas remontante.
Parfum : très léger, doux.
Utilisations : sur un mur situé à mi-ombre.
Particularités : vigoureux et solide, il est bien résistant aux maladies. Pour sols pauvres.
Notre conseil : nettoyez les fleurs fanées, car elles ne tombent pas et restent accrochées.

▲ 'Albéric Barbier' : une très longue floraison printanière.

Hybride de wichuraiana ALBERTINE

Un bien joli nom pour ce rosier grimpant ancien, qui présente une végétation dense, d'une couleur vert foncé brillant.
Obtenteur : Barbier, 1921. Parents : croisement de *Rosa wichuraiana* avec 'Mrs A. Robert Waddel'.
Dimensions : de 4 à 5 m de hauteur.

▲ 'Albertine'.   'Alexandre Girault'. ▼

Floraison : grandes fleurs roses à reflets cuivrés, aux pétales ondulés leur donnant un aspect chiffonné. Cette variété est non remontante.
Parfum : délicieux et captivant.
Utilisations : sur un vieux mur semi-ombragé.
Particularités : s'il est assez rustique, c'est dans les jardins du Midi qu'il se développe le mieux. Attention, il est assez sensible à l'oïdium.
Notre conseil : à la plantation, apportez-lui un bon engrais pour aider son installation.

Hybride de wichuraiana ALEXANDRE GIRAULT

Faisant preuve d'une grande longévité, ce beau rosier porte un feuillage assez dense vert luisant.
Obtenteur : Barbier, 1909. Parents : croisement de *Rosa wichuraiana* avec 'Papa Gontier'.
Dimensions : de 3 à 4 m de hauteur.
Floraison : fleurs plates, un peu ébouriffées, très jolies, au coloris rose soutenu avec un peu de jaune à la base des pétales. Variété non remontante.
Parfum : très léger.
Utilisations : sur un treillage plaqué contre un mur.
Particularités : vigoureux et rustique, il apprécie les situations fraîches et mi-ombragées.
Notre conseil : surveillez l'arrosage durant l'été.

Hybride de wichuraiana AMERICAN PILAR

Un rosier très connu, à la très jolie floraison panachée. Le feuillage est épais, vert sombre.
Obtenteur : Van Fleet, Conard et Jones, 1902.

◀ 'American Pilar' : un rosier au succès incontestable.

542

Les rosiers couvre-mur

Parents : croisement de *Rosa wichuraiana* avec *Rosa setigera* et un hybride remontant rouge.
Dimensions : de 5 à 7 m de hauteur.
Floraison : fleurs simples, de taille moyenne, au coloris rose carmin avec un œil blanc au centre. Elles restent très longtemps sur les rameaux, au printemps, mais la variété n'est pas remontante.
Parfum : inexistant.
Utilisations : sur un auvent, le long d'un mur.
Particularités : très vigoureux, ce grand rosier porte de longues tiges souples, faciles à conduire.
Notre conseil : placez ce rosier plutôt à mi-soleil et surveillez l'humidité du sol durant l'été.

Hybride de multiflora
BOBBIE JAMES

L'un des rosiers qui produit les plus longs rameaux qui soient, couverts de feuilles vert clair.
Obtenteur : Sunningdale Nursery, 1961.
Dimensions : près de 10 m de hauteur.
Floraison : très blanches, les fleurs sont bien ouvertes et présentent des étamines dorées qui ressortent bien de la corolle. Variété non remontante.
Parfum : prononcé et captivant.
Utilisations : la longueur et l'abondance de ses rameaux lui permettent de couvrir de grands murs.
Particularités : vigoureux, ce rosier ajoute à son charme un feuillage très décoratif en automne.
Notre conseil : utilisez-le pour cacher un vieux bâtiment ou un hangar tout défraîchi.

Hybride de wichuraiana
CITY OF YORK

Un rosier grimpant très populaire, vigoureux, pourvu d'un feuillage large, vert foncé luisant.
Obtenteur : Tantau, 1945. Parents : croisement entre 'Prof Gnau' et 'Dorothy Perkins'.
Dimensions : de 4 à 5 m de hauteur.
Floraison : les fleurs semi-doubles sont d'un coloris blanc ivoire avec un centre plus jaune citron. Elles forment une belle coupe. Non remontante.
Parfum : fort et délicieux.
Utilisations : palissé sur un treillage, il habille les murs même exposés au nord ou à mi-ombre.

Particularités : ce rosier est assez peu difficile sur la nature de la terre et son exposition.
Notre conseil : associez-le à d'autres variétés grimpantes pour obtenir de jolis camaïeux.

Hybride de wichuraiana
CORONATION

Beau rosier grimpant aux branches souples, couvertes d'un feuillage fin, vert moyen, luisant.
Obtenteur : Turner, 1911.
Dimensions : de 3 à 4 m de hauteur.
Floraison : les fleurs sont réunies en gros bouquets pendants. Leur coloris est d'un joli rouge avec parfois des rayures blanches. Non remontante.
Parfum : assez fort, agréable au lever du soleil.
Utilisations : au-dessus d'une verrière ou d'un auvent, sur la façade d'une maison ancienne.
Particularités : vigoureux, ce rosier vient bien en toutes situations, mais préfère tout de même le plein soleil. Il est toutefois très rustique.
Notre conseil : nettoyez les fleurs lorsqu'elles fanent pour lui conserver un bel aspect.

Hybride de wichuraiana
DOROTHY PERKINS

Rosier grimpant produisant de longues pousses, souples, qui portent un feuillage vert brillant.
Obtenteur : Jackson et Perkins, 1901. Parents : *Rosa wichuraiana* croisé avec 'Mme Gabriel Luizet'.
Dimensions : de 5 à 6 m de hauteur.
Floraison : petites fleurs réunies en pompons qui forment des guirlandes sur les rameaux pendants. La couleur rose vif est lumineuse. La floraison vient au début de l'été mais n'est pas remontante.
Parfum : inexistant.
Utilisations : sur le faîte d'un mur pour que ses rameaux fleuris puissent retomber sur les côtés.
Particularités : très sensible à l'oïdium, il faut surveiller l'humidité du sol durant l'été. Évitez-lui aussi les expositions trop ensoleillées.
Notre conseil : ne le palissez pas sur un mur trop chaud, ce qui risquerait de faire griller les fleurs.

▲ 'Bobbie James' : de longues lianes couvertes de fleurs.

▲ 'City of York', ici associé à 'Neige Rose'.

▲ 'Coronation' : de longues grappes rouges, pendantes.

'Dorothy Perkins' : un rosier tout en cascades de fleurs. ▶

543

Le jardin des roses

▲ 'François Juranville' : une odeur de pomme sucrée.

▲ 'Kew Rambler' : rose.   'Kiftsgate' : blanc. ▼

Hybride de wichuraiana
FRANÇOIS JURANVILLE

Presque dépourvu d'épines, ce rosier présente de fins rameaux au feuillage vert sombre.
Obtenteur : Barbier, 1906. Parents : *Rosa wichuraiana* croisé avec 'Mme Laurette Messimy'.
Dimensions : de 6 à 10 m de hauteur.
Floraison : fleurs doubles, solitaires ou groupées, au coloris corail devenant rose avec l'âge, le centre restant jaune pâle. Variété non remontante.
Parfum : délicat, au goût de pomme sucrée.
Utilisations : pour habiller un porche, une entrée.
Particularités : un rosier, facile à vivre, qui accepte la mi-ombre et les sols pauvres et humides.
Notre conseil : supprimez régulièrement les vieux rameaux pour favoriser la croissance des jeunes.

Hybride de soulieana
KEW RAMBLER

Ce rosier sarmenteux très florifère a de longues tiges habillées d'un petit feuillage vert-gris.
Obtenteur : Kew Gardens, 1912 ; parents : croisement de *Rosa soulieana* avec 'Hiawatha'.
Dimensions : de 6 à 7 m de hauteur.
Floraison : très nombreuses petites fleurs réunies en bouquets. Le coloris est rose clair avec un œil blanc et des étamines dorées. Non remontante.
Parfum : trop léger pour être significatif.
Utilisations : sur un portique ou un vieux mur, mais aussi sur le tronc et dans la ramure d'un arbre.

Particularités : peu difficile sur la nature du sol et l'exposition, ce rosier se pare de jolis petits fruits légèrement allongés qui apparaissent en automne.
Notre conseil : pratiquez une taille précoce pour favoriser le développement des nouveaux rameaux.

Hybride de filipes
KIFTSGATE

C'est un grand rosier grimpant et vigoureux, porteur d'un abondant feuillage vert sombre.
Obtenteur : mutation de *Rosa filipes*, découverte à Kiftsgate Court, dans le Gloucestershire, en 1954.
Dimensions : de 6 à 8 m de hauteur.
Floraison : réunies en gros corymbes pendants, les fleurs sont simples, très blanches, laissant voir des étamines dorées. Variété non remontante.
Parfum : très léger, juste perceptible.
Utilisations : sur une grande façade, un long mur.
Particularités : peu exigeant sur la nature du sol et acceptant la mi-ombre, ce rosier est décoratif en automne par la couleur de son feuillage. Il porte également de jolies grappes de fruits rouges.
Notre conseil : donnez-lui beaucoup d'espace pour qu'il se développe correctement.

Hybride de moschata
PAUL'S HIMALAYAN MUSK RAMBLER

Classé aussi parmi les hybrides de *brunonii* ou de *filipes*, selon différents auteurs, ce rosier est intéressant par sa vigueur et sa floraison. Il produit de très longs rameaux aux feuilles vert mat.
Obtenteur : Paul, fin du XIXe siècle.
Dimensions : plus de 10 m de hauteur.
Floraison : rose lorsqu'elle s'ouvre, la fleur devient blanche en vieillissant. La corolle paraît un peu échevelée. C'est une variété non remontante.
Parfum : inexistant.
Utilisations : pour garnir la façade de grandes habitations ou de longs murs de clôture.
Particularités : grande vigueur pour ce rosier qui accepte la mi-ombre, les terres humides et pauvres.

◄ 'Paul's Himalayan Musk Rambler' : une grande vigueur.

Les rosiers couvre-mur

Notre conseil : renouvelez souvent la ramure de ce rosier et palissez-le sur un support bien solide.

Hybride de multiflora
RAMBLING RECTOR

Plein de vigueur, il porte des tiges épineuses et un feuillage vert clair mat, duveteux en dessous.
Obtenteur : on ne connaît pas son origine mais il a été commercialisé à partir de 1912.
Dimensions : entre 7 m et 8 m de hauteur.
Floraison : les fleurs semi-doubles, réunies en gros bouquets, sont blanc crème, laissant voir les étamines jaunes. Variété non remontante.
Parfum : très prononcé, délicieusement fruité.
Utilisations : sur un mur de clôture, dans un arbre.
Particularités : abondante fructification automnale. Il est peu difficile sur le sol et l'exposition.
Notre conseil : évitez de le planter sur un lieu de passage en raison de ses nombreux aiguillons.

Hybride de multiflora
THALIA

Vigoureux, ce rosier porte de très nombreuses fleurs immaculées et un feuillage vert moyen.
Obtenteur : Schmidt, 1895. Parents : croisement de *Rosa multiflora* avec 'Pâquerette'.
Dimensions : de 4 à 6 m de hauteur.
Floraison : blanches et semi-doubles, les fleurs sont nombreuses et réunies en gros bouquets. Les étamines sont jaune doré. Variété non remontante.
Parfum : prononcé et subtil.
Utilisations : pour habiller une entrée, un porche.
Particularités : une variété intéressante car elle se plaît à l'ombre, dans un sol pauvre.
Notre conseil : associez-le à une variété hâtive car ce rosier ne fleurit guère avant juillet.

Hybride de multiflora
TOBY TRISTAM

Ce superbe rosier fait preuve d'une grande végétation. Son feuillage est vert clair, mat.
Obtenteur : origine inconnue.
Dimensions : plus de 10 m de hauteur.

▲ 'Rambling Rector' : une profusion de fleurs en juin.

Floraison : les bouquets floraux comptent jusqu'à soixante boutons qui donnent des fleurs simples, blanches, parfois rosées. Variété non remontante.
Parfum : inexistant.
Utilisations : pour habiller de hauts murs.
Particularités : la floraison est suivie d'une importante production de fruits rouges décoratifs.
Notre conseil : réservez-le aux grands jardins car il lui faut beaucoup d'espace pour s'épanouir.

Hybride de sinowilsonii
WEDDING DAY

Ce beau rosier, populaire, produit de longues tiges sarmenteuses, aux feuilles vert moyen.
Obtenteur : Stern, 1950. Parents : croisement d'un semis avec *Rosa sinowilsonii*.
Dimensions : plus de 8 m de hauteur.
Floraison : très nombreux bouquets de fleurs blanc jaunâtre, semblables à celles de l'églantier. C'est une variété non remontante.
Parfum : très fort et fruité.
Utilisations : pour couvrir un abri de jardin.
Particularités : rosier décoratif par ses feuilles qui restent longtemps sur les rameaux et son abondante et jolie fructification automnale.
Notre conseil : plantez-le n'importe où dans le jardin car il résiste à toutes les mauvaises conditions.

'Wedding Day' : l'un des plus beaux rosiers grimpants. ▶

▲ 'Thalia' : de gros bouquets blancs au cœur jaune.

▲ 'Toby Tristam' : plus de fleurs en juin que de feuilles.

Le jardin des roses

LES ARBRES DE ROSES

Placés au milieu d'un massif ou du jardin, les rosiers sur tige donnent du volume et du relief au décor. Faites-les reposer sur une armature, leurs rameaux fleuris se transformeront en jolies cascades colorées.

Floribunda COMTESSE DU BARRY

Ce rosier, pourvu d'un feuillage vert moyen, brillant, forme une magnifique boule de fleurs.
Obtenteur : Verschuren, 1994.
Dimensions : 80 cm de hauteur de tronc.
Floraison : les fleurs, groupées en bouquets, comptent environ soixante pétales. Elles forment une corolle jaune soufre clair. Bonne remontée.
Parfum : sans odeur particulière.
Utilisations : au milieu d'un massif de roses aux tons plus soutenus ou parmi des plantes annuelles.
Particularités : ce rosier est vigoureux et résiste bien aux maladies. Sa période de floraison est assez tardive dans la saison.
Notre conseil : lors de la taille, tenez compte de l'orientation des rameaux pour former une boule.

▲ 'Comtesse du Barry' : une nouveauté à fleurs anciennes.

▲ 'Diablotin' : lumineux.   'Excelsa' : pleureur. ▼

Polyantha DIABLOTIN

Flamboyant, ce rosier à fleurs groupées se conduit bien en tige. Ses feuilles sont vert bronze.

Obtenteur : Delbard-Chabert, 1961. Parents : croisement de 'Orléans Rose' par 'Fashion'.
Dimensions : 80 cm de hauteur de tronc.
Floraison : semi-doubles, les fleurs sont d'un rouge écarlate, très lumineux. Bonne remontée.
Parfum : sans odeur particulière.
Utilisations : dans un massif, le long d'une allée.
Particularités : résistant aux maladies, le feuillage est pourpre avant de devenir bronze.
Notre conseil : appuyez votre plantation sur une haie sombre pour faire ressortir la floraison.

Hybride de wichuraiana EXCELSA

Sarmenteux d'origine, ce rosier se conduit très bien sur tige, en lui donnant une forme « pleureur ». Il est couvert d'un feuillage sombre et mat.
Obtenteur : Walsh, 1909.
Dimensions : de 1,20 à 1,50 m de hauteur.
Floraison : sur des rameaux souples, viennent de nombreuses fleurs en pompons rouge cramoisi vif. Elle est malheureusement non remontante.
Parfum : sans odeur particulière.
Utilisations : en isolé sur une pelouse.
Particularités : variété sensible à l'oïdium.
Notre conseil : en raison de ses tiges retombantes, placez à son pied des plantes basses.

Floribunda KIMONO

Une silhouette de rose ancienne pour ce somptueux rosier à la frondaison vert luisant.

◄ 'Kimono' : un rosier plein de force, joliment coloré.

Les arbres de roses

Obtenteur : De Ruiter, 1961. Parents : 'Frau Anny Beaufays' croisée avec 'Cocorico'.
Dimensions : 1 m de hauteur de tronc.
Floraison : jolie fleur double comptant une trentaine de pétales bien imbriqués les uns dans les autres. Le coloris est rose clair saumoné.
Parfum : très doux et agréable.
Utilisations : dans un jardin romantique.
Particularités : rustique, il résiste bien au froid.
Notre conseil : si vous avez une terre pauvre, voici une bonne variété, peu difficile à vivre.

Hybride moderne
ROSY LA SEVILLANA

Proche parent de 'La Sevillana', ce rosier s'en distingue par la couleur plus rosée de ses fleurs.
Obtenteur : Meilland, 1983.
Dimensions : environ 1 m de hauteur de tronc.
Floraison : les fleurs semi-doubles, moyennes, sont réunies en bouquets rose vif et durent du début de l'été jusqu'à la fin de l'automne.
Parfum : sans odeur particulière.
Utilisations : au milieu d'un massif de roses aux coloris plus soutenus ou parmi des plantes vivaces.
Particularités : rustique, ce rosier est à placer de préférence au soleil pour avoir une floraison continue.
Notre conseil : coupez souvent les fleurs fanées.

Rosier rugueux
LAVENDER DREAM

Très florifère, ce rosier forme une jolie boule dont les fleurs recouvrent entièrement le feuillage.
Obtenteur : Interplant, 1984. Parents : croisement de 'Yesterday' par 'Nastarana'.
Dimensions : 1 m de hauteur de tronc.
Floraison : rose lilas, les fleurs virent au pourpre avec l'âge. C'est une variété très remontante.
Parfum : tout à fait imperceptible.
Utilisations : dans un massif ou sur un balcon.
Particularités : rustique, il accepte les situations semi-ombragées. Bonne résistance aux maladies.
Notre conseil : équilibrez en dégageant le centre.

'Vent d'Été' : des roses ébouriffées au ton rose changeant. ▶

Hybride moderne
ROUGE MEILLANDÉCOR

Les rameaux retombants forment des cascades de fleurs qui se détachent du feuillage vert bronze.
Obtenteur : Meilland, 1987.
Dimensions : 80 cm de hauteur de tronc.
Floraison : les fleurs simples, rouge vif avec un œil blanc, sont rassemblées en bouquets retombants. C'est une bonne variété remontante.
Parfum : sans odeur particulière.
Utilisations : de part et d'autre d'une allée.
Particularités : les rameaux très épineux portent des feuilles qui résistent bien aux maladies.
Notre conseil : réservez-le aux jardins du soleil.

Polyantha
VENT D'ÉTÉ

Ses rameaux souples, aux feuilles larges et de couleur sombre, lui donnent un port pleureur extrêmement décoratif.
Obtenteur : Kordès, 1985. Parents : croisement d'un semis avec 'The Fairy'.
Dimensions : de 70 à 80 cm de hauteur de tronc.
Floraison : ininterrompue de juin à octobre, elle est formée par des fleurs doubles d'un rose pur.
Parfum : sans odeur particulière.
Utilisations : dans un bac, sur une terrasse.
Particularités : rustique et vigoureux, son feuillage résiste aussi très bien aux maladies.
Notre conseil : placez ce rosier de préférence au soleil, mais évitez-lui les trop grosses chaleurs.

▲ 'Rosy La Sevillana' : une mutation de 'La Sevillana'.

▲ 'Lavender Dream'.   'Rouge Meillandécor'. ▼

Le jardin des roses

LES ROSIERS POUR BORDURES

Ramassés ou étalés, les rosiers de petite taille constituent de jolies bordures fleuries, au pied des haies ou le long des massifs. Leurs branches peuvent aussi servir de couvre-sol, s'accrochant aux terres pentues.

Polyantha
BORDURE ROSE

Le petit développement de ce rosier très dense en fait une variété idéale pour les bordures.
Obtenteur : Delbard, 1974.
Dimensions : de 30 à 50 cm de hauteur.
Floraison : nombreuses petites fleurs en bouquets roses, s'ouvrant pour laisser découvrir des étamines jaune d'or. Très bonne remontée.
Parfum : sans odeur particulière.
Utilisations : au pied d'un mur ou d'un arbre.
Particularités : les fleurs recouvrent presque entièrement le feuillage, qui présente une très bonne résistance aux maladies.
Notre conseil : évitez les formes trop rigides en ne taillant que les rameaux très fantasques.

▲ 'Bordure Rose': pour souligner la décoration du jardin.

Polyantha
EMERA

Cette création récente est vite devenue populaire. Très florifère, elle forme un tapis coloré.
Obtenteur : Werner, 1990. Parents : croisement de 'Immensee' avec 'Amanda'.
Dimensions : de 50 à 60 cm de hauteur.
Floraison : les fleurs semi-doubles forment une coupe au coloris rose indien. Bonne remontée.
Parfum : sans odeur particulière.
Utilisations : sur talus ou sous un couvert d'arbres.
Particularités : rosier plein de vigueur, résistant aux maladies et s'acclimatant aux sols pauvres.
Notre conseil : associez-le à des plantes tapissantes à feuilles sombres qu'il égayera de son coloris.

Hybride moderne
FERDY

C'est un excellent couvre-sol, tout aussi intéressant par ses fleurs que par son feuillage fin.
Obtenteur : Suzuki, 1984. Parents : croisement d'un semis par un semis de 'Petite Folie'.
Dimensions : les rameaux dépassent 1 m de long.
Floraison : très nombreuses petites fleurs doubles rose vif qui couvrent entièrement le feuillage. C'est une variété non remontante.
Parfum : sans odeur particulière.
Utilisations : sur talus ou dans une rocaille.
Particularités : très résistant au froid et aux maladies, il se contente aisément d'un sol pauvre.
Notre conseil : contentez-vous, pour la taille, de ne couper que les rameaux trop longs et âgés.

Koster
FÊTE DES MÈRES

Formant un petit buisson dense, ce rosier présente un feuillage vert foncé, très brillant.
Obtenteur : Grootendorst, 1950.
Dimensions : environ 40 cm de hauteur.
Floraison : très nombreuses petites fleurs

▲ 'Emera': florifère.   'Ferdy': une seule floraison. ▼

◀ 'Fête des Mères': de jolies fleurs en coupe rouge vif.

Les rosiers pour bordures

doubles formant de gros bouquets rouge vif.
Parfum : sans odeur particulière.
Utilisations : le long d'une allée, au pied d'un mur ou pour souligner une haie de persistants.
Particularités : ces rosiers miniatures viennent aussi très bien en pots et peuvent être utilisés pour la décoration des balcons ou des rebords de fenêtre.
Notre conseil : plantez à 20 cm de distance.

Polyantha
PINK SYMPHONIE

Sur un abondant feuillage vert foncé vient une profusion de fleurs moyennes, bien formées.
Obtenteur : Meilland, 1987.
Dimensions : de 40 à 50 cm de hauteur.
Floraison : fleurs doubles au coloris rose qui, en vieillissant, s'ouvrent pour laisser apparaître des étamines jaune d'or. Très bonne remontée.
Parfum : sans odeur particulière.
Utilisations : au pied de rosiers tiges, autour d'un massif d'arbustes ou dans une jardinière.
Particularités : excellente résistance aux maladies. Ce rosier forme un buisson régulier.
Notre conseil : coupez les fleurs dès qu'elles fanent pour favoriser la remontée en automne.

Polyantha
SPOT MEILLANDINA

Ce rosier miniature se pare, sur un feuillage vert sombre, d'une multitude de fleurs écarlates.
Obtenteur : Meilland, 1994.
Dimensions : de 25 à 30 cm de hauteur.
Floraison : fleurs très doubles, larges de 5 à 6 cm, d'un coloris rouge vif s'éclairant en vieillissant. Au plus fort de la floraison, celle-ci recouvre entièrement le feuillage. Variété bien remontante.
Parfum : sans odeur particulière.
Utilisations : en bordures, pour souligner un massif ou une allée, ou planté dans des jardinières.
Particularités : un rosier bien fourni, présentant une forme régulière, plutôt ronde. Le feuillage est sain et bien résistant aux maladies.
Notre conseil : nettoyez régulièrement les fleurs fanées pour obtenir une production continue.

Hybride moderne
SWANY

Très populaire, ce rosier constitue un excellent couvre-sol en raison de ses nombreux rameaux souples qui courent dans tous les sens.
Obtenteur : Meilland, 1976. Parents : *Rosa sempervirens* croisé avec 'Mlle Marthe Caron'.
Dimensions : de 40 à 50 cm de hauteur et de 1,50 à 2 m d'étalement.
Floraison : très nombreuses petites fleurs en forme de pompon, blanc pur, regroupées en bouquets très denses qui couvrent presque le feuillage. La floraison est continue du printemps à l'automne.
Parfum : sans odeur particulière.
Utilisations : en tapis sur talus, au-dessus d'un muret, sous le couvert des arbres, car l'ombre et la fraîcheur ne ralentissent pas sa croissance.
Particularités : très rustique, il s'accommode de toutes les terres et de toutes les situations.
Notre conseil : une fois par semaine, coupez les branches fanées pour conserver un bel aspect.

Polyantha
THE FAIRY

Appelé aussi 'Féerie', ce rosier couvre-sol est l'un des plus connus de ce type. Le feuillage est très fin, vert clair et disparaît sous la floraison.
Obtenteur : Bentall, 1932. Parents : croisement de 'Paul Crampel' par 'Lady Gay'.
Dimensions : de 30 à 40 cm de hauteur sur plus de 1 à 1,20 m d'étalement.
Floraison : les fleurs sont réunies en grappes de petits pompons roses qui viennent à partir de juin pour s'arrêter seulement en octobre ou novembre.
Parfum : sans odeur particulière.
Utilisations : en tapis ou au-dessus d'un muret pour former de jolies cascades fleuries.
Particularités : le feuillage est résistant aux maladies. C'est un rosier qui s'adapte aux terrains difficiles, semi-ombragés et humides.
Notre conseil : limitez sa croissance en hauteur en taillant souvent les rameaux qui se redressent.

'The Fairy': en tapis fleuri ou en cascade colorée. ▶

▲ 'Pink Symphonie': un joli cœur en or.

▲ 'Spot Meillandina': une variation de coloris lumineux.

▲ 'Swany': une production continuelle de fleurs blanches.

549

Le jardin des roses

LES ROSIERS SAUVAGES

À l'origine de la plupart des variétés actuelles et connus depuis des siècles, les rosiers sauvages donnent à votre jardin un goût de nature qui rompt avec la monotonie un peu trop guindée de certains massifs.

Rosa alba
SEMIPLENA

Connu depuis l'Antiquité, ce rosier forme un buisson bien dressé, aux feuilles gris-vert mat.
Obtenteur : introduit en Europe au XVIe siècle.
Dimensions : de 2 à 2,50 m de hauteur.
Floraison : fleurs semi-doubles, de 5 à 6 cm de diamètre, blanc pur, avec des étamines jaune d'or. Cette floraison est non remontante.
Parfum : prononcé, délicat, utilisé en parfumerie.
Utilisations : en haies libres, l'épaisseur du buisson peut atteindre 1,50 m de large.
Particularités : ce rosier porte, en automne, des fruits rouges. Il est aussi très résistant au froid.
Notre conseil : ne taillez pas ce rosier pour laisser libre cours à son exubérante végétation.

Rosa banksiae
LUTEA

Ce rosier grimpant est intéressant par sa floraison et par son feuillage semblable à celui du jasmin.
Obtenteur : originaire de Chine, il fut introduit en Angleterre pour la première fois en 1824 par Parks.
Dimensions : de 6 à 8 m de hauteur.
Floraison : non remontante, elle se traduit par une production de fleurs très doubles, jaunes, qui sont réunies en bouquets et viennent relativement tôt dans la saison.
Parfum : très légèrement odorant.
Utilisations : le long d'un mur, sur une façade.
Particularités : peu sensible au froid, il vient bien à mi-ombre et porte un feuillage persistant.
Notre conseil : associez-le à d'autres grimpants plus modernes, aux coloris roses ou orangés.

Rosa x centifolia
ROSIER À CENTFEUILLES

La fleur forme une sorte de globe creux au centre qui lui vaut d'être appelée 'Rose Chou'. Le rosier est buissonnant, couvert d'un feuillage vert clair.
Obtenteur : origine complexe et inconnue pour cet hybride obtenu en Hollande au XVIe siècle.
Dimensions : de 1,80 à 2 m de hauteur.
Floraison : non remontante, elle est formée de fleurs d'un rose soutenu qui s'éclaire en vieillissant.
Parfum : puissant mais agréable et sucré.
Utilisations : en massifs naturels ou en haies.
Particularités : peu difficile sur la nature du sol, ce rosier est pleureur en raison du poids des fleurs.
Notre conseil : coupez les fleurs fanées et, pour la taille, contentez-vous de supprimer les rameaux âgés.

Rosa foetida
CAPUCINE JAUNE

Ce rosier aux tiges graciles, assez peu épineuses, porte un feuillage vert vif au revers duveteux.

▲ *Rosa alba 'Semiplena' : une haie au goût sauvage.*

▲ *Rosa banksiae 'Lutea'.*   *Rosa x centifolia.* ▼

◄ *Rosa foetida 'Capucine Jaune' : une odeur de punaise.*

550

Les rosiers sauvages

Obtenteur : originaire d'Asie, cette espèce est cultivée en Europe depuis la moitié du XVIe siècle.
Dimensions : de 1 à 1,50 m de hauteur.
Floraison : fleurs simples, très ouvertes, d'un jaune d'or pur et lumineux. Il existe une mutation (*Rosa foetida bicolor*) sur laquelle on peut trouver des fleurs jaunes et orangées. Non remontante.
Parfum : faible mais parfois peu agréable.
Utilisations : en massifs appuyés sur un vieux mur.
Particularités : en automne, ce rosier porte des fruits rouge brique. Il vient bien en sols pauvres.
Notre conseil : surveillez son état sanitaire, car il est sensible à la maladie des taches noires.

Rosa gallica COMPLICATA

Parfois attribué à *Rosa macrantha*, cet hybride peut former un buisson libre ou être palissé contre un mur. Son feuillage est gris-vert, mat.
Obtenteur : origine inconnue.
Dimensions : environ 1,50 m de hauteur en buisson, jusqu'à 3 m en forme palissée.
Floraison : fleurs simples, rose soutenu sur le bord des pétales, plus clair à l'intérieur, avec de nombreuses étamines jaune d'or. Non remontante.
Parfum : très léger et subtil.
Utilisations : en massifs, associé à des vivaces.
Particularités : la floraison est suivie d'une production de fruits rouges, ronds et brillants.
Notre conseil : associez-le à une haie de persistants ou de conifères qu'elle égayera de ses fleurs.

Rosa moyesii GÉRANIUM

Descendant du type, ce rosier présente des tiges anguleuses et pâles, couvertes d'un feuillage vert clair. Il forme un buisson très haut.
Obtenteur : issu d'un semis du type effectué à Wisley en 1938 par la Royal Horticultural Society.
Dimensions : jusqu'à 3 m en hauteur.
Floraison : jolies fleurs simples, bien ouvertes, au coloris rouge-orangé, laissant apparaître une belle couronne d'étamines jaune d'or. Non remontante.
Parfum : sans odeur particulière.

Utilisations : en grands massifs isolés.
Particularités : en automne, fruits allongés, rouge foncé. Il croît bien en sol pauvre et à mi-ombre.
Notre conseil : placez-le en arrière-plan d'un massif de plantes vivaces jaunes et bleues.

Rosa rugosa ROSIER RUGUEUX

Plein de vigueur, ce rosier doit son nom à l'abondance des épines qui habille ses rameaux et à l'aspect rugueux de ses feuilles, vert moyen.
Obtenteur : originaire du Japon et introduit en Europe à la fin du XVIIIe siècle.
Dimensions : environ 2 m de hauteur.
Floraison : fleurs simples, blanc pur, aux étamines saillantes jaune tendre. Il en existe des formes dont le coloris va du rose vif au rouge-pourpre.
Parfum : assez faible mais délicat.
Utilisations : en massifs ou le long d'une clôture.
Particularités : ce rosier émet de nombreux rejets qui permettent de le multiplier facilement. Les fruits automnaux sont d'un rouge très intense.
Notre conseil : utilisez-le pour former une haie défensive car le buisson est vraiment impénétrable.

Rosa sericea PTERACANTHA

Ce rosier est intéressant par son feuillage ressemblant un peu à celui d'une fougère et, surtout, par ses aiguillons ailés qui ornent ses tiges.
Obtenteur : originaire de Chine, ce rosier a été introduit en Europe en 1890.
Dimensions : 2 m en tous sens.
Floraison : petites fleurs simples, blanches, insignifiantes. Espèce non remontante.
Parfum : sans odeur particulière.
Utilisations : en massifs libres ou en haies.
Particularités : décoratif par ses aiguillons, ce rosier l'est également par sa fructification automnale. Rustique, il vient bien en tous sols.
Notre conseil : placez-le au soleil pour admirer la transparence, couleur rubis, de ses aiguillons.

▲ *Rosa gallica* 'Complicata' : de jolies églantines roses.

▲ *Rosa moyesii* 'Géranium' : une large corolle rouge-orangé.

▲ *Rosa rugosa* : des cynorrhodons, décoratifs sous le givre.

Rosa sericea 'Pteracantha' : attrayant par ses épines. ▶

Le jardin des roses

LA CULTURE DES ROSIERS

S'accommodant facilement de la terre et de l'exposition qu'on leur attribue, les rosiers demandent cependant quelques soins pour croître avec vivacité et pérennité. Lors de la plantation, comme au cours de leur longue vie, donnez-leur toute votre attention. Par la bonne santé de leur feuillage, par l'abondance de leur floraison, ils vous rendront tout le plaisir que vous aurez mis à les cultiver. Soyez à la hauteur de la « Reine des fleurs ».

▲ Si vous faites preuve de soins attentifs tout au long de l'année, vos rosiers seront toujours au maximum de leur forme.

astuce Truffaut — Choisissez de préférence un rosier greffé sur *Rosa canina*, car il s'adaptera facilement à **toutes les natures de sol et à toutes les conditions climatiques, chaudes ou froides.**

◀ Pendant la végétation, arrosez souvent vos rosiers.

Les rosiers sont des plantes peu difficiles sur le choix de l'emplacement que vous leur attribuez. Faute de mieux, ils parviennent à s'acclimater à de dures conditions de vie. Mais, comme tout être vivant, ils ont quelques préférences et, en les satisfaisant au mieux, vous les aiderez dans leur croissance et dans leur facilité à émettre des fleurs en abondance. Sachez qu'en général ils aiment les situations ensoleillées, les sols plus lourds que légers, une nourriture bien équilibrée et une surveillance régulière de leur état phytosanitaire. Dès la plantation, pliez-vous à leurs exigences et vous serez vite récompensés par la bonne santé de leur feuillage, par l'éclat de leurs corolles et par le parfum enivrant délivré par leurs pétales.

La terre idéale

Une terre légèrement argileuse, qui retient l'humidité et la nourriture, convient très bien à un rosier. Acidophile, il redoute les terres calcaires. Si telle est la vôtre, faites un apport de tourbe brune ou de terre de bruyère lors de la plantation. En faisant une analyse de votre sol, vous connaîtrez la quantité d'amendement à apporter. Si votre terrain est sablonneux, mélangez-lui du terreau de feuilles ou du fumier bien décomposé ce qui améliore sa texture et facilite sa rétention en eau et en éléments nutritifs. Enfin, si votre sol est imperméable, toujours très humide, mélangez-lui un peu de sable ou de tourbe blonde pour favoriser son aération et diminuer les risques de compactage. Dernier point : dans les zones fores-

La culture des rosiers

tières où le sol est riche en humus, apportez de la terre de jardin pour rééquilibrer sa structure et éviter les attaques de pourridié.

■ Une bonne exposition

La plupart des rosiers préfèrent le plein soleil qui favorise leur développement et leur floraison. L'idéal est une exposition sud-est ou sud-ouest qui leur évite le soleil direct lorsqu'il est au zénith, au milieu de la journée, mais qui leur permet de profiter de toute sa chaleur. Placez-les également à l'abri des grands vents et des fortes pluies. Si vous plantez des rosiers grimpants, prenez garde aux murs blancs qui réfléchissent la lumière et la chaleur du soleil, entraînant des brûlures sur le feuillage et un flétrissement rapide de la floraison.

■ Une nourriture équilibrée

Sans engrais, les rosiers restent chétifs et ne produisent que des petites fleurs. Apportez-leur un fertilisant du commerce, spécifique et équilibré. L'azote leur donnera de la vigueur ; l'acide phosphorique assurera la solidité des tiges ; et la potasse, une floraison éclatante et importante. En mars, apportez un engrais « coup de fouet » enfoui par un labour léger pour ne pas endommager les racines. Fin avril, appliquez un engrais complet pour activer la croissance. Incorporez-le par un griffage. Renouvelez cette opération, fin août, pour aider la remontée de la floraison.

■ Aux petits soins

Le rosier a toujours besoin d'eau. Cet apport de liquide est d'autant plus important qu'il est en pleine floraison. En terre légère, faites des apports fréquents, en petite quantité pour éviter que l'eau migre vers le sous-sol avant d'avoir été absorbée. En terre lourde, espacez vos arrosages et faites-les copieux. Ne mouillez pas le feuillage pour diminuer les risques de maladies cryptogamiques.
Pour les formes palissées, attachez solidement les rameaux sur les supports avec des liens en plastique, au fur et à mesure de leur développement. Ne serrez pas trop pour éviter l'étranglement des tiges.

▲ Au printemps, apportez un engrais pour doper la pousse.

▲ Attachez solidement les rameaux sur leurs supports.

UNE PLANTATION RÉUSSIE

De la qualité de la plantation dépend souvent le succès de la reprise et le développement futur du rosier. Commencez par creuser un trou d'au moins 50 cm de côté et de profondeur. Il est important que les futures racines trouvent autour d'elles un sol bien meuble. Préparez ensuite le rosier en coupant l'extrémité des racines pour les rafraîchir et en diminuant un peu la longueur des tiges pour qu'elles ne mesurent qu'une bonne vingtaine de centimètres. Supprimez le bois sec si cela n'a pas été fait par le pépiniériste. Dans le fond du trou, mettez une bonne poignée d'engrais complet et recouvrez d'un peu de terre. Placez ensuite votre rosier au centre du trou en veillant à ce que le point de greffe soit juste au niveau du sol. Aidez-vous du manche d'un outil pour obtenir ce niveau. Comblez enfin le trou en émiettant bien les mottes pour que la terre glisse facilement entre les racines. Avec le pied, tassez autour du rosier et aménagez une petite cuvette que vous remplissez d'eau, même si la terre est humide. Surveillez souvent cette humidité, c'est elle qui favorise l'émission des radicelles et l'installation définitive du rosier.

▼ Creusez un trou de 50 cm en tous sens. ▼ Taillez une partie des racines et des tiges. ▼ N'enterrez pas le bourrelet de greffe. ▼ Apportez 10 litres d'eau par rosier.

553

Le jardin des roses

▲ Le binage aère le sol et favorise la pénétration de l'eau.

▲ En fin de saison, rabattez une partie des rameaux.

l'on épand au mois de mars, sur un sol préalablement nettoyé. Il bloque la germination des graines enfouies dans le sol et permet ainsi de conserver une terre toujours nette. Dernière opération du sol : le décroûtage. L'action de la pluie et de l'eau d'arrosage entraîne la création d'une croûte superficielle de la terre qui bloque l'aération du sous-sol et gêne la pénétration des engrais. Pour supprimer cette croûte, passez un bon coup de binette ou, mieux encore, de griffe à trois dents, en croisant les passages. N'oubliez pas d'effectuer ce travail régulièrement, surtout en été.

Le nettoyage des rosiers

Durant la période de végétation, suivez vos rosiers régulièrement. L'opération la plus importante est la suppression des fleurs fanées. C'est elle qui conditionne, en grande partie, la remontée de la floraison. Sur les rosiers à fleurs solitaires, coupez au-dessus de la troisième ou quatrième feuille située sous la fleur fanée. À la base de cette feuille naîtra un nouveau rameau porteur d'un bouton floral. Sur les rosiers à fleurs groupées, supprimez les bouquets dès qu'ils fanent, en les coupant au-dessus de la troisième feuille située immédiatement sous le bouquet. La suppression des fleurs fanées évite aussi la

Le pied des rosiers doit rester constamment propre. Pour éliminer les mauvaises herbes qui gênent la végétation du rosier, vous pouvez utiliser la binette. Mais l'importance du feuillage, la présence des aiguillons sur les tiges et la fragilité des boutons et des fleurs rendent cette opération assez délicate. Il est alors préférable d'utiliser un désherbant sélectif, c'est-à-dire un produit destiné à l'entretien des massifs de rosiers. Ce produit se présente sous forme de poudre mouillable appliquée à l'arrosoir ou en granulés que

---

LA TAILLE DES BUISSONS

Qu'ils soient à grandes fleurs ou à fleurs groupées, les rosiers buissons se taillent toujours entre février et mars, selon les régions.

La taille consiste à conserver, le plus près possible du bourrelet de greffe, un certain nombre de bourgeons, ou yeux, qui émettront des rameaux porteurs de fleurs. Plus le rosier est vigoureux, plus vous conserverez d'yeux. Un nombre de cinq à six est toutefois suffisant. Sur un rosier moins vigoureux, conservez seulement trois ou quatre départs. Dans tous les cas, faites en sorte que le bourgeon terminal soit orienté vers l'extérieur et dégagez le centre de la touffe en supprimant les rameaux placés au milieu. Coupez également les tiges mortes et les plus vieilles branches pour rajeunir votre rosier.

▼ Taillez avant le départ de la végétation.

▼ Coupez le bois mort et les tiges âgées.

▼ Le biseau évite à l'eau de pénétrer.

▼ Conservez un maximum de 5 à 6 yeux.

La culture des rosiers

LA TAILLE DES GRIMPANTS

Si les rosiers grimpants non remontants sont taillés après la floraison, les grimpants remontants sont coupés, comme les rosiers buissons, en février ou en mars. Commencez par supprimer, le plus près possible de la base, les vieilles branches qui ont une couleur brune et un bois qui paraît sec. Gardez, au contraire, les tiges bien vertes et dressées que vous palisserez sur le support. Les tiges anciennes, qui sont conservées, sont rabattues d'environ un quart de leur longueur, de préférence au-dessus d'un œil dirigé vers l'extérieur. Sur ces branches qui constituent la charpente de votre rosier, rabattez également les quelques départs importants de rameaux. Comptez deux ou trois yeux par future tige, le dernier étant évidemment dirigé vers l'extérieur. Plus votre rosier est vigoureux, plus vous pouvez conserver de branches et de départs sur ces rameaux. Si vous en gardez trop, la floraison sera moins abondante et les fleurs nettement plus petites. Terminez en répartissant les branches et en vérifiant les attaches.

▼ *Taillez dès le mois de février ou mars.* ▼ *Supprimez les rameaux les plus âgés.* ▼ *L'œil terminal est dirigé vers l'extérieur.* ▼ *Répartissez les rameaux sur le support.*

production de fruits qui épuisent la plante. Certains rosiers ont tendance à émettre, en dessous du point de greffe, des rejets ou gourmands qui affaiblissent le pied. Il est important de les couper dès leur apparition, car ils sont souvent vigoureux et pourvus de nombreuses épines. Pour opérer, dégagez bien le pied du rosier jusqu'à ce que vous trouviez le point d'origine du gourmand. Taillez avec un bon sécateur et enduisez la plaie avec un produit cicatrisant avant de la recouvrir de terre. Sur les rosiers tiges greffés en tête, c'est-à-dire en haut du tronc, il se développe parfois des départs de gourmands sur ce tronc. Supprimez-les vite car ils épuisent, eux aussi, très vite le rosier.
L'éboutonnage est une opération qui se pratique sur les rosiers à grandes fleurs. Il s'agit de supprimer les éventuels boutons qui se développent en double ou en triple à l'extrémité des rameaux autour du bouton central. En ne laissant que ce dernier sur la tige, vous concentrez le maximum de sève sur un seul bouton floral, ce qui permet d'obtenir une corolle beaucoup plus grosse. L'éboutonnage est obligatoire sur les rosiers que vous cultivez dans un carré destiné à la production de fleurs coupées.

L'intérêt d'un paillis

Le paillage des massifs permet d'empêcher le développement des mauvaises herbes et de diminuer l'évaporation de l'eau. Pour le pratiquer, épandez de la paille (il en faut une dizaine de centimètres d'épaisseur), des écorces de pin concassées (comptez de 5 à 8 cm), de la tourbe blonde (une épaisseur de 5 à 6 cm suffit) ou un compost bien décomposé (une dizaine de centimètres). Évitez les coupes de gazon car, en se décomposant, elles dégagent de la chaleur, ce qui est préjudiciable aux racines. Elles risquent aussi d'apporter des maladies.

Une bonne protection hivernale

La plupart des rosiers installés dans votre jardin sont des variétés rustiques parfaitement capables de résister aux gelées hivernales. Il est cependant préférable de les préparer à passer l'hiver sans risque.
Lorsque la floraison est terminée, rabattez une partie de leurs rameaux en les coupant à une quarantaine de centimètres de hauteur. Cela vous évitera de conserver des branches dégarnies et inesthétiques tout l'hiver. Ensuite, il est important que le bourrelet de greffe soit protégé des grosses gelées. Pour cela, relevez la terre au pied du rosier pour constituer une butte d'une vingtaine de centimètres de hauteur. En sol lourd et compact, faites cette butte avec de la terre légère. Vous pouvez également emmailloter la base et le centre de la touffe du rosier avec de la paille que vous attacherez pour éviter qu'elle se disperse avec le vent. Au printemps, retirez cette butte de terre pour empêcher le départ de gourmands sur le point de greffe. Pour les rosiers tiges, où la greffe se trouve en haut du tronc, la seule façon de les protéger est d'emmailloter la tête du rosier avec un voile de protection hivernale. Pour travailler plus facilement, coupez une partie des rameaux afin d'avoir une forme régulière. Au cours de l'hiver, lorsque le temps est beau et clément, ouvrez cette protection afin d'aérer le rosier. Évitez les manchons constitués de films en plastique car ils produisent de la condensation à l'intérieur. Enfin, pour protéger les rosiers grimpants du froid, vous pouvez fabriquer une sorte d'auvent que vous placez au-dessus et devant l'arbuste. N'oubliez pas de butter leurs pieds comme pour les formes buissonnantes.

FENÊTRES, BALCONS, TERRASSES

- Les fenêtres fleuries 558
- Un jardin au balcon 562
- Un jardin en terrasse 566
- L'entretien des balcons et terrasses 568
- Les bonsaïs d'extérieur 572

Fenêtres, balcons, terrasses

LES FENÊTRES FLEURIES

▲ La fenêtre est le sourire de la maison. Bien fleurie et haute en couleur, elle prend des airs de fête et donne un aspect accueillant et sympathique à votre demeure.

Ouverte sur l'extérieur, la fenêtre est le lien entre la maison et le jardin. Elle peut s'orner de fleurs pour composer un ensemble généreux et riche en couleurs. Une simple balconnière est un grand plaisir.

astuce Truffaut — Pour obtenir une floraison abondante et prolongée, supprimez les premiers boutons de fleurs sur les jeunes plants fraîchement repiqués et ôtez ensuite régulièrement les fleurs fanées.

La plus modeste des fenêtres est immédiatement mise en valeur lorsqu'elle est habillée de fleurs colorées et de feuillages aux textures et aux formes variées. Vous pouvez modifier ce petit jardin au fil des saisons, et au gré de votre humeur. Une petite potée, une jardinière ou un panier suspendu, et le décor est vite planté, pour le plaisir de toute la famille et de vos amis. Avec un peu d'astuce et en visitant régulièrement les jardineries, vous découvrirez de quoi composer des décors d'une grande originalité.

PLANTES À LA FENÊTRE

Au printemps, réalisez une décoration avec des primevères acaules, des pâquerettes, des pensées ou des violettes cornues, du myosotis, des crocus, des narcisses miniatures, des jacinthes et des iris nains. Pour l'été, vous avez le choix entre les nombreuses variétés de pélargoniums zonales ou lierres, les pétunias, les *Bégonias semperflorens*, les lobélias, les œillets d'Inde ou de Chine et les impatiens. Pour la beauté des feuillages, plantez des coléus, des phalangères, des hélichrysums, des cinéraires et quelques espèces condimentaires (thym, basilic et origan). En automne, privilégiez les bruyères, les véroniques et les minichrysanthèmes. Pour l'hiver, préférez des plantes à feuillage persistant, comme des petits fusains, des lierres, des conifères miniatures et des bruyères carnées.

▼ *Capucines, impatiens et fenouil.*

Les fenêtres fleuries

Proportions et formes

Le choix des contenants est le plus souvent imposé par la place disponible contre la fenêtre. C'est en jouant sur la forme des plantes que vous donnerez à la composition ses proportions les plus harmonieuses. La base du pot ou de la jardinière ne doit pas déborder du rebord de la fenêtre. Pour éviter des arrosages trop fréquents, dus au manque de terre, évitez les jardinières de moins de 15 cm de largeur. Si l'espace est trop exigu, choisissez selon vos préférences, des pots en matière plastique, plus légers, ou bien en terre cuite, souvent plus jolis. Les uns et les autres donnent d'excellents résultats en culture. Évitez les végétaux qui se développent trop en hauteur ou en largeur. Ils gênent la pénétration de la lumière à l'intérieur de la maison. Ils augmentent considérablement la prise au vent et empêchent souvent la fermeture des persiennes.

Accrochage et sécurité

Avant de décorer une fenêtre, il est nécessaire de prendre en compte la largeur du rebord, l'obligation de fermer les volets, la facilité d'accès à la jardinière pour les soins réguliers d'arrosage ou d'entretien, et le développement ultérieur des végétaux. N'oubliez surtout pas les règles minimales de sécurité. Il est toujours préférable d'accrocher potées et jardinières à l'intérieur du balcon. Les branches souples des espèces retombantes créeront le décor vers l'extérieur (surfinias par exemple). En cas de chute d'un contenant et d'accident causé à une tierce personne, vous êtes seul responsable vis-à-vis de la loi. Tous les pots et les jardinières doivent donc être solidement fixés pour résister aux intempéries (attention aux vents avec les contenants en plastique) ou au passage éventuel d'un chat. Ceci rend nécessaire des points d'ancrage sur la balustrade ou un treillage par exemple. L'arrosage est un point critique, surtout dans un immeuble, où il faut éviter l'écoulement direct de l'eau chez le voisin du dessous ou dans la rue. Installez des soucoupes suffisamment larges et hautes pour chacun des contenants. Vérifiez aussi annuellement la solidité et la qualité des systèmes d'accrochage. Remplacez-les s'ils sont rouillés.

Le décor installé à la fenêtre demande une attention constante et un renouvellement saisonnier. Le printemps et l'été offrent les plus belles floraisons, mais on peut réaliser des cultures toute l'année en jouant avec les feuillages, et en associant des plantes vivaces, des bulbeuses, des annuelles et des petits arbustes. Réalisez votre composition en fonction de l'exposition de votre fenêtre. Une orientation permanente en plein soleil est le domaine privilégié des pélargoniums et des plantes méditerranéennes, comme les lantanas, les héliotropes, les anthémis ou les gazanias. À l'ombre, retenez les impatiens, les fuchsias ou les bégonias tubéreux. Pendant la belle saison, surveillez régulièrement le développement de vos plantations. Prévoyez des arrosages fréquents. Ils seront quotidiens par temps chaud et sec. Une fois par semaine, faites des apports d'engrais liquide, toujours sur une terre humide. Prenez l'habitude d'effectuer une petite inspection chaque jour pour ôter les fleurs fanées.

▲ Tous les accessoires pour composer une balconnière.

▲ Par sécurité, accrochez les bacs à l'intérieur du balcon.

Une superbe composition avec suspensions assorties. ▶

559

Fenêtres, balcons, terrasses

◀ Impatiens, calcéolaire, rudbeckia et sanvitalia.

Le manque de place n'interdit pas la diversité et l'originalité. Au fil des saisons, vous pouvez varier presque à l'infini votre décor entre ciel et terre. Voici quelques suggestions à adapter en fonction de l'exposition de votre fenêtre, de l'espace dont vous disposez et de vos préférences.

Une saison, un décor

Vous pouvez changer les plantations périodiquement pour marquer la succession des saisons et donner une impression de plus grande variété à votre petit jardin. Narcisses, jacinthes, muscaris, crocus et autres plantes à bulbes offrent une première explosion de fleurs dès la fin de l'hiver. Plantez les bulbes très serrés et longtemps à l'avance pour obtenir une floraison généreuse. Les annuelles, les fuchsias et les pélargoniums sont les rois incontestés des chaudes journées estivales. Chrysanthèmes, cyclamens, colchiques, bidens et bruyères prolongent les floraisons jusqu'aux premières gelées. L'hiver est une saison ingrate, car peu de plantes résistent au gel des racines, mal protégées par la faible épaisseur du sol dans les pots. Essayez une symphonie de persistants et les pensées.

Ambiances monochromes

Le rebord d'une fenêtre est l'emplacement idéal pour composer facilement des associations monochromes, difficiles à réaliser sur de grands espaces. Quelques espèces végétales permettent de créer une ambiance originale, très forte, chaleureuse et éclatante si elle est teintée de rouge, d'orange ou de jaune. Elle est plus douce, charmante et reposante quand elle décline les tons de blanc ou de rose, et beaucoup plus froide lorsqu'elle joue les harmonies de bleus ou de violets. N'oubliez pas le vert, la teinte la plus naturelle. Elle se décline à l'infini et produit des effets subtils.

Jouez les contrastes

À l'opposé, vous pouvez marier différentes couleurs de fleurs et de feuillages pour obtenir une scène moins monotone. Un tel mélange réclame beaucoup de goût pour ne pas devenir criard. Vous apprécierez la délicatesse des teintes douces et pastel. Les associations de couleurs chaudes comme le rouge ou le jaune sont du plus bel effet en plein soleil. À l'ombre, privilégiez des teintes froides telles que le bleu, le violet et le gris argenté. Utilisez les verts et le blanc pour créer une liaison entre des teintes s'opposant trop violemment. Plantez les espèces par petits groupes pour obtenir un effet d'abondance et pour accentuer chaque couleur.

Une fenêtre de verdure

Quelle que soit la composition réalisée sur le rebord d'une fenêtre, les feuillages font toujours partie de l'ornementation. Ils forment de véritables écrins. Beaucoup de végétaux ont des feuilles et un port d'une

LES SUSPENSIONS

L'élégance des potées suspendues est à l'origine de l'engouement pour ce mode de culture. Elles permettent d'augmenter la surface fleurie, en utilisant tout l'espace de la fenêtre. Pour réaliser une suspension, vous avez le choix entre différents contenants, du simple pot en terre ou en plastique avec une soucoupe incorporée, au panier de fil de fer rempli de mousse ou d'un fond de tourbe compressée. Veillez à fixer la composition à l'abri des vents les plus violents. Pour obtenir un développement bien homogène des plantes, évitez d'accoler la suspension trop près du mur. Le frottement du panier contre la paroi gêne la croissance. Un système de poulie permet de descendre la potée pour faciliter l'arrosage. Installez les plantes retombantes sur les bords et celles au port plus droit sur le dessus du panier. N'hésitez pas à planter serré. Une suspension est plus spectaculaire lorsqu'elle déborde de fleurs de tous les côtés.

▼ Scaevola et verveine : superbe !

balcons et terrasses

560

Les fenêtres fleuries

rare élégance, qui suffisent à donner à la plante un aspect très ornemental. En les associant, vous pouvez obtenir une jardinière insolite, aux effets remarquables, qui se prolongent des mois durant. Les formes, les structures, les textures et les coloris des feuillages offrent une infinité d'arrangements, qui évoluent et se métamorphosent au fil des saisons. Vous pouvez réaliser un décor monochrome, à dominantes verte ou jaune, bleue, pourpre ou gris argenté. Ces associations, assez difficiles à réaliser, demandent une parfaite connaissance des végétaux, de leur évolution dans le temps, ainsi que des conditions climatiques. En effet, certains gris, par exemple, blanchissent sous l'effet du soleil en été, mais deviennent franchement verts, dès que le temps est plus humide. Attention, on se lasse rapidement de ces camaïeux monotones. Préférez les mélanges harmonieux où les feuillages jaunes dispensent lumière et chaleur, où les verts offrent une palette de contrastes subtils et reposants. Les bleus et les gris servent de faire-valoir aux blancs et aux dorés. Les rouges pourpres viennent en contraste avec les autres végétaux tout en les éclairant. N'oubliez pas les feuillages panachés qui, utilisés par petites touches, ravivent discrètement les couleurs de l'ensemble de la composition.

Fruits et légumes

Les plantes ornementales ne sont pas forcément les seuls hôtes d'un mini-jardin sur fenêtre. Joignez l'utile à l'agréable, les parfums et les saveurs à la beauté des feuillages et des floraisons. Réalisez une jardinière gourmande. Il n'y a qu'un petit nombre d'espèces de légumes ou de fruitiers qui conviennent à ce mode de culture particulier. Les radis, les laitues à couper, les petites tomates-cerises ou poires, les piments, la ciboulette, le persil et les fraisiers donnent les plus belles récoltes. Pour obte-

▲ Pétunia, lobélia, sauge, agératum et lychnis.

▲ Narcisse et muscaris : un printemps éclatant.

▲ Capucine, ciboulette, fraisier, mélisse, sauge et lavande.

nir une cueillette suffisante, utilisez une jardinière d'au moins 25 cm de profondeur, remplie d'un mélange bien drainé. Il sera riche, constitué à parts égales de terre de jardin et de terreau de fumier. Avant la plantation, enrichissez le substrat avec un engrais organique adapté. Pour les tomates et les fraisiers, il faut un fertilisant plus concentré en potasse. Les condimentaires et les salades préfèrent l'azote de la corne torréfiée ou du sang desséché.

Un délice à la fenêtre : des fraisiers très productifs. ▶

561

Fenêtres, balcons, terrasses

UN JARDIN AU BALCON

Espace déjà confortable, le balcon permet de créer un vrai jardin en bacs et en jardinières en jouant sur les volumes, les formes et la disposition des contenants. On peut y loger un petit salon de jardin et y couler des moments paisibles à contempler ses plantations bien à l'abri des regards indiscrets. Donnez libre cours à votre imagination en vous inspirant de nos exemples très créatifs.

astuce Truffaut
N'alignez pas les jardinières en rang d'oignon, créez des décrochements et différents étages. Vous constaterez que le décor du balcon prend une tout autre allure et s'embellit.

▲ En cherchant à occuper tout l'espace avec les plantations, le balcon se transforme en vrai jardin où il fait bon vivre.

UN BALCON BIEN PLANTÉ

Les végétaux indiqués pour le rebord des fenêtres conviennent aux balcons. Mais l'espace disponible étant plus important, vous pouvez en profiter pour augmenter la quantité et les dimensions des pots ou des jardinières, et planter davantage de végétaux. Au soleil, vous pouvez ajouter des surfinias, très exubérants, des verveines cascades, des brachycomes, des sauges variées et des anthémis. À mi-ombre, vous obtiendrez une floraison généreuse et prolongée si vous cultivez des fuchsias, des impatiens de Nouvelle-Guinée et des bégonias tubéreux à port retombant.

◀ Un festival d'annuelles d'été.

Longtemps délaissés par les jardiniers, les balcons reviennent à l'honneur depuis quelques années. À la campagne ou au cœur de la ville, ils apportent une note de naturel et de beauté. Du petit balcon ouvert ou couvert à l'immense loggia, en passant par le balcon-terrasse, les aménagements diffèrent et permettent de créer des décors variables à l'infini. Au gré de vos envies et des saisons, vous pouvez modifier ce petit jardin, à condition de toujours bien maîtriser les différents paramètres de l'environnement et de suivre les règles de sécurité. Il y a mille idées à développer car il n'y a pas de limite à la créativité sur cet espace.

Un jardin au balcon

Un étonnant microclimat

Chaque balcon offre des conditions climatiques spécifiques, en raison de sa structure plus ou moins ouverte et dégagée, et de son exposition, souvent très variable au cours de la journée et des saisons. La proximité d'un autre immeuble ou de grands arbres à feuilles caduques et le déplacement du soleil dans le ciel au cours des saisons le font passer d'une exposition très ensoleillée en hiver, à la mi-ombre ou à l'ombre totale au cœur de l'été. Apprenez à connaître votre environnement pour obtenir les meilleurs résultats. Lorsque vous composez votre décor végétal, n'oubliez pas que les végétaux recherchent la lumière. Les plantes retombantes vont s'empresser de pousser vers l'extérieur et seuls vos voisins profiteront de leur belle floraison. Sur la rambarde du balcon, prévoyez toujours quelques plantes trapues à port dressé. Vous aurez ainsi une profusion de fleurs, bien visible de l'intérieur du balcon. Si votre façade est très ensoleillée, elle subira une réverbération intense et un échauffement excessif de l'atmosphère et des murs. Vous pouvez atténuer ce phénomène, en installant une petite pergola si la structure est ouverte, ou un store, qui permet de moduler à volonté la lumière reçue.

Attention aux surcharges

Avant de commencer vos plantations, et de transformer votre balcon en jungle exubérante, renseignez-vous sur ses capacités de charge et sa résistance maximale au poids. Dans les immeubles récents, la plupart des balcons en béton armé suspendus sur le vide peuvent supporter une charge maximale de 350 kg/m². Au moment d'évaluer le poids des éléments installés sur votre balcon, n'oubliez pas que la terre humidifiée se gorge d'eau et pèse beaucoup plus lourd après un arrosage abondant ou une forte pluie. Si vous craignez d'atteindre le poids limite, utilisez des contenants en plastique, allégez le sol avec de la vermiculite ou des billes de polystyrène et remplacez les gravillons du drainage par des billes d'argile expansée, plus légères. Quelles que soient les capacités de votre structure, installez les jardinières et les pots les plus lourds le long des murs de soutien ou au-dessus de piliers porteurs.

L'évacuation des eaux

L'eau d'arrosage ou de pluie ne doit pas stagner ni inonder votre voisin du dessous. Vis-à-vis de la loi, la personne ayant la jouissance du balcon est seule responsable des nuisances et des dommages occasionnés au voisinage. Prévoyez des soucoupes suffisamment grandes pour permettre des arrosages copieux en été, sans le moindre débordement. Faites attention, selon la nature du sol, l'eau met toujours un laps de temps, plus ou moins long, avant de s'écouler par le fond du pot. Arrosez plusieurs fois de suite, par petites quantités. Les suspensions posent souvent problème car leur fond est rarement hermétique et les douches sont fréquentes lors de l'arrosage. Une bonne solution consiste à utiliser des bacs à réserve d'eau, qui permettent aussi de réduire la fréquence des apports d'eau quand il fait beau et chaud.

Le balcon doit être facilement accessible de la maison. ▷

LES BRISE-VENT

Les façades de maison ou d'immeubles sont soumises à des courants d'air et à des vents souvent violents. Pour protéger vos plantes et vous rendre plus agréable le séjour sur votre balcon, doublez les rambardes avec un brise-vent. Cette protection doit laisser passer la lumière et s'intégrer à l'environnement car elle est un des éléments du décor. L'écran ne doit pas être total, car le vent a la fâcheuse habitude de contourner l'obstacle pour créer des turbulences. Utilisez une barrière ajourée qui filtrera les courants d'air et laissera passer une petite brise agréable. Selon le style de votre maison et de votre balcon, choisissez un matériau naturel (lattes de châtaignier, claie en bambou, claustra en bois exotique, brandes de bruyères, etc.) ou un maillage en matière plastique, plus facile à poser et d'une esthétique moderne. Vous pouvez doubler ce premier écran par un rideau végétal. Mais il faut choisir des espèces résistantes, car elles sont encore très exposées aux intempéries. Les thuyas, juniperus, aucubas et bambous conviennent parfaitement, sans oublier les chèvrefeuilles et les clématites qui trouvent là un support parfait pour étaler leurs belles et généreuses floraisons.

▲ Les indispensables brise-vent.

▲ La pergola augmente la surface à décorer disponible.

563

Fenêtres, balcons, terrasses

▲ Détente avec les pétunias, surfinias, bidens et diascias.

▲ Une profusion de fleurs : surfinia, rudbeckia, solanum.

◀ Campanule, viola, phlox, œillet, lavatère, hortensia.

La superficie d'un balcon permet d'héberger un plus grand nombre de variétés de plantes que sur une fenêtre, ce qui offre de réelles possibilités d'aménagement paysager. Aux annuelles et aux petites plantes bulbeuses, vous pouvez associer un assortiment de vivaces, des arbustes ou même des arbres miniatures, et des plantes grimpantes pas trop envahissantes. Changez de décor en créant des balcons à thèmes, différents d'une année ou d'une saison sur l'autre. Sortez des sentiers battus et testez de nouvelles espèces. En matière de culture sur balcon, il reste beaucoup à découvrir et il est encore possible d'innover. Mais n'oubliez jamais de respecter les contraintes de l'environnement et de prodiguer des soins réguliers à votre petit jardin suspendu. Une semaine de vacances peut anéantir tous vos efforts par un simple manque d'arrosage.

Un petit coin repos

Véritable prolongement de l'appartement, le balcon est une pièce supplémentaire, où il fait bon vivre et se reposer aux heures les plus chaudes de la journée et de la nuit. Réservez un espace dégagé pour installer un fauteuil, ou une table et des sièges pour y manger et s'y reposer. Les rayons les plus brûlants du soleil seront arrêtés par un store fixé solidement dans les murs ou par un simple parasol. Il est indispensable de bien ancrer ce dernier en raison de sa prise au vent importante. Prévoyez un éclairage d'appoint pour les longues soirées d'été. Placé à l'extérieur, il offre l'avantage d'attirer les insectes et d'éviter l'envahissement de la maison par les moustiques.

Une jungle de fleurs

Les amoureux des plantes utiliseront le moindre espace au sol, sur la rambarde et les murs du balcon, sans oublier les paniers suspendus au plafond, pour composer un foisonnement de feuillages et de fleurs. Semez ou plantez des cobées, du houblon panaché ou doré, des capucines des Canaries, pour réaliser en quelques semaines des festons de verdure, toujours plus spectaculaires à mesure que l'été avance. Complétez cette nature généreuse avec des plantes qui fleurissent de façon permanente, comme les surfinias, les pélargoniums à fleurs simples pour le plein soleil ou les fuchsias pour la mi-ombre. Un tel arrangement exige des arrosages copieux, à raison d'une à deux fois par jour par temps chaud et sec! Pensez à vos voisins, et contrôlez de temps en temps le développement de votre mini-jungle, pour éviter tout débordement intempestif.

Ambiance tropicale

Un balcon chaud et ensoleillé, à l'abri des courants d'air froid, peut accueillir pendant toute la belle saison des plantes exotiques à la croissance souvent rapide et aux floraisons exceptionnelles. Cette sortie estivale très bénéfique permet, à la plupart des plantes d'intérieur, de retrouver force et beauté. Le choix est vaste : hibiscus, petits bananiers, papyrus, passiflores, asparagus, bougainvil-

Un jardin au balcon

lées, abutilons, plumbagos, phormiums, sans oublier toutes les plantes grasses, non piquantes de préférence. Les zones à l'ombre accueilleront certaines fougères, les phalangères, les misères, les aspidistras, les fatsias et les fatshederas. Installez dans un coin un bac rempli d'eau pour entretenir une atmosphère plus humide. Un pied d'héliotrope, quelques pélargoniums à feuillage odorant et un datura apporteront une note parfumée qui s'intensifie à la tombée de la nuit.

D'une saison à l'autre

Dans la même année, il n'est pas utile de bouleverser complètement l'agencement de votre balcon pour changer de décor. Il suffit d'enlever ici et là une potée, pour la remplacer par un autre récipient qui contiendra une nouvelle plante, caractéristique de la saison. Changez aussi la disposition des bacs. La grosse potée de narcisses peut, par exemple, céder la place à une touffe de sauges ou de pétunias, eux-mêmes remplacés à l'automne par des chrysanthèmes, qui précéderont des hellébores, symboles de Noël et de l'hiver. Ces petites modifications rompent la monotonie et donnent toujours envie de passer quelques instants quotidiens sur le balcon. Les plantations évolutives vous permettent également de vous familiariser avec un plus grand nombre de végétaux, et pourquoi pas, de commencer une petite collection, comme si vous aviez un vrai jardin !

▲ Un petit coin de travail parmi les fleurs de fin d'été : hélianthus et rudbeckia.   Un vrai jardin sur le balcon. ▼

LES BALCONS GOURMANDS

Les balcons ouverts et ensoleillés peuvent accueillir un petit potager, qui vous surprendra par des récoltes régulières et savoureuses. Cependant, pour obtenir un tel résultat, vous devez surveiller et entretenir régulièrement vos cultures, plus fragiles et délicates que les potées fleuries. Prévoyez des arrosages quotidiens et des apports d'engrais une fois par semaine en été. Installez vos légumes dans des contenants aussi larges et profonds que possible (au minimum 20 cm de diamètre). Le mélange, à base de terre de jardin, de terreau humifère et de sable, doit être bien drainé et copieusement enrichi de fumier décomposé. Toutes les plantes condimentaires peuvent être installées sur le balcon, au soleil. Isolez la menthe et la mélisse car leurs racines sont trop envahissantes. En mai, plantez du basilic, des poivrons, des laitues à couper, des petits concombres et des pieds de tomates, choisies parmi les variétés à fruits petits ou moyens. Évitez les légumes à racines, à l'exception des radis ronds. Pour le régal de vos enfants, ajoutez des fraisiers et quelques groseilliers. Mais pas de plantation trop dense. Chaque plante doit pouvoir se développer complètement sans gêner sa voisine.

▼ Groseilles, framboises et fraises.   ▼ Un potager sur le balcon avec profusion de légumes et de plantes condimentaires.

 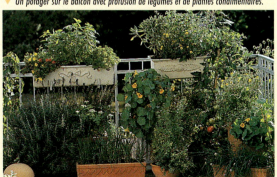

565

Fenêtres, balcons, terrasses

UN JARDIN EN TERRASSE

Grand espace dont le sol est constitué d'une dalle en pierre ou en béton, la terrasse peut se transformer en véritable jardin. C'est un lieu privilégié qui crée artificiellement un petit espace de nature au cœur de la ville ou en prolongement de la maison. Toutes les fantaisies et les idées créatives peuvent s'y exprimer. C'est seulement une question d'imagination, de passion… et de budget.

▲ Cette grande terrasse jardin a été créée dans la proche banlieue parisienne par le paysagiste Alain-Frédéric Bisson.

 astuce Truffaut — Automatisez l'entretien de votre terrasse. Un simple goutte-à-goutte et un programmateur suppriment la corvée de l'arrosage.

Le choix des matériaux

Avant toute chose, il faut réaliser la structure de la terrasse en veillant à conserver une harmonie de style avec le reste de la maison et du jardin. Les matériaux ont une importance sur le plan technique et esthétique. Vous avez le choix entre des caillebotis, des briques, des pavés, des dallages en ciment, en pierre naturelle ou reconstituée, et des carrelages. Quel que soit le matériau choisi, il faut le poser sur un lit de sable ou sur une chape de béton. Certaines grandes terrasses, parfaitement étanchéifiées, peuvent accueillir une véritable pelouse. Facile à installer avec les rouleaux de gazon prêts à la pose, elle exige une couche de terre minimale de 20 cm et des soins d'entretien réguliers. Dans ce cas, les plantations sur dalles ne nécessitent pas de bacs, mais une épaisseur de terre supérieure (40 cm). On utilise alors un substrat très allégé avec des matériaux synthétiques qui retiennent l'humidité, tout en permettant une bonne aération des racines.

L'aménagement

Pots, bacs, jardinières et mobilier d'extérieur entrent dans la composition du décor de votre terrasse. Pour les contenants, prenez en compte les exigences des plantes que vous souhaitez cultiver. Plus le végétal devient grand, plus le pot doit être pro-

DES PLANTES POUR LA TERRASSE

Usez et abusez de toutes les espèces conseillées pour le balcon ou les fenêtres, en plantant plusieurs exemplaires de chaque végétal afin d'obtenir un effet de masse. Au soleil, essayez : les rosiers miniatures, les touffes de lavande, les lis, une petite collection de sauges, quelques arbustes « exotiques », comme l'oranger du Mexique, les daturas, les agrumes et même le mimosa. De belles touffes de bambous, des buis soigneusement taillés permettent de structurer l'espace, et de mettre en valeur l'exubérance de certaines fleurs au port plus échevelé. Vous pouvez installer quelques fruitiers nains (cerisier, pêcher ou petit pommier) qui donnent une récolte délicieuse, à défaut d'être abondante. À mi-ombre, disposez : plusieurs potées d'hostas, des camélias à floraison hivernale, des *Rhododendron yakushimanum*, des hortensias, des bruyères, des aucubas à feuillage vert brillant et des fusains. Pensez aussi aux conifères nains qui offrent l'avantage de présenter un aspect immuable au fil des saisons.

▼ Tous les récipients sont permis.

566

Un jardin en terrasse

POIDS, ÉTANCHÉITÉ, SÉCURITÉ

Avant d'aménager votre terrasse, pensez à son utilisation future (importance des plantations et de la fréquentation) pour évaluer sa capacité de charge et procéder à d'éventuels travaux de consolidation. Une résistance de 500 kg/m² est un minimum pour réaliser un jardin suspendu. Vérifiez la bonne évacuation des eaux de ruissellement, grâce à une pente de 1 à 2 %. Les grandes surfaces sont morcelées par des caniveaux couverts de grilles métalliques et reliés aux gouttières. Les terrasses situées sur le toit d'un immeuble doivent être parfaitement étanches sur le sol et les rebords, jusqu'à une hauteur de 20 cm. On utilise le plus souvent des feutres enduits de bitume. Prévoyez un contrôle annuel et un renouvellement de la couche étanche tous les dix ou quinze ans.

fond, afin d'assurer une bonne croissance mais aussi une certaine stabilité, indispensable quand il y a du vent. Les bacs en plastique sont légers, facilement maniables et bon marché, mais pas toujours très décoratifs. Les poteries en terre cuite, beaucoup plus esthétiques mais plus onéreuses, sont fragiles. Elles ne résistent guère aux chocs et au gel. Les contenants en bois sont élégants, mais ils doivent être réservés aux terrasses protégées des intempéries. Quant aux bacs en ciment ou en pierre, leur poids très élevé limite leur utilisation aux terrasses de plain-pied. Avant d'arrêter votre choix définitif, sachez qu'il faut assortir les contenants et leurs soucoupes au style général de la maison. Les plantations sont regroupées en massifs, le plus souvent étagés par des bacs de hauteurs différentes, pour augmenter l'effet de relief. Autre élément du décor, le mobilier contribue aussi à l'agrément de la terrasse. Il doit être pratique, esthétique et confortable. Prévoyez une répartition harmonieuse entre l'espace imparti aux plantes (au moins les

▶ Une belle terrasse réalisée par le Cercle de Babylone.

deux tiers de la surface), et celui réservé aux meubles. Sur une grande surface, vous pouvez même envisager la construction d'un barbecue, à l'abri du vent.

À l'abri du vent et des regards

Il est nécessaire d'installer des brise-vent pour atténuer les courants d'air, souvent très violents sur le toit d'un immeuble. Vous pouvez utiliser de grands treillages à mailles fines, aux formes originales et décoratives. Ils filtrent le vent sans obstruer la vue sur l'environnement de la terrasse. Si besoin, doublez-les avec un rideau de plantes robustes (aucubas, lauriers-tins, bambous, conifères, etc.). En plein sud, une pergola assure une excellente protection contre le soleil excessif de l'été, sans provoquer une impression de confinement. Utilisez-la pour faire grimper quelques lianes faciles comme les chèvrefeuilles, les clématites ou le houblon doré.
Il est parfois agréable de se soustraire aux regards du voisinage. Réalisez un écran très efficace et esthétique, avec une association de panneaux en matériaux naturels (lattes de châtaigniers, brandes de bruyères, canisses en roseaux, claustras ou lattis en bois, palissades de bambous, etc.), et des arbustes à feuillage persistant de différentes hauteurs, plantés assez serrés.

▲ La terrasse est aussi un coin de repos et de détente.

▲ En maison individuelle, la terrasse est un rez-de-jardin.

▲ Le coin repas sur les toits de Paris : un plaisir rare.

Fenêtres, balcons, terrasses

L'ENTRETIEN DES BALCONS ET TERRASSES

Véritable jardin hors sol, le balcon ou la terrasse réclament les mêmes soins que les plantations en pleine terre, avec toutefois un énorme avantage : une meilleure accessibilité et un nombre très réduit de tâches lourdes et pénibles. En revanche, il faut être beaucoup plus présent, car le volume de terre limité contenu dans les bacs et les jardinières oblige à des interventions fréquentes.

 astuce Truffaut — Utilisez des pots, des jardinières et des paniers suspendus dotés d'une réserve d'eau, si vous devez vous absenter fréquemment pour de petites périodes de 8 à 10 jours.

▲ La plantation peut se faire en toutes saisons avec des sujets vendus en conteneurs. Il suffit de bien mouiller la motte.

Il suffit d'un équipement minimal pour bien entretenir un balcon ou une terrasse : un transplantoir, un arrosoir, un pulvérisateur, une paire de ciseaux, un sécateur, une serfouette et une griffe à une main. Côté accessoires : terreau, sable, tourbe, billes d'argile expansée, différents contenants avec leurs soucoupes et leurs supports respectifs, quelques tuteurs et systèmes de palissage, sans oublier des liens, toujours utiles pour diriger les tiges.

Un semis, pourquoi pas ?

La solution la plus facile et la plus rapide pour réaliser votre jardin suspendu est d'acheter toutes vos plantes en godets ou en conteneurs, dans une jardinerie. Aujourd'hui, le choix est très vaste depuis le jeune plant jusqu'à la potée déjà poussée et très spectaculaire. Si vous souhaitez élargir votre présentation avec des espèces moins courantes, pensez à réaliser des semis à la maison. Quelques miniserres en matière plastique suffisent pour obtenir la plupart des plantes annuelles ou bisannuelles et couvrir de fleurs une surface de plusieurs m^2. Si vous disposez d'un peu plus de place, sachez qu'il existe des petits modèles de serre en plastique, spécifiques pour le balcon. Cet abri sera dressé le long d'un mur exposé au sud. Dès la mi-mars, le soleil est suffisamment chaud pour assurer la germination des plantes les plus robustes. Attention, les jeunes plantules sont fragiles. Surveillez l'arrosage et aérez aux heures les plus chaudes de la journée.

Une plantation réussie

Attendez que les gelées soient terminées avant de commencer à jardiner sur votre balcon. Les jeunes plantes nouvellement mises en pot sont sensibles au froid nocturne, compte tenu du faible volume de terre qui enveloppe leurs racines. Pour ne pas salir le sol pendant les travaux de repiquage et de rempotage, étendez une bâche

◄ Les mauvaises herbes sont aussi présentes sur le balcon.

plastifiée sur laquelle vous vous installerez pour effectuer toutes les opérations de jardinage. Vous n'aurez pas à craindre de renverser quelque chose. La particularité de la culture en bacs et en jardinières est le faible volume de substrat dont dispose la plante. Concentrée dans les parois du récipient, la terre se tasse au fur et à mesure des arrosages. Veillez à un bon drainage en prévoyant un lit de 2 à 3 cm de billes d'argile expansée au fond de chaque contenant. Évitez les substrats trop lourds et compacts, provoquant l'asphyxie des racines. Quand vous pressez le terreau au creux de la main, il ne doit pas s'agglomérer en grosses mottes, mais bien s'effriter. Pour les grands volumes, ajoutez au terreau de base des matériaux qui allègent, comme la vermiculite ou la perlite. Cela permet une bonne aération du substrat.

Les végétaux qui composent un décor saisonnier doivent donner un effet maximal sur une très courte période. Ils sont plantés assez serrés. En revanche, gardez de l'espace autour des plantes vivaces, des arbustes à fleurs ou à feuillage persistant et des fruitiers nains pour favoriser leur développement et de belles récoltes. Pour faciliter la reprise, il est bon de tremper dans l'eau la motte de la jeune plante pendant quelques minutes afin qu'elle s'imbibe en profondeur. Évitez les repiquages en plein soleil, aux heures les plus chaudes de la journée. Les plantes souffrent et ont du mal à reprendre vigueur. Terminez vos plantations par des apports d'eau abondants, en veillant à ne pas déplacer la terre ni à découvrir les racines. Redressez ensuite les sujets mal fixés dans le sol meuble et détrempé par l'arrosage.

Supprimez les fleurs fanées pour un aspect impeccable. ▶

Les petits soins au quotidien

Visitez votre balcon tous les jours pour inspecter vos plantations. Il suffit de quelques minutes, et c'est toujours un plaisir que d'observer les plantes au fil des jours. Intervenez rapidement en cas de problème. Remplacez les plantes chétives ou abîmées, ôtez les feuilles mortes et les fleurs fanées, ce qui prolonge la durée des floraisons. Vérifiez que la surface du sol n'est pas trop dure. Une fois la terre desséchée, l'eau d'arrosage a du mal à pénétrer en profondeur. Un petit coup de griffe ou de râteau est une solution simple, rapide et efficace. N'hésitez pas à donner un petit coup de balai sur le sol pour éliminer la poussière, et surtout les nombreux déchets végétaux, sources de maladies quand on les laisse sur place. Par temps chaud, humidifiez le revêtement de votre terrasse pour augmenter l'humidité atmosphérique. Cette précaution permet de réduire les attaques d'araignées rouges, toujours dévastatrices et difficiles à éliminer quand elles se sont installées. Toujours côté surveillance, gare aux mauvaises herbes ! Elles ont la fâcheuse tendance à pousser là où l'on s'y attend le moins. N'attendez pas qu'elles aient développé une trop grosse racine pour les arracher, vous risqueriez de bouleverser inutilement les plantations et de nuire à leur bonne croissance.

▼ Décroûtez souvent le sol des bacs s'il fait chaud et sec.

CONFECTIONNEZ UNE JARDINIÈRE

Posez à portée de la main le matériel nécessaire à la réalisation de votre jardinière. Vérifiez que le fond troué du contenant permet l'évacuation de l'eau. Sinon quelques trous avec la pointe d'un gros tournevis. Versez une couche de drainage au fond du récipient, sur une épaisseur de 2 à 3 cm. Étalez un morceau de feutre horticole par-dessus. Remplissez la jardinière au deux tiers avec le mélange terreux, en recouvrant les parois. Commencez la plantation après avoir trempé les plants pour humidifier la motte. Installez sur le pourtour les plantes à port retombant, puis terminez par les végétaux les plus grands, placés au centre de la composition. Ajoutez le substrat, en tassant avec les mains pour que la terre adhère aux racines et qu'il ne se forme pas de poches d'air, néfastes à la reprise. Arrosez et disposez la jardinière à son emplacement définitif.

▲ Utilisez un terreau léger et riche.

▲ Mettez les plantes en bonne place.

▲ Tassez bien la plantation avant d'arroser.

Fenêtres, balcons, terrasses

◀ L'arrosage est quotidien sur un balcon en été.

Taille et palissage

Après la plantation, supprimez toutes les fleurs épanouies ou prêtes à s'ouvrir. Ce petit geste facilite la reprise des plants et vous garantit une floraison ultérieure plus généreuse. La plupart des jeunes plantes annuelles doivent être pincées au-dessus de la deuxième ou troisième feuille. Elles prennent un port trapu et ramifié plus élégant. Les arbustes à feuillage persistant peuvent être taillés pour contenir un développement excessif, ou pour leur donner une forme particulière. Les topiaires sont à la mode et séduisent par leur architecture inhabituelle, utile pour structurer un espace. Ils doivent bénéficier d'une attention soutenue et régulière, avec des tailles fréquentes. Les débutants peuvent commencer avec un *Lonicera nitida*, un fuchsia ou un anthémis conduit sur tige et déjà formé en boule. L'effet décoratif est immédiat, mais se limite à une saison. Les grimpantes seront palissées en orientant leurs branches obliquement au fur et à mesure de leur croissance, ce qui ralentit leur développement souvent un peu trop délirant. N'hésitez pas à couper les pousses trop longues qui se dirigent chez le voisin.

En fin de saison, arrachez les plantes annuelles et rabattez les vivaces, qui s'épuisent inutilement à produire des fruits et des graines. Cette taille est une véritable cure de rajeunissement et provoque souvent une nouvelle remontée de la floraison.

Maladies et traitements

Le microclimat particulier qui règne sur un balcon ou une terrasse, et la promiscuité des végétaux favorisent le développement rapide et la propagation des parasites et des maladies, difficiles à déloger quand ils se sont bien installés. Il vaut mieux prévenir que guérir, d'autant plus que la plupart des produits de traitements ont une

Il n'y a pas de beau balcon fleuri, ni de superbe jardin sur terrasse, sans des soins réguliers et attentifs. En été, les plantes cultivées hors sol ne supportent pas d'être laissées à l'abandon au-delà d'une journée, sans l'aide d'un système d'arrosage automatique. À l'usage, vous constaterez vite que les petites exigences bien légitimes de vos cultures sont aussi le moyen de les observer et les apprécier davantage.

Arrosage et fertilisations

L'alimentation régulière en eau et en substances nutritives est capitale pour toutes les plantes cultivées sur une terrasse ou un balcon. En effet, elles ne peuvent étendre leur racines pour aller puiser ailleurs les éléments qui ne sont pas contenus dans le bac. L'arrosoir est le système le moins coûteux et le plus simple à utiliser pour irriguer vos plantations. Choisissez un modèle avec un long col, qui permet d'atteindre facilement tous les végétaux. En été, l'arrosage devient vite fastidieux quand le nombre des contenants est important.

Les vacances et les absences représentent une véritable difficulté, car le sol peut sécher en quelques heures. Les bacs à réserve d'eau et l'automatisation de l'arrosage par un système de goutte-à-goutte programmé résolvent la plupart des problèmes. Testez votre installation longtemps avant votre départ pour ne pas avoir la désagréable surprise de trouver des dégâts au retour, à cause d'un mauvais réglage. L'arrosage automatique peut être couplé avec un diffuseur d'engrais. Dans ce cas, employez une formule d'engrais présentant un dosage égal d'azote, de phosphore et de potassium, les plantes puiseront ce dont elles ont besoin. La fertilisation manuelle avec des engrais granulés longue durée est aussi une solution en cas d'absence. Sinon, utilisez les engrais liquides. Ils peuvent être dilués à la dose préconisée par le fabricant et utilisés tous les huit à dix jours, ou bien dosés à raison d'un bouchon pour dix litres d'eau et employés à chaque arrosage, même quotidien. Cette dernière solution est très efficace car elle assure une fertilisation régulière.

570

L'entretien des balcons et terrasses

plus grande faculté d'empêcher la venue du mal que de l'éradiquer. Les pucerons s'éliminent facilement car ils sont bien visibles sur les jeunes pousses. Les ennemis les plus redoutables sont les araignées rouges, les cochenilles et les aleurodes (mouches blanches). Faites très attention avec les fuchsias et toutes les plantes de la famille des Solanacées, telles que les tabacs, les pétunias, les daturas, les solanums et autres piments. Ce sont de véritables terrains d'élevage pour les mouches blanches. Côté maladies, il faut surtout redouter l'oïdium (blanc) dont le feutrage grisâtre envahit feuilles et tiges par temps humide. Il existe des produits spécifiques très efficaces. À la fin de l'automne, nettoyez et désinfectez tous vos outils avec de l'alcool. Lavez les contenants vides avec de l'eau javellisée. Ne réutilisez pas un substrat usagé, mieux vaut le renouveler chaque année. Ne replantez jamais la même espèce au même endroit d'une année sur l'autre, pour éviter la diffusion des maladies.

L'hivernage

Il faut protéger les espèces les plus frileuses qui restent en place toute l'année sur votre balcon ou votre terrasse. Commencez par rapprocher les potées des murs d'habitation. Enveloppez les contenants les plus fragiles avec du plastique à bulles d'air ou des plaques de polystyrène expansé qui isolent bien. Vous pouvez utiliser de la paille, mais il faut la couvrir avec des voiles de forçage pour qu'elle ne s'envole pas au moindre souffle de vent. La protection doit couvrir le collet de la plante et même tout le feuillage quand il s'agit de plantes non rustiques comme le pélargonium ou le fuchsia. Mais il faut pouvoir l'enlever facilement, dès que le temps se radoucit, pour éviter l'étiolement du végétal et pouvoir arroser la potée de temps à autre, toujours en période hors gel. Évitez que les bacs à réserve d'eau soient exposés à la pluie.

▶ Un traitement préventif, une fois par mois, est idéal.

▲ Fertilisation obligatoire pour les plantes en jardinières.

RÉALISER UNE SUSPENSION FLEURIE

La confection d'une belle potée suspendue, avec un panier en grillage ajouré, est très facile. Commencez par installer le support de fixation, en choisissant une exposition chaude, à l'abri des courants d'air. Garnissez ensuite tout le fond du support, avec un tapis de 2 à 3 cm d'épaisseur de mousse ou de fibre de coco. Un fond de tourbe compressée, achetée dans le commerce, convient bien. Sur la mousse, installez une feuille de plastique perforée de petits trous pour retenir la terre. Remplissez les deux tiers du contenant avec un mélange léger, constitué de terreau de fumier, de tourbe et de sable par tiers. Plantez en premier les espèces qui doivent garnir le centre de la composition, puis celles qui retomberont par-dessus le bord grillagé. Pour obtenir une véritable boule de verdure et de fleurs, vous pouvez installer quelques pieds de végétaux à port très souple et pleureur (lobélia, verveine cascade, fuchsia, géranium-lierre, hélichrysum, glechoma, surfinia, etc.) directement sur le fond du panier, en perçant la couche de mousse et la feuille plastifiée. Complétez le remplissage du mélange terreux en tassant légèrement, afin que le sol adhère aux racines. Arrosez avec précaution mais abondamment, et renouvelez fréquemment cette opération. Le sol sèche toujours très vite dans une suspension. Il doit rester frais en permanence, tant que la reprise des plantes n'est pas constatée. Accrochez votre composition en prenant garde de ne pas casser les pousses. Pour finir, arrangez un peu les tiges et les feuillages en les orientant pour qu'ils couvrent tout le volume disponible.

▼ La coupe est remplie de bon terreau. ▼ Les plantes sont mises en terre. ▼ Un arrosage copieux pour terminer. ▼ La suspension est solidement accrochée.

Fenêtres, balcons, terrasses

LES BONSAÏS D'EXTÉRIEUR

Arbres cultivés en pots, les bonsaïs sont de véritables sculptures vivantes dont les formes s'inspirent de la nature. Il ne s'agit pas de plantes torturées car, comme le dit justement Rémy Samson, père du développement du bonsaï en France : « Personne ne peut supporter la torture pendant un siècle et encore moins mille ans. »

astuce Truffaut — Vous éviterez le développement des araignées rouges en vaporisant abondamment le feuillage de votre bonsaï tous les jours en été, avec une eau non calcaire. N'oubliez pas de mouiller non seulement le dessus, mais aussi le revers des feuilles. Opérez de préférence le soir « à la fraîche ».

▲ Une belle collection de bonsaïs à Tokyo. Les Japonais ont développé la technique créée par les Chinois il y a 2 200 ans.

Les bonsaïs d'extérieurs sont les hôtes privilégiés d'une terrasse ou d'un balcon. Ils aiment être exposés à mi-ombre, à l'abri du soleil brûlant et des vents violents trop desséchants. Réservez-leur une place de choix qui mettra en valeur leur aspect original, très décoratif. N'oubliez jamais que ce sont avant tout des arbres, et qu'ils peuvent vivre très longtemps.

La gamme des arbres et arbustes susceptibles d'être formés en bonsaïs est très vaste.

◀ Un bassinage quotidien du feuillage est utile en été.

Les plantes à feuillage naturellement petit, telles que les genévriers, certains pins, quelques érables, le charme, les ormes, le zelkova, le pommier, certaines azalées et les hêtres donnent les meilleurs résultats. Les fleurs et les fruits conservent toujours leur taille normale. Les pyracanthas, les cotonéasters, les cognassiers du Japon, les jasmins et la glycine donnent des sujets superbes. Tout le travail d'art consiste à sublimer le port et la silhouette de l'arbre pour en tirer la meilleure harmonie dans un esprit de respect de la nature.

Les bonsaïs d'extérieur

Le mélange de terre idéal

Pour un arbre à feuilles caduques, préférez un substrat composé d'une moitié de terre de jardin non calcaire, d'un quart de sable de rivière et d'un quart de terreau horticole. Les conifères se contentent d'un sol constitué de trois quarts de terre de jardin et d'un quart de sable de rivière non calcaire. Les arbres à fleurs et à fruits seront cultivés dans un mélange à parts égales de terreau horticole et de terre de jardin. Un trou de drainage au fond du contenant est indispensable pour permettre l'évacuation de l'eau d'arrosage, qui ne doit pas stagner au niveau des racines. Il faut disposer un fin grillage sur le trou de drainage pour retenir les particules de terre les plus fines.

Les soins courants

Les bonsaïs exigent un entretien très suivi. L'arrosage est une opération délicate. Il ne faut jamais laisser la terre se dessécher complètement et se décoller des parois du pot. Quelle que soit la saison, seule la surface doit s'assécher entre deux arrosages. Bassinez et arrosez le feuillage quand la plante se trouve à l'abri du soleil. Évitez de mouiller les fleurs. Utilisez toujours une eau douce non calcaire, à température ambiante. En hiver, arrosez en période hors gel avec une fréquence moindre (une fois par semaine), car l'arbre est au repos. Au printemps et en été, l'arrosage peut être biquotidien s'il fait très chaud.

Les apports d'engrais sont indispensables pendant la période de croissance, à raison d'une ou deux fois par mois. Utilisez un engrais composé organique, présenté sous forme de granulés à action lente et progressive. Il ne faut pas fertiliser le sol d'un bonsaï récemment rempoté ou malade.

La taille de formation permet de miniaturiser et de façonner la plante pour lui donner un style, choisi selon les prédispositions naturelles du végétal. Cette opération s'effectue en hiver pour les espèces caduques, au printemps et à l'automne pour les conifères. Elle est complétée par une taille régulière des nouvelles pousses pendant la période de végétation. Cette dernière contribue au modelage de la forme générale du bonsaï.

La ligature du tronc et des branches facilite le modelé de votre arbre et ralentit sa croissance. En hiver, posez des fils de cuivre ou de laiton, toujours de bas en haut, sans trop les serrer ni les croiser. Respectez la courbe naturelle du tronc et des branches. Maintenez les ligatures entre quatre et dix mois pour obtenir le résultat voulu.

Tous les deux ou trois ans, il faut rempotez votre bonsaï pour renouveler le sol et procéder à la taille des racines. Cette dernière est obligatoire pour réduire le développement de la plante. Effectuez cette opération avant le départ de la végétation. Dans certains cas, sur les bonsaïs persistants déjà très développés, on peut pratiquer un effeuillage total pendant la végétation. Il permet l'apparition de jeunes pousses.

▼ Un superbe érable pourpre et une forêt de frênes.

▼ Taillez avec des outils japonais, ils sont très pratiques.

LES FORMES

Quelle que soit l'espèce ou la variété cultivée, le bonsaï doit répondre à des critères esthétiques précis. Malgré sa petite taille, il doit exprimer toute la beauté et la vigueur de l'arbre épanoui dans son milieu naturel. Classés en mini-bonsaïs (moins de 23 cm), moyens bonsaïs (de 23 à 50 cm) et grands bonsaïs (de 50 à 120 cm de haut), ces arbres miniatures sont aussi répertoriés par des styles, correspondant à diverses formes d'arbres. L'école japonaise en a identifié et décrit une vingtaine, dont :

Chokkan

Chokkan : le tronc de l'arbre est parfaitement droit. Le port des branches doit être en plateau.

Shakan

Shakan : le tronc de l'arbre penche légèrement.

Tachiki

Tachiki : c'est une forme droite non classique avec un tronc aux sinuosités harmonieuses. Les branches sont horizontales.

Sokan

Sokan : deux troncs partent d'une même souche et développent des ramures en harmonie.

Hôkidachi

Hôkidachi : c'est la forme en balai. Toutes les branches dessinent une boule au sommet du tronc vertical et droit.

Sekijôju

Sekijôju : les racines sont en grande partie apparentes et se développent autour d'un rocher avant de s'enfoncer dans le sol.

Kengai

Kengai : le tronc est penché et retombe le long du contenant, souvent étroit et élevé. L'ensemble de la ramure évoque une gracieuse cascade.

Yose-Ue

Yose-Ue : la potée représente une petite forêt. Elle est composée d'un nombre impair d'arbres de la même espèce dont les hauteurs forment un dégradé.

573

LE JARDIN DE LÉGUMES

- L'organisation du potager 576
- Les légumes d'aujourd'hui 580
- Les légumes anciens. 616
- Les plantes condimentaires 620
- Les plantes officinales 626
- Calendrier de culture des légumes 630

Le jardin de légumes

L'ORGANISATION DU POTAGER

Bien conçu et cultivé avec méthode, un jardin de légumes peut être productif toute l'année et suffire pour la consommation de toute la famille.
Le choix des variétés est important pour un bon échelonnement des récoltes, de même que l'étalement des périodes de semis. Pensez aussi à la rotation des cultures pour ne pas épuiser inutilement le sol.

astuce Truffaut Si vous hésitez sur le tracé des allées du potager, contentez-vous de disposer un film de plastique, et de jeter de l'écorce de pin dessus, sur une épaisseur de 5 cm.

Si le potager a perdu un peu de son importance depuis l'après-guerre et les temps de pénurie, il retrouve actuellement un peu de son éclat car la France reste un pays de gourmets. Or rien n'égale la saveur des légumes du jardin, fraîchement cueillis. Pour autant, le potager fait encore peur, car il évoque des alignements de légumes à n'en plus finir, ponctués de tuteurs et enlaidis par des bricolages en plastique. Si l'on veut bien revenir aux sources, et restituer au potager sa structure classique on s'apercevra qu'il s'agit d'un des plus beaux endroits du jardin. Vous n'hésiterez donc pas à le placer assez près de la maison, ce qui rapprochera les légumes de la cuisine. Un point d'eau est essentiel : conduisez l'eau par une canalisation enterrée jusqu'au potager. Pensez ensuite aux circulations, essentielles pour pouvoir procéder aux récoltes, aux arrosages ainsi qu'à l'entretien quotidien. Une allée centrale assez large pour passer une brouette est un minimum. Ensuite, de part et d'autre, les planches s'alignent de façon régulière. Une planche est une bande de terre délimitée par deux sentiers, et faisant approximativement 1,20 m de large, ce qui permet d'accéder au centre en tendant le bras. Important quand il s'agit de désherber, les sentiers sont pratiqués juste après le labour de printemps, en avançant le plus droit possible au long d'un cordon tendu entre deux piquets.

Façon jardin de curé

On peut également diviser la surface en carrés, par deux allées perpendiculaires. C'est le schéma classique des jardins de curé, avec un bassin au milieu pour les arrosages. Non seulement cette disposition est plus agréable, mais elle permet de mieux respecter la sacro-sainte rotation des cultures, en spécialisant un carré dans les légumes-racines (navet, carotte, betterave, oignon…), un autre dans les légumes-feuilles (laitue, chou, poirée, épinard…), un troisième dans les légumes-fruits (tomate, aubergine, haricot…) et le dernier carré en engrais vert, trèfle ou phacélia, pour laisser reposer la terre.
S'il n'est pas conseillé de planter des arbres dans le potager, ni à proximité, à cause de l'ombre portée, on peut parfaitement border un côté du potager, au nord de préférence, avec des arbustes à petits fruits, comme les

▶ Voici un vaste potager classique, où l'allée centrale est assez large pour permettre de passer avec la brouette.

jardin gourmand

L'organisation du potager

groseilliers et les cassissiers, et même des framboisiers, mais à condition de les séparer du potager par une allée en brique car le framboisier a tendance à tout envahir. Les fraisiers constituent aussi des bordures de grande classe, ainsi que les herbes aromatiques. N'oubliez pas que ces plantations permanentes constituent autant de gènes quand il s'agit de passer le motoculteur sur tout le potager.

Les allées peuvent être en simple terre battue, mais c'est beaucoup d'entretien car l'herbe les envahit et l'usage des désherbants totaux est risqué au potager. Si le cadre est champêtre, des allées de gazon régulièrement tondues seront parfaites, mais il faudra penser à rafraîchir les bordures au moins deux fois dans l'année. Des briques posées en appareillage simple, ou en chevrons, sur un simple lit de sable constituent également une solution élégante. On peut disposer aussi de simples dalles de ciment, purement utilitaires et qui finiront par se patiner.

▲ Une haie basse, formée par exemple avec des framboisiers ou encore des cassissiers, suffit à enclore le potager.

Les légumes grimpent aussi

On oublie trop souvent la troisième dimension au potager. Or beaucoup de légumes sont grimpants ou peuvent être tuteurés avec grand profit : non seulement le rendement est doublé mais,

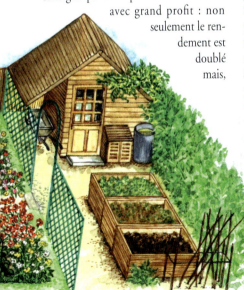

le coup d'œil est fantastique. Imaginez par exemple des filets à ramer tendus sur des grandes perches, sur le côté ouest du potager. Au pied, vous semez des haricots grimpants, et voilà un rideau de verdure qui vous isolera des voisins. Les tomates à petits fruits, du type Sweet 100, forment des gourmands qu'il suffit d'entrelacer sur un filet à grosses mailles pour obtenir une paroi qui n'arrêtera pas de vous fournir des tomates-cerises pour vos apéritifs. Les cornichons sont bien plus productifs quand ils sont palissés. Même remarque pour les petits pois : même les variétés naines apprécient un palissage. Pour vous simplifier la vie, utilisez des bordurettes en mailles tressées, et tendez-les sur des piquets espacés de 2 m environ. Elles ne dépassent pas 50 cm de haut, ce qui suffit à la plupart des petits pois, et ces derniers s'accrochent tout seuls. Une fois la récolte achevée, arrachez les petits pois et remisez votre bordurette en rouleau pour le printemps prochain.

On peut même s'amuser à créer des sortes de tipis d'indien avec des grandes perches avant d'y faire pousser des haricots à rames mélangés à des cobées. Une haie de maïs sucrés fournira aux enfants l'enceinte de leur petit royaume, dans un potager de conte de fée qui sera aussi un lieu parfait d'initiation à la nature. Une haie de petits fruits fera la joie de tous.

LA ROTATION DES CULTURES

Rien de plus mauvais que de cultiver année après année les mêmes légumes au même endroit. Il faut impérativement faire alterner les légumes, en changeant non seulement de catégorie (après un légume à feuille, un légume à racine) mais aussi de famille botanique : pas de haricots après des fèves, ou de choux après des navets. C'est pourquoi il est fortement conseillé de conserver le plan du potager.

▼ Les fleurs ont aussi leur place au potager.

577

Le jardin de légumes

Les légumes dans le jardin

La taille des jardins actuels ne permet pas toujours de créer un vrai potager. Faut-il pour autant se priver de légumes ? Si l'on considère qu'il s'agit pour la plupart de plantes à cycle court et, d'autre part, la beauté indéniable de leurs formes, on est vivement tenté de les incorporer au jardin tel qu'il existe, entre les plantes vivaces ou les arbustes. Cette option, qui paraît fantaisiste à première vue, donne des résultats souvent savoureux. Des fraisiers peuvent border un massif de plantes vivaces avec autant de bonheur que des hostas, et quel plaisir de récolter des fraises succulentes au mois de juin ! Des salades à feuillage rouge apportent une tache de couleur en premier plan, tandis que des tomates joliment tuteurées donneront de l'ampleur à une scène de fleurs annuelles. N'oubliez pas que ces légumes requièrent quelques soins particuliers, et qu'il faut donc pouvoir y accéder sans trop de peine. Par ailleurs, les légumes sont gourmands de soleil, et n'apprécient pas la concurrence des autres plantes. Vous paillerez généreusement à leur pied pour éviter des corvées d'arrosage en plein été. De nombreux paysagistes contemporains utilisent couramment les choux dans les grands massifs décoratifs, en les mélangeant aux capucines et aux cosmos. Les choux Milan et les Pontoise valent bien les choux décoratifs, et en plus quel régal en potée !

La vaste famille des choux comporte également les choux de Bruxelles, plus altiers puisqu'ils dépassent facilement 70 cm de haut. Installez-en une dizaine dans un massif, en compagnie de zinnias ou de lavatères, puis d'un tapis d'alysses maritimes, quand ces premières fleurs auront fané. La scène sera encore très belle aux premières gelées qui marquent, comme chacun sait, le moment où les petits choux commencent à être délectables. Enfin, vous laisserez ces mêmes choux monter à fleurs au printemps, pour profiter d'un nuage de corolles jaune vif qui éclipse en beauté les giroflées.

Vous retrouverez l'ambiance bon enfant des jardins de curé d'autrefois en plantant des légumes à petit développement au pied de pommiers en cordons bordant une allée. Alternez avec des narcisses plantés en groupes, des primevères et des grandes marguerites, et ce sera ravissant une bonne partie de l'année. Les cerisiers greffés sur un prunier Sainte-Lucie, et conduits en gobelets, peuvent aussi surmonter tout un royaume de plantes aromatiques, mélangées à des betteraves et des choux-raves.

Et pourquoi pas des pots ?

Même les légumes vivaces peuvent faire bonne figure au jardin d'agrément : les asperges ont un feuillage si fin et délicat qu'elles donnent un côté aérien aux massifs. On choisira alors des asperges vertes, qui ne demandent pas de buttage. La récolte se fait chaque printemps, en coupant simplement les jeunes tiges quand elles n'ont encore que 20 cm de hauteur. Les rhubarbes ont un si beau feuillage qu'elles accompagnent avec noblesse les rosiers ou les arbustes, toujours en premier plan.

Les jardiniers citadins peuvent s'amuser à cultiver les légumes en pots, pour les admirer de plus près et constituer des sortes de potagers mobiles, au gré de leur fantaisie. Il suffit pour cela d'acheter quelques clayettes de plants, puis de les repiquer dans des pots individuels assez grands, d'au moins 25 cm de diamètre, dans un terreau nutritif. Des arrosages suivis permettront aux plants de prendre rapidement une belle allure. Il ne

▲ Une idée d'allée originale : elle est séparée par un rang d'arbres fruitiers et bordée de massifs de légumes.

◀ Un minuscule potager en pot, juste pour s'amuser.

L'organisation du potager

reste plus qu'à disposer le tout selon l'inspiration du moment, pour constituer une scène où domineront les verts, égayés par quelques potées d'impatiens ou d'œillets d'Inde. Là encore, les fraisiers font merveille, mais il n'est pas difficile d'obtenir des petits choux, des laitues à couper, et même des haricots verts pour épater tout le monde.

Si le jardin est assez grand, au contraire, on peut très bien imaginer que c'est le potager qui accueille les fleurs. Cette tendance, amorcée par l'exemple prestigieux de Villandry, a de plus en plus de succès. De fait, rien n'est plus beau qu'un potager bien structuré où les fleurs s'épanouissent par grandes touffes, apportant fantaisie et couleurs.

Dans une bonne terre, et profitant des arrosages et des bons soins les plantes vivaces les plus capricieuses deviennent dociles, et les delphiniums, par exemple, ne sont jamais aussi beaux que lorsqu'ils sont hébergés au potager. Même constat pour les fleurs annuelles exigeantes que sont les pois de senteur. Ils sont cultivés en lignes, comme de banals petits pois, et tuteurés sur du filet à ramer. Ils deviennent alors monstrueux, vous donnant une profusion de grandes fleurs magnifiques. Des vrais pois de senteur de compétition !

Parmi les légumes ayant un cycle court, les fleurs vivaces doivent être plantées en carrés bien circonscrits ou encore en bordure, pour ne pas gêner lors des labours au motoculteur. Repiquez des rangées entières de fleurs, ou encore des carrés d'au moins douze pieds quand il s'agit de grandes fleurs (cosmos, zinnias, reines-marguerites…), et pas moins de vingt plantes quand il s'agit de petites (œillets d'Inde, soucis, agératums…).

Les dahlias adorent vivre au potager et se révèlent des compagnons de qualité pour les courgettes, les haricots verts ou les choux. On plantera toutes ces merveilles à distance respectable, pour qu'il n'y ait pas de concurrence vitale. N'oubliez pas de tuteurer vos dahlias, car ils montent plus hauts que dans les massifs et peuvent s'effondrer après les orages de la fin d'été. Profitez-en pour les éboutonner, c'est-à-dire ne laisser qu'un seul bouton par tige, ce qui permet d'obtenir des fleurs de très grande taille.

Les glaïeuls sont souvent plus à leur aise au potager que dans tout autre endroit du jardin. Constituez-en des groupes d'une quinzaine de même couleur, et placez quelques branches de noisetiers pour les soutenir de façon élégante. Vous pouvez aussi les planter en avril, en lignes espacées de 50 cm, puis repiquer des laitues ou semer des betteraves rouges entre les rangs. Une fois les fleurs des glaïeuls coupées pour les bouquets, laissez les bulbes se reconstituer pendant l'été, sans oublier les arrosages et les apports d'engrais. L'année suivante, recommencez le mélange à un autre endroit du potager.

En bref, le potager moderne est l'intégration habile et harmonieuse des légumes parmi les plantations ornementales.

▲ Des rhubarbes en majesté et une harmonie de feuilles.

▲ Laitues et buis, pour un petit potager classique.

Légumes et fleurs en rangs : une idée très moderne. ▷

Le jardin de légumes

LES LÉGUMES D'AUJOURD'HUI

Les légumes changent au fil des temps, des modes et des mœurs. Nous ne consommons pas les mêmes que nos aïeux et, grâce aux techniques d'obtention modernes, les variétés évoluent avec les goûts des consommateurs.

Allium ascalonicum
ÉCHALOTE

Originaire du Moyen-Orient, l'échalote est une plante vivace bulbeuse qui produit de nombreux caïeux allongés, le plus souvent de couleur violacée. Ils sont enveloppés d'une tunique protectrice brune, épaisse. Les feuilles étroites de 20 à 30 cm de longueur se développent en touffe. Elles sont très odorantes quand on les froisse.
Famille : Liliacées.
Qualités nutritives : d'une valeur énergétique de 35 kcal/100 g l'échalote renferme des vitamines et des sels minéraux, en particulier du magnésium, du fer et du silicium. Elle possède des propriétés apéritives et stimulantes.
Sol : l'échalote aime les sols légers, plutôt sableux

LA CUISINE À L'ÉCHALOTE

Les bulbes sont hachés crus dans les salades ou cuits dans des sauces. L'échalote est le condiment traditionnel de la cuisine bordelaise. Il est un fait que son arôme se marie particulièrement bien dans les sauces, avec celui d'un vin rouge corsé. Lorsqu'elles sont vertes, les feuilles d'échalote s'utilisent comme la ciboulette.

profondément ameublis. Elle redoute l'humidité et la fumure organique fraîche. Évitez les engrais azotés qui nuisent au bon développement du bulbe.
Exposition : à cultiver en plein soleil.
Variétés conseillées : 'Grise ordinaire' donne un bulbe de belle taille, très aromatique. 'Cuisse de poulet' est plus longue et de couleur cuivrée, à chair blanche de très bonne qualité. Variété semi-hâtive, 'De Jersey', appelée aussi « oignon-échalote » donne un gros bulbe rond à chair rosée, très aromatique.
Méthode de culture : plantez les caïeux d'octobre à janvier pour l'échalote ordinaire et de février à mars pour les autres variétés. C'est une plante peu épuisante, mais comme toutes les liliacées (oignon, poireau, etc.) elle ne devrait revenir au même endroit que tous les trois ou quatre ans.
Récolte : arrachez les touffes quand les feuilles jaunissent vers le mois de juillet, et laissez ressuyer quelques jours sur le sol, d'abord au soleil, puis à l'ombre pour améliorer la conservation.
Le truc à connaître : gardez l'échalote en bottes suspendues dans un local sec et aéré. Elle peut ainsi se conserver pendant plusieurs mois. L'échalote grise est celle qui supporte le mieux le stockage.

▲ L'échalote peut être conservée pendant plusieurs mois.

◀ Les variétés d'oignons ont des saveurs bien différentes.

Les légumes d'aujourd'hui

Allium cepa
OIGNON

Probablement originaire d'Asie centrale, mais inconnu à l'état naturel, l'oignon est une plante vivace à bulbe unique, globuleux, recouvert de tuniques de couleurs variables. Il porte de longues feuilles creuses, très odorantes au froissement, et une tige surmontée d'une grosse tête globuleuse formée de petites fleurs blanches.

Famille : Liliacées.

Qualités nutritives : l'oignon est riche en vitamines A, B et C, ainsi qu'en sels minéraux. Sa forte teneur en soufre a une action favorable sur la peau, les ongles et les cheveux. Consommé cru, l'oignon est diurétique, stimulant et anti-infectieux.

Sol : il préfère une terre peu riche et légère. L'oignon craint les terres argileuses, l'humidité en excès et la fumure fraîche. Il donne les meilleurs résultats dans des terres siliceuses ou silico-argileuses.

Exposition : plantez-le en plein soleil.

Variétés conseillées : il existe de très nombreuses variétés d'oignons qui se différencient par la taille, la couleur, le goût et la précocité. Les oignons blancs sont généralement hâtifs, les rouges ont souvent une saveur douce et les jaunes se conservent mieux. Préférez : 'Blanc de Barletta', très hâtif ; son petit bulbe rond se formant rapidement convient parfaitement pour confire. 'Blanc de Paris' : au gros bulbe rond, un peu aplati, se conserve bien ; idéal pour la culture de printemps et d'automne. 'Blanc de Vaugirard', précoce, donne un bulbe rond un peu aplati. Il résiste au froid. 'Rouge de Florence' (race de Simiane) donne un gros bulbe allongé rouge carmin foncé, de saveur douce et sucrée, qui se mange cru avec les salades et les crudités. Il ne se conserve pas longtemps et peut être semé en automne dans le Midi. 'Rouge de Brunswick' donne un bulbe plat, épais, rouge foncé, à chair blanche colorée de rouge. De saveur douce, il se conserve moyennement. 'Jaune paille des vertus', précoce et productif, donne un gros bulbe (de 8 à 10 cm de diamètre) de longue conservation. C'est le plus cultivé. 'Jaune de Mulhouse' produit un gros bulbe plat et épais, jaune citron, de bonne conservation. L'oignon perpétuel donne un gros bulbe blanc et, au sommet de sa tige, à la place des fleurs, des bulbilles que l'on peut planter au printemps pour produire de très gros oignons. Le reste de la plante peut être confit au vinaigre : une originalité.

Méthode de culture : l'oignon se multiplie au printemps par semis. Les variétés blanches hâtives seront semées les premières, puis les jaunes. Dans les zones où l'hiver n'est pas trop rigoureux, semez au milieu de l'été, d'août à septembre, en place ou en pépinière, pour repiquer à l'automne. Dans les régions à climat très doux, il est même possible de semer à l'automne, à bonne exposition, les variétés qui peuvent résister à de faibles gelées.

Récolte : récoltez d'abord les oignons blancs primeurs en juin, puis les autres variétés, pour finir à partir de septembre avec les oignons jaunes. Pour ces derniers, lorsque les feuilles ont fané, les bulbes sont arrachés et laissés à ressuyer quelques jours sur le sol pour en améliorer la conservation. On doit ensuite les garder en lieu sec, dans des cagettes, après en avoir coupé les feuilles. Faites aussi des bottes en tressant les feuilles. Les oignons produits par semis se conservent mieux que ceux issus de petits bulbes, qui atteignent par contre une taille plus importante.

Le truc à connaître : l'excès d'azote dans le sol nuit à la bonne conservation des oignons.

▲ Au moment de la maturité, couchez les tiges d'oignons sur le sol afin de concentrer toute la sève dans le bulbe.

▲ Oignons blancs.   Oignon 'Jaune paille des vertus'. ▼

Le jardin de légumes

▲ Le potager du grand chef cuisinier Michel Guérard.

▲ Les poireaux d'hiver sont buttés pour résister au froid.

▶ 'Electra' est un poireau précoce au calibre régulier. Il se congèle très bien.

Allium porrum
POIREAU

Originaire d'Asie centrale, le poireau est une plante vivace à tige cylindrique épaisse en partie recouverte de feuilles plates engainantes, pliées en deux, d'un vert bleuté.

Famille : Liliacées.

Qualités nutritives : 40 kcal/100 g. Le poireau est diurétique. Ses fibres favorisent le transit intestinal. Les très jeunes poireaux peuvent se manger crus en salade avec d'autres légumes. Mais il est plus courant de cuire les poireaux à l'eau, à la vapeur, d'en faire des tartes, des gratins ou des soupes.

Sol : il aime les sols bien aérés, humifères et assez frais. Le poireau redoute la fumure fraîche.

Exposition : le plein soleil est très apprécié.

Variétés conseillées : 'Monstrueux de Carentan', très résistant au froid, à très gros fût assez court, vraiment savoureux, est le plus cultivé. 'Bleu de Solaise', d'une grande rusticité, possède un gros fût et des feuilles vert bleuâtre. 'Monstrueux d'Elbeuf' est aussi connu sous le nom d'« éléphant ». C'est le plus gros des poireaux. 'Géant d'Hiver' présente un fût robuste et des feuilles d'un bleu-vert très foncé. Extrêmement résistant au climat hivernal, il continue sa croissance au printemps. On peut le récolter de décembre à fin mai. 'Gros long d'été', précoce mais sensible au froid, est bien adapté pour le Midi. 'Electra', précoce et productif, se cultive en toutes saisons et se congèle bien. 'Tenor' est résistant au froid, il présente un fût long et un feuillage très serré. 'De Liège' est un des meilleurs poireaux d'hiver.

Méthode de culture : Semez sous châssis ou à bonne exposition dès la fin de l'hiver pour repiquer en mai et récolter d'août à novembre. On peut aussi semer en pépinière en mai, repiquer en août et récolter de l'hiver au printemps les variétés résistantes au froid. Il est également possible de semer en place à bonne exposition vers la mi-août pour récolter à la fin du printemps de l'année suivante. Cette culture de poireaux, assez fins, appelés « poireaux baguettes », permet de faire la soudure entre avril et juin, avec les poireaux hâtifs semés en janvier à l'intérieur, puis repiqués en place en mars-avril. Il est courant de butter les poireaux avant l'hiver en ramenant la terre autour du pied pour blanchir le fût.

Récolte : les poireaux se récoltent lorsque les feuilles sont suffisamment développées, avant que la tige ne commence à monter. Ils peuvent être déterrés à l'automne et conservés à la cave. Mais de nombreuses variétés passent l'hiver en terre. Dans ce cas, les poireaux peuvent être récoltés au fur et à mesure des besoins, si le sol n'est pas trop gelé. Un mulch bien épais de paille ou de feuilles est conseillé, mais il faut vérifier qu'il est suffisamment aéré, pour éviter que la culture ne pourrisse. Le poireau est un légume épuisant et ne doit revenir à la même place que tous les cinq ans environ.

Le truc à connaître : avant de les repiquer, il faut laisser faner les plants pendant deux à trois jours sur le sol. Cette opération a pour but de les endurcir. Coupez partiellement les feuilles et les racines, avant de mettre les plants en terre. C'est ce que l'on nomme l'« habillage ».

LE LÉGUME DES PHARAONS

Le poireau était un légume particulièrement apprécié dans l'Égypte ancienne, où de nombreuses fresques funéraires en représentent une botte, à côté d'un bouquet d'oignons. Il faisait partie des produits de la terre que le rituel prescrivait d'offrir aux divinités de l'Amenti, lieu mythique du sommeil et des ténèbres.

Les légumes d'aujourd'hui

Allium sativum
AIL

Originaire d'Asie centrale mais inconnu à l'état sauvage, l'ail est une plante vivace à bulbe divisé en caïeux. Il porte de longues feuilles plates partant de la base.

Famille : Liliacées.

Qualités nutritives : l'ail est riche en sels minéraux, particulièrement en soufre, en iode et en silice. C'est un excellent remède des troubles circulatoires. Il est aussi antiseptique, stimulant et hypotenseur. On lui prête des vertus vermifuges.

Sol : cette plante aime les terres légères. Il faut éviter les sols humides et les fumures non décomposées, qui font pourrir les bulbes.

Exposition : le plein soleil est apprécié.

Variétés conseillées : 'Ail rose d'Auvergne', demi-hâtif, donne des caïeux colorés se conservant bien. C'est le plus répandu des aulx de printemps. 'Ail rouge de Lautrec', demi-hâtif et de longue conservation, s'adapte aux sols lourds et résiste bien à l'humidité. 'Ail violet Germidour' donne une récolte très précoce et un gros rendement. 'Ail gros de Provence' est destiné aux régions du Sud. Il produit de beaux caïeux blancs qui se conservent bien.

Méthode de culture : Plantez les caïeux, entre 2 cm et 3 cm de profondeur, en automne dans les sols gardant peu l'humidité, sinon au printemps. Laissez passer trois ans avant de faire revenir l'ail à la même place.

Récolte : arrachez les bulbes lorsque les feuilles fanent, laissez ressuyer quelques jours sur le sol par beau temps afin d'en améliorer la conservation, puis suspendez en bottes dans un lieu sec et aéré.

Le truc à connaître : l'ail « rouge » résiste mieux à l'humidité que les autres variétés.

Apium graveolens
CÉLERI

Dérivé de l'ache des marais, spontanée sur le littoral européen, le céleri est une plante bisannuelle à grandes feuilles découpées en segments vert foncé, munies d'un large pétiole charnu.

Le céleri-rave : idéal pour donner du goût au pot-au-feu. ▶

Famille : Ombellifères.

Qualités nutritives : le céleri est diurétique et digestif. Le céleri-rave renferme des vitamines (10 mg/100 g de vitamine C), des sels minéraux et des oligoéléments. Il est peu énergétique (44 kcal/100 g).

Sol : frais et meuble, riches en humus, alcalin.

Exposition : accepte la mi-ombre.

Variétés conseillées : 'Plein blanc doré', très hâtif, produit des côtes larges et charnues, très tendres. Le céleri-rave est une variété dont on a développé la racine. Globuleuse, elle peut devenir énorme et se mange crue, râpée, ou cuite dans les soupes ou les mélanges de légumes. 'Ibis' donne de grosses boules rondes et blanches et résiste à la septoriose.

Méthode de culture : semez sous châssis au début du printemps. Repiquez, puis mettez en place deux mois plus tard. Arrosez en cas de sécheresse. Le céleri est parfois blanchi en liant les feuilles puis en buttant le pied, quinze jours avant la récolte pour éviter la pourriture. Épuisant, il ne faut le cultiver au même endroit qu'après quatre ou cinq ans.

Récolte : cueillez les feuilles dès qu'elles sont développées, environ six à sept mois après le semis. La racine du céleri-rave se récolte à l'automne et se conserve facilement dans un lieu frais et aéré.

Le truc à connaître : les feuilles de céleri gardent leur arôme au séchage et parfument les soupes. Les petits fruits bruns s'emploient aussi comme condiment, le plus souvent moulus et mélangés à du sel.

▲ L'ail rose produit de grosses têtes bien fermes.

▲ Le céleri à côtes 'Doré amélioré' : une saveur très douce.

Le jardin de légumes

▲ Le turion d'asperge est récolté à ce stade de la croissance.

▲ Utilisez une gouge pour obtenir de longues asperges.

Asparagus officinalis
ASPERGE

Sauvage dans les lieux sablonneux du centre et du sud de l'Europe, l'asperge est une plante vivace qui dépasse 1 m de hauteur. Rameuse, elle porte un feuillage plumeux. Ses minuscules fleurs jaunâtres donnent de jolies baies rouges.

Famille : Liliacées.

Qualités nutritives : 80 kcal/100 g. L'asperge est riche en fibres et facilite le transit intestinal. Elle contient de nombreux sels minéraux et, surtout pour les variétés vertes, de la vitamine C et du carotène. Les asperges sont généralement cuites à l'eau ou à la vapeur, et servies avec une sauce. Mais il est possible de manger la partie supérieure crue, en mélange avec d'autres légumes dans des salades composées bien assaisonnées.

Sol : une terre légère, profonde, sablonneuse.

Exposition : l'asperge apprécie le plein soleil, mais supporte aussi très bien la mi-ombre.

Variétés conseillées : les « turions » (jeunes tiges que l'on consomme) varient par leur précocité et leur couleur qui peut être blanche, violette ou verte. Les asperges vertes sont moins exigeantes quant au sol. Elles demandent moins de soins et ont plus de goût. 'D'Argenteuil', hâtive et productive, tendre, de bel aspect et de bon calibre, c'est une variété très classique. 'Lucullus' donne des turions fermes et lourds. Lente à monter en graines, cette variété peut se cultiver en asperge blanche si on la butte, ou en asperge verte si elle est laissée libre. 'U.C. 157' hybride F1, de grande vigueur, donne de nombreux turions de couleur verte. De calibre moyen, ils restent bien fermes hors de terre. Elle supporte les sols assez argileux. 'Jacq MA'®, de bon rendement, donne des turions violet foncé à pointe très fermée, de calibre et de précocité moyens. 'Larac' est un hybride, précoce et très productif, donnant des turions très réguliers de calibre moyen. Elle tolère des sols plus lourds que ceux qui conviennent aux autres variétés.

Méthode de culture : le rhizome muni de ses racines est appelé « griffe ». Il est planté dans des tranchées de 25 cm de profondeur. Buttez si vous désirez blanchir les turions, ce qui n'est pas indispensable. À la fin de l'année, en automne, coupez les tiges sèches et défaites les buttes. Le semis se pratique de mars à juin en pépinière. Les griffes se développent la première année et on les met en place l'année suivante. Il est très important de couper le feuillage en fin de saison et de le brûler. En effet, l'asperge est souvent attaquée par un petit coléoptère rouge : la criocère. Elle hiverne sur le feuillage et provoque des dégâts importants.

Récolte : les jeunes tiges sont coupées avec une gouge lorsqu'elles sont encore très tendres et se cassent facilement entre les doigts. L'asperge doit être mangée fraîchement cueillie ou en conserve.

Le truc à connaître : pour ne pas affaiblir la plante, il est conseillé d'attendre la troisième année avant de récolter et de ne pas prélever tous les turions. L'asperge doit développer tous les ans son joli feuillage plumeux, très décoratif lorsqu'il porte les fruits en boules rouges.

LE BON GOÛT DE L'ASPERGE SAUVAGE

Dans le Midi, on récolte au printemps une asperge sauvage (*Asparagus acutifolius*) aux turions minces comme un crayon, que l'on vend sur les marchés au printemps. Sa saveur amère est très appréciée. L'idéal est de la servir avec des omelettes qu'elle parfume fort bien.

◀ Le feuillage fin et léger de l'asperge est très décoratif.

Les légumes d'aujourd'hui

Beta vulgaris
BETTERAVE, POIRÉE

Indigène sur les côtes de l'Europe, la betterave est une bisannuelle à feuilles larges et arrondies, épaisses, d'un vert foncé luisant. La sélection a développé des formes à la racine blanche, jaune ou plus couramment rouge. Les variétés cultivées pour leur pétiole charnu de diverses couleurs sont appelées « bettes » ou « poirées ».

Famille : Chénopodiacées.

Qualités nutritives : 40 kcal/100 g. La betterave, riche en sucres, renferme des vitamines et des sels minéraux. Elle se montre intéressante pour l'organisme lorsqu'elle est crue. Les feuilles de bette sont, elles aussi, bien pourvues en vitamines et en minéraux, mais elles renferment des oxalates déconseillés aux arthritiques et aux rhumatisants.

Sol : cette plante supporte les terrains salés du littoral, mais n'aime pas la fumure fraîche.

Exposition : à cultiver en plein soleil.

Variétés conseillées : on distingue les betteraves, dont on mange la racine charnue, les « bettes à carde », dont on consomme surtout le pétiole élargi (ou côte). Mais le limbe des feuilles est comestible et les « poirées » dont seul le pétiole est apprécié. D'autres *Beta vulgaris* sont cultivées pour la production de sucre ou pour le fourrage.
Parmi les betteraves rouges : 'Globe', dont la chair de la racine est très colorée, produit en été et en automne. 'Noire plate d'Égypte' a la racine aplatie qui se forme au ras du sol. Hâtive, elle résiste bien à la chaleur et à la montée à graines. 'Crapaudine' est longue, rugueuse, à chair très sucrée, de bonne conservation. 'Burpee's Golden', sphérique, a une chair d'un superbe jaune doré. Elle s'utilise comme les variétés rouges, mais pousse plus vite.
Parmi les bettes à carde : 'Blonde à carde blanche' donne un beau feuillage vert clair et des côtes larges, non filandreuses. Elle est très productive et savoureuse. 'Verte à carde blanche' épanouit un feuillage vert foncé porté par des côtes très larges blanc pur. Elle est précoce et résistante au froid. 'Bette à côtes rouges' a des côtes minces mais rouge-vermillon. Dans le groupe des poirées : 'Verte à couper' est appelée aussi « bette à tondre » ou « bette épinard ». Les feuilles sont coupées plusieurs fois dans la saison, car elles repoussent.

Méthode de culture : semez en place en avril et en lignes. Si les gelées sont tardives, semez sous abri en mars, repiquez après les froids, quand les plants ont de trois à cinq feuilles.

Récolte : les betteraves rouges précoces se récoltent au fur et à mesure des besoins. Les variétés tardives sont arrachées fin octobre, effeuillées et conservées jusqu'en avril, en cave ou en silo.

Le truc à connaître : il est bon d'utiliser plusieurs variétés de betteraves rouges, hâtives et tardives, pour en profiter plus longtemps. Pensez à planter des bettes à cardes rouges dans le jardin d'ornement avec des fleurs annuelles.

▲ La poirée à cardes rouges : décorative et savoureuse.

▲ Poirée à carde blonde.   Betterave 'Plate d'Égypte'. ▼

UN LÉGUME AUX MILLE VERTUS

Consommées depuis 2 500 ans environ, les betteraves rouges sont excellentes crues, râpées comme les carottes, et servies en salade, ou coupées en bâtonnets et trempées dans diverses sauces. En raison de leur richesse en sucres, en phosphore et en magnésium, elles sont recommandées aux personnes anémiées. On peut aussi les faire cuire à l'eau, à la vapeur, ou en ragoût, mélangées à d'autres légumes. Les bettes sont délicieuses à la sauce blanche ou en accompagnement d'un rôti ou d'une volaille.

Le jardin de légumes

▲ Une planche de choux est toujours très décorative.

▲ Plantation d'un chou sur un film de paillage.

▼ Le chou de Milan a des feuilles gaufrées.

Brassica oleracea
CHOU POMMÉ

Spontané sur les côtes rocheuses de l'Europe, le chou est une plante bisannuelle portant de larges feuilles glabres, un peu épaisses, vert bleuté. Ses fleurs jaunes à 4 pétales donnent des fruits minces et allongés renfermant de nombreuses petites graines rondes.

Famille : Brassicacées (ou Crucifères).

Qualités nutritives : lorsqu'il est cru, le chou apporte 30 kcal/100 g. Cette valeur diminue de moitié avec la cuisson. Aussi riche en vitamine C que le citron (50 mg/100 g), il contient des sels minéraux, surtout du soufre et du calcium.

Sol : le chou préfère les climats humides, les terres fraîches, profondes, argileuses et humifères.

Exposition : il apprécie le plein soleil.

Variétés conseillées : la sélection variétale a donné naissance à des formes très variées de choux. On distingue : les « choux pommés », à feuilles serrées, parmi lesquels les « choux cabus » ont des feuilles lisses et les « choux de Milan » des feuilles gaufrées. Les « choux rouges » ont la pomme pourpre violacé. Les choux verts ne pommant pas sont les plus proches de la plante sauvage. Peu connus chez nous, ils sont très appréciés des Anglo-Saxons sous le nom de « kale ». Les « choux frisés », non pommés, ont des feuilles à la fois comestibles et très décoratives. Il existe d'autres formes de choux verts moins communes comme les « choux à grosses côtes », dont les nervures et le pétiole épaissi se mangent comme ceux des bettes, et les « choux moelliers » qui ont une très grosse tige charnue. Parmi les choux cabus, choisissez : 'Précoce de Louviers' à pomme conique ferme, pour la culture d'hiver. 'Cœur de bœuf gros' donne une généreuse pomme conique de bonne qualité. Il se récolte en juillet. 'Quintal d'Alsace' produit une pomme aplatie, parfaite pour la choucroute. Cette variété tardive, rustique est récoltée à l'automne. Il existe de nombreuses formes hybrides F1 comme : 'Vicomte', 'Flag', 'Mandarin', 'Hidena', 'Tête de pierre', etc. qui présentent l'avantage d'une production régulière aux pommes très serrées.

Parmi les choux rouges : 'Rouge tardif de Langedijk' donne une grosse pomme rouge foncé. Il se récolte en novembre-décembre et se conserve jusqu'au printemps si on le garde à l'abri des gelées. 'Autoro F1' est précoce.

Dans le groupe des choux de Milan, choisissez : 'Très hâtif de la Saint-Jean', à la pomme conique vert clair rapide à se former. 'D'hiver de Pontoise' donne une grosse pomme serrée et dure, prenant une teinte rosée sous l'action du froid. La production est ininterrompue dès la fin de l'automne et

Les légumes d'aujourd'hui

pendant tout l'hiver. 'Roi de l'hiver' développe une pomme ronde à feuillage finement cloqué. Très résistant au froid, il se récolte jusqu'en mars. 'Gros des vertus', très productif, à pomme ronde, légèrement aplatie. C'est un tardif. 'Concerto', 'Hiversa' et 'Reglo' sont des hybrides F1 de qualité, surtout recommandés pour la congélation.

Parmi les choux verts non pommés préférez : 'Chou de Brême', aux petites feuilles que l'on cueille et que l'on consomme comme des épinards. Il pousse en cinq à six semaines, se sème et se récolte presque toute l'année. Très rustique, il supporte parfaitement le gel. C'est une spécialité de l'Allemagne du Nord.

Dans la catégorie des choux frisés : 'Vert nain' donne des feuilles tendres, à cueillir après les gelées qui en améliorent la saveur. Variété hâtive, à récolter en début d'hiver, 'Palmier', est très ornemental. Il est souvent appelé « cavollo nero di Toscana ». Il produit une tige pouvant atteindre près de 2 m de hauteur et terminée par un bouquet de feuilles frisées, d'un vert foncé presque noir. Chez les choux-navets : 'Blanc d'Aubigny' produit une racine longue à chair blanche et à collet rouge. Parmi les rutabagas qui sont aussi des choux, mais dont on mange les racines : 'Champion jaune à collet rouge' donne une grosse racine ronde.

Méthode de culture : les choux pommés se multiplient par semis en pépinière à la fin de l'hiver (février-mars) ou au printemps (avril-juin), suivant les régions. La mise en place a lieu environ un mois après le semis. La récolte s'effectue en été et en automne. Pour la culture d'hiver, semez de fin août à début septembre, puis repiquez en pépinière dès que les plants ont trois feuilles. Plantez en place en octobre ou au printemps et récoltez en mai-juin suivant. Les choux cabus conviennent le mieux à ce type de culture. On peut aussi semer en mai-juin des variétés à feuilles gaufrées résistant au froid, pour les récolter en hiver. Dans tous les modes de culture, il importe d'arroser copieusement les choux, qui craignent la sécheresse.

Récolte : les choux verts non pommés et les choux frisés sont coupés lorsque les feuilles se sont suffisamment développées. Pour les choux pommés attendez que la « pomme » soit bien formée. Ces derniers se gardent quelque temps dans un lieu sec et frais. Les choux-navets se récoltent à partir de la fin de l'été et les rutabagas à l'automne. Ils sont meilleurs si on les déterre avant leur complet développement, mais ils se gardent alors moins longtemps. Les différentes parties des choux se mangent crues en salade ou cuites de multiples façons.

Le truc à connaître : pour éviter que les jeunes choux repiqués ne montent à graines, laissez-les ressuyer deux jours sur le sol avant le repiquage.

LES CHOUX DU BOUT DU MONDE

On cultive également le pak choi ou « chou chinois » *(Brassica sinensis)*. C'est une plante annuelle ressemblant à la poirée et de culture identique. Il donne des pommes allongées, serrées, formées de feuilles vert clair, fines et croquantes, à la nervure centrale large, blanc crème. Juteux et savoureux, il se mange surtout cru en salade, mais peut aussi se cuire comme les épinards ou les bettes à cardes.

Le pe-tsaï, appelé aussi « chou de Pékin » ou « chou de Chine » *(Brassica pekinensis)* a des feuilles vert foncé et des côtes très blanches, bien épaisses. Il s'utilise de préférence cuit, braisé avec d'autres légumes.

▲ Choux de Milan et choux frisés dans une même culture.

▲ Le chou rouge 'Tête de nègre' : délicieux en salade.

À ce stade, les choux cabus sont bons pour la récolte. ▶

587

Le jardin de légumes

▲ Le chou de Bruxelles 'Anagor' : une variété demi-tardive.

▲ Le chou brocoli 'Romanesco' est aussi décoratif.

Brassica oleracea gemmifera
CHOU DE BRUXELLES

Ce chou, originaire d'Europe, présente la particularité de donner le long de la tige, à l'aisselle des feuilles, des bourgeons en forme de petits choux pommés, serrés les uns contre les autres.
Famille : Brassicacées (ou Crucifères).
Qualités nutritives : le chou de Bruxelles est peu énergétique (30 kcal/100 g). Il est riche en vitamines C (90 mg/100 g) et B, ainsi qu'en provitamine A (carotène). Il est aussi diurétique.
Sol : peu exigeant, le chou de Bruxelles apprécie les sols frais et profonds, plutôt argileux. Attention, si le sol est trop riche en azote, les pommes s'agrandissent et deviennent trop lâches, au lieu d'être petites et serrées comme on les aime.
Exposition : il supporte les situations froides.
Variétés conseillées : 'De Rosny amélioré', variété rustique et tardive, se récolte en octobre ou en novembre. 'Perfection', hâtif et très productif, donne des pommes fermes, vert foncé. Il existe aussi de nombreuses formes hybrides.
Méthode de culture : semez en pépinière, de mars à mi-avril pour récolter en automne. Semez de fin avril à début mai pour une production en hiver ou au printemps. Repiquez en pleine terre environ un mois après le semis.
Récolte : elle se fait de bas en haut le long de la tige, au fur et à mesure du développement des petites pommes. Celles-ci seront plus savoureuses si vous les cueillez après une faible gelée. Vous pouvez sans problème les conserver au congélateur.
Le truc à connaître : pour hâter la récolte, pincez les pieds dès qu'ils ont atteint une hauteur de 60 à 70 cm. Les pommes précoces ainsi obtenues seront plus grosses et moins amères.

Brassica oleracea italica
BROCOLI À JETS

Variété horticole de chou, d'origine italienne, le brocoli est une plante annuelle ou bisannuelle dont les feuilles glauques, épaisses et charnues, entourent de grosses inflorescences, formées de petits boutons séparés les uns des autres.
Famille : Brassicacées (ou Crucifères).
Qualités nutritives : le brocoli est riche en vitamine C et en divers sels minéraux, comme le soufre, le calcium, le fer, le magnésium, etc.
Sol : le brocoli aime les sols riches, frais et profonds, légèrement argileux.
Exposition : il tolère la plupart des situations.
Variétés conseillées : elles diffèrent par le cycle de végétation, annuel ou bisannuel, et par la couleur des inflorescences, qui peuvent être vertes ou violettes. 'Green Duke', hybride F1, donne une grosse pomme verte, compacte, très savoureuse. 'Le Précieux', variété hâtive, a de belles inflorescences fermes, à structure fine, d'un vert bleuâtre foncé. 'Cima di Rapa' est très apprécié en Italie. Ses nombreux jets lâches, délicieux, peuvent être récoltés plusieurs fois avant la floraison. 'Romanesco', très vigoureux, a une pomme jaune-vert composée de nombreuses petites pommes

> **UN DÉLICE DE FLEURS**
>
> La plupart des choux produisent de jeunes pousses florales semblables à des petits brocolis. Ces tendres inflorescences peuvent se manger crues, avec des sauces, ou se cuire à la vapeur. Les feuilles tendres du brocoli se mangent aussi comme celles du chou vert.

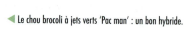

◀ Le chou brocoli à jets verts 'Pac man' : un bon hybride.

Les légumes d'aujourd'hui

pointues. On le récolte à l'automne. La forme bien dense de sa pomme rappelle un chou-fleur.

Méthode de culture : le brocoli se multiplie par semis en pépinière d'avril à juin, pour se repiquer en pleine terre lorsque le plant est encore très jeune, entre la sixième et la huitième semaine de culture. Ensuite, il s'entretient comme le chou. Il est important de l'arroser régulièrement par temps sec et chaud. Fertilisation inutile si le sol est bon.

Récolte : les inflorescences charnues se récoltent entre l'automne de l'année du semis et le printemps de l'année suivante, en fonction des variétés. On les cueille de façon continue sur plusieurs semaines, au fur et à mesure de leur développement. Elles se conservent bien au congélateur.

Le truc à connaître : après la première récolte, de nombreux rejets se développent, que l'on peut récolter lorsqu'ils sont assez grands.

Brassica oleracea botrytis
CHOU-FLEUR

Cette variété de chou a été probablement développée d'abord dans le bassin oriental de la Méditerranée, puis en Italie. Elle présente de larges feuilles entourant une inflorescence hypertrophiée, formée de petites ramifications charnues, généralement de couleur blanche.

Famille : Brassicacées (ou Crucifères).
Qualités nutritives : 30 kcal/100 g.
Sol : riche, frais et fertile, assez humifère.
Exposition : pour bien se développer, la plante a besoin d'un climat humide, pas trop chaud.
Variétés conseillées : 'Merveille de toutes saisons' donne des pommes bien blanches et compactes. 'Erfurt nain très hâtif' fournit des pommes très blanches de taille moyenne. 'Flora Blanca', pour la récolte d'automne, donne de grosses pommes très blanches à grain serré, bien protégées par les feuilles. 'Snow crown' se sème du printemps à l'été, et se récolte après seulement cinquante jours. 'Violet de Sicile' produit une grosse pomme violette, très décorative, qui devient verte à la cuisson. Il peut se congeler facilement. Il existe aussi de nombreuses formes hybrides F1, comme 'Stella', très résistant au froid et à la pomme homogène et bien blanche ; 'Siria', une variété très précoce qui peut être semée dès janvier sous abri chauffé. 'Nautilus', recommandé pour la production estivale, sa pomme est d'un blanc très pur.

Méthode de culture : les variétés hâtives de printemps se sèment fin septembre-début octobre sous châssis, repiquez sous châssis froid, et plantez à bonne exposition en mars. Les choux-fleurs d'été se sèment en avril ou en mai sur un sol bien réchauffé, à bonne exposition ou en terrine sous abri, et se mettent en place en mai. Les choux-fleurs d'automne se sèment à la mi-juin et sont plantés en place environ un mois et demi plus tard. Le chou-fleur étant une plante volumineuse, espacez chaque plant de 70 cm. Vous pouvez profiter de l'espace disponible au moment de la plantation pour faire une culture de salade et de radis. Une bonne astuce pour occuper valablement le terrain.

Récolte : récoltez les choux-fleurs entre le printemps et l'automne, suivant les variétés. Il faut attendre que l'inflorescence ait atteint une taille suffisante. Attention, si vous attendez trop, la pomme prend une teinte rosée. Pour les faire blanchir, cassez une feuille sur la pomme afin qu'elle ne se trouve pas exposée au soleil direct.

Le truc à connaître : les choux-fleurs préfèrent les régions à hiver doux. Ailleurs, il faut veiller à les protéger du froid avec de la paille, des feuilles sèches ou bien des voiles de forçage.

▲ On couvre la pomme du chou-fleur pour la faire blanchir.

▲ Les choux-fleurs hybrides donnent des pommes serrées.

▼ Le chou-fleur se récolte avec une partie des feuilles qui entourent la pomme, afin qu'elle se conserve mieux.

Le jardin de légumes

▲ Le navet demi-long 'Blanc de Croissy' : un classique.

▲ Navet rond 'Lagor'.   Une culture de poivrons. ▼

Brassica rapa
NAVET

Originaire d'Asie occidentale, le navet est une plante bisannuelle à racine charnue, globuleuse ou allongée. Ses feuilles duveteuses sont découpées en plusieurs segments et ses fleurs portent quatre pétales en croix, jaune pâle.

Famille : Brassicacées (ou Crucifères).
Qualités nutritives : peu énergétique (30 kcal pour 100 g), le navet apporte du calcium, du fer et des composants soufrés, favorables à la peau et utiles contre les infections hivernales.
Sol : il aime les sols fertiles, frais, très humifères.
Exposition : il apprécie le plein soleil.
Variétés conseillées : elles diffèrent par la forme (long, demi-long, rond ou plat) et la couleur de la racine (blanche, violacée ou jaune). 'Milan rouge' donne une racine ronde, aplatie, à collet rouge violacé. Très hâtif, on l'utilise pour la culture de printemps. 'Long des vertus Marteau' a une racine cylindrique à chair blanche et sucrée. Très rustique, c'est le navet le plus cultivé. 'De Nancy' fournit une racine ronde et blanche, à collet violet. 'Blanc dur d'hiver' donne une racine conique. Très résistant au froid, il peut se semer tard et rester en terre une partie de l'hiver. 'De Croissy' donne une racine longue, de couleur blanche. Résistant à la chaleur, on le recommande pour les cultures de fin de printemps, d'été et de début d'automne. 'Jaune boule d'or' est un curieux navet demi-hâtif, rond, à peau et à chair jaunes. Il se conserve très bien pendant l'hiver. 'Blanc dur d'hiver' résiste parfaitement au froid. 'Lagor', rond et rouge, est précoce.
Méthode de culture : semez en place de mars à septembre. Les navets d'hiver se sèment en plein été. Éclaircissez à 10 cm de distance sur le rang.
Récolte : les racines s'arrachent dès qu'elles ont atteint une taille suffisante. Pour les conserver, récoltez-les entre fin octobre et début novembre. Laissez-les ressuyer une journée. Coupez ensuite les feuilles au-dessus du collet et gardez les racines en silo ou en cave, dans du sable sec.
Le truc à connaître : les navets peuvent devenir très forts s'il fait trop sec. N'hésitez pas à les arroser copieusement et à pailler le sol en été.

Capsicum annuum
POIVRON

Originaire d'Amérique tropicale, le poivron est une plante annuelle à feuilles larges et molles, dont les petites fleurs blanches donnent de gros fruits charnus. C'est un piment à saveur douce.

Famille : Solanacées.
Qualités nutritives : peu énergétique (20 kcal/ 100 g), le poivron est intéressant pour sa teneur en vitamine C (100 mg/100 g soit deux fois plus que le citron), ainsi qu'en provitamine A (1 mg/100 g dans les poivrons rouges).
Sol : il apprécie les terres humifères et la chaleur.
Exposition : le poivron exige le plein soleil.
Variétés conseillées : on doit bien faire la distinction entre les poivrons, à fruits doux, rouges ou

◀ Le poivron vert 'Sonar' est une forme hybride F1.

> **LA CHOUCROUTE DE NAVETS**
>
> Les navets se font habituellement cuire, mais peuvent aussi se consommer crus, râpés comme les carottes, de préférence en mélange avec d'autres légumes. En Suisse, on en prépare une sorte de choucroute. Aux États-Unis, les feuilles du navet sont également utilisées et se font cuire comme légume ou en soupe.

jardin gourmand

590

Les légumes d'aujourd'hui

jaunes lorsqu'ils sont mûrs, et les piments, à fruits piquants. 'Golden Bell', hybride F1, est précoce et de bon rendement. Ses fruits sont charnus, jaunes à maturité, de saveur douce. 'Yolo Wonder' donne de gros fruits, rouges à maturité, dont la saveur est sucrée. 'Sonar F1' d'abord vert, puis rouge, donne une récolte très régulière. 'Estérel F1' est résistant au virus de la mosaïque du tabac.

Méthode de culture : semez en godets au chaud à la maison ou en serre, en mars, pour se repiquer sous châssis en avril. Mise en place fin mai ou début juin. Le froid est un ennemi mortel.

Récolte : les fruits se récoltent fréquemment lorsqu'ils sont encore verts. Mais ils sont joliment colorés, beaucoup plus savoureux et plus digestes, si vous leur permettez de parvenir à maturité.

Le truc à connaître : au nord de la Loire, il est préférable de cultiver le poivron sous serre.

Cichorium endivia CHICORÉE

Originaire de l'Europe méridionale et du Moyen-Orient, la chicorée est une plante bisannuelle dont l'aspect des feuilles diffère beaucoup selon les catégories et les nombreuses variétés.

Famille : Astéracées (ou Composées).

Qualités nutritives : la chicorée a une valeur énergétique faible (15 kcal/100 g). Les feuilles vertes ont une teneur appréciable en vitamine C (10 mg/100 g), ainsi qu'en sels minéraux : fer, zinc, manganèse, etc. Ses fibres (de 1 à 3 %) exercent une action favorable sur le transit intestinal. La chicorée est apéritive, diurétique et dépurative. Les feuilles de chicorée se consomment généralement en salade, mais on peut aussi les braiser ou les cuire à l'étouffée comme les laitues.

Sol : la chicorée s'accommode bien des sols argileux, riches, compacts, humifères. Les sols trop légers lui sont en revanche peu favorables.

Exposition : bien ensoleillée.

Variétés conseillées : on distingue principalement la « chicorée frisée », à feuilles très découpées et lâches, et la « scarole », dont les feuilles larges et entières, sont serrées les unes contre les autres. Dans le groupe des chicorées frisées : 'Frisée wallonne' donne une pomme très volumineuse. Tardive, elle résiste bien au froid. 'Frisée de Meaux', aux feuilles très crispées, est la variété classique pour l'automne. Elle résiste bien à la chaleur et à la sécheresse. 'De Ruffec' fournit une pomme à cœur plein et bouclé, blanchissant naturellement. Elle résiste bien au froid, à la pourriture en condition humide, et se récolte de novembre à décembre. 'Frida' produit une salade volumineuse pour le printemps ou l'été. 'Fine de Louviers' donne une pomme de taille moyenne, mais aux feuilles très délicates. Parmi les chicorées scaroles : 'Cornet d'Anjou' a une pomme allongée. Cette salade d'hiver est parfaite pour les régions chaudes, mais elle doit être protégée en région parisienne. 'Batavia améliorée' produit une très grosse pomme en rosette compacte, d'un vert pâle. 'Grosse bouclée' donne une salade à cœur très serré. Cette variété hâtive se récolte de mai à juillet. 'Ronde verte à cœur plein', rustique, fournit une grosse pomme qui se récolte de novembre à décembre. 'Grosse bouclée' est précoce et se cultive mieux sous tunnel ou sous châssis.

Méthode de culture : semez de juin à la mi-juillet, en place ou en pépinière. Repiquez dès que les plants sont suffisamment grands, en prenant soin de ne pas enterrer la base des feuilles ni le cœur. Il est important que la levée soit rapide (moins de 48 heures) sinon, les chicorées ont tendance à monter à graines. Le sol doit être suffisamment réchauffé (de 16 à 18 °C), et soigneusement préparé. Maintenez une bonne humidité en permanence. La culture trop hâtive de ces salades ne donne pas toujours de bons résultats, même sous abri chauffé, soyez donc patient.

Récolte : les feuilles se récoltent dès qu'elles ont formé une pomme de taille suffisante. Il est bon de les blanchir en posant dessus une cloche opaque ou en plaçant sur la planche une feuille de plastique noir utilisée pour le paillage. La saveur est alors plus douce, moins amère.

Le truc à connaître : facilitez la levée, en couvrant les semences avec 1 cm de terreau tamisé. Plombez légèrement le sol avec le dos du râteau.

▲ La chicorée frisée 'Très fine maraîchère' : précoce.

▲ La chicorée scarole 'Élodie' : une variété très productive.

La chicorée scarole 'Cornet de Loire' : bien croquante. ▶

Le jardin de légumes

▲ La chicorée 'Rouge de Vérone' : une jolie couleur.

▲ La chicorée 'Pain de sucre' blanchit naturellement.

Cichorium intybus
CHICORÉE SAUVAGE ET ENDIVE

Commune sur le bord des chemins de nos régions, la chicorée sauvage est une plante vivace, à feuilles découpées comme celles du pissenlit. Ses tiges raides portent des capitules de fleurs bleu clair. La culture a donné diverses formes, dont l'endive est la plus répandue.

Famille : Astéracées (ou Composées).
Qualités nutritives : l'endive contient environ 90 % d'eau et ne fournit que 20 kcal/100 g. Consommée crue, elle est très rafraîchissante.
Sol : la chicorée sauvage tolère la plupart des sols, mais elle les préfère plutôt compacts et riches.
Exposition : le plein soleil est apprécié.
Variétés conseillées : la culture de la chicorée sauvage a produit plusieurs variétés. La chicorée de Bruxelles ou 'Witloof' produit après forçage l'endive, ou « chicon », dont on mange les feuilles serrées blanchies. 'Zoom', hybride F1, donne des endives très grosses (de 6 à 7 cm de diamètre) et plutôt courtes. Ces variétés hybrides parmi lesquelles on trouve aussi 'Rumba', 'Bea', etc., pomment sans couverture de terre et peuvent être simplement protégées d'un plastique noir opaque placé à environ 20 cm au-dessus du collet. 'Witloof' et 'Hâtive de Malines' fournissent des endives lourdes et bien serrées. Leur croissance est rapide. Il en existe aussi des variétés teintées de rouge comme 'Carla'.

La « barbe-de-capucin » donne des feuilles lâches qu'il faut blanchir avant de les consommer pour en éliminer l'amertume naturelle. Elle peut aussi se récolter sans forçage, lorsqu'elle est jeune.

Les chicorées rouges ont des feuilles colorées qui se consomment en salade. 'De Trévise' donne une belle pomme allongée aux feuilles rouge vif, à côtes blanches saillantes. 'Rouge de Vérone' fournit une grosse pomme ronde. Elle résiste bien au froid. 'De Chioggia' est veinée de blanc.

La chicorée 'Pain-de-sucre' produit des feuilles en pomme allongée, un peu comme les scaroles en cornet. La grosse racine de la « chicorée à café » est torréfiée. 'Améliorée pain de sucre' produit une pomme volumineuse, bien croquante, qui se garde tout l'hiver. 'Améliorée blonde' forme une pomme moins serrée aux feuilles épaisses et cloquées.

Méthode de culture : les chicorées rouges et la 'Pain-de-sucre' se sèment en place au printemps et en été. Les jeunes plants provenant de l'éclaircissage peuvent être repiqués avec succès.

Les semences de chicorée de Bruxelles se mettent en terre en place, entre début mai et août, puis les plants sont éclaircis. En automne, arrachez les plantes avec leur racine pivotante. Retirez à la main les feuilles extérieures, en prenant soin de laisser le cœur intact. Les racines sont laissées sur le sol pendant quelques jours, recouvertes de leurs feuilles qui les protègent. Pour la préparation au forçage, les feuilles sont coupées et le cœur taillé en pointe. La longueur de la racine est ramenée à 20 cm. Les plantes sont placées dans une tranchée (forçage en pleine terre) serrées les unes contre les autres. Le collet est recouvert de 10 cm de terreau,

▲ Les racines de chicorée "Witloof" donnent les endives.

◀ Les endives sont forcées en cave, à l'obscurité.

jardin gourmand

Les légumes d'aujourd'hui

puis de la même épaisseur de compost et enfin de feuilles ou de paille. On peut aussi effectuer le forçage en cave en plaçant les racines dans des bacs ou des caissettes remplis de terre légère.

La barbe-de-capucin se cultive sensiblement de la même manière, mais les racines ne sont pas recouvertes de terre au-dessus du collet. Les feuilles, se développant librement, forment une touffe lâche.

Récolte : la récolte des endives commence trois à cinq semaines après le début du forçage. Il est recommandé de faire plusieurs cultures, à quinze jours d'intervalle, afin d'étaler la production.

Le truc à connaître : l'endive et la barbe-de-capucin ne doivent surtout pas être trop arrosées, car l'excès d'eau leur est néfaste.

Cucumis melo
MELON

Originaire de l'Inde, le melon est une plante annuelle aux tiges rampantes ou grimpantes, munies de vrilles qui portent des feuilles lobées, tachetées. Les petites fleurs jaunes donnent de gros fruits très différents suivant les variétés.

Famille : Cucurbitacées.

Qualités nutritives : le melon, riche en eau mais aussi en sucre, est assez énergétique (50 kcal pour 100 g). Il contient de la provitamine A.

Sol : le melon aime les sols riches et bien fumés.

Exposition : les situations chaudes, en plein soleil, sont indispensables pour obtenir des melons bien sucrés. Attention aux excès d'humidité.

Variétés conseillées : elles diffèrent selon la forme et la couleur du fruit, qui peut être rond ou allongé, vert pâle, vert foncé ou jaune, à pulpe orangée, blanche, verte ou rosée. 'Cantaloup charentais', le plus classique, donne un fruit rond côtelé, à chair orange vif, sucrée et parfumée. 'Cantaloup de Bellegarde' a un fruit presque rond, à chair orange d'excellente qualité. Très hâtif, il réussit bien en pleine terre. 'Blanc Galia', hybride F1, donne un fruit rond à chair verte, très sucrée, sous une écorce brodée jaune paille. 'Jaune des Canaries' fournit des fruits jaunes, allongés, lisses, à chair blanche légèrement rosée, sucrée, croquante et rafraîchissante. 'Vert olive d'hiver' pro-duit un fruit allongé, vert foncé, dont la chair rose et assez épaisse est très sucrée et juteuse. Il se conserve en cellier jusqu'en février. Il existe de nombreux hybrides F1 en évolution permanente. Ils sont tous supérieurs aux variétés classiques.

Méthode de culture : semez en avril, en godets, en serre ou à la maison. Plantez à la mi-mai. En Bretagne, dans le Sud-Ouest et dans le Midi, on peut semer en place en mai. Dans le Nord ou en montagne, il vaut mieux cultiver sous serre, car sous les climats froids, les melons n'arrivent pas toujours à maturité parfaite. Quand les plants ont trois ou quatre feuilles, pincez au-dessus de la deuxième feuille, puis chacune des deux branches obtenues au-dessus de la troisième feuille. Les nouvelles branches sont également pincées à trois feuilles, leurs pousses porteront les fruits. Pincez ensuite à deux feuilles au-dessus des fruits et coupez toutes les nouvelles pousses pour favoriser le grossissement des melons. Un mulch abondant évitera que les fruits ne reposent sur la terre. Il faut arroser régulièrement par temps chaud et sec.

Récolte : les fruits se récoltent quand ils sont mûrs, sucrés et parfumés, ce qui dépend des variétés et des régions. Ils se consomment aussitôt.

Le truc à connaître : en sol acide, mélangez au sol un amendement calcaire lors du bêchage.

▲ Le melon type 'Cantaloup charentais' : très sucré.

▲ Un melon hybride F1 à écorce brodée.

Taillez bien les melons pour obtenir de gros fruits. ▷

593

Le jardin de légumes

▲ Les cornichons portent souvent des aspérités épineuses.

▲ Cultivé en pleine terre, le concombre a plus de goût.

▲ En serre, on peut produire des concombres toute l'année.

Cucumis sativus
CONCOMBRE ET CORNICHON

Originaire d'Asie occidentale, cette plante annuelle grimpante, aux tiges munies de vrilles et de poils rudes, présente des feuilles lobées, molles et velues, et des petites fleurs jaunes.

Famille : Cucurbitacées.

Qualités nutritives : rempli d'eau (96 %) et peu énergétique (environ 15 kcal pour 100 g), le concombre est très rafraîchissant en été.

Sol : il aime les sols humifères, se réchauffant rapidement et bien drainés. Il redoute l'humidité.

Exposition : le concombre apprécie les situations bien ensoleillées, car il craint le froid.

Variétés conseillées : les concombres varient selon leur forme et leur couleur, verte, jaune ou blanche. Ils peuvent être plus ou moins épineux. Les cornichons sont des petits concombres, que l'on cueille avant maturité. Préférez pour produire des concombres : 'Vert long maraîcher', aux fruits longs et un peu épineux, est de bonne qualité. 'Gynial', cet hybride F1, fournit des fruits sans amertume, longs, cylindriques, lisses, d'un vert foncé brillant. Cette variété très productive supporte bien les fortes chaleurs, et résiste au virus 1 de la mosaïque. 'Lemon' produit des fruits de la taille et de la couleur d'un gros citron, avec une chair blanche et douce. Pour faire des cornichons : 'Vert petit de Paris' est une variété particulièrement appréciée. Elle donne des petits fruits, courts et renflés. 'Fin de Meaux' est un fruit long, fin et cylindrique, d'un beau vert foncé. Il existe de nombreux hybrides dits « gynoïques » qui ne portent pratiquement que des fleurs femelles, et par conséquent plus de fruits.

Méthode de culture : le concombre se sème en poquets, en mars ou en avril, dans des godets sous châssis ou à l'intérieur. Repiquez un mois plus tard. Après la plantation fin mai, pincez au-dessus de la deuxième feuille. Les deux branches obtenues sont coupées à trois ou quatre feuilles, et les suivantes sont coupées une feuille au-dessus des fruits. Les cornichons se cultivent de la même façon, mais il n'est pas nécessaire de les tailler.

Récolte : les concombres ou les cornichons se récoltent lorsqu'ils ont atteint une taille suffisante. Les premiers se consomment immédiatement, tandis que les seconds sont destinés à être conservés.

Le truc à connaître : concombres et cornichons étant particulièrement sensibles à l'oïdium, il est préférable d'éviter d'arroser leur feuillage et de prévoir un traitement spécifique si nécessaire.

Cucurbita maxima
POTIRON

Originaire d'Amérique du Nord, le potiron est une plante annuelle, à tiges rampantes ou grimpantes munies de vrilles. Il porte de grandes

▼ Il existe des centaines de formes différentes de courges et de potirons, dont les fruits sont bien souvent énormes.

Les légumes d'aujourd'hui

feuilles lobées, molles et velues, et des fleurs jaunes, mâles ou femelles sur le même pied.
Famille : Cucurbitacées.
Qualités nutritives : le potiron est peu énergétique (30 kcal pour 100 g), mais certaines variétés, à chair plus dense, le sont davantage. Il est riche en provitamine A et en vitamine C.
Sol : il aime les sols très riches et bien drainés.
Exposition : le potiron apprécie le plein soleil.
Variétés conseillées : parmi les innombrables variétés, les meilleures ont la chair ferme, dense et sucrée, souvent d'un orange soutenu, et la peau orange vif ou vert foncé ('Courge de Hubbard'). Les « giraumons » en forme de turban ou « Bonnet turc » entrent dans cette catégorie. Les potirons classiques sont plus gros et ont une chair aqueuse et moins savoureuse. 'Rouge vif d'Étampes' et 'Jaune gros de Paris' sont les plus courants.
Méthode de culture : semez en place en mai, en poquets, ou en godets à l'intérieur, en avril pour repiquer courant mai. Pincez à trois ou quatre feuilles et ne conservez pas plus de six fruits par pied. Couvrez le sol de paille ou d'herbe coupée, pour éviter aux fruits de toucher la terre. Il est possible de marcotter les tiges, en les recouvrant de terre, près de chaque fruit lorsqu'il se développe.
Récolte : les fruits se récoltent dès qu'ils ont atteint une bonne taille. Dans certains cas, ils peuvent devenir énormes et peser plusieurs dizaines de kilos. Conservez-les à 10 °C, car ils sont très sensibles au froid. L'amande des graines de potiron est comestible. Elle a un délicieux goût de noisette.
Le truc à connaître : plantez directement les potirons sur un vieux compost ou du fumier.

Cucurbita pepo
COURGETTE

Originaire d'Amérique centrale, la courgette est une plante annuelle aux grandes feuilles lobées, longuement pétiolées. Elles partent de la base de la plante et forment une grosse touffe. Les grandes fleurs jaunes donnent des fruits de formes, de dimensions et de couleurs diverses.
Famille : Cucurbitacées.
Qualités nutritives : 25 kcal pour 100 g.

Sol : la courgette aime les terres humifères, se réchauffant rapidement et bien drainées.
Exposition : situation chaude et ensoleillée.
Variétés conseillées : on distingue les courgettes à fruits allongés, verts, parfois jaunes, ou ronds et verts ('de Nice'), et les « pâtissons », à fruits aplatis et festonnés, blancs ou jaunes. 'Précoce maraîchère', variété très classique, donne des fruits d'un vert clair marbré de crème. 'Aurore', hybride F1, fournit des fruits vert foncé, à chair blanche d'excellente qualité. Cette variété hâtive est productive. 'Diamant', hybride F1, est une variété très productive et de bonne qualité. 'Splendor F1' est demi-hâtive et donne des rendements exceptionnels. 'Gold rush F1' est une courgette à fruits allongés, d'un beau jaune d'or.
Méthode de culture : semez en place, en poquets, courant mai, ou en godets en avril, pour repiquer en mai. Démarrez les plants en pots pour les mettre hors d'atteinte des limaces, jusqu'à ce qu'ils soient assez grands pour ne plus les craindre.
Récolte : les fruits se récoltent immatures, dès qu'ils commencent à se développer. Plus on les cueille, plus la plante produit. Les courgettes mûres peuvent encore se consommer, mais elles renferment des graines et leur peau est dure.
Le truc à connaître : les courgettes sont sensibles à l'oïdium. Évitez d'arroser leur feuillage et traitez avec un fongicide par temps humide.

▶ La courgette 'Élite' : un bon hybride de culture facile.

▲ Le pâtisson orange est plus épais que la forme blanche.

▲ Les potirons se conservent plusieurs mois en cave.

▲ Le potiron « giraumon » a un fruit en forme de turban.

595

Le jardin de légumes

▲ L'artichaut possède un feuillage persistant très décoratif.

▲ Percez la tige de l'artichaut pour mieux la faire grossir.

◄ À ce stade, les carottes sont bonnes à récolter.

Cynara scolymus
ARTICHAUT

Probablement dérivé du cardon, l'artichaut est une plante vivace à tige robuste, portant de grandes feuilles profondément découpées, retombantes, cotonneuses et blanchâtres en dessous. Les tiges sont terminées par de gros capitules, qui constituent la partie comestible, avant que s'épanouissent les fleurs bleu violacé.
Famille : Astéracées (ou Composées).
Valeur nutritive : l'artichaut a une valeur énergétique de 50 kcal pour 100 g. Il est riche en vitamines B et C, en sels minéraux et contient de l'inuline, sucre assimilable par les diabétiques. Ses feuilles amères (à ne pas confondre avec les bractées que l'on mange) sont bonnes en infusion pour stimuler les fonctions du foie. Les jeunes capitules peuvent se manger crus, à la croque-au-sel ou à la « poivrade ». On peut également consommer, cru ou cuit, l'intérieur tendre et sucré du sommet des tiges. La floraison de l'artichaut est très décorative et les oiseaux apprécient ses graines.
Sol : cette plante aime les terres légères, profondes, fraîches, et riches en humus, plutôt acides. Il est conseillé d'effectuer un double bêchage afin d'ameublir le sol en profondeur avant d'entreprendre une culture d'artichaut. Un apport de compost chaque année est conseillé.

Exposition : il demande un emplacement chaud, bien ensoleillé et assez dégagé. Très résistant aux embruns, il réussit à merveille dans les régions du littoral atlantique.
Variétés conseillées : elles diffèrent suivant la taille et la couleur du capitule (vert ou violet). 'Gros vert de Laon' donne un gros capitule large à fond charnu. 'Vert de Provence' fournit un petit artichaut vert, que l'on consomme cru dans le Midi. 'Romagna violet' produit un capitule violet, allongé et pointu, qui se consomme tout entier. 'Gros camus de Bretagne' atteint 1,20 m de hauteur. C'est l'un des plus productifs, mais il est assez frileux. 'Violet hâtif' est une variété naine, idéale pour les régions méditerranéennes.
Méthode de culture : plantez des œilletons au printemps. Il s'agit de morceaux de tige munis de bourgeons. Espacez-les de 1 m. Après la récolte et avant les gelées, coupez les tiges qui ont fleuri au-dessus de leur point de naissance. Pour l'hiver, buttez le tour les pieds, sans en recouvrir le cœur. Protégez ce dernier avec de la paille, car l'artichaut est frileux. Il craint encore davantage l'humidité et il faut découvrir les protections s'il pleut. Retirez le buttage en mars. L'artichaut peut se multiplier par semis, mais il a tendance à dégénérer.
Récolte : les capitules se récoltent lorsqu'ils ont atteint une taille suffisante, mais avant qu'ils ne se développent trop et ne commencent à épanouir leurs fleurs. Le point de maturité est atteint quand les écailles de la tête se cassent facilement quand on les courbe en arrière. Les tout petits artichauts peuvent être cueillis pour être consommés crus.
Le truc à connaître : traitez avec un produit total, insecticide et fongicide au départ de la végétation, afin de protéger l'artichaut contre ses ennemis : oïdium, chenilles, taches foliaires, etc.

Daucus carota
CAROTTE

Commune au bord des chemins dans toute l'Europe, la carotte est une plante bisannuelle à racine pivotante charnue, généralement rouge-orangé, à l'odeur caractéristique. La plante est couverte de poils raides, et ses feuilles sont très découpées. Les petites fleurs blanches réunies en ombelles se caractérisent souvent par une fleur centrale plus grande, d'un joli pourpre foncé. Les fruits sont couverts d'aiguillons et dégagent au froissement une odeur très aromatique.

Famille : Apiacées (ou Ombellifères).

Valeur nutritive : 40 kcal pour 100 g. La carotte est particulièrement riche en provitamine A (carotène), et en vitamine C. Cuite, c'est un bon régulateur du transit intestinal et une plante efficace contre les dérangements du foie.

Sol : la carotte aime les sols légers, sableux, profondément ameublis, et redoute la fumure fraîche.

Exposition : cette plante préfère les situations ensoleillées, mais supporte bien la mi-ombre.

Variétés conseillées : elles diffèrent suivant la période de récolte, qui peut être précoce (carottes primeurs), estivale ou automnale. Certaines carottes ont des racines de couleur jaune ou blanche, souvent teintée de vert ou de violet. Bien qu'on les considère généralement comme des carottes « fourragères », elles sont parfaitement consommables par l'homme, et sont plus rustiques que les variétés rouges, mais leur saveur est plus forte. Parmi les carottes précoces (récolte d'avril à août) : 'Suko', très hâtive, donne des petites racines tendres, très sucrées et savoureuses. 'Primo', 'Valor' et 'Buror' sont des hybrides F1 à conseiller pour la culture sous abri. Parmi les carottes d'été (récolte de juillet à septembre) : 'Nantaise améliorée' (demi-longue) est l'une des meilleures et produit beaucoup. 'Touchon' (demi-longue) fournit une racine allongée, cylindrique, sans cœur, et très ferme. 'Parisienne Parmex' au fort rendement donne des racines rondes de type « grelot », très bonnes, que l'on peut congeler. 'Nandor' et 'Nanco' comptent parmi les meilleurs hybrides F1. Pour les carottes d'automne (récolte de septembre à décembre) : 'De Colmar' a une racine longue et cylindrique. Elle ne craint pas le froid et se conserve très bien. 'Senior F1' réussit bien partout.

Méthode de culture : les premiers semis se font en place sous châssis, à partir de fin février, pour une récolte deux mois et demi plus tard. Il est plus facile de semer à partir de fin mars, en échelonnant les semis, pour récolter trois mois après. Pour

▶ Les carottes longues peuvent se conserver plusieurs mois en cave ou en silo dans le jardin.

les carottes tardives, semez entre fin mai et mi-juin pour récolter cinq ou six mois plus tard. Éclaircissez une première fois quand les jeunes plants ont deux ou trois feuilles, puis à nouveau une quinzaine de jours plus tard. Conservez 2 ou 3 cm d'espacement entre chaque carotte.

Récolte : les carottes sont arrachées au fur et à mesure des besoins dès qu'elles ont commencé à se développer. On peut aussi consommer les petites carottes arrachées lors de l'éclaircissage, elles sont très tendres. Laissez reposer les variétés tardives deux ou trois jours sur le sol après l'arrachage, pour améliorer leur conservation. Coupez ensuite les fanes et rentrez les racines en cave.

Le truc à connaître : le fait de semer clair et de ne pas éclaircir, ou bien d'associer la carotte avec le poireau, semble éviter les attaques de la mouche de la carotte. Toutes les régions conviennent à la culture de ce légume populaire, mais la qualité du sol a une influence prépondérante sur la saveur. Profitez du bêchage d'automne pour incorporer du sable grossier et du compost bien décomposé dans les sols lourds. Éliminez les pierres pour éviter la formation de racines fourchues.

▲ Le démariage des carottes se fait à 3 cm d'intervalle.

Laissez ressuyer les carottes d'automne sur le sol. ▶

597

Le jardin de légumes

Foeniculum dulce
FENOUIL

Le fenouil commun *(Foeniculum vulgare)* pousse au bord des chemins et dans les lieux arides du sud de l'Europe. C'est une plante bisannuelle ou vivace, glabre, dégageant au froissement une forte odeur d'anis. Ses feuilles, en touffe dense à la base de la plante, sont divisées en lanières étroites et allongées. Sur les variétés cultivées *(Foeniculum dulce)*, la base élargie des pétioles, qui s'emboîtent les uns dans les autres, forme un faux bulbe blanc et charnu. Les petites fleurs jaunes, réunies en ombelles au bout des tiges, donnent des grains allongés, très parfumés.
Famille : Apiacées (ou Ombellifères).
Valeur nutritive : 20 kcal pour 100 g. Le bulbe de fenouil contient des vitamines et des sels minéraux, mais les feuilles en sont plus riches. Le fenouil est stimulant, digestif et diurétique. L'infusion de graines favorise la lactation.
Sol : riche et humifère, bien préparé.
Exposition : une situation chaude et ensoleillée.
Variétés conseillées : 'De Florence' donne un gros bulbe arrondi. Cette variété tardive convient surtout aux régions méridionales. 'Zeva fino' développe un bulbe blanc, large et très ferme. Une variété hâtive pour les zones au climat moyen. Elle permet de gros rendements en culture printanière.

Méthode de culture : semez en place d'avril à juillet. Dans les régions froides, faites des semis à l'intérieur en godets pour repiquer après les dernières gelées. Les variétés tardives se sèment dans le Midi en juillet-août. Si vous désirez obtenir des bulbes bien blancs, buttez les plantes quand les bulbes sont déjà développés. Il est bon d'échelonner les semis pour étaler les récoltes.
Récolte : le bulbe est bon à cueillir environ trois mois après le semis. Les variétés précoces se récoltent de fin juillet aux gelées, les tardives, de décembre à mars. Le fenouil bulbeux se mange frais, mais on peut aussi le congeler. Les très jeunes feuilles font de bonnes salades. Les grains de fenouil se ramassent avec l'ensemble de l'ombelle, quand ils s'en détachent facilement.
Le truc à connaître : le bulbe de fenouil est d'autant plus tendre et charnu que la terre est riche et permet une croissance rapide.

Lactuca sativa
LAITUE

Probablement dérivée d'une laitue sauvage *(Lactuca serriola)* spontanée dans nos régions, la laitue cultivée est une plante bisannuelle à feuilles larges et tendres, réunies sur un pied court. Les petites fleurs jaunes apparaissent à partir de la seconde année. La laitue sauvage et la laitue vireuse *(Lactuca virosa)* sont deux mauvaises herbes très communes. Elles contiennent un abondant latex blanc qui possède des propriétés hypnotiques. On l'employait jadis dans les cures de désintoxication pour les opiomanes.
Valeur nutritive : la laitue renferme plus de 95 % d'eau. Sa valeur énergétique est de 20 kcal pour 100 g. Elle possède des vertus calmantes.
Famille : Astéracées (ou Composées).
Sol : terrains frais et humifères.
Exposition : la laitue redoute la luminosité excessive. Elle peut se planter à l'ombre légère.
Variétés conseillées : on classe les laitues en plusieurs catégories. Les laitues pommées ont des feuilles lisses ou cloquées bien serrées autour du

▲ Le fenouil 'Doux de Florence' : une saveur anisée.

▲ La batavia 'Rouge grenobloise' : elle résiste au froid.

◂ La laitue pommée 'Divina' : résistante aux maladies.

Les légumes d'aujourd'hui

cœur : 'Appia' donne une grosse pomme vert blond, à feuilles très fines. Elle est très précoce. 'Reine de mai', hâtive, fournit une petite pomme. 'Merveille d'hiver' est énorme, vert clair. On doit la semer en septembre ou en octobre et la repiquer au printemps. 'Elsa' et 'Divina' s'adaptent à toutes les conditions de culture et résistent aux maladies. Les laitues batavias ont des feuilles plus découpées et même frisées : 'Dorée de printemps' donne une belle pomme ferme blond doré, d'une excellente qualité gustative. 'Rouge grenobloise' se cultive pour l'été et le début de l'automne et produit une pomme volumineuse bien formée, à feuilles rouge foncé, croquantes. 'Laura', 'Marsala', 'Musca', 'Rossia', 'Salvina', sont des obtentions récentes.

Les laitues romaines poussent plus verticalement et produisent de grosses côtes croquantes : 'Verte maraîchère' a une pomme allongée d'un vert franc. Elle est peu sensible au froid. 'Rouge d'hiver' donne une pomme allongée rouge vineux. Elle résiste bien au froid. 'Riva' résiste aux maladies.

Les laitues italiennes ont un feuillage frisé, souvent de couleur rouge : 'Catalogna' ne pomme pas, mais fournit de longues feuilles croquantes, découpées comme celles du pissenlit. 'Lollo Rossa', très frisée, s'apparente aux laitues à couper avec un feuillage rouge foncé et rose, vraiment très décoratif. Les laitues à couper ne pomment pas, leur feuillage repousse après avoir été coupé : 'Salad bowl verte' est lente à monter et rustique. Elle se récolte en toutes saisons. 'Salad bowl rouge' a un feuillage vert foncé maculé de rouge brillant. Elle est d'excellente qualité, même en plein été. 'Feuille de chêne blonde', très rustique, est joliment découpée, tendre et savoureuse.

Méthode de culture : semez en place ou en pépinière et repiquez un mois et demi plus tard. Les laitues de printemps se sèment en mars ; les laitues d'été et d'automne entre avril et juin ; celles d'hiver à partir de la fin de l'été, en pleine terre ou sous serre suivant les variétés et les régions. Les romaines se sèment de mars à juin et les laitues à couper de mars à fin août, en place. Ces dernières n'ont pas besoin d'être éclaircies et elles montent

La laitue batavia 'Marsala' : excellente en toutes saisons. ▶

▲ La très étonnante et décorative laitue 'Lollo Rossa'.

moins vite à graines. La laitue craint la sécheresse, il faut l'arroser copieusement durant les chaleurs. Peu épuisante, elle peut revenir souvent au même endroit, surtout si la terre est riche et fertilisée.

Récolte : les laitues pommées et les romaines se récoltent quand le cœur est bien formé. Plutôt que d'arracher la plante, coupez-la au collet. De nouvelles pousses se développent ensuite. Il est possible de les consommer quelques semaines plus tard. Les feuilles des laitues à couper se cueillent au couteau dès qu'elles ont suffisamment poussé. Arrosez après chaque récolte pour obtenir une bonne repousse des feuilles.

Le truc à connaître : consommez l'intérieur de la tige des laitues en train de monter, ainsi que les petites touffes de feuilles de l'extrémité.

▲ La laitue romaine 'Blonde maraîchère' : croquante.

▲ La laitue à couper 'Salad bowl rouge' : feuilles de chêne.

Le jardin de légumes

▲ Les tomates peuvent prendre des formes, des couleurs et des aspects très différents selon les variétés, mais leur goût est assez voisin.

◀ Les tomates hybrides F1 sont beaucoup plus productives.

Lycopersicon esculentum
TOMATE

Originaire d'Amérique centrale ou d'Amérique du Sud, la tomate est une plante annuelle odorante, couverte de poils glanduleux, dont les feuilles sont composées de nombreuses folioles molles, d'un vert grisâtre. Les fleurs sont jaunes.

Famille : Solanacées.

Valeur nutritive : contenant plus de 90 % d'eau et de 3 à 4 % de sucres, la tomate est peu énergétique (15 kcal pour100 g). Elle est riche en provitamine A et contient de la vitamine C (20 mg par 100 g), des sels minéraux (potassium et magnésium), ainsi que des oligo-éléments.

Sol : la tomate aime les sols humifères, modérément humides. Les terrains trop riches en azote diminuent la saveur des fruits et la productivité. Les sols légers sont favorables aux cultures précoces, les sols lourds conviennent mieux à la production de tomates tardives.

Exposition : très frileuse, la tomate exige une situation chaude et ensoleillée, à l'abri des vents.

Variétés conseillées : il existe plusieurs centaines de variétés, différant par la forme, la taille et la couleur. 'Marmande', très classique, donne de gros fruits rouges aplatis, légèrement côtelés. 'Saint-Pierre' fournit de très gros fruits lisses, charnus et savoureux. Cette variété tardive convient bien aux régions à automne doux. 'Rose de Berne' a de gros fruits rouge pâle très sucrés, juteux, à peau fine, d'excellente saveur. Elle est peu productive, mais résiste bien au froid. 'San Marzano' est une variété italienne à gros fruits charnus, allongés

Les légumes d'aujourd'hui

> **LA SAUCE DES INDIENS**
>
> Les inventeurs de la sauce tomate ne sont pas les Italiens mais les Indiens d'Amérique centrale, qui l'additionnaient de piment avant la conquête du « Nouveau Monde ». Les Européens mirent longtemps avant d'adopter la tomate comme aliment. Sa parenté avec des plantes mortelles, telles que la belladone, la mandragore, la jusquiame, le datura et le tabac, n'était bien sûr pas faite pour donner confiance. La « pomme d'amour » resta donc pendant longtemps une plante ornementale en Europe, avant que de courageux cuisiniers italiens osent la mettre en sauce et en salade ! Mais toutes les parties vertes sont réellement toxiques.

▲ Les tomates de type 'Roma' ont une forme allongée.

▲ Les tomates-cerises se cultivent facilement sur le balcon.

et cylindriques. 'Pyros', hybride F1, donne de très gros fruits. Vigoureuse et productive, elle résiste au verticillium et au mildiou. 'Cerise rouge' et 'Cerise jaune' fournissent des grappes de huit à douze fruits, petits et globuleux, sans pépins. 'Poire rouge' et 'Poire jaune' ont des grappes de petits fruits en forme de poire, très parfumés, à déguster crus. Les tomates-cerises et les tomates-poires sont très productives, et n'ont pas besoin d'être taillées. Elles comptent parmi les variétés les plus savoureuses. La forme hybride 'Sweet 100' est une amélioration encore plus productive, à haute teneur en vitamine C. 'Roma' se reconnaît par sa forme anguleuse et allongée. C'est une variété idéale pour faire des conserves ou des sauces. 'Topla' 'Fandango' et 'Elko' se cultivent sans tuteur. 'Trésor' est une des plus précoces, à cultiver de préférence sous abri. Elle produit jusqu'à 6 kg par pied.

Méthode de culture : semez en godets, à la maison, en février ou en mars. Repiquez sous châssis quand les plants ont cinq ou six feuilles, en protégeant les abris avec des paillassons s'il gèle ou empotez chaque jeune tomate en godet et maintenez la culture au chaud. Mettez en place lorsqu'il ne gèle plus, quand les plants mesurent entre 12 cm et 15 cm. Vous pouvez aussi les protéger par une housse plastique spéciale. Si le plant est assez allongé, ocouchez-le dans le trou de plantation, il produira davantage de racines. Le trou peut être rempli de compost déjà bien décomposé. Tuteurez les jeunes plantes. Taillez en pinçant tous les bourgeons qui se développent à l'aisselle des feuilles, ce sont les « gourmands ». Conservez la tige principale et les bouquets de fleurs. Coupez au-dessus du quatrième ou cinquième groupe de fleurs.

Récolte : les fruits se récoltent dès qu'ils sont mûrs et bien colorés. En fin de saison, on peut ramasser les tomates vertes et les laisser mûrir au chaud, enveloppées dans du papier journal. Les tomates se conservent sous forme de sauces, de coulis ou de jus, cuisinés avec les fruits bien mûrs. Ces préparations peuvent être stérilisées ou congelées. On fait aussi d'excellentes confitures avec les tomates vertes qui peuvent aussi être confites.

Le truc à connaître : en sol maigre, on peut arroser régulièrement avec un engrais organique jusqu'à la floraison, puis distribuer un « engrais tomates », riche en potasse. Un bon paillis au pied des tomates favorise l'abondance de la production. Lorsque l'on cesse d'arroser les plants quand les fruits commencent à rougir, leur parfum sera bien plus prononcé.

▲ Les jeunes pieds sont palissés en douceur sur un tuteur.

Les tomates hybrides F1 produisent de façon très régulière. ▶

601

Le jardin de légumes

▲ Le cresson de fontaine : une salade rustique et croquante.

▲ En mélange : filets mangetout et haricots beurre.

Nasturtium officinale
CRESSON

Spontané dans les eaux courantes de nos régions, le cresson est une plante vivace aquatique à tiges molles et creuses, avec de petites racines adventives blanches rampant à la surface de l'eau. Les tiges portent des feuilles découpées en folioles arrondies, vert foncé, luisantes, et des petites fleurs à quatre pétales blancs en croix. La culture du cresson de fontaine ne date que du début du siècle dernier. Elle commença dans la région de Senlis, dans l'Oise, pour s'étendre aux cours d'eau claire du sud de la région parisienne, autour d'Étampes et de Milly-la-Forêt.
Famille : Brassicacées (ou Crucifères).
Valeur nutritive : le cresson a une valeur énergétique faible (20 kcal pour 100 g). Il est très riche en vitamine C (90 mg par 100 g) et en sels minéraux, en particulier en soufre et en calcium. Vu sa forte teneur en sodium, il est bon de peu le saler.
Sol : le cresson aime les bonnes terres humifères et demande une eau courante très claire.
Exposition : les cressonnières sont surtout situées au soleil, mais la plante supporte la mi-ombre.
Variétés conseillées : 'Cresson de fontaine amélioré' développe des feuilles plus larges que le type sauvage, que l'on cultive également.
Il ne faut pas confondre cette espèce aquatique avec le « cresson de terre » *(Barbarea verna)* ou le « cresson alénois » *(Lepidium sativum)*, que l'on cultive en pleine terre dans les jardins et dont la saveur est assez rustique. Quant au « cresson de Para » *(Spilanthes oleracea)* c'est un légume tropical, particulièrement apprécié à Madagascar et à la Réunion sous le nom de « brède mafane ». Sa saveur est assez curieuse avec l'impression que la plante assèche la bouche quand on la mange.
Méthode de culture : le cresson se cultive dans des « cressonnières », fosses remplies de terre, de 2 à 3 m de large sur 30 cm de profondeur, alimentées si possible par une source à bon débit. On le multiplie par semis ou par boutures au fond de la fosse asséchée, que l'on remplit progressivement au fur et à mesure du développement des plantes.
Récolte : les feuilles se ramassent dès qu'elles sont assez développées, généralement avant la floraison. Coupez la partie dressée au-dessus des tiges flottantes. Le cresson est particulièrement intéressant en hiver quand les autres salades sont rares.
Le truc à connaître : l'alimentation de la cressonnière par une source permet d'éviter qu'elle ne gèle en hiver, et que le cresson ne soit contaminé par la douve du foie, un redoutable parasite de l'homme transmis souvent par les moutons.

Phaseolus vulgaris
HARICOT

Originaire d'Amérique centrale, le haricot est une plante annuelle naine ou à longues tiges volubiles, portant des feuilles composées de trois larges folioles aiguës. Les fleurs blanches papilionacées donnent des gousses longues et étroites, vertes, jaunes ou parfois violettes.
Famille : Fabacées (ou Légumineuses).
Valeur nutritive : 40 kcal pour 100 g (haricots verts), 95 kcal pour 100 g (haricots en grains à écosser). Les haricots verts sont riches en vitamines, en sels minéraux (en iode entre autres), et en oligo-éléments. Les haricots en grains contiennent davantage de glucides et de protides, ainsi que des vitamines B, du fer et du magnésium.

◂ Les gousses des haricots en grains se récoltent sèches.

Les légumes d'aujourd'hui

Sol : le haricot aime les sols légers et frais. Il redoute l'excès de calcaire et d'humidité.

Exposition : très sensible au froid, le haricot exige une situation chaude et ensoleillée. Il ne faut pas entreprendre sa culture trop tôt en saison.

Variétés conseillées : les variétés de haricots sont innombrables. On en distingue plusieurs groupes : les haricots nains sans parchemin dits « mangetouts », dont la paroi reste tendre en se développant et qui peuvent être verts. 'Contender' donne de très longues gousses sans fil. Il est hâtif, rustique et très productif. 'Primel' est une obtention récente, tendre et savoureuse. Les jaunes sont appelés « haricots beurre ». 'Beurre de Rocquencourt' fournit des gousses fines et longues, de saveur très fine. 'Fruidor' et 'Rocdor' sont très productifs et résistants aux maladies. Les haricots nains avec parchemin sont récoltés très jeunes en « filets ». 'Aiguillon' donne des gousses vert foncé, minces et cylindriques, convenant parfaitement à la congélation. Parmi les obtentions récentes : 'Morgane' 'Royalnel', et 'Oxinel' sont vraiment très fins et sans le moindre fil. Sa production très hâtive, groupée et abondante, convient pour la culture précoce. Les filets mangetout ou filets sans fil peuvent être récoltés à l'état jeune comme les mangetouts à un stade avancé. 'Cordoba' a des gousses longues et fines, d'un joli vert, de calibre très fin. Vigoureux, c'est aussi le plus précoce des filets sans fil. 'Obélisque' est une originalité dont les gousses sont portées au-dessus du feuillage pour faciliter la récolte. Parmi les haricots nains à écosser : 'Lingot' ou 'Suisse blanc' a une gousse renfermant des grains blancs, longs, épais et cylindriques, que l'on consomme frais ou sec. Il est vigoureux, rustique et fertile. 'Coco' existe sous différentes races. Il se consomme sec ou frais. Les haricots à rame, avec ou sans parchemin : 'Beurre or du Rhin' (mangetout), très productif, donne de larges gousses jaune vif, très tendres. 'Tarbais' (à écosser), hâtif, a des grains blanc cendré, plats, à peau très fine, très savoureux et fondants une fois cuits. Il s'utilise pour la préparation du cassoulet. 'Soisson' se consomme frais ou demi-sec. 'Phénomène' est un mangetout à la vigueur exceptionnelle dont les cosses atteignent 25 cm de longueur.

Méthode de culture : le haricot se multiplie par semis en place, en lignes ou en poquets, vers la fin du printemps car il craint les gelées. Pour obtenir une végétation correcte, il est nécessaire que la température moyenne soit supérieure à 10 °C. Les haricots à rames doivent être plus espacés (70 cm) que les haricots nains (40 cm). Buttez après une vingtaine de jours. Les haricots grimpants se mènent sur des rames assemblées en « V ». Traitez contre les pucerons noirs dès le mois de juin.

Récolte : suivant les variétés, les gousses se récoltent très jeunes (filets) ou un peu plus développées. Les haricots verts peuvent se congeler et se stériliser en bocaux. On peut aussi les conserver par séchage ou par fermentation dans de l'eau salée, comme les concombres « à la russe ». Ils peuvent alors se consommer crus dans les salades, ou se faire cuire à l'eau ou à la vapeur. Les graines des haricots à écosser se ramassent immatures et encore tendres, ou bien déjà mûres et dures, dans ce cas elles peuvent se conserver longtemps.

Le truc à connaître : il est bon de faire tremper les graines une ou deux heures avant de les semer. Celles qui surnagent sont souvent habitées par des insectes et doivent être éliminées. Cette méthode convient aussi pour toutes les légumineuses.

Haricot beurre 'Rocdor' : délicieux, précoce et résistant. ▷

▲ Les haricots « mangetout » sont gros, mais tendres.

▲ Les haricots verts 'Menil' sont tachetés de pourpre.

> **UN SEMIS BIEN RÉUSSI**
> Les semis des haricots se font plutôt en poquets (et non en paquets), petits tas de trois à cinq graines espacés de 40 cm les uns des autres. Grâce à cette technique, on évite l'éclaircissage et les pieds sont plus vigoureux. Le haricot d'Espagne *(Phaseolus coccineus)* est une espèce grimpante, vigoureuse aux magnifiques fleurs rouge écarlate, très décoratives. On peut en consommer les graines, fraîches ou séchées, comme celles du haricot commun.

▼ Semis en poquet, en rang.

603

Le jardin de légumes

▲ Le pois est aussi une plante fourragère très appréciée.

▲ 'Petit Provençal' : un pois nain hâtif et rustique.

◀ Le pois 'Merveille de Kelvédon' : nain et à grains ridés.

Pisum sativum
POIS

Originaire de la Méditerranée, le pois est une plante annuelle à tiges molles qui grimpent grâce aux vrilles des feuilles. Ces dernières sont composées de une à trois paires de larges folioles un peu bleutées. Les grandes fleurs blanches donnent des gousses allongées et renflées, aux graines rondes.
Famille : Fabacées (ou Légumineuses).
Valeur nutritive : 80 kcal pour 100 g (pois frais). Le petit pois est riche en glucides et contient de la saccharose, qui lui donne son goût sucré, ainsi que de la vitamine C et des sels minéraux.
Sol : le pois aime les sols frais, profonds, humifères et aérés. Il redoute la sécheresse.
Exposition : ensoleillée, assez chaude.
Variétés conseillées : elles sont très nombreuses. On distingue les pois nains et les pois à rames, et dans chacune de ces deux catégories, les pois mangetout, ou pois « gourmands », dont la gousse ne forme pas de parchemin (paroi interne dure) ce qui permet de manger la gousse et les graines ; et les pois nains à écosser, à grains ronds ou à grains ridés. Parmi les pois mangetout : 'Corne de Bélier', très productif, donne des gousses pleines, très tendres, à grains jaunes, d'excellente saveur. Pois nains à grains ronds : 'Petit Provençal', rustique, fournit de belles gousses vert foncé. 'Douce Provence' donne un grand nombre de belles gousses vert foncé. Pois à grains ridés : 'Merveille de Kelvédon', précoce, donne de longues gousses à grains vert foncé, tendres et très sucrés, parfaites pour la congélation. Pois à grains ronds :'Cador', 'Procal', 'Kelvil', 'Primavil' sont des obtentions récentes à végétation naine mais productive.
Méthode de culture : semez en place, en lignes ou en poquets, de février à juin, en commençant par les variétés hâtives à grains ronds, et en continuant avec les variétés à grains ridés, plus tardives mais plus sucrées. Buttez après trois semaines. Les pois à rames sont conduits sur des rameaux branchus d'environ 2 m. Ils s'accrochent par leurs vrilles.

LES POIS DU ROI SOLEIL

De l'Antiquité au XVIIIe siècle, on a consommé uniquement les graines des pois séchées, sous forme de soupes et de purées. C'est sous le règne de Louis XIV qu'apparut la coutume, introduite en France par le jardinier royal Jean de La Quintinie, de déguster les petits pois immatures. Dans l'une de ses lettres, Madame de Maintenon fait allusion aux véritables orgies de petits pois primeurs qui avaient lieu à la cour de Versailles : « Le chapitre des pois dure toujours, l'impatience d'en manger, le plaisir d'en avoir mangé et la joie d'en manger encore sont les trois points que nos princes traitent depuis quatre jours... ». Une plante royale !

Les légumes d'aujourd'hui

Récolte : suivant les variétés, on récolte les gousses immatures entières (mangetout, pois gourmands), ou les graines encore vertes et tendres. Les pois à grains ronds sont meilleurs lorsqu'ils sont ramassés jeunes. Vous pouvez aussi récolter les graines lorsqu'elles sont mûres et dures. Débarrassées de leur enveloppe, elles donnent les « pois cassés », très énergétiques.

Le truc à connaître : le bois d'orme convient parfaitement pour faire des rames pour les pois, car ses rameaux sont dans un seul plan, ce qui facilite la récolte. Malheureusement, décimé par une maladie, la graphiose, il est devenu rare.

Psalliota campestris
CHAMPIGNON DE COUCHE

Plus connu sous le nom de « champignon de Paris », il s'agit d'une espèce proche du « rosé des prés », un champignon sauvage très apprécié. Son chapeau et son pied, qui porte un anneau, sont blancs, tandis que les lamelles passent avec l'âge du rose au brun.

Famille : Agaricacées.

Valeur nutritive : d'une valeur énergétique de 25 kcal pour 100 g, le champignon de couche renferme environ 90 % d'eau, des protéines (2,5 %), des vitamines B, un peu de vitamine C (3 mg par 100 g). Il est riche en sels minéraux (potassium, phosphore, fer, cuivre) et en oligoéléments.

Sol : le champignon de couche se cultive dans un substrat à base de fumier pailleux décomposé.

Exposition : il a besoin d'un lieu sombre, voire obscur, à 13 °C de température constante.

Variétés conseillées : outre le champignon de couche, plusieurs autres espèces de champignons, originaires de nos régions ou d'Extrême-Orient, peuvent être cultivées. Il s'agit principalement de la pleurote *(Pleurotus ostreatus)*, de la strophaire *(Stropharia rugoso-annulata)*, du shiitake ou « lentin du chêne » *(Lentinus edodes)*, du coprin chevelu *(Coprinus comatus)* et du pied-bleu *(Lepista nuda)*.

Méthode de culture : le mycélium ou « blanc » du champignon de couche a été inoculé au substrat pailleux fourni. Ce dernier doit être recouvert d'une couche de terreau (le gobetage), nécessaire à la fructification. Chez la pleurote et la strophaire, le mycélium a été inoculé à des balles de paille, le gobetage n'est pas nécessaire. Le shiitake se cultive sur des bûches de bois aggloméré, mises à tremper dans de l'eau pendant vingt-quatre heures, puis placées dans un lieu humide et chaud. Le pied-bleu et le coprin chevelu se cultivent sensiblement comme le champignon de couche.

Récolte : le champignon de Paris commence à produire environ un mois après la mise en place de la terre de gobetage. Après une pause de une ou deux semaines, d'autres poussées surviennent. Pour fructifier, les pleurotes ont besoin de lumière, et leur récolte se fait à des intervalles de quelques semaines sur une période de trois mois environ. La strophaire se récolte de deux à trois mois après le « semis », pendant trois à quatre mois. Les premiers shiitake se montrent, selon la température ambiante, entre une dizaine de jours et un mois après le trempage de la bûche et la mise en culture. Chaque récolte ne dure que quelques jours. Elle est suivie d'un arrêt d'un mois, mais ce cycle peut reprendre quatre ou cinq fois de suite.

Le truc à connaître : les champignons sont fréquemment vendus sous forme de kits prêts à cultiver. Ils sont simples d'emploi, assez productifs et plaisent beaucoup aux enfants.

▲ Les pois modernes renferment de 7 à 9 grains par cosse.

▲ Les shiitake se cultivent sur des souches artificielles.

▶ Les champignons de Paris peuvent être produits en cave.

605

Le jardin de légumes

▲ Les radis à forcer sont produits en dix-huit jours.

▲ Radis 'Flambo' : une variété demi-longue très croquante.

◀ Le radis 'Pontvil' : un demi-long de grande qualité.

TOUT LE RADIS SE MANGE

Dans le radis, on ne consomme pas que la racine. Ses fanes sont très bonnes cuites comme légume ou en soupe. Si on le laisse monter, ses jeunes inflorescences en boutons se mangent comme les brocolis. Les fleurs décorent joliment les salades ou d'autres plats. Les jeunes fruits encore tendres forment un excellent condiment, croquant, charnu et juteux, à la fois piquant et légèrement sucré. Enfin les graines mûres, assez grosses, à la saveur piquante, s'utilisent comme épice à la façon des graines de moutarde.

Raphanus sativus
RADIS

Probablement originaire d'Asie occidentale, le radis est une plante annuelle à racine renflée, le plus souvent de petite taille, ronde ou longue. Ses feuilles velues sont découpées en segments allongés, dont le terminal est arrondi. Les fleurs portent quatre pétales blancs veinés de violet, et donnent des fruits oblongs et boursouflés renfermant de grosses graines brunes.

Famille : Brassicacées (ou Crucifères).

Valeur nutritive : 20 kcal pour 100 g. Le radis est riche en vitamines et en sels minéraux. Il aiguise l'appétit par sa saveur un peu piquante. Sa teneur en soufre a une action favorable sur la peau, les ongles et les cheveux.

Sol : le radis réussit particulièrement bien dans les sols légers et frais, sans cailloux, où sa racine se développe le mieux. Il adore le terreau forestier.

Exposition : le radis accepte le plein soleil, mais il se plaît aussi à la mi-ombre légère.

Variétés conseillées : elles sont très nombreuses et évoluent beaucoup grâce à la recherche. On distingue les radis roses, qui comprennent des variétés hâtives, dont certaines à forcer, et des variétés de tous les mois rondes ou demi-longues, les « radis raves », les « radis d'été », et les « radis d'hiver », blancs ou violets. Radis hâtifs : 'Gaudry' donne une racine ronde, rouge-vermillon, avec une moitié de bout blanc. 'À forcer rond écarlate' fournit une racine bien ronde, d'un rouge très vif, se formant rapidement. 'De 18 jours' développe une racine demi-longue, rouge à bout blanc. Sa végétation est rapide. Les variétés à forcer se caractérisent généralement par de très petites feuilles, alors que leur racine conserve une taille normale. Radis de tous les mois : 'Cerise' a une racine ronde, entièrement rouge vif, ne se creusant pas. 'Flambo', 'Pernot', 'Fluo' et 'Cracou' sont des variétés modernes de qualité sensiblement égale. Radis d'été : 'Rose de Pâques' donne une très longue racine, tendre et savoureuse, excellente râpée en salade. 'Rond écarlate géant de Wurtzbourg' fournit une grosse racine ronde, rouge vif. 'Aspro' a une très longue racine blanche, d'environ 30 cm, tendre et de bonne saveur. Il se sème jusqu'en juin. Radis d'hiver : 'Violet de Gournay' donne une grosse racine très allongée, de couleur violacée.

Méthode de culture : le radis se multiplie par semis en place de mars à fin septembre, suivant les variétés. Il faut garder le sol frais par des arrosages très fréquents, sans quoi les racines deviennent creuses et piquantes. Les radis hâtifs peuvent être semés parmi les carottes. On pratique aussi une culture forcée sous abri chauffé dès le mois de janvier ou de février pour une récolte en primeur.

Récolte : les radis précoces se récoltent au bout de trois semaines environ, les radis de tous les mois au bout d'un mois, les radis à forcer au bout d'un

Les légumes d'aujourd'hui

mois à un mois et demi. Les radis d'été sont arrachés environ deux mois après le semis et les radis d'hiver à peu près trois mois plus tard, juste avant les gelées. Dans la plupart des cas, les radis seront récoltés tôt, sans leur laisser le temps de trop grossir. Les radis ramassés quelques minutes avant d'être consommés sont beaucoup plus savoureux.

Le truc à connaître : il est important de ne pas semer trop dru. Les variétés rondes sont juste recouvertes de terre, les demi-longues et longues sont enterrées entre 1,5 et 3 cm. Pour une meilleure levée, on plombera soigneusement le semis en tapant doucement sur le sol avec le dos du râteau. Un sol ferme assure une meilleure levée.

Raphanus niger
RADIS NOIR

D'origine incertaine, le radis noir est une plante annuelle, dont la grosse racine possède une peau noire, rugueuse, et une pulpe d'un blanc pur. Ses feuilles découpées forment une touffe dense à la base de la plante. Pour certains botanistes, il s'agirait d'une variété du radis commun, mais la saveur est différente, plus forte.

Famille : Brassicacées (ou Crucifères).
Valeur nutritive : d'une valeur énergétique de 25 kcal pour 100 g, le radis noir est riche en vitamine C et en soufre, ainsi qu'en phosphore et en magnésium. Il est antiscorbutique et diurétique. On le conseille aux diabétiques et aux personnes souffrant de la vessie ou de la vésicule biliaire. On en fait aussi un sirop calmant les voies respiratoires touchées par la bronchite et les maux de l'hiver.
Sol : peu exigeant quant à la nature du sol, le radis noir préfère les terres riches, profondes et légères, généreusement enrichies en terreau.
Exposition : une situation ensoleillée.
Variétés conseillées : 'Noir gros long d'hiver de Paris' donne une très longue racine cylindrique, jusqu'à 25 cm de longueur, à peau très noire. Il se conserve bien. C'est la meilleure variété.
Méthode de culture : le radis noir se multiplie par semis en place en juin ou en juillet. Il faut éclaircir avec soin entre 6 cm et 8 cm de distance et arroser copieusement pendant les fortes chaleurs. Paillez pour maintenir la fraîcheur du sol.
Récolte : les racines se récoltent à l'automne, de la mi-septembre à novembre, avant les gelées. Elles sont laissées à ressuyer une journée sur le sol, puis on coupe les feuilles. Les racines sont conservées telles quelles dans un lieu frais, sec et aéré ou en silo. Les radis noirs se consomment souvent râpés, à la manière des carottes.
Le truc à connaître : les radis noirs se gardent plus longtemps si on les enfouit dans du sable, dans une caisse placée à la cave ou au cellier.

LE RADIS DU SOLEIL LEVANT

Il ne faut pas confondre le radis noir avec les gros radis japonais nommés « daïkon ». Très cultivés en Extrême-Orient, mais peu connus en Europe, il s'agit de grosses racines blanches, charnues, pouvant atteindre un mètre de longueur et peser plusieurs kilos. On les consomme crus, en lamelles ou en rubans pour garnir les salades, ou bien râpés, en particulier avec le poisson. Ils peuvent aussi être cuits comme les navets. On confond parfois aussi le radis noir avec le raifort *(Armoracia rusticana)*, dont la racine a une saveur bien plus puissante.

▲ Les radis à forcer se sèment très tôt sous châssis.

▲ Le radis F1 'Cyros' : tout rouge, précoce et très doux.

◀ Le radis noir 'Gros long d'hiver de Paris' : très résistant.

607

Le jardin de légumes

▲ La rhubarbe est aussi une bonne plante ornementale.

▲ L'oseille fait un très bon légume pour les soupes d'hiver.

◀ Le feuillage lancéolé, bien particulier de la scorsonère.

Rheum rhaponticum
RHUBARBE

Originaire d'Asie centrale, la rhubarbe est une vivace à très grandes feuilles glabres munies d'un pétiole rougeâtre, épais et charnu, et d'un limbe mince et vert foncé. Elle produit occasionnellement une hampe florale pouvant atteindre 2 m, aux grosses inflorescences blanches.
Famille : Polygonacées.
Valeur nutritive : 20 kcal pour 100 g. La rhubarbe est très acide et légèrement laxative.
Sol : profond, frais et bien drainé.
Exposition : la rhubarbe est peu exigeante et accepte la mi-ombre sans problème.
Variétés conseillées : 'Framboise', au rendement élevé, donne des pétioles rouges à chair fine.
Méthode de culture : la rhubarbe se multiplie facilement par division des touffes. Plantez quelques éclats des grosses racines charnues dans un coin du jardin. On peut aussi semer les graines au printemps ou en été, en godets en pépinière, pour repiquer, respectivement en septembre et en avril. Arrosez quand il fait chaud et sec.
Récolte : les pétioles se récoltent dès qu'ils sont suffisamment développés, d'abord entre avril et juin, puis de nouveau entre septembre et octobre.
Le truc à connaître : bien qu'elles soient très décoratives, coupez les tiges florales lorsqu'elles apparaissent, pour ne pas épuiser les pieds.

Rumex acetosa
OSEILLE

Commune dans les champs de nos régions, l'oseille est une plante vivace portant des feuilles un peu charnues, de saveur acide. Les petites fleurs d'un vert rougeâtre sont réunies en longues grappes dressées.
Famille : Polygonacées.
Valeur nutritive : 25 kcal pour 100 g. L'oseille est riche en provitamine A (11 mg pour 100 g) et surtout en vitamine C (120 mg pour 100 g), ainsi qu'en fer. Ses fibres abondantes sont favorables au transit intestinal. Mais elle renferme de l'acide oxalique qui la fait déconseiller aux personnes souffrant de calculs, d'arthrite ou de rhumatismes.
Sol : l'oseille tolère les sols lourds et argileux.
Exposition : elle doit être cultivée en plein soleil.
Variétés conseillées : 'Oseille large de Belleville' donne de grandes feuilles vert clair. Elle est rustique et très productive.
Méthode de culture : l'oseille se multiplie par semis des graines au printemps, en place ou en pépinière. Elle peut rester plusieurs années au même endroit sans risque de dégénérer.
Récolte : les feuilles se récoltent au fur et à mesure des besoins, dès qu'elles ont atteint une taille suffisante (10 cm de diamètre).
Le truc à connaître : l'oseille est parfaitement adaptée aux sols acides. Ne la laissez pas monter à graines car elle pourrait s'avérer envahissante.

Scorzonera hispanica
SCORSONÈRE

Native des lieux secs du sud de l'Europe, la scorsonère est une plante vivace aux feuilles en rosette, dressées, assez larges, et aiguës au sommet. Les fleurs jaune clair sont réunies en capitules terminaux. La racine épaisse possède une écorce noire assez rude au toucher.
Famille : Astéracées (ou Composées).
Valeur nutritive : 80 kcal pour 100 g. La scorsonère est riche en glucides et en sels minéraux.
Sol : elle aime les terres légères et humifères.
Exposition : la scorsonère se cultive en situation chaude et ensoleillée.
Variétés conseillées : 'Géante noire de Russie' fournit des racines cylindriques régulières, longues et de bonne saveur. C'est la plus répandue.

UN LÉGUME À REDÉCOUVRIR

Les racines de la scorsonère sont cuites à l'eau, à la vapeur ou en beignets. Leur saveur sucrée est très agréable avec un rôti de viande blanche. Les jeunes feuilles peuvent être mangées crues en salades, les autres cuites comme légumes.

Les légumes d'aujourd'hui

Méthode de culture : la scorsonère se multiplie par semis en place au printemps. Il faut maintenir le sol frais par des arrosages réguliers pendant l'été.

Récolte : les racines sont ramassées à l'automne de la première année. On peut aussi, au cours de la deuxième saison, arracher après la floraison les racines semées en août précédent. Elles sont alors beaucoup plus grosses. À la différence de celles du salsifis, elles ne deviennent pas ligneuses.

Le truc à connaître : comme pour toutes les plantes à racines longues, ce sont les terres profondes, meubles, non caillouteuses et légères, qui donnent les meilleurs résultats. L'arrachage y est également plus facile. Utilisez une fourche-bêche.

Solanum melongena
AUBERGINE

Originaire de l'Inde, l'aubergine est une plante annuelle à feuilles larges, molles, d'un vert grisâtre, et à petites fleurs violettes donnant des fruits charnus de taille, de forme et de couleur variables. Les aubergines sont très populaires dans les cuisines de Grèce, du Moyen-Orient et de l'Inde. Elles se marient remarquablement bien avec l'ail, la tomate et l'huile d'olive. On peut les consommer farcies de viande hachée, ou en ratatouille avec des tomates, des poivrons et des courgettes.

Famille : Solanacées.

Valeur nutritive : avec 20 kcal pour 100 g, l'aubergine est peu énergétique. Riche en fibres, elle contient aussi des vitamines B, un petit peu de vitamine C (5 mg pour 100 g) et des sels minéraux intéressants, en particulier du potassium.

Sol : elle aime les sols riches, très humifères.

Exposition : l'aubergine exige une situation chaude et bien abritée. Elle redoute beaucoup le froid, davantage encore que la tomate.

Variétés conseillées : elles diffèrent par la forme (longue ou ronde) et par la couleur (violette, blanche ou marbrée) du fruit. 'Violette longue hâtive' donne un fruit allongé, de couleur foncée. Cette variété précoce est particulièrement recommandée. 'De Barbentane' fournit un fruit allongé violet foncé. C'est une variété productive, qui demande un climat assez chaud. 'F1 Baluroi' est un hybride créé par l'INRA résistant aux virus. 'Dourga', 'Abrivado', 'Galine', 'Prélane' sont des formes modernes de grand intérêt. 'Floralba' donne un fruit d'excellente saveur, court en forme de cloche, blanc crème, couvert de rayures verticales roses. 'Blanche ronde' (plante à œufs) a de petits fruits blancs, de la taille et de la forme d'un œuf, à goût de champignon. Cette variété est hâtive et très décorative.

Méthode de culture : semez à l'intérieur en godets, en janvier ou en février dans le Midi, en février ou en mars dans la région parisienne. Repiquez quand les plants ont cinq feuilles, en avril ou en mai dans le Midi, fin mai en région parisienne. Dans les régions les plus chaudes, il est possible de semer en pépinière bien exposée en avril pour mettre en place en juin. On taille en éliminant les pousses latérales, puis en pinçant au-dessus de la deuxième fleur. Les trois ou quatre rameaux latéraux qui poussent ensuite sont pincés à une feuille au-dessus de la seconde fleur. Ne gardez que huit à dix fleurs par pied pour avoir de gros fruits.

Récolte : les aubergines se récoltent lorsqu'elles ont atteint leur complet développement, environ cinq mois après le semis, suivant les variétés et les régions. Les fruits doivent être bien colorés.

Le truc à connaître : au nord de la Loire, il vaut mieux cultiver sous serre cette plante d'origine tropicale, utiliser des pieds greffés ou des variétés rondes.

▲ Les racines noires de la scorsonère ont la peau épaisse.

▲ Aubergine violette.   Aubergine F1 'Baluroy'. ▼

Plantez les pieds d'aubergine dehors courant mai. ▶

Le jardin de légumes

▲ Le feuillage de la pomme de terre attire les doryphores.

▲ Une fleur de solanacée caractéristique mais décorative.

▲ 'Rosabelle' : seule bonne variété précoce à peau rouge.

▼ 'Charlotte' : la variété la plus appréciée en ce moment.

Solanum tuberosum
POMME DE TERRE

Originaire des Andes, la pomme de terre est une plante vivace, à tiges souterraines, produisant de gros tubercules. Ses feuilles sont composées de trois à cinq paires de segments ovales, entremêlés de folioles plus petites. Les fleurs blanches ou violacées, assez grandes, donnent des baies vertes et globuleuses toxiques.

Famille : Solanacées.

Valeur nutritive : 80 kcal pour 100 g. La pomme de terre contient de nombreux sels minéraux, en particulier du potassium. La pomme de terre nouvelle est plus riche en vitamine C (40 mg pour 100 g) que la plupart des autres légumes.

Sol : la pomme de terre aime les sols humifères et légers, profonds, mais elle accepte aussi les terres lourdes si elles ne sont pas trop humides. Elle craint les gelées printanières et l'eau stagnante.

Exposition : la pomme de terre apprécie les situations aérées et bien ensoleillées.

Variétés conseillées : il en existe de très nombreuses, différant par la taille, la forme, la couleur, la précocité et la qualité de la chair qui peut être ferme ou farineuse. Les pommes de terre les plus courantes sont à peau et à chair jaune, mais les variétés à peau rouge sont parmi les plus savoureuses. Il existe également des pommes de terre à peau violet foncé et à chair violacée, gardant leur couleur à la cuisson. Elles sont cultivées surtout comme curiosité, car peu productives. Les variétés à chair ferme n'éclatent pas à la cuisson. Elles sont idéales pour les salades, les pommes vapeur ou en robe des champs et bonnes pour rissoler. Les variétés à chair farineuse tendent à éclater à la cuisson à l'eau. Elles sont excellentes pour les soupes et les purées, ainsi que pour les frites et les gratins. Les pommes de terre se faisant cuire de mille et une manières, cultivez-en plusieurs variétés différentes. Variétés à chair ferme : 'Belle de Fontenay', précoce, elle donne des tubercules d'excellente qualité gustative en primeur, très bons pour les fritures et la cuisson à la vapeur. 'Rosabelle' fournit aussi des tubercules d'excellente qualité gustative en primeur. Elle est la seule rouge précoce dans ce type. 'Charlotte' donne des tubercules de très bonne qualité gustative, en particulier en friture. 'Florette', belle et fine se prête à tous les types de cuissons. 'Ratte', variété de moyenne saison, est peut-être la plus savoureuse de toutes, surtout en salade, mais elle produit peu et des tout-petits tubercules. 'B.F. 15',

UN LÉGUME DE HUIT MILLE ANS

Les poteries des civilisations pré-Incas, Chimù ou Mochica, montrent que la pomme de terre était connue il y a plus de 8 000 ans. Les Espagnols la découvrent au début du XVIe siècle et en rapportent des tubercules en Europe. Philippe II, roi d'Espagne, en fait parvenir au Pape en 1560 pour soigner sa goutte. Mais il faut attendre jusqu'au début du XVIIIe siècle pour que la pomme de terre soit vraiment consommée sur notre continent. En effet, les premiers types, importés des Andes, formaient leur tubercules en jours courts (12 h) mais n'en donnaient pas sous nos latitudes en été, où les jours sont longs (de 16 à 18 h environ). On réussit cependant à créer en Europe des types adaptés à la tubérisation en jours longs, ce qui permit de donner à la pomme de terre la place de légume numéro un qu'elle occupe aujourd'hui.

Les légumes d'aujourd'hui

◄ Achetez uniquement du plant germé et sélectionné.

variété hâtive, convient aux sols légers, silico-argileux. 'Nicola' donne de nombreux tubercules assez petits, allongés, à peau et à chair jaunes, tenant remarquablement bien à la cuisson et se conservant jusqu'en février. Elle résiste bien au mildiou et à la gale.

Variétés de grande consommation : 'Bintje', l'une des plus cultivées, est excellente pour les soupes et les purées. Tardive, elle donne de très gros rendements et se conserve bien. 'Désirée' fournit des tubercules à pelure rouge, se conservant jusqu'à la fin de l'hiver. Cette variété est mi-hâtive, de bon rendement, et résistante au mildiou. 'Ostara' donne des tubercules à chair jaune clair. Très précoce, elle se récolte dès juin et se conserve jusqu'au début de l'hiver. 'Apollo' a de gros tubercules oblongs à peau et chair jaunes. On peut en faire deux récoltes.

Méthode de culture : la pomme de terre se multiplie par plantation des tubercules (c'est en fait un bouturage) entiers ou coupés en deux, déjà germés, mis en place en avril ou en mai, lorsque le lilas fleurit. La plantation n'est possible que lorsque les froids ne sont plus à craindre. Le temps nécessaire à la levée étant d'une dizaine de jours, les jeunes pousses n'ont généralement rien à redouter dans les derniers jours d'avril, ou les premiers jours de mai suivant les régions. Si vous met-

Des 'BF 15' venant d'être récoltées. ▶

tez les tubercules en terre plus tôt, méfiez-vous des gelées. Mieux vaut alors les abriter sous tunnel plastique. Les distances de plantation changent suivant la variété retenue avec une moyenne de 40 à 50 cm. Buttez quand les plants grandissent. La pomme de terre est assez exigeante en eau, au début de sa végétation. Dans le midi de la France, il est possible de faire une deuxième saison de pommes de terre en plantant en août des tubercules récoltés au printemps. Ces derniers produiront en novembre. Mais ces tubercules ont parfois du mal à germer, le repos de végétation n'ayant pas toujours été suffisant.

Récolte : les pommes de terre se récoltent deux à trois mois après la plantation pour les variétés hâtives (pommes de terre primeur), et quatre à cinq mois pour les autres. La récolte doit s'effectuer par beau temps. Laissez les tubercules ressuyer une journée sur le sol, si possible à mi-ombre, pour éviter les brûlures. Ensuite mettez-les en cave pour les conserver. Il faut garder les pommes de terre à l'abri de la lumière pour éviter qu'elles ne verdissent et ne développent une substance toxique, la solanine. Si des germes apparaissent, il faut les enlever, sauf évidemment sur les tubercules destinés à la reproduction.

Le truc à connaître : les pommes de terre font partie des rares légumes à tolérer la fumure fraîche. Traitez obligatoirement contre le mildiou.

▲ 'Négresse' : une curiosité à la chair de couleur bleue.

611

Le jardin de légumes

▲ Épinard 'Spoutnik' : une variété très productive.

▲ À ce stade, il faut démarier les jeunes plants d'épinards.

◄ L'épinard 'Monstrueux de Viroflay' à feuilles gaufrées.

Spinacia oleracea
ÉPINARD

Originaire d'Iran, l'épinard est une plante annuelle ou bisannuelle à feuilles larges, épaisses et un peu charnues.
Famille : Chénopodiacées.
Valeur nutritive : 20 kcal pour 100 g. L'épinard contient de la vitamine C et des sels minéraux. Il est riche en oxalates irritants, et les personnes atteintes d'arthrite ou de rhumatismes n'en consommeront qu'avec modération.
Sol : l'épinard aime les sols humifères, frais, un peu argileux. Il n'apprécie pas la fumure fraîche.
Exposition : il accepte bien l'ombre.
Variétés conseillées : 'Monstrueux de Viroflay', cultivé de l'été à l'automne, a de grandes feuilles charnues et croquantes. 'Géant d'hiver' fournit de larges feuilles résistantes au froid. Productif et rustique, il se cultive en fin de saison. 'Symphonie F1', donne un feuillage arrondi, vert foncé, légèrement cloqué. Cette variété, productive, lente à monter en graine, et résistante au mildiou et à la mosaïque, convient aux cultures de printemps et d'été.

UN BON ÉPINARD SAUVAGE

Le chénopode Bon-Henri *(Chenopodium bonus-henricus)*, ou « épinard sauvage », commun dans nos montagnes est un cousin de l'épinard. Il présente sur ce dernier l'avantage d'être vivace et de pouvoir rester à la même place pendant de nombreuses années donnant, du printemps à l'automne, de grosses touffes de larges feuilles, de très bonne qualité gustative. La plante donne aussi de tendres épis floraux.

Méthode de culture : l'épinard se multiplie par semis en place en août ou en septembre. Les plantes se développent rapidement et produisent à l'automne, et lors de la reprise de la végétation au printemps suivant. En semant de mars à mai, on prolonge la période de récolte, mais les plantes donnent peu car elles montent vite à graines.
Récolte : les feuilles se récoltent dès qu'elles sont suffisamment développées. La cueillette se fait feuille à feuille au début, puis en fin de culture, les touffes d'épinards sont coupées au ras du sol.
Le truc à connaître : pour éviter que les plantes semées à la fin du printemps ou en été ne montent à graines trop rapidement avec les chaleurs, il faut les semer à l'ombre et maintenir le sol bien frais.

Taraxacum officinale
PISSENLIT

Commun dans les prés de nos régions, le pissenlit est une plante vivace à feuilles en rosette, généralement divisées en lobes aigus. La hampe florale unique porte un capitule de fleurs en languettes, d'un beau jaune d'or, se transformant en une boule duveteuse.
Famille : Astéracées (ou Composées).
Valeur nutritive : le pissenlit est extrêmement riche en provitamine A, en vitamine C et en sels minéraux. C'est un tonique amer doué de vertus dépuratives, laxatives et diurétiques. Il exerce une action favorable sur le foie et la vésicule biliaire.
Sol : il aime les sols riches et profonds. Le pissenlit s'accommode aussi des terres lourdes.

Les légumes d'aujourd'hui

Exposition : la plupart des situations lui conviennent, mais il préfère le plein soleil.

Variétés conseillées : 'À cœur plein amélioré' donne de grosses touffes très compactes, à cœur bien fourni. 'Vert de Montmagny amélioré' a un feuillage foncé très découpé.

Méthode de culture : semez le pissenlit en place au printemps pour les variétés cultivées. Éclaircissez à 15 cm sur le rang pour que les touffes s'étoffent bien. On peut aussi diviser le pissenlit, car il est vivace et peut rester plusieurs années à la même place. Il est extrêmement rustique.

Récolte : les feuilles sont plus tendres et moins amères au début du printemps. Il est préférable de blanchir le feuillage en le recouvrant par un buttage de terre légère. La racine et les capitules peuvent se récolter presque toute l'année.

Le truc à connaître : on peut mettre des pissenlits dans son jardin en bouturant de belles racines prélevées dans la nature.

Tetragonia teragonioides
TÉTRAGONE

Originaire d'Australie et de Nouvelle-Zélande, la tétragone est une plante annuelle à tiges étalées portant des feuilles charnues, élargies à la base et en pointe au sommet, d'un vert foncé terne.

Famille : Aizoacées.

Valeur nutritive : 30 kcal pour 100 g. La tétragone est riche en vitamine C et en sels minéraux.

Sol : la tétragone aime les terres fraîches et humifères. Elle résiste à la chaleur, mais craint la sécheresse qui rend ses feuilles moins savoureuses.

Exposition : apprécie les expositions chaudes.

Variétés conseillées : 'Tétragone cornue' donne d'assez larges feuilles, en forme de losange.

Méthode de culture : semez en pleine terre en mai, en poquets de quatre à cinq graines. On ne laisse ensuite qu'un ou deux plants par endroit. Dans les régions froides, vous pouvez semer sous châssis ou en serre au début du printemps pour mettre en place mi-mai. Pour éviter la montée à graines, il faut pincer l'extrémité des tiges et arroser copieusement. On surnomme parfois la tétragone « épinard d'été », car elle est plus lente à monter à graines que ce dernier et le remplace parfaitement pendant la saison chaude. Un légume à croissance rapide (radis, salade) peut aussi occuper le terrain avant que la tétragone soit développée.

Récolte : les tétragones se récoltent environ trois mois après le semis et jusqu'aux gelées. On coupe l'extrémité tendre des tiges et, ensuite, on cueille feuille à feuille au fur et à mesure des besoins.

Le truc à connaître : la levée étant difficile, faites tremper les graines dans de l'eau tiède pendant 24 heures avant de les mettre en terre. Cela favorise la sortie du petit germe.

LE PISSENLIT, LÉGUME À TOUT FAIRE

Cultivé depuis le siècle dernier, le pissenlit est certainement la salade sauvage la plus connue. Les feuilles se mangent crues ou cuites. La racine de pissenlit, assez amère, est appréciée au Japon sautée dans un peu d'huile avec de la sauce de soja, ou en beignets. Torréfiée comme la racine de chicorée, c'est un bon succédané du café. Les boutons floraux peuvent être ajoutés crus aux salades, ou conservés dans le vinaigre à la façon des câpres.

▲ Le pissenlit 'À cœur plein amélioré' avant blanchiment.

▲ La protection hivernale des pissenlits avec de la paille.

▶ La tétragone cornue : un succédané de l'épinard en été.

613

Le jardin de légumes

▲ Les salsifis se sèment en lignes, en avril.

▲ Le salsifis 'Mammouth' venant d'être récolté.

◀ La mâche 'Gala' : précoce et résistante aux maladies.

Tragopogon porrifolius
SALSIFIS

Spontané dans la région méditerranéenne, le salsifis est une plante bisannuelle à racine charnue, blanche extérieurement. Il renferme un latex blanc rougissant à l'air. Ses feuilles, longues et étroites, forment une touffe à la base de la plante. Les fleurs d'un bleu violacé, réunies en gros capitules terminaux, donnent des fruits à aigrette plumeuse qui forment une grosse boule duveteuse comme chez le pissenlit.

Famille : Astéracées (ou Composées).
Valeur nutritive : 80 kcal pour 100 g. Le salsifis est riche en glucides et en sels minéraux.
Sol : légers, profonds, frais et humifères.
Exposition : il apprécie le plein soleil.
Variétés conseillées : 'Blanc amélioré', variété précoce, donne de longues racines, tendres et savoureuses. 'Mammouth' fournit de très longues racines épaisses, de bonne qualité.
Méthode de culture : le salsifis se multiplie par semis en place au printemps. Le sol sera maintenu frais par des arrosages réguliers pendant l'été.
Récolte : les racines et les feuilles se récoltent d'octobre à mars, avant que la plante ne monte en fleurs, ce qui ne se produit normalement que la seconde année. Lorsque le salsifis monte, cassez le sommet des tiges entre les doigts.
Le truc à connaître : pour faciliter l'arrachage pendant l'hiver, il est bon de couvrir le sol autour des plants, avec des feuilles mortes ou de la paille, afin de les empêcher de geler.

Valerianella olitoria
MÂCHE

Commune dans presque toute l'Europe, au bord des chemins ou sur les talus, la mâche est une petite plante annuelle à feuilles spatulées, légèrement charnues, réunies en rosettes d'un vert tendre. La tige, régulièrement divisée en deux, porte de très petites fleurs bleu pâle.

Famille : Valérianacées.
Valeur nutritive : 30 kcal pour 100 g. La mâche est riche en vitamine C et en fer.
Sol : elle aime les sols frais, un peu argileux.
Exposition : la mâche peut être semée à l'ombre, par exemple sous les arbres fruitiers ou en culture intercalaire dans des choux.
Variétés conseillées : 'Verte de Cambrai' donne des feuilles larges et arrondies, très résistantes au froid. 'À grosses graines', pour semis précoces, fournit de grandes feuilles allongées, d'un vert pâle. 'Gala' est une obtention récente, précoce et très résistante au mildiou.
Méthode de culture : semez en place à la mi-été pour une récolte d'automne, à la fin de l'été pour manger en hiver, ou fin septembre pour récolter au début du printemps. La mâche passe l'hiver en terre.
Récolte : les rosettes se récoltent dès qu'elles sont bien formées, de préférence avant que les fleurs ne paraissent. Les feuilles restent tendres pendant la floraison, mais elles prennent un peu d'amertume qui leur donne une saveur rustique.
Le truc à connaître : la mâche 'D'Italie', à larges feuilles d'un blond doré, est recommandée pour les régions méridionales. Il s'agit en fait d'une espèce différente mais voisine : *Valerianella eriocarpa*.

Vicia faba
FÈVE

Originaire d'Asie occidentale, la fève est une plante annuelle, à feuilles composées de nom-

Les légumes d'aujourd'hui

breuses folioles. Les grandes fleurs blanches tachées de noir donnent de longues gousses épaisses renfermant de grosses graines plates en forme de haricot sec.
Famille : Fabacées (ou Légumineuses).
Valeur nutritive : les fèves fraîches sont assez peu énergétiques (35 kcal pour 100 g). Elles sont riches en protéines et en magnésium. Leur haute teneur en fibres favorise le transit intestinal. Les fèves sèches sont cinq fois plus nourrissantes et renferment de grandes quantités de sels minéraux.
Sol : la fève est peu exigeante, mais elle préfère les sols frais, humifères et un peu argileux.
Exposition : situation chaude et ensoleillée.
Variétés conseillées : 'D'Aguadulce à très longue cosse' donne de grosses graines. Très productive, elle résiste bien au climat des régions situées au nord de la Loire.
Méthode de culture : la fève se multiplie par semis en place, en février ou en mars, en lignes ou en poquets de trois graines. Dans le Midi, il est possible de semer d'octobre à février.
Récolte : la fève se récolte généralement lorsqu'elle est encore verte. On peut cueillir les gousses très jeunes pour les consommer comme les haricots verts, mais il est plus courant de ne manger que les graines immatures, crues ou cuites.
Le truc à connaître : semer de l'aneth entre les lignes de fèves permet de limiter les pucerons. Mais il est presque toujours nécessaire de traiter tant les invasions sont abondantes. Cessez les pulvérisations d'insecticides sept jours avant la récolte.

Zea mays
MAÏS SUCRÉ

Originaire d'Amérique tropicale, le maïs est une graminée géante annuelle, à longues feuilles retombantes. Les fleurs mâles terminent les tiges, tandis que les fleurs femelles forment les épis entourés d'une spathe caractéristique.
Famille : Poacées (ou Graminées).
Valeur nutritive : 80 kcal pour 100 g. Le maïs doux est riche en glucides, en provitamine A, en vitamines B et C et en sels minéraux, en particulier en magnésium, en phosphore et en potassium. La teneur en sucre des nouvelles variétés est plus élevée.
Sol : le maïs aime les terres riches et profondes. Il faut prévoir une préparation complète du sol avec bêchage avant d'entreprendre sa culture.
Exposition : il exige une situation ensoleillée.
Variétés conseillées : 'Zenith F1' donne de beaux épis d'une vingtaine de centimètres de longueur à grains jaunes très sucrés. 'Bunkerhill' produit de très longs épis à petits grains tendres, extrêmement sucrés.
Méthode de culture : le maïs se multiplie par semis en place en lignes ou en poquets, aux mois de mai et juin, lorsque le sol s'est bien réchauffé. Il est bon de butter le pied pour assurer une végétation vigoureuse. Des arrosages copieux sont nécessaires, car le maïs est très exigeant en eau.
Récolte : les épis se récoltent lorsque les grains sont bien formés mais encore tendres et laiteux. Ils se font généralement cuire à l'eau, à la vapeur ou au four, mais on peut aussi les manger crus. Les épis de maïs sucré peuvent être conservés congelés après avoir été blanchis. Le maïs de grande culture donne des grains plus fermes qui peuvent être cuits au four ou mis à braiser sur un barbecue.
Le truc à connaître : en raison de son développement important qui dépasse 2 m de hauteur, le maïs peut servir de brise-vent dans un potager et d'abri pour une culture un peu fragile.

▲ Attention, la fève attire irrésistiblement les pucerons.

▲ Les gousses de la fève.   Du maïs au potager. ▼

▷ Les épis de maïs se conservent bien par congélation.

615

Le jardin de légumes

LES LÉGUMES ANCIENS

Oubliés par la révolution culturale qu'a connue l'horticulture ces dernières décennies, les légumes d'antan retrouvent une vogue légitime car ils font retrouver des saveurs essentielles, riches et variées.

Atriplex hortensis
ARROCHE DES JARDINS

Également connue sous le nom de « Bonne-Dame », l'arroche est originaire d'Asie centrale. C'est une plante annuelle à grandes feuilles très larges, en forme de fer de hallebarde. Ses minuscules fleurs verdâtres forment une longue grappe au sommet de la plante.
Famille : Chénopodiacées.
Qualités nutritives : 20 kcal pour 100 g. L'arroche contient de la vitamine C et des sels minéraux.
Sol : peu exigeante, l'arroche aime tous les terrains, mais préfère une bonne fraîcheur.
Exposition : elle se plaît légèrement à l'ombre.
Variétés conseillées : 'Arroche rouge' (*Atriplex atropurpurea*), aux fleurs pourpres, est très décorative. 'Arroche blonde' a des feuilles vert clair.
Méthode de culture : semez en place, de manière échelonnée, du printemps à l'été. Arrosez copieusement en cas de sécheresse.
Récolte : les feuilles se récoltent sitôt développées. La cueillette peut se prolonger tout l'été, surtout si vous espacez les semis, et taillez bien la plante.
Le truc à connaître : il faut, de temps en temps, pincer les arroches pour les empêcher de monter.

▲ L'arroche à feuilles pourpres est très décorative.

◀ Le chou-rave 'Blaro' est d'une belle teinte violet vif.

Brassica oleracea caulorapa
CHOU-RAVE

Le chou-rave est une variété de chou dont la tige se renfle en une grosse boule charnue juste au-dessus du niveau du sol. Ses feuilles et ses fleurs sont celles d'un chou non pommé. C'est une plante assez décorative et encore bien utilisée.
Famille : Brassicacées (ou Crucifères).
Qualités nutritives : 30 kcal pour 100 g.
Sol : le chou-rave aime les terres fraîches, profondes, un peu argileuses et humifères.
Exposition : il apprécie le plein soleil.
Variétés conseillées : 'Blanc de Vienne', très hâtif, est vert clair. 'Blaro', de couleur violette, est très hâtif et se conserve bien.
Méthode de culture : le chou-rave se sème en pépinière, de mars à juillet pour profiter d'une période de récolte aussi longue que possible.
Récolte : quand la tige est bien renflée, environ trois mois après le semis. Il ne faut pas trop attendre car la tige se lignifie rapidement, en commençant par l'extérieur : il faudrait l'éplucher.
Le truc à connaître : une végétation rapide et continue est nécessaire pour avoir une chair tendre.

Chaerophyllum bulbosum
CERFEUIL TUBÉREUX

Natif de l'est de la France et du centre de l'Europe, le cerfeuil tubéreux est une plante bisannuelle ou vivace selon les régions. Les feuilles finement divisées naissent d'une racine brun clair, courte et pointue, en forme de cône.
Famille : Apiacées (ou Ombellifères).
Qualités nutritives : 50 kcal pour 100 g. Le cerfeuil tubéreux est riche en glucides et renferme de nombreux sels minéraux utiles à l'organisme.
Sol : il aime les sols frais, bien aérés et humifères, mais craint l'humidité et la fumure fraîche.
Exposition : lieux frais, un peu ombragés.
Variétés conseillées : seule l'espèce est cultivée.

jardin gourmand

Les légumes anciens

Méthode de culture : semez, en place, en septembre ou en octobre, la levée débutant en février. On peut aussi, à la fin de l'hiver, semer des graines stratifiées dans du sable humide à la fin de l'été.
Récolte : les racines s'arrachent dès le mois de juillet, lorsque les feuilles jaunissent. On les laisse ressuyer sur le sol quelques jours, après avoir coupé les feuilles. Elles se conservent en cave ou en silo jusqu'au printemps suivant.
Le truc à connaître : attention à la fonte des semis, due à un excès d'humidité.

Crambe maritima
CRAMBÉ

Spontané sur le littoral de la mer du Nord et de l'Atlantique, le crambé est une plante vivace à grandes feuilles charnues, ondulées et lobées. Les petites fleurs blanches, à quatre pétales, dégagent un délicieux parfum de miel.
Famille : Brassicacées (ou Crucifères).
Qualités nutritives : 25 kcal pour 100 g.
Sol : le crambé aime les climats doux et humides, les sols frais et profonds. Maritime, il tolère le sel.
Exposition : le crambé apprécie le plein soleil.
Variétés conseillées : l'espèce type seule.
Méthode de culture : il se multiplie, par semis en place de mars à juin, en poquets de deux à trois graines. On ne garde ensuite que le plus beau plant. Vous pouvez aussi diviser les touffes au printemps ou bouturer les racines. Ces dernières sont coupées en tronçons d'environ 10 cm portant au moins deux bourgeons et mises en pot sous abri.
Récolte : les jeunes pousses charnues, aux côtes blanc ivoire, surmontées d'embryons de feuilles rosées, se récoltent quand elles sont bien développées.
Le truc à connaître : il est d'usage de blanchir les pousses en les recouvrant d'un pot retourné.

Cucurbita maxima
POTIMARRON

Originaire d'Amérique du Nord, mais probablement développé en Asie, le potimarron est une plante annuelle à tiges rampantes ou grimpantes munies de vrilles. Ses fleurs jaunes donnent des fruits rouge-orangé, dont la chair ferme et sucrée s'avère délicieuse en tartes.
Famille : Cucurbitacées.
Qualités nutritives : le potimarron est plus énergétique (50 kcal pour 100 g) que les potirons. Il est riche en provitamine A et en vitamine C.
Sol : humifère. Il apprécie l'humidité modérée.
Exposition : il préfère les situations chaudes.
Variétés conseillées : le potimarron est en fait une variété de potiron, connue sous le nom de 'Potiron doux d'Hokkaido'.
Méthode de culture : comme les potirons.
Récolte : les fruits se récoltent dès qu'ils ont atteint une taille convenable, d'environ 20 cm de diamètre. Ils se conservent longtemps dans un local tempéré (environ 12 °C).
Le truc à connaître : très ornemental, le potimarron peut être cultivé dans un grand pot.

Cynara cardunculus
CARDON

Ce grand chardon, natif des régions méditerranéennes, a des feuilles à pétiole large et charnu.
Famille : Astéracées (ou Composées).
Qualités nutritives : le cardon est riche en inuline, sucre assimilable par les diabétiques.
Sol : il aime les sols humifères et profonds.
Exposition : le cardon se plaît en plein soleil.
Variétés conseillées : on distingue les cardons épineux, plus difficiles à éplucher mais souvent plus savoureux, et les non épineux. Le plus cultivé est le 'Plein blanc inerme', à côtes sans épines.
Méthode de culture : semez, en place, au mois de mai en poquets. On blanchit souvent les cardons environ trois semaines avant la récolte en entourant la plante de paille, de chiffons ou de journaux. Le blanchiment diminue l'amertume.
Récolte : dès les premières gelées, les plantes sont coupées à la base. On les met en jauge à la cave, avec leur motte, dans du sable ou une terre légère. Les pieds peuvent aussi être laissés en place, si les hivers ne sont pas trop rudes.
Le truc à connaître : la végétation du cardon démarre lentement et permet des cultures intercalaires (radis, laitues, épinards, carottes primeurs).

▲ Le cerfeuil tubéreux : une saveur douce à redécouvrir.

▲ *Crambe maritima* : une plante qui aime les sols salés.

▲ Une récolte de potimarrons.   Cardons en fin d'été. ▼

Le jardin de légumes

▲ La roquette : une salade à la saveur assez piquante.

▲ Les topinambours ont une délicieuse saveur d'artichaut.

Eruca sativa
ROQUETTE

Native des champs et des friches du sud de l'Europe, la roquette est une plante annuelle à feuilles charnues et découpées, à forte odeur.
Famille : Brassicacées (ou Crucifères).
Qualités nutritives : la roquette est tonique, apéritive et digestive, et très peu calorique.
Sol : elle accepte tous les terrains.
Exposition : très accommodante, la roquette supporte l'ombre aussi bien que le plein soleil.
Variétés conseillées : l'espèce type seulement.
Méthode de culture : la roquette se multiplie par semis en place, du printemps à l'été.
Récolte : les feuilles se récoltent dès que leur taille est suffisante. On les coupe sans arracher la plante et elles repoussent abondamment.
Le truc à connaître : il est bon d'échelonner les semis pour étaler les récoltes, et d'arroser par temps sec pour retarder la montée à graines.

Helianthus tuberosus
TOPINAMBOUR

Originaire d'Amérique du Nord, le topinambour est une vivace naissant de tubercules charnus. Les grandes tiges portent de larges feuilles ovales. Les capitules de fleurs jaunes et brunes ressemblent à ceux du tournesol, en plus petits.
Famille : Astéracées (ou Composées).
Qualités nutritives : il est riche en inuline, sucre assimilable par les diabétiques. 70 kcal pour 100 g.
Sol : le topinambour supporte bien le froid, il accepte tous les sols, même les plus ingrats.
Exposition : de culture facile, le topinambour se plaît à la mi-ombre comme en plein soleil.
Variétés conseillées : les rares variétés diffèrent par la forme et la couleur du tubercule, qui peut être bosselé ou allongé, brun ou violet.
Méthode de culture : le topinambour se multiplie par les tubercules, mis en terre au printemps.
Récolte : les tubercules se récoltent à partir de septembre. Ils peuvent passer l'hiver en terre.

◀ Le cresson alénois est une salade de culture facile.

LE SECRET D'UN BON MESCLUN

La roquette est un condiment à la saveur très particulière. Dans le Midi, elle est couramment utilisée pour les salades. Elle est indispensable dans le « mesclun ». Elle peut remplacer le cresson en accompagnement de viandes rôties, ou même en potage. C'est un légume à la saveur âcre et brûlante mais agréable.

Le truc à connaître : une fois planté, le topinambour revient de lui-même chaque année et peut se montrer très envahissant.

Lepidium sativum
CRESSON ALÉNOIS

Originaire d'Asie occidentale, le cresson alénois est une annuelle d'un vert un peu bleuté, portant des feuilles découpées de saveur piquante.
Famille : Brassicacées (ou Crucifères).
Qualités nutritives : le cresson alénois est stimulant, apéritif, digestif, et antiscorbutique.
Sol : il aime les terres légères, fraîches et humifères.
Exposition : au printemps et à la fin de l'été, on choisira une exposition ensoleillée, tandis qu'en plein été, le cresson alénois sera semé à l'ombre.
Variétés conseillées : on pourra choisir entre le 'Cresson alénois commun', le plus courant, et le 'Cresson alénois frisé', plus original.
Méthode de culture : semez le cresson alénois en place de mars à septembre. Pour en avoir toute l'année, il est préférable d'étaler les semis.
Récolte : les feuilles se récoltent jusqu'aux gelées, dès qu'elles sont suffisamment développées.
Le truc à connaître : arrosez abondamment le cresson alénois pour éviter qu'il ne monte trop vite.

Mesembryanthemum crystallinum
GLACIALE

Synonyme : *Cryophytum cristallinum*. Originaire des côtes de l'Afrique du Sud, la glaciale est une plante vivace, charnue, couverte de petites vési-

Les légumes anciens

cules transparentes remplies d'un liquide salé, qui brillent au soleil comme des cristaux de glace.
Famille : Aizoacées.
Qualités nutritives : 20 kcal pour 100 g. La glaciale renferme plus de 95 % d'eau.
Sol : la glaciale aime les sols légers, sablonneux et humifères. Elle craint l'humidité stagnante.
Exposition : à cultiver en plein soleil. La glaciale supporte la chaleur et la sécheresse.
Variétés conseillées : juste l'espèce type.
Méthode de culture : semez les fruits durs à cinq angles de la glaciale en place, du printemps à l'été, en les recouvrant à peine de terre.
Récolte : les feuilles se récoltent au fur et à mesure des besoins pendant tout l'été.
Le truc à connaître : bien que vivace, la glaciale est généralement cultivée comme annuelle.

Pastinaca sativa
PANAIS

Commun au bord des chemins dans toute l'Europe, le panais est une plante bisannuelle à grosse racine charnue et à feuilles composées.
Famille : Apiacées (ou Ombellifères).
Qualités nutritives : 60 kcal pour 100 g.
Sol : le panais aime les terres fraîches et supporte celles qui sont un peu lourdes, bien profondes.
Exposition : il se plaît en plein soleil.
Variétés conseillées : le 'Demi-long de Guernesey' est le plus couramment commercialisé.
Méthode de culture : le panais se multiplie par semis assez clair, en place, de février à juin.
Récolte : les racines se récoltent quatre mois environ après le semis. Cependant, elles peuvent passer tout l'hiver en terre. Curieusement, leur saveur devient plus sucrée après les gelées.
Le truc à connaître : dans les régions au climat doux (Ouest, Midi), on peut semer fin septembre.

Portulaca oleracea
POURPIER

Originaire des régions chaudes du Bassin méditerranéen, le pourpier est une plante annuelle charnue, à tiges rougeâtres rampant sur le sol.
Famille : Portulacacées.
Qualités nutritives : riche en eau et en mucilages, le pourpier est très rafraîchissant.
Sol : il préfère les sols légers, plutôt sableux.
Exposition : le pourpier supporte le plein soleil ou la mi-ombre légère.
Variétés conseillées : le 'Pourpier doré à larges feuilles' est le plus courant. Le pourpier sauvage est une mauvaise herbe commune dans les jardins, qui se consomme comme le pourpier cultivé.
Méthode de culture : il se multiplie par semis en place, et se ressème tout seul.
Récolte : les feuilles et les tiges charnues se récoltent environ deux ou trois mois après le semis.
Le truc à connaître : on peut échelonner les semis pour récolter du pourpier jusqu'aux gelées.

Stachys affinis
CROSNE

Importé d'Extrême-Orient au siècle dernier, le crosne du Japon est une plante vivace à tubercules blanc nacré, formés d'une succession d'anneaux charnus. Les tiges portent des feuilles opposées, ovales ou allongées.
Famille : Labiacées (ou Labiées).
Qualités nutritives : 35 kcal pour 100 g.
Sol : le crosne aime les sols légers, secs et aérés.
Exposition : il préfère les situations ensoleillées.
Variétés conseillées : juste l'espèce type.
Méthode de culture : le crosne du Japon se multiplie par les tubercules, mis en place en poquets de trois ou quatre au début du printemps.
Récolte : les tubercules se récoltent environ huit mois après la plantation, lorsque les feuilles se dessèchent. On peut les arracher au fur et à mesure des besoins pendant tout l'hiver. Les crosnes se ramollissent rapidement et ne doivent pas être gardés trop longtemps.
Le truc à connaître : il faut biner avec précautions pour éviter d'abîmer les tubercules qui poussent en surface. On reproche au crosne d'être difficile à éplucher. Il suffit de les secouer vigoureusement dans un torchon pour les nettoyer sans peine.

Les crosnes du Japon à la forme surprenante : délicieux. ▶

▲ La glaciale fait une salade d'été très rafraîchissante.

▲ Les racines de panais sont excellentes en chips.

▲ Le pourpier est croquant et d'une saveur rustique.

619

Le jardin de légumes

LES PLANTES CONDIMENTAIRES

Renfermant des essences aux arômes subtils, ces plantes sont utilisées pour enrichir la saveur des salades et des plats cuisinés. Dans le jardin, elles dégagent une odeur très agréable, toujours plus intense le soir.

Allium fistulosum
CIBOULE

Originaire d'Asie, la ciboule est une plante vivace à longues feuilles cylindriques, creuses, dégageant une odeur d'oignon.
Famille : Liliacées.
Parties utilisées : les jeunes feuilles.
Sol : la ciboule aime les terres fertiles et fraîches, pas trop humides mais humifères.
Exposition : une situation ensoleillée.
Espèces et variétés conseillées : on cultive surtout la 'Ciboule commune blanche'. La 'Ciboule commune rouge' et la 'Ciboule Saint-Jacques' sont moins courantes, mais très proches.
Méthode de culture : la ciboule se multiplie par semis en place du printemps à l'été, ou par division des touffes en mars ou en octobre.
Récolte et utilisations : les feuilles se récoltent dès que leur taille est suffisante. Elles aromatisent les salades, les soupes, les sauces et les omelettes. On peut aussi les faire cuire comme légume.
Le truc à connaître : la ciboule est souvent cultivée comme plante annuelle ou bisannuelle, mais elle peut rester plusieurs années en place.

Allium schoenoprasum
CIBOULETTE

Spontanée sur les pelouses de nos montagnes, la ciboulette est une plante vivace formant des touffes de feuilles creuses, effilées, très odorantes au froissement. Elle donne de jolies fleurs roses groupées au sommet des tiges.

 La ciboulette : un goût délicieux d'une grande finesse.

Famille : Liliacées.
Parties utilisées : les feuilles bien vertes.
Sol : elle aime les sols frais, peu humides.
Exposition : la ciboulette préfère le plein soleil.
Espèces et variétés conseillées : aucune en particulier, on ne cultive que l'espèce type.
Méthode de culture : la ciboulette se multiplie par éclat des touffes importantes, ou par semis en place, de préférence au printemps.
Récolte et utilisations : les feuilles se récoltent à tout moment. Coupez-les fréquemment pour que la plante ne monte à graines. La ciboulette s'utilise de préférence fraîche, mais elle peut se faire sécher. Elle parfume les crudités, les salades, les soupes, les omelettes et sauces, et présente des propriétés apéritives et digestives.
Le truc à connaître : la ciboulette est idéale pour faire des bordures ornementales. Elle se prête bien à la culture en pots sur les fenêtres et les balcons.

Anethum graveolens
ANETH

Originaire du sud de l'Europe, l'aneth est une plante annuelle à feuilles divisées en segments étroits et allongés. Ses petites fleurs jaunes donnent des grains ovales, brun clair.
Famille : Apiacées (ou Ombellifères).
Parties utilisées : les feuilles et les graines.
Sol : cette plante préfère les sols légers.
Exposition : l'aneth aime les situations chaudes, en plein soleil, en évitant les vents trop forts.
Espèces et variétés conseillées : aucune en particulier, on ne cultive que l'espèce type.
Méthode de culture : l'aneth se multiplie par semis en pleine terre ou en pépinière au printemps.

jardin gourmand

▲ La ciboule : une forte saveur qui rappelle l'oignon.

620

Les plantes condimentaires

Récolte et utilisations : les feuilles se récoltent dès qu'elles sont bien développées. Les graines se ramassent en août ou en septembre. Les feuilles fraîches ou séchées apportent aux salades, aux soupes ou aux légumes, une note aromatique particulière. Les grains parfument les cornichons au vinaigre dans les pays anglo-saxons. L'aneth aromatise aussi le poisson et les ragoûts.
Le truc à connaître : l'aneth ressemble beaucoup au fenouil, mais n'en a pas l'odeur anisée.

Anthriscus cerefolium
CERFEUIL

Originaire du Moyen-Orient, le cerfeuil est une plante annuelle à feuilles délicatement découpées. Les petites fleurs blanches en ombelles donnent des fruits noirs, minces et allongés.
Famille : Apiacées (ou Ombellifères).
Parties utilisées : les jeunes feuilles tendres.
Sol : il est peu exigeant sur la nature du terrain.
Exposition : le cerfeuil accepte l'ombre.
Espèces et variétés conseillées : on cultive principalement le 'Cerfeuil commun', plus rarement le 'Cerfeuil frisé' dont la saveur est plus faible.
Méthode de culture : il se multiplie par semis en place, de février à début septembre.
Récolte et utilisations : les feuilles se récoltent à tout moment. Finement aromatique à l'état frais, le cerfeuil perd ses qualités au séchage. Il parfume les soupes, les omelettes, les légumes, etc. On l'ajoute de préférence en fin de cuisson pour préserver son arôme délicat et pas très stable.
Le truc à connaître : semer à l'ombre, de mai à juillet, évite qu'il ne monte trop vite à graines.

Artemisia dracunculus
ESTRAGON

Originaire d'Asie centrale, l'estragon est une plante vivace buissonnante, dont les tiges raides et dressées portent des feuilles allongées, un peu épaisses et très odorantes.
Famille : Astéracées (ou Composées).
Parties utilisées : les feuilles des jeunes pousses.
Sol : il aime les sols légers, frais, secs.

Exposition : l'estragon accepte la mi-ombre.
Espèces et variétés conseillées : il faut faire attention au choix de la plante. 'Estragon de Russie' est inodore et sans saveur.
Méthode de culture : l'estragon se multiplie par division des touffes au printemps.
Récolte et utilisations : on coupe les tiges selon les besoins. L'estragon fait partie des « fines herbes ». Il s'utilise de préférence frais, car il perd beaucoup de son arôme au séchage, mais on peut le conserver dans le vinaigre ou dans l'huile. Il parfume les omelettes, les salades, les sauces, les cornichons ou certaines liqueurs d'herbes.
Le truc à connaître : l'estragon craint les grands froids. Il est souhaitable de couper les tiges à l'entrée de l'hiver et de couvrir les souches avec de la paille ou un lit de feuilles sèches.

Capsicum annuum
PIMENT

Originaire d'Amérique tropicale, le piment est une plante annuelle dont les petites fleurs blanches donnent des fruits, le plus souvent rouges à maturité, et à forte saveur.
Famille : Solanacées.
Parties utilisées : les fruits bien colorés.
Sol : il aime les terres humifères et la chaleur.
Exposition : le piment exige une situation chaude et abritée des vents, en plein soleil.
Espèces et variétés conseillées : il existe de très nombreuses variétés, différant par la taille et la puissance de saveur des fruits. Le 'Piment de Cayenne' est l'un des plus piquants.
Méthode de culture : le piment se multiplie par semis en godets à l'intérieur en mars, pour se repiquer sous châssis en avril, et se mettre en place vers la fin mai ou le début de juin.
Récolte et utilisations : les fruits se ramassent généralement mûrs. Ils s'emploient à petite dose, frais, séchés ou conservés dans l'huile.
Le truc à connaître : au nord de la Loire, il est préférable de prévoir tout le cycle de culture sous serre, car le piment est vraiment très frileux.

▲ L'aneth : une parenté avec le fenouil, une saveur douce.

▲ L'estragon ne produit pas de graines fertiles.

▲ Le cerfeuil assaisonne agréablement salades et potages.

Le piment fort est un ingrédient de la cuisine exotique. ▶

621

Le jardin de légumes

▲ Le raifort : une plante très appréciée en Alsace.

▲ La coriandre est aussi appelée « persil thaïlandais ».

 Le safran est prélevé sur les étamines d'un crocus.

jardin gourmand

Cochlearia rusticana
RAIFORT

Originaire du sud-est de l'Europe, le raifort est une plante vivace à racine épaisse et charnue. Les feuilles de la base sont très grandes avec un long pétiole. La saveur est forte et piquante.
Famille : Brassicacées (ou Crucifères).
Parties utilisées : la racine râpée.
Sol : le raifort aime les sols frais, humifères et bien aérés. Une terre profonde est préférable.
Exposition : il supporte l'ombre partielle.
Espèces et variétés conseillées : on ne cultive que l'espèce type, sans aucune amélioration.
Méthode de culture : il se multiplie par tronçons de racines, que l'on met en terre au printemps.
Récolte et utilisations : les racines se déterrent de préférence à partir de la deuxième année. Elles s'utilisent généralement fraîches, râpées, pour relever les bouillons, les potées, le saumon, les poissons fumés, la mayonnaise et les sauces. On peut les conserver, une fois râpées, dans du vinaigre.
Le truc à connaître : le raifort forme une belle touffe décorative dans un massif de vivaces.

Coriandrum sativum
CORIANDRE

Originaire d'Asie occidentale, la coriandre est une plante annuelle à feuillage finement découpé et à fleurs blanc pur qui produit en fin de saison de petits fruits ronds aromatiques.
Famille : Apiacées (ou Ombellifères).
Parties utilisées : les feuilles et les graines.
Sol : elle se plaît dans la plupart des terrains.
Exposition : la coriandre préfère le plein soleil.
Espèces et variétés conseillées : aucune en particulier, on ne cultive que l'espèce type.
Méthode de culture : la coriandre se multiplie par semis directement en place au printemps.
Récolte et utilisations : les feuilles se récoltent dès qu'elles sont assez développées. Elles servent de condiment pour les salades, les légumes, les soupes et de nombreux autres plats. Les grains mûrs, de couleur brun clair, sont ramassés à la fin de l'été et stockés dans un local bien sec.
Le truc à connaître : il est préférable de ramasser les grains avant leur maturité complète pour éviter qu'ils ne tombent sur le sol.

Crocus sativus
SAFRAN

Originaire d'Asie occidentale, le safran est une plante vivace à bulbe assez gros. Les feuilles allongées et étroites, partent toutes de la base. Les fleurs violacées portent trois stigmates et des étamines aux anthères d'un rouge-orangé très vif.
Famille : Iridacées.
Parties utilisées : étamines et stigmates.
Sol : le safran aime les sols légers et bien drainés.
Exposition : il exige une situation assez chaude.
Espèces et variétés conseillées : il existe des formes blanches à vocation ornementale.
Méthode de culture : il se reproduit par bulbilles formées autour du bulbe principal. On les plante de juin à septembre, à 15 cm de profondeur.
Récolte et utilisations : les fleurs sont coupées de fin septembre à début octobre. Les stigmates sont délicatement retirés, puis rapidement séchés dans un local aéré. Le safran, très aromatique, parfume le riz, les sauces, les crèmes et les desserts.
Le truc à connaître : il faut environ cent cinquante fleurs pour obtenir un gramme de safran ! Ne laissez pas les bulbes de safran plus de cinq années consécutives en terre, sinon ils dégénèrent.

Cuminum cyminum
CUMIN

Originaire d'Asie occidentale, le cumin est une plante annuelle à feuilles très découpées, dont les fleurs blanches donnent de petits grains allongés au parfum remarquable.
Famille : Apiacées (ou Ombellifères).
Parties utilisées : les graines séchées.
Sol : le cumin aime les terres légères.
Exposition : il exige une situation chaude.
Espèces et variétés conseillées : il n'y a pas de variétés particulières.

Les plantes condimentaires

Méthode de culture : le cumin se multiplie par semis en place à la fin du printemps.
Récolte et utilisations : les graines se récoltent à la fin de l'été. Elles servent à parfumer les sauces, le munster, les curries, etc.
Le truc à connaître : il est préférable de ramasser les graines avant leur complète maturité pour éviter qu'elles ne tombent par terre.

Laurus nobilis
LAURIER-SAUCE

Originaire de la région méditerranéenne, le laurier est un arbuste à feuilles persistantes, vert foncé, très odorantes lorsqu'on les froisse.
Famille : Lauracées.
Parties utilisées : les feuilles fraîches ou sèches.
Sol : le laurier aime les sols secs et légers.
Exposition : il exige une exposition chaude, et abritée des vents du Nord.
Espèces et variétés conseillées : il n'y a pas de variétés particulières.
Méthode de culture : le laurier-sauce se multiplie, surtout par bouturage de pousses demi-aoûtées en fin d'été, ou par marcottage aérien. Il convient très bien à la culture en grand pot sur un balcon.
Récolte et utilisations : les feuilles de laurier-sauce se récoltent tout au long de l'année. Elles servent à parfumer les sauces, les ragoûts et les courts-bouillons. Séchées, elles conservent leurs vertus.
Le truc à connaître : en hiver, il faut abriter les jeunes plants en les entourant de paille.

Mentha spp.
MENTHES

De nombreuses espèces de menthes poussent spontanément en Europe. Ce sont des plantes vivaces à souches traçantes, portant des feuilles opposées, gaufrées et très odorantes.
Famille : Labiacées.
Parties utilisées : les feuilles fraîches ou sèches.
Sol : les menthes aiment les terres humifères et humides, voire même lourdes et riches.
Exposition : elles acceptent la mi-ombre.
Espèces et variétés conseillées : on cultive principalement la menthe verte (*Mentha spicata*), à feuilles plates ou crépues, et la menthe poivrée (*Mentha piperita*), dont l'odeur est extrêmement pénétrante. La menthe à feuilles vertes (*Mentha rotundifolia*) est vigoureuse mais moins parfumée.
Méthode de culture : les menthes se multiplient par division des rhizomes ou des touffes.
Récolte et utilisations : la cueillette se fait selon les besoins, de préférence le matin avant le plein soleil. Les feuilles s'utilisent fraîches ou séchées pour parfumer les sauces et les boissons (menthe verte) ou les desserts, les salades de fruits et les compotes (menthe poivrée).
Le truc à connaître : les menthes sont vite envahissantes, cultivez-les plutôt en jardinière pour éviter qu'elles ne se propagent partout.

Ocimum basilicum
BASILIC

Originaire de l'Inde, le basilic est une plante de taille variable, à feuillage très odorant.
Famille : Lamiacées.
Parties utilisées : les feuilles fraîches.
Sol : le basilic aime les sols légers et assez riches.
Exposition : il exige une situation chaude et ensoleillée, à l'abri du vent et du froid.
Espèces et variétés conseillées : le plus commun est le 'Basilic grand vert', mais il existe bien d'autres variétés, en particulier le 'Basilic pourpre' (*purpurascens*), le 'Basilic citronné' (*citriodorum*), le 'Basilic à petites feuilles' (*minimum*), etc.
Méthode de culture : le basilic se sème, en pleine terre, en avril ou en mai dans le Midi, ou bien à l'intérieur en mars ou en avril pour être mis en place au jardin en mai ou en juin.
Récolte et utilisations : les feuilles se cueillent avant les grosses chaleurs de la journée. Les feuilles fraîches parfument les salades et les crudités, les sauces et la soupe au « pistou ». En séchant, elles perdent de leur parfum, il est préférable de les congeler pour les conserver.
Le truc à connaître : il faut arroser copieusement, y compris les feuilles, lors des fortes chaleurs.

▲ Les graines de cumin ont une saveur très particulière.

▲ Le laurier-sauce est plus rustique qu'on le croit souvent.

▲ La menthe est une délicieuse conquérante du jardin.

Le basilic : un aromate de la cuisine méditerranéenne. ▶

Le jardin de légumes

▲ La marjolaine est une plante encore assez mal utilisée.

▲ Le persil frisé : décoratif mais peu parfumé.

Origanum majorana
MARJOLAINE

Originaire du sud-ouest de l'Asie, la marjolaine est une plante à tiges dressées de couleur rouge qui portent des petites feuilles arrondies très odorantes, d'un vert grisâtre assez original.
Famille : Labiacées.
Parties utilisées : les feuilles.
Sol : la marjolaine aime les sols légers et secs.
Exposition : elle a besoin d'une situation chaude, bien ensoleillée et à l'abri des gelées.
Espèces et variétés conseillées : la véritable marjolaine « à coquilles », (*Origanum majorana*), annuelle, est beaucoup plus odorante que l'origan (*Origanum vulgare*), très voisin mais vivace.
Méthode de culture : la marjolaine se multiplie par semis en place au printemps.
Récolte et utilisations : les feuilles se récoltent de préférence le matin. Elles s'emploient fraîches ou séchées pour parfumer les plats cuits, les soupes, les sauces et les marinades.
Le truc à connaître : la marjolaine craint le froid et gèle en hiver ; protégez-la par un lit de paille. Cette plante accepte bien la culture en pot.

Petroselinum crispum
PERSIL

Originaire d'Asie occidentale, le persil est une plante bisannuelle glabre, luisante, à feuilles très découpées, au pourtour triangulaire.
Famille : Apiacées (ou Ombellifères).
Parties utilisées : les feuilles et les tiges.
Sol : le persil préfère les sols frais, riches en humus et d'une consistance légère.
Exposition : il apprécie la mi-ombre.
Espèces et variétés conseillées : on cultive le 'Persil commun' et le 'Persil frisé', le premier étant plus parfumé. Le persil-racine est une variété de persil à racine allongée, blanche, comestible.
Méthode de culture : le persil se multiplie par semis en place au printemps et en été.
Récolte et utilisations : les feuilles se récoltent selon les besoins. Le persil s'utilise frais dans les salades, les sauces, les crudités, les potages, les omelettes, etc. Il est toxique pour les perroquets.
Le truc à connaître : la levée du persil est souvent très lente, trempez les graines avant le semis.

Rosmarinus officinalis
ROMARIN

Commun dans les lieux arides du Midi, le romarin est un arbrisseau à feuilles linéaires, coriaces et persistantes, blanchâtres en dessous et très odorantes. Les fleurs bleues attirent les abeilles.
Famille : Labiacées.
Parties utilisées : les feuilles de l'année.
Sol : le romarin supporte les sols pauvres, arides, et très calcaires. Il craint les excès d'humidité.
Exposition : il exige le plein soleil.
Espèces et variétés conseillées : il n'y a pas de variétés particulières, on cultive l'espèce type.
Méthode de culture : le romarin peut se semer au printemps, ou se bouturer à l'étouffée dans le courant de l'été. Il craint les fortes gelées.
Récolte et utilisations : on ramasse généralement les feuilles avant la floraison. Le romarin aromatise les poissons, les grillades, les sauces et les légumes. Il est stimulant et digestif.
Le truc à connaître : les sols trop riches et l'arrosage nuisent à la qualité de l'arôme du romarin.

Salvia officinalis
SAUGE

Spontanée dans les lieux arides du Midi, la sauge est une plante vivace ligneuse à feuilles allongées, d'un vert grisâtre, très odorantes.
Famille : Labiacées.
Parties utilisées : les feuilles.
Sol : la sauge supporte tous les sols, même les plus arides, elle les préfère souples et riches.
Exposition : il faut la cultiver en plein soleil.
Espèces et variétés conseillées : il existe des variétés ornementales à feuilles panachées.
Méthode de culture : la sauge se multiplie par semis, par division des touffes, par bouturage ou par marcottage. Il faut la renouveler régulièrement.

◄ Le romarin fait aussi une belle plante d'ornement.

jardin gourmand

Les plantes condimentaires

Récolte et utilisations : les feuilles se récoltent de préférence avant la floraison. Le parfum est plus agréable une fois les feuilles séchées. On en assaisonne le poisson, les sauces, les farces, les légumes, etc. L'infusion de feuilles de sauge est stimulante, digestive et antisudorale.
Le truc à connaître : pour obtenir un meilleur arôme, il est préférable de donner à la sauge une terre calcaire, pauvre et sèche, et de ne pas l'arroser trop souvent, surtout au début du printemps.

Sanguisorba minor
PIMPRENELLE

Fréquente dans les prés et les talus secs de nos régions, la pimprenelle est une petite plante vivace à feuilles en rosettes, composées de nombreuses folioles arrondies et dentées.
Famille : Rosacées.
Parties utilisées : les feuilles.
Sol : la pimprenelle accepte la plupart des sols, même secs. C'est une plante accommodante.
Exposition : elle préfère le soleil, mais supporte la mi-ombre passagère.
Espèces et variétés conseillées : il n'y a pas de variétés particulières, on cultive l'espèce type.
Méthode de culture : semez la pimprenelle en place au printemps ou à la fin de l'été.
Récolte et utilisations : les feuilles se récoltent toute l'année si le climat le permet. Elles rappellent la noix verte et s'utilisent comme le persil dans les salades, les soupes, les omelettes et les sauces.
Le truc à connaître : les jeunes feuilles du centre de la rosette sont les plus tendres.

Satureja spp.
SARRIETTE

Les sarriettes sont des plantes à tiges poilues de section carrée qui portent des feuilles étroites, molles ou coriaces, très odorantes. Bien touffues, elles mesurent environ 30 cm de hauteur.
Famille : Labiacées.
Parties utilisées : les feuilles.
Sol : toutes les terres, même sèches, conviennent.
Exposition : les sarriettes demandent le plein soleil.

Espèces et variétés conseillées : on cultive la sarriette des jardins (*Satureja hortensis*), plante annuelle originaire de l'est méditerranéen, et la sarriette des montagnes (*Satureja montana*), vivace, spontanée sur les coteaux arides du Midi.
Méthode de culture : la sarriette des jardins se sème au printemps, en pépinière ou en place. La sarriette des montagnes peut se semer ou se multiplier par division des touffes ou par bouturage.
Récolte et utilisations : les feuilles se cueillent de préférence le matin. On en parfume les salades, les légumineuses et les grillades. Elles sont stimulantes et digestives, d'un parfum délicat.
Le truc à connaître : la sarriette des montagnes préfère une terre plus pauvre que sa cousine.

Thymus vulgaris
THYM

Spontané dans les lieux arides du Midi, le thym est une plante vivace ligneuse aux nombreux rameaux portant de petites feuilles grisâtres, très aromatiques. Son port est assez couvre-sol.
Famille : Labiacées.
Parties utilisées : les jeunes pousses.
Sol : il accepte la plupart des sols, même très secs.
Exposition : le thym doit être cultivé en plein soleil, même dans un endroit assez aride.
Espèces et variétés conseillées : le thym à odeur de citron (*Thymus citriodora*) est particulièrement agréable. Il existe des formes ornementales.
Méthode de culture : le thym se sème au printemps, en pépinière ou en place. On rajeunit aussi les vieux sujets par division des touffes.
Récolte et utilisations : les feuilles se récoltent de préférence le matin. Le thym parfume les soupes, les sauces, les légumes, les grillades, etc. Son infusion est digestive, calmante et expectorante.
Le truc à connaître : il est aussi possible d'utiliser les pousses fleuries pour aromatiser les plats. Le thym attire beaucoup les insectes butineurs, aussi plantez-le dans un endroit un peu excentré du coin barbecue. Vous pouvez conserver les tiges au congélateur, elles ne perdent pas leur parfum.

Le thym est un bon couvre-sol pour les sols secs. ▶

▲ La sauge officinale porte de jolies fleurs bleues en été.

▲ Le feuillage finement dentelé de la pimprenelle.

▲ La sarriette vivace dégage un arôme très raffiné.

Le jardin de légumes

LES PLANTES OFFICINALES

Appelées aussi « les simples », ce sont les plantes qui, depuis des siècles, font partie de la pharmacopée populaire. Nous vous présentons ici une sélection d'espèces courantes, non toxiques et faciles d'utilisation.

Althaea officinalis
GUIMAUVE

Spontanée au bord des eaux dans presque toutes nos régions, surtout près du littoral, la guimauve est une grande plante vivace portant de larges feuilles veloutées, blanchâtres, et de jolies fleurs en coupe d'un blanc rosé.
Famille : Malvacées.
Parties utilisées : la racine, les feuilles et les fleurs. Toute la plante est mucilagineuse.
Sol : elle aime les terrains frais, voire humides.
Exposition : la guimauve préfère le soleil.
Espèces et variétés conseillées : on n'utilise que l'espèce sauvage à des fins officinales.
Méthode de culture : elle se multiplie par semis en place au printemps. La guimauve est de culture facile. Évitez simplement les zones trop ventées.
Récolte et utilisations : la racine, les feuilles et les fleurs se récoltent en été suivant les besoins. Toutes les parties de la plante sont adoucissantes et laxatives. Les fleurs peuvent décorer les salades.
Le truc à connaître : la guimauve est une plante ornementale intéressante par son aspect velouté et sa jolie floraison estivale. La rose trémière (*Althaea rosea*) possède des vertus similaires.

▲ La guimauve possède des propriétés adoucissantes.

◄ L'angélique s'utilise aussi confite dans les pâtisseries.

Angelica archangelica
ANGÉLIQUE OFFICINALE

Originaire du nord de l'Europe, l'angélique officinale est une grande plante bisannuelle au feuillage très ample. Toutes ses parties dégagent au froissement une forte odeur aromatique. Les ombelles peuvent atteindre 2 m de haut.
Famille : Apiacées (ou Ombellifères).
Parties utilisées : les jeunes tiges et les fruits.
Sol : elle aime les sols frais et profonds.
Exposition : elle accepte le soleil ou la mi-ombre.
Espèces et variétés conseillées : on n'utilise que l'espèce type appelée : « herbe aux anges ».
Méthode de culture : semée au printemps, l'angélique se ressème souvent toute seule, jusqu'à devenir envahissante dans certains terrains riches.
Récolte et utilisations : les jeunes tiges se récoltent lorsqu'elles sont encore très tendres. Elles sont confites au sucre pour aromatiser les gâteaux. Les fruits d'angélique parfument des liqueurs. Toute la plante est stimulante et digestive. C'est un très bon antispasmodique à prendre en infusion. Elle entre dans la composition de l'eau de mélisse.
Le truc à connaître : les semences doivent être mises en terre le plus rapidement possible, car leur faculté germinative est très brève.

Artemisia vulgaris
ARMOISE

Commune dans les lieux incultes de nos régions, l'armoise est une grande plante vivace aux tiges rougeâtres, portant des feuilles découpées, légèrement odorantes au froissement, et des petits capitules de fleurs vertes.
Famille : Astéracées (ou Composées).
Parties utilisées : les feuilles et les sommités fleuries, appelées « herbe de la Saint-Jean ».
Sol : l'armoise aime les sols fertiles.
Exposition : elle préfère le soleil.
Espèces et variétés conseillées : il n'y a

Les plantes officinales

pas de variétés, on utilise la plante sauvage.
Méthode de culture : semez en place ou, plus simplement, divisez les touffes au printemps.
Récolte et utilisations : les feuilles et les sommités fleuries se récoltent suivant les besoins. Elles favorisent la digestion et soulagent les règles douloureuses. Les jeunes pousses tendres peuvent être hachées dans les salades pour les aromatiser, et on en fait aussi d'excellents beignets.
Le truc à connaître : en tant qu'adventice, l'armoise indique un sol extrêmement riche en azote.

Borago officinalis
BOURRACHE

Originaire des régions méditerranéennes, la bourrache est une plante annuelle hérissée de poils raides et piquants. Elle porte de larges feuilles, et des fleurs très décoratives, à cinq pétales en étoile, d'un bleu azur.
Famille : Boraginacées.
Parties utilisées : les feuilles et les fleurs.
Sol : la bourrache aime les sols riches et profonds.
Exposition : le plein soleil lui est favorable.
Espèces et variétés conseillées : il existe des variétés ornementales à fleurs blanches.
Méthode de culture : la bourrache se propage naturellement par ses graines, qui tombent dès qu'elles ont atteint la maturité.
Récolte et utilisations : les feuilles et les fleurs se récoltent en fin de printemps. Les jeunes feuilles peuvent s'ajouter crues aux salades, que décorent magnifiquement les fleurs. Les feuilles développées se font cuire en légume. Toute la plante est émolliente, expectorante, diurétique et sudorifique.
Le truc à connaître : une fois semée dans le jardin, la bourrache revient toute seule chaque année. On la retrouve un peu partout dans le jardin, car les fourmis transportent ses graines et s'en nourrissent.

Chamomilla recutita
CAMOMILLE

Communes dans les régions incultes, dans toute l'Europe, les camomilles sont des plantes annuelles à feuilles finement divisées et à fleurs groupées en capitules. Elles dégagent au froissement une odeur aromatique très agréable.
Famille : Astéracées (ou Composées).
Parties utilisées : les capitules frais ou secs.
Sol : les camomilles supportent la plupart des sols.
Exposition : elles apprécient le soleil.
Espèces et variétés conseillées : on cultive principalement la camomille allemande (*Chamomilla recutita*) et la camomille romaine (*Chamaemelum nobile*) que l'on trouve parfois classées dans les genres *Anthemis* ou *Matricaria*.
Méthode de culture : les camomilles se multiplient par semis en place au printemps.
Récolte et utilisations : les capitules se récoltent de préférence le matin. Leur infusion est tonique, antispasmodique, digestive et analgésique. Sucrez au miel pour ôter l'amertume. Elle sert de collyre en cas d'inflammation des yeux.
Le truc à connaître : comme adventice, la camomille allemande indique un sol sec, plutôt calcaire.

Chelidonium majus
CHÉLIDOINE

Fréquente au pied des murs et dans les décombres, la chélidoine est une plante annuelle sécrétant, lorsqu'on la casse, un latex jaune clair ou orangé. Elle porte de jolies feuilles vert bleuté et des fleurs jaunes à quatre pétales.
Famille : Papavéracées.
Parties utilisées : le latex.
Sol : la chélidoine supporte tous les terrains.
Exposition : au soleil ou à la mi-ombre.
Espèces et variétés conseillées : on n'emploie que la plante sauvage à des fins officinales.
Méthode de culture : elle se multiplie facilement par ses graines et se ressème d'elle-même.
Récolte et utilisations : le latex jaune de la plante est appliqué sur les verrues pour les faire disparaître. La plante elle-même est toxique avec des vertus irritantes. Usage externe seulement.
Le truc à connaître : les fourmis se nourrissent de l'appendice cireux entourant ses graines et les transportent un peu partout dans le jardin.

Le suc laiteux de la chélidoine guérit les verrues. ▶

▲ Les jeunes feuilles d'armoise sont très digestives.

▲ La bourrache est aussi une très belle plante d'ornement.

▲ Une infusion de camomille est idéale pour la digestion.

Le jardin de légumes

▲ L'hysope officinale dégage une odeur très aromatique.

▲ La verveine citronnelle : délicieuse mais très frileuse.

▲ La mélisse officinale devient vite envahissante.

◄ La consoude est une plante vivace d'une rare vigueur.

Hyssopus officinalis
HYSOPE

Spontanée sur les coteaux arides du Midi, l'hysope est une plante vivace à feuilles opposées, étroites et allongées, très aromatiques. Elle épanouit de jolies fleurs bleu lavande en été.
Famille : Labiacées.
Parties utilisées : les feuilles et les fleurs.
Sol : l'hysope supporte les sols secs, voire arides.
Exposition : elle doit être cultivée en plein soleil.
Espèces et variétés conseillées : il n'y a pas de variétés particulières, on cultive l'espèce type.
Méthode de culture : l'hysope se multiplie par semis en place ou par division des touffes au printemps. Désherbez et arrosez en cas de nécessité.
Récolte et utilisations : les feuilles et les sommités fleuries se récoltent suivant les besoins. Elles s'emploient fraîches ou séchées pour parfumer les salades, les légumes, les soupes et les liqueurs. L'hysope donne de délicieuses infusions expectorantes, stimulantes et digestives. On l'emploie surtout pour les maladies des bronches.
Le truc à connaître : faites des infusions de vingt grammes de feuilles par litre d'eau, associées à de la réglisse et de la cannelle.

Lippia triphylla
VERVEINE CITRONNELLE

Originaire du sud-ouest de l'Amérique du Sud, la verveine citronnelle ou verveine odorante est un sous-arbrisseau à feuilles allongées, un peu rugueuses, dégageant une odeur citronnée.
Famille : Verbénacées.
Parties utilisées : les feuilles.
Sol : elle aime une terre fraîche et fertile.
Exposition : la verveine odorante exige une situation chaude et protégée des vents froids. On ne peut pas la considérer comme une plante rustique.
Espèces et variétés conseillées : on ne cultive que l'espèce type, il n'existe pas de variétés.
Méthode de culture : la verveine citronnelle se multiplie par semis en pépinière sous abri au printemps ou par bouturage de tiges en fin d'été.
Récolte et utilisations : les feuilles se récoltent dès qu'elles sont développées. On en prépare des infusions digestives et elles parfument des crèmes, des sorbets et des liqueurs. La verveine officinale (*Verbena officinalis*) facilite aussi la digestion. Elle est aussi employée en cataplasme calmant.
Le truc à connaître : cultivez la verveine citronnelle en pots pour la rentrer sous abri avant les premières gelées. La dose d'infusion est de trente grammes par litre d'eau pendant dix minutes.

Melissa officinalis
MÉLISSE

Commune dans les bois et les haies du sud de l'Europe, la mélisse est une plante vivace à feuilles opposées, gaufrées, qui dégagent au froissement une fraîche odeur citronnée.
Famille : Labiacées.
Parties utilisées : les feuilles.
Sol : la mélisse aime les terrains frais et fertiles.
Exposition : elle supporte l'ombre assez légère.
Espèces et variétés conseillées : il existe une forme à feuilles dorées : 'Aurea', très décorative.
Méthode de culture : la mélisse se multiplie par semis en place au printemps, ou plus simplement, par division des très grosses touffes.
Récolte et utilisations : la plante se récolte du printemps à l'automne. Ses feuilles parfument les flans, les crèmes et les boissons et donnent des infusions calmantes et digestives.
Le truc à connaître : la mélisse est très envahissante, ne la laissez pas se propager dans le jardin.

Symphytum officinale
CONSOUDE

Commune dans les prés et les bois humides dans toute la France, la consoude officinale est une plante vivace, couverte de poils raides, portant de larges feuilles aiguës et de jolies fleurs.
Famille : Boraginacées.
Parties utilisées : la racine et les feuilles.
Sol : la cousoude apprécie surtout les terres

Les plantes officinales

fraîches, voire humides, fertiles et riches en humus.
Exposition : elle apprécie la mi-ombre.
Espèces et variétés conseillées : on cultive également la 'Consoude de Russie' (*Symphytum* x *uplandicum*), de plus grande taille.
Méthode de culture : la consoude se propage par division des touffes. Après une coupe, elle peut repousser trois ou quatre fois dans une saison.
Récolte et utilisations : les feuilles se récoltent suivant les besoins. On les fait cuire comme légumes, en soupe ou en beignets. Autrefois, la racine fraîche était râpée, et utilisée comme cataplasme en cas de fractures.
Le truc à connaître : la racine fraîche et broyée de la consoude, appliquée en cataplasme, fait un bon calmant des brûlures et des gerçures.

Tanacetum vulgare
TANAISIE

Fréquente au bord des chemins dans toutes nos régions, souvent en colonies, la tanaisie est une plante vivace à feuilles découpées, dégageant au froissement une forte odeur camphrée.
Famille : Astéracées (ou Composées).
Parties utilisées : les feuilles et les graines.
Sol : la tanaisie s'adapte à la plupart des sols.
Exposition : elle préfère le soleil.
Espèces et variétés conseillées : il n'y a pas de variétés particulières, on utilise l'espèce type.
Méthode de culture : la tanaisie se propage facilement par éclats de touffes au printemps.
Récolte et utilisations : la tanaisie se récolte suivant les besoins. Les feuilles parfument les crèmes, les desserts et les liqueurs. L'infusion des graines, à 30 g par litre, est tonique et vermifuge.
Le truc à connaître : les principes actifs de la tanaisie peuvent être toxiques à la longue. N'employez cette plante qu'épisodiquement.

Tussilago farfara
TUSSILAGE

Commun au bord des chemins, le tussilage est une plante vivace, donnant au début du printemps des capitules de fleurs jaunes solitaires, puis de larges feuilles, qui sortent directement du sol. Il ressemble un peu au pissenlit.
Famille : Astéracées (ou Composées).
Parties utilisées : les capitules et les feuilles.
Sol : le tussilage se plaît dans les terres argileuses et humides, de préférence riches et profondes.
Exposition : il préfère le soleil.
Espèces et variétés conseillées : on utilise la plante sauvage, c'est une mauvaise herbe.
Méthode de culture : le tussilage se multiplie par division de ses longs rhizomes.
Récolte et utilisations : les fleurs se récoltent dès qu'elles sont épanouies et se dégustent revenues à la poêle. Les feuilles se ramassent du printemps à l'automne. Elles se font cuire en légume, dans les soupes ou en beignets. Le tussilage est émollient et expectorant.
Le truc à connaître : faites une infusion contre la toux à raison de 50 g de fleurs par litre d'eau pendant vingt minutes. Sucrez au miel.

Valeriana officinalis
VALÉRIANE

Fréquente dans les lieux humides, la valériane est une plante vivace portant des feuilles opposées, découpées en segments allongés, et de petites fleurs odorantes d'un blanc rosé.
Famille : Valérianacées.
Parties utilisées : les parties souterraines.
Sol : la valériane aime les terrains humides.
Exposition : elle apprécie la mi-ombre.
Espèces et variétés conseillées : la valériane phu (*Valeriana phu*) était aussi jadis cultivée comme plante médicinale calmante.
Méthode de culture : elle se multiplie par ses stolons que termine une rosette de feuilles.
Récolte et utilisations : les racines se récoltent suivant les besoins. Elles rééquilibrent le système nerveux. Leur odeur particulière excite les chats.
Le truc à connaître : la macération ayant un goût très désagréable, il est bon de la parfumer avec de l'eau de fleur d'oranger ou de l'alcool de menthe et de la sucrer généreusement.

▲ La tanaisie est aussi appelée : « herbe aux vers ».

▲ Le tussilage est connu sous le nom de : « pas d'âne ».

La valériane officinale attire irrésistiblement les chats. ▶

629

CALENDRIER DE CULT

LÉGUMES	Janvier	Février	Mars	Avril	Mai	Juin	Juillet	Août	Septembre
Ail		🛠	🛠	🛠	🛠	💧	🧺	🧂	🧂
Artichaut	🫙	🫙	🛠	🛠	🛠	💧	🧺	🧺	🧺
Asperge		🛠	🛠	🌱🧴	🌱	🧺	🧴	🛠	🛠
Aubergine	🌱	🌱	🌱	🥕	🥕	🛠	💧	🧺	🧺
Betterave				🌱	🌱	🛠	💧	💧	🧺
Carotte		🌱	🌱🛠	🌱🧴	🌱🛠	🧺	💧	🧺	🧺
Céleri		🌱	🌱	🥕	🥕	💧🥕	💧🥕	🛠🥕	🥔🥬
Chicorée		🌱	🌱	🥕	🥕🛠	💧	🧺🫙	🫙	🫙
Chou de Bruxelles	🧺	🌱	🌱	🌱	🥕	🛠	💧	💧	🛠
Chou-fleur		🌱	🌱	🥕	🌱	💧	💧	🧺	
Chou pommé	🧺		🛠	🛠🌱	🥕🌱	🥕🛠	🛠	🧺🌱	🌱🛠
Concombre et cornichon		🌱	🌱🥕	🥕🧴	✂🧴	✂	💧	🧺	🛠
Courgette			🌱	🌱	🌱	🥔	🧴	🧺	🧺
Endive	🫙🧺			🌱	🌱	🌱	💧		🫙
Épinard	🧺		🌱	🌱	🌱	💧	💧	🧺	🌱
Fenouil			🌱	🌱	🌱	🌱	💧	🥔	🧺
Fève		🌱	🌱	🌱	💧🥔	🥔	🧺	🧺	
Haricot			🌱		🌱🥔	🥔	🧺	💧	
Laitue		🌱	🌱🥕	🌱🥕	🥕🌱	🌱	🌱	🧺	💧
Mâche	🧺					🌱	🌱	💧	🛠

 Semis sous abri   Plantation   Binage, sarclage   Traitement

Semis en plein air   Repiquage   Arrosage   Taille, pincement

E DES LÉGUMES (d'ail à mâche)

Octobre	Novembre	Décembre	Profondeur de semis (cm)	Distances sur la ligne (cm)	Distances entre les rangs (cm)	Temps nécessaire à la levée	Éclaircissage (cm)	Durée entre semis et récolte (jours)	Nombre de graines au gramme	Quantité de graines pour 1 m²	Faculté germinative (années)
			Plantation 3-4	12-15	25-30	8-15	-	120-150	-	60 plants	1-3
			Plantation 10	80	100	5-8	-	3 ans	25	1 plant	6-7
			Plantation 20-25	70	120	30	-	3 ans	50	1 plant	5-7
			1	40	40	10-15	-	140-160	250-300	0,2	4-7
			1	8-10	40	8-10	10-15	75-100	50-75	2	6
			1	6-8	20	6-8	5	90-120	900	1,5	4
			0,3	40	40	15-18	-	120-160	2 500	0,25	2-3
			1-2	40	40	4-5	-	80-100	600	1,5	10
			1-2	60	60	6-8	-	130	350	0,5	5
			1-2	60	70	6-8	-	120-190	550	0,6	5
			1-2	50	60	6-8	-	70-120	350	0,5	5
			2	80	80	6-8	-	80-100	35	0,5	10
			2	60	100	8-10	-	75-90	10	0,8	4-5
			0,5	80	30	6-8	20	210	700	1,5	8
			2	15	25	4-5	15	60-80	110	5	4
			1	15	40	6-8	20	90-110	200	0,6	6-7
			3-4	10	40	8-12	30	120-140	1	15	5
			2-3	10-15	50	5-8	30	60-90	0,8	15	2-3
			0-5	30	30	5-10	-	80-100	800	1,2	5
			0-5	3-5	5-7	8-10	10	60	1 000	0,3	5

 Fertilisation   Récolte

Blanchiment 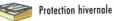 Protection hivernale Conservation

CALENDRIER DE CULTU...

Légumes	Janvier	Février	Mars	Avril	Mai	Juin	Juillet	Août	Septembre
Maïs sucré		🌱	🌱	🌱	🌱	💧	💧	🧺	🧺
Melon		🌱	🌱✂️	🌱	✂️	💧	💧	🧺	🧺
Navet		🌱	🌱🔧	🌱🔧	🌱	🌱💧	💧🧺	🧺	🧺
Oignon blanc	🌱	🌱		🌱	🌱	💧	🌱🔧	🧺🔧	🧺💧
Oignon de couleur			🌱	🌱	🔧	💧	🧺		
Pastèque				🌱	🌱	🌱	🧺	🧺	🧺
Persil		🌱	🌱	🌱	🌱	💧	💧	💧	💧
Piment		🌱	🌱	🥕	🔧🥕	🔧✂️	💧	🧺	🧺
Pissenlit	🧺	🧺	🌱	🌱	🌱	🔧	🔧		🧺
Poireau	🌱	🌱	🌱🧺	🌱🥕	🥕🔧	🔧	💧	🧺	🧺
Poirée			🌱	🌱	🌱	🔧	🥔💧	🧺💧	🧺
Pois		🌱	🌱	🌱	🌱💧	🥔🧺	🧺	🧺	🧺
Pomme de terre			🥕	🥕	🌱	🌱💧	🥔	🧺	🧺
Potiron			🌱	🌱	🌱	💧	🔧✂️	💧	🧺
Radis d'hiver				🌱	🌱🧺	🧺			
Radis rose		🌱	🌱🧺	🌱🧺	🌱🧺	🧺	🧺	🌱	
Salsifis	🧺		🌱	🌱	🌱	💧	💧	💧	
Scorsonère	🧺			🌱	🌱	🔧	💧		
Tétragone				🌱	🌱	🧺	🧺	🧺	🧺
Tomate		🌱	🌱	🥕	🥕🥔	✂️💧	🧺💧	🧺💧	🧺

Semis sous abri · Plantation · Binage, sarclage · Traitement
Semis en plein air · Repiquage · Arrosage · Taille, pincement

632

DES LÉGUMES (de maïs sucré à tomate)

Octobre	Novembre	Décembre	Profondeur de semis (cm)	Distances sur la ligne (cm)	Distances entre les rangs (cm)	Temps nécessaire à la levée	Éclaircissage (cm)	Durée entre semis et récolte (jours)	Nombre de graines au gramme	Quantité de graines pour 1 m²	Faculté germinative (années)
			2-3	20	40-60	10-12	20	80-100	4-5	8	5
			2-3	80-120	80-120	8-10	-	70-90	35	0,5	5-10
			1-2	10-15	20	4-6	10	60-80	700	2	4-5
			0,5	25	25	10-15	10	180	250	2	2-3
			0,5	10-15	20-30	10-15	10	150	250	2	2-3
			2	80	120	8-10	-	90-120	5	1	4-5
			1,2	10-12	30	20-22	5-8	90	600	2	3
			1	40	60	15-20	-	120-150	150	0,4	4
			1	10	30	10-15	10-15	120-150	1 200	2	2
			0,5	10	40	15-30	10	120-150	400	1	2
			4	40	60	10-15	15-20	100-120	80	2	6
			5-6	5	60	8-10	30-40	60-90	4	25	2
			Plantation 10-15	40-50	50-60	12-15	-	90-150	-	4 plants	1
			2	80-120	100	10-12	10	150-180	3	1 à 3	4-5
			2-3	5-7	15-20	3-4	8-10	60-80	120	4	5
			2-3	5-7	15-20	3-4	5-7	20-30	120	4	5
			2-3	10-15	40	10-20	10-12	150-180	100	3	2
			2-3	10-15	40	10-20	10-12	120-150	90	3	2
			2	15-20	30	5-6	15-20	90-120	10	1	4
			0,5	50	80	5-8	-	100-120	350	0,2	4

 Fertilisation / Blanchiment
 Buttage
 Protection hivernale
 Récolte / Conservation

633

10

LE JARDIN FRUITIER

- Le jardin des délices 636
- Les arbres fruitiers 642
- Les petits fruits 662
- Les fruits exotiques 672

Le jardin fruitier

LE JARDIN DES DÉLICES

▲ Grâce aux formes basses et palissées, on peut multiplier les variétés sur le même espace. Vive la diversité !

Le jardin contemporain se conçoit comme un univers qui flatte les cinq sens. Le plaisir de goûter, de croquer, de déguster ne doit pas être l'apanage des grands vergers de jadis.
Un arbre fruitier a aussi des vertus ornementales.
Les buissons de petits fruits font des petites haies décoratives. Si le jardin est vraiment très petit, il existe aussi des formes naines.

jardin gourmand

astuce Truffaut Au moment d'acheter vos arbres fruitiers, pensez à la pollinisation. Certaines variétés en ont besoin d'autres, à proximité, pour donner des fruits.

Ce n'est pas un hasard si tant de souvenirs d'enfance tournent autour d'un cerisier : plus que tout, les arbres évoquent tellement l'idée de paradis terrestre que l'on ne saurait s'en passer. D'autant qu'ils apportent également l'ombrage et la beauté, par la splendeur de leur floraison printanière : des pommiers ou des poiriers adultes valent bien des magnolias, et les cerisiers à fruits sont au moins aussi beaux que leurs cousins japonais, uniquement décoratifs. Ainsi, même si la place manque, il ne doit pas être impossible de combiner plusieurs plaisirs en installant des arbres fruitiers aux endroits clés du jardin. On retrouve ainsi la structure des jardins de curé d'autrefois, où fleurs, fruits et légumes se partageaient l'espace en toute bonhomie. D'ailleurs, l'ingéniosité des pépiniéristes met à notre disposition des formes d'arbres plus ou moins encombrantes, qui permettent d'en profiter même dans de tout-petits jardins. Il suffit alors de palisser les formes plates contre les murs, comme on le faisait à Montreuil pour les pêches, ou à Thomery pour la vigne. À vous les fruits exquis, chargés de chaleur et de suc, même

dans des régions peu favorisées par le climat. Et ne vous faites pas un monde de la taille, c'est surtout une affaire de coup d'œil et de bon sens, comme nous le verrons plus loin. Des cordons de pommiers peuvent très bien courir le long des allées du potager, où ils surplomberont des plantes aromatiques et des fraisiers : un cordon bien traité donne un grand panier de pommes, soit presque autant que bien des formes plus volumineuses.

Des arbres au format réduit

Ces petits miracles sont rendus possibles par l'achat d'arbres greffés sur des porte-greffes à faible végétation : plutôt que de partir en bois et en grandes branches, qui mettent longtemps à donner des fleurs puis des fruits, on obtient des formes adultes de façon anticipée, capables de fleurir en moins de trois ans. Avec quelques bons soins, qui vont du tuteurage, rendu nécessaire par la faiblesse des racines, jusqu'aux paillages et traitements de base, on obtient des récoltes appréciables, sans avoir besoin de sortir la grande échelle. Même les cerisiers peuvent rester dans des

Le jardin des délices

dimensions raisonnables, à condition de les choisir greffés sur Sainte-Lucie, un porte-greffes de faible végétation, convenant bien aux petits jardins.

À l'opposé, si vous recherchez de grands arbres avec un vrai tronc, comme on en voit dans les prairies bocagères, tournez-vous vers des arbres greffés sur franc, c'est-à-dire sur des sujets obtenus à partir de pépins, toujours très vigoureux. Les pépiniéristes mettent des années à les former, ce qui explique leur coût relativement élevé. Mais une fois installés, et après quelques années nécessaires pour la bonne reprise, que vous favoriserez encore par un paillage et des arrosages copieux en été, à vous les belles récoltes, qui donnent envie de se lancer dans les confitures et, pourquoi pas, la fabrication de jus de fruits et de cidre.

Entre ces deux extrêmes figurent les formes moyennes, comme les quenouilles ou les fuseaux, et les demi-tiges, qui présentent un tronc assez court. Intermédiaires au point de vue de la végétation, ces formes demandent quelques années de plus pour s'installer. Mais ensuite, on n'a guère de peine à les maintenir dans leur encombrement initial.

▲ Quelques pommiers en fleurs sur un pré, et c'est tout le printemps qui explose dans un feu d'artifice de floraisons.

On ne peut rêver mieux pour ponctuer une grande allée, ou encore pour marquer les angles d'une pelouse, dans un jardin champêtre. Entre ces fuseaux, vous planterez des pivoines et le spectacle sera particulièrement ravissant au printemps. À moins que vous ne préféreiz les asters pour un automne plein de tendresse. Des narcisses et des tulipes à fleurs de lis feront merveille au pied de ces petits arbres, à condition de créer des masses importantes. Dans un souci de gain de place, le jardin fruitier d'aujourd'hui accueille aussi les légumes et profite dans le même temps d'un surcroît d'arrosage et de la fertilisation.

LES FORMES FRUITIÈRES

On peut très bien acheter un arbre greffé d'un an, qui ressemble à une baguette haute d'un mètre et demi, sans grandes ramifications. Il s'agit du scion, forme de base. Mais souvent, on se procure des arbres déjà formés, que le pépiniériste a conduits par des tailles successives.

Les cordons n'ont qu'un tronc et de courtes ramifications latérales. Ils peuvent présenter un ou deux bras, et sont courbés à angle droit, à 1 m de hauteur environ.

Les palmettes sont des formes plates, à deux ou quatre branches. Elles sont utiles pour garnir des murs ou des espaliers.

Les fuseaux et quenouilles ont un tronc court et plusieurs branches charpentières partant dans toutes les directions. Ils atteignent 3 m de haut.

Les arbres demi-tiges ont un tronc de 1 à 1,30 m de haut et forment ensuite une grosse tête prolifique, pouvant atteindre 3 m, à portée de main ou d'escabeau.

Les arbres-tiges sont les plus grands de tous, et atteignent 5 à 6 m de haut. Certains peuvent culminer à plus de 10 m, dans le cas de poiriers vigoureux, comme les poires Curé. Ils donnent de gros rendements mais la récolte requiert une échelle.

La vigne est vendue en jeune plant, à former soi-même.

Tous les arbres fruitiers sont greffés, hormis les petits fruits, qui sont généralement bouturés (framboisiers, cassissiers, mûriers...).

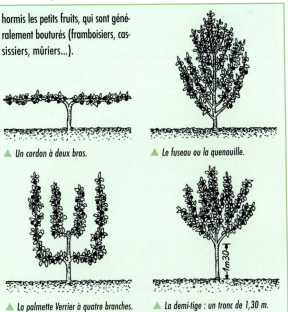

▲ Un cordon à deux bras.

▲ Le fuseau ou la quenouille.

▲ La palmette Verrier à quatre branches.

▲ La demi-tige : un tronc de 1,30 m.

637

Le jardin fruitier

▲ Tenez le sol propre au pied de vos arbres fruitiers. C'est essentiel pour leur croissance.

Organisez les plantations

Pas de bons fruits sans soleil. Vous choisirez donc des emplacements dégagés pour installer vos arbres fruitiers. Seuls les framboisiers se contentent d'une demi-journée de soleil, mais c'est encore au détriment de leur saveur. Les arbres fruitiers n'aiment guère la concurrence des autres plantes, y compris l'herbe. Si vous plantez sur gazon, décapez ce dernier sur un cercle d'un mètre de rayon. Cette simple précaution permettra au jeune arbre de pousser sans contrainte, au lieu de végéter misérablement. Évitez de planter juste derrière un arbre fruitier mort brutalement ou de vieillesse, même si vous enlevez le maximum de racines, ce qui est un travail rebutant au possible. Des tronçons porteurs de maladies resteront en terre et contamineront le jeune plant. D'autre part, le sol est probablement épuisé. Il vaudrait mieux planter des arbres d'ornement, pour jouer l'alternance, ou encore planter un arbre fruitier d'une autre espèce : un pommier après un prunier par exemple. Mais attention, les racines de cerisiers dégagent dans le sol des substances toxiques pour les autres essences, et votre nouvelle plantation risque de s'en ressentir pendant plusieurs années. On a moins de problèmes après des pommiers, mais là encore, attendre deux ou trois ans n'est pas une précaution inutile.

Les arbres fruitiers sont avant tout… des arbres et, en tant que tels, demandent une terre meuble sur une certaine profondeur. Cependant, inutile d'exagérer : si vous creusez trop profondément, vous créez une sorte de puisard qui sera plus néfaste que confortable pour les racines. Préparez vos trous de plantation bien à l'avance, en septembre pour une plantation hivernale par exemple. Ne mélangez pas la terre du dessus, riche et de couleur foncée, avec celle du dessous. Apportez une dose copieuse d'engrais organique complet, et éliminez toutes les racines de mauvaises herbes vivaces que vous rencontrerez.

Quand vous achetez vos arbres, regardez toujours en priorité les racines. Il est bon qu'elles soient saines, humides ou fraîches. La période de plantation idéale s'étend de novembre à mars pour les arbres vendus à racines nues, et de février à avril pour les conteneurs. Cette dernière présentation ne convient que pour les petites formes, car les arbres-tiges élevés en conteneurs n'offrent pas toujours la croissance attendue. Dans leur cas, il faudra redoubler de soins.

◀ La pomme 'Reine des Reinettes' convient en haute tige.

Le jardin des délices

UNE PLANTATION RÉUSSIE

Creusez un trou de plantation nettement plus grand que la future motte de racines. Ce n'est pas forcément la peine de descendre beaucoup, mais il faut ameublir en largeur, sur un rayon d'un mètre.

Inspectez le chevelu des racines, et supprimez celles qui sont abîmées, noires ou déchiquetées.
Préparez une boue liquide appelée pralin, que l'on trouve toute prête dans le commerce, et laissez tremper les racines pendant une bonne heure dans un grand seau. Elles seront ainsi enrobées par une fine pellicule de boue, et la reprise a de grandes chances d'être plus rapide.
Installez la motte et vérifiez que l'arbre ne sera ni trop enterré, ni trop superficiel. En particulier, il ne faut surtout jamais enterrer le point de greffe qui se reconnaît à un renflement. Dans le cas contraire, des racines vigoureuses surgiront à ce niveau et entraîneront une croissance démesurée des arbres, et une mise à fruit retardée de plusieurs années. Puis, glissez la terre fine entre les racines, et terminez par un copieux arrosage de dix litres qui va combler les vides. L'arbre doit tenir tout seul. À défaut, installez un tuteur, surtout s'il s'agit d'un arbre-tige.

▼ *Égalisez la longueur des racines.* ▼ *Pralinez le système radiculaire.* ▼ *Comblez avec de la terre fine.* ▼ *Arrosez copieusement au pied.*

Si vous ne pouvez pas procéder à la plantation immédiatement après l'achat ou la réception des arbres, entreposez-les dans une jauge, c'est-à-dire un coin de jardin ameubli où vous serrez les arbres les uns contre les autres, en les couchant légèrement.

Les soins les plus importants concernant l'après-plantation restent les arrosages, qui seront réguliers durant les deux premières années. Dès la plantation, un ou deux arrosoirs de 10 litres viendront tasser la terre autour des racines, pour leur plus grand bien. Puis, un arrosage copieux par semaine, dès le mois de mai, permettra une reprise vigoureuse. Si vous habitez une région ventée, un tuteurage évitera que les arbres ne prennent du gîte. Attendez cependant deux ou trois mois avant de commencer à attacher les arbres car le sol peut encore jouer.

À quelle distance faut-il planter les arbres fruitiers ? On parle souvent de 5 m, mais ceci concerne surtout les grandes formes. Les fuseaux peuvent parfaitement être installés à 2,50 m les uns des autres, les cordons à 1,50 m et les palmettes à 1 m. Si la place ne manque pas, prévoyez un peu plus, les fruits recevront plus de soleil et seront encore plus riches en saveurs.

Faut-il mettre de l'engrais dès le début ? Ceci n'est pas une mauvaise chose si la terre présente une carence particulière, ce qu'aura démontré une analyse de sol préalable. Mais dans un vieux jardin, une fumure de fond à base organique suffit le plus souvent, relayée tous les printemps par l'apport d'une boîte de conserve d'engrais complet, que les pluies feront descendre au niveau des racines. Ne chahutez pas ces dernières en bêchant, car une bonne part reste en surface. Les binages seront superficiels. Pour lutter contre les mauvaises herbes durant la première année, adoptez un paillage à base de carton ou de plastique noir que vous recouvrirez de tontes de gazon, pour le coup d'œil.

Depuis quelques années, les arbres fruitiers nains ont fait leur apparition sur le marché : ils n'ont subi aucun traitement chimique pour rester dans cet état mais présentent une particularité génétique : les entrenœuds qui séparent les bourgeons sont plus réduits que chez les arbres normaux, d'où leur taille, qui ne dépasse pas 1,50 m au bout de dix ans. Pour autant, la floraison et la fructification sont comparables à celles d'arbres adultes. Vous pouvez vous amuser à en ponctuer les massifs de fleurs car ils sont magnifiques au printemps, au moment de la floraison, particulièrement dense. Mais leur meilleur emploi reste la culture en grands pots, d'au moins 40 cm de diamètre, où ils peuvent rester cinq ans sans rempotage. Des pêchers nains seront encore plus beaux avec à leur pied un rang de pétunias ou de verveines. Le beau et l'utile à la fois...

Un poirier nain de belle apparence : 'Garden Pearl'. ▶

639

Le jardin fruitier

Le jardin fruitier au quotidien

Une fois mis en place, les arbres fruitiers demandent peu de soin : chacun connaît des pommiers vieux d'un demi-siècle qui donnent encore régulièrement des sacs entiers de pommes, sans le moindre traitement. Cependant, pour obtenir des fruits de façon régulière, il est recommandé de tailler. Si l'arbre est déjà formé, il suffit de rabattre la production de nouveaux bois juste au-dessus de celle de l'année précédente. De la sorte, les bourgeons situés à la base se mettent à fruits plus vite. De plus, votre cordon ou votre palmette conservera sa forme. Les arbres conduits sur tige ou demitige se contentent d'une sorte d'élagage, tous les deux ans, qui consiste à enlever en priorité les branches sèches ou malades, atteintes de chancre par exemple, des boursouflures de l'écorce causées par des champignons.

Chez les arbustes à petits fruits, on cherchera à donner de l'air aux touffes et à les rajeunir, en éliminant les branches charpentières des groseilliers et cassissiers, âgées de plus de trois à quatre ans.

Pour le framboisier, c'est toute la production de l'année précédente qui disparaîtra, hormis pour les races remontantes, c'est-à-dire celles qui produisent à nouveau en été, et dont on conservera chaque printemps une moitié des cannes intactes car, après la première récolte, une nouvelle floraison se

▲ Gare aux chutes, mais aussi quel plaisir de manger des mirabelles juteuses et sucrées, directement dans l'arbre !

produira sur des ramifications secondaires. Les arbres à noyaux n'aiment guère la taille qui prédispose à des écoulements de gomme et fait souvent dépérir les branches. On notera cependant que les tailles pratiquées en plein été, juste au moment de la récolte par exemple, sont assez bien supportées. Ainsi même des abricotiers peuvent rester dans des dimensions raisonnables si on les taille en juillet. Ensuite, ils produiront bien plus.

Une technique trop rarement utilisée permet de contrôler la vigueur des arbres, c'est l'arcure. Elle consiste à courber les branches raides en attachant leur extrémité à un crochet solidement fiché dans le sol, ou encore en tendant une ficelle attachée autour d'une grosse pierre. Une branche ainsi courbée se garnit de boutons à fleurs qui donnent des fruits dès la deuxième année d'arcure.

Les fruits sont très appréciés des insectes, tandis que quantité de champignons causent des dégâts à la végétation. Les plus graves varient selon les variétés, mais la tavelure, l'oïdium, la moniliose, la cloque, les pucerons et les vers des fruits sont la hantise des arboriculteurs. Au jardin, il s'agit d'obtenir un équilibre entre les insectes nuisibles et leurs ennemis, et de conserver les arbres dans un état de santé satisfaisant, sans pour

◂ Taille d'été : on raccourcit le bois né au printemps.

Le jardin des délices

autant noyer le jardin sous les produits chimiques. C'est pourquoi le programme de traitements sera raisonné : on ne traite les insectes que si les pullulations sont importantes et risquent de compromettre la vigueur de l'arbre. C'est le cas parfois des pucerons sur les nouvelles pousses des jeunes arbres. Les guêpes seront capturées avec des pièges remplis d'un mélange sucré. Les acariens, qui causent des décolorations grises sur les feuilles en été, seront chassés avec des pulvérisations fréquentes d'eau. Un traitement polyvalent en fin d'hiver aide à maintenir cet équilibre.

Priorité aux variétés saines

Pour lutter contre les maladies dues à des champignons, on repérera tout d'abord la sensibilité des diverses variétés, certaines étant pratiquement indemnes de tavelure ou supportant la cloque sans dépérir. Si vous souhaitez néanmoins cultiver une variété dont la sensibilité est avérée, adoptez un programme de traitements réguliers : une pulvérisation de bouillie bordelaise à la chute des feuilles et à nouveau au moment où les bourgeons se gonflent ; un traitement polyvalent en juin contre tavelure et moniliose. Lisez bien les prescriptions portées sur les boîtes et n'augmentez jamais les doses, cela ne sert strictement à rien et peut être néfaste. L'arrosage est nécessaire durant les premières années, et on peut ensuite s'en dispenser à condition de pailler le sol au pied des arbres. Ce paillage consiste en une couche de compost grossier, de fumier pailleux ou de tontes de gazon. Dessous, la terre reste fraîche, et les mauvaises herbes ont moins tendance à pousser. Cependant, un traitement localisé au glyphosate sera peut-être nécessaire pour vous débarrasser du liseron, en juillet. Pensez à utiliser un cache qui évitera toute projection sur les feuilles des arbres. Évitez de piétiner à l'aplomb des arbres, car c'est là que se développe la majorité des racines nourricières. Surveillez que les attaches des premières années n'étranglent pas les branches ou le tronc, et que les étiquettes n'abîment pas l'écorce. Vous aurez sûrement à renouveler l'étiquetage au bout de quelques années, car l'expérience prouve que la mémoire fait parfois défaut, surtout si l'on est un peu collectionneur. Or, rien n'est plus désagréable que de ne pas pouvoir se souvenir du nom d'une variété exquise que tout le monde vous réclame. Vous pouvez cependant offrir des greffons, c'est-à-dire des extrémités de branches de l'année que l'on prélève en plein hiver pour greffer en fente en mars-avril. Avec un peu de pratique, c'est une technique que l'on parvient à maîtriser et qui permet de multiplier le nombre de variétés disponibles au jardin, en installant des variétés différentes sur le même arbre. Ainsi vous faciliterez la pollinisation, car les fleurs de la plupart des arbres fruitiers apprécient de recevoir le pollen d'une autre variété pour être fécondées, et donc donner des fruits. Or, la place manque pour installer ainsi des couples féconds. En surgreffant, vous contournerez cette difficulté.

La récolte est le moment le plus délicieux de la culture des arbres fruitiers. Testez le bon stade en vérifiant la fermeté des fruits. Les cerises et la plupart des petits fruits rouges se dégustent bien mûrs, les pommes se cueillent au moment où la peau se couvre d'une pellicule cireuse, et quand elles se détachent bien de l'arbre, entre début septembre et fin octobre selon la variété. Les poires demandent à être cueillies puis laissées à mûrir, hormis pour les variétés précoces qui se mangent rapidement, car elles ont tendance à blettir et à devenir cotonneuses. Enfin, le raisin cueilli avec un morceau de tige peut se conserver plusieurs semaines si on laisse tremper cette tige dans un verre d'eau.

Les fruits d'hiver se stockent dans une pièce spéciale appelée fruitier ou, à défaut, dans un coin de garage où l'on aura installé des étagères coulissantes. De la sorte, on peut contrôler l'état des fruits, et supprimer au premier coup d'œil ceux qui pourrissent.

▲ Les fruits ensachés sont protégés des ennemis.

▲ Un traitement préventif est efficace en fin d'hiver.

▲ Un rameau arqué produit des fruits plus rapidement.

Un beau fruitier à l'ancienne, avec ses claies garnies. ▶

Le jardin fruitier

LES ARBRES FRUITIERS

Providence de la nature, ces arbres sont un vrai plaisir pour le jardinier qui bénéficie de leur manne chaque année. La plupart s'intègrent sans problème dans un jardin d'ornement, mais il faut bien les soigner…

Castanea sativa
CHÂTAIGNIER

Originaire du sud de l'Europe, d'Afrique du Nord et d'Asie Mineure, cet arbre rustique et imposant a une grande longévité. Il présente un très joli feuillage vert brillant, qui devient roux doré en automne. En juin et en juillet, ses chatons blonds contrastent sur le vert lustré des feuilles.
Famille : Fagacées.
Valeur nutritive : 194 kcal pour 100 g (frais), en sec : 341 kcal. La châtaigne est riche en sucres, vitamine C (50 mg pour 100 g), phosphore, calcium et fer.
Sol : riche, léger, profond, sain, très peu calcaire.
Exposition : ensoleillée de préférence.
Variétés conseillées : outre le châtaignier commun : 'Marron de Lyon', ou 'Doré de Lyon' a un gros fruit châtain-rouge. 'Nouzillard' donne un fruit excellent. Le marron est une grosse châtaigne, non divisée par des cloisons intérieures. 'Maraval' et 'Marigoule', semi-précoces, résistent à la maladie de l'encre et ont un fruit moyen ou gros, acajou foncé brillant. 'Belle Épine', indigène en Dordogne et en Charente, est très productive et de bonne qualité.
Méthode de culture : tuteurez les jeunes sujets et fertilisez bien. En cas de maladie de l'encre, détruisez les arbres attaqués et changez l'emplacement.
Taille : inutile quand la plante est bien formée. Le recépage des vieux sujets est possible.
Récolte : de mi-septembre à début novembre.
Le truc à connaître : pour conserver les châtaignes plusieurs mois, laissez-les une journée dans une bassine d'eau froide. Égouttez les fruits à l'abri du soleil et disposez-les dans du sable sec.

▲ Les cosses épineuses des châtaignes annoncent l'automne.

◄ Des châtaignes délicieuses, prêtes à être consommées.

Notre conseil : si vous n'habitez pas dans une région chaude, plantez le châtaignier dans l'endroit le plus ensoleillé et le plus abrité de votre jardin.

Corylus avellana
NOISETIER

Originaire d'Europe, de l'ouest de l'Asie et d'Afrique du Nord, ce petit arbre très rustique produit dès la sixième année. Son feuillage jaunit joliment en automne avant de tomber. Sa floraison très précoce (de fin décembre à début mars) peut être compromise par les froids.
Famille : Corylacées.
Valeur nutritive : 385 kcal pour 100 g. Riche en lipides (36 %), en protéines (8 %), en vitamines E et B, ce fruit est bon pour la santé cardio-vasculaire.
Sol : acide ou alcalin, même pauvre ou pierreux, mais ni argileux ni humide.
Exposition : soleil ou mi-ombre.
Variétés conseillées : par ordre de maturité. 'Fertile de Coutard', vigoureux, productif, de mise à fruit rapide, il a un gros fruit rond à la coque foncée. 'Nottingham' donne rapidement de grosses noisettes. 'Ségorbe', à cultiver sur tronc, a un excellent fruit rond, moyen, à coque havane clair. 'Ennis', très productif, a un très gros fruit à la coque claire. 'Merveille de Bollwiller', vigoureux, produit un très gros fruit conique et arrondi.
Méthode de culture : plantez au moins deux variétés se pollinisant mutuellement. Contre le balanin (ver des noisettes), pulvérisez un insecticide à base de roténone ou de malathion.
Taille : en février, supprimez les rejets ainsi que les tiges mortes, mal placées, malades ou faibles, afin d'aérer le centre des touffes.

Les arbres fruitiers

Récolte : de 7 à 12 kg par arbre adulte. Récoltez les noisettes lorsqu'elles se détachent elles-mêmes de leur involucre. Laissez-les sécher dans un local aéré, puis conservez-les dans un endroit frais.

Le truc à connaître : pour faciliter la récolte, limitez le noisetier à une hauteur de 2,50 m.

Notre conseil : dans les régions continentales, préférez une variété à floraison tardive comme 'Merveille de Bollwiller' ou 'Longue d'Espagne'.

Cydonia oblonga
COGNASSIER

Originaire d'Iran et du Turkestan, ce petit arbre rustique est ornemental, grâce à son feuillage vert foncé brillant, qui devient jaune intense en automne. Ses grandes fleurs blanc rosé sont suivies, en septembre et en octobre, par de gros fruits côtelés, parfumés, d'un beau jaune d'or.

Famille : Rosacées.

Valeur nutritive : le coing se consomme en gelées, pâtes et confitures. Moyennement énergétique, il est riche en vitamines A et B.

Sol : frais, riche, peu calcaire.

Exposition : soleil ou mi-ombre.

Variétés conseillées : 'Champion', de mise à fruit rapide, produit un gros fruit arrondi. 'Du Portugal', assez buissonnant, refleurit si sa première floraison a gelé, et donne de gros fruits. 'Monstrueux de Vranja', dont le fruit peut atteindre 1 kg, est vigoureux. Étayez les branches arquées pour lui éviter la cassure.

Méthode de culture : arrosez copieusement par temps sec. Paillez avec du fumier au printemps.

Taille : superflue après la taille de formation, si ce n'est pour rajeunir les tiges âgées et aérer le centre.

Récolte : de 50 à 80 kg par arbre âgé de 8 à 10 ans. Cueillez les fruits juste avant les gelées, quand les coings sont bien jaunes.

Le truc à connaître : en cas de moniliose (qui se traduit par une grosse tache brune sur les fruits), ramassez et brûlez les coings tombés à terre, ainsi que ceux restés sur l'arbre. Traitez au printemps.

Notre conseil : isolez le cognassier au milieu d'une pelouse, comme un arbre d'ornement.

Diospyros kaki
KAKI

Appelé aussi « plaqueminier du Japon », cet arbre, originaire de Chine, se singularise par le coloris automnal de ses grandes feuilles vert luisant. Ses fruits orange vif, à l'aspect de tomate, restent très tard sur l'arbre ; leur saveur est un peu âcre. Le kaki atteint de 6 à 10 m de haut.

Famille : Ébénacées.

Valeur nutritive : 66 kcal pour 100 g. En dépit de sa saveur plutôt acide, le kaki est un fruit riche en sucres (15 %), en vitamine C (16 mg pour 100 g), en provitamine A. Il contient beaucoup de sels minéraux : du potassium, du calcium et du magnésium.

Sol : tout terrain sans excès d'humidité.

Exposition : ensoleillée, dans un lieu chaud.

Variétés conseillées : 'Costata' donne un fruit orangé et côtelé. 'Hatchiya' porte de gros fruits rouge vif. 'Fuyu' et 'Muscat', variétés vigoureuses et productives, ont besoin de plus de chaleur.

Méthode de culture : tuteurez l'arbre dès la plantation. Arrosez par temps sec. Après septembre, étayez les branches chargées de fruits.

Taille : taillez en hiver, uniquement pour aérer le centre et laisser pénétrer l'air et le soleil.

Récolte : très tard, à la mi-novembre.

Le truc à connaître : les fruits ne sont consommables que devenus presque blets, après un séjour au fruitier. Ils se conservent jusqu'en mars.

Notre conseil : bien que parfaitement rustique, le kaki a besoin de beaucoup de chaleur pour bien fructifier. Réservez-le à la région de l'olivier.

▲ La noisette est protégée par une enveloppe verte.

▲ La noisette 'Longue d'Espagne' : productive et délicieuse.

▲ Le cognassier 'Monstrueux de Vranja' : très parfumé.

◀ Les fruits orange du kaki ont une saveur un peu âpre.

643

Le jardin fruitier

▲ Le figuier est très décoratif par ses feuilles découpées.

▲ En régions froides, palissez le figuier contre un mur.

◀ Les figues se consomment fraîches ou sèches.

Ficus carica
FIGUIER

D'une grande longévité, ce très bel arbre est ornemental par son feuillage découpé, vert brillant foncé. Il produit dès la quatrième année. Originaire d'Afghanistan, il est peu rustique. Ses rameaux meurent à - 15 °C, mais repartent ensuite de la base. Le figuier mesure de 2 à 4 m dans le Nord, il dépasse 10 m dans le Midi.

Famille : Moracées.

Valeur nutritive : 57 kcal pour 100 g pour la figue fraîche, cinq fois plus pour la figue sèche. La figue est riche en éléments minéraux, surtout en potassium, en vitamine B et en fibres.

Sol : tout sol, de préférence léger et chaud.

Exposition : ensoleillée, chaude, abritée.

Variétés conseillées : variétés unifères (une seule récolte) : 'Marseillaise', ou 'Blanquette', à petits fruits jaune verdâtre et chair rose. 'Violette de Solliès' donne un fruit arrondi, légèrement conique, violet, à chair rouge-grenat. Variétés bifères (deux récoltes dans le Midi) : les « figues-fleurs », qui passent l'hiver sur l'arbre à l'état embryonnaire, mûrissent en août et en septembre à l'extrémité des rameaux. Ces variétés produisent aussi des figues d'automne à l'aisselle des feuilles. 'Noire de Caromb' fournit un fruit violet très allongé. 'Grise de la Saint-Jean' a un fruit gris rougeâtre. 'Violette Dauphine' donne une figue violette à chair rose. 'Blanche d'Argenteuil' est blanc verdâtre. Ces deux variétés sont idéales pour le Nord.

Méthode de culture : en climat chaud, arrosez abondamment au début du grossissement des fruits.

Taille : c'est une intervention indispensable.

La taille de formation consiste, dans le Midi, à mener le figuier sur tige. Dans le Nord, conduisez-le en cépée, en rabattant le jeune arbre à trois yeux au-dessus du sol, l'année suivant la plantation. Faites de même les deux années suivantes.

La taille de fructification est surtout utile dans le Nord. Le but est de favoriser la ramification, les figues se développant sur les pousses de un an, ou sur les bourgeons de l'année. En avril, pincez le bourgeon terminal des rameaux. En mai, supprimez au sécateur les pousses qui démarrent à l'aisselle des jeunes figues. Conservez deux nouvelles pousses à la base des rameaux. En septembre, après la récolte, supprimez la branche qui a fructifié. Taillez au-dessus d'une des pousses de la base. Dans le Midi, pour les variétés bifères, supprimez en août, après la première récolte, une partie des pousses de l'année portant des fruits d'automne. Cela permet de favoriser le développement des figues-fleurs qui mûriront en juillet suivant, et de ne pas épuiser l'arbre par une trop forte production.

Récolte : deux par an en climat chaud, une seule dans le Nord, en août. Un arbre palissé dans le Nord donne de 6 à 10 kg de fruits. Dans le Midi, un figuier fournit entre 50 kg et 100 kg.

Le truc à connaître : après la plantation, protégez le jeune arbre du gel en le rabattant à 25 cm du sol et en le recouvrant complètement de terre légère. Buttez-le ainsi chaque année.

Notre conseil : en climat froid, plantez le figuier contre un mur chaud, limitez sa hauteur et protégez-le, comme le font les Anglais, en liant les branches, en les entourant de paille ou de branches de conifères, et en enveloppant le tout d'un voile de protection en matière synthétique.

Les arbres fruitiers

Juglans regia
NOYER

Originaire du sud-est de l'Europe, de l'Himalaya et de Chine, cet arbre majestueux au port ample, prend un grand développement, malgré une croissance lente. Il est très rustique, mais sa floraison précoce, en avril et en mai, est souvent compromise par des gelées tardives.

Famille : Juglandacées.

Valeur nutritive : la noix est très énergétique (525 kcal pour 100 g pour la noix fraîche, 660 kcal pour 100 g pour la noix sèche), très riche en lipides (plus de 50 % pour la noix fraîche, 60 % pour la noix sèche), notamment en acides gras insaturés (72 %). Elle apporte beaucoup d'éléments minéraux, surtout du magnésium. La noix est riche en vitamine E anti-oxydante et en fibres. En dépit de sa teneur en huile, c'est un fruit très bénéfique pour la santé cardio-vasculaire.

Sol : profond, frais, même calcaire. Le noyer ne tolère pas les sols argileux, froids, et humides.

Exposition : ensoleillée.

Variétés conseillées : 'Cosse du Périgord' donne un fruit moyen, ovoïde, à coque solide. Sa floraison est assez tardive et sa mise à fruit plutôt lente. 'Franquette', dont les gros fruits allongés ont une coque demi-dure et foncée, fleurit très tardivement et longtemps. Rustique, elle convient pour toutes les régions. 'Mayette' a de gros fruits ronds, un peu allongés, à coque mince, blonde. Sa floraison est tardive et rapide. 'Parisienne', variété vigoureuse et productive, fournit de gros fruits arrondis, à coque demi-dure et foncée. La floraison est tardive mais de bonne durée.

Méthode de culture : arrosez copieusement par temps sec. À la plantation, épandez un bon engrais de fond. Les cinq premières années, apportez en avril 100 g (une bonne poignée) par arbre et par an d'engrais azoté (ammonitrate). En sol acide (pH inférieur à 6,5), chaulez en avril tous les trois ou quatre ans, à raison de 200 à 400 g de chaux éteinte par m² de frondaison. Traitez préventivement contre les pucerons et contre l'anthracnose, maladie se manifestant par de grandes taches brunâtres, cernées de gris, sur les feuilles et les fruits. Trois pulvérisation totales au début du printemps à 15 jours d'intervalle donnent de bons résultats. La multiplication par greffage se pratique en fente en avril, le porte-greffe est un noyer franc semé un an plus tôt.

Taille : le noyer ne supporte pas la taille. Si nécessaire, procédez en août ou en septembre, juste pour équilibrer la forme ou nettoyer l'arbre.

Récolte : en août et en septembre pour la consommation immédiate des noix fraîches, en octobre si l'on désire les conserver. Un arbre de dix ans peut fournir jusqu'à 20 kg de noix fraîches, soit environ 15 kg de noix sèches.

Le truc à connaître : pour une mise à fruits plus rapide, préférez un noyer greffé. Ceux issus de semis mettent au moins quinze ans avant de fructifier. Comme porte-greffe, en sol perméable, choisissez le noyer franc *(Juglans regia)*, qui donnera une première fructification après huit ans. En sol profond et frais, préférez le noyer d'Amérique *(Juglans nigra)*, pour une mise à fruits en cinq ou six ans.

Notre conseil : prévoyez beaucoup d'espace dans votre jardin pour accueillir un noyer. Il lui faut au moins de 10 à 15 m de diamètre, et un emplacement abrité des vents froids du Nord et de l'Est. Ne le plantez pas trop près de la maison, d'autant qu'il dispense beaucoup d'ombre.

▲ Les noix sont enveloppées par une coque charnue.

▲ 'Parisienne' est l'une des meilleures variétés de noix.

▶ Le noyer vit longtemps et fait un bel arbre d'ornement.

645

Le jardin fruitier

▲ 'Royal Gala' : excellente qualité et longue conservation.

▲ 'Jonagold' : une variété d'automne de moyenne vigueur.

◀ 'Querina Florina' résiste bien à la tavelure.

Malus pumila
POMMIER

L'histoire du pommier se perd dans la nuit des temps. L'espèce est probablement originaire d'Asie centrale et du Caucase, et aurait été introduite dès la préhistoire en Europe, où elle est devenue spontanée. Très cultivé dans l'Ouest, le pommier s'adapte fort bien aux climats plus froids et plus chauds, puisqu'il réussit sous toutes les latitudes, de Madrid à Oslo. C'est un petit arbre, dépassant rarement 4 m de haut, très séduisant fin avril début mai par sa floraison blanc rosé et, en fin d'été et en automne, quand ses fruits commencent à se colorer.

Famille : Rosacées.

Valeur nutritive : 54 kcal pour 100 g. La pomme est un reminéralisant, très riche en potassium (140 mg pour 100 g), riche en phosphore, magnésium, calcium et oligo-éléments (cuivre, zinc, manganèse, bore, sélénium). Sa teneur en vitamine C change selon les variétés. La pomme renferme également des vitamines B et E et des provitamines A, ainsi que des fibres (2,5 g pour 100 g). Elle possède des vertus diurétiques. Une consommation régulière de pommes, surtout 'Granny Smith' (de deux à trois par jour), normalise un taux de cholestérol excessif.

Sol : le pommier vient en tout sol, mais il préfère un terrain assez riche et frais, plutôt compact.

Exposition : ensoleillée, mais sans excès.

Variétés conseillées : par ordre de maturité. Les pommes d'été se récoltent et se consomment entre fin juillet pour les premières variétés, et début septembre pour les dernières. 'Delbarestivale' est un gros fruit peu coloré, jaune vif strié de rouge-orangé sur la moitié de la surface, à chair croquante et juteuse. Moyennement vigoureux, l'arbre à port semi-étalé est très sensible à l'alternance (irrégularité de production), mais il se met à fruit rapidement. 'Golden Delicious', 'Idared', 'Royal Gala' sont ses pollinisateurs. 'Akane' donne un fruit coloré rouge brillant, à chair blanche, ferme, acidulée. Faute d'éclaircissage (élimination de certains fruits), il restera petit. Peu ramifié, à port dressé ou semi-dressé, l'arbre se greffe sur M 26 ou sur M 106. Il est peu sensible à la tavelure. 'Golden Delicious', 'Granny Smith', 'Idared' et 'Reine des Reinettes' sont ses pollinisateurs. 'Borowitsky' fournit un fruit assez gros, jaune citron, strié de carmin, juteux. Cet arbre vigoureux, très productif, est idéal pour les climats à été frais. 'Transparente de Croncels' donne un fruit assez gros, blanc jaunâtre et rose pâle au soleil, à chair acidulée, agréablement parfumée. L'arbre, de vigueur et de floraison moyenne, a une bonne productivité. Il convient aux climats à été frais.

Les pommes de mi-saison se récoltent en septembre et se conservent au fruitier jusqu'en novembre, voire jusqu'en février pour certaines variétés. 'Reine des Reinettes' donne un fruit moyen, jaune strié de rouge-orange à chair croquante et parfumée. L'arbre, très vigoureux, érigé, a une mise à fruit assez lente. Sa production plutôt bonne alterne un an sur deux. Il n'apprécie pas les climats chauds. 'Akane', 'Idared', 'Golden Delicious' et 'Reinette Clochard' sont ses pollinisateurs. 'Royal Gala' fournit un gros fruit jaune, strié de rouge, au parfum légèrement anisé. L'arbre est moyennement vigoureux mais productif, à port

Les arbres fruitiers

assez étalé. 'Delbarestivale', 'Delbard Jubilé' le pollinisent. 'Golden Delicious' produit le fruit jaune bien connu. De vigueur moyenne, cet arbre est de mise à fruits très rapide et produit beaucoup chaque année. 'Akane', 'Granny Smith', 'Idared', 'Melrose', 'Querina Florina', 'Reine des Reinettes' sont ses pollinisateurs. 'Delbard Jubilé' donne un gros fruit lavé de rouge écarlate sur fond jaune d'or. Vigoureux, bien ramifié, l'arbre est très résistant à la tavelure. 'Golden Delicious', 'Idared', 'Royal Gala' le pollinisent. 'Jonagold' a de gros fruits jaunes, rougissant au soleil et à saveur sucrée. Cet arbre à port semi-érigé est assez vigoureux et très productif. Donnez-lui 'Granny Smith', 'Melrose' ou 'Reine des Reinettes' comme pollinisateurs. 'Melrose' fournit un fruit assez gros, d'autant plus coloré en rouge qu'il a subi un bon ensoleillement. De mise à fruits lente, l'arbre est assez vigoureux et productif, au port semi-dressé. Plantez à ses côtés 'Golden Delicious', 'Granny Smith', 'Idared' ou 'Reine des Reinettes' pour le polliniser. 'Belle de Boskoop', produit un fruit vert jaunâtre, qui peut être très gros lorsque l'arbre a été abondamment arrosé en été. 'Reinette Blanche du Canada' donne un fruit gros, voire très gros, allant du jaune verdâtre au jaune d'or. Cet arbre, vigoureux et productif, a un port étalé et une mise à fruit assez lente. Très sensible au chancre en climat humide, il est idéal en altitude. 'Golden Delicious', 'Granny Smith', 'Idared', 'Reine des Reinettes', 'Reinette Clochard' sont ses pollinisateurs. 'Reinette Grise du Canada' fournit un gros fruit gris bronzé, d'aspect irrégulier. L'arbre productif, de vigueur moyenne, est moins sensible au chancre que 'Reinette Blanche du Canada', mais ses pollinisateurs sont les mêmes que pour cette dernière. Les pommes tardives se récoltent en octobre et se conservent plusieurs mois au fruitier avant la consommation. 'Reinette Clochard' donne un fruit vert jaunâtre bronzé. Moyennement vigoureux mais productif, cet arbre, à port semi-dressé et de mise à fruit assez lente, doit être cultivé en petites formes. Il est idéal pour l'Ouest. 'Golden Delicious', 'Reine des Reinettes' le pollinisent. 'Querina Florina' produit un fruit assez gros, rouge lumineux. Cet arbre très vigoureux, à port semi-étalé, vient bien en forme libre. Il résiste à la tavelure. 'Golden Delicious', 'Granny Smith', 'Reine des Reinettes', 'Evereste' (pommier à fleurs) sont ses pollinisateurs. 'Reinette du Mans' a un fruit moyen, jaune clair. De vigueur moyenne, au port étalé, cet arbre est sujet à l'alternance et de mise à fruits tardive. Il n'aime pas les climats à hivers doux. 'Granny Smith' produit un fruit moyen, vert cireux, dont la chair est très acidulée et peu sucrée. Très productif, on doit de préférence mener en forme libre cet arbre assez vigoureux, à port dressé. Idéal dans le Midi, on le déconseille en climats frais et humide. La plupart des variétés le pollinisent.

▲ 'Boskoop rouge' : une variété tardive de bonne qualité.

▲ 'Belgolden' : plus savoureuse qu'on ne le croit.

▲ 'Reine des Reinettes' : un délice à croquer nature.

'Canada gris' : une chair souple, mais quel parfum ! ▶

647

Le jardin fruitier

▲ La forme libre du pommier est appelée : « plein-vent ».

▲ Productive, la demi-tige a un tronc de 1,30 m de haut.

◀ La quenouille est une forme évasée, facile à récolter.

Méthode de culture : les variétés de pommiers sont toujours proposées greffées.

Le porte-greffe le plus courant pour les formes libres (tige, demi-tige, fuseau), est M 106. Idéal en sol humide, il craint la sécheresse. Moyennement vigoureux, il convient aux formes petites et moyennes. M 111 s'emploie pour les formes en fuseaux et les pleins-vents, sur sol sec. Assez vigoureux, il est insensible au puceron lanigère. Le franc est issu du semis de pépins de pommes. Très vigoureux, il est parfait pour les sols pauvres, mais sa mise à fruits est lente. On l'utilise pour les formes libres. Pour les cordons, palmettes, espaliers, utilisez le M 9 en sols humides, le M 26 pour les terres bien drainées. Peu vigoureux, ces porte-greffes conviennent aux petites formes.

Pollinisation : la plupart des variétés de pommiers étant autostériles, plantez côte à côte plusieurs formes différentes pour obtenir une bonne pollinisation. Choisissez des variétés qui fleurissent en même temps. Vous pouvez également planter des pommiers à fleurs, comme 'Evereste', qui sont d'excellents pollinisateurs polyvalents.

Plantation : procédez entre fin novembre et début mars, en dehors des périodes de gel ou de fortes pluies. Apportez une bonne fumure de fond, 20 kg de fumier ou de compost bien décomposé (ou 5 kg de fumier séché), puis de 200 à 300 g d'engrais de fond à action lente et progressive. Posez le tuteur avant la mise en place, afin de ne pas abîmer les racines de l'arbre. Arrosez abondamment.

Apports d'engrais : ils doivent être fractionnés. Pour une bonne croissance, apportez des engrais azotés chaque printemps, dès la deuxième année (de 50 à 70 g par arbre palissé, de 100 à 200 g par arbre en tige). Des engrais 'fruits' doivent être apportés à l'automne pour une bonne fructification l'année suivante (de 50 à 100 g par arbre palissé, de 150 à 200 g par arbre sur tige). En sol acide, apportez chaque automne de la chaux agricole hydratée (de 500 g à 1 kg pour 10 m^2).

Éclaircissage : limitez l'alternance qui se produit chez certaines variétés, en ne conservant, fin mai, qu'un ou deux fruits par bouquet (coursonne).

Soutien : au cours de l'été, étayez les branches chargées de fruits afin qu'elles ne cassent pas.

Traitements : en janvier, débarrassez l'écorce des lichens et des mousses avec une brosse métallique. En février, effectuez les traitements d'hiver contre les formes hivernantes de différents insectes. Pulvérisez de la bouillie bordelaise, à titre préventif, contre les principales maladies. En mars, dès les premiers stades de la floraison, traitez contre les insectes qui attaquent les fleurs (hoplocampe, anthonome, cheimatobie). En avril et en mai, contre l'oïdium et la tavelure, pulvérisez des fongicides adaptés. Utilisez un insecticide systémique contre les pucerons, les chenilles mineuses, l'hyponomeute. Entre juin et août, traitez contre la tavelure et l'araignée rouge. Avant la mi-juillet, pulvérisez un insecticide contre le puceron lanigère, en badigeonnant les nids avec de l'alcool ou de l'eau de Javel. Pour piéger le carpocapse, ensachez les fruits, ou bien posez des bandes pièges spécifiques. Évitez tout traitement avant la récolte. En octobre, contre le chancre, traitez à l'oxychlorure de cuivre dès que les trois quarts des feuilles sont tombées, puis deux ou trois semaines après.

Taille : taille de formation et taille de fructification s'effectuent en fin d'hiver, à l'époque où les bourgeons à fleurs sont bien reconnaissables car beaucoup plus gros que les bourgeons foliaires.

La taille de formation vise à obtenir une silhouette

Les arbres fruitiers

bien équilibrée pour les pommiers sur tiges, les fuseaux, les gobelets et les formes palissées. Pour les tiges ou demi-tiges, taillez après la plantation, les branches principales (ou charpentières), au-dessus d'un bourgeon (ou œil) tourné vers l'extérieur. Coupez-les d'autant plus court qu'elles sont frêles. Les hivers suivants, taillez les branches secondaires, toujours au-dessus d'un œil tourné vers l'extérieur de l'arbre. Supprimez tout rameau naissant à même le tronc, sous les charpentières. Pour les fuseaux et gobelets, taillez aux deux tiers les pousses verticales placées en haut de la ramure, coupez à la moitié les pousses obliques et, au tiers, les pousses horizontales. Pour les formes palissées (cordons, palmettes...), il faut procéder à de nombreuses tailles pour obtenir une forme spécifique. Le plus simple est de se procurer dans une Jardinerie des palmettes ou des cordons déjà formés et de veiller à leur conserver une belle silhouette année après année par la taille de fructification.

Récolte : un arbre adulte donne en moyenne de 50 à 100 kg de fruits. Pour les variétés d'été et d'automne, récoltez les pommes quand elles commencent à tomber au pied de l'arbre. Pour les variétés d'hiver, laissez-les le plus longtemps possible sur l'arbre, mais rentrez-les toujours à l'abri, dans un fruitier, juste avant les gelées.

Le truc à connaître : afin d'éviter la propagation de la moniliose, maladie assez fréquente chez le pommier (elle se traduit par la formation d'une grande tache ronde, brun clair et d'anneaux concentriques de coussinets beiges), ramassez les pommes attaquées tombées à terre, et celles qui

restent sur l'arbre. Brûlez-les ou enterrez-les immédiatement. Traitez ensuite à la bouillie bordelaise et renouvelez la pulvérisation au printemps.

Notre conseil : vous pouvez planter un pommier en tout sol et en toute région. Pour bien fructifier, la plupart des variétés demandent une température moyenne de 15 °C entre mai et septembre. En climat froid, retenez 'Borowitsky' et 'Transparente de Croncels' qui se contentent de 12 °C. Dans le Sud, optez pour 'Winesap' et 'Rome Beauty', qui réclament de 17 à 18 °C. En altitude, ne vous privez pas non plus de pommiers. Certaines variétés résistent fort bien au froid, et leur floraison tardive échappe aux dernières gelées printanières. Au-dessus de 1000 m, choisissez 'Reinette Clochard', 'Reinette du Mans', 'Granny Smith', entre 800 et 1000 m, 'Reinette du Canada' ou 'Belle de Boskoop'.

▲ Très décorative, la palmette horizontale doit être taillée.

▲ Un cordon de pommiers bordé de persil frisé.

LA TAILLE DE FRUCTIFICATION

Tiges et demi-tiges : aérez le centre de l'arbre. Rajeunissez les charpentières en les rabattant tous les 6 ou 7 ans.

Formes palissées et fuseaux : chaque année, taillez les rameaux, afin de maintenir la production le plus près possible des charpentières et de favoriser l'évolution rapide des yeux à bois en boutons à fleurs. Procédez à la taille à trois yeux (ou taille trigemme) pour tous les rameaux, sauf pour les plus chétifs (taille courte à deux yeux), et les plus vigoureux (taille longue entre quatre et six yeux). Complétez la taille d'hiver par plusieurs interventions durant l'été. Début juin, étêtez les pousses superflues à quatre feuilles, pincez les rameaux portant des fruits, à quatre feuilles au-dessus des fruits. Deux à trois semaines après, coupez à deux feuilles les nouvelles pousses.

▲ Taille d'une pousse à bois.

▲ Ne laissez qu'un seul bouton à fruits.

649

Le jardin fruitier

▲ Le néflier est aussi très décoratif à l'automne.

▲ La floraison précoce de l'amandier est un enchantement.

◄ 'Garden Prince' : un amandier nain aux gros fruits.

Mespilus germanica NÉFLIER

Originaire du sud-est de l'Europe et du nord de la Perse, le néflier a été introduit dans notre pays sous le règne de Charlemagne. Il aurait transité en Allemagne, d'où son nom botanique. Ce petit arbre de 5 m de haut fleurit en mai, et ses fruits ne sont mûrs que fin octobre.

Famille : Rosacées.
Valeur nutritive : la nèfle est énergétique et astringente, riche en sucres et en vitamines B et C.
Sol : toute bonne terre, même légèrement calcaire, pas trop sèche, ni trop humide.
Exposition : soleil ou mi-ombre, dans un lieu abrité des vents dominants trop violents.
Variétés conseillées : 'À gros fruits' est la forme la plus cultivée pour l'usage fruitier.
Méthode de culture : les trois premières années, il faut tuteurer l'arbre, et apporter du fumier et de l'engrais spécial pour arbre fruitier.
Taille : elle est inutile, les fleurs naissant à l'extrémité des rameaux de l'année précédente. Rajeunissez les arbres adultes tous les six ou sept ans, en dégageant bien leur centre.
Récolte : fin octobre, au moment des premières gelées qui ramollissent le fruit. La nèfle est plus agréable à consommer un mois après la récolte, après blettissement dans un local frais et sec.
Le truc à connaître : en cas d'attaque de l'oïdium, pulvérisez un fongicide spécifique contre le blanc, par exemple du soufre micronisé.
Notre conseil : plantez-le au pied de grands arbres qui l'abriteront sans compromettre sa production. Évitez les climats chauds et secs.

Prunus amygdalus ou *Prunus dulcis* AMANDIER

Présent de l'Afrique du Nord jusqu'à l'ouest de l'Asie, l'amandier est très cultivé en région méditerranéenne. Ce petit arbre offre une splendide floraison rose ou blanche, très précoce dès le mois de février. Il craint les gelées printanières et a besoin de chaleur pour bien fructifier.

Famille : Rosacées.
Valeur nutritive : l'amande sèche est très énergétique (575 kcal pour 100 g), riche en lipides (50 %), en vitamine E, en magnésium, et en fibres. L'amande fraîche est moins calorique.
Sol : perméable et chaud, léger, pierreux, calcaire.
Exposition : soleil, lieu abrité des vents froids.
Variétés conseillées : par précocité de floraison, de la mi-février à la fin mars. 'Princesse' est très productive. Ses fruits, à coque tendre, viennent à maturité en septembre. 'Aï', pour climat sec, fleurit fin février. Son fruit à coque tendre arrive à maturité en septembre. 'All in One' est autofertile. Son amande à coque tendre est mûre en septembre. 'Ferraduel' a une floraison tardive et une mise à fruits rapide. Son fruit à coque dure arrive à maturité vers la mi-septembre. 'Ferragnès', de mise à fruit rapide, fleurit tardivement. Son fruit à coque demi-dure est mûr vers mi-septembre et octobre.
Méthode de culture : comme porte-greffe, prenez le franc de pêcher en sol sain et non calcaire, le franc d'amandier en sol calcaire et sec. Fractionnez les apports d'engrais (azotés, phosphatés et potassiques) au printemps et à l'automne. Épandez du fumier au printemps. Arrosez l'été.
Taille : dans le Midi, formez l'amandier en gobelet, avec quatre ou cinq charpentières sur un tronc de 80 à 90 cm. Ailleurs, palissez-le en palmette ou en espalier contre un mur plein sud.
Récolte : de 8 à 12 kg de fruits à coque sèche, ou 50 kg à coque verte. La récolte a lieu à partir de début septembre et jusqu'à mi-octobre en région nîmoise, un mois après en région parisienne. Pour consommer des amandes fraîches récoltez entre 10 jours et 25 jours avant la maturité complète.
Le truc à connaître : contre le phytopte de l'amandier, araignée minuscule qui développe un épais feutrage blanc, virant au brun, sur le revers des feuilles, traitez avec un produit acaricide.
Notre conseil : pour une bonne pollinisation, plantez au moins deux variétés compatibles côte à côte. Hors du Midi, adoptez une variété à floraison tardive, comme 'Ferraduel' ou 'Ferragnès', que vous palisserez contre un mur plein sud.

Les arbres fruitiers

Prunus armeniaca
ABRICOTIER

Originaire du nord de la Chine et du Turkestan, ce bel arbre est très ornemental avec son feuillage vert brillant, sa floraison à la mi-mars, blanc rosé, parfumée, et ses beaux fruits jaune-orangé qui mûrissent de la fin juin à la mi-août.

Famille : Rosacées.

Valeur nutritive : 47 kcal pour 100 g. Riche en potassium, magnésium, fer, cuivre, provitamine A ou carotène, vitamine C, l'abricot est un fruit très sain et bénéfique pour la santé.

Sol : chaud et perméable, même caillouteux et un peu calcaire. Il résiste assez bien à la sécheresse.

Exposition : ensoleillée, à l'abri des vents froids.

Variétés conseillées : par ordre de maturité. 'Stark Early Orange', vigoureux mais de port compact, a un gros fruit bien parfumé. Il est idéal dans le Nord. 'Canino' donne un fruit moyen, jaune-orangé. Vigoureux, de mise à fruits rapide, cet arbre est à réserver au Sud. 'Luizet', ou 'Suchet', très rustique, à port étalé, produit un gros fruit jaune foncé, tacheté de rouge. Il convient pour toutes les régions. 'Rouge du Roussillon' fournit un fruit moyen, jaune tacheté de rouge. Très productif, on le cultive dans le Midi. 'Polonais', ou 'Muscat de Provence', a de gros fruits jaune-orangé pâle. Vigoureuse, très productive, cette variété se plaît dans toutes les régions. 'Précoce de Saumur' donne un fruit moyen, rouge-orangé. De floraison précoce, il a besoin d'un climat doux, à l'abri des gelées. 'Pêche de Nancy' produit un très gros fruit d'excellente qualité. Vigoureux, résistant aux parasites, sensible à l'alternance, il est idéal dans le Nord. 'Rouge Tardif Delbard' fournit un gros fruit jaune d'or et rouge. Productif, à floraison tardive, il convient pour toutes les régions. 'Bergeron' a un gros fruit parfumé. Très vigoureux et productif, il est idéal dans le Nord.

Méthode de culture : l'abricotier doit être greffé pour produire de beaux fruits.

Le porte-greffe qui convient le mieux aux sols calcaires et secs, est le franc. Les fruits sont un peu plus petits et plus tardifs. Très productif, il est idéal dans le Midi. Le prunier Myrobolan convient pour tout sol, même calcaire, mais pas trop secs. Il est déconseillé avec 'Canino' et 'Rouge du Roussillon'. Le franc de pêcher est adapté à un sol perméable, profond mais sans calcaire. De bonne longévité, il produit de gros fruits colorés. Il est idéal pour 'Bergeron', 'Luizet' et 'Polonais'.

Éclaircissage. Éliminez une partie des jeunes fruits fin avril, uniquement si l'arbre est très chargé.

Traitements. Les interventions contre la cloque fin février et fin novembre sont inutiles.

Taille : elle doit être modérée, en novembre ou en fin d'été, car l'abricotier ne supporte pas bien les blessures. Taillez les arbres de plein vent pour qu'ils conservent une silhouette équilibrée et les formes palissées afin que la fructification se concentre à proximité des branches charpentières. Mastiquez les plaies pour éviter la formation de gomme.

Récolte : environ 60 kg par arbre adulte.

Le truc à connaître : veillez à ce que le sol soit toujours bien désherbé, les adventices hébergeant souvent des spores de champignons nuisibles.

Notre conseil : tous les abricotiers étant autofertiles, vous pouvez planter une seule variété, mais pour prolonger le plaisir incomparable de croquer des abricots bien juteux sur l'arbre, plantez-en plusieurs, d'époques de maturité différentes.

▶ Très sucré et bien juteux : l'abricot 'Rouge du Roussillon' est semi-précoce.

▼ L'abricotier est à réserver aux endroits bien abrités.

▼ 'Pêche de Nancy' est un des abricots les plus rustiques.

'Canino' : une variété d'abricot résistante aux maladies. ▶

Le jardin fruitier

La floraison du cerisier est superbe au printemps.

Le bigarreau 'Napoléon' produit des fruits assez clairs.

Prunus cerasus
CERISIER

Originaire d'Asie Mineure, devenu spontané en Europe, le cerisier pousse en toutes régions et fructifie abondamment chaque année, en raison de sa floraison tardive, très rarement détruite par le gel. Les cerisiers actuels sont issus de sélections de *Prunus cerasus* et de *Prunus avium*, parfois d'hybrides de ces deux espèces. Ces arbres ne viennent bien qu'en formes libres : tiges, demi-tiges ou fuseaux.

Famille : Rosacées.

Valeur nutritive : énergétique (65 kcal pour 100 g), riche en vitamine C, la cerise est le plus sucré des fruits rouges (14 % de glucides).

Sol : la plupart des sols conviennent, même caillouteux ou acides, mais ni lourds ni trop humides.

Exposition : au soleil non brûlant, à l'abri du vent violent, surtout pendant la floraison.

Variétés conseillées : par ordre de maturité.
De fin mai à début juin. 'Bigarreau Moreau', bien pollinisé par 'Bigarreau Marmotte', il donne de gros fruits rouge foncé, à chair très ferme et croquante. 'Bigarreau Burlat', dont les pollinisateurs sont 'Bigarreau Reverchon', 'Bigarreau Van', 'Bigarreau Géant d'Hedelfingen', produit un très gros fruit rouge brillant, à chair très ferme. Cet arbre à port semi-dressé est vigoureux et productif.
Mi-juin. 'Bigarreau Early Van Compact' est pollinisé par 'Bigarreau Burlat' et 'Bigarreau Napoléon'. Vigoureux et productif, il fournit un gros fruit rouge très luisant. 'Bigarreau Summit' est autofertile, mais il peut être pollinisé par 'Bigarreau Burlat' ou 'Bigarreau Géant d'Hedelfingen', pour une meilleure production. Il donne un très gros fruit (jusqu'à 14 g). Un arbre vigoureux, à port érigé, 'Bigarreau Reverchon', est pollinisé par 'Bigarreau Burlat' et 'Bigarreau Géant d'Hedelfingen'. Il porte un gros fruit carmin vif. Cet arbre vigoureux, à port semi-étalé, est un peu sensible au coryneum et a une floraison très tardive. 'Bigarreau Van', pollinisé par 'Bigarreau Burlat' et 'Bigarreau Napoléon', produit un gros fruit pourpre noirâtre à maturité. Vigoureux, à port semi-dressé, il est très productif. 'Bigarreau Marmotte', pollinisé par 'Bigarreau Burlat', est vigoureux et productif. Il donne un gros fruit allongé, rouge foncé, très brillant. 'Bigarreau Cœur de Pigeon', dont les pollinisateurs sont 'Bigarreau Burlat' et 'Bigarreau Napoléon', fournit un gros fruit jaune et rouge très clair. 'Griotte de Montmorency', dont le fruit moyen et rouge vif est parfait pour la conservation à l'eau de vie et les confitures, est productif. De vigueur moyenne, il montre un port demi-étalé. Une variété autofertile.
De fin juin à mi-juillet. 'Bigarreau Napoléon', pollinisé par 'Bigarreau Burlat' et 'Bigarreau Van', produit des fruits moyens, jaunes, rouge clair au soleil. Cet arbre vigoureux, à port demi-étalé, est de mise à fruits rapide. 'Bigarreau Géant de Hedelfingen' est pollinisé par 'Bigarreau Burlat', 'Bigarreau Reverchon' et 'Bigarreau Tardif de Vignola'. Il fournit un gros fruit légèrement conique, rouge brillant, devenant noir à maturité. Très vigoureux et productif, l'arbre a un port semi-dressé. 'Bigarreau Tardif de Vignola' est pollinisé par 'Bigarreau Van' et 'Bigarreau Géant d'Hedelfingen'. Il porte un gros fruit arrondi, pourpre, devenant foncé à maturité. Cet arbre très vigoureux, à port érigé, a l'inconvénient de produire de façon irrégulière.

Traitement obligatoire contre les pucerons au printemps.

Les arbres fruitiers

'Bigarreau géant de Hedelfingen' aux fruits très foncés. ▶

Méthode de culture : les cerisiers doivent obligatoirement être greffés pour bien fructifier.

Le porte-greffe peut être le franc de merisier pour les grands arbres sur tiges, en sol frais mais bien drainé. La mise à fruits est assez lente (de sept à huit ans), mais les récoltes très importantes. Le prunier Sainte-Lucie est adapté aux petites formes en sol sec et calcaire. La mise à fruits est rapide (de quatre à cinq ans), mais les récoltes moyennes.

Plantation. Pour les arbres tiges, installez un tuteur avant la plantation afin de ne pas abîmer les racines. Au fond du trou de plantation, déposez un seau de fumier composté, entre trois et quatre poignées d'engrais pour arbres fruitiers. Ajoutez de 50 à 80 g de sulfate de magnésium, notamment en sol calcaire, où se produit souvent une carence.

Apports d'engrais. Au printemps, apportez des engrais azotés nitriques par griffage, avant la floraison, puis après la formation des fruits. En automne, dès la quatrième année, incorporez des engrais phosphorés et potassiques au cours du bêchage. En alternance avec ces fertilisants, apportez un an sur deux, un bon seau de fumier séché en automne lors du bêchage. Enfin, pratiquez le chaulage tous les trois ou quatre ans en automne, à la dose de quatre à cinq poignées par arbre, enfouies par un léger griffage.

Traitements. En février, appliquez un traitement d'hiver contre les œufs de pucerons, d'araignées rouges et de teigne des fleurs du cerisier, dont la chenille ronge les fleurs. En mars et en avril, traitez avec un produit total contre les pucerons et la plupart des insectes, le coryneum ou maladie criblée et le monilia. Renouvelez les traitements un mois après. En mai, intervenez si nécessaire contre l'anthracnose (qui se manifeste par de petites taches anguleuses, lie-de-vin à l'avers des feuilles, brun rosé au revers, puis par le jaunissement et la chute prématurée des feuilles), en appliquant un fongicide de synthèse. En juin, sur les variétés de moyenne saison et les tardives, traitez contre la mouche des cerises avec un insecticide. Pensez aussi, en sol calcaire, à épandre du 'Séquestrène' au pied des arbres dont les feuilles jaunissent. En juillet, après la cueillette, traitez à nouveau contre le coryneum et les araignées rouges.

Taille : d'une façon générale, le cerisier supporte mal la taille. Il réagit en produisant de la gomme qui s'écoule des plaies et l'affaiblit.

Taille de formation. Un an après la plantation, taillez le cerisier de façon à former une charpente aérée, bien équilibrée et ouverte au centre, avec quatre ou cinq branches maîtresses. Chez les cerisiers vigoureux, limitez le tronc à 50 cm de haut, afin de faciliter la cueillette et les traitements.

Taille de fructification. Inutile, mais tous les trois ou quatre ans, rajeunissez les rameaux à fruits en les taillant légèrement juste après la récolte. Il faut aussi réduire les dimensions des branches qui ont tendance à pousser tout en longueur.

Récolte : un arbre adulte peut fournir jusqu'à 150 kg, voire même 200 kg de fruits.

Le truc à connaître : en climat froid, préférez les arbres sur tige (greffés sur merisier par exemple) aux fuseaux ou aux demi-tiges.

Notre conseil : pour obtenir de bonnes récoltes dans un grand jardin, regroupez de préférence plusieurs variétés qui se pollinisent mutuellement. Sachez qu'un pollinisateur suffit à féconder entre huit à dix arbres de la même variété, s'il se trouve à moins de 25 m d'eux. Dans un petit jardin, plantez une seule variété autofertile, comme 'Griotte de Montmorency' ou 'Bigarreau Summit'.

▼ La cerise de Montmorency : une saveur acidulée.

▼ Le bigarreau 'Cœur de Pigeon' : une chair croquante.

653

Le jardin fruitier

▲ Une prune d'origine japonaise aux très belles couleurs.

▲ La 'Reine-Claude Verte' est succulente et productive.

◄ La 'Mirabelle de Nancy': idéale pour les confitures.

Prunus domestica
PRUNIER

Le prunier résulte de l'hybridation de plusieurs espèces européennes et asiatiques de *Prunus*. Connu dès l'Antiquité, les Égyptiens le cultivaient déjà. Il réussit mieux en climat continental, car il aime les saisons tranchées, mais il pousse bien partout. Il est planté surtout en formes libres. Outre le vrai prunier, le genre compte aussi la mirabelle, la quetsche et la reine-claude.

Famille : Rosacées.

Valeur nutritive : la prune est moyennement énergétique (52 kcal pour 100 g). Elle est riche en sels minéraux, notamment en potassium, en calcium et en magnésium. Elle contient de nombreuses vitamines B, et assez peu de vitamine C.

Sol : tous les types de terrains conviennent, mais il faut éviter l'humidité stagnante.

Exposition : ensoleillée, pas trop ventée.

Variétés conseillées : par ordre de maturité.

De juillet à mi-août. 'Reine-Claude d'Oullins' produit de façon régulière de gros fruits jaune verdâtre, teintés de rosé. Vigoureux, à port bien dressé et moyennement ramifié, cet arbre est autofertile. 'Reine-Claude Dorée', donne un fruit moyen, vert doré. L'arbre est vigoureux, étalé, peu ramifié. Il produit bien, mais avec une nette tendance à l'alternance. La chair est fondante et très parfumée. 'Golden Japan' et les autres variétés d'origine japonaise comme 'Allo', 'Beauty', 'Burbank', 'Methley' ou 'Santa Rosa', donnent dans la première quinzaine de juillet, mais parfois même plus tôt, de gros fruits très colorés jaunes ou rouge-violet, qui peuvent peser plus de 50 g. Leur présentation est parfaite, mais leur goût plutôt fade.

De août à début septembre. 'Mirabelle de Nancy' donne un petit fruit jaune-orangé très lumineux. Vigoureux, à port étalé, assez ramifié, cet arbre produit régulièrement. Une variété idéale pour les pâtisseries et les confitures. 'Stanley' offre un fruit assez gros, allongé, bleu-violet. Cet arbre vigoureux, dont la silhouette dressée est très ramifiée, produit beaucoup chaque année. 'Prune d'Ente' est la variété la plus prisée pour les pruneaux.

Septembre. 'Thames Cross' fournit un gros fruit ovale, jaune doré. Vigoureuse et productive, cette variété est autofertile. 'Quetsche d'Alsace' donne un fruit moyen, allongé, violet-noir. Cet arbre très vigoureux, à port dressé, très ramifié, produit régulièrement et est autofertile. 'Reine-Claude de Bavay' a un fruit moyen, rond, vert jaunâtre. Vigoureux, à port dressé, ramifié, il est assez productif et autofertile. 'Valor' est la plus tardive des prunes. Elle a l'aspect d'une quetsche avec son gros fruit ovoïde bien bleuté. Sa chair très fine a un goût qui se rapproche de celui de la reine-claude.

Méthode de culture : tous les pruniers doivent être greffés pour respecter les variétés.

Porte-greffe. Le plus souvent utilisé pour le prunier est le Myrobolan, qui s'adapte bien à tous les sols, même relativement humides.

Plantation. Installez un tuteur avant la mise en place de l'arbre, afin de ne pas abîmer les racines. Au fond du trou de plantation, déposez un bon seau de fumier déshydraté, et entre deux à trois poignées d'engrais pour arbres fruitiers ou de corne torréfiée. Arrosez beaucoup, après la plantation, et régulièrement au cours des premiers étés.

Apports d'engrais. Le prunier est très exigeant en potassium. Chaque automne, un apport de fumier et d'engrais pour arbres fruitiers est très bénéfique.

Les arbres fruitiers

Traitements. En février, un traitement d'hiver est efficace contre les œufs de pucerons et d'araignées rouges. En mars et en avril, pulvérisez un produit total à la fin de la floraison. Il sera efficace contre l'hoplocampe, une petite guêpe noire qui pond à la base du calice des fleurs et dont la larve blanc verdâtre pénètre dans les jeunes fruits et contre le coryneum ou maladie criblée et le monilia. Renouvelez ce traitement un mois plus tard pour lutter contre le carpocapse des prunes, dont la chenille rose à tête brune dévore les fruits. Vous détruirez ainsi les larves, avant qu'elles ne pénètrent dans les prunes. Si vous avez plusieurs pruniers, placez tous les 15 m des pièges, à phéromones ou liquides, pour capturer les carpocapses adultes. Changez l'appât (une cuillère de miel pour quatre ou cinq cuillères d'eau) tous les dix jours. En juin, épandez du Séquestrène au pied des arbres dont les feuilles jaunissent (carence en fer). En juillet, traitez à nouveau contre le carpocapse des prunes qui pond ce mois-ci.

Taille : il faut éviter de couper trop sévèrement les pruniers qui apprécient peu ces interventions.

Taille de formation. Elle permet de former une charpente équilibrée, avec un centre bien aéré.

Taille de fructification. Sur les arbres pleins-vents, la taille est inutile. Supprimez seulement le bois mort et, tous les six ou sept ans, aérez le centre. Sur les fuseaux, effectuez une taille légère, sur toute la périphérie de l'arbre, chaque année en février ou en mars pour réduire l'encombrement.

Récolte : entre 20 kg et 120 kg par arbre adulte.

Le truc à connaître : si, malgré la présence d'une variété pollinisatrice à proximité, votre prunier fructifie peu, tout en étant vigoureux, incorporez à l'automne de bonnes doses de superphosphate (de 200 à 400 g par arbre) et de sulfate de potasse (de 500 g à 1 kg par arbre).

Notre conseil : il est préférable de planter côte à côte plusieurs variétés se pollinisant mutuellement. Si vous n'avez de la place dans votre jardin que pour un seul prunier, choisissez alors une variété autofertile comme 'Stanley', 'Reine-Claude de Bavay' ou 'Quetsche d'Alsace'.

Étayez les branches trop lourdement chargées de fruits. ▶

▲ 'Thames Cross' : une grosse prune dorée au goût de miel.

▲ 'Golden Japan' : chair ferme et superbe couleur.

▲ 'Golden Globe' : production énorme, maturité tardive.

▲ 'Valor' : très tardive et d'une rare qualité gustative.

▲ 'Tardive de Chambourcy' mûrit en septembre.

Le jardin fruitier

▲ Le pêcher est un petit arbre à la silhouette élégante.

▲ 'Reine des Vergers' : une bonne pêche à chair blanche.

◄ 'Dixired' : une pêche à chair jaune qui mûrit en juillet.

Prunus persica
PÊCHER

Originaire d'Extrême-Orient, notamment du sud de la Chine, le pêcher a gagné l'Occident via l'Égypte et la Perse, d'où son nom botanique. Il aime la chaleur et réussit particulièrement bien dans le Sud, ou encore palissé contre un mur exposé au soleil dans les régions du Nord.

Famille : Rosacées.

Valeur nutritive : la pêche est un fruit léger (40 kcal pour 100 g, avec 9 % de glucides seulement), savoureux, juteux et rafraîchissant. Elle est riche en vitamine C et en provitamine A.

Sol : ni trop humide, ni trop calcaire.

Exposition : ensoleillée. L'emplacement doit être bien abrité des gelées, en raison de la précocité de la floraison et du caractère frileux de l'arbre.

Variétés conseillées : les brugnons sont des pêches à peau lisse, à la chair ferme qui adhère au noyau. Les nectarines sont des brugnons à noyau libre. Par ordre de maturité :

Juillet. 'Springtime' est une pêche à chair blanche. Cet arbre, très vigoureux et très productif, demande un bon éclaircissage. 'Amsden' fournit aussi une pêche à chair blanche. Moyennement vigoureux, mais très productif, il résiste bien aux maladies. 'Dixired' donne une pêche à chair jaune. Assez vigoureuse et productive, cette variété convient pour le Midi. 'Morton' est un brugnon à chair blanche. Vigoureux et généreux, il a une floraison tardive. Une variété idéale pour le Sud-Ouest.

Août. 'Redhaven' produit une pêche à chair jaune. Moyennement vigoureux mais très productif, il convient pour toutes les régions. 'Redwing', vigoureux et fertile, offre une pêche à chair blanche, de saveur très douce. 'Reine des Vergers' produit une pêche à chair blanche. Très vigoureux et productif, cet arbre convient en plein vent dans le Nord. 'Nectared 6' donne une nectarine à chair jaune. Très vigoureux, de mise à fruits très rapide, cet arbre demande à être éclairci pour ne pas s'épuiser.

Début septembre. 'Sanguine' fournit une pêche à chair rouge, dite « pêche de vigne ». Cet arbre de taille moyenne est bien adapté au climat tempéré.

Méthode de culture : les pêchers doivent être greffés pour respecter le caractère des variétés.

Porte-greffe. Le plus utilisé en sol sain, profond et non calcaire, est le vigoureux franc de pêcher. En sol lourd et humide ou même calcaire, on emploie le prunier Saint-Julien, qui donne des fruits plus petits que le franc. Il est très répandu dans le Nord. En sol sec et calcaire, vous pouvez prendre l'amandier, idéal dans le Midi par exemple. L'hybride pêcher-amandier convient davantage au Sud-Ouest. Vigoureux, il tolère bien le calcaire et n'aime pas les sols trop humides.

Apports d'engrais. Incorporez au sol un engrais pour arbres fruitiers chaque année au printemps.

Soins d'été. Le pêcher demande un éclaircissage. Après la formation des fruits, laissez en moyenne une pêche pour 15 cm de longueur de rameau. Un pincement est également nécessaire. Taillez les pousses qui portent des fruits, à cinq feuilles au-dessus des pêches. L'effeuillage doit vous permettre de favoriser la coloration des fruits, en supprimant toutes les feuilles qui les masquent.

Traitements. En février, un traitement d'hiver contre les œufs de pucerons et d'araignées rouges. Début mars, avant la naissance des feuilles, traitez à la bouillie bordelaise contre la cloque du pêcher, l'affection la plus courante, avec la maladie cri-

Les arbres fruitiers

blée. Lors d'un printemps froid et humide, la cloque se traduit par la teinte rose des feuilles toutes jeunes, encore pliées. Elles prennent un aspect gaufré, s'enroulent sur elles-mêmes, avant de tomber. Les rameaux s'arrêtent de pousser, se déforment et se tordent. En mars, avant la floraison, appliquez un fongicide contre la maladie criblée ou coryneum, qui se manifeste par des taches circulaires grisâtres sur les feuilles, entourées d'un halo rouge, dont le centre se nécrose. Cette intervention est aussi efficace contre la moniliose. En avril, renouvelez les traitements de mars avec un produit total qui se chargera en même temps des pucerons, des mineuses et des chenilles. En mai, renouvelez les traitements d'avril pour lutter contre l'oïdium et la tordeuse orientale. En juin, appliquez un insecticide contre les guêpes, la mouche méditerranéenne, la mineuse et la tordeuse orientale. En juillet, après la cueillette, traitez avec un produit total contre l'oïdium, la maladie criblée, la rouille et l'araignée rouge. Renouvelez la pulvérisation en août. En novembre, effectuez deux traitements de bouillie bordelaise, espacés de trois semaines contre la cloque du pêcher et la moniliose.

Taille : le pêcher est l'arbre fruitier à noyau le plus exigeant en matière de taille, en raison de son mode de fructification qui entraîne beaucoup de bois mort. En effet, les rameaux qui portent des pêches ne fructifient qu'une fois et meurent.

Taille de formation. Pour les formes libres (tiges, fuseaux, gobelets), modelez un arbre à port équilibré possédant entre trois et cinq charpentières robustes, avec un centre aéré. Taillez au départ de la végétation, plus court sur les arbres peu vigoureux. Pour les formes palissées, créez une palmette « à la diable », en provoquant de nombreuses ramifications par la taille régulière des pousses latérales. Veillez à ce qu'il n'y ait jamais d'axe central et palissez en éventail toutes les ramifications.

Taille de fructification. Elle favorise une production abondante et le remplacement des rameaux qui ont fructifié par de nouvelles pousses portant des boutons floraux. Vous devez apprendre à différencier les principaux organes à fruits du pêcher. Le bouquet de mai est un rameau faible et court, comportant un seul bourgeon foliaire (ou œil à bois) et quatre ou cinq boutons floraux. Supprimez ces derniers afin que l'œil émette un rameau plus vigoureux. La chiffonne est un rameau peu vigoureux, muni de boutons floraux sur toute sa longueur, et d'un œil à bois au sommet. Elle est conservée le temps d'une fructification, puis éliminée ensuite. Le rameau à bois n'a pas de bouton floral. Taillez-le au-dessus du deuxième œil à partir de la base. Le rameau mixte, doté d'yeux à bois et de boutons floraux, est souvent conservé intact. Éclaircissez seulement les fruits après leur formation. Les puristes préfèrent le tailler au-dessus du troisième bouquet de fleurs, mais ce n'est pas utile si l'arbre est vigoureux. Le rameau gourmand, très poussant, porte uniquement des yeux à bois. Taillez-le après le quatrième ou le cinquième œil. Vous pouvez l'arquer afin de diminuer sa vigueur.

Récolte : de 20 à 25 kg par arbre palissé, de 40 à 60 kg par arbre de plein vent.

Le truc à connaître : chez les pêchers palissés, favorisez le grossissement des fruits en pulvérisant de l'eau sur le feuillage, tous les soirs, environ un mois avant la récolte.

Notre conseil : le pêcher étant autofertile, vous pouvez récolter des fruits en n'ayant planté qu'une seule variété. Sur les balcons, n'oubliez pas les variétés naines ('Garden Gold' et 'Garden Silver'), elles sont compactes et viennent très bien en bac, fleurissant joliment et donnant quelques fruits.

▲ 'Grosse Mignonne' : une variété rustique à chair blanche.

▲ Au nord de la Loire, mieux vaut palisser les pêchers.

▶ Brugnons et nectarines ont un épiderme lisse et coloré.

657

Le jardin fruitier

▲ À Villandry, un poirier avec des cinéraires maritimes.

◄ 'Conférence' : réussit très bien en forme palissée.

Pyrus communis
POIRIER

Originaire d'Asie centrale, le poirier s'est répandu en Europe occidentale dès les temps préhistoriques. Les Romains en ont créé de nombreuses variétés par la pratique du greffage. On le cultive désormais sur tous les continents, en climat tempéré, jusqu'à 1 000 m d'altitude.

Famille : Rosacées.

Valeur nutritive : la poire est modérément énergétique (de 45 à 60 kcal/100 g), riche en fibres, en vitamines B et C, et en potassium. Ce dernier lui confère des vertus diurétiques appréciées.

Sol : il doit être assez riche, perméable et profond. Le poirier n'aime pas les terrains argileux, trop sableux ou trop calcaires, ni l'excès d'humidité.

Exposition : ensoleillée. Étant donné sa floraison précoce, évitez les situations gélives, les bas-fonds humides et les emplacements très ventés.

Variétés conseillées : par ordre de maturité : 'Beurré Giffard', donne dès juillet un fruit ventru de bonne qualité. À conseiller en formes libres ou semi-libres en raison de ses rameaux divergents. 'Docteur Jules Guyot', assez vigoureux et productif, est autofertile. Son fruit plutôt gros, jaune citron, arrive à maturité en juillet et en août. 'Williams Bon Chrétien' donne un gros fruit jaune d'or, pointillé de roux, arrivant à maturité en août et en septembre. Cet arbre vigoureux et productif doit être greffé sur franc ou sur cognassier BA 29. Il vient très bien en palmette. Il existe une forme à fruits rouges 'Williams rouge' dont la qualité de la chair est encore supérieure. 'Delbardélice' est une variété vigoureuse, à port semi-érigé dont la mise à fruits est rapide. Son gros fruit bronze doré au goût délicat, parvient à maturité fin août. À cultiver en fuseau, palmette ou demi-tige. 'Beurré d'Anjou' est un poirier de faible vigueur, à cultiver de préférence en palmette. Son fruit jaune verdâtre est juteux et sucré. Cette variété présente une bonne résistance au feu bactérien. 'Beurré Hardy' produit en toutes régions un fruit gros ou très gros, fauve bronzé. Maturité en septembre et en octobre. Très vigoureux, l'arbre est doté d'un port érigé. Mieux vaut le cultiver en tige. 'Louise Bonne d'Avranches' arrive à maturité en septembre et en octobre. Ses fruits assez gros, jaune paille, sont lavés de rouge-carmin du côté ensoleillé. Moyennement vigoureux, mais très productif, cet arbre se greffe sur franc en sol assez pauvre. 'Conférence' fournit un gros fruit allongé, jaune paille verdâtre, mûr fin octobre, et se conservant très bien. De vigueur moyenne à bonne, il est très productif, et de mise à fruits rapide. Il convient particulièrement pour le Nord, en sol riche et frais et en palmette de préférence. 'Doyenné du Comice', arbre vigoureux à port érigé et ramifié est moyennement productif. Il se

Les arbres fruitiers

plante en espalier contre un mur plein sud. En octobre et en novembre vient à maturité un gros fruit lisse, jaune clair, teinté de roux, qui peut se conserver deux mois. 'Fertilia' produit en abondance, dès la deuxième année de plantation, des fruits énormes à la chair fraîche et sucrée, très rafraîchissante. Une variété solide, vigoureuse et résistante aux maladies. 'Pierre Corneille' donne un fruit moyen, jaune clair à stries cuivrées. Mûr fin octobre, il se conserve un mois et demi. Cet arbre rustique et productif, assez vigoureux, à port plutôt érigé, se greffe sur cognassier. 'Général Leclerc' est très vigoureux avant sa mise à fruits, moins ensuite. D'un port assez érigé, on le greffe sur cognassier. Son fruit moyen, jaune verdâtre, légèrement bronzé, vient à maturité en octobre et en novembre. Il se conserve deux mois. 'Épine du Mas', ou 'Duc de Bordeaux' est moyennement vigoureux, à port semi-érigé. De mauvaise affinité avec le cognassier, il faut le greffer sur franc pour les grandes formes. En novembre et en décembre, il produit un fruit moyen, jaune légèrement rosé, se conservant deux mois. 'Jeanne d'Arc' a un gros fruit pouvant peser jusqu'à 400 g. Ovoïde, vert, taché de fauve, ce dernier est mûr en novembre et en décembre. Il peut se conserver deux mois. Érigé, moyennement vigoureux et productif, cet arbre se greffe sur cognassier. 'Comtesse de Paris' se greffe aussi sur cognassier ou sur franc. Sensible au feu bactérien, il est érigé et moyennement vigoureux. Son fruit assez gros, jaune verdâtre, maculé de fauve arrive à maturité en décembre et en janvier, et se conserve deux ou trois mois.

'Beurré Hardy' : une excellente variété à cultiver sur tige. ▶

Méthode de culture : le poirier doit être obligatoirement greffé pour propager les variétés.

Porte-greffe. Il peut être le franc de poirier en sol calcaire et sec. Il convient aux formes libres, mais sa mise à fruits est très lente ; il donne des fruits assez petits. Le cognassier s'emploie en sol non calcaire, même humide, pour les formes palissées. Il ne convient pas à certaines variétés, comme 'Williams' ou 'Louise Bonne d'Avranches'. Il existe deux types de cognassier. Le cognassier de Provence est le plus vigoureux et il résiste mieux à la chlorose et à la sécheresse. Sa mise à fruits est rapide et il permet la production de fruits assez gros et de bonne qualité. Le type cognassier BA 29 (création INRA) convient particulièrement aux 'Williams'. Le cognassier d'Angers, est moins vigoureux, mais sa mise à fruits est plus précoce, et sa productivité le rend attractif. Il est idéal dans les régions au climat tempéré.

▼ 'William's rouge' : une chair fine au goût musqué.

▼ 'Doyenné du Comice' : une chair succulente et parfumée.

▼ 'Louise Bonne d'Avranches' : une variété très productive.

UNE BONNE POLLINISATION

Pour une meilleure fructification, plantez côte à côte deux variétés se pollinisant mutuellement (fécondation des fleurs). Les variétés pollinisatrices sont citées en premier. Les numéros correspondent aux variétés qui bénéficient facilement de leur pollen. Rappelons que les poiriers, comme les pommiers, ont tendance à mal s'autoféconder. En plantant deux arbres différents et compatibles, vous améliorez le potentiel de récolte.

(1) 'Docteur Jules Guyot' pollinise les variétés : 2-4-6-7
(2) 'Williams Bon Chrétien' pollinise les variétés : 1-4-6-7-11
(3) 'Delbardélice' pollinise les variétés : 1-4-6
(4) 'Beurré Hardy' pollinise les variétés : 1-2-6-7
(5) 'Louise Bonne d'Avranches' pollinise les variétés : 1-4-6-12
(6) 'Conférence' pollinise les variétés : 1-2-4-5-7
(7) 'Doyenné du Comice' pollinise les variétés : 1-2-4-6-11
(8) 'Pierre Corneille' pollinise les variétés : 2-4-5-6-7
(9) 'Général Leclerc' pollinise les variétés : 2-6-7
(10) 'Épine du Mas' pollinise les variétés : 6-7
(11) 'Jeanne d'Arc' pollinise les variétés : 2-7
(12) 'Comtesse de Paris' pollinise la variété : 5

▲ Le pollen de la fleur de poirier fertilise mal son propre pistil.

Le jardin fruitier

▶ Un fuseau de poirier s'intègre bien au jardin d'ornement.

▼ Une palmette Verrier : cinq branches en fleur.

▼ L'éclaircissage des fruits est très souvent nécessaire.

Plantation. Elle doit avoir lieu entre fin novembre et début mars, en dehors des périodes de gel ou de fortes pluies. Apportez en fumure de fond une brouette de compost bien décomposé (ou 5 kg de fumier déshydraté) par arbre, puis de trois à quatre poignées d'engrais de fond à action lente par arbre. Ajoutez du sulfate de magnésium (de 50 à 80 g par arbre) en sol calcaire, car le poirier y est vite carencé en magnésium. Installez un tuteur avant la plantation afin de ne pas abîmer les racines de l'arbre par la suite. Donnez 20 litres d'eau après la plantation, puis arrosez régulièrement et copieusement durant les premiers étés.

Apports d'engrais. Prévoyez les mêmes apports que pour le pommier, sachant que le poirier est encore plus vigoureux et se révèle donc plus exigeant en azote. Il faut également fractionner les apports. Donnez des engrais azotés, pour favoriser la croissance, chaque printemps, dès la deuxième année après la plantation, à raison de une à deux poignées par arbre palissé, et trois par arbre de plein vent. Un automne sur deux, apportez des engrais potassiques pour accroître la fructification, à raison de deux poignées par arbre palissé, et jusqu'à quatre poignées par arbre de plein-vent. En sol acide, apportez chaque automne de la chaux agricole hydratée, à raison de 50 à 100 g/m^2. Incorporez les fertilisants lors du labour d'automne, en veillant à ne pas blesser les racines.

Éclaircissage. Fin mai, ne conservez qu'un ou deux jeunes fruits par bouquet sur les arbres formés. Privilégiez les plus gros, situés à la périphérie du groupe, et non du centre comme chez le pommier.

Traitements. En février, effectuez les traitements d'hiver contre les cochenilles, qui envahissent les rameaux de petits boucliers noirs, et les araignées rouges. Pulvérisez fin février de la bouillie bordelaise à titre préventif contre les principales maladies du poirier. En mars, dès les premiers stades de la floraison, traitez contre l'hoplocampe du poirier, et contre la cécidomye des poirettes. Ces deux insectes pondent sur les boutons floraux, et leurs larves creusent une galerie dans les jeunes fruits. En avril et en mai, luttez contre l'oïdium (blanc) et contre la tavelure, une maladie qui se manifeste par des taches brun olivâtre au revers des feuilles, et sur les fruits qui se fendent par la suite. Utilisez un fongicide polyvalent. Pulvérisez également un insecticide systémique contre les pucerons. En juin et en août, pulvérisez de nouveau un fongicide contre la tavelure et traitez avec un acaricide spécifique contre l'araignée rouge qui, par temps chaud et sec, colonise le revers des feuilles qui jaunissent et tombent prématurément. Pour piéger le carpocapse ou ver des fruits, dont la chenille creuse une galerie spiralée dans les poires, ensachez les fruits, ou bien posez des pièges à phéromones ou des bandes-pièges spécifiques. Évitez tout traitement avant la récolte. En octobre, il est nécessaire de lutter contre le chancre, maladie causée par un champignon qui creuse l'écorce des branches et des rameaux. Les zones attaquées se recouvrent de pustules de spores, rouges en hiver, blanches en été. Traitez à la bouillie bordelaise dès que les trois quarts des feuilles sont tombées, puis deux ou trois semaines plus tard. Ramassez bien tous les fruits attaqués par la moni-

Les arbres fruitiers

liose et brûlez-les. En cas de contamination par la tavelure, ramassez toutes les feuilles tombées et brûlez-les immédiatement.

Taille : comme pour la plupart des arbres fruitiers, taillez le poirier en hiver, de décembre à février, quand les boutons à fleurs bien charnus et arrondis sont aisément reconnaissables et différenciables des simples bourgeons foliaires petits et pointus.

La taille de formation. Pour les formes libres, elle est très succincte : juste un équilibrage des rameaux. Pour les formes palissées, elle vise à obtenir un allongement progressif des branches, sur lesquelles naîtront les rameaux latéraux, porteurs de fruits.

La taille de fructification. Elle se pratique pour les formes palissées (cordons, palmettes) selon le principe de la taille trigemme, ou taille à trois yeux (*voir* pommier). Pratiquez la taille en vert (pincements, ébourgeonnements) en juillet. Chez les grandes formes libres (tiges, demi-tiges), la taille est superflue, sauf pour un vieil arbre, chez lequel vous pouvez remplacer des branches âgées par des jeunes pousses bien placées. Il faudra les incliner ou les arquer vers le sol, afin de favoriser leur fructification. Les petites formes libres (fuseaux, gobelets, buissons) ont besoin chaque année d'une taille assez sévère, qui utilise les principes de la taille trigemme, complétés par un bon équilibrage de la forme et un allongement des charpentières.

Récolte : entre 25 kg et 30 kg par arbre adulte, de 10 à 15 kg par arbre palissé.

Le truc à connaître : dans les régions où sévit le feu bactérien, si vous constatez que des branches de poirier se dessèchent brutalement, coupez-les et brûlez-les immédiatement. Si le dessèchement s'étend à tout l'arbre, arrachez-le et brûlez-le sans tarder, et ne replantez surtout pas de poirier ou d'autre arbre fruitier au même emplacement. Les variétés les plus sensibles au feu bactérien, comme 'Passe Crassane' ou 'Alexandrine Drouillard', sont interdites de commercialisation pour ne pas stimuler la propagation de cette terrible maladie.

Notre conseil : cultivez des plantes mellifères près des poiriers afin d'attirer les insectes butineurs. Ils vont améliorer nettement la pollinisation.

À Saint-Jean-de-Beauregard : une belle palmette horizontale. ▶

▲ 'Fertilia' : une des poires les plus productives.

▲ 'Beurré d'Anjou' est résistante au feu bactérien.

▲ L'ensachage permet d'obtenir des fruits sans tache.

▲ Un vieux poirier plein-vent fleurit en Normandie.

▲ Très étonnant : un grand poirier palissé en façade.

661

Le jardin fruitier

LES PETITS FRUITS

Savoureux, délicieux, subtils dans leurs arômes, les petits fruits sont des plantes indispensables dans un jardin d'amateur, parce qu'ils poussent sans problème et prennent peu de place. Alors laissez-vous tenter…

Actinidia chinensis — KIWI

Très rustique, l'actinidia est originaire de Chine. Cette liane vigoureuse croît de plusieurs mètres par an. Dès la troisième ou quatrième année, elle produit de nombreux fruits, les kiwis, qui arrivent à maturité très tard. En juin, les rameaux de l'année précédente portent des fleurs parfumées, blanc crème, puis jaune chamois.

Famille : Actinidiacées.
Valeur nutritive : 51 kcal pour 100 g. Très riche en vitamine C, le kiwi est riche en sels minéraux, surtout en potassium, en magnésium et en calcium.
Sol : riche, frais, léger, profond, perméable, mais ni calcaire ni lourd et sans humidité stagnante.
Exposition : ensoleillée. L'emplacement doit être aéré, mais abrité des vents forts. Prévoyez un support (treillage, mur, pergola, tronc d'un arbre).

▲ Le kiwi est le fruit velu de la liane *Actinidia chinensis*.

Variétés conseillées : 'Tomuri' est une forme mâle. 'Hayward', variété femelle, produit jusqu'à 30 kg par pied. 'Abbott', 'Bruno', et 'Monty', sont des variétés très productives, qui donnent de gros fruits (de 50 à 100 g). L'espèce type fournit des fruits plus petits (25 g), mais très savoureux.
Méthode de culture : plantez au moins une variété mâle pour cinq variétés femelles. Enrichissez les trous de plantation de fumier et d'engrais. Paillez les pieds le premier hiver. Palissez les tiges au fur et à mesure en les attachant sans trop les serrer. Ensuite, elles s'enroulent autour du support.
Entretien : arrosez abondamment d'avril à juillet, faiblement en août et en septembre. Dès la troisième année, apportez chaque automne une bonne dose de fumier, en alternance avec de l'engrais pour arbres fruitiers (100 g par pied).
Taille : taillez tôt, en décembre et en janvier, car une coupe tardive cause des écoulements de sève nocifs. Taillez à la base des charpentières les rameaux qui ont beaucoup fructifié, et réduisez les tiges secondaires de 1 m de long. Rajeunissez un actinidia âgé en rabattant les charpentières, à la base ou au-dessus d'une ramification vigoureuse.
Récolte : entre 20 kg et 60 kg par pied adulte. Récoltez les kiwis encore verts, ils mûriront trois semaines plus tard. Ils se conservent au frais (5 °C) en cave, durant un à trois mois.
Le truc à connaître : en été, par temps chaud et sec, brumisez bien le feuillage d'eau douce, afin d'éviter les attaques de l'araignée rouge.
Notre conseil : si l'espace est limité dans un petit jardin, palissez le pied mâle contre un simple poteau et réservez plus de place au pied femelle.

◀ Vigoureux, prolifique, généreux, le kiwi pousse partout.

jardin gourmand

Les petits fruits

Fragaria vesca
FRAISIER

Si les grosses fraises actuelles n'ont été introduites du Chili qu'en 1714, la fraise des bois figurait dans les potagers au Moyen Âge et les Romains en faisaient des masques de beauté. Le fraisier est originaire des régions tempérées de l'hémisphère Nord et d'Amérique du Sud.
Famille : Rosacées.
Valeur nutritive : peu énergétique (40 kcal pour 100 g), la fraise est très riche en vitamine C, en potassium, en calcium, en magnésium et en fer.
Sol : riche, bien drainé, un peu acide ou neutre. Un apport organique est conseillé à la plantation.
Exposition : ensoleillée ou mi-ombragée.
Variétés conseillées : il existe une multitude d'obtentions classées selon leur fructification.
Fraisiers non remontants à gros fruits. Variétés précoces (du 15 mai au 15 juin, dès avril dans le Sud) : 'Gariguette', peu sensible au botrytis, elle donne un fruit moyen, rouge vif brillant. 'Surprise des Halles' très productive, est idéale pour le forçage sous tunnel. Son fruit est moyen, de couleur rouge sombre. Variétés de moyenne saison (juin, dès mai dans le Sud) : 'Gorella' se prête au forçage, mais on doit lui éviter un sol calcaire et un climat chaud. Son fruit est assez gros (de 15 à 30 g). 'Red Gauntlet', produit un fruit moyen (de 10 à 20 g). Cette variété idéale pour le forçage, remonte parfois un peu en fin d'été, jusqu'aux gelées. Variétés tardives (de 15 juin au 15 juillet) : 'Tago' fournit un gros fruit rouge brillant. Il est peu sensible à la pourriture. 'Bogota', le plus tardif, au gros fruit rouge orangé, est vigoureux et productif.
Fraisiers remontants à gros fruits (de fin mai à début juillet et de mi-août à octobre). 'Hummi Gento', très productif, donne la plus grosse fraise remontante (de 40 à 50 g). 'Ostara', productif, craint la sécheresse. Son fruit est assez gros, rouge vif à rouge sombre. 'Rabunda' a de gros fruits réguliers, rouge-orangé assez pâle. Productif, il résiste aux maladies. 'Mara des bois' a la saveur incomparable de la fraise des bois. Bonne production.

▶ 'Hummi Gento' : une des plus grosses fraises remontantes.

Fraisiers des quatre saisons (à petits fruits). 'Reine des Vallées' donne une petite fraise très parfumée. Il peut être palissé sur un tuteur.
Méthode de culture : le fraisier est de culture assez facile, mais respectez les conseils suivants :
Plantation. Préparez bien le sol. Supprimez les mauvaises herbes et incorporez 5 kg/m^2 de compost (ou 500 g de fumier en granulés). Ajoutez par m^2 environ deux poignées d'engrais pour fraisiers. Pour avoir une production importante dès la première année, plantez à l'automne. Espacez chaque plant de 40 cm, ou de 30 cm à 40 cm pour les fraises des bois, sur des rangs distants de 50 cm.
Soins. Apportez une poignée par m^2 d'engrais fraisiers au démarrage de la végétation, renouvelez après la première récolte en juin et en juillet, et pour la seconde fois en automne. Au début de la floraison, pulvérisez un produit total pour lutter contre les pucerons et les diverses maladies qui tachent les feuilles. Supprimez les stolons, ou filets, ces longues pousses simples qui s'enracinent à leur extrémité et développent un jeune plant. Traitez contre l'oïdium et le botrytis avec un fongicide à la fin de la floraison et de nouveau quinze jours plus tard. Renouvelez après la récolte.
Récolte : 1,5 kg/m^2, entre 400 g et 700 g seulement pour les petites fraises des bois.
Le truc à connaître : très gourmand en eau, le fraisier doit être paillé et arrosé régulièrement pendant les fortes chaleurs estivales. Les apports d'eau aident, en outre, à lutter contre l'araignée rouge.
Notre conseil : pour bénéficier d'une production régulière, remaniez complètement votre plantation tous les deux ou trois ans. Achetez des plants certifiés indemnes de virus et changez à chaque fois l'emplacement de la culture, pour éviter toute dégénérescence. Le fraisier vient bien en pot.

▲ Cultivez le fraisier sur un paillis.   Fraise des bois. ▼

▼ 'Gariguette' : une fraise de très bonne conservation.

▼ 'Mara des bois' : une saveur exceptionnelle.

663

Le jardin fruitier

▲ La groseille à maquereau : une saveur à découvrir.

▲ 'Versaillaise blanche' : une groseille diaphane et sucrée.

◀ Coupez les grappes de groseilles avec des ciseaux fins.

Ribes grossularia ou *uva-crispa*
GROSEILLIER À MAQUEREAU

Très cultivé dans le nord de l'Europe depuis le XVIe siècle, le groseillier à maquereau est issu du croisement de deux espèces, originaires toutes deux d'Europe et d'Afrique du Nord, et encore spontanées dans les bois et les montagnes d'Écosse, de France et du Caucase. C'est un arbuste épineux, buissonnant, caduc, d'environ 1 m, à floraison discrète, blanc-vert, et à gros fruits ovales, verts, blancs, jaunes ou rouges.

Famille : Grossulariacées.

Valeur nutritive : fruit moyennement énergétique, peu sucré, riche en vitamines C, A et B, et en sels minéraux (calcium, fer, potassium, phosphore).

Sol : frais, meuble et riche, pas trop calcaire.

Exposition : soleil non brûlant au Nord, mi-ombre dans le Midi. Le groseillier à maquereau redoute la forte chaleur et la sécheresse.

Variétés conseillées : elles sont nombreuses.

Précoces (début juillet). 'Winham's Industry' donne un fruit rouge-grenat, à peau légèrement duveteuse. 'White Smith', très productif, porte un fruit assez gros, blanc verdâtre.

De moyenne saison (juillet). 'Varianta 13', variété résistante à l'oïdium, fournit un fruit blanc doré.

Tardives (début août) : 'Resistenta', au fruit assez gros, jaune verdâtre, est très productif et résiste bien aux maladies. 'Freedonia', très peu épineux, donne des fruits rouges d'excellente qualité.

Méthode de culture : assez facile.

Plantation. Elle s'effectue en enrichissant les trous de plantation avec du fumier déshydraté ou du compost bien décomposé, ainsi qu'une poignée d'engrais riche en potassium. Enterrez l'arbuste profondément, tassez bien et arrosez. Menez les groseilliers à maquereaux en touffes, espacées de 2 m dans toutes les directions.

Traitements. En février, faites une pulvérisation d'un produit d'hiver pour détruire les formes hivernantes de cochenilles et les œufs d'acariens. Avant la floraison, traitez contre l'anthonome, un champignon qui forme des taches brunes sur les feuilles qui tombent prématurément, avec un fongicide à base de manèbe ou de captane.

Taille : les groseilles à maquereau naissent sur les rameaux de deux ans. La première année, rabattez à mi-hauteur les quatre ou cinq rameaux partant de la base pour leur donner de la vigueur. Puis chaque année, façonnez par la taille une touffe équilibrée avec des branches d'égale longueur. Supprimez les rejets superflus à la base, aérez le centre de la touffe pour que chaque branche soit espacée de 10 cm au moins. Pincez les extrémités pour qu'elles se ramifient. Tous les cinq ans, rajeunissez les branches principales en les rabattant à la base, ou bien au-dessus d'un gros bourgeon tourné vers l'extérieur. Elles seront remplacées par des rejets vigoureux, nés à la base de la touffe.

Récolte : de 3 à 4 kg par pied.

Le truc à connaître : le groseillier à maquereau est sujet au gris, une maladie redoutable, voisine de l'oïdium, qui recouvre feuilles et fruits d'un duvet blanchâtre, devenant brun. La récolte tombe prématurément. Éliminez et brûlez les parties atteintes et, l'année suivante, traitez au soufre lors du démarrage de la végétation en mars et en avril.

Notre conseil : réservez de préférence cet arbuste aux climats frais (Nord et régions montagneuses), et plantez plusieurs variétés différentes, afin de prolonger la récolte durant un bon mois.

Ribes rubrum
GROSEILLIER À GRAPPES

Arbuste buissonnant, le groseillier à grappes est caduc, mais il n'est pas épineux comme celui à maquereau. Il mûrit des grappes de petites baies rouges, dorées ou parfois noires. Il pousse spontanément dans de nombreux pays de l'hémisphère Nord, de l'Europe à la Sibérie et à la Mandchourie. On le cultive depuis le XVe siècle.

Famille : Grossulariacées.

Valeur nutritive : le fruit est peu sucré, moyennement énergétique, très riche en vitamine C, assez bien dosé en potassium. La saveur est plus acide que la groseille à maquereau.

Sol : tout sol bien drainé, même pauvre, mais pas trop calcaire ni trop humide.

Exposition : soleil non brûlant ou mi-ombre, lieu abrité. Il redoute aussi la chaleur et la sécheresse.

Variétés conseillées : assez nombreuses.
Précoces (fin-juin à début-juillet). 'Jonkheer Van Tets' à port souple, doit être palissé. Vigoureux, il donne de longues grappes de baies rouges, peu acides, de gros calibre. 'Junifer' est autofertile. Très vigoureux et à port érigé, il a une mise à fruits rapide sur le bois de un ou deux ans. Il faut le palisser. Ses grappes de fruits rouge vif brillant sont longues et pleines, faciles à cueillir.
De moyenne saison (mi-juillet). 'Versaillaise Blanche', très productif, fleurit précocement et donne des grappes à baies blanches, aux fruits un peu acidulés. 'Red Lake', très généreux, de port étalé, fournit des grappes longues à grosses baies rouge vif, sucrées. De floraison tardive, il est sensible à l'oïdium, mais résistant à l'anthracnose. Il convient aux climats humides. 'Gloire des Sablons' porte des grappes courtes de fruits rose vif. Vigoureuse et de production régulière, c'est une des variétés les moins acides.
Tardives (début août). 'Première Groseille Raisin', a des grappes très longues de trente baies rouge vif, très fermes. Palissez les branches qui ploient sous les fruits. 'Groseille Raisin Industria' est similaire, mais plus tardive de deux semaines.

Le groseillier peut former une petite haie libre et touffue. ▶

Méthode de culture : très facile.
La plantation doit s'effectuer comme celle du groseillier à maquereau.
Traitements. En février, avant le démarrage de la végétation, pulvérisez un fongicide antioïdium. Un traitement d'hiver détruit les formes hivernantes de cochenilles et les œufs d'acariens. En mars et en avril, pulvérisez un fongicide à base de manèbe ou de captane, juste avant la floraison. En juin et en juillet, protégez vos groseilliers sous des filets contre la gourmandise des oiseaux. Bouvreuils et étourneaux surtout ravagent les baies des groseilliers à grappes dans certaines régions.
Taille : les groseilles à grappes naissent sur le vieux bois. Ne laissez sur chaque pied qu'une dizaine de tiges principales, renouvelées chaque année en partie. En hiver, rabattez les tiges principales au tiers de leur longueur. Les rameaux latéraux sont coupés à deux ou trois yeux. En été, pincez ces pousses au-dessus de la cinquième feuille.
Récolte : 8 kg par pied. Cueillez les grappes dès que les fruits sont bien colorés.
Le truc à connaître : pour gagner de la place dans un jardin, palissez le groseillier à grappes contre un mur, ou menez-en plusieurs sur tige, en alternance avec des groseilliers buissonnants.
Notre conseil : plantez le groseillier à grappes de préférence dans le Nord. Dans le Midi, plantez-le à mi-ombre et en sol frais. Pour de meilleures récoltes, mariez plusieurs variétés se pollinisant mutuellement. En climat froid, retenez des variétés à floraison tardive comme 'Gloire des Sablons', 'Red Lake', etc.

▲ 'Jonkeer van Tets' : un classique de la groseille rouge.

▲ Protégez les groseilles des oiseaux avec un filet.

Le jardin fruitier

▲ 'Noir de Bourgogne' : le plus fameux des cassis.

▲ La casseille est un hybride entre le cassis et la groseille.

Ribes nigrum
CASSISSIER

Originaire des régions s'étendant des Pyrénées à l'Asie centrale, le cassissier pousse spontanément dans les bois frais du nord-est de l'Europe. Il est cultivé depuis le XVIe siècle. Voisin du groseillier à grappes, il en diffère par ses fruits noirs au goût acide et plutôt âcre, et son feuillage, très aromatique quand on le froisse.

Famille : Grossulariacées.

Valeur nutritive : le cassis est un fruit moyennement énergétique, très riche en vitamine C et en sels minéraux, notamment en potassium.

Sol : assez lourd, frais et plutôt profond.

Exposition : soleil non brûlant, lieu abrité des gelées printanières et des vents de nord et nord-est.

Variétés conseillées : peu nombreuses.

Précoces (fin juin, début juillet). 'Géant de Boskoop', aux longues grappes de gros fruits, est assez productif. Il démarre et fleurit tardivement. 'Noir de Bourgogne', vigoureux et très productif, fleurit en moyenne saison. Ses grappes sont courtes, ses fruits assez petits. Ces deux variétés se pollinisent bien mutuellement.

De moyenne saison (mi-juillet). 'Costwold Cross', très productif, donne de gros fruits fermes, bien sucrés. De végétation et de floraison précoces, il convient aux climats doux. Ses meilleurs pollinisateurs sont : 'Wellington' et 'Baldwin'. 'Wellington' fournit une grosse baie légèrement acidulée et parfumée. Il produit sur le bois de un an, mais le débourrement et la floraison sont très précoces. C'est une variété idéale pour les climats doux. Pollinisateurs : 'Costwold Cross', 'Baldwin'. La casseille est un hybride du cassissier et du groseillier à maquereau. Elle donne des grappes courtes de gros fruits noirs, parfaits en sorbets et pour les confitures. Cet arbuste non épineux est très vigoureux et résistant aux parasites.

Tardives (fin juillet). 'Baldwin' a des fruits bien fermes et sucrés. Vigoureux et productif, il est idéal dans l'Ouest. 'Blackdown' forme des grappes courtes de fruits moyens. Très productif, il est idéal sur tige. Il fleurit tard et résiste assez bien à l'oïdium. Ces deux variétés sont autofertiles.

Méthode de culture : facile, identique à celle du groseillier à grappes.

Taille : comme le groseillier à maquereau.

Récolte : entre 3 kg et 5 kg par pied. Cueillez les grappes dès que les fruits sont bien colorés.

Le truc à connaître : si vous cultivez le cassissier en montagne, où réussissent parfaitement les variétés à floraison et à débourrement tardifs, comme 'Géant de Boskoop', prenez la précaution de lier ensemble toutes les branches dès la chute des feuilles, afin d'éviter que les rameaux ne se brisent sous le poids de la neige.

Notre conseil : plantez au moins deux variétés différentes pour une bonne fécondation des fleurs. Comptez un pollinisateur pour quatre plants.

Rubus idaeus
FRAMBOISIER

Originaire des sous-bois et des lisières des régions montagneuses d'Europe occidentale, le framboisier se présente comme une touffe très drageonnante, de 1 à 2 m de haut. Le feuillage caduc est porté par des tiges légèrement épineuses. Rustique, il est cultivé dans les jardins depuis la Renaissance, et surtout depuis le XVIIIe siècle. De longues années de patiente sélec-

◀ Les framboises jaunes sont encore plus sucrées.

tion ont permis de l'améliorer considérablement. Aujourd'hui c'est un fruit d'une rare délicatesse qu'il est toujours plaisant de déguster au jardin.
Famille : Rosacées.
Valeur nutritive : la framboise est un des fruits les moins énergétiques (38 kcal pour 100 g). Elle est riche en vitamine C, en sels minéraux, notamment en potassium, calcium, magnésium et fer.
Sol : tout terrain pas trop lourd convient, mais le framboisier préfère un sol frais, riche, bien drainé.
Exposition : soleil intense mais non brûlant.
Variétés conseillées : par ordre de maturité.
Framboisiers non remontants (de mi-juin à fin juillet). 'Malling Promise', vigoureux et productif, il a un gros fruit rouge clair. 'Malling Exploit' donne de très gros fruits rouge brillant. Très rustique, on doit l'abriter du vent, mais il tolère bien la sécheresse. 'Lloyd George' a un fruit allongé et conique. De vigueur moyenne, il remonte parfois fin août.
Framboisiers remontants (juin, puis début août jusqu'à mi-octobre). 'Zeva', ou plus exactement 'Zefa Herbsternte', offre un très gros fruit rouge foncé, pouvant peser jusqu'à 12 g. Moyennement vigoureuse mais très productive, cette variété demande un sol acide. 'Heritage', très productif et d'une parfaite rusticité, donne un fruit moyen, rouge clair brillant. Ses tiges très rigides lui permettent de se passer de palissage. 'September' produit un fruit rouge vif, assez gros. Rustique, vigoureux, il vient bien en tout sol, même lourd, et dans toutes les régions, sauf en altitude.
Le tayberry est le produit du croisement entre une mûre et une framboise. La plante sarmenteuse et épineuse donne de gros fruits rouge-pourpre.
Méthode de culture : accessible au débutant.
Plantation. Elle doit s'opérer en sol propre, débarrassé du liseron. Plantez les pieds en lignes orientées nord-sud, afin d'éviter toute ombre portée. Espacez chaque pied d'environ 40 à 50 cm sur le rang, et de 1,20 m entre les rangs. Attachez les branches souples sur des fils de fer tendus entre des piquets de châtaignier espacés de 50 à 60 cm. Vous pouvez aussi les palisser sur un grillage pour obtenir une haie fruitière.

La framboise 'Magnific Delbard' : de très gros fruits. ▷

Soins. Arrosez en été. Paillez en automne, avec des feuilles mortes et du compost. Incorporez le paillis dans le sol à la fin de l'hiver, en ajoutant deux poignées de poudre d'os par pied. Renouvelez la plantation tous les sept ou huit ans, avec des drageons ou de nouveaux plants sélectionnés.
Traitements. Peu d'interventions sont nécessaires. Luttez contre le ver des framboises, l'anthonome du framboisier (même traitement que pour le ver). Attention aux pucerons, surtout le puceron vert du framboisier, porteur de virose, que vous combattez avec un insecticide avant et après la floraison.
Taille : supprimez les drageons en surnombre. Chez les framboisiers non remontants : rabattez au ras du sol après la récolte, tous les rameaux ayant fructifié et les tiges en excès. Conservez dix tiges par mètre linéaire. Pour les framboisiers remontants : taillez en hiver l'extrémité des tiges qui ont produit en automne. Leur partie inférieure fructifiera en juillet, et sera coupée ensuite.
Récolte : entre 3 kg et 4 kg par pied.
Le truc à connaître : paillez bien le pied des framboisiers, ou semez des myosotis entre chaque plant pour lutter préventivement contre le ver des framboises, un petit coléoptère qui ronge feuilles, bourgeons et fleurs, et dévore les fruits. En cas d'attaque sérieuse, pulvérisez un insecticide non toxique (roténone ou pyrèthre) et, si besoin est, renouvelez le traitement deux semaines après.
Notre conseil : en climat froid, préférez des framboisiers non remontants, comme 'Malling Exploit', qui réussissent mieux. En climat doux, vous bénéficierez de deux récoltes par an avec des variétés remontantes.

▲ Le framboisier est épineux.   'Titan' : énorme. ▼

▼ Éliminez les vieilles branches lors de la taille d'hiver.

Le jardin fruitier

▲ Vigoureuse, la mûre des jardins habille une clôture.

▲ 'Jumbo' : une mûre aux fruits vraiment énormes.

◄ Le youngberry : hybride de mûre et de framboise.

Rubus fruticosus
MÛRE

La mûre des jardins n'est autre qu'une ronce améliorée par les sélections horticoles, au point que certaines variétés ont perdu leurs épines. La plupart des variétés sont sarmenteuses et montrent un grand développement (entre 5 m et 6 m de long). Il faut les palisser sur un support adéquat, tel qu'un mur, des fils de fer, un treillage, une pergola, une balustrade de balcon.

Famille : Rosacées.

Valeur nutritive : la mûre est très peu énergétique, riche en vitamines A, B1 et C, en sucres et en sels minéraux, notamment en calcium.

Sol : riche et frais. Elle redoute les sols secs.

Exposition : soleil non brûlant ou mi-ombre, dans un lieu abrité des vents secs.

Variétés conseillées : par ordre de maturité.
Hybrides mûre-framboisier. Plantez-les au soleil, à l'abri des vents froids, en sol bien drainé, sans humidité stagnante. Évitez l'altitude car ils ne supportent pas les froids prolongés. *Rubus tayberry* est issue d'un croisement effectué en Écosse. Son gros fruit rouge-pourpre, très allongé, est idéal en gelée ou en confiture. Sarmenteuse et épineuse, cette plante est très vigoureuse, étalée et assez productive. *Rubus Loganberry* provient d'un croisement découvert en Californie. Il produit dès juin, puis remonte en juillet et en août. Son fruit oblong, rose terne, a l'aspect d'une framboise allongée. Il existe une variété inerme, 'Loganberry Thornless', moins productive, mais plus rustique. *Rubus youngberry* est un hybride sans épines aux fruits sucrés.

Mûres. 'Black Satin' donne un fruit conique, allongé, un peu mou, qu'il faut cueillir au fur et à mesure de son mûrissement, de fin juillet à septembre. Cette variété inerme est vigoureuse, rustique, et très productive. 'Géante des Jardins', appelée aussi 'Thornless Evergreen' ou 'Black Diamond', produit un gros fruit ferme, excellent en août. Cette variété non épineuse et vigoureuse, au feuillage très découpé, donne des rejets de 3 à 5 m de long. Elle émet aussi des rejets épineux, qu'il faut couper. 'Smoothstem', la plus tardive, offre un gros fruit de la mi-août à octobre. Très productive, elle n'est pas épineuse et n'émet pas de drageons.

Méthode de culture : très facile.

Plantation. Elle s'effectue dans un sol enrichi en fumier, en espaçant chaque pied de 2 à 4 m. Taillez à 30 cm du sol après la plantation. La première année, conservez uniquement une douzaine de tiges vigoureuses, que vous palissez sur un support au cours de leur croissance.

Soins. Durant l'été, arrosez régulièrement et paillez avec du compost ou du fumier, que vous enfouirez en automne, une fois qu'il sera bien décomposé. Traitez au printemps contre le phytopte de la ronce et contre le ver du framboisier.

Taille : en hiver, supprimez les rameaux qui ont fructifié au cours de l'été précédent, en les rabattant au ras du sol. Palissez alors les nouvelles tiges vigoureuses qui remplaceront ces rameaux âgés.

Récolte : de 3 à 4 kg par pied. Il faut récolter les fruits bien mûrs, très colorés. Auparavant, ils sont d'une saveur désagréable et acide.

Le truc à connaître : si les fruits restent rouge clair et ne mûrissent pas, il s'agit d'une attaque du phytopte de la ronce, un minuscule acarien. Taillez les rameaux nés l'année précédente, juste après la

Les petits fruits

récolte, et au printemps, traitez avec du soufre quand les tiges atteignent 10 cm de haut.
Notre conseil : prolongez la récolte tout l'été en plantant non seulement les hybrides mûre-framboisier qui fructifient en juillet, mais aussi les vraies mûres ou ronces, qui ne parviennent à maturité qu'en août et en septembre.

Vaccinium spp.
MYRTILLE

Les myrtilles actuelles, à grosses baies bleu-noir résultent de croisements entre la myrtille sauvage européenne, *Vaccinium myrtillus* (50 cm de haut) et l'espèce américaine, *Vaccinium corymbosum* (de 1 à 3 m de haut). Ce sont des petits arbustes caducs, de 1,5 à 2 m de haut, dont le feuillage devient joliment doré en automne.
Famille : Éricacées.
Valeur nutritive : la myrtille est peu énergétique, très riche en vitamines A, B et C et en sels minéraux, surtout en calcium et en fer. Elle contient un principe qui améliore la vision nocturne.
Sol : très acide et humifère (pH de 4 à 5,5), bien drainé, sans humidité stagnante.
Exposition : ensoleillée ou à mi-ombre, à l'abri des vents secs et de la forte chaleur.
Variétés conseillées : par ordre de maturité. 'Bluecrop' (du 1er août au 10 septembre) est la variété la plus cultivée dans le monde. Vigoureuse, très érigée et très productive, elle donne un fruit moyen ou gros, bleu-noir. 'Jersey' (du 15 août au 15 septembre) fournit un gros fruit bleu clair, très allongé, de saveur un peu amère. L'arbuste est très vigoureux et érigé. 'Atlantic 13' (du 15 août au 20 septembre), vigoureux, un peu étalé, assez productif, produit un fruit moyen, bleu-noir. 'Darrow' (du 1er septembre au 15 octobre), donne un gros fruit de très bonne qualité. Moyennement vigoureuse, cette variété produit de façon assez irrégulière.
Méthode de culture : pour la plantation, en sol naturellement acide, vous devez apporter du terreau de feuilles bien décomposé. En terrain non acide, creusez une fosse de 50 à 60 cm de profondeur, dont vous tapissez les bords d'un feutre jardin. Posez au fond un lit de cailloux de 10 cm d'épaisseur pour le drainage, puis remplissez le trou d'un substrat composé d'un mélange de deux tiers de terre de bruyère et d'un tiers de terreau de feuilles bien décomposé ou de tourbe brune acide.
Soins. Arrosez souvent en été et paillez les myrtilles, avec de la paille, des fougères, des écorces broyées, des déchets de tonte de gazon. À partir de la troisième année, apportez un engrais acidifiant en automne, et du sulfate d'ammoniaque au printemps, que vous incorporez par simple griffage.
Taille : laissez l'arbuste pousser les trois premières années, puis rajeunissez les rameaux en taillant au ras du sol ceux qui ont fructifié. Une pousse ne produit pas plus de trois ou quatre ans. Laissez six ou sept branches charpentières.
Récolte : de 2,5 à 10 kg par plant. Les fruits ne mûrissant pas tous en même temps sur l'arbuste, vous devez procéder à des cueillettes successives.
Le truc à connaître : si les feuilles jaunissent et si les plants restent chétifs, cela peut venir d'une carence en fer due à un sol trop alcalin. Épandez du chélate de fer au pied des plants en avril.
Notre conseil : plantez plusieurs variétés différentes de myrtilles côte à côte, afin d'obtenir une fécondation croisée des fleurs. Ne plantez surtout pas un pied seul, la production serait très faible.

▲ Le tayberry : un hybride aux gros fruits allongés.

▲ La myrtille sauvage : petite, mais tellement savoureuse.

La myrtille des jardins à gros fruits : une belle récolte. ▶

669

Le jardin fruitier

▲ Une treille procure une ombre rafraîchissante en été.

▲ 'Muscat de Hambourg' : une délicieuse saveur musquée.

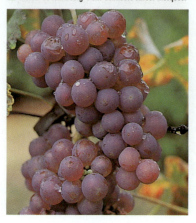

◀ 'Ignea' : une variété à grains roses, mûre en septembre.

Vitis vinifera
VIGNE

Originaire des régions chaudes et tempérées de l'hémisphère Nord, la vigne vient bien en pleine terre au sud d'une ligne Nantes-Beauvais-Laon-Strasbourg, et en dehors des régions montagneuses. Dans le Nord, vous pouvez récolter du raisin en palissant la vigne contre un mur chaud.

Famille : Vitacées.

Valeur nutritive : le raisin est un des fruits les plus riches en sucres (de 15 à 18 %) et les plus énergétiques (72 kcal pour 100 g). Il contient du potassium, du phosphore, du magnésium et du calcium.

Sol : bien drainé, même pauvre, aride ou calcaire.

Exposition : ensoleillée, dans un emplacement chaud et abrité des vents forts.

Variétés conseillées : par ordre de maturité. *Août* (juillet dans le Midi). 'Perle de Csaba' doit être mené en espalier en région parisienne. Il donne une grappe allongée, ambrée, et des grains ronds, finement musqués. 'Madeleine Royale' fournit une grappe assez grosse, à grains moyens, blonds et très sucrés. 'Perdin', obtention de l'INRA, offre une grosse grappe (200 g) de grains dorés. Très productive et résistante aux maladies, cette variété est idéale dans le Nord.

Septembre (en août et septembre dans le Midi). 'Cardinal', très productif, a de gros grains roses, transparents et savoureux. 'Aladin', à grains noirs, et 'Amandin', à grains blancs, croquants et musqués sur une grappe de 300 g, sont des obtentions de l'INRA. Ils sont très productifs et résistants aux maladies. 'Chasselas doré de Fontainebleau' convient pour tout climat. Sa grappe porte des grains moyens, ronds, ambrés ou dorés. 'Perlette' est idéal en treille et donne des grains ronds, dorés, sans pépins, de saveur musquée. 'Muscat Reine des Vignes', très productif, porte de gros grains ovoïdes, ambrés, très sucrés. 'Alphonse Lavallée' est très productif. Il fournit une grande grappe à très gros grains noirs. 'Ignea' est rose.

Octobre (fin septembre dans le Midi). 'Muscat de Hambourg', variété peu sensible aux maladies, produit une grosse grappe allongée à grains noirs, sucrés et musqués. 'Dattier de Beyrouth', ou 'Regina', donne une longue grappe peu serrée, à très gros grains allongés, blancs, à peau croquante.

Méthode de culture : depuis les ravages du phylloxéra à la fin du XIXe siècle, la vigne est obligatoirement greffée sur différents porte-greffes résistants et adaptés aux divers types de sol.

Plantation. Apportez par cep trois à quatre poignées d'engrais pour arbres fruitiers et 2 kg de fumier composté. Après la plantation, taillez au-dessus de deux gros yeux, afin d'obtenir le départ de deux rameaux. Vous conserverez seulement le plus vigoureux et le palisserez sur un tuteur.

Forme. Le cordon vertical est la forme la plus simple, idéale pour garnir une façade ou un mur élevés. Il suffit d'une seule charpentière verticale, sur laquelle s'insèrent des branches secondaires, espacées de 20 cm. Allongez chaque année le cordon d'une hauteur de 50 à 60 cm. Le cordon horizontal est idéal pour un mur peu élevé. Il en existe plusieurs types. Pour obtenir la forme simple ou unilatérale, allongez le cordon chaque année de 30 à 50 cm de long, taillez au-dessus d'un œil. Pour obtenir le cordon bilatéral, à deux bras de même hauteur ou de hauteur différente (treille à la Thomery), sélectionnez deux yeux opposés, puis procédez comme pour le cordon simple pour allonger chaque bras.

Les petits fruits

Traitements. En hiver, traitez contre les formes hivernantes de cochenilles avec un produit spécifique. Au départ de la végétation, traitez au dicofol contre les acariens. Contre les tordeuses de la grappe (*Cochylis*, dont la chenille ronge les boutons floraux et les jeunes fleurs ; *Eudemis*, dont la chenille pénètre dans le grain et le mange), pulvérisez un insecticide polyvalent en cours de végétation. Renouvelez le traitement quinze jours après. Posez des pièges à insectes pour capturer les papillons de ces espèces. Contre le mildiou de la vigne (taches d'huile à l'avers des feuilles, duvet blanc au revers), pulvérisez de la bouillie bordelaise à plusieurs reprises sur les feuilles, les fleurs et les fruits. Contre l'oïdium (feutrage blanc grisâtre à l'avers des feuilles), traitez à trois reprises au soufre, par beau temps pas trop chaud : à l'apparition des premières feuilles, à la fin de la floraison, et avant le changement de couleur des grains. Si vous devez lutter contre le mildiou et l'oïdium en même temps, traitez d'abord à la bouillie bordelaise, avant de pulvériser du soufre. Contre la pourriture grise ou botrytis (moisissure des grains par temps humide), luttez préventivement avec un fongicide spécifique comme le Rovral par exemple. Contre les guêpes qui attaquent les raisins mûrs, ensachez les grappes, placez des pièges à insectes remplis d'eau sucrée au miel et brûlez tous les nids que vous trouvez.

Taille : les grappes se développent sur les rameaux de l'année, qui poussent à partir d'yeux fertiles se trouvant sur le bois de l'année précédente. Il est nécessaire d'éliminer chaque année les sarments qui ont fructifié. Taillez les coursons (pousses latérales), afin de rapprocher le plus possible la production de la charpentière. Opérez de fin février à début mars, en coupant au-dessus du deuxième œil pour le 'Chasselas Doré de Fontainebleau' et 'Madeleine Royale', et du troisième ou du quatrième œil pour la plupart des variétés. Complétez cette taille par diverses opérations :

Ébourgeonnement. En mai et en juin, supprimez au sécateur ou au greffoir toutes les pousses en surnombre qui mesurent plus de 15 cm de long.

Pincement. En juin, pincez les rameaux à fruits à deux ou trois feuilles au-dessus des premières grappes. Pincez les rameaux de remplacement quinze jours après.

Incision annulaire. Pour obtenir des grappes plus grosses et plus précoces, après la floraison, supprimez un anneau d'écorce de 3 à 5 mm de large, juste sous la grappe inférieure d'un rameau.

Ciselage. En juillet, éclaircissez les grains se trouvant au centre des grappes.

Ensachage. Placez éventuellement chaque grappe dans un sachet de papier kraft, dès que les grains se mettent à grossir. Ils seront bien protégés des maladies et du ver de la grappe.

Récolte : entre 1 kg et 3 kg par cep.

Le truc à connaître : pour que votre vigne échappe aux gelées, taillez-la uniquement durant la première quinzaine de mars en région parisienne (dès la fin février dans le Sud), alors que la végétation a déjà démarré.

Notre conseil : prolongez le plaisir de la récolte de juillet à octobre dans le Midi (d'août à octobre en région parisienne), en plantant plusieurs variétés de maturité différente. En climat froid, accueillez également une variété de maturité précoce sous une serre ou une véranda.

▲ Dans les régions froides, la vigne vient bien en serre.

▲ Ébourgeonnez pendant la période de végétation.

▲ Supprimez toujours les sarments qui ont fructifié.

'Chasselas doré de Fontainebleau' : idéal pour l'amateur. ▶

Le jardin fruitier

LES FRUITS EXOTIQUES

Réservés aux jardins privilégiés des régions méditerranéennes ou aux cultures sous abri, ces fruits évocateurs de soleil sont agréables à cultiver.

Citrus spp. AGRUMES

Originaires des régions chaudes, les agrumes ne réussissent en pleine terre sous nos climats que dans les lieux privilégiés de la Côte d'Azur. Ils viennent également bien en pots. Ce sont des petits arbres à port arrondi, au joli feuillage persistant, vert lustré, dont les fleurs blanches et parfumées s'ouvrent en mars et en avril, au milieu des fruits issus de la floraison précédente.

Famille : Rutacées.
Sol : léger, perméable, bien drainé, non calcaire.
Exposition : soleil, lieu abrité des vents.
Méthode de culture : un peu délicate.

Porte-greffe. Ce peut être le bigaradier ou orange amère (*Citrus aurantium*). Résistant à la gommose et au phytophtora, c'est le meilleur porte-greffe de l'oranger. *Poncirus trifoliata* est rustique dans toute la France. Idéal dans le Nord, il résiste assez bien à la plupart des maladies graves. Adapté aux sols lourds et peu profonds, mais sensible au calcaire et à la chlorose ferrique, il est parfait pour le clémentinier et le kumquat. Citrange 'Troyer' (hybride d'oranger et de poncirus), convient pour l'oranger, le mandarinier 'Satsuma' et le kumquat.

Plantation. Creusez un trou de 1 m x 1 m sur 50 cm de profondeur, et incorporez au sol une brouette de fumier séché. Placez la greffe dans la direction opposée aux vents dominants.

Apports d'engrais. Donnez un engrais spécial pour agrumes en trois fois, avant la floraison, en juin avant l'éclaircissage des fruits, et en septembre pour favoriser leur grossissement. En automne, améliorez le sol avec des matières organiques.

Culture en pot. Effectuez un mélange composé d'une moitié de terre non calcaire, d'un quart de sable grossier ou de perlite, et d'un quart de terreau ou de compost. Ajoutez un engrais spécial agrumes et arrosez tous les jours l'été.

Traitements. Contre les acariens, pulvérisez un acaricide à plusieurs reprises. Contre les cochenilles, traitez avec des huiles blanches, additionnées d'un insecticide. Contre les pucerons, pulvérisez un aphicide à base de pyrimicarbe. Contre la gommose à phytophthora, pulvérisez de l'Aliette durant les périodes de forte croissance.

Taille : elle est facile, mais très importante.

Taille de formation. Un mois après la plantation, taillez à 60 cm de haut. En juin, pincez les trois plus belles pousses, futures charpentières, et rabattez les autres rameaux de moitié. La deuxième année, en avril, taillez les trois charpentières de moitié afin d'en obtenir six après ramification, pour constituer une ossature solide et bien équilibrée.

Taille de fructification. Avant la floraison, taillez légèrement un arbre trop vigoureux et peu productif, mais supprimez les gourmands, le bois mort et les branches secondaires qui se croisent au centre de la ramure. Taillez sévèrement, surtout en hauteur, un arbre faible et très productif.

Notre conseil : en dehors du Midi, cultivez les agrumes en pots, que vous rentrerez en hiver sous une véranda ou une serre hors gel. Arrosez très peu. Ils fructifient moins bien, mais sont décoratifs.

Citronnier

Originaire du Cachemire, le citronnier (*Citrus limon*) a été diffusé par les Arabes dans tout le Bassin méditerranéen. Parmi les agrumes, il se singularise par sa floraison remontante.

▲ Le citronnier pousse très bien dans un grand pot.

▲ L'orange douce porte souvent des fruits et des fleurs en même temps.

◄ Le citron vert ou lime est beaucoup plus frileux.

jardin gourmand

Les fruits exotiques

Valeur nutritive : 32 kcal pour 100 g. Riche en vitamine C, en acides organiques et en potassium.
Variétés conseillées : 'Meyer' résiste au froid, mais est sensible à la tristeza. 'Eureka', moyennement vigoureux et très remontant, a un gros fruit à peau rugueuse. 'Quatre Saisons' donne un fruit moyen, jaune franc à maturité. 'Lisbon', vigoureux, est remontant et l'un des plus résistants au froid.
Le truc à connaître : dans le Midi, on peut favoriser la production en cessant les apports d'eau en juin et en juillet, pour les reprendre en août.

Mandarinier

Originaire du sud-est de l'Asie, de Chine et du Japon, le mandarinier (*Citrus reticulata*) est assez résistant au froid, mais son fruit gèle à partir de - 3 °C. On le cultive beaucoup en Corse.
Valeur nutritive : 46 kcal pour 100 g. Mandarines et clémentines sont riches en sucres, en vitamine C, en potassium et en calcium.
Variétés conseillées : 'Satsuma Owari' est sans pépins. 'Murcott' est tardif et productif. 'Clémentine' est un croisement entre le bigaradier et le mandarinier, que le père Clément découvrit en Algérie, au début du siècle. Son fruit sans pépins est coloré.
Le truc à connaître : cet arbre se ramifie beaucoup. Veillez donc à bien l'éclaircir chaque année.

Pamplemoussier

Originaire du sud-est de l'Asie, le pamplemoussier (*Citrus grandis*) donne de très gros fruits, non comestibles. Les pamplemousses sont les fruits du pomélo (*Citrus x paradisi*), hybride à port régulier et arrondi, découvert aux Antilles.
Valeur nutritive : ce fruit acide contient beaucoup de potassium, de phosphore et de calcium.
Variétés conseillées : parmi les pomélos, 'Blond' a un fruit à chair jaune ; 'Shambar' donne un fruit à chair rose ; 'Star Ruby', variété obtenue au Texas en 1977, fournit un fruit à chair rouge.
Le truc à connaître : le pomélo doit être cultivé sous abri chauffé dans nos contrées.

▶ Le pamplemoussier forme de gros fruits à la saveur acide.

Oranger

Originaire du sud-est de l'Asie, l'oranger (*Citrus sinensis*) fut introduit par les Arabes dans le sud de l'Europe vers l'an 1000. Mais l'orange douce que nous connaissons n'apparut en Europe qu'au XVIe siècle, grâce aux Portugais qui la rapportèrent de Ceylan et de Chine. On construisit alors des orangeries, afin de pouvoir le cultiver dans nos régions.
Valeur nutritive : 45 kcal pour 100 g. L'orange est riche en sucres, en vitamine C, en calcium, en potassium, en phosphore, et en magnésium.
Variétés conseillées : les oranges Navels qui arrivent à maturité en novembre, sont les plus consommées en France : 'Navelina' et 'New Hall' sont précoces, 'Navel Late', plus tardive. 'Thompson Navel' et 'Washington Navel' ont un gros fruit bien coloré. Les oranges « blondes sans pépins » sont mûres plus tard, entre novembre et mars : 'Jaffa', ou 'Shamouti' donnent un fruit oblong en janvier et en février. 'Salustiana', fournit un fruit sphérique, très juteux, entre novembre et mai. 'Valencia Late' produit en avril un fruit moyen, rond, qui se conserve jusqu'en juin. Les oranges « Sanguines » ont une pulpe rouge violacé. Elles arrivent à maturité en février : 'Maltaise demi-sanguine', donne un fruit moyen, ovale, à peau rugueuse. 'Sanguinelli', originaire d'Espagne, fournit un gros fruit. 'Tarocco', originaire de Sicile, produit un gros fruit ovale.

▲ Le mandarinier est un très bel arbre d'ornement.

▲ 'Cadanera' est une variété d'orange à fruit bien rond.

673

Le jardin fruitier

▲ Le néflier du Japon est aussi un bel arbre d'ornement.

▲ Les fleurs du *Feijoa sellowiana* sont vraiment splendides.

◄ Le kumquat est aussi appelé « mandarine chinoise ».

Eriobotrya japonica
NÉFLIER DU JAPON

Appelé aussi bibacier, ou loquat, cet arbuste originaire du centre de la Chine est rustique, mais ses fruits gèlent à − 5 °C. Son feuillage persistant est superbe, sa floraison, blanche et parfumée.
Famille : Rosacées.
Valeur nutritive : fruit moyennement énergétique, riche en vitamines et sels minéraux.
Sol : léger, assez riche et profond, sans calcaire.
Exposition : ensoleillée.
Variétés conseillées : 'Tanaka' a un fruit ovoïde, à chair jaune abricot. 'Champagne' donne un fruit pyriforme à chair blanche.
Méthode de culture : plantez-le en avril ou en mai près d'un mur bien exposé.
Taille : si besoin est, éclaircissez en février ou en mars, et taillez les rameaux désordonnés au centre.
Récolte : vers avril, quand les fruits sont mûrs.
Le truc à connaître : si des rameaux se dessèchent, coupez-les et brûlez-les immédiatement.
Notre conseil : cultivez-le en bac sauf dans le Midi et l'Ouest, où il peut être mis en pleine terre.

Feijoa sellowiana
FEIJOA

Appelé aussi *Acca sellowiana*, le feijoa vient d'Uruguay. Ce petit arbuste persistant épanouit des fleurs rouges et blanches, en juin et en juillet, suivies de fruits au parfum d'ananas.
Famille : Myrtacées.
Valeur nutritive : moyennement énergétique. Riche en vitamine C et en iode.
Sol : tout sol bien drainé, même argileux, calcaire.
Exposition : ensoleillée.
Variétés conseillées : 'Coolidge', autofertile, donne un gros fruit cylindrique, en forme de poire.
Méthode de culture : palissez-le contre un mur chaud dans l'Ouest, en pleine terre dans le Sud.
Taille : supprimez les pousses situées à la base chez les plants greffés. En mars et en avril, rabattez des deux tiers les pousses secondaires.
Récolte : de 5 à 20 kg par arbre au bout de cinq ans. Les fruits restent verts à maturité.
Le truc à connaître : contre les formes hivernantes de cochenille, traitez aux huiles d'hiver.
Notre conseil : pour une bonne pollinisation, groupez plusieurs sujets différents.

Fortunella japonica
KUMQUAT

Originaire de Chine, ce joli petit arbuste, souvent planté à titre ornemental, fleurit plus tardivement que les *Citrus*. Ses petits fruits, mûrs en janvier, se consomment avec la peau, frais ou confits. Leur saveur est un peu amère.
Famille : Rutacées.
Valeur nutritive : riche en vitamine C.
Sol : léger, humifère, et enrichi de sable.
Exposition : chaude et ensoleillée, abritée.
Variétés : on ne cultive que l'espèce type.
Méthode de culture : plantez-le dans le Midi au pied d'un mur bien exposé ou en bac afin de pouvoir le rentrer en hiver dans une véranda.
Taille : contentez-vous d'équilibrer la forme après la floraison. Pas de coupe trop sévère.
Récolte : les fruits de 2 à 3 cm de longueur mûrissent en automne.
Le truc à connaître : au Nord, le kumquat fructifie bien mieux que les citronniers et les orangers.
Notre conseil : vous pouvez laisser sécher les fruits à l'air libre dans du sucre, c'est délicieux.

Opuntia ficus-indica
FIGUIER DE BARBARIE

Ce cactus originaire d'Amérique centrale a un tronc ligneux portant des raquettes épineuses et charnues. Avant les fruits éclosent au printemps de très belles fleurs jaune-orangé.
Famille : Cactacées.
Valeur nutritive : moyennement énergétique, riche en sucres, en vitamines et en sels minéraux.
Sol : sec, calcaire, même cailloux et aride.
Exposition : ensoleillée, dans un lieu chaud.
Méthode de culture : multipliez cette plante par

Les fruits exotiques

bouture des raquettes dans un mélange léger. Plantez-la en pot dans les régions froides pour un hivernage à 5 °C dans une véranda.
Taille : inutile. Coupez les parties mortes.
Récolte : en fin d'été à pleine maturité.
Le truc à connaître : brossez les fruits afin d'enlever toutes les épines, fines, mais redoutables.
Notre conseil : réservez cette plante très architecturale aux talus secs du Midi ou de la Corse.

Passiflora edulis
PASSIFLORE

Originaire du Brésil, cette grimpante vigoureuse (10 m de haut), que l'on connaît souvent sous les noms de fruit de la passion ou maracudja, a des fleurs blanches et parfumées, puis des fruits oblongs. On la réserve aux lieux chauds du Midi.
Famille : Passifloracées.
Valeur nutritive : fruit moyennement énergétique, riche en vitamines, en sucres et en sels minéraux.
Sol : riche et léger, humifère, assez profond.
Exposition : ensoleillée, chaude, abritée.
Autres espèces : *Passiflora quadrangularis* (barbadine) a des fruits très gros et rafraîchissants.
Méthode de culture : palissez contre un mur ou un treillage. Arrosez par temps chaud.
Taille : taillez après l'hiver la végétation gênante.
Récolte : à maturité, quand les fruits se colorent.
Le truc à connaître : avant des gelées sévères, paillez le pied. En mars, supprimez les tiges qui ont noirci durant l'hiver, des rejets repartiront à la base.
Notre conseil : réservez la maracudja aux régions les plus privilégiées du Midi. Dans l'Ouest, et jusqu'en région parisienne, palissez la passiflore bleue contre un mur chaud. En toutes régions, cultivez la barbadine dans une véranda ou une serre.

Punica granatum
GRENADIER

Venu du sud-ouest de l'Asie, ce petit arbre caduc s'est naturalisé en région méditerranéenne. Il est rustique en climat doux. Dans la zone de l'olivier, il fructifie au bout de 3 ou 4 ans, et offre une floraison rouge, très décorative en été. Son feuillage, d'un vert brillant intense, naît cuivré et vire au jaune d'or en automne.
Famille : Punicacées.
Valeur nutritive : le fruit peu énergétique est riche en sucres, vitamines B et C, et sels minéraux.
Sol : bien drainé, mais assez frais en profondeur.
Exposition : ensoleillée, même chaude.
Variétés conseillées : 'Nana' a des fleurs doubles, rouge minium. 'Nana Gracilissima' a un feuillage très fin, gracieux, et des fleurs orange.
Méthode de culture : il faut éviter tout excès d'engrais, qui risque de faire éclater les fruits.
Taille : en automne, formez une charpente équilibrée à trois ou cinq branches maîtresses.
Récolte : de 50 à 80 kg de fruits par arbre adulte.
Le truc à connaître : dans le Midi, ne lésinez pas sur les apports d'eau au printemps, mais évitez tout arrosage copieux durant l'été et l'automne, sous peine de faire éclater les fruits.
Notre conseil : dans le Nord, préférez les variétés naines pour les cultiver en pots.

Zizyphus jujuba
JUJUBIER

Originaire du sud de l'Asie, ce petit arbre caduc, de croissance lente, est peu rustique. Tortueux, il a des rameaux retombants, épineux, et de jolies feuilles vert brillant. Dans le Midi, il produit des fruits à l'aspect d'olives, rougeâtres à maturité.
Famille : Rhamnacées.
Valeur nutritive : il est riche en vitamine C.
Sol : bien drainé, sec, jamais lourd ni humide.
Exposition : ensoleillée, chaude, abritée.
Variétés conseillées : 'Lang' a un gros fruit en forme de poire et 'Li' en forme de pomme.
Méthode de culture : arrosez régulièrement les deux premiers étés après la plantation.
Taille : supprimez les rameaux gênants au centre.
Récolte : en novembre et en décembre.
Le truc à connaître : multipliez facilement cet arbre fruitier en semant des graines à maturité.
Notre conseil : dans le Midi, préférez les variétés à gros fruits pour des récoltes plus abondantes.

▲ Attention aux épines avec les figues de Barbarie.

▲ Les fruits de la passiflore font d'excellents jus sucrés.

▲ La savoureuse grenade contient beaucoup de pépins.

Le jujube est aussi décoratif que délicieux. ▶

675

11

LES PLANTES DE LA MAISON

- Les secrets de la réussite. **678**
- L'entretien au quotidien **688**
- Les plantes d'intérieur à feuillage **692**
- Les plantes d'intérieur à fleurs **710**
- Les plantes d'intérieur originales **722**

Les plantes de la maison

LES SECRETS DE LA RÉUSSITE

Les plantes de la maison sont indispensables à notre bien-être. Parmi tous les éléments qui personnalisent le décor de nos intérieurs, elles se distinguent par leur aspect vivant et changeant. Petite ou grande, une plante vous embellit la vie. Suivez nos conseils pour lui prodiguer tous vos bons soins, afin qu'elle puisse se développer au mieux pendant longtemps…

▲ Placez les plantes aussi près que possible des fenêtres, elles manquent trop souvent de lumière dans la maison.

 astuce Truffaut — Associez plusieurs potées afin de créer un effet décoratif plus fort. Vous vous apercevrez que les plantes poussent mieux en groupe.

Toutes les pièces de la maison peuvent accueillir des plantes, y compris les chambres à coucher. Il suffit qu'elles soient suffisamment éclairées et disposent de larges fenêtres pour pouvoir aérer et renouveler l'atmosphère ambiante de temps à autre. Pour profiter pleinement d'un beau décor végétal, installez vos pensionnaires en priorité dans les pièces où vous séjournez le plus longtemps. Évitez de les placer trop près du passage afin de ne pas abîmer le feuillage. Les courants d'air sont aussi très mal acceptés.

Des plantes pour chaque pièce

On se lasse très vite d'une plante trop encombrante. Si le volume occupé par les végétaux excède 20 % du total de la pièce, on a vite l'impression de vivre dans une jungle. Ce n'est pas forcément du goût de tous les habitants de la maison qui peuvent se sentir oppressés. Évitez de placer vos plantes près d'un radiateur ou d'une cheminée, car elles souffriraient des écarts importants de température et des excès de chaleur propices au dessèchement.

◄ Regroupez les plantes dans un ensemble esthétique et harmonieux, avec par exemple des cache-pots unicolores.

Les secrets de la réussite

Comment disposer les plantes ?

Vous devez considérer votre maison comme un grand jardin, avec autant de parcelles différentes à aménager qu'il y a de pièces. Regroupez plusieurs plantes comme dans un massif, en disposant les plus grandes à l'arrière et les petites potées sur l'avant, près du passage. Seuls les très beaux spécimens méritent de faire l'objet d'une présentation en isolé. Les petites espèces seront traitées comme des bibelots délicats, regroupées et installées bien en vue sur une petite table, une commode, un rebord de fenêtre ou des étagères bien éclairées. N'oubliez pas les suspensions, très esthétiques mais aussi pratiques, car elles n'occupent qu'une faible surface au sol. Jouez avec les formes, les silhouettes, les dimensions et les volumes des plantes pour créer un véritable paysage intérieur. Un feuillage large et rigide tel celui du *Ficus lyrata* sera mis en valeur par la proximité de grandes plantes aux feuilles légères, fines et découpées comme les *Nephrolepis exaltata* ou les *Leea guineensis*. Les couleurs des feuillages et des fleurs influent dans l'agencement du décor végétal. La verdure doit servir de toile de fond aux touches colorées des fleurs. Choisissez des teintes en harmonie avec les couleurs des murs et du mobilier environnants et ne mélangez pas un trop grand nombre de coloris. Attention à l'effet qu'ont les différentes nuances sur notre comportement. Les rouges sont agressifs, les bleus mélancoliques et un peu tristes, les blancs reposants, les roses tendres et doux, et les jaunes plutôt dynamiques.

BIEN UTILISER LES BACS À RÉSERVE D'EAU

Ces contenants ont une structure en deux parties, dont l'une accueille le substrat et la plante. Le fond sert de réserve d'eau, grâce à un système de conduction du liquide par mèche ou par un tapis de tissu absorbant. Une jauge graduée permet de vérifier le niveau de remplissage de la réserve. L'eau est absorbée par la terre grâce à un phénomène naturel de capillarité. Ces bacs ont été conçus pour faciliter les arrosages en cas d'absences prolongées. Rempotez sans placer de couche drainante au fond du pot et utilisez un sol léger qui ne se tasse pas. Il existe des terres spécialement conçues pour ces bacs. Il ne faut pas remplir constamment la réserve pour éviter la pourriture des racines, dues à une terre toujours gorgée d'eau. Attendez que la jauge soit au minimum et que la terre du pot sèche en surface pour remplir à nouveau la réserve, exception faite pour les papyrus et autres plantes qui aiment beaucoup l'eau. En revanche, pas de cactus dans ce type de bacs. Lors d'une longue absence, remplissez la réserve jusqu'à la limite maximum, la veille de votre départ.

▲ *Attention aux excès d'eau.*

◀ *Une pièce humide est appréciée par les orchidées.*

CONTENANTS : FAITES LE BON CHOIX

Avant de choisir un pot pour une plante, vous devez prendre en compte les aspects esthétiques, mais aussi le côté pratique. Installez une seule plante par pot, pour lui offrir un substrat et des arrosages adaptés à ses besoins. La culture en jardinière pose des problèmes quand il faut rempoter les plantes dont les racines se sont enchevêtrées. Ne prenez pas un pot trop grand, la majorité des plantes préfèrent être un peu à l'étroit. Les dimensions idéales offrent un juste équilibre entre l'envergure du feuillage et les dimensions du pot, tout en assurant une bonne assise à la plante.
La gamme des pots proposée dans le commerce est diversifiée. La matière est souvent un critère de choix plus subjectif qu'objectif. Il faut une bonne fois pour toute détruire la légende qui veut que les plantes poussent mieux dans un pot en terre que dans du plastique. Les professionnels utilisent les deux matériaux sans enregistrer la moindre différence pour les plantes.
Les pots en terre cuite sont poreux et laissent l'eau s'évaporer plus vite que les contenants en plastique. Les racines respirent bien, mais il faut arroser souvent. Si vous utilisez une eau calcaire ou des solutions fertilisantes trop concentrées, des traces blanchâtres apparaissent après quelques mois sur les parois. Elles sont dues à des dépôts de sels minéraux. Vous pouvez les éliminer par brossage avec de l'eau vinaigrée.
Les pots en plastique moins coûteux, plus légers et moins fragiles, sont très utilisés par les professionnels. Ils retiennent bien l'humidité du sol. Veillez à ne pas trop arroser et prévoyez une couche de drainage importante au fond du pot. Dissimulez l'aspect peu esthétique avec des cache-pots.
Les pots en céramique offrent une plus grande diversité de formes et de couleurs. Attention, il manque souvent le trou de drainage.

Les pots en terre cuite sont décoratifs. ▶

▲ *Les pots en plastique ne cassent pas.*

679

Les plantes de la maison

La terre et le rempotage

Les plantes puisent la plus grande partie de leur nourriture dans le sol. Le choix du substrat est un élément capital pour le bon développement ultérieur du végétal. Quand vous achetez une plante, elle est souvent cultivée dans de la tourbe blonde, un sol très pauvre. Rempotez très vite toute nouvelle acquisition dans un mélange équilibré, plus adapté à ses besoins. Suivez les indications que nous vous donnons dans la fiche descriptive de chaque plante (pages 612 à 693).

Ne vous fiez pas à l'appellation de terreau universel. Utilisé à l'état pur, il se tasse très vite sous l'effet des arrosages répétés, en raison de sa faible granulométrie. Rapidement, il forme un sol dur qui provoque l'asphyxie des racines et la mort de la plante. À de rares exceptions près, vous devez toujours préparer un mélange comprenant différents composants de base choisis en fonction de leurs propriétés structurantes, et de leurs teneurs en matières nutritives.

Les éléments d'un bon substrat

▲ Un bon substrat de rempotage est toujours constitué d'un mélange de différents matériaux : sable, tourbe, terreau, etc.

Le terreau de feuilles : provient de la décomposition de feuilles mortes, surtout de hêtre et de chêne, qui sont les meilleures. Riche en matières nutritives, il se dessèche rapidement et se compacte quand il est finement broyé. Il devient alors difficile à réhydrater. Le terreau de feuilles ne doit jamais être utilisé pur, mais toujours en mélange avec de la tourbe, du sable et de la terre de jardin pour obtenir un substrat de rempotage standard convenant à de très nombreuses plantes.

Le terreau de fumier : est issu de la dégradation après compostage, de fumiers d'animaux, le plus souvent des bovins. C'est un substrat très riche en matières nutritives. On l'emploie dans une proportion d'un tiers, dans les mélanges pour les plantes à forte croissance ou les espèces gourmandes comme certaines fougères.

La terre de jardin : sa composition change d'une région à l'autre, avec des pourcentages d'argile, de sable et d'éléments nutritifs très variables. Seule la terre dite « franche » dont la composition entre sable, argile et calcaire est bien équilibrée, doit

---

DES MÉLANGES DE TERRES SPÉCIFIQUES

Certaines plantes demandent des compositions de sol particulières. Vous pouvez les réaliser vous-même, mais on trouve aussi dans le commerce des spécialités préparées et prêtes à l'emploi.

La terre à cactées : ces plantes apprécient un sol très poreux, relativement pauvre. Les mélanges du commerce contiennent de la tourbe qui peut convenir pour les espèces les plus résistantes. Réalisez une formule mieux adaptée à la plupart des espèces avec du sable grossier (20 %), des cailloux (pouzzolane, fragments de briques, etc., à raison de 20 %), de la terre de jardin (environ 30 %) et du terreau de feuilles (30 %).

Le substrat plantes acidophiles : est employé pour les azalées, les fougères et toutes les autres espèces qui n'aiment pas le calcaire actif. Il s'agit d'un compost constitué de tourbe blonde, de sable, de terre de bruyère et de terreau de feuilles acide.

Le mélange pour orchidées : la plupart des orchidées vivent sans

terre (on les dit épiphytes). Les préparations du commerce comprennent un mélange de tourbe fibreuse, de fragments d'écorce de pin, de mousse de polyuréthanne et de billes de polystyrène expansé. La granulométrie doit être adaptée à la plante. Le substrat classique, à base de sphagnum et de racines de fougères, est moins utilisé aujourd'hui car il est trop cher.

◀ Les composants de base du terreau.

680

Les secrets de la réussite

être employée. Évitez absolument les terres trop calcaires ou trop argileuses. Il ne faut pas utiliser la terre de jardin pure pour les plantes de la maison. Il est préférable de la stériliser avant emploi si vous la prélevez dans votre jardin. Cela se fait en plaçant les échantillons de terre pendant une heure dans un four réglé à 90 °C.

Le sable : seul celui de rivière, d'une granulométrie de 0,3 à 0,5 mm, convient. Le sable de carrière a des propriétés trop collantes. Très utile pour améliorer le drainage du sol, le sable ne doit pas être lavé avant l'emploi, afin de conserver les fines particules nutritives qu'il renferme.

La tourbe : provient de la lente décomposition de plantes de marécages. C'est un substrat léger, peu nutritif qui retient facilement l'eau. Elle permet d'alléger les mélanges. Selon la plante cultivée, choisissez une qualité fibreuse ou poudreuse.

La terre de bruyère : provient de la décomposition de bruyères. Devenue trop rare, on la trouve sous l'appellation terre « dite » de bruyère. C'est un mélange de sable et de tourbe acide peu nutritif qui doit être utilisé pour les plantes acidophiles, comme les azalées par exemple.

Les matériaux inertes : vous pouvez trouver de la vermiculite, fines particules d'argile déshydratée, des billes de polystyrène expansé, de la perlite (micas concassés), des morceaux de mousse de polyuréthanne, de la pouzzolane (une matière siliceuse) et des billes d'argile expansée. Tous permettent d'alléger les substrats, de les rendre plus drainants et mieux aérés.

L'écorce de pin broyée : disponible sous différentes granulométries, elle est très utilisée dans les mélanges pour orchidées ou pour plantes épiphytes.

La mousse de sphagnum : c'est une plante de marécage dont il existe plusieurs espèces. Préférez une mousse dite « à grosse tête », de meilleure qualité et plus durable. Sèche, elle est vendue en paquets pour la culture des orchidées et des plantes carnivores. Elle a la particularité de pouvoir absorber beaucoup d'eau.

Le drainage : indispensable

Constitué d'une couche de cailloux, de tessons ou de billes d'argile expansée que l'on place au fond du pot au moment du rempotage, le drainage évite que la terre ne s'écoule par l'orifice inférieur du conte-

▲ Un drainage de 2 cm de billes d'argile expansée.

nant. Il facilite l'évacuation de l'eau d'arrosage en excès. Prévoyez une épaisseur d'environ 2 cm pour des pots petits à moyens. Dans un grand contenant et pour les plantes qui aiment une certaine sécheresse, un drainage jusqu'à 5 cm d'épaisseur est préférable. N'utilisez jamais des cailloux calcaires ou des tessons de verre.

LE REMPOTAGE

On rempote une plante d'intérieur quand elle en manifeste le besoin. Cela peut se traduire par une croissance ralentie avec des nouvelles feuilles peu nombreuses et plus petites, par un manque de floraison ou par le développement excessif des racines qui tapissent la motte. Dans certains cas extrêmes, elles arrivent même à sortir du pot par l'orifice inférieur. Le rempotage doit être effectué de préférence à la fin de l'hiver, avant le démarrage de la végétation. Mais vous pouvez rempoter toute l'année si la plante l'exige. Abstenez-vous de le pratiquer pendant la période de repos végétatif. Vous éviterez ainsi à la plante de démarrer une nouvelle croissance plus tôt que prévu. En moyenne, un sujet jeune d'une espèce à croissance rapide doit être rempoté une fois par an. Les plantes adultes sont rempotées tous les deux à trois ans, avec des surfaçages intermédiaires au début de chaque printemps. Si vous devez remplacer le pot, choisissez un modèle dont le diamètre soit supérieur de 2 ou 3 cm à celui de l'ancien contenant. Commencez par installer la couche drainante au fond du nouveau contenant puis recouvrez-la avec une première épaisseur de terre. Dépotez la plante, sans briser la motte agglutinée autour des racines. Pour plus de facilité, retournez la potée tête en bas, en saisissant la base de la tige avec une main. Heurtez d'un coup sec le bord supérieur du pot sur un objet dur. Tirez ensuite sur la tige pour extraire la motte en douceur. S'il y a une trop grande résistance, cassez le pot. Pour les grandes plantes, il est souvent préférable de briser l'ancien pot. Ne coupez pas les racines qui dépassent de la motte, sauf si elles forment un filet compact et homogène. Dans ce cas, il est bon de les désolidariser. Placez la plante au milieu du nouveau pot et remplissez le pourtour avec la terre nouvelle. Tassez bien avec les doigts ou une baguette de bambou, tout autour de la motte, pour faire pénétrer le substrat. Il est important d'éviter la formation de poches d'air qui provoquent le dessèchement des racines. Une plante bien rempotée ne doit pas se désolidariser facilement de son nouveau pot. Terminez par un arrosage abondant, avec de l'eau, si possible non calcaire, à température ambiante.

▲ Tassez le terreau.

▲ Dépotez la plante.

▲ Arrosez copieusement.

681

Les plantes de la maison

▲ L'exposition idéale pour la plupart des plantes d'intérieur est la proximité d'une fenêtre orientée à l'est.

La lumière

La lumière est indispensable pour les plantes qui synthétisent leurs substances nutritives sous l'effet des rayons du soleil. Vous devez installer vos plantes d'intérieur dans les endroits les plus éclairés de la maison, en adaptant les expositions aux besoins spécifiques de chaque végétal.

L'excès de lumière se traduit à l'extrême par des brûlures du feuillage qui entraînent un brunissement des tissus. À un degré moindre, on constate une décoloration du limbe qui devient vert jaunâtre. Le manque de lumière se manifeste par une floraison réduite ou inexistante, par un étiolement des tiges qui s'allongent démesurément et qui se décolorent.

L'intensité lumineuse décline rapidement au fur et à mesure que l'on s'éloigne des fenêtres (avec le carré de la distance). C'est ainsi qu'une plante placée à 3 m d'une fenêtre reçoit neuf fois moins de lumière que celle qui se trouve à proximité immédiate. Les plantes qui acceptent le plein soleil doivent être placées directement derrière une fenêtre au sud ou à l'ouest. La majorité des végétaux d'intérieur apprécient une lumière vive mais tamisée, obtenue en disposant un voilage fin derrière une fenêtre exposée au sud-est ou à l'est. On entend par ombre, une exposition à l'abri du soleil direct mais toujours claire, derrière une fenêtre au nord par exemple. Les plantes ont tendance à s'orienter vers les sources de lumière (phototropisme). Loin de la fenêtre, elles prennent un air penché qui entraîne un déséquilibre de la touffe. Tournez le pot régulièrement pour conserver une plante bien droite.

L'éclairage artificiel : permet d'installer des végétaux dans toutes les parties sombres de la maison. Utilisez des tubes fluorescents type horticole. Bien acceptés par les plantes, ils consomment peu d'énergie et ne dégagent pas beaucoup de chaleur. Il faut les installer très près des végétaux (l'idéal étant une distance inférieure à 30 cm). Ils sont plus adaptés aux petites espèces comme le saintpaulia par exemple.

Les spots équipés d'une lampe halogène permettent d'éclairer une grande surface à distance (comptez 500 W pour une surface de 6 m² environ). Les résultats sont excellents mais la consommation d'énergie est élevée. Attention à la chaleur.

Les lampes à vapeur de mercure ou de sodium représentent le nec plus ultra en matière d'éclairage artificiel, mais elles sont encore difficiles à trouver dans le commerce. Dans les pièces sombres, il faut prévoir une durée d'éclairement de quatorze à seize heures par jour. Branchez vos éclairages sur des programmateurs automatiques pour vous libérer des contraintes d'allumage et d'extinction.

Température et hygrométrie

La majorité des plantes d'intérieur proviennent des contrées tropicales, mais leurs origines diverses entraînent des besoins multiples au niveau de la température ambiante. Choisissez des plantes dont les exigences en chaleur correspondent aux conditions de la pièce où vous les installez.

Avec le chauffage central, la température de nos intérieurs est devenue plus régulière et plus élevée, surtout pendant la période hivernale. Cependant, la plupart des plantes demandent à cette époque un arrêt végétatif,

▼ Une grande verrière est idéale pour réussir les plantes.

Les secrets de la réussite

> **BIEN EXPOSER LES PLANTES**
>
> **Exposition très éclairée :** abutilon, adiantum, anthurium, asparagus, asplénium, bananier, bégonias, cactées, cissus, clérodendron, clivia, columnéa, cordyline, corne de cerf, croton, cypérus, dieffenbachia, ficus, gardénia, hibiscus, hoya, impatience, kalanchoé, kentia, misère, néphrolépis, passiflore, pépéromia, poinsettia, radermachera, saintpaulia, schefflera, sparmannia, spatiphyllum, stéphanotis, streptocarpus, syngonium, yucca, etc.
> **Exposition moyennement éclairée :** acalypha, caladium, cycas, *Dracaena marginata*, fatshedera, fatsia, *Ficus pumila*, gynura, helxine, lierre, maranta, *Monstera deliciosa*, piléa, *Tolmiea menziezii*, etc.
> **Exposition peu éclairée :** aglaonéma, aspidistra, billbergia, capillaire, cyrtomium, épiscia, fittonia, pellaea, sélaginelle, etc.

avec des températures plus basses. Il est difficile de les garder en bonne santé dans une maison chauffée à 20 °C et plus. Préférez une ambiance maintenue de 18 à 19 °C le jour, avec une baisse la nuit entre 15 °C et 17 °C. Dans la maison, une augmentation de température s'accompagne d'un dessèchement de l'air, néfaste au bien-être des végétaux. Si vous chauffez à plus de 18 °C, maintenez une hygrométrie élevée. Bassinez fréquemment les feuillages et installez des humidificateurs d'air dans chaque pièce. Vous pouvez poser les petites potées dans des grandes soucoupes contenant un lit de graviers ou de billes d'argile expansée, maintenu constamment humide.

Les variations jour-nuit : dans la nature, la température varie entre le jour et la nuit, avec une baisse nocturne. Ce phénomène, difficile à recréer dans l'appartement, est pourtant très bénéfique aux plantes d'intérieur. Équipez votre système de chauffage de thermostats régulateurs et programmez une différence de deux ou trois degrés entre le jour et la nuit. Vous réaliserez d'importantes économies d'énergie et vous favoriserez la floraison de nombreuses espèces. Pensez à réserver une pièce chauffée en permanence pour les espèces frileuses.

Les variations saisonnières : adaptez votre choix de plantes aux températures hivernales minimales de votre intérieur. Certaines espèces exigent une température toujours élevée, avec un minimum hivernal supérieur à 16 °C. Très sensibles au moindre courant d'air, elles doivent faire l'objet d'une attention particulière à la fin du printemps, quand on arrête le chauffage. Les nuits sont encore souvent très fraîches et la température intérieure peut facilement descendre à 15 °C. Cela provoque un ralentissement de la croissance. Les plantes à fleurs ont besoin d'une atmosphère fraîche, avec un minimum de 10 °C pendant la mauvaise saison pour stimuler une nouvelle floraison. Réservez les pièces les plus fraîches (de 5 à 10 °C l'hiver) aux plantes qui présentent une période de repos marquée.

L'aération

Un milieu confiné ne convient, ni aux habitants de la maison, ni aux plantes qui apprécient un renouvellement fréquent de l'atmosphère. Le besoin d'aération est d'autant plus important que la température ambiante est élevée. Mais éloignez les plantes de la proximité des fenêtres que vous ouvrez fréquemment en hiver et des bouches de ventilation du système d'air conditionné en été. Vous éviterez les risques de courants d'air froid, à l'origine des chutes de feuillage brutales. Pendant la belle saison, laissez les portes-fenêtres ouvertes, nuit et jour, en maintenant les voilages pour filtrer le soleil.

> **LES PLANTES ET LA TEMPÉRATURE**
>
> **Pièce chaude :** (16 °C minimum toute l'année) ; anthurium, asplénium, *Cissus discolor*, cocos, croton, dieffenbachia, dracéna, ficus, kentia, *Monstera deliciosa*, philodendron, schefflera, spatiphyllum, xanthosoma.
> **Pièce tempérée :** (de 10 à 16 °C en hiver) ; adiantum, araucaria, chlorophytum, cordyline, cypérus, fatshédera, fatsia, *Ficus pumila*, gardénia, hibiscus, kalanchoé, stéphanotis, Yucca.
> **Pièce fraîche :** (de 5 à 10 °C en hiver) ; amaryllis asparagus, aspidistra, azalées, cactées, cinéraire, clivia, *Cyrtomium falcatum*, *Hoya carnosa*, lierre, primevère, sansevieria, *Saxifraga stolonifera*, *Tolmiea menziezii*, etc.

▸ Aérer en ouvrant la fenêtre n'est possible qu'en été.

683

Les plantes de la maison

L'hygrométrie

L'air qui nous entoure contient de la vapeur d'eau en quantité variable selon les conditions atmosphériques. On appelle hygrométrie ce pourcentage d'humidité relative. Dans la maison, elle est souvent plus faible qu'à l'extérieur, notamment en hiver à cause du chauffage qui dessèche l'atmosphère. Les plantes sont sensibles à ce facteur d'humidité ambiante. En général, elles demandent une hygrométrie de 70 à 90 %, la moyenne se situant entre 70 % et 75 %. Ces valeurs élevées sont difficiles à obtenir dans un appartement, où l'humidité atmosphérique en période hivernale est souvent de 40 %.

Hygrométrie trop faible : les plantes réagissent à un manque d'humidité dans l'air par des signes extérieurs. On constate d'abord un dessèchement du bord et des extrémités des feuilles. Parfois, le feuillage prend une teinte jaunâtre plus ou moins accentuée. Les espèces exigeantes comme les crotons ou les polyscias peuvent perdre des feuilles. Une hygrométrie insuffisante entraîne un ralentissement de la croissance avec l'apparition d'un feuillage plus petit.

Pour augmenter l'hygrométrie : mettez les plantes fragiles dans la salle de bains. Dans les autres pièces, regroupez les plantes en massifs pour créer des microclimats. Bassinez régulièrement le feuillage avec une eau tempérée non calcaire. La fréquence peut être quotidienne si la chaleur est supérieure à 20 °C. Les plantes à feuillage duveteux, telles que les saintpaulias et certains bégonias, ne supportent pas l'eau sur leurs feuilles. Posez-les dans une grande soucoupe, sur un lit de graviers humides, sans faire tremper la base du pot dans l'eau. Il existe aussi des humidificateurs sophistiqués diffusant un brouillard fin à intervalles réguliers.

L'arrosage

L'eau sous forme liquide est un élément indispensable pour la vie d'une plante. La majorité des végétaux d'intérieur utilisent leurs racines pour absorber dans le sol la plus grande partie de l'eau dont ils ont besoin. Certaines espèces comme les tillandsias puisent l'élément aqueux nécessaire à leur survie dans l'air ambiant, directement par les tiges et le feuillage. Ces végétaux apprécient les bassinages, même quand ils sont cultivés en pot.

Les plantes ont soif : les feuilles et les tiges se ramollissent, en prenant un aspect terne. Les fleurs se fanent prématurément. Après quelques heures, la plante perd sa rigidité. Sans intervention, le feuillage et les racines se dessèchent, la plante meurt. Il suffit de quelques heures à peine en été pour une impatience aux tissus gorgés d'eau. Soyez toujours vigilant !

Arrosez à bon escient : en respectant les besoins de la plante. En fonction de la saison, de la température, de l'hygrométrie ambiante, de la nature du sol, du contenant et du végétal lui-même, la terre du pot s'assèche plus ou moins rapidement. Excepté pour les perpétuels « assoiffés » comme les papyrus, le repère le plus sûr est d'attendre que la surface du sol sèche avant d'arroser. Touchez le substrat avec les doigts pour vérifier le degré de sécheresse. Il existe dans le

▲ Le bassinage consiste à pulvériser de l'eau, sur et sous le feuillage, en une fine brumisation de gouttelettes.

▼ La culture sur gravillons humides accroît l'hygrométrie.

Les secrets de la réussite

L'HYDROCULTURE : PAS DE TERRE

Cette méthode de culture artificielle, sans support de terre, est appelée culture hydroponique. La plante est maintenue dans un substrat stérile, inerte, composé de billes d'argile expansée. Dans une réserve, similaire à celle des bacs à réserve d'eau, une solution aqueuse enrichie apporte tous les éléments nutritifs nécessaires à la croissance du végétal. Celui-ci développe un système racinaire particulier qui empêche le rempotage ultérieur de la plante dans un terreau classique. Vous devez remplir la réserve quand elle est asséchée, sans vous occuper des problèmes d'arrosage, de fertilisation et d'entretien lors de vos absences. Respectez les besoins de la plante en matière de lumière, de température et d'hygrométrie. Les soins sont réduits au minimum, avec un rempotage tous les deux ou trois ans. Votre intérieur reste toujours propre, compte tenu de l'absence de terre. Cette méthode de culture donne d'excellents résultats avec les plantes vertes à croissance continue et même les cactus. Les plantes fleuries saisonnières réussissent moins bien, en raison du besoin d'une période de repos plus au sec pour fleurir.

▲ Un substrat de billes.

calcaire. Elle ne convient pas aux espèces acidophiles comme les bégonias, les orchidées, ou les azalées. Neutralisez les sels minéraux calcaires en ajoutant quelques gouttes d'acide oxalique par litre d'eau d'arrosage. Vous pouvez récupérer l'eau de pluie en installant un seau sous une gouttière. Pour éviter tout risque de pollution après une longue période de temps sec, ne recueillez pas les eaux de la première averse. L'arrosage avec de l'eau minérale de Volvic est aussi valable. Il ne faut jamais utiliser une eau traitée par un adoucisseur qui remplace le calcaire par des sels minéraux néfastes pour les plantes.

Bien arroser : utilisez un petit arrosoir, muni d'un long bec fin. C'est l'ustensile le plus pratique. Il est d'une très grande précision et permet d'atteindre facilement le cœur des potées, sans éclabousser ou renverser de l'eau partout. La plupart des plantes sont arrosées directement à leur base, près du collet. Vous pouvez arroser par la soucoupe les espèces qui redoutent d'avoir le feuillage mouillé. L'eau doit être absorbée en quelques

▲ Le trempage convient aussi aux plantes touffues.

heures, sinon il faut vider la soucoupe. Après un oubli d'arrosage, il est préférable de tremper complètement la motte en immergeant la plante jusqu'à la base du feuillage. Arrêtez le trempage quand il n'y a plus de bulles d'air qui s'échappent de la terre (de dix à vingt minutes environ). La plante va se redresser et vous pourrez reprendre par la suite un rythme d'arrosage normal.

commerce des petits appareils qui mesurent avec une précision convenable l'humidité de la terre. Après l'arrosage, attendez une bonne heure et videz l'eau qui reste dans la soucoupe, sous le pot.

Choisissez la bonne eau : celle du robinet doit être prélevée la veille de l'arrosage. Laissez-la reposer dans un récipient ouvert, pour que le chlore qu'elle contient s'évapore et qu'elle parvienne à la température ambiante. L'eau de ville est souvent dure et

Un arrosoir à long bec fin distribue l'eau avec précision. ▶

685

Les engrais

Cultivées en pot, les plantes d'intérieur doivent pousser dans un volume de terre très limité, renouvelé uniquement au moment du rempotage. Pour favoriser leur croissance et obtenir le développement que l'on attend d'elles, il faut leur apporter régulièrement un complément de nourriture, sous la forme d'engrais. Les apports d'engrais sont toujours effectués pendant la période de croissance de la plante, dans la majorité des cas entre mars

▲ Les engrais en bâtonnets sont efficaces deux mois.

et septembre. Pour des végétaux gourmands à croissance rapide comme les misères ou les espèces saisonnières comme l'étoile du marin ou les fuchsias, vous pouvez effectuer une fertilisation hebdomadaire. Mais pour la grande majorité des plantes, on conseille plutôt un apport nutritif tous les quinze jours. Diminuez la concentration et la fréquence des apports pour les espèces à croissance lente ou très sensibles aux fertilisants. Cactus, orchidées, broméliacées par exemple se contentent d'une dose mensuelle. Dans tous les cas, n'augmentez jamais les indications de dosage inscrites sur la boîte d'engrais, même si elles vous paraissent faibles (parfois 1/4 de bouchon pour un litre d'eau). Un excès de concentration en sels minéraux dans le sol provoque une brûlure des racines qui peut être fatale. On distingue deux grands groupes de produits fertilisants.

Les engrais chimiques : obtenus par synthèse, ils contiennent les éléments principaux (azote, phosphore, potassium et oligo-éléments) à l'état pur, sous une forme directement assimilable par les plantes. Avec les produits pour les plantes d'intérieur, le résultat est souvent très rapide.

Les engrais organiques : les principaux sont la corne séchée, broyée ou torréfiée, le sang desséché et le guano. Leur action, plus lente que celle des composés chimiques, se prolonge plusieurs semaines, voire quelques mois. Ils permettent d'obtenir des résultats excellents avec les plantes d'intérieur, mais leur odeur nauséabonde est peu appropriée à la culture dans la maison.

Les spécialités commerciales sont si nombreuses qu'il est souvent difficile pour l'amateur de faire un choix entre les présentations d'engrais. Les formes les plus couramment proposées sont les suivantes :

Les engrais liquides et solubles : à diluer dans l'eau d'arrosage, ils offrent l'avantage d'une excellente répartition dans la motte. Leur action est quasi instantanée. Il ne faut jamais appliquer une eau enrichie d'engrais sur un sol sec, pour ne pas brûler les racines avides d'eau. Une bonne technique consiste à diviser la dose prescrite par 5 ou 10 et à utiliser à chaque arrosage cette solution d'engrais très déconcentrée. Il n'y a aucun risque de brûlure pour les plantes, mais l'effet fertilisant devient très

◀ Ne surdosez jamais l'engrais liquide.

LES MYSTÉRIEUX N.P.K.

Les végétaux utilisent trois éléments minéraux essentiels pour leur développement : l'azote (symbole chimique N), le phosphore (P) et le potassium (K). Chacun d'eux provoque des effets précis sur la croissance végétale. L'azote stimule la pousse des tiges et des feuilles. Il est recommandé pour les plantes vertes et les jeunes sujets en début de croissance. Le phosphore provoque la formation des boutons floraux. Le potassium favorise la fructification et la résistance des plantes aux maladies. Sur les boîtes d'engrais du commerce, les proportions de ces éléments majeurs sont indiquées par trois chiffres. Par exemple 6. 6. 6. indique un engrais équilibré, dosé à 6 % de chacun des éléments N.P.K. Ces derniers sont toujours exprimés dans cet ordre.

spectaculaire. À préconiser surtout pour les espèces fleuries à croissance rapide.

Les engrais en poudre ou en granulés : ils doivent être incorporés dans le sol au moment du rempotage ou lors d'un surfaçage. Leur action est souvent plus lente, avec une durée prolongée dans le temps. Ils sont assez peu utilisés pour les plantes de la maison, mais très employés au jardin.

Les engrais en bâtonnets : ou en comprimés se placent dans le sol à la périphérie de la motte. Très faciles d'emploi, ils se délitent au fur et à mesure des arrosages. Ils ont une action lente et prolongée, très valable pour les plantes à croissance régulière. Mais la concentration des éléments nutritifs en un point provoque souvent la brûlure des racines voisines ou un déséquilibre dans la végétation. Utilisez-les surtout pour les plantes nouvellement rempotées.

L'engrais foliaire : encore peu connu, il est présenté sous forme liquide, prêt à l'emploi ou à diluer dans de l'eau. Il se vaporise sur les tiges et le feuillage, jamais sur les fleurs. Toujours faiblement dosé, son action est

Les secrets de la réussite

immédiate, souvent spectaculaire. C'est un excellent produit pour les orchidées et toutes les espèces sensibles à une trop forte concentration en sels minéraux dans le sol.

Les accidents physiologiques

Les mauvaises conditions de culture infligées aux végétaux provoquent des réactions au niveau de l'appareil végétatif et de la floraison. Inutile de rechercher l'éventuelle présence de parasites ou d'une maladie. En fonction de la qualité des soins prodigués à vos plantes préférées et des conditions générales de culture, le remède consiste à éliminer l'origine du mal.

Le chaud et froid : il suffit de quelques

▲ Le manque d'eau se traduit par un flétrissement.

minutes d'un courant d'air froid en hiver pour entraîner le flétrissement général de la plante, avec l'apparition de marques brunes sur le pourtour des feuilles. Éliminez les parties atteintes et veillez à placer les plantes loin de la porte d'entrée ou à déplacer toutes les potées, lorsque vous ouvrez les fenêtres de la maison pour aérer.

Les plantes affamées : la croissance de la plante est ralentie, avec l'apparition de feuilles qui restent plus petites. Si les racines tapissent complètement le pot, les besoins en eau augmentent et la plante à tendance à se faner

▲ Le jaunissement est un signe de sécheresse.

plus souvent et d'une manière inattendue. Rempotez dans les plus brefs délais ou apportez de l'engrais rapidement.

Les problèmes d'arrosage : curieusement, l'excès ou le manque d'arrosage se traduisent tous les deux par des symptômes similaires. Le feuillage jaunit et la plante se flétrit. Il est plus facile de remédier à une soif passagère qu'à un excès d'humidité qui provoque la destruction des racines. Les plantes assoiffées doivent être trempées pendant une heure, le pot immergé aux trois quarts de sa hauteur. En cas d'excès d'arrosage (ou de terre trop compacte), une mise au sec pendant quelques jours s'impose, ainsi qu'un rempotage.

Le manque de lumière : la plante s'étiole en s'allongeant démesurément. L'espace entre deux feuilles s'accroît, le feuillage pâlit et la floraison s'arrête. La croissance est très ralentie, avec la formation de petites feuilles. Rapprochez la plante d'une fenêtre et prévoyez un éclairage artificiel.

Le coup de soleil : Les feuilles prennent une coloration plus pâle. Si l'ensoleillement est violent, le feuillage brûle et des tâches brunes apparaissent. Il faut placer la plante à l'abri des rayons solaires, tailler toutes les parties atteintes et attendre que le végétal reparte de lui-même.

La faible hygrométrie : les bords des feuilles présentent des nécroses sèches et brunes. La croissance générale de la plante est ralentie, avec la formation de petites feuilles et des entre-nœuds allongés. Le feuillage jaunit progressivement avant de tomber. Brumisez fréquemment toute la plante avec de l'eau à la température de la pièce, en insistant sur la partie inférieure du feuillage.

▼ Cette plante souffre d'asphyxie des racines.

LE LANGAGE DES PLANTES

Les symptômes traduisant une sensation de malaise chez le végétal sont exprimés par des signes extérieurs visibles. Plusieurs causes totalement différentes et indépendantes parviennent à entraîner des réactions et des effets identiques chez la plante, d'où la difficulté du diagnostic pour les accidents physiologiques. Les principales manifestations rencontrées chez les végétaux d'intérieur sont : l'atténuation des coloris du feuillage, le renforcement anormal de la couleur des feuilles et des tiges, l'étiolement, une croissance ralentie avec la formation de feuilles petites peu découpées, l'apparition de taches brunes sur les feuilles, le flétrissement brutal du feuillage et des tiges, la chute ou l'avortement des boutons floraux. Dans certains cas, le feuillage encore vert tombe sans raison apparente. Tous ces symptômes signifient que la plante est mal cultivée. Vérifiez si vous arrosez suffisamment ou, à l'inverse, si la plante n'a pas trop d'eau. Réduisez la température des pièces, augmentez l'hygrométrie et la lumière, et tout ira beaucoup mieux.

▲ Chaleur excessive.

▲ Trop d'eau ou d'engrais.

Les plantes de la maison

L'ENTRETIEN AU QUOTIDIEN

Votre jardin d'intérieur a besoin de la même attention que les massifs de fleurs, le potager ou le verger. Il est plus facile d'observer et d'entretenir les plantes en pots, car vous pouvez les manipuler à votre guise. Soigner des plantes d'intérieur est un bon moyen pour acquérir les rudiments de base de la bonne technique de jardinage. En les observant, vous allez beaucoup mieux les comprendre…

astuce Truffaut — Placez les plantes en hauteur, pour les avoir dans votre champ de vision lors de vos déplacements dans la maison. Vous vous rendrez mieux compte des changements dans leur comportement.

La taille

La pratique de la taille permet de contrôler et de diriger le développement des plantes d'intérieur. Cette opération est plutôt moins fréquente dans la maison que dans le jardin, mais elle ne doit pas être négligée pour autant. Elle améliore beaucoup l'aspect esthétique et décoratif des végétaux d'intérieur en leur permettant de conserver une forme compacte et une silhouette équilibrée. La taille stimule la floraison de certaines espèces.

◀ La taille consiste aussi à éliminer les parties mortes.

Elle a enfin pour rôle de rajeunir les vieux sujets en stimulant l'apparition de nouvelles pousses vigoureuses.
On intervient une première fois au début du printemps, après la période de repos hivernal. Ce moment de la reprise de végétation est propice pour effectuer une taille de formation importante. Au cours de la saison de croissance, les interventions sont dictées par la rapidité de croissance de la plante.
Utilisez un petit sécateur qui pourra servir à tous les types de tailles. Choisissez un modèle classique avec une lame biseautée, glissant le long d'une contre-lame en forme de crochet. Il permet des coupes bien nettes. Employez également une paire de ciseaux pour les petits travaux, tels que la suppression des fleurs fanées, le pincement des tiges ou l'élimination des feuilles abîmées. Les ciseaux à bonsaïs sont à recommander en raison de leur précision et de leur efficacité.
Au fur et à mesure de la croissance du végétal, la taille de nettoyage est une opération d'entretien courante qui permet d'éliminer régulièrement une branche morte, une pousse chétive, des feuilles abîmées, un rameau malade et les fleurs fanées. Il faut également supprimer les rejets complète-

LA TAILLE DU POINSETTIA

Destinée à éviter que la plante se dégarnisse trop de la base, la taille s'effectue en février ou en mars, après la floraison hivernale. Il faut rabattre sévèrement les tiges de la plante, au tiers de leur hauteur initiale. Utilisez un petit sécateur bien coupant pour effectuer des coupes propres et nettes. Sectionnez juste au-dessus d'un nœud, présentant si possible un bourgeon tourné vers l'extérieur de la touffe. Cela lui permettra de prendre un joli port évasé. Attention, pendant les semaines qui suivent la taille, la plante étant moins volumineuse, elle demande des arrosages plus réduits. Il est bon de prévoir un rempotage dans un bon substrat, deux ou trois semaines après le rabattage des tiges. Vous allez ainsi provoquer une repousse vigoureuse du feuillage.

▲ Avec un sécateur, coupez à 10 cm de la base toutes les tiges herbacées une fois la floraison terminée.

▲ Après deux mois de repos végétatif, de nouvelles pousses vont se former, pour donner une plante bien compacte.

688

L'entretien au quotidien

LES PRODUITS LUSTRANTS

Après un dépoussiérage des feuilles, redonnez du brillant à votre plante, en utilisant un produit lustrant. On trouve dans le commerce des aérosols que vous pouvez utiliser une fois par mois. Il faut toujours traiter le feuillage à une distance de 40 à 50 cm pour éviter les risques de brûlures pouvant être causées par la sortie du gaz propulseur très froid. Attention, toutes les fougères et les plantes à feuillages duveteux, comme le saintpaulia, le gloxinia, le sparmannia et de nombreux bégonias, n'apprécient pas du tout l'application de lustrant. Il en est de même pour les caladiums. Le produit provoque des marques peu esthétiques sur les feuilles de ces plantes. Nettoyez-les avec un petit chiffon humide.

▲ *Appliquez le lustrant sans excès.*

Le nettoyage du feuillage

Il est important de surveiller en permanence l'état de vos plantes et de pratiquer des soins périodiques d'entretien pour éliminer tous les rameaux faibles ou morts, les feuilles en mauvais état et toutes les fleurs fanées. Enlevez systématiquement les feuilles tombées sur la terre du pot. Vous éviterez ainsi les risques de propagation des maladies. Ces petits gestes simples ne demandent que quelques minutes par semaine et ils deviennent vite une seconde nature, une sorte de réflexe de bon jardinier.

Les plantes, au même titre que les meubles de la maison, reçoivent un dépôt quotidien de poussière, qui rapidement recouvre tout le

▲ *Dépoussiérez le croton avec un chiffon humide.*

feuillage. C'est surtout visible sur les feuilles larges et brillantes des philodendrons, des ficus, des asplénums et des spatiphyllums qui perdent peu à peu leur bel aspect éclatant. La plante devient moins belle à regarder, mais le plus grave c'est que la pellicule de poussière joue le rôle d'écran pour la lumière. Une plante sale va moins bien pousser et même montrer des symptômes de dépérissement. Passez un chiffon ou une éponge humide sur le feuillage tous les trois ou quatre mois minimum. N'utilisez pas de détergent mais de l'eau pure non calcaire ou de la bière diluée à 50 % qui a un bon effet insecticide préventif. L'opération est souvent fastidieuse, mais le résultat est toujours spectaculaire. Les petites plantes peuvent être douchées à l'eau tiède. Les espèces à feuillages velus doivent être nettoyées avec un pinceau ou une petite brosse souple.

ment verts qui apparaissent parfois sur les plantes panachées. La place dans la maison n'est pas illimitée et certaines plantes peuvent devenir trop envahissantes. Avec une exposition bien éclairée, un petit pied de tétrastigma peut émettre des pousses de 2 à 3 m de longueur. Une taille régulière permet de contenir la végétation exubérante sur la surface qui lui est impartie.

Une plante en bonne santé a tendance à repousser vigoureusement après une taille courte. Taillez aussi pour rendre la plante moins touffue et bien l'aérer. En permettant le bon éclairement de toutes les parties du végétal, vous l'aiderez à mieux fleurir.

Certaines plantes exigent une taille annuelle sévère à la fin de l'hiver pour permettre la repousse d'un grand nombre de tiges sur lesquelles naîtront les fleurs. Vous obtiendrez des résultats spectaculaires, en appliquant ce traitement aux plantes suivantes : abutilon, hibiscus, jacobinia, pentas et tous les grands bégonias bambusiformes.

La taille permet de corriger et d'équilibrer l'aspect des plantes qui présentent un développement anarchique et irrégulier. Elle modèle des silhouettes plus touffues, non dégarnies de la base, en obligeant les végétaux à se ramifier régulièrement.

On trouve de plus en plus des plantes tressées ou conduites sur tige, comme le *Ficus benjamina*, l'*Hibiscus rosa sinensis* ou le poinsettia. Pour garder ces formes très originales, supprimez tous les rameaux latéraux qui apparaissent sur les tiges et modelez la touffe pour obtenir un aspect rond et homogène.

Le pincement : cette forme particulière de taille consiste à couper, avec les ongles ou des petits ciseaux, l'extrémité terminale d'une jeune pousse pour qu'elle se ramifie. Intervenez au-dessus d'une feuille. C'est l'œil latent, situé à la base du pétiole qui va assurer la croissance de la nouvelle pousse. Pincez les coléus, impatience et misère qui ont tendance à se dégarnir à la base.

Les plantes qui ne se taillent pas : en règle générale, on n'intervient pas sur les plantes à latex, tels que les ficus, les dieffenbachias, et les euphorbes succulentes. Les plaies ont

▲ *Le pincement se pratique surtout au printemps.*

beaucoup de mal à cicatriser et la sève s'écoule le long des tiges et des feuilles, ce qui épuise la plante et salit la maison. Toutes les espèces ayant un feuillage en rosette, comme les saintpaulia, fittonia, piléa, clivia, primevère, cyclamen et les broméliacées, n'ont pas besoin d'être taillées.

689

Les plantes de la maison

◀ Attachez les tiges de philodendron sur un arceau.

Le tuteurage

La plupart des espèces à grand développement doivent faire l'objet d'un tuteurage pour soutenir et diriger leur ramure imposante. Quelles que soient les dimensions du végétal, le tuteurage doit être efficace, stable, durable, mais toujours discret pour ne pas nuire à l'aspect esthétique de la potée.

Les tuteurs en plastique : ont l'avantage d'être peu coûteux et d'être disponibles dans de nombreuses dimensions. Ils ne sont pas très solides et ne conviennent pas pour les grands sujets. Contrairement à une idée reçue, les modèles de couleur verte sont plutôt moins discrets que les blancs.

Les tuteurs en bambou : sont solides et résistants jusqu'à une hauteur maximale de 80 cm à 1 m pour les modèles courants. Leur flexibilité les rend inutilisables pour des plantes de plus grandes dimensions, sauf les modèles de gros diamètre.

Les tuteurs métalliques : qui se fixent au sol et au plafond sont parfaits pour les grandes plantes, comme les philodendron, schefflera et ficus. Entourez le tuteur avec les tiges du végétal pour le dissimuler discrètement dans le feuillage.

Les tuteurs couverts de mousse : doivent être réservés aux plantes à racines aériennes, comme les pothos, syngonium et philodendron. Maintenez une humidité permanente de la mousse en la vaporisant avec de l'eau non calcaire.

Il existe d'autres modèles de tuteurs aux formes diverses plus ou moins originales comme le tuteur en arceau et le tuteur vrille. Quel que soit le support choisi, fixez les tiges au fur et à mesure de leur croissance avec des liens résistants mais discrets qui maintiennent sans étrangler. Pensez à desserrer les attaches, en fonction de l'épaississement de la tige, pour ne pas risquer de blesser les tissus.

▲ Attachez les tiges sur leur tuteur sans les serrer.

Le palissage

Cette opération est indispensable pour toutes les plantes grimpantes dépourvues de vrilles ou de crampons qui leur permettent de s'accrocher facilement au moindre support, sans aide extérieure. Vous pouvez avec cette technique, donner une forme plus originale à votre plante qui prendra des faux airs de topiaires. Ce type de culture exige des soins fréquents et réguliers. Le choix du support est à adap-

---

LES PLANTES À PALISSER

Dépourvues de système de fixation naturelle, de nombreuses plantes dites grimpantes peuvent pousser indifféremment fixées sur un support ou en suspension. C'est le cas des pothos, syngonium, cissus, *Ficus pumila*, plumbago, etc. Beaucoup de lianes et de plantes volubiles doivent faire l'objet d'un palissage régulier pour contenir une croissance exubérante. Vous en profiterez aussi pour mettre en valeur la beauté de leur feuillage et de leur floraison. Vous devez diriger les stéphanotis, bougainvillée, bomarea, ampélopsis, cissus, clérodendron, lapageria, jasmin, passiflore, thunbergia, monstera, hoya, gloriosa, tetrastigma, etc.

▲ Le stéphanotis gagne à avoir ses jolies branches souples tuteurées.

plantes d'intérieur

690

L'entretien au quotidien

UN SÉJOUR ESTIVAL DANS LE JARDIN

De nombreuses plantes d'intérieur apprécient de passer l'été dans le jardin ou sur un balcon, de la mi-mai à la fin septembre. Elles vont ainsi profiter d'un éclairement souvent plus important, d'une hygrométrie idéale et de différences de températures entre le jour et la nuit, très favorables pour stimuler les floraisons. Sortez tous les agrumes, les hibiscus, les daturas, les passiflores, les palmiers, les cycas, les bananiers, les misères, les broméliacées, les bégonias et la plupart des plantes méditerranéennes. Le clivia, les cymbidiums et de nombreuses orchidées exigent cette sortie estivale pour pouvoir refleurir. Attention, n'installez pas les plantes directement au soleil qui brûlerait le feuillage fragile. Il faut disposer les plantes dans un lieu légèrement ombragé, à l'abri des vents les plus violents. Les espèces qui apprécient le soleil (les plantes grasses et les cactées plus particulièrement) seront déplacées après trois ou quatre semaines pour bénéficier d'une exposition plus ensoleillée. Cette très courte période de transition est nécessaire pour permettre au feuillage de s'endurcir et de résister aux coups de soleil. Les potées sont souvent bancales. Pour les stabiliser, creusez une petite fosse et remplissez-la de tourbe humide. Enterrez complètement les pots dedans. Ce système permet également de conserver une plus grande humidité. C'est un moyen pratique pour garder les plantes en bon état pendant une longue absence. Évitez de sortir certaines plantes fragiles et la plupart des espèces de petite taille.

▲ Une sortie au jardin est bénéfique.

ter en fonction du développement de la plante, de l'espace à occuper et de la décoration de votre intérieur. La méthode la plus simple consiste à fixer des clous dans un mur pour faire courir la plante, transformée en tapisserie végétale. Vous pouvez utiliser un fil de fer tendu pour les espèces plus touffues et vigoureuses. N'oubliez pas les treillages en bois ou en plastique, efficaces et souvent très esthétiques. Ils permettent de composer des décors originaux et variés, en jouant avec les coloris et les formes des mailles.

Plantes et vacances

La période des vacances et les absences prolongées posent souvent des problèmes pour l'entretien et la conservation des plantes d'intérieur. Vous pouvez partir

▲ Les plantes sont alimentées en eau pour les vacances.

un week-end en toute tranquillité, sans avoir à vous préoccuper, outre mesure, du bien-être de vos plantes. Mais pour une période plus longue, il faut absolument leur assurer un minimum vital de lumière et d'humidité.

Des solutions adaptées : rempotez vos plantes dans des bacs à réserve d'eau si vous devez partir fréquemment, pour des durées inférieures à un mois. Regroupez ensuite les potées dans une pièce toujours éclairée. À défaut, vous pouvez installer un éclairage artificiel réglé sur une minu-

◀ Un tissu spongieux alimente les plantes par capillarité.

terie automatique. Pour être efficace, il faut compter au moins dix à douze heures d'éclairage par jour.

Vous avez la possibilité de réquisitionner l'évier de la cuisine ou la baignoire de la salle de bains, pour y mettre les potées à tremper pendant votre absence. Cette éventualité est seulement envisageable pour des pièces bien éclairées.

On peut assurer l'apport d'eau par un système de mèches en coton, enfoncées dans la terre du pot et reliées à un grand réservoir d'eau. L'eau alimente chaque potée par capillarité. Il existe un système proche qui se présente sous l'aspect d'un petit cône de terre cuite relié par un fin tuyau au réservoir d'eau. Le liquide est diffusé doucement, ce qui évite de détremper la motte. On trouve aussi des systèmes automatiques d'arrosage au goutte à goutte spécialement conçus pour les plantes de la maison, avec un réservoir d'eau et une petite pompe.

À votre retour : inspectez les plantes, une par une, avant de les remettre à leur place d'origine. Arrosez copieusement toutes les assoiffées en les trempant complètement dans un seau d'eau. Taillez court les pousses étiolées, enlevez les feuilles, les branches mortes et les fleurs fanées.

691

Les plantes de la maison

LES PLANTES D'INTÉRIEUR À FEUILLAGE

Symboles de l'exubérance des forêts tropicales et du délire de verdure qu'elles génèrent, les plantes d'intérieur à feuillage sont souvent appelées « plantes vertes ». ❧ *Ce terme est impropre, dans la mesure où un grand nombre d'espèces se parent de feuilles somptueuses, aux couleurs souvent étonnantes. Il est possible de composer un décor uniquement avec des sujets à feuillage. L'avantage est souvent la pérennité de ces plantes.* ❧ *Soignées avec attention, elles peuvent vivre plusieurs années dans la maison et prospérer avec une rare générosité. Bien sûr, toutes ne sont pas aussi accommodantes qu'on le voudrait. Et comme des stars capricieuses, certaines se laissent désirer, savent bouder à la perfection ou vous font des caprices de grande diva.* ❧ *Mais c'est ce qui en fait tout le charme et le plaisir. Réussir une espèce réputée difficile vous donne l'impression d'avoir gagné des galons dans la connaissance du jardinage et d'avoir atteint un niveau de compétence que vous envieront tous vos amis.* ❧ *Une délicate alchimie est nécessaire pour bien acclimater à la maison ces belles venues des paradis exotiques.* ❧ *Il s'y mêle votre intérêt pour les plantes, les attentions que vous leur prodiguez, la connaissance du végétal et la technique de culture que nous vous proposons de découvrir au fil des pages suivantes. Soyez patient, persévérez, et n'oubliez jamais qu'une plante d'appartement n'existe pas en soi.* ❧ *C'est une espèce tropicale qui vous fait l'honneur de vivre dans l'univers très artificiel de votre intérieur.* ❧

Les plantes de la maison

LES ARBRES D'INTÉRIEUR

Spectaculaires par l'ampleur de leur silhouette, ces plantes majestueuses offrent des dimensions généreuses. Elles dépassent souvent 2 m de hauteur, formant des troncs simples ou ramifiés, pour nous donner l'illusion de grands arbres adaptés aux dimensions de la maison.

Araucaria exelsa
PIN DE NORFOLK

Originaire de l'île de Norfolk, l'araucaria est souvent proposé en jeune sujet de moins de 2 m. Les branches disposées en verticilles tout autour du tronc sont couvertes d'aiguilles souples, persistantes et légèrement piquantes.
Famille : Araucariacées.
Sol : mélange à parts égales de terreau de feuilles, de terre de bruyère et de tourbe.
Température : de 15 à 20 °C, beaucoup plus basse en hiver (de 5 à 10 °C).
Exposition : une pièce très lumineuse au nord, à l'abri du soleil direct, qui brûle le feuillage.
Arrosage : environ une fois par semaine, avec une eau douce non calcaire. Réduisez les apports d'eau en hiver, sans laisser sécher la terre du pot.
Entretien : en été, donnez tous les quinze jours un engrais liquide pour plantes vertes. Vaporisez le feuillage à l'eau claire, deux ou trois fois par semaine pour empêcher une attaque d'araignées rouges.
Facilité de culture : ❀ ❀
Notre conseil : sortez-le dehors en été, à exposition ombragée. En hiver, utilisez-le comme sapin de Noël.

▲ *Araucaria exelsa.*   *Chrysalidocarpus lutescens.* ▼

▼ *Dracaena marginata, un feuillage souple et gracieux.*

Chrysalidocarpus lutescens
ARECA

Ce palmier, qui présente un tronc fin et des longues palmes arquées, peut atteindre en quelques années une hauteur de plus de 2 m. Il est originaire de Madagascar.
Famille : Palmacées.
Sol : un mélange léger, composé de terreau de feuilles et de sable par moitié.
Température : 15 °C minimum en hiver. De 18 à 20 °C en période de végétation.
Exposition : fort éclairage tamisé, près d'une grande fenêtre. Pas de soleil direct.
Arrosage : deux fois par semaine pendant la période de végétation. Ne pas laissez de l'eau en permanence dans la soucoupe. Un seul arrosage par semaine en hiver est suffisant.
Entretien : donnez de l'engrais tous les quinze jours en été. Rempotez les jeunes sujets tous les ans au printemps. Fertilisez de mars à septembre.
Facilité de culture : ❀ ❀
Notre conseil : bassinez le feuillage tous les jours pour éviter le dessèchement du feuillage. Utilisez une eau douce à température ambiante.

Dracaena marginata
DRACAENA

L'espèce type est native de Madagascar. La jeune plante forme une touffe érigée buissonnante. En vieillissant, les feuilles de la base tombent, laissant apparaître un tronc mince. On trouve aussi des formes à feuillages panachés.
Famille : Agavacées.

694

Les arbres d'intérieur

Sol : un mélange composé par tiers de terreau de feuilles, de tourbe et de sable.
Température : de 18 à 20 °C toute l'année.
Exposition : un bon éclairage, sans soleil direct. Exposition à l'ombre possible. Les variétés panachées exigent un éclairement plus important.
Arrosage : peu abondant, environ une fois par semaine. En hiver, laissez sécher la terre en surface entre deux arrosages.
Entretien : pendant la période de végétation, donnez de l'engrais tous les quinze jours. Rempotez tous les deux ans, au printemps.
Facilité de culture : ❀
Notre conseil : une fois par mois, douchez la plante à l'eau tiède pour ôter la poussière qui s'accumule sur les feuilles étroites.

Ficus benjamina
FIGUIER PLEUREUR

Cet arbre indien est très cultivé en appartement, où il peut atteindre une hauteur de plus de 3 m. Il présente des rameaux souples plus ou moins retombants, aux feuilles simples brillantes. Il existe de nombreuses variétés, de teintes et de formes très différentes, tels 'Golden King', 'Reginald', 'Starlight', 'Natasha' (50 cm), 'Ryandi', etc.
Famille : Moracées.
Sol : un mélange de tourbe blonde, de sable et de terreau de feuilles à parts égales.
Température : de 18 à 22 °C. Descendez à 15 °C en hiver. Évitez les courants d'air froid.
Exposition : lumière vive, sans soleil direct.
Arrosage : modéré, une fois par semaine.
Entretien : donnez de l'engrais tous les quinze jours au printemps et en été. Brumisez le feuillage.
Facilité de culture : ❀ ❀
Notre conseil : la plante pousse vers la lumière. Tournez le pot d'un demi-tour tous les mois pour obtenir une croissance régulière et homogène de la ramure.

Ficus elastica
CAOUTCHOUC

Originaire du Sud-Est asiatique, où il forme un grand arbre, c'est le ficus le plus connu. On trouve surtout les formes 'Robusta' et 'Decora' aux larges feuilles vert foncé brillantes. Les variétés à feuillage panaché de blanc ou de jaune sont moins vigoureuses et plus délicates à cultiver.
Famille : Moracées.
Sol : terre de jardin, terreau de feuilles et tourbe en mélange par tiers.
Température : très tolérant, il peut supporter un séjour à l'extérieur avec des températures basses, hors gel. De 18 à 20 °C, c'est parfait.
Exposition : beaucoup de lumière, sans soleil direct trop fort.
Arrosage : modéré, une fois par semaine.
Entretien : une fois par mois, dépoussiérez les feuilles avec une éponge humide. Apport d'engrais tous les quinze jours de mars à septembre.
Facilité de culture : ❀
Notre conseil : installez le caoutchouc dans une grande pièce car il devient vite encombrant.

Ficus lyrata
FIGUIER LYRE

Vous reconnaîtrez facilement ce ficus au port un peu raide, grâce à ses énormes feuilles en forme de lyre, aux nervures très marquées. Originaire de l'Ouest africain, il pousse vite et peut atteindre une hauteur de 2 à 3 m en appartement.
Famille : Moracées.
Sol : mélange par tiers de terreau de feuilles, de tourbe et de sable.
Température : au minimum 16 °C en hiver. En période de croissance, de 20 à 22 °C.
Exposition : beaucoup de lumière, pas de soleil direct.
Arrosage : une fois par semaine. Laissez la terre du pot sécher en surface entre deux arrosages.
Entretien : vaporisez le feuillage plusieurs fois par semaine en hiver. Dépoussiérez régulièrement les feuilles. Donnez de l'engrais tous les quinze jours.
Facilité de culture : ❀ ❀ ❀
Notre conseil : avec l'âge, le tronc a tendance à se dégarnir à la base. Pincez les extrémités des tiges pour conserver un port ramifié. Un tuteurage solide est souvent nécessaire pour les sujets adultes.

Les grandes feuilles caractéristiques du *Ficus lyrata*. ▶

▲ *Ficus benjamina* 'Golden King' se plaît en véranda.

▲ *Ficus elastica* 'Decora Belga' aux belles nuances.

Les plantes de la maison

▲ *Howeia belmoreana*, le palmier le plus durable.

▲ *Monstera deliciosa*.   *Musa velutina.* ▼

Howeia forsteriana
KENTIA

Le nom de ce palmier provient d'un lieu du Nord de l'Australie où il a été découvert : les îles de Lord Howe, et plus particulièrement l'île Kentia. On cultive à l'intérieur des jeunes sujets, au tronc peu développé. On cultive aussi à la maison *Howeia belmoreana*, qui présente des palmes plus arquées et profondément divisées.
Famille : Palmacées.
Sol : mélange de terre de jardin, de sable et de terreau de feuilles par tiers.
Température : de 18 à 20 °C en général. Minimum 15 °C en hiver.
Exposition : lumière vive, sans soleil direct.
Arrosage : deux fois par semaine en été. Une fois tous les dix jours en hiver.
Entretien : donnez de l'engrais tous les quinze jours pendant la belle saison. Brumisez le feuillage chaque jour avec une eau non calcaire.
Facilité de culture :
Notre conseil : évitez les courants d'air froid.

Monstera deliciosa
PHILODENDRON

Originaire du Mexique, cette robuste liane développe des feuilles énormes pouvant atteindre 1 m de diamètre. Profondément découpées, elles sont très décoratives. La croissance vigoureuse du monstera lui permet d'atteindre rapidement une taille imposante de 3 à 4 m, d'où son usage en arbre d'intérieur.
Famille : Aracées.
Sol : mélange de tourbe, de terreau de feuilles et de terre de jardin à parts égales.
Température : de 18 à 22 °C toute l'année.
Exposition : une pièce très éclairée, mais sans soleil direct est idéale pour favoriser l'apparition de feuilles bien découpées.
Arrosage : sans excès ; laissez sécher la surface de la terre du pot entre chaque arrosage.
Entretien : brumisez de l'eau tiède non calcaire tous les deux ou trois jours sur le feuillage et les nombreuses racines aériennes pendantes.

Dépoussiérez régulièrement les larges feuilles avec une éponge humide. Un tuteurage solide est indispensable pour les grands sujets.
Facilité de culture :
Notre conseil : ne coupez pas les longues racines aériennes qui permettent à la plante de capter l'humidité de l'air, très utile à sa bonne croissance.

Musa velutina
BANANIER NAIN

Bel arbre tropical à grandes feuilles vertes, le bananier est souvent proposé pour l'intérieur dans sa forme naine. Il produit parfois un régime de bananes, qui annonce la mort de la plante mère et l'apparition de rejets à la base du pied.
Famille : Musacées.
Sol : très riche, composé à parts égales de terre de jardin, de terreau de fumier et de tourbe.
Température : de 20 à 25 °C. Au minimum 15 °C en hiver.
Exposition : beaucoup de lumière ; le bananier supporte le plein soleil, même en été.
Arrosage : deux fois par semaine de mai à septembre. En hiver, un arrosage tous les dix jours.
Entretien : en période de croissance, donnez de l'engrais tous les dix jours. Bassinez fréquemment le feuillage en été. Attention aux cochenilles.
Facilité de culture :
Notre conseil : sortez la plante en été, dans un endroit chaud et abrité des vents forts.

Schefflera actinophylla
SCHEFFLÉRA

En Australie, le schefflera est un grand arbre à croissance rapide, qui peut dépasser une hauteur de plus de 30 m. À l'intérieur, il atteint facilement 2 m. Il est aussi appelé *Brassaia actinophylla*. Nombreuses variétés panachées.
Famille : Araliacées.
Sol : mélange léger, très drainant, composé de tourbe, de terreau de fumier et de sable par tiers.
Température : de 16 à 20 °C toute l'année.
Exposition : beaucoup de lumière pour assurer une croissance rapide et des feuilles bien vertes.

Les arbres d'intérieur

Arrosage : le substrat doit sécher entre deux arrosages. Utilisez une eau douce non calcaire.
Entretien : brumisez le feuillage tous les jours en été, deux à trois fois par semaine en hiver. Douchez fréquemment la plante pour la dépoussiérer. Engrais une fois par mois de mars à octobre. Cette plante peut passer l'été dans le jardin à exposition mi-ombragée. Attention aux cochenilles en hiver.
Facilité de culture : ❀ ❀
Notre conseil : tuteurez les tiges souples et fragiles au fur et à mesure de leur développement.

Sparmannia africana
TILLEUL D'INTÉRIEUR

Ce grand arbrisseau aux larges feuilles cordiformes vert pâle à la texture duveteuse, est originaire d'Afrique du Sud. Les sujets adultes donnent une belle floraison blanche de la fin de l'hiver jusqu'au début de l'été. Le sparmannia atteint de 2 à 3 m de haut en culture.
Famille : Tiliacées.
Sol : riche et humifère, avec un mélange à parts égales de terreau de fumier, de terre de jardin et de tourbe blonde fibreuse.
Température : de 18 à 20 °C pendant l'été. De 5 à 10 °C durant la période de repos hivernal.
Exposition : beaucoup de lumière toute l'année, sans soleil direct trop fort.
Arrosage : laissez toujours sécher la motte entre deux arrosages, en moyenne un tous les dix jours.
Entretien : donnez de l'engrais au printemps et en été. Taillez la plante très court en mars.
Facilité de culture : ❀ ❀ ❀
Notre conseil : respectez la période de repos de cette plante. C'est indispensable pour obtenir une floraison généreuse.

> **UNE MORT LENTE**
>
> Les plantes d'intérieur cultivées sur tronc ont des racines très sensibles aux excès d'eau. Attention, elles peuvent pourrir rapidement, sans que la plante montre des signes visibles de déclin. Les réserves contenues dans les troncs permettent au feuillage de survivre plusieurs mois.

Yucca elephantipes
YUCCA

Souvent cultivé sur un tronc de 30 cm à 2 m de haut, le yucca est originaire d'Amérique centrale. C'est une plante facile à vivre qui supporte les petits oublis et les absences prolongées. Sa floraison, exceptionnelle en intérieur, évoque les clochettes du muguet, en beaucoup plus grand.
Famille : Liliacées.
Sol : léger, composé de terreau de feuilles, de sable et de terre de jardin par tiers.
Température : très tolérant, le yucca supporte des écarts progressifs de température, entre 5 et 30 °C. L'idéal se situe entre 15 et 18 °C.
Exposition : plein soleil, surtout en hiver.
Arrosage : toujours modéré. Laissez la terre sécher complètement entre deux arrosages.
Entretien : donnez de l'engrais une fois par mois, de mai à septembre. Douchez régulièrement le feuillage pour le dépoussiérer. Luttez contre les cochenilles qui apparaissent fréquemment à la face inférieure des feuilles. Les traitements avec des bombes insecticides sont bien acceptés.
Facilité de culture : ❀
Notre conseil : faites attention aux extrémités très piquantes des feuilles quand vous manipulez la plante. Sortez-la dans le jardin en été, dans un endroit assez sec, de préférence en plein soleil.

▲ Les jeunes *Schefflera actinophylla* doivent être tuteurés.

▲ Le *Sparmannia africana* aime les pièces claires.

▼ Un groupe spectaculaire de *Yucca elephantipes*.

Les plantes de la maison

LES GRANDES PLANTES VERTES

Élégantes et distinguées, ces plantes ont beaucoup de prestance. Ornementales par la forme ou la couleur de leur feuillage, elles constituent l'essentiel du décor de la maison. Durables et souvent très accommodantes, la plupart sont conseillées aux débutants.

Cissus antartica
VIGNE DES KANGOUROUS

Cette liane grimpante est originaire d'Australie. Les longues tiges souples portent des feuilles ovales dentées, vert brillant. Le cissus peut se cultiver en suspension ou attaché sur un tuteur.
Famille : Vitacées.
Sol : mélange à parts égales de terreau de feuilles, de sable et de terre de jardin.
Température : de 18 à 20 °C. En hiver, mieux vaut ne pas descendre en dessous de 12 à 15 °C.
Exposition : lumière vive mais filtrée.
Arrosage : toujours modéré. Laissez la terre sécher à la surface du pot avant un nouvel apport d'eau. Utilisez de préférence une eau non calcaire.
Entretien : donnez un engrais pour plantes vertes tous les quinze jours d'avril à septembre. Évitez les courants d'air et les variations de température qui provoquent une chute abondante du feuillage.
Facilité de culture : ❀ ❀
Notre conseil : si la plante se dégarnit à la base, rabattez les tiges de moitié au printemps.

Cissus discolor
VIGNE D'INTÉRIEUR

Venue des forêts équatoriales de l'île de Java, cette belle liane possède un incomparable feuillage qui évoque toute la splendeur des bégonias Rex. Les feuilles sont vert panaché d'argent sur le dessus et rouge pourpre au revers.
Famille : Vitacées.
Sol : mélange homogène de terreau de fumier, de tourbe et de sable par tiers.
Température : de 20 à 25 °C toute l'année. En hiver, ne pas descendre en dessous de 18 °C.
Exposition : forte lumière, sans soleil direct.
Arrosage : régulier et modéré, avec une eau très douce, sans calcaire. Laissez sécher la surface du sol entre deux apports d'eau.
Entretien : brumisez le feuillage tous les jours pour maintenir une hygrométrie élevée.
Facilité de culture : ❀ ❀ ❀
Notre conseil : installez cette plante exotique fragile dans une salle de bains chauffée et bien éclairée, où elle appréciera l'atmosphère très humide.

▲ *Cissus antartica.*   *Cissus discolor.* ▼

▼ *Cordyline fruticosa 'Red Hedge'.*

Cordyline fruticosa
CORDYLINE

Synonyme : *Cordyline terminalis*. Cette espèce est disponible dans de très nombreuses variétés au feuillage diversement coloré. 'Kiwi' est panachée de crème et de rouge. 'Red Edge' présente des bords de feuilles rouge vif. Ils sont blancs chez 'White Edge' et roses chez 'Lord Robertson'. La floraison blanche ou rose violacé apparaît rarement en appartement.

Les grandes plantes vertes

Famille : Agavacées.
Sol : mélange à parts égales de terreau de fumier, de tourbe blonde et de sable.
Température : de 18 à 20 °C toute l'année.
Exposition : beaucoup de lumière.
Arrosage : régulier mais modéré, avec une eau non calcaire.
Entretien : brumisez le feuillage deux à trois fois par semaine. Faites des apports d'engrais pour plantes vertes tous les quinze jours d'avril à septembre.
Facilité de culture : ❀ ❀
Notre conseil : dépoussiérez souvent le feuillage avec une éponge douce humide.

Dieffenbachia picta
DIEFFENBACHIA

Cet arbuste vigoureux originaire d'Amérique du Sud peut atteindre près de 2 m de haut à l'intérieur. Il existe de nombreuses espèces et des variétés qui diffèrent par l'intensité de la panachure ou par le développement de la plante. 'Tropic Snow' est très répandue, de même que 'Camilla', 'Jupiter', 'Janet' et 'Candida'.
Famille : Aracées.
Sol : mélange de terreau de fumier, de terre de jardin et de tourbe par tiers.
Température : de 18 à 20 °C toute l'année.
Exposition : lumière vive, mais évitez le soleil direct. Plus le feuillage est coloré, plus la plante a besoin d'un éclairage intense.
Arrosage : maintenez la terre légèrement humide, sans laisser l'eau stagner sous le pot.
Entretien : vaporisez le feuillage plusieurs fois par semaine. Donnez de l'engrais tous les quinze jours au printemps et en été.
Facilité de culture : ❀ ❀
Notre conseil : nettoyez les feuilles chaque semaine avec une éponge humide.

Dizygotheca elegantissima
ARALIA ÉLÉGANT

Natif de Nouvelle-Calédonie, cet arbuste érigé présente des feuilles très fines, composées de folioles vert foncé, étroites et dentées. Vous pouvez aussi trouver *Dizygotheca veitchii*, une espèce très proche, aux feuilles plus courtes et plus larges.
Famille : Araliacées.
Sol : terreau de feuilles mélangé par tiers à du sable et de la tourbe.
Température : de 18 à 22 °C toute l'année.
Exposition : bonne lumière, sans soleil direct.
Arrosage : régulier mais modéré, avec une eau non calcaire. Laissez sécher la terre à la surface du pot entre les apports d'eau.
Entretien : brumisez le feuillage tous les jours, avec une eau tiède non calcaire. Faites des apports d'engrais spécial pour plantes vertes tous les quinze jours du printemps à la fin de l'été.
Facilité de culture : ❀ ❀ ❀ ❀
Notre conseil : cette espèce assez délicate demande une hygrométrie toujours élevée et des arrosages sans excès. Attention aux cochenilles.

Dracaena fragrans
DRAGONNIER

L'espèce d'origine pousse à l'état sauvage en Afrique de l'Ouest et de l'Est. Très robuste, son feuillage souple et allongé est vert vif brillant. On trouve des variétés aux feuilles panachées. 'Lindenii' et 'Victoria' se distinguent par des feuilles rayées de jaune vif et 'Massangeana' présente une large bande centrale jaune verdâtre.
Famille : Agavacées.
Sol : mélange de terreau de feuilles, de tourbe blonde et de sable à parts égales.
Température : de 18 à 22 °C en général. Ne descendez pas en dessous de 16 °C en hiver.
Exposition : une lumière vive, sans soleil direct.
Arrosage : modéré à raison d'une fois par semaine. La terre doit être à peine humide.
Entretien : vaporisez fréquemment le feuillage avec une eau non calcaire. Donnez de l'engrais une fois par mois au printemps et en été.
Facilité de culture : ❀ ❀
Notre conseil : cette plante a tendance à se dégarnir de la base en vieillissant. Associez-la dans un bac, avec des espèces touffues de hauteur moyenne.

La belle panachure de *Dracaena fragrans* 'Lindenii'. ▶

▲ *Dieffenbachia picta* 'Superba' est très décoratif.

▲ *Dizygotheca veitchii*, des feuilles très élégantes.

699

Les plantes de la maison

▲ *Fatshedera lizei*, idéal pour les pièces peu chauffées.

▲ *Fatsia japonica* 'Variegata', très résistant.

▲ *Ficus deltoïdea*, une profusion de petites figues.

◀ *Philodendron selloum*, une plante géante.

Fatshedera lizei
ARALIA-LIERRE

Cette plante résulte de l'hybridation entre un *Fatsia japonica* et un lierre (*Hedera helix*). Les tiges verticales sont couvertes de feuilles à 3 ou 5 lobes vert foncé brillant. La variété 'Annemieke' se distingue par ses larges feuilles. 'Pia' porte un petit feuillage compact. Il existe des variétés à feuilles panachées de blanc ou de jaune. Leur culture est plus délicate.
Famille : Araliacées.
Sol : mélange léger composé de terreau de feuilles, de sable et de tourbe blonde par tiers.
Température : évitez les pièces trop chauffées. À plus de 20 °C, le feuillage jaunit et tombe. Une pièce entre 5 et 16 °C en hiver est idéale.
Exposition : beaucoup de lumière, sans soleil direct, notamment pour les formes panachées.
Arrosage : modéré, une fois par semaine.
Entretien : installez votre potée à l'extérieur en été, à mi-ombre. Pendant toute la belle saison, donnez de l'engrais tous les quinze jours.
Facilité de culture :
Notre conseil : brumisez fréquemment le feuillage par temps chaud. Attention aux attaques d'araignées rouges par temps chaud et sec.

Fatsia japonica
ARALIA

Ce superbe arbuste provient du Japon. Il peut atteindre une envergure de plus de 1,5 m. Les larges feuilles vert brillant présentent 7 à 9 lobes. Après quelques années de culture, l'aralia donne une floraison automnale, en ombelles de petites fleurs blanc crème. 'Variegata' est une variété à feuilles panachées de blanc. 'Annemie' a un feuillage vert jaune, éclaboussé de vert foncé.
Famille : Araliacées.
Sol : mélange riche et léger de terreau de fumier, de sable et de tourbe, à parts égales.
Température : 18 °C en général. En hiver, l'aralia supporte une ambiance fraîche jusqu'à 4 ou 5 °C.
Exposition : lumière vive, sans soleil direct.
Arrosage : régulier sans excès. La terre du pot doit sécher en surface entre deux apports d'eau.
Entretien : donnez un engrais pour plantes vertes tous les quinze jours d'avril à septembre. Dépoussiérez régulièrement le feuillage.
Facilité de culture : ❀
Notre conseil : installez votre plante dans une grande pièce claire et peu chauffée. Dans le Midi et le Sud-Ouest, il est possible de cultiver l'aralia en plein air toute l'année.

Ficus deltoïdea
FIGUIER D'INTÉRIEUR

Synonyme : *Ficus diversifolia*. Ce petit arbre pousse en épiphyte dans son pays d'origine, la Malaisie. Il se caractérise par un feuillage vert foncé, brillant et coriace. Tous les ans, il donne des petits fruits globuleux vert jaunâtre qui restent sur la plante pendant quelques mois. Ce ficus peut dépasser 2 m de hauteur s'il est cultivé en pleine terre dans un jardin d'hiver. En pot, il reste nain (60 cm). Il existe une forme à feuilles panachées de blanc.
Famille : Moracées.
Sol : riche et humifère. Terreau de fumier, terre de jardin et tourbe par tiers.
Température : de 18 à 20 °C toute l'année.
Exposition : lumière vive, sans soleil direct.
Arrosage : modéré. Laissez le substrat sécher entre deux arrosages.
Entretien : au printemps et en été, donnez de l'engrais tous les quinze jours.
Facilité de culture : ❀ ❀
Notre conseil : prévoyez une grande pièce très éclairée pour installer votre ficus. Vous pouvez le cultiver en bac, associé à quelques plantes fleuries.

> **CHUTE DES FEUILLES**
>
> Protégées des changements de saisons, les plantes d'intérieur au feuillage persistant perçoivent, malgré tout, les grandes variations de lumière et de température extérieures. Il est normal qu'un ficus perde une partie de ses feuilles à l'automne et en hiver dans une proportion de 1/4 maximum.

700

Les grandes plantes vertes

Philodendron selloum
PHILODENDRON

Cette somptueuse espèce d'origine brésilienne atteint un développement très important en quelques années. Une envergure de plus de 1,5 m de diamètre est fréquente. Les feuilles âgées sont profondément découpées. Contrairement à la plupart des autres philodendrons, celui-ci n'est pas grimpant, il se développe en touffes amples.
Famille : Aracées.
Sol : mélange de terreau de fumier, de sable et de terre de jardin par tiers.
Température : de 18 à 22 °C toute l'année.
Exposition : lumière vive tamisée.
Arrosage : modéré. Ce philodendron apprécie quelques petits oublis d'arrosage.
Entretien : donnez de l'engrais tous les quinze jours d'avril à septembre. Dépoussiérez souvent les grandes feuilles avec une éponge humide.
Facilité de culture : ❀ ❀
Notre conseil : prévoyez beaucoup de place pour accueillir cette plante volumineuse. Changez la terre tous les deux ans, car c'est une plante gourmande qui épuise vite les éléments nutritifs.

Polyscias fruticosa
ARALIA MING

Cet arbuste pousse naturellement en Inde, en Malaisie et en Polynésie. Le commerce horticole offre de nombreuses autres espèces de polyscias aux feuilles très différentes, pleines ou divisées. Les polyscias à feuilles fines et découpées sont plus difficiles à cultiver que les autres.
Famille : Araliacées.
Sol : mélange de terreau de feuilles, de sable et de tourbe à parts égales.
Température : de 18 à 22 °C toute l'année.
Exposition : lumière vive, sans soleil direct.
Arrosage : avec une eau non calcaire à la température de la pièce. Attendez que la terre du pot sèche bien en surface entre deux apports d'eau.
Entretien : bassinez quotidiennement le feuillage. Engrais tous les quinze jours en été.
Facilité de culture : ❀ ❀ ❀ ❀

Notre conseil : installez cette plante fragile dans une salle de bains très éclairée, à l'abri des courants d'air froid et de l'air sec.

Radermachera sinica
RADER

Synonyme : *Stereospermum sinicum*. Cet arbuste chinois présente un port érigé, compact. Le feuillage, vert brillant, dense et découpé, se développe en étages horizontaux superposés.
Famille : Bignoniacées.
Sol : mélange léger de terreau de feuilles, de sable et de terre de jardin par tiers.
Température : de 18 à 20 °C.
Exposition : lumière vive, sans soleil direct.
Arrosage : avec une eau non calcaire. Maintenez le substrat légèrement humide durant la croissance.
Entretien : donnez de l'engrais tous les quinze jours en été. Brumisez souvent le feuillage.
Facilité de culture : ❀ ❀ ❀
Notre conseil : pincez les extrémités des tiges pour garder un port touffu.

Rhoicissus rhomboïdea
VIGNE DU NATAL

Synonyme *Cissus rhombifolia*. L'espèce type est originaire d'Afrique. Il existe différentes variétés. 'Ellen Danica' est la plus cultivée.
Famille : Vitacées.
Sol : terre de jardin mélangée à du terreau de feuilles et du sable par tiers.
Température : de 18 à 20 °C en moyenne, un peu moins en hiver. Évitez les brusques variations de température qui font tomber les feuilles.
Exposition : lumière vive tamisée.
Arrosage : modéré. La motte doit sécher en surface entre deux renouvellements d'eau.
Entretien : pendant la belle saison, donnez de l'engrais pour plantes vertes tous les quinze jours.
Facilité de culture : ❀ ❀
Notre conseil : cultivez cette petite liane en suspension ou palissée sur tuteurs, treillages décoratifs.

Rhoicissus rhomboïdea est idéal en suspension. ▶

▲ *Polyscias fruticosa*, gracieux, mais délicat.

▲ *Radermachera sinica*, un feuillage original.

701

Les plantes de la maison

LES PETITES PLANTES VERTES

Compactes, trapues, voire naines, elles offrent beaucoup de diversité et d'élégance. Ce sont des plantes passe-partout, très pratiques à utiliser dans les compositions en bacs qui associent plusieurs espèces. Pensez aussi à les planter dans des bonbonnes ou des miniserres.

▲ *Adiantum raddianum.*　　*Asparagus setaceus.* ▼

Adiantum raddianum
CAPILLAIRE

Cette petite fougère porte des frondes légères et gracieuses. Elles lui ont valu le surnom de « cheveux de Vénus ». Les variétés disponibles diffèrent par la forme et la couleur du feuillage. Il existe également des espèces proches, telle *Adiantum hispidulum* aux feuilles coriaces frisées et *Adiantum tenerum* d'aspect plus délicat.
Famille : Adiantacées.
Sol : léger, à base de terreau de feuilles, de terre de bruyère et de sable par tiers.
Température : de 18 à 20 °C en période de végétation. De 16 à 18 °C en hiver.
Exposition : une bonne lumière filtrée. Évitez le soleil direct qui brûle le feuillage.
Arrosage : maintenez constamment la motte humide. Utilisez une eau douce non calcaire.
Entretien : installez la potée sur une grande soucoupe remplie de billes d'argile expansée et d'eau pour maintenir une hygrométrie élevée. Apports d'engrais dilué tous les quinze jours en été.
Facilité de culture : ❀ ❀ ❀
Notre conseil : installez cette fougère fragile dans une salle de bains très éclairée. C'est la bonne façon de la conserver longtemps dans la maison.

Asparagus setaceus
ASPARAGUS

Synonyme *Asparagus plumosus*. Très utilisé pour la réalisation de bouquets, cet arbrisseau originaire d'Afrique est une excellente plante d'intérieur. Son élégant feuillage finement divisé est porté par des tiges souples érigées et piquantes. Il atteint 40 cm de hauteur.
Famille : Liliacées.
Sol : riche et bien drainé. Mélange de terreau de fumier, de terre de jardin et de sable par tiers.
Température : de 18 à 22 °C. En hiver, il supporte des températures basses, jusqu'à 5 °C.
Exposition : lumière vive, avec un peu de soleil matinal. La mi-ombre est tolérée.
Arrosage : modéré. Laissez la terre sécher complètement entre deux apports d'eau.
Entretien : brumisez fréquemment le feuillage. D'avril à septembre, donnez un engrais pour plantes vertes tous les quinze jours. Rempotez dès que les racines sortent du pot par les trous de drainage.
Facilité de culture : ❀ ❀
Notre conseil : sortez l'asparagus dans le jardin en été, à mi-ombre et à l'abri des courants d'air froid. Il s'associe joliment aux fleurs des balconnières.

Aspidistra elatior
LANGUE DE BELLE-MÈRE

Native du Japon, cette plante aux allures de muguet géant est une des espèces les plus résistantes à l'intérieur. Sa croissance est lente, mais sa longévité exceptionnelle. La variété panachée est un peu plus délicate.
Famille : Liliacées.
Sol : mélange de terreau de feuilles, de tourbe et de terre de jardin par tiers.
Température : de 15 à 18 °C. L'aspidistra supporte jusqu'à 3 °C seulement en hiver.
Exposition : mi-ombre ou même ombre.
Arrosage : modéré. Laissez bien sécher le sub-

Les petites plantes vertes

strat entre deux arrosages. Un excès d'eau fait jaunir le feuillage qui perd sa rigidité naturelle.
Entretien : donnez un engrais pour plantes vertes tous les quinze jours en été. Au printemps, incorporez dans le sol une poignée de corne torréfiée et de sang desséché. Dépoussiérez régulièrement le feuillage avec une éponge humide.
Facilité de culture : ❀
Notre conseil : en été, un séjour à l'extérieur, à l'ombre, stimule la croissance.

Asplenium nidus-avis
NID-D'OISEAU

Originaire d'Australie et d'Inde, cette belle fougère se reconnaît à sa rosette de feuilles oblongues, lisses et vernissées. Largement évasée, elle lui vaut son nom populaire. Souvent proposée en petite potée, elle peut atteindre une envergure de 1,5 m. 'Fimbriatum' est une variété à feuillage découpé. *Asplenium bulbiferum* présente un curieux feuillage finement découpé, avec des bulbilles qui se développent sur les nervures, pour donner de nouvelles plantes.
Famille : Aspléniacées.
Sol : léger et bien drainé. Mélange de terreau de feuilles, de sable et de tourbe acide par tiers.
Température : de 18 à 22 °C toute l'année.
Exposition : lumière vive tamisée.
Arrosage : maintenez la motte toujours humide. Utilisez une eau non calcaire.
Entretien : brumisez fréquemment le feuillage avec une eau douce. Donnez de l'engrais dilué au printemps et en été, tous les quinze jours.
Facilité de culture : ❀ ❀
Notre conseil : ne laissez pas d'eau stagner au cœur de cette fougère, c'est le meilleur moyen pour provoquer la pourriture des frondes.

Chamaedorea elegans
PALMIER NAIN

Cet arbuste est originaire du Mexique et du Guatemala. Son petit développement, ses palmes élégantes et souples et sa facilité de culture en font une plante d'intérieur idéale, jamais encombrante. Sa croissance est lente. Il faut plusieurs années pour qu'il atteigne sa hauteur maximale de 1 m. Les sujets âgés fleurissent épisodiquement. L'inflorescence est composée de petites fleurs jaune vif rappelant le mimosa, mais sans parfum.
Famille : Palmacées.
Sol : mélange de terreau de feuilles, de sable et de terre de jardin par tiers.
Température : de 18 à 20 °C pendant la croissance. En hiver, de 15 à 17 °C.
Exposition : lumière vive, sans soleil direct.
Arrosage : maintenir le substrat humide.
Entretien : donnez un engrais pour plantes vertes tous les quinze jours de mai à septembre.
Facilité de culture : ❀
Notre conseil : ce palmier est très sensible aux araignées rouges. Brumisez et douchez le feuillage fréquemment. C'est un bon moyen de prévention.

Cyperus diffusus
PAPYRUS

Cette petite plante herbacée originaire de l'île Maurice a un port compact. Elle donne toute l'année des petites fleurs réunies en ombelles. *Cyperus alternifolius*, une espèce très proche, est plus haute (1 m environ) avec des feuilles étroites. Le véritable papyrus, *Cyperus papyrus*, demande beaucoup de soleil et d'humidité.
Famille : Cypéracées.
Sol : mélange de terreau de feuilles, de tourbe et de terre de jardin à parts égales.
Température : de 18 à 22 °C, en période de végétation. De 15 à 17 °C en hiver.
Exposition : lumière vive, même forte.
Arrosage : maintenez le substrat constamment humide. C'est une des rares plantes d'intérieur à accepter d'être cultivée « les pieds dans l'eau ».
Entretien : en été, donnez un engrais pour plantes vertes tous les quinze jours.
Facilité de culture : ❀ ❀
Notre conseil : une atmosphère trop sèche entraîne le brunissement des extrémités des feuilles. Vaporisez quotidiennement le feuillage. Taillez au ras du sol les sujets chétifs ou décolorés, ils repousseront bien.

Cyperus diffusus aime beaucoup l'humidité. ▶

▲ *Aspidistra elatior*, une plante « increvable ».

▲ *Asplenium nidus-avis*, une fougère ample et élégante.

▲ *Chamaedorea elegans*, un palmier de culture facile.

Les plantes de la maison

▲ Le *Mimosa pudica* plie ses feuilles quand on les touche.

▲ *Pellaea falcata*.   *Peperomia caperata*. ▼

Mimosa pudica
SENSITIVE

Cette mignonne plante aux feuilles divisées est originaire du Brésil. Elle donne des petites fleurs en pompons roses ou blancs. Son attrait principal réside dans sa faculté à replier rapidement ses feuilles au moindre choc.
Famille : Fabacées.
Sol : mélange composé de terreau de feuilles, de sable et de tourbe à parts égales.
Température : élevée toute l'année. Ne pas descendre en dessous de 18 °C.
Exposition : très ensoleillée.
Arrosage : une fois par semaine. Attendez que le sol sèche un peu en surface entre deux arrosages.
Entretien : brumisez tous les jours le feuillage. Donnez de l'engrais tous les quinze jours en été.
Facilité de culture : ❀ ❀ ❀
Notre conseil : on trouve facilement des graines. Elles germent à une température de 20 à 25 °C.

Pellaea falcata
PELLAEA

Cette fougère est originaire d'Amérique et d'Afrique du Sud. Ses frondes coriaces, vert foncé brillant, résistent à l'atmosphère sèche de nos intérieurs. On trouve aussi *Pellaea rotundifolia*, au port bas, très étalé ainsi que *Pellaea viridis*, aux feuilles vert clair, très découpées et érigées.
Famille : Sinoptéridacées.
Sol : mélange léger de terre de bruyère, de terreau de feuilles et de tourbe par tiers.
Température : de 18 à 20 °C. En hiver, 15 °C.
Exposition : lumière vive. Soleil direct en hiver.
Arrosage : modéré. Laissez sécher le sol légèrement entre deux arrosages avec une eau douce non calcaire.
Entretien : donnez une demi-dose d'engrais pour plantes vertes tous les quinze jours en été.
Facilité de culture : ❀ ❀
Notre conseil : cette fougère préfère être installée dans une coupe large et peu profonde.

Peperomia caperata
CANNE D'AVEUGLE

Originaire du Brésil, cette petite plante florifère a un feuillage coriace, vert foncé et gaufré. Les fleurs blanc crème sont groupées en fins épis, dressés au-dessus des feuilles. Il existe de nombreuses variétés, plus ou moins colorées.
Famille : Pépéromiacées.
Sol : mélange acide et léger, très poreux. Terre de bruyère et terreau de feuilles par moitié.
Température : de 18 à 22 °C toute l'année. Ne pas descendre en dessous de 15 °C.
Exposition : lumière vive tamisée.
Arrosage : très modéré. Le substrat doit bien se ressuyer entre deux arrosages.
Entretien : donnez un engrais pour plantes vertes une fois par mois en été.
Facilité de culture : ❀ ❀
Notre conseil : ce pépéromia se reproduit facilement par bouture de feuilles.

Peperomia obtusifolia
PÉPÉROMIA

L'espèce type sud-américaine a des feuilles épaisses, ovales, vert foncé. Elle a été rapidement délaissée au profit des variétés horticoles à feuillage panaché de blanc, de crème, de jaune, de rose ou d'argent.
Famille : Pépéromiacées.
Sol : mélange léger de tourbe fibreuse et de terre de bruyère par moitié.

Les petites plantes vertes

L'INSTINCT DE SURVIE

Les fougères d'appartement présentent souvent des petits amas brun rougeâtre au revers des feuilles âgées. Ce ne sont pas des parasites, mais des sporanges, les organes de reproduction particuliers de ces plantes. Une fine poudre s'en échappe, constituée de milliers de spores, l'équivalent des graines chez les plantes à fleurs.

Température : de 18 à 20 °C toute l'année.
Exposition : lumière intense, tamisée.
Arrosage : très modéré. Laissez le sol sécher complètement entre deux apports d'eau.
Entretien : brumisez fréquemment le feuillage avec une eau non calcaire. Donnez un engrais pour plantes vertes tous les quinze jours en été.
Facilité de culture : ❀ ❀
Notre conseil : les pépéromias ont un système racinaire réduit. Arrosez peu mais vaporisez souvent ou placez un humidificateur à proximité.

Plectranthus fruticosus
PLECTRANTHE

Cet arbuste natif d'Afrique du Sud a une croissance rapide. En quelques mois, il peut former un beau buisson de plus d'un mètre de hauteur. Les larges feuilles dentées vert vif dégagent une odeur puissante quand on les froisse. La floraison apparaît au printemps, en gracieuses grappes terminales de petites fleurs violettes.
Famille : Labiacées.
Sol : riche et léger ; mélange de terreau de fumier, de sable et de terre de jardin.
Température : de 18 à 22 °C. En hiver, ne pas descendre en dessous de 15 °C.
Exposition : lumière vive, sans soleil direct.
Arrosage : modéré. Il faut laisser durcir la surface du sol entre deux arrosages.
Entretien : donnez un engrais pour plantes vertes d'avril à septembre, tous les quinze jours. Quand les racines sortent par le trou de drainage, rempotez dans un contenant de diamètre juste supérieur.
Facilité de culture : ❀ ❀
Notre conseil : évitez les courants d'air froid.

Pteris cretica
PTÉRIS

Cette petite fougère tropicale est disponible dans un grand nombre de variétés, qui diffèrent par la forme et les couleurs du feuillage. 'Albolineata' présente une bande blanche au centre des feuilles. 'Rœweri' a des frondes en crêtes très ramifiées. 'Parkeri' a des folioles peu divisées. On trouve deux autres espèces plus exigeantes en lumière : *Pteris ensiformis* aux feuilles finement divisées et *Pteris quadriaurita* au feuillage lancéolé.
Famille : Ptéridacées.
Sol : terreau de feuilles, tourbe et sable par tiers.
Température : de 18 à 22 °C. En hiver, minimum de 16 °C est indispensable.
Exposition : mi-ombre.
Arrosage : conservez le sol légèrement humide.
Entretien : maintenez une hygrométrie élevée autour de la plante. Donnez un engrais pour plantes vertes tous les quinze jours d'avril à octobre.
Facilité de culture : ❀ ❀ ❀
Notre conseil : cette fougère se plaît dans une serre fermée ou dans un terrarium bien aménagé.

Selaginella martensii
SÉLAGINELLE

Cette petite plante herbacée rampante est originaire des forêts tropicales humides. Les feuilles sont réduites à l'état de petites écailles. On trouve souvent les variétés 'Watsoniana', panachée de jaune, et 'Marion' aux feuilles teintées de blanc argenté.
Famille : Sélaginellacées.
Sol : un mélange homogène de terreau de fumier, de tourbe et de sable par tiers.
Température : de 18 à 22 °C toute l'année.
Exposition : lumière vive, mais sans soleil direct.
Arrosage : maintenez le substrat humide.
Entretien : donnez une demi-dose d'engrais pour plantes vertes une fois par mois, sauf en hiver.
Facilité de culture : ❀ ❀ ❀
Notre conseil : les sélaginelles préfèrent l'ambiance chaude et humide d'un terrarium.

Selaginella martensii aime l'ombre et l'humidité. ▶

▲ *Peperomia obtusifolia* 'Variegata', une plante solide.

▲ *Plectranthus fruticosus* fleurit facilement à la maison.

▲ *Pteris cretica* 'Albolineata', une fougère élégante.

Les plantes de la maison

LES FEUILLAGES COLORÉS

Pour des raisons souvent mystérieuses, certaines plantes développent un feuillage paré de couleurs très décoratives ou de motifs étonnants. Ce sont des sujets intéressants pour éclairer une composition ou apporter une note d'insolite parmi les plantes vertes.

▲ *Acalypha wilkesiana* hybride aime la chaleur.

▲ *Begonia* x *Rex* 'Cultorum', une beauté délicate.

BLEU NÉON

Quelques plantes tropicales aux feuilles normalement vertes présentent une extraordinaire coloration bleu intense du feuillage, quand l'hygrométrie est importante et la lumière faible. Admirez ce phénomène avec *Begonia pavonina* et *Selaginella uncinata*.

Acalypha wilkesiana
ACALYPHA

Cette plante buissonnante d'origine tropicale a été largement hybridée. Ceci explique la diversité des formes et des coloris du feuillage des nombreuses variétés disponibles dans le commerce. Très décoratif, l'acalypha peut être vert, bronze, rouge, brun. Il épanouit des petits épis de fleurs roses à la texture duveteuse.
Famille : Euphorbiacées.
Sol : mélange de terre de bruyère, de terreau de fumier et de tourbe par tiers.
Température : de 18 à 25 °C. En hiver, au minimum 16 °C, c'est une plante frileuse.
Exposition : lumière très vive, sans soleil direct.
Arrosage : maintenez le substrat légèrement humide pendant la période de végétation.
Entretien : bassinez le feuillage quotidiennement. Tous les quinze jours, donnez de l'engrais pour plantes vertes au printemps et en été.
Facilité de culture :
Notre conseil : évitez les courants d'air, maintenez une hygrométrie très élevée.

Begonia x *Rex* 'Cultorum'
BÉGONIA REX

Le groupe des bégonias Rex comprend plusieurs centaines d'hybrides, issus de croisements entre de nombreuses espèces de bégonias dont le splendide *Begonia rex*. Cette espèce a été importée accidentellement pour la première fois en 1856, dans une touffe d'orchidées provenant de l'Assam, en Inde.
Famille : Bégoniacées.
Sol : léger et humifère, mélange de terreau de fumier, de sable et de tourbe par tiers.
Température : de 18 à 22 °C toute l'année. En dessous de 15 °C, la plante entre en repos et perd toutes ses feuilles.
Exposition : lumière vive, sans soleil direct.
Arrosage : modéré. Laissez la terre sécher entre deux arrosages. Utilisez une eau non calcaire.
Entretien : donnez un engrais pour plantes vertes tous les quinze jours en été.
Facilité de culture :
Notre conseil : supprimez toutes les fleurs fanées. Elles sécrètent un suc très acide qui peut brûler et perforer le feuillage.

Caladium bicolor
CALADIUM

Les caladiums sont originaires d'Amérique tropicale. Le commerce horticole propose des dizaines d'hybrides à feuilles colorées dans les tons roses, pourpres et crème, où se mêle le vert. Il existe des formes naines, ne dépassant pas 30 cm de hauteur. En serre, les sujets âgés peuvent atteindre 1,5 m d'envergure.
Famille : Aracées.
Sol : léger et humifère. Mélange de terreau de fumier, de tourbe fibreuse et de sable par tiers.
Température : de 20 à 25 °C pendant la végétation. En hiver, gardez les tubercules à 15 °C.
Exposition : lumière très vive, sans soleil direct.
Arrosage : maintenez la motte humide pendant la période de végétation. À l'automne, réduisez progressivement les apports d'eau

Les feuillages colorés

pour provoquer l'arrêt complet de la végétation.
Entretien : donnez de l'engrais tous les quinze jours en été. Brumisez fréquemment le feuillage.
Facilité de culture : ❀ ❀ ❀ ❀
Notre conseil : n'oubliez pas d'étiqueter les tubercules en indiquant le nom et la couleur de la variété, avant de les entreposer pour l'hiver.

Calathea veitchiana
CALATHEA

Native des régions tropicales humides du Pérou et de l'Équateur, cette plante est surnommée la « plante paon ». Les feuilles oblongues sont ornées d'un motif en forme de plume. On trouve de nombreuses autres espèces de calathea. Toutes montrent des motifs colorés très décoratifs sur leurs feuillages. *Calathea picturata* 'Argentea' est crème bordé de vert tendre. *Calathea ornata* 'Roseo lineata' présente des nervures roses et crème.
Famille : Marantacées.
Sol : terreau de feuilles, tourbe et sable.
Température : de 18 à 22 °C toute l'année.
Exposition : lumière vive tamisée.
Arrosage : maintenez la terre légèrement humide. Utilisez une eau non calcaire.
Entretien : vaporisez quotidiennement une eau tempérée sur le feuillage pour maintenir une hygrométrie élevée. De mars à septembre, donnez de l'engrais tous les quinze jours.
Facilité de culture : ❀ ❀ ❀
Notre conseil : ces plantes resserrent leur feuillage le soir. Ceci explique les mouvements brusques et fréquents des feuilles.

Codiaeum variegatum
CROTON

Cet arbuste à feuillage persistant est originaire de l'Indo-Pacifique. Il existe une multitude de variétés. Parmi les formes multicolores, nous vous recommandons les nouveaux hybrides plus robustes tels 'Miss Peters', 'Norma', 'Excellent' ou 'Petra'. Parmi les feuillages fins vert et jaune, retenez 'Gold Moon', 'Gold Star', 'Goldfinger' ou 'Gold Sun'. 'Golden Bell' et 'Purple Bell' ont des feuilles minces, avec l'extrémité du limbe curieusement incurvé en forme de cuillère.
Famille : Euphorbiacées.
Sol : tourbe blonde, terreau de fumier et terre de jardin par tiers.
Température : de 18 à 22 °C toute l'année.
Exposition : lumière très vive mais tamisée.
Arrosage : modéré. Laissez la terre sécher en surface entre deux arrosages successifs.
Entretien : le croton exige une hygrométrie élevée et redoute le moindre courant d'air froid. Donnez un engrais pour plantes vertes tous les quinze jours de mars à septembre.
Facilité de culture : ❀ ❀ ❀ ❀
Notre conseil : dépoussiérez régulièrement le feuillage avec une éponge humide.

Fittonia verschaffeltii
FITTONIA

Cette petite plante au port étalé et tapissant est originaire d'Amérique du Sud. La variété 'Argyroneura' montre un large feuillage vert franc, parcouru d'un réseau dense de nervures blanc argenté. 'Pearcei' se différencie par la coloration rouge carmin des nervures et le vert pâle du limbe foliaire. Les petites fleurs jaunes, assez décoratives, apparaissent à la base de bractées vertes, regroupées en épis érigés au-dessus des feuilles.
Famille : Acanthacées.
Sol : léger et humifère. Mélange de terreau de feuilles, de sable et de tourbe par tiers.
Température : de 18 à 22 °C toute l'année.
Exposition : lumière vive, sans soleil direct.
Arrosage : modéré avec une eau non calcaire.
Entretien : maintenez une hygrométrie très élevée. Donnez un engrais pour plantes vertes tous les quinze jours au printemps et en été.
Facilité de culture : ❀ ❀ ❀
Notre conseil : cultivez votre fittonia en suspension, dans une salle de bains très éclairée.

Fittonia verschaffeltii 'Argyroneura', bon couvre-sol. ▶

▲ *Caladium bicolor* 'Caroline Whorton', un éclat coloré.

▲ *Calathea veitchiana*, des feuilles en plumes de paon.

▲ *Codiaeum variegatum* 'Miss Peters', quelles couleurs !

Les plantes de la maison

▲ *Hypoestes phyllostachya*, des feuilles étonnantes.

▲ *Maranta leuconeura* 'Erythroneura' aime l'humidité.

 Pilea mollis.   *Pisonia umbellifera.* ▼

Hypoestes phyllostachya
HYPOESTES

Synonymes : *Hypoestes sanguinolenta, Hypoestes rotundifolia*. Cette plante est originaire de Madagascar. Ses feuilles ovales simples peuvent être colorées de blanc, de rose ou de rouge, avec des ponctuations et des nervures vert foncé. La floraison estivale bleu violacé est assez discrète.
Famille : Acanthacées.
Sol : mélange de terre de jardin, de terreau de feuilles et de tourbe par tiers.
Température : de 18 à 22 °C constants.
Exposition : lumière très vive mais tamisée.
Arrosage : maintenez le substrat humide en période chaude. L'hiver, laissez la terre sécher en surface entre deux apports d'eau.
Entretien : brumisez fréquemment le feuillage avec une eau non calcaire. Donnez un engrais pour plantes vertes au printemps et en été.
Facilité de culture :
Notre conseil : pincez les extrémités des tiges pour conserver un port ramifié et favoriser l'apparition de nouvelles pousses colorées.

Maranta leuconeura
DORMEUSE

Cette petite plante brésilienne ne dépasse pas 30 cm de hauteur. La variété 'Kerchoveana' a des feuilles vert franc ponctuées de macules brun rougeâtre. 'Fascinator' a un feuillage bronze maculé, orné de nervures orange vif. 'Massangeana' a des feuilles plus petites et la nervure principale argentée. 'Erythroneura' forme un beau contraste avec ses nervures rouge corail.
Famille : Marantacées.
Sol : mélange de terre de bruyère, de tourbe fibreuse et de terreau de feuilles par tiers.
Température : de 18 à 25°C en période de végétation. Minimum 15°C en hiver.
Exposition : lumière forte, sans soleil direct.
Arrosage : avec une eau non calcaire. Maintenez la motte légèrement humide en permanence.
Entretien : évitez les courants d'air froid. Brumisez le feuillage quotidiennement. Donnez de l'engrais tous les quinze jours en été.
Facilité de culture :
Notre conseil : installez les marantas dans des pots larges et peu profonds.

Pilea mollis
PILÉA

Native du Costa Rica et de Colombie, cette petite espèce herbacée est souvent confondue avec *Pilea crassifolia* 'Moon Valley', qui se différencie par des nervures principales de couleur brune. Ces deux espèces ont des feuilles ovales gaufrées, couvertes de poils blancs. Il existe d'autres espèces très décoratives, telles *Pilea cadierei* au feuillage maculé d'argent, *Pilea spruceana* argent et pourpre, mais plus fragile et *Pilea microphylla* aux feuilles minuscules et à l'aspect de fougère.
Famille : Urticacées.
Sol : mélange par tiers de terreau de fumier, de sable et de tourbe.
Température : de 18 à 22°C toute l'année.
Exposition : très lumineuse.
Arrosage : maintenez la terre légèrement humide. Arrosez avec une eau non calcaire.
Entretien : donnez de l'engrais tous les quinze jours en été. Vaporisez un peu le feuillage s'il fait très sec car le piléa est sensible aux araignées rouges.
Facilité de culture :
Notre conseil : ne mouillez pas les feuilles quand vous arrosez. Elles craignent l'eau stagnante et peuvent se tacher puis entraîner de la pourriture.

Pisonia umbellifera
PISONIA

Synonyme : *Heimerliodendron brunonianum*. Dans la nature, en Nouvelle-Zélande et en Polynésie, c'est un arbre vigoureux qui peut atteindre plus de 15 m de haut. On cultive surtout la variété 'Variegata' aux larges feuilles panachées.
Famille : Nyctaginacées.
Sol : mélange de terreau de fumier, de terre de jardin et de tourbe à parts égales.
Température : de 18 à 22°C en général.
Exposition : lumière vive, sans soleil direct.

Les feuillages colorés

Arrosage : sensible à la pourriture des racines, le pisonia ne doit jamais être trop mouillé. Maintenez le substrat légèrement humide durant la belle saison, modérez les arrosages en hiver.
Entretien : brumisez régulièrement le feuillage avec une eau non calcaire. Donnez au printemps et en été un engrais pour plantes vertes tous les quinze jours. Rempotez tous les ans au printemps.
Facilité de culture : ❀ ❀ ❀
Notre conseil : pincez l'extrémité des rameaux supérieurs pour conserver un port touffu à la plante qui a tendance à se dégarnir à la base.

Pseuderanthemum albomarginatum
PSEUDERANTHÉMUM

Originaire des îles tropicales du Pacifique, ce petit buisson a des feuilles oblongues vertes panachées de blanc crème. Il existe des espèces voisines qui demandent les mêmes conditions de culture, telles que *Pseuderanthemum atropurpureum* à feuilles vert teinté de rouge et *Pseuderanthemum sinuatum*, aux feuilles crénelées longues et étroites.
Famille : Acanthacées.
Sol : mélange de terreau de fumier, de terre de jardin et de tourbe par tiers.
Température : de 18 à 22°C toute l'année.
Exposition : lumière très vive mais tamisée.
Arrosage : modéré. Laissez la terre du pot sécher en surface entre deux arrosages.
Entretien : maintenez une hygrométrie importante en cultivant la plante sur un lit de graviers humides. Évitez les courants d'air froid et les brusques variations de température.
Facilité de culture : ❀ ❀ ❀
Notre conseil : pincez les extrémités des rameaux pour garder un port touffu à la plante qui perd son aspect compact en vieillissant.

Rhoeo spathacea
RHOEO

Synonyme : *Rhoeo discolor*. Ce genre à une seule espèce est originaire du Mexique. Les feuilles réunies en rosette dense sont d'un beau vert foncé métallique sur le dessus et rouge bordeaux au revers. Il existe une variété panachée, *Rhoeo spathacea* 'Vittata', qui présente des feuilles rayées de jaune crème pour un effet très lumineux.
Famille : Commelinacées.
Sol : mélange de terreau de fumier, de terre de jardin et de sable par tiers.
Température : de 18 à 25°C d'avril à septembre. En hiver, minimum de 15°C.
Exposition : lumière vive. Le rhoeo supporte le soleil direct en hiver.
Arrosage : modéré. Laissez la terre sécher entre deux apports d'eau. La plante craint la pourriture.
Entretien : donnez de l'engrais pour plantes vertes tous les quinze jours de mars à octobre.
Facilité de culture : ❀ ❀
Notre conseil : brumisez fréquemment le feuillage avec une eau tempérée et non calcaire, mais ne laissez pas l'eau stagner sur les feuilles.

Xanthosoma lindenii
XANTHOSOMA

Cette plante rhizomateuse à feuillage persistant est originaire de Colombie. Elle forme des grandes feuilles en fer de lance, vert franc aux nervures blanc argenté. La variété 'Magnificum' se distingue par des nervures plus larges et un fin liseré blanc crème au bord du limbe foliaire. La touffe peut atteindre plus d'un mètre d'envergure.
Famille : Aracées.
Sol : mélange de sable fin, de terreau de fumier et de tourbe par tiers. Fertilisez avec un peu de sang.
Température : de 18 à 22°C toute l'année. 16°C constituent le minimum supportable.
Exposition : lumière vive tamisée.
Arrosage : maintenez le sol légèrement humide.
Entretien : brumisez fréquemment le feuillage. Dépoussiérez les grandes feuilles avec une éponge humide. Donnez de l'engrais tous les quinze jours au printemps et en été.
Facilité de culture : ❀ ❀
Notre conseil : installez cette aracée gourmande dans un grand contenant assez profond.

Xanthosoma lindenii 'Magnificum', très lumineux. ▶

▲ *Pseuderanthemum albomarginatum* aime la chaleur.

▲ *Rhoeo discolor* 'Variegatum', de jolies panachures.

Les plantes de la maison

LES PLANTES D'INTÉRIEUR À FLEURS

Colorées, parfumées, délicates, subtiles, tendres ou orgueilleuses, les plantes fleuries nous offrent un spectacle enchanteur et incomparable. ❦ *Mais il faut savoir mériter leur beauté et les soigner avec la plus grande attention, afin qu'elles se dévoilent sous leurs plus beaux atours. Le choix des espèces pouvant fleurir dans nos intérieurs est si vaste qu'il est possible d'en accueillir à leur apogée en toutes saisons.* ❦ *Certaines sont éphémères, vous offrant leur splendeur pour quelques semaines seulement. D'autres vous gâtent pendant toute une saison. Quelques rares enfin acceptent de prospérer dans la maison et de renouveler chaque année leur bel épanouissement.* ❦ *La magie de la floraison est un compromis de douceur et de sévérité, « la main de fer dans le gant de velours ». Il faut, en effet, que la plante souffre un peu pour qu'elle ressente la nécessité de propager son espèce. La fleur est l'organe sexuel du végétal, l'élément majeur qui participe à sa survie.* ❦ *Bien nourrie dans des conditions très confortables de chaleur, de lumière et d'humidité, la plante se développe allègrement. Elle fait prospérer son feuillage et ses tiges, prend de l'ampleur, mais « oublie » de fleurir.* ❦ *Voilà pourquoi il faut, à la fin de l'automne et en hiver, provoquer l'arrêt végétatif des plantes à fleurs, en les mettant quelque temps au régime sec dans un endroit frais. C'est là tout le secret pour admirer de belles floraisons dans la maison.* ❦

Les plantes de la maison

LES PLANTES FLEURIES TEMPORAIRES

Éphémères parce que peu adaptées aux conditions de température et de lumière qui règnent dans la maison, ces plantes ne vivent que quelques semaines. Elles nous ravissent de leurs couleurs chatoyantes, comme un bouquet naturel et généreux. Des fleurs que l'on change à loisir…

Begonia x *hiemalis* 'Elatior'
BÉGONIA ÉLATIOR

Les bégonias élatiors sont des hybrides créés à partir de croisements entre le *Begonia socotrana* et des *Begonia* x *tuberhybrida*, les fameux bégonias tubéreux de nos jardins. Ils se caractérisent par une abondante floraison hivernale qui se prolonge pendant plusieurs semaines dans des conditions de culture idéales. Il est difficile de garder cette plante d'une année sur l'autre. Après la floraison, jetez la potée.
Famille : Bégoniacées.
Sol : léger et bien drainé. Mélange de tourbe, de terreau de feuilles et de sable par tiers.
Température : de 15 à 20 °C.
Exposition : lumière vive, sans soleil direct.
Arrosage : modéré. Laissez la terre du pot sécher légèrement entre deux apports d'eau. Le bon équilibre dans l'arrosage est une des clés du succès.
Entretien : ôtez toutes les fleurs fanées. Ne vaporisez pas de l'eau sur le feuillage, très sensible aux attaques d'oïdium (maladie du blanc).
Facilité de culture : ❀ ❀ ❀
Notre conseil : placez la potée en pleine lumière, afin de bien prolonger la durée de la floraison.

▲ Begonia x 'Elatior'.   Calceolaria herbeohybrida. ▼

Calceolaria herbeohybrida
CALCÉOLAIRE

Les hybrides proposés dans le commerce sont issus d'espèces originaires d'Amérique du Sud. Les nouveaux cultivars ont un port compact et des fleurs énormes. Le pétale inférieur très renflé, forme comme un petit ballon, bien caractéristique. Les coloris des fleurs varient du blanc au rouge, en passant par le jaune et l'orange, avec souvent des ponctuations plus foncées.
Famille : Scrophulariacées.
Sol : léger. Mélange de terreau de feuilles et de tourbe par moitié.
Température : de 12 à 16 °C. Évitez les pièces surchauffées, où la floraison est plus éphémère.
Exposition : lumière vive, sans soleil trop fort.
Arrosage : maintenez le sol légèrement humide.
Entretien : afin de prolonger la floraison, donnez un engrais pour plantes fleuries tous les quinze jours, et surtout, diminuez toujours de 3 à 4 °C la température de la pièce pendant la nuit.
Facilité de culture : ❀ ❀
Notre conseil : une atmosphère sèche favorise les attaques des pucerons. Brumisez le feuillage tous les jours quand la température atteint les 20 °C.

Campanula isophylla
ÉTOILE DE BETHLÉEM

Cette petite campanule est originaire d'Italie. Vivace mais gélive, elle doit être conservée dans un lieu clair peu chauffé. Il existe deux variétés : 'Mayi' à fleurs bleu mauve, et 'Alba' aux grandes fleurs blanches. Les potées vendues de juillet à septembre ont un port compact mais la plante développe vite des tiges souples retombantes, d'où l'intérêt de la cultiver en suspension.
Famille : Campanulacées.
Sol : riche et humifère. Mélange de terreau de fumier, de terre de jardin et de tourbe par tiers.
Température : fraîche. De 10 à 18 °C. En hiver, un minimum de 5 °C est conseillé.

Les plantes fleuries temporaires

Exposition : lumière vive, sans soleil direct.
Arrosage : maintenez le sol humide en été. En hiver, laissez la terre sécher entre deux arrosages.
Entretien : donnez un engrais pour plantes à fleurs tous les quinze jours au printemps et en été.
Facilité de culture : ❀ ❀
Notre conseil : cette campanule a besoin d'une période hivernale de repos au frais pour bien fleurir. Elle peut passer l'été au jardin.

Catharanthus roseus
PERVENCHE DE MADAGASCAR

Synonyme : *Vinca rosea*. Cette petite plante se rencontre à l'état sauvage dans de nombreuses contrées tropicales. Les feuilles vernissées ont une longueur de 5 à 9 cm et une couleur vert franc, plus pâle au revers. La floraison apparaît de mai jusqu'à l'automne. Les fleurs sont roses, rouges, bleues ou panachées de blanc.
Famille : Apocynacées.
Sol : mélange de terreau de feuilles, de sable et de tourbe blonde par tiers.
Température : de 18 à 22 °C.
Exposition : très ensoleillée.
Arrosage : maintenez le substrat humide.
Entretien : enlevez régulièrement toutes les fleurs fanées. De mai à septembre, donnez de l'engrais pour plantes fleuries tous les quinze jours.
Facilité de culture : ❀ ❀
Notre conseil : au printemps, rabattez les tiges d'un bon tiers et rempotez la plante.

Cyclamen persicum
CYCLAMEN DES FLEURISTES

Le cyclamen de Perse est originaire du Moyen-Orient mais les plantes proposées dans le commerce sont des hybrides, d'où leur nom populaire. De nombreuses teintes et formes de fleurs ont été créées. La plante ne dépasse pas 40 cm de haut. Il existe aussi des variétés miniatures.
Famille : Primulacées.
Sol : léger et bien drainé. Mélange de sable, de terreau de feuilles et de terre de bruyère par tiers.
Température : de 10 à 16 °C maximum.
Exposition : lumière vive.
Arrosage : modéré. Laissez la terre sécher en surface entre deux arrosages.
Entretien : après la floraison, maintenez la potée dans une pièce fraîche et claire. En juin-juillet, réduisez les arrosages, pour que le feuillage sèche et meure. Maintenez le tubercule au sec quelques semaines. En septembre, rempotez-le dans un pot à peine plus grand que le diamètre du bulbe et reprenez les apports d'eau. À la fin de l'automne, les premiers boutons floraux apparaissent.
Facilité de culture : ❀ ❀ ❀
Notre conseil : en mai, installez votre cyclamen dans le jardin, à l'ombre dans un endroit frais.

Dipladenia sanderi
DIPLADÉNIA

Cette plante brésilienne, souvent proposée en petite potée fleurie, est une vigoureuse grimpante dans son pays d'origine. Les feuilles simples sont épaisses et vernissées. La floraison en trompettes d'un rose variable selon les cultivars, se prolonge tout l'été. Les tiges contiennent un latex blanc.
Famille : Apocynacées.
Sol : mélange de terreau de fumier, de terre de jardin et de sable par tiers.
Température : de 18 à 25 °C. En hiver, ne pas descendre en dessous de 12 °C.
Exposition : plein soleil toute l'année.
Arrosage : modéré, avec une eau non calcaire. Laissez le sol sécher entre deux arrosages.
Entretien : bassinez fréquemment le feuillage par temps chaud en insistant sur le dessous. Donnez de l'engrais pour géraniums tous les quinze jours de mai à septembre. Un rempotage annuel est souvent nécessaire en raison de la croissance rapide.
Facilité de culture : ❀ ❀
Notre conseil : palissez les tiges au fur et à mesure de leur développement car elles sont assez cassantes quand elles sont jeunes. Attention aux risques d'attaques de cochenilles, surtout en hiver.

Dipladenia sanderi 'Rosea' peut passer l'été dehors. ▶

▲ *Campanula isophylla*, de jolies fleurs étoilées.

▲ *Catharanthus roseus* fleurit tout l'été.

▲ Les cyclamens hybrides aiment la fraîcheur.

Les plantes de la maison

▲ *Exacum affine* peut être cultivé en suspension.

▲ *Gloriosa rotschildiana*.   *Hippeastrum* x 'Bloodstone'. ▼

Exacum affine
VIOLETTE DE PERSE

Native de l'île de Socotra, cette petite plante herbacée a un port compact. C'est une vivace éphémère que l'on cultive le plus souvent comme bisannuelle. Il faut donc penser à la remplacer dès la seconde année de culture. Le feuillage vernissé vert foncé brillant est porté par des tiges charnues. La floraison simple ou double selon les variétés est blanche ou violette. Elle apparaît dans le courant du printemps. Par temps chaud, les fleurs dégagent un parfum suave et capiteux.
Famille : Gentianacées.
Sol : terreau de feuilles et tourbe par moitié.
Température : de 18 à 22 °C toute l'année.
Exposition : lumière vive, sans soleil direct. Installez la potée derrière une fenêtre à l'est.
Arrosage : fréquent mais modéré. Il faut maintenir la terre légèrement humide, sans pour autant noyer les racines en permanence.
Entretien : donnez de l'engrais pour plantes fleuries tous les quinze jours pendant la floraison.
Facilité de culture :
Notre conseil : cette plante se multiplie assez facilement par semis en février dans une terrine placée sur la plaque de protection d'un radiateur, afin de bénéficier d'une bonne chaleur de fond.

Gloriosa rotschildiana
GLORIOSA

Cette liane africaine peut atteindre une hauteur de deux mètres en seulement quelques mois. Les grandes fleurs, rouge et jaune vif, très joliment découpées, portent des étamines proéminentes, le plus souvent recourbées. Elles prolifèrent tout l'été, éphémères, mais toujours renouvelées. Le gloriosa est une plante à tubercule, dont le cycle végétatif peut être comparé à celui des dahlias. L'extrémité des feuilles se termine par une vrille. Cela permet à la plante de s'accrocher seule sur son support. Superbe fleur à couper.
Famille : Liliacées.
Sol : mélange riche et léger, composé de terreau de fumier, de sable et de terre de jardin.
Température : régulière, entre 20 °C à 25 °C durant la croissance. Conservez les tubercules à 15 °C en période de repos végétatif.
Exposition : chaude et abritée des vents dominants. Le plein soleil est bien accepté.
Arrosage : laissez la terre du pot sécher en surface entre deux arrosages. Réduisez peu à peu les apports d'eau en septembre pour provoquer le repos complet de la plante dont la végétation va faner.
Entretien : prévoyez un grand pot pour installer le tubercule volumineux à la fin de l'hiver. Au moment de la plantation, faites attention de ne pas casser le bourgeon terminal. Palissez les tiges au fur et à mesure de leur croissance.
Facilité de culture :
Notre conseil : il faut que le tubercule mesure au moins 15 cm de longueur pour obtenir une floraison. Ne pas arroser pendant le repos végétatif.

Hippeastrum vittatum
AMARYLLIS

Toutes les variétés disponibles dans le commerce sont des hybrides qui fleurissent de décembre à avril. 'Red Lion' et 'Bloodstone' ont des fleurs énormes rouge vif. 'Picotee' présente des pétales blanc pur décorés d'un fin liseré rouge. 'Lady Jane', 'Jewel' et 'Double Rekord' offrent des fleurs doubles somptueuses. 'Papillo' a de grandes fleurs rouge strié de vert et de blanc, semblables à celles des orchidées. L'appellation commune d'amaryllis est impropre, ce nom appartenant à une très jolie bulbeuse de jardin (*Amaryllis belladona*) à la floraison rose, automnale.
Famille : Amaryllidacées.
Sol : mélange de terreau de feuilles, de sable et de terre de jardin par tiers.
Température : de 18 à 20 °C durant la végétation. En période de repos estival, conservez les bulbes au sec entre 10 °C et 15 °C, dans une cave ou dans le bac à légumes d'un réfrigérateur.
Exposition : lumière vive, à l'abri du soleil direct.
Arrosage : modéré. La terre doit sécher entre deux arrosages, la plante craint la pourriture.
Entretien : après la floraison, coupez la hampe florale. Le feuillage va continuer sa croissance et le

Les plantes fleuries temporaires

bulbe reconstituer ses réserves. En mai, installez la potée dans le jardin. Tous les quinze jours, donnez de l'engrais dilué à moitié de la dose normale. En septembre, réduisez les apports d'eau pour que la plante entre en repos complet. Quand les feuilles sont fanées, maintenez la plante au sec complet. Rempotez les bulbes en décembre ou janvier pour un nouveau cycle de culture.
Facilité de culture : ❀ ❀
Notre conseil : vous obtiendrez une plus belle floraison avec des bulbes de gros calibre (de 34 à 40 cm de circonférence). Plantez le bulbe à l'étroit dans son pot, sans l'enterrer complètement. Une terre trop riche nuit à la qualité de la floraison.

Primula acaulis, P. malacoides et *P. obconica*
PRIMEVÈRE

Vous pouvez cultiver à l'intérieur trois espèces de primevères : *Primula acaulis*, la classique primevère des jardins qui offre l'avantage de fleurir en plein hiver, *Primula malacoïdes*, une petite annuelle gélive à floraison hivernale très gracieuse, avec ses corolles en étage, et *Primula obconica* qui dure le plus longtemps. Attention, les contacts avec les fleurs de *Primula obconica* peuvent provoquer des irritations de la peau chez certaines personnes allergiques.
Famille : Primulacées.
Sol : léger et bien drainé. Mélange de terreau de fumier, de sable et de terre de jardin par tiers.
Température : de 15 à 18 °C. Plus la température est fraîche, plus la floraison dure.
Exposition : lumière vive, sans soleil direct.
Arrosage : modéré avec une eau non calcaire.
Entretien : enlevez régulièrement les fleurs fanées. En été, donnez un engrais pour plantes fleuries deux fois par mois, toujours après un arrosage.
Facilité de culture : ❀ ❀
Notre conseil : après la floraison, installez la primevère acaule dans le jardin en pleine terre. Rempotez et conservez la primevère obconique dans une pièce fraîche. Vous devrez malheureusement jeter la primevère malacoïde, dont le cycle de croissance est terminé.

Rhododendron simsii
AZALÉE D'INTÉRIEUR

Ce petit arbuste gélif est natif de Chine, où il fleurit au printemps. Les premières potées fleuries sont proposées dans le commerce, dès la fin de l'été jusqu'au printemps suivant.
Famille : Éricacées.
Sol : mélange de terre de bruyère sableuse et de tourbe blonde acide par moitié.
Température : de 12 à 16 °C. En hiver, ne pas descendre en dessous de 5 °C.
Exposition : lumière bien tamisée.
Arrosage : maintenez le sol légèrement humide. L'azalée craint le calcaire, utilisez une eau douce.
Entretien : enlevez régulièrement les fleurs fanées. Sortez la plante dans le jardin, à l'ombre, de mai à septembre. Pincez les extrémités des nouvelles pousses pour garder un port touffu.
Facilité de culture : ❀ ❀ ❀
Notre conseil : les potées achetées à la fin de l'hiver sont plus robustes.

Senecio cruentus
CINÉRAIRE

On trouve les plus belles potées au début du printemps. Les nouveaux hybrides au port trapu et compact ne dépassent pas 50 cm de hauteur. Ils offrent une gamme de coloris variés, avec des tons vifs ou des teintes pastel. La floraison très abondante dure quelques semaines.
Famille : Astéracées (ou Compositées).
Sol : mélange de terreau de fumier, de sable et de tourbe blonde par tiers.
Température : de 15 à 17 °C au maximum. La fraîcheur prolonge la floraison.
Exposition : lumière vive, sans soleil direct.
Arrosage : maintenez la motte toujours humide.
Entretien : enlevez régulièrement les fleurs fanées.
Facilité de culture : ❀ ❀ ❀
Notre conseil : inutile de conserver la plante après la floraison, elle vit trop mal en appartement. C'est une espèce spectaculaire mais éphémère.

▲ Les trois espèces de primevères cultivables à l'intérieur.

▲ *Rhododendron simsii* cultivé sur tige, spectaculaire !

Senecio cruentus offre une belle palette de couleurs. ▶

715

Les plantes de la maison

LES PLANTES FLEURIES SAISONNIÈRES

Ces plantes remarquables s'épanouissent à une période déterminée de l'année, ou bien donnent satisfaction le temps d'une saison. Leurs fleurs à l'aspect souvent étonnant, apportent de belles couleurs, du charme et de la diversité dans le décor de la maison. Visitez régulièrement les jardineries pour les découvrir au mieux de leur beauté.

▲ *Anthurium andreanum* : une fleur de longue durée.

▲ *Euphorbia pulcherrima* : un décor de Noël très prisé.

◀ *Gardenia jasminoides* : un parfum enchanteur.

Anthurium andreanum
ANTHURIUM

L'espèce type est originaire des forêts de Colombie. Le commerce horticole propose des hybrides aux grandes fleurs rouges, roses, orange ou blanches. Le feuillage vernissé vert foncé peut atteindre une envergure de 1m.
Famille : Aracées.
Sol : léger et bien drainé. Utilisez un mélange composé par tiers de terreau de fumier, de terre de bruyère fibreuse et de terre de jardin.
Température : de 18 à 25 °C toute l'année.
Exposition : lumière vive tamisée.
Arrosage : modéré, avec une eau douce non calcaire. Laissez la terre du pot sécher.
Entretien : brumisez le feuillage. Donnez de l'engrais pour plantes fleuries de mars à septembre. Dépoussiérez le feuillage avec une éponge humide.
Facilité de culture : ❀ ❀ ❀
Notre conseil : si vous manquez de place, achetez un *Anthurium scherzerianum*, très florifère ; il ne dépasse pas 30 cm de hauteur.

Euphorbia pulcherrima
POINSETTIA

Cet arbuste originaire d'Amérique centrale produit d'octobre à février des fleurs insignifiantes, entourées de grandes bractées colorées. Les coloris vont des rouges aux blancs, en passant par les roses, les tons crèmes et bicolores.
Famille : Euphorbiacées.
Sol : mélange de terre de jardin, de sable et de terreau de fumier par tiers.
Température : de 15 à 20 °C en général.
Exposition : lumière vive, sans soleil direct.
Arrosage : une fois tous les huit à dix jours, laissez la terre du pot sécher entre deux arrosages.
Entretien : après la floraison, installez la plante dans une pièce fraîche. Au printemps, rabattez sévèrement la touffe. Rempotez en incorporant au sol une poignée de corne torréfiée et de sang desséché. La plante refleurit naturellement au cœur de l'hiver. Attention à la chaleur.
Facilité de culture : ❀ ❀ ❀
Notre conseil : le poinsettia a tendance à se dégarnir à la base. Pincez fréquemment les extrémités des nouvelles pousses.

Gardenia jasminoides
GARDÉNIA

Natif de Chine, cet arbuste a un feuillage vert vif brillant. Les fleurs, blanc pur, parfumées, apparaissent en été. Mais on trouve des potées fleuries forcées toute l'année. Le parfum délicieux et puissant est vite entêtant dans une pièce fermée.
Famille : Rubiacées.
Sol : léger et acide. Mélange de terreau de fumier, de terre de bruyère et de sable par tiers.
Température : de 18 à 20 °C. 15 °C en hiver.

Les plantes fleuries saisonnières

Exposition : lumière vive, sans soleil direct.
Arrosage : avec une eau non calcaire. Laissez la terre du pot sécher en surface avant d'arroser.
Entretien : installez votre gardénia dans le jardin en été, à mi-ombre et donnez-lui de l'engrais pour plantes fleuries tous les quinze jours. Un excès d'arrosage, une température trop chaude, un manque de lumière ou un courant d'air entraînent la chute immédiate des boutons floraux.
Facilité de culture : ❀ ❀ ❀ ❀
Notre conseil : si les nervures des feuilles deviennent jaunes, faites un apport de produit antichlorose et arrosez à l'eau douce.

Impatiens hawkeri
IMPATIENCE DE NOUVELLE-GUINÉE

Ces plantes qui fleurissent de mars à septembre, sont des hybrides obtenus par des croisements entre différentes espèces d'impatiences tropicales. Cette nouvelle génération très florifère est plus résistante au soleil.
Famille : Balsaminacées.
Sol : mélange de terreau de fumier, de terre de jardin et de tourbe par tiers.
Température : de 18 à 20 °C toute l'année.
Exposition : lumière vive ou mi-ombre. Évitez le soleil du midi dans les régions du Sud.
Arrosage : abondant par temps chaud. Quand la température s'abaisse en dessous de 18 °C, laissez la terre sécher en surface avant d'arroser.
Entretien : de mai à septembre, donnez un engrais pour géraniums, tous les quinze jours. Traitez préventivement contre les pucerons et les acariens.
Facilité de culture : ❀ ❀
Notre conseil : en hiver, douchez le feuillage une fois par semaine pour éliminer les acariens.

Sinningia speciosa
GLOXINIA

Les espèces à l'origine des nombreux hybrides sont toutes natives d'Amérique du Sud. Vous pouvez acheter de mars à août une potée fleurie ou au printemps, un tubercule au repos.

Famille : Gesnériacées.
Sol : mélange composé de terreau de feuilles, de sable et de tourbe par tiers.
Température : de 18 à 22 °C pendant la période végétative. En hiver, conservez les tubercules au sec entre 10 °C et 15 °C dans une pièce obscure.
Exposition : lumière très vive, sans soleil direct.
Arrosage : modéré pour ne pas faire pourrir le tubercule et les racines. Laissez sécher la terre du pot avant d'arroser à l'eau non calcaire.
Entretien : quand vous arrosez, ne mouillez pas les feuilles qui seraient tachées et risqueraient de pourrir rapidement. Donnez un engrais pour plantes à fleurs tous les quinze jours en été. Maintenez une hygrométrie élevée en été.
Facilité de culture : ❀ ❀ ❀
Notre conseil : le feuillage est fragile et cassant. Manipulez avec précaution les grosses potées.

Streptocarpus hybrides
STREPTOCARPUS

Originaires d'Afrique du Sud, les streptocarpus ont été beaucoup hybridés pour donner des variétés, mieux adaptées à la vie en intérieur, qui fleurissent de mars à août. Dans la gamme infinie des coloris, il ne manque que le jaune et l'orange.
Famille : Gesnériacées.
Sol : léger et humifère. Mélange de terreau de fumier, de sable et de terre de jardin par tiers.
Température : de 18 à 22 °C. Ne pas descendre en dessous de 15 °C en hiver.
Exposition : lumière très vive, avec quelques heures de soleil direct en hiver.
Arrosage : avec une eau douce non calcaire. Laissez la terre sécher en surface avant d'arroser.
Entretien : supprimez toutes les fleurs fanées. En été, donnez un engrais pour plantes fleuries tous les quinze jours. Pincez les tiges trop longues.
Facilité de culture : ❀ ❀
Notre conseil : parmi les espèces botaniques, *Streptocarpus saxorum* et *caulescens* offrent une belle floraison bleu ciel. Ce sont des plantes faciles à entretenir si vous les installez en pleine lumière.

▲ *Impatiens hawkeri* 'Tango' : un feuillage panaché.

▲ *Sinningia speciosa* aux grandes fleurs de velours.

Streptocarpus x 'Ambition' : des coloris délicats. ▶

Les plantes de la maison

LES PLANTES FLEURIES PERMANENTES

Cette précieuse catégorie de plantes comprend des espèces qui acceptent de pousser plusieurs années à la maison. Elles nous font apprécier leurs floraisons pendant de longues semaines, voire parfois durant une grande partie de l'année. Des beautés devenues indispensables…

Aeschynanthus speciosus — AESCHYNANTHUS

Cette plante à port retombant est originaire du Sud de l'Asie. Elle se caractérise par une floraison estivale orange et jaune. On trouve également *Aeschynanthus parviflorus* et *pulcher* (synonyme *radicans*) aux grandes fleurs rouge vif, *Aeschynanthus hildebrandii* et *tricolor*, à port érigé et aux fleurs rouge-orangé. On apprécie *Aeschynanthus marmoratus* pour son feuillage vert foncé aux motifs marron et jaune-vert.
Famille : Gesnériacées.
Sol : mélange léger et bien drainé. Tourbe fibreuse, terreau de fumier et sable par tiers.
Température : de 18 à 22 °C en général.
Exposition : lumière vive, sans soleil direct.
Arrosage : avec une eau non calcaire. Laissez le substrat sécher avant d'arroser.
Entretien : brumisez le feuillage plusieurs fois par semaine. Donnez de l'engrais pour plantes à fleurs, tous les quinze jours, de mai à septembre, toujours après un arrosage.
Facilité de culture : ❀ ❀ ❀
Notre conseil : pincez les extrémités des tiges pour obtenir une plante bien ramifiée dès la base. Culture sur graviers humides suggérée.

▲ *Aeschynanthus rubens.*   *Beloperone guttata.* ▼

Beloperone guttata — PLANTE CREVETTE

Cette petite plante mexicaine forme un généreux arbuste dans son pays d'origine. Les feuilles ovales, vertes, sont couvertes de poils fins. Les petites fleurs blanches apparaissent toute l'année sur des épis retombants constitués de bractées colorées dans des tons brun, rouge et orangé.
Famille : Acanthacées.
Sol : mélange de sable, de terreau de fumier et de tourbe par tiers.
Température : 18 °C durant la végétation. En hiver, marquez une période de repos en gardant la plante dans une pièce fraîche entre 12 °C et 15 °C.
Exposition : très ensoleillée.
Arrosage : abondant en été. En hiver, laissez la terre sécher légèrement avant d'arroser.
Entretien : rempotez et rabattez sévèrement la plante au printemps. Donnez de l'engrais pour plantes fleuries tous les quinze jours d'avril à octobre.
Facilité de culture : ❀ ❀
Notre conseil : en été, sortez votre potée à l'extérieur, à mi-ombre, elle poussera avec vigueur.

Clerodendrum thomsoniae — CLÉRODENDRON

Cet arbuste grimpant africain peut atteindre plusieurs mètres de longueur dans son pays d'origine. La floraison blanche et rouge écarlate apparaît au printemps avec une remontée épisodique à n'importe quel moment de l'année.
Famille : Verbénacées.
Sol : riche et léger, composé de terreau de fumier, de terre de jardin et de sable par tiers.
Température : de 18 à 22 °C. En hiver, gardez la plante dans un local frais, entre 10 °C et 15 °C.
Exposition : lumière vive. Le clérodendron supporte bien le soleil direct en hiver.
Arrosage : modéré en été et très réduit en hiver.

Les plantes fleuries permanentes

Attendez que le sol sèche en surface avant d'arroser.
Entretien : palissez les nouvelles pousses régulièrement. En été, donnez un engrais pour plantes à fleurs tous les quinze jours. Rempotez et rabattez la plante tous les ans à la fin de l'hiver.
Facilité de culture :
Notre conseil : prévoyez beaucoup de place pour accueillir cette plante vite envahissante.

Clivia miniata
CLIVIA

Natif d'Afrique du Sud, le clivia est une plante résistante. Les feuilles rubanées vert foncé sont réunies en éventail. La hauteur de la touffe atteint environ 50 cm. La floraison rouge, orange ou jaune apparaît à la fin de l'hiver, en grosses ombrelles spectaculaires.
Famille : Amaryllidacées.
Sol : mélange de terre de jardin, de sable et de terreau de feuilles par tiers.
Température : de 18 à 20 °C en été. En hiver, de 10 à 15 °C pendant la période de repos végétatif.
Exposition : lumière vive, sans soleil direct.
Arrosage : très modéré. Laissez le sol sécher complètement avant d'arroser.
Entretien : en octobre, réduisez les arrosages, maintenez la plante au frais. Quand l'inflorescence apparaît au-dessus du feuillage, augmentez les apports d'eau et la température. Coupez la hampe florale défleurie. Donnez un engrais pour plantes fleuries de mai à août tous les quinze jours.
Facilité de culture :
Notre conseil : installez votre clivia dans le jardin à mi-ombre en été. Rempotez tous les trois ou quatre ans. La fraîcheur est le secret de la réussite.

Hibiscus x *Rosa sinensis*
ROSE DE CHINE

Tous les hibiscus d'intérieur proposés dans le commerce sont des hybrides, améliorés pour produire des fleurs énormes, aux couleurs souvent étonnantes. L'espèce type serait d'origine chinoise. Elle présente des fleurs simples ou doubles, roses ou rouges. La floraison est continue, mais chaque fleur ne vit pas plus d'un ou deux jours. La variété 'Cooperi' et *Hibiscus* x 'Snow Queen' sont recherchés pour leur feuillage panaché de blanc.
Famille : Malvacées.
Sol : mélange de terreau de fumier, de terre de jardin et de sable par tiers.
Température : de 18 à 22 °C toute l'année.
Exposition : lumière très vive avec quelques heures quotidiennes de soleil.
Arrosage : laissez la terre du pot sécher entre deux arrosages.
Entretien : au printemps, rabattez les tiges à moitié. De la mi juin à septembre, donnez un engrais pour tomates, tous les quinze jours.
Facilité de culture :
Notre conseil : les variétés à fleurs jaunes ou orangées sont plus fragiles. Traitez préventivement contre les acariens et les pucerons.

Hoya carnosa
FLEUR DE PORCELAINE

Cette liane est originaire de la Chine. Elle peut atteindre plusieurs mètres de longueur. Les feuilles ovales charnues de l'espèce type sont vert foncé brillant. Elles sont panachées de blanc, de crème et de rose pour les variétés 'Variegata', 'Marginata' et 'Tricolor'. 'Compacta' a un curieux feuillage crispé et tordu autour des tiges.
Famille : Asclépiadacées.
Sol : mélange de sable, de terre de jardin et de terreau de fumier par tiers.
Température : de 18 à 25 °C. En hiver, marquez une légère période de repos en baissant la température à 15 °C et en arrosant très peu.
Exposition : lumière très vive, même directe.
Arrosage : modéré. Laissez sécher le substrat avant d'arroser avec une eau non calcaire.
Entretien : de mars à septembre, donnez de l'engrais pour plantes fleuries toutes les trois semaines. Brumisez fréquemment le feuillage.
Facilité de culture :
Notre conseil : après floraison, ne coupez pas les pétioles qui ont porté les fleurs.

Hoya carnosa, la très étonnante fleur de porcelaine. ▶

▲ *Clerodendrum thomsoniae* : une liane vigoureuse.

▲ *Clivia miniata* : une floraison resplendissante.

▲ Les hybrides d'hibiscus prennent des teintes étranges.

Les plantes de la maison

▲ *Medinilla magnifica* : une floraison spectaculaire.

▲ *Pachystachys lutea*.   *Passiflora quadrangularis* ▼

Medinilla magnifica
MÉDINILLA

Cet arbuste originaire des îles Philippines a de grandes feuilles vernissées rigides. Au printemps, les fleurs rose porcelaine apparaissent en grosses grappes pendantes entourées d'immenses bractées rose pâle. Une plante somptueuse.
Famille : Mélastomatacées.
Sol : mélange de terreau de fumier, de tourbe blonde et de terre de bruyère par tiers.
Température : de 18 à 25 °C toute l'année.
Exposition : lumière très vive, sans soleil direct.
Arrosage : avec une eau non calcaire. Maintenez la motte légèrement humide durant la végétation.
Entretien : brumisez fréquemment le feuillage pour maintenir une hygrométrie élevée. De mai à septembre, donnez un engrais pour plantes fleuries tous les quinze jours. Rempotez chaque année au printemps.
Facilité de culture : ❀ ❀ ❀
Notre conseil : isolez cette plante de grande envergure pour admirer toute la beauté de sa floraison unique.

Pachystachys lutea
PACHYSTACHYS

Ce petit arbuste est originaire du Pérou et du Mexique. Il a été introduit en France sous la dénomination de *Beloperone* 'Super Goldy'. Son feuillage dressé vert foncé brillant est surmonté en été par des épis jaune vif, constitués de grandes bractées au milieu desquelles apparaissent les petites fleurs blanches.
Famille : Acanthacées.
Sol : mélange de terre de jardin, de terreau de feuilles et de sable par tiers.
Température : de 18 à 22 °C. En hiver, la température peut descendre jusqu'à 10 ou 12 °C.
Exposition : lumière vive tamisée.
Arrosage : modéré. En hiver, laissez la terre du pot sécher avant d'arroser.
Entretien : à la fin de l'hiver, rabattez les tiges à moitié puis rempotez la plante. De mai à septembre, donnez un engrais liquide tous les quinze jours.
Facilité de culture : ❀ ❀
Notre conseil : après la taille, faites des boutures dans l'eau avec les extrémités des tiges. Coupez les fleurs fanées pour encourager une remontée.

Passiflora quadrangularis
PASSIFLORE

Cette plante produit une floraison extraordinaire. Les corolles immenses (15 cm de diamètre) ont des pétales rouges, surmontés d'une couronne de pétales violets, finement rayés de jaune et de brun. Le tout dégage un parfum suave et capiteux. La floraison est suivie par des fruits comestibles de la taille d'une petite orange. Ils sont savoureux et très parfumés, mais ils arrivent difficilement à maturité dans une maison. Le feuillage lancéolé rappelle celui des lauriers-cerises.
Famille : Passifloracées.
Sol : mélange par tiers de terre de jardin, de sable grossier et de terreau de fumier.
Température : de 18 à 25 °C toute l'année.
Exposition : lumière vive, sans soleil brûlant.
Arrosage : maintenez la motte légèrement humide.
Entretien : palissez les tiges sur un support, taillez les pousses trop longues. Cultivez-la dans un très grand pot, assez profond et bien drainé.
Facilité de culture : ❀ ❀ ❀ ❀
Notre conseil : prévoyez beaucoup de place pour cette liane particulièrement envahissante.

Les plantes fleuries permanentes

Passiflora vitifolia et *coccinea*
PASSIFLORE ROUGE

Cette plante grimpante vigoureuse est native d'Amérique du Sud. Elle émet des tiges herbacées qui peuvent atteindre plusieurs mètres de longueur. Les fleurs, éphémères, de 5 à 10 cm de diamètre, apparaissent toute l'année. On cultive de nombreuses espèces, dont *Passiflora coerulea*, à fleurs bleues, qui est même rustique dans le Midi.
Famille : Passifloracées.
Sol : mélange riche et léger composé de terreau de fumier, de terre de jardin et de sable par tiers.
Température : de 18 à 25 °C. En hiver, pendant la période de repos, 15 °C suffisent.
Exposition : lumière très vive avec quelques heures de soleil non brûlant.
Arrosage : fréquence modérée. Laissez la motte s'assécher avant d'arroser copieusement.
Entretien : donnez un engrais pour plantes à fleurs une fois par semaine de mai à septembre.
Facilité de culture : de ✿ ✿ à ✿ ✿ ✿
Notre conseil : cette plante est délicate. Une culture avec le pot placé sur des graviers humides est vivement recommandée.

Saintpaulia ionantha
VIOLETTE DU CAP

Le saintpaulia est originaire du Sud et de l'Est africain. Ses feuilles vert foncé charnues et veloutées sont réunies en rosette étalée qui ne dépasse pas 20 cm de haut. Les fleurs, bleues, roses ou blanches, se développent au-dessus du feuillage. On trouve des variétés à feuillage panaché et des hybrides miniatures.
Famille : Gesnériacées.
Sol : léger et bien drainé. Mélange de terreau de fumier, de tourbe et de sable par tiers.
Température : de 18 à 22 °C toute l'année.
Exposition : lumière vive tamisée.
Arrosage : laissez la terre sécher entre deux arrosages. Utilisez une eau non calcaire.
Entretien : enlevez régulièrement les fleurs fanées. Ne mouillez jamais le feuillage. Donnez de l'engrais liquide tous les quinze jours, de mai à septembre.

Facilité de culture : ✿ ✿
Notre conseil : le saintpaulia pousse très bien sous un éclairage artificiel puissant.

Spathiphyllum wallisii
SPATHIPHYLLUM

Native d'Amérique du Sud, c'est l'espèce la plus répandue de spathiphyllum. Les feuilles lancéolées vert vif brillant sont très décoratives. Le feuillage peut atteindre une envergure d'un mètre. Les spathes blanc pur apparaissent toute l'année.
Famille : Aracées.
Sol : mélange de terreau de fumier, de tourbe fibreuse et de sable par tiers.
Température : de 18 à 22 °C toute l'année.
Exposition : lumière vive tamisée.
Arrosage : maintenez le sol légèrement humide.
Entretien : dépoussiérez le feuillage avec une éponge humide. Donnez un engrais tous les quinze jours en été. Brumisez fréquemment le feuillage.
Facilité de culture : ✿ ✿
Notre conseil : provoquez la floraison en réduisant les arrosages jusqu'à ce que le feuillage de la plante commence à s'affaisser.

Stephanotis floribunda
JASMIN DE MADAGASCAR

Cette liane robuste originaire de Madagascar a un feuillage vert foncé un peu succulent et vernissé. Les fleurs blanches cireuses réunies en grappes apparaissent tout l'été. Elles émettent un parfum capiteux.
Famille : Asclépiadacées.
Sol : mélange de terre de jardin, de terreau de fumier et de sable.
Température : de 18 à 22 °C. En hiver, pendant la période de repos, descendez entre 12 °C et 15 °C.
Exposition : lumière vive avec un peu de soleil.
Arrosage : abondant en été.
Entretien : palissez les nouvelles tiges. En été, donnez un engrais toutes les trois semaines.
Facilité de culture : ✿ ✿
Notre conseil : rempotez chaque année après la floraison. Cette plante réussit bien avec de forts écarts de température entre le jour et la nuit.

▲ *Passiflora vitifolia* : des fleurs extraordinaires.

▲ *Saintpaulia ionantha* a un grand besoin de lumière.

▲ *Spathiphyllum wallisii*.   *Stephanotis floribunda*. ▼

Les plantes de la maison

LES PLANTES D'INTÉRIEUR ORIGINALES

Jungles et forêts tropicales évoquent dans notre imaginaire des lieux mystérieux peuplés de plantes étranges. ❦ *La fleur carnivore gigantesque qui se repaît de chair et de sang, l'arbre étrangleur qui attaque le malheureux explorateur assoupi, la fleur rare et précieuse convoitée par des collectionneurs sans foi ni loi, tous appartiennent aux romans d'aventures. Mais souvent, la réalité rejoint ou même dépasse la fiction.* ❦ *Bien que très extravagantes, les plantes décrites plus haut existent bel et bien. Leur ingéniosité est l'expression du fabuleux pouvoir créatif de la nature.* ❦ *Mais s'il est possible d'y rencontrer les formes, les couleurs et les mœurs les plus insolites, sachez que rien n'est jamais dû au hasard. Les comportements bizarres, les formes biscornues s'expliquent toujours par le besoin d'adaptation des plantes à un milieu précis.* ❦ *Prenons par exemple, les broméliacées qui vivent accrochées aux branches des plus grands arbres. Elles ont appris à se nourrir de la simple humidité ambiante.* ❦ *Les feuilles des cactus ont été remplacées par des épines pour mieux résister aux assauts du soleil et à l'aridité des déserts.* ❦ *Quant aux orchidées, leurs fleurs déploient un charme fou pour séduire l'insecte qui les fécondera.* ❦ *Des plantes à découvrir dans les pages suivantes…* ❦

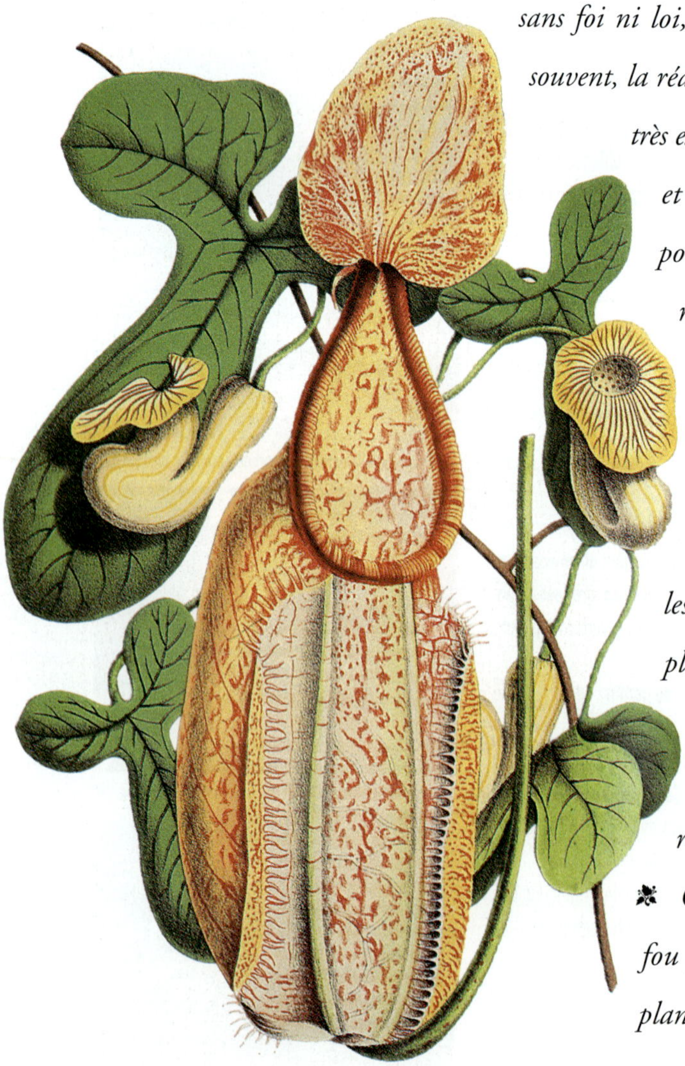

722

Les plantes de la maison

LES SUSPENSIONS

Dans la nature, toutes les plantes ne poussent pas sur le sol. Les botanistes distinguent divers étages de végétation. Certaines espèces poussent accrochées à d'autres, prenant un port souvent retombant. Utilisez-les dans la maison pour donner du volume à votre décor.

Asparagus densiflorus 'Sprengeri'
ASPARAGUS

Cette asperge d'ornement est originaire du Natal. Elle développe des longues tiges souples, d'abord érigées puis retombantes, couvertes de petites feuilles réduites en forme d'aiguilles acérées, vert vif. En été, des petites fleurs blanches parfumées apparaissent, suivies de baies rouge vif à maturité.
Famille : Liliacées.
Sol : mélange de terre de jardin, de terreau de fumier et de sable par tiers.
Température : de 18 à 20 °C. En hiver, un minimum de 10 °C est requis.
Exposition : lumière vive, sans soleil brûlant.
Arrosage : modéré. Laissez la terre du pot sécher en surface avant d'arroser de nouveau.
Entretien : rempotez tous les ans en mars dans un pot assez vaste. Donnez un engrais pour plantes vertes une fois par semaine de mai à septembre toujours après un arrosage.
Facilité de culture :
Notre conseil : en été, l'asparagus apprécie un séjour à l'extérieur à mi-ombre.

Callisia repens
CALLISIA

Cette plante à port retombant ou rampant est originaire d'Amérique du Sud. Elle émet de longues tiges cassantes avec des petites feuilles ovales. Il existe une variété à feuillage panaché de crème et de rose, appelée 'Bianca'.
Famille : Commelinacées.
Sol : mélange de terreau de feuilles, de terre de jardin et de sable à parts égales.
Température : de 18 à 22 °C en général.
Exposition : lumière forte, sans soleil direct.
Arrosage : modéré. Maintenez la motte légèrement humide en permanence.
Entretien : pincez fréquemment les extrémités terminales des tiges afin de conserver à la plante un port ramifié. Donnez un engrais pour plantes vertes tous les quinze jours de mars à septembre. Bouturez dans l'eau.
Facilité de culture :
Notre conseil : utilisez ce petit couvre-sol pour habiller la surface du pot au pied d'une grande plante un peu dégarnie à la base, comme un ficus, un croton ou un dracéna par exemple.

Chlorophytum comosum 'Vittatum'
PHALANGÈRE

Cette plante gracieuse et robuste est originaire d'Afrique du Sud. Elle forme une rosette de feuilles allongées, linéaires, vert clair, avec une bande blanche au centre. On trouve dans le commerce l'espèce classique et deux autres variétés intéressantes : 'Picturatum', aux feuilles rayées de jaune au centre, et 'Variegatum', qui a des feuilles bordées de blanc et une rayure centrale vert foncé. La phalangère est une plante vivipare.
Famille : Liliacées.
Sol : mélange homogène de sable, de terreau de feuilles et de terre de jardin par tiers.
Température : de 18 à 20 °C toute l'année.

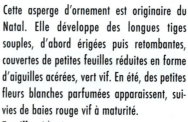

▲ *Asparagus densiflorus 'Sprengeri'.* *Callisia minor.* ▼

724

Exposition : lumière vive, sans soleil direct.
Arrosage : laissez la terre de surface sécher sur 2 à 3 cm d'épaisseur, entre deux arrosages.
Entretien : donnez un engrais pour plantes vertes, une fois par semaine au printemps et en été. Brumisez le feuillage par temps chaud.
Facilité de culture : ❀
Notre conseil : ne coupez pas les longues hampes florales car elles portent des jeunes plantes que vous pouvez repiquer ensuite.

Columnea microphylla
COLUMNÉA

Cette belle espèce est native du Costa-Rica. Les longues tiges velues retombantes, ont des petites feuilles presque rondes couvertes de poils rouges. Les grandes fleurs rouge écarlate apparaissent au printemps et en été. Il existe une variété à feuillage panaché de blanc crème.
Famille : Gesnériacées.
Sol : mélange de terreau de fumier, de sable, de terre de bruyère fibreuse et de tourbe par quart.
Température : de 18 à 22 °C toute l'année.
Exposition : lumière vive, sans soleil direct.
Arrosage : en été, maintenir la motte légèrement humide. En hiver, attendez que la terre sèche avant d'arroser. Utilisez une eau non calcaire.
Entretien : donnez un engrais pour plantes fleuries tous les quinze jours de mai à septembre. Rempotez la plante au printemps après l'avoir rabattue de moitié après la floraison.
Facilité de culture : ❀ ❀ ❀
Notre conseil : maintenez une hygrométrie aussi élevée que possible. Brumisez souvent le feuillage.

Davallia mariesii
PATTE-DE-LAPIN

Le davallia est une fougère originaire d'Asie tropicale. Elle présente la particularité d'émettre des rhizomes velus, qui en poussant recouvrent progressivement le pot. *Davallia trichomanoides* a un feuillage plus finement découpé que *Davallia mariesii*.
Famille : Davalliacées.

Sol : mélange de tourbe grossière, de sphaigne et d'écorces broyées. Un mélange standard pour orchidées convient parfaitement.
Température : cette fougère aime la chaleur, entre 18 °C et 24 °C. En hiver, minimum 15 °C.
Exposition : lumière vive, sans soleil direct.
Arrosage : abondant toute l'année. Ne laissez pas la motte se dessécher. Utilisez une eau douce non calcaire, sans jamais détremper la terre.
Entretien : en été, bassinez fréquemment le feuillage et donnez un engrais pour plantes vertes tous les quinze jours. Taillez les jeunes rameaux.
Facilité de culture : ❀ ❀ ❀
Notre conseil : la plante se prête bien à la culture en panier suspendu. Ne jamais enterrez les rhizomes car ils risquent de pourrir.

Ficus pumila
FIGUIER NAIN

Synonyme : *Ficus repens*. Cette petite plante rampante provient du Sud-Est asiatique et de l'Australie. Il développe des tiges fines, avec des racines aériennes qui s'agrippent à n'importe quel support rugueux. Les feuilles ovales d'environ 3 cm de longueur ont un aspect parcheminé. 'Sunny' est original avec son feuillage panaché de blanc.
Famille : Moracées.
Sol : mélange composé de terreau de feuilles et de tourbe par moitié.
Température : de 18 à 25 °C. La plante supporte des températures très basses proches de 0 °C.
Exposition : mi-ombre.
Arrosage : la motte doit rester légèrement humide. Quand la température baisse en dessous de 15 °C, réduisez les apports d'eau.
Entretien : au printemps et en été, donnez un engrais pour plantes vertes tous les quinze jours.
Facilité de culture : ❀ ❀
Notre conseil : faites grimper votre ficus sur un tuteur en mousse maintenu humide ou utilisez-le comme couvre-sol au pied de grandes plantes. Dans le Midi, il est possible de l'acclimater au jardin.

Ficus pumila : une prolifération de tiges souples. ▶

▲ *Chlorophytum comosum* 'Variegatum' en suspension.

▲ Le port naturel de *Columnea gloriosa* est retombant.

▲ *Davallia mariesii* apprécie la culture en suspension.

Les plantes de la maison

▲ *Nephrolepis exaltata* : une suspension spectaculaire.

▲ *Platycerium bifurcatum*.   *Scindapsus* ▼

Nephrolepis exaltata
FOUGÈRE DE BOSTON

Cette fougère tropicale forme une large touffe pouvant atteindre plus de 1 m d'envergure. Les frondes lancéolées vert vif sont profondément divisées. Parmi les nombreuses variétés, choisissez 'Corditas' pour son port compact, 'Teddy Junior' pour ses belles frondes étroites et frisées et 'Verona Lace' pour son feuillage à l'aspect de fine dentelle verte.
Famille : Oléandracées.
Sol : mélange de terreau de feuilles, de sable et de tourbe par tiers.
Température : de 16 à 18 °C. Ne descendez jamais en dessous de 10 °C en hiver.
Exposition : lumière vive mais tamisée.
Arrosage : maintenez la terre du pot toujours humide. Utilisez une eau non calcaire.
Entretien : brumisez fréquemment le feuillage. Donnez un engrais pour plantes vertes une fois toutes les trois semaines au printemps et en été.
Facilité de culture : ❀ ❀
Notre conseil : soyez vigilant avec l'arrosage. Cette fougère redoute les coups de soif.

Platycerium bifurcatum
CORNE D'ÉLAN

En Australie, son pays d'origine, cette curieuse fougère pousse en épiphyte sur les troncs des arbres. Elle peut devenir encombrante, avec des frondes dépassant 1 m de longueur. Les frondes stériles brunes emboîtées à la base de la touffe accumulent l'humidité et servent de réserve nutritive à la plante. Ne les coupez pas.
Famille : Polypodiacées.
Sol : mélange de tourbe fibreuse, de terreau de feuilles et de sable par tiers.
Température : de 18 à 22 °C toute l'année.
Exposition : lumière vive, sans soleil direct.
Arrosage : maintenez la motte humide en trempant le substrat et l'amas de frondes stériles dans un seau d'eau non calcaire. Il n'est pas facile d'apprécier le degré de sécheresse de la motte ; le poids plus léger de la potée est un repère.
Entretien : brumisez fréquemment le feuillage. Donnez un engrais pour plantes vertes tous les quinze jours en été. Une pièce aérée est appréciée.
Facilité de culture : ❀ ❀ ❀
Notre conseil : un rempotage tous les deux ans est suffisant. Méfiez-vous des cochenilles.

Scindapsus (Epipremnum)
POTHOS

Synonyme : *Epipremnum pinnatum* 'Aureum'. Cette liane, parfois dénommée « lierre du diable », est originaire des îles Salomon. Sous les Tropiques, le pothos développe des feuilles de 60 cm de large, sur des tiges de plusieurs mètres de longueur. En appartement, il peut facilement retomber sur 1,5 à 2 m. 'Marble Queen' est une variété délicate et peu vigoureuse au feuillage très panaché de blanc.

> **BELLES MÉCONNUES**
> Il existe un grand nombre d'espèces retombantes mais elles sont parfois difficiles à trouver. Découvrez à l'occasion les saintpaulias pleureurs, les achimènes, le petit codonanthe, et le *Begonia* 'Tiny Gem' qui fleurit durant plusieurs mois.

Les suspensions

Famille : Aracées.
Sol : mélange de terreau de fumier, de sable et de tourbe par tiers, avec un bon drainage.
Température : de 18 à 25 °C en général.
Exposition : lumière très vive, sans soleil direct.
Arrosage : modéré. Laissez sécher la terre du pot avant d'arroser une nouvelle fois.
Entretien : brumisez le feuillage fréquemment. Douchez la plante pour dépoussiérer le feuillage. Tous les quinze jours de mars à septembre, donnez un engrais pour plantes vertes.
Facilité de culture : ✿
Notre conseil : donnez beaucoup de lumière à votre plante pour qu'elle garde sa panachure.

Syngonium podophyllum
SYNGONIUM

Cette plante grimpante ou retombante est originaire d'Amérique centrale. Ses feuilles en forme de fer de lance sont vertes plus ou moins panachées de crème, de blanc ou d'argent selon les variétés. Dans de bonnes conditions, elle forme rapidement des suspensions imposantes avec des rameaux flexibles qui peuvent atteindre près de 2 m de longueur. Une plante très décorative.
Famille : Aracées.
Sol : mélange de terreau de feuilles et de tourbe.
Température : de 18 à 25 °C toute l'année.
Exposition : lumière vive tamisée.
Arrosage : modéré avec une eau non calcaire. Laissez la terre du pot sécher en surface.
Entretien : brumisez fréquemment le feuillage avec une eau douce. Donnez un engrais pour plantes vertes tous les quinze jours en été.
Facilité de culture : ✿ ✿
Notre conseil : la plantation en hydroculture donne d'excellents résultats avec une pousse rapide.

Tolmiea menziesii
TOLMIÉA

Cette petite plante pousse à l'état sauvage en Amérique du Nord. Elle présente des feuilles cordiformes velues vert vif et forme des touffes de 30 cm de haut environ. Des plantules apparaissent à la base du limbe des feuilles les plus âgées. On trouve plus souvent la variété 'Variegata' au feuillage marbré de jaune crème.
Famille : Saxifragacées.
Sol : mélange de terreau de fumier, de terre de jardin et de sable par tiers.
Température : fraîche, de 12 à 17 °C. En hiver, la plante supporte des températures voisines de 0 °C.
Exposition : mi-ombre, pas de soleil direct.
Arrosage : modéré mais régulier.
Entretien : en été, installez votre potée dehors à l'ombre. Pendant cette période, donnez un engrais pour plantes vertes tous les quinze jours.
Facilité de culture : ✿ ✿
Notre conseil : à la fin de l'hiver, rabattez complètement votre plante et rempotez-la pour favoriser la pousse d'un nouveau feuillage plus décoratif.

Tradescantia fluminensis
MISÈRE

Native d'Amérique du Sud, cette petite plante à croissance rapide porte un beau feuillage vert foncé brillant, souvent agrémenté de petites fleurs blanches. Il existe plusieurs variétés dont 'Silver', aux feuilles rayées de blanc pur et 'Variegata' panachée de crème et de rose.
Famille : Commelinacées.
Sol : mélange riche et léger composé de terreau de fumier, de tourbe et de sable par tiers.
Température : de 18 à 22 °C. En hiver, 15 °C minimum pour ne pas bloquer la croissance.
Exposition : lumière vive, sans soleil direct.
Arrosage : arrosez bien, mais attendez que la motte sèche en surface entre deux apports d'eau.
Entretien : donnez un engrais pour plantes vertes une fois par semaine de mai à octobre. Si la base de la touffe se dégarnit, pincez les extrémités des tiges fréquemment pour provoquer des ramifications.
Facilité de culture : ✿
Notre conseil : utilisez cette plante comme couvre-sol au pied des autres plantes d'intérieur. Si vous préférez les suspensions, placez-les dans un endroit dégagé car les branches cassent facilement.

La misère : *Tradescantia fluminensis* 'Variegata'. ▶

▲ *Syngonium podophyllum* 'Greengold' : très généreux.

▲ *Tolmiea menziesii* 'Variegata' : un feuillage doux.

Les plantes de la maison

LES ORCHIDÉES

Mystérieuses fleurs de rêve, les orchidées sont synonymes de luxe, de beauté et de perfection. Elles forment la famille la plus riche et la plus variée du monde végétal. Des plantes qui se démocratisent, grâce aux efforts des producteurs, mais qui restent toujours aussi belles.

Cattleya CATTLÉYA

Ces plantes somptueuses sont originaires des montagnes de l'Amérique tropicale. Toutes les potées vendues sous le nom de cattléya sont en fait des hybrides résultant de croisements nombreux entre des orchidées des genres *Laelia*, *Brassavola*, *Cattleya* et *Sophronitis*. Des plantes bijoux.
Famille : Orchidacées.
Sol : mélange composé d'écorces de pin, de billes de polystyrène, de racines de fougères et d'une poignée de terreau de feuilles grossier.
Température : en été, de 18 à 22 °C. En hiver, 18 °C le jour et 14 °C la nuit.
Exposition : lumière vive, sans soleil direct.
Arrosage : un à deux arrosages par semaine. Réduisez la fréquence en période de repos à un arrosage tous les quinze jours. Eau non calcaire.
Entretien : bassinez le feuillage tous les jours, matin et soir et donnez un engrais foliaire tous les quinze jours en période de végétation.
Facilité de culture : ❀ ❀ ❀
Notre conseil : après la floraison, respectez une période de repos de six à huit semaines.

▲ *Brassolaeliocattleya hybride.*   *Cymbidium hybride.* ▼

Cymbidium CYMBIDIUM

Originaires d'Asie, les cymbidiums sont des orchidées qui poussent en pleine terre, contrairement à beaucoup d'espèces épiphytes. Leur forme est caractéristique, avec leurs pseudo-bulbes renflés et leurs longues feuilles rubanées. Les fleurs sont portées par des hampes érigées. La floraison de longue durée et la facilité de culture sont les raisons du succès de cette orchidée la plus cultivée en Europe sous des formes hybrides.
Famille : Orchidacées.
Sol : mélange de perlite, de tourbe grossière, d'écorce et de sable.
Température : de 15 à 18 °C ; les cymbidiums supportent des températures jusqu'à 7 °C la nuit. Après la formation des boutons floraux, maintenez une chaleur entre 14 °C et 18 °C.
Exposition : lumière vive avec quelques heures de plein soleil, de préférence le matin.
Arrosage : laissez le substrat sécher entre deux arrosages. Utilisez une eau non calcaire.
Entretien : brumisez le feuillage tous les jours par temps chaud. Donnez de l'engrais spécial orchidées tous les quinze jours de mai à septembre.
Facilité de culture : ❀ ❀
Notre conseil : sortez votre potée dans le jardin de mai à octobre, elle refleurira plus facilement.

Dendrobium DENDROBIUM

Ce genre compte environ 1600 espèces, depuis la plante miniature de quelques centimètres jusqu'à la géante de 2 m environ. Les dendrobiums sont des orchidées épiphytes, originaires de l'Asie tropicale et de l'Océanie.
Famille : Orchidacées.
Sol : compost pour orchidées épiphytes.
Température : les *Dendrobium phalaenopsis* demandent entre 20 °C et 30 °C. Les espèces *nobile* et *chrysanthum* aiment la chaleur pendant leur croissance et le frais (10 °C) en hiver.

Les orchidées

Exposition : lumière très forte avec quelques heures de soleil le matin.
Arrosage : abondant pendant la période de végétation, toujours à l'eau douce. Réduisez en hiver pour donner juste ce qu'il faut pour que les pseudobulbes ne se rident pas.
Entretien : maintenez une hygrométrie élevée pour les espèces aimant une ambiance chaude. Vaporisez un engrais foliaire toutes les trois semaines en période de croissance. Ne détrempez pas la motte.
Facilité de culture :
Notre conseil : rempotez votre plante après la floraison au printemps. Aérez bien la pièce.

Lycaste
LYCASTE

Natives d'Amérique tropicale, ces orchidées terrestres ou épiphytes forment des grandes fleurs solitaires, chaque pseudo-bulbe donnant plusieurs hampes florales. La plus répandue est *Lycaste virginalis* dont la fleur est l'emblème du Guatemala. Certaines espèces perdent leur feuillage en période de repos.
Famille : Orchidacées.
Sol : mélange de tourbe grossière, d'écorce de pin et de terreau fibreux.
Température : tous les lycastes tolèrent d'importants écarts de température. L'espèce *L. virginalis* aime une ambiance fraîche toute l'année.
Exposition : lumière vive tamisée.
Arrosage : modéré en général ; pendant la période de repos, stoppez les arrosages.
Entretien : donnez de l'engrais tous les quinze jours pendant la période de croissance.
Facilité de culture :
Notre conseil : choisissez *Lycaste cruenta* et *Lycaste aromatica* pour leur parfum exceptionnel.

Masdevallia caudata
MASDEVALLIA

Ces belles miniatures sont originaires d'Amérique tropicale. On dénombre environ 300 espèces.
Famille : Orchidacées.
Sol : compost pour orchidées du commerce avec un peu de tourbe blonde grossière.
Température : de 12 à 18 °C en permanence.
Exposition : lumière tamisée, mi-ombragée.
Arrosage : ces orchidées n'ont pas d'organe de réserve. Arrosez fréquemment avec une eau non calcaire, mais pas d'humidité stagnante.
Entretien : maintenez une atmosphère toujours très humide, en installant votre petite potée sur une coupelle remplie d'un lit de graviers, en partie immergé, de façon à ce que la base du pot ne baigne pas dans le liquide en permanence.
Facilité de culture :
Notre conseil : en été, installez vos masdevallias dans le jardin, à l'ombre. Ne divisez pas trop souvent les touffes, pour obtenir une potée plus volumineuse couverte d'une multitude de fleurs.

Miltonia et Miltoniopsis
MILTONIA

Ce sont des orchidées épiphytes natives des régions tempérées du Brésil. Leurs grappes de fleurs énormes, peuvent durer de cinq à six semaines.
Famille : Orchidacées.
Sol : substrat composé de racines de fougères, de sphagnum, de tourbe et de terreau fibreux.
Température : de 10 à 22 °C. Les espèces à feuillage jaune-vert aiment une ambiance modérément chauffée. Les miltonias à feuillage vert argenté apprécient la fraîcheur.
Exposition : lumière vive, sans soleil direct qui provoque un rougissement du feuillage.
Arrosage : maintenez le compost légèrement humide toute l'année, sans détremper.
Entretien : entretenez une hygrométrie élevée en installant la potée sur un plateau rempli d'eau et de graviers. Il ne faut pas que la base du pot baigne en permanence, sinon les racines pourrissent.
Facilité de culture :
Notre conseil : donnez un peu d'engrais tous les quinze jours pendant la période de croissance. En été, installez vos miltonias dans la pièce la plus fraîche de la maison. Aérez bien la pièce, sans toutefois générer un courant d'air froid.

Un beau groupe de *Miltonia hybrides* en suspension. ▶

▲ *Dendrobium chrysanthum* : une petite merveille.

▲ *Lycaste* x 'Grogan' : un hybride entre deux espèces.

▲ *Masdevallia caudata* : une fleur très étrange.

729

Les plantes de la maison

▲ *Odontoglossum* hybride 'Brutus' x 'Echanson'.

▲ *Oncidium kramerianum*, l'orchidée araignée.

◀ La fleur de *Paphiopedilum* ou « sabot de Vénus ».

Odontoglossum
ODONTO

Ces orchidées épiphytes qui forment des pseudo-bulbes sont originaires d'Amérique. On dénombre environ 300 espèces et beaucoup d'hybrides. Les *Odontoglossum bictoniense* et *grande* sont des plantes faciles à cultiver dans la maison.
Famille : Orchidacées.
Sol : mélange composé de tourbe fibreuse, de perlite, d'écorce de pin et de sphagnum.
Température : les odontos sont des orchidées « froides ». Elles apprécient des ambiances fraîches entre 10 °C la nuit et 18 °C maximum le jour.
Exposition : lumière vive, sans soleil direct.
Arrosage : laissez le compost sécher entre deux arrosages. N'employez pas d'eau calcaire.
Entretien : maintenez une hygrométrie élevée en plaçant votre potée sur un lit de gravillons, sans que la base du pot touche l'eau. Au printemps, donnez un engrais foliaire toutes les trois semaines.
Facilité de culture : ❀ ❀
Notre conseil : en été, installez votre orchidée dans le jardin à l'ombre.

Oncidium kramerianum
ONCIDIUM

C'est une orchidée épiphyte native des régions tropicales de l'Amérique. Il existe environ 750 espèces d'oncidium. Les fleurs sont petites et peu spectaculaires mais elles sont réunies en grappes qui peuvent atteindre un mètre de longueur. Selon les espèces, la floraison s'étale de l'été à l'hiver.
Famille : Orchidacées.
Sol : compost à orchidées standard.
Température : de 13 à 18 °C pour les espèces de serre froide ; de 15 à 20 °C pour les autres.
Exposition : lumière vive tamisée toute l'année.
Arrosage : maintenez le compost légèrement humide. En hiver, réduisez les apports d'eau.
Entretien : maintenez une hygrométrie importante. Donnez une demi-dose d'engrais liquide tous les quinze jours pendant la belle saison.

Facilité de culture : ❀ ❀ ❀
Notre conseil : ne supprimez pas les hampes florales tant qu'elles ne sont pas sèches car elles peuvent continuer à produire des fleurs.

Paphiopedilum
SABOT DE VÉNUS

Il existe environ 80 espèces venant du Sud-Est asiatique et des Philippines. Ces orchidées n'ont pas de pseudo-bulbes mais elles développent une rosette de feuilles vertes ou marbrées.
Famille : Orchidacées.
Sol : compost pour orchidée classique additionné de terreau de feuilles légèrement alcalin.
Température : les espèces « froides » (à feuillage vert) sont conservées entre 18 °C et 20 °C en été et autour de 12 à 15 °C en hiver. Les espèces plus frileuses (avec un feuillage tesselé) apprécient de 17 à 18 °C en hiver et entre 20 °C et 25 °C en été.
Exposition : lumière moyenne, pas de soleil direct.
Arrosage : laissez le compost s'assécher entre deux arrosages successifs.
Entretien : installez votre potée sur un lit de graviers, dans une soucoupe avec de l'eau. Donnez une dose d'engrais pour orchidées toutes les trois semaines pendant la période de végétation.
Facilité de culture : ❀ ❀
Notre conseil : rempotez tous les deux ou trois ans, après la floraison au printemps.

Phalaenopsis
PHALAENOPSIS

Ces orchidées épiphytes sont originaires d'Asie et d'Océanie. On dénombre une cinquantaine d'espèces et plusieurs milliers d'hybrides. Le feuillage plat et coriace est un peu succulent. Les fleurs en forme de papillon sont portées par des hampes plus ou moins érigées. Certaines plantes fleurissent toute l'année.
Famille : Orchidacées.
Sol : mélange de tourbe fibreuse, écorces de pin et petits cubes de polyuréthanne.
Température : de 18 à 20 °C selon la saison.
Exposition : lumière vive bien filtrée.
Arrosage : apports fréquents (une fois par semaine)

Les orchidées

mais évitez que l'eau ne stagne au cœur de la plante.
Entretien : brumisez le feuillage tous les jours. Donnez une demi-dose d'engrais liquide tous les quinze jours de mars à septembre.
Facilité de culture : ❀ ❀
Notre conseil : attendez la fanaison des hampes pour les couper. Stimulez la floraison en abaissant la température la nuit à 14 °C pendant quelques jours, et en mettant ensuite la plante au chaud.

Vanda x *Rotschildiana*
VANDA

Cet hybride très florifère de *Vanda caerulea* et de *Vanda sanderiana* forme plusieurs hampes couvertes de grandes fleurs bleues en hiver. Les vandas sont des orchidées épiphytes d'Asie tropicale. On dénombre environ 80 espèces et une multitude d'hybrides de toutes couleurs.
Famille : Orchidacées.
Sol : mélange de tourbe fibreuse, de racines de fougère, de cubes de polystyrène et d'écorces.
Température : ambiance chaude avec 20 °C minimum le jour et 15 °C la nuit.
Exposition : au soleil toute l'année.
Arrosage : maintenez le compost humide sans le détremper. Réduisez les arrosages en hiver si la plante marque un repos dû à la baisse de lumière.
Entretien : bassinez quotidiennement le feuillage et donnez un engrais foliaire tous les quinze jours pendant la période de croissance.
Facilité de culture : ❀ ❀ ❀
Notre conseil : ne supprimez pas les racines aériennes qui captent l'humidité de l'air.

Vuylstekeara
CAMBRIA

Ce sont des hybrides intergénériques obtenus par croisements entre plusieurs orchidées : *Miltonia*, *Odontoglossum* et *Cochlioda*. Ils sont faciles à cultiver dans la maison et souvent très bon marché. 'Cambria Plush' a d'immenses fleurs rouge-pourpre maculées de blanc. 'Edna Stamperland' offre le double avantage d'une taille réduite et d'une abondante floraison rouge au cœur jaune vif.

Famille : Orchidacées.
Sol : un substrat très poreux de racines de fougères, morceaux d'écorces, billes de polystyrène expansé et cubes de mousse de polyuréthanne.
Température : de 15 à 20 °C en général.
Exposition : lumière vive mais toujours tamisée. La plante ne doit pas recevoir le soleil direct.
Arrosage : employez de l'eau non calcaire, toujours à la température de la pièce. Le compost doit sécher entre deux apports d'eau.
Entretien : donnez une demi-dose d'engrais liquide tous les quinze jours de mars à septembre. Brumisez fréquemment le feuillage sans que l'eau ruisselle.
Facilité de culture : ❀ ❀
Notre conseil : rempotez dans un pot de faible volume quand de nouvelles pousses apparaissent.

Zygopetalum
ZYGOPÉTALUM

Les zygopétalums sont des orchidées terrestres ou semi-terrestres originaires d'Amérique tropicale. On connaît une vingtaine d'espèces. Ces orchidées se remarquent par une floraison originale de juillet à octobre, où se mêlent les bruns, les roses, le vert et le blanc. Les fleurs dégagent un puissant parfum de narcisse. *Zygopetalum* x B.G. 'White Stonehurst' est un des rares hybrides disponibles dans le commerce. On trouve aussi parfois *Zygopetalum mackii* au labelle plus étalé, blanc parsemé de petites taches roses.
Famille : Orchidacées.
Sol : mélange de racines de fougères, de tourbe fibreuse, de terreau de feuilles et d'écorces, avec un peu de billes de polystyrène expansé.
Température : de 15 à 22 °C toute l'année.
Exposition : lumière vive bien tamisée.
Arrosage : laissez le substrat sécher avant d'arroser. Utilisez de l'eau non calcaire et tiède.
Entretien : donnez de l'engrais liquide tous les quinze jours de mars à septembre. Brumisez fréquemment le feuillage par temps chaud.
Facilité de culture : ❀ ❀
Notre conseil : évitez de détremper le compost, car les racines sont très sensibles à la pourriture. Videz toujours le cache-pot après un arrosage.

▲ *Phalaenopsis* hybride 'Scaramouche' x 'As de Pique'.

▲ *Vanda* x *Rotschidiana* : une beauté pour le collectionneur.

▲ *Vuylstekeara* 'Cambria Plush'.   *Zygopetalum* x. ▼

Les plantes de la maison

LES BROMÉLIACÉES

On les appelle souvent les « filles de l'air » parce que dans la nature, ces plantes poussent sur les hautes branches des arbres, ou même parfois sur les supports les plus incongrus comme les fils électriques. À la maison, on apprécie l'extraordinaire et longue floraison des hybrides.

Aechmea fasciata
AECHMÉA

Cette plante robuste est originaire du Brésil où elle vit en épiphyte sur les arbres. Elle forme une large rosette de feuilles coriaces aux bords dentés qui peut atteindre une envergure de 50 cm. Les petites fleurs bleues éphémères apparaissent sur une grande inflorescence couverte de bractées roses. Elles durent plusieurs mois.
Famille : Broméliacées.
Sol : mélange de tourbe, de terre de bruyère et de terreau de feuilles par tiers.
Température : de 18 à 25 °C.
Exposition : lumière vive mais tamisée.
Arrosage : arrosez au cœur de la rosette, avec une eau douce non calcaire. Laissez le substrat sécher entre deux apports d'eau.
Entretien : brumisez fréquemment le feuillage. En été, sortez la plante dans le jardin, à mi-ombre, donnez de l'engrais une fois par semaine.
Facilité de culture : ❀ ❀
Notre conseil : multipliez l'aechméa en repiquant les rejets qui apparaissent à la base de la plante après la floraison.

Ananas bracteatus 'Striatus'
ANANAS

Natif d'Amérique du Sud, cette broméliacée terrestre au port rigide peut atteindre une envergure de 1 m. Les longues feuilles effilées, aux bords épineux, sont vert-gris chez *Ananas comosus*, vertes et crème chez la forme 'variegatus' et teintées de rose chez 'Striatus'.

Famille : Broméliacées
Sol : mélange de terreau de feuilles, de sable grossier et de terre de jardin par tiers.
Température : de 18 à 25 °C toute l'année.
Exposition : lumière très vive avec quelques heures au soleil direct, tous les jours.
Arrosage : laissez la terre du pot sécher entre deux arrosages, à chaque fois très copieux.
Entretien : par temps chaud, brumisez le feuillage tous les jours. Donnez de l'engrais liquide dilué, tous les quinze jours en été.
Facilité de culture : ❀ ❀
Notre conseil : pour favoriser la floraison des rejets, il suffit de placer la plante sous un grand sac plastique hermétique ou dans une miniserre ; avec à ses côtés une pomme coupée en deux. En se décomposant, la pomme dégage des gaz proches de l'éthylène qui stimulent efficacement la floraison.

Guzmania
GUZMANIA

Ces plantes originaires d'Amérique du Sud forment une belle rosette de feuilles étroites vert brillant. Les bractées qui entourent l'inflorescence sont vivement colorées. On trouve souvent *Guzmania lingulata*. Les plus belles variétés sont : 'Amaranthe', 'Cherry', 'Claret', 'Empire', 'Grand Prix', 'Orangeade', 'Rana' aux grandes bractées rouge vif, orangées, jaunes ou blanches.
Famille : Broméliacées.
Sol : mélange de terreau de feuilles moyennement décomposées, de sable et de tourbe par tiers.
Température : de 18 à 25 °C en général.
Exposition : lumière très vive, sans soleil direct.

▲ *Aechmea fasciata.*   *Ananas bracteatus 'Striatus'.* ▼

732

Les Broméliacées

Arrosage : avec une eau non calcaire, en attendant que le sol sèche entre deux arrosages.
Entretien : vaporisez le feuillage tous les jours pour assurer une hygrométrie élevée.
Facilité de culture : ❀ ❀
Notre conseil : si l'espace vous est compté, choisissez la petite variété 'Minor Red', trapue, mais très décorative. N'oubliez pas que toutes les plantes de la famille des broméliacées ne fleurissent qu'une seule fois dans leur vie (on dit qu'elles sont monocarpiques). Elles forment un rejet à la base, qu'il suffit de détacher quand il mesure entre 15 cm et 20 cm de long pour obtenir une nouvelle plante.

Neoregelia carolinae
NÉORÉGÉLIA

Plantes épiphytes souvent imposantes, les néorégélias sont originaires des forêts chaudes et humides du Brésil. Le feuillage rubané vert vif est coriace. Les feuilles au centre de la rosette se teintent de rouge vif au moment de la floraison. La variété 'Flandria' à un feuillage vert foncé bordé de jaune. 'Tricolor Perfecta' a des feuilles vertes avec une bande centrale jaune.
Famille : Broméliacées.
Sol : mélange de tourbe, de terreau de feuilles et de sable par tiers, avec un bon drainage.
Température : de 18 à 25 °C toute l'année.
Exposition : lumière vive, tamisée, filtrée.
Arrosage : modéré, avec une eau non calcaire. Laissez sécher le sol avant un nouvel arrosage.
Entretien : dépoussiérez régulièrement le feuillage avec une éponge humide. Brumisez quotidiennement la rosette de feuilles. En été, donnez de l'engrais tous les quinze jours.
Facilité de culture : ❀ ❀
Notre conseil : installez votre néorégélia par terre ou sur un meuble bas, car la plante est plus décorative vue de dessus.

Tillandsia cyanea
TILLANDSIA

Cette petite broméliacée épiphyte native, de l'Équateur forme une rosette de feuilles fines et effilées vert foncé brillant. L'inflorescence en forme de fer de lance apparaît au cœur du feuillage. Elle est couverte de grandes bractées rose vif. Les fleurs bleues ont une durée de vie éphémère mais se renouvellent plusieurs semaines de suite.
Famille : Broméliacées.
Sol : léger et très drainant ; mélange de sable, de terreau de feuilles grossier et de tourbe fibreuse.
Température : de 18 à 25 °C toute l'année.
Exposition : lumière vive, sans soleil direct.
Arrosage : modéré, en laissant sécher le substrat complètement entre deux arrosages.
Entretien : brumisez fréquemment le feuillage ou installez la plante sur un lit de graviers humides. Donnez un engrais foliaire tous les quinze jours pendant la belle saison. Un peu de fraîcheur en hiver.
Facilité de culture : ❀ ❀
Notre conseil : ce tillandsia redoute les excès d'arrosage, qui provoquent la pourriture des racines et de la base de la touffe. Soyez parcimonieux.

Vriesea
VRIÉSÉA

Il existe 190 espèces de vriéséa natives de l'Amérique tropicale. Ces plantes forment des rosettes de feuilles coriaces rubanées. L'envergure de la touffe varie de 25 à 30 cm (*Vriesea carinata*, *Vriesea* x 'Élan', etc.) jusqu'à plus d'un mètre pour le magnifique *Vriesea hieroglyphica*. L'inflorescence érigée est vivement colorée de rouge, de jaune ou d'orange. Elle est ramifiée ou étirée en fer de lance comme chez *Vriesea splendens*.
Famille : Broméliacées.
Sol : mélange de terreau de feuilles grossier, de tourbe fibreuse, d'écorce et de sable.
Température : de 18 à 25 °C en général.
Exposition : lumière vive mais tamisée.
Arrosage : avec de l'eau douce. Laissez sécher le compost entre deux apports d'eau.
Entretien : pour dépoussiérer le feuillage, douchez votre plante à l'eau tiède. Donnez un engrais tous les quinze jours en été.
Facilité de culture : ❀ ❀
Notre conseil : ces plantes robustes apprécient des brumisations fréquentes sur le feuillage.

▲ *Guzmania* x 'Amarante' : des bractées bien colorées.

▲ *Neoregelia carolinae*, il rougit de plaisir !

▲ *Tillandsia cyanea*.   *Vriesea* x. ▼

Les plantes de la maison

LES CACTÉES

Appartenant à l'univers complexe des plantes succulentes, les cactées forment une famille botanique à part entière. Elle compte 2000 espèces environ de plantes à la floraison souvent somptueuse. Leur aspect globuleux, souvent épineux est typique des plantes de régions désertiques.

Aporocactus flagelliformis
QUEUE-DE-RAT

Cette espèce est originaire du Mexique. Les longues tiges cylindriques retombantes peuvent atteindre plus de 1m de longueur, avec un diamètre de 2 à 3 cm. Elles sont recouvertes de dix à quatorze côtes peu marquées, portant des aréoles très serrées. Les aiguillons fins sont jaune-brun. Les fleurs longues de 6 à 8 cm apparaissent le long de la tige et durent plusieurs jours. Parmi les 5 espèces, *flagelliformis* est la plus courante.
Famille : Cactacées.
Sol : mélange standard pour cactées.
Température : sans exigence particulière de mars à octobre. 10 °C suffisent en hiver.
Exposition : lumière vive, sans soleil brûlant.
Arrosage : maintenez le sol humide pendant la période de croissance. En hiver, arrosez juste pour éviter le flétrissement des tiges.
Entretien : donnez de l'engrais pour cactées chaque mois en été. Rempotez tous les deux ans.
Facilité de culture : ❀ ❀
Notre conseil : faites-lui passer l'été dehors, à mi-ombre. Une belle plante pour décorer une fenêtre.

▲ *Aporocactus flagelliformis* : une plante à suspendre.

Astrophytum myriostigma
BONNET-D'ÉVÊQUE

Natif du Mexique, ce cactus globuleux séduit par ses quatre à neuf côtes très marquées, qui lui donnent cette forme caractéristique à l'origine de son surnom. Des minuscules écailles blanc grisâtre couvrent l'épiderme vert foncé. Cette espèce sans aiguillons a des fleurs jaunes de 4 à 5 cm de diamètre, apparaissant au sommet de la tige. Il existe six espèces, dont le superbe *Astrophytum asterias*, en forme d'oursin et *Astrophytum capricorne*, couvert d'immenses aiguillons acérés.
Famille : Cactacées.
Sol : très pauvre, à base de sable grossier et de terre de jardin. Ajoutez des petits cailloux.
Température : maintenez la plante au frais en hiver, entre 5 °C et 10 °C maximum.
Exposition : plein soleil toute l'année.
Arrosage : modéré pendant la période de croissance pour éviter la pourriture du collet. En hiver, tenez la plante complètement au sec.
Entretien : donnez de l'engrais tous les quinze jours pendant la période de végétation.
Facilité de culture : ❀ ❀
Notre conseil : multipliez ce cactus par semis.

Chamaecereus silvestrii
CACTUS CORNICHON

Ce petit cactus colonnaire est originaire d'Argentine. C'est une espèce robuste, facile à cultiver. Les tiges longues d'environ 10 cm sur 2 cm de diamètre environ, présentent six à neuf côtes couvertes d'aiguillons fins et courts. Les fleurs rouges apparaissent au début de l'été. Il existe de nombreux hybrides et variétés aux fleurs orange, jaune vif, rouges ou blanches. Les formes sans chlorophylle ou cristées sont proposées en sujets greffés très étonnants.
Famille : Cactacées.
Sol : mélange de terre de jardin, de sable et de terreau de feuilles par tiers.

◀ *Astrophytum myriostigma* n'a pas d'épines.

plantes d'intérieur

Les cactées

Température : en hiver, entre 0 °C et 10 °C.
Exposition : plein soleil toute l'année.
Arrosage : abondant par temps chaud en été. Maintenez la plante au sec en hiver.
Entretien : d'avril à octobre, mettez votre cactus dehors, donnez de l'engrais tous les quinze jours.
Facilité de culture : ❁
Notre conseil : l'hivernage au frais et au sec est indispensable pour obtenir une belle floraison.

Cleistocactus strausii
CLEISTOCACTUS

Cette espèce est native de Bolivie, où elle pousse à une altitude de 1700 m. Elle forme des longues tiges cylindriques colonnaires et dressées qui peuvent atteindre 1 m de longueur. Chaque tige se ramifie peu, mais des rejets partent de la base. Les côtes sont au nombre d'une vingtaine, portant des aréoles rapprochées avec trente à quarante aiguillons blancs. Les fleurs se développent latéralement sur le sommet de la tige. Elles sont tubulaires, poilues et écailleuses, d'une belle couleur rouge vif.
Famille : Cactacées.
Sol : 2/3 de terre de jardin et 1/3 de sable.
Température : de 5 à 10 °C en hiver.
Exposition : plein soleil toute l'année.
Arrosage : modéré en été, pour éviter la pourriture du collet. Au sec complet en hiver.
Entretien : installez la plante dehors de mai à octobre, à mi-ombre, pendant quelques semaines puis en plein soleil, par exemple en rocaille.
Facilité de culture : ❁ ❁
Notre conseil : cette espèce facile demande plusieurs années de culture avant de fleurir.

Echinocactus grusonii
COUSSIN DE BELLE-MÈRE

Cette espèce très populaire est originaire du centre du Mexique. Elle forme un gros cylindre qui peut atteindre plus de 1 m de haut sur 80 cm de diamètre. Les trente côtes très marquées, ont des arêtes vives, couvertes d'aiguillons acérés très piquants, d'abord jaunes, puis blanchâtres. Les petites fleurs brunes et jaunes, apparaissent en couronne au sommet de la tige, sur les sujets âgés uniquement. Il est possible de garder la plante plusieurs dizaines d'années.
Famille : Cactacées.
Sol : mélange de sable grossier non calcaire et de terre de jardin légère par moitié.
Température : de 5 à 10 °C en hiver.
Exposition : très ensoleillée toute l'année.
Arrosage : modéré en été, au sec en hiver.
Entretien : sortez la plante à l'extérieur pendant toute la belle saison. En hiver, gardez la potée dans une pièce très claire et non chauffée.
Facilité de culture : ❁ ❁
Notre conseil : faites attention aux aiguillons redoutables ; manipulez la potée avec précaution.

Ferocactus acanthodes
FÉROCACTUS

Ce cactus provient de la Californie. Les sujets âgés ont une forme cylindrique et colonnaire. Ils peuvent atteindre 3 m de hauteur. La tige est couverte de vingt-quatre à vingt-sept côtes, portant des aréoles brunes serrées. Les aiguillons nombreux et très acérés ont une couleur variable, blanche, jaune, rouge ou rose. Les fleurs jaunes ou orange naissent au sommet de la tige. Elles mesurent de 4 à 6 cm de longueur.
Famille : Cactacées.
Sol : terre de jardin et sable grossier par moitié.
Température : de 5 à 10 °C en hiver.
Exposition : plein soleil, même brûlant.
Arrosage : en hiver, maintenez complètement au sec. Laissez la terre sécher entre deux apports d'eau pendant la période de croissance.
Entretien : assurez un ensoleillement maximal pour garder l'intensité de la couleur des aiguillons. Donnez un engrais une fois par mois en été.
Facilité de culture : ❁ ❁
Notre conseil : cultivez aussi les espèces : *latispinus*, *gracilis* et *coloratus* pour leurs grands aiguillons rouge vif, aussi acérés que décoratifs.

Ferocactus acanthodes porte des aiguillons redoutables. ▶

▲ *Chamaecereus silvestrii* : une plante facile et florifère.

▲ *Cleistocactus strausii* : une curieuse floraison.

▲ *Echinocactus grusonii* : coussin de belle-mère acéré !

Les plantes de la maison

▲ *Gymnocalycium mihanovichii* : une forme greffée.

▲ *Lobivia tiegeliana* 'Pusilla' : un cactus nain de Bolivie.

▲ *Mammillaria zeilmanniana*. *Notocactus magnificus.* ▼

Gymnocalycium mihanovichii
GYMNOCALYCIUM

L'espèce type est originaire du Paraguay. Elle présente une tige sphérique d'environ 6 cm de diamètre. Mais on trouve le plus souvent des variétés greffées dépourvues de chlorophylle. Ce sont des mutations obtenues par les Japonais. Les couleurs varient du rouge au jaune, en passant par le violet et le pourpre, presque noir.
Famille : Cactacées.
Sol : adapté au porte-greffe ; mélange de terreau de feuilles, de terre de jardin et de sable par tiers.
Température : de 15 à 22 °C toute l'année.
Exposition : lumière très vive, sans soleil direct.
Arrosage : modéré. Laissez sécher la terre avant d'arroser. Jamais d'eau en permanence sous le pot.
Entretien : supprimez tous les rejets émis par le porte-greffe. Donnez de l'engrais une fois par mois en été.
Facilité de culture : ❀ ❀ ❀ ❀
Notre conseil : installez cette espèce fragile derrière une fenêtre exposée à l'ouest. Ne la sortez pas dehors en été. Rempotez les plantes sitôt achetées.

Lobivia tiegeliana
LOBIVIA

Les lobivias sont originaires d'Amérique du Sud (Bolivie, Argentine et Pérou). Ils ont un port globuleux et forment des petites touffes n'excédant pas 20 cm de hauteur, souvent très ramifiées. Ils sont armés de solides aiguillons, fins et très piquants. L'intérêt principal de ces espèces réside dans leur floraison estivale. Les fleurs énormes couvrent souvent toutes les tiges.
Famille : Cactacées.
Sol : mélange de terre de jardin et de sable.
Température : 5 °C en hiver.
Exposition : plein soleil toute l'année.
Arrosage : modéré en été, au sec en hiver.
Entretien : dès que les gelées ne sont plus à craindre, installez vos lobivias dehors.
Facilité de culture : ❀ ❀
Notre conseil : le greffage accélère la croissance et provoque une floraison plus abondante.

Mammillaria zeilmanniana
MAMMILAIRE

Native du centre du Mexique, cette petite espèce est fréquemment proposée dans le commerce. Elle se présente sous l'aspect d'une courte tige légèrement cylindrique, de 6 cm de haut, sur 4 à 5 cm de diamètre. Les aiguillons radiaux sont blancs, ceux du centre, plus développés sont brun rougeâtre. Les petites fleurs rose vif apparaissent en couronne sur le pourtour supérieur de la tige.
Famille : Cactacées.
Sol : mélange pour cactées du commerce.
Température : en hiver, de 5 à 10 °C.
Exposition : plein soleil toute l'année.
Arrosage : régulier en été, sans détremper le substrat. En hiver, gardez la plante au sec.
Entretien : installez votre mammilaire dehors de mai à octobre. Donnez un engrais pour plantes fleuries une fois par mois durant l'été.
Facilité de culture : ❀ ❀
Notre conseil : les mammilaires ont souvent tendance à se ramifier. Rempotez-les tous les deux ans, dans des coupes plus larges que hautes.

Notocactus magnificus
NOTOCACTUS

Originaire des régions d'altitude du Brésil, ce superbe cactus a des tiges vert bleuté, d'abord arrondies, puis allongées avec dix à quinze côtes à arêtes vives. Les fleurs jaune soufre de 4 à 6 cm de diamètre, apparaissent au sommet de la plante.
Famille : Cactacées.
Sol : mélange de terre de jardin, de sable et de terreau de feuilles par tiers.
Température : en hiver, entre 10 °C et 15 °C.
Exposition : ensoleillée toute l'année.
Arrosage : modéré, en laissant bien sécher le sol entre deux arrosages. En hiver, gardez au sec.
Entretien : installez votre cactus à l'extérieur de mai à septembre. Donnez de l'engrais tous les quinze jours en été. Par temps chaud, brumisez en effectuant cette opération tôt le matin.
Facilité de culture : ❀ ❀
Notre conseil : en été, protégez du soleil trop fort.

Les cactées

Opuntia microdasys
OPUNTIA

Ce « cactus raquette », est originaire du Centre et du Nord du Mexique. Il atteint environ 60 cm de haut. Les raquettes vert vif, de 10 à 15 cm de long, portent des aréoles couvertes d'épines très fines mais piquantes (les glochides) de couleur jaune. Elles sont rouges chez la variété 'Rubrispina' et blanches chez 'Albispina'.
Famille : Cactacées.
Sol : mélange de terreau de feuilles, de sable et de terre de jardin par tiers.
Température : en hiver, entre 5 °C et 10 °C.
Exposition : plein soleil toute l'année.
Arrosage : modéré. Tenez au sec en hiver.
Entretien : sortez la potée de mai à octobre.
Facilité de culture : ❀ ❀
Notre conseil : pour extraire les épines, utilisez un morceau de papier collant que vous appliquez sur les parties piquées, tirez ensuite d'un geste vif.

Rebutia narvaecensis
RÉBUTIA

Cette belle espèce sud-américaine forme un tapis dense de petites tiges. D'abord globuleuses puis plus allongées, elles sont couvertes de fins aiguillons blanchâtres. La floraison généreuse apparaît à travers la masse des tiges, à la fin du printemps ou au début de l'été. Les fleurs présentent différents tons de rose en camaïeu.
Famille : Cactacées.
Sol : mélange très drainant, à base de terre de jardin, de sable et de terreau.
Température : en hiver, gardez à 10 °C.
Exposition : plein soleil toute l'année.
Arrosage : modéré, en attendant que le sol sèche après chaque arrosage.
Entretien : en été, donnez un engrais pour plantes fleuries peu concentré, tous les quinze jours.
Facilité de culture : ❀ ❀
Notre conseil : cultivez les rébutias dans des petites coupes plus larges que hautes.

Schlumbergera truncata est appelé « cactus de Noël ». ▶

Schlumbergera truncata
CACTUS DE NOËL

Synonyme : *Zygocactus truncatus*. Cette espèce épiphyte est originaire du Brésil. Elle présente des feuilles plates inermes et segmentées, souvent très ramifiées. Les fleurs rose vif à symétrie bilatérale apparaissent en hiver.
Famille : Cactacées.
Sol : mélange de sable, de terreau de feuilles et de tourbe fibreuse par tiers.
Température : de 18 à 22 °C en période de végétation. Après la floraison, de 10 à 15 °C.
Exposition : lumière vive, sans soleil direct.
Arrosage : modéré, avec de l'eau non calcaire. En période de repos, laissez bien sécher la terre entre deux arrosages. Le pot ne doit pas tremper.
Entretien : installez votre potée à mi-ombre dans le jardin et stimulez la croissance, en donnant de l'engrais tous les quinze jours en été.
Facilité de culture : ❀ ❀
Notre conseil : ne déplacez pas une plante en boutons, cela compromettrait leur épanouissement.

> **L'EXCEPTION DE LA FAMILLE**
> Vous pouvez trouver dans le commerce *Pereskia aculeata*, un cactus à feuilles « normales ». Il forme un grand buisson épineux aux fleurs d'églantier. La variété 'Godseffiana' a des feuilles vert-jaune sur le dessus et rouge au revers.

▲ *Opuntia microdasys* : très accommodant à la maison.

▲ *Rebutia narvaecensis* : un petit coussin très florifère.

Les plantes de la maison

LES PLANTES GRASSES

On englobe sous l'appellation de « plantes grasses », des espèces aux tissus charnus. Les scientifiques les appellent plus justement des succulentes (gorgées de sucs). Faciles à cultiver et très décoratives, ces plantes vivent longtemps à la maison, si vous savez oublier de les arroser.

Aeonium arboreum
AÉONIUM

Cette espèce est native des îles Canaries. Elle forme des rosettes de feuilles spatulées, d'environ 10 à 15 cm de diamètre. Elles sont portées à l'extrémité de tiges nues qui peuvent atteindre 1 m de hauteur. Parmi les variétés : 'Albovariegatum', panachée de blanc, 'Luteovariegatum', verte et jaune, 'Atropurpureum', avec ses rosettes de feuilles pourpre-noir. La floraison en panicule jaune apparaît en été.
Famille : Crassulacées.
Sol : mélange de terre de jardin, de sable et de terreau de feuilles par tiers.
Température : de 5 à 10 °C en hiver.
Exposition : plein soleil toute l'année.
Arrosage : été comme hiver, laissez sécher le sol avant d'arroser avec parcimonie.
Entretien : sortez la potée en plein air de mai à octobre dans un endroit chaud du jardin.
Facilité de culture : ❀ ❀
Notre conseil : le plein soleil accentue beaucoup la coloration du feuillage, notamment pour les espèces rouges ou noires. Préférez les jeunes sujets.

▲ *Aeonium arboreum.*   *Agave filifera.* ▼

Agave filifera
AGAVE

Originaire du Mexique, cette belle plante grasse forme une grosse rosette symétrique d'environ 60 cm de diamètre. Les feuilles vert mat, effilées et pointues ont un bord corné, d'où se détachent des filaments. 'Compacta' est une variété plus petite. Vous pouvez trouver fréquemment *Agave americana* et ses nombreuses variétés panachées ainsi que le superbe *Agave victoriae-reginae*.
Famille : Agavacées.
Sol : mélange homogène composé de sable, de terreau de feuilles et de terre de jardin.
Température : de 4 à 10 °C maximum en hiver.
Exposition : très ensoleillée toute l'année.
Arrosage : gardez au sec en hiver. Pendant la période de croissance, laissez bien sécher le compost entre deux arrosages.
Entretien : de mai à mi-octobre, sortez la plante dehors et donnez de l'engrais tous les quinze jours.
Facilité de culture : ❀ ❀
Notre conseil : faites très attention aux extrémités pointues des feuilles d'agave qui peuvent blesser.

Aloe arborescens
ALOÈS

Cette plante est native du Natal. C'est la plus connue du genre qui comprend près de 300 espèces. Elle forme des grandes rosettes de feuilles lancéolées, épaisses et rigides, bordées de dents de 3 à 5 mm de long. La floraison annuelle en inflorescences rouge-orangé vif se détache nettement au-dessus du feuillage. Cette plante est rustique dans les jardins de rocaille du Midi.
Famille : Liliacées.
Sol : mélange poreux à base de sable, de terreau de feuilles et de terre de jardin.
Température : de 5 à 10°C en hiver.
Exposition : plein soleil.
Arrosage : modéré pendant la belle saison, car les racines sont très sensibles à la pourriture. Hivernage au sec, mais à la lumière.

738

Les plantes grasses

FAITES LA DIFFÉRENCE
On confond souvent agaves et aloès. Les premiers ont des feuilles rigides terminées par une épine, ils meurent après la floraison et sont d'origine américaine. Les aloès, africains ou malgaches, ont des feuilles souples, sans épine terminale et ils refleurissent tous les ans.

Entretien : installez votre aloès dans le jardin, de mai à octobre. Donnez de l'engrais tous les quinze jours en été. Rempotez tous les deux ou trois ans.
Facilité de culture : ❀ ❀
Notre conseil : prévoyez beaucoup d'espace pour cette espèce qui devient vite volumineuse. On trouve aussi au rayon plantes grasses des jardineries *Aloe variegata* qui ne dépasse pas 40 cm, mais se montre très décoratif avec ses feuilles tachetées et striées. *Aloe humilis* est aussi à conseiller avec ses feuilles serrées, couvertes d'excroissances blanchâtres.

Crassula arborescens
CRASSULA

Synonyme : *Cotyledon arborescens*. Cette espèce est originaire d'Afrique du Sud, où elle forme des petits buissons ramifiés de 3 à 4 m de haut. Sa taille est beaucoup plus modeste en culture. Les feuilles épaisses, vert grisâtre sont tachetées de points translucides et marginées de rouge vif. La floraison hivernale blanche est superbe.
Famille : Crassulacées.
Sol : mélange de terre de jardin, de terreau et de sable grossier par tiers. Prévoyez une épaisse couche drainante au fond du pot.
Température : jusqu'à 5 °C en hiver.
Exposition : plein soleil toute l'année.
Arrosage : toujours modéré, en laissant sécher le sol entre deux arrosages. En hiver, gardez au sec.
Entretien : installez la plante dehors tout l'été et donnez de l'engrais une fois par mois.
Facilité de culture : ❀ ❀
Notre conseil : *Crassula portulacea*, appelé aussi « caoutchouc japonais » est une espèce plus petite, mais beaucoup plus résistante. *Crassula lycopodioides* forme des tiges effilées aux petites feuilles imbriquées comme des tuiles, une plante originale.

Echeveria derenbergii
ÉCHEVÉRIA

Cette espèce originaire d'Amérique centrale, forme des tiges courtes surmontées de petites rosettes de feuilles épaisses, gris bleuté avec une pointe rouge. En été, le cœur s'allonge et donne une inflorescence composée de petites fleurs jaune et orange vif.
Famille : Crassulacées.
Sol : mélange de terreau, de tourbe et de sable.
Température : en hiver, de 8 à 12 °C.
Exposition : plein soleil toute l'année.
Arrosage : modéré, mais régulier pendant la belle saison. En hiver, maintenez au sec.
Entretien : installez votre potée dehors et donnez de l'engrais tous les mois de mai à mi-octobre.
Facilité de culture : ❀ ❀
Notre conseil : en hiver, il est normal de constater une chute partielle des feuilles inférieures.

Euphorbia milii
ÉPINE DU CHRIST

Cet arbuste d'origine malgache forme un buisson couvert d'épines acérées, avec des feuilles simples vert franc, situées aux extrémités des tiges. Le feuillage tombe au début de l'hiver. La floraison est insignifiante mais les minuscules fleurs sont entourées par deux bractées très colorées, en général rouges, parfois jaunes, roses ou blanches selon les variétés.
Famille : Euphorbiacées.
Sol : mélange de sable, de terreau de feuilles et de tourbe par tiers avec un bon drainage.
Température : de 15 à 20 °C en général.
Exposition : lumière très vive avec quelques heures de plein soleil dans la journée.
Arrosage : modéré, avec une eau douce non calcaire. En hiver, laissez le sol s'assécher entre deux arrosages.
Entretien : installez votre potée derrière une baie vitrée ensoleillée. En été, donnez un engrais pour plantes fleuries tous les quinze jours.
Facilité de culture : ❀ ❀
Notre conseil : cette belle euphorbe n'a pas besoin d'un hivernage. Taillez court à la fin janvier.

Euphorbia milii aux fleurs superbes et tiges collantes. ▶

▲ *Aloe arborescens* est rustique sur la Côte d'Azur.

▲ *Crassula arborescens* : les grands sujets fleurissent bien.

▲ *Echeveria derenbergii* : on l'appelle « artichaut ».

Les plantes de la maison

▲ *Gasteria carinata* forme des touffes compactes.

▲ *Haworthia baccata* : feuilles imbriquées et tachetées.

Gasteria carinata
GASTÉRIA

Cette plante grasse d'Afrique du Sud forme une rosette de feuilles en forme de langues, rigides vert foncé, tachées de pustules blanches. Les petites fleurs blanchâtres sont portées par des tiges grêles. Cette plante ressemble aux aloès, mais ses tiges ne portent jamais d'épines.
Famille : Liliacées.
Sol : mélange léger et poreux de sable, de terre de jardin et de terreau de feuilles.
Température : 10 °C minimum en hiver. En général, de 17 à 22 °C conviennent bien.
Exposition : moyenne, par exemple derrière une fenêtre exposée au nord ou à l'est. Pas de soleil direct.
Arrosage : très modéré. Laissez la terre sécher entre deux arrosages successifs.
Entretien : en été, donnez un engrais pour plantes vertes une fois par mois. Méfiez-vous des cochenilles dont les attaques sont fréquentes.
Facilité de culture : ❀ ❀
Notre conseil : rempotez tous les deux ou trois ans, dans un petit contenant, les racines appréciant de se trouver un peu à l'étroit. La multiplication est très facile en détachant les rejets, toujours nombreux.

Kalanchoe blossfeldiana est la forme la plus florifère. ▼

Haworthia baccata
HAWORTHIA

Cette petite succulente est originaire d'Afrique du Sud, comme les 150 espèces qui composent ce genre. Les feuilles dentées imbriquées et refermées les unes contre les autres forment une rosette étroite qui n'excède pas 15 cm de haut. Les hampes florales grêles érigées portent des fleurs blanchâtres. Il existe des formes très étranges, comme *Haworthia truncata*, dont la disposition des feuilles fait penser à des molaires d'éléphants.
Famille : Liliacées.
Sol : mélange souple de terreau et de sable.
Température : de 15 à 22 °C toute l'année.
Exposition : lumière moyenne, sans soleil direct.
Arrosage : modéré, en laissant la terre du pot s'assécher entièrement entre deux arrosages.
Entretien : donnez un engrais pour plantes vertes concentré à 50 %, une fois par mois en été.
Facilité de culture : ❀ ❀
Notre conseil : ces plantes ont la réputation d'aimer l'ombre, mais la croissance est meilleure derrière une fenêtre éclairée, sans soleil direct.

Kalanchoe blossfeldiana
KALANCHOE

Cette plante populaire est d'origine malgache. L'espèce type forme un buisson de 1 m, peu ramifié, avec des inflorescences lâches. Les variétés horticoles sont plus trapues et florifères. Le feuillage épais est vert brillant. On trouve des fleurs rouges, roses, orange, jaunes ou blanches. L'époque normale de floraison est l'automne et l'hiver.
Famille : Crassulacées.
Sol : mélange composé de sable, de terreau de feuilles et de tourbe par tiers.
Température : de 16 à 22 °C toute l'année.
Exposition : lumière vive, sans soleil brûlant.
Arrosage : modéré, en laissant sécher le substrat complètement entre deux arrosages.
Entretien : donnez un engrais pour plantes fleuries tous les quinze jours de mai à septembre. Au printemps, rabattez la plante de moitié, pour favoriser un port plus touffu et stimuler l'apparition des fleurs.

Les plantes grasses

Facilité de culture :
Notre conseil : un feuillage qui rougit indique un excès d'ensoleillement.

Lithops lesliei
PLANTE CAILLOU

Originaire d'Afrique du Sud, cette espèce n'excède pas 2 cm de hauteur. Elle se réduit à deux feuilles vert-gris marquées de brun. Les fleurs jaune vif apparaissent en automne.
Famille : Aïzoacées.
Sol : 2/3 de sable et 1/3 d'un mélange souple et léger de terre de jardin et de terreau.
Température : 8 °C minimum en période de repos végétatif hivernal.
Exposition : plein soleil toute l'année.
Arrosage : c'est le point délicat de la culture de cette miniature. Observez le développement de votre plante pour arroser avec parcimonie pendant les périodes de croissance (formation des deux nouvelles feuilles et mise à fleur). Entre ces deux stades, arrêtez les arrosages.
Entretien : éliminez les anciennes feuilles après leur complet dessèchement.
Facilité de culture :
Notre conseil : regroupez plusieurs lithops dans une coupelle basse avec un drainage important.

Pachypodium sp.
PACHYPODIUM

Une vingtaine d'espèces africaines et malgaches composent ce genre. On trouve dans le commerce *Pachypodium geayi* au feuillage long et étroit et *Pachypodium lamerei*, aux feuilles plus larges. Ils forment une tige épaisse couverte d'épines redoutables. Les feuilles simples, rigides se développent en panache au sommet de ce tronc.
Famille : Apocynacées.
Sol : terre de jardin, sable et terreau par tiers.
Température : de 13 à 15 °C minimum en hiver.
Exposition : plein soleil, même brûlant.
Arrosage : à la fin de l'hiver, commencez l'arrosage après l'apparition des nouvelles feuilles. Pendant la belle saison, laissez la terre sécher entre deux apports d'eau. Réduisez peu à peu en automne.

Entretien : installez votre plante bien au chaud, derrière une fenêtre au sud.
Facilité de culture :
Notre conseil : gare aux cochenilles et aux épines qui peuvent s'avérer dangereuses !

Sedum guatelamensis
ORPIN

Le genre *Sedum* comprend 600 espèces. *Sedum guatelamensis* 'Rosea' est ramifié mais ne dépasse pas 15 cm de haut. Les feuilles courtes, cylindriques, sont vert-gris, teinté de rose. Pour l'intérieur, *Sedum morganianum*, aux longues tiges souples et retombantes, vert bleuté, convient bien.
Famille : Crassulacées.
Sol : terre de jardin, terreau et sable en mélange.
Température : de 15 à 20 °C. 5 °C en hiver.
Exposition : plein soleil toute l'année.
Arrosage : très modéré, au sec en hiver.
Entretien : oubliez un peu votre plante qui n'aime surtout pas avoir les racines dans l'eau.
Facilité de culture :
Notre conseil : sortez votre sedum dehors en plein soleil, de mai à mi-octobre.

Stapelia hirsuta
STAPÉLIA

Cette plante grasse originaire d'Afrique forme des tiges courtes d'environ 15 à 20 cm de hauteur. Les fleurs velues en forme d'étoiles brun-rouge de 5 cm de diamètre, apparaissent à la base des tiges. **Famille :** Asclépiadacées.
Sol : mélange de sable, de terreau de fumier et de terre de jardin par tiers avec un bon drainage.
Température : de 5 à 10 °C en hiver.
Exposition : plein soleil toute l'année.
Arrosage : en période de croissance, laissez le substrat sécher entre deux arrosages. En hiver, gardez au sec.
Entretien : sortez la potée dehors de mai à mi-octobre.
Facilité de culture :
Notre conseil : pour obtenir une belle floraison, hivernez le stapélia au frais et au sec.

Stapelia hirsuta, la fleur est belle, mais malodorante. ▶

▲ *Lithops lesliei* ressemble à un caillou qui fleurit joliment.

▲ On appelle aussi le pachypodium : « cactus palmier ».

▲ *Sedum guatelamensis* 'Rosea' : des « œufs » charnus.

Les plantes de la maison

LES BONSAÏS D'INTÉRIEUR

Arbres cultivés en pots, les bonsaïs sont de véritables sculptures vivantes. Ils cherchent à exprimer toute la perfection de la nature et à la sublimer par le juste équilibre des formes. Beaucoup d'espèces tropicales et subtropicales peuvent être cultivées à la maison dans une pièce claire.

▲ *Ficus retusa de 27 ans : style en radeau.*

 Murraya de 40 ans.   *Sagérétia de 30 ans.*

Ficus retusa
FIGUIER

Cet arbre est originaire de l'Inde et de Sri Lanka. Il présente des feuilles simples vernissées vert vif et développe, à l'état sauvage, quantité de racines aériennes. Comme toutes les espèces à petites feuilles tels les *Ficus buxifolia, bengalensis, neriifolia, nitida* et *religiosa*, il se prête bien à la transformation en bonsaï, surtout en forme droite ou inclinée, en style radeau ou sur rocher.
Famille : Moracées.
Sol : mélange d'argile, de tourbe et de sable.
Température : de 18 à 20 °C en hiver. Évitez les courants d'air froid et les brusques écarts de température. Une forte hygrométrie est souhaitée.
Exposition : lumière vive, sans soleil direct.
Arrosage : maintenez la motte toujours humide, mais sans jamais la détremper.
Entretien : donnez de l'engrais dilué tous les quinze jours du printemps à l'automne. Rempotez tous les deux ans au printemps en taillant les racines.
Facilité de culture : ❀ ❀
Notre conseil : taillez fréquemment, en rabattant les jeunes pousses à une ou trois feuilles.

Murraya paniculata
MURRAYA

Ce petit arbre persistant est originaire d'Asie. Les feuilles vert vif sont composées de nombreuses folioles. Il donne des fleurs blanches très odorantes suivies de baies rouges décoratives.
Famille : Rutacées.
Sol : 2/5 de tourbe, 2/5 d'argile et 1/5 de sable.
Température : minimum de 16 à 20 °C en hiver.
Exposition : lumière vive tamisée. Ombragez par temps très chaud.
Arrosage : maintenez une humidité permanente de la motte toute l'année.
Entretien : au printemps et en été, donnez de l'engrais tous les quinze jours. Brumisez le feuillage avec une eau douce non calcaire. Rempotez tous les deux ans au printemps en taillant les racines.
Facilité de culture : ❀ ❀ ❀
Notre conseil : taillez au fur et à mesure de la croissance, en rabattant à deux feuilles les pousses ayant développé quatre feuilles et plus.

Sageretia theezans
SAGÉRÉTIA

Ce bel arbuste au petit feuillage vert brillant, persistant est originaire des régions tropicales situées au Sud de la Chine. Fleurs minuscules, blanches.
Famille : Rhamnacées.
Sol : mélange composé de 2/5 d'argile, 2/5 de tourbe et 1/5 de sable.
Température : de 18 à 22° C toute l'année.
Exposition : lumière vive tamisée.
Arrosage : maintenez une humidité constante du substrat, sans pour autant détremper la motte.
Entretien : de la fin mai à septembre, installez votre sagérétia dehors, à l'abri du soleil brûlant et des courants d'air. Donnez-lui alors de l'engrais liquide tous les quinze jours. Rempotez tous les ans au printemps, avant le démarrage de la végétation et taillez les racines. Rabattez les nouvelles pousses en laissant deux ou trois paires de feuilles. Les nouvelles pousses sont ligaturées après lignification.

Les bonsaïs d'intérieur

Facilité de culture : ✿ ✿ ✿

Notre conseil : cette plante aime une hygrométrie élevée. Brumisez quotidiennement le feuillage avec une eau douce non calcaire.

Serissa japonica
ARBRE AUX 1000 ÉTOILES

Ce petit arbre est natif d'Asie du Sud-Est. Il est persistant et couvert de petites feuilles vernissées d'un beau vert foncé brillant. Il donne des petites fleurs blanches en général au début de l'été. Mais celles-ci peuvent apparaître sporadiquement toute l'année. Le tronc est très tortueux.
Famille : Rubiacées.
Sol : mélange de tourbe, de sable et d'argile par tiers avec un bon drainage. Coupe profonde.
Température : de 12 à 18 °C en hiver.
Exposition : lumière vive, sans soleil direct.
Arrosage : maintenez la motte humide en permanence en été. En hiver, réduisez les arrosages en laissant légèrement sécher la surface de la terre.
Entretien : vous pouvez sortir votre bonsaï dès la fin mai, à une exposition protégée du soleil brûlant. Du printemps à l'automne, donnez de l'engrais liquide tous les quinze jours. Rempotez tous les deux ans, en taillant légèrement les racines.
Facilité de culture : ✿ ✿

Notre conseil : le serissa réagit souvent à un changement de situation par une chute importante des feuilles. La frondaison se renouvelle rapidement.

Ulmus parvifolia
ORME DE CHINE

Cet arbre semi-persistant d'origine chinoise a une ramure fine, couverte de petites feuilles ovales dentelées vert tendre. Les ormes provenant du Japon doivent être traités en bonsaï d'extérieur. Pour l'intérieur, achetez des ormes élevés en Chine.
Famille : Ulmacées.
Sol : 1/2 d'argile, 1/4 de tourbe et 1/4 de sable.
Température : hivernage au frais, entre 6 °C et 8 °C. Le reste de l'année, évitez de dépasser 22 °C, il y a un risque de chute des feuilles.
Exposition : lumière vive mais tamisée.
Arrosage : arrosez copieusement, puis laissez sécher la motte en surface avant d'arroser une nouvelle fois.
Entretien : installez votre orme dans le jardin dès la fin mai et donnez un peu d'engrais. Rempotez tous les deux ans, au début du printemps, en taillant les racines. Rabattez les nouvelles pousses en laissant deux ou trois paires de feuilles.
Facilité de culture : ✿ ✿ ✿

Notre conseil : un bonsaï facile pour débuter, à condition d'éviter les pièces trop chauffées. La fraîcheur évite les risques de chute des feuilles.

▲ *Serissa japonica* de 12 ans : style Néagari.

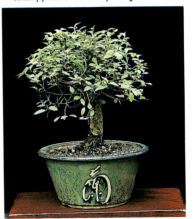

Ulmus parvifolia pousse bien dans le style « balai ». ▶

LE REMPOTAGE, C'EST LA CLÉ DU SUCCÈS

Changer un bonsaï de coupe est une opération nécessaire et profitable, mais dont il ne faut pas abuser. Elle doit être effectuée en moyenne tous les deux ans seulement, quand les racines tapissent toute la motte en un réseau dense, inextricable. La meilleure période se situe au printemps, juste avant le départ de la végétation. Avant le rempotage, laissez sécher la terre. Retirez le bonsaï de sa coupe. Avec une fourchette ou un morceau de bambou, extrayez avec précaution la terre se trouvant autour des racines. Il faut mettre tout le chevelu à nu. Avec des ciseaux, taillez les 2/3 des racines. Fixez ensuite des grillages sur les trous de drainage de la nouvelle coupe. Installez une couche drainante sur le fond et placez ensuite votre bonsaï en veillant à le décentrer par rapport à l'axe médian de la coupe. Faites ensuite pénétrer le substrat entre les racines, en évitant les poches d'air. Tassez la terre en surface avec une spatule, en modelant le sol esthétiquement. Créez une légère butte près du tronc et un creux vers les bords de la coupe, pour faciliter les arrosages. Après le rempotage, arrosez votre plante doucement pour ne pas entraîner la terre. Vous pouvez baigner la coupe dans de l'eau en l'immergeant jusqu'aux 2/3. Ne donnez pas d'engrais pendant quatre semaines. Ne détrempez pas la motte, car le bonsaï absorbe moins l'eau, du fait de la coupe de ses racines. Brumisez souvent le feuillage.

Éliminez bien la vieille terre épuisée. ▶

Les photos de bonsaïs ont été prises dans les collections de Rémy Samson.

743

Les plantes de la maison

LES PLANTES CARNIVORES

Quasiment légendaires, ces plantes ont depuis toujours attisé l'imagination fertile des romanciers en quête d'aventures. Si leur taille modeste limite leur appétit d'ogre à l'univers des insectes, elles n'en restent pas moins des plantes très intéressantes et surtout décoratives.

Dionaea muscipula
VÉNUS ATTRAPE-MOUCHE

Cette vivace rhizomateuse originaire des États-Unis ne dépasse pas 15 cm. En été, elle forme des feuilles de 7 cm de haut se terminant par une partie élargie en forme de mâchoire ou de piège à loup. La dionée est une plante active. Le déclenchement du piège est provoqué par l'attouchement des cils disséminés sur la feuille. Les fleurs blanches réunies en ombelles apparaissent en mai et juin.
Famille : Droséracées.
Sol : mélange de sphagnum, de tourbe et de sable de rivière.
Température : de 15 à 25 °C pendant la période de croissance. En hiver, de 1 à 12 °C.
Exposition : plein soleil.
Arrosage : à l'eau de pluie ou avec de l'eau distillée. Maintenez une humidité permanente tout l'été.
Entretien : ne donnez pas d'engrais azoté ou des morceaux de viande. En hiver, gardez la plante en repos. Éliminez les feuilles mortes. Au printemps rempotez les rhizomes qui n'ont plus de feuilles.
Facilité de culture : ❀ ❀
Notre conseil : gardez les rhizomes en hiver dans le bac à légumes du réfrigérateur, c'est l'idéal.

Drosera venusta
DROSÉRA

Le genre *Drosera* renferme plus de quatre-vingt-dix espèces. Le piège passif est constitué de feuilles aux poils glanduleux colorés. Les insectes sont capturés par les sécrétions collantes. Il existe des droséras tubéreux et des miniatures, dont le diamètre n'excède pas 1 ou 2 cm. Des plantes aux reflets superbes.
Famille : Droséracées.
Sol : tourbe ou sphagnum haché en mélange avec du sable de rivière.
Température : hors gel en hiver.
Exposition : lumière vive, sans soleil direct.
Arrosage : le compost doit rester humide pendant la période de végétation. Gardez une très légère humidité en hiver. Eau non calcaire.
Entretien : les droséras peuvent passer l'été en plein air. Enrayez les attaques de botrytis (pourritures) et de pucerons en traitant préventivement.
Facilité de culture : ❀ ❀
Notre conseil : vous pouvez cultiver les droséras sous un éclairage artificiel intense.

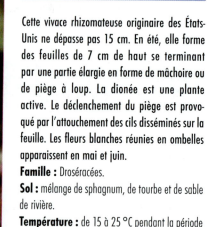

▲ *Dionaea muscipula.* *Drosera venusta.* ▼

Nepenthes x coccinea. ▼

Les plantes carnivores

QUELQUES BONS CONSEILS

Les plantes carnivores ont besoin de beaucoup de lumière et d'humidité. Pour l'arrosage utilisez de l'eau de pluie, de l'eau distillée. De mai à septembre, maintenez la base du pot dans une soucoupe remplie de quelques centimètres d'eau. En hiver, réduisez les arrosages. Il faut abaisser la température. Les plantes carnivores résistant au froid forment un bourgeon (hibernacle) qui doit passer l'hiver entre 5 °C et 10 °C. Les espèces tropicales sont conservées entre 15 °C et 18 °C avec beaucoup de lumière et des arrosages modérés. Les carnivores bulbeuses ou à racines tubérisées doivent être maintenues au sec en novembre et décembre. En janvier, gardez-les entre 14 °C et 18 °C.

Une bonbonne de plantes carnivores. ▶

Reprenez les arrosages au départ de la végétation. Le milieu de culture idéal est un mélange de tourbe et de sphagnum. Ces deux éléments de base s'emploient purs ou en mélange. Vous pouvez également utiliser 1/2 de tourbe avec 1/2 de perlite, de vermiculite ou de sable de Loire. Installez une collection d'espèces tropicales miniatures dans une bonbonne en verre bien éclairée, mais sans soleil direct.

Nepenthes x *Coccinea*
NEPENTHES

Cette belle carnivore est un hybride obtenu par croisement de *Nepenthes rafflesiana* et *Nepenthes ampullaria*. C'est une plante vigoureuse de 40 à 60 cm de hauteur. Les feuilles oblongues sont terminées par une grande urne cylindrique parfois tachée de marron. Le piège est de type passif.
Famille : Népenthacées.
Sol : poreux et bien drainé ; 1/3 de racines de polypode, 1/3 de sphagnum, 1/3 de terre de bruyère en fragments avec un peu de charbon de bois concassé.
Température : entre 18 °C et 30 °C.
Exposition : mi-ombre, sans soleil direct.
Arrosage : maintenez une humidité constante du compost. Arrosez avec de l'eau de pluie ou distillée.
Entretien : veillez à maintenir une hygrométrie très élevée. Donnez de l'engrais dilué au 1/10 une fois par mois, au printemps et en été.
Facilité de culture : ❀ ❀ ❀ ❀
Notre conseil : cultivez en suspension en serre.

Pinguicula grandiflora
GRASSETTE À GRANDES FLEURS

Cette petite vivace d'origine française forme une rosette de 8 à 10 cm de diamètre avec des feuilles ovales ou oblongues vertes. Les fleurs solitaires sont violettes à gorge blanche ou roses chez la sous-espèce *rosea*. C'est une plante carnivore active.
Famille : Lentibulariacées.
Sol : mélange de tourbe ou de mousse de sphagnum avec 1/3 de sable de rivière, de perlite ou de vermiculite.
Température : de 15 à 25 °C ; respectez un écart de température entre le jour et la nuit.
Exposition : ombre permanente.
Arrosage : humidité constante pendant la belle saison. En hiver, gardez légèrement humide.
Entretien : à la fin de l'automne, la plante doit se reposer au moins six mois. En baissant la température, la grassette se transforme en hibernacle, un gros bourgeon à conserver dans le réfrigérateur.
Facilité de culture : ❀ ❀
Notre conseil : les hybrides 'Kewensis' et 'Settos' ont une végétation continue, d'où une culture facile.

Sarracenia
SARRACÈNE

Le genre *Sarracenia* comprend neuf espèces originaires d'Amérique du Nord. Les pièges passifs à urnes sont en forme de cornet ou de trompette. Les proies capturées sont des insectes comme les mouches ; les guêpes ou les abeilles.
Famille : Sarracéniacées.
Sol : mélange de tourbe, de sphagnum vivant ou non auquel on ajoute 1/5 de perlite ou de sable de rivière.
Température : protégez du gel en hiver.
Exposition : le soleil accentue les coloris des ascidies.
Arrosage : une humidité constante, été comme hiver.
Entretien : à rempoter au moment de la reprise de la végétation. Ne donnez pas d'engrais.
Facilité de culture : ❀ ❀
Notre conseil : utilisez de l'eau de pluie ou distillée.

▲ *Pinguicula grandiflora.*   *Sarracenia.* ▼

745

12

LES SERRES ET VÉRANDAS

- La serre 748
- La véranda 750
- La culture sous abris 754
- Les plantes de serres et de vérandas ... 756

Les serres et vérandas

LA SERRE

La serre recrée des conditions de culture optimales pour accueillir les plantes qui ne peuvent tenir toute l'année à l'extérieur. La température, l'éclairement, l'humidité de l'air et du substrat peuvent être contrôlés et s'adapter avec précision aux besoins des végétaux. En faisant varier ces paramètres, vous donnerez à votre serre l'aspect d'une jungle tropicale, d'un jardin du Midi ou d'un conservatoire pour les plantes de collection.

▲ La serre tempérée est utilisée pour la multiplication et la conservation.

 astuce Truffaut Pensez à installer l'électricité et l'eau courante dans la serre. Les diverses opérations d'entretien seront plus faciles à effectuer et pourront être automatisées à volonté.

On distingue trois types de serre, selon les conditions de température qui y sont maintenues en hiver. Ce facteur conditionne le choix des plantes que vous y entretiendrez.
La serre chaude : est chauffée en hiver pour maintenir une température de 16 à 18 °C. Vous pouvez y installer la plupart des plantes tropicales. On l'appelle jardin d'hiver.
La serre tempérée : en hiver, la température minimale est de 12 à 15 °C. La gamme des espèces végétales susceptibles d'y vivre est très vaste, avec notamment de nombreuses orchidées et les cactées épiphytes. C'est une bonne solution de compromis entre les possibilités et le prix de revient.
La serre froide : la température minimale est légèrement supérieure à 0 °C. Les moyennes oscillent entre 5 °C et 8 °C. En hiver, vous pouvez y conserver toutes les plantes d'orangerie, telles que les agrumes, les pélargoniums, les fuchsias ; mais aussi les bulbes au repos, les plantes grasses et les cactées.

Les différents modèles

Les serres adossées sont à retenir quand la place est très restreinte. Elles permettent de réduire les dépenses de chauffage. Les serres indépendantes ont souvent des pans droits, avec un toit à deux versants (serre hollandaise). Il existe aussi des modèles aux côtés arrondis, plus esthétiques. La serre-tunnel en plastique est bon marché, mais elle est difficile à chauffer en hiver. On a souvent tendance à choisir une serre qui se révèle trop petite à l'usage. Pour travailler à l'aise sur les tablettes des deux côtés de la serre, prévoyez une largeur minimale de 2,50 m.

▼ La serre en bois est très décorative.

▼ Le montage d'une serre en aluminium est délicat.

Le choix des matériaux

La charpente métallique en alliage d'aluminium est légère, robuste, et nécessite peu d'entretien. Vous pouvez adopter une serre en bois (cèdre rouge ou teck). Il faudra badigeonner tous les cinq ans un produit de conservation du bois. Pour le revêtement, le verre traditionnel est le plus utilisé. Il accumule bien la chaleur et laisse passer 90 % des rayons lumineux. Mais de plus en plus, le plastique (en général du polycarbonate) remplace le verre. Meilleur marché, léger, non coupant, ce matériau ne retient pas les rayons solaires, d'où un refroidissement plus rapide de la serre la nuit. Il transmet moins bien la lumière et sa durée de vie est plus courte, car il ternit avec le temps.

Le bon emplacement

La serre peut être construite dans un jardin, sur une terrasse ou sur un balcon. Ne l'éloignez pas trop de votre habitation, afin de pouvoir lui rendre visite souvent.
Recherchez une exposition au soleil toute l'année et à l'abri du vent dominant le plus froid. Les petits côtés du bâtiment seront placés face à l'ouest et à l'est, les grands côtés face au nord et au sud. Protégez la face exposée au nord par la présence proche d'un mur ou d'une haie d'arbustes persistants, qui serviront de brise-vent efficace.

Le chauffage et l'hygrométrie

Dans une serre adossée, installez une dérivation du chauffage de la maison. Dans les serres isolées, adaptez la puissance de l'installation aux besoins des cultures et aux dimensions du bâtiment. Vous pouvez opter pour un chauffage électrique, solaire, au gaz ou au fuel. Équipez votre serre de thermostats réglables de 0 à 40 °C. Pensez aux thermomètres (un au niveau du sol et un à hauteur d'homme) avec minima et maxima pour contrôler au mieux les températures. Plus la chaleur est élevée, plus l'hygrométrie doit être importante. Le système le plus simple consiste à vaporiser de l'eau sur les plantes et les vitres de la serre. En été, par temps chaud, il faut répéter l'opération deux à trois fois par jour. Il existe des systèmes automatiques laissant glisser l'eau en permanence le long des vitrages ou qui diffusent un fin brouillard à intervalles réguliers.

L'aération et l'ombrage

Il faut prévoir des systèmes d'aération et d'ombrage pour réguler les écarts de température. Des aérateurs situés sur le toit et les parois, permettent une bonne circulation de l'air à l'intérieur de la serre. Les modèles classiques sont des vasistas manœuvrés à la main. Il existe des aérateurs automatiques fonctionnant par dilatation d'un liquide, sous l'effet de la chaleur. Ils sont indispensables dans les grandes serres. Au printemps et en été, l'ombrage est utile. Deux méthodes sont à votre disposition : la peinture d'ombrage, appliquée sur les vitres à l'extérieur, et les stores intérieurs ou extérieurs. Préférez ces derniers, ils évitent l'accumulation de chaleur et sont modulables à volonté, en fonction des conditions climatiques. Les meilleurs stores sont ceux équipés de lattes réglables (type store S.N.C.F.).

L'éclairage

La lumière contrôlée permet d'accroître le profit que l'on peut tirer d'une serre, en permettant au jardinier absent pendant la journée d'y travailler le soir, même en hiver. Prévoyez un appareillage résistant et bien étanche à l'humidité. Pour accélérer la croissance de certains végétaux, vous pouvez leur offrir un complément de lumière en installant des lampes à vapeur de mercure ou des rampes de tubes fluorescents. L'éclairage doit être automatisé par une minuterie. Il est aussi possible de coupler l'installation à un système qui calcule l'intensité lumineuse.

Les thermomètres à minima et maxima sont très utiles. ▶

▲ L'éclairage artificiel permet de se jouer des saisons.

▲ L'ouverture du vasistas se fait automatiquement.

Les serres et vérandas

LA VÉRANDA

Les différences entre la serre et la véranda sont infimes quant à leurs possibilités d'utilisation pour les plantes. La véranda se conçoit comme une véritable pièce à vivre, en prolongement de l'habitat principal. Elle y est reliée par une porte-fenêtre. La serre est plutôt un abri et un lieu de culture indépendant auquel on accède par le jardin.

▲ La véranda est une pièce, où il fait bon vivre parmi les plantes, avec un regard direct sur le jardin.

astuce Truffaut Utilisez votre véranda comme pièce d'agrément et comme serre, en dissimulant le coin des cultures par de grands arbres d'intérieur, *Ficus benjamina*, par exemple.

Les possibilités d'utilisation et d'agencement d'une véranda sont multiples. Vous pouvez la transformer à volonté en conservatoire pour plantes, en orangerie, en jardin d'hiver ou en verrière tropicale. Vous pouvez aussi réduire la présence du végétal et utiliser cette extension de la maison comme une pièce supplémentaire accueillante, où il fait bon vivre toute l'année. Il suffit d'équiper votre pièce vitrée avec le mobilier adéquat pour aménager une salle à manger, un salon reposant, une salle de bains, une chambre à coucher ou une salle de jeux et de détente. Les constructeurs de vérandas accentuent aujourd'hui leur communication sur cet aspect de la verrière et sur sa convivialité exceptionnelle. L'idéal est d'obtenir un juste milieu entre le mobilier et les plantes. Évitez les tapis et les meubles fragiles, choisissez des espèces de culture facile. La plupart des plantes d'intérieur conviennent. Préférez celles qui atteignent un développement moyen pour faciliter les mouvements dans la pièce, tout en laissant de l'espace pour agencer les meubles.

■ L'installation des plantes

Profitez du moindre espace pour disposer des végétaux, tout en gardant une circulation facile au centre de la pièce. Le long des murs opposés aux parois vitrées, plantez des arbres ou des plantes grimpantes, directement en pleine terre. À leurs pieds, tapissez le sol

LA MAISON JARDIN

Une véranda conçue dans les règles de l'art et bien agencée doit créer une transition parfaite entre la maison et le jardin environnant. Ce n'est pas seulement une pièce dédiée aux plantes, mais une véritable extension de la maison. Vous devez avoir l'impression de vivre à l'extérieur, tout en restant à l'abri des caprices du temps. Prévoyez une communication permanente entre le reste de la maison et cette pièce. Une grande porte vitrée s'ouvrant largement vers l'extérieur garantit un confort optimal l'été. Installez un système d'ombrage performant et facile à régler. Maintenez une température hivernale

▲ La véranda serre.

supérieure à 15 °C le jour, afin de pouvoir y séjourner confortablement toute l'année tout en profitant de la vue sur le jardin. Ne sélectionnez que des plantes robustes qui supportent une hygrométrie moyenne telles que les : dracaena, caoutchouc, beaucarnéa, pothos, aspidistra, pachira, phalangère, plantes grasses, sansévièria, schefflèra, syngonium, *Ficus benjamina*, asparagus, et des potées fleuries pour adapter le décor au fil des saisons. La véranda doit être considérée comme une pièce-jardin.

750

La véranda

avec des végétaux rampants tels que l'helxine, le *Ficus pumila*, les petits lierres et les misères. Implantez également quelques petites plantes fleuries au port buissonnant, pour étoffer l'ensemble et donner un air de profusion colorée. Tout autour de la pièce, vous pouvez prévoir quelques jardinières fixes, en veillant à ne pas condamner les accès vers le jardin. Toutes les autres plantes seront installées dans des pots, les plus grandes dans des bacs que vous pourrez déplacer au fil des saisons pour créer un décor sans cesse renouvelé. Comme dans un jardin, regroupez les plantes par affinités et respectez les perspectives. Les espèces les moins volumineuses doivent être installées au premier plan, près du passage, à l'avant des sujets plus encombrants. Pensez aux bacs à réserve d'eau, très pratiques en cas d'absences fréquentes. Les petites potées peuvent être regroupées sur des étagères mobiles ou fixées. Une disposition superposée est très décorative. Elle permet d'accueillir un plus grand nombre de plantes sur une même surface. Occupez les parties supérieures de votre véranda avec des suspensions, idéales pour les végétaux retombants ou au port largement évasé, comme les néphrolepis ou les broméliacées. Pour faciliter l'entretien de ces plantes « filles de l'air », installez un arrosage par goutte-à-goutte ou un système de poulies, qui permettent de monter et descendre rapidement les contenants à votre hauteur.

Soins et entretien

Les soins à prodiguer aux végétaux installés dans la véranda diffèrent peu de ceux des plantes de la maison. Mais il est beaucoup plus facile d'agir et d'intervenir, sans trop se soucier des dégâts occasionnés par un éventuel excès d'eau, qui s'écoule des pots après l'arrosage ou qui ruisselle le long du feuillage, après un bassinage généreux. En raison des conditions environnantes plus favorables qu'à l'intérieur, les plantes ont tendance à pousser très vite et un peu dans tous les sens, vers la lumière. Vous devez les tailler pour leur conserver des dimensions raisonnables, compatibles avec la survie de leurs proches voisines et avec vos activités dans la véranda. À la fin de l'hiver, lors des rempotages et des surfaçages, faites des apports d'engrais organiques solides (corne torréfiée, sang desséché ou guano). Leur action est puissante mais progressive dans le temps, avec des effets qui interviennent encore plusieurs semaines après l'application. Dans un coin de la pièce, prévoyez une table de rempotage et un meuble de rangement, fermant à clé, où sera stockée toute la panoplie nécessaire aux soins quotidiens des plantes (petits outils, gants, arrosoir, étiquettes, liens, produits de traitement, engrais, etc.). C'est un accessoire pratique, dont on a toujours besoin.

▲ Le jardin d'hiver est une généreuse véranda serre.

▲ La verrière offre un cadre de vie protégé et reposant.

▲ Quand elle s'ouvre complètement sur le jardin, la véranda est un endroit où l'on a envie de passer beaucoup de temps.

Les différents modèles

Bien choisir le modèle de véranda correspondant à ses besoins et ses désirs est particulièrement important, car les structures diffèrent considérablement par l'architecture et la superficie. Cela va de la petite construction proposée en kit jusqu'à la verrière imposante, qui évoque les fastes de l'époque victorienne. N'oubliez pas de faire une demande de permis de construire. Dès qu'il est accordé, vous disposez d'une année pour bâtir votre véranda.

La forme de la structure importe peu pour la culture des plantes, mais vous devez pouvoir y circuler à votre aise. Prévoyez une hauteur minimale de 2,50 m, l'idéal étant un faîtage de 3 à 4 m si vous souhaitez faire pousser des arbres tropicaux tels que les palmiers. Pour faciliter l'entretien, évitez une construction tarabiscotée, avec des coins et des recoins. Une forme géométrique simple se révèle beaucoup moins chère à la construction et plus facile à aménager.

Le choix des matériaux

Ils doivent être adaptés au style architectural de la maison. L'aluminium, et depuis quelques années le bois, remportent tous les suffrages. L'acier reste l'apanage des très grandes vérandas. L'aluminium offre des qualités de souplesse, de résistance, et il n'exige aucun entretien. Il est proposé en finition naturelle, anodisée (incolore, noir ou bronze), ou bien laquée (en blanc ou marron essentiellement, mais tous les coloris sont possibles pour les constructions sur mesures). Pour une ossature solide, esthétique et durable, utilisez du bois exotique dur, traité par imprégnation sous pression. Pour la toiture, le verre est le matériau le plus transparent, mais sa fragilité le limite de préférence aux parties verticales de la véranda. Si vous souhaitez réaliser un bâtiment aux parois tout en verre, utilisez un verre feuilleté épais pour le toit et des doubles vitrages sur les côtés pour isoler votre pièce.

▲ Les montants métalliques doivent être repeints tous les cinq ans environ, avec un produit anti-rouille.

Le polycarbonate et le polymétacrylate, moins esthétiques, mais légers et non coupants, garantissent une très bonne isolation et une excellente résistance aux chocs. Ils sont utilisés pour les toitures des vérandas de style moderne. Il faut assurer également une bonne étanchéité au niveau des raccords entre les profilés et les surfaces transparentes. C'est souvent le point faible des vérandas.

Le bon emplacement

Il est souvent imposé par la disposition originelle de la maison quand la véranda est construite ultérieurement. Excepté dans le Midi, évitez une exposition en plein nord, trop froide en hiver dans la plupart des régions. L'exposition directe au sud, est partout insupportable au cœur de l'été. Une situation intermédiaire à l'est, au sud-est ou au sud-ouest est idéale.

Les installations obligatoires

La véranda doit être bien équipée pour avoir droit au titre de pièce à vivre.

L'aération et la ventilation : comme pour la serre, l'aération de la véranda est primordiale pour renouveler l'air ambiant. Elle évite un échauffement excessif et la formation de condensation sur les parois internes. Dans la conception de votre structure, prévoyez une large porte, des fenêtres sur le toit (en priorité) et sur les panneaux latéraux, avec une surface ouverte supérieure à 10 % de la superficie totale des vitres.

La ventilation est un complément très utile qui permet d'homogénéiser les différentes couches d'air à l'intérieur de votre véranda. L'air doit être brassé régulièrement, sans turbulence excessive. Vous pouvez installer un ventilateur dans la partie supérieure centrale de la pièce, pour une plus grande efficacité,

La véranda

UN PEU D'HISTOIRE

Les premières grandes serres privées ont fait leur apparition en Angleterre au siècle dernier, au fur et à mesure des progrès technologiques apportés par la révolution industrielle. La maîtrise de la fabrication du verre et de l'acier a permis aux architectes du XIXe siècle de créer des maisons de verre souvent impressionnantes. C'était la fameuse période des monumentales serres conservatoires victoriennes, des grandes découvertes, des voyages botaniques, des chasseurs d'orchidées et des introductions de nombreuses plantes rares, avec un engouement formidable pour tout ce qui était exotique. À cette époque où la verrière était devenue un élément de standing, les grandes familles se disputaient l'honneur de posséder la plus incroyable maison des plantes et la collection la plus riche. Les bouleversements sociologiques du début du siècle ont plongé la véranda dans l'oubli jusqu'à la fin des années 70. Entre temps, le concept s'est profondément modifié et démocratisé. La véranda joue aujourd'hui le rôle de pièce supplémentaire entre la maison et le jardin. C'est un endroit lumineux, décontracté, accueillant, environné d'une présence végétale prolifique. Aujourd'hui, la véranda fait la transition entre la maison et le jardin. C'est une pièce où l'on vit dehors.

◀ Une véranda victorienne du XIXe siècle.

ou des systèmes à air pulsé couplés à des humidificateurs. L'important est de brasser l'air, et non de créer des courants frais, néfastes à la plupart des plantes.

Le chauffage : la régulation de la température est un problème majeur dans la véranda où il fait souvent trop chaud en été et froid en hiver. Installez un chauffage d'appoint, réglé par un thermostat pour maintenir une température nocturne hivernale au minimum hors gel. Un radiateur électrique de type radiant est idéal. Dans la journée, dès que les rayons du soleil caressent les vitres de la véranda, l'effet de serre entraîne un réchauffement important et rapide qui permet souvent de se passer du chauffage.

L'ombrage : au moment de la construction de votre véranda, prévoyez l'installation de stores pour limiter les hausses excessives de température. L'idéal est de prévoir des claies extérieures, avec un système de commande électrique de l'enroulement qui permet de les faire fonctionner de l'intérieur du bâtiment. Ce procédé pratique est malheureusement très coûteux. Les stores intérieurs ont le défaut de ne pas empêcher la surchauffe de la pièce par les rayons du soleil, et leur maniement est problématique quand la végétation s'est beaucoup développée.

Pour assurer un complément d'ombrage, plantez à proximité un arbre à feuilles caduques, tel que le robinier, le frêne, ou le liquidambar, à l'exclusion de tous les arbres fruitiers. Cet arbre doit se trouver à 5 m environ de la pièce pour éviter que les racines n'abîment les fondations et que des branches ne risquent de tomber sur la toiture. Dans les grandes vérandas, servez-vous des plantes grimpantes vigoureuses, comme la passiflore, la suzanne-aux-yeux-noirs, la vigne, le tetrastigma ou la bougainvillée, pour ombrer certaines parties et pour offrir un refuge aux végétaux originaires des sous-bois tropicaux.

L'éclairage : ne négligez pas l'éclairage de votre véranda. En hiver, la nuit tombe très vite, et en été il fait bon y flâner tard le soir. Installez un système adapté à la forte humidité ambiante et ne placez pas vos plantes à moins de 40 à 50 cm des sources d'éclairage pour éviter les brûlures de feuillage. Vous pouvez prévoir un éclairage d'appoint de « type horticole » (tubes fluorescents, lumière du jour, spots halogènes ou lampes à vapeur de mercure) pour favoriser la croissance de certaines plantes.

Bien exposée, une véranda est un lieu de ravissement. ▶

▲ Pensez aux ouvertures pour une bonne aération.

Les serres et vérandas

LA CULTURE SOUS ABRIS

Sous une verrière, les plantes trouvent des conditions optimales d'humidité et d'éclairement. Cela permet de cultiver des espèces délicates qui ne peuvent se satisfaire des conditions souvent empiriques de la maison. Nous vous prodiguons, ici, quelques bons conseils spécifiques pour réussir vos cultures dans la serre ou la véranda.

▲ La brumisation du feuillage est nécessaire par temps chaud, en revanche, évitez de la pratiquer dans la serre en hiver.

 astuce Truffaut Gare aux excès d'humidité ! Les plantes ne doivent pas toucher le vitrage, sous peine de voir leur feuillage rapidement taché de moisissure. Pensez aussi à bien ventiler la serre.

La difficulté que l'on rencontre en serre ou en véranda est liée à la culture des plantes en pots. Le volume de terre réduit, dont dispose la plante, exige des soins particuliers.

Les conditions de culture

Le terreau des pots doit être léger, aéré, bien retenir l'eau. La richesse en éléments fertilisants doit être bonne, car les plantes en serre poussent plus vite qu'à la maison. Utilisez un substrat indemne de graines de mauvaises herbes et de parasites. La culture en conteneurs est le meilleur procédé pour faire pousser dans une serre un grand nombre de plantes différentes, car elle permet d'occuper tout l'espace utile. Le rempotage est une tâche importante dans une serre. Prévoyez une surface de travail réservée, avec une table où tout le matériel nécessaire sera stocké et disponible en permanence. Les substrats doivent être conservés au sec dans leurs sacs d'origine. Il en est de même pour les produits de traitement et les engrais.

Il est bon de disposer d'un grand bac où il sera possible de procéder au nettoyage des outils et surtout des pots. Ces derniers doivent être plongés pendant une journée dans une solution d'eau de Javel avant d'être réutilisés. Cette précaution est une des meilleures méthodes pour éviter la propagation des maladies. Répartissez les plantes de manière à ce que les feuillages ne touchent pas les parois en verre. Vous éviterez ainsi les brûlures par le soleil en été, ou le gel en hiver. Veillez à ce que toutes les plantes soient visibles et facilement accessibles pour simplifier l'entretien.

◄ Pincez les tomates précoces, en serre, au printemps.

La culture sous abris

Bien utiliser l'eau

Installez une arrivée d'eau dans votre serre, vous éviterez ainsi d'avoir à dérouler des tuyaux. L'arrosoir est le système le plus simple et le moins coûteux pour distribuer l'eau à toutes les plantes. C'est un des outils de base de la panoplie du jardinier. Pour la serre, préférez un modèle de 3 ou 6 litres avec un long bec. L'arrosage automatique est très utile, car il permet de s'absenter sans risque et d'arroser les plantes de manière plus précise, quand il est enclenché en fonction de la température ambiante. L'inconvénient, c'est qu'avec ce système, toutes les plantes reçoivent la même quantité d'eau, quels que soient leurs besoins respectifs. Il existe cependant, différentes techniques et possibilités.

L'arrosage par brumisation : est effectué par des aspersers montés sur un réseau de tuyaux semi-rigides. Il peut être couplé à un système de goutte-à-goutte.

L'arrosage au goutte-à-goutte : permet d'arroser chaque plante individuellement. C'est une bonne solution pour les jardins d'hiver où les grands sujets sont plantés en pleine terre. C'est plus compliqué pour les pots, car il faut installer de un à trois goutteurs par pots selon leur diamètre.

L'arrosage par capillarité : est obtenu en installant les potées sur un matelas de sable, une feuille de tissu synthétique ou des mèches de coton constamment humides.

Vous devez faire des apports de substances nutritives, quand les végétaux sont en pleine croissance. Préférez les engrais solides organiques au printemps, et les engrais liquides pendant la saison chaude. Donnez toujours le fertilisant après un arrosage.

▲ Conservez les pieds-mères de géraniums en serre froide.

Tous les semis précoces réussissent bien en serre. ▶

UNE ANNÉE EN SERRE

Printemps

Serre froide : rempotez les plantes d'orangerie. Augmentez la fréquence des arrosages et commencez les premiers apports d'engrais. Aérez si nécessaire. Maintenez un léger chauffage durant la nuit.

Serre tempérée : rempotez les plantes vertes. Installez l'ombrage. Mettez en végétation les plantes bulbeuses à floraison estivale (dahlias, cannas, glaïeuls). Aérez s'il fait chaud. Donnez de l'engrais aux plantes en pleine croissance. Semez les légumes frileux (tomates, aubergines, poivrons, melons, concombres) et la plupart des plantes annuelles pour massifs. Bouturez les calcéolaires, anthémis, fuchsias, géraniums, héliotropes, destinés aux massifs. Rempotez les boutures et semis réalisés les mois précédents. Installez-les dans la serre froide.

Été

Serre froide : nourrissez les plantes en croissance. Semez des bisannuelles (pensées, myosotis, pâquerettes). Bouturez des plantes à massifs pour former des pieds-mères. Bouturez les plantes herbacées (géraniums, œillets, etc.) à la fin de l'été et les jeunes pousses aoûtées des arbustes à feuillage persistant.

Serre tempérée : arrêtez le chauffage. Aérez et ombrez. Arrosez et bassinez fréquemment. Donnez de l'engrais une fois tous les deux arrosages. Videz la serre et nettoyez tout de fond en comble. Effectuez les réparations de structure en cas de besoin et vérifiez le bon état du chauffage. Donnez souvent de l'engrais liquide à toutes les plantes.

Automne

Serre froide : rempotez les bisannuelles. Semez en terrines des fleurs

▲ Les boutures sont plus faciles en serre.

annuelles rustiques. Terminez le bouturage des plantes à massifs. Retirez les ombrages. Allumez le chauffage pour maintenir une température minimale hors gel. Rentrez les plantes d'orangerie. Diminuez les arrosages pour les pieds-mères.

Serre tempérée : rentrez toutes les plantes que vous avez sorties en mai. Continuez les arrosages et les bassinages, ainsi que l'aération par beau temps. Stoppez les apports d'engrais. Commencez à chauffer. Ôtez les ombrages. Lavez les vitres pour laisser passer toute la lumière. Empotez les premiers bulbes forcés.

Hiver

Serre froide : isolez et chauffez pour maintenir l'ambiance hors gel. Arrosez très peu. Aérez si le temps le permet. Nettoyez régulièrement les plantes en repos. Empotez les annuelles rustiques. Nettoyez et désinfectez le matériel inutilisé. Réduisez les arrosages au minimum.

Serre tempérée : chauffez continuellement et aérez aux heures les plus chaudes de la journée. Arrosez peu. Nettoyez le feuillage jauni des plantes rentrées en octobre. Mettez en végétation quelques plantes de serre froide pour les bouturer : coléus, fuchsias, anthémis, etc. Éloignez les plantes des parois. Espacez les plantes pour qu'elles profitent d'un éclairement maximal.

▼ Rempotez dès la fin de l'hiver.

755

Les serres et vérandas

LES PLANTES DE SERRES ET DE VÉRANDAS

Grâce à l'effet de serre qui génère une douce chaleur sous la verrière aux premiers rayons du soleil, toutes les plantes d'origine tropicale trouvent un havre de bien-être dans un abri vitré. La toute fine paroi transparente qui les sépare de l'extérieur ne garantit pas une température constante comme c'est le cas dans la maison. ❧ *L'ambiance intérieure peut varier de plusieurs degrés au cours d'une même journée. Cela est très bénéfique aux végétaux qui trouvent ainsi des conditions climatiques proches de celles rencontrées dans la nature.* ❧ *Autre point fort, la transparence des murs et de la toiture assure une luminosité exceptionnelle dans la verrière, où le moindre rayon de soleil peut bénéficier aux plantes.* ❧ *Peu de choses séparent la serre de la véranda. La première est une construction vitrée indépendante réservée à la culture des végétaux.* ❧ *C'est le laboratoire du jardinier, son petit coin secret où il fait ses expériences et prépare semis et boutures.* ❧ *La véranda est toujours attenante à la maison. C'est une pièce supplémentaire, un espace à la fois intérieur et extérieur qui s'ouvre sur le jardin et permet de communier avec la nature par tous les temps.* ❧ *En serre ou en véranda, vous pourrez acclimater des plantes réputées capricieuses ou délicates. Dans ces conditions très privilégiées elles se montreront dociles, et vous donneront le meilleur d'elles-mêmes, pour votre plus grand plaisir…* ❧

Les serres et vérandas

LES PLANTES DE JARDINS D'HIVER

Trop de beautés tropicales, que l'on peut cultiver en pot, se comportent mal dans la maison. Elles n'y trouvent pas la lumière et l'hygrométrie suffisantes pour assurer leur bon développement. Ce sont ces plantes, amies de la chaleur, que nous vous proposons de découvrir ici.

Allamanda cathartica — ALLAMANDA

Cette belle plante grimpante d'origine brésilienne fleurit de mai à septembre. Les fleurs jaune vif, en trompettes, sont très spectaculaires. Elles se détachent bien sur le feuillage vert brillant, coriace.
Famille : Apocynacées.
Sol : mélange de terreau de fumier et de terre de jardin sableuse par moitié.
Température : de 18 à 25 °C toute l'année.
Exposition : lumière très vive, avec quelques heures quotidiennes de soleil direct, non brûlant.
Arrosage : laissez la terre du pot s'assécher un peu entre deux arrosages très copieux.
Entretien : de mars à septembre, donnez tous les quinze jours, de l'engrais pour plantes fleuries. Au printemps, rabattez les tiges à moitié de leur longueur et rempotez. Brumisez souvent le feuillage.
Facilité de culture : ❀ ❀
Notre conseil : la plante doit subir un léger repos hivernal. Maintenez-la à 18 °C et réduisez les arrosages durant cette période.

▲ *Allamanda cathartica.*   *Alocasia macrorrhiza.* ▼

Alocasia macrorrhiza — OREILLE D'ÉLÉPHANT

Cette plante volumineuse est native de la Malaisie et du Sri-Lanka. Elle développe des feuilles immenses, en forme de fer de lance, qui peuvent atteindre 2 m de longueur. Il existe une jolie forme panachée de blanc-crème qui est plus fragile.
Famille : Aracées.
Sol : mélange très riche et drainé, composé de terreau de fumier, de terre de jardin et de sable.
Température : de 18 à 25 °C. En hiver, maintenez la plante au repos à 15 °C.
Exposition : plein soleil toute l'année.
Arrosage : très abondant pendant la période de croissance, en maintenant le compost humide, sans pour autant le détremper. En hiver, réduisez les arrosages et laissez bien sécher la terre entre deux apports d'eau.
Entretien : de mai à septembre, donnez toutes les semaines, un engrais pour plantes vertes. Rempotez au printemps dans un gros pot aussi haut que large.
Facilité de culture : ❀ ❀
Notre conseil : prévoyez beaucoup de place (de 3 à 4 m² minimum) pour permettre à votre potée de s'épanouir à son aise. Plantez-la en pleine terre.

Alpinia purpurata — GINGEMBRE ROUGE

Cette plante au port élancé est originaire des îles Moluques et de Nouvelle-Calédonie. Elle est répandue et cultivée dans de nombreuses régions tropicales pour sa floraison vivement colorée. En fait, ce sont les bractées qui donnent la couleur rouge vif brillant de l'inflorescence. Les fleurs sont blanches, peu apparentes.
Famille : Zingibéracées.
Sol : mélange riche et bien drainé, à base de terre de jardin et de terreau de fumier par moitié.
Température : de 18 à 25 °C toute l'année.
Exposition : lumière très vive, sans soleil direct.
Arrosage : en été, maintenez le sol humide en permanence. En hiver, laissez la terre sécher en surface entre deux arrosages. Utilisez de l'eau non calcaire, à température ambiante.
Entretien : rempotez au printemps dans un grand

758

Les plantes de jardins d'hiver

contenant plus large que haut. Donnez de l'engrais tous les quinze jours, de mai à septembre.
Facilité de culture : ❀ ❀ ❀
Notre conseil : bassinez fréquemment le feuillage qui se dessèche sur les bords, quand l'hygrométrie est trop faible. Pas de courants d'air. En raison de la puissance de ses rhizomes, cette plante réussit mieux en pleine terre. Il existe d'autres espèces très décoratives, notamment : *Alpinia zerumbet* aux fleurs blanches comme de la porcelaine.

Aphelandra squarrosa
PLANTE ZÈBRE

Cette superbe plante est originaire du Brésil. Les feuilles oblongues sont vert foncé brillant, avec des nervures blanc crème. Les fleurs jaune vif apparaissent sur une hampe florale dressée au-dessus du feuillage. Elles sont accompagnées de bractées jaunes teintées de vert et de rouge. La plante forme un buisson peu ramifié de 60 cm de haut.
Famille : Acanthacées.
Sol : mélange de terreau de feuilles, de tourbe et de sable par tiers, avec une pincée de sang desséché.
Température : de 18 à 22 °C. Un minimum de 15 °C est requis en hiver.
Exposition : lumière vive, sans soleil direct.
Arrosage : utilisez une eau non calcaire. Laissez le sol s'assécher entre deux arrosages.
Entretien : bassinez fréquemment le feuillage. Donnez de l'engrais pour plantes fleuries tous les quinze jours de mai à septembre. Au printemps, rempotez et rabattez la plante de moitié.
Facilité de culture : ❀ ❀
Notre conseil : la taille printanière est obligatoire pour obtenir une floraison. La plante zèbre réussit beaucoup mieux dans l'ambiance moite d'une serre.

Begonia x 'Immense'
BÉGONIA

Cet hybride rhizomateux, particulièrement vigoureux, a été obtenu dans un semis de *Begonia* x 'Ricinifolia'. Il forme des feuilles palmées vert vif brillant, portées par de longs pétioles couverts de gros poils rouge vif. La touffe peut atteindre une envergure de 1 à 1,50 m. À la fin de l'hiver, les fleurs rose vif apparaissent groupées en grandes inflorescences au-dessus du feuillage.
Famille : Bégoniacées.
Sol : mélange léger et bien drainé ; 1/3 de sable ou de vermiculite, 2/3 de terreau de fumier.
Température : de 18 à 25 °C toute l'année.
Exposition : lumière vive, avec quelques heures de plein soleil le matin.
Arrosage : modéré. Il faut laisser la terre sécher entre deux arrosages : c'est le secret de la réussite.
Entretien : donnez de l'engrais tous les quinze jours, de mai à septembre. Ne bassinez pas le feuillage qui se tacherait et risquerait vite de pourrir. Au printemps, faites un apport de corne torréfiée et de sang desséché (une poignée pour un pot de 18 cm de diamètre).
Facilité de culture : ❀ ❀
Notre conseil : évitez les brusques écarts de température, attention aux attaques d'oïdium (maladie du blanc) auxquelles sont très sensibles la plupart des bégonias à feuillage décoratif.

Breynia nivosa
BREYNIA

Synonyme : *Breynia disticha*. Ce petit arbuste natif des îles des mers du Sud présente des feuilles ovales sur des rameaux flexibles munis d'épines recourbées. Le feuillage est vert foncé pour l'espèce type. La variété 'Roseopicta', la plus cultivée, est panachée de crème et de rose. Les fleurs rares sont vertes, en forme de petites clochettes.
Famille : Euphorbiacées.
Sol : mélange de terreau de feuilles à demi décomposé, de tourbe et de sable par tiers.
Température : de 20 à 25 °C. 16 °C en hiver.
Exposition : lumière vive, sans soleil direct.
Arrosage : maintenez le terreau légèrement humide.
Entretien : bassinez le feuillage. Donnez de l'engrais au printemps et en été tous les quinze jours.
Facilité de culture : ❀ ❀ ❀
Notre conseil : maintenez une ambiance chaude et humide en permanence. Taillez en fin d'hiver pour provoquer une bonne ramification de la ramure, tout en évitant que la plante se dégarnisse de la base. Très belle association avec une bougainvillée.

▲ *Alpinia purpurata* : une plante commune aux Antilles.

▲ *Aphelandra squarrosa* au feuillage presque artificiel.

▲ *Begonia* x 'Immense'.   *Breynia nivosa* 'Albopicta'. ▼

Les serres et vérandas

Calliandra haematocephala
CALLIANDRA

Au Brésil, son pays d'origine, cette plante forme un petit arbre persistant, au port étalé en forme de parasol. Les feuilles légères sont composées d'un grand nombre de folioles vert franc. La floraison en pompon rouge vif est très décorative.
Famille : Fabacées.
Sol : mélange bien drainé, composé de terre de jardin, de terreau de fumier et de sable par tiers.
Température : de 18 à 25 °C. En hiver, un minimum de 12 à 15 °C est nécessaire.
Exposition : lumière très vive, avec quelques heures quotidiennes de plein soleil en début de journée.
Arrosage : modéré. Laissez le sol s'assécher avant d'arroser. Réduisez les apports d'eau, en hiver, pendant la période de repos végétatif.
Entretien : donnez de l'engrais tous les quinze jours en été. Rempotez, au printemps, après avoir rabattu les branches à moitié de leur longueur.
Facilité de culture : ❀ ❀ ❀
Notre conseil : faites attention aux pucerons.

▲ *Calliandra haematocephala* 'Tweedii' : velouté.

Costus speciosus
COSTUS

Cette plante native de l'Inde développe des tiges de 2 m de hauteur, qui prennent une forme spiralée surprenante. Les feuilles succulentes vert foncé sont simples et oblongues. La floraison en épis denses, couverts de bractées rouge vif, apparaît au sommet des tiges. Les grandes fleurs blanches, à la texture diaphane, ont une durée d'épanouissement éphémère.
Famille : Zingibéracées.
Sol : mélange très riche de terreau de fumier, de terre de jardin et de sable par tiers.
Température : de 18 à 25 °C pendant la croissance. En hiver, maintenez un minimum de 15 °C.
Exposition : lumière vive, mais sans soleil direct.
Arrosage : au printemps et en été, le sol doit rester humide, sans être détrempé. En hiver, laissez bien sécher la terre entre deux arrosages.
Entretien : rempotez tous les ans au printemps, en utilisant une grande coupe large, car les racines ont un développement traçant. Au printemps et en été, donnez de l'engrais une fois par semaine.
Facilité de culture : ❀ ❀ ❀
Notre conseil : bassinez fréquemment le feuillage.

▲ *Costus speciosus* : des fleurs translucides.

Dichorisandra thyrsiflora
GINGEMBRE BLEU

Cette proche cousine des « misères » est originaire du Brésil. Elle forme des touffes de 1 m de hauteur, avec des tiges érigées souples. Les feuilles lancéolées sont vert foncé sur le dessus et rouge foncé au revers. L'inflorescence terminale en grappe est composée de nombreuses petites fleurs bleu intense, aux étamines jaune d'or.
Famille : Commélinacées.
Sol : terreau de fumier et de tourbe fibreuse.
Température : de 18 à 25 °C toute l'année.
Exposition : mi-ombre, pas de soleil direct.
Arrosage : modéré. Laissez bien sécher la surface du sol entre deux apports d'eau plutôt tiède.
Entretien : bassinez quotidiennement le feuillage. Engrais de mai à septembre, tous les quinze jours.
Facilité de culture : ❀ ❀ ❀
Notre conseil : cette plante est très sensible aux araignées rouges. Prévoyez un traitement préventif avec un acaricide spécifique et douchez complètement le feuillage toutes les semaines, surtout en été.

◄ *Dichorisandra thyrsiflora* : une floraison ravissante.

Les plantes de jardins d'hiver

Episcia x
ÉPISCIA

La plupart des hybrides ont été obtenus à partir de l'espèce *Episcia cupreata*, une petite plante tapissante originaire de Colombie. Le feuillage velu, aux reflets métalliques, est maculé d'argent. Les fleurs sont d'un rouge vif velouté. Elles apparaissent toute l'année, si la lumière est suffisante.
Famille : Gesnériacées.
Sol : mélange léger et bien drainé de terreau de fumier, de sable et de tourbe fibreuse.
Température : de 18 à 25 °C toute l'année.
Exposition : lumière vive, sans soleil direct.
Arrosage : gardez le substrat humide en permanence sans le détremper. Utilisez une eau douce, non calcaire, à la température ambiante.
Entretien : maintenez une hygrométrie très élevée, sans bassiner les feuilles. Donnez un engrais pour plantes fleuries, tous les quinze jours, de mai à octobre.
Facilité de culture : ❀ ❀ ❀
Notre conseil : évitez les courants d'air froid. Installez votre épiscia dans une terrine large et basse.

Heliconia spp.
HÉLICONIA

Ce genre comprend environ quatre-vingts espèces tropicales et de nombreux hybrides. Ce sont en général des plantes au développement imposant et à la floraison spectaculaire, très colorée. Les larges feuilles érigées peuvent atteindre 3 m de hauteur chez les grandes espèces, comme *Heliconia caribaea*. *Heliconia psittacorum* et *acuminata* sont moins hautes (1 m de haut environ).
Famille : Héliconiacées.
Sol : riche et consistant, à base de terre de jardin et de terreau de fumier, avec un apport de corne torréfiée et de sang desséché au printemps.
Température : de 18 à 25 °C toute l'année.
Exposition : plein soleil en permanence.
Arrosage : maintenez le compost légèrement humide, sans jamais le détremper.
Entretien : bassinez fréquemment le feuillage. Donnez un engrais toutes les semaines, de mai à septembre. Rempotez tous les ans.

Facilité de culture : ❀ ❀ ❀
Notre conseil : installez votre héliconia en pleine terre dans la véranda, pour obtenir une croissance optimale. Chauffage du sol en hiver si possible.

Hoffmania refulgens
HOFFMANIA

Cette belle plante mexicaine développe des longues feuilles gaufrées vert foncé, aux reflets bronze à la face supérieure. Le revers est rouge foncé. Elle forme un buisson d'environ 40 à 50 cm de haut. La floraison est rouge brique.
Famille : Rubiacées.
Sol : mélange de terre de bruyère, de terreau de fumier et de terre de jardin par tiers.
Température : de 18 à 25 °C toute l'année.
Exposition : mi-ombre de préférence.
Arrosage : laissez la motte s'assécher légèrement entre deux arrosages à l'eau douce non calcaire.
Entretien : l'ambiance doit être très humide, mais évitez de bassiner le feuillage, sous peine de le tacher de manière inesthétique. Donnez de l'engrais tous les quinze jours d'avril à septembre.
Facilité de culture : ❀ ❀ ❀
Notre conseil : installez votre potée sous le couvert de grandes plantes. Tous les six mois, arrosez avec un produit antichlorose à base de fer.

▲ *Episcia* x 'Acajou' : un feuillage aux reflets d'argent.

▲ *Heliconia stricta* hybride : l'inflorescence atteint 1 m.

Hoffmania refulgens : un feuillage de toute beauté. ▶

761

Les serres et vérandas

▲ *Hymenocallis narcissiflora* : la fleur araignée.

▲ *Isoloma amabile*.   *Licuala grandis*. ▼

Hymenocallis caribaea
ISMÈNE

Cette plante bulbeuse d'Amérique tropicale porte de grandes feuilles rubanées, vert vif. En été, elle produit de longues hampes, dont chacune porte une ombelle de grandes fleurs blanches, très découpées, réunies par groupe de six.
Famille : Amaryllidacées.
Sol : mélange bien drainé, composé de terre de jardin, de terreau de fumier et de sable par tiers.
Température : de 18 à 25 °C. En hiver, repos complet à l'état de bulbe gardé entre 10 °C et 15 °C.
Exposition : lumière très vive, avec quelques heures quotidiennes d'exposition en plein soleil.
Arrosage : modéré. Laissez le sol s'assécher avant d'arroser. Arrêtez les apports d'eau en hiver.
Entretien : donnez de l'engrais tous les quinze jours en été. Rempotez les bulbes au printemps.
Facilité de culture :

Notre conseil : supprimez les inflorescences après la floraison. *Hymenocallis narcissiflora* et x *festalis* sont des espèces très voisines et intéressantes.

Isoloma amabile
ISOLOMA

Synonyme : *Kohleria amabilis*. Cette petite plante qui n'excède pas 20 cm de haut est native de Colombie. Elle forme une rosette de feuillage velouté et de grandes fleurs tubulaires rouge carmin, ponctuées de blanc. La floraison estivale est portée par de fins pédoncules.
Famille : Gesnériacées.
Sol : mélange très riche de terreau de fumier, de tourbe fibreuse et de sable par tiers.
Température : de 18 à 25 °C pendant la croissance. En hiver, maintenez un minimum de 15 °C.
Exposition : lumière vive, mais sans soleil direct.
Arrosage : au printemps et en été, le sol doit rester humide, sans être détrempé. En hiver, laissez bien sécher la terre entre deux arrosages. Utilisez une eau douce non calcaire, à température ambiante.
Entretien : au printemps et en été, donnez de l'engrais une fois par semaine. Maintenez une forte hygrométrie, sans mouiller les feuilles.
Facilité de culture :

Notre conseil : en hiver, marquez une période de repos, mais le feuillage ne doit pas disparaître.

Licuala grandis
PALMIER ÉVENTAIL

Cette magnifique plante imposante est originaire de Nouvelle-Guinée. Elle forme des grandes feuilles vert vif, en éventails aux bords dentés, qui partent d'un tronc court. Ce palmier peut atteindre 2 à 3 m de hauteur, en pot.
Famille : Palmacées.
Sol : mélange de terre de jardin, de terreau de fumier et de sable par tiers.
Température : de 18 à 25° C toute l'année.
Exposition : plein soleil en toute saison.
Arrosage : modéré. Laissez un peu sécher la surface du sol entre deux apports d'eau.
Entretien : bassinez quotidiennement le feuillage. Donnez de l'engrais pour plantes vertes, de mai à septembre, tous les quinze jours. Installez votre plante dans une poterie large et très profonde.
Facilité de culture :

Notre conseil : entretenez une hygrométrie élevée, en bassinant tous les jours le feuillage. Mouillez bien la face inférieure. Prévoyez un espace suffisant pour permettre le plein développement de ce palmier d'une rare élégance.

Mussaenda erythrophylla
MUSSAENDA

Ce bel arbuste originaire du Sud-Est asiatique forme un buisson d'environ 1 à 2 m en serre, jusqu'à plus de 3 m dans les jardins tropicaux. Les feuilles oblongues vert foncé sont profondément nervurées. La floraison est très spectaculaire, avec des inflorescences aux larges bractées rose vif, blanches, crème ou rouge selon les variétés.
Famille : Rubiacées.
Sol : mélange léger et bien drainé, de terreau de fumier, de sable et de tourbe fibreuse.
Température : de 18 à 25 °C toute l'année.
Exposition : lumière vive, en plein soleil.
Arrosage : gardez le substrat toujours humide sans le détremper. Utilisez une eau douce non calcaire.
Entretien : maintenez une hygrométrie très élevée, en bassinant les feuilles. Donnez un engrais pour plantes fleuries, tous les quinze jours, de mai à octobre. Rabattez les tiges de moitié au printemps.
Facilité de culture : ❀ ❀ ❀
Notre conseil : évitez les courants d'air froid.

Ruellia devosiana
RUELLIA

Synonyme : *Dipteracanthus devosianus*. Cette belle plante originaire du Brésil forme un petit buisson au port étalé, devenant semi-retombant avec l'âge. Les petites feuilles satinées sont vert franc, nervurées de blanc crème sur le dessus et de pourpre au revers. Les fleurs blanches, rayées de bleu, apparaissent en automne et en hiver et durent longtemps.
Famille : Acanthacées.
Sol : riche et bien drainé, à base de terreau de fumier, de tourbe fibreuse et de sable par tiers.
Température : de 18 à 25 °C toute l'année.
Exposition : lumière vive mais tamisée, sans soleil direct qui décolore le feuillage.
Arrosage : maintenez le compost humide, sans le détremper. En hiver, laissez le sol s'assécher légèrement entre deux arrosages.
Entretien : assurez une hygrométrie élevée. Donnez un engrais toutes les semaines, de mai à septembre. Rempotez tous les ans dans une coupe large.

Facilité de culture : ❀ ❀ ❀
Notre conseil : au printemps, rabattez les tiges de moitié pour favoriser la nouvelle floraison.

Strobilanthes dyerianus
STROBILANTE

Cette magnifique plante, native de Birmanie, est recherchée pour son extraordinaire feuillage aux reflets métalliques. Les feuilles oblongues ont des nervures vert bronze qui sillonnent un limbe teinté de rose néon et d'argent. Une grande subtilité.
Famille : Acanthacées.
Sol : mélange de terre de bruyère, de terreau de feuilles et de sable de rivière par tiers.
Température : de 18 à 25 °C toute l'année. Un minimum de 16 °C est requis en hiver.
Exposition : lumière vive mais tamisée.
Arrosage : laissez la motte s'assécher légèrement entre deux arrosages, à l'eau douce non calcaire.
Entretien : bassinez fréquemment le feuillage. Donnez de l'engrais tous les quinze jours, d'avril à septembre. Pincez les extrémités des tiges pour favoriser l'apparition de nouvelles pousses plus colorées.
Facilité de culture : ❀ ❀ ❀
Notre conseil : utilisez cette plante au port bien étalé, comme couvre-sol, aux pieds des grandes plantes qui se dégarnissent de la base.

▲ *Mussaenda erythrophylla* : une profusion de couleurs.

▲ *Ruellia devosiana* : une plante qui s'étale beaucoup.

▼ *Strobilanthes dyerianus* : un feuillage aux teintes rares.

Les serres et vérandas

LES PLANTES DE VERRIÈRES TEMPÉRÉES

Plus faciles à entretenir et moins coûteuses que les jardins d'hiver, les verrières tempérées sont de véritables pièces à vivre. La température minimale ne descend pas sous les 12 °C durant la nuit. L'ambiance moyenne se situe entre 15 °C et 18 °C en hiver, au cours de la journée.

Abutilon megapotamicum
ABUTILON DU RIO GRANDE

Cette plante originaire du Brésil forme un arbuste persistant au port retombant. Les longues branches souples portent de petites feuilles vert foncé pointues et dentées. On trouve une forme panachée de jaune. Les fleurs pendantes ont un calice rouge vif et des pétales jaunes, d'où émerge un bouquet dense d'étamines pourpre foncé. La floraison s'étale du printemps à l'automne.
Famille : Malvacées.
Sol : mélange bien drainé composé de terre de jardin, de terreau de fumier et de sable par tiers.
Température : de 18 à 25 °C. En hiver, un minimum de 5 °C est bien toléré.
Exposition : lumière moyenne, sans soleil direct.
Arrosage : modéré. Laissez le sol s'assécher avant d'arroser. Réduisez les apports d'eau en hiver, pendant la période de repos végétatif.
Entretien : donnez de l'engrais tous les quinze jours en été. Rempotez au printemps après avoir rabattu les branches au tiers de leur longueur.
Facilité de culture : ✿
Notre conseil : traitez en permanence à l'insecticide, contre les pucerons et les aleurodes.

Alsophila australis
FOUGÈRE EN ARBRE D'AUSTRALIE

Synonymes : *Cyathaea australis*, ou *cooperi*. Cette fougère arborescente, native de Tasmanie et d'Australie, développe une couronne de frondes immenses sur un tronc qui peut atteindre plus de 2 m de hauteur. Les frondes sont finement divisées et vert métallisé. Le tronc et les pétioles sont couverts de poils marron-brun.
Famille : Cyathéacées.
Sol : mélange très riche de terreau de fumier, de terre de jardin et de sable par tiers.
Température : de 18 à 25 °C. En hiver, maintenez une ambiance minimale de 12°C.
Exposition : lumière vive, mais sans soleil direct.
Arrosage : au printemps et en été, le sol doit rester humide. En hiver, laissez sécher la terre entre deux arrosages à l'eau tempérée.
Entretien : rempotez chaque année, en février ou mars, en utilisant un grand pot. Au printemps et en été, donnez de l'engrais tous les quinze jours.
Facilité de culture : ✿ ✿ ✿
Notre conseil : bassinez fréquemment le feuillage.

Ardisia crenata
ARDISIA

Cet arbuste est originaire du Japon. Il forme un petit buisson qui n'excède pas 1 m de hauteur. Les feuilles simples, vert foncé, ont un aspect vernissé un peu coriace. Elles sont bordées de petites formations (à ne pas enlever) qui renferment des bactéries. La floraison blanche est suivie d'une abondante fructification automnale rouge vif qui persiste pendant plusieurs mois.
Famille : Myrsinacées.
Sol : terreau de fumier, sable de rivière granuleux et tourbe blonde par tiers.
Température : de 18 à 20 °C en moyenne. En hiver, de 10 à 12 °C.

▲ *Abutilon megapotamicum.* *Alsophila australis.* ▼

Les plantes de verrières tempérées

Exposition : mi-ombre.
Arrosage : modéré. Laissez sécher la surface du sol entre deux apports d'eau à température ambiante.
Entretien : bassinez fréquemment le feuillage. Donnez de l'engrais de mai à septembre, tous les quinze jours. Rempotez tous les ans et taillez légèrement la plante après la fructification.
Facilité de culture : ❀ ❀
Notre conseil : utilisez une eau non calcaire.

Bomarea caldasii
BOMARÉA

Le genre *Bomarea* comprend 150 espèces originaires d'Amérique tropicale. Ce sont des plantes grimpantes vigoureuses, au feuillage vert plus ou moins duveteux. Les tiges atteignent une longueur de 2 à 3 m en une saison. L'intérêt principal de ces lianes est la floraison estivale rouge, jaune ou orange, d'une grande beauté.
Famille : Alstroemériacées.
Sol : mélange bien drainé de terreau de fumier, de sable et de terre de jardin.
Température : de 18 à 25 °C pendant la période de végétation. De 5 à 10 °C en hiver.
Exposition : le plein soleil est apprécié.
Arrosage : gardez le substrat humide, sans le détremper, pendant la période de croissance. En hiver, maintenez la souche au sec.
Entretien : donnez un engrais pour plantes fleuries, tous les quinze jours, de mai à octobre. Palissez régulièrement les nouvelles pousses.
Facilité de culture : ❀ ❀ ❀
Notre conseil : installez le bomaréa en pleine terre, pour obtenir une floraison plus abondante.

Brunfelsia pauciflora calycina
HIER, AUJOURD'HUI, DEMAIN

Cet arbuste au feuillage persistant est originaire du Brésil. Les feuilles simples, coriaces, sont elliptiques et vert foncé. Les grandes fleurs ont une teinte changeante, d'abord violette, puis bleue, pour devenir blanche en l'espace de trois jours. La floraison apparaît en hiver et au printemps.
Famille : Solanacées.
Sol : riche, à base de terre de jardin et de terreau de fumier, avec un apport de corne torréfiée et de sang desséché au printemps.
Température : de 18 à 25 °C. Au minimum 12 °C en hiver, en gardant la plante au sec.
Exposition : le plein soleil direct toute l'année.
Arrosage : laissez la terre du pot légèrement sécher entre deux arrosages successifs.
Entretien : bassinez fréquemment le feuillage. Donnez un engrais toutes les semaines, de mai à septembre. Rempotez tous les ans, après avoir rabattu les tiges à la moitié de leur longueur.
Facilité de culture : ❀ ❀ ❀
Notre conseil : utilisez une eau douce non calcaire pour les arrosages et les brumisations.

Cassia corymbosa
CASSIA FLORIBUNDA

Cette belle plante originaire d'Argentine développe de longues feuilles divisées qui rappellent celles de nos robiniers. Elle forme un buisson d'environ 1 à 2 m de haut. La floraison apparaît en été. Les fleurs jaune d'or sont réunies en grappes de 15 à 30 cm de long. Il existe plus de cinq cents espèces de cassias, la plupart très décorative par leur floraison généreuse.
Famille : Fabacées.
Sol : mélange de terreau de fumier, de sable de Loire et de terre de jardin par tiers.
Température : de 18 à 25 °C pendant la période de végétation. En hiver, de 5 à 10 °C (la plus grande partie du feuillage tombe, c'est normal).
Exposition : le plein soleil toute l'année.
Arrosage : laissez la motte s'assécher entre deux arrosages. L'eau calcaire est bien acceptée.
Entretien : donnez de l'engrais pour plantes fleuries tous les quinze jours, d'avril à septembre. Rempotez chaque année au printemps, et taillez les tiges au tiers de leur longueur pour une bonne floraison.
Facilité de culture : ❀ ❀
Notre conseil : installez votre potée dans le jardin en été, jusqu'à la mi-octobre, en plein soleil.

▲ *Ardisia crenata* : une superbe fructification.

▲ *Bomarea caldasii* : des clochettes très délicates.

▲ *Brunfelsia calycina* : des fleurs aux couleurs évolutives.

Cassia corymbosa : une floraison longue et colorée. ▶

Les serres et vérandas

▲ *Clianthus formosus* : une merveille de collection.

▲ *Coccoloba uvifera* : des feuilles énormes.

▲ *Dicksonia squarrosa*.   *Encephalartos transvenosus*. ▼

Clianthus formosus
POIS GLORIEUX

Cette espèce est originaire d'Australie. Elle présente un port buissonnant, avec des tiges souples qui peuvent être palissées. Elle peut atteindre 3 m de hauteur. Les feuilles vert vif sont très découpées. Les grandes fleurs rouge brillant, avec un gros œil noir, apparaissent au printemps.
Famille : Fabacées.
Sol : mélange léger et bien drainé de terreau de feuilles, de terre de jardin et de sable par tiers.
Température : de 18 à 25 °C. En hiver, maintenez un minimum de 10 °C dans une ambiance sèche.
Exposition : lumière vive, mais sans soleil direct.
Arrosage : laissez toujours la terre sécher entre deux arrosages à l'eau tempérée.
Entretien : rempotez tous les deux ans, en mars ou avril, en utilisant un grand pot. Au printemps et en été, donnez de l'engrais tous les quinze jours.
Facilité de culture : ❀ ❀ ❀
Notre conseil : bassinez le feuillage tous les jours en été, en insistant sur la face inférieure.

Coccoloba uvifera
VIGNE DE MER

Cette plante originaire d'Amérique du Sud forme un arbre persistant imposant. Son développement dans une véranda est réduit à celui d'un grand arbuste. Les énormes feuilles vert foncé brillant sont coriaces et arrondies.
Famille : Polygonacées.
Sol : mélange bien drainé, composé de terre de jardin, de terreau de fumier et de sable par tiers.
Température : de 18 à 25 °C. En hiver, minimum 12 °C, pour éviter la chute du feuillage.
Exposition : le plein soleil, même direct.
Arrosage : laissez le sol sécher avant d'arroser.
Entretien : donnez de l'engrais tous les quinze jours en été. Rempotez au printemps et taillez sévèrement les branches les plus encombrantes.
Facilité de culture : ❀ ❀
Notre conseil : maintenez une hygrométrie élevée, sinon les feuilles jaunissent et tombent. La culture sur graviers est une solution efficace.

Dicksonia squarrosa
FOUGÈRE ARBORESCENTE

Cette superbe fougère en arbre est originaire de Nouvelle-Zélande. Sur un tronc qui peut atteindre 3 m, elle développe des frondes immenses très découpées, vert vif. Cette espèce est plus trapue que *Dicksonia antarctica*, souvent proposée dans le commerce, car elle est presque rustique.
Famille : Dicksoniacées.
Sol : terreau de fumier, sable de rivière et tourbe blonde par tiers.
Température : de 18 à 20 °C en moyenne. En hiver, de 8 à 12 °C suffisent.
Exposition : lumière vive tamisée.
Arrosage : le substrat ne doit jamais sécher complètement, sinon la plante meurt très vite.
Entretien : bassinez fréquemment le feuillage. Donnez de l'engrais de mai à septembre, tous les quinze jours. Coupez les vieilles frondes desséchées.
Facilité de culture : ❀ ❀ ❀
Notre conseil : cette fougère apprécie un séjour dans le jardin, à l'ombre, en été.

Encephalartos transvenosus
ENCÉPHALARTOS

Cette plante au port majestueux est native d'Afrique du Sud, dans le Transvaal. Elle forme un tronc épais d'environ 2 à 3 m de haut, surmonté d'une épaisse couronne de feuilles vert foncé, aux folioles pointues et piquantes.
Famille : Zamiacées.
Sol : mélange bien drainé de terreau de fumier, de sable et de terre de jardin.
Température : de 18 à 25 °C pendant la période de végétation. 12 °C en hiver, au sec.
Exposition : lumière très forte, sans soleil direct.
Arrosage : gardez le substrat humide pendant la période de croissance. En hiver, laissez le sol sécher avant d'arroser à nouveau.
Entretien : donnez un engrais pour plantes vertes tous les quinze jours de mai à octobre. Brumisez le feuillage en été, en insistant sur la partie inférieure. Coupez les feuilles jaunies.

Les plantes de verrières tempérées

Facilité de culture : ✿ ✿ ✿
Notre conseil : faites attention aux feuilles très piquantes, quand vous manipulez la potée.

Haemanthus multiflorus
HAEMANTHUS

Cette plante bulbeuse est originaire d'Afrique tropicale. Elle émet au printemps une hampe terminée par une ombelle composée de 30 à 100 fleurs d'un magnifique rouge-orangé.
Famille : Amaryllidacées.
Sol : terre de jardin, sable et terreau de fumier.
Température : de 18 à 25 °C pendant la croissance, de 10 à 12 °C en hiver.
Exposition : lumière vive tamisée.
Arrosage : laissez la terre du pot sécher entre deux arrosages. Réduisez peu à peu en automne et gardez le bulbe dans son pot au sec en hiver.
Entretien : donnez de l'engrais toutes les semaines, de mai à fin août. À l'automne, éliminez les feuilles desséchées. Rempotez le bulbe au printemps, tous les deux ou trois ans uniquement.
Facilité de culture : ✿ ✿
Notre conseil : essayez également *Haemanthus* x 'King Albert' ou *albiflos*, tous deux très décoratifs.

Justicia carnea
JACOBINIA

Synonyme : *Jacobinia carnea*. Cet arbuste brésilien forme un buisson de 1 m de hauteur. Les feuilles ovales vert foncé sont légèrement gaufrées, avec un aspect satiné. La floraison estivale est spectaculaire, avec de grandes inflorescences terminales composées de nombreuses fleurs rose vif. Il existe une variété à fleurs blanches.
Famille : Acanthacées.
Sol : mélange de terre de jardin, de terreau de fumier et de sable de Loire par tiers.
Température : de 18 à 22 °C. En hiver, 12 °C.
Exposition : lumière très vive et tamisée.
Arrosage : laissez sécher le sol avant d'arroser.
Entretien : donnez de l'engrais pour plantes fleuries toutes les semaines, de mai à septembre. Brumisez fréquemment le feuillage.

Facilité de culture : ✿ ✿
Notre conseil : rabattez les tiges des deux tiers au printemps, rempotez la plante en ajoutant une poignée de corne torréfiée et de sang desséché.

Malvaviscus arboreus
MALVAVISCUS

Cette belle plante originaire du Mexique forme un petit arbuste d'environ 1,5 à 2 m de haut. La floraison apparaît sporadiquement toute l'année et principalement en hiver. Les fleurs pendantes rouge vermillon ne s'ouvrent jamais complètement.
Famille : Malvacées.
Sol : mélange de terreau de fumier, de sable de Loire et de terre de jardin par tiers.
Température : de 18 à 25 °C pendant la période de végétation. En hiver, 10 °C minimum.
Exposition : le plein soleil toute l'année.
Arrosage : laissez toujours la motte s'assécher entre deux arrosages.
Entretien : donnez de l'engrais pour plantes fleuries tous les quinze jours d'avril à septembre. Rempotez chaque année au printemps et taillez les tiges au tiers de leur longueur à la fin de l'hiver.
Facilité de culture : ✿ ✿
Notre conseil : installez votre potée dans le jardin.

▲ *Haemanthus multiflorus* : une belle tête fleurie.

▼ *Malvaviscus arboreus* : les fleurs ne s'ouvrent pas.   ▲ *Justicia carnea* : un beau panache au doux coloris.

Les serres et vérandas

▲ *Pavonia multiflora* : des fleurs en lanterne japonaise.

▲ *Pentas lanceolata*.   *Plumeria alba*. ▼

Pavonia multiflora
PAVONIA

Synonyme : *Triplochlamys multiflora*. Cette plante tropicale, originaire du Brésil, forme un bel arbuste persistant au port érigé. Les branches portent des feuilles étroites et allongées d'un superbe vert foncé brillant. Les fleurs ont un calice rouge vif découpé en forme de lanterne japonaise et des pétales violet foncé resserrés en tube, d'où émergent un bouquet dense d'étamines pourpre-violet foncé. La floraison se prolonge de l'automne au printemps.
Famille : Malvacées.
Sol : mélange bien drainé, composé de terre de jardin, de terreau de fumier et de sable par tiers.
Température : de 18 à 25 °C durant la période de végétation. En hiver, 12 °C suffisent.
Exposition : lumière vive, sans soleil direct.
Arrosage : laissez le sol s'assécher avant d'arroser. Réduisez les apports d'eau en hiver.
Entretien : engrais tous les quinze jours en été. Rempotez au printemps, après avoir rabattu les branches à la moitié de leur longueur. Il est important de conserver un port compact et bien équilibré à cet arbuste. La taille favorise aussi la floraison.
Facilité de culture :
Notre conseil : arrosez avec une eau douce, non calcaire. Brumisez fréquemment le feuillage.

Pentas lanceolata
PENTAS

Originaire d'Afrique, ce petit arbuste bien ramifié a des feuilles vertes oblongues pubescentes aux nervures bien marquées. Les fleurs apparaissent en inflorescences terminales globuleuses, pratiquement toute l'année. Il existe différentes variétés, aux fleurs roses, rouge vif ou blanches.
Famille : Rubiacées.
Sol : mélange très riche de terreau de fumier, de terre de jardin et de sable par tiers.
Température : de 18 à 25 °C pendant la végétation. En hiver, maintenez un minimum de 12° C.
Exposition : lumière vive, mais sans soleil direct.
Arrosage : au printemps et en été, le sol doit rester humide en permanence. En hiver, laissez sécher la terre en surface entre deux arrosages.
Entretien : rempotez tous les ans au printemps, en rabattant les tiges au tiers de leur longueur. Au printemps et jusqu'à la fin de l'été, donnez de l'engrais pour plantes fleuries tous les quinze jours.
Facilité de culture :
Notre conseil : bassinez fréquemment le feuillage. Enlevez les fleurs fanées au fur et à mesure.

Plumeria alba
FRANGIPANIER

Cet arbre est originaire d'Amérique centrale, mais il est très cultivé dans toutes les zones tropicales. Il forme une ramure ramifiée assez dénudée avec de longues feuilles coriaces regroupées aux extrémités des tiges. Les bouquets de fleurs parfumées apparaissent toute l'année. En culture, c'est une petite plante de 1 à 2 m de haut.
Famille : Apocynacées.
Sol : terreau de fumier, sable de rivière et terre de jardin, en mélange homogène par tiers.
Température : de 20 à 25 °C en moyenne. En hiver, de 10 à 12 °C (la plante perd son feuillage).
Exposition : le plein soleil toute l'année.
Arrosage : modéré. Laissez bien sécher la surface du sol entre deux apports d'eau pas trop froide.
Entretien : bassinez fréquemment le feuillage.

Les plantes de verrières tempérées

Donnez de l'engrais pour cactées et plantes grasses, de mai à septembre, tous les quinze jours.
Facilité de culture :
Notre conseil : la plante défleurie est peu décorative. Plantez-la dans un gros pot avec un petit jacobinia ou un *Thunbergia alata* à fleurs blanches.

Rhodochiton atrosanguineus
RHODOCHITON

Cette plante grimpante d'origine mexicaine se reconnaît immédiatement à sa floraison estivale, très originale, en clochettes pourpres. Elles portent un long tube violet-noir qui tombe après fanaison. Les tiges volubiles peuvent atteindre 2 à 3 m en quelques mois de croissance seulement.
Famille : Scrophulariacées.
Sol : mélange léger et bien drainé de terreau, de sable et de terre de jardin.
Température : de 18 à 22 °C pendant la période de végétation. De 8 à 10 °C suffisent en hiver.
Exposition : plein soleil, pas trop brûlant.
Arrosage : gardez le substrat humide, sans le détremper pendant la période de croissance. En hiver, laissez sécher le sol avant d'arroser.
Entretien : donnez un engrais pour plantes fleuries tous les quinze jours de mai à octobre. Palissez régulièrement les nouvelles pousses.
Facilité de culture :
Notre conseil : maintenez une forte hygrométrie en été. Le rhodochiton s'obtient facilement par semis.

Sandersonia aurantiaca
SANDERSONIA

Cette petite plante grimpante est originaire du Natal, en Afrique du Sud. Elle se développe à partir d'un rhizome que l'on rempote à la fin de l'hiver. Les tiges volubiles plutôt graciles, ne dépassent pas 50 à 60 cm de haut. Les feuilles lancéolées, fines et étroites, sont vert clair. La floraison en clochettes orange vif apparaît en été.
Famille : Liliacées.
Sol : riche, à base de terre de jardin, de sable de Loire et de terreau de fumier bien décomposé.
Température : de 18 à 25 °C. En hiver, 12 °C.

Exposition : lumière vive, sans soleil direct.
Arrosage : laissez la terre du pot sécher légèrement en surface entre deux arrosages.
Entretien : bassinez fréquemment le feuillage. Donnez un engrais toutes les semaines, de mai à fin août. Tuteurez les jeunes pousses au fur et à mesure de leur croissance. Supprimez les fleurs fanées.
Facilité de culture :
Notre conseil : gardez le rhizome au sec et au frais, tout l'hiver dans son pot, sans le déterrer.

Thunbergia grandiflora
THUNBERGIA

Cette belle plante grimpante indienne développe des longues tiges volubiles qui peuvent atteindre plusieurs mètres de longueur. Les feuilles épaisses vert foncé sont lancéolées, avec des nervures bien marquées. Les belles fleurs bleu ciel apparaissent en grand nombre de l'automne au printemps. Il existe une variété à fleurs blanches.
Famille : Thunbergiacées.
Sol : mélange de terreau de fumier, de sable de Loire et de terre de jardin par tiers.
Température : de 18 à 25 °C pendant la période de végétation. En hiver, de 10 à 15 °C.
Exposition : lumière très vive, sans soleil direct.
Arrosage : laissez la motte s'assécher entre deux arrosages, toujours très copieux.
Entretien : donnez de l'engrais pour plantes fleuries tous les quinze jours, d'avril à septembre. Rempotez chaque année au printemps et taillez les tiges des deux tiers. Palissez les nouvelles pousses.
Facilité de culture :
Notre conseil : installez votre thunbergia en pleine terre durant l'été. Servez-vous de son feuillage opulent comme ombrage pour la verrière.

> **PARFUMS DE FEUILLES**
> La verrière tempérée est idéale pour élever des plantes tropicales au feuillage parfumé qui exhaleront leur senteur sur votre passage. Essayez sans tarder le patchouli (*Pogostemon patchouli*), la cardamome (*Eletteria cardamomum*), les pélargoniums odorants et les plectranthus.

▲ *Rhodochiton atrosanguineus* : de gracieuses clochettes.

▲ *Sandersonia aurantiaca*. *Thunbergia grandiflora.* ▼

Les serres et vérandas

LES PLANTES DE SERRES FROIDES

On entend par serre froide un abri vitré où la température minimale, en hiver, reste toujours supérieure à 0 °C. Les Anglais nomment avec raison cet endroit un conservatoire, car c'est l'idéal pour hiverner les plantes méditerranéennes et toutes les espèces semi-rustiques.

Abutilon vitifolium
ABUTILON

Cet arbuste natif du Chili peut mesurer 2 à 3 m de hauteur. Il développe de larges feuilles palmées, duveteuses, vert clair, et une abondante floraison bleu lavande de mai à octobre. Il existe de nombreuses variétés dont une à fleurs blanches.
Famille : Malvacées.
Sol : un mélange bien drainé composé de terre de jardin, de terreau de fumier et de sable par tiers.
Température : de 18 à 25 °C. En hiver, 5 °C.
Exposition : soleil direct non brûlant.
Arrosage : laissez le sol s'assécher avant d'arroser. Réduisez les apports d'eau en hiver.
Entretien : donnez de l'engrais pour plantes fleuries une fois par semaine en été. Rempotez au printemps, après avoir taillé les branches des deux tiers.
Facilité de culture :
Notre conseil : arrosez avec une eau douce non calcaire. Traitez préventivement toute l'année contre les pucerons et les araignées rouges.

Alyogyne huegelii
ALYOGYNE

Originaire d'Australie, ce petit arbuste ramifié a des feuilles pubescentes vert foncé, découpées et crispées. Les grandes fleurs roses ou mauves apparaissent pratiquement toute l'année. L'espèce *Alyogyne hakeifolia* développe un feuillage fin comme une fougère, avec de grandes fleurs simples bleues à cœur rouge.
Famille : Malvacées.
Sol : un mélange très riche de terreau de fumier, de terre de jardin et de sable par tiers est nécessaire.
Température : de 18 à 25 °C. En hiver, maintenez au sec avec un minimum de 5 °C.
Exposition : lumière vive, mais sans soleil direct.
Arrosage : au printemps et en été, le sol doit rester humide. En hiver, un arrosage tous les quinze jours à trois semaines est suffisant.
Entretien : rempotez tous les ans au printemps, en rabattant les tiges des deux tiers. Au printemps et en été, donnez de l'engrais pour plantes fleuries.
Facilité de culture :
Notre conseil : enlevez les fleurs fanées et traitez régulièrement contre les pucerons.

Ampelopsis brevipedunculata
VIGNE VIERGE

Cette plante grimpante est originaire d'Asie. Elle développe des feuilles trilobées vertes, qui sont marbrées de blanc crème et de rose chez la variété 'Maximowiczii Elegans'. La croissance est vigoureuse et les tiges peuvent atteindre plusieurs mètres de longueur. Des fleurs insignifiantes apparaissent en été. Elles sont suivies par des fruits bleu métallique, assez décoratifs.
Famille : Vitidacées.
Sol : terreau de fumier, sable de rivière et terre de jardin en mélange par tiers.
Température : de 15 à 20 °C en moyenne. En hiver, maintenez la plante juste hors gel.
Exposition : lumière vive mais tamisée.
Arrosage : modéré. Laissez sécher la surface du sol entre deux apports d'eau, à température ambiante.
Entretien : donnez de l'engrais de mai à septembre tous les quinze jours. Sortez la potée dans le jardin en

▲ *Abutilon vitifolium.*   *Alyogyne huegelii.* ▼

plantes d'intérieur

770

Les plantes de serres froides

été, de préférence à mi-ombre. N'oubliez pas de palisser les jeunes tiges volubiles sur un treillage solide.
Facilité de culture : ❀ ❀
Notre conseil : rabattez sévèrement les tiges au début du printemps pour favoriser une repousse abondante avec des jeunes feuilles très colorées.

Anisodontea hypomadenum
ANISODONTÉA

Synonyme : *Anisodontea capense, Malvastrum capense*. Cette plante d'origine sud-africaine a un port buissonnant très ramifié, avec un feuillage grêle bien vert. De très nombreuses petites fleurs roses apparaissent pendant toute la belle saison.
Famille : Malvacées.
Sol : mélange léger et bien drainé de terreau, de sable et de terre de jardin.
Température : de 18 à 22 °C pendant la période de végétation. De 6 à 8 °C suffisent en hiver.
Exposition : plein soleil, pas trop brûlant.
Arrosage : gardez le substrat humide, sans le détremper pendant la période de croissance. En hiver, laissez sécher le sol avant d'arroser.
Entretien : donnez un engrais pour plantes fleuries tous les quinze jours, de mai à octobre. Rempotez au printemps, après avoir rabattu les tiges au tiers de leur longueur. Le feuillage de la plante jaunit et tombe facilement à la moindre erreur de culture.
Facilité de culture : ❀ ❀
Notre conseil : vous pouvez tailler la plante dans le but d'obtenir un joli sujet sur tige.

Beaucarnea recurvata
PIED-D'ÉLÉPHANT

Synonyme : *Nolina recurvata*. Cette plante succulente est originaire du Mexique. Elle forme un tronc imposant, renflé à la base, en forme de bouteille et rarement ramifié. Ses longues feuilles effilées vert foncé se développent en rosette terminale.
Famille : Agavacées.
Sol : léger et bien drainé, à base de sable de Loire et de terreau de feuilles par moitié.
Température : de 18 à 25 °C. En hiver, de 5 à 10 °C.
Exposition : plein soleil toute l'année.

Arrosage : laissez la terre du pot sécher entre deux arrosages successifs.
Entretien : bassinez fréquemment le feuillage. Donnez un engrais une fois par mois, de mai à fin septembre.
Facilité de culture : ❀ ❀
Notre conseil : la croissance du tronc est très lente. Il est préférable d'acheter une potée avec un tronc déjà bien formé. Si les extrémités des feuilles brunissent, augmentez l'hygrométrie.

Bouvardia ternifolia
BOUVARDIA

Les fleurs de cette plante buissonnante mexicaine sont souvent proposées en bouquets. Il est assez difficile de se procurer une belle potée fleurie. Le bouvardia peut atteindre 50 à 60 cm de haut. Ses feuilles étroites et vertes sont lancéolées, les petites fleurs regroupées en ombelles. Il existe de nombreux hybrides qui diffèrent par la couleur des fleurs : blanches, roses, rouges ou jaunes.
Famille : Rubiacées.
Sol : mélange de terreau de fumier, de sable de Loire et de terre de jardin par tiers.
Température : de 18 à 22 °C pendant la période de végétation. En hiver, de 5 à 10 °C.
Exposition : lumière très vive, sans soleil direct.
Arrosage : laissez la motte sécher légèrement en surface, entre deux arrosages.
Entretien : donnez de l'engrais tous les quinze jours, d'avril à septembre. Rempotez chaque année au printemps et taillez les tiges au tiers de leur longueur.
Facilité de culture : ❀ ❀
Notre conseil : installez votre bouvardia dans le jardin, à mi-ombre, de mai à octobre. Enterrez le pot dans un trou rempli de tourbe bien humide.

> **JOUEZ DU SÉCATEUR**
> Les *Anisodontea*, *Abutilon*, *Leonitis*, *Alyogyne*, *Pentas* et *Datura* fleurissent sur les nouvelles pousses de l'année. Taillez toutes les branches sévèrement au printemps, dès la reprise de la végétation, et enlevez toutes les fleurs fanées pour favoriser l'apparition de nouvelles fleurs.

Bouvardia x hybrida : excellent pour les bouquets. ▶

▲ *Ampelopsis brevipedunculata* : souplesse et vigueur.

▲ *Anisodontea hypomadenum* : très florifère.

▲ *Beaucarnea recurvata* : des feuilles très élégantes.

Les serres et vérandas

▲ Un hybride à grosses fleurs de *Chrysanthemum indicum*.

▲ X *Citrofortunella mitis* : un agrume à croquer des yeux.

◀ *Cuphea ignea* : la plante cigarette aux petites fleurs.

Chrysanthemum indicum
CHRYSANTHÈME

Ces plantes vivaces, originaires du Japon et de Chine, ont des tiges semi-rigides érigées d'une hauteur variant entre 25 cm et 1,5 m. Les feuilles alternes sont assez joliment découpées. Elles présentent une odeur caractéristique quand on les froisse. Les fleurs sont réunies en inflorescences de forme, de couleur et de taille très variables. La floraison est automnale, mais les techniques de forçage permettent de trouver des potées fleuries toute l'année.
Famille : Astéracées.
Sol : mélange bien drainé composé de terre de jardin, de terreau de fumier et de sable par tiers.
Température : de 15 à 17 °C. Hors gel en hiver.
Exposition : lumière vive, sans soleil direct.
Arrosage : laissez le sol s'assécher avant d'arroser. Réduisez les apports d'eau en hiver, avec un arrosage une ou deux fois par mois seulement.
Entretien : rempotez au printemps, après avoir rabattu les branches au tiers de leur longueur.

Installez la potée dans le jardin, en été, à une exposition mi-ombragée. Donnez de l'engrais pour plantes fleuries, tous les quinze jours en été.
Facilité de culture : ✿ ✿ ✿
Notre conseil : pincez fréquemment les nouvelles pousses pour garder un port touffu. Pour les variétés à grosses fleurs, conservez un seul bouton floral par tige pour obtenir une fleur plus volumineuse.

X *Citrofortunella mitis*
CALAMONDIN

Synonyme : *Citrus mitis*. Ce petit agrume hybride a des feuilles vertes, oblongues, brillantes et coriaces. Les fleurs blanches parfumées apparaissent toute l'année. Elles donnent des petits fruits ronds orange vif, avec une production plus importante au cœur de l'hiver. Il existe une forme à feuillage panaché qui pousse plus lentement.
Famille : Rutacées.
Sol : mélange très riche de terreau de fumier, de terre de jardin et de sable par tiers.
Température : en hiver, gardez entre 2 °C et 5 °C.
Exposition : le plein soleil direct toute l'année.
Arrosage : laissez toujours sécher la terre entre deux arrosages. Utilisez une eau non calcaire pour éviter les risques de chlorose.
Entretien : au printemps et en été, donnez de l'engrais pour agrumes tous les quinze jours et un produit antichlorose si les feuilles jaunissent. Une fois par mois, inspectez les tiges et le revers des feuilles pour détecter la présence de cochenilles.
Facilité de culture : ✿ ✿
Notre conseil : rempotez et taillez légèrement au printemps pour former la ramure. Sortez la plante dans le jardin, de mai à fin octobre.

Cuphea ignea
PLANTE CIGARETTE

Synonyme : *Cuphea platycentra*. Cette petite plante vivace vient du Mexique. Son feuillage persistant, vert brillant, est fin et lancéolé. De mai à fin septembre, le cuphéa se couvre de fleurs tubulaires rouge vermillon qui portent un anneau noir et blanc à leur extrémité, d'où son nom populaire.

Les plantes de serres froides

Famille : Lythracées.
Sol : terreau de feuilles, sable de rivière et tourbe.
Température : de 18 à 22 °C en moyenne. En hiver, de 5 à 12 °C sont suffisants.
Exposition : le plein soleil en permanence.
Arrosage : modéré. Laissez sécher la surface du sol.
Entretien : à la fin de l'hiver, rabattez les tiges au tiers de leur longueur et rempotez. Bassinez le feuillage en été. Donnez de l'engrais pour plantes fleuries, de mai à septembre, tous les quinze jours.
Facilité de culture : ✿ ✿
Notre conseil : vous pouvez installer votre cuphéa dehors, de la fin mai jusqu'à la mi-octobre.

Cycas revoluta
CYCAS

Cette belle plante est originaire du Japon. Elle forme un tronc épais qui peut atteindre près de 2 m de haut, avec à son extrémité une large couronne de feuilles rigides et finement découpées.
Famille : Cycadacées.
Sol : mélange léger et bien drainé de terreau de tourbe, de sable et de terre de jardin.
Température : de 18 à 25 °C. Minimum 5 °C.
Exposition : lumière très forte, mais en évitant le plein soleil aux plus chaudes heures de la journée.
Arrosage : gardez le substrat humide, sans le détremper, pendant la période de croissance. En hiver, laissez sécher le sol avant d'arroser.
Entretien : donnez un engrais organique pour plantes vertes une fois par mois, de mai à septembre. Rempotez quand les racines sortent du pot.
Facilité de culture : ✿ ✿ ✿
Notre conseil : maintenez une forte hygrométrie en été, en brumisant souvent le feuillage.

Eucomis bicolor
LIS ANANAS

Le genre *Eucomis* comprend quatorze espèces tropicales et sud-africaines. Ce sont des plantes vivaces bulbeuses au repos végétatif hivernal. *Eucomis bicolor* et ses hybrides forment une rosette de grandes feuilles vert vif rubanées, d'où émerge en été une inflorescence en forme d'ananas.

Famille : Liliacées.
Sol : riche, à base de terre de jardin, de sable de Loire et de terreau de fumier en mélange par tiers.
Température : de 18 à 25 °C. En hiver, 5 °C.
Exposition : plein soleil pendant la croissance.
Arrosage : laissez la terre du pot légèrement sécher entre deux arrosages.
Entretien : rempotez le bulbe à la fin de l'hiver. Installez la potée dehors, dès la fin mai. Donnez un engrais pour plantes à bulbes tous les quinze jours, jusqu'à la fin août. En automne, quelques semaines après la floraison, réduisez peu à peu les arrosages pour que la plante entre en repos.
Facilité de culture : ✿ ✿ ✿
Notre conseil : conservez les bulbes au frais, dans le bac à légumes de votre réfrigérateur.

Fortunella japonica
KUMQUAT

Ce petit arbre épineux est originaire de l'Est asiatique. Ses feuilles coriaces, simples et oblongues sont vert brillant. Les fleurs blanches et parfumées donnent des petits fruits comestibles, de 2 à 3 cm de diamètre, orange foncé vif à maturité. L'espèce voisine, *Fortunella margarita*, produit en abondance des fruits un peu acides.
Famille : Rutacées.
Sol : mélange bien drainé de terreau de fumier, de sable de Loire et de terre de jardin par tiers.
Température : de 18 à 25 °C pendant la période de végétation. En hiver, de 5 à 8 °C pour que le feuillage persiste et ne jaunisse pas.
Exposition : lumière très vive avec soleil direct.
Arrosage : laissez la motte s'assécher entre deux arrosages à l'eau non calcaire.
Entretien : rempotez chaque année les jeunes sujets au printemps. Taillez les branches dégarnies, supprimez les rameaux chétifs ou morts. Donnez de l'engrais spécial pour agrumes, tous les quinze jours, d'avril à septembre.
Facilité de culture : ✿ ✿ ✿
Notre conseil : installez la plante dehors au soleil, de début mai jusqu'à la mi-octobre.

Fortunella japonica est rustique dans le Midi. ▶

▲ *Cycas revoluta* est un véritable fossile vivant.

▲ *Eucomis bicolor* : des fleurs en grappes très étonnantes.

Les serres et vérandas

▲ *Lapageria rosea* : un petit bijou de collection.

▲ *Pelargonium graveolens* 'Lady Plymouth' sent la menthe.

◄ *Plectranthus australis* : un joli port retombant.

Lapageria rosea
LAPAGÉRIA

Le genre *Lapageria* ne comprend qu'une seule espèce endémique du Chili. C'est une plante grimpante aux curieuses feuilles vert foncé, épaisses, cireuses et oblongues. La plante épanouit en été et en automne des fleurs pendantes roses, en forme de cornet. Cette plante peu courante possède plusieurs variétés, dont une à fleurs blanches.
Famille : Philésiacées.
Sol : mélange très riche, homogène et bien drainé, composé de terre de jardin, de terreau de fumier et de sable de rivière par tiers.
Température : de 16 à 20 °C. En hiver, maintenez la plante au sec et hors gel.
Exposition : une ombre légère est appréciée. Évitez un emplacement chaud et sec.
Arrosage : laissez le sol s'assécher avant d'arroser.
Entretien : rempotez au printemps, dans un pot très large et profond, pour permettre aux racines volumineuses de bien s'installer. Placez la plante dans le jardin tout l'été, de préférence à l'ombre d'un arbre. Donnez de l'engrais pour plantes fleuries tous les quinze jours de mai à octobre.
Facilité de culture :
Notre conseil : palissez régulièrement les nouvelles pousses volubiles, assez fragiles.

Pelargonium graveolens
GÉRANIUM ROSAT

Native d'Afrique du Sud, cette plante appartient au groupe des pélargoniums à feuillage odorant. Les feuilles sont profondément découpées, d'une couleur vert grisâtre pour l'espèce type et panachées de blanc et jaune pour la variété 'Lady Plymouth' qui embaume la menthe. Les petites fleurs rose pâle apparaissent de juin à octobre. Toutes les parties de *Pelargonium graveolens* dégagent un fort parfum de rose quand on les froisse.
Famille : Géraniacées.
Sol : mélange riche et léger de terreau de fumier, de terre de jardin et de sable par tiers.
Température : en hiver, maintenez hors gel.
Exposition : le plein soleil doux toute l'année.
Arrosage : laissez toujours sécher la terre entre deux apports d'eau, pas trop froide en hiver.
Entretien : à la fin de l'hiver, rempotez après avoir rabattu la touffe au tiers de sa hauteur. Installez la potée dans le jardin dès la fin avril, de préférence près d'un passage pour profiter de son parfum. Donnez de l'engrais pour plantes fleuries, tous les quinze jours, jusqu'à la mi-septembre.
Facilité de culture :
Notre conseil : enlevez régulièrement les fleurs fanées pour faciliter l'épanouissement des autres. Utilisez les feuilles pour faire des pots-pourris.

Plectranthus nummularius
PLECTRANTHE

Synonyme : *Plectranthus australis*. Cette petite plante vivace herbacée au port nettement retombant est originaire d'Australie. Elle présente un feuillage persistant vert luisant, avec de petites feuilles épaisses, rondes et dentées. La floraison en petites grappes de fleurs blanches apparaît au printemps. Il existe de nombreuses espèces.
Famille : Labiacées.
Sol : terreau de fumier, sable de rivière et tourbe en mélange homogène par tiers.
Température : de 18 à 22 °C en moyenne. En hiver, de 5 à 10 °C minimum.
Exposition : lumière forte mais tamisée.
Arrosage : modéré. Laissez bien sécher la surface du sol entre deux apports d'eau tiède.
Entretien : bassinez fréquemment le feuillage pendant la belle saison. Donnez de l'engrais pour plantes vertes de mai à septembre tous les quinze jours.
Facilité de culture :
Notre conseil : rempotez tous les ans. Bouturez les vieux sujets tous les deux à trois ans.

Rehmannia angulata
REHMANNIA

Cette belle plante vivace est originaire de Chine. Elle forme une rosette de feuilles ovales, vert foncé, plus ou moins lobées. En mai-juin, les

Les plantes de serres froides

grosses fleurs campanulées rose pourpré apparaissent sur des tiges courtes au-dessus du feuillage.
Famille : Gesnériacées (ou Scrophulariacées).
Sol : mélange léger et bien drainé de terreau de fumier, de sable et de terre de jardin.
Température : de 15 à 18 °C. Hors gel en hiver.
Exposition : très claire, mais en évitant le plein soleil aux plus chaudes heures de la journée.
Arrosage : laissez sécher le sol avant d'arroser.
Entretien : donnez un engrais pour plantes fleuries tous les quinze jours, de mai à septembre. Rempotez au printemps les rejets émis par la plante après la floraison, en faisant attention de ne pas blesser les racines pivotantes, assez fragiles.
Facilité de culture : ❀ ❀

Notre conseil : installez la potée dehors au soleil, dès la fin avril jusqu'à la mi-octobre.

Saxifraga stolonifera
SAXIFRAGE ARAIGNÉE

Synonyme : *Saxifraga sarmentosa*. Cette petite plante d'origine chinoise forme une rosette de feuilles rondes, marginées d'argent. Le pied émet de nombreux stolons et des fleurs blanches, entre mai et août. La variété 'Tricolor' a un feuillage panaché de rose et de blanc crème. Une plante très décorative quand elle est cultivée en suspension.
Famille : Saxifragacées.
Sol : léger et bien drainé, à base de tourbe, de sable de Loire et de terreau de feuilles.
Température : de 16 à 25 °C. En hiver, minimum 5 °C (10 °C pour la forme panachée).
Exposition : lumière vive mais tamisée.
Arrosage : la plante étant sensible à la pourriture du collet, laissez la terre du pot légèrement sécher entre deux arrosages.
Entretien : installez la potée dehors dès la fin mai. Donnez un engrais pour plantes vertes, tous les quinze jours jusqu'à la fin août.
Facilité de culture : ❀ ❀

Notre conseil : la plante mère meurt, en général, après la floraison. Bouturez les nombreux rejets.

Sprekelia formosissima : l'étonnant lis de Saint-Jacques ▶

Sprekelia formosissima
LIS DE SAINT-JACQUES

L'intérêt de cette plante bulbeuse d'origine mexicaine réside dans sa somptueuse floraison estivale rouge écarlate. Les longues feuilles rubanées vert vif apparaissent après la hampe florale.
Famille : Amaryllidacées.
Sol : mélange de terreau de fumier, de sable de Loire et de terre de jardin par tiers.
Température : de 17 à 22 °C pendant la période de végétation. En hiver, stockez le bulbe entre 5 °C et 10 °C.
Exposition : lumière très vive, avec soleil direct.
Arrosage : laissez la motte s'assécher entre deux arrosages. Réduisez les arrosages dès la fin juillet, pour que le bulbe entre en repos à l'automne.
Entretien : rempotez chaque année les bulbes au printemps, en maintenant le collet au-dessus de la surface du sol. Utilisez un contenant plus large que haut. D'avril à fin août, donnez de l'engrais peu concentré, tous les quinze jours.
Facilité de culture : ❀ ❀ ❀

Notre conseil : installez la plante dehors début mai jusqu'à la disparition du feuillage en été. Dans le Midi, elle peut rester dehors en permanence.

▲ *Rehmannia angulata* : une texture duveteuse.

▲ *Saxifraga sarmentosa* : de jolies feuilles panachées.

775

13

30 IDÉES JARDIN

- Jardins faciles 778
- Jardins de façade. 780
- Rez-de-jardin 782
- Cours et patios 784
- Balcons à vivre 786
- Petits jardins. 788
- Jardin structurés 790
- Jardins de roses. 792
- Jardins à l'ombre. 794
- Jardins d'eau. 796
- Jardins sauvages 798
- Jardins à la campagne 800
- Jardins gourmands 802
- Jardins méditerranéens 804
- Fantaisies exotiques. 806

30 idées jardin

Opulence colorée

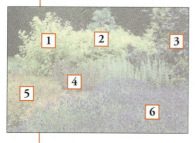

LES PLANTES POUR RÉUSSIR

1 *Physocarpus* 'Dart's Gold'.

2 *Cornus alba* 'Aurea', le cornouiller doré aux rameaux rouges l'hiver.

3 *Corylus avellana* 'Purpurea', le noisetier pourpre très buissonnant.

4 *Cornus alba* 'Gouchaultii', aux couleurs automnales magnifiques.

5 *Spiraea* x *bumalda* 'Goldflame' fleurit de juillet à septembre.

6 *Lavandula angustifolia*.

Pour réduire l'entretien d'un massif, rien de tel qu'une plantation serrée d'arbustes qui tolèrent les sols secs. C'est le cas ici, avec des espèces qui ne demandent quasiment pas d'entretien, si ce n'est une taille en fin de saison destinée à stimuler la croissance de nouvelles pousses colorées au printemps ou la formation de fleurs, pour ce qui concerne la lavande. L'occupation totale de la surface par les arbustes gêne la prolifération des mauvaises herbes et, une fois le massif bien développé, il n'est plus nécessaire de désherber. La réussite de la composition est due à la subtilité des coloris qui s'harmonisent bien sans se heurter. La tendance dominante est au bleu et au jaune, le noisetier pourpre ayant pour rôle de valoriser l'effet lumineux des feuillages dorés, et le feuillage gris du *Perovskia*, de rehausser le bleu des lavandes. Le dessin de ce massif illustre une des règles de l'art paysager, à savoir la plantation par masses colorées. Pour assurer une bonne présence, chaque espèce doit occuper une surface minimale de 1 m².

À ESSAYER AUSSI

Philadelphus coronarius 'Aureus' Le seringat à feuillage doré se pare d'un coloris bien plus lumineux dans les lieux mi-ombragés. Il supporte le calcaire. Floraison parfumée en mai.

Jardins faciles

Le naturel tout en contrastes

LES PLANTES POUR RÉUSSIR

[1] ***Pinus mugo* var. *mughus*,** un pin buissonnant de croissance lente.

[2] **Rosier 'The Fairy',** un buisson à ne pas tailler, très remontant.

[3] ***Prunus laurocerasus* 'Otto Luycken',** persistant, ample.

[4] ***Euonymus fortunei* 'Emerald Gaiety',** persistant, lumineux.

[5] ***Hypericum* x *moserianum* 'Tricolor',** semi-persistant, frileux.

[6] ***Hedera helix* 'Glacier'.**

*B*ordant une allée très passagère, un groupe d'arbustes, dont la plupart sont persistants pour que le décor végétal reste présent toute l'année, compose un massif dense et varié, qui séduit par son opposition entre naturel et anticonformisme. Les plantes, libres de prospérer à leur guise, créent un effet de relief tout en rondeurs et en souplesse, qui rappelle une haie sauvageonne. Mais le jardinier a voulu ajouter une note de sophistication par l'utilisation de feuillages panachés et colorés, qui renforcent l'impression de raffinement, tout en éclairant et en colorant la scène.

L'entretien du massif se résume à tailler les plantes les plus aventureuses, afin de conserver une bonne harmonie entre les espèces. Une seule coupe annuelle en automne suffit. Un bon paillis organique renouvelé chaque printemps permet de conserver une humidité satisfaisante en surface, ce qui réduit de moitié la fréquence des arrosages.

À ESSAYER AUSSI

Photinia x *fraseri* **'Red Robin'**
Un excellent arbuste persistant, dont les jeunes feuilles vernissées sont d'abord rouge vif, avant de virer au vert intense. En mai, apparaissent des bouquets arrondis composés de fleurs blanches, qui renforcent l'intérêt ornemental de cet arbuste à planter en massif ou en haie. Taillez en juillet pour favoriser les jeunes pousses. Haut de 3 m.

779

30 idées jardin

LES PLANTES POUR RÉUSSIR

1 *Syringa vulgaris* **(lilas),** un arbuste très parfumé, sans problème.

2 **Poirier,** cette vieille palmette est la forme idéale à palisser le long d'un mur.

3 **Vigne,** deux ceps de raisin de table habillent toute la façade.

4 *Euphorbia characias,* une forme arbustive aux tiges bisannuelles.

5 *Lunaria annua* **(monnaie-du-pape),** annuelle très florifère.

RICHESSE ET SIMPLICITÉ

Pour accentuer le charme rustique de cette propriété de l'Orne, les abords de la maison accueillent une végétation généreuse. Les plantations très libres et touffues symbolisent la puissance conquérante de la nature, qui finit toujours par assurer sa domination, à moins que le jardinier n'y mette bon ordre. Ce type de jardin privilégie les espèces rustiques et indigènes pour s'intégrer le mieux possible au paysage environnant. Il joue la simplicité avec des fleurs aux formes légères et gracieuses, et aux coloris sobres. Les variétés doubles, les feuillages panachés sont bannis. Contrairement aux jardins structurés et soigneusement construits, on évite ici les effets de masse et les compositions aux mises en scène compliquées. Les plantes sont installées au gré de la fantaisie du jardinier, comme si elles avaient poussé spontanément.

À ESSAYER AUSSI

Arbre de soie *(Albizia julibrissin)* Rustique jusque dans la région des Pays de la Loire, ce somptueux arbre d'origine asiatique se pare en été de pompons vaporeux ivoire et rose ou orange vif, qui lui ont valu son nom populaire. De culture facile, l'albizia apprécie les terres pauvres et sèches, même calcaires et caillouteuses. Il prend naturellement un port en ombrelle, ce qui en fait un bon arbre d'ombrage. Évitez les courants d'air.

Jardins de façade

Entrez dans un monde enchanté

LES PLANTES POUR RÉUSSIR

[1] *Holboellia latifolia,* une grimpante chinoise à feuilles persistantes.

[2] *Parthenocissus tricuspidata* **'Veitchii',** rouge vif en automne.

[3] *Ceanothus impressus,* un nuage de fleurs bleues en avril-mai.

[4] *Cordyline australis,* un petit arbre originaire de Nouvelle-Zélande.

Situé près de Libourne, ce magnifique jardin profite de la douceur climatique de la région Aquitaine pour se parer d'espèces originales, qui lui donnent un petit air exotique. La maison, toute simple, prend du caractère en s'habillant de végétaux somptueux, dont un superbe céanothe couvert de fleurs d'un bleu intense et le *Holboellia latifolia,* dont les grappes blanc verdâtre (fleurs mâles) ou pourpres (fleurs femelles) embaument en mars. Céanothe et *Holboellia* sont persistants, ce qui permet de conserver une présence végétale sur la façade toute l'année. Avec son pavage qui serpente le long de la maison et les trouées dans la végétation, ce jardin affiche un caractère accueillant et plaisant. La très exotique *Cordyline australis* est une invitation à la découverte d'un monde différent, où le visiteur se sentira dépaysé. Mais on lui a laissé des points de repère avec les bacs et les potées qui ponctuent le chemin d'éléments connus et rassurants.

À ESSAYER AUSSI

Palmier à chanvres
(Trachycarpus fortunei)
Il est parfaitement possible de remplacer la *Cordyline australis* par le plus rustique des palmiers, reconnaissable à son tronc (stipe) couvert de fibres marron foncé. Originaire des zones montagneuses de Chine, il résiste sans mal à - 10 °C s'il est planté dans un sol bien drainé.

781

30 idées jardin

LES PLANTES POUR RÉUSSIR

1 *Akebia quinata,* une liane semi-persistante, à fleurs pourpres.

2 *Petunia* **x,** idéal en jardinière, dans un terreau frais et riche.

3 *Buxus sempervirens,* bordures et potées en buis taillé de formes régulières.

4 *Lonicera periclymenum,* feuillage caduc mais floraison très parfumée.

5 *Geranium* **x** *oxonianum,* un beau tapis persistant, floraison en mai-juin.

Chambre avec vue

Véritable pièce de plein air, à demi dissimulée dans la végétation, ce jardinet qui prolonge la maison procure une agréable sensation d'intimité. Séparé du reste du jardin par le petit muret de briques sur lequel reposent des jardinières plantées de pétunias, il donne l'impression d'une propriété privée, réservée à des instants privilégiés. Cette sensation de discrétion et de tranquillité est renforcée par la généreuse présence des deux plantes grimpantes qui habillent la pergola. Le visiteur se dissimule dans l'ombre rafraîchissante qu'elles procurent, profitant du plaisir rare de voir sans être vu. Très sobre dans son dessin, ce petit jardin est dévolu à la détente et à la rêverie, la touche indispensable de romantisme étant apportée par le bassin, sa statue et le parfum délicieusement sucré du chèvrefeuille en été. Si vous disposez de suffisamment de place, créez votre jardin dans le jardin, c'est magique !

À ESSAYER AUSSI

Lavande papillon (*Lavandula stoechas* ssp. *pedunculata*) Pour agrémenter la bordure de buis, la potée pourrait contenir cette adorable lavande, dont les épis portent à leur extrémité de longues bractées violettes, qui évoquent les ailes d'un papillon. Cette espèce d'origine méditerranéenne est plus frileuse que la lavande ordinaire, mais elle reste plus compacte, ce qui la fait préférer pour la culture en pot. Il faut l'abriter des vents dominants en hiver, ainsi que des pluies intenses, car elle apprécie un sol assez sec. Tapissez le fond du pot d'un lit de 3 cm de gravier.

Rez-de-jardin

L'esthétique alliée au sens pratique

LES PLANTES POUR RÉUSSIR

1. **Ciste à feuilles panachées,** un arbuste assez frileux, à planter en sol sec.
2. ***Aesculus* x *carnea* 'Briotii',** un marronnier à pousse lente, à fleurs roses.
3. ***Fatsia japonica,*** feuilles persistantes, fleurs crème en automne. Frileux.
4. ***Betula pendula* 'Tristis',** un bouleau bien blanc, aux branches grêles.
5. ***Pelargonium zonale* x,** le géranium.

*B*eaucoup de sobriété et même de la rigueur s'expriment dans ce bout de jardin, totalement clos de hauts murs en briques qui créent un microclimat très favorable à la convivialité de plein air. Le cabanon sert de « position de repli » lors d'averses intempestives. Il permet aussi de profiter du décor du jardin en toutes saisons, car il est chauffé. Le dallage en opus romain, composé de blocs de grande taille, est à la fois très élégant et pratique. En effet, comme il faut traverser le jardin pour accéder à la maison, il garantit un minimum de salissures par temps de pluie. Le petit coin de pelouse accueille la table de jardin lors des repas à l'extérieur. Il est aussi possible de déplacer les bacs et les pots de fleurs pour dégager de la place sur le dallage. L'opposition entre le minéral et le végétal donne à ce petit jardin un esprit très contemporain, idéal en ville.

À ESSAYER AUSSI

Nemesia coerulea 'Karoo Pink'
Cette plante vivace d'origine sud-africaine, qui se cultive comme une annuelle, forme des suspensions ou des potées de toute beauté. Les tiges très fines, gracieuses, souples, portent de mai à octobre une profusion de petites fleurs roses à cœur jaune. Il existe aussi des variétés bleues, blanches et pourpres. La culture est la même que celle du pétunia, d'où une association possible.

783

30 idées jardin

FANTAISIE BLEUE

LES PLANTES POUR RÉUSSIR

1 *Akebia quinata,* liane persistante.

2 *Convolvulus sabatius,* un liseron frileux, à petites fleurs estivales.

3 **Pensées,** une bisannuelle qui fleurit d'octobre à juin quand il ne gèle pas.

4 *Lobelia* '**Cascade**', une annuelle très florifère, à port retombant.

5 **Ipomée,** des fleurs de liserons bleus.

6 **Pétunia retombant,** une profusion de fleurs tout l'été, en cascade.

La monochromie est un exercice de style périlleux, qui peut réussir à exprimer de la personnalité dans un jardin ou le faire paraître monotone. Dans cette courette, la dominante bleue crée une ambiance reposante et raffinée. Teinte plutôt froide, qui laisse se dégager un soupçon de nostalgie, le bleu est difficile à bien utiliser dans un jardin. Ici, il ajoute une note de chic, de fantaisie et d'originalité à un décor de briques, au demeurant banal et même un peu triste. Le choix de cette couleur apporte une touche de modernité, tout en respectant la volonté de discrétion des propriétaires. Cet endroit, un peu sombre, pas très engageant, devient ainsi un lieu de repos agréable. Toutes les plantations fleuries sont des annuelles, ce qui permet de changer la tonalité d'une année sur l'autre. Le camaïeu apaisant d'aujourd'hui contrastera demain avec du jaune pour un effet tonique, ou créera une harmonie avec du rose pour un ensemble pastel. On ne s'en lasse pas !

À ESSAYER AUSSI

Verveine hybride Cultivée en annuelle, cette plante assez peu rustique fleurit de juin aux premières gelées. Elle réussit aussi bien au soleil qu'à mi-ombre et montre une bonne résistance aux erreurs d'arrosage. Ne mouillez pas le feuillage pour éviter les attaques de l'oïdium.

Cours et patios

DE LA VERDURE À L'UNISSON

LES PLANTES POUR RÉUSSIR

[1] *Hedera helix* **'Arborescens'**, le lierre arbustif forme un buisson arrondi.

[2] **Buis,** idéal pour les bordures, il supporte bien la taille et pousse lentement.

[3] **Hortensia,** ses grosses têtes blanches forment une tache très lumineuse.

[4] *Cornus alba* **'Argenteomarginata'**, un arbuste caduc, de culture facile.

[5] **Laurier-sauce,** taillé en pyramide, il est très élégant, mais assez frileux.

[6] *Schizophragma hydrangeoides.*

Tracé selon des lignes géométriques qui s'inspirent du jardin classique, cet adorable jardin de poche laisse une impression de simplicité cossue qui convient bien à un jardinet de ville. C'est un petit patio, partiellement ombragé du fait des hauts murs qui l'entourent et de la présence d'un grand arbre sur la droite. Le motif central en carrés bordés de buis combine l'esthétique et l'aspect pratique. Il est subtilement rehaussé par des pyramides de buis, qui donnent du volume par leur silhouette verticale. Sans la présence de ces buis, le regard écraserait toute la scène qui paraîtrait bien plus triste. Notez l'adorable bordure de *Lobelia erinus* qui vient mordre le dallage de briques posées en chevrons. L'astuce du jardin contemporain consiste à marier les lignes géométriques strictes avec des plantations libres qui en font oublier la rigidité. Cette cour illustre bien ce principe fondamental. Son intérêt graphique vient aussi de la différence de niveau avec le coin repos.

À ESSAYER AUSSI
Rue *(Ruta graveolens)*
Avec un feuillage persistant glauque, finement découpé, et des inflorescences jaune verdâtre, la rue est d'un grand raffinement. Elle peut remplacer le buis pour réaliser des bordures régulières de feuillage. C'est une plante facile, qui réussit dans tous les sols et même sous une ombre légère. Attention, la sève tache la peau.

785

30 idées jardin

Explosion printanière

LES PLANTES POUR RÉUSSIR

1 **Tulipe triomphe 'Lustige Witwe'**, une fleur très lumineuse en mai.

2 *Malus* **'Evereste'**, un petit pommier d'ornement bien coloré en automne.

3 *Campanula portenschlagiana*, un tapis compact de fleurs bleues.

4 **Pensée**, les hybrides à grandes fleurs s'épanouissent jusqu'à fin juin.

5 *Rhododendron* **x**, les formes hybrides compactes réussissent bien en pot.

Après les mois tristes et gris de l'hiver, l'éclat des floraisons de printemps est comme une bouffée d'air pur dont il ne faut surtout pas se priver au balcon. Toutes les fleurs à bulbes réussissent dans des jardinières de 20 cm de profondeur au moins, à condition de prévoir un bon drainage, car l'humidité stagnante est le pire ennemi de ces plantes. Pour un effet spectaculaire, espacez les bulbes de tulipes de 3 à 5 cm seulement, ce qui vous garantira une grande densité de floraison. Vous pouvez profiter plus longtemps de votre décor printanier en plantant des petits bulbes précoces (perce-neige, aconit d'hiver, scille, *Anemone blanda*) dans la même jardinière, mais à 5 cm de profondeur seulement. L'important est de créer des effets de masse, en utilisant une ou deux variétés par jardinière, pas plus. Dans notre exemple, le raffinement découle du choix des couleurs, les campanules et les pensées s'harmonisant avec le bleu des jardinières. La masse blanche du pommier à fleurs crée un effet lumineux.

À ESSAYER AUSSI

Narcissus jonquilla
C'est la petite jonquille, aux fleurs jaunes très parfumées, portées en bouquets au mois de mai. Cette espèce et les hybrides qui en sont issus s'adaptent fort bien à la culture en pot, dans un terreau allégé avec du sable de rivière assez grossier.

Balcons à vivre

Comme un petit air de vacances

LES PLANTES POUR RÉUSSIR

[1] ***Cupressus sempervirens* 'Stricta'**, une colonne étroite, bien élancée.

[2] ***Nerium oleander,*** le laurier-rose fleurit tout l'été. Attention, poison !

[3] ***Bougainvillea glabra,*** ce sujet greffé en tige et taillé en boule est original.

[4] **Piments et poivrons** réussissent bien en jardinière si vous plantez des sujets déjà bien développés. Plein soleil.

Exposé en plein soleil et protégé des vents dominants par des canisses, un balcon peut être transformé dès la seconde quinzaine de mai en jardin méditerranéen. Vous pouvez y réunir toutes les plantes qui rappellent les paysages de vos vacances, y compris les agrumes, les palmiers et même une vigne et un olivier, qui réussissent très bien dans des bacs de 40 cm de profondeur. Le seul problème avec toutes ces plantes est l'hivernage. À moins de disposer d'une véranda, l'idéal consiste à tendre des films plastiques sur une armature démontable, de manière à transformer le balcon en serre de novembre à fin avril. En revanche, n'espérez pas réussir à garder les plantes méditerranéennes dans une pièce de la maison, il y fait trop chaud et la lumière y est insuffisante. Pour créer cette ambiance, inspirez-vous de l'exemple ci-dessus, en regroupant toutes les plantes autour d'une table ou d'une chaise longue. Renforcez l'impression d'évasion avec des poteries provençales, des vases d'Anduze ou des céramiques dont les motifs sont évocateurs.

À ESSAYER AUSSI

Lantana camara
Les très nombreux hybrides de cet arbuste originaire d'Amérique tropicale se déclinent dans différentes nuances de rouge, de rose et d'orangé. La floraison généreuse est permanente de mai à octobre, ce qui en fait l'une des plantes saisonnières les plus durables. Il est conseillé de l'hiverner dans une véranda.

787

30 idées jardin

Profusion végétale

Un jardin minuscule, contrairement à ce que l'on pourrait croire, est l'occasion d'accueillir un grand nombre d'espèces, afin d'attirer le regard et de capter l'attention plus longuement. En composant comme ici un foisonnement végétal, vous créez un effet de surprise et incitez à la découverte. Cet exemple, qui peut paraître un peu fouillis, est en réalité le fruit de beaucoup de travail. La plantation est encore bien jeune, mais elle est déjà équilibrée et artistiquement disposée. L'art subtil du jardinier consiste à laisser les plantes s'imbriquer les unes dans les autres, tout en permettant à chaque espèce de s'exprimer. Ici, le sécateur est roi et c'est un façonnage permanent qui permet de conserver l'apparence du naturel. Les plantes sont aussi changées dès qu'elles encombrent.

À ESSAYER AUSSI

Ancolie hybride
Vivaces et rustiques, les ancolies séduisent par leur floraison très gracieuse, aux coloris lumineux et variés. Ces plantes s'intègrent bien dans tous les massifs de style naturel et sauvage. Plantez-les en groupe serré d'une dizaine de pieds pour composer un ensemble spectaculaire. Un sol assez compact, riche et qui conserve une bonne fraîcheur en été est parfait.

LES PLANTES POUR RÉUSSIR

1 *Erigeron* x, très florifère.

2 *Dryopteris filix-mas,* la fougère mâle aux frondes caduques, découpées.

3 *Viburnum plicatum,* floraison au printemps, belle couleur d'automne.

4 *Salvia fulgens,* vivace.

5 *Delphinium* x, une belle vivace aux épis d'un bleu intense. Tuteurer.

6 *Euphorbia palustris,* une vivace très rustique qui fleurit en mai.

788

Petits jardins

UNE ÉVIDENTE VOLONTÉ DE PERFECTION

LES PLANTES POUR RÉUSSIR

1 *Helichrysum splendidum,* persistant, compact, rustique, fleurs en mai.

2 **Hémérocalle,** ou lis d'un jour, ses fleurs se renouvellent tout l'été.

3 **Lavande,** un arbuste compact aux fleurs parfumées en juillet.

4 **Buis,** taillé en boule et planté en pot, il donne une note de formalisme.

5 **Rosier 'Iceberg',** c'est assurément le plus beau des rosiers buissons blancs.

Grâce à sa surface réduite, ce jardin peut être entretenu de manière irréprochable, sans que cela confine au sacerdoce. Le dessin géométrique est souvent préférable dans les propriétés exiguës, car les massifs rectilignes s'expriment très bien sans nécessiter de recul, tandis que les circonvolutions et les formes biscornues paraissent vite incongrues lorsqu'elles ne sont pas justifiées par le relief du terrain ou la nécessité de briser des perspectives trop monotones. Ici, le paysagiste a joué sur la sophistication et la perfection des plantations. Tous les végétaux sont impeccables et pas la moindre mauvaise herbe ne vient troubler l'agencement. L'effet pourrait sembler factice et manquer d'âme si les plantes n'avaient pas été aussi bien choisies. L'unique variété de rosiers, que l'on retrouve à plusieurs emplacements, donne l'impression d'unité, tout en apportant opulence et rondeur. La quasi-totalité des autres végétaux possèdent une silhouette légère, élancée, gracieuse. Les massifs se déclinent dans un rythme aussi précis qu'une partition de musique.

À ESSAYER AUSSI

Spiraea x *arguta*
Très gracieuse avec ses longues branches souples et arquées, qui semblent faire la révérence, cette spirée s'épanouit dès la fin du mois de mars.

Elle pourrait, dans le jardin ci-dessus, accompagner les rosiers, afin que le massif s'exprime aussi dans toute son opulence au printemps, en compagnie de diverses fleurs à bulbes. *Spiraea* x *arguta* accepte tous les sols, même calcaires.

789

30 idées jardin

RIGUEUR ET FANTAISIE

D'inspiration classique dans son tracé rectiligne, ce très élégant jardin privé de Belgique se décline dans un camaïeu de feuillages, pour une ambiance apaisante et raffinée. Le tracé géométrique définit des perspectives et des lignes de fuite qui font paraître le jardin plus grand. De la majesté se dégage de cette propriété, dont les ifs en topiaires, plus que trentenaires, expriment une élégance cossue. En dépit de son dessin très structuré, ce jardin ne paraît jamais monotone, car les massifs bordés de buis accueillent une plantation généreuse et colorée. La photographie ayant été réalisée en mai, des parcelles de terre sont encore dénudées et les floraisons en sont encore à leur balbutiement. Dès le mois de juin, les rosiers se couvriront d'une multitude de fleurs et une profusion de vivaces viendra égayer les parterres d'une végétation foisonnante et colorée. Un jardin généreux, qui nécessite une attention soutenue.

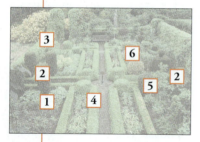

LES PLANTES POUR RÉUSSIR

1 *Alchemilla mollis,* couvre-sol léger.

2 *Taxus baccata,* des ifs taillés en colonnes et en différentes formes topiaires.

3 *Fagus sylvatica,* des haies de hêtres servent de brise-vent autour du terrain.

4 *Buxus sempervirens,* les allées sont bordées de buis taillé de 40 cm de haut.

5 *Ilex aquifolium,* houx taillé en boule.

6 *Persicaria bistorta* **'Superba'**, un polygonum en fleurs jusqu'en octobre.

À ESSAYER AUSSI

Cupressus arizonica **'Fastigiata'**
Le cyprès de l'Arizona forme un cône régulier d'un beau bleu acier, qui peut atteindre 15 m de haut. Supportant très bien les tailles régulières, il peut être maîtrisé dans son développement pour constituer un très beau topiaire, qui remplace les ifs ou les houx.

Jardins structurés

Un savant désordre

Compliquer le tracé des allées afin d'allonger le cheminement est l'une des meilleures solutions pour faire paraître un jardin plus grand. C'est aussi le moyen d'accompagner le visiteur dans les moindres recoins pour qu'il découvre tous les détails qui personnalisent les plantations. La partie structurée de ce petit jardin couvre moins de 150 m², ce qui ne l'empêche pas d'accueillir des plantations très variées. Le dallage est un quadrillage de pavés qui sépare des îlots bordés de buis. Pour éviter toute rigueur, les zones plantées présentent des dimensions inégales et chacune accueille des plantes différentes, comme si elle constituait un jardin à part entière. Pour limiter les effets de perspective et retenir le regard, des potées gourmandes sont disposées au carrefour des allées.

À ESSAYER AUSSI

Santolina chamaecyparissus
Appelée aussi « petit cyprès », la santoline est un arbuste qui forme un petit buisson compact et arrondi, aux feuilles persistantes d'un gris argenté très décoratif. Il est possible de l'utiliser en lieu et place du buis pour composer des bordures de 20 à 30 cm de haut. Une plante à cultiver de préférence dans un sol sableux et sec.

LES PLANTES POUR RÉUSSIR

1 *Rosmarinus officinalis,* du romarin dans un pot à oreilles, associé à des fraisiers.

2 **Tulipes,** en plantation serrée (80/m²).

3 **Delphinium,** au pied d'un rosier-tige.

4 **Groseillier à grappes,** en pot.

5 **Buis,** de jeunes bordures bien droites.

6 *Viburnum plicatum* 'Watanabe'.

791

30 idées jardin

DOMINANTE ROUGE

Explosion de puissance et de dynamisme, ce massif se singularise par la floraison exceptionnelle des deux rosiers, qui s'épanouissent dans le même registre coloré, tout en offrant des possibilités de décoration complémentaires. Le rosier buisson domine le massif, l'éclat écarlate de ses fleurs étant valorisé par la présence du chardon argenté qui les rend plus lumineuses. Le mur de briques serait bien triste sans la profusion généreuse du rosier grimpant, qui a succédé à la magnificence précoce de la glycine. C'est un jardin d'une grande simplicité, où les massifs vivent de la générosité des plantes qui les composent, rythmés par la ponctuation élancée des delphiniums. Nous sommes en juin, et les floraisons ont la fraîcheur de la jeunesse. Elles vont se succéder tout l'été, avec pour vedettes les rosiers, qui en automne seront accompagnés de généreux bouquets de soleils *(Helianthus)* et d'asters. Un jardin de conception toute simple et parfaitement accessible aux débutants, à condition de l'entretenir avec attention.

LES PLANTES POUR RÉUSSIR

[1] **Rosier 'Paul's Scarlet Climber'**, peut atteindre 5 m de haut. Sensible à l'oïdium.

[2] ***Aster novi-belgii***, des bouquets de petites marguerites dès la fin de l'été.

[3] ***Alchemilla mollis***, couvre-sol.

[4] ***Onopordum nervosum***, ce chardon atteint 3 m de haut la seconde année.

[5] **'Europeana'**, un buisson vigoureux, bien remontant, légèrement parfumé.

[6] ***Wisteria sinensis***, une belle glycine.

À ESSAYER AUSSI

'La Sevillana' Rosier arbuste, cette obtention Meilland (1978) est l'un des rosiers à massifs le plus vigoureux puisqu'il dépasse 1,50 m de haut. Très résistant aux maladies et au gel, c'est un rosier florifère et sans problème.

Jardins de roses

TOUTE LA POÉSIE DE LA REINE DES FLEURS

LES PLANTES POUR RÉUSSIR

1 *Lavatera* **'Barnsley'**, très florifère.

2 **Rosier 'Ballerina'**, à port très souple.

3 **Rosier 'Thalia'**, puissant rosier liane.

4 **Rosier 'Swany'**, buisson retombant.

5 **Rosier 'Tapis volant'**, une variété à port étalé, à fleurs simples rose clair.

6 **Rosier 'Raubritter'**, un arbuste vigoureux, non remontant, à port prostré.

Romantisme et féminité se déclinent en beauté dans le jardin d'Anne-Marie à Lardy (Essonne), jardin essentiellement dédié à la rose. Les teintes pastel s'accordent à merveille dans une douce harmonie, qui confine à la sérénité. C'est un jardin où l'on aime rêver sous une avalanche de fleurs, lorsque les parfums se mêlent pour vous enivrer. Une propriété en clair-obscur, où le soleil, qui peine à percer la frondaison des grands arbres qui l'entourent, joue à cache-cache entre les feuilles et les fleurs, créant des transparences où les roses expriment leur infinie tendresse. Un jardin qui privilégie le naturel des formes, laissant chaque rosier occuper la place qu'il convoite, quitte à empiéter sur le voisin ou à s'alanguir sur les berges du ruisseau. Reine des fleurs, la rose trouve dans la variété des plantes vivaces des courtisans. Les grandes espèces viennent donner du relief et du volume aux massifs, tandis que nombre de couvre-sol sont plantés en bordure pour composer des tapis aux nuances variées. C'est un jardin de passion et de collection, où se côtoient des roses anciennes et des variétés modernes dont le dénominateur commun est la souplesse, l'élégance et la légèreté. Un jardin unique, très personnel, éloigné de tout stéréotype. Une réussite indéniable.

À ESSAYER AUSSI

'Belle sans Flatterie'
Très populaire au début du XIXᵉ siècle, où elle était cultivée dans les jardins de Malmaison, cette rose gallique, obtenue en Hollande en 1806, se découpe en généreux quartiers. Elle est portée en bouquets généreux, qui remontent un peu en fin d'été. Le buisson vigoureux atteint 1,20 m de haut. Quel dommage que son parfum soit si peu présent.

793

30 idées jardin

Clair-obscur tout en feuillages

LES PLANTES POUR RÉUSSIR

1 *Wisteria japonica,* une glycine du Japon aux longues grappes blanches.

2 *Hosta sieboldiana* var. *elegans,* des feuilles gaufrées de 30 cm de long.

3 *Acer palmatum* 'Atropurpureum', un érable du Japon, rouge en automne.

4 *Hosta undulata* 'Albomarginata', une grosse touffe de feuilles ondulées.

5 *Rhododendron x,* deux azalées japonaises au feuillage persistant.

Peu de jardiniers débutants oseraient planter un arbuste à feuilles pourpres dans un endroit ombragé du jardin, craignant de l'assombrir. Il a pourtant suffi d'un tapis d'hostas à feuilles panachées pour donner vie à cet érable du Japon et mettre en valeur toute la subtilité structurelle de son feuillage. Outre la délicatesse des teintes, ce massif vaut surtout pour l'opposition des silhouettes et des textures. L'opulence gracieuse de l'arbuste donne du volume et de l'ampleur au décor, souligné par le tapis compact des hostas. Leurs feuilles gaufrées donnent une impression de rugosité, qui contraste avec la découpe élégante en forme de main ouverte du feuillage de l'érable. Ce dernier prendra des teintes sublimes en automne, passant du pourpre foncé à l'orange vif. Il est déjà trop tard en saison pour apprécier le grand spectacle de la floraison de la glycine. C'est un enchantement courant mai, lorsque les longues grappes pendantes blanc pur s'épanouissent avec, en arrière-plan, le feuillage sombre de l'érable qui met en évidence toute leur délicatesse.

À ESSAYER AUSSI

Camellia japonica **'Lady Clare'**
Les camélias apprécient les lieux ombragés qui restent frais durant l'été. Arbustes de sol acide, ils accompagnent idéalement les érables du Japon dans des massifs bien protégés des vents dominants. 'Lady Clare' est un hybride obtenu au Japon en 1859. Il est toujours cultivé pour sa rapidité de croissance et sa floraison précoce et généreuse, qui dépasse 12 cm de diamètre. Les feuilles allongées sont vert foncé.

Jardins à l'ombre

JARDIN DE FOUGÈRES

Apparues sur Terre il y a 290 millions d'années, les fougères arborescentes ont survécu aux bouleversements cataclysmiques qui ont conduit à la disparition des dinosaures. Véritables « fossiles vivants », elles créent une ambiance à la fois étrange et exotique dans le jardin. Bénéficiant de la douceur océanique du Gulf Stream, ce jardin de Cornouailles permet à de magnifiques *Dicksonia antartica*, originaires de Tasmanie, de prospérer en bouquets généreux. Résistant à - 7 °C, ces fougères au stipe épais peuvent réussir dans de nombreuses régions, atteignant 6 m de haut lorsque les conditions sont favorables. Elles réussissent dans les lieux ombragés et humides, dans un sol acide et bien drainé, nécessitant de fréquentes brumisations lors des journées sèches et chaudes de l'été. La compagnie des azalées n'est pas incongrue, celle des magnolias le serait encore moins, car ce sont les plus anciennes plantes à fleurs.

LES PLANTES POUR RÉUSSIR

1 *Dryopteris filix-mas,* la fougère mâle dépasse 1 m de hauteur et de diamètre.

2 *Dicksonia antartica,* la plus rustique des fougères arborescentes.

3 *Hyacinthoides non-scripta,* la jacinthe des bois pousse spontanément sous un couvert frais, en sol humifère.

4 *Rhododendron* x, une azalée japonaise colore la scène.

À ESSAYER AUSSI

Osmunda regalis
Atteignant 2 m de haut et 4 m de diamètre, l'osmonde royale est la plus spectaculaire des fougères de nos régions. Elle apprécie de pousser au bord d'une pièce d'eau dans un sol profond, humifère et acide. Elle préfère un ombrage léger ou le soleil filtré.

795

30 idées jardin

LES PLANTES POUR RÉUSSIR

1. ***Nymphaea x,*** des touffes généreuses de nénuphars fleurissent en juillet-août.
2. ***Darmera peltata,*** aux feuilles amples et arrondies qui se colorent en automne.
3. ***Pontederia cordata,*** de jolies feuilles lancéolées, des épis bleus durant l'été.
4. ***Alchemilla mollis,*** une superbe bordure vaporeuse de mai à septembre.
5. ***Rodgersia podophylla,*** une plante spectaculaire aux feuilles découpées.

UN JARDIN SECRET

Profitant de la douceur humide du climat océanique de la Normandie, le jardin des pépinières Plantbessin associe charme et générosité. Le bassin tout en longueur sert de motif central au décor, qui joue subtilement de l'effet de perspective pour agrandir la scène, mais sans l'accentuer outre mesure afin de conserver une certaine intimité. La plantation rectiligne d'alchémilles souligne avec élégance les contours du bassin, et leur aspect foisonnant et voluptueux gomme toute impression de rigueur. La prolifération des nénuphars contribue aussi à couper le dessin linéaire du jardin, de même que la berge opposée, généreusement plantée de vivaces opulentes. Tout concourt à renforcer le romantisme de ce jardin d'eau.

À ESSAYER AUSSI

Lysichiton americanus
On l'appelle « arum bananier » en raison de ses fleurs ornées de spathes jaune vif, caractéristiques des plantes qui appartiennent à la famille des arums (Aracées), et de ses feuilles oblongues qui dépassent 1 m de long. C'est une vivace rustique à installer au bord d'un bassin, dans un sol profond et humifère. Une exposition mi-ombragée est appréciée. Les fleurs apparaissent en mars, avant les feuilles.

Jardins d'eau

Près de la fontaine

LES PLANTES POUR RÉUSSIR

[1] *Convolvulus sabatius,* un liseron rampant, très florifère de juillet à octobre.

[2] *Gazania splendens,* des marguerites étoilées qui ne s'ouvrent qu'en plein soleil.

[3] *Pistia stratiotes,* la laitue d'eau est élégante, mais aussi très envahissante.

[4] *Lupinus arboreus,* un buisson à feuillage persistant et floraison estivale.

[5] *Cyperus papyrus,* une touffe élégante et généreuse, à ne pas exposer au gel.

Dans les jardins classiques, les fontaines sont le plus souvent installées dans un endroit dégagé au carrefour de grandes allées. Elles apparaissent alors comme des éléments somptuaires et pompeux, qui perdent beaucoup de leur charme. Dans ce jardin d'Afrique du Sud, la fontaine en bronze constitue toujours le pôle d'attraction, mais elle n'est plus le « centre du monde ». L'abondante végétation alentour constitue un écrin riche et coloré qui donne vie au jardin et rend la présence de la fontaine évidente. Un bassin discret accueille l'angelot de bronze et sa coupe. La margelle, située quasiment au ras du sol, n'arrête pas le regard et permet d'apprécier la généreuse végétation qui prolifère dans le bassin. Dans le même esprit, le socle de la fontaine étant dissimulé par la touffe de papyrus, la sculpture fait corps avec le décor végétal et surtout ne l'écrase pas. Un décor généreux, simple à composer, pour profiter pleinement du murmure de l'eau.

À ESSAYER AUSSI
Hippuris vulgaris (pin aquatique)
Cette vivace à immerger de 30 cm dresse ses tiges fines et élégantes au-dessus de la surface de l'eau à partir de mai. On dirait des prêles ou des jeunes branches de conifère, d'où le nom populaire de la plante. C'est une espèce peu connue, mais très décorative associée à des nénuphars et à des *Pontederia cordata*.

30 idées jardin

Premier éveil printanier

LES PLANTES POUR RÉUSSIR

1. *Helleborus orientalis* x, une belle vivace qui fleurit de janvier à mars.
2. *Camellia japonica,* un arbuste à feuillage persistant et à floraison précoce.
3. *Magnolia stellata* 'Rosea', précoce, il se couvre d'étoiles rose pâle en mars.
4. *Magnolia* x *soulangeana,* des coupes cireuses en avril, avant les feuilles.
5. *Narcissus* x, une plante à bulbes qui se naturalise très facilement dans le jardin.

Bien que la composition suggère un sous-bois clair et naturel, il s'agit bien d'un jardin. Cette belle propriété, située dans l'Orne, entretient un savant fouillis végétal, destiné à faire oublier la présence du jardinier. Réussir ce type de jardin confine au grand art, car il faut accepter un soupçon de négligé, tout en engageant une lutte farouche contre les mauvaises herbes, et disposer avec un goût très sûr les plantes ornementales au bon endroit. Faire cohabiter des plantes originaires du Japon (camélia et magnolia), de Turquie (hellébore) et d'Europe (narcisses), en donnant l'impression d'une végétation spontanée, est la qualité première de ce jardin. Les végétaux sont disposés par touffes assez importantes, afin de bien assurer leur présence dans le décor, et disséminés de façon à éviter tout alignement incongru.

À ESSAYER AUSSI

Brunnera macrophylla
On l'appelle « myosotis du Caucase », car sa floraison ressemble à celle de la petite bisannuelle qui accompagne si bien les bulbes dans les massifs. C'est aussi le rôle de cette vivace qui forme un généreux feuillage arrondi très décoratif. Les fleurs qui apparaissent en avril accompagnent fort joliment les touffes de narcisses. Un excellent couvre-sol.

Jardins sauvages

La campagne comme on la rêve

LES PLANTES POUR RÉUSSIR

1 *Rhododendron* 'Gloria Mundi', une azalée de Gand, à feuilles caduques et fleurs parfumées, qui tient en plein soleil.

2 *Fagus sylvatica* 'Purpurea', un jeune hêtre pourpre pour ombrager les azalées.

3 *Rhododendron luteum,* une grande azalée caduque aux fleurs parfumées.

4 *Quercus robur,* un chêne pédonculé aux branches tortueuses et assez étalées.

5 *Rhododendron* 'Spek's Brillant', une azalée mollis encore toute jeune.

*U*ne prairie, avec juste ce qu'il faut d'herbes folles et de fleurettes pour donner l'impression d'une végétation spontanée, lie dans un ensemble souple et harmonieux une jolie collection d'azalées à feuillage caduc. Leurs teintes douces et leurs formes buissonnantes très libres accentuent le côté rustique et sauvage de la scène. Toute la subtilité vient de la présence dominante du grand chêne, qui replace bien la plantation dans le paysage. En laissant aussi le regard filer à travers les branches pour deviner la campagne alentour, le jardinier a réussi à fondre dans le paysage les azalées pourtant originaires du Japon. Le paradoxe vient aussi de cette richesse de couleurs, dont les nuances peu communes dans la flore sauvage pourraient choquer si les azalées n'étaient pas disposées dans un subtil dégradé de teintes qui semble très naturel.

À ESSAYER AUSSI

Hydrangea sargentiana
Idéal pour accompagner les azalées, cet arbuste au port ample et souple porte de grandes feuilles caduques duveteuses et des fleurs en corymbes plats d'août à octobre. Comme il dépasse 3 m de haut, il faut le planter en arrière-plan. Il servira dans le même temps à ombrager le massif durant l'été.

799

30 idées jardin

UN ÉCRIN DE VERDURE

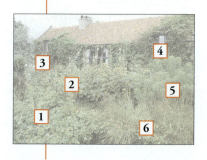

LES PLANTES POUR RÉUSSIR

1 *Calla palustris,* une vivace aquatique aux fleurs blanches avec spathes en juillet.

2 *Inula royleana,* une touffe ample très florifère de juin à octobre.

3 *Alcea rosea,* de hautes roses trémières dominent le massif. Floraison tout l'été.

4 *Aristolochia macrophylla,* une grimpante à la croissance spectaculaire.

5 *Equisetum maximum,* une prêle aux tiges fines d'une grande élégance.

6 *Scirpus palustris,* une touffe aux tiges grêles. Immerger le pied de 10 cm.

*D*isparaissant derrière une végétation foisonnante, la maison en briques, typique des constructions du Nord (nous sommes en Belgique), prend beaucoup de caractère, tout en perdant sa position dominante, presque écrasante dans la propriété. Le style campagnard du jardin est assuré par la prédominance des plantes à feuillage. Dans un jardin, la tonalité verte, discrète, exprime une certaine neutralité ou simplicité. C'est le meilleur moyen pour créer un univers harmonieux, mais cela n'empêche pas la sophistication des plantations, bien illustrée ici avec des espèces peu courantes mais qui donnent toutefois une impression de naturel par leur générosité. L'habillage de la façade par une couverture végétale est la meilleure façon d'obtenir une bonne intégration du jardin dans la campagne environnante. Mais il convient ici de modérer les élans de l'aristoloche et de la tailler pour qu'elle n'envahisse pas le toit et les gouttières. Lorsque la croissance d'une liane est bien maîtrisée, il n'y a rien à craindre pour la maison.

À ESSAYER AUSSI

Nicotiana sylvestris

Originaire d'Argentine, cette grande vivace plutôt frileuse est cultivée comme une bisannuelle pour sa végétation spectaculaire, qui peut dépasser 1,50 m de haut. Apparaissant en été, les fleurs très odorantes se ferment en plein soleil. Feuillage ample.

Jardins à la campagne

Une touche subtile d'abandon

LES PLANTES POUR RÉUSSIR

1. ***Betula pendula,*** un jeune bouleau pour ombrager le massif en été.
2. ***Onoclea sensibilis,*** une élégante fougère caduque, bronze au printemps.
3. ***Légumes variés,*** un minipotager.
4. ***Fèves,*** semées en place au printemps et maintenues droites par des branchages.
5. ***Carpinus betulus,*** un charme sert de brise-vent et accueille un rosier grimpant.

La serre en ruine a été judicieusement conservée en l'état, car elle apporte un cachet indéniable à la scène. C'est un jardin tout simple et rustique, dont les vestiges d'un passé prospère semblent raconter l'histoire d'une grande saga familiale, romantique et passionnée. La construction délabrée doit être conservée pour entretenir cette atmosphère unique. Il faut simplement s'assurer que les carreaux encore présents restent solides et maintenus en place sans risque par des bâtis stables. Une note d'élégance et de raffinement est donnée par le rosier grimpant, dont il faudra guider les longs bras souples en direction de la serre pour l'habiller partiellement de fleurs. Le reste du jardin est tout simple, avec un mélange fort judicieux de plantes ornementales et de légumes, qui affirme bien le caractère rural et rustique de la propriété.

À ESSAYER AUSSI

Rubus fruticosus (mûre sans épines 'Loch Ness')
Cette plante sarmenteuse très vigoureuse forme de longues tiges souples qui dépassent 4 m de long.

Elles sont idéales pour habiller une construction inesthétique ou une clôture. Les fruits se cueillent en septembre lorsqu'ils sont bien noirs. Supprimez au ras du sol les tiges qui ont fructifié, afin de stimuler la pousse de jeunes rejets vigoureux.

801

30 idées jardin

LES PLANTES POUR RÉUSSIR

1 *Petasites japonicus,* une vivace aux feuilles énormes, fleurs blanches en hiver.

2 **Palmettes Verrier de pommier et de poirier,** qui habillent le mur.

3 **Rosier 'Iceberg',** le meilleur buisson à massif à fleurs blanches.

4 *Asphodeline lutea, Gerbera* x, ancolie, *Silene dioica,* en massifs fleuris.

5 **Bordure de buis,** taillée de façon rectiligne à 20 cm de hauteur.

LE GOÛT ET LES COULEURS

Créé par le paysagiste Serge Prévosteau, ce petit jardin est une ode à la gourmandise et au plaisir des yeux. Le mur de séparation est entièrement habillé avec des palmettes de pommiers et de poiriers, les variétés étant choisies pour leur maturité échelonnée et leur faculté à bien se polliniser. Le pied des fruitiers est habillé de différentes plantes aromatiques, qui occupent l'espace sans nécessiter d'entretien. L'aspect décoratif est un souci permanent et la plate-bande fruitière est ponctuée de rosiers qui apportent une aimable touche de couleur. D'une inspiration très classique, avec ses carrés bordés de buis, ce jardin montre pourtant une inspiration contemporaine du fait de la composition même des massifs. Vivaces et annuelles se mélangent dans un délicieux fouillis, faisant oublier la rigueur du tracé. Il n'y a pas de motif précis, uniquement des plantes originales dont les formes s'opposent.

À ESSAYER AUSSI

Potimarron 'Red Kuri' Cette variété de *Cucurbita maxima* est une plante annuelle, dont les longues tiges rampantes peuvent dépasser 3 m de long. Les fruits de 2 à 3 kg se récoltent en octobre à complète maturité. Cueillis avec leur pédoncule, ils se conservent environ deux mois. Culture facile dans un emplacement ensoleillé. En juin, paillez le pied des potimarrons avec du fumier bien décomposé.

Jardins gourmands

LE POTAGER DE GRANDE TRADITION

LES PLANTES POUR RÉUSSIR

[1] *Tropaeolum majus,* une bordure de capucines pour attirer les pucerons.

[2] **Navets d'hiver,** semés en août, ils seront récoltés jusqu'à fin novembre.

[3] **Melons,** d'abord cultivés sous les cloches maraîchères, ils sont à point.

[4] *Buxus sempervirens,* des buis libres.

[5] **Persil frisé,** semé directement en place sur la bordure, il est bon à récolter.

[6] **Courgettes,** elles ont développé des feuilles gigantesques dans un sol bien azoté.

Dans sa conception classique, le jardin potager est composé de « planches », c'est-à-dire de parcelles rectilignes. La largeur idéale d'une planche est de 1 m, ce qui correspond à la possibilité de plantation et d'entretien sans qu'il soit nécessaire de marcher à l'intérieur. De plus, les châssis et les tunnels pour amateurs présentent une largeur standard de 1 m. Dans les grands jardins, comme ici au domaine de l'Emière, il est possible de doubler ou même de tripler la largeur des planches. Cela permet d'accueillir des plantes à grand développement en toute liberté, comme la plupart des Cucurbitacées (courges, melons, potirons). Dans ce cas, il est nécessaire pour l'entretien de pénétrer à l'intérieur du périmètre réservé à la culture. On ménage alors des petits sentiers en piétinant la terre. Une bonne solution, surtout les années pluvieuses, consiste à couvrir les zones de passage avec des écorces de pin. La culture biologique étant pratiquée dans ce jardin, les capucines ne servent pas seulement de décor, mais aussi d'appât pour les pucerons.

À ESSAYER AUSSI

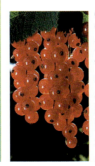

Groseille à grappes 'Jonkheer van Tets' L'une des meilleures variétés à baies rouges, mais qui se montre sensible à l'oïdium. Un buisson de culture facile qui réussit dans les sols secs.

803

30 idées jardin

LES PLANTES POUR RÉUSSIR

1 *Strelitzia nicolai,* une plante très spectaculaire originaire d'Afrique du Sud.

2 *Thymus vulgaris,* un tapis de thym aux fleurs pourpres d'avril à juin.

3 *Lampranthus spectabilis,* une nuée de petites étoiles rose pourpre en été.

4 *Cycas revoluta,* un bouquet de feuilles rigides qui évoquent un palmier.

5 *Aloe spp.,* une collection de plantes succulentes qui forment de gros bouquets.

À ESSAYER AUSSI

Ensete ventricosum 'Maurelii'
Appelée aussi « bananier d'Abyssinie » ou « bananier d'Éthiopie », cette belle plante herbacée originaire d'Afrique de l'Est peut atteindre 6 m de haut. Cette espèce se distingue des bananiers classiques (genre *Musa*) par ses pétioles et son stipe (tronc) d'un brun pourpre assez foncé. Chez le cultivar 'Maurelii', la face inférieure des feuilles présente des marques rouges sur le bord. C'est une plante assez frileuse qu'il faut éviter d'exposer au gel. Même dans le Midi, une protection s'impose en hiver.

Un talus subtropical

Faisant face à la « Grande Bleue », à quelques pas du Lavandou dans le Var, le domaine du Rayol est une propriété exceptionnelle, célèbre pour ses collections de plantes d'origine tropicale. Nombreux sont les jardins du littoral méditerranéen qui, bénéficiant d'une exposition plein sud et d'une situation bien abritée des vents dominants, peuvent se transformer en petits paradis subtropicaux. Le talus, qui habille le bel escalier de pierre qui conduit à la pergola, améliore la durée d'exposition des plantes au soleil et joue un rôle naturellement drainant en laissant ruisseler l'eau de pluie en excès. Il se crée un microclimat, avec un réchauffement rapide du terrain, dès que pointe le soleil, et surtout une absence d'humidité dans le sol qui permet aux plantes de supporter des températures beaucoup plus faibles. C'est ce qui explique aussi la prolifération des plantes succulentes (plantes grasses).

Jardins méditerranéens

LES PARFUMS ET L'ACCENT DE LA PROVENCE

LES PLANTES POUR RÉUSSIR

1 *Citrus aurantium*, un bigaradier.
2 *Rosa banksiae* '**Lutea**', rosier liane.
3 *Lavandula stoechas* '**Pedunculata**'.
4 *Allium* '**Purple Sensation**', bulbeuse.
5 *Santolina chamaecyparissus*, verte.
6 *Lavandula angustifolia* '**Munstead**', une lavande aux fleurs d'un bleu intense.

Bien protégé du mistral par les constructions alentour, ce petit jardin planté en façade d'un mas traditionnel est typiquement provençal. Il associe les plantes classiques de la région, lavande, romarin, vigne, etc., avec des espèces venues d'ailleurs mais bien adaptées au climat local : la santoline, le buis, trois espèces à feuillage argenté, la plante curry (*Helichrysum italicum* ssp. *serotinum*), la coquelourde (*Lychnis coronaria*) et le chardon aux ânes (*Onopordum nervosum*), ainsi que diverses fleurs, dont le superbe *Allium* 'Purple Sensation', aux ombelles sphériques portées par des hampes de 1 m de haut. L'ensemble forme un tapis vivant, agréable et varié, qui s'inspire un peu de la végétation des garrigues. Tout près du mur, l'oranger amer, ou bigaradier, est régulièrement taillé afin de conserver une silhouette compacte et former des rameaux au bois bien dur. C'est le meilleur moyen pour augmenter sa résistance au froid, une température de - 5 °C étant parfaitement supportable pour lui. La beauté de ce jardin vient de sa simplicité et des ondulations subtiles des plantations aux feuillages bien nuancés.

À ESSAYER AUSSI

Olea europaea (olivier)

Cet arbre persistant, aux feuilles glauques et au tronc noueux, est le symbole de toute la Provence. Beaucoup moins frileux qu'on le dit, il tolère - 10 °C dans les sols profonds et bien drainés. L'olivier supporte le calcaire et convient aux terres pauvres et caillouteuses. Il est aussi possible de le cultiver longtemps dans un pot. Ici, un sujet de plus de mille ans planté à Hyères dans le Var.

805

30 idées jardin

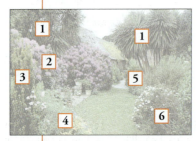

Une touche australe

*A*vec ses immenses *Cordyline australis,* dont les généreux bouquets de feuilles en forme de sabre composent une couronne très décorative, ce jardin pourrait se trouver dans les faubourgs d'Auckland en Nouvelle-Zélande ou de Melbourne dans le sud de l'Australie. C'est en réalité un jardin breton, qui bénéficie du climat privilégié de Locquirec dans le Finistère. Pas vraiment froid en hiver, jamais torride en été, l'endroit profite de la douceur de l'air marin, de la forte pluviosité en toutes saisons et d'un sol naturellement granitique, très drainant et acide. Les plantes originaires des contrées australes s'y acclimatent à merveille, de même que les rhododendrons. Le tracé du jardin est tout simple, avec la partie centrale dégagée pour favoriser les allées et venues et offrir un point de vue. Toute sa beauté vient de l'opulence des plantes et d'un entretien parfait.

LES PLANTES POUR RÉUSSIR

1. **Cordyline australis,** cette plante de Nouvelle-Zélande peut atteindre 10 m.
2. **Rhododendron x,** à grosses fleurs.
3. **Taxus baccata 'Fastigiata Aureomarginata',** l'if d'Irlande doré.
4. **Spiraea albiflora 'Allgold',** des fleurs roses au printemps, feuillage doré caduc.
5. **Cytisus multiflorus,** genêt blanc.
6. **Cistus x corbariensis,** un arbuste persistant qui fleurit de juin à septembre.

À ESSAYER AUSSI
Dicksonia antartica
Cette magnifique fougère arborescente originaire de Tasmanie peut atteindre 6 m de haut, formant des frondes de plus de 2 m de long.

C'est une plante très spectaculaire, qui aime les climats humides et frais, supportant une température minimale de - 7 °C. Sol riche, humifère et plutôt acide.

806

Fantaisies exotiques

Bananeraie et palmeraie à la française

LES PLANTES POUR RÉUSSIR

1 *Musa basjoo,* le bananier du Japon est l'espèce la plus rustique. Il résiste au gel jusqu'à - 5 °C. Il peut dépasser 5 m.

2 *Phoenix canariensis,* le dattier des Canaries supporte jusqu'à - 7 °C.

3 *Pelargonium zonale,* une bordure très fleurie, de mai à la fin octobre.

4 *Liquidambar styraciflua,* le copalme d'Amérique aux belles teintes automnales.

Célèbre pour sa cuisine, son hospitalité et son eau thermale, la propriété de Christine et Michel Guérard, « les Prés d'Eugénie », à Eugénie-les-Bains, est située dans les Landes, près du Gers. La région ne bénéficie pas d'un climat très doux et pourtant le jardin accueille le visiteur avec une profusion de palmiers et de bananiers, comme dans un monde enchanté. Les hauts bâtiments qui entourent le jardin et les grands arbres créent un microclimat qui empêche le vent de passer. Seule une plantation en pleine terre permet aux bananiers et aux palmiers d'atteindre leur plénitude et les protège durant l'hiver. D'abord buttés au niveau du pied, puis emmitouflés dans des paillons, eux-mêmes enveloppés par du voile d'hivernage non tissé, ils bénéficient d'une bonne aération qui évite tout risque de pourriture. Au printemps, les plantes sont débarrassées de leur protection, puis généreusement amendées avec du fumier décomposé et fertilisées avec un engrais organique équilibré. Ainsi traités, les bananiers dépassent 4 m de haut, avec des feuilles de 2,50 m, et fructifient régulièrement, ce qui permet à la touffe de rajeunir puisque le pied mère meurt après avoir produit, remplacé par un rejet au pied de la touffe.

À ESSAYER AUSSI

Phoenix dactylifera (**dattier**)
Un peu plus frileux que le dattier des Canaries, mais poussant plus haut (jusqu'à 30 m), le véritable dattier produit des fruits comestibles. Il ne réussit en France que dans les régions abritées du bord de mer. Il est nécessaire de protéger les jeunes plants.

807

Bien utiliser les plantes

DES PLANTES POUR CHAQUE SOL

Si vous désirez limiter l'entretien dans le jardin, tout en étant certain d'observer une croissance vigoureuse de vos cultures, utilisez les plantes les mieux adaptées à la nature de votre sol. Cela ne signifie pas que la terre d'origine du jardin ne doive pas subir d'amélioration, bien au contraire. Mais en choisissant des végétaux qui poussent naturellement dans un type de sol donné, vous limitez les risques de concurrence entre les espèces, qui s'épanouiront sans contrainte. C'est aussi le moyen d'acclimater plus aisément des plantes d'origines diverses, en leur donnant ainsi la possibilité de se naturaliser.

TERRAIN SEC ET PAUVRE

Acacia *(Robinia pseudoacacia)*
Ajonc *(Ulex europaeus)* ❶
Arbousier *(Arbutus unedo)*
Arbre à papillons *(Buddleja davidii)*
Arbre de Judée *(Cercis siliquastrum)*
Bouleau *(Betula pendula)*
Bruyère *(Erica vagans)* ❷
Caragana *(Caragana arborescens)*
Cératostigma *(Lithodora diffusa)* ❸
Chêne vert *(Quercus ilex)*
Ciste *(Cistus spp.)*
Coronille *(Coronilla glauca)*
Cytise *(Laburnum x watereri* 'Vossii')
Éléagnus *(Elaeagnus pungens)*
Gazon d'Espagne *(Armeria maritima)*
Genêt à balais *(Cytisus scoparius)*
Genêt d'Espagne *(Spartium junceum)*
Graminées diverses
Hélianthème *(Helianthemum spp.)*
Herbe aux chats *(Nepeta spp.)*
Joubarbe *(Sempervivum spp.)*
Lavande *(Lavandula spicata)*
Menthe de Corse *(Mentha requienii)*
Millepertuis *(Hypericum calycinum)*
Pérovskia *(Perovskia atriplicifolia)*
Potentille *(Potentilla fruticosa)* ❹
Pourpier *(Portulaca grandiflora)*
Romarin *(Rosmarinus officinalis)*
Saxifrage *(Saxifraga spp.)*
Sédum *(Sedum spathulifolium)* ❺
Tamaris *(Tamarix ramosissima)*
Thym *(Thymus serpyllum)*
Valériane rouge *(Centranthus ruber)*

TERRAIN TRÈS HUMIDE

Arum bananier *(Lysichitum spp.)*
Astilbe *(Astilbe spp.)*
Aulne *(Alnus glutinosa)*
Bambous divers
Berce *(Heracleum mantegazzianum)*
Bocconia *(Macleaya cordata)*
Fougère mâle *(Dryopteris filix-mas)*
Fougère royale *(Osmunda regalis)*
Hamamélis *(Hamamelis mollis)*
Hosta ou funkia *(Hosta spp.)*
Iris des marais *(Iris pseudacorus)* ❶
Laîche *(Carex spp.)*
Ligulaire *(Ligularia japonica)*
Peltiphyllum *(Darmera peltata)*
Pétasite *(Petasites spp.)*
Peuplier *(Populus nigra)*
Plante caméléon *(Houttuynia cordata)*
Populage *(Caltha palustris)* ❷
Primevère *(Primula japonica)*
Reine des prés *(Filipendula ulmaria)*
Rodgersia *(Rodgersia aesculifolia)* ❸
Salicaire *(Lythrum salicaria)*
Saule *(Salix spp.)* ❹
Trolle d'Europe *(Trollius europaeus)*

808

LES 15 MEILLEURES PLANTES POUR SOL CALCAIRE

PLANTE	DIMENSIONS (H et L en cm)	UTILISATIONS	EXPOSITION	FEUILLAGE (couleur, nature)	FLEURS (couleur, floraison)	OBSERVATIONS
Achillée (*Achillea millefolium*)	H 50-80 L 50-60	Massif, fleurs coupées, jardin sauvage	☀	Caduc	Juin-août	Une plante légère et naturelle, élégante, de culture très facile
Aster (*Aster spp.*)	H 20-120 L 30-80	Massif, rocaille, fleurs coupées, potée, muret	☀	Caduc	Mai-oct.	Nombreuses variétés, d'aspects très variés, pour tous les types de jardins
Bleuet et centaurée (*Centaurea spp.*)	H 40-120 L 15-50	Massif, bouquet, jardin sauvage talus, éboulis	☀	Caduc	Mai-sept.	Une floraison de longue durée, très champêtre, bonne plante mellifère
Copalme d'Amérique (*Liquidambar styraciflua*)	H 10-15 m L 6-8 m	Isolé, arrière-plan des massifs, brise-vent	☀◐	Caduc	Verdâtre. Floraison insignifiante	Magnifique coloration automnale, croissance assez lente au début
Corbeille-d'or (*Alyssum saxatile*)	H 15-20 L 40-50	Bordure, rocaille, muret, escalier fleuri	☀	Persistant	Avril-mai	Culture très facile. Laisser retomber la touffe par-dessus un muret
Deutzia (*Deutzia spp.*)	H 1-2 m L 1-1,50 m	Massif, balcon, haie libre fleurie, palissé sur un mur	☀	Caduc	Avril-mai	Souple, élégant, très florifère, culture facile, jamais malade
Doronic du Caucase (*Doronicum orientale*)	H 40-50 L 30-40	Massif, rocaille, bouquet, balcon, mixed-border	◐	Caduc	Avril-mai	Plante lumineuse, culture facile, mellifère idéal avec des bulbes
Érable sycomore (*Acer pseudoplatanus*)	H 10-25 m L 8-15 m	Isolé, alignement, grand brise-vent, reboisement	☀	Caduc	Mai	Croissance rapide, supporte bien la taille bon bois de menuiserie
Érigéron ou vergerette (*Erigeron spp.*)	H 20-70 L 20-40	Massif, bordure, rocaille, muret, escalier fleuri, potée	☀	Caduc	Juin-sept.	Parfois frileux, aime les sols secs, très florifère, mellifère
Forsythia (*Forsythia* x *intermedia*)	H 1,50-2,50 m L 1-1,50 m	Massif, bouquet, terrasse, balcon, haie fleurie, talus	◐☀	Caduc	Mars-avril	Très florifère, lumineux, culture facile. Tailler court tous les trois ans
Hémérocalle (*Hemerocallis* x)	H 40-100 L 30-70	Massif, bouquet, bordure d'allée, talus, mixed-border	☀	Persistant	Juin-août	Un grand choix de coloris, rustique, culture facile, plante sans entretien
Lilas (*Syringa vulgaris*)	H 2-5 m L 1-3 m	Massif, bouquet, grande haie libre, arrière-plan	☀◐	Caduc	Mai-juin	Floraison parfumée. Couper de moitié les rameaux qui ont fleuri
Marguerite (*Leucanthemum vulgare*)	H 80-100 L 50-70	Massif, bouquet, bordure d'une haie, potée, jardin sauvage	☀	Caduc	Mai-sept.	Fleur passe-partout, généreuse, facile. Bien tuteurer les touffes
Noisetier (*Corylus avellana*)	H 3-5 m L 2-4 m	Haie libre, massif d'arbustes fruitiers, bouquet, talus	☀◐	Caduc	Février-mars	Très buissonnant, bon écran brise-vent. Attention aux chenilles
Tilleul (*Tilia* x *europaea*)	H 10-15 m L 7-10 m	Isolé, brise-vent, fleurs officinales	☀	Caduc	Juillet-août	Bel arbre à port arrondi, fleurs très mellifères, belle couleur d'automne

Bien utiliser les plantes

LES PLANTES ET L'EXPOSITION

Selon leur lieu d'origine, les plantes sont adaptées à des milieux bien particuliers. Celles qui poussent naturellement sous le couvert des forêts craignent les brûlures du soleil. Elles s'avèrent bien pratiques pour les jardins ombragés. Pour vos plantations en ville, préférez les espèces à feuillage épais et cireux, qui ne sont pas incommodées par l'air chargé de particules diverses. À l'inverse, évitez les feuilles duveteuses ou translucides dans les zones polluées. Également agressif pour la végétation, le bord de mer est colonisé par des plantes bien spécifiques, qui s'accommodent bien des atmosphères salées.

RÉSISTANTES À LA POLLUTION

Armoise (*Artemisia* spp.)
Aucuba (*Aucuba japonica*) ❶
Bambous divers
Bugle (*Ajuga* spp.)
Buis (*Buxus sempervirens*)
Buisson ardent (*Pyracantha* spp.)
Cytise (*Laburnum* x *watereri* 'Vossii')
Euphorbe (*Euphorbia characias*) ❷
Ficoïde (*Delosperma cooperi*)
Forsythia (*Forsythia* x *intermedia*)
Géranium (*Pelargonium* x)
Ginkgo (*Ginkgo biloba*) ❸
Groseillier à fleurs (*Ribes* spp.)
Houx (*Ilex* 'Golden King')
Joubarbe (*Sempervivum* spp.)

Laurier-cerise (*Prunus laurocerasus*)
Lilas (*Syringa vulgaris*)
Lin de Nouvelle-Zélande (*Phormium*)
Mahonia (*Mahonia bealii*) ❹
Narcisse (*Narcissus* spp.)
Noisetier (*Corylus avellana*)
Œillet (*Dianthus* spp.)
Orpin (*Sedum* spp.)
Pensée (*Viola* x *wittrockiana*)
Photinia (*Photinia* spp.) ❺
Prêle (*Equisetum* spp.)
Renouée (*Fallopia baldschuanica*)
Rosier rugueux (*Rosa rugosa*)
Santoline (*Santolina chamaecyparissus*)
Sapin d'Espagne (*Abies pinsapo*)
Spirée (*Spiraea* spp.)
Thuya géant (*Thuja plicata*)
Yucca (*Yucca aloifolia*)

RÉSISTANTES AUX EMBRUNS

Abélia (*Abelia* x *grandiflora*)
Agapanthe (*Agapanthus* x) ❶
Arbousier (*Arbutus unedo*)
Chêne vert (*Quercus ilex*)
Ciste (*Cistus* spp.)
Crambé (*Crambe maritima*)
Escallonia (*Escallonia* spp.)
Félicia (*Agathaea coelestis*)
Gazon d'Espagne (*Armeria*)
Hortensia (*Hydrangea macrophylla*)
Lotier (*Lotus maculatus*) ❷

Mimosa (*Acacia dealbata*)
Montbrétia (*Crocosmia* x)
Œillet de Corse (*Dianthus corsicus*)
Oléaria (*Olearia* spp.)
Olivier de Bohème (*Elaeagnus*)
Palmiers divers
Pin maritime (*Pinus pinaster*)
Pin parasol (*Pinus pinea*)
Pittosporum (*Pittosporum tobira*) ❸
Pourpier de mer (*Atriplex halimus*)
Senecio (*Brachyglottis* 'Sunshine')
Tamaris (*Tamarix tetrandra*)
Vipérine (*Echium*) ❹

LES 15 MEILLEURES PLANTES POUR L'OMBRE

PLANTE	DIMENSIONS (H et L en cm)	SOL	UTILISATIONS	FEUILLAGE (couleur, nature)	FLEURS (couleur, floraison)	OBSERVATIONS
Alchémille (*Alchemilla mollis*)	H 30-40 L 40-50	Frais, consistant, humifère, riche, assez humide	Bordure, balcon, berge	Caduc	Juin-juillet	Végétation généreuse, plante robuste, convient en bord de mer
Bégonia tubéreux (*Begonia* x *tuberhybrida*)	H 30-50 L 20-40	Un bon terreau, souple et bien drainé	Sous-bois, bordure, balcon	Caduc	Mai-sept.	Fleurs spectaculaires, coloris lumineux. Attention à l'oïdium
Bugle (*Ajuga reptans*)	H 5-15 L 20-50	Frais, humifère, sans grande exigence	Lien entre les arbustes dans les massifs	Persistant	Mai-juillet	Un tapis très compact, croissance rapide. Attention aux limaces
Camélia (*Camellia spp.*)	H 2-4 m L 1-2 m	Un mélange de terre de bruyère et de terreau frais	Massif, bouquet, balcon	Persistant	Oct.-mai	La forme de la fleur atteint la perfection. Gare aux cochenilles !
Corydale ou fumeterre (*Corydalis spp.*)	H 20-40 L 20-40	Humifère, acide, bien drainé, pas trop riche	Bordure, rocaille, bouquet	Caduc	Mai-oct.	Ne pas laisser sécher, parfois envahissant, craint les limaces
Fougère allemande (*Matteucia struthiopteris*)	H 60-80 L 30-40	Profond, riche, humifère, acide, plutôt humide	Sous-bois, massif, talus	Caduc	Les fougères ne forment pas de fleurs	Élégante et légère, croissance rapide, brunit en automne
Géranium vivace (*Geranium macrorrhizum*)	H 30-40 L 40-60	Tous les types de terres, même pauvres et calcaires	Bordure, talus, massif	Persistant	Mai-juillet	Très grande vigueur, plante sans problème. Diviser tous les trois ans
Hosta ou funkia (*Hosta spp.*)	H 40-80 L 40-80	Fertile, consistant, plutôt humide, humifère	Massif, sous-bois, potée	Caduc	Mai-juin	Un large choix de feuillages. Limaces redoutables
Impatience (*Impatiens spp.*)	H 20-40 L 30-60	Terreau frais, léger, bien drainé, riche, un peu acide	Bordure, balcon, massif	Plante annuelle	Toutes couleurs Mai-oct.	Ne pas trop arroser, bien fertiliser. Attention à l'oïdium
Lamier (*Lamium* et *Lamiastrum*)	H 10-30 L 40-100	Sans aucune exigence, pousse partout	Bordure, sous-bois, potée	Caduc	Mai-juin	Très envahissant, forme un tapis régulier, très décoratif
Pachysandra (*Pachysandra terminalis*)	H 20-30 L 40-100	Frais, consistant, plutôt humifère mais bien drainé	Couvre-sol, sous-bois, massif	Persistant	Mai-juin	Forme un tapis compact, croissance assez lente, feuillage coriace
Pervenche (*Vinca minor* et *major*)	H 15-40 L 40-100	Léger, frais, riche en humus, plutôt calcaire	Talus, massif, balcon	Persistant	Avril-juin	Très vigoureuse, bon couvre-sol plante passe-partout
Pulmonaire (*Pulmonaria saccharata*)	H 20-30 L 20-40	Léger, pauvre, même calcaire et caillouteux	Massif, sous-bois, rocaille	Caduc	Février-avril	Excellent couvre-sol, plante officinale, toucher désagréable
Rhododendron (*Rhododendron spp.*)	H 1-5 m L 1-3 m	Terre de bruyère pure ou tourbe acide sableuse	Massif, rocaille, balcon	Persistant	Avril-juin	Des fleurs somptueuses mais assez éphémères. Bien arroser en été
Rodgersia (*Rodgersia aesculifolia*)	H 1-1,20 m L 1-1,50 m	Consistant, frais, humifère, riche, plutôt acide	Massif, sous-bois, bord de bassin	Caduc	Juillet	Plante très vigoureuse, ample, spectaculaire, pour les grands jardins

811

Bien utiliser les plantes

LES PLANTES GÉNÉREUSES

S'il est bien pratique de disposer de plantes « polyvalentes » qu'il est possible d'installer comme des « bouche-trous » dans tous les types de compositions, il y a toujours des cas particuliers à résoudre dans le jardin. Vous avez alors besoin de végétaux qui possèdent des qualités bien définies. C'est le cas des plantes à port retombant, indispensables pour donner de la souplesse et de l'élégance aux paniers suspendus, des fleurs à bouquets, que l'on souhaite voir tenir longtemps, et enfin des « tapissantes », dont la végétation rampante va permettre d'habiller le sol d'un beau couvert végétal.

LES PLANTES EN SUSPENSION

Astériscus (*Asteriscus maritimus*)
Bacopa (*Sutera* x)
Begonia retombant (*Begonia* x)
Bidens (*Bidens ferulifolia*) ❶
Brachycome (*Brachyscome multifida*)
Capucine (*Tropaeolum majus*)
Diascia (*Diascia* 'Coral Belle')
Fraisier (*Fragaria vesca*)
Fuchsia retombant (*Fuchsia* x) ❷
Hélichrysum (*Helichrysum petiolare*)
Impatience (*Impatiens* 'Fanfare')
Lamier (*Lamium maculatum*)
Lierre (*Hedera helix*)
Lierre terrestre (*Glechoma hederacea*)
Liseron (*Convolvulus sabatius*)
Lobélia retombant (*Lobelia pendula* x)
Lotier (*Lotus maculatus*)
Lysimaque (*Lysimachia congesta*)
Menthe (*Mentha suaveolens*)
Million Bells® (*Petunia* x)
Monopsis (*Monopsis* x 'Papilio')
Muflier pleureur (*Antirrhinum* x)
Némésie (*Nemesia* hybride)
Nierembergia (*Nierembergia* x)
Œnanthe (*Œnanthe japonica*)
Pélargonium (*Pelargonium* x) ❸
Pétunia retombant (*Petunia* x) ❹
Plectranthe (*Plectranthus coleoides*)
Pourpier (*Portulaca grandiflora*) ❺
Scaevola (*Scaevola aemula*)
Tolmiea (*Tolmiea menziezii*)
Torenia (*Torenia* x)
Verveine hybride (*Verbena* x)

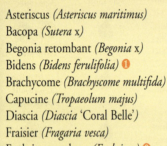

LES PLANTES POUR DES BOUQUETS DURABLES

Achillée (*Achillea* 'Moonshine')
Aster (*Aster novae-angliae*) ❶
Bleuet (*Centaurea cyanus*)
Camélia (*Camellia* x)
Campanule (*Campanula lactiflora*)
Cerfeuil sauvage (*Anthriscus spp.*)
Chardon bleu (*Echinops ritro*)
Chrysanthème (*Chrysanthemum* x)
Euphorbe (*Euphorbia amygdaloides*)
Freesia (*Freesia* x) ❷
Glaïeul (*Gladiolus* x)
Gypsophile (*Gypsophila paniculata*)
Lavande (*Lavandula vera*)
Lilas (*Syringa vulgaris*) ❸
Lis (*Lilium* hybrides) ❹
Marguerite (*Leucanthemum* x)
Nigelle (*Nigella damascena*)
Œillet (*Dianthus caryophyllus*)
Panicaut (*Eryngium alpinum*)
Pied-d'alouette (*Delphinium* x)
Plume du Kansas (*Liatris spicata*)
Rose hybride de thé (*Rosa* x)
Seringat (*Philadelphus* x)
Tanaisie (*Tanacetum parthenium*)

812

LES 15 MEILLEURES PLANTES COUVRE-SOL

PLANTE	DIMENSIONS (H et L en cm)	SOL	UTILISATIONS	FEUILLAGE (couleur, nature)	FLEURS (couleur, floraison)	OBSERVATIONS
Bruyère commune (*Calluna vulgaris*)	H 20-40 L 40-70	Léger, sableux, très bien drainé, acide, humifère	soleil/mi-ombre	Persistant	Juillet-sept.	Un tapis régulier, compact, élégant, convient en bord de mer
Bugle rampante (*Ajuga reptans* 'Burgundy Glow')	H 10-15 L 30-50	Bien travaillé, riche en humus, toujours frais	soleil/mi-ombre	Persistant	Mai-août	Culture très facile, excellent en bordure. Gare aux limaces
Désespoir des peintres (*Saxifraga* x *urbium*)	H 20-30 L 30-40	Léger, drainé, même pauvre et caillouteux	soleil/mi-ombre	Persistant	Avril-juin	Un joli coussin compact, résiste à la sécheresse, bonne plante de rocaille
Faux fraisier (*Duchesnea indica*)	H 10-15 L 40-100	Tout type de terre riche et consistante	soleil/mi-ombre	Persistant	Mai-sept.	Très envahissant, fruits comestibles mais insipides
Fleur des elfes (*Epimedium spp.*)	H 20-35 L 40-50	Frais, léger, humifère, plutôt acide	mi-ombre	Persistant	Avril-juin	Idéal en sous-bois, beau coloris automnal, pas toujours très rustique
Genévrier rampant (*Juniperus horizontalis*)	H 20-30 L 80-120	Léger, profond, bien drainé, même calcaire	soleil	Persistant	Pas de floraison chez les conifères	Idéal sur talus, très rustique, feuillage piquant
Géranium vivace (*Geranium sanguineum*)	H 15-30 L 40-50	Tout type de terre bien drainée, un peu humifère	soleil/mi-ombre	Caduc	Mai-oct.	Très vigoureux, les racines retiennent bien la terre des talus
Herbe-aux-goutteux (*Aegopodium podagraria* 'Variegatum')	H 20-40 L 40-100	Toute bonne terre, plutôt compacte, un peu humifère	soleil/mi-ombre	Caduc	Mai-août	Envahisseur puissant, spectaculaire, élégant, culture très facile
Lamier (*Lamiastrum galeobdolon*)	H 20-30 L 40-60	Tout bon sol frais, plutôt humifère, assez consistant	mi-ombre/soleil	Caduc	Avril-juin	Feuillage lumineux, les tiges se marcottent naturellement
Lysimaque à écus (*Lysimachia nummularia* 'Aurea')	H 300-500 L 60-100	Consistant, frais, même humide, riche, humifère	soleil/mi-ombre	Caduc	Mai-juillet	Très envahissante, forme un tapis compact, convient aussi en pot
Millepertuis (*Hypericum calycinum*)	H 20-30 L 40-50	Tout type de terre, légère, même sèche ou calcaire	soleil/mi-ombre	Persistant	Mai-juin	Très vigoureux, idéal pour les talus. Tailler court en automne
Pachysandra (*Pachysandra terminalis*)	H 20-30 L 40-100	Bien travaillé, riche en humus, plutôt frais	mi-ombre/soleil	Persistant	Mai-juin	Très homogène, croissance lente, régulière, coriace, peu exigeant
Petite pervenche (*Vinca minor*)	H 10-15 L 40-60	Plutôt léger, frais, mais bien drainé, pauvre, calcaire	mi-ombre/soleil	Persistant	Mars-juin	Très solide, pousse vite, peu exigeante, florifère, idéale pour les talus
Renouée rampante (*Persicaria affinis* ou *Polygonum affine*)	H 20-30 L 40-50	Bien travaillé, consistant, riche, humifère, frais	soleil/mi-ombre	Caduc	Avril-juillet	Très beau tapis florifère, croissance régulière, idéal avec des vivaces
Tiarella (*Tiarella cordifolia*)	H 15-30 L 30-50	Léger, frais, humifère, de préférence acide	mi-ombre/soleil	Persistant	Mai-juin	Un beau tapis régulier, à la végétation dense, jolie floraison vaporeuse

Bien utiliser les plantes

LES BELLES IRRÉSISTIBLES

Douces et tendres à croquer, un grand nombre de fleurs font les délices de fins gourmets, remises au goût du jour par les plus grands chefs. Elles permettent de découvrir des plats aux nouvelles saveurs, ajoutant l'effet décoratif à l'étonnement gustatif. Peuvent bien sûr s'ajouter à la liste ci-contre, les fleurs de la plupart des plantes aromatiques et condimentaires. Le nectar subtilement dissimulé au cœur des fleurs fait le délice de nombre d'insectes qui, en s'en régalant, participent à la fécondation de la fleur. C'est aussi dans un but de reproduction et pour attirer l'insecte pollinisateur que certaines fleurs embaument…

LES FLEURS COMESTIBLES

Acacia *(Robinia pseudoacacia)* ❶
Achillée *(Achillea millefolium)*
Bourrache *(Borago officinalis)*
Bruyère *(Calluna vulgaris)*
Camomille *(Chamaemelum nobile)*
Campanule *(Campanula lactiflora)*
Capucine *(Tropaeolum majus)* ❷
Chèvrefeuille *(Lonicera caprifolium)*
Chrysanthème *(Chrysanthemum* x*)*
Consoude *(Symphytum officinale)*
Coquelicot *(Papaver rhoeas)*
Courgette *(Cucurbita pepo)*
Dahlia *(Dahlia vulgaris)*

Fuchsia *(Fuchsia* x*)*
Géranium *(Pelargonium* x*)*
Hibiscus *(Hibiscus rosa-sinensis)* ❸
Lavande *(Lavandula vera)*
Magnolia *(Magnolia spp.)*
Mauve *(Malva sylvestris)*
Œillet *(Dianthus caryophyllus)*
Œillet d'Inde *(Tagetes patula)*
Pâquerette *(Bellis perennis)*
Pensée *(Viola* x *wittrockiana)* ❹

Phlox *(Phlox* x*)*
Pissenlit *(Taraxacum officinale)*
Reine des prés *(Filipendula ulmaria)*
Rose *(Rosa spp.)*
Rose trémière *(Alcea rosea)*
Souci *(Calendula officinalis)* ❺
Sureau *(Sambucus nigra)*
Tournesol *(Helianthus annuus)*
Trèfle *(Trifolium pratense)*
Violette *(Viola odorata)*

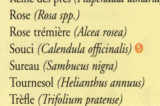

LES FLEURS QUI ATTIRENT LES PAPILLONS

Achillée *(Achillea millefolium)* ❶
Aster *(Aster novi-belgii)*
Berce *(Heracleum spondylium)*
Bouillon blanc *(Verbascum thapsus)*
Bruyère commune *(Calluna vulgaris)*
Buddléia *(Buddleja davidii)* ❷
Centaurée *(Centaurea spp.)*
Chèvrefeuille *(Lonicera periclymenum)*
Clématite des haies *(Clematis vitalba)*
Coronille *(Coronilla spp.)*
Genêt *(Cytisus spp. et Genista spp.)*
Giroflée d'été *(Matthiola incana)*
Hélianthème *(Helianthemum spp.)*

Lantana *(Lantana camara)* ❸
Mauve *(Malva sylvestris)*
Moutarde *(Sinapis spp.)*
Orpin *(Sedum spectabile)* ❹
Ortie *(Urtica dioica)*
Potentille *(Potentilla spp.)*
Renouée *(Persicaria spp.)*
Salicaire *(Lythrum salicaria)*
Saxifrage *(Saxifraga spp.)*
Sureau *(Sambucus nigra)*
Trèfle *(Trifolium pratense)*

LES 15 MEILLEURES PLANTES À PARFUM

PLANTE	DIMENSIONS (H et L en cm)	SOL	EXPOSITION	FEUILLAGE (couleur, nature)	FLEURS (couleur, floraison)	OBSERVATIONS
Chèvrefeuille des jardins (*Lonicera caprifolium*)	H 4-5 m L 3-5 m	Frais, consistant, assez riche, même calcaire	mi-ombre/ombre	Caduc	Juin-août	Un parfum intense, sucré et vanillé. Attention aux pucerons
Hamamélis (*Hamamelis mollis*)	H 3-5 m L 4-6 m	Léger, frais, acide, riche en humus, pas trop fertile	mi-ombre/ombre	Caduc	Déc.-février	Parfum capiteux, sensuel, lourd, intense, féminin. Belles couleurs d'automne
Héliotrope (*Heliotropium peruvianum*)	H 50-80 L 30-50	Consistant, riche, souple et drainé, avec du fumier	soleil	Persistant	Juin-oct.	Parfum puissant, lourd, envoûtant, vanillé. La chaleur est nécessaire
Jacinthe (*Hyacinthus orientalis* x)	H 20-30 L 10-15	Sableux, léger, très bien drainé, même pauvre	soleil/mi-ombre	Caduc	Avril-mai	Parfum fruité, très fort, qui peut devenir entêtant. Cultiver aussi à la maison
Jasmin (*Jasminum officinale*)	H 4-10 m L 3-6 m	Riche, profond, bien drainé, pas trop calcaire	soleil/mi-ombre	Semi-persistant	Juin-sept.	Parfum de référence, intense, lourd, entêtant. Plante à protéger l'hiver
Lavande (*Lavandula vera*)	H 50-70 L 50-80	Léger, pauvre, sec, même caillouteux et très calcaire	soleil	Persistant	Juin-août	Parfum frais, léger, tonique, qui tient bien. Tailler en boule
Lilas (*Syringa vulgaris*)	H 3-5 m L 2-4 m	Fertile, consistant, plutôt calcaire, mais bien drainé	soleil/mi-ombre	Caduc	Avril-mai	Parfum puissant, fleuri, très élégant et persistant. Éliminer les drageons
Lis de la Madone (*Lilium candidum*)	H 80-100 L 40-50	Léger, sableux, plutôt calcaire, très drainant	soleil/mi-ombre	Persistant	Juin-juillet	Intense, capiteux, lourd, poivré et miellé, enivrant. Planter au printemps
Mimosa (*Acacia dealbata*)	H 10-20 m L 5-8 m	Pauvre, sec, même calcaire, profond, drainé	soleil	Persistant	Déc.-mars	Parfum vaporeux, poudré, intense, chaud, épicé. Arbre assez frileux
Oranger bigaradier (*Citrus aurantium*)	H 8-10 m L 5-6 m	Bien travaillé, profond, drainé, plutôt acide	soleil	Persistant	Mai-juin	Parfum de jasmin, avec plus de subtilité. Rusticité moyenne
Oranger du Mexique (*Choisya ternata*)	H 100-150 L 80-120	Frais, consistant, plutôt acide, humifère et drainé	soleil/mi-ombre	Persistant	Mai-juin	Parfum bien présent de fleur d'oranger. Feuillage aromatique
Rosier (de Damas, gallique, Centfeuilles et hybrides) (*Rosa spp.* et x)	H 50-200 L 50-250	Bien travaillé, riche, profond, pas trop calcaire	soleil	Caduc	Mai-oct.	Parfum riche, intense, subtil, très nuancé selon les variétés
Seringat (*Philadelphus coronarius*)	H 2-3 m L 1-2 m	Fertile, profond, bien drainé, même calcaire	soleil/mi-ombre	Caduc	Mai-juin	Senteur de jasmin très entêtante, les fleurs simples surtout
Violette de Toulouse (*Viola odorata*)	H 10-20 L 10-20	Sableux, humifère, toujours frais et bien drainé	mi-ombre/ombre	Semi-persistant	Février-mars	Parfum bien typé, profond, épicé, délicat. Plante de sous-bois
Viorne (*Viburnum carlesii*)	H 1,50-2 m L 1-2 m	Léger, frais, peu calcaire, assez humifère	soleil/mi-ombre	Caduc	Avril-mai	Parfum subtil, nuancé, avec une touche de miel. Fruits décoratifs

815

Bien utiliser les plantes

LES PLANTES D'EXCEPTION

Sous une apparence anodine ou séduisante, nombre de végétaux très répandus dans le jardin cachent une puissante toxicité. Cette propriété se retrouve surtout dans les baies et les graines, ce qui est d'autant plus dangereux pour les enfants. Si les belles empoisonneuses sont exceptionnelles, d'autres espèces affichent sans ambages leur singularité par une végétation opulente et une développement considérable. Beaucoup d'entre elles poussent très vite, devenant même encombrantes, ce qui n'est pas le cas de notre sélection d'arbres et d'arbustes à croissance rapide mais raisonnable.

LES PLANTES TRÈS VÉNÉNEUSES

Aconit (*Aconitum napellus*)
Arum (*Arum italicum*)
Belladone (*Atropa belladona*)
Bois-gentil (*Daphne mezereum*)
Chèvrefeuille (*Lonicera spp.*)
Colchique (*Colchicum spp.*) ❶
Cytise (*Laburnum* x '*Vossii*') ❷
Digitale (*Digitalis purpurea*)
Fusain (*Euonymus europaeus*)
Glycine (*Wisteria sinensis*)
Gui (*Viscum album*)

Hellébore (*Helleborus foetidus*)
Houx (*Ilex aquifolium*)
If (*Taxus baccata*) ❸

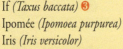
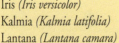

Ipomée (*Ipomoea purpurea*)
Iris (*Iris versicolor*)
Kalmia (*Kalmia latifolia*)
Lantana (*Lantana camara*)
Laurier-cerise (*Prunus laurocerasus*)
Laurier-rose (*Nerium oleander*) ❹
Lierre (*Hedera helix*)

Lupin (*Lupinus polyphyllus*)
Muguet (*Convallaria majalis*) ❺
Pavot (*Papaver somniferum*)
Pied-d'alouette (*Delphinium ajacis*)
Pois de senteur (*Lathyrus odoratus*)
Rhododendron (*Rhododendron spp.*)
Rhubarbe (*Rheum rhaponticum*)

Ricin (*Ricinus communis*)
Sceau-de-Salomon (*Polygonatum*)
Tabac (*Nicotiana tabacum*)
Troène (*Ligustrum ovalifolium*)
Viorne (*Viburnum opulus*)

LES PLANTES GÉANTES ET SPECTACULAIRES

Agave (*Agave filifera*) ❶
Angélique (*Angelica archangelica*)
Bambou (*Phyllostachys pubescens*)
Berce (*Heracleum mantegazzianum*)
Bocconia (*Macleaya microcarpa*) ❷
Fougère royale (*Osmunda regalis*)
Glycine (*Wisteria chinensis*)

Gunnera (*Gunnera manicata*) ❸
Herbe de la pampa (*Cortaderia*)
Kalopanax (*Eleuterococcus spp.*)
Ligulaire (*Ligularia przewalskii*)
Onopordon (*Onopordum nervosum*)
Peltiphyllum (*Darmera peltata*)
Pétasite (*Petasites japonicus*)
Polygonum (*Fallopia baldschuanica*)
Rodgersia (*Rodgersia aesculifolia*)
Rose trémière (*Alcea rosea*)
Rosier liane (*Rosa* '*Bobbie James*')
Séquoia (*Sequoiadendron giganteum*)
Stipe géante (*Stipa gigantea*)
Thuya géant (*Thuja plicata*)
Tournesol (*Helianthus annuus*)
Tsuga (*Tsuga canadensis*)

Vipérine (*Echium fastuosum*) ❹

816

LES 15 MEILLEURES PLANTES À CROISSANCE RAPIDE

PLANTE	DIMENSIONS (H et L en m)	SOL	EXPOSITION	FEUILLAGE (couleur, nature)	FLEURS (couleur, floraison)	OBSERVATIONS
Acacia ou faux acacia (*Robinia pseudoacacia*)	H 15-25 L 8-12	Léger, sec, plutôt calcaire, assez profond	☀	Caduc	Juin-juillet	Arbre épineux, très élégant, facile, fleurs parfumées
Ailante (*Ailanthus altissima*)	H 15-25 L 10-15	Riche, profond, bien drainé, même calcaire	☀ ☼	Caduc	Juin-août	Grandes feuilles pennées, rustique, culture facile. Tailler chaque année
Arbre à papillons (*Buddleja davidii*)	H 3-4 L 2-3	Riche, bien drainé, frais, profond, même calcaire	☀	Caduc	Juillet-sept.	Les fleurs parfumées attirent les papillons. Tailler court chaque année
Buisson ardent (*Pyracantha* x)	H 3-4 L 2-4	Bien travaillé, riche, profond, même calcaire	☀ ☼	Persistant	Mai-juin	Très épineux, compact, baies colorées décoratives. Attention au feu bactérien
Catalpa commun (*Catalpa bignonioides*)	H 10-15 L 8-12	Fertile, léger, bien drainé, même assez sec	☀	Caduc	Juin-juillet	Supporte la pollution, il existe des formes naines. Tailler chaque année
Cornouiller blanc (*Cornus alba*)	H 2-3 L 2-3	Sans exigence profond, drainé, calcaire accepté	☀ ☼	Caduc	Mai-juin	Fruits et bois décoratif, nombreuses variétés. Tailler court au printemps
Cotinus ou arbre à perruques (*Cotinus coggygria*)	H 4-6 L 3-4	Fertile, consistant, plutôt frais, riche, humifère	☀ ☼	Caduc	Juin-oct.	Belle couleur d'automne, floraison vaporeuse. Tailler court en hiver
Érable sycomore (*Acer pseudoplatanus*)	H 20-30 L 10-15	Profond, riche, assez consistant, frais, bien drainé	☀	Caduc	Mai-juin	Très imposant, touffu, nombreuses variétés. Belle couleur d'automne
Eucalyptus (*Eucalyptus globulus*)	H 15-50 L 7-15	Profond, frais, plutôt acide, très bien drainé	☀	Persistant	Mai-juillet	Assez frileux, écorce très décorative. Éloigne les moustiques
Lavatère arbustive (*Lavatera thuringiaca* 'Barnsley' ou 'Rosea')	H 2-2,50 L 2-3	Léger, fertile, bien drainé, même calcaire	☀	Caduc	Mai-juillet	Buisson vigoureux, idéal en bord de mer. Tailler très court en hiver
Leyland ou cyprès de Leyland (x *Cupressocyparis leylandii*)	H 20-35 L 4-6	Profond, riche, très bien drainé, même calcaire	☀ ☼	Persistant	Pas de fleurs, petits cônes ovoïdes	Le conifère pour haies, qui possède la croissance la plus spectaculaire
Lonicera (*Lonicera nitida*)	H 2-3,50 L 1-3	Sans exigence particulière, mais bien drainé	☀ ☼	Persistant	Avril-mai	Très bon arbuste compact, idéal pour faire une haie. Tailler toute l'année
Paulownia (*Paulownia tomentosa*)	H 10-12 L 8-10	Frais, humifère, fertile, bien drainé, même calcaire	☀	Caduc	Mai	Résiste à la pollution, feuilles énormes, floraison avant les feuilles
Saule blanc (*Salix alba*)	H 15-25 L 8-10	Profond, consistant, humide, riche, pas trop calcaire	☀	Caduc	Mars-avril	Port souple, élégant, bois jaune, décoratif. Tailler court en fin d'hiver
Sorbier des oiseleurs (*Sorbus aucuparia*)	H 8-15 L 3-7	Plutôt pauvre, sec poreux, profond, même calcaire	☀ ☼	Caduc	Avril-mai	Belle couleur d'automne, la fructification attire les oiseaux, culture facile

60 JARDINS DE RÊVE À VISITER

❦ Le Nord et l'Est 820
1. Abbaye de Valloires
2. Jardin du Montet
3. Jardin du col de Saverne
4. Château de Viels-Maisons
5. Jardin des plantes de Lille
6. Jardin d'altitude du Haut-Chitelet
7. Château de Blérancourt
8. Abbaye de Chaalis
9. Roseraie du Châtelet
10. Château de Séricourt

❦ Paris et l'Île-de-France . . 822
11. Roseraie de L'Haÿ-les-Roses
12. Château de Vaux-le-Vicomte
13. Saint-Jean-de-Beauregard
14. Jardin des serres d'Auteuil
15. Château de Courson
16. Jardin d'Anne-Marie
17. Parc de Bagatelle
18. Parc de la Vallée-aux-Loups
19. Potager du Roi
20. Jardin des plantes de Paris

❦ Le Centre 824
21. Château de Villandry
22. Parc floral de La Source
23. Prieuré Notre-Dame-d'Orsan
24. Parc floral d'Apremont-sur-Allier
25. Jardin d'André-Eve
26. Arboretum des Barres
27. Arboretum des Grandes-Bruyères
28. Arboretum de Balaine
29. Jardin d'Ainay-le-Vieil
30. Jardin de l'Arquebuse

❦ L'Ouest 826
31. Jardin exotique de Roscoff
32. Clos du Coudray
33. Jardins de Giverny
34. Parc floral de Haute-Bretagne
35. Jardin Georges-Delaselle
36. Jardins de Bellevue
37. Jardin d'Angélique
38. Parc floral des Moutiers
39. Kerdalo
40. Jardin des plantes de Nantes

❦ Le Sud-Ouest 828
41. Jardins de Sardy
42. Château de Hautefort
43. Jardin du manoir d'Eyrignac
44. Parc botanique de Bordeaux
45. Jardin tropical de La Roque-Gageac
46. Plantarium et pépinière botanique
47. Château de Momas
48. Jardin aquatique Latour-Marliac
49. Arboretum de Jouéou
50. Parc du château de Neuvic

❦ Le Sud-Est 830
51. Jardin exotique d'Èze
52. Bambouseraie de Prafrance
53. Villa Ephrussi de Rothschild
54. Jardin alpin du Lautaret
55. Parc de la Tête-d'Or
56. Jardin des Cinq-Sens
57. Jardin du prieuré de Salagon
58. Jardin Thuret
59. Jardin exotique de Monaco
60. Jardin du domaine du Rayol

60 jardins de rêve à visiter

LES JARDINS DU NORD ET DE L'EST

De Dunkerque à Lons-le-Saulnier et de Beauvais à Strasbourg, cette région se caractérise par son climat plutôt continental et ses températures extrêmes. L'occasion d'y découvrir des jardins rustiques ou exotiques…

1. ABBAYE DE VALLOIRES
De jardin en jardin

Située à la pointe nord-ouest de la Picardie, la magnifique abbaye du XIIe siècle s'entoure d'un jardin paysager de 9 ha, sur trois niveaux, comprenant un jardin blanc, un jardin jaune, une roseraie et un potager. Dessiné par le célèbre paysagiste Gilles Clément, ce jardin promenade apporte un sentiment de sérénité, renforcé par le calme de l'eau du grand canal aux berges généreusement plantées. Une remarquable collection d'arbustes est complétée par le « bizarretum », aux plantes étranges. Un jardin très équilibré, idéal pour la détente.

- **En pratique** : ouvert du 24 mars au 10 novembre, de 10 h à 17 h (18 h 30 l'été).
- **Adresse** : 80120 Argoules.

2. JARDIN DU MONTET
Des collections d'exception

Ce jardin botanique, créé en 1974, couvre 18 ha. À la fois conservatoire d'espèces rares et lieu d'enseignement, il accueille quelque 4 000 espèces tropicales dans ses 2 000 m² de serres, avec des plantes exceptionnelles en provenance d'Amazonie et d'Indonésie. À l'extérieur, hommage aux horticulteurs lorrains, avec notamment les collections de Victor Lemoine (fuchsia, seringat, lilas, pivoine, deutzia). À voir absolument !

- **En pratique** : tous les jours, de 10 h à 12 h et de 14 h à 17 h (sauf 1er janvier et 25 décembre).
- **Adresse** : 100, rue du Jardin botanique, 54600 Villers-lès-Nancy.

Les jardins du Nord et de l'Est

3. Jardin du col de Saverne
Une mine d'orchidées

Ce jardin botanique de 2,5 ha, créé en 1930, est le seul en France à présenter dans ses parterres vingt espèces d'orchidées. La plupart des collections se déclinent en rocailles vallonnées, où l'on peut admirer tout au long de l'année la délicatesse et la diversité des plantes de montagne. Frais, humide et ombragé, le jardin de fougères mérite à lui seul la visite. Les plus observateurs découvriront dans la tourbière un bel échantillon de plantes carnivores. Riche et varié !

- **En pratique** : de mai à septembre, tous les jours (sauf samedi), de 9 h à 17 h. Dimanche et jours fériés, de 14 h à 18 h.
- **Adresse** : 85, Grande-Rue, 67700 Saverne.

4. Château de Viels-Maisons
Un jardin comme on le rêve

Exquise conjugaison entre la sobriété des lignes et la fantaisie des plantes, ce jardin se décline en une succession de compositions paysagères s'imbriquant avec simplicité. Trente-deux rectangles, bordés de lavande et de santoline, conduisent au parc à l'anglaise, sous le couvert de vieux pommiers qui ombragent plantes vivaces et arbustes.

- **En pratique** : de juin à août, sauf mercredi et jeudi, de 14 h à 17 h. Visites guidées à 14 h 30 et 15 h 30.
- **Adresse** : 02540 Viels-Maisons.

À ne pas manquer...
5. **Jardin des plantes de Lille**, rue du Jardin-des-Plantes, 59000 Lille. *De très belles serres.*
6. **Jardin d'altitude du Haut-Chitelet**, col de la Schlucht, 88400 Gérardmer. *Plantes d'altitude.*
7. **Château de Blérancourt**, musée de la Coopération franco-américaine, 02300 Blérancourt.
8. **Abbaye de Chaalis**, 60305 Fontaine-Chaalis.
9. **Roseraie du Châtelet**, Bourg-sous-Châtelet, 90170 Anjoutey. *600 variétés anciennes.*
10. **Château de Séricourt**, 62270 Séricourt.

821

Jardins de Paris et d'Île-de-France

Cette région, considérée à juste titre comme une énorme concentration urbaine, est beaucoup plus verte qu'on pourrait le croire, avec de magnifiques réalisations historiques, mais aussi des créations nouvelles.

11. Roseraie de L'Haÿ-les-Roses
Voyage dans l'histoire de la reine des fleurs

Créé en 1899 par Jules Gravereaux et dessiné par Édouard André, ce jardin de 1,6 ha est un spectaculaire hommage à la rose, l'une des plus importantes collections de France aussi puisqu'elle réunit aujourd'hui 3 100 espèces et variétés différentes en 16 000 rosiers. Conservatoire national de roses anciennes, c'est à la fois un lieu d'étude et un merveilleux jardin promenade, où il fait bon flâner sous les tonnelles couvertes de rosiers lianes. Un pèlerinage obligé pour tous les amoureux des roses.

- **En pratique** : de mi-mai à mi-septembre, tous les jours, de 10 h à 20 h.
- **Adresse** : roseraie du Val-de-Marne, rue Albert-Watel, 92240 L'Haÿ-les-Roses.

12. Vaux-le-Vicomte
Le vrai jardin à la française

S'inspirant de la géométrie des villas florentines, André Le Nôtre a tracé dans la propriété de Nicolas Fouquet des massifs rectilignes, ornés de délicates broderies de buis et agrémentés de perspectives étonnantes. Vaux-le-Vicomte est un jardin aux mille surprises. En apparence plat, il vous entraîne de terrasse en terrasse, dévoilant un nouveau décor à chaque palier. Modèle d'équilibre et d'harmonie, il est une vraie œuvre d'art.

- **En pratique** : du 1er avril au 31 octobre, de 10 h à 18 h. Du 1er novembre au 31 mars, de 11 h à 17 h (fermé le 25 décembre).
- **Adresse** : Château de Vaux-le-Vicomte, 77950 Maincy (à 5 km de Melun).

Jardins de Paris et d'Île-de-France

13. DOMAINE DE SAINT-JEAN-DE-BEAUREGARD
L'archétype du potager décoratif

Couvrant 2 ha clos de murs, ce potager classique, divisé en quatre grandes parties, a retrouvé une nouvelle jeunesse depuis 1984 sous l'impulsion de sa propriétaire, Muriel de Curel, qui, tout en conservant le tracé d'origine du jardin, a su lui redonner une âme. On peut même dire que ce lieu a rendu ses lettres de noblesse au jardin de légumes en faisant découvrir des variétés originales et redécouvrir les formes anciennes, dont certaines sont même définitivement sorties de l'oubli. C'est l'association originale et subtile des fleurs et des légumes qui fait de ce jardin une véritable mine de bonnes idées, mais aussi une promenade enchanteresse. Les allées sont bordées de palmettes de poiriers à l'ancienne, qui confèrent un réel prestige au jardin. La serre abrite une immense treille, vestige d'une époque où le raisin de table était cultivé comme un produit de luxe.

- **En pratique** : du 15 mars au 15 novembre, tous les dimanches et jours fériés, de 14 h à 18 h. Fête des plantes en avril et en novembre.
- **Adresse** : 91940 Les Ulis (à 28 km au sud-ouest de Paris).

À ne pas manquer…

15. Château de Courson, 91680 Courson-Monteloup. *Beau parc romantique. Fête des plantes en mai et en octobre.*
16. Jardin d'Anne-Marie, 2, rue du 8-Mai-1945, 91510 Lardy.
17. Parc de Bagatelle, 75016 Paris. *Roseraie, bulbes, arbres.*
18. Parc de la Vallée-aux-Loups, 92290 Châtenay-Malabry.
19. Potager du Roi, 78000 Versailles. *Fruitiers en palmettes.*
20. Jardin des plantes de Paris (Muséum d'histoire naturelle), 75005 Paris. *Collections, parterres fleuris, rocaille, serres.*

---

14. JARDIN DES SERRES D'AUTEUIL
Un voyage végétal autour du monde

En 1761 Louis XV fit aménager 6 ha, situés à deux pas du bois de Boulogne, en jardin décoré de parterres fleuris avec déjà quelques serres. En 1895, cet espace devint le « Fleuriste d'Auteuil », lieu de production horticole pour les espaces verts de la Ville de Paris. À la fin des années 60, les besoins en végétaux devenant trop importants, le jardin redevint un lieu de collection. Aujourd'hui, il constitue, avec le parc floral du bois de Vincennes et l'École du Breuil, le jardin botanique de la Ville de Paris. Dans l'environnement élégant d'un jardin à la française, de magnifiques serres XIXe accueillent des plantes exceptionnelles, dont les collections nationales de *Hoya*, Marantacées et *Ficus*. Dépaysement et rêve garantis.

- **En pratique** : au printemps et en été, tous les jours, de 10 h à 19 h. En automne et en hiver, de 10 h à 17 h.
- **Adresse** : avenue de la Porte-d'Auteuil et avenue Gordon-Benett, 75016 Paris (métro Porte d'Auteuil, ligne 10. Bus : PC1, 32, 52, 123, 241).

823

60 jardins de rêve à visiter

Les jardins du Centre

De Chartres au Puy, de Tours à Dijon et de Limoges à Auxerre, cette région épargnée par le tourisme de masse a conservé l'authenticité du bien-vivre à la française. Un épicurisme qui se retrouve dans ses jardins.

21. Château de Villandry
Les légumes mis en scène

Édifié en 1536 pour Jean Le Breton, ministre des finances de François Ier, le château de Villandry devint en 1906 la propriété de Joachim Carvallo, qui a fait du jardin une véritable broderie végétale, aux carrés décorés de légumes. Chaque année, 200 000 plants, pour 40 variétés, sont installés. Le motif est dessiné par une bordure de buis, ce qui représente 52 km de plantes à tailler ! Un jardin passionnant, à déguster au cours d'une promenade tranquille, pour en savourer toutes les voluptueuses saveurs…

- **En pratique** : tous les jours, de 8 h du matin au coucher du soleil.
- **Adresse** : 37510 Villandry (à 15 km à l'ouest de Tours).

22. Parc floral de La Source
Rencontres végétales pédagogiques

Créé pour les Floralies de 1967, ce parc de 35 ha est beau toute l'année, avec en point d'orgue les 924 variétés de la collection nationale d'*Iris germanica* et le potager de 600 m² entouré de treillages en osier. Esthétique mais aussi pédagogique, le parc floral de La Source organise les critériums de la rose en juin, et du dahlia, en septembre, les visiteurs étant invités à élire leurs créations préférées. Un bel exemple de jardin interactif !

- **En pratique** : du 1er avril au 12 novembre, de 9 h à 18 h, et de 14 h à 17 h le reste de l'année.
- **Adresse** : 45100 Orléans (à 8 km de la ville). www.parcfloral-lasource.fr

Les jardins du Centre

23. Prieuré Notre-Dame-d'Orsan
Un cadre médiéval raffiné

Dans un prieuré du XIIe siècle, Sonia Lesot, Patrice Taravella et Gilles Guillot ont créé en 1995 un jardin médiéval de 2 ha d'inspiration monastique. Le cloître de verdure avec sa fontaine centrale définit l'axe principal du jardin, qui se décline en une dizaine de « pièces » thématiques. Elles se parent en juin d'une profusion de roses, en juillet de blés et de lavandes, puis d'une abondance de légumes et de simples jusqu'à l'automne, qui voit également mûrir pommes, poires et vigne. L'originalité de ce jardin vient de son architecture en arceaux de charme, en tresses et en ogives de châtaignier. Une création fort originale et très contemporaine, qui puise dans le passé toute son authenticité.

- **En pratique** : du 1er mai au 1er novembre, de 10 h à 19 h.
- **Adresse** : 18170 Maisonnais.

À ne pas manquer…

25. Jardin d'André-Eve, Lieu-dit Morailles, 45302 Pithiviers.
26. Arboretum des Barres, 45290 Nogent-sur-Vernisson.
27. Arboretum des Grandes-Bruyères, 45450 Ingrannes.
28. Arboretum de Balaine, 03460 Villeneuve-sur-Allier.
29. Jardin d'Ainay-le-Vieil, 18200 Saint-Amand-Montrond.
  Dans un parc à l'anglaise, des roses anciennes et des ancolies.
30. Jardin de l'Arquebuse, 1, avenue Albert-Ier, 21000 Dijon.

---

24. Parc floral d'Apremont-sur-Allier
De la fantaisie végétale aux folies exotiques

Créé en 1971 par Gilles de Brissac, dans un délicieux village aux maisons patinées par le temps, ce magnifique jardin de 4 ha séduit par la richesse de ses floraisons et ses mises en scène variées. Ne manquez surtout pas au printemps les tonnelles de cytises et de glycines, et profitez d'une journée nuageuse d'été pour découvrir toute la subtilité du jardin blanc. D'inspiration XVIIIe, c'est un voyage romantique ponctué de mixed-borders fleuries, où l'on traverse un étonnant pont pagode, tout en admirant sur la pièce d'eau un pavillon turc, avant de parvenir au belvédère pour contempler la rivière et les toits du village.

- **En pratique** : du dimanche de Pâques au dernier dimanche de septembre, tous les jours, de 10 h à 12 h et de 14 h à 19 h.
- **Adresse** : 18150 La Guerche-sur-l'Aubois.

825

Les jardins de l'Ouest

Profitant de la douceur et de l'humidité du climat océanique, les jardins de Normandie, de Bretagne et des Pays de la Loire associent opulence et générosité, tout en ménageant découvertes et surprises…

31. Jardin exotique de Roscoff
Des plantes étranges venues d'ailleurs

Créé en 1986 par un groupe d'amateurs passionnés, le jardin exotique de Roscoff s'étend sur 1,6 ha. Il est dominé par le Roc'h Hievec, un énorme rocher de 18 m de haut, que l'on peut escalader pour bénéficier d'une vue magnifique sur la baie. Un paradis pour les amateurs de plantes étonnantes, qui pourront découvrir nombre d'espèces originaires d'Australie, de Nouvelle-Zélande et d'Afrique du Sud. Un jardin promenade où le dépaysement est total et les rencontres sidérantes.

- **En pratique** : visite toute l'année (sauf en janvier), horaires variables.
- **Adresse** : Roc'h Hievec, 29211 Roscoff.

32. Clos du Coudray
Des jardins thématiques

Créé par Jean Le Bret en 1976, dans un ancien verger de pommiers, ce jardin de 1,5 ha se compose aujourd'hui d'une vingtaine de mises en scène qui permettent au visiteur de trouver une inspiration pour son propre jardin. Très généreusement planté, le Clos du Coudray accueille 6 000 espèces différentes, y compris des plantes exotiques. Rosiers, bulbeuses, vivaces sont les plantes reines de ce lieu, qui change joliment de visage au fil des saisons. Incontournable !

- **En pratique** : du 15 avril au 30 novembre, sauf mardi et mercredi, de 10 h à 18 h.
- **Adresse** : Clos du Coudray, RN 29, 76850 Étaimpuis.

Les jardins de l'Ouest

33. Jardins de Giverny
La fine fleur de l'impressionnisme

La propriété de Claude Monet est évidemment un jardin d'artiste où les couleurs vibrent. Des couleurs tendres où dominent le bleu et le blanc, posés par petites touches comme dans les tableaux du maître. Roses, fleurs annuelles et vivaces, accompagnées de légumes variés et d'arbres fruitiers, sont reines dans le jardin qui entoure une maison toute simple. Excentré, presque caché, le fameux jardin d'eau et ses nymphéas bravent le temps, offrant l'image vivante et immuable des reflets et des lumières qui ont fait passer Monet à la postérité. Un jardin non conformiste, à la sensibilité poétique indéniable.

- **En pratique** : du 1er avril au 31 octobre, tous les jours (sauf lundi), de 10 h à 18 h.
- **Adresse** : Fondation Claude-Monet, 27620 Giverny.

> ### À ne pas manquer...
> **35.** Jardin Georges-Delaselle, Île de Batz, 29253 Roscoff.
> **36.** Jardins de Bellevue, 76850 Beaumont-le-Hareng. *Meconopsis.*
> **37.** Jardin d'Angélique, route de Lyons, 76520 Montmain. *Roses.*
> **38.** Parc floral des Moutiers, 76119 Varengeville-sur-Mer.
> **39.** Kerdalo, 22220 Trédarzec. *Un site à l'ambiance magique.*
> **40.** Jardin des plantes de Nantes, rue Stanislas-Baudry, 44000 Nantes. *Arbres d'exception, belles serres.*

34. Parc floral de Haute-Bretagne
Les mille et une merveilles végétales

Ce parc à l'anglaise de 20 ha, créé vers 1830, a été transformé en 1995 comme par enchantement, en moins de huit mois, en jardin paysager et botanique. Aujourd'hui, le décor a bien mûri et s'est enrichi d'innombrables plantations, se déclinant en plus de 3 000 espèces différentes. La propriété est découpée en une dizaine de jardins thématiques, dans lesquels on retrouve les grands styles qui ont marqué l'histoire des jardins du monde. L'eau est omniprésente, qu'elle s'étende comme un miroir au fond du « vallon des poètes », jaillisse en jets gracieux dans le jardin persan ou ruisselle sur les pierres du jardin du Soleil levant, autant de noms évocateurs d'un lieu bien romantique.

- **En pratique** : du 1er mars au 12 novembre, de 14 h à 18 h. Dimanches, jours fériés et du 14 juillet au 15 août, de 10 h 30 à 18 h 30.
- **Adresse** : 35133 Le Chatellier.

827

Les jardins du Sud-Ouest

De La Rochelle à Foix, de Biarritz à Rodez, cette région offre des paysages et des climats contrastés, contrastes que l'on retrouve dans les jardins selon qu'ils sont caressés par la brise marine ou vivifiés par la montagne.

41. Jardins de Sardy
Une douce sensation de bien-être

Conçus à la fin des années 50, les jardins de Sardy couvrent plus de 2 ha. Simples et anticonformistes, ils s'articulent autour de la perspective créée par l'alignement de deux bassins rectangulaires, avec en point d'orgue la maison, entourée d'une profusion de plantes vivaces et d'arbustes. Un style naturel qui s'exprime par des nuances pastel. Flânez dans les jardins de Sardy et prenez le temps de les détailler comme d'innombrables tableaux, car partout où l'œil se pose, une scène nouvelle se dévoile.

- **En pratique** : de Pâques à la Toussaint, tous les jours, de 10 h à 18 h.
- **Adresse** : 24230 Vélines (à 27 km de Bergerac).

42. Château de Hautefort
L'art du jardin classique

Le château du XVIIe siècle qui domine le village est entouré de jardins très structurés, réhabilités depuis 1929. Le dessin d'une grande précision associe les bordures et broderies de buis à des ifs en topiaires. L'originalité de ce jardin vient de l'utilisation généreuse des plantes annuelles qui habillent les parterres de couleurs vives. Cela donne un goût de modernité et de dynamisme à l'endroit, d'autant que les plantations sont monochromes pour éviter toute faute de goût.

- **En pratique** : du 1er avril au 7 octobre, tous les jours, de 10 h à 12 h et de 14 h à 18 h.
- **Adresse** : 24390 Hautefort.
  www.chateaux@france.com

Les jardins du Sud-Ouest

43. Jardin du manoir d'Eyrignac
L'art de sculpter et de broder avec des plantes

Entourant une magnifique demeure périgourdine du XVIIe, le jardin d'Eyrignac, dont le tracé date d'une quarantaine d'années, est conçu « à la française », sur 4 ha. Un dessin très formel, avec des arabesques, des plantes taillées au cordeau et de magnifiques perspectives. Charmilles, ifs et buis composent un monde de feuillages au cachet unique, jardin monochrome d'une rare subtilité. Apprivoisant la lumière avec une grande maîtrise, accordant les plantations dans un somptueux tableau vivant, le jardin d'Eyrignac saura vous séduire comme un bijou, beauté inaccessible mais envoûtante.

- **En pratique** : tous les jours, horaires variables selon la saison. Visite guidée.
- **Adresse** : 24590 Salignac-Eyvignes.

À ne pas manquer...
45. Jardin tropical de La Roque-Gageac, 24250 Domme.
46. Plantarium et pépinière botanique, 40330 Gaujacq.
47. Château de Momas, 64230 Lescar. *Légumes oubliés.*
48. Jardin aquatique Latour-Marliac, 47110 Le Temple-sur-Lot.
49. Arboretum de Jouéou, 31110 Bagnères-de-Luchon.
50. Parc botanique du château de Neuvic, 24190 Neuvic-sur-l'Isle. *50 chênes, 60 lilas, viornes et fusains, 80 cornouillers.*

44. Parc botanique de Bordeaux
Les plus belles fleurs

Couvrant 10 ha, c'est un jardin passionnant pour ses collections botaniques et sa bibliothèque aux 6 000 ouvrages rares. Paysagé dans le style « parc à l'anglaise », ce grand parc, dont les premières collections datent de 1726, a été le premier jardin botanique ouvert au public en 1756. Il a été réhabilité au XIXe siècle avec un tracé plus sobre. On y trouve de grands massifs aux plantations très variées, mais aussi des parterres de mosaïculture et de broderies, une importante collection de plantes aquatiques, des plans d'eau. Plusieurs massifs accueillent des plantes originaires de Chine, du Japon et d'Amérique du Nord, dont certaines espèces utilitaires peu connues. Un jardin promenade où faire des découvertes vraiment intéressantes.

- **En pratique** : de 7 h du matin au coucher du soleil. Visite libre.
- **Adresse** : cours de Verdun, 33000 Bordeaux.

Les jardins du Sud-Est

D'Annecy à Perpignan, de Lyon à Monaco, le climat passe de la rudesse continentale à l'extrême douceur quasi subtropicale de la Côte d'Azur. Une région dont les jardins évoquent irrésistiblement les vacances…

51. Jardin exotique d'Èze
Un nid de cactus sur la Grande Bleue

Conçu en 1949 au sommet du piton rocheux qui domine le petit village d'Èze, ce jardin bénéficie d'une vue panoramique exceptionnelle sur la Méditerranée, située 429 m en contrebas. C'est un jardin planté uniquement d'espèces succulentes et de cactées, dont d'énormes agaves, *Opuntia*, *Aloe*, *Echinocactus grusonii* (coussin-de-belle-mère). On peut regretter que les plantes ne soient pas toujours étiquetées, mais l'ambiance exotique et le paysage valent à eux seuls le détour.

- **En pratique** : tous les jours, horaires variables selon la saison.
- **Adresse** : 06360 Èze.

52. Bambouseraie de Prafrance
Voyage en Extrême-Orient

Unique en Europe, ce domaine de 34 ha a accueilli ses premiers bambous en 1855. Dès l'entrée, un rideau de *Phyllostachys viridis* californiens, dont les cannes vert tendre dépassent 15 m, accompagne le visiteur sur 400 m. La voûte de bambous géants *(Phyllostachys pubescens)*, de 25 m de haut, présente des cannes, joliment poudrées de blanc, de 60 cm de circonférence. Une belle promenade dépaysante dans un jardin unique, qui vous entraîne au bout du monde !

- **En pratique** : de mars à décembre, horaires variables selon la saison.
- **Adresse** : Générargues, 30140 Anduze (à 11 km d'Alès).

Les jardins du Sud-Est

53. Villa Ephrussi de Rothschild
La nostalgie des fastes d'antan

Cette ancienne propriété de la baronne Ephrussi de Rothschild s'étend sur 7 ha, à deux pas de la Méditerranée. Elle était destinée à exposer ses collections d'œuvres d'art, et le jardin en lui-même témoigne d'un vrai sens artistique. Un endroit inouï, reflet d'une époque révolue, où les grandes fortunes avaient le goût de la botanique et de l'apparat. C'est une succession de jardins inspirés des styles espagnol, florentin, japonais, renaissance, ponctués de plantes exotiques admirables, dont d'énormes palmiers, des grenadiers, des *Ficus*, des camphriers et même des philodendrons. Un jardin profondément original.

- **En pratique** : du 15 février au 1er novembre, tous les jours, de 10 h à 18 h. Du 2 novembre au 14 février, les jours de semaine, de 14 h à 18 h.
- **Adresse** : avenue Ephrussi-de-Rothschild, 06230 Saint-Jean-Cap-Ferrat.

54. Jardin alpin du Lautaret
Un florilège de plantes de montagne

Installé depuis 1919 au col du Lautaret, à 2 500 m d'altitude, face aux neiges éternelles de La Meije, ce jardin botanique de 2 ha héberge 2 500 plantes de montagne de toutes les régions du globe et en constitue la collection nationale. Les espèces indigènes sont présentées selon leurs biotopes (rochers, éboulis, marécages, combes à neige, etc.), les plantes étrangères étant regroupées selon leurs zones géographiques d'origine. Les plantes officinales sont dans un secteur à part, qui fait l'objet d'une information spécifique. La beauté de ce jardin vient de sa parfaite intégration au cadre enchanteur qui l'entoure. Il donne l'impression d'une végétation naturelle qui fleurit les prairies ou décore le torrent qui cascade de rocaille en bassin.

- **En pratique** : du 25 juin au 5 septembre, tous les jours, de 10 h à 18 h 30.
- **Adresse** : 05220 Le Monêtier-les-Bains.

À ne pas manquer…

55. Parc de la Tête-d'Or, place Leclerc, 69006 Lyon.
Très belles serres de collection, roseraie, massifs, arbres centenaires.

56. Jardin des Cinq-Sens, rue du Lac, 74140 Yvoire.
Plantes parfumées et aromatiques, verger, ambiance raffinée.

57. Jardin du prieuré de Salagon, 04300 Mane. *Jardins ethnobotaniques de haute Provence. Plantes médicinales.*

58. Jardin Thuret, 61, boulevard du Cap, chemin Raymond, 06600 Antibes. *3 000 espèces, dont des formes très rares.*

59. Jardin exotique de Monaco, 62, boulevard du Jardin exotique, 98000 Monaco. *Plantes succulentes et cactées.*

60. Jardin du domaine du Rayol, avenue des Belges, 83820 Le Rayol-Canadel. *Des plantes d'Australie.*

831

Le dictionnaire du jardin

Le langage du jardinier utilise bien souvent des mots ou des expressions qui rebutent le néophyte, lui enlevant toute envie de se consacrer pleinement à son loisir, par peur de ne pas faire le bon geste. Voici, pour comprendre et entreprendre, la traduction de ce vocabulaire un peu singulier.

- **Acaricide :** produit de traitement spécifique contre les acariens (araignées rouges, aoûtats, érinoses, tétranyques). Le dicofol est la seule matière active disponible pour le jardinier amateur.
- **Acaule :** désigne une plante qui n'a pas de tige, comme les pâquerettes, les pissenlits ou les violettes.
- **Acclimater :** adapter une plante à un climat ou à un lieu de culture (appartement, serre, véranda) différent de celui dont elle est originaire.
- **Acide phosphorique :** terme usuel pour l'anhydride phosphorique (P_2O_5). Cette substance nutritive pour les plantes est désignée par la lettre P dans les engrais.
- **Acidité :** état d'un sol pauvre en calcaire, dont la réaction chimique révèle un pH inférieur à 6,5. C'est le cas, par exemple, de la tourbe ou de la terre de bruyère. L'inverse d'acidité est alcalinité.
- **Acidophile :** qualifie une plante qui aime les sols acides, comme les rhododendrons, les bruyères, les fougères, etc.
- **Ados :** technique culturale consistant à incliner la terre d'un massif, au pied d'un mur exposé au soleil, pour entreprendre des cultures précoces.
- **Adventice :** plante qui apparaît dans une culture, sans avoir été semée. C'est le cas des « mauvaises herbes ».
- **Adventif :** caractérise l'apparition d'un organe sur une partie inhabituelle de la plante. C'est le cas, par exemple, des racines aériennes des philodendrons.
- **Affranchissement :** propriété d'un végétal greffé de produire des racines, au-dessus du point de greffe. Cela entraîne l'apparition de rejets ou « gourmands » indésirables. Ce phénomène est très fréquent chez les rosiers.
- **Aiguillon :** terme exact désignant les « épines » des rosiers ou des cactus. L'aiguillon ayant une origine épidermique, il peut être facilement détaché.

- **Aisselle :** point de jonction entre le pétiole d'une feuille et la tige.
- **Alcalin :** on dit aussi basique. Désigne un sol dont le pH est supérieur à 7,5. C'est souvent l'indication d'une terre calcaire. À l'opposé, on parle de sol acide.
- **Alpine :** plante dont l'origine est montagnarde. Elle présente souvent un développement plus faible que celui de la même espèce cultivée en plaine.
- **Alternance :** phénomène fréquent sur les arbres fruitiers qui, après une année d'abondante récolte, donnent l'année suivante une production plus faible.
- **Alterne :** se dit des feuilles ou des différents organes des plantes disposés de façon isolée sur l'axe de la tige. C'est le cas des plantes de la famille des rosacées. L'antonyme est : opposé.
- **Ameublir :** action de travail d'un sol pour faciliter la pénétration de l'air et de l'eau. L'« ameublissement » d'une terre passe par le labour.
- **Angiospermes :** sous-embranchement du règne végétal qui renferme les plantes dont les graines sont contenues dans un fruit fermé. L'antonyme est : gymnosperme.
- **Anguillule :** synonyme de nématode, il s'agit d'un ver parasite microscopique rencontré souvent dans le sol.
- **Annuel :** caractérise les plantes dont le cycle végétatif complet se déroule sur une même année. Les annuelles sont semées au printemps et meurent à l'automne, comme les cosmos, les pétunias, les soucis, les némophiles, etc.
- **Anthère :** partie renflée de l'étamine d'une fleur où se trouve le pollen.
- **Anticipé :** rameau qui se développe à partir d'un œil axillaire, le plus souvent après un pincement. C'est la deuxième ramification d'une branche secondaire durant la saison de végétation.

Le dictionnaire du jardin

- **Anticoagulant :** groupe de substances chimiques utilisées dans la lutte contre les rongeurs. Ces produits provoquent des hémorragies internes qui entraînent une mort rapide du nuisible.
- **Anticryptogamique :** produit destiné à combattre les maladies provoquées par des champignons. On dit aussi fongicide.
- **Aoûté :** se dit d'une jeune pousse d'arbre ou d'arbuste qui passe de l'état herbacé qu'elle avait en naissant à l'état ligneux (bois dur). Cette période coïncide avec la fin du mois d'août.

- **Apical :** désigne le bourgeon à l'extrémité d'une tige. C'est lui qui assure l'allongement de la pousse.
- **Arable :** qualifie une terre que l'on peut facilement travailler pour la cultiver.
- **Arcure :** opération culturale qui a pour but d'inverser le sens de circulation de la sève afin de ralentir la vigueur d'un rameau. On pratique l'arcure sur les arbres fruitiers et les rosiers grimpants, en dirigeant la branche vers le bas.
- **Are :** mesure de superficie des parcelles de terrain, équivalant à 100 m².
- **Arille :** enveloppe charnue ou velue entourant certaines graines, comme celles des if, passiflore, fusain, saule, etc.
- **Aromatique :** se dit d'une plante dont les propriétés odorantes sont utilisées en cuisine, en parfumerie, en cosmétologie ou en phytothérapie.
- **Associé :** se dit d'une culture dans laquelle on associe deux végétaux dont la vitesse de croissance est différente, ce qui permet de récolter le premier avant le complet développement du second.

- **Assolement :** ou rotation des cultures. Technique consistant à ne jamais planter de manière consécutive les mêmes plantes dans la même parcelle.
- **Autofertile :** se dit d'une plante, en général une variété fruitière, dont les fleurs sont capables d'assurer elles-mêmes leur fécondation.
- **Autostérile :** terme inverse du précédent, le pollen ne pouvant féconder la fleur qui l'a produit. C'est le cas chez beaucoup d'arbres fruitiers, notamment poiriers et pommiers. Il est nécessaire, pour obtenir une production fruitière, de croiser entre elles des variétés différentes.
- **Auxiliaire :** qualifie les insectes utiles au jardinier, comme les coccinelles par exemple. On parle aussi d'auxiliaire pour les plantes utilisées par greffage lors de la formation des tiges des arbres fruitiers ou de certains rosiers.
- **Axillaire :** se dit des pousses qui se développent latéralement sur un axe. Les rameaux secondaires sont axillaires. Les yeux axillaires désignent les bourgeons latents situés à la base des feuilles.
- **Azote :** élément fertilisant primordial désigné par la lettre N dans les engrais. L'azote agit sur la croissance et le développement des tiges et des feuilles. Seule la forme nitrique de l'azote est assimilable par les plantes.

- **Baie :** fruit charnu dont les graines sont disposées en désordre à l'intérieur de la pulpe. Ce fruit est dit « indéhiscent » car il ne s'ouvre pas. C'est le cas du raisin, de la groseille et de la myrtille.
- **Baliveau :** arbre de 3 à 4 ans, non encore formé, qui mesure entre 1,50 m et 2 m de haut. Le tronc possède des branches latérales régulièrement réparties.

- **Basicité :** qualité d'un sol dont le pH est supérieur à 7,5 indiquant, en général, la présence forte de calcaire. On dit également terre alcaline ou basique.

- **Basse-tige :** végétal greffé sur une tige mesurant moins de 1 m de hauteur. C'est le cas de nombreux arbres fruitiers qui présentent un port buissonnant, et sur lesquels la récolte est plus facile. Mais ils sont aussi moins vigoureux.
- **Bassiner :** action de pulvériser de l'eau, en pluie fine ou en brouillard, sur le feuillage des végétaux pour augmenter l'hygrométrie ambiante et leur apporter un peu de fraîcheur.
- **Bâtonnet :** présentation d'un engrais ou d'un insecticide sous forme d'un petit bâton que l'on pique dans la terre et qui diffuse lentement son principe actif.
- **Batte :** outil formé d'une pièce de bois plate emmanchée en oblique, qui permet de tasser la couche superficielle de la terre, après un semis.
- **Béquiller :** labourer superficiellement le sol, avec une bêche ou une fourche-bêche, sans toucher aux racines des végétaux. Le « béquillage » sert à aérer le sous-sol et à enfouir un engrais dans un massif d'arbres ou d'arbustes déjà planté.
- **Biner :** opération qui consiste à casser la croûte superficielle d'un sol tassé, à l'aide d'un outil appelé binette. À ne pas confondre avec « sarcler », dont le but n'est que de trancher les mauvaises herbes pour nettoyer un terrain.
- **Biodégradable :** se dit d'un produit qui peut être détruit par des agents naturels, comme la pluie, l'air, les bactéries.

833

Le dictionnaire du jardin

• **Biologique** : se dit d'un produit, d'une substance ou d'un élément d'origine naturelle, obtenu sans transformation artificielle. La culture biologique prône l'utilisation exclusive d'éléments naturels dont l'efficacité est parfois médiocre. Cela entraîne l'obligation de recourir à des substances chimiques plus efficaces si l'on veut sauver sa culture d'une attaque de pucerons, par exemple.

• **Biotope** : milieu naturel défini, à l'intérieur duquel se développent des espèces bien spécifiques. Une rocaille, un bassin, un potager, un verger, peuvent constituer des biotopes, dans lesquels on ne trouvera que certaines espèces animales.

• **Bisannuelle** : se dit d'une plante dont le cycle végétatif s'effectue sur deux années calendaires. C'est le cas des pensées, des pâquerettes, des myosotis, etc. Ils sont semés en juillet et fleurissent de l'automne jusqu'au printemps suivant.

• **Blanchiment** : action qui consiste à placer un végétal à l'abri de la lumière pour qu'il s'étiole et perde sa couleur naturelle pour blanchir. On réalise cette opération sur les chicorées frisées, les cardons, les endives, les pissenlits, etc.

• **Blet** : état d'un fruit dont la maturité est dépassée. La chair se ramollit et change de couleur. Le goût en est alors altéré, mais les kakis et les nèfles se consomment de préférence blets.

• **Bois** : nom de la partie constituant l'écorce d'un tronc. Par extension, on nomme « œil à bois », un bourgeon qui produira un rameau lignifié ou « aoûté ».

• **Borner** : opération qui consiste à tasser la terre autour d'un plant lors du repiquage. Le « bornage » s'effectue avec les doigts ou le plantoir.

• **Bouillie** : préparation d'un produit antiparasitaire dilué dans de l'eau. La plus connue est la « bouillie bordelaise », obtenue par un mélange de sulfate de cuivre et de lait de chaux, destinée à lutter contre le mildiou, la tavelure, la rouille, la cloque, etc.

• **Bouquet de mai** : rameau très court sur lequel se développent de nombreux bouquets de fleurs. Il se dessèche après avoir produit, laissant un vide sur la branche. On le rencontre souvent sur le pêcher. Un nombre important de bouquets de mai indique un manque d'azote dans le sol.

• **Bourgeon** : en arboriculture, c'est une jeune pousse de l'année. On désigne plutôt par le nom d'« œil » l'organe couvert d'écailles qui pousse au printemps.

• **Bourrelet de greffe** : excroissance des tissus se formant lors de la cicatrisation d'une greffe. Un bourrelet de greffe enterré provoque l'« affranchissement ».

• **Bourse** : renflement charnu situé au point d'insertion du pédoncule des fruits, courant sur pommiers et poiriers. Il constitue souvent le départ de nouveaux organes fertiles.

• **Bouton à fruit** : bourgeon de forme arrondie qui se transforme en fleur puis en fruit. On dit aussi bouton à fleur.

• **Bractée** : feuille souvent colorée et spectaculaire, à ne pas confondre avec les pétales d'une fleur. Elle accompagne d'ailleurs une floraison plutôt insignifiante. C'est le cas des poinsettias, des clérodendrons, des bougainvillées, etc.

• **Brise-vent** : accessoire permettant de couper l'action d'un vent destructeur. Ce peut être une haie végétale, une clôture, une palissade en bambou, en brande, en canne de Provence, etc.

• **Brumisation** : ou bassinage. Action de pulvériser de l'eau en fin brouillard, afin d'augmenter l'hygrométrie d'une pièce.

• **Buissonnant** : se dit d'un végétal très ramifié, au port trapu et touffu, dont la forme rappelle celle d'un buisson.

• **Bulbille** : petit bulbe se formant sur les tiges, à l'aisselle des feuilles ou près d'un bulbe âgé. Il sert à multiplier la plante. On en trouve sur la tulipe, le lis, la ficaire, etc. À ne pas confondre avec les caïeux qui se développent à l'intérieur du bulbe.

• **Butter** : action de former une butte au pied d'une plante pour lui assurer une meilleure assise (haricots, poireaux), la protéger du froid (artichauts, rosiers), favoriser la production de radicelles et de tubercules (pommes de terre) ou de turions (asperges), ou pour blanchir certains légumes (pissenlits).

• **Caduc** : se dit d'un végétal qui perd ses feuilles en automne. Par extension on dénomme « caducs » l'ensemble des arbres dont le feuillage tombe à cette époque. L'antonyme est : persistant.

• **Caïeux** : petit bulbe se développant à l'intérieur d'un bulbe ancien et qui sert à multiplier la plante. L'ail, l'échalote produisent des caïeux. À ne pas confondre avec les bulbilles qui se développent à l'extérieur du bulbe.

• **Calcicole** : se dit d'une plante qui apprécie les terres calcaires.

• **Calcifuge :** se dit d'une plante qui ne supporte pas les sols calcaires. Les plus connues sont les plantes de terre de bruyère. On dit aussi acidophile.

• **Capillarité :** phénomène physique permettant aux liquides de remonter dans des tubes très fins. La sève remonte par capillarité dans les vaisseaux des tissus d'une plante.
• **Capitule :** forme d'inflorescence composée d'un réceptacle portant de minuscules fleurs serrées les unes contre les autres et entourées de bractées souvent colorées, formant l'involucre. Les plantes appartenant à la famille des Composées présentent des fleurs en capitule.
• **Carence :** absence d'une substance vitale dans le sol, qui entraîne un dérèglement de la végétation se traduisant souvent par l'apparition de taches blanchâtres sur le feuillage.
• **Cépée :** ensemble de rejets sortant d'une même souche. Par extension, on appelle souvent cépée, un ensemble de plantes placées assez serré pour donner l'impression d'une même touffe (cépée de bouleaux, par exemple).
• **Cerner :** opération qui consiste à creuser une tranchée autour d'un arbre, en général à l'aplomb de la ramure, pour remplacer la terre qui ne convient pas, pour couper les racines et provoquer le développement d'autres racines plus proches de la base du tronc, en vue de le transplanter ou pour modifier la végétation d'un sujet trop vigoureux.
• **Cespiteux :** se dit d'un végétal touffu qui s'étend sur le sol grâce à des rhizomes courts et serrés. On dit aussi gazonnant. C'est le cas de nombreuses plantes utilisées en couvre-sol.
• **Chaleur de fond :** expression qui désigne le chauffage du sol d'un coffre couvert d'un châssis ou d'une tablette à multiplication dans une serre.
• **Charpentière :** branche principale d'un arbre qui constitue l'ossature, c'est-à-dire la charpente de cet arbre. Ce terme est très utilisé dans les formes fruitières où elles sont soumises à la taille.
• **Chaton :** inflorescence unisexuée en épi pendant, dont les organes de reproduction sont enfermés dans des écailles. On rencontre des chatons sur les noisetiers, les bouleaux, les saules, etc.
• **Chauler :** action d'appliquer de la chaux sur un sol en vue de modifier sa structure. Le « chaulage » corrige le pH des terres acides, décoagule les sols argileux ou fertilise les terrains siliceux.
• **Chevelu :** définit l'ensemble des racines fines et ramifiées d'une plante, formant une sorte de chevelure.
• **Chiffonne :** branche grêle rencontrée sur les arbres fruitiers à noyaux (souvent sur le pêcher). Elle porte des boutons à fleur, mais est dépourvue d'œil à bois.
• **Chlorophylle :** pigment de couleur verte que l'on trouve dans la plupart des végétaux. Elle capte l'énergie lumineuse pour synthétiser les matières minérales puisées dans la terre par les racines, en les combinant avec l'eau et le gaz carbonique pour en faire des éléments organiques assimilables par la plante.
• **Claie :** treillage en bois ou en plastique servant à ombrer une serre ou une véranda, ou comme étagère à claire-voie à conserver les fruits dans un local.
• **Clone :** plante multipliée par voie végétative, reproduisant systématiquement les mêmes caractères génétiques que la plante-mère dont elle est issue.
• **Coffre :** ensemble de quatre planches posées en carré ou en rectangle que l'on recouvre d'un châssis.

• **Collet :** partie de la plante comprise entre la tige et les racines et située à la surface du sol ou légèrement enterrée.
• **Cône :** fruit de forme conique constitué d'écailles renfermant les graines, que l'on trouve sur les conifères, le houblon ou certains palmiers (cycas).
• **Contenant :** terme générique utilisé pour désigner les pots, les bacs, les jardinières servant à la culture des végétaux.
• **Conteneur :** récipient en plastique dans lequel une plante est continuellement élevée, subissant des rempotages successifs au fur et à mesure de sa croissance.
• **Cordon :** forme fruitière constituée d'une ou de deux branches charpentières coudées à l'horizontale et maintenues sur un support. Courant chez le pommier.
• **Cormus :** appellation donnée au bulbe de certaines plantes, comme le crocus ou le glaïeul, entouré d'une enveloppe dont l'épaisseur est variable.
• **Corolle :** enveloppe interne de la fleur formée par les pétales, souvent très colorée et décorative.

• **Corymbe :** inflorescence constituée de pédoncules disposés à des étages différents, mais se terminant tous à la même hauteur. Il est caractéristique de la floraison des Rosacées.
• **Cosse :** autre nom de la gousse des Légumineuses (petits pois, haricots…).
• **Coulure :** résultat de la non-fécondation d'une fleur entraînant sa chute prématurée et l'absence de fructification.
• **Coursonne :** rameau taillé court et porteur des boutons à fruit que l'on trouve sur les branches charpentières.

Le dictionnaire du jardin

- **Crampon :** racine aérienne produite par certains végétaux grimpants comme le lierre, servant à assurer le maintien de la plante sur son support.
- **Croisement :** on dit aussi hybridation. Action de marier entre elles deux espèces d'un même genre en vue d'obtenir une descendance portant tout ou partie des caractères des parents.
- **Cryptogamique :** terme utilisé pour les maladies transmises par un champignon parasite. On lutte contre elles avec un fongicide ou un produit anticryptogamique.
- **Cultivar :** nom donné à une plante issue d'une sélection horticole et non d'une manière naturelle. Dans le langage courant, les cultivars sont la plupart du temps appelés variétés.
- **Cuvette :** creux aménagé au pied des arbres nouvellement plantés et destiné à recevoir et à concentrer l'eau d'arrosage.

- **Dard :** bourgeon intermédiaire entre l'œil à bois et le bouton à fruit. Pointu et allongé, il est ridé à sa base. Il doit être accompagné d'un autre œil, utilisé comme tire-sève, pour évoluer en bouton à fruit.
- **Débourrement :** période à laquelle se produit l'éclatement du bourgeon, au début du printemps.
- **Débroussaillant :** substance chimique puissante destinée à la destruction des espèces ligneuses, comme les ronces et les rejets qui constituent les broussailles.
- **Déchaussé :** se dit d'une plante qui a été soulevée de terre par les mouvements du sol dus au gel.
- **Découpe :** opération consistant à couper verticalement une pelouse le long d'une allée, d'un massif, d'un arbre, afin d'obtenir un contour bien délimité.

- **Défoncement :** action de retourner le sol sur une profondeur égale à deux fers de bêche au moins.

- **Défricher :** action qui consiste à éliminer une végétation constituée de plantes sauvages. Le défrichement peut être manuel, chimique ou mécanique.
- **Dégénérescence :** vieillissement d'une culture qui est restée trop longtemps à la même place. La dégénérescence peut aussi être d'origine virale.
- **Déhiscent :** se dit d'un organe qui libère seul ce qu'il contient. Certaines gousses ou siliques s'ouvrent seules pour laisser échapper leurs graines.
- **Démarier :** action qui consiste à éliminer les plants en surnombre dans un semis. On dit aussi éclaircissage.
- **Demi-tige :** forme fruitière dont le tronc n'excède pas 1,40 m de hauteur.
- **Dépérissement :** accident physiologique sur tout ou partie d'un végétal. Il se traduit par un rabougrissement des feuilles et par l'affaiblissement des rameaux.
- **Désherbant :** produit chimique utilisé pour la destruction des mauvaises herbes. On distingue les désherbants sélectifs, spécifiques à une plante ou à une famille de plantes et les désherbants totaux qui détruisent tout type de végétation.
- **Dicotylédones :** classe botanique dans laquelle sont regroupées les plantes dont les graines possèdent deux cotylédons.
- **Dioïque :** se dit d'une plante dont les pieds qui portent les organes mâles sont distincts des pieds portant les femelles.
- **Diviser :** opération de multiplication des plantes à souche vivace qui consiste

à couper l'ensemble de la touffe pour obtenir plusieurs morceaux, chacun pourvu de racines et de bourgeons.
- **Dormance :** terme appliqué à certaines graines qui ne peuvent germer immédiatement après leur semis. Il est également employé pour les bourgeons qui, bien que formés, ne se développent pas.
- **Drageon :** tige formée par un œil situé sur une racine. Séparé du pied-mère, il se conduit comme une plante autonome.
- **Drainage :** action de drainer un terrain, c'est-à-dire d'évacuer les eaux du sous-sol, au moyen de canalisations enterrées qui rejoignent un collecteur central.
- **Dresser :** opération qui consiste à niveler un sol avant de le mettre en culture, en éliminant les cailloux et autres débris.
- **Dru :** se dit d'un semis ou d'une végétation épaisse et serrée.
- **Drupe :** appellation d'un fruit charnu contenant un noyau. La cerise, la prune, l'abricot, la pêche, sont des drupes.

- **Éborgner :** opération qui consiste à supprimer les yeux situés sur une plante ou un rameau et jugés inutiles.
- **Ébourgeonner :** action pratiquée en arboriculture fruitière qui consiste à éliminer un bourgeon inutile ou mal placé, en vue de favoriser le développement d'une autre production.
- **Éboutonner :** opération visant à supprimer des boutons floraux en vue de privilégier la croissance d'autres boutons mieux placés, ou de ramifications, pour avoir de plus grandes fleurs.
- **Ébrancher :** opération qui consiste à supprimer certaines parties d'une branche, voire la branche entière.
- **Écaille :** terme employé pour définir une feuille rudimentaire rencontrée sur

certaines parties d'une plante, d'un rhizome, d'une tige aérienne. Il définit également l'enveloppe rigide des bourgeons, les feuilles charnues et libres de certains bulbes ou le calice des fleurs en chaton.
- **Écheniller :** action de supprimer les branches les plus hautes d'un arbre à l'aide d'un échenilloir. C'est aussi le fait de récolter manuellement des chenilles sur les arbres.
- **Écimer :** opération qui consiste à couper la partie supérieure d'une tige en vue de provoquer l'étoffement de la plante.
- **Éclaircissage :** opération pratiquée sur les arbres fruitiers qui consiste à supprimer les fruits en surnombre pour que ceux restant puissent se développer correctement. L'éclaircissage ou démariage est également pratiqué sur les semis pour enlever les plants en trop.
- **Éclat :** morceau de plante obtenu par division d'une souche vivace.
- **Écussonner :** opération qui consiste à pratiquer le greffage simple d'un écusson, c'est-à-dire d'un œil porté par un petit morceau d'écorce, sous l'écorce d'un porte-greffe.
- **Effeuiller :** pratique culturale par laquelle on enlève les feuilles situées au-dessus d'un fruit pour qu'il reçoive un ensoleillement maximal.

- **Élaguer :** action de couper une partie de la ramure d'un arbre pour lui donner un meilleur équilibre, alléger sa forme ou réduire ses dimensions.
- **Embryon :** germe d'une plante contenu dans une graine et qui se développe au cours de la germination.

- **Émergé :** se dit d'une plante aquatique dont une partie des organes se développe au-dessus de la surface de l'eau.
- **Émonder :** opération qui consiste à couper l'extrémité des rameaux d'un arbre ou d'un arbuste pour l'aérer ou limiter son développement.
- **Émousser :** action d'éliminer la mousse qui recouvre le tronc d'un arbre.
- **Empattement :** partie élargie d'un végétal à partir de laquelle naît un rameau, une branche ou une pousse.
- **Émulsion :** préparation faite avec de l'eau et un produit non soluble mais qui doit être utilisé sous forme liquide.
- **Enfouir :** action d'intégrer dans le sol un produit, une matière ou de recouvrir ceux-ci par un peu de terre.
- **Engazonner :** opération qui consiste à ensemencer un terrain avec des graminées en vue d'obtenir un gazon.
- **Enherber :** action de semer de l'herbe qui peut être constituée de graminées à gazon, mais aussi d'autres espèces en vue d'obtenir un tapis végétal.
- **Enjauger :** action de placer en jauge des végétaux dès leur réception, avant leur plantation définitive.
- **Enracinement :** développement des racines dans le sol. Il peut être pivotant (les racines s'enfoncent à la verticale) ou traçant (les racines sont horizontales).
- **Enrichir :** opération destinée à améliorer la qualité d'un sol, par l'apport de matières fertilisantes qui lui font défaut.
- **Enrobé :** se dit d'une graine enveloppée dans une gangue d'argile pour augmenter son diamètre et faciliter le semis ou dans un produit phytosanitaire, afin de la protéger des maladies.
- **Ensacher :** action de placer un fruit dans un petit sac de papier pour le protéger de l'attaque de parasites, des intempéries et favoriser son développement.
- **Ensemencer :** action de mettre des graines dans de la terre ou de les épandre sur le sol. Le mot semis est plus souvent utilisé pour ce geste.

- **Ensiler :** opération de mise en silo des végétaux, en général des légumes, en vue de les conserver l'hiver.
- **Entaille :** incision longitudinale de l'écorce pratiquée sur certains arbres fruitiers, pour leur éviter de former de la gomme ou limiter la montée de la sève.

- **Entre-nœud :** partie située entre deux feuilles sur une tige. Des intervalles réguliers sont signe de bonne santé.
- **Épandage :** opération de dispersion très régulière d'un produit sur le sol. S'applique surtout aux engrais.
- **Épaulement :** méthode de taille d'un greffon consistant à réaliser une encoche pour que celui-ci vienne s'appuyer sur le haut du porte-greffe. Il est surtout utilisé pour la greffe en couronne.
- **Épi :** inflorescence dont tous les constituants sont fixés sur un pédoncule commun et vertical. Il peut être simple (blé) ou composé (saule, peuplier).
- **Épiphyte :** se dit d'une plante qui vit sur un autre végétal, se servant de celui-ci comme support mais sans se nourrir au détriment de son hôte.
- **Érigé :** synonyme de dressé verticalement. S'utilise surtout pour les arbres.
- **Espacement :** distance à respecter entre deux végétaux dans une culture qui doit tenir compte du développement futur des espèces plantées.
- **Espalier :** forme de plantation d'un arbre fruitier palissé contre un mur.
- **Espèce :** terme botanique définissant une plante particulière que l'on trouve naturellement. Il suit toujours le nom de genre et précède le nom de la variété.

837

Le dictionnaire du jardin

- **Essence :** terme utilisé pour qualifier un genre ou une espèce quand on parle des arbres fruitiers ou ornementaux.
- **Étêter :** opération qui consiste à couper la tige d'une plante ligneuse pour réduire sa croissance ou la faire ramifier. Pour les plantes herbacées, on utilise plutôt le terme pincer.
- **Étiolé :** se dit d'une plante décolorée, dont les feuilles ont pris une couleur blanche parce qu'elles ont été privées de lumière. On dit aussi blanchiment.
- **Étouffée :** technique utilisée pour le bouturage qui consiste à placer la bouture dans un espace complètement fermé avec une atmosphère très humide.

- **F1 :** symbole désignant la première génération de plantes issues d'une hybridation. Les hybrides F1 sont tous semblables et ont une croissance homogène.
- **Faculté germinative :** capacité pour une graine de germer. Sa durée varie selon les espèces, de quelques mois à plusieurs milliers d'années !
- **Faine :** fruit du hêtre, riche en huile, utilisé pour l'alimentation animale.
- **Fane :** désigne les feuilles et les tiges de certains légumes comme les carottes.
- **Fasciation :** indique une anomalie de croissance, quand les tiges d'une plante s'aplatissent en s'élargissant, les ramifications étant soudées dans un même plan.
- **Fastigié :** port d'une plante en forme de pyramide étroite et élancée. Concerne principalement les arbres.
- **Faux bourgeon :** nom donné à un rameau né d'un œil axillaire après une taille en vert ou un pincement.
- **Fécondation :** désigne la reproduction sexuée d'une plante, après que le pollen soit entré en contact avec le pistil.

- **Fertile :** se dit d'une terre apte à être cultivée et capable de fournir une abondante production.

- **Fertiliser :** action d'apporter un engrais pour améliorer la fertilité d'un sol.
- **Feuillaison :** période au cours de laquelle naissent les feuilles sur les arbres.
- **Flèche :** rameau vertical situé au sommet des conifères, qui constitue la pousse d'allongement de ces arbres.
- **Flétrissement :** dessèchement du feuillage ou des rameaux, dû à un accident végétatif ou à un parasite. S'il provient d'un manque d'eau, on le nomme fanaison.
- **Fleuron :** nom donné à chaque élément constitutif d'une inflorescence.
- **Florifère :** désigne la capacité pour une plante de produire de nombreuses fleurs.
- **Foliacé :** qualifie une production végétale qui a l'aspect d'une feuille.
- **Foliole :** partie d'une feuille composée portée par un pétiole commun.
- **Fongicide :** produit de traitement utilisé pour la lutte contre les maladies dues à des champignons (cryptogamiques).
- **Forçage :** opération qui consiste à produire des plantes en avance sur leur période de végétation normale.
- **Fourche-bêche :** outil de labour constitué de quatre dents plates effilées.
- **Frais :** se dit d'un sol qui conserve son humidité même par temps sec.
- **Franc :** désigne un arbre ou un arbuste issu de semis en pépinière. Un franc de pied est un sujet non greffé.
- **Franche :** se dit d'une terre qui convient à la plupart des plantes d'un jardin. Son pH est en général assez neutre.

- **Frondaison :** désigne l'ensemble du feuillage d'un arbre.
- **Fronde :** désigne la feuille d'une fougère, porteuse ou non des organes de reproduction (les spores).
- **Fructifère :** qualifie la capacité d'un végétal de produire de nombreux fruits.
- **Fumer :** action d'apporter du fumier au sol pour améliorer sa fertilité. Par extension, ce terme s'applique à tout apport d'engrais organique ou minéral.
- **Fumure :** terme qui indique le volume d'engrais incorporé au sol pour le fertiliser. La fumure de fond est enfouie profondément, la fumure de couverture est incorporée par un griffage superficiel.
- **Fuseau :** forme fruitière dont les branches charpentières sont conduites en oblique, leur longueur diminuant au fur et à mesure que l'on s'approche du sommet.
- **Fût :** désigne la partie verticale du tronc d'un arbre exploitée en scierie.
- **Futaie :** désigne une forêt constituée de grands arbres au tronc bien droit.

- **Gaine :** désigne la base d'une feuille qui enveloppe la tige sur laquelle elle naît.
- **Gale :** maladie provoquée par un champignon, se traduisant par l'apparition de taches et de boursouflures sur l'épiderme.
- **Galle :** excroissance sur une feuille ou la partie d'un tronc. Elle est provoquée par l'attaque d'un insecte, d'un acarien, d'un nématode ou d'un champignon.
- **Gazonnante :** se dit d'une plante qui se développe en largeur plus qu'en hauteur. On dit également couvre-sol.
- **Gélif :** qualificatif d'un végétal qui ne résiste pas au gel et qui doit être protégé.
- **Genre :** terme botanique pour désigner un ensemble d'espèces présentant des caractères communs.

838

Le dictionnaire du jardin

- **Germination :** phénomène qui désigne le développement d'une graine.
- **Glabre :** caractère d'un végétal dont tous les éléments sont lisses, sans poil.
- **Globuleux :** qualifie une plante, une fleur, un fruit de forme sphérique.
- **Glomérule :** inflorescence très serrée réunie en forme globuleuse.
- **Gobelet :** forme fruitière, sans tige centrale, dont les branches charpentières sont conduites en forme évasée.
- **Godet :** contenant de petites dimensions utilisé pour la culture de jeunes plantes pendant un temps très court.
- **Gourmand :** production végétale qui

se développe sur une branche principale d'un arbre, sur le tronc ou sous le point de greffe. À supprimer car il épuise inutilement la plante porteuse.
- **Gousse :** fruit de la famille des légumineuses à l'intérieur duquel toutes les graines sont attachées du même côté.
- **Grappe :** inflorescence sur laquelle toutes les fleurs sont situées le long d'un axe principal sans aucune régularité. Ce terme désigne aussi l'ensemble des grains de raisin réunis sur le même axe.
- **Griffer :** action de passer une griffe sur le sol en vue de l'ameublir.
- **Grimpant :** désigne une plante qui monte le long d'un support quelconque par ses propres moyens. Par opposition, les plantes qui demandent à être palissées sont dites sarmenteuses.
- **Gymnospermes :** groupe botanique dont les plantes ont des graines portées par des écailles au lieu d'être enfermées dans des ovaires.

- **Habiller :** opération qui consiste à supprimer une partie du feuillage et des racines d'une plante lors de la plantation.
- **Hampe :** désigne une tige non ramifiée porteuse d'une fleur située en extrémité.
- **Hâtif :** qualificatif pour désigner un végétal qui produit tôt en saison. Le synonyme est : précoce.
- **Hauban :** désigne un câble qui soutient verticalement un arbre fraîchement planté. Le haubanage est l'opération qui consiste à placer des haubans.
- **Haute-tige :** forme fruitière dont le tronc mesure entre 1,80 et 2 m de hauteur.
- **Hectare :** mesure de surface (ha) correspondant à 100 ares (a) ou 10 000 m^2.
- **Herbacé :** qualificatif d'une plante qui a la texture d'une herbe. Il caractérise les végétaux qui n'ont pas de tiges ligneuses.
- **Herbicide :** produit utilisé pour la destruction des mauvaises herbes. Les herbicides sélectifs ne détruisent que certaines catégories de plantes. Les herbicides totaux éliminent toute forme de végétation. Le synonyme est : désherbant.
- **Herbier :** collection de plantes que l'on fait sécher pour les conserver.
- **Herboriser :** opération qui consiste à recueillir des plantes dans la nature, en vue de constituer un herbier.
- **Hivernage :** opération qui consiste à rentrer des plantes fragiles dans un local, pour les protéger du froid et des intempéries pendant la mauvaise saison.
- **Hormone :** substance élaborée par un être vivant ou un organe agissant directement sur le fonctionnement physiologique. L'hormone de bouturage stimule l'émission de racines sur une bouture.
- **Huile :** produit liquide et gras utilisé pour le traitement des arbres fruitiers, en dehors de leur période de végétation.

- **Humidification :** opération qui consiste à rendre un substrat humide, par arrosage, par pulvérisation, ou par imbibition.
- **Humus :** produit résultant de la décomposition de matières organiques.
- **Hybridation :** action de croiser deux plantes pour obtenir une nouvelle variété possédant les caractères des deux parents.
- **Hybride :** désigne une plante issue du croisement de deux plantes de caractères différents du point de vue génétique. Son nom est toujours précédé d'un « x ».
- **Hydroponique :** désigne une technique de culture sans sol, dans une solution nutritive, sur un support inerte. Synonyme de hydroculture.

- **Imbibé :** qualificatif d'un sol gorgé d'eau. Le terme détrempé indique que la terre est saturée en eau.
- **Immergé :** qualifie un végétal qui se développe entièrement sous l'eau.
- **Imperméable :** terre qui ne permet pas la circulation de l'eau. Elle est souvent argileuse et collante.
- **Inciser :** opération qui consiste à pratiquer une incision superficielle, horizontale ou verticale, lors d'un marcottage aérien, pour limiter la croissance d'un végétal ou éviter les écoulements de gomme.
- **Indéhiscent :** qualifie les fruits qui ne laissent pas échapper leurs graines.
- **Indigène :** qualifie une plante qui pousse spontanément dans un pays donné.
- **Inerme :** qui ne possède pas d'épines.
- **Inflorescence :** disposition des fleurs composées sur une plante.
- **Insecticide :** produit de traitement destiné à détruire les insectes. Il peut être spécifique d'une espèce ou polyvalent.
- **Insectivore :** animal qui se nourrit d'insectes tels que le hérisson ou la taupe.

839

Le dictionnaire du jardin

- **Intensive :** culture dont le rendement est élevé par rapport à la surface occupée.
- **Interfécondation :** phénomène qui nécessite le croisement de deux variétés fruitières distinctes pour obtenir une fécondation et une fructification. On dit aussi fécondation croisée.
- **Involucre :** ensemble de bractées partant d'un même point qui accompagne les fleurs ou les inflorescences.
- **Irrigation :** action d'apporter de l'eau au moyen de canaux ou de sillons, sur une culture qui nécessite d'en avoir de grandes quantités.

- **Jachère :** opération culturale qui consiste à laisser une parcelle de terre sans culture pendant une ou plusieurs saisons.
- **Jardinière :** contenant de forme variable utilisé pour la plantation de divers végétaux sur un balcon, une terrasse, un rebord de fenêtre ou en appartement.
- **Jauge :** trou ou tranchée de trente à quarante centimètres de profondeur, destiné à recevoir des végétaux en attente de leur plantation définitive.
- **Jaunissement :** décoloration progressive du feuillage qui devient jaunâtre. Il est dû à une carence ou à une maladie.
- **Jet :** pousse verticale non ramifiée, âgée d'un an. Lorsqu'elle est issue d'un greffage, on l'appelle scion.

- **Kaolin :** nom donné à une roche de couleur blanche, friable et douce, qui rend les terres collantes et lourdes.
- **Kermès :** nom donné à une cochenille que l'on trouve essentiellement sur les arbres, notamment le chêne et les fruitiers. On lutte contre elle avec des produits huileux appliqués en hiver.
- **Kyste :** protection arrondie qui renferme des spores ou des cellules reproductrices en attente de conditions climatiques favorables à leur dispersion.

- **Labelle :** pétale très développé chez une orchidée, en forme de lèvre allongée.
- **Lacinié :** qualifie l'organe d'un végétal (une feuille, en général) qui est découpé en mèches fines irrégulières.
- **Lambourde :** nom donné à un rameau grêle et ridé portant à son extrémité un bouton à fruit. Synonyme de brindille couronnée. Elle est très fertile.
- **Lancéolé :** se dit d'un organe végétal allongé, ovale et terminé par une pointe.
- **Latent :** caractérise un œil qui ne se développe pas, qui est en attente.
- **Latéral :** qualifie un organe végétal situé sur le côté de son support. Le mot axillaire est plutôt utilisé pour les yeux.
- **Lavé :** se dit de la couleur d'une fleur lorsqu'elle est de faible intensité. L'antonyme est : saturé.
- **Lessivé :** qualifie un sol qui a perdu ses éléments minéraux par ruissellement de l'eau ou par porosité importante.
- **Levée :** définit le moment où le germe d'une graine sort de terre.
- **Liber :** tissu interne des plantes produisant la sève élaborée. À base cellulosique, le liber est souvent fibreux.
- **Lichen :** végétal formé par l'association d'une algue et d'un champignon.
- **Liège :** partie externe protectrice, formée par l'écorce de certains arbres comme le chêne-liège, par exemple.
- **Ligaturer :** opération qui consiste à réunir ou à serrer deux parties avec un lien. Se pratique lors d'une greffe.
- **Ligneux :** qualificatif d'une partie végétale qui a la consistance du bois. L'antonyme est : herbacé.
- **Lignification :** phénomène traduisant le passage de l'état herbacé à celui de ligneux. Elle se produit en général au mois d'août d'où le synonyme aoûtement.
- **Ligule :** excroissance en forme de petite langue, située à l'endroit où la feuille engaine la tige chez les graminées.
- **Limbe :** caractérise la partie plate et charnue d'une feuille ou d'un pétale.
- **Limon :** nom donné à une terre très fine, friable, compacte quand elle est humide, fertile, créée par l'érosion de l'eau ou le transport éolien.

- **Lit de semences :** se dit de la préparation d'un sol ou d'une terrine de semis, dont la surface est finement émiettée, pour y déposer les graines.
- **Loam :** terreau fin obtenu par la décomposition de plaques de gazon.

- **Maculé :** qualifie des feuilles qui portent des taches dont on ne peut définir le contour avec précision.
- **Mâle :** se dit d'une fleur qui ne renferme que des organes mâles (étamines). Le contraire est une fleur femelle.

- **Marbrure :** maladie virale des arbres fruitiers à noyaux, se traduisant par des traits décolorés sur le feuillage ou par des taches annulaires plus claires.
- **Marcescent :** se dit d'un feuillage qui fane en automne, pour ne se détacher des branches qu'au printemps suivant, avec l'apparition des nouvelles feuilles.
- **Matière organique :** produit issu de la décomposition d'êtres vivants. La matière organique apporte de l'humus.
- **Maturité :** stade atteint par un fruit lorsqu'il devient comestible ou bon à récolter. On distingue la maturité physiologique, stade où le fruit se détache de l'arbre, de la maturité gustative, moment où la saveur du fruit est la meilleure.
- **Mauvaise herbe :** plante sauvage sans intérêt décoratif, qui envahit les cultures ornementales, potagères ou fruitières.
- **Mellifère :** plante que les abeilles visitent en vue de produire du miel.
- **Méristème :** tissu cellulaire situé à l'extrémité des tiges qui assure leur croissance en longueur. Il est possible de bouturer ce méristème pour reproduire des plantes identiques au pied-mère.
- **Meuble :** qualificatif d'une terre souple, friable, facile à travailler.
- **Microclimat :** zone de superficie restreinte dont les conditions climatiques sont différentes de celles environnantes.
- **Microgranulé :** minuscule granulé dont le diamètre est au maximum d'un demi-millimètre. Il permet une meilleure répartition et une meilleure assimilation.
- **Micronisé :** qualificatif d'une particule de produit, de l'ordre du micron.
- **Micro-organisme :** être microscopique présent dans le sol. Certains transforment des matières organiques en matières minérales, d'autres sont pathogènes.
- **Miellat :** déjection due aux pucerons, cochenilles, et autres insectes piqueurs-suceurs, collante et à saveur sucrée qui attire les fourmis et entraîne le développement d'un champignon à texture charbonneuse : la fumagine.
- **Minéralisation :** transformation de la matière organique en éléments minéraux directement assimilables par les racines des plantes.

- **Mixed-border :** plate-bande faite de plantes vivaces dont l'effet décoratif est proche de celui de la végétation naturelle.
- **Mixte :** produit phytosanitaire composé d'un insecticide et d'un fongicide offrant une grande polyvalence.
- **Molle :** qualificatif d'une plante, souvent vivace mais non rustique, cultivée comme une annuelle.
- **Molluscicide :** produit de traitement utilisé pour la lutte contre les mollusques dans le jardin (limaces et escargots).
- **Monder :** opération qui consiste à couper les haies ou les plantes, en hauteur. Synonymes : écimer ou tailler.
- **Monocarpique :** plante qui ne fleurit qu'une fois et meurt ensuite, comme les annuelles ou les bisannuelles.
- **Monocotylédone :** plante dont la graine ne renferme qu'un seul cotylédon et qui, en général, ne se ramifie pas.
- **Monoculture :** terme utilisé en agriculture pour désigner une culture unique sur une parcelle donnée.
- **Monoïque :** qualificatif d'une plante qui porte à la fois des fleurs mâles et des fleurs femelles sur le même pied. Le contraire est dioïque.
- **Montée à graines :** phénomène dû à un semis trop précoce, à une chaleur excessive ou à un temps orageux, aboutissant à la fin du cycle végétatif d'une plante.
- **Mosaïculture :** technique de plantation permettant de réaliser des motifs décoratifs ou des dessins précis, à partir de plantes différentes, en jouant sur les couleurs des fleurs ou des feuillages.
- **Motte :** morceau de terre compact formé par le tassement. Les plantes vendues en motte sont des végétaux dont les racines sont entourées d'une gangue de terre globuleuse et compacte.
- **Mouillant :** produit additif d'un traitement, utilisé pour que celui-ci recouvre mieux les organes des plantes.
- **Mulch :** appellation d'origine anglaise désignant les déchets de tonte du gazon.
- **Mulching :** opération qui consiste à étaler de la paille, des écorces de pins ou de la tourbe au pied des végétaux dans un massif. Synonyme : paillage. Qualifie aussi certains modèles de tondeuses qui coupent l'herbe très finement, ce qui ne nécessite pas de ramassage.
- **Mutation :** indique une variation brutale dans la descendance d'une plante, ou dans sa végétation. Elle peut être utilisée pour créer de nouvelles variétés.
- **Mycélium :** partie végétative d'un champignon, la plupart du temps constituée de filaments blanchâtres.
- **Mycose :** maladie provoquée par des champignons. On parle plus souvent de maladie cryptogamique.

- **Nain :** qualifie un végétal plus petit que la taille normale. Les plantes peuvent être nanifiées artificiellement à partir de produits réducteurs de croissance.
- **Naturalisation :** opération qui consiste à acclimater une espèce étrangère aux conditions climatiques d'un pays. Par extension, toute plante qui arrive à se propager dans un jardin est dite naturalisée.
- **Nécrose :** affection des tissus végétaux provoquée par la mort des cellules.

Le dictionnaire du jardin

• **Nectar :** liquide sucré sécrété par une glande dite nectaire ou nectarifère située dans les fleurs ou dans certaines feuilles.
• **Neutre :** sol qui n'est ni acide ni alcalin. Sur l'échelle des pH, la « neutralité » est située à 7. On dit qu'une terre est neutre quand son pH est entre 6,5 et 7,5.
• **Nitrification :** stade de transformation de l'azote organique en azote nitrique sous l'action de bactéries. On parle également de cycle de l'azote.
• **Nivellement :** opération qui consiste à aplanir un sol pour le mettre de niveau.
• **Nodosité :** renflement observé sur les racines des légumineuses, dû à la présence de bactéries vivant en symbiose avec la plante : les rhizobium. Ces dernières aident à fixer l'azote de l'air.
• **Nœud :** renflement situé sur une tige et placé au niveau d'une ramification ou au point d'articulation d'une feuille.
• **Non-remontant :** qualifie une plante qui ne fleurit ou ne fructifie qu'une seule fois dans l'année.
• **Nouaison :** époque végétative où le fruit se forme, avec un grossissement du pédoncule et un gonflement de l'ovaire.
• **Nu :** qualifie en général les racines d'un végétal commercialisé dont le système racinaire est à l'air libre.
• **Nuisible :** qualifie tous les agents qui portent préjudice à une culture et, plus généralement, au jardin. Certains parasites appelés à tort nuisibles, comme les taupes ou les vers, sont en réalité de précieux auxiliaires pour le jardinier.

• **Ocellé :** qualifie une plante marquée de taches circulaires ressemblant à des yeux. On dit aussi oculé.
• **Œil :** nom donné à un bourgeon qui va se développer pour former une branche ou une fleur. Dans ce dernier cas, on parle plus souvent de bouton.
• **Œilletonner :** opération qui consiste à détacher les rejets se développant à la base de la touffe principale d'une plante, les œilletons, pour la multiplier.
• **Oignon :** autre nom donné au « bulbe ».
• **Ombelle :** inflorescence en forme de parasol dont les constituants sont tous attachés en un même point et s'alignent ensuite à la même hauteur.
• **Ombrager :** action qui consiste à placer un matériau au-dessus d'une plante pour lui apporter de l'ombre.
• **Onglet :** morceau de rameau conservé au-dessus d'une greffe en écusson et utilisé pour servir de tuteur à l'œil greffé après son développement.
• **Opposé :** qualificatif utilisé pour indiquer une position face à face.
• **Opus :** assemblage utilisé pour constituer un dallage. L'opus incertum est fait de dalles non taillées et de formes irrégulières. À l'inverse, l'opus romain est constitué de dalles taillées, aux formes régulières, carrées ou rectangulaires.

• **Ordre :** division du classement botanique, placée entre la classe et la famille.
• **Organique :** qualifie une matière provenant de la décomposition d'un être vivant et qui forme de l'humus.
• **Osmose :** terme utilisé pour indiquer un échange entre deux solutions de densité différente, séparées par une membrane, la moins concentrée allant toujours vers la plus concentrée.
• **Ovaire :** partie souvent renflée située en bas du pistil et contenant les ovules. Après fécondation, les ovaires donnent les fruits, et les ovules, les graines.
• **Ovicide :** produit de traitement destiné à détruire les œufs des insectes.
• **Ovoïde :** qualifie un organe végétal (feuille ou fruit) qui a la forme d'un œuf.
• **Oxygénant :** qui apporte de l'oxygène. C'est le cas de certaines plantes mises dans les bassins pour favoriser la vie de la faune aquatique.

• **Paillage :** pratique culturale qui consiste à placer au pied des végétaux, une couverture faite de paille, d'écorces de pins, de tourbe, de feuilles mortes, etc., en vue de les protéger temporairement du froid ou de la sécheresse. On appelle cette couverture paillis, à ne pas confondre avec le mulch qui est une protection permanente.
• **Paillasson :** natte de paille tressée utilisée pour protéger les cultures d'une forte insolation en été, du gel en hiver.
• **Palisser :** opération qui consiste à orienter les branches d'un végétal dans une direction déterminée. Le palissage est surtout pratiqué en arboriculture fruitière pour donner aux arbres des formes bien particulières.
• **Palmé :** qualifie une production végétale (en général une feuille) disposée comme les doigts d'une main ouverte, aux bords lobés et légèrement découpés.
• **Palmette :** forme fruitière palissée pour être conduite « à plat » le long d'une armature ou d'un mur. Il existe de très nombreuses formes de palmettes.
• **Panaché :** qualifie une production végétale qui présente deux couleurs différentes. À ne pas confondre avec « panachure », maladie virale se traduisant par une décoloration de la plante.

Le dictionnaire du jardin

- **Panicule :** inflorescence de forme triangulaire dont les ramifications se raccourcissent vers le sommet.
- **Parer :** couper avec un outil très tranchant une plaie inégale pour permettre sa cicatrisation rapide et empêcher le développement de parasites.
- **Pédicelle :** nom donné au support d'une fleur sur la hampe florale, dans les inflorescences composées.
- **Pédoncule :** nom donné au support d'une fleur ou d'un fruit, lorsqu'ils sont solitaires. On parle aussi de hampe pour la fleur et de queue pour le fruit.
- **Pelté :** qualifie un organe végétatif en forme de pelle ou de bouclier.

- **Penné :** qualificatif qui s'applique aux feuilles composées dont les folioles sont bien réparties autour de l'axe.
- **Pépinière :** lieu de culture des plantes d'ornement : arbres, arbustes, conifères. Par extension, tout lieu où l'on multiplie et élève des jeunes plantes.
- **Pérenne :** qualifie une plante dont la durée de vie s'étale sur plusieurs années.
- **Péricarpe :** partie du fruit qui entoure et protège la graine.
- **Perméable :** s'applique à un sol qui se laisse traverser par l'air et l'eau.
- **Persistant :** qualifie un végétal qui conserve son feuillage en toute saison.
- **Pesticide :** terme générique sous lequel sont réunis les produits destinés à combattre les ennemis du jardin : insecticides, fongicides, herbicides, rodonticides, acaricides, etc.
- **Pétiole :** nom donné au support d'une feuille. On dit aussi queue.

- **pH :** signifie potentiel Hydrogène. Il s'agit d'une échelle de notation pour indiquer le taux d'acidité ou d'alcalinité d'un sol. Elle va de 0 (le plus acide) à 14 (le plus alcalin). La valeur 7 correspond à une terre neutre.
- **Photosynthèse :** opération par laquelle une plante synthétise la matière organique sous l'influence de la lumière. On dit aussi assimilation chlorophyllienne.
- **Phréatique :** qualifie une nappe d'eau souterraine alimentée par les ruissellements de l'eau de pluie.
- **Phytosanitaire :** produit qui protège les plantes. Les insecticides, les fongicides et les herbicides entrent dans cette catégorie. On dit aussi produit de traitement.
- **Pied :** indique la partie de la plante située juste au-dessus du collet. Par extension, on applique ce nom à toute jeune plante à repiquer.
- **Pied-mère :** plante servant de souche de base pour la multiplication végétative.
- **Pincement :** action qui consiste à supprimer une partie d'une tige ou d'un rameau pour les faire ramifier.
- **Piqueter :** opération qui consiste à poser des piquets pour réaliser un alignement ou obtenir un niveau précis.
- **Pistil :** organe femelle des plantes situé au centre d'une fleur.
- **Pivotant :** qualifie le système racinaire d'une plante qui s'enfonce profondément dans le sol, à la verticale.
- **Placage :** opération consistant à poser des plaques ou des rouleaux de gazon sur un sol pour réaliser une pelouse.
- **Planche :** se dit d'une surface déterminée, destinée à une culture précise.
- **Plant :** jeune plante issue d'un semis et destinée à être repiquée ou replantée.
- **Plante grasse :** végétal dont les tissus sont gorgés de suc et que l'on cultive dans le jardin ou la maison.
- **Plantule :** qualifie une jeune plante issue de la germination d'une graine.
- **Plate-bande :** planche plane et décorative dans laquelle sont plantées des fleurs saisonnières, en général de plusieurs espèces différentes. Elle est adossée à un mur ou placée le long d'une allée.
- **Plein vent :** forme fruitière naturelle, haute tige ou demi-tige, dont la ramure est laissée libre et non taillée.
- **Pleine terre :** qualifie une plante cultivée directement dans le sol du jardin.
- **Plomber :** opération qui consiste à tasser un semis avec le dos du râteau.
- **Poil absorbant :** fibre unicellulaire située à l'extrémité des racines qui sert à pomper l'eau et les sels minéraux.
- **Pollinisation :** méthode par laquelle le pollen d'une étamine est porté sur le pistil d'une fleur pour la féconder.
- **Pommé :** qualifie un végétal dont les feuilles constituant le cœur sont très serrées les unes contre les autres et forment une masse arrondie comme une pomme.
- **Poquet :** qualifie un semis par lequel on dépose de trois à cinq grosses graines dans un même trou.
- **Port :** désigne la silhouette générale d'un végétal. Il peut être étalé, rampant, fastigié, pleureur, retombant, grimpant.
- **Porte-graines :** nom donné à une plante cultivée pour la récolte de graines.
- **Pousse :** jeune rameau en cours d'évolution, et plus généralement pour tous ceux nés dans la même année.

- **Pouvoir germinatif :** indique la quantité de graines qui se développent dans un échantillon donné.
- **Pralinage :** opération qui consiste à tremper les racines d'un végétal dans un mélange de bouse de vache, de terre et d'eau pour favoriser son implantation.

843

Le dictionnaire du jardin

- **Précoce :** qualifie une végétation qui est en avance sur la saison normale.
- **Prédateur :** agent végétal ou animal qui se développe aux dépens d'un autre dont il se nourrit.
- **Préventif :** se dit d'un traitement qui est pratiqué avant l'arrivée du mal.
- **Prolongement :** rameau situé à l'extrémité d'une branche principale et qui assure son allongement.

- **Pseudo-bulbe :** renflement en forme de bulbe, situé à la base d'une tige, notamment chez les orchidées.
- **Pubescent :** qualifie un organe couvert de poils fins et doux formant un duvet.
- **Pulvérulent :** qualifie un produit qui a la consistance de la poudre.
- **Pustule :** excroissance en forme de bouton ou de vésicule qui se manifeste sur une plante à la suite d'une attaque parasitaire ou d'une maladie.
- **Pyriforme :** qui est en forme de poire.

- **Quadrangulaire :** qui possède quatre angles. Ce terme est utilisé pour les plantes de la famille des Labiées dont les tiges ont une section carrée.
- **Quenouille :** forme fruitière basse-tige ressemblant à un fuseau mais avec des branches plus étalées.
- **Queue :** synonyme de pédoncule, chez les fruits, ou de pétiole, chez les fleurs.

- **Quinconce :** désigne une plantation de cinq végétaux mis en carré avec l'un d'eux, placé au centre.

- **Rabattre :** opération qui consiste à couper une branche ou un rameau sur son empattement pour provoquer le départ de nouvelles pousses.
- **Race :** ensemble de cultivars présentant les mêmes caractères végétatifs.
- **Rachis :** nom donné à l'axe qui porte, de chaque côté, des ramifications courtes ou les folioles d'une feuille composée.
- **Radicant :** qualifie un végétal qui produit des racines adventives comme le lierre.
- **Radicelle :** petite racine située à l'extrémité des grandes, couverte de poils absorbants et faisant partie du chevelu.
- **Radiculaire :** qui a un rapport avec les racines : système radiculaire.
- **Rafraîchir :** opération qui consiste à couper net et proprement un organe pour mettre ses tissus à nu. Elle se complète avec la pose d'un cicatrisant.
- **Rajeunir :** action de supprimer de vieux rameaux pour favoriser la croissance des jeunes pousses.
- **Rame :** tuteur ramifié utilisé pour le support de plantes grimpantes.
- **Rameau :** pousse secondaire située sur une branche principale. Il est à bois lorsqu'il porte des feuilles, à fruits lorsqu'il est couvert de fleurs et de fruits.
- **Ramification :** désigne la division d'une tige ligneuse en deux départs latéraux, après taille ou pincement.
- **Ramille :** pousse fine et grêle située à l'extrémité d'un rameau.
- **Rampant :** qualifie un végétal qui s'étale sur le sol. Synonyme de couvre-sol.
- **Ramure :** ensemble constitué par toutes les branches d'un arbre.

- **Raticide :** produit utilisé pour la lutte contre les rats et, par extension, contre les rongeurs. Synonyme de rodonticide.
- **Rayon :** synonyme de sillon, c'est une raie que l'on trace dans le sol pour y effectuer un semis en ligne.
- **Recéper :** opération qui consiste à couper un arbuste ou un arbre le plus près possible du sol pour le rajeunir.
- **Rechausser :** action de replacer dans le sol, en appuyant légèrement dessus, une plante qui a été soulevée par les mouvements successifs du gel et du dégel.
- **Régénération :** action qui consiste à faire des entailles dans un vieux gazon pour éliminer le feutrage constitué par l'enchevêtrement des racines et des feuilles. On dit aussi scarification.
- **Régulateur :** produit destiné au ralentissement de la croissance des végétaux.
- **Rejet :** pousse vigoureuse venant sur la souche d'une plante ou à proximité. On dit aussi drageon ou gourmand.

- **Rejeton :** jeune pousse venant sur la souche ou la tige principale d'une plante, utilisée pour la multiplication. Synonyme de œilleton.
- **Rémanence :** terme utilisé pour indiquer la durée d'action d'un produit incorporé au sol ou absorbé par une plante.
- **Remontant :** qualifie un végétal dont la production de fleurs ou de fruits est étalée dans la saison. À ne pas confondre avec le terme grimpant.
- **Repiquage :** opération qui consiste à transplanter une plante issue d'un semis.
- **Repos :** période d'arrêt de la végétation qui coïncide avec l'hiver pour la plupart

844

Le dictionnaire du jardin

des végétaux, mais qui peut aussi se situer après la floraison comme chez les bulbes ou les plantes d'appartement.
• **Reprise :** indique le stade où une plante manifeste sa croissance après avoir été transplantée, bouturée, repiquée, greffée ou rempotée.
• **Répulsif :** produit utilisé pour éloigner les animaux de certaines cultures ou de produits phytosanitaires qui sont dangereux pour eux.
• **Résistance :** phénomène rencontré chez certains parasites qui deviennent moins sensibles à l'action des produits de traitement utilisés contre eux.
• **Résistivité :** indique la teneur en matières fertilisantes et en éléments minéraux d'un terreau. Elle s'exprime en ohms/cm (Ω/cm). Elle doit être faible.
• **Ressuyage :** action de laisser sécher sur le sol des végétaux que l'on vient d'arracher, pour que la terre qui les entoure puisse s'éliminer rapidement.
• **Retardé :** se dit d'une culture pratiquée à contre-saison grâce à des techniques de mise au froid ou de dosage d'éclairage. On parle également d'engrais retard lorsque ses éléments fertilisants se libèrent progressivement et offrent une durée d'action prolongée.
• **Rétention :** qualifie la capacité d'un sol à retenir l'eau qu'il contient.
• **Réticulé :** qualifie un organe végétal couvert de lignes entrecroisées comme les mailles d'un filet.
• **Retombant :** qualifie le port descendant d'une plante aux rameaux souples. Synonyme de pleureur.
• **Rhizome :** tige située au ras du sol ou souterraine, horizontale, ressemblant à une racine et qui sert à la propagation de la plante.
• **Rodonticide :** produit utilisé pour la lutte contre les rongeurs.
• **Rotation des cultures :** technique qui consiste à alterner les cultures pour qu'une même plante ne soit pas cultivée deux fois de suite au même endroit.

• **Roulage :** opération qui consiste à passer un rouleau sur le sol pour le tasser.
• **Rustique :** qualifie une plante qui s'adapte aux conditions climatiques sous lesquelles elle est cultivée.

• **Sagitté :** qualifie des feuilles en forme de fer de lance ou de flèche.
• **Samare :** nom donné à un fruit sec dont le péricarpe est allongé et se termine par une graine.
• **Saprophyte :** qualifie un élément qui se nourrit de matières en décomposition.
• **Sarclage :** action d'éliminer les mauvaises herbes avec une binette, un sarcloir ou une subraclette.
• **Sarmenteux :** qualifie le port volubile d'une plante aux longs rameaux souples.
• **Sauvageon :** nom donné à un jeune arbre qui pousse naturellement et dont on ne connaît pas l'origine.
• **Scarifier :** on dit aussi régénérer. Cette opération consiste à couper l'enchevêtrement des racines et des feuilles d'une pelouse et à éliminer une partie de la mousse qui l'a envahie.
• **Scion :** tige unique, rarement ramifiée, d'une plante greffée depuis un an.
• **Secondaire :** qualifie une production qui vient sur un organe principal.
• **Sécrétion :** produit liquide et visqueux émis par certains végétaux, comme le latex ou la gomme.
• **Sélectif :** qualifie un produit qui n'agit que sur une certaine catégorie de plantes ou de ravageurs, en préservant les autres.
• **Sélection :** méthode de tri de sujets présentant des caractères bien précis dans une lignée de végétaux.
• **Semence :** terme utilisé pour désigner les graines ou les tubercules. On parle aussi de graines de semence, lorsqu'il s'agit de graines spécialement destinées au semis.
• **Semi-aoûté :** qualifie un rameau qui se trouve à un stade intermédiaire entre l'état herbacé et l'état lignifié.
• **Semi-double :** qualifie une fleur dont le nombre de pétales est supérieur à la moyenne mais qui possède encore ses organes sexuels (étamines et pistil).
• **Sensibilité :** indique l'aptitude d'une plante à résister ou non à une maladie. L'antonyme est : résistance.
• **Sépale :** organe végétatif ressemblant souvent à une petite feuille et qui entoure le bouton floral.
• **Sessile :** se dit d'un organe qui ne possède pas de pétiole ou de pédoncule.
• **Sevrage :** opération qui consiste à séparer du pied-mère une marcotte aérienne ou une greffe par approche.

• **Silique :** fruit sec et allongé, s'ouvrant verticalement ; les graines apparaissent contre la cloison centrale.
• **Silo :** construction formée par l'entassement de légumes racines recouverts de paille, de terre et d'une feuille plastique pour empêcher l'eau de s'infiltrer.
• **Simple :** qualifie une fleur qui possède un nombre normal de pétales. Lorsqu'elle en a davantage elle est dite semi-double ou double. On utilise également ce mot pour désigner une plante sauvage utilisée à des fins médicinales.
• **Spadice :** inflorescence dont le rachis charnu, simple ou ramifié, présente des fleurs directement insérées sur lui.
• **Spathe :** membrane enveloppant complètement une inflorescence.

845

Le dictionnaire du jardin

- **Spécifique :** qui a une action précise et bien déterminée. On parle de produit spécifique ou de parasite spécifique.
- **Spontané :** qualifie une plante qui pousse naturellement, sans qu'on l'ait semée. On dit aussi indigène.

- **Sport :** transformation d'origine génétique d'un végétal permettant de découvrir de nouveaux types de plantes.
- **Spp. :** abréviation de *species plurima*, signifiant qu'il y a plusieurs espèces dans un même genre.
- **Spur :** mutation d'un arbre fruitier produisant des boutons à fruit directement sur les branches charpentières.
- **Stigmate :** extrémité collante et visqueuse du pistil qui reçoit les grains de pollen lors de la fécondation.
- **Stipe :** nom donné au tronc de certains végétaux, dont le diamètre reste constant sur toute la hauteur.
- **Stipulaire :** qualifie les yeux ou les organes disposés à la base des feuilles. On dit aussi axillaire.
- **Stipule :** petite feuille ou écaille située à la base de certaines feuilles et qui, parfois, se transforme en épine.
- **Stolon :** production rampante émise par certaines plantes, pouvant s'enraciner pour reproduire une nouvelle plante.
- **Stratification :** opération qui consiste à placer des graines dans du sable humide pour faire ramollir le tégument afin qu'elles germent plus facilement.
- **Style :** partie du pistil qui prolonge l'ovaire et porte le stigmate.
- **Subspontané :** qualifie un végétal qui a été introduit artificiellement dans un lieu donné et qui s'y comporte ensuite comme une plante indigène.
- **Substance active :** agent efficace à la base des produits phytosanitaires, utilisé pour lutter contre les maladies virales ou cryptogamiques, et les insectes. Anciennement appelée matière active.
- **Substrat :** mélange de différents matériaux sur lequel on cultive les plantes.
- **Succulente :** végétal gorgé de suc. Synonyme de plante grasse.
- **Suffrutescent :** nom donné à un végétal de petite taille ou au port rampant.
- **Sujet :** synonyme de porte-greffe.
- **Support de culture :** appellation officielle des amendements, terreaux et substrats divers vendus dans le commerce.
- **Surfacer :** opération qui consiste à remplacer la terre de surface dans un contenant, lorsqu'il est impossible de retirer la plante de ce contenant.
- **Surgreffage :** nouveau greffage d'une plante qui l'a déjà été, ou technique utilisée pour remplacer une branche cassée.
- **Systémique :** qualifie un produit qui est absorbé par une plante et véhiculé ensuite par la sève. Très utile contre les insectes piqueurs ou suceurs et certaines maladies cryptogamiques.

- **Taille :** opération consistant à couper des parties d'un végétal pour lui donner une forme ou faciliter sa mise à fruits.
- **Tallage :** phénomène de croissance en largeur et en épaisseur des graminées vivaces qui constituent la pelouse. Il est favorisé par les tontes successives.
- **Talon :** empattement d'un rameau.
- **Tardif :** se dit de ce qui est en retard par rapport à la moyenne de végétation.
- **Tégument :** nom donné à l'enveloppe d'une graine. On dit aussi périsperme.
- **Terminal :** qualifie ce qui est placé à l'extrémité d'un rameau.
- **Terreau :** produit provenant de la décomposition de matières organiques. Il est utilisé comme matériau de base dans les substrats et les amendements.
- **Terreautage :** action d'épandre du terreau à la surface d'une pelouse ou d'une culture pour augmenter la quantité de matières organiques sur la surface du sol.
- **Terrine :** récipient rectangulaire en terre cuite, peu profond, utilisé pour les semis ou le repiquage de plantes fragiles.
- **Tesson :** morceau de poterie cassée utilisé pour constituer un drainage au fond d'un contenant.
- **Tête :** extrémité de la pousse terminale d'une plante ou cime d'un arbre.

- **Thalle :** forme végétale n'ayant ni tige ni racines, ni axe ni appendice quelconque, comme les algues ou les lichens.
- **Tire-sève :** pousse située à l'extrémité d'un rameau, souvent laissée lors de la taille, et servant à faciliter la circulation de la sève dans les organes végétaux qui sont placés en dessous.
- **Tissu :** nom donné à l'ensemble des cellules ayant une même fonction.
- **Tomenteux :** qualifie un organe végétal, bouton, feuille, tige, etc., couvert de poils denses, doux au toucher.
- **Tontine :** enveloppe faite de paille, de toile de jute ou d'un filet plastique à mailles très fines, destinée à maintenir la motte de terre autour des racines d'un arbre qui vient d'être arraché.
- **Topiaire :** art de la taille des végétaux selon des formes définies.

- **Touffe :** plante en rosette émettant plusieurs rejets pour former une masse compacte et homogène.
- **Toxicité :** degré d'action d'un produit, d'une substance, destinés à empoisonner.
- **Toxine :** substance toxique émise par certaines plantes vénéneuses.
- **Traçant :** qualificatif attribué à un végétal qui pousse uniquement en largeur et émet des stolons, des rhizomes.
- **Transplantation :** opération qui consiste à déplacer un végétal d'un point à un autre ou à mettre en terre une jeune plante cultivée dans un godet.
- **Trigemme :** qualifie le principe de taille à trois yeux des arbres à pépins.
- **Trilobé :** qualificatif attribué aux feuilles qui possèdent trois lobes.
- **Triploïde :** qualifie un végétal dont les cellules ont 3n chromosomes au lieu des 2n chromosomes habituels.
- **Tropisme :** phénomène de déplacement des organes d'une plante en fonction des conditions ambiantes. On distingue le géotropisme qui caractérise les racines attirées vers le bas en raison de la pesanteur et le phototropisme indiquant l'inclinaison des tiges vers la lumière.
- **Tubercule :** nom donné à une tige ou une racine renflée, comportant les réserves nutritives utilisées pour la multiplication ou la consommation.
- **Tubéreux :** qualifie un organe végétal renflé comme un tubercule.
- **Tubulé :** qualifie une production végétale qui a la forme d'un tube.
- **Tunique :** feuille modifiée servant d'enveloppe fine chez les bulbes.
- **Turbiné :** qualifie une production végétale qui a la forme d'une toupie.
- **Turgescent :** se dit du gonflement des tissus et des cellules d'une plante qui provoque la rigidité de ses organes.
- **Turion :** pousse souterraine naissant sur la souche des plantes dont la partie aérienne n'est pas vivace, comme chez les asperges. Sur les espèces ligneuses, on parle de rejet ou de drageon.
- **Tuteur :** pièce de bois, de métal ou de plastique destinée à servir de soutien aux tiges aériennes d'une plante haute.
- **Type :** nom donné à une plante qui réunit l'ensemble des caractères qui ont servi à définir une espèce particulière.

- **Uniflore :** qualifie une plante qui ne porte qu'une seule fleur.
- **Unilatéral :** qualifie un organe qui n'est situé que sur un seul côté.
- **Unisexué :** qualificatif attribué aux fleurs qui ne portent qu'un seul sexe.
- **Urne :** feuille parfois très décorative, ayant pris la forme d'un récipient conique ou cylindrique chez certaines plantes carnivores. Synonyme de ascidie.
- **Utricule :** sorte de petite outre remplie d'air, flottant sur l'eau, et qui sert de support à certaines plantes aquatiques.

- **Variation :** indique une modification des caractères d'une plante. On parle aussi de mutation lorsqu'elle est brutale.
- **Variété :** nom donné à une plante qui varie légèrement de l'espèce type. Lorsqu'elle est obtenue artificiellement, on parle de cultivar. Si elle ne peut être multipliée que par mode végétatif, on l'appelle clone.
- **Vasculaire :** qualifie un organe qui possède des vaisseaux.
- **Végétatif :** se dit de tout ce qui a rapport avec la vie des plantes. Le système végétatif est l'ensemble des organes servant à la croissance du végétal. La multiplication végétative désigne les méthodes ne faisant pas intervenir les sexes, comme dans le bouturage, le marcottage, la division, etc.
- **Végétation :** indique l'ensemble des végétaux réunis dans un même lieu. On parle aussi de la période de végétation qui est celle durant laquelle les plantes se développent.
- **Vénéneux :** qualifie les végétaux qui possèdent des caractères toxiques.
- **Vernaculaire :** qualifie les appellations locales de certaines plantes. On parle de nom vernaculaire.
- **Verruqueux :** qui porte des verrues.
- **Virose :** se dit d'une maladie provoquée par un virus.
- **Vivace :** plante qui vit plusieurs années sur place et fructifie plusieurs fois.
- **Volée :** technique de semis qui consiste à éparpiller les graines au hasard, avec un large mouvement du bras et de la main.
- **Volubile :** qualifie les plantes sarmenteuses dont les tiges s'enroulent d'elles-mêmes sur leur support.
- **Vrille :** feuille transformée en spirale qui permet à une plante sarmenteuse de s'accrocher sur son support.

- **Xérophile :** qualifie un végétal qui apprécie les terrains secs.
- **Xérophyte :** nom donné à une plante qui croît dans les sols peu arrosés.
- **Xylème :** nom donné au tissu d'un végétal, conducteur de la sève. On parle également de bois.
- **Xylophage :** qualificatif attribué aux insectes qui se nourrissent du bois, tels que les termites, les scolytes, etc.
- **Zoné :** qualifie un organe végétal qui présente des bandes rectilignes ou circulaires bien délimitées.

847

LE DICTIONNAIRE DES MOTS BOTANIQUES

Le langage botanique utilise des termes, préfixes et suffixes, empruntés au latin ou au grec ancien. Ils ont une signification qui permet souvent d'avoir une idée précise sur certains aspects ou particularités de la plante. Nous vous proposons un bref dictionnaire des mots qui sont le plus couramment employés.

Acaulis : dépourvu de tige.
Acidus : acide.
Aculeatus : piquant, pointu.
Acuminatus : terminé en pointe fine.
Aestivalis : d'été.
Albus : blanc.
Alpestris : de la montagne.
Alpinus : des Alpes.
Alternifolius : à feuilles alternes.
Altus : élevé.
Amabilis : décoratif, agréable.
Amoenus : charmant, joli.
Angularis : anguleux.
Angustifolius : à feuilles étroites.
Annuus : annuel.
Aquaticus : aquatique.
Aquifolius : à feuilles pointues.
Arborescens : à forme arbustive.
Arboreus : en forme d'arbre.
Arenarius : vient du sable.
Argenteus : argenté.
Arvensis : des champs.
Atro- : préfixe signifiant foncé.
Aurantiacus : de couleur orange.
Aureus : doré.
Auriculatus : en forme d'oreille.
Australis : du Sud.
Autumnalis : de l'automne.
Avium : des oiseaux.
Azureus : bleu ciel.

Barbatus : avec une barbe.
Bellus : beau, élégant.
Blandus : plaisant, doux.
Brachy- : préfixe signifiant court.
Bracteatus : qui porte des bractées.

Caeruleus : de couleur bleue.
Caespitosus : qui pousse en touffe.

Calcareus : qui aime le calcaire.
Callianthus : à belles fleurs.
Campestris : des plaines.
Candicans : de couleur blanchâtre.
Candidus : de couleur blanc pur.
Canescens : blanchissant.
Caninus : des chiens.
Cardinalis : de couleur rouge écarlate.
Carneus : de couleur chair.
Caulescens : à tige développée.
Chloro- : préfixe signifiant vert.
Chryso- : préfixe signifiant or.
Cinereus : de couleur cendrée.
Coccineus : de couleur rouge cochenille.
Communis : commun, ordinaire.
Compactus : trapu.
Cordatus : en forme de cœur.

Crenatus : qui est bordé de crans.
Cristatus : en forme de crête.
Cyaneus : de couleur bleu foncé.

Dealbatus : blanchâtre.
Dentatus : qui possède des dents.
Digitatus : en forme de doigt.
Dulcis : doux.

Edulis : qui est comestible.
Elatus : grand, élevé.
Elegans : élégant.

Erectus : droit, érigé.
Erythro- : préfixe signifiant rouge.
Excelsus : élevé, haut.

Falcatus : en forme de faux.
Fasciatus : fascié, aplati.
Fastigiatus : érigé.
Flavus : de couleur jaune clair.
Flore pleno : à fleur pleine.
Floribundus : florifère.
Foetidus : qui a une odeur désagréable.
Fragrans : qui est parfumé.
Fructuosus : fertile, fructifère.
Frutescens ou fruticosus : buissonnant.
Fulgens : étincelant, brillant.

Gallicus : brillant.
Giganteus : géant, très grand.
Glabratus : sans poils, glabre.
Glaucus : de couleur vert bleuté.
Globosus : en forme de sphère.
Glutinosus : qui est visqueux.
Gracilis : fin, élancé, fragile.
Grandiflorus : à grandes fleurs.
Grandifolius : à grandes feuilles.
Graveolens : à odeur désagréable.
Griseus : de couleur grise.
Gymno- : préfixe signifiant qui est nu.

Helio- : préfixe signifiant soleil.
Helix : en forme de spirale.
Hiemalis : qui pousse en hiver.
Hispidus : qui possède des poils durs.
Hortensis : des jardins.
Humilis : peu élevé, bas.

Imbricatus : superposé.
Inermis : sans épines.
Insignis : célèbre, remarquable.

Le dictionnaire des mots botaniques

Laciniatus : découpé en fines lanières.
Lacteus : de couleur blanc laiteux.
Laevigatus : qui est lisse.
Lanatus : laineux.
Lanceolatus : en forme de lance.
Lati- : préfixe signifiant large.
Lineatus : avec des rayures, strié.
Litho- : préfixe signifiant pierre.
Lutescens : de couleur jaunâtre.
Luteus : de couleur jaune.

Macro- : préfixe signifiant grand.
Majalis : du mois de mai.
Major : très grand.
Majus : grand.
Maritimus : du bord de mer.
Maximus : très grand.
Mega- : préfixe signifiant grand.
Micro- : préfixe signifiant petit.
Minimus : très petit.
Minor : petit.
Mollis : qui est mou ou doux.
Multiflorus : à nombreuses fleurs.
Muralis : qui pousse sur les murs.

Nanus : qui est nain.
Natans : aquatique, qui flotte.
Niger : de couleur noire.
Nitidus : brillant.
Nivalis : qui pousse près de la neige.
Nobilis : noble.
Nutans : incliné, penché, courbé.

Ob- : préfixe signifiant retourné.
Obovatus : de forme ovale.
Obtusus : d'aspect anguleux.
Odoratus : parfumé.
Officinalis : médicinal.
Oppositifolius : à feuilles opposées.
Orbiculatus : de forme ronde.
Ovatus : de forme ovale.

Pachy- : préfixe signifiant épais.
Palmatus : en forme de main ou de palme.
Palustris : qui pousse dans les marais.
Parvi- : préfixe signifiant petit.
Peltatus : en forme de bouclier.

Pennatus : en forme d'aile.
Penta- : préfixe signifiant cinq.
Perennis : qui est vivace.
Platy- : préfixe signifiant large.
Poly- : préfixe signifiant nombreux.
Praecox : qui est précoce.
Pratensis : des prés, des prairies.
Pseudo- : préfixe signifiant faux.
Pubescens : duveteux, poilu.
Pumilus : petit, nain.
Pungens : piquant.
Purpureus : de couleur pourpre.

Racemosus : à fleurs en grappe.
Radicans : qui s'enracine.
Repens ou reptans : qui est rampant.
Reticulatus : réticulé.
Rhodo- : préfixe signifiant rose.
Rhytido- : préfixe signifiant plissé.
Rigidus : raide, rigide.
Robustus : vigoureux, robuste.
Roseus : de couleur rose.
Rotundi- : préfixe signifiant rond.
Rubens : de couleur rougeâtre.
Rugosus : ridé, rugueux.
Rupestris : qui pousse dans les rochers.

Saccharinus : comme de la canne à sucre.
Sagitifolius : à feuilles en forme de flèche.
Sanguineus : de couleur rouge sang.
Sarmentosus : sarmenteux.
Sativus : qui est cultivé.
Scandens : grimpant.
Semperflorens : toujours fleuri.
Sempervirens : toujours vert.
Sessilis : qui n'a pas de tige.
Speciosus : remarquable, très beau.
Spectabilis : spectaculaire.
Spin- : préfixe signifiant épine.
Splendens : brillant, splendide.
Stellatus : en forme d'étoile.
Striatus : strié, rayé.
Suaveolens : parfumé, odorant.
Sub- : préfixe signifiant sous.
Suffruticosus : qui a les caractères d'un sous-arbrisseau (presque arbustif).
Sylvaticus : des forêts, des bois.

Tenellus : délicat, mince, gracile.
Tenuis : fin, grêle, tenu.
Terminalis : en extrémité, terminal.
Tinctorius : pour la teinture.
Tomentosus : à poils longs et soyeux.

Tri- : préfixe signifiant à trois.
Triacanthus : à trois épines.

Umbellatus : en forme d'ombelles.
Uni- : préfixe signifiant à un.
Utilis : qui est utile.

Variabilis : qui est variable.
Variegatus : de couleur panachée.
Vernalis ou vernus : du printemps.
Violaceus : de couleur violette.
Virginalis : qui est vierge.
Viridiflorus : à fleurs vertes.
Vulgaris : commun, répandu, banal.

Xanthus : de couleur jaune.
Xero : qui est sec.

Zebrinus : zébré, à rayures.

LE NOM D'UNE PLANTE

Le nom complet d'une plante se compose du genre, de l'espèce, et parfois de la variété ou du cultivar comme : *Juniperus sabina* 'Tamariscifolia'. Le genre *Juniperus* s'écrit en italique avec une initiale en majuscule. L'espèce *sabina*, est en italique avec une initiale en minuscule. La variété ou le cultivar 'Tamariscifolia' s'écrit en caractères droits, entre guillemets anglais, avec une initiale en majuscule.

Index général

Les termes généraux (techniques, insectes et maladies, aménagement du jardin, familles de plantes, les différentes saisons de culture, etc.) sont **en gras**.
Les noms communs de plantes sont en romain, *leur dénomination botanique en italique.*

Abelia chinensis 382
Abelia x grandiflora 238
Abies balsamea 432
Abies concolor 416, 432
Abies koreana 416, 432
Abies lasiocarpa 432
Abies nordmanniana ... 416, 432
Abies pinsapo 416
Abies procera 432
Abies pumila 432
Abri (culture sous) 754-755
Abri de jardin 126-127
Abricotier 215, 651
Abutilon du Rio Grande ... 764
Abutilon x hybridum 488
Abutilon megapotamicum ... 764
Abutilon vitifolium 770
Acacia 488, 815
Acacia de Constantinople .. 489
Acalypha wilkesiana 706
Acanthe 334
Acanthopanax ricinifolius .. 428
Acanthus 334
Acarien 168, 170, 199
Acca sellowiana 494, 674
Accident physiologique 169, 687
Accrochage des bacs 559
Acer cappadocicum 478
Acer davidii 478
Acer griseum 478
Acer japonicum 392
Acer palmatum 392
Acer platanoides 406
Acer pseudoplatanus ... 406, 478, 809, 817
Acer rubrum 406
Acer saccharinum 406
Achillea 334, 809
Achillée 334, 809

Acidanthera 330
Acide phosphorique 89
Aconit d'hiver 370
Aconitum 300
Acore 276
Acorus 276
Actinidia chinensis 440, 662
Actinidia kolomikta 440
Actinidia melanandra 440
Adiantum 702
Adonide 372
Adonis amurensis 372
Adventice 100-101
Aechmea fasciata 732
Aegopodium 813
Aeonium arboreum 738
Aération ... 262, 683, 749, 752
Aeschynanthus 718
Aesculus x carnea 406
Aesculus hippocastanum ... 406
Aesculus parviflora 424
Aethionema 296
Aéthionème 296
Agapanthe 488
Agapanthus umbellatus ... 488
Agathaea coelestis 489
Agave 738
Ageratum 346, 504
Agrostide 257
Agrumes 672
Ail 583, 630
Ail d'ornement 310
Ailanthe 406, 817
Ailanthus altissima .. 406, 817
Ajonc 380
Ajuga reptans 334, 811, 813
Akebia quinata 440
Akébie 440
Alaterne 459
Albizia julibrissin 489, 780
Alcea 335
Alchemilla 462, 811
Alchémille 462, 811
Aleurode 170, 218
Algue 274
Alisier 415

Allamanda cathartica 758
Allée 108-111, 201
Allium aflatunense 310
Allium ascalonicum 580
Allium cepa 581
Allium cernuum 310
Allium cowanii 310
Allium fistulosum 620
Allium giganteum 310
Allium karataviense 310
Allium multibulbosum 310
Allium neapolitanum 310
Allium nigrum 310
Allium porrum 582
Allium sativum 583
Allium schoenoprasum 620
Alnus 407
Alocasia macrorrhiza 758
Aloe arborescens 738
Aloès 738
Alpinia purpurata 758
Alsophila australis 764
Alstroemeria 335
Alternariose 174
Althaea officinalis 626
Althaea rosea 335
Althéa 208, 384
Alyogyne huegelii 770
Alysse odorant 352
Alyssum 296, 809
Amandier 650
Amandier de Chine 379
Amaranthus caudatus 346
Amaryllis 222, 714
Amaryllis belladona ... 364, 714
Amaryllis pourpre 333
Amélanchier 424
Amendement 86-87
Ami du jardinier 104-105
Amourette 480
Ampelopsis brevipedunculata . 770
Ampelopsis veitchii 448
Analyse de terre ... 89, 195
Ananas bracteatus 'Striatus' . 732
Ananas comosus 732
Anchusa azurea 302

Ancolie 318, 504, 788
Ancolie des Alpes 300
Andromeda arborea 472
Andromède 401
Anemone blanda 310
Anémone bulbeuse 310
Anémone du Japon 367
Anemone hupehensis 367
Anémone pulsatille 304
Aneth 620
Anethum graveolens 620
Angelica archangelica 626
Angélique épineuse 462
Angélique officinale 626
Animal aquatique ... 286-287
Anisodontea hypomadenum .. 771
Annuelle 206, 346-359
Anthémis 208
Anthemis frutescens 489
Anthemis nobile 627
Anthracnose 174
Anthriscus cerefolium 620
Anthurium andreanum 716
Antirrhinum majus 346
Août 30-31
Aphelandra squarrosa 759
Apium graveolens 583
Aponogeton distachyus ... 281
Aporocactus flagelliformis . 734
Aquatique (plante) ... 276-285
Aquilegia alpina 300, 318
Aquilegia caerulea ... 300, 318
Aquilegia canadensis 318
Aquilegia flabellata 300
Aquilegia mackana 300
Aquilegia vulgaris 318
Arabis 504
Aralia 700
Aralia elata 462
Aralia élégant 699
Aralia Ming 701
Aralia spinosa 462
Aralia-lierre 700
Araucaria araucana 416
Araucaria exelsa 694
Araucaria imbricata 416

850

Index général

Arbousier 234
Arbre 210, 223
Arbre (d'intérieur) ... 694-697
Arbre (fruitier) 214-216, 642-661
Arbre (grand) 406-415
Arbre (petit) 424-431
Arbre à franges 425
Arbre à papillons 382, 817
Arbre à perruques 464, 817
Arbre au poivre 241
Arbre aux 1000 étoiles 743
Arbre aux 40 écus 410
Arbre aux cloches d'argent .. 427
Arbre aux faisans 389
Arbre aux mouchoirs 408
Arbre corail 494
Arbre de fer 472
Arbre de Judée 408
Arbre de soie 489, 780
Arbuste 208, 374-391
Arbutus unedo 234
Arctostaphylos uva-ursi ... 392
Ardisia crenata 764
Areca 694
Argousier 416
Argyranthemum frutescens ... 489
Arisaema 311
Ariséma 311
Aristoloche 440
Aristolochia 440
Armeria 302
Armoise 462, 626
Aromatique (plante) 212, 620-625
Aronia 393
Arroche des jardins 616
Arrosage 29, 96-99, 194, 197, 205, 217-220, 260, 570, 684, 755
Arroseur 98-99
Art paysager 48
Artemisia dracunculus 621
Artemisia lactiflora 463
Artemisia stelleriana 462
Artemisia vulgaris 626
Artichaut 213, 596, 630
Arum bananier 283, 796
Arum d'Éthiopie 333
Arundo donax 489
Asclepias 474
Asparagus officinalis 584
Asparagus plumosus 702
Asparagus setaceus 702
Asparagus 'Sprengeri' 724
Asperge 213, 584, 630
Aspidistra elatior 702
Asplenium 703
Aster alpinus 296, 318
Aster bleu du Cap 489
Aster d'automne 367, 809
Aster des Alpes 296
Aster natalense 296
Aster novae-angliae 367, 809

Aster novi-belgii 367, 809
Aster tongolensis 296, 318
Astilbe 282
Astrophytum 734
Athyrium 482
Atriplex 616
Aubépine 210, 426
Aubergine 213, 609, 630
Aubrieta deltoidea 297
Aubriète 297, 504
Aucuba du Japon 234
Aucuba japonica 234
Aulne 407
Auricule 301
Automne 79
Auxiliaire 104-105
Avocat 222
Avril 16-19
Azalée 393
Azalée d'intérieur 715
Azara 490
Azote 222

Bac à réserve d'eau 679
Bacopa 358
Bactérie 169
Baguenaudier 475
Bain d'oiseaux 269
Balcon 216-218, 517, 562-569
Balanin 184
Bambou 97, 484-485
Bambusa 484
Bananier d'Abyssinie 804
Bananier d'Éthiopie 804
Bananier nain 696
Barbarea verna 602
Barbecue 128
Basilic 217, 623
Bassin 198, 264-275
Bâton du diable 462
Batracien 287
Baumier 412
Beaucarnea recurvata 771
Bégonia Élatior 712
Begonia x *hiemalis* 'Elatior' . 712
Begonia x 'Immense' 759
Begonia pendula 326
Bégonia rex 706
Begonia x *rex* 'Cultorum' ... 706
Begonia semperflorens 347
Bégonia tubéreux . 326, 504, 811
Begonia x *tuberhybrida* . 326, 811
Belle-de-jour 349, 504
Belle-de-nuit 341, 504
Bellis perennis 324

Beloperone guttata 718
Benoîte 339
Béquillage 146
Berberis buxifolia 454
Berberis darwinii 376, 454
Berbéris de Darwin 376
Berberis x *stenophylla* 454
Berberis thunbergii 244
Berce géante 284
Bergenia cordifolia 372
Beschorneria yuccoides 490
Beta vulgaris 585
Betterave 585, 630
Betula ermanii 407
Betula nigra 407
Betula papyrifera 407, 478
Betula utilis 407
Bibacier 674
Bidens ferulifolia 347
Bignone du Chili 444
Bignone persistante 441
Bignonia capreolata 441
Binage 143
Biota orientalis 437
Bisannuelle (fleur) 325
Black-rot 174
Blanc (maladie du) 176
Bleuet des montagnes . 336, 809
Bleuet vivace 336, 809
Bocconia 467
Bonne-Dame 616
Bonnet-d'évêque 734
Bonsaï 218-219, 572-573, 742-743
Borago officinalis 627
Bordure 111, 262, 517
Bomarea caldasii 765
Botrytis 182
Bougainvillea 441
Bougainvillée 441
Boule-de-neige 381
Bouleau 407, 478
Bouleau à canots 478
Bouleau à papier 478
Bouquet 812
Bourrache 627
Bouturage 154-157, 216
Bouvardia ternifolia 771
Brachycome iberidifolia 347
Brachyglottis 500
Brahea 502
Brassaia actinophylla 696
Brassica oleracea 586
Brassica oleracea botrytis ... 589
Brassica oleracea caulorapa . 616
Brassica oleracea gemmifera .. 588
Brassica oleracea italica 588
Brassica rapa 590
Breynia 759
Brise-vent 123, 563, 567
Briza 480
Brocoli à jets 588
Brodiaea uniflora 312

Broméliacée 732-733
Brugmansia 493
Brunfelsia pauciflora calycina . 765
Brunnera macrophylla ... 319, 798
Bruyère 394, 397, 813
Bruyère de Saint-Daboec ... 396
Buddleia 382, 817
Bugle 334, 811, 813
Buglosse 302
Buis 209, 234
Buisson ardent 245, 817
Bulbe 205-206
Bulbe d'automne ... 364-366
Bulbe d'été 205, 326-333
Bulbe d'hiver 370-371
Bulbe de printemps .. 310-317
Bupreste 180
Busserole 392
Butia capitata 502
Butomus umbellatus 276
Buttage 146
Buxus sempervirens 234

Cactée 734-737
Cactus cornichon 734
Cactus de Noël 737
Cadran solaire 134
Caesalpinia 490
Caladium bicolor 706
Calamondin 772
Calathea 707
Calcéolaire 360, 712
Calceolaria herbeohybrida ... 712
Calceolaria integrifolia 360
Calceolaria rugosa 360
Calendrier de culture des fleurs 504-509
Calendrier de culture des légumes 630-633
Calendrier du jardin 6-45
Calendula officinalis 348
Calla 333
Calliandra haematocephala .. 760
Callicarpa 474
Callisia repens 724
Callistemon 491
Callistephus chinensis 348
Calluna vulgaris 394, 813
Callune 394
Calocedrus decurrens 417
Caltha 282
Calycanthe 383
Calycanthus floridus 383
Camaïeu 59
Camassia 326

851

Index général

Camassie 326
Cambria 731
Camélia 208, 394, 794, 811
Camellia . . . 208, 394, 794, 811
Camomille 627
Campagnol 177
Campanula carpatica 297
Campanula cochlearifolia . . 297
Campanula isophylla 712
Campanula medium 335
Campanula muralis 501
Campanula portenschlagiana . 501
Campanula poscharskyana . . 501
Campanule 297, 335, 504
Campsis 441
Canna 326
Canne-d'aveugle 704
Canne-de-Provence 489
Caoutchouc 220, 222, 695
Capillaire 702
Capricorne 180
Capsicum annuum . . . 590, 621
Capucine 359, 450, 504
Caragana arborescens 463
Cardiocrinum giganteum . . . 327
Cardon 617
Carex 276
Carotte 596, 630
Carpinus betulus 248, 407
Carpobrotus 491
Carpocapse 184
Caryopteris 388
Cascade 268
Cassia corymbosa 765
Cassia floribunda 765
Cassiope lycopodioides 396
Cassis 666
Castanea sativa 642
Catalpa bignonioides . . . 424, 817
Catalpa bungei 425
Catharanthus roseus 713
Cattléya 728
Céanothe 376, 383, 442
Ceanothus x delilianus 383
Ceanothus impressus 442
Ceanothus pallidus 383
Ceanothus thyrsiflorus 376
Cécidomye 184
Cèdre 417
Cèdre du Japon 242
Cedrus 417
Célastre grimpant 442
Celastrus scandens 442
Céleri 583, 630
Celosia argentea 348
Célosie 348, 504
Celtis 491
Centaurea montana . . . 336, 504, 809
Centaurée 336, 504, 809
Centranthus ruber 319
Céraiste 297

Cerastium 297
Ceratostigma 368
Cercidiphyllum japonicum . . . 425
Cercis siliquastrum 408
Cerfeuil 621
Cerfeuil tubéreux 616
Cerisier 214-215, 652
Cerisier à fleurs . . 412, 430, 472
Cerisier de Chine 479
Cestrum 492
Chaenomeles 238
Chaerophyllum bulbosum . . . 616
Chamaecereus silvestrii 734
Chamaecyparis lawsoniana . . 242, 418, 432
Chamaedorea elegans 703
Chamaemelum nobile 627
Chamaerops 502-503
Chamomilla recutita 627
Champêtre (jardin) 66
Champignon (maladie) . . . 169
Champignon de couche . . . 605
Champignon de Paris 605
Chancre 180
Chardon bleu 337
Charme blanc 407
Charme houblon 411
Charmille 248
Châtaignier 642
Chauffage 749, 753
Cheiranthus cheirii 324
Chélidoine 627
Chelidonium majus 627
Chêne 413
Chêne-liège 479
Chenille 170
Chèvrefeuille 385, 447, 815
Chicorée 591, 630
Chicorée sauvage 592
Chimonanthe odorant 390
Chimonanthus praecox 390
Chionanthus virginicus 425
Chionodoxa 370
Chlorophytum comosum 724
Choisya ternata . . . 239, 463, 815
Chou de Bruxelles 588, 630
Chou pommé 586, 630
Chou-fleur 589, 630
Chou-rave 616
Chrysalidocarpus lutescens . . . 694
Chrysanthème . . . 207, 772, 504
Chrysanthemum frutescens . . . 489
Chrysanthemum indicum . . . 772
Chrysanthemum maximum . . 336
Chrysanthemum tricolor 348
Chrysomèle 171
Ciboule 620
Ciboulette 620
Cichorium endivia 591
Cichorium intybus 592
Cimicifuga 368
Cinéraire 469, 715

Cissus antartica 698
Cissus discolor 698
Cissus rhombifolia 701
Ciste 492
Cistus x hybridus 492
Citrofortunella mitis 772
Citronnier 220, 672
Citrus aurantium 672, 815
Citrus grandis 673
Citrus limon 672
Citrus mitis 772
Citrus x paradisi 673
Citrus reticulata 673
Citrus sinensis 673
Cladrastis lutea 408
Clarkia elegans 349, 504
Clarkia grandiflora 351
Clarkia unguiculata 349, 504
Claustra 124
Cleistocactus straussii 735
Clematis 475
Clematis flammula 474
Clematis integrifolia 475
Clematis lanuginosa 442
Clematis montana 442
Clematis tangutica 443, 475
Clématite 211, 442, 474
Cléome 349
Cleome spinosa 349
Clérodendron 718
Clerodendrum bungei 388
Clerodendrum thomsoniae . . . 718
Clerodendrum trichotomum . . 388
Clethra 470
Clianthus formosus 766
Climat 80-81, 222-223
Clivia miniata 719
Cloque 175, 216
Clôture 122-123, 516
Cobea scandens 443
Cobée grimpante 443, 504
Coccinelle 105, 199
Coccoloba uvifera 766
Cochenille 171
Cochlearia rusticana 622
Codiaeum variegatum 707
Cœur-de-Marie 320
Cognassier 215, 643
Cognassier du Japon 238
Colchicum autumnale 364
Colchique 364
Coléus 463
Coleus 463
Columnea microphylla 725
Colutea arborescens 475
Composition du jardin . 52-56
Compost 33, 196-197
Compostage 147
Concombre 594, 630
**Condimentaire
(plante)** 620-625
Conifère 210-211, 416-423

Conifère (nain) 432-437
**Conservation (des fruits
et légumes)** 167
Consoude 558
Contemporain (jardin) 61
Contenant 679
Conteneur 165
Contraste 59
Convallaria majalis 319
Convolvulus cneorum 492
Convolvulus mauritanicus . . . 492
Convolvulus minor 349
Convolvulus sabatius 492
Convolvulus tricolor 349
Copalme d'Amérique . 410, 809
Coprin chevelu 605
Coprinus comatus 605
Coquelourde 341
Coqueret du Pérou 476
Corbeille-d'argent 297, 321
Corbeille-d'or 296, 809
Cordyline australis 493
Cordyline fruticosa 698
Coreopsis 336
Corète du Japon 240
Coriandre 622
Coriandrum sativum 622
Corne-d'élan 726
Cornichon 594, 630
Cornouiller 376, 390, 425, 464, 470, 478, 817
Cornus alba 464, 478, 817
Cornus florida 425, 470
Cornus kousa 376, 470
Cornus kousa chinensis 376
Cornus mas 390
Cornus nuttallii 470
Cornus sanguinea 470
Coronilla 377
Coronille 377
Cortaderia 480
Corydale 301, 319, 811
Corydalis cashmeriana . . 301, 811
Corydalis cheilanthifolia . . . 301, 319, 811
Corydalis lutea 319, 811
Corydalis wilsonii 319, 811
Corylopsis 390
Corylopsis pauciflora 391
Corylopsis sinensis 391
Corylus avellana 642, 809
Corylus maxima 248
Cosmos bipinnatus 350, 504
Cosmos sulphureus 350, 504
Costus speciosus 760
Cotinus coggygria 464, 817
Cotinus obovatus 426
Cotoneaster franchetii 454
Cotoneaster horizontalis 464
Cotoneaster lacteus 235, 454
Cotoneaster microphyllus 235, 454
Cotyledon arborescens 739

Index général

Couleur 56-59
Courgette 595, 630
Courtilière 177
Cousin 179
Coussin-de-belle-mère 735
Couvre-sol 813
Crambé 617
Crambe maritima 617
Crassula arborescens 739
Crataegus laevigata 426
Crataegus monogyna 426
Cresson 602
Cresson alénois 602, 618
Cresson de Para 602
Cresson de terre 602
Crinodendron hookerianum . . 426
Crinole 327
Crinum x *powellii* 327
Criocère 181
Crocosmia x *crocosmiiflora* . . . 327
Crocosmia masonorum 327
Crocus chrysanthus 370
Crocus d'automne 364
Crocus sativus 364, 622
Crocus speciosus 364
Crocus vernus 370
Crosne 619
Croton 707
Cryophytum cristallinum 618
Cryptomeria japonica . . 242, 433
Cucumis melo 593
Cucumis sativus 594
Cucurbita maxima 594, 617, 802
Cucurbita pepo 595
Cumin 622
Cuminum cyminum 622
Cuphea ignea 772
Cupressocyparis x *leylandii* . 243, 817
Cupressus arizonica . . 243, 418, 790
Cupressus macrocarpa 419
Cupressus sempervirens 419
Cycas revoluta 773
Cyclamen coum 365
Cyclamen d'Europe 365
Cyclamen des fleuristes 713
Cyclamen europaeum 365
Cyclamen hederifolium 365
Cyclamen persicum 713
Cycle naturel 78-79
Cydonia oblonga 643
Cymbidium 728
Cynara cardunculus 617
Cynara scolymus 596
Cyperus 703
Cyprès 418
Cyprès chauve 423
Cyprès de l'Arizona . . . 243, 790
Cyprès de Lawson 242
Cyprès de Leyland . . . 243, 817
Cyrtanthus 333

Cytise 428
Cytisus x *praecox* 246
Cytisus scoparius 377

Daboecia cantabrica 396
Dahlia 328, 504
Dallage 34, 112-115, 200-201
Daphné 301
Daphne 301
Darmera peltata 465
Dattier 807
Datura 495
Daucus carota 596
Davallia 725
Davidia involucrata 408
Débroussaillage 147
Décapage (du sol) 143
Décembre 44-45
Delphinium 337, 504
Dendrobium 728
Dentelaire 368
Dentelaire du Cap 498
Désespoir des peintres 813
Désespoir des singes 416
Désherbage 102-103, 263
Désherbant 103, 198-199
Desmodium penduliflorum . . 388
Dessiner le jardin 48-52
Détente au jardin 128-129
Deutzia 377, 809
Dianthus alpinus 298
Dianthus arenarius 298
Dianthus barbatus 350
Dianthus chinensis 350
Dianthus deltoides 298
Dianthus gratianopolitanus . . 298
Dianthus plumarius 337
Dianthus sinensis 350
Diascia vigilis 350
Dicentra spectabilis 320
Dichorisandra thyrsiflora 760
Dicksonia antartica 806
Dicksonia squarrosa 766
Dictionnaire des mots botaniques 848-849
Dictionnaire du jardin 832-847
Dieffenbachia picta 699
Dielytra spectabilis 320
Digitale 320
Digitalis 320
Digitalis x *mertonensis* 320
Dimorphotéca 497, 504
Dionaea muscipula 744
Diospyros kaki 643

Dipladenia sanderi 713
Dipteracanthus devosianus . . 763
Division 11, 31, 163
Dizygotheca 699
Dolichos labbab 443
Dolique d'Égypte 443
Dormeuse 708
Doronic 320, 809
Doronicum 320, 809
Dorycnium hirsutum 389
Doryphore 171
Double-bêchage 140
Doxantha capreolata 441
Dracaena fragrans 699
Dracaena marginata 694
Dragonnier 699
Drainage 37, 201, 681
Drimys lanceolata 455
Drimys winteri 454
Drosera venusta 744
Dryopteris 482
Duchesnea 475, 813

Eau . . 94-95, 265-266, 685, 755
Ébourgeonnement 145
Éboutonnage 21, 145
Éccrémocarpe grimpant 444
Eccremocarpus scaber 444
Échalote 580
Echeveria derenbergii 739
Echinacea purpurea 368
Échinacée pourpre 368
Echinocactus grusonii 735
Echinops 337
Echium 493
Éclairage . . . 131, 200-201, 269, 682, 749, 753
Éclaircissage 21
Éclatement des fruits 185
Écologie du jardin 76
Écorce de pin 681
Écorce décorative . . . 478-479
Edelweiss 303
Eichhornia crassipes 278
Elaeagnus 235, 248, 455
Élagage 41, 151
Éléagnus 235, 248, 455
Ellipse 134
Elsholtzia stauntonii 389
Embothrium coccineum 427
Embrun 810
Émoussage 145
Encephalartos transvenosus . . 766
Endive 592, 630
Endymion non-scriptus 311

Engrais . . 90-93, 195-196, 199, 221, 686
Enkianthus campanulatus . . . 396
Ennemi des feuilles . . 170-175
Ennemi des fruits . . . 184-187
Ennemi des racines . . 177-179
Ennemi des tiges 180-183
Ennemi du jardin 168-169
Ensete ventricosum 804
Entretien (balcon) . . . 568-571
Entretien (plantes d'intérieur) 688
Éphémère de Virginie 345
Épi d'argent 368
Épiaire 345
Épicéa 420
Épicéa nain 435
Épierrage 143
Epimedium 465, 813
Épinard 612, 630
Épine du Christ 739
Epipremnum pinnatum 726
Episcia 761
Equisetum 276
Érable 209, 392, 406, 478, 809, 817
Érable du Japon 392
Érable japonais 392
Eranthis hyemalis 370
Eremurus 328
Erica 397
Erigeron 302, 338, 809
Eriobotrya japonica . . . 455, 674
Eruca sativa 618
Eryngium 303
Erythea armata 502
Erythrina 494
Érythrine crête-de-coq 494
Érythrone 311
Erythronium dens-canis 311
Escalier 118-119
Escallonia 239
Escargot 172
Eschscholzia 351, 504
Estragon 621
Été 78
Étoile de Bethléem 712
Étoile du printemps 312
Eucalyptus 408, 817
Eucomis bicolor 329, 773
Eucomis du Cap 329, 773
Eucryphia 427
Eulalie 481
Euonymus 235, 475, 633
Euphorbe 321
Euphorbia amygdaloides . . . 321
Euphorbia milii 739
Euphorbia pulcherrima 716
Euryops 468
Exacum affine 714
Exochorda 378
Exposition . . 682-683, 810-811

Index général

Fagus sylvatica 249, 409
Fatshedera lizei 700
Fatsia japonica 700
Faune aquatique 286-287
Faux acacia 413, 817
Faux cyprès 418, 432
Faux fraisier 475, 813
Faux mélèze 421
Faux poivrier 499
Feijoa sellowiana 494, 674
Felicia amelloides 488
Fenêtre fleurie 558-561
Fenouil 465, 598, 630
Ferocactus acanthodes 735
Fertilisation 261, 570
Festuca 480
Fétuque bleue 480
Fétuque élevée 257
Fétuque ovine 257
Fétuque rouge 256
Feu bactérien 181
Feuillage coloré 706-709
Feuillage d'automne .. 470-473
Feuillage décoratif ... 462-469
Fève 614, 630
Février d'Amérique 410
Février 10-11
Ficoïde 353, 504
Ficus bengalensis 742
Ficus benjamina 695
Ficus buxifolia 742
Ficus carica 644
Ficus deltoidea 700
Ficus diversifolia 700
Ficus elastica 695
Ficus lyrata 695
Ficus neriifolia 742
Ficus nitida 742
Ficus pumila 725
Ficus religiosa 742
Ficus retusa 742
Figuier 644, 742
Figuier d'intérieur 700
Figuier de Barbarie 674
Figuier lyre 695
Figuier nain 725
Figuier pleureur 695
Filaria 458
Filtration 274
Fittonia verschaffeltii 706
Flammule 474
Fléole 257
Flétrissement 181
Fleur .. 206-208, 218, 308-373
Fleur comestible 814

Fleur d'intérieur 710-721
Fleur de porcelaine 719
Fleur des elfes 465, 813
Fleur saisonnière 360-363
Floraison 197, 205-206
Foeniculum dulce 598
Foeniculum vulgare 465, 598
Fongicide 191
Fontaine 131, 269
Fonte 182
Forme fruitière 637
Forsythia 378, 809
Fortunella japonica 674, 773
Fortunella margarita 773
Fothergilla 471
Fougère arborescente .. 766, 806
Fougère d'Allemagne .. 482, 811
Fougère de Boston 726
Fougère en arbre
d'Australie 764
Fougère femelle 482
Fougère mâle 482
Fougère royale 483, 795
Fragaria indica 475
Fragaria vesca 663
Fragon 460
Fraisage 143
Fraisier 216, 663
Framboisier 666
Frangipanier 768
Fraxinus excelsior 409
Freesia 329
Frelon 185
Frémontia 444
Fremontodendron 444
Frêne commun 409
Fritillaire 312
Fritillaria 312
Fruit 565, 634-675
Fruit (petit) 662-671
Fruit décoratif 474-477
Fruit exotique 672-675
Fuchsia hybride 208, 360
Fuchsia x hybridum 360
Fuchsia magellanica 239
Fumagine 176
Fumeterre 301, 319, 811
Fusain 235, 470, 475
Fusain d'Europe 475
Fusain du Japon 235

Gaillarde 338, 506
Gaillardia x grandiflora 338
Galanthus 371
Galtonia candicans 329

Gardenia jasminoides 716
Garrya elliptica 391
Gasteria carinata 740
Gaulnettya 398
Gaulnettya wisleyensis 398
Gaultheria 398
Gazania splendens 351, 506
Gazon (composition) 202-203, 256-257
Gazon (maladies) 261
Gazon (entretien) 22, 202-203, 260-261
Gazon d'Espagne 302
Gazon du Midi 254
Gazon turc 299
Genêt 246, 377, 386
Genêt à balais 377
Genêt d'Espagne 386
Genévrier 434, 813
Gentiana 303
Gentiane 303
Geranium 338, 811, 813
Géranium rosat 773
Géranium vivace 218, 338, 811, 813
Géranium zonale 363, 506
Géranium-lierre 362, 506
Gerbera 506
Germandrée 460
Geum 339
Gingembre 758, 760
Ginkgo biloba 410
Giroflée 324, 352, 506
Glaciale 618
Gladiolus 330
Glaïeul 206, 330
Glaïeul écarlate 366
Gletditsia triacanthos 410
Gloriosa rotschildiana 714
Gloxinia 717
Glycine 211, 451
Godetia 351, 506
Gomme 182
Goyavier du Brésil 494
Graminée 480-481
Grassette à grandes fleurs ... 745
Greffage 158-161
Grenadier 675
Grevillea 495
Griffage 141
Griselinia 456
Griffe de sorcière 491
Grillage 123
Groseillier ... 241, 664-665, 803
Gué 111, 269
Guêpe 185
Gui 210
Gunnéra 284
Gunnera 284
Guzmania 732
Gymnocalycium 736
Gynerium argenteum 480

Gypsophila 339
Gypsophile 339

Haemanthus multiflorus 767
Haie 201-202, 226-249
Haie de roses 534-535
Halesia 427
Hamac 129
Hamamelis x intermedia ... 471
Hamamelis mollis 391, 815
Hanneton 179
Haricot 212-213, 602, 630
Haricot d'Espagne 506, 603
Haworthia 740
Hebe andersonii 456
Hebe armstrongi 383, 456
Hebe cupressoides 456
Hebe ochracea 383
Hedera 444
Hedychium 495
Heimerliodendron 708
Hélénie 369
Helenium 369
Hélianthème 298
Helianthemum 298
Helianthus atrorubens 369
Helianthus decapetalus ... 369
Helianthus maximillianii .. 369
Helianthus salicifolius 369
Helianthus tuberosus 618
Helichrysum 466
Heliconia 761
Heliopsis helianthoides 339
Héliotrope 360, 815
Heliotropium 360, 815
Hellébore 372
Helleborus 372
Hémérocalle 341, 809
Hemerocallis 341, 809
Heracleum 284
Herbe (mauvaise) 100-101
Herbe-aux-chats 343
Herbe-aux-goutteux 813
Herbe-aux-perruches 474
Herbe-de-la-pampa 480
Herbe ornementale .. 480-481
Herbicide 103
Hérisson 104
Hêtre blanc 409
Hêtre commun 249
Heuchera 341
Heuchère 341
Hibiscus x Rosa sinensis ... 716
Hibiscus syriacus 384
Hier, aujourd'hui, demain . 765

854

Index général

Hippeastrum vittatum 714
Hippocrepis emerus 377
Hippophae rhamnoides 244
Hippuris vulgaris ... 280, 797
Histoire de la rose .. 512-513
Hiver 79
Hivernage 571
Hoffmania refulgens 761
Holboellia 445
Hoplocampe 185
Hortensia 209, 239
Hortensia liane 445
Hosta 466, 811
Houblon 445
Houttuynia cordata 282
Houx commun 236, 456
Howeia 696
Hoya carnosa 719
Humulus 445
Hyacinthoides 311
Hyacinthus 312, 815
Hybride F1 153
Hydrangea macrophylla . 239, 399
Hydrangea paniculata 399
Hydrangea petiolaris 445
Hydrangea quercifolia 399
Hydrangea sargentiana 799
Hydrangea scandens 445
Hydrangea serrata 399
Hydroculture 685
Hygrométrie ... 682, 684, 749
Hymenocallis caribaea 762
Hypericum 384, 813
Hypoestes 708
Hysope 632
Hyssopus officinalis 632

J

Iberis 321
Idées jardin 776-807
If commun 243
Ilex aquifolium 236, 456
Impatience 361, 506, 811
Impatience de Nouvelle-
Guinée 717
Impatiens hawkeri 717
Impatiens x *hybridum* . 361, 811
Incarvillea 321
Incarvillée 321
Indigofera dosua 384
Indigotier 384
Insecte 168, 200, 286
Insecticide 191, 199
Ipheion uniflorum 312
Ipomaea coccinea 446
Ipomaea hederacea 446

Ipomaea tricolor 446
Ipomaea versicolor 448
Ipomée 446, 506
Iris 207, 277-278, 313, 322, 371
Iris barbata-media 322
Iris x *barbata-nana* 322
Iris bulbeux 371
Iris d'eau 278
Iris danfordiae 371
Iris de Hollande 313
Iris des marais 278
Iris ensata 277, 322
Iris germanica 322
Iris hollandica 313
Iris japonais 277
Iris kaempferi 277, 322
Iris laevigata 278
Iris lilliput 322
Iris pseudacorus 278, 322
Iris pumila 322
Iris reticulata 371
Iris sibirica 322
Iris spuria 322
Ismène 762
Isoloma amabile 762
Ixia 330

J K

Jacaranda mimosifolia 495
Jacinthe 312, 815
Jacinthe à grappes 313
Jacinthe d'eau 278
Jacinthe des bois 311
Jacinthe du Cap 329
Jacobinia carnea 767
Janvier 8-9
Jardin champêtre 66
Jardin contemporain 61
Jardin d'entretien facile ... 72
Jardin de ville 62, 223
Jardin de week-end 64
Jardin évasion 74
Jardin exotique 61, 74
Jardin naturel 68
Jardin structuré 70
Jardinière (confection) . 569
Jasmin 446, 815
Jasmin de Madagascar 721
Jasmin de Virginie 441
Jasmin étoilé 450
Jasminum crispum 450
Jasminum mesnyi 446
Jasminum nudiflorum 446
Jasminum officinale .. 446, 815
Jasminum polyanthum 446
Jasminum primulinum 446

Jauge 145
Jeu d'eau 269
Jeu de jardin 139
Jonc fleuri 276
Jonquille 314, 786
Joubarbe 299
Juglans regia 645
Juillet 28-29
Juin 24-27
Jujubier 675
Julienne de Mahon 353
Juniperus 434, 813
Jussieua grandiflora 280
Justicia carnea 767
Kaki 643
Kalanchoe blossfeldiana ... 740
Kalmia 399
Kalopanax pictus 428
Kentia 696
Kerria japonica 240
Kiosque 126
Kiwi 215, 662
Kiwi d'ornement 440
Kniphofia galpinii 340
Kochia scoparia trichophylla .. 361
Koelreuteria paniculata ... 428
Kohleria amabilis 762
Kolkwitzia amabilis 378
Kumquat 674, 773

L

Labour 140
Laburnum 428
Lactuca 598
Lagerstroemia indica 496
Laîche 276
Laitue 213, 598, 630
Lamier 466, 811, 813
Lamiastrum 811, 813
Lamium maculata 466, 811
Langage des plantes 687
Langue-de-belle-mère 702
Langue-de-bœuf 483
Langue-de-cerf 483
Lantana camara 361, 787
Lapageria rosea 774
Lapin 182, 200
Larix 419
Lathyrus 446
Laurier d'Apollon 236
Laurier-cerise 237
Laurier-rose 497
Laurier-sauce 236, 623
Laurier-tin 461
Laurus nobilis 236, 623
Lavande 210, 246, 385, 782, 815

Lavandula angustifolia 385
Lavandula latifolia 385
Lavandula stoechas 782
Lavandula vera 246, 815
Lavatera arborea 385
Lavatera olbia 385
Lavatera thuringiaca . 385, 817
Lavatera trimestris 352
Lavatère 352, 385, 506, 817
Législation 125
Légume 212-213, 574-619
Légume ancien 616-619
Légume grimpant 577
Lentinus edodes 605
Leontopodium alpinum 303
Lepidium sativum 602, 618
Lepista nuda 605
Leptospermum scoparium 457
Lérot 186
Lespedeza thunbergii 388
Leucanthemum maximum .. 336
Leucanthemum vulgare 809
Leucojum 313
Leucothoe 400
Leycesteria formosa 389
Liatris 341
Libocèdre 417
Lichen 183
Licuala grandis 762
Lierre commun 444
Lierre du diable 726
Ligulaire 284
Ligularia 284-285
Ligustrum japonicum 236
Ligustrum lucidum 429
Ligustrum ovalifolium 236
Lilas 210, 380, 809, 815
Lilas des Indes 496
Lilium 331, 815
Limace 172
Lippia triphylla 628
Liquidambar styraciflua 410, 809
Liriodendron tulipifera ... 411
Lis 206
Lis ananas 773
Lis belladone 364
Lis de la Madone 331, 815
Lis de Saint-Jacques 775
Lis des Incas 335
Lis géant 327
Lis queue-de-renard 328
Liseron de Mauritanie 492
Liseron écarlate 446
Lithops lesliei 741
Lobelia erinus 352
Lobivia tiegeliana 736
Lobularia maritima 352
Loir 186
Lonicera caprifolium 815
Lonicera x *heckrottii* ... 447
Lonicera henryi 447
Lonicera japonica 447

855

Index général

Lonicera nitida 246, 817	Massue d'Hercule 462	Myosotis du Caucase 318, 506, 798	Œillet de poète 350, 506
Lonicera periclymenum 447	**Matériel et équipement** 194-195	*Myosotis palustris* 279	Œillet-marguerite 508
Lonicera tatarica 385	*Matricaria nobile* 627	*Myosotis scorpioides* 279	Œillet mignardise 508
Loquat 674	*Matteucia* 482-483, 811	*Myosotis sylvatica* 325	*Oenothera* 304
Lotier 496	*Matthiola annua* 353	*Myosotis alpestris* 324	Œnothère 304
Lotus 496	Mauve en arbre 385	Myrte 240, 496	Œnothère aquatique 280
Ludwigia corallina 280	*Medinilla magnifica* 720	Myrtille 403	**Oïdium** 176, 200
Luma apiculata 240	Mélèze 419	*Myrtus communis* 240	Oignon 581, 632
Lumière 682	*Melia azedarach* 429	*Myrtus luma* 240	**Oiseau** 105, 229, 287
Lunaria 476	*Melissa officinalis* 628		Oiseau de paradis 490, 501
Lupin 322, 506	Mélisse 628		*Olea europaea* 497, 805
Lupinus polyphyllus 322	Melon 213, 593, 632		*Olearia* 237
Lustrant 689	*Mentha* 623		**Oligo-élément** 89
Lycaste 729	Menthe 623		Olivier 497, 805
Lychnis 341	*Menyanthes trifoliata* 279		Olivier de Bohême 248
Lychnis x haagena 341	*Menziesia taxifolia* 401		**Ombrage** .. 145, 749, 753, 811
Lycopersicon esculentum 600	*Mesembryanthemum* 353, 491, 618		*Oncidium kramerianum* 730
Lysichitum 283, 796	*Mespilus germanica* 650		*Onopordon* 467
Lysimachia 467, 813	*Metasequoia glyptostroboides* . 419	*Nandina domestica* 457	*Onopordum* 467
Lysimaque 467, 813	**Météo** 80	Narcisse 314, 786	*Opuntia ficus-indica* 674
Lythrum 285	*Metrosideros carminea* 496	*Narcissus* 314, 786	*Opuntia microdasys* 737
	Micocoulier de Provence ... 491	*Nasturtium officinale* 602	**Opus** 114
	Micocoulier de Virginie 491	Navet 590, 632	Oranger 673
	Microbiota decussata 435	Néflier 660	Oranger bigaradier 672, 815
	Mildiou 175	Néflier du Japon 455, 674	Oranger du Mexique ... 239, 463, 815
	Millepertuis 384, 813	**Nématode** 177	
	Miltonia 729	*Nemesia caerulea* 783	**Orchidée** 220, 728-731
Mâche 614, 630	*Miltoniopsis* 729	*Nemesia strumosa* 506, 682	Oreille-d'éléphant 758
Macleaya 467	Mimosa 488, 815	Nénuphar hybride 280	Oreille-d'ours 469
Magnolia 209, 400	*Mimosa pudica* 704	Nénuphar jaune 279	Origan 624
Mahonia 457	*Mimulus cupreus* 354	*Neoregelia carolinae* 733	*Origanum* 624
Mai 20-23	*Mina lobata* 448	*Nepenthes x coccinea* 745	Orme 415
Maïs multicolore 506	**Mineuse** 172	*Nepeta* 342	Orme de Chine 743
Maïs sucré 615, 632	*Mirabilis jalapa* 341	*Nephrolepis exaltata* 726	Orme de Sibérie 415
Maladie criblée 186	*Miscanthus* 481	*Nerine bowdenii* 365	Ornithogale 315
Maladie des fruits ... 184-187	Misère 727	*Nerium oleander* 497	*Ornithogalum* 315
Maladie des racines ... 177-179	**Mobilier de jardin** ... 129, 200	**Nettoyage** 142, 688-689	Orpin 369, 741
Maladie des taches noires . 175	Molène 469	**Nichoir** 104	Oseille 608
Maladie des tiges ... 180-183	*Monarda didyma* 342	*Nicotiana* 354, 800	*Osmanthus* 237
Maladie sur balcon 570	Monarde 342	Nid-d'oiseau 703	*Osmunda regalis* 483, 795
Malcolmia maritima 353	**Moniliose** 186	*Nigella* 355	*Osteospermum* 497
Malus x 429	Monnaie-du-pape 476	Nigelle de Damas 355	*Ostrya carpinifolia* 411
Malus pumila 646	*Monstera deliciosa* 696	Nivéole 313	**Otiorhynque** 172, 209
Malvaviscus arboreus 767	Montbrétia 327	**Noctuelle** 183	**Outil** 141, 143, 148, 263
Mammilaire 736	*Morus* 411	Noisetier 248, 642, 809	*Oxalis deppei* 332
Mammillaria zeilmanniana . 736	**Mosaïculture** 137	*Notholirion thomsonianum* .. 315	*Oxydendron arboreum* 472
Mandarinier 673	**Mouche des fruits** 187	*Notocactus magnificus* 736	
Mandevilla 447	**Mousse** 183	**Novembre** 40-43	
Manettia 447	Muflier 346, 506	Noyer 645	
Maranta leuconeura 708	Muguet 319	**N.P.K.** 686	
Marcottage 162	Muguet en arbre 403	*Nuphar* 279	
Margousier 429	Mûre 668, 801	*Nymphaea* 280	
Marguerite 336, 809	**Muret** 116-117	*Nyssa* 471	
Marjolaine 624	Mûrier 411	**Obtenteur de rose** 513	*Pachypodium* 741
Marronnier 406	Mûrier des haies 245	*Ocimum basilicum* ... 217, 623	*Pachysandra terminalis* 468, 811, 813
Mars 12-15	**Octobre** 36-39		
Marsonia 175	*Murraya paniculata* 742	Odonto 730	*Pachystachys lutea* 720
Masdevallia caudata 729	*Musa velutina* 696	*Odontoglossum* 730	*Paeonia* 322-323
Massif 132-137	*Muscari armeniacum* 313	Œil-de-paon 332	**Paillage** 102
Massif surélevé 117	*Mussaenda erythrophylla* ... 763	Œillet 298, 337, 506	**Palissage** 27, 147, 570, 690
	Myosotis aquatique 279	Œillet d'Inde 358, 506	Palmier 209
	Myosotis des Alpes 324	Œillet de Chine 350, 506	

Index général

Palmier à chanvres 503, 781	*Peperomia* 704	Pincement 197, 144, 689	Plante verte 219
Palmier bleu 502	Perce-neige 371	*Pinguicula grandiflora* 743	**Plante verte (grande)** . 698-701
Palmier dattier 503	*Pereskia aculeata* 737	*Pinus bungeana* 420	**Plante verte (petite)** .. 702-705
Palmier de Chine 503	**Pergola** 120-121, 516	*Pinus cembra* 420	Plante zèbre 759
Palmier éventail 762	*Pernettya mucronata* 401	*Pinus densiflora* 436	Platane 412
Palmier jupon 503	*Perovskia atriplicifolia* 386	*Pinus eldarica* 498	*Platanus* x *acerifolia* 412
Palmier nain 502, 703	*Persicaria* 813	*Pinus griffithii* 421	**Plate-bande** 132-133
Palmier vinaigre 502	Persil 214, 624, 632	*Pinus halepensis* 420, 498	*Platycerium bifurcatum* 726
Pamplemoussier 673	**Persistant** 208, 454-461	*Pinus leucodermis* ... 420, 436	*Platycodon grandiflorum* ... 342
Panais 619	Pervenche de Madagascar .. 713	*Pinus mugo* 436	Plectranthe 705, 774
Pandorea 448	*Petasites* 468	*Pinus nigra* 420	*Plectranthus australis* 774
Panicaut 303	Petit cyprès 791	*Pinus nigra laricio* 421	*Plectranthus fruticosus* 705
Papaver alpinum 304	**Petit fruit** 662-671	*Pinus pinea* 498	*Plectranthus nummularius* ... 774
Papaver burserii 304	Petite massette 277	*Pinus pumila* 436	*Pleioblastus* 484-485
Papaver nudicaule 304	Petite pervenche . 461, 811, 813	*Pinus radiata* 421	*Pleione formosana* 365
Papaver orientale 323	*Petroselinum crispum* 624	*Pinus strobus* 421, 436	Pleurote 605
Paphiopedilum 730	Pétunia 218, 355, 508	*Pinus sylvestris* 421, 436	*Pleurotus ostreatus* 605
Papillon 223, 814	*Petunia* x *hybrida* 355	*Pinus wallichiana* 421	**Plombage** 143
Papyrus 703	Pétunia retombant 357	**Piochage** 141	*Plumbago* 498
Pâquerette 324, 508	Peuplier 412	**Piscine** 271	Plume du Kansas 341
Parasol 129	*Phalaenopsis* 730	*Pisonia umbellifera* 708	*Plumeria alba* 778
Parfum 815	Phalangère 724	Pissenlit 612, 632	*Podocarpus* 421
Parrotia persica 472	*Phaseolus* 602	*Pisum sativum* 604	*Poinciana gilliesii* 490
Parrotie de Perse 472	*Philadelphus* x *coronarius* ... 379, 778, 815	**Pivoine** 207	Poinsettia 716
Parthenocissus 448	*Phillyrea* 458	*Pittosporum* 240, 459	Poireau 582, 632
Pas japonais 111	*Philodendron* 221, 696, 701	Pivoine de Chine 322	Poirée 585, 632
Passiflora caerulea 449, 721	*Philodendron selloum* 701	Pivoine en arbre 323	Poirier 214, 658-661
Passiflora coccinea 721	*Phlomis* 458	**Plan de jardin** 50-51	Poirier d'ornement 430
Passiflora edulis 449, 675	*Phlox carolina* 343	**Plantation** ... 43, 164-165, 197	Pois 604, 632
Passiflora quadrangularis 675, 720	Phlox de Drummond 355	**Plantation (arbre fruitier)** . 639	Pois de senteur 446, 508
Passiflora recemosa 449	*Phlox douglasii* 299	**Plantation (bulbe)** 38	Pois glorieux 766
Passiflora vitifolia 721	*Phlox drummondii* 355	**Plantation (dahlia)** 17	**Poisson** 287
Passiflore 449, 675, 720-721	*Phlox maculata* 343	**Plantation (haie)** 201-202, 233	Poivron 590
Pastèque 632	*Phlox paniculata* 343	**Plantation (nénuphar)** 25	*Polianthes tuberosa* 366
Pastinaca sativa 619	*Phlox stolonifera* 299	**Plantation**	**Pollution** 810
Patte-de-lapin 725	*Phlox subulata* 298	**(plante aquatique)** 275	*Polygala myrtifolia* 498
Pâturin des prés 257	*Phoenix* 503, 807	**Plante (morphologie)** 79	*Polygonum affine* 343, 813
Paulownia tomentosa .. 412, 817	*Phormium* 458	**Plante à croissance rapide** .. 817	*Polygonum aubertii* 449
Pavé 115	*Photinia* 459, 779	Plante caillou 741	*Polygonum baldschuanicum* ... 449
Pavier blanc 424	*Phyllitis scolopendrium* 483	Plante caméléon 282	Polypode commun 483
Pavonia multiflora 768	*Phyllodoce* 401	**Plante carnivore** 744-745	*Polypodium vulgare* 483
Pavot d'Islande 304	*Phyllostachys* 484	Plante cigarette 772	*Polyscias fruticosa* 701
Pavot d'Orient 323, 508	*Physalis alkekengi* 476	Plante corail 499	Pomélo 673
Pavot de Californie ... 351, 508	*Physocarpus* 468	Plante crevette 718	Pomme de terre 610, 632
Paysagiste 51	*Phytolacca* 476	**Plante d'intérieur** 692-745	Pommier 214, 646-649
Pêcher 656	*Phytophtora* 178	**Plante de climat doux** 486-503	Pommier à fleurs 429
Pelargonium x *domesticum* .. 362	*Picea* 420	**Plante de jardin d'hiver** 758-763	**Pompe** 94
Pélargonium des fleuristes 362, 506	Pied bleu 605	**Plante de la maison** .. 219-221, 676-745	*Poncirus trifloliata* ... 244, 672
Pelargonium graveolens 774	Pied-d'alouette 337, 508	**Plante de serre froide** . 770-775	**Pont** 269
Pelargonium peltatum 362	Pied-d'éléphant 771	**Plante de terre**	*Pontederia cordata* 281
Pelargonium regale 362	*Pieris* 401	**de bruyère** 392-403	Pontédérie 281
Pelargonium zonale 363	**Pierre** 295	**Plante de verrière** 764-769	Populage des marais 282
Pellaea 704	*Pilea* 708	Plante des savetiers 372	*Populus* 412
Pelouse 203-204, 250-263	*Peltiphyllum peltatum* 465	**Plante du bord**	**Portail** 124-125
Piment 621, 632	**de mer** 488-501	*Portulaca grandiflora* 356
Pensée 371	Pimprenelle 625	**Plante du Midi** . 223, 440, 501	*Portulaca oleracea* 619
Pennisetum 481	Pin 420, 436, 498	Plante grasse 738-741	**Pot** 217, 679
Pensée 299, 508	Pin aquatique 280, 797	**Plante grimpante** ... 211-212, 440-451	**Potager** 67, 576-579
Penstemon barbatus 342	Pin de Norfolk 694	**Plante officinale** 626-629	*Potamogeton natans* 281
Pentas lanceolata 768	Pin nain 436	**Plante vénéneuse** 816	Potamot 281
Pépéromia 704	Pin parasol 498		**Potassium** 89
	Pin pignon 498		*Potentilla* 386

857

Index général

Potentille 386
Poterie 131
Pothos 726
Potimarron 617, 802
Potiron 594, 632
Pourpier 508, 619
Pourpier à grandes fleurs . . . 356
Pourridié 178
Pourriture grise 187
Prêle 276
Primevère . . . 283, 301, 323, 373, 508, 715
Primevère candélabre 283
Primula acaulis . . 323, 373, 715
Primula auricula 301
Primula beesiana 323
Primula capitata 301, 323
Primula denticulata . . . 323, 373
Primula eliator 323
Primula frondosa 301
Primula integrifolia 301
Primula japonica 283
Primula malacoides 715
Primula obconica 715
Primula vulgaris 323
Printemps 78
Protection des plaies 149
Protection hivernale . . 45, 145, 198, 207
Prunier 215, 654
Prunus amygdalus 650
Prunus armeniaca 651
Prunus cerasus 652
Prunus domestica 654
Prunus dulcis 650
Prunus laurocerasus 237
Prunus maackii 479
Prunus padus 413
Prunus persica 656
Prunus sargentii 413, 472
Prunus serrula 413, 479
Prunus serrulata 472
Prunus x subhirtella 413
Prunus triloba 379
Psalliota campestris 605
Pseuderanthemum 709
Pseudolarix amabilis 421
Pseudosasa 485
Pseudotsuga menziesii 422
Psylle 172
Ptéris 705
Pteris 705
Puceron 173
Puits 131
Pulmonaire 301, 811
Pulmonaria 301, 811
Pulsatilla 304
Pulvérisateur 189
Punica granatum 675
Puschkinia 371
Pyracantha 245, 817
Pyrus calleryana 430

Pyrus communis 658
Pyrus nivalis 430
Pyrus salicifolia 430
Pythium 182

Quamoclit lobata 448
Quercus cerris 413
Quercus coccinea 413
Quercus ilex 413
Quercus palustris 413
Quercus suber 479
Queue-de-lion 496
Queue-de-rat 734
Queue-de-renard 346
Rader 701
Radermachera sinica 701
Radis 217, 606, 632
Raifort 622
Ramassage des feuilles . . . 146
Ranunculus 332
Raphanus 606-607
Raphiolepis 499
Ratissage 141, 143
Ray-grass 256
Rebutia narvaecensis 737
Récolte 166
Regarnissage (du gazon) . 204, 262
Rehmannia angulata 774
Reine-marguerite 348, 508
Rempotage 680-681, 743
Renoncule 332
Renouée 343, 449, 813
Repos au jardin 128-129
Reptile 287
Rhamnus alaternus 459
Rheum alexandrae 285
Rheum palmatum 285
Rheum rhaponticum 608
Rhodochiton atrosanguineus . . 769
Rhododendron 209, 811
Rhododendron arboreum . . . 240
Rhododendron catawbiense . . 240
Rhododendron impeditum . . 402
Rhododendron nobleanum . . 402
Rhododendron ponticum . . 240, 402
Rhododendron simsii 715
Rhododendron sinogrande . . . 402
Rhododendron williamsianum 402
Rhododendron yakushimanum 402
Rhoeo 709
Rhoicissus rhomboidea 701
Rhubarbe 608
Rhubarbe d'ornement 285

Rhus typhina 472
Ribes grossularia 664
Ribes nigrum 666
Ribes rubrum 665, 803
Ribes sanguineum 241
Ribes uva-crispa 664
Richardia 333
Ricin 477
Ricinus communis 477
Rince-bouteilles 491
Robinia pseudoacacia . . 413, 817
Rocaille 288-295, 517
Rocaille (plante) . . . 296-305
Rodgersia 285, 811
Romarin 624
Ronce 479
Ronce d'ornement 379
Rongeur 169
Roquette 618
Rosa rugosa 245
Rose à fleurs groupées 526-529
Rose à grandes fleurs . 520-525
Rose au charme d'antan 536-537
Rose couvre-mur 542-543
Rose d'Inde 358, 508
Rose de Chine 719
Rose parfumée 204, 530-533, 815
Rose pour bordure . . . 548-549
Rose pour bouquet . . . 518-519
Rose pour tonnelle . . . 538-541
Rose sauvage 550-551
Rose trémière . . . 207, 335, 508
Roseraie 515
Rosier (culture) . 205, 552-555
Rosier à Centfeuilles . . 550, 815
Rosier dans le jardin . . 514-517
Rosier 'Albéric Barbier' 542
Rosier 'Albert Poyet' 538
Rosier 'Albertine' 542
Rosier 'Alexandre Girault' . . 542
Rosier 'Amber Queen' 526
Rosier 'American Pilar' 542
Rosier 'Anne de Bretagne' . . 534
Rosier 'Arielle Dombasle' . . 538
Rosier 'Baronne Edmond de Rothschild' 530
Rosier 'Belle sans Flatterie' . . 793
Rosier 'Blush Rambler' 538
Rosier 'Bobbie James' 543
Rosier 'Bonica' 534
Rosier 'Bordure Rose' 548
Rosier 'Capucine Jaune' 550
Rosier 'Cardinal de Richelieu' 530
Rosier 'Catherine Deneuve' . 518
Rosier 'Centenaire de Lourdes' 526
Rosier 'César' 538
Rosier 'Charles Aznavour' . . 526
Rosier 'Charles de Gaulle' . . 530
Rosier 'Charles de Mills' . . . 536
Rosier 'Château Pichon' 520

Rosier 'Christophe Colomb' 520
Rosier 'Chrysler Impérial' . . 520
Rosier 'City of York' 543
Rosier 'Clair Matin' 539
Rosier 'Cocktail' 539
Rosier 'Colette' 526
Rosier 'Commandant Cousteau' 520
Rosier 'Complicata' 551
Rosier 'Comtesse de Ségur' . . 521
Rosier 'Comtesse du Barry' . 546
Rosier 'Constance Spry' . . . 539
Rosier 'Coronation' 543
Rosier 'Crêpe de Chine' . . . 530
Rosier 'Crimson Glory' 531
Rosier 'Cuisse de Nymphe' . 536
Rosier 'Daniel Gélin' 521
Rosier 'Danse des sylphes' . . 539
Rosier 'Deborah' 536
Rosier 'Denise Grey' 534
Rosier 'Diablotin' 546
Rosier 'Dorothy Perkins' . . . 543
Rosier du Japon 245
Rosier 'Emera' 548
Rosier 'Excelsa' 546
Rosier 'Félicité et Perpétue' . 540
Rosier 'Ferdinand Pichard' . . 536
Rosier 'Ferdy' 548
Rosier 'Fête des Mères' 548
Rosier 'François Juranville' . . 544
Rosier 'Georges Truffaut' . . . 518
Rosier 'Géranium' 551
Rosier 'Gina Lollobrigida' . . 518
Rosier 'Graham Thomas' . . . 527
Rosier 'Grand Nord' 521
Rosier 'Grand Siècle' 531
Rosier 'Iceberg' 527
Rosier 'Imagine' 521
Rosier 'Jacques Cartier' 537
Rosier 'Jardin de Bagatelle' . 531
Rosier 'Jean Giono' 522
Rosier 'Joseph's Coat' 534
Rosier 'Kew Rambler' 544
Rosier 'Kiftsgate' 544
Rosier 'Kimono' 546
Rosier 'Kronenbourg' 522
Rosier 'La Sevillana' . . 535, 792
Rosier 'Landora' 522
Rosier 'Lavender Dream' . . . 547
Rosier 'Léonard de Vinci' . . 527
Rosier 'Lili Marlène' 527
Rosier 'Louis de Funès' 522
Rosier 'Lutea' 550
Rosier 'Manou Meilland' . . . 528
Rosier 'Mélodie parfumée' . . 532
Rosier 'Mermaid' 540
Rosier 'Mme A. Meilland' . . 523
Rosier 'Mme L. Laperrière' . 531
Rosier 'Neige d'avril' 540
Rosier 'Nevada' 535
Rosier 'Niccolo Paganini' . . 528
Rosier 'Nuage parfumé' . . . 532

Rosier 'Orange Sensation' . . 528
Rosier 'Panthère Rose' 523
Rosier 'Papa Meilland' 532
Rosier 'Parly 2' 523
Rosier 'Paul Cézanne' 524
Rosier 'Paul Neyron' 537
Rosier 'Paul Noël' 540
Rosier 'Paul Ricard' 532
Rosier 'Paul's Himalayan Musk Rambler' 544
Rosier 'Paul's Scarlet' 541
Rosier 'Penthouse' 523
Rosier 'Petite de Hollande' . . 537
Rosier 'Pierre de Ronsard' . . 541
Rosier 'Pierre Troisgros' 524
Rosier 'Pink Grootendorst' . . 535
Rosier 'Pink Symphonie' . . . 549
Rosier 'Président de Sèze' . . 533
Rosier 'Princesse de Monaco' 524
Rosier 'Provence' 524
Rosier 'Pteracantha' 551
Rosier 'Queen Elizabeth' . . . 525
Rosier 'Rambling Rector' . . . 545
Rosier 'Red Parfum' 541
Rosier 'Rémy Martin' 525
Rosier 'Robin Hood' 535
Rosier 'Rose Gaujard' 518
Rosier 'Roseraie de Blois' . . . 519
Rosier 'Rosy La Sevillana' . . 547
Rosier 'Rouge Meillandécor' 547
Rosier 'Rugueux' 551
Rosier 'Rusticana' 528
Rosier 'Ruth Leuwerick' . . . 529
Rosier 'Semiplena' 550
Rosier 'Sonia Meilland' . . . 519
Rosier 'Souvenir de Marcel Proust' 525
Rosier 'Spot Meillandina' . . . 549
Rosier 'Stéphanie de Monaco' 525
Rosier 'Superstar' 519
Rosier 'Swany' 549
Rosier 'Sylvie Vartan' 529
Rosier 'Thalia' 545
Rosier 'The Fairy' 549
Rosier 'The Mc Cartney Rose' 519
Rosier tige et pleureur 546-547
Rosier 'Toby Tristam' 545
Rosier 'Toulouse-Lautrec' . . 533
Rosier 'Vent d'été' 547
Rosier 'Wedding Day' 545
Rosier 'William Lobb' 537
Rosier 'Yellow Hammer' . . . 529
Rosier 'Yolande d'Aragon' . . 533
Rosier 'Yves Piaget' 533
Rosier 'Zambra' 529
Rosier 'Zéphirine Drouhin' . . 541
Rosmarinus officinalis 624
Rotation des cultures . . . 577
Rouille 176
Roulage 146, 262

Rubus . 245, 479, 666, 668, 801
Rubus biflorus 479
Rubus cockburnianus 479
Rubus x 'Tridel' 379
Rudbeckia 344
Rue 247, 785
Ruellia devosiana 763
Rumex acetosa 608
Ruscus 460
Russelia 499
Ruta graveolens 247, 785

S

Sable 579
Sabot de Vénus 730
Safran 622
Sagaretia theezans 742
Sagittaire 281
Sagittaria 281
Saintpaulia ionantha 721
Saison 78-79, 81
Salicaire 285
Salix alba 249, 414, 817
Salix babylonica 414
Salix x *sepulcralis* 414
Salpiglossis sinuata 356
Salsifis 614, 632
Salvia argentea 414
Salvia azurea 414
Salvia farinacea 356
Salvia glutinosa 414
Salvia officinalis 344, 624
Salvia pratensis haematodes . . 344
Salvia sclarea 344
Salvia splendens 357
Sandersonia aurantiaca 769
Sanguisorba minor 625
Santolina chamaecyparissus 247, 791
Santoline 247, 791
Sapin 210-211, 416, 432
Sapin de Douglas 422
Saponaire 304
Saponaria 304
Sarclage 143
Sarracène 745
Sarracenia 745
Sarriette 625
Sasa kurilensis 485
Sasa 485
Satureja 625
Sauge 344, 624, 508
Sauge de Jérusalem 458
Sauge éclatante 357
Sauge farineuse 356
Saule 414, 431
Saule blanc 249, 817

Savonnier 428
Saxifraga arendsii 299
Saxifraga cochlearis 299
Saxifraga cotyledon 299
Saxifraga hostii 299
Saxifraga hypnoides 299
Saxifraga sarmentosa 775
Saxifraga stolonifera 775
Saxifraga x *urbium* 813
Saxifrage araignée 775
Saxifrage pelté 465
Scabieuse 344, 508
Scabiosa 344
Scaevola aemula 357
Scarification 263
Schefflera actinophylla 696
Schinus molle 499
Schizophragma 449
Schizostylis coccinea 366
Schlumbergera truncata . . . 737
Sciadopitys verticillata 422
Scilla 315
Scille 315
Scindapsus 726
Scolopendre 483
Scolopendrium 483
Scolyte 182
Scorsonère 608, 632
Scorzonera hispanica 608
Sedum acre 305
Sedum aizoon 305
Sedum album 305
Sedum cauticola 305
Sedum cyaneum 305
Sedum floriferum 305
Sedum guatemalense 741
Sedum kamtschaticum 305
Sedum lydium 305
Sedum morganianum 741
Sedum oreganum 305
Sedum sempervivoides 305
Sedum sieboldii 305
Sedum spathulifolium 305
Sedum spectabile 369
Selaginella martensii 705
Sélaginelle 705
Semis 15, 152-153
Sempervivum 299
Senecio compactus 500
Senecio cruentus 715
Senecio monroi 500
Senecio x 'Sunshine' 500
Sensitive 704
Sentier 110
Septembre 32-35
Septoriose 176
Séquoia géant 422
Sequoiadendron giganteum . 422
Seringat 379, 778, 815
Serissa japonica 743
Serpollet 299
Serre 746-755

Shii-take 605
Silo 166
Sinarundinaria nitida 485
Sinningia speciosa 717
Skimmia 477
Soigner les plantes . . . 188-189
Sol (amélioration) 86-89, 195-196
Sol (préparation) . 19, 140-143
Sol argileux 82
Sol calcaire 83, 195, 809
Sol humifère 85, 808
Sol sableux 84
Sol sec et pauvre 808
Solandra 500
Solanum jasminoides 450
Solanum melongena 609
Solanum rantonnetii 500
Solanum tuberosum 610
Soleil 369, 508
Solenostemon 437
Solidago 345
Sophora du Japon 414
Sophora 414
Sorbier 414, 817
Sorbus 414, 817
Souci 348, 508
Souci d'eau 282
Source 269
Sparaxis tricolor 332
Sparmania africana 697
Spartium junceum 386
Spathiphyllum wallisii 721
Sphagnum 681
Spilanthes oleracea 602
Spinacia oleracea 612
Spiraea x *arguta* 789
Spiraea x *bumalda* . . . 247, 387
Spiraea trichocarpa 380
Spiraea x *vanhouttei* 380
Spiraea veitchii 380
Spirée 247, 387, 789
Spirée Van Houtte 380
Sprekelia formosissima 775
Stachys affinis 619
Stachys grandiflora 345
Stachys lanata 345, 469
Stachys olympica 345
Stapelia hirsuta 741
Staphilier 431
Staphylea colchica 431
Statue 130
Stephanotis floribunda 721
Steptocarpus hybride 717
Stereospermum sinicum . . . 701
Sternbergia lutea 366
Stewartia pseudocamellia . . 473
Stipa 481
Stipe 481
Strelitzia reginae 501
Streptosolen jamesonii 501
Strobilante 763

Index général

Strobilanthes dyerianus 763
Strophaire 605
Stropharia rugoso-annulata .. 605
Structure du jardin ... 106-137
Stuartia 473
Style de jardin 60
Styrax japonica 431
Substance active 190
Substrat 680
Sumac de Virginie 472
Surfinia 357
Suspension 560, 571, 724-725, 812
Sutera diffusa 358
Symphoricarpos 477
Symphorine 477
Symphytum 628
Syngonium podophyllum ... 727
Syringa vulgaris .. 380, 809, 815

Tabac d'ornement 354, 800
Tagetes 358
Taille ... 9, 148-151, 197, 223, 570, 688
Taille de la vigne 13
Taille des rosiers . 204, 554-555
Tamaris 249, 387
Tamarix 249, 387
Tanacetum vulgare 629
Tanaisie 629
Taraxacum officinale 612
Taupe 178
Taupin 179
Tavelure 187
Taxodium distichum 423
Taxus baccata 243
Teigne 183
Température 682-683
Terrasse 566-567
Terre 680
Terre de bruyère 681
Terreau 196, 217, 680
Terreautage 261
Tétragone 613, 632
Tetragonia tetragonioides ... 613
Teucrium fruticans 460
Thrips 173
Thuja 243, 423, 437
Thujopsis 437
Thunbergia alata 450

Thunbergia grandiflora ... 769
Thunbergie 450, 769
Thuya 211, 243, 423, 436
Thym 214, 299, 625
Thymus citriodora 509
Thymus x citriodorus 299
Thymus lanuginosus 299
Thymus serpyllum 299
Thymus vulgaris 625
Tiarella 324, 813
Tigre 173
Tigridia pavonia 332
Tilia 415, 809
Tillandsia cyanea 733
Tilleul 415, 809
Tilleul d'intérieur 697
Tipule 179
Tolmiea menziesii 727
Tomate 600, 632
Tonnelle 120-121, 516
Tonte 203, 260
Topiaire 71
Topinambour 618
Tourbe 87, 681
Tracé (d'un massif) 134
Tracé du jardin 55
Trachelospermum jasminoides 450
Trachycarpus fortunei . 503, 781
Tradescantia fluminensis ... 727
Tradescantia x andersoniana . 345
Trèfle d'eau 279
Tremble 412
Triplochlamys multiflora ... 768
Triteleia uniflora 312
Troène du Japon 236
Troène en arbre 429
Trolle d'Europe 283, 324
Trollius 283, 324
Trompette des anges 493
Tropaoelum hybridum ... 451
Tropaoelum majus .. 359, 451
Tropaoelum peregrinum ... 451
Tropaeolum speciosum ... 501
Tropaeolum tuberosum ... 501
Tubéreuse 366
Tulipa 206, 316
Tulipe 206, 316
Tulipier de Virginie 411
Tussilage 629
Tussilago farfara 629
Tuteurage 27, 147, 690
Typha 277

Ulex 380
Ulmus parvifolia 415, 743
Vacances (plantes en) 691
Vaccinium caespitosum ... 403
Vaccinium corymbosum . 403, 669
Vaccinium floribundum ... 403
Vaccinium myrtillus 669
Valeriana officinalis 629
Valériane 319, 629
Valerianella 614
Vallota speciosa 333
Vanda 731
Vanda x rotschildiana ... 731
Vasque 268
Veleriana phu 629
Ventilation 752
Vénus attrape-mouche ... 744
Ver blanc 179
Ver gris 183
Véranda 750-755
Verbascum bombyciferum ... 469
Verbena 628
Verbena x hybrida 628
Verge d'or 345
Verger 634-675
Vergerette 302, 338, 809
Veronica 305
Véronique 305
Véronique en arbre . 383, 456
Verveine citronnelle .. 508, 628
Verveine hybride .. 359, 508, 784
Verveine officinale ... 508, 628
Viburnum acerifolium ... 473
Viburnum x bodnantense ... 391
Viburnum x burkwoodii ... 461
Viburnum carlesii 815
Viburnum davidii 461
Viburnum edule 473
Viburnum furcatum 473
Viburnum opulus ... 381, 473
Viburnum pauciflorum ... 473
Viburnum plicatum 381
Viburnum rhytidophyllum ... 461
Viburnum tinus 461
Vicia faba 614
Vigne 670
Vigne d'intérieur 698
Vigne d'ornement 451
Vigne de mer 766
Vigne des kangourous ... 698

Vigne du Natal 701
Vigne vierge 448, 770
Vinca 461, 811, 813
Vinca rosea 713
Viola cornuta 325
Viola odorata 373, 815
Viola x wittrockiana 325
Violette cornue 325, 508
Violette de Perse 714
Violette du Cap 221, 721
Violette odorante ... 373, 815
Viorne 460, 473
Viorne de Chine 381
Viorne parfumée ... 391, 815
Vipérine 493
Virgilier 408
Virus 169
Vitex agnus-castus 241
Vitis 451, 670
Vivace 206-207
Vivace d'automne .. 367-369
Vivace d'été 334-345
Vivace d'hiver 372-373
Vivace de printemps . 318-324
Vriesea 733
Vuylstekeara 731

Washingtonia 503
Weigélia 381
Weigela 381
Wisteria 451
Xanthosoma lindenii 709

Yucca elephantipes 697
Yucca glorieux 387
Yucca gloriosa 387
Zantedeschia aethiopica ... 333
Zea mays 615
Zelkova carpinifolia 804
Zenobia pulverulenta ... 403
Zinnia elegans 359, 508
Zizyphus jujuba 675
Zygocactus truncatus ... 737
Zygopetalum 731

Crédits photographiques

Toutes les photographies des pages intérieures ont été fournies par l'Agence MAP/Mise Au Point (10, boulevard Louise-Michel, 91030 Évry Cedex), avec la participation des photographes suivants :

Pierre Aversenq : 173, 174, 178 à 180, 184, 185, 187, 209, 216, 687 – **Éric Belloin** : 658 – **Daniel Bernardin** : 13, 105, 168, 183, 199, 229 – **Anne Breuil** : 170, 172, 173, 175, 180, 181 – **Daniel Brochard** : 339, 667 – **Alizée Chopin** : 26, 49, 229 – **Clarisse** : 385 – **Alain Delavie** : 130, 361 – **Arnaud Descat** : 8 à 13, 16, 17, 21, 24, 25, 28, 30, 36, 40, 41, 45, 46, 51, 55, 59, 62 à 66, 68, 70, 71, 74, 79, 81, 84, 88, 101, 110, 111, 114, 116, 118, 125, 132, 136, 155, 168, 171, 173, 174, 178, 180, 185, 196, 205, 206, 209, 211, 212, 214, 215, 228 à 231, 234 à 241, 243 à 249, 256 à 258, 261, 265, 290, 293 à 305, 310 à 346, 349, 350, 354 à 361, 365 à 373, 376 à 403, 405, 406, 408 à 415, 419 à 437, 441 à 446, 448 à 485, 488 à 491, 493 à 496, 498 à 503, 514 à 523, 525 à 548, 551, 554, 556 à 558, 566, 577, 578 à 592, 594, 598 à 625, 628, 641, 642, 645 à 650, 652 à 657, 659 à 670, 673 à 675, 693 à 709, 712 à 719, 725 à 736, 739 à 744, 753 à 755, 758 à 771, 774, 776, 779 à 781, 785, 786, 791 à 794, 796, 798, 800, 801, 803, 804, 806, 807, 820 à 823, 827 – **Jacques Desprez** : 739 – **Frédéric Didillon** : 28, 77, 78, 80, 82, 85, 95, 98, 105, 121, 166, 171, 203, 204, 215, 312, 314 à 317, 323, 329, 331, 351, 362, 378, 403, 408, 429, 515, 522, 523, 531, 533 à 536, 539, 541, 581, 582, 590, 593, 601, 604, 605, 610, 615, 638, 651, 653, 656, 657, 666, 708, 716, 721, 784, 788, 790, 792, 802, 825, 826 – **Maurice Duyck** : 169, 174, 178, 180, 181, 186, 187, 641 – **François Gager** : 51, 69, 124, 573, 682, 683, 754, 755 – **Pascal Goetgheluck** : 417 – **Jean-Yves Grospas** : 82, 85, 403, 407, 411, 483, 497, 730, 741 – **Alain Guerrier** : 29, 83, 84, 101, 297, 319, 347, 348, 366, 414, 419, 443, 469, 481, 495, 497, 518, 539, 541, 584, 642, 645, 669, 675, 790, 804, 829 – **Philippe Joly** : 401 – **Didier Laforce** : 245 – **Fred Lamarque** : 10, 50, 76, 145, 151, 194, 198, 208, 218, 220, 222, 250, 256, 257, 259, 264, 288, 308, 374, 404, 438, 452, 486, 512, 513, 520, 521, 523, 535, 598, 644, 672, 692, 705, 710, 722, 756 – **Joël Lodé** : 736, 737, 741 – **Romain Mage** : 121, 737, 738, 820 – **Frédéric Marre** : 3, 17, 131, 178, 356, 408, 594, 603, 604, 625, 717, 812, 814, 816 – **N. et P. Mioulane** : 6 à 27, 29 à 45, 52 à 61, 64 à 68, 71 à 75, 78, 81, 85 à 99, 102 à 117, 119 à 133, 135 à 171, 173, 175, 179 à 191, 192, 194 à 207, 210 à 214, 216, 218 à 225, 228 à 246, 248 à 255, 257, 260 à 263, 289 à 295, 297 à 305, 310 à 313, 318 à 325, 328, 329, 332 à 357, 361 à 365, 367 à 379, 381 à 389, 392 à 401, 406 à 429, 431 à 437, 440 à 451, 455 à 462, 465 à 476, 479 à 497, 500 à 503, 510 à 514, 516, 518 à 530, 532 à 555, 558 à 563, 567 à 597, 599 à 619, 621 à 629, 634, 635, 638 à 641, 643, 644, 648 à 655, 657 à 664, 667 à 670, 674 à 677, 679 à 691, 694 à 705, 707 à 714, 716, 718 à 721, 723 à 729, 731, 734 à 736, 741 à 752, 755, 758 à 775, 778, 783, 784, 788, 789, 791, 793 à 795, 797, 799 à 802, 805 à 807, 816, 822, 824, 826 à 831 – **Yann Monel** : 45, 56, 57, 60, 63, 83, 89, 100, 104, 108, 109, 129, 131, 133 à 135, 191, 200, 227, 233, 247, 327, 338, 357, 368, 410, 412, 415, 456, 467, 478, 489, 491, 498, 501, 579, 610, 615, 626, 637, 661, 671, 673, 734, 778 – **Clive Nichols** : 33, 36, 53, 58, 59, 63, 79, 118, 134 à 136, 255, 306, 309, 319, 327, 333, 344, 364, 366, 370, 371, 439, 440, 461, 466, 471, 483, 773, 779, 785, 831 – **Paul Nief** : 82, 100, 101, 104, 170, 172, 245, 297, 335, 345, 373, 390, 407, 460, 475, 476, 477, 483, 627, 629, 643, 645, 665, 670, 814, 816 – **Noun** : 467, 782, 787, 803, 825 – **Serge Ollivier** : 586 – **Éric Ossart** : 58, 65, 123, 247, 361, 386, 496, 498, 502, 595, 617, 673 – **Nathalie Pasquel** : 808, 810 – **Jean Raux** : 759 – **Serge Schall** : 805 – **Friedrich Strauss** : 23, 119, 122, 152, 208, 210, 212, 217, 221, 223, 311, 312, 325, 339, 350, 352, 358, 447, 492, 517, 560 à 565, 567, 600, 601, 647, 654, 658, 661, 663, 664, 672, 678, 685, 690, 691, 697, 703, 713 à 715, 726, 733, 737 à 739, 755, 771 à 773, 775, 782, 786, 787, 796.

Avec l'aimable autorisation du château de Hautefort pour la photographie du bas de la page 828.
La plupart des gravures en couleurs sont tirées de livres provenant de la bibliothèque de la Société nationale d'horticulture de France (SNHF).

Couverture : photo centrale de la première de couverture © Barbara/Getty Image. Toutes les autres photos (première, dos et quatrième de couverture) sont de l'Agence MAP.

Remerciements

Nous tenons à remercier les paysagistes et les propriétaires de jardins qui nous ont permis de présenter leurs réalisations dans cet ouvrage :

André Eve, rosiériste *(Loiret)* : 24, 132, 144, 510, 552, 554 – Arboretum de Herkenrode *(Belgique)* : 74 – Barenbrug *(gravures)* : 256, 257 – Barnsley House *(Angleterre)* : 439, 634 – Butchart Gardens *(Canada)* : 251 – Cercle de Babylone, paysagiste *(Paris)* : 120, 556, 566, 567 – Château de Courances *(Essonne)* : 405 – Château de Londerzeel *(Belgique)* : 36 – Château de Vespelaar *(Belgique)* : 515 – Chelsea Flower Show *(Angleterre)* : 289, 788 – Chenies Manor *(Angleterre)* : 58, 134 – Clapton Court Gardens *(Angleterre)* : 228 – Clos du Peyronnet *(Alpes-maritimes)* : 120 – Compton Acres Gardens *(Angleterre)* : 74, 266 – Crathes Castle *(Écosse)* : 135 – Domaine de l'Emière : 803 – Drummond Castle *(Écosse)* : 60 – E. Le Hardy, paysagiste *(Belgique)* : 40, 62 – Erwan Tymen, paysagiste *(Bretagne)* : 63 – Exbury Gardens *(Angleterre)* : 72, 375 – Festival des jardins de Chaumont *(Loir-et-Cher)* : 113, 124 – Frédéric Bisson, paysagiste *(Paris)* : 566 – Georges Paquereau, paysagiste *(Yvelines)* : 268 – Gilles Billington, paysagiste *(Angleterre)* : 63 – Ginkaku-Ji *(Japon)* : 61 – Guy Lainé, paysagiste *(Yvelines)* : 113 – Hampton Court Flower Show *(Angleterre)* : 121, 254, 268 – Hampton Court Palace Gardens *(Angleterre)* : 124, 232 – Hidcote Manor *(Angleterre)* : 32, 71 – Île de Mainau *(Allemagne)* : 116, 133 – Ineke Greeve *(Pays-Bas)* : 70, 71, 109 – Jardin botanique de Hawaii *(États-Unis)* : 94 – Jardin d'Anne-Marie, Lardy *(Essonne)* : 514, 793 – Jardin d'essai MAP *(Essonne)* : 11, 14 à 22, 37, 38, 41, 43, 107, 115, 141 à 143, 145, 154, 158, 162, 164, 259, 274, 275, 293, 295, 553, 555, 571, 639, 680, 776-777 – Jardin de Bagatelle *(Paris)* : 12, 79, 514, 515 – Jardin de Hanbury *(Italie)* : 487 – Jardin de l'abbaye de Tresco *(Angleterre)* : 108, 137, 255, 266, 290 – Jardin de La Souloire : 79 – Jardin de Monet, Giverny *(Eure)* : 65 – Jardin du château de Villandry *(Indre-et-Loire)* : 658, 660 – Jardin exotique de Roscoff *(Finistère)* : 494 – Jardin privé de Locquirec *(Finistère)* : 806 – Jardin privé de Rémalard *(Orne)* : 780, 798 – Jean Mus, paysagiste *(Alpes-maritimes)* : 255 – Jean-Luc Morlot, paysagiste *(Essonne)* : 145, 259, 272, 295 – Kew Gardens *(Angleterre)* : 121 – Kisfgate Court *(Angleterre)* : 115 – L'Art du jardin, Saint-Cloud *(Hauts-de-Seine)* : 268 – La Massonnière *(Sarthe)* : 90, 92, 102, 140, 148, 188 – Le Cèdre rouge *(Paris)* : 128 – Lucy Gent, paysagiste *(Angleterre)* : 118 – M. Besson, paysagiste *(Paris)* : 567 – M. Charles, paysagiste *(Paris)* : 556, 567 – M. Cuche : 65 – M. Goris : 66 – M. et Mme Le Naour : 252 – Manoir d'Eyrignac *(Dordogne)* : 60 – Marina de la Baie des Anges *(Alpes-maritimes)* : 255 – Michel Guérard *(Landes)* : 577, 582 – Mme Degas : 67, 107, 567, 568 – Mme Renouf : 113, 131, 254, 516 – Musée de Blérancourt *(Seine-Maritime)* : 108 – Old Nectar *(Afrique du Sud)* : 252 – Parc du château de Versailles *(Yvelines)* : 49 – Parc floral d'Orléans-La-Source *(Loiret)* : 126, 192-193, 806 – Pépinière Plantbessin *(Calvados)* : 796 – Pépinière Roué-Cadiou : 781 – Peter Tinsley, paysagiste *(Angleterre)* : 289 – Piet Blanckaert, paysagiste *(Belgique)* : 51 – Roseraie de L'Haÿ-les-Roses *(Val-de-Marne)* : 120, 512 – Saint-Jean-de-Beauregard *(Essonne)* : 93, 661 – Scholteshof *(Belgique)* : 55 – Snowshill Manor *(Angleterre)* : 54 – The Garden House *(Angleterre)* : 55, 125, 224, 252 – Timothy Vaughan, paysagiste *(Bretagne)* : 52, 56, 112, 114 – Wakehurst Place *(Angleterre)* : 68 – Wisley Gardens *(Angleterre)* : 117 – Wy-dit Joli Village *(Oise)* : 56.

Merci aux rosiéristes Delbard, Dorieux, Eve, Meilland-Richardier et Renoard, aux producteurs de Doué-la-Fontaine, ainsi qu'aux roseraies de Bagatelle, L'Haÿ-les-Roses et au parc de la Tête-d'Or à Lyon où ont été photographiées la plupart des roses figurant dans « Le Truffaut ».

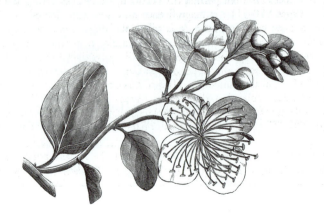

Avertissement…

Le TRUFFAUT, Encyclopédie pratique illustrée du jardin, a été rédigé en se référant à des données climatiques moyennes pour la France. Les indications de périodes de plantation, de semis ou de floraison, ainsi que tous les conseils figurant dans les encadrés techniques et la partie « Le calendrier du jardin » *(pages 6 à 45)* sont valables pour l'Île-de-France, le Maine, la Normandie, la Picardie, le Poitou, la Sologne, la Touraine, la Vendée. Selon les régions, il faut faire évoluer ces données, et plus ou moins avancer ou retarder les dates.
Avance d'une semaine : Anjou, Aquitaine, Côtes-d'Armor, Cotentin, Landes.
Avance de deux semaines : Bretagne sud, Languedoc, Pays basque, Provence.
Avance de trois semaines : Côte d'Azur, Corse littorale, Roussillon.
Retard d'une semaine : Artois, Belgique, Bourbonnais, Champagne, Flandres, Limousin, Luxembourg, Périgord.
Retard de deux semaines : Alsace, Ardennes, Auvergne, Berry, Bresse, Lorraine, Morvan, Pyrénées, Suisse.
Retard de trois semaines : Alpes suisses, Dauphiné, Franche-Comté, Jura, Savoie, hautes Vosges.
Le cas particulier de l'Amérique du Nord : soumis à un hiver long et rude, le Québec connaît une saison de végétation courte et tardive, où tout pousse en même temps dans un foisonnement spectaculaire. Il faut compter un retard de végétation d'environ un mois par rapport aux données de ce livre et moduler nos appréciations de rusticité. Mais l'utilisation systématique d'épais paillis d'écorces au pied des plantations, les buttages à l'automne et l'emploi de paillassons et de films de protection permettent de réussir pratiquement les mêmes espèces qu'en Europe.

Légendes des pages d'ouverture des différents chapitres :
Pages 6-7 : le jardinage est une activité de loisir agréable qui se pratique en famille. **Pages 46-77 :** un jardin structuré à la fois simple, élégant et bien équilibré, qui associe bien les lignes et les arrondis *(jardin privé, Belgique)*. **Page 49 :** l'orangerie du château de Versailles. **Page 77 :** la terre, l'air, le soleil et l'eau sont les éléments de base pour que vivent les plantes. **Page 107 :** dans un petit jardin, une terrasse toute simple s'associe à un dallage fleuri qui aboutit à un bassin rond *(jardin d'essai MAP)*. **Pages 138-139 :** ratissage des tontes du gazon et suppression des fleurs fanées *(jardin d'André Eve)*. **Pages 192-193 :** le jardinage est devenu le premier loisir des Français *(parc floral d'Orléans-La-Source)*. **Pages 224-225 :** un jardin à la composition très recherchée *(The Garden House, Angleterre)*. **Page 227 :** une haie brise-vent composée d'espèces rustiques. **Page 251 :** jeux d'ombre et de lumière sur la pelouse *(Butchart Gardens, Canada)*. **Page 265 :** un bassin rectangulaire surélevé dans un petit jardin hollandais. **Page 289 :** le mariage réussi de la pierre et de l'eau dans une rocaille de 100 m² *(Chelsea Flower Show, Angleterre)*. **Pages 306-307 :** dans ce petit jardin anglais, la profusion des plantes n'empêche pas l'harmonie. **Page 309 :** le plus difficile des jardins : une folie de plantes vivaces multicolores qui s'associent avec élégance. **Page 375 :** sous un léger ombrage, des azalées multicolores *(jardin d'Exbury, Angleterre)*. **Page 405 :** de subtiles couleurs automnales *(jardin japonais de Courances)*. **Page 439 :** une exceptionnelle voûte de cytises bordée d'ails d'ornement *(Barnsley house, Angleterre)*. **Page 453 :** un très original massif de feuillages très colorés avec abutilons et coléus. **Page 487 :** le climat méditerranéen permet des décors très exotiques avec palmiers et plantes grasses *(jardin de Hanbury, Vintimille, Italie)*. **Pages 510-511 :** la magnificence du rosier liane 'James' *(jardin d'André Eve)*. **Pages 556-557 :** la douce intimité d'une terrasse en plein cœur de la ville *(réalisation Cercle de Babylone)*. **Pages 574-575 :** un thermomètre matérialise l'entrée d'un potager fleuri à la fois simple et rustique. **Pages 634-635 :** des pommiers palissés sur arceaux s'associent à des capucines. **Pages 676-677 :** spathiphyllum, saintpaulia et tillandsia s'épanouissent en pleine lumière. **Page 693 :** richesse et variété des feuillages avec cet ensemble de caladium, ficus, néphrolepis, dieffenbachia, etc. **Page 711 :** un assortiment de plantes d'intérieur fleuries : cyclamen, Suzanne-aux-yeux-noirs, poinsettia. **Page 723 :** une splendide collection d'orchidées *(Jersey)*. **Pages 746-747 :** une serre permet la culture des plantes tropicales les plus délicates. **Page 757 :** une ambiance exotique dans un jardin d'hiver avec orchidées *(Dendrobium)* et dieffenbachia. **Pages 776-777 :** l'association des buis taillés et des légumes est l'une des tendances du jardin contemporain.

Dans les parties 11, « Les plantes de la maison » *(pages 676 à 745)*, et 12 ,« Les serres et vérandas » *(pages 746 à 775)*, figurent des indications de difficulté de culture sous forme de pictogrammes. Leur signification est la suivante : ❀ : facile - ❀ ❀ : assez facile - ❀ ❀ ❀ : peu facile - ❀ ❀ ❀ ❀ : difficile.

863

Les Jardineries Truffaut

Truffaut **Amiens,** RN 29, 80330 Longueau.
Truffaut **Angoulême*,** Centre commercial Auchan, 16400 La Couronne.
Truffaut **Blois,** ZAC des Perrières, 41350 Saint-Gervais-la-Forêt.
Truffaut **Cergy,** A 15 (Sortie 13), 95650 Puiseux-Pontoise.
Truffaut **Châtenay-Malabry,** 72, avenue Roger-Salengro, 92290 Châtenay-Malabry.
Truffaut **Deauville,** route de Paris, 14800 Deauville.
Truffaut **Colmar,** Garden Center Meyer, 2, route de Strasbourg, RN 83, 68125 Houssen.
Truffaut **Gisors*,** route de Paris, 27140 Gisors.
Truffaut **Herblay,** RN 14, La Patte d'Oie, 95480 Pierrelaye.
Truffaut **La Rochelle*,** Centre commercial Beaulieu, 17138 Puilboreau.
Truffaut **La Ville-du-Bois,** RN 20, 91620 La Ville-du-Bois.
Truffaut **Le Chesnay,** Centre commercial Parly 2, Local poste 633, 78158 Le Chesnay Cedex.
Truffaut **Le Mans,** Centre commercial Carrefour, rue Robert-Collet, 72100 Le Mans.
Truffaut **Les Ulis,** ZA de Courtabœuf, 22, avenue des Andes, 91940 Les Ulis.
Truffaut **Lorient*,** Centre commercial Keryado K2, 56100 Lorient.
Truffaut **Moisselles,** RN 1, direction la Croix-Verte, 95570 Baillet-en-France.
Truffaut **Nantes,** 258, route de Vannes, 44700 Orvault.
Truffaut **Nîmes,** Jardinerie B. Pical, Mas des Abeilles, 400, rue Michel-Debré, 30900 Nîmes.
Truffaut **Orléans,** route de Sandillon, 45650 Saint-Jean-le-Blanc.
Georges Truffaut à Bercy Village, **Paris,** 60, cour Saint-Émilion, 75012 Paris.
Truffaut **Paris Grand Stade,** quartier Stade de France, 2, rue Jesse-Owens, 93217 La Plaine-Saint-Denis.
Truffaut **Paris Seine Rive gauche,** 85, quai de la Gare, 75013 Paris (métro : Quai de la Gare).
Truffaut **Pau,** ZAC du Mail, route de Bordeaux, 64140 Lons.
Truffaut **Plaisir,** RN 12, ZA de Sainte-Apolline, 78370 Plaisir.
Truffaut **Ponthierry,** RN 7, 77310 Saint-Fargeau-Ponthierry.
Truffaut **Quimper*,** Centre commercial Carrefour, 29000 Quimper.
Truffaut **Rennes,** Centre Alma, allée d'Ukraine, 35048 Rennes Cedex.
Truffaut **Saint-Malo,** Centre commercial Cora, Le Moulin du Domaine, 35430 Saint-Jouan-des-Guérets.
Truffaut **Saint-Maximin,** Centre commercial Cora, RN 16, 60740 Saint-Maximin.
Truffaut **Saint-Quentin,** Quentin-Flore, Zone commerciale Cora, 02100 Saint-Quentin.
Truffaut **Servon,** RN 19, Ferme de Servon, 77170 Servon.
Truffaut **Toulouse,** Les Jardins de Balma, route de Lavaur, 31130 Balma.
Truffaut **Tours,** Centre commercial Auchan, 5, rue du Professeur-Maupas, 37170 Chambray-lès-Tours.
Truffaut **Vélizy 2,** face Centre commercial Vélizy 2, 41 bis, avenue de l'Europe, 78140 Vélizy-Villacoublay.
Truffaut **Villeparisis,** RN 3, route de Villevaudé, 77270 Villeparisis.
Truffaut **Wittenheim,** Pôle 430, près de Cora, rue de la Forêt, 68270 Wittenheim.

(* Partenaires indépendants)

Pour connaître à tout moment les plans d'accès et les horaires d'ouverture de toutes les Jardineries,
composez le **36 14 code Truffaut** sur Minitel ou **www.truffaut.com** sur Internet.
Pour tous renseignements, remarques et suggestions, écrivez à :

TRUFFAUT
Service Consommateurs
Parc Léonard-de-Vinci, avenue des Parcs, CP 8015 Lisses, 91008 Évry Cedex

LE PENSE-BÊTE DES

JUILLET

INDISPENSABLE

- Arrosez abondamment tout le jardin, de préférence le soir, « à la fraîche ».
- Tondez la pelouse souvent, pas trop court.
- Divisez et replantez les grosses touffes d'iris.
- Désherbez soigneusement allées et massifs.
- Semez en place les légumes d'automne : épinard, mâche, navet, radis noir, etc.

À FAIRE

- Pulvérisez régulièrement sur la vigne de la bouillie bordelaise et un antioïdium.
- Buttez les haricots pour économiser l'arrosage.
- Semez les bisannuelles (myosotis, pâquerette).
- Taillez les tomates en ne laissant que trois ou quatre bouquets de fleurs sur la tige principale.
- Palissez les plantes grimpantes sans étrangler.
- Fertilisez une fois par semaine toutes les plantes en pots sur le balcon et dans la maison.
- Traitez contre l'oïdium les asters, phlox, rosiers, mahonias et la vigne par temps humide.

SI VOUS AVEZ LE TEMPS

- Effeuillez la vigne pour exposer les grappes au soleil, ce qui améliorera la qualité du raisin.
- Semez du cerfeuil et du persil à l'ombre.
- Plantez les bulbeuses d'automne (colchique).
- Dépoussiérez les feuilles des plantes d'intérieur.
- Taillez les pousses trop longues de vigne vierge.
- Arrosez la pelouse, à raison de 3 à 5 l/m².

AOÛT

INDISPENSABLE

- Achetez et plantez les nouvelles variétés d'iris.
- Arrosez quotidiennement le jardin et le balcon si la température dépasse les 25 °C.
- Taillez les rosiers non remontants (anciens), en réduisant de moitié les pousses défleuries.
- Installez un système d'arrosage automatique sur le balcon (goutte à goutte) et programmez celui du jardin avant de partir en vacances.
- C'est l'époque idéale pour tailler les haies régulières (thuyas).

À FAIRE

- Binez pour décroûter la surface du sol, ce qui permet à l'eau d'arrosage de bien pénétrer.
- Plantez tous les types de choux et les poireaux.
- Cessez pour un mois les apports d'engrais dans les jardinières et les potées du balcon.
- Taillez la lavande après avoir récolté les fleurs.
- Complétez les massifs avec des plantes d'arrière-saison : reine-marguerite, célosie, etc.
- Taillez les *Actinidia* (kiwi) en coupant toutes les pousses latérales à quatre feuilles.

SI VOUS AVEZ LE TEMPS

- Nettoyez les plantations d'artichauts.
- Bouturez les arbustes à feuillage persistant.
- Placez des pièges à guêpes dans les pêchers.
- Tuteurez les grandes vivaces d'automne (phlox, asters, hélianthus), les dahlias, les glaïeuls.
- Éliminez régulièrement les fleurs fanées pour prolonger la durée des massifs.

SEPTEMBRE

INDISPENSABLE

- Rénovez les vieilles pelouses (scarification, fertilisation, aération), semez les nouvelles.
- Remplacez les fleurs d'été déjà fanées par des plantes plus tardives ou même d'automne.
- Effectuez la toilette générale de rentrée dans tout le jardin et sur le balcon. Désherbez bien.
- Plantez les vivaces rustiques et les bisannuelles.
- C'est le début des grandes récoltes. Préparez le local de conservation des fruits à pépins.
- Désormais, les arrosages s'effectuent le matin.

À FAIRE

- Terminez les boutures d'arbustes.
- Bouturez les pélargoniums et les fuchsias.
- Taillez court les arbustes d'été défleuris.
- Contre les cochenilles, nettoyez avec de la bière les feuilles des plantes de la maison.
- Plantez conifères et rhododendrons.
- Traitez les ronces avec un débroussaillant.

SI VOUS AVEZ LE TEMPS

- Greffez en écusson, avant le 15 septembre, les fruitiers et les rosiers que vous aimez.
- Installez un système d'éclairage dans le jardin.
- Effeuillez les tomates pour les faire mûrir.
- Achetez les premiers bulbes de printemps, en commençant pas les espèces les plus précoces. Semez les annuelles rustiques (nigelle, pavot, coquelicot).
- Plantez des fraisiers sur un film de paillage.

 ARBRES ET ARBUSTES   **LÉGUMES** **PLANTES EN POTS**   **FRUITS**